LONGMAN

Diccionario Inglés Básico

Inglés-Español • Español-Inglés

Pearson Education Limited
Edinburgh Gate
Harlow
Essex CM20 2JE
Inglaterra
y compañías asociadas en todo el mundo

Visite nuestra página web: http://www.pearsonelt.com/dictionaries

Primera edición 2003
Segunda edición 2011

ISBN 9781408269169 (versión para estudiantes latinoamericanos)
IMP 5 6 7 8/020 019 018 017

ISBN 9781447957928 (versión para estudiantes latinoamericanos, editión especial)
IMP 1 2 3 4 5 6/017 016 015 014 013

ISBN 9781408269152 (versión para estudiantes mexicanos)
IMP 5 6 7 8 9/019 018 017 016

ISBN 9781447959212 (versión para estudiantes mexicanos, editión especial)
IMP 1 2 3 4 5 6/017 016 015 014 013

Printed in China SWTC

Director general de diccionarios
Michael Mayor

Directora de la obra
Laurence Delacroix

Dirección editorial
Angela Janes

Equipo lexicográfico
Victoria de los Ángeles Boschiroli,
Ana Acevedo, Marisol de Lafuente Duff,
Nicholas Rollin

Editora
Hilary Marsden

Material suplementario
Elena Odriozola

Fonética
Dinah Jackson

Gerente administrativo
Alan Savill

Asistencia administrativa
Denise McKeough

Corpus y análisis computacional
Steve Crowdy, Allan Ørsnes

Coordinación de la producción del CD-ROM
Andrew Roberts

Diseño
Matthew Dickin, Michael Harris

Ilustraciones
Chris Pavely, Chris Simpson

Producción
Keeley Everitt

Fotocomposición
Letterpart, UK

Índice

The needs of young learners of English

by Mario Herrera

Classroom activities should give opportunities for students to express their feelings, wishes, interests, opinions and concerns in English. Reference materials for this age group should reflect that type of activity and should help students enrich their language and their vocabulary and help them become autonomous learners.

Young learners need concrete examples and models rather than abstract explanations. Reference materials for them should match the way they learn.

The problem in the past has been that dictionaries and other reference materials for young learners were not directed to meet their specific needs.

The **Longman Diccionario Inglés Básico** addresses this problem, and gives the use of dictionaries in the classroom a wider dimension. The dictionary is geared towards helping young learners develop learning strategies that are appropriate for the process of learning English as a foreign language. For instance, this means that the contents of the dictionary reflect young learners' interests and the things they may want to express in English (e.g., *¡Como mola!*) or the things they are likely to come across in English (*What a cool jacket!*).

The Spanish-English section allows students to widen their production skills and offers examples and reusable models of good English that they can use with confidence.

The English-Spanish side shows the learner how English works, and reinforces what they learn in the classroom with many examples. It has rich possibilities for academic use beyond checking for meaning. For instance, in **exit** (*salida*) learners are told that the word *éxito* is translated by *success* in English. This allows users to establish a general point – in this case, that there are "false friends" and that it's good learning practice to check in the dictionary for reassurance.

The **Longman Diccionario Inglés Básico** helps learners bridge the gap between their knowledge of English and what they want to express, creates good learning habits and teaches long-term dictionary skills.

This new edition of the **Longman Diccionario Inglés Básico** has been fully updated with new words and phrases that have entered the language since the first edition, ensuring that it remains the most comprehensive and up-to-date bilingual dictionary at this level.

Mario Herrera is a teacher of English and the author or co-author of several ELT courses that have sold millions of copies around the world. His main area of expertise is teaching English to young learners, a field in which he has also undertaken extensive research. He has won several awards for his academic work.

Las necesidades de los niños que aprenden el inglés

por Mario Herrera

Las actividades que se llevan a cabo en la clase de inglés deben ofrecer a los niños la oportunidad de expresar sus sentimientos, deseos, intereses, opiniones y preocupaciones en ese idioma. Los materiales que los niños manejan deben adecuarse a estas actividades, ayudarlos a enriquecer su dominio de la lengua extranjera y estimularlos a aprender de forma autónoma.

Los niños que se inician en el aprendizaje del inglés necesitan ejemplos y modelos concretos en lugar de explicaciones abstractas. Todo material elaborado para ellos debe tener en cuenta su manera de aprender.

Tradicionalmente, sin embargo, los diccionarios y otras obras de consulta para niños no han satisfecho sus necesidades específicas.

El **Diccionario Inglés Básico de Longman** no sólo resuelve ese problema sino que otorga una dimensión más amplia al uso del diccionario en el aula. La obra está diseñada para ayudar al niño a desarrollar las estrategias de aprendizaje que necesita para la adquisición del inglés como lengua extranjera. El texto contiene abundantes ejemplos de las cosas que el niño puede querer expresar en inglés (por ejemplo, *¡Qué buena onda!*), así como de aquellas que es probable que oiga o lea en este idioma (por ejemplo, *What a cool jacket!*).

El lado español-inglés ofrece a los alumnos la posibilidad de enriquecer sus competencias de producción brindándoles una clara guía para expresarse en la lengua extranjera.

El lado inglés-español no sólo desarrolla las competencias de comprensión sino que refuerza lo aprendido en clase ofreciendo abundantes ejemplos. Sus posibilidades de uso en el aula van más allá de la mera búsqueda del significado de las palabras. En **exit** (*salida*), por ejemplo, se explica que la traducción al inglés de la palabra *éxito* es *success*. Este tipo de información advierte sobre la existencia de "falsos amigos" y refuerza la idea de que es un buen hábito de aprendizaje consultar el diccionario para confirmar significados y traducciones.

El **Diccionario Inglés Básico de Longman** permite a los niños salvar la distancia entre lo que saben y lo que quieren expresar en inglés al tiempo que crea buenos hábitos de aprendizaje y potencia la adquisición de destrezas relativas al manejo de diccionarios en general.

Esta nueva edición del **Diccionario Inglés Básico de Longman** ha sido completamente actualizada con palabras y frases nuevas que han entrado en la lengua desde la primera edición, asegurándose de que sea el diccionario bilingüe de este nivel más completo y actualizado.

Mario Hererra es profesor de inglés y autor o co-autor de varios cursos para la enseñanza del inglés como lengua extranjera que han vendido millones de ejemplares en el mundo entero. Su área de especialidad es la enseñanza de inglés a niños, un campo en el que ha desarollado una intensa actividad de investigación. Ha recibido numerosas distinciones por su labor académica.

Cómo usar este diccionario: Guía rápida

Entrada

Traducción de la palabra

Clase de palabra

costume /ˈkɑstum/ *sustantivo*

disfraz: *The children wore animal costumes.* Los niños traían disfraces de animales.

NOTA: La palabra *costumbre* en español se traduce por **habit** o **custom** en inglés

Nota explicativa

country /ˈkʌntri/ *sustantivo* (plural **countries**)

Información gramatical

Diferentes acepciones de una palabra

1 país: *France and Germany are European countries.* Francia y Alemania son países europeos.

Ejemplo de uso de la palabra

2 campo: *He lives in the country.* Vive en el campo.

Traducción de un ejemplo

Cuando una palabra tiene más de una función gramatical (por ej., verbo y sustantivo) se presenta de esta manera

cough /kɔf/ *verbo & sustantivo*

■ *verbo*

toser: *She's been coughing all night.* Ha estado tosiendo toda la noche.

■ *sustantivo*

tos: *Billy has a bad cough.* Billy tiene mucha tos.

Pronunciación, con indicación de acento tónico

cottage /ˈkɑtɪdʒ/ *sustantivo*

casa de campo

Ilustraciones

cottage

Indicadores que ayudan a distinguir entre los diferentes significados

banco *sustantivo*

1 (establecimiento) **bank**: *Trabaja en un banco.* She works in a bank.

2 (banquito) **stool**

A a

A, a /eɪ/ *sustantivo*
A, a: *A for America* A de América

a /eɪ/ *artículo*
1 un, una: *There's a man at the door.* Hay un hombre en la puerta. | *She was wearing a red skirt.* Traía puesta una falda roja.
2 Usado para hablar de precios: *The candy costs 75 cents a bag.* Los dulces cuestan 75 centavos la bolsa.
3 Usado para hablar de frecuencia: *He visits twice a year.* Viene dos veces por año. | *We talk two or three times a day.* Hablamos dos o tres veces al día.
4 Cuando se usa para hablar de ocupaciones, generalmente no se traduce: *He is a doctor.* Es doctor.
5 Hay otros casos en los que se usa en inglés pero no se traduce: *What a fool!* ¡Qué tonto! | *a thousand students* mil estudiantes

> **NOTA: An** se usa en lugar de **a** antes de una palabra que empieza con el sonido de *a, e, i, o, u*. Mira también **an**

abandon /ə'bændən/ *verbo*
abandonar: *The baby was abandoned by its mother.* El bebé fue abandonado por su madre.

abbreviation /əbrivi'eɪʃən/ *sustantivo*
abreviatura: *"Mr." is the abbreviation for "Mister".* "Mr" es la abreviatura de "Mister".

ABC's /eɪ bi 'siz/ *sustantivo*
abecedario: *She's learning her ABC's.* Está aprendiendo el abecedario.

abdomen /'æbdəmən/ *sustantivo*
abdomen

abdominal /æb'dɑmɪnəl/ *adjetivo*
abdominal: *abdominal muscles* músculos abdominales

ability /ə'bɪləti/ *sustantivo* (plural **abilities**)
capacidad, aptitud: *A teacher must have the ability to keep students interested.* Una maestra debe tener la capacidad de mantener interesados a sus alumnos.

able /'eɪbəl/ *adjetivo*
1 to be able to poder: *Is he able to walk?* ¿Puede caminar? | *I won't be able to help you.* No voy a poder ayudarte.
2 capaz: *a very able student* un alumno muy capaz

aboard /ə'bɔrd/ *preposición & adverbio*
1 a bordo de: *They are traveling aboard the Star Explorer.* Están viajando a bordo del Star Explorer.
2 a bordo: *Are all the passengers aboard?* ¿Están todos los pasajeros a bordo?

abolish /ə'bɑlɪʃ/ *verbo*
abolir

abolition /æbə'lɪʃən/ *sustantivo*
abolición

about /ə'baʊt/ *preposición & adverbio*
1 sobre, acerca de: *She gave me a book about the area.* Me dio un libro sobre la zona.
2 como, más o menos: *Come at about six o'clock.* Ven como a las seis. | *I need about twenty-five dollars.* Necesito como veinticinco dólares.
3 casi: *Dinner is about ready.* La cena está casi lista.
4 to be about to do something estar a punto de hacer algo: *I was about to go to bed when my brother called.* Estaba a punto de acostarme cuando llamó mi hermano.
5 how about, what about ¿Qué te parece ...?: *How about going to the movies?* ¿Qué te parece si vamos al cine?

above /ə'bʌv/ *preposición & adverbio*
1 encima de, arriba de: *The picture is on the wall above my desk.* El cuadro está en la pared encima de mi escritorio. ▶ ver ilustración en la página 2
2 arriba: *We live in the apartment above.* Vivimos en el departamento de arriba.
3 más de: *The temperature went above 90 today.* Hoy la temperatura subió a más de 90 grados. ▶ mira la nota en la entrada **fahrenheit**
4 above all sobre todo: *Above all, I want you to remember this.* Quiero que te acuerdes de esto sobre todo.

abroad /ə'brɔd/ *adverbio*
en el extranjero: *My brother is studying abroad.* Mi hermano está estudiando en el extranjero. | *The last time I went abroad was three years ago.* La última vez que salí del país fue hace tres años.

abrupt /ə'brʌpt/ *adjetivo*
repentino -a, abrupto -a

A

above

There's a picture of my dog above the bed.

absence /ˈæbsəns/ *sustantivo*
ausencia: *Her absence was noticed by her boss.* El jefe notó su ausencia.

absent /ˈæbsənt/ *adjetivo*
ausente: *the absent students* los alumnos ausentes | *He was absent from class last Tuesday.* Faltó a clase el martes pasado.

ˌabsent-ˈminded *adjetivo*
despistado -a, **olvidadizo -a**

absolute /ˈæbsəlut/ *adjetivo*
absoluto -a

absolutely /æbsəˈlutli/ *adverbio*
1 absolutamente: *Are you absolutely sure?* ¿Estás absolutamente seguro? | *It's absolutely beautiful.* Es bellísimo.
2 por supuesto: *"Do you think I'm right?" "Absolutely!"* –¿Crees que tengo razón? –Por supuesto.

absorb /əbˈsɔrb/ *verbo*
absorber

absorbent /əbˈsɔrbənt/ *adjetivo*
absorbente: *absorbent material* tela absorbente

absorbing /əbˈsɔrbɪŋ/ *adjetivo*
absorbente: *an absorbing novel* una novela absorbente

absurd /əbˈsɜrd/ *adjetivo*
absurdo -a: *His story was so absurd that no one believed it.* Lo que contó era tan absurdo que nadie se lo creyó.

absurdly /əbˈsɜrdli/ *adverbio*
ridículamente: *They were all absurdly expensive.* Eran todos ridículamente caros.

abundant /əˈbʌndənt/ *adjetivo*
abundante

abuse¹ /əˈbjus/ *sustantivo*
1 abuso: *We talked about the problem of drug abuse.* Hablamos sobre el problema del abuso de drogas.
2 maltrato [de niños, mujeres]
3 insultos ▶ A menudo se traduce por el verbo *insultar*: *He shouted abuse at me.* Me insultó a gritos.

abuse² /əˈbjuz/ *verbo* (**abusing, abused**)
1 abusar de
2 maltratar

academic /ækəˈdemɪk/ *adjetivo*
académico -a, **lectivo -a**: *the academic year* el año académico

accent /ˈæksent/ *sustantivo*
acento: *She has a French accent.* Tiene acento francés. | *He speaks with a northern accent.* Habla como norteño.

accept /əkˈsept/ *verbo*
1 aceptar: *They didn't accept our offer.* No nos aceptaron la oferta. | *He would not accept money from us.* No nos quiso aceptar el dinero.
2 admitir, **reconocer**: *The mayor accepted that mistakes had been made.* El alcalde reconoció que se habían cometido errores.

acceptable /əkˈseptəbəl/ *adjetivo*
aceptable: *It wasn't your best work, but it was acceptable.* No fue tu mejor trabajo, pero fue aceptable.

acceptance /əkˈseptəns/ *sustantivo*
aceptación

access /ˈækses/ *sustantivo*
1 acceso: *Students need access to computers.* Los estudiantes necesitan tener acceso a computadoras.
2 acceso: *There should be access to the building for people in wheelchairs.* El edificio debería tener acceso para las personas en silla de ruedas.

accident /ˈæksədənt/ *sustantivo*
1 accidente: *I didn't mean to break it – it was an accident!* No lo rompí a propósito, fue un accidente.
2 accidente: *a car accident* un accidente automovilístico
3 by accident (a) por equivocación (b) por casualidad (c) sin querer

accident

accidental /æksəˈdentl/ *adjetivo*
accidental, **fortuito -a**

accidentally /æksəˈdentli/ *adverbio*
sin querer

accommodate /əˈkɑmədeɪt/ *verbo* (**accommodating**, **accommodated**)
1 tener capacidad para: *The room will accommodate fifty people.* El salón tiene capacidad para cincuenta personas.
2 alojar

accommodations /əkɑməˈdeɪʃənz/, también **accommodation** *sustantivo*
alojamiento: *Accommodations are provided for all new students.* Se proporciona alojamiento a todos los estudiantes de nuevo ingreso.

accompany /əˈkʌmpəni/ *verbo* (**accompanying**, **accompanied**)
1 acompañar: *He accompanied me to the hospital.* Me acompañó al hospital.
2 acompañar: *Maria sang, and I accompanied her on the piano.* María cantó y yo la acompañé al piano.

accomplish /əˈkɑmplɪʃ/ *verbo*
lograr: *We accomplished a lot during the day.* Logramos hacer mucho durante el día.

accomplishment /əˈkɑmplɪʃmənt/ *sustantivo*
logro: *Winning the prize was quite an accomplishment!* ¡El ganar el premio fue todo un logro!

accord /əˈkɔrd/ *sustantivo*
of your own accord por voluntad propia: *She left of her own accord.* Se fue por su propia voluntad.

accordingly /əˈkɔrdɪŋli/ *adverbio*
como corresponde: *If you do it right, you'll be rewarded accordingly.* Si lo haces bien, te recompensarán como corresponde.

acˈcording to *preposición*
según: *According to the map, we're very close to the lake.* Según el mapa, estamos muy cerca del lago.

accordion /əˈkɔrdiən/ *sustantivo*
acordeón

account /əˈkaʊnt/ *sustantivo & verbo*
■ *sustantivo*
1 cuenta: *He paid the money into his bank account.* Depositó el dinero en su cuenta bancaria.
2 relato: *Can you give us an account of what happened?* ¿Puede usted relatarnos los acontecimientos?
3 to take something into account tomar algo en cuenta: *You must take the price into account when choosing which one to buy.* Antes de decidir cuál comprar, debes tomar en cuenta el precio.
4 on account of something debido a algo: *We stayed at home on account of the bad weather.* Nos quedamos en casa debido al mal tiempo.
5 accounts contabilidad, **cuentas**
■ *verbo*
to account for something dar cuenta de algo

accountant /əˈkaʊntənt/ *sustantivo*
contador -a

accuracy /ˈækjərəsi/ *sustantivo*
exactitud, **precisión**

accurate /ˈækjərət/ *adjetivo*
exacto -a, **preciso -a**: *an accurate description of the events* una descripción precisa de los acontecimientos | *The figures aren't very accurate.* Las cifras no son muy exactas.

accurately /ˈækjərətli/ *adverbio*
exactamente

accusation /ækjəˈzeɪʃən/ *sustantivo*
acusación

accuse /əˈkjuz/ *verbo* (**accusing**, **accused**)
acusar: *Sally accused Paul of cheating.* Sally acusó a Paul de hacer trampa.

accustomed /əˈkʌstəmd/ *adjetivo*
to be accustomed to something estar acostumbrado -a a algo: *Most visitors are not accustomed to the heat.* La mayoría de los visitantes no están acostumbrados al calor.

ache /eɪk/ *sustantivo & verbo*
■ *sustantivo*
dolor [continuo] ► A menudo se traduce por el verbo *doler*: *I have a back ache.* Me duele la espalda.
■ *verbo* (**aching**, **ached**)
doler: *Her head ached.* Le dolía la cabeza.
► compara con **hurt**

achieve /əˈtʃiv/ *verbo* (**achieving**, **achieved**)
lograr: *She's achieved a lot since she came to this school.* Ha logrado mucho desde que vino a esta escuela.

achievement /əˈtʃivmənt/ *sustantivo*
logro

acid /ˈæsɪd/ *sustantivo*
ácido

ˌacid ˈrain *sustantivo*
lluvia ácida

A

acknowledge /əkˈnɑlɪdʒ/ *verbo* (**acknowledging, acknowledged**)
1 admitir, reconocer: *The hospital acknowledged that it made a mistake.* El hospital admitió que cometió un error.
2 acusar recibo de: *They didn't even acknowledge my letter.* Ni siquiera acusaron recibo de mi carta.

acorn /ˈeɪkɔrn/ *sustantivo*
bellota

acoustic /əˈkustɪk/ *adjetivo*
acústico -a: *an acoustic guitar* una guitarra acústica

acquaintance /əˈkweɪntəns/ *sustantivo*
conocido -a

acquainted /əˈkweɪntɪd/ *adjetivo*
to be acquainted with someone conocer a alguien ▶ Se trata de un uso bastante formal

acre /ˈeɪkər/ *sustantivo*
acre

acrobat /ˈækrəbæt/ *sustantivo*
acróbata

across /əˈkrɔs/ *preposición & adverbio*
1 de un lado a otro (de) ▶ Generalmente se usa el verbo **cruzar**: *They swam across the river.* Cruzaron el río a nado. | *We'll have to swim across.* Vamos a tener que cruzar a nado.
2 al otro lado de: *the old house that stood across the river* la casa vieja que estaba al otro lado del río | *She lives across the street from me.* Vive enfrente de mi casa.

act /ækt/ *verbo & sustantivo*
■ *verbo*
1 portarse: *You're acting like an idiot.* Te estás portando como tonto.
2 actuar: *She's been acting since she was five years old.* Actúa desde que tenía cinco años.
3 hacer el papel de: *Who acted the part of Miss Ceeley?* ¿Quién hizo el papel de la Srta. Ceeley?
4 to act as servir de: *This room acts as her office.* Este cuarto le sirve de oficina.
■ *sustantivo*
1 acto: *an act of bravery* un acto de valentía
2 acto [de una obra de teatro]
3 fingimiento ▶ A menudo se usa el verbo **fingir**: *She seems happy but it's just an act.* Parece feliz, pero está fingiendo.

acting /ˈæktɪŋ/ *sustantivo*
actuación

action /ˈækʃən/ *sustantivo*
1 acción: *His quick action saved her life.* Su pronta acción le salvó la vida. | *The police say they will not be taking any further action in the matter.* La policía dice que no tomará ninguna otra medida en el asunto.
2 out of action descompuesto -a: *My car is out of action.* Mi coche está descompuesto.

active /ˈæktɪv/ *adjetivo*
1 activo -a: *She is very active for her age.* Es muy activa para su edad.
2 activo: *an active verb* un verbo activo

activity /ækˈtɪvəti/ *sustantivo*
1 actividad: *There wasn't much activity at the university.* Había poca actividad en la universidad. | *The classroom was full of activity.* En el salón de clase había mucho movimiento.
2 (plural **activities**) **actividad**: *Dancing is her favorite activity.* El baile es su actividad favorita.

actor /ˈæktər/ *sustantivo*
actor

actress /ˈæktrəs/ *sustantivo* (plural **actresses**)
actriz

actual /ˈæktʃuəl/ *adjetivo*
real: *The actual number is 250, not 450.* La cifra real es 250, no 450. | *We think he stole the money, but we have no actual proof.* Creemos que se robó el dinero, pero no tenemos pruebas concretas.

NOTA: La palabra *actual* en español se traduce por **present** o **current** en inglés

actually /ˈæktʃuəli/ *adverbio*
1 realmente: *Do you actually believe that?* ¿Realmente lo crees? | *I know who he is, but I've never actually met him.* Sé quién es, pero no nos han presentado nunca.
2 en realidad: *Actually, the class starts at 3 o'clock, not 4.* En realidad la clase empieza a las 3, no a las 4.

NOTA: La palabra *actualmente* en español se traduce por **nowadays**, **presently** o **currently** en inglés

ad /æd/ *sustantivo*
anuncio [publicitario]

A.D. /eɪ ˈdi/
dC.: *The document was dated A.D. 1471.* El documento estaba fechado 1471 dC.

adapt /əˈdæpt/ *verbo*
1 adaptarse: *The children have adapted to their new school.* Los niños ya se adaptaron a su nueva escuela.
2 adaptar: *They had adapted the kitchen*

for blind people. Habían adaptado la cocina para los invidentes.

adaptable /əˈdæptəbəl/ *adjetivo*
adaptable

add /æd/ *verbo*
1 agregar, **añadir**: *To make the cake, mix butter and sugar, and then add flour.* Para hacer el pastel, mezcle mantequilla y azúcar, y luego agregue harina.
2 sumar: *If you add 3 and 4, you get 7.* Si sumas 3 más 4, te da 7. | *Add up these numbers.* Suma estos números.
3 añadir: *"I'm not changing my mind," she added.* "No voy a cambiar de parecer", añadió.

add

Add up these numbers.

addict /ˈædɪkt/ *sustantivo*
adicto -a: *a clinic for treating drug addicts* una clínica para tratar drogadictos

addiction /əˈdɪkʃən/ *sustantivo*
adicción

addition /əˈdɪʃən/ *sustantivo*
1 suma
2 adición, **incorporación**: *She was an important addition to the company.* Su incorporación a la compañía fue significativa.
3 in addition to además de: *In addition to English, the children also learn German and Spanish.* Además de inglés, los niños estudian alemán y español.

address /əˈdres/ *sustantivo & verbo*
■ *sustantivo* (plural **addresses**)
dirección: *Please write your name and address at the top of the page.* Por favor escribe tu nombre y dirección en la parte superior de la página.
■ *verbo*
1 dirigirse a: *The President will address the nation tonight.* El Presidente se dirigirá a la nación hoy en la noche.
2 dirigir: *She addressed the letter to Mrs. Wilson.* Le dirigió la carta a la Sra. Wilson.

adequate /ˈædəkwət/ *adjetivo*
1 suficiente
2 adecuado -a, **apropiado -a**

adjective /ˈædʒɪktɪv/ *sustantivo*
adjetivo

adjust /əˈdʒʌst/ *verbo*
ajustar

administration /ədmɪnəˈstreɪʃən/ *sustantivo*
administración

administrative assistant /ədˌmɪnəstreɪtɪv əˈsɪstənt/ *sustantivo*
auxiliar administrativo -a

admiral /ˈædmərəl/ *sustantivo*
almirante

admiration /ædməˈreɪʃən/ *sustantivo*
admiración

admire /ədˈmaɪr/ *verbo* (**admiring**, **admired**)
admirar: *I always admired his work.* Siempré admiré su trabajo.

admission /ədˈmɪʃən/ *sustantivo*
1 confesión: *an admission of guilt* una confesión de culpabilidad
2 entrada ► A menudo se usa el verbo *entrar*: *Admission was free for children.* Los niños entraban gratis.

admit /ədˈmɪt/ *verbo* (**admitting**, **admitted**)
1 reconocer: *She admitted that she was lazy.* Reconoció que era floja.
2 dejar entrar

adolescent /ædəˈlesənt/ *sustantivo*
adolescente

adopt /əˈdɑpt/ *verbo*
adoptar

adore /əˈdɔr/ *verbo* (**adoring**, **adored**)
adorar: *She adored her son.* Adoraba a su hijo. | *I adore chocolate.* Me encanta el chocolate.

adore

Everyone adores the baby.

adult /əˈdʌlt, ˈædʌlt/ *sustantivo*
adulto -a: *a group of three adults and four children* un grupo de tres adultos y cuatro niños

advance /ədˈvæns/ *verbo & sustantivo*
■ *verbo* (**advancing, advanced**)
avanzar: *The army advanced toward the town.* El ejército avanzó hacia la ciudad.
■ *sustantivo*
in advance de antemano, **por adelantado**: *You must pay in advance.* Tiene que pagar por adelantado.

advanced /ədˈvænst/ *adjetivo*
1 **avanzado -a**: *They sell the most advanced computers available.* Venden las computadoras más avanzadas que hay.
2 **avanzado -a** [de un nivel alto]: *advanced students of English* estudiantes avanzados de inglés

advantage /ədˈvæntɪdʒ/ *sustantivo*
ventaja: *It is an advantage to speak several languages.* Es una ventaja hablar varios idiomas.

adventure /ədˈventʃər/ *sustantivo*
aventura

adventurous /ədˈventʃərəs/ *adjetivo*
aventurero -a, **atrevido -a**

adverb /ˈædvərb/ *sustantivo*
adverbio

advertise /ˈædvərtaɪz/ *verbo* (**advertising, advertised**)
anunciar, **hacerle publicidad a**: *In the USA it is illegal to advertise cigarettes on TV.* En EEUU es ilegal anunciar cigarros en TV.

advertisement /ædvərˈtaɪzmənt/ *sustantivo*
1 (en un periódico) **anuncio**
2 (en la TV y radio) **comercial**

advice /ədˈvaɪs/ *sustantivo*
1 **consejos** ▶ A menudo se traduce por el verbo *aconsejar*: *Can I ask your advice about what classes to take?* ¿Me puedes aconsejar qué clases tomar?
2 **a piece of advice un consejo**: *Let me give you a piece of advice.* Déjame darte un consejo.

advise /ədˈvaɪz/ *verbo* (**advising, advised**)
aconsejar: *The doctor advised me to rest for a few days.* El médico me aconsejó reposo por unos días.

aerobics /əˈroʊbɪks/ *sustantivo*
aerobics

aerosol /ˈerəsɔl/ *sustantivo*
aerosol

affair /əˈfer/ *sustantivo*
1 **affaire**, **amorío**: *Her husband was having an affair with his secretary.* Su esposo estaba teniendo un affaire con su secretaria.
2 **evento**, **ocasión**: *The party was a noisy affair.* La fiesta fue un evento muy escandaloso.
3 **asunto**: *government affairs* asuntos del gobierno

affect /əˈfekt/ *verbo*
afectar: *The disease affected his breathing.* La enfermedad le afectó la respiración.

affection /əˈfekʃən/ *sustantivo*
afecto

affectionate /əˈfekʃənət/ *adjetivo*
afectuoso -a, **cariñoso -a**

afford /əˈfɔrd/ *verbo*
tener suficiente dinero para algo, **alcanzarle a uno el dinero para algo**: *We can't afford a new car.* No nos alcanza para un coche nuevo.

afraid /əˈfreɪd/ *adjetivo*
asustado -a ▶ Generalmente se traduce por *tener miedo*: *Are you afraid of the dark?* ¿Le tienes miedo a la oscuridad?

after /ˈæftər/ *preposición & adverbio*
1 **después de**: *The watch broke three days after I bought it!* ¡El reloj se rompió tres días después de que lo compré!
2 **después**: *Have your milk first and your juice after.* Primero tómate la leche y después el jugo.
3 **atrás de, detrás de**: *The child ran after her dog.* La niña corrió atrás del perro.
4 Usado para indicar los minutos después de la hora: *It's ten after four.* Son las cuatro y diez.
5 **to be after someone perseguir a alguien**: *Are the police still after him?* ¿Todavía lo persigue la policía?
6 **to be after something andar buscando algo**, **andar atrás de algo**: *I think he's after more money.* Creo que anda buscando más dinero.
7 **after all después de todo**: *Don't worry about it. After all, it's not your fault.* No te preocupes. Después de todo no es tu culpa.

afternoon /æftərˈnun/ *sustantivo*
tarde: *I saw Jim yesterday afternoon.* Vi a Jim ayer en la tarde.

afterward /ˈæftərwərd/, también **afterwards** *adverbio*
después: *We went to the dance and walked home afterward.* Fuimos al cine y después nos fuimos a la casa a pie.

again /ə'gen/ *adverbio*
1 otra vez ▶ A menudo se traduce por *volver a*: *Can you do that again?* ¿Puedes volver a hacerlo?
2 again and again una y otra vez
3 now and again de vez en cuando: *My aunt visits us now and again.* Mi tía nos visita de vez en cuando.

against /ə'genst/ *preposición*
1 (para indicar posición) **contra**: *He leaned against the wall.* Se recargó contra la pared
2 (para indicar oposición) **contra**, **en contra de**: *I'm against killing animals for their fur.* Estoy en contra de sacrificar animales sólo por su piel.
3 (en competencias) **contra**: *We're playing against the blue team.* Vamos a jugar contra el equipo azul.
4 (cuando se quiere evitar algo) **contra**: *a protest against the war* una protesta contra la guerra
5 against the law contra la ley: *It's against the law to drive too fast.* Es contra la ley manejar demasiado rápido

age /eɪdʒ/ *sustantivo*
1 edad: *Pat is ten years of age.* Pat tiene diez años de edad.
2 (para indicar madurez) **edad**, **años**: *The wine improves with age.* El vino mejora con los años.
3 old age vejez: *Who will take care of her in her old age?* ¿Quién la va a cuidar en su vejez?
4 edad, **era**
5 ages mucho tiempo: *We talked for ages.* Hablamos durante horas.

agency /'eɪdʒənsi/ *sustantivo* (plural **agencies**)
agencia

aggressive /ə'gresɪv/ *adjetivo*
agresivo -a: *Your child is too aggressive with others.* Tu niño es demasiado agresivo con los demás.

ago /ə'goʊ/ *adverbio*
(en el pasado) **hace**: *It happened just a few minutes ago.* Sucedió hace unos cuantos minutos.

> **NOTA: Ago** se puede usar con un verbo en pasado, pero no con un verbo en antepresente. Compara estos enunciados: *He arrived a month ago.* Llegó hace un mes. | *He has been here since last month.* Está aquí desde hace un mes.

agony /'ægəni/ *sustantivo*
agonía

agree /ə'gri/ *verbo* (**agreeing**, **agreed**)
1 estar de acuerdo: *I agree with you.* Estoy de acuerdo contigo. | *I agree with the proposal.* Estoy de acuerdo con la propuesta.
2 to agree to something aceptar algo: *He agreed to the plan.* Aceptó el plan.
3 to agree with something aprobar, estar de acuerdo con: *I don't agree with hunting.* No estoy de acuerdo con la caza.

agricultural /ægrɪ'kʌltʃərəl/ *adjetivo*
agrícola: *agricultural machinery* maquinaria agrícola

agriculture /'ægrɪkʌltʃər/ *sustantivo*
agricultura

ahead /ə'hed/ *adverbio*
1 (al andar, correr) **delantera**: *She was walking ahead of me.* Me llevaba la delantera.
2 por delante de ▶ A menudo se traduce por el verbo *adelantar*: *So far we are ahead of schedule.* Hasta ahorita vamos muy adelantados.
3 para el futuro: *We need to plan ahead if we are to succeed.* Tenemos que planear para el futuro si queremos tener éxito.

aid /eɪd/ *sustantivo*
ayuda, **asistencia**: *international aid to the earthquake victims* ayuda internacional para las víctimas del temblor

AIDS /eɪdz/ *sustantivo*
SIDA

aim /eɪm/ *verbo & sustantivo*
■ *verbo*
1 aspirar [tener un objetivo]: *We aim to win.* Nuestro objetivo es ganar.
2 apuntar: *He aimed the gun at me.* Me apuntó con la pistola.
■ *sustantivo*
1 objetivo, **propósito**: *Our aim is to provide better schools for everyone.* Nuestro objetivo es proporcionar mejores escuelas para todos.
2 to take aim apuntar [con un arma]

air /er/ *sustantivo & verbo*
■ *sustantivo*
1 aire
2 the air el aire: *He threw his hat into the air.* Lanzó su sombrero al aire.
3 by air en avión: *We traveled by air.* Viajamos en avión.
■ *verbo*
to air your views/opinions decir a alguien lo que uno piensa de algo

'air con,ditioner *sustantivo*
acondicionador de aire

ˈair conˌditioning *sustantivo*
aire acondicionado

aircraft /ˈerkræft/ *sustantivo* (plural **aircraft**)
avión

airfield /ˈerfild/ *sustantivo*
aeródromo, **campo de aviación**

ˈair force *sustantivo*
fuerza aérea

airline /ˈerlaɪn/ *sustantivo*
línea aérea

airmail /ˈermeɪl/ *sustantivo*
correo aéreo

airplane /ˈerpleɪn/ *sustantivo*
avión, **aeroplano**

airport /ˈerpɔrt/ *sustantivo*
aeropuerto

ˈair raid *sustantivo*
ataque aéreo

airy /ˈeri/ *adjetivo* (**airier**, **airiest**)
espacioso -a, **bien ventilado -a**: *We were given a nice airy room.* Nos dieron una bonita y espaciosa habitación.

aisle /aɪl/ *sustantivo*
pasillo

ajar /əˈdʒɑr/ *adjetivo*
entreabierto -a

ajar

open

ajar

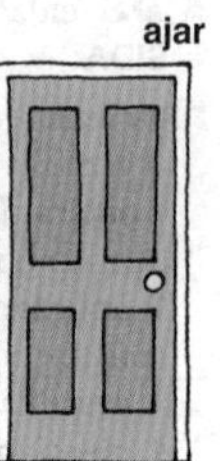
closed

alarm /əˈlɑrm/ *sustantivo & verbo*
■ *sustantivo*
1 alarma: *a fire alarm* una alarma contra incendios
2 despertador
■ *verbo*
alarmar

aˈlarm ˌclock *sustantivo*
despertador

album /ˈælbəm/ *sustantivo*
1 álbum: *He bought the new Ricky Martin album.* Compró el nuevo álbum de Ricky Martin.
2 (libro) **álbum**

alarm

burglar alarm

alarm clock

smoke alarm

alcohol /ˈælkəhɔl/ *sustantivo*
alcohol: *We do not sell alcohol to anyone under 21.* No le vendemos alcohol a ningún menor de edad.

alcoholic /ælkəˈhɔlɪk/ *sustantivo & adjetivo*
alcohólico -a: *Her father is an alcoholic.* Su padre es alcohólico. | *alcoholic drinks* bebidas alcohólicas

alert /əˈlɜrt/ *adjetivo*
alerta

algebra /ˈældʒəbrə/ *sustantivo*
álgebra

alien /ˈeɪliən/ *sustantivo*
1 (formal) **extranjero -a**
2 extraterrestre: *a movie about aliens invading Earth* una película sobre una invasión de extraterrestres

alike /əˈlaɪk/ *adjetivo & adverbio*
1 parecido -a: *They are very alike.* Son muy parecidos.
2 igual: *They were all dressed alike in white dresses.* Todas iban vestidas igual, de vestido blanco.

alive /əˈlaɪv/ *adjetivo*
vivo -a: *It's alive.* Está vivo. | *Is his grandfather still alive?* ¿Todavía vive su abuelo?

all /ɔl/ *adverbio & adjetivo*
1 todo -a, **completamente**: *He was dressed all in black.* Iba vestido todo de negro.
2 todo -a: *Don't eat all the cake!* ¡No te comas todo el pastel! | *She spent it all!* ¡Se lo gastó todo! | *He ate them all!* ¡Se los comió todos!
3 todos -as, **cada uno -a de**: *Answer all twenty questions.* Contesta todas las veinte preguntas.
4 all over por todas partes: *I've been looking all over for you.* Te he buscado por todas partes.

5 **not at all** **nada**: *I'm not hungry at all.* No tengo nada de hambre.

allergic /əˈlɜrdʒɪk/ *adjetivo*
alérgico -a: *I'm allergic to cats.* Soy alérgico a los gatos.

allergy /ˈælərdʒi/ *sustantivo* (plural **allergies**)
alergia: *His breathing problems are caused by an allergy to house dust.* Sus problemas respiratorios se deben a una alergia al polvo doméstico.

alley /ˈæli/ *sustantivo* (plural **alleys**)
callejón

alliance /əˈlaɪəns/ *sustantivo*
alianza

alligator /ˈæləgeɪtər/ *sustantivo*
caimán

allow /əˈlaʊ/ *verbo*
permitir: *You're not allowed to go in there.* No se permite la entrada ahí.

allowance /əˈlaʊəns/ *sustantivo*
sobresueldo, **prestación**

all right, **alright** /ɔlˈraɪt/ *adjetivo*, *interjección* & *adverbio*
1 **okey**, **bueno -a**: *"How is the coffee?" "It's all right, but I've had better."* –¿Cómo está el café? –Okey, pero he tomado otros mejores.
2 (para indicar que uno está bien) *"Do you feel all right?" "Yes I'm all right now."* –¿Estás bien? –Sí, ya me siento bien.
3 **claro**: *"Can I borrow this book?" "All right."* –¿Me prestas este libro? –Claro.
4 **bien**: *She did all right on the test.* Hizo bien en la prueba.

ally /ˈælaɪ/ *sustantivo* (plural **allies**)
aliado -a

almond /ˈɑmənd/ *sustantivo*
almendra

almost /ˈɔlmoʊst/ *adverbio*
casi: *It's almost 9 o'clock.* Son casi las nueve. | *We're almost there.* Ya casi llegamos.

alone /əˈloʊn/ *adjetivo*
1 **solo -a**: *He lives alone.* Vive solo.
2 el único o la única: *She alone knows the truth.* Es la única que sabe la verdad.
3 **to leave someone alone** **dejar a alguien en paz**: *Leave me alone. I'm busy!* ¡Déjenme en paz! ¡Estoy ocupada!
4 **to leave something alone** **dejar algo en paz / no tocar algo**: *Leave the dog alone.* Deja en paz al perro.

along /əˈlɔŋ/ *adverbio* & *preposición*
1 Usado para indicar movimiento adelante: *Move along, please!* ¡Circulen por favor!
2 **a lo largo de**, **por**: *There were cars parked along the sidewalk.* Había coches estacionados a lo largo de la banqueta. | *They walked along the beach.* Se pasearon por la playa.
3 **to bring someone along** **llevar a un acompañante**: *Can I bring my friend along?* ¿Puedo llevar a mi amigo?

aloud /əˈlaʊd/ *adverbio*
en voz alta, **en alto**: *She read the story aloud.* Leyó la historia en voz alta.

alphabet /ˈælfəbet/ *sustantivo*
alfabeto: *The alphabet begins with A and ends with Z.* El alfabeto empieza con A y termina con Z.

alphabetical /ælfəˈbetɪkəl/ *adjetivo*
alfabético -a: *The words in this dictionary are in alphabetical order.* Las palabras de este diccionario están en orden alfabético.

already /ɔlˈredi/ *adverbio*
1 (antes de ahora) **ya**: *I've seen that movie twice already.* Ya vi esa película dos veces.
2 (para esa hora) **ya**: *It was already raining when we started our trip.* Ya estaba lloviendo cuando empezamos el viaje.

alright ► ver **all right**

also /ˈɔlsoʊ/ *adverbio*
también: *They sell mostly shoes, but they also sell some bags.* Venden principalmente zapatos, pero también venden bolsas. | *We can also go to the museum if there's time.* También podemos ir al museo si hay tiempo.

> **NOTA:** Cuando se usa con un verbo simple, **also** va antes del verbo, excepto en el caso de **be**, que debe ir seguido de **also**. Cuando se usa con un verbo compuesto, **also** va entre el verbo auxiliar y el verbo principal: *He enjoys football and baseball, and he also likes tennis.* Le gusta el futbol y el beisbol, y también le gusta el tenis. | *She likes music, and she is also interested in sports.* Le gusta la música y también le interesan los deportes. | *He plays racquet ball, and he is also a good tennis player.* Juega squash y también es un buen tenista. | *My sister is also studying in San Diego.* Mi hermana también está estudiando en San Diego.

altar /ˈɔltər/ *sustantivo*
altar

alter /ˈɔltər/ *verbo*
alterar, **cambiar**: *We had to alter our plans.* Tuvimos que cambiar los planes.

A

alteration /ɔltəˈreɪʃən/ *sustantivo*
alteración, **cambio**

alternate¹ /ˈɔltərneɪt/ *verbo* (**alternating**, **alternated**)
alternar, **oscilar**: *The weather has been alternating between sunshine and rain.* El tiempo ha estado oscilando entre lluvia y sol.

alternate² /ˈɔltərnət/ *adjetivo*
1 alterno -a, **uno sí y otro no**: *He works on alternate Saturdays.* Trabaja un sabado sí y otro no.
2 alternativo -a: *Is there an alternate route to the stadium?* ¿Hay una ruta alternativa para el estadio?

alternative /ɔlˈtɜrnətɪv/ *sustantivo* & *adjetivo*
■ *sustantivo*
alternativa: *Any alternative to this would be better.* Cualquier alternativa a esto sería mejor.
■ *adjetivo*
alternativo -a: *an alternative plan* un plan alternativo

although /ɔlˈðoʊ/ *conjunción*
aunque: *Although the car is old, it still drives well.* Aunque el coche es viejo, todavía anda muy bien.

altogether /ɔltəˈgeðər/ *adverbio*
1 en total: *There are 30 people on the bus altogether.* En total hay 30 personas en el camión.
2 definitivamente: *He has quit his job altogether.* Renunció definitivamente a su trabajo.

always /ˈɔlweɪz/ *adverbio*
1 siempre: *Always lock the door when you go out.* Siempre cierra la puerta con llave cuando sales.
2 siempre, **en toda ocasión**: *I'll always remember you.* Siempre te recordaré.

> **NOTA:** Cuando se usa con un verbo simple, **always** va antes del verbo, excepto si se trata de **be**, que debe ir seguido de **always**. Cuando se usa con un verbo compuesto, **always** va entre el verbo auxiliar y el verbo principal: *We always enjoy our vacations.* Siempre disfrutamos nuestras vacaciones. | *It is always nice to see you.* Siempre me da gusto verte. | *You must always be careful when you cross the street.* Siempre debes tener cuidado cuando cruces la calle. | *She is always complaining.* Siempre se está quejando.

am /æm/ primera persona del singular del verbo **be**
soy, **estoy**: *Do you think I am too strict?* ¿Crees que soy demasiado estricta? | *I'm very tired.* Estoy muy cansado. | *Am I late for dinner?* ¿Llego tarde para cenar? | *I'm sorry.* Lo siento.

a.m. /eɪ ˈem/
mañana [antes meridiano]: *I got up at 8 a.m.* Me levanté a las 8 de la mañana.

amateur /ˈæmətʃər/ *adjetivo*
amateur

amaze /əˈmeɪz/ *verbo* (**amazing**, **amazed**)
asombrar: *She was amazed to see so many people there.* Se asombró de ver a tanta gente ahí.

amazement /əˈmeɪzmənt/ *sustantivo*
asombro

amazing /əˈmeɪzɪŋ/ *adjetivo*
increíble, **asombroso -a**: *What amazing news!* ¡Qué increíble noticia! | *What an amazing car!* ¡Qué coche más increíble!

ambassador /æmˈbæsədər/ *sustantivo*
embajador -a

ambition /æmˈbɪʃən/ *sustantivo*
ambición: *Her ambition is to be a singer.* Su ambición es ser cantante.

ambitious /æmˈbɪʃəs/ *adjetivo*
ambicioso -a: *a young, ambitious businessman* un joven empresario ambicioso

ambulance /ˈæmbjələns/ *sustantivo*
ambulancia

ambulance

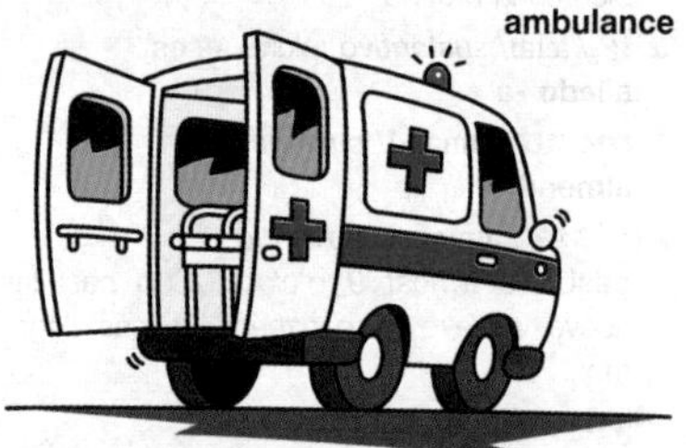

amendment /əˈmendmənt/ *sustantivo*
1 (a un documento) **corrección**
2 (a una ley) **enmienda**

America /əˈmerɪkə/ *sustantivo*
Estados Unidos

American /əˈmerɪkən/ *sustantivo* & *adjetivo*
estadounidense, **norteamericano -a**

ammunition /æmjəˈnɪʃən/ *sustantivo*
munición

among /əˈmʌŋ/ *preposición*
1 entre: *It's nice to be among friends.* Es agradable estar entre amigos. ▶ compara con **between**
2 entre: *The candy was shared among the children.* Los niños se repartieron los dulces entre ellos. ▶ compara con **between**

amount /əˈmaʊnt/ *sustantivo*
cantidad: *It cost a large amount of money.* Costó una buena cantidad de dinero.

amphibian /æmˈfɪbiən/ *adjetivo & sustantivo*
■ *adjetivo*
anfibio -a
■ *sustantivo*
anfibio

ample /ˈæmpəl/ *adjetivo*
Más que suficiente: *The car has ample room for five people.* En el coche caben cinco personas sin problemas.

amuse /əˈmjuz/ *verbo* (**amusing**, **amused**)
divertir, **hacer gracia**: *He was not amused at the joke.* El chiste no le hizo gracia.

amusement /əˈmjuzmənt/ *sustantivo*
1 diversión
2 entretenimiento

aˈmusement ˌpark *sustantivo*
parque de diversiones

amusing /əˈmjuzɪŋ/ *adjetivo*
divertido -a: *an amusing story* una historia divertida ▶ compara con **funny**

an /æn/ *artículo*
un, **una**: *an orange* una naranja | *half an hour* media hora

> **NOTA:** Se usa **an** en vez de **a** antes de palabras que empiezan con un sonido de vocal: *a dog* un perro | *a girl* una chica | *a house* una casa | *an umbrella* un paraguas | *an elephant* un elefante | *an object* un objeto
> Recuerda que algunas veces hay una diferencia entre la forma en que se escribe una palabra y cómo suena. Usa **an** antes de palabras que empiecen con un sonido de vocal aunque no empiecen con las letras *a*, *e*, *i*, *o*, *u*. Usa **a**, y no **an**, con palabras que empiecen con una letra vocal pero que no empiezan con un sonido vocal: *It will take about an hour.* Va tomar como una hora. | *a European country* un país europeo

analysis /əˈnæləsɪs/ *sustantivo* (plural **analyses** /-siz/)
análisis

analyze /ˈænl-aɪz/ *verbo* (**analyzing**, **analyzed**)
analizar, **hacer un análisis**

ancestor /ˈænsestər/ *sustantivo*
antepasado -a

anchor /ˈæŋkər/ *sustantivo*
ancla

ancient /ˈeɪnʃənt/ *adjetivo*
antiguo -a: *ancient buildings* edificios antiguos | *ancient history* historia antigua

and /ænd/ *conjunción*
y: *I had a drink and a slice of cake.* Tomé una bebida y una rebanada de pastel. | *Are John and Jill coming tonight?* ¿Van a venir John y Jill hoy en la noche?

anesthetic /ænəsˈθetɪk/ *sustantivo*
anestesia

angel /ˈeɪndʒəl/ *sustantivo*
ángel

anger /ˈæŋgər/ *sustantivo*
enojo, **coraje**

angle /ˈæŋgəl/ *sustantivo*
ángulo: *an angle of 90 degrees* un ángulo de 90 grados

angrily /ˈæŋgrəli/ *adverbio*
con enojo, **furiosamente**: *"Go away!" she shouted angrily.* "¡Vete de aquí!", le gritó enojada.

angry /ˈæŋgri/ *adjetivo* (**angrier**, **angriest**)
enojado -a: *I'm very angry at her.* Estoy muy enojado con ella.

animal /ˈænəməl/ *sustantivo*
animal

ankle /ˈæŋkəl/ *sustantivo*
tobillo

anniversary /ænəˈvɜrsəri/ *sustantivo* (plural **anniversaries**)
aniversario

> **NOTA: anniversary** se refiere a un día en que se recuerda algo especial o importante sucedido en la misma fecha en un año anterior: *Their wedding anniversary is June 12th (=they got married on June 12th).* Su aniversario de bodas es el 12 de junio.
> **birthday** es la fecha en la cual una persona nació.

announce /əˈnaʊns/ *verbo* (**announcing**, **announced**)
anunciar [un acontecimiento]: *The captain announced that the plane was going to land.* El capitán anunció que el avión iba a aterrizar.

A

announcement /əˈnaʊnsmənt/ *sustantivo*
anuncio [de un acontecimiento]: *I read your wedding announcement in the newspaper.* Leí el anuncio de tu boda en el periódico.

announcer /əˈnaʊnsər/ *sustantivo*
locutor -a

annoy /əˈnɔɪ/ *verbo* (**annoying**, **annoyed**)
irritar, **molestar**: *You're beginning to annoy me!* ¡Estás empezando a irritarme!

annoyed /əˈnɔɪd/ *adjetivo*
enojado: *He is getting annoyed with his sister.* Se está enojando con su hermana.

annual /ˈænjuəl/ *adjetivo*
anual: *The rodeo is an annual event.* El rodeo es un evento anual.

annually /ˈænjuəli/ *adverbio*
anualmente

anonymous /əˈnɑnəməs/ *adjetivo*
anónimo: *The author of the book is anonymous.* El autor del libro es anónimo.

another /əˈnʌðər/ *adjetivo & pronombre*
■ *adjetivo*
1 otro -a: *Would you like another cup of coffee?* ¿Quieres otra taza de café? | *Give me another one.* Dame otro.
2 otro -a: *Is there another room we can use?* ¿Hay otro cuarto que podamos usar?
■ *pronombre*
otro -a: *Would you like another?* ¿Quieres otra? ► compara con **other**

answer /ˈænsər/ *verbo & sustantivo*
■ *verbo*
1 contestar: *"Did you see her?" "No," she answered.* –¿La viste? –No. –contestó. | *You should answer all the questions in the test.* Debes contestar todas las preguntas en la prueba.
2 to answer the door abrir la puerta
3 to answer the telephone contestar el teléfono
■ *sustantivo*
1 respuesta: *I'm still waiting for an answer.* Todavía estoy esperando una respuesta.
2 solución: *There are no easy answers to the problem of crime.* No hay soluciones fáciles para el problema de la delincuencia.

ˈanswering maˌchine *sustantivo*
contestador automático, **contestadora**

ant /ænt/ *sustantivo*
hormiga

Antarctic /æntˈɑrktɪk/ *sustantivo & adjetivo*
■ *sustantivo*
the Antarctic la región antártica
■ *adjetivo*
antártico -a

anteater /ˈæntitər/ *sustantivo*
oso hormiguero

antelope /ˈæntl-oʊp/ *sustantivo* (plural **antelope** o **antelopes**)
antílope

antenna /ænˈtenə/ *sustantivo*
antena

antibiotic /ˌæntɪbaɪˈɑtɪk/ *sustantivo*
antibiótico

anticipate /ænˈtɪsəpeɪt/ *verbo* (**anticipating**, **anticipated**)
prever: *We anticipate that there will be a few problems.* Prevemos que habrá algunos problemas.

anxiety /æŋˈzaɪəti/ *sustantivo* (plural **anxieties**)
ansiedad, **preocupación**

anxious /ˈæŋkʃəs/ *adjetivo*
preocupado -a

anxiously /ˈæŋkʃəsli/ *adverbio*
con preocupación: *They waited anxiously for news of their son.* Esperaban noticias de su hijo con preocupación..

any /ˈeni/ *pronombre, adjetivo & adverbio*
1 cualquier -a: *Any of these restaurants is fine.* Cualquiera de estos restaurantes está bien.
2 Cuando se usa con el significado de *algo de*, generalmente no se traduce en enunciados negativos o interrogativos: *Is there any ice cream left?* ¿Quedó helado? ► compara con **some**
3 Cuando se usa con el significado de *un poco más*, generalmente no se traduce: *I don't know how things could get any worse.* No veo como podrían empeorar las cosas. | *Are you feeling any better?* ¿Te sientes mejor?

> **NOTA:** Usa **any**, y no **some**, en preguntas y en enunciados negativos. Ahora bien, cuando pides algo u ofreces algo, usa **some**: *I need to buy some coffee.* Necesito comprar café. | *Is there any coffee?* ¿Hay café? | *There isn't any coffee.* No hay café. | *Would you like some coffee?* ¿Quieres café? | *Can I have some coffee, please?* ¿Me das café?

anybody /ˈenibɑdi/ también **anyone** /ˈeniwʌn/ *pronombre*
1 (usado en preguntas) **alguien**: *Has anybody seen my pen?* ¿Alguien ha visto mi pluma?

2 (usado en enunciados afirmativos) **cualquiera**, **cualquier persona**: *Anybody can learn to swim.* Cualquiera puede aprender a nadar.

3 (usado en enunciados negativos) **nadie**: *There wasn't anybody at home.* No había nadie en casa. ▶ compara con **someone**

> **NOTA:** Usa **anybody** o **anyone**, y no **somebody** o **someone**, en preguntas y en enunciados negativos: *There was somebody waiting outside.* Había alguien esperando afuera. | *Is there anybody here?* ¿Hay alguien aquí? | *There wasn't anybody in the office.* No había nadie en la oficina.

anyhow /ˈenihaʊ/ *adverbio* ▶ palabra con el mismo significado y uso que **anyway**

anyone /ˈeniwʌn/ *pronun*
▶ palabra con el mismo significado y uso que **anybody**

anything /ˈeniθɪŋ/ *pronombre*

1 (usado en preguntas) **algo**: *Do you want anything?* ¿Quieres algo?

2 (usado en enunciados negativos) **nada**: *She didn't want anything to eat.* No quiso comer nada. ▶ compara con **something**

3 cualquier cosa: *My dog will eat anything.* Mi perro come cualquier cosa.

> **NOTA:** Usa **anything**, y no **something**, en preguntas y en enunciados negativos: *I need to get something to drink.* Necesito tomar algo | *Do you have anything to drink?* ¿Tienes algo de tomar? | *I don't want anything to drink.* No quiero tomar nada.

anytime /ˈenɪtaɪm/ *adverbio*
en cualquier momento: *They could arrive anytime.* Podrían llegar en cualquier momento. | *Call me anytime.* Llámame cuando quieras. | *Are you going to see him anytime soon?* ¿Vas a verlo pronto?

anyway /ˈeniweɪ/ *adverbio*

1 de todos modos: *The dress cost a lot, but I bought it anyway.* El vestido era muy caro pero de todos modos lo compré.

2 bueno [para cambiar de tema]: *Anyway, where do you want to go for lunch?* Bueno, ¿y a dónde quieres ir a comer?

anywhere /ˈeniwer/ *adverbio*

1 (usado en enunciados negativos) **ningún lado**: *I can't find my keys anywhere.* No encuentro mis llaves por ningún lado.

2 (usado en preguntas) **algún lado**: *Have you been anywhere else?* ¿Fuiste a algún otro lado? ▶ compara con **somewhere**

apart /əˈpɑrt/ *adverbio*

1 Usado para indicar separación: *The two cities are six miles apart.* Las dos ciudades están a seis millas de distancia. | *I had to take the lamp apart to fix it.* Tuve que desarmar la lámpara para componerla.

2 apart from someone or something aparte de alguien o algo: *All the children like music apart from Joe.* Aparte de Joe, a todos los niños les gusta la música.

apartment /əˈpɑrtmənt/ *sustantivo*
departamento

ape /eɪp/ *sustantivo*
simio, **mono**

apologize /əˈpɑlədʒaɪz/ *verbo* (**apologizing**, **apologized**)
disculparse, **pedir perdón**: *Billy apologized for telling a lie.* Billy se disculpó por haber dicho una mentira.

apology /əˈpɑlədʒi/ *sustantivo* (plural **apologies**)
disculpa

apostrophe /əˈpɑstrəfi/ *sustantivo*
apóstrof

apparatus /æpəˈrætəs/ *sustantivo*
equipo [para llevar a cabo una actividad]: *diving apparatus* equipo de buceo

apparently /əˈpærəntli/ *adverbio*
según parece: *Apparently, she's living in Japan.* Según parece está viviendo en Japón.

appeal /əˈpil/ *verbo & sustantivo*

■ *verbo*

1 pedir, **suplicar**: *She appealed to me for help.* Me suplicó que la ayudara.

2 to appeal to someone atraerle a alguien: *That type of music doesn't appeal to me.* Ese tipo de música no me atrae.

■ *sustantivo*

llamado: *The Red Cross is making an appeal for medicine and blankets.* La Cruz Roja está haciendo un llamado para solicitar medicinas y cobijas.

appear /əˈpɪr/ *verbo*

1 parecer: *She appeared to be upset.* Parecía estar alterada.

2 aparecer: *Stars appeared in the sky.* Aparecieron estrellas en el cielo.

appearance /əˈpɪrəns/ *sustantivo*

1 apariencia: *Carol is very concerned about her appearance.* A Carol le importa mucho su apariencia.

A

2 aparición: *This is his first appearance on television.* Es su primera aparición en televisión.

appetite /ˈæpətaɪt/ *sustantivo*
apetito: *I lost my appetite when I was sick.* Perdí el apetito cuando estaba enferma.

applaud /əˈplɔd/ *verbo*
aplaudir

applause /əˈplɔz/ *sustantivo*
aplausos

apple /ˈæpəl/ *sustantivo*
manzana

appliance /əˈplaɪəns/ *sustantivo*
aparato: *Bob works at a store that sells kitchen appliances.* Bob trabaja en una tienda de aparatos de cocina.

application /æplɪˈkeɪʃən/ *sustantivo*
1 solicitud: *We received ten applications for the job.* Recibimos diez solicitudes para el trabajo.
2 aplicación [de computadora]

apply /əˈplaɪ/ *verbo* (**applying**, **applied**)
1 solicitar: *I want to apply for the job.* Quiero solicitar el trabajo.
2 aplicarse: *The rules apply to everyone.* Las reglas se aplican para todos.
3 aplicar: *Apply the glue along the edge of the wood.* Aplique el pegamento en la orilla de la madera.

appoint /əˈpɔɪnt/ *verbo*
nombrar [para un puesto o trabajo]: *I appointed her as my secretary.* La nombré mi secretaria.

appointment /əˈpɔɪntmənt/ *sustantivo*
cita: *I have an appointment with the doctor on Monday.* Tengo cita con el médico el lunes.

appreciate /əˈpriʃieɪt/ *verbo* (**appreciating**, **appreciated**)
agradecer: *I appreciate your help.* Agradezco tu ayuda.

appreciation /əprɪʃiˈeɪʃən/ *sustantivo*
agradecimiento: *I would like to express my appreciation to those who helped us.* Quisiera expresar mi agradecimiento a todos aquellos que nos ayudaron.

apprentice /əˈprentɪs/ *sustantivo*
aprendiz -a

approach /əˈproutʃ/ *verbo & sustantivo*
■ *verbo*
1 acercarse a: *A man approached me on the street.* Un hombre se me acercó en la calle.
2 acercarse: *When I approached, the dog ran away.* Cuando me acerqué, el perro salió corriendo.
■ *sustantivo*
enfoque

appropriate /əˈproupriət/ *adjetivo*
apropiado -a: *Visitors to the church should wear appropriate clothing.* Los visitantes de la iglesia deben vestir ropa apropiada.

approve /əˈpruv/ *verbo* (**approving**, **approved**)
1 (estar de acuerdo) **to approve of something** *I don't approve of smoking.* Me parece mal que la gente fume.
2 aprobar: *The Senate approved the aid package.* El Senado aprobó el paquete de ayuda financiera.

approximate /əˈprɑksəmət/ *adjetivo*
aproximado -a: *Our approximate time of arrival is two o'clock.* Nuestra hora aproximada de llegada es a las dos.

approximately /əˈprɑksəmətli/ *adverbio*
aproximadamente: *Approximately half of our money comes from selling books.* Aproximadamente la mitad de nuestro dinero viene de la venta de libros.

apricot /ˈeɪprɪkɑt/ *sustantivo*
chabacano

April /ˈeɪprəl/ *sustantivo*
abril

apron /ˈeɪprən/ *sustantivo*
mandil, **delantal**

aquarium /əˈkweriəm/ *sustantivo*
acuario

arachnid /əˈræknɪd/ *sustantivo*
arácnido

arch /ɑrtʃ/ *sustantivo* (plural **arches**)
arco [en arquitectura]

arch

archeologist, **archaeologist** /ɑrkiˈɑlədʒɪst/ *sustantivo*
arqueólogo -a

archeology, **archaeology** /ɑrkiˈɑlədʒi/ *sustantivo*
arqueología

architect /ˈɑrkətekt/ *sustantivo*
arquitecto -a

architecture /ˈɑrkətektʃər/ *sustantivo*
arquitectura: *He studies architecture.* Estudia arquitectura.

Arctic /ˈɑrktɪk/ *sustantivo*
the Arctic la región ártica

are /ɑr/ segunda persona del singular y todas las personas del plural en el presente del verbo **be**
Who are you? ¿Quién eres?/¿Quiénes son? | *We're Jane's friends.* Somos amigos de Jane. | *They are going to be late.* Van a llegar tarde.

area /ˈeriə/ *sustantivo*
1 área, **región**: *He lives in the Boston area.* Vive en el área de Boston.
2 superficie: *The house has an area of 2,000 square feet.* La casa tiene 2,000 pies cuadrados de superficie.

arena /əˈrinə/ *sustantivo*
arena [de deportes]

aren't /ˈɑrənt/ forma negativa de **are**
Bill and Sue aren't Canadians, they're Australians! Bill y Sue no son canadienses, ¡son australianos! ▶ Usado en preguntas en vez de **am not**: *I'm your best friend, aren't I?* Yo soy tu mejor amigo, ¿verdad?

argue /ˈɑrgju/ *verbo* (**arguing**, **argued**)
discutir, **pelear**: *Mom and Dad always argue about money.* Mi mamá y mi papá siempre discuten por dinero.

argument /ˈɑrgjəmənt/ *sustantivo*
discusión, **pleito**: *They had a big argument.* Tuvieron una fuerte discusión.

arid /ˈærɪd/ *adjetivo*
árido -a

arise /əˈraɪz/ *verbo* (gerundio **arising**, pasado **arose** /əˈroʊz/, participio **arisen** /əˈrɪzən/)
surgir: *A problem arose because he had no money.* Surgió un problema porque no tenía dinero.

arithmetic /əˈrɪθmətɪk/ *sustantivo*
aritmética

arm /ɑrm/ *sustantivo*
1 brazo
2 arms armas: *He was caught selling arms to the enemy.* Fue sorprendido vendiendo armas al enemigo.

armchair /ˈɑrmtʃer/ *sustantivo*
sillón

armed /ɑrmd/ *adjetivo*
armado -a: *The prison had many armed guards.* La cárcel tenía muchos guardias armados.

ˌarmed ˈforces *sustantivo plural*
fuerzas armadas

armor /ˈɑrmər/ *sustantivo*
armadura [para proteger el cuerpo]

armpit /ˈɑrmpɪt/ *sustantivo*
axila

army /ˈɑrmi/ *sustantivo* (plural **armies**)
ejército

arose /əˈroʊz/ pasado del verbo **arise**

around /əˈraʊnd/ *preposición & adverbio*
1 alrededor de: *We put a fence around the yard.* Pusimos una cerca alrededor del jardín.
2 por: *They walked around the town.* Caminaron por la ciudad.
3 cerca de, **por**: *Is there a bank around here?* ¿Hay un banco por aquí?
4 alrededor de: *The Earth moves around the Sun.* La Tierra gira alrededor del Sol.
5 (aproximadamente) *Come around 10 o'clock.* Ven como a las 10.
6 (en dirección contraria) *Let me turn the car around.* Déjame voltear el coche.

around

They sat around the fire.

arrange /əˈreɪndʒ/ *verbo* (**arranging**, **arranged**)
1 organizar: *I have arranged a meeting for tomorrow.* Organicé una junta para mañana.
2 arreglar: *She arranged the flowers in a vase.* Arregló las flores en un florero.

arrangement /əˈreɪndʒmənt/ *sustantivo*
plan, **acuerdo**

arrest /əˈrest/ *verbo & sustantivo*
■ *verbo*
arrestar, **detener**: *Police arrested several people for fighting in the street.* La policía arrestó a varias personas por pelear en la calle.
■ *sustantivo*
arresto, **detención**: *The police made three arrests yesterday.* La policía hizo tres arrestos ayer.

arrival /əˈraɪvəl/ *sustantivo*
llegada: *The hotel burnt down the day before their arrival.* El hotel se quemó un día antes de su llegada.

A

arrive /əˈraɪv/ *verbo* (**arriving**, **arrived**)
llegar: *Your letter arrived yesterday.* Tu carta llegó ayer. | *We arrived in Boston on Tuesday.* Llegamos a Boston el martes.

arrow /ˈæroʊ/ *sustantivo*
flecha

art /ɑrt/ *sustantivo*
1 artes plásticas, **arte**: *He is studying art in school.* Está estudiando Bellas Artes en el colegio.
2 arte: *The museum has many works of art.* El museo tiene muchas obras de arte.
3 arte: *a book about the art of cooking* un libro sobre el arte de cocinar
4 the arts las artes

artery /ˈɑrtəri/ *sustantivo* (plural **arteries**)
arteria

arthritis /ɑrˈθraɪtɪs/ *sustantivo*
artritis

article /ˈɑrtɪkəl/ *sustantivo*
1 artículo: *Did you read the article on the flood?* ¿Leíste el articulo sobre la inundación?
2 artículo, **objeto**: *an article of clothing* una prenda de vestir
3 artículo [definido o indefinido]

artificial /ɑrtəˈfɪʃəl/ *adjetivo*
artificial: *artificial flowers* flores artificiales | *an artificial leg* una pierna ortopédica

artist /ˈɑrtɪst/ *sustantivo*
artista [músico, escritor, pintor, etc.]

artistic /ɑrˈtɪstɪk/ *adjetivo*
artístico -a

as /æz/ *preposición*, *adverbio & conjunción*
1 de, **como**: *She works as a teacher.* Trabaja de maestra. | *We can use this box as a table.* Podemos usar esta caja como mesa.
2 as ... as tan ... como: *I'm not as old as you.* No soy tan grande como tú. | *It's just as good as the other one.* Es tan bueno como el otro.
3 as well también: *Can I have some milk as well?* ¿Me das leche también?
4 mientras: *We sang as we worked.* Cantamos mientras trabajábamos.
5 porque: *I can't help as I'm too busy.* No puedo ayudar porque estoy demasiado ocupada.

ash /æʃ/ *sustantivo* (plural **ashes**)
ceniza

ashamed /əˈʃeɪmd/ *adjetivo*
avergonzado -a: *She felt ashamed of herself.* Se sentía avergonzada de sí misma.
▶ compara con **embarrassed**

ashore /əˈʃɔr/ *adverbio*
en tierra: *Pull the boat ashore!* ¡Jala el bote a la orilla!

ashtray /ˈæʃtreɪ/ *sustantivo* (plural **ashtrays**)
cenicero

aside /əˈsaɪd/ *adverbio*
1 a un lado: *I stepped aside to let her pass.* Me hice a un lado para dejarla pasar.
2 aside from someone or something aparte de alguien o algo: *All the children are coming aside from Joe.* Aparte de Joe, vienen todos los niños.

ask /æsk/ *verbo*
1 preguntar: *"Who are you?" she asked.* "¿Quién eres?", preguntó.
2 preguntar: *I asked how he was feeling.* Le pregunté cómo se sentía. | *She asked me what time it was.* Me preguntó la hora.
3 pedir: *If you need anything, just ask.* Si necesitas algo, sólo pídelo.
4 invitar: *John asked me to the dance.* John me invitó al baile.
5 to ask someone out invitar a salir a alguien: *Did you ask her out?* ¿La invitaste a salir?

asleep /əˈslip/ *adjetivo*
1 dormido -a: *The baby is asleep.* El bebé está dormido.
2 to fall asleep dormirse: *I fell asleep in front of the TV.* Me quedé dormido delante de la tele.

asleep

He fell asleep at his desk.

asparagus /əˈspærəgəs/ *sustantivo* (plural **asparagus**)
espárrago

aspect /ˈæspekt/ *sustantivo*
aspecto: *We are looking at several aspects of the plan.* Estamos considerando diferentes aspectos del plan.

aspirin /ˈæsprɪn/ *sustantivo*
aspirina

assassin /əˈsæsən/ *sustantivo*
asesino [de un personaje importante]

assassinate /əˈsæsəneɪt/ *verbo* (**assassinating**, **assassinated**)
asesinar [a un personaje importante]

assassination /əsæsəˈneɪʃən/ *sustantivo*
asesinato [de un personaje importante]: *the assassination of President Kennedy* el asesinato del Presidente Kennedy

assault /əˈsɔlt/ *verbo & sustantivo*
■ *verbo*
agredir, **atacar**: *He was arrested for assaulting a neighbor.* Fue arrestado por agredir a un vecino.
■ *sustantivo*
agresión, **ataque**

assemble /əˈsembəl/ *verbo* (**assembling**, **assembled**)
1 reunir [gente]
2 montar, **armar** [las piezas de un coche, de un juguete, etc.]

assembly /əˈsembli/ *sustantivo* (plural **assemblies**)
asamblea

assessment /əˈsesmənt/ *sustantivo*
evaluación, **valoración**

asset /ˈæset/ *sustantivo*
(ventaja, recurso valioso) *A sense of humor is a real asset in this business.* El sentido del humor en una verdadera ventaja en este negocio.

assign /əˈsaɪn/ *verbo*
designar: *Three police officers were assigned to protect the President.* Tres policías fueron designados para proteger al Presidente.

assignment /əˈsaɪnmənt/ *sustantivo*
tarea: *Did you finish your assignment?* ¿Terminaste tu tarea?

assist /əˈsɪst/ *verbo*
ayudar

> **NOTA:** La palabra *asistir* en español se traduce por **attend** en inglés

assistance /əˈsɪstəns/ *sustantivo*
ayuda

assistant /əˈsɪstənt/ *sustantivo*
ayudante

associate /əˈsoʊʃieɪt/ *verbo* (**associating**, **associated**)
1 relacionar, **asociar**: *What do you associate this noise with?* ¿Con qué relacionas este ruido?
2 to associate with someone relacionarse con alguien: *We don't associate with them.* No nos relacionamos con ellos.

association /əsoʊsiˈeɪʃən/ *sustantivo*
asociación

assume /əˈsum/ *verbo* (**assuming**, **assumed**)
suponer: *I assumed that she was American by the way she talked.* Supuse que era norteamericana por su manera de hablar.

assure /əˈʃʊr/ *verbo* (**assuring**, **assured**)
asegurar: *I assure you that he's all right.* Le aseguro que está bien.

asterisk /ˈæstərɪsk/ *sustantivo*
asterisco

astonish /əˈstɑnɪʃ/ *verbo*
asombrar

astonishment /əˈstɑnɪʃmənt/ *sustantivo*
asombro

astrologer /əˈstrɑlədʒər/ *sustantivo*
astrólogo -a

astrology /əˈstrɑlədʒi/ *sustantivo*
astrología

astronaut /ˈæstrənɔt/ *sustantivo*
astronauta

astronomer /əˈstrɑnəmər/ *sustantivo*
astrónomo -a

astronomy /əˈstrɑnəmi/ *sustantivo*
astronomía

at /æt/ *preposición*
1 en: *Meet me at my house around six.* Nos vemos en mi casa como a las seis. | *She's at work.* Está en el trabajo.
2 Usado para indicar tiempo: *It gets cold at night.* Hace frío de noche. | *The movie starts at seven o'clock.* La película empieza a las siete.
3 Usado para indicar dirección: *Stop yelling at the kids.* Deja de gritarles a los niños. | *Sharon threw the ball at me.* Sharon me aventó la pelota.
4 Usado para hablar de causas: *No one laughed at his joke.* Nadie se rio con su chiste.
5 Usado para hablar de edades, velocidades: *He got married at twenty-one.* Se casó a los veintiún años. | *at forty miles per hour* a cuarenta millas por hora
6 to be good/bad etc. at something ser bueno/malo etc. para algo

ate /eɪt/ pasado del verbo **eat**

atheist /ˈeɪθiɪst/ *sustantivo*
ateo -a

athlete /ˈæθlit/ *sustantivo*
atleta

A

athletic /æθˈletɪk/ *adjetivo*
atlético -a

atlas /ˈætləs/ *sustantivo* (plural **atlases**)
atlas

ATM /eɪ ti ˈem/ *sustantivo*
cajero automático

atmosphere /ˈætməsfɪr/ *sustantivo*
1 ambiente: *I enjoyed the exciting atmosphere of the game.* Disfruté del ambiente emocionante del juego.
2 atmósfera
3 ambiente: *a smoky atmosphere* un ambiente lleno de humo

atom /ˈætəm/ *sustantivo*
átomo

atomic energy /əˌtɑmɪk ˈenərdʒi/ *sustantivo*
energía atómica

attach /əˈtætʃ/ *verbo*
1 pegar, sujetar: *This machine attaches labels to clothes.* Esta máquina pega las etiquetas a la ropa.
2 to be attached to someone tenerle cariño o apego a alguien: *Mary was very attached to her father.* Mary le tenía mucho cariño a su papá.

attack /əˈtæk/ *verbo & sustantivo*
■ *verbo*
1 atacar: *The rebels attacked the camp at dawn.* Los rebeldes atacaron el campamento en la madrugada.
2 criticar
■ *sustantivo*
ataque

attempt /əˈtempt/ *verbo & sustantivo*
■ *verbo*
intentar
■ *sustantivo*
intento: *At least she made an attempt to speak their language.* Por lo menos hizo el intento de hablar su idioma.

attend /əˈtend/ *verbo*
asistir: *Will you be attending the meeting?* ¿Va a asistir a la junta?

attendance /əˈtendəns/ *sustantivo*
asistencia ▶ A menudo se traduce por un verbo en español: *His attendance at school is bad.* Ha faltado mucho a la escuela.

attendant /əˈtendənt/ *sustantivo*
1 guarda [en un museo, estacionamiento]
2 encargado -a [en la alberca, en baños públicos]

attention /əˈtenʃən/ *sustantivo*
1 atención: *May I have your attention, please?* ¿Me permite su atención, por favor? | *Sorry, I wasn't paying attention. What did you say?* Perdón, no estaba prestando atención. ¿Qué dijo?
2 atención: *Old cars need more attention than new ones.* Los coches viejos necesitan más atención que los nuevos.

attic /ˈætɪk/ *sustantivo*
desván

attitude /ˈætətud/ *sustantivo*
actitud: *a friendly attitude* una actitud amistosa

attract /əˈtrækt/ *verbo*
1 atraer: *Disneyland attracts many visitors every year.* Disneylandia atrae a muchos visitantes todos los años.
2 to be attracted to someone sentir atracción por alguien: *He was attracted to her.* Sintió atracción por ella.

attraction /əˈtrækʃən/ *sustantivo*
atracción

attractive /əˈtræktɪv/ *adjetivo*
1 atractivo -a: *She's a very attractive woman.* Es una mujer muy atractiva. | *an attractive house* una casa atractiva
2 atrayente: *an attractive idea* una idea atrayente

auction /ˈɔkʃən/ *sustantivo*
subasta

audience /ˈɔdiəns/ *sustantivo*
1 público, espectadores
2 audiencia

audio /ˈɔdioʊ/ *adjetivo*
audio

audiovisual /ˌɔdioʊˈvɪʒuəl/ *adjetivo*
audiovisual

auditorium /ɔdɪˈtɔriəm/ *sustantivo*
auditorio

August /ˈɔgəst/ *sustantivo*
agosto

aunt /ænt/ *sustantivo*
tía

author /ˈɔθər/ *sustantivo*
autor -a

authority /əˈθɔrəti/ *sustantivo*
autoridad: *The police have the authority to stop the march.* La policía está autorizada a suspender la marcha.

authorize /ˈɔθəraɪz/ *verbo* (**authorizing, authorized**)
autorizar

auto /ˈɔtoʊ/ *sustantivo*
auto, automóvil

autobiography /ˌɔtəbaɪˈɑgrəfi/ *sustantivo* (plural **autobiographies**)
autobiografía

autograph /ˈɔtəgræf/ *sustantivo*
autógrafo

automatic /ɔtəˈmætɪk/ *adjetivo*
automático -a: *The garage has automatic doors.* El garage tiene puertas automáticas.

automatically /ɔtəˈmætɪkli/ *adverbio*
automáticamente: *The doors close automatically.* Las puertas se cierran automáticamente.

automobile /ɔtəməˈbil/ *sustantivo*
automóvil

autumn /ˈɔtəm/ *sustantivo* BrE
otoño

available /əˈveɪləbəl/ *adjetivo*
disponible: *Do you have a room available?* ¿Tiene disponible alguna habitación?

avalanche /ˈævəlæntʃ/ *sustantivo*
avalancha

avenue /ˈævənu/ *sustantivo*
avenida: *It's on Fifth Avenue.* Está en la Quinta Avenida.

average /ˈævrɪdʒ/ *adjetivo & sustantivo*
■ *adjetivo*
1 normal: *The average child likes swimming.* Al niño normal le gusta la natación.
2 medio -a: *The average age of the students in this class is fifteen.* La edad media de los estudiantes de esta clase es quince años.
■ *sustantivo*
media, **promedio**: *The average is fifteen.* La media es quince.

avocado /ævəˈkɑdoʊ/ *sustantivo* (también **avocado pear**)
aguacate

avoid /əˈvɔɪd/ *verbo*
evitar: *She's trying to avoid me.* Está tratando de evitarme.

await /əˈweɪt/ *verbo*
esperar

awake /əˈweɪk/ *adjetivo*
despierto -a: *The baby is awake.* El bebé está despierto.

award /əˈwɔrd/ *sustantivo & verbo*
■ *sustantivo*
premio: *He won the award for best actor.* Ganó el premio al mejor actor.
■ *verbo*
premiar

aware /əˈwer/ *adjetivo*
consciente: *I was not aware of the problem.* No estaba consciente del problema.

away /əˈweɪ/ *adverbio*
1 Cuando se usa con un verbo, se pone énfasis en la idea de alejamiento: *Go away!* Vete de aquí! | *He turned around and walked away.* Se dio la media vuelta y se fue.
2 lejos: *Do you live far away?* ¿Vives lejos de aquí? | *The nearest town is 3 miles away.* El poblado más cercano queda a tres millas de aquí.
3 fuera: *I'll be away for a few days.* Voy a estar fuera tres o cuatro días.
4 to put something away guardar algo: *The children put their toys away.* Los niños guardaron sus juguetes.

awesome /ˈɔsəm/ *adjetivo*
increíble

awful /ˈɔfəl/ *adjetivo*
1 horrible: *The food tastes awful.* La comida sabe horrible.
2 to feel awful, **to look awful sentirse muy mal, verse muy mal**: *I feel awful.* Me siento muy mal. | *You look awful.* Te ves muy mal.

awfully /ˈɔfli/ *adverbio*
muy: *That poor little girl looks awfully scared.* Esa pobre niña se ve muy asustada.

awkward /ˈɔkwərd/ *adjetivo*
1 embarazoso -a: *There was an awkward silence, when no one knew what to say.* Hubo un momento embarazoso cuando nadie supo qué decir. | *She asked several awkward questions.* Hizo varias preguntas embarazosas.
2 torpe: *He's very awkward; he keeps dropping things.* Es muy torpe; siempre se le caen las cosas.
3 incómodo -a: *This camera is awkward to use.* Esta cámara es muy incómoda de usar.

ax, **axe** /æks/ *sustantivo* (plural **axes**)
hacha

axis /ˈæksɪs/ *sustantivo* (plural **axes** /ˈæksiz/)
eje: *the x-axis* el eje x

Bb

B, **b** /bi/ *sustantivo*
B, b: *B for Baltimore* B de Baltimore

baby /ˈbeɪbi/ *sustantivo* (plural **babies**)
1 bebé: *A baby was crying upstairs.* Un bebé estaba llorando en el piso de arriba.
2 to have a baby tener un bebé: *She's going to have a baby in April.* Va a tener un bebé en abril. | *Has she had the baby?* ¿Ya dio a luz?

babysit /ˈbeɪbisɪt/ *verbo* (gerundio **babysitting**, pasado **babysat**)
hacer de niñera, **cuidar niños**: *I babysit for my aunt's children sometimes.* A veces cuido a los niños de mi tía.

babysitter /ˈbeɪbisɪtər/ *sustantivo*
niñera [persona que cuida a los niños cuando salen los padres]

bachelor /ˈbætʃələr/ *sustantivo*
soltero

back /bæk/ *sustantivo, adverbio, verbo & adjetivo*
■ *sustantivo*
1 espalda: *He was lying on his back.* Estaba acostado boca arriba. | *Jo says that her back aches.* Jo dice que le duele la espalda.
2 parte de atrás: *Write this exercise in the back of your book.* Escribe este ejercicio en la parte de atrás de tu cuaderno. | *We got into the back of the car.* Nos metimos en el asiento de atrás del coche.
■ *adverbio*
1 de vuelta: *Put the book back on the shelf when you've done reading it.* Pon el libro de vuelta en el librero cuando termines de leerlo. | *When do you come back from your vacation?* ¿Cuándo regresas de tus vacaciones?
2 A veces **back** se traduce usando la construcción *volver a* y en otros casos no se traduce: *I woke up very early and couldn't get back to sleep.* Me desperté muy temprano y no me pude volver a dormir. | *Call me back when you can.* Vuélveme a llamar cuando puedas. | *Gina smiled at the boy and he smiled back.* Gina le sonrió al muchacho y él le devolvió la sonrisa.
3 hacia atrás: *She looked back to see if Tom was still there.* Miró hacia atrás para ver si Tom seguía allí.
■ *verbo*
1 meter reversa: *She backed into the street.* Entró a la calle de reversa.
2 to back down echarse para atrás
3 to back someone up apoyar a alguien
■ *adjetivo*
trasero -a: *the back door* la puerta trasera

backbone /ˈbækboʊn/ *sustantivo*
columna vertebral

background /ˈbækgraʊnd/ *sustantivo*
1 formación: *He has a background in computer science.* Tiene una formación en computación.
2 fondo: *This is a photo of Mary, with our house in the background.* Ésta es una foto de Mary con nuestra casa al fondo.

backpack /ˈbækpæk/ *sustantivo*
mochila

backslash /ˈbækslæʃ/ *sustantivo*
barra invertida

backup /ˈbækʌp/ *sustantivo*
copia de seguridad, **respaldo**: *Always make a backup of your files.* Procura hacer siempre una copia de seguridad de tus archivos.

backward /ˈbækwərd/ *adverbio & adjetivo*
1 (también **backwards**) **atrás**: *He took two steps backward.* Dio dos pasos atrás.
2 to count backward hacer la cuenta atrás
3 backward and forward de acá para allá: *He travels backward and forward between Mexico City and New York.* Viaja de acá para allá entre la Ciudad de México y Nueva York.
4 hacia atrás: *After a backward glance, she stopped and waited for him.* Miró hacia atrás y se detuvo a esperarlo.
5 al revés: *You're wearing your sweater backward.* Traes el suéter al revés.

backyard /bækˈjɑrd/ *sustantivo*
patio de atrás

bacon /ˈbeɪkən/ *sustantivo*
tocino

bacteria /bækˈtɪriə/ *sustantivo plural*
bacterias

bad /bæd/ *adjetivo* (comparativo **worse**, superlativo **worst**)
1 malo -a: *I'm afraid I have some bad news.* Me temo que traigo malas noticias. | *The*

weather is bad for June. Hace mal tiempo para ser junio.

2 malo -a: *I'm bad at math and singing.* Soy malo para las matemáticas y para el canto. | *He is a bad driver.* Maneja mal.

3 grave: *a bad accident* un accidente grave

4 descompuesto -a: *The meat has gone bad.* La carne está descompuesta.

5 to be bad for someone ser malo para alguien: *Smoking is bad for you.* Fumar es malo para la salud.

6 to be not bad no estar mal: *The movie wasn't bad.* La película no estaba mal.

badge /bædʒ/ *sustantivo*
insignia, **pin**

badger /ˈbædʒər/ *sustantivo*
tejón

badly /ˈbædli/ *adverbio*

1 mal: *She sang very badly.* Cantó muy mal. | *a badly written essay* una redacción mal escrita

2 desesperadamente: *He wanted very badly to be a success.* Estaba desesperado por triunfar. | *They badly needed help.* Necesitaban ayuda desesperadamente.

ˌbad-ˈtempered *adjetivo*
malhumorado -a: *You're very bad-tempered today.* Hoy estás de muy mal humor. | *a bad-tempered man* un hombre de mal genio

bag /bæg/ *sustantivo*
bolsa: *a shopping bag* una bolsa de mandado | *a bag of old clothes* una bolsa de ropa vieja

bagel /ˈbeɪgəl/ *sustantivo*
bagel [rosca de pan]

baggage /ˈbægɪdʒ/ *sustantivo*
equipaje

baggy /ˈbægi/ *adjetivo* (**baggier**, **baggiest**)
ancho -a, **holgado -a**: *baggy trousers* pantalones holgados

bagpipes /ˈbægpaɪps/ *sustantivo*
gaita

bait /beɪt/ *sustantivo*
carnada

bake /beɪk/ *verbo* (**baking**, **baked**)
hornear: *She's baking a cake.* Está horneando un pastel.

ˌbaked ˈbeans *sustantivo plural*
frijoles en salsa de jitomate

baker /ˈbeɪkər/ *sustantivo*
panadero -a

bakery /ˈbeɪkəri/ *sustantivo* (plural **bakeries**)
panadería

balance /ˈbæləns/ *sustantivo & verbo*

■ *sustantivo*

1 equilibrio

2 to keep your balance mantener el equilibrio

3 to lose your balance perder el equilibrio

4 equilibrio: *Children need the balance between being protected and being able to explore.* Los niños necesitan tener un equilibrio entre ser protegidos y tener libertad de explorar.

■ *verbo* (**balancing**, **balanced**)

1 mantenerse en equilibrio: *You have to learn to balance to ride a bicycle.* Tienes que aprender a mantenerte en equilibrio para andar en bicicleta.

2 equilibrar: *I need to balance time doing homework with time playing sports.* Tengo que equilibrar mi tiempo de estudio y mi tiempo de hacer deporte.

balcony /ˈbælkəni/ *sustantivo* (plural **balconies**)

1 balcón: *Our apartment has a large balcony.* Nuestro departamento tiene un balcón grande.

2 galería: *We were sitting in the balcony.* Estábamos sentados en galería.

balcony

balcony

bald /bɔld/ *adjetivo*
calvo -a: *a bald old man* un viejo calvo

ball /bɔl/ *sustantivo*

1 pelota: *Throw me the ball.* Échame la pelota.

2 bola: *a ball of wool* una bola de estambre

3 baile: *The queen attended the ball.* La reina asistió al baile.

ballet /bæˈleɪ/ *sustantivo*
ballet

balloon /bəˈlun/ *sustantivo*
globo

ballpoint /ˈbɔlpɔɪnt/ *sustantivo*
pluma atómica

bamboo /bæmˈbu/ *sustantivo*
bambú

ban /bæn/ *verbo & sustantivo*

■ *verbo* (gerundio **banning**, pasado **banned**)

prohibir: *Smoking is banned in school.* Está prohibido fumar en la escuela.

B

■ *sustantivo*
prohibición: *There is a ban on smoking in the rest rooms.* Hay una prohibición de fumar en los baños.

banana /bəˈnænə/ *sustantivo*
plátano

band /bænd/ *sustantivo*
1 grupo musical, **conjunto**: *She plays the drums in a band.* Toca la batería en un conjunto.
2 grupo: *A small band of people come to every game whatever the weather.* Un pequeño grupo de gente viene a todos los juegos haga el tiempo que haga.

bandage /ˈbændɪdʒ/ *sustantivo & verbo*
■ *sustantivo*
venda
■ *verbo*
vendar: *If you bandage my ankle tightly I should be able to walk.* Si me vendas fuerte el tobillo debería poder caminar.

Band-Aid® /ˈbænd eɪd/ *sustantivo*
curita®

bandit /ˈbændɪt/ *sustantivo*
bandolero -a

bandwidth /ˈbændwɪdθ/ *sustantivo*
ancho de banda

bang /bæŋ/ *sustantivo & verbo*
■ *sustantivo*
1 estallido, **estrépito**: *The door slammed shut with a bang.* La puerta se cerró con estrépito.
2 golpe: *a bang on the head* un golpe en la cabeza
■ *verbo*
1 golpear: *He banged his fist on the table.* Golpeó la mesa con el puño. | *She banged the phone down.* Azotó el teléfono.
2 golpearse: *Joe banged his head on the door.* Joe se golpeó la cabeza en la puerta.

banish /ˈbænɪʃ/ *verbo*
desterrar

banister /ˈbænəstər/ *sustantivo*
barandal

banjo /ˈbændʒoʊ/ *sustantivo* (plural **banjos**)
banjo

bank /bæŋk/ *sustantivo & verbo*
■ *sustantivo*
1 banco: *I need to deposit a check at the bank.* Tengo que ir al banco a depositar un cheque.
2 ribera
■ *verbo*
1 tener una cuenta: *Where do you bank?* ¿Dónde tienes tu cuenta?
2 to bank on someone or something contar con algo o alguien: *We're banking on you to help us.* Estamos contando con tu ayuda.

ˈbank acˌcount *sustantivo*
cuenta bancaria: *He wanted to open a bank account.* Quería abrir una cuenta.

banker /ˈbæŋkər/ *sustantivo*
banquero -a

banking /ˈbæŋkɪŋ/ *sustantivo*
banca

bankrupt /ˈbæŋkrʌpt/ *adjetivo*
en quiebra

banner /ˈbænər/ *sustantivo*
pancarta, **bandera**: *Crowds waved banners which said, "Welcome Home".* La multitud agitaba pancartas que decían "Bienvenidos a casa".

banquet /ˈbæŋkwɪt/ *sustantivo*
banquete

baptism /ˈbæptɪzəm/ *sustantivo*
bautismo

baptize /ˈbæptaɪz/ *verbo* (**baptizing**, **baptized**)
bautizar

bar /bɑr/ *sustantivo & verbo*
■ *sustantivo*
1 bar: *He worked in a bar.* Trabajaba en un bar.
2 barra: *a bar of chocolate* una barra de chocolate | *a bar of soap* una barra de jabón
3 barrote: *Some of the houses had bars on the windows.* Algunas casas tenían barrotes en las ventanas.
4 behind bars tras las rejas
■ *verbo*
1 trancar, **atrancar**: *She barred the door.* Trancó la puerta.
2 excluir, **suspender**: *He was barred from the club for six months.* Lo excluyeron del club por seis meses.

bar

bar of chocolate *prison bars*

barbecue /ˈbɑrbɪkju/ *sustantivo*
1 parrillada: *They invited their friends around for a barbecue.* Invitaron a sus amigos a una parrillada.
2 anafre, **parrilla**

barbed wire /bɑrbd ˈwaɪr/ *sustantivo*
alambre de púas: *a barbed wire fence* un alambrado de púas

barber /ˈbɑrbər/ *sustantivo*
1 peluquero
2 barber's BrE **peluquería**

ˈbar chart *sustantivo*
diagrama de barras

ˈbar code *sustantivo*
código de barras

bare /ber/ *adjetivo*
1 desnudo -a: *His arms were bare.* Iba con los brazos desnudos.
2 desnudo -a: *It was a bare room with no furniture.* Era un cuarto desnudo, sin muebles.

barefoot /ˈberfʊt/ *adjetivo & adverbio*
descalzo -a: *The children were barefoot.* Los niños andaban descalzos. | *The children went barefoot all summer.* Los niños anduvieron descalzos todo el verano.

barely /ˈberli/ *adverbio*
apenas: *He had barely enough money to buy food.* Apenas le alcanzaba el dinero para comprar comida. | *I could barely stay awake.* Apenas me podía mantener despierta.

bargain /ˈbɑrgən/ *sustantivo & verbo*
■ *sustantivo*
1 ganga: *These shoes are a bargain at only $25.* Por 25 dólares estos zapatos fueron una ganga.
2 trato: *We made a bargain. Paul does the shopping and I cook.* Hicimos un trato. Paul hace las compras y yo cocino.
■ *verbo*
regatear: *She bargained for jewelry in the market.* Regateó en el mercado por la joyería.

barge /bɑrdʒ/ *sustantivo*
barcaza

bark /bɑrk/ *verbo & sustantivo*
■ *verbo*
ladrar
■ *sustantivo*
1 corteza [de árbol]
2 ladrido

barley /ˈbɑrli/ *sustantivo*
cebada

barn /bɑrn/ *sustantivo*
granero, **establo**

barracks /ˈbærəks/ *sustantivo plural*
cuartel: *The soldiers went back to the barracks.* Los soldados regresaron al cuartel.

barrel /ˈbærəl/ *sustantivo*
1 barril: *barrels of oil* barriles de petróleo
2 cañón [de un arma]

barrier /ˈbæriər/ *sustantivo*
1 barrera: *The police put a barrier across the road.* La policía atravesó una barrera de contención en la calle.
2 obstáculo: *She didn't speak English which was a barrier to her career.* No hablaba inglés, lo que era un obstáculo para su carrera.

base /beɪs/ *sustantivo & verbo*
■ *sustantivo*
1 base: *the base of a triangle* la base de un triángulo | *We walked to the base of the cliff.* Caminamos hasta el pie del acantilado.
2 sede: *The company has offices all over the world, but their base is in Washington.* La compañía tiene oficinas en todo el mundo pero su sede está en Washington.
■ *verbo*
1 to base something on something basar algo en algo: *The movie is based on her novel.* La película se basa en su novela.
2 to be based somewhere tener alguien su base en algún lugar: *We're based in the city but we spend a lot of time in the country.* Tenemos nuestra base en la ciudad pero pasamos mucho tiempo en el campo.

baseball /ˈbeɪsbɔl/ *sustantivo*
beisbol: *a baseball game* un juego de beisbol

baseball

basement /ˈbeɪsmənt/ *sustantivo*
sótano: *They live in the basement.* Viven en el sótano.

bases /ˈbeɪsiz/ ▶ plural de **basis**

basic /ˈbeɪsɪk/ *adjetivo*
básico -a: *People need basic skills such as reading and writing.* La gente necesita tener aptitudes básicas como leer y escribir.

basin /ˈbeɪsən/ *sustantivo*
tazón: *Pour the hot water into a basin.* Pon el agua caliente en un tazón.

basis /ˈbeɪsɪs/ *sustantivo* (plural **bases** /-siz/)
base: *The video will provide the basis for the class discussion.* El video servirá de base para la discusión en clase.

basket /ˈbæskɪt/ *sustantivo*
canasta

basketball /ˈbæskɪtbɔl/ *sustantivo*
basquetbol

bass /beɪs/ *adjetivo*
1 de bajo [voz]
2 bajo -a [instrumento]: *a bass drum* un bombo
3 grave [frecuencia, tono]

bass clef /beɪs ˈklef/ *sustantivo*
clave de fa

bat /bæt/ *sustantivo & verbo*
■ *sustantivo*
1 bat
2 murciélago
■ *verbo*
batear

batch /bætʃ/ *sustantivo* (plural **batches**)
tanda: *I have a batch of papers to grade.* Tengo una tanda de tareas que corregir.

bath /bæθ/ *sustantivo* (plural **baths**)
baño: *I take a bath every day.* Tomo un baño todos los días.

bathe /beɪð/ *verbo* (**bathing**, **bathed**)
bañarse

bathing suit /ˈbeɪðɪŋ sut/ *sustantivo*
traje de baño

bathrobe /ˈbæθroʊb/ *sustantivo*
bata de baño

bathroom /ˈbæθrum/ *sustantivo*
baño [cuarto]

bathtub /ˈbæθtʌb/ *sustantivo*
tina

baton /bəˈtɑn/ *sustantivo*
1 batuta
2 testigo [en una carrera]
3 macana [de policía]

batter /ˈbætər/ *sustantivo & verbo*
■ *sustantivo*
masa
■ *verbo*
azotar: *The storm is still battering the coast.* La tormenta sigue azotando la costa.

battery /ˈbætəri/ *sustantivo* (plural **batteries**)
pila [para radio, etc.], **batería** [para coche]

battle /ˈbætl/ *sustantivo*
1 batalla
2 lucha: *her battle against cancer* su lucha contra el cáncer

bay /beɪ/ *sustantivo*
bahía

B.C. /bi ˈsi/
aC: *It was built in 2000 B.C.* Fue construido en el año 2000 aC.

be /bi/ *verbo*
1 estar: *What are you doing?* ¿Qué estás haciendo? | *We have to be at the airport by six.* Tenemos que estar en el aeropuerto antes de las seis.
2 ser: *She's Italian.* Es italiana. ▶ Cuando se usa para formar la pasiva en inglés, en español es más normal usar formas en activa, a no ser que desconozca el sujeto: *He was bitten by a dog.* Lo mordió un perro. | *The house was built 50 years ago.* La casa fue construida hace 50 años.
3 there is/are haber: *There is a tree in front of the house.* Hay un árbol delante de la casa. | *How many children are there in your class?* ¿Cuántos niños hay en tu clase? | *Look, there's Sue!* Mira, ¡allí está Sue!

beach /bitʃ/ *sustantivo* (plural **beaches**)
playa

bead /bid/ *sustantivo*
1 cuenta [en un collar]
2 gota: *There were beads of sweat on his forehead.* Tenía gotas de sudor en la frente.

beak /bik/ *sustantivo*
pico

beam /bim/ *sustantivo*
1 rayo: *A beam of light shone through the window.* Un rayo de luz brillaba a través de la ventana.
2 viga

bean /bin/ *sustantivo*
1 frijol: *green beans* ejotes
2 grano: *coffee beans* granos de café

bear /ber/ *verbo & sustantivo*
■ *verbo* (pasado **bore**, participio **borne**)
1 aguantar: *That chair won't bear your weight.* Esa silla no va a aguantar tu peso.
2 cargar
3 soportar: *The pain was almost too much to bear.* El dolor era casi insoportable.
4 cargar con: *The President must bear some of the responsibility for this disaster.* El presidente debe cargar con parte de la responsabilidad de este desastre.
5 can't bear someone or something no soportar algo o a alguien: *I can't bear people who complain all the time.* No soporto a la gente que siempre se está quejando.
■ *sustantivo*
oso -a

beard /bɜrd/ *sustantivo*
barba

beast /bist/ *sustantivo*
bestia, **fiera**

beat /bit/ *verbo & sustantivo*
■ *verbo* (pasado **beat**, participio **beaten** /ˈbitn/)
1 ganarle a: *The Broncos beat the Cowboys 17-10.* Los Broncos les ganaron a los Cowboys 17-10.
2 golpear a, **pegarle a**
3 latir: *Her heart was beating too fast.* El corazón le latía muy rápido.
4 batir [huevos, crema]
■ *sustantivo*
latido: *I could feel every beat of my heart.* Podía escuchar cada latido de mi corazón.

beater /ˈbitər/ *sustantivo*
baqueta [para triángulo, gong]

beautician /bjuˈtɪʃən/ *sustantivo*
esteticista

beautiful /ˈbjutəfəl/ *adjetivo*
1 bello -a: *Marilyn was such a beautiful woman.* Marilyn era tan bella.
2 bonito -a: *What a beautiful day!* ¡Qué bonito día!

> **NOTA:** Los adjetivos **beautiful** y **pretty** se pueden usar para describir mujeres, niños y cosas pero nunca se usan para describir hombres. Un hombre bien parecido se puede describir con el adjetivo **good-looking**

beautifully /ˈbjutəfli/ *adverbio*
maravillosamente: *She plays the piano beautifully.* Toca el piano de maravilla.

beauty /ˈbjuti/ *sustantivo*
1 belleza
2 bella: *Beauty and the Beast* La Bella y la Bestia

beaver /ˈbivər/ *sustantivo*
castor

became /bɪˈkeɪm/ pasado de **become**

because /bɪˈkɔz/ *conjunción*
1 porque: *I missed the bus because I was late.* Se me fue el camión porque llegué tarde.
2 because of something por causa de algo: *We stayed at home because of the rain.* Nos quedamos en casa por causa de la lluvia.

become /bɪˈkʌm/ *verbo* (**becoming**, **became**)
1 hacerse: *The days are becoming warmer.* Los días se están haciendo más calurosos. | *Prince Edward became king when his father died.* El Príncipe Edward accedió al trono cuando su padre murió.
2 whatever became of ...? ¿Qué fue de ...?: *Whatever became of your friend in Australia?* ¿Qué fue de tu amigo en Australia?

bed /bed/ *sustantivo*
1 cama: *a double bed* una cama matrimonial | **to go to bed acostarse**: *What time did you go to bed last night?* ¿A qué horas te acostaste anoche? | **to make the bed hacer la cama**
2 fondo, **cauce**

bedding /ˈbedɪŋ/ *sustantivo*
ropa de cama

bedroom /ˈbedrum/ *sustantivo*
recámara

bedspread /ˈbedspred/ *sustantivo*
colcha

bedtime /ˈbedtaɪm/ *sustantivo*
hora de acostarse

bee /bi/ *sustantivo*
abeja

beef /bif/ *sustantivo*
carne de res

beehive /ˈbihaɪv/ *sustantivo*
colmena

been /bɪn/ participio del verbo **be**
1 *It has been very cold this week.* Ha hecho mucho frío esta semana.
2 to have been somewhere haber estado en algún lugar: *Have you ever been to Oregon?* ¿Has estado alguna vez en Oregon? ▶ compara con **gone**

beeper /ˈbipər/ *sustantivo*
bíper

beer /bɪr/ *sustantivo*
cerveza: *Can I have two beers, please?* ¿Me da dos cervezas, por favor?

beet /bit/ *sustantivo*
betabel

beetle /ˈbitl/ *sustantivo*
escarabajo

before /bɪˈfɔr/ *preposición* & *adverbio*
1 antes de: *You have to leave before 8 o'clock.* Tienes que salir antes de las ocho. | *She arrived before I did.* Llegó antes que yo.
2 antes: *Have you seen this watch before?* ¿Ha visto este reloj antes?
3 ante: *He will be appearing before the Senate committee later this month.* Comparecerá ante el comité del Senado este mes.

beforehand /bɪˈfɔrhænd/ *adverbio*
antes, **de antemano**: *She knew I was coming because I called her beforehand.* Sabía que iba a venir porque la llamé antes.

B

B

beg /beg/ *verbo* (**begging**, **begged**)
1 mendigar
2 rogar: *I begged her to stay, but she wouldn't.* Le rogué que se quedara pero no quiso.
3 to beg for something Pedir algo de forma insistente: *Joe has been begging for forgiveness ever since.* Joe ha estado pidiendo perdón desde entonces.
4 I beg your pardon (a) ¿Mande?, **¿Perdón?** [para pedir que alguien repita algo] **(b) Perdón** [para pedir disculpa]

began /bɪˈgæn/ pasado del verbo **begin**

beggar /ˈbegər/ *sustantivo*
limosnero -a

begin /bɪˈgɪn/ *verbo* (gerundio **beginning**, pasado **began**, participio **begun**)
1 empezar: *The game begins at 2 o'clock.* El juego empieza a las dos. | *I can't remember his name but it begins with "T".* No recuerdo su nombre pero empieza con "T". | *It's beginning to rain.* Está empezando a llover.
2 to begin with al principio: *I didn't like school to begin with, but now I enjoy it.* Al principio no me gustaba la escuela, pero ahora ya me gusta.

beginner /bɪˈgɪnər/ *sustantivo*
principiante: *swimming lessons for beginners* clases de natación para principiantes

beginning /bɪˈgɪnɪŋ/ *sustantivo*
principio: *The town is mentioned right at the beginning of the book.* La ciudad se menciona justo al principio del libro. | *We got married at the beginning of the year.* Nos casamos a principios de año.

begun /bɪˈgʌn/ participio del verbo **begin**

behalf /bɪˈhæf/ *sustantivo*
on behalf of someone en nombre de alguien: *I have come on behalf of my brother.* Vengo en nombre de mi hermano.

behave /bɪˈheɪv/ *verbo*
1 portarse: *The children behaved very well.* Los niños se portaron muy bien.
2 to behave yourself portarse bien

behavior /bɪˈheɪvjər/ *sustantivo*
conducta: *I need to talk to you about your behavior at school.* Tengo que hablar contigo sobre tu conducta en la escuela.

behind /bɪˈhaɪnd/ *preposición & adverbio*
1 atrás de: *Jan was standing behind them in the bus line.* Jan estaba parada atrás de ellos en la cola del camión. | *They want to build a factory right behind the school.* Quieren construir una fábrica justo atrás de la escuela.
2 atrás: *My brother went in front, and I walked behind.* Mi hermano iba adelante y yo caminaba atrás. | *We're only four points behind.* Sólo estamos cuatro puntos atrás. | *Oh, no! I left my wallet behind.* ¡Ay, no! Se me olvidó la cartera.

beige /beɪʒ/ *sustantivo*
beige

being[1] /ˈbiɪŋ/ *sustantivo*
ser: *We are all human beings.* Todos somos seres humanos. | *a being from another planet* un ser de otro planeta

being[2] /ˈbiɪŋ/ gerundio del verbo **be**

belief /bəˈlif/ *sustantivo*
creencia: *religious belief* creencia religiosa | *She has a strong belief in God.* Cree firmemente en Dios. | *He will never change his political beliefs.* Nunca va a cambiar sus ideas políticas.

believable /bəˈlivəbəl/ *adjetivo*
verosímil

believe /bəˈliv/ *verbo* (**believing**, **believed**)
1 creer: *It's hard to believe she's over 70.* Es difícil creer que tiene más de 70 años. | *I don't believe it!* No lo creo! | *Don't you believe me?* ¿No me crees?
2 to believe in someone creer en alguien: *You just need to believe in yourself!* Sólo necesitas creer en ti mismo.
3 to believe in something creer en algo: *Do you believe in ghosts?* ¿Crees en los fantasmas?

believer /bəˈlivər/ *sustantivo*
creyente

bell /bel/ *sustantivo*
campana

bell

belly /ˈbeli/ *sustantivo* (plural **bellies**)
panza, **barriga**

ˈbelly ˌbutton *sustantivo*
ombligo

belong /bɪˈlɔŋ/ *verbo*
1 ir: *Where does this belong?* ¿Dónde va esto? | *Put the chair back where it belongs.* Vuelve a poner la silla en su lugar.
2 to belong to someone pertenecer a alguien: *Who does this coat belong to?* ¿De quién es este abrigo?

3 **to belong to something** **pertenecer a algo**: *She belongs to the Girl Scouts.* Pertenece a las Niñas Exploradoras.

belongings /bɪˈlɔŋɪŋz/ *sustantivo plural*
pertenencias: *Take all your belongings with you when you get off the plane.* Lleve todas sus pertenencias cuando baje del avión.

below /bɪˈloʊ/ *preposición & adverbio*
1 abajo de: *He lives in the apartment below mine.* Vive en el departamento abajo del mío.
2 bajo: *It's ten degrees below zero outside!* ¡Hace diez grados bajo cero afuera!
3 abajo: *We stood on the bridge and dropped stones into the water below.* Nos paramos en el puente y echamos piedras al agua que corría abajo. | *Erica ran down to the floor below to ask for help.* Erica corrió al piso de abajo para pedir ayuda.

belt /belt/ *sustantivo*
cinturón

bench /bentʃ/ *sustantivo* (plural **benches**)
banca

bend /bend/ *verbo & sustantivo*
■ *verbo* (pasado y participio **bent**)
1 doblarse: *The trees were bending in the wind.* Los árboles se doblaban con el viento.
2 inclinarse, **agacharse**: *She bent down to pick up a book.* Se inclinó hacia adelante para recoger un libro.
3 doblar: *Try to bend the wire to make a hook.* Trata de doblar el alambre para hacer un gancho. | *Bend your knees a little.* Dobla un poco las rodillas.
■ *sustantivo*
curva: *a bend in the road* una curva en la carretera

bend

bend

snap

beneath /bɪˈniθ/ *preposición*
bajo: *I felt the warm sand beneath my feet.* Sentí la arena tibia bajo mis pies.

beneficial /benəˈfɪʃəl/ *adjetivo*
beneficioso -a

benefit /ˈbenəfɪt/ *verbo & sustantivo*
■ *verbo*
1 beneficiarse: *The plants benefited from the rain.* Las plantas se beneficiaron con la lluvia.
2 beneficiar: *These changes will benefit the poorest residents.* Estos cambios beneficiarán a los colonos más pobres.
■ *sustantivo*
beneficio: *the benefits of a good education* los beneficios de una buena educación

bent /bent/ pasado y participio pasado del verbo **bend**

berry /ˈberi/ *sustantivo* (plural **berries**)
baya

beside /bɪˈsaɪd/ *preposición*
al lado de, **junto a**: *Come and sit beside me.* Ven y siéntate junto a mí. | *The keys are beside the TV.* Las llaves están al lado del televisor.

besides /bɪˈsaɪdz/ *preposición & adverbio*
1 además de: *Besides going to school, he also has a job.* Además de estudiar, trabaja.
2 además: *I'm too tired to go out – besides, I don't have any money.* Estoy demasiado cansada para salir, además no tengo dinero.

best /best/ *adjetivo, adverbio & sustantivo*
■ *adjetivo* (superlativo de **good**)
mejor: *He is the best player on our team.* Es el mejor jugador de nuestro equipo.
■ *adverbio*
mejor: *She's the best dressed person in the room.* Es la persona mejor vestida en el salón. | *Which dress do you like best?* ¿Qué vestido te gusta más? | *the team that performed best last season* el equipo que jugó mejor en la última temporada
■ *sustantivo*
1 the best **lo mejor**: *She wants her children to have the best of everything.* Quiere que sus hijos tengan lo mejor. | *You're the best!* ¡Eres lo máximo!
2 to do your best **hacer todo lo posible**: *It doesn't matter if you didn't win – you did your best.* No importa que no hayas ganado, hiciste todo lo posible.

ˌbest ˈman *sustantivo* (plural **best men**)
amigo del novio a quien ayuda y acompaña durante la boda

bet /bet/ *verbo & sustantivo*
■ *verbo* (gerundio **betting**, pasado y participio **bet** o **betted**)
1 apostar: *He bet me $5 that his team would win.* Me apostó $5 a que ganaba su equipo.
2 to bet on something **apostar a algo**
■ *sustantivo*
apuesta ► compara con **gamble**

B

better /ˈbetər/ *adjetivo* & *adverbio* (comparativo de **good**)
1 mejor: *This book is better than the other one.* Este libro es mejor que el otro. | *He can sing much better than me.* Canta mucho mejor que yo. | *Are you feeling better today?* ¿Te sientes mejor hoy? | *I like him better than his brother.* Me cae mejor que su hermano.
2 to be better off estar en mejor posición económica: *I'm better off now than I've ever been.* Económicamente estoy mejor que nunca.
3 had better do something ▶ Se suele traducir por frases con *sería mejor* o *más vale*: *You had better go home now.* Sería mejor que te fueras a tu casa ahora. | *I'd better be leaving soon.* Más vale que me vaya pronto.

between /bɪˈtwin/ *preposición*
1 entre: *There is a fence between his yard and ours.* Hay una cerca entre su jardín y el nuestro. ▶ compara con **among**
2 entre: *a number between zero and a hundred* un número entre el cero y el cien | *The library is open between 9 and 5 o'clock.* La biblioteca abre de las 9 a las 5.
3 entre: *We can split the cost between us.* Podemos dividirnos los gastos. | *There is very little difference between the two companies.* Hay muy poca diferencia entre las dos compañías.
4 entre: *Are there any flights between Chicago and Buffalo?* ¿Hay vuelos entre Chicago y Buffalo?

between

I sat between my parents.

beware /bɪˈwer/ *verbo*
Significa **tener cuidado** y sólo se utiliza en infinitivo o imperativo: *Beware of the dog!* ¡Cuidado con el perro!

beyond /bɪˈjand/ *preposición* & *adverbio*
1 más allá de: *From here you can see beyond the mountains.* Desde aquí se puede ver más allá de las montañas.
2 más allá de: *There won't be any work for you beyond next month.* No va a haber más trabajo para ti después del mes entrante.
3 más allá: *They traveled to India and beyond.* Viajaron a la India y más allá.

bib /bɪb/ *sustantivo*
babero

Bible /ˈbaɪbəl/ *sustantivo*
Biblia

biblical /ˈbɪblɪkəl/ *adjetivo*
bíblico -a

biceps /ˈbaɪseps/ *sustantivo*
bíceps

bicycle /ˈbaɪsɪkəl/ *sustantivo*
bicicleta

bid /bɪd/ *verbo & sustantivo*
■ *verbo* (gerundio **bidding**, pasado y participio **bid**)
ofrecer: *He bid $50,000 for the painting.* Ofreció $50,000 por el cuadro.
■ *sustantivo*
oferta

big /bɪg/ *adjetivo* (**bigger**, **biggest**)
1 grande: *They live in a big house.* Viven en una casa grande.
2 importante: *I have a big test coming up today.* Hoy tengo una prueba importante. | *The song was a big hit.* La canción fue un gran éxito. | *That was a big mistake!* ¡Fue un gran error!

bike /baɪk/ *sustantivo*
bicicleta, bici

bikini /bɪˈkini/ *sustantivo*
bikini

bilingual /baɪˈlɪŋgwəl/ *adjetivo*
bilingüe: *a bilingual dictionary* un diccionario bilingüe | *He's bilingual in French and German.* Es bilingüe en francés y alemán.

bill /bɪl/ *sustantivo*
1 (en un hotel) **cuenta**
2 (en un taller, una papelería) **factura**
3 (de agua, gas) **recibo**: *How much is the water bill?* ¿Cuánto es el recibo del agua?
4 proyecto de ley: *the new education bill* el nuevo proyecto de ley para la educación
5 billete: *a $5 bill* un billete de 5 dólares

billboard /ˈbɪlbɔrd/ *sustantivo*
cartelera [publicitaria]

billion /ˈbɪljən/ *número* (plural **billion** o **billions**)
mil millones: *a billion dollars* mil millones de dólares

NOTA: La palabra *billón* en español se traduce por **trillion** en inglés

bin /bɪn/ *sustantivo*
bote

bind /baɪnd/ *verbo* (pasado y participio **bound**)
amarrar

bingo /ˈbɪŋgoʊ/ *sustantivo*
bingo

binoculars /bɪˈnɑkjələrz/ *sustantivo plural*
binoculares

biography /baɪˈɑgrəfi/ *sustantivo* (plural **biographies**)
biografía

biological /baɪəˈlɑdʒɪkəl/ *adjetivo*
biológico -a

biology /baɪˈɑlədʒi/ *sustantivo*
biología

birch /bɜrtʃ/ *sustantivo* (también **birch tree**)
abedul

bird /bɜrd/ *sustantivo*
pájaro, **ave**

birth /bɜrθ/ *sustantivo*
1 nacimiento: *I wanted to be there for the birth of my son.* Quería estar presente en el nacimiento de mi hijo.
2 to give birth dar a luz: *She gave birth to a baby boy last night.* Anoche dio a luz a un nene.

ˈbirth conˌtrol *sustantivo*
control de la natalidad

birthday /ˈbɜrθdeɪ/ *sustantivo*
cumpleaños: *My birthday is on January 6th.* Mi cumpleaños es el 6 de enero. ▶ compara con **anniversary**

biscuit /ˈbɪskɪt/ *sustantivo*
bisquet

bishop /ˈbɪʃəp/ *sustantivo*
obispo

bit[1] /bɪt/ *sustantivo*
1 pedacito: *The floor was covered with bits of glass.* El piso estaba lleno de pedacitos de vidrio.
2 a (little) bit un poco, un poquito: *I feel a little bit tired tonight.* Estoy un poquito cansada esta noche.
3 for a bit un rato: *Why don't you lie down for a bit?* ¿Por qué no te acuestas un rato?
4 bit by bit poco a poco: *Bit by bit they discovered the truth.* Poco a poco fueron descubriendo la verdad.
5 quite a bit bastante

bit[2] /bɪt/ pasado del verbo **bite**

bite /baɪt/ *verbo & sustantivo*
■ *verbo* (gerundio **biting**, pasado **bit**, participio **bitten**)
1 morder: *He bit into the apple.* Mordió la manzana. | *Does your dog bite?* ¿Muerde tu perro?
2 (una víbora, un insecto) **picar**
■ *sustantivo*
1 mordida: *Do you want a bite of my cake?* ¿Quieres una mordida de mi pastel?
2 mordedura, **piquete**: *She was covered in insect bites.* Estaba llena de piquetes de insecto.

bitten /ˈbɪtn/ participio pasado del verbo **bite**

bitter /ˈbɪtər/ *adjetivo*
1 amargo -a: *The coffee was a little bitter.* El café estaba un poco amargo.
2 amargo -a, **fuerte**: *We had a bitter argument.* Tuvimos una discusión fuerte.
3 helado, **glacial**: *There's a bitter wind tonight.* Esta noche está soplando un viento helado.

black /blæk/ *adjetivo & sustantivo*
■ *adjetivo*
1 negro -a: *She was wearing a black dress.* Traía puesto un vestido negro. | *I'd like my coffee black.* Quisiera el café negro.
2 negro -a: *Most of the people who live here are black.* La mayoría de la gente que vive aquí es negra.
3 black and white en blanco y negro: *a black and white movie* una película en blanco y negro.
4 a black eye un ojo morado: *He gave the other boy a black eye.* Le puso el ojo morado al otro muchacho.
■ *sustantivo*
1 negro: *He was dressed in black.* Iba vestido de negro.
2 negro -a [persona]

blackberry /ˈblækberi/ *sustantivo* (plural **blackberries**)
zarzamora

blackbird /ˈblækbɜrd/ *sustantivo*
mirlo

blackboard /ˈblækbɔrd/ *sustantivo*
pizarrón

blacksmith /ˈblæksmɪθ/ *sustantivo*
herrero -a

bladder /ˈblædər/ *sustantivo*
vejiga

blade /bleɪd/ *sustantivo*
1 hoja: *The blade of the knife needs to be sharp.* La hoja del cuchillo tiene que estar afilada.
2 brizna

blame /bleɪm/ *verbo & sustantivo*

■ *verbo* (**blaming**, **blamed**)

1 culpar: *The police blamed Larry for causing the accident.* La policía culpó a Larry de causar el accidente.

2 to blame something on someone echarle la culpa de algo a alguien: *Don't try to blame this on me!* No trates de echarme a mí la culpa de esto.

■ *sustantivo*

1 culpa

2 to put the blame on someone echarle la culpa a alguien

3 to take the blame for something asumir la responsabilidad de algo

blank /blæŋk/ *adjetivo*

en blanco: *You will need a blank piece of paper for this.* Para esto necesitas una hoja de papel en blanco. | *Do you have a blank tape?* ¿Tienes una cinta virgen?

> **NOTA:** La palabra *blanco* en español suele equivaler a **white** en inglés

blanket /ˈblæŋkɪt/ *sustantivo*

cobija

blast /blæst/ *sustantivo & verbo*

■ *sustantivo*

1 explosión: *Ten people were killed in the blast.* Murieron diez personas en la explosión.

2 ráfaga: *a blast of wind* una ráfaga de viento

3 full blast a todo volumen: *The television was on full blast.* La televisión estaba a todo volumen.

■ *verbo*

1 volar: *They blasted a tunnel through the rock.* Volaron la roca para hacer un túnel.

2 retumbar: *I can't hear anything with that music blasting.* No oigo nada con esa música retumbando.

3 to blast off despegar

ˈblast-off *sustantivo*

despegue

blaze /bleɪz/ *sustantivo & verbo*

■ *sustantivo*

incendio [grande]: *The small fire soon became a blaze.* El fuego pronto se convirtió en un incendio enorme.

■ *verbo*

arder: *The fire was blazing through the house.* El fuego ardía por toda la casa.

blazer /ˈbleɪzər/ *sustantivo*

blazer

bleach /blitʃ/ *verbo & sustantivo*

■ *verbo*

1 (el pelo) **decolorar**: *Did you bleach your hair?* ¿Te decoloraste el pelo?

2 (sábanas, etc.) **blanquear**

■ *sustantivo*

blanqueador, cloro

bleak /blik/ *adjetivo*

1 inhóspito -a: *a bleak landscape* un paisaje inhóspito | *Without a job, Jim's future looks bleak.* Sin trabajo, el futuro de Jim pinta sombrío.

2 frío -a y desagradable: *It was a bleak winter's day.* Era un día frío y desagradable de invierno.

bleed /blid/ *verbo* (pasado y participio **bled** /bled/)

sangrar: *His leg was bleeding.* Le estaba sangrando la pierna.

blend /blend/ *verbo & sustantivo*

■ *verbo*

1 mezclar: *Blend the sugar and eggs together.* Mezcle el azúcar y los huevos.

2 combinar: *The colors in the room blend nicely.* Los colores del cuarto combinan bien.

■ *sustantivo*

mezcla

blender /ˈblendər/ *sustantivo*

licuadora

bless /bles/ *verbo* (pasado y participio **blessed** o **blest**)

1 bendecir

2 Bless you! ¡Salud! [cuando alguien estornuda]

blew /blu/ pasado del verbo **blow**

blind /blaɪnd/ *adjetivo & sustantivo*

■ *adjetivo*

ciego -a: *She was born blind.* Es ciega de nacimiento.

■ *sustantivo*

persiana

blindfold /ˈblaɪndfould/ *verbo & sustantivo*

■ *verbo*

vendar los ojos a

■ *sustantivo*

venda [para vendar los ojos]

blink /blɪŋk/ *verbo*

parpadear: *The light made him blink.* La luz lo hizo parpadear.

blister /ˈblɪstər/ *sustantivo*

ampolla: *My new shoes were giving me blisters.* Los zapatos nuevos me estaban sacando ampollas.

blizzard /ˈblɪzərd/ *sustantivo*
tormenta de nieve

blob /blɑb/ *sustantivo*
gota [gorda]: *He left blobs of paint on the floor.* Dejó gotas de pintura en el piso.

block /blɑk/ *sustantivo & verbo*
■ *sustantivo*
1 bloque: *a stone block* un bloque de piedra
2 cuadra: *We live two blocks from the store.* Vivimos a dos cuadras de la tienda.
■ *verbo*
bloquear: *A car was blocking the road.* Un coche estaba bloqueando la calle.

blog /blɑg/ *sustantivo & verbo*
■ *sustantivo*
blog
■ *verbo*
to blog about sth escribir un blog sobre algo

blond /blɑnd/ *adjetivo*
rubio -a

blonde /blɑnd/ *sustantivo*
rubia

blood /blʌd/ *sustantivo*
sangre

bloody /ˈblʌdi/ *adjetivo* (**bloodier**, **bloodiest**)
ensangrentado -a

bloom /blum/ *sustantivo & verbo*
■ *sustantivo*
1 flor
2 in (full) bloom en flor: *The roses are in full bloom.* Las rosas están en flor.
■ *verbo*
florear

blossom /ˈblɑsəm/ *sustantivo*
flor

blot /blɑt/ *verbo & sustantivo*
■ *verbo* (**blotting**, **blotted**)
secar [con material absorbente]
■ *sustantivo*
mancha [de tinta]

blouse /blaʊs/ *sustantivo*
blusa

blow /bloʊ/ *verbo & sustantivo*
■ *verbo* (pasado **blew**, participio **blown**)
1 soplar: *The wind was blowing all night.* El viento estuvo soplando toda la noche | *She blew on her soup to cool it.* Le sopló a la sopa para enfriarla.
2 volar: *The wind blew his hat off.* Se le voló el sombrero con el viento.
3 pitar: *The guard blew his whistle to call for help.* El guardia pitó su silbato para pedir ayuda.
4 to blow it regarla: *I had a chance to win, but I blew it!* Tuve chance de ganar pero la regué.
5 to blow your nose sonarse la nariz
6 to blow something out apagar algo, soplar algo: *Blow out the candles on your birthday cake!* ¡Apaga las velas de tu pastel de cumpleaños!
7 to blow something up (a) hacer volar algo: *The bridge was blown up in the war.* Hicieron volar el puente en la guerra. **(b) inflar algo**: *Can you help me blow up the balloons?* ¿Me puedes ayudar a inflar los globos?
■ *sustantivo*
golpe: *He received a blow on the head.* Recibió un golpe en la cabeza. | *The news of her death was a terrible blow to us all.* La noticia de su muerte fue un terrible golpe para todos nosotros.

blow up

He's blowing up a balloon.

blown /bloʊn/ participio pasado del verbo **blow**

blue /blu/ *adjetivo & sustantivo*
azul: *She has blue eyes.* Tiene ojos azules.

bluff /blʌf/ *verbo*
blofear ▶ A veces se usa el sustantivo *blof*: *He's bluffing.* Lo que dice es puro blof.

blunt /blʌnt/ *adjetivo*
1 (un cuchillo, una hoja) **desafilado -a**
2 (un lápiz) **sin punta**

blush /blʌʃ/ *verbo*
sonrojarse

BMI /bi em ˈaɪ/ *sustantivo* (también ˈ**body mass ˌindex**)
índice de masa corporal

boar /bɔr/ *sustantivo*
jabalí ▶ En el horóscopo chino se traduce por *jabalí* o *cerdo*

B

board /bɔrd/ *sustantivo & verbo*
■ *sustantivo*
1 tabla
2 tablero: *Put this notice up on the board.* Pon este anuncio en el tablero.
3 tablero: *a chess board* un tablero de ajedrez
4 consejo, **junta**
5 on board a bordo: *Is everyone on board?* ¿Están todos a bordo?
■ *verbo*
abordar: *Passengers should board the train.* Los pasajeros deben abordar el tren.

'board game *sustantivo*
juego de mesa

'boarding school *sustantivo*
internado

boast /boʊst/ *verbo*
presumir: *He boasted about his wealth.* Presumió de su fortuna.

boastful /ˈboʊstfəl/ *adjetivo*
presumido -a

boat /boʊt/ *sustantivo*
embarcación, **bote**, **lancha**: *He owns a fishing boat.* Tiene una lancha de pesca.

body /ˈbɑdi/ *sustantivo* (plural **bodies**)
1 cuerpo: *I want to have a strong healthy body.* Quiero tener un cuerpo fuerte y sano.
2 talle, **cuerpo**: *She has a short body and long legs.* Tiene el talle corto y las piernas largas.
3 cuerpo, **cadáver**: *Her body was found in the woods.* Su cuerpo fue encontrado en el bosque.

bodyboarding /ˈbɑdibɔrdɪŋ/ *sustantivo*
bodyboarding

'body ˌodor *sustantivo*
olor a sudor

boil /bɔɪl/ *verbo*
1 hervir: *Has the water boiled yet?* ¿Ya hirvió el agua?
2 hervir, **poner a hervir**: *Boil some water for the coffee.* Pon a hervir agua para el café.
3 cocer: *I boiled the eggs for four minutes.* Cocí los huevos cuatro minutos.

boil

The milk is boiling.

bold /boʊld/ *adjetivo*
audaz: *He made a bold attempt to catch the robber.* Hizo un audaz esfuerzo por agarrar al ladrón.

Bolivia /bəˈlɪviə/ *sustantivo*
Bolivia

bolt /boʊlt/ *sustantivo & verbo*
■ *sustantivo*
1 pasador
2 tornillo
■ *verbo*
echar el pasador a

bomb /bɑm/ *sustantivo & verbo*
■ *sustantivo*
bomba: *a nuclear bomb* una bomba nuclear
■ *verbo*
bombardear: *The airforce bombed the capital.* La fuerza aérea bombardeó la capital.

bone /boʊn/ *sustantivo*
1 hueso: *He fell and broke a bone in his leg.* Se cayó y se rompió un hueso de la pierna.
2 espina

bone marrow /ˈboʊn ˌmæroʊ/ *sustantivo*
médula (ósea)

bonfire /ˈbɑnfaɪr/ *sustantivo*
fogata, **hoguera**

bongos /ˈbɑŋgoʊz/ *sustantivo* (también **bongo drums**)
bongós

bonnet /ˈbɑnɪt/ *sustantivo*
bonete, **sombrero** [de mujer]

bonsai /ˈbɑnsaɪ/ *sustantivo*
bonsai

bony /ˈboʊni/ *adjetivo* (**bonier**, **boniest**)
huesudo -a: *He had long bony fingers.* Tenía los dedos largos y huesudos.

boo /bu/ *verbo & sustantivo*
■ *verbo*
abuchear
■ *sustantivo*
1 boos rechifla: *There were boos from the audience.* Hubo una rechifla del público.
2 boo! ¡bu!

book /bʊk/ *sustantivo & verbo*
■ *sustantivo*
1 libro: *school books* libros de texto
2 exercise book cuaderno: *Write this in your exercise book.* Escribe esto en tu cuaderno.
■ *verbo*
1 reservar: *I've booked tickets for tomorrow night's show.* Reservé boletos para el espectáculo de mañana en la noche.
2 hacer una reservación
3 arrestar

bookcase /ˈbʊk-keɪs/ *sustantivo*
librero [mueble]

bookshop /ˈbʊkʃɑp/ *sustantivo* BrE
librería

bookstore /ˈbʊkstɔr/ *sustantivo*
librería

boom /bum/ *sustantivo*
1 estruendo
2 boom, **auge**

boot /but/ *sustantivo*
bota

booth /buθ/ *sustantivo*
cabina: *a phone booth* una cabina telefónica

border /ˈbɔrdər/ *sustantivo*
1 borde: *white plates with a blue border* platos blancos con el borde azul
2 frontera

bore[1] /bɔr/ *verbo & sustantivo*
■ *verbo* (**boring**, **bored**)
1 aburrir: *He bored me all evening with his vacation pictures.* Me aburrió toda la noche con las fotos de sus vacaciones.
2 (abrir un túnel o pozo) **perforar**: *This machine can bore through solid rock.* Esta máquina puede perforar roca sólida
■ *sustantivo*
Se suele usar el adjetivo *pesado*: *Try not to sit next to him. He's a real bore!* Trata de no sentarte junto a él. Es muy pesado.

bore[2] /bɔr/ pasado del verbo **bear**

bored /bɔrd/ *adjetivo*
aburrido -a ▶ Se usa para describir cómo se siente una persona cuando algo le aburre. Compara con **boring**: *Mom, I'm bored!* Mamá ¡estoy aburrido! | **to get bored aburrirse**: *She was getting bored with her job.* Le empezaba a aburrir su trabajo.

boring /ˈbɔrɪŋ/ *adjetivo*
aburrido -a ▶ Se usa para describir algo o alguien que aburre. Compara con **bored**: *It was such a boring book that I didn't finish it.* El libro era tan aburrido que no lo pude terminar.

born /bɔrn/ *adjetivo*
to be born nacer: *I was born in Canada in 1992.* Nací en Canadá en 1992.

borne /bɔrn/ participio del verbo **bear**

borrow /ˈbɑroʊ/ *verbo*
1 tomar prestado -a ▶ A menudo se traduce por *prestar*: *She borrowed my skates.* Tomó prestados mis patines./Le presté mis patines. | *Can I borrow your bicycle?* ¿Me prestas tu bicicleta?
2 to borrow something from someone tomar prestado algo a alguien ▶ A menudo se traduce por *prestar*: *I borrowed $5.00 from John.* John me prestó $5.00. | *I borrowed the idea from a TV show.* Saqué la idea de un programa de tele.

> **NOTA:** Compara los verbos **borrow** y **lend.** Usa **lend** cuando una persona presta algo, **borrow** cuando una persona pide o toma algo prestado. **Lend** frecuentemente tiene dos objetos (to lend **something** to **someone**) pero **borrow** tiene solamente uno (to borrow **something**). A menos que se añada **from**: *Will you lend me some money?* ¿Me prestas dinero? | *Can I borrow some money?* ¿Me puedes prestar dinero? | *I'll borrow some money from my brother.* Le voy a pedir dinero prestado a mi hermano.

boss /bɔs/ *sustantivo & verbo*
■ *sustantivo* (plural **bosses**)
jefe -a
■ *verbo*
to boss someone around mangonear a alguien: *My brother's always bossing me around.* Mi hermano siempre me está mangoneando.

bossy /ˈbɔsi/ *adjetivo* (**bossier**, **bossiest**)
mandón -ona: *My older sister's really bossy.* Mi hermana mayor es muy mandona.

botany /ˈbɑtn-i/ *sustantivo*
botánica

both /boʊθ/
ambos -as, **los dos/las dos**: *Hold the dish with both hands.* Agarra el plato con las dos manos. | *We both like dancing.* A los dos nos gusta bailar.

bother /ˈbɑðər/ *verbo & sustantivo*
■ *verbo*
1 molestar: *Don't bother your father now – he's very busy.* Ahorita no molestes a tu papá: está muy ocupado.
2 preocupar: *I always know when something is bothering him.* Siempre me doy cuenta cuando está preocupado por algo.
3 tomarse la molestia: *He didn't even bother to say "Thank you".* Ni siquiera se tomó la molestia de dar las gracias. | *I'll never get the job, so why bother?* No me van a dar el trabajo, ¿para qué me apuro?
■ *sustantivo*
molestia

bottle /ˈbɑtl/ *sustantivo & verbo*
■ *sustantivo*
botella

B

■ *verbo*
embotellar: *bottled water* agua embotellada | *This is where they bottle the beer.* Aquí es donde embotellan la cerveza.

bottom /ˈbɑtəm/ *sustantivo*
1 fondo [de una caja, bolsa, botella o cajón]
2 pie [de las escaleras, de una montaña]
3 final [de una página]: *Look at the bottom of the page.* Mira al final de la página.
4 parte de abajo: *The price is on the bottom of the box.* El precio está en la parte de abajo de la caja.
5 Usado para hablar del último o de los últimos en una clasificación: *He's always at the bottom of the class.* Siempre está entre los últimos de la clase.
6 trasero, nalgas: *He fell on his bottom.* Se cayó de nalgas.

bought /bɔt/ pasado y participio del verbo **buy**

boulder /ˈboʊldər/ *sustantivo*
roca [grande]

bounce /baʊns/ *verbo* (**bouncing**, **bounced**)
1 botar
2 rebotar: *He was bouncing the ball against the wall.* Estaba rebotando la pelota contra la pared. | *The ball bounced off the wall.* La pelota rebotó de la pared.
3 brincar [en una superficie mullida]: *Stop bouncing on the bed!* ¡Deja de brincar en la cama!

bounce

He was bouncing the ball.

bound¹ /baʊnd/ *adjetivo, verbo & sustantivo*
■ *adjetivo*
1 amarrado -a: *He was bound hand and foot.* Estaba amarrado de manos y pies.
2 to be bound to do something (usado cuando se tiene la seguridad de que algo va a pasar) *She's so smart, she's bound to be a success.* Es tan lista que seguro va a tener éxito.
■ *verbo*
dar de brincos: *The children came bounding down the stairs.* Los niños bajaron la escalera dando de brincos.
■ *sustantivo*
brincote

bound² /baʊnd/ pasado y participio del verbo **bind**

boundary /ˈbaʊndəri/ *sustantivo* (plural **boundaries**)
límite: *A white line marks the boundary of the field.* Una línea blanca marca los límites de la cancha.

bow¹ /boʊ/ *sustantivo*
1 arco [para lanzar flechas]
2 arco [para tocar instrumentos de cuerdas]
3 moño: *She tied a red bow in her hair.* Se puso un moño rojo en el pelo.

bow

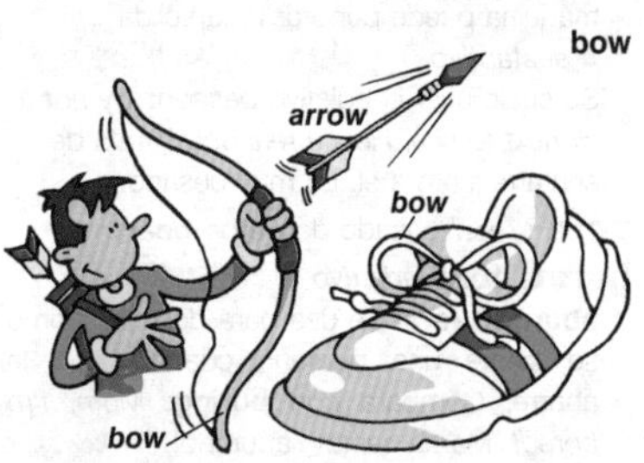

bow² /baʊ/ *verbo & sustantivo*
■ *verbo*
hacer una reverencia, **hacer una caravana**
■ *sustantivo*
reverencia, **caravana**

bowl /boʊl/ *sustantivo*
1 palangana: *Fill the bowl with water.* Llena de agua la palangana.
2 tazón, plato (hondo): *a bowl of flour* un tazón de harina | *I ate a bowl of ice cream.* Me comí un plato de helado.

box /bɑks/ *sustantivo & verbo*
■ *sustantivo* (plural **boxes**)
caja: *I need three boxes for these books.* Necesito tres cajas para estos libros.
■ *verbo*
boxear

boxer /ˈbɑksər/ *sustantivo*
boxeador -a

boxing /ˈbɑksɪŋ/ *sustantivo*
box, **boxeo**

ˈbox ˌoffice *sustantivo* (plural **box offices**)
taquilla

boy /bɔɪ/ *sustantivo*
niño, **muchacho**: *He went to a school for boys.* Fue a una escuela para niños.

boyfriend /ˈbɔɪfrend/ *sustantivo*
novio: *Is Chris your boyfriend?* ¿Chris es tu novio?

ˈboy scouts *sustantivo plural*
Boy Scouts [niños exploradores]

bra /brɑ/ *sustantivo*
brasier

bracelet /ˈbreɪslət/ *sustantivo*
pulsera, **brazalete**

braces /ˈbreɪsɪz/ *sustantivo plural*
frenos [para los dientes]

brag /bræg/ *verbo* (**bragging**, **bragged**)
presumir, **alardear**: *He is always bragging about his new car.* Siempre está presumiendo de su coche nuevo.

braid /breɪd/ *verbo & sustantivo*
■ *verbo*
trenzar
■ *sustantivo*
trenza: *She wore her hair in braids.* Se peinaba con trenzas.

brain /breɪn/ *sustantivo*
cerebro

brainstorm /ˈbreɪnstɔrm/ *verbo*
(también **to brainstorm ideas**) **hacer una tormenta de ideas**

brake /breɪk/ *sustantivo & verbo*
■ *sustantivo*
freno [en un vehículo]
■ *verbo*
frenar: *The driver braked quickly to avoid an accident.* El conductor frenó rápido para evitar un accidente.

branch /bræntʃ/ *sustantivo* (plural **branches**)
1 rama [de árbol]
2 sucursal: *The bank has branches in Canada and the U.S.* El banco tiene sucursales en EE UU y Canadá.

brand /brænd/ *sustantivo*
marca: *What brand of soap do you use?* ¿Qué marca de jabón usas?

ˌbrand-ˈnew *adjetivo*
nuevo -a, **nuevecito -a**: *He was wearing a brand-new hat.* Llevaba un sombrero nuevo. | *He won a brand-new car!* ¡Ganó un coche último modelo!

brandy /ˈbrændi/ *sustantivo*
brandy

brass /bræs/ *sustantivo*
latón

ˌbrass ˈband *sustantivo*
banda (de música)

brave /breɪv/ *adjetivo*
valiente: *You have to be brave to be a bullfighter.* Tienes que ser valiente para ser torero.

> **NOTA:** La palabra *bravo* en español se traduce por **rough** o **hot** en inglés

bravery /ˈbreɪvəri/ *sustantivo*
valentía, **valor**: *The fireman was praised for his bravery.* El bombero recibió elogios por su valentía.

Brazil /brəˈzɪl/ *sustantivo*
Brasil

bread /bred/ *sustantivo*
pan: *Do we need any bread from the store?* ¿Necesitamos pan de la tienda? | *a loaf of bread* una barra de pan

breadth /bredθ/ *sustantivo*
ancho, **anchura**: *It measured 50 feet in breadth.* Tenía 50 pies de ancho.

break /breɪk/ *verbo & sustantivo*
■ *verbo* (pasado **broke**, participio **broken**)
1 romper: *Be careful not to break the glasses.* Ten cuidado de no romper los vasos. | *She broke her leg in an accident.* Se rompió la pierna en un accidente.
2 romperse: *The plate fell on the floor and broke.* El plato se cayó al suelo y se rompió.
3 descomponerse: *The TV has broken.* Se descompuso la TV.
4 descomponer: *Be careful with the radio or you will break it!* ¡Ten cuidado con el radio o lo vas a descomponer!
5 to break the law cometer un delito
6 to break a promise romper una promesa
7 to break a record romper un récord: *She broke the world record in the 100 meters.* Rompió el récord mundial en los 100 metros.
8 to break down descomponerse: *My car broke down on the way to work.* Mi coche se descompuso camino al trabajo.
9 to break in meterse [para robar, etc.]: *Someone broke in through the window.* Alguien se metió por la ventana.
10 to break into meterse a [para robar]: *Someone broke into the store.* Alguien se metió a la tienda.

B

11 to break off (a) romperse [separarse de la parte principal]: *The branch broke off.* La rama se rompió. **(b) romper** [separar de la parte principal]: *He broke off the branch.* Rompió la rama.

12 to break out (a) (un incendio, una epidemia) **empezar**: *The fire broke out at two o'clock in the morning.* El incendio empezó a las tres de la mañana. **(b)** (una guerra) **estallar**

13 to break up (with someone) romper (con alguien): *Sally broke up with Jack last week.* Sally rompió con Jack la semana pasada.

■ *sustantivo*

1 pausa, **descanso**: *I'm tired. Let's take a break.* Estoy cansada. Vamos a tomarnos un descanso.

2 pausa comercial [en TV o radio]: *We'll be right back after the break.* Y ahora, un mensaje de nuestro patrocinador.

break down

My car broke down this morning.

breakdown /ˈbreɪkdaʊn/ *sustantivo*

1 avería, **descompostura**

2 fracaso: *There was a breakdown in the peace talks.* Las negociaciones de paz fracasaron.

breakfast /ˈbrekfəst/ *sustantivo*

desayuno | **to have breakfast desayunar** | **to have something for breakfast desayunar algo**

ˈbreak time *sustantivo*

recreo

breast /brest/ *sustantivo*

1 pecho

2 seno ► En medicina se usa *mama*: *breast cancer* cáncer de mama

breath /breθ/ *sustantivo*

1 aliento: *I can smell beer on his breath.* El aliento le huele a cerveza. | *He took a deep breath and jumped into the water.* Tomó aire y se echó al agua.

2 to be out of breath estar sin aliento: *We were both out of breath.* Los dos nos quedamos sin aliento.

3 to hold your breath aguantar la respiración, **no respirar**: *How long can you hold your breath?* ¿Cuánto puedes aguantar sin respirar?

breathe /brið/ *verbo* (**breathing**, **breathed**)

1 respirar

2 to breathe in aspirar

3 to breathe out espirar

breathless /ˈbreθləs/ *adjetivo*

sin aliento

bred /bred/ pasado y participio del verbo **breed**

breed /brid/ *verbo & sustantivo*

■ *verbo* (pasado y participio **bred**)

1 reproducirse: *Some animals will not breed in captivity.* Algunos animales no se reproducen en cautiverio.

2 criar [animales]: *He breeds cattle and horses.* Cría caballos y ganado vacuno.

■ *sustantivo*

1 raza [de animales]: *What breed is your dog?* ¿De qué raza es tu perro?

2 variedad [de plantas]

breeze /briz/ *sustantivo*

brisa

brew /bru/ *verbo*

1 hacer té o café

2 to be brewing avecinarse: *A storm is brewing.* Se avecina una tempestad.

bribe /braɪb/ *verbo & sustantivo*

■ *verbo* (**bribing**, **bribed**)

sobornar a, **dar mordida a**: *He tried to bribe the police officer to let him go.* Trató de darle una mordida al policía para que lo dejara ir.

■ *sustantivo*

soborno, **mordida**: *He offered me a bribe.* Me ofreció una mordida.

brick /brɪk/ *sustantivo*

ladrillo

bride /braɪd/ *sustantivo*

novia [recién casada o a punto de casarse]

bridesmaid /ˈbraɪdzmeɪd/ *sustantivo*

dama de honor [en una boda]

bridge /brɪdʒ/ *sustantivo*

puente: *A new bridge was built across the river.* Se construyó un nuevo puente en el río.

bridle /ˈbraɪdl/ *sustantivo*

brida [freno del caballo, con sus riendas y correa]

brief /brif/ *adjetivo*
breve: *The meeting was very brief.* La junta fue muy breve. | *He gave a brief description of the man.* Dio una breve descripción del hombre.

briefcase /ˈbrifkeɪs/ *sustantivo*
portafolio

bright /braɪt/ *adjetivo*
1 brillante: *a very bright star* una estrella muy brillante
2 fuerte [de color]: *She wore a bright yellow dress.* Traía un vestido amarillo fuerte.
3 listo -a, **inteligente**: *Susan is a very bright child.* Susan es una niña muy lista.

brighten /ˈbraɪtn/ *verbo*
to brighten up aclarar [cuando sale el sol]: *The weather should brighten up later.* Es probable que salga el sol más tarde.

brilliant /ˈbrɪljənt/ *adjetivo*
1 brillante, **genial**: *a brilliant idea* una idea genial | *He is a brilliant scientist.* Es un científico de primera.
2 brillante, **luminoso -a**: *Mary has brilliant green eyes.* Los ojos de Mary son verdes y brillantes.

brilliantly /ˈbrɪljəntli/ *adverbio*
fenomenalmente, **muy bien**

bring /brɪŋ/ *verbo* (pasado y participio **brought**)
1 traer: *Bring me the ball.* Tráeme la pelota. | *Can I bring Gary to the party?* ¿Puedo traer a Gary a la fiesta?
2 traer [resultados]: *Tourism brings a lot of money to the area.* El turismo trae mucho dinero al área.
3 to bring someone up educar a alguien: *She brought up three children by herself.* Educó a tres hijos ella sola.

brisk /brɪsk/ *adjetivo*
enérgico -a, **rápido -a**: *I took a brisk walk this morning.* Di una caminada rápida hoy en la mañana.

Britain /ˈbrɪtn/ *sustantivo*
Gran Bretaña

British /ˈbrɪtɪʃ/ *adjetivo & sustantivo*
■ *adjetivo*
británico -a
■ *sustantivo*
the British los británicos

> **NOTA:** Compara **British** con **English** (*inglés*), **Scottish** (*escocés*) y **Welsh** (*galés*). **British** es el gentilicio de **Great Britain** (*Gran Bretaña*), que comprende **England** (*Inglaterra*), **Scotland** (*Escocia*) y **Wales** (*Gales*).

brittle /ˈbrɪtl/ *adjetivo*
quebradizo -a

broad /brɔd/ *adjetivo*
1 ancho -a: *a broad river* un río ancho | *He has broad shoulders.* Es ancho de hombros
2 amplio -a: *The talk covered a broad range of topics.* La plática cubrió una amplia gama de temas.

broadcast /ˈbrɔdkæst/ *verbo & sustantivo*
■ *verbo* (pasado y participio **broadcast**)
transmitir [un programa]: *Channel Six will broadcast the game at ten o'clock.* El Canal 6 va a transmitir el partido a las diez.
■ *sustantivo*
programa [de radio o TV]

brochure /broʊˈʃʊr/ *sustantivo*
folleto

broke[1] /broʊk/ pasado del verbo **break**

broke[2] /broʊk/ *adjetivo*
quebrado -a, **sin dinero**: *I can't go to the movies with you. I'm broke.* No puedo ir al cine contigo. Estoy quebrado.

broken[1] /ˈbroʊkən/ *adjetivo*
1 roto -a: *a broken window* una ventana rota
2 descompuesto -a: *My watch is broken.* Mi reloj está descompuesto.

broken/cracked

broken[2] /ˈbroʊkən/ participio del verbo **break**

bronze /brɑnz/ *sustantivo*
bronce

broom /brum/ *sustantivo*
escoba

brother /ˈbrʌðər/ *sustantivo*
hermano [varón]: *I have two brothers and one sister.* Tengo dos hermanos y una hermana.

ˈbrother-in-law *sustantivo* (plural **brothers-in-law**)
cuñado

brought /brɔt/ pasado y participio del verbo **bring**

brown /braʊn/ *adjetivo & sustantivo*
café, **castaño** [color]: *Have you seen my brown shoes?* ¿Has visto mis zapatos

cafés?/¿Has visto mis zapatos café? | *She has brown hair.* Tiene el pelo castaño.

bruise /bruz/ *sustantivo & verbo*
■ *sustantivo*
moretón
■ *verbo*
hacerse un moretón en: *She fell and bruised her knee.* Se cayó y se hizo un moretón en la rodilla.

brush /brʌʃ/ *sustantivo & verbo*
■ *sustantivo* (plural **brushes**)
1 cepillo
2 brocha
3 pincel
■ *verbo*
cepillar: *Have you brushed your teeth?* ¿Te cepillaste los dientes? | *She needs to brush her hair.* Necesita cepillarse el pelo.

bubble /ˈbʌbəl/ *sustantivo*
burbuja: *There are soap bubbles in the sink.* Hay burbujas en el fregadero.

buck /bʌk/ *sustantivo*
1 Palabra coloquial que significa *dólar*: *Can you lend me ten bucks?* ¿Me prestas diez dólares?
2 ciervo [macho]
3 conejo [macho]

bucket /ˈbʌkɪt/ *sustantivo*
cubeta

buckle /ˈbʌkəl/ *sustantivo*
hebilla

bud /bʌd/ *sustantivo*
capullo, **brote**

Buddhism /ˈbudɪzəm/ *sustantivo*
budismo

Buddhist /ˈbudɪst/ *sustantivo*
budista

budge /bʌdʒ/ *verbo* (**budging**, **budged**)
moverse: *This rock won't budge.* Esta roca no se mueve.

budget /ˈbʌdʒɪt/ *sustantivo*
presupuesto: *We have a budget of $500,000 for the new building.* Tenemos un presupuesto de $500,000 para el nuevo edificio.

buffalo /ˈbʌfəloʊ/ *sustantivo* (plural **buffalo** o **buffaloes**)
búfalo

bug /bʌg/ *sustantivo & verbo*
■ *sustantivo*
1 bicho, **insecto**
2 virus, **infección**: *There's a flu bug going around the school.* En la escuela anda un virus de gripe.
■ *verbo*
fastidiar: *Stop bugging me!* ¡Deja de fastidiarme!

build /bɪld/ *verbo* (pasado y participio **built**)
hacer, **construir**: *The house is built of brick.* La casa está hecha de ladrillo.

builder /ˈbɪldər/ *sustantivo*
albañil

building /ˈbɪldɪŋ/ *sustantivo*
edificio: *an apartment building* un edificio de departamentos

built /bɪlt/ pasado y participio del verbo **build**

bulb /bʌlb/ *sustantivo* (también **light bulb**)
foco

bulk /bʌlk/ *sustantivo*
the bulk of something la mayor parte de algo

bulky /ˈbʌlki/ *adjetivo* (**bulkier**, **bulkiest**)
voluminoso -a: *The box is too bulky to lift on your own.* Esta caja es demasiado voluminosa como para levantarla tú solo.

bull /bʊl/ *sustantivo*
toro

bulldog /ˈbʊldɔg/ *sustantivo*
bulldog

bulldozer /ˈbʊldoʊzər/ *sustantivo*
bulldozer

bullet /ˈbʊlɪt/ *sustantivo*
bala

bulletin board /ˈbʊlətɪn bɔrd/ *sustantivo*
tablero de anuncios

bully /ˈbʊli/ *sustantivo & verbo*
■ *sustantivo* (plural **bullies**)
bravucón -ona
■ *verbo*
intimidar

bump /bʌmp/ *verbo & sustantivo*
■ *verbo*
1 golpearse, **chocar**: *I bumped my knee on the chair.* Me golpeé la rodilla en la silla. | *Gary bumped into the door as he walked out.* Gary chocó con la puerta al salir.
2 to bump into someone encontrarse a alguien, **toparse con alguien**: *I bumped into John in town.* Me encontré a John en el centro.
■ *sustantivo*
1 bache
2 protuberancia
3 chichón: *He had a bump on his head.* Tenía un chichón en la cabeza.

bumper /ˈbʌmpər/ *sustantivo*
defensa [de un vehículo]

bumpy /ˈbʌmpi/ *adjetivo* (**bumpier**, **bumpiest**)
lleno -a de baches: *a bumpy road* una carretera llena de baches

bun /bʌn/ & *sustantivo*
■ *sustantivo*
pan, **bollo**
■
chongo [de pelo]

bunch /bʌntʃ/ *sustantivo* (plural **bunches**)
1 ramo, **bonche**: *He gave me a bunch of flowers.* Me dio un ramo de flores.
2 grupo: *A bunch of kids came into the store.* Un grupo de niños entró a la tienda.

bundle /ˈbʌndl/ *sustantivo*
atado, **fajo**

bunk /bʌŋk/ *sustantivo*
litera

ˈbunk beds *sustantivo plural*
camas literas

buoy /ˈbui/ *sustantivo*
boya

burden /ˈbɜrdn/ *sustantivo*
carga, **peso**

burger /ˈbɜrgər/ *sustantivo*
hamburguesa

burglar /ˈbɜrglər/ *sustantivo*
ladrón [que se mete a una casa a robar]

burglar

The burglar came in through the window.

burglary /ˈbɜrgləri/ *sustantivo* (plural **burglaries**)
robo [en una casa, etc.]

burial /ˈberiəl/ *sustantivo*
entierro

burn /bɜrn/ *verbo & sustantivo*
■ *verbo* (pasado y participio **burned** o **burnt**)
1 quemar, **quemarse**: *Be careful not to burn the onions.* Ten cuidado de no quemar las cebollas. | *I burned my hand.* Me quemé la mano.
2 arder: *Is the fire still burning?* ¿Todavía está ardiendo el fuego?
3 to burn down quemarse, **destruirse**: *The building burned down last year.* El edificio se quemó el año pasado.
4 to burn out apagarse [fuego, vela]
5 to burn up quemarse [destruirse]
■ *sustantivo*
quemada, **quemadura**: *He has a burn mark on his arm.* Trae una quemada en el brazo.

burnt /bɜrnt/ pasado y participio del verbo **burn**

burrow /ˈbɜroʊ/ *sustantivo*
madriguera, **conejera**

burst /bɜrst/ *verbo* (pasado y participio **burst**)
1 reventar: *The children tried to burst the balloons.* Los niños trataron de reventar los globos.
2 poncharse, **reventarse**: *The tire burst on the bend.* La llanta se ponchó en la curva.
3 estar repleto -a, **estar abarrotado -a**: *The little town was bursting with tourists.* El pueblito estaba abarrotado de turistas.
4 to burst out laughing echarse una carcajada
5 to burst into tears ponerse a llorar

bury /ˈberi/ *verbo* (**burying**, **buried**)
enterrar: *The dog buried its bone in the garden.* El perro enterró el hueso en el jardín.

bus /bʌs/ *sustantivo* (plural **buses**)
autobús, **camión**: *Ann caught the bus downtown.* Ann tomó el camión en el centro.

bush /bʊʃ/ *sustantivo* (plural **bushes**)
arbusto, **mata**

busily /ˈbɪzəli/ *adverbio*
afanosamente: *Everyone in the office was working busily.* Todo mundo en la oficina estaba trabajando afanosamente.

business /ˈbɪznɪs/ *sustantivo*
1 (plural **businesses**) **negocio**, **empresa**: *He has a furniture business in town.* Tiene un negocio de muebles en el centro.

2 **negocios** [actividad comercial]: *Business is very good this year.* Este año ha sido muy bueno para los negocios.

3 **mind your own business** *In this town it pays to mind your own business.* En este pueblo más vale no meterse en lo que no le importa a uno.

4 **none of your business** *It's none of your business how she spends her money.* No es asunto tuyo cómo gasta el dinero.

businessman /ˈbɪznɪsmən/ *sustantivo* (plural **businessmen** /-mən/)
hombre de negocios

businesswoman /ˈbɪznɪswʊmən/ *sustantivo* (plural **businesswomen** /-wɪmɪn/)
mujer de negocios

ˈbus ˌstation *sustantivo*
terminal de camiones o autobuses

ˈbus stop *sustantivo*
parada de camión

busy /ˈbɪzi/ *adjetivo* (**busier**, **busiest**)

1 **ocupado -a**: *He's busy writing letters.* Está ocupado escribiendo cartas. | *I tried calling her, but her line is busy.* Traté de hablarle, pero su teléfono está ocupado.

2 **transitado -a**: *We live on a very busy street.* Vivimos en una calle muy transitada.

3 (lugar) **concurrido -a**

but /bʌt/ *conjunción*

1 **pero**: *I would like to come to the party but I can't.* Me gustaría ir a la fiesta pero no puedo.

2 **sino**: *He did nothing but get in the way.* No hizo nada sino estorbar.

butcher /ˈbʊtʃər/ *sustantivo*
carnicero -a

butter /ˈbʌtər/ *sustantivo*
mantequilla

butterfly /ˈbʌtərflaɪ/ *sustantivo* (plural **butterflies**)
mariposa

buttock /ˈbʌtək/ *sustantivo*
nalga

button /ˈbʌtn/ *sustantivo*

1 (de una prenda de ropa) **botón**: *I lost a button on my shirt.* Se me cayó un botón de la camisa.

2 (de una máquina) **botón**

3 **distintivo**, **pin**

buttonhole /ˈbʌtnhoʊl/ *sustantivo*
ojal

buy /baɪ/ *verbo* (gerundio **buying**, pasado y participio **bought**)
comprar: *I bought a new radio.* Compré un radio nuevo. | *We bought the car from a friend of Dan's.* Le compramos el coche a un amigo de Dan.

buzz /bʌz/ *verbo*
zumbar

by /baɪ/ *preposición & adverbio*

1 **cerca de**, **al lado de**: *He was standing by the window.* Estaba parado al lado de la ventana.

2 (para indicar causa, autor o agente, especialmente en enunciados en voz pasiva) **por**: *The house was damaged by fire.* La casa fue dañada por un incendio. | *We read a story by Mark Twain.* Leímos una historia escrita por Mark Twain.

3 (para indicar método) **por**: *You can buy the tickets by phone.* Los boletos se pueden comprar por teléfono. | *I earned some money by delivering newspapers.* Gané dinero repartiendo periódicos.

4 (para indicar medio de transporte) **en**: *Are you going by car?* ¿Vas en coche?

5 (para indicar límite de tiempo) *Please have this ready by tomorrow.* Por favor tenga esto listo a más tardar mañana.

6 (para indicar la parte del cuerpo u objeto que otra persona toma) **de**, **por**: *He grabbed me by my arm.* Me agarró del brazo.

7 Cuando se usa con verbos de movimiento, generalmente se traduce por *pasar*: *One or two cars drove by.* Pasaron uno o dos coches. | *Three hours went by before we heard any news.* Pasaron tres horas antes de que tuviéramos noticias.

8 Cuando se usa entre un verbo de movimiento y un lugar o persona, generalmente se traduce por *pasar de largo*: *She walked by me without saying hello.* Pasó de largo sin saludarme.

bye /baɪ/ *interjección*
¡adiós!

bye-bye /baɪ ˈbaɪ/ *interjección*
¡adiosito!

Cc

C, c /si/ *sustantivo*
C, c: *C for California* C de California

cab /kæb/ *sustantivo*
1 taxi
2 cabina [donde se sienta el conductor de un tren, camión de carga, etc.]

cabbage /ˈkæbɪdʒ/ *sustantivo*
col

cabin /ˈkæbɪn/ *sustantivo*
1 cabaña
2 cabina, **camarote**

cabinet /ˈkæbənət/ *sustantivo*
1 armario, **gabinete**
2 gabinete [en el gobierno]

cable /ˈkeɪbəl/ *sustantivo*
1 cable
2 cablevisión

cactus /ˈkæktəs/ *sustantivo* (plural **cacti** /-taɪ/ o **cactuses**)
cacto

café /kæˈfeɪ/ *sustantivo*
cafetería, **café**

cafeteria /kæfəˈtɪriə/ *sustantivo*
1 comedor [en una escuela]
2 comedor, **cafetería** [en un lugar de trabajo]

cage /keɪdʒ/ *sustantivo*
jaula

cake /keɪk/ *sustantivo*
pastel: *My mom baked a birthday cake for me.* Mi mamá me hizo un pastel de cumpleaños.

calculate /ˈkælkjəleɪt/ *verbo* (**calculating**, **calculated**)
calcular: *I need to calculate the amount of material I will need for the job.* Necesito calcular qué cantidad de material voy a necesitar para la obra.

calculation /kælkjəˈleɪʃən/ *sustantivo*
cálculo [matemático]

calculator /ˈkælkjəleɪtər/ *sustantivo*
calculadora [para operaciones matemáticas]

calendar /ˈkæləndər/ *sustantivo*
calendario

calf /kæf/ *sustantivo* (plural **calves**)
1 ternero -a, **becerro -a**
2 pantorrilla

call /kɔl/ *verbo & sustantivo*
■ *verbo*
1 hablar a, **llamar a** [por teléfono]: *I called my sister, but she wasn't home.* Llamé a mi hermana pero no estaba en su casa.
2 llamar a: *She called the boys in for lunch.* Llamó a los niños a comer.
3 llamar: *Did you call?* ¿Llamaste? | *I called for help but nobody came.* Llamé para que me ayudaran, pero nadie vino.
4 (para indicar el nombre de alguien) **poner**, **decir**: *They called the baby Thomas.* Le pusieron Thomas al bebé.
5 to call someone back devolver la llamada a alguien, **volver a llamar a alguien**: *Can Mr. Wilson call you back?* ¿Quiere que el señor Wilson lo llame más tarde? | *I'll call you back around three.* Te vuelvo a llamar aproximadamente a las tres.
6 to call someone in llamar a alguien, **recurrir a alguien**: *The President called in the army to deal with the problem.* El Presidente recurrió al ejército para solucionar el problema.
7 to call something off suspender algo, **cancelar algo**: *The game was called off because of the bad weather.* Se suspendió el juego debido al mal tiempo.
■ *sustantivo*
1 llamada [telefónica]: *There's a call for you, Pam.* Tienes una llamada, Pam.
2 llamada, **grito**: *I heard a call for help.* Oí un grito de auxilio.
3 to be on call estar de guardia: *The doctor is on call 24 hours a day.* El doctor está de guardia las veinticuatro horas.

caller /ˈkɔlər/ *sustantivo*
1 persona que llama a un programa de radio
2 persona que llama por teléfono

calm /kɑm/ *adjetivo*
1 calmado -a: *He was very calm when we told him the news.* No perdió la calma cuando le dimos la noticia.
2 tranquilo -a, **sereno -a**: *The sea was perfectly calm.* El mar estaba absolutamente sereno.

calmly /ˈkɑmli/ *sustantivo*
con calma

calves /kævz/ plural de **calf**

camcorder /ˈkæmkɔrdər/ *sustantivo*
videocámara

came /keɪm/ pasado del verbo **come**

camel /ˈkæməl/ *sustantivo*
camello

camera /ˈkæmrə/ *sustantivo*
cámara

camera

camp /kæmp/ *sustantivo & verbo*
■ *sustantivo*
campamento
■ *verbo*
acampar | **to go camping ir a acampar, ir de campamento**

NOTA: La palabra *campo* en español se traduce por **country** o **field** en inglés

campaign /kæmˈpeɪn/ *sustantivo*
campaña

camper /ˈkæmpər/ *sustantivo*
1 (vehículo) **cámper**
2 (persona) **campista**

camping /ˈkæmpɪŋ/ *sustantivo*
Se suele traducir por *acampar*: *Do you want to go camping this weekend?* ¿Quieres ir a acampar este fin de semana?

campsite /ˈkæmpsaɪt/ también **campground** /ˈkæmpgraʊnd/ *sustantivo*
campamento [lugar para acampar]

campus /ˈkæmpəs/ *sustantivo* (plural **campuses**)
campus, **recinto universitario**

can /kæn/ *verbo & sustantivo*
■ *verbo*
1 (para indicar posibilidad) **poder**: *I can be there at two o'clock.* Puedo estar ahí a las dos. | *I can't see a thing.* No veo nada.
2 (para indicar permiso) **poder**: *You can go when you finish your work.* Te puedes ir cuando termines tu trabajo.
3 **saber**: *"Can she swim?" "Yes, she can."* –¿Sabe nadar? –Sí.
4 (para indicar oferta de ayuda) **poder**: *Can I help you?* ¿Te puedo ayudar en algo? [en general]/¿Ya la atienden?[en una tienda]
■ *sustantivo*
lata: *He bought a can of soup.* Compró una lata de sopa.

canal /kəˈnæl/ *sustantivo*
canal [para transporte o irrigación]

canary /kəˈneri/ *sustantivo* (plural **canaries**)
canario [pájaro]

cancel /ˈkænsəl/ *verbo*
cancelar: *We had to cancel our trip.* Tuvimos que cancelar el viaje.

cancer /ˈkænsər/ *sustantivo*
cáncer: *breast cancer* cáncer de mama

candidate /ˈkændədeɪt/ *sustantivo*
candidato -a

candle /ˈkændl/ *sustantivo*
vela

candlelight /ˈkændl-laɪt/ *sustantivo*
velas [para iluminar]

candy /ˈkændi/ *sustantivo*
dulce [caramelo]: *Can I have a piece of candy?* ¿Puedo comerme un dulce? | *If you're good, I'll buy you some candy.* Si te portas bien te compro dulces.

cane /keɪn/ *sustantivo*
bastón [para caminar]

cannon /ˈkænən/ *sustantivo*
cañón [en artillería]

cannot /ˈkænɑt/, también **can't** /kænt/ negativo de **can**
I cannot understand why she is so angry. No entiendo por qué está tan enojada.

canoe /kəˈnu/ *sustantivo*
canoa

can't /kænt/, también **cannot** negativo de **can**
I'm sorry I can't go with you. Siento no poder ir contigo.

canvas /ˈkænvəs/ *sustantivo*
lona

canyon /ˈkænjən/ *sustantivo*
cañón [en geografía]: *the Grand Canyon* el Gran Cañón del Colorado

cap /kæp/ *sustantivo*
gorra, **cachucha**

capable /ˈkeɪpəbəl/ *adjetivo*
1 **to be capable of something ser capaz de algo**: *I didn't think he was capable of murder.* No creo que haya sido capaz de asesinar a alguien.
2 **capaz**, **competente**: *She's a very capable lawyer.* Es una abogada muy capaz.

capacity /kəˈpæsəti/ *sustantivo* (plural **capacities**)
1 **capacidad**: *The bottle has a capacity of two pints.* La botella tiene una capacidad de dos pintas.
2 **capacidad**: *Paul has a great capacity for hard work.* Paul tiene una enorme capacidad para trabajar duro.

cape /keɪp/ *sustantivo*
capa [prenda de vestir]

capital /ˈkæpətl/ *sustantivo*
1 capital [ciudad]
2 (también **capital letter**) **mayúscula**

ˌcapital ˈpunishment *sustantivo*
pena de muerte

captain /ˈkæptən/ *sustantivo*
1 capitán -ana [de un barco o avión]
2 capitán -ana [en el ejército o la marina]
3 capitán -ana [de un equipo o grupo]

captive /ˈkæptɪv/ *sustantivo*
cautivo -a

captivity /kæpˈtɪvəti/ *sustantivo*
cautiverio: *They were in captivity for a year.* Estuvieron un año en cautiverio.

capture /ˈkæptʃər/ *verbo* (**capturing**, **captured**)
capturar, **hacer prisionero -a**: *They captured four enemy soldiers.* Capturaron a cuatro soldados del ejército enemigo.

car /kɑr/ *sustantivo*
coche, **carro**

carbohydrate /ˌkɑrboʊˈhaɪdreɪt/ *sustantivo*
hidrato de carbono, **carbohidrato**

carbon footprint /ˌkɑrbən ˈfʊtprɪnt/ *sustantivo*
huella de carbono, **huella ecológica**

card /kɑrd/ *sustantivo*
1 tarjeta [de felicitaciones]: *I sent you a birthday card.* Te mandé una tarjeta de cumpleaños.
2 carta, **naipe** | **to play cards jugar a las cartas**
3 tarjeta [de crédito, débito]

cardboard /ˈkɑrdbɔrd/ *sustantivo*
cartón

cardigan /ˈkɑrdɪgən/ *sustantivo*
suéter [de botones]

care /ker/ *verbo & sustantivo*
■ *verbo* (**caring**, **cared**)
1 Se suele usar en negativo o interrogativo y se traduce por *importar*: *Does she care about her work?* ¿Le importa su trabajo? | *I couldn't care less!* ¡Me importa un comino! | *I don't care what you do!* ¡Me importa un comino lo que hagas!
2 to care for someone cuidar a alguien: *Her son cared for her last summer.* Su hijo la cuidó el verano pasado.
■ *sustantivo*
1 atención, **cuidado**: *Do you need medical care?* ¿Necesita atención médica?
2 to take care tener cuidado: *Take care when you are crossing the street.* Ten cuidado al cruzar la calle.
3 preocupación: *He doesn't have a care in the world.* No tiene ninguna preocupación.

career /kəˈrɪr/ *sustantivo*
carrera [en el mundo del trabajo]: *He would like to have a career in banking.* Le gustaría hacer carrera en la banca.

careful /ˈkerfəl/ *adjetivo*
cuidadoso -a | **to be careful tener cuidado**: *Be careful with that hot pan!* ¡Ten cuidado con esa olla, está ardiendo!

carefully /ˈkerfəli/ *adverbio*
con cuidado

careless /ˈkerləs/ *adjetivo*
descuidado -a, **negligente**: *My daughter is very careless.* Mi hija es muy descuidada. | *Careless driving causes accidents.* La negligencia al manejar es causa de accidentes.

cargo /ˈkɑrgoʊ/ *sustantivo* (plural **cargoes**)
cargamento: *The ship was carrying a cargo of timber.* El barco llevaba un cargamento de madera.

carnival /ˈkɑrnəvəl/ *sustantivo*
carnaval

carnivore /ˈkɑrnəvɔr/ *sustantivo*
carnívoro -a

carol /ˈkærəl/ *sustantivo*
villancico

ˈcar park *sustantivo* BrE
estacionamiento

carpenter /ˈkɑrpəntər/ *sustantivo*
carpintero -a

carpentry /ˈkɑrpəntri/ *sustantivo*
carpintería

carpet /ˈkɑrpɪt/ *sustantivo*
1 (de pared a pared) **alfombra**
2 tapete, **alfombra**

carpet/rug

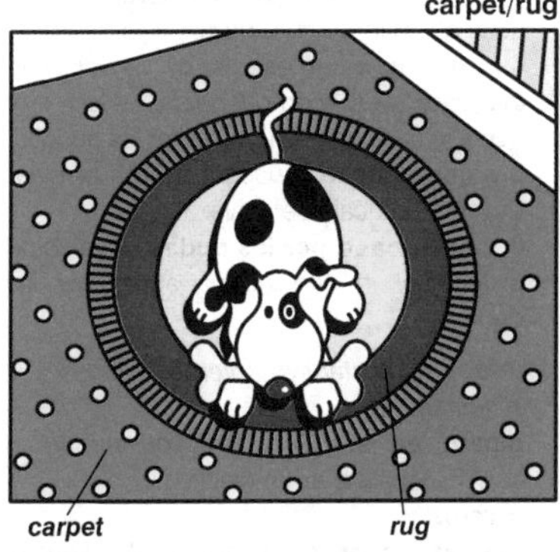

carriage /ˈkærɪdʒ/ *sustantivo*
carroza, **carruaje**

C

C

carrot /ˈkærət/ *sustantivo*
zanahoria

carry /ˈkæri/ *verbo* (**carrying**, **carried**)
1 llevar, **cargar**: *He carried the food to the table.* Llevó la comida a la mesa.
2 to carry on continuar, **seguir**: *They carried on talking.* Siguieron hablando.
3 to carry something out llevar algo a cabo: *The people who carried out the attack will be punished.* Se castigará a los que llevaron a cabo el ataque. | *The soldiers carried out their orders.* Los soldados cumplieron sus órdenes.

cart /kɑrt/ *sustantivo*
1 carreta
2 carrito [en aeorpuerto, supermercado]

carton /ˈkɑrtn/ *sustantivo*
envase de cartón: *Get a carton of milk for me please.* Tráeme leche, por favor.

cartoon /kɑrˈtun/ *sustantivo*
1 caricatura
2 monitos, dibujos animados

carve /kɑrv/ *verbo* (**carving**, **carved**)
1 tallar, **esculpir**: *He carved the figure of a woman from the wood.* Talló la figura de una mujer en el pedazo de madera.
2 trinchar [cortar carne o aves cocinadas]: *She carved the turkey.* Trinchó el pavo.

case /keɪs/ *sustantivo*
1 caso, **ejemplo**: *This is a typical case of poor planning.* Este es un caso típico de mala planeación.
2 caso [legal]: *He is involved in a murder case.* Está involucrado en un caso de asesinato.
3 in case en caso de que: *I'll take an umbrella in case it rains.* Me llevo un paraguas en caso de que llueva.
4 in that case en ese caso: *"It's cold." "In that case, we'll need our coats."* –Hace frío. –En ese caso vamos a necesitar los abrigos.
5 caja, **estuche**: *I bought a case of beer.* Compré una caja de cerveza.
6 just in case por las dudas: *Take some water, just in case.* Lleva agua, por las dudas.

cash /kæʃ/ *sustantivo & verbo*
■ *sustantivo*
dinero en efectivo: *Are you paying in cash?* ¿Va a pagar en efectivo?
■ *verbo*
cambiar, **cobrar** [un cheque]: *I cashed a check at the bank.* Cambié un cheque en el banco.

cashier /kæˈʃɪr/ *sustantivo*
cajero -a

ˈcash ˌregister *sustantivo*
caja (registradora)

cassette /kəˈset/ *sustantivo*
casete, **cinta**

castanets /kæstəˈnets/ *sustantivo*
castañuelas

castle /ˈkæsəl/ *sustantivo*
castillo

casual /ˈkæʒuəl/ *adjetivo*
1 despreocupado -a
2 casual clothes ropa sport, **ropa informal**

cat /kæt/ *sustantivo*
gato -a

catalog /ˈkætl-ɔg/ *sustantivo*
catálogo, **folleto informativo**: *There is a catalog of all the books in the library.* Hay un catálogo de todos los libros de la biblioteca.

catch /kætʃ/ *verbo & sustantivo*
■ *verbo* (pasado y participio **caught**)
1 atrapar: *The dog caught the ball in its mouth.* El perro atrapó la pelota con el hocico.
2 agarrar, **atrapar**: *The police finally caught the thief.* Finalmente la policía agarró al ladrón. | *How many fish did you catch?* ¿Cuántos peces sacaron?
3 to catch a bus, train etc. tomar un camión, tren, etc.: *I caught the train to Boston.* Tomé el tren a Boston.
4 contraer [una enfermedad]: *She caught chickenpox.* Contrajo varicela.
5 atorarse: *My shirt caught on the fence and tore.* Se me atoró la camisa en la barda y se rasgó.
6 to catch up alcanzar, **ponerse al corriente**: *I tried, but I couldn't catch up with you.* Traté pero no te pude alcanzar.
■ *sustantivo* (plural **catches**)
el acto de atrapar o pescar algo o a alguien: *That was a good catch!* ¡Buena atrapada!

category /ˈkætəgɔri/ *sustantivo* (plural **categories**)
categoría, **rango**

caterpillar /ˈkætərpɪlər/ *sustantivo*
oruga, **azotador**

cathedral /kəˈθidrəl/ *sustantivo*
catedral

Catholic /ˈkæθəlɪk/ *sustantivo & adjetivo*
católico -a

cattle /ˈkætl/ *sustantivo plural*
ganado [vacuno]

caught /kɔt/ pasado y participio pasado del verbo **catch**

cauliflower /ˈkɔlɪflaʊr/ *sustantivo*
coliflor

cause /kɔz/ *verbo & sustantivo*
■ *verbo* (**causing**, **caused**)
causar, **ocasionar**: *The heavy rain caused the flood.* La lluvia torrencial causó la inundación.
■ *sustantivo*
1 causa, **motivo**: *What was the cause of the accident?* ¿Cuál fue la causa del accidente?
2 (ideal) **causa**: *They gave money for a good cause.* Dieron dinero para una buena causa.

caution /ˈkɔʃən/ *sustantivo*
cautela, **precaución**: *Drive with caution.* Maneja con precaución.

cautious /ˈkɔʃəs/ *adjetivo*
cauteloso -a

cave /keɪv/ *sustantivo*
cueva

CD /si ˈdi/ *sustantivo*
CD [disco compacto]

CˈD ˌplayer *sustantivo*
reproductor de CD, **tocador de CD**

CD-ROM /si di ˈrɑm/ *sustantivo*
CD-ROM [disco compacto usado en computadoras]

cease /sis/ *verbo* (**ceasing**, **ceased**)
1 dejar de, **cesar de**: *Her mother never ceases talking about her problems.* Su mamá nunca deja de hablar de sus problemas.
2 cesar: *The noise ceased.* Cesó el ruido.

ceaseless /ˈsisləs/ *adjetivo*
incesante

cedar /ˈsidər/ *sustantivo*
cedro

ceiling /ˈsilɪŋ/ *sustantivo*
techo, **cielo raso**

celebrate /ˈseləbreɪt/ *verbo* (**celebrating**, **celebrated**)
celebrar: *We celebrated her birthday at the restaurant.* Celebramos su cumpleaños en el restaurante.

celebration /seləˈbreɪʃən/ *sustantivo*
celebración: *Are you coming to the New Year's celebration?* ¿Vas a venir a la celebración de Año Nuevo?

cell /sel/ *sustantivo*
1 celda
2 célula

cellar /ˈselər/ *sustantivo*
sótano

cello /ˈtʃeloʊ/ *sustantivo*
violonchelo

ˈcell phone *sustantivo*
(teléfono) celular

cement /sɪˈment/ *sustantivo*
cemento

cemetery /ˈseməteri/ *sustantivo* (plural **cemeteries**)
cementerio, **panteón**

cent /sent/ *sustantivo*
centavo

center /ˈsentər/ *sustantivo*
1 centro [en medio de algo]: *Put the flowers in the center of the table.* Pon las flores en el centro de la mesa.
2 centro [lugar o edificio]: *Have you seen the new shopping center?* ¿Ya viste el nuevo centro comercial?

Centigrade /ˈsentəgreɪd/ *sustantivo*
centígrado

centimeter /ˈsentəmitər/ *sustantivo*
centímetro

central /ˈsentrəl/ *adjetivo*
1 central
2 principal, **clave**

century /ˈsentʃəri/ *sustantivo* (plural **centuries**)
siglo: *The house was built two centuries ago.* La casa fue construida hace dos siglos.

ceramic /səˈræmɪk/ *adjetivo*
de cerámica

cereal /ˈsɪriəl/ *sustantivo*
1 (comida) **cereal**: *What's your favorite cereal?* ¿Cuál es tu cereal favorito?
2 (cultivo) **cereal**

ceremony /ˈserəmoʊni/ *sustantivo* (plural **ceremonies**)
ceremonia: *Who performed the marriage ceremony?* ¿Quién ofició en la ceremonia de matrimonio?

certain /ˈsɜrtn/ *adjetivo*
1 seguro -a: *I am certain he told me to come at two o'clock.* Estoy segura de que me dijo que viniera a las dos. | *Are you certain about that?* ¿Estás seguro de eso?
2 cierto -a: *You cannot smoke in certain restaurants.* No se puede fumar en ciertos restaurantes.

certainly /ˈsɜrtnli/ *adverbio*
1 de verdad [se usa para enfatizar]: *You certainly have a lot of books.* De verdad tienes muchos libros.

C

2 **seguro**, **desde luego**: *"Will you help me, please?" "Certainly."* –¿Me ayudas, por favor? –Desde luego.

certificate /sərˈtɪfɪkət/ *sustantivo*
certificado, **acta**: *Your birth certificate tells people when you were born.* En tu acta de nacimiento dice dónde naciste.

CGI /si dʒi ˈaɪ/ *sustantivo* (= **computer-generated imagery**)
imágenes generadas por computadora, **animación digital**

chain /tʃeɪn/ *sustantivo & verbo*
■ *sustantivo*
cadena: *She wore a gold chain around her neck.* Traía una cadena de oro en el cuello.
■ *verbo*
encadenar: *I chained my bicycle to the fence.* Encadené mi bicicleta a la barda.

chair /tʃer/ *sustantivo*
silla

chairperson /ˈtʃerpɜrsən/ *sustantivo*
presidente -a [de una junta]

chalk /tʃɔk/ *sustantivo*
gis

challenge /ˈtʃæləndʒ/ *verbo & sustantivo*
■ *verbo* (**challenging**, **challenged**)
retar, **desafiar**: *We were challenged to a game of golf.* Nos retaron a un juego de golf.
■ *sustantivo*
reto, **desafío**: *To build the bridge in a month was a real challenge.* Construir el puente en un mes era un verdadero reto.

champagne /ʃæmˈpeɪn/ *sustantivo*
champaña

champion /ˈtʃæmpiən/ *sustantivo*
campeón -ona

championship /ˈtʃæmpiənʃɪp/ *sustantivo*
campeonato: *We won the swimming championships.* Ganamos los campeonatos de natación.

chance /tʃæns/ *sustantivo*
1 **oportunidad**: *I finally had a chance to read the letter.* Por fin tuve la oportunidad de leer la carta.
2 **posibilidad**, **chance**: *There is a good chance that I will be chosen for the team.* Hay una buena posibilidad de que me seleccionen para el equipo.
3 **riesgo**: *He is taking a chance by driving so fast.* Está corriendo un riesgo al manejar tan rápido.
4 **casualidad**: *I met him by chance.* Me lo encontré por casualidad.

change /tʃeɪndʒ/ *verbo & sustantivo*
■ *verbo* (**changing**, **changed**)
1 **cambiar**: *This town has changed since I was a child.* Esta ciudad ha cambiado desde que yo era niño.
2 **cambiar de**: *The leaves change colors in the fall.* La hojas cambian de color en el otoño. | *Would you change seats with me?* ¿Se cambiaría de asientos conmigo?
3 **to change clothes, to change your clothes cambiarse de ropa**: *He changed his clothes when he came home from school.* Se cambió de ropa cuando llegó de la escuela.
4 **to change your mind cambiar de opinión**: *I was going to the store, but I changed my mind.* Iba a ir a la tienda pero cambié de opinión.
■ *sustantivo*
1 **cambio**: *There has been a change in our plans.* Ha habido un cambio en nuestros planes.
2 **for a change para variar**: *Why don't we go to a different restaurant for a change?* ¿Por qué no vamos a otro restaurante para variar?
3 **cambio**, **vuelto**: *I gave him a dollar and he gave me 20 cents in change.* Le di un dólar y me dio 20 centavos de vuelto.

channel /ˈtʃænl/ *sustantivo*
1 **canal** [de televisión]: *What's on channel seven?* ¿Qué hay en el canal 7?
2 **canal** [para navegación, de irrigación]

chaos /ˈkeɪɑs/ *sustantivo*
caos: *After the explosion, the city was in chaos.* Después de la explosión, la ciudad fue un caos.

chapel /ˈtʃæpəl/ *sustantivo*
capilla

chapter /ˈtʃæptər/ *sustantivo*
capítulo: *Open your books to Chapter 3.* Abran sus libros en el capítulo 3.

character /ˈkærəktər/ *sustantivo*
1 **personalidad**, **carácter**: *He has a strong but gentle character.* Tiene una personalidad fuerte pero tierna.
2 **personaje** [en un libro, una obra de teatro o una película]

charge /tʃɑrdʒ/ *verbo & sustantivo*
■ *verbo* (**charging**, **charged**)
1 **cobrar**: *He charged me $5 for the book.* Me cobró $5 por el libro.
2 **cargar**: *I'll charge this to my credit card.* Voy a cargar esto a mi tarjeta de crédito.
3 **acusar**: *He was charged with stealing a car.* Lo acusaron del robo de un coche.

C

4 **abalanzarse**: *The little boy charged into the room.* El niño se abalanzó dentro del cuarto.

■ *sustantivo*

1 (precio) *There is a charge for the extra coffee.* Se cobra por el café suplementario.

2 **to be in charge** **estar a cargo**: *Mr. Davis is in charge of buying the goods.* Mr. Davis está a cargo de la compra de la mercancía.

3 **cargo**, **acusación**: *He is in court on a murder charge.* Está en el tribunal acusado de homicidio.

4 **carga** [en un ataque]

charity /ˈtʃærəti/ *sustantivo*

1 (plural **charities**) **organización de beneficencia**

2 **limosna**: *She is too proud to accept charity.* Es demasiado orgullosa para aceptar limosnas.

charm /tʃɑrm/ *verbo & sustantivo*

■ *verbo*

cautivar

■ *sustantivo*

1 **encanto** [de una persona, de un lugar]

2 **amuleto**

charming /ˈtʃɑrmɪŋ/ *adjetivo*

encantador -a

chart /tʃɑrt/ *sustantivo*

1 **tabla**, **gráfica**

2 **carta**, **mapa**

chase /tʃeɪs/ *verbo & sustantivo*

■ *verbo* (**chasing**, **chased**)

perseguir: *The boy chased the dog.* El niño persiguió al perro.

■ *sustantivo*

persecución: *The police caught him after a long chase.* La policía lo agarró después de una larga persecución.

chat /tʃæt/ *verbo* (**chatting**, **chatted**)

1 **platicar**: *We chatted together for a while.* Platicamos un rato.

2 **chatear**

chatter /ˈtʃætər/ *verbo*

cotorrear

cheap /tʃip/ *adjetivo*

1 **barato -a**: *Those black shoes are cheap.* Esos zapatos negros están baratos.

2 **corriente**: *The pants were made of cheap material.* Los pantalones eran de una tela corriente.

cheat /tʃit/ *verbo & sustantivo*

■ *verbo*

hacer trampa: *He always cheats when he plays.* Siempre hace trampa cuando juega.

■ *sustantivo*

tramposo -a

check /tʃek/ *verbo & sustantivo*

■ *verbo*

1 **checar**: *Did you check the doors to see if they are locked?* ¿Checaste las puertas para ver que estuvieran cerradas? | *Check your answers with a partner.* Chequen respuestas con un compañero.

2 **poner una palomita en**

3 **to check in/into** **(a) registrarse**: *You need to check into the hotel soon.* Tienes que registrate en el hotel pronto. **(b)** (en un aeropuerto) **documentar el equipaje**

■ *sustantivo*

1 **cuenta**: *Can I have the check, please?* La cuenta, por favor.

2 **cheque**: *Can I pay by check?* ¿Puedo pagar con cheque?

3 **palomita** [marca]

4 **cuadro** [en tela]: *The material had red and white checks on it.* La tela era de cuadros rojos y blancos.

5 **inspección**, **revisión**

check in

Do you have any luggage to check in?

checkers /ˈtʃekərz/ *sustantivo*

damas [el juego]

checkout /ˈtʃek-aʊt/ *sustantivo*

caja [donde se paga en una tienda]

cheek /tʃik/ *sustantivo*

mejilla

cheer /tʃɪr/ *verbo & sustantivo*

■ *verbo*

1 gritar con entusiasmo: *The crowd cheered when the players arrived.* Los espectadores gritaron entusiasmados cuando llegaron los jugadores.

2 **to cheer someone up** **animar a alguien**: *I tried to cheer her up by buying her a gift.* Traté de darle ánimo comprándole un regalo.

3 **to cheer up** **animarse**

C

■ *sustantivo*
porra: *Let's give three cheers for the winning team!* ¡Una porra para el equipo ganador!

cheerful /ˈtʃɪrfəl/ *adjetivo*
alegre

cheerfully /ˈtʃɪrfəli/ *adverbio*
alegremente

cheese /tʃiz/ *sustantivo*
queso: *a cheese burger* una hamburguesa con queso

chef /ʃef/ *sustantivo*
chef

chemical /ˈkemɪkəl/ *sustantivo & adjetivo*
■ *sustantivo*
sustancia química
■ *adjetivo*
químico -a

chemist /ˈkemɪst/ *sustantivo*
químico -a

chemistry /ˈkeməstri/ *sustantivo*
química

cherry /ˈtʃeri/ *sustantivo* (plural **cherries**)
cereza

chess /tʃes/ *sustantivo*
ajedrez

chest /tʃest/ *sustantivo*
pecho

chew /tʃu/ *verbo*
masticar

ˈ**chewing gum** *sustantivo*
chicle

chick /tʃɪk/ *sustantivo*
1 (pollo) **pollito**
2 (pájaro) **polluelo -a**

chicken /ˈtʃɪkən/ *sustantivo*
1 **pollo** [animal]
2 **pollo** [carne]: *a chicken sandwich* un sandwich de pollo

chicory /ˈtʃɪkəri/ *sustantivo*
endibia

chief /tʃif/ *sustantivo & adjetivo*
■ *sustantivo*
jefe -a: *The chief of police came to the meeting.* El jefe de la policía vino a la junta.
■ *adjetivo*
principal

chiefly /ˈtʃifli/ *adverbio*
principalmente: *He kept animals – chiefly cattle and pigs.* Tenía animales, principalmente ganado y puercos.

child /tʃaɪld/ *sustantivo* (plural **children**)
1 **niño -a**
2 **hijo -a**: *They have three children.* Tienen tres hijos.

childhood /ˈtʃaɪldhʊd/ *sustantivo*
infancia, **niñez**

childish /ˈtʃaɪldɪʃ/ *adjetivo*
1 **infantil**: *Don't be so childish!* ¡No seas tan infantil!
2 **infantil** [apto para un niño]

children /ˈtʃɪldrən/ plural de **child**

chili /ˈtʃɪli/ *sustantivo* (plural **chilies**)
1 **chile**
2 **chile en polvo**
3 (también **chili con carne** /-kɑn ˈkɑrni/) **chile con carne**

chime /tʃaɪm/ *verbo* (**chiming**, **chimed**)
tocar, **dar**: *The clock chimed three o'clock.* El reloj dio las tres.

chimney /ˈtʃɪmni/ *sustantivo* (plural **chimneys**)
chimenea

chimpanzee /ˌtʃɪmpænˈzi/ *sustantivo*
chimpancé

chin /tʃɪn/ *sustantivo*
barbilla, **mentón**

china /ˈtʃaɪnə/ *sustantivo*
loza

chip /tʃɪp/ *sustantivo & verbo*
■ *sustantivo*
1 **desportilladura**: *My cup has a chip in it.* Mi taza está desportillada.
2 **chip** [de computadora]
3 **papa frita** [en bolsa]: *Open another bag of potato chips.* Abre otra bolsa de papas fritas. ► En inglés británico **chip** se usa para referirse a las papas fritas a la francesa

■ *verbo* (**chipping**, **chipped**)
desportillar: *He chipped the plate when he hit it.* Desportilló el plato cuando lo golpeó.

chirp /tʃɜrp/ *sustantivo*
1 (de pájaro) **piído**
2 (de insecto) **chirrido**

chocolate /ˈtʃɑklɪt/ *sustantivo*
1 chocolate: *chocolate cake* pastel de chocolate
2 chocolate: *He gave her a box of chocolates.* Le regaló una caja de chocolates.

choice /tʃɔɪs/ *sustantivo*
1 elección: *I've got to make a choice between the two jobs.* Tengo que elegir entre los dos trabajos.
2 elección: *Her choice of dress surprised me.* Su elección de vestido me sorprendió.
3 selección: *The car comes in a wide choice of colors.* El coche viene en una gran selección de colores.

choir /kwaɪr/ *sustantivo*
coro

choke /tʃoʊk/ *verbo* (**choking**, **choked**)
ahogarse, **atorarse**: *She choked on a piece of meat.* Se le atoró un pedazo de carne.

choose /tʃuz/ *verbo* (**choosing**, **chose**, **chosen**)
elegir, **escoger**: *She chose to study chemistry.* Eligió estudiar química.

chop /tʃɑp/ *verbo & sustantivo*
■ *verbo* (**chopping**, **chopped**)
cortar [con hacha o cuchillo]
■ *sustantivo*
chuleta

chop

He's chopping down a tree.

chorus /ˈkɔrəs/ *sustantivo* (plural **choruses**)
1 estribillo [de una canción]
2 coro

chose /tʃoʊz/ pasado del verbo **choose**

chosen /ˈtʃoʊzən/ participio del verbo **choose**

Christ /kraɪst/ *sustantivo*
Cristo

christening /ˈkrɪsənɪŋ/ *sustantivo*
bautizo

Christian /ˈkrɪstʃən/ *sustantivo & adjetivo*
cristiano -a

Christianity /krɪstʃiˈænəti/ *sustantivo*
cristianismo

Christmas /ˈkrɪsməs/ *sustantivo*
Navidad: *a Christmas card* una tarjeta de Navidad | *Christmas presents* regalos de Navidad

ˌChristmas ˈDay *sustantivo*
día de Navidad

ˌChristmas ˈEve *sustantivo*
Nochebuena

chuckle /ˈtʃʌkəl/ *verbo* (**chuckling**, **chuckled**)
reírse: *Karen chuckled at the story.* Karen se rió con la historia.

chunk /tʃʌŋk/ *sustantivo*
1 trozo, **pedazo**: *a chunk of cheese* un trozo de queso
2 parte: *Having to get a new car took a big chunk out of her savings.* Tuvo que comprar un coche nuevo y le costó una buena parte de sus ahorros.

church /tʃɜrtʃ/ *sustantivo* (plural **churches**)
iglesia

cigar /sɪˈgɑr/ *sustantivo*
puro

cigarette /ˈsɪgəret/ *sustantivo*
cigarro

circle /ˈsɜrkəl/ *sustantivo & verbo*
■ *sustantivo*
1 círculo: *They sat in a circle around the fire.* Se sentaron en un círculo alrededor de la fogata.
2 círculo: *She has a large circle of friends.* Tiene un gran círculo de amigos.
■ *verbo*
poner un círculo alrededor de: *Circle the correct answer.* Pon un círculo alrededor de la respuesta correcta.

circular /ˈsɜrkjələr/ *adjetivo*
circular: *Move your arms in a circular motion.* Mueve los brazos con un movimiento circular.

circulate /ˈsɜrkjəleɪt/ *verbo* (**circulating**, **circulated**)
circular: *Blood circulates around the body.* La sangre circula por todo el cuerpo.

circulation /sɜrkjəˈleɪʃən/ *sustantivo*
circulación

circumference /sərˈkʌmfərəns/ *sustantivo*
circunferencia

C

circumstances /ˈsɜrkəmstænsɪz/ *sustantivo plural*
1 in/under the circumstances dadas las circunstancias: *Under the circumstances I think I should stay at home.* Dadas las circunstancias creo que debería quedarme en casa.
2 in/under no circumstances bajo nunguna circunstancia: *Under no circumstances will I do it.* No voy a hacerlo bajo ninguna circunstancia.

circus /ˈsɜrkəs/ *sustantivo* (plural **circuses**)
circo

citizen /ˈsɪtəzən/ *sustantivo*
ciudadano -a

city /ˈsɪti/ *sustantivo* (plural **cities**)
ciudad

civilian /səˈvɪljən/ *sustantivo*
civil

civilization /sɪvələˈzeɪʃən/ *sustantivo*
civilización

civilize /ˈsɪvəlaɪz/ *verbo* (**civilizing, civilized**)
civilizar

ˌcivil ˈwar *sustantivo*
guerra civil

claim /kleɪm/ *verbo & sustantivo*
■ *verbo*
1 reclamar: *You can claim the lost ring in the office.* Puedes reclamar el anillo que perdiste en la oficina.
2 (asegurar, afirmar) *He claims to have found a cure for the disease.* Dice que ha encontrado una cura para la enfermedad.
■ *sustantivo*
1 demanda: *They have agreed to give up their claim to some of their lands.* Han acordado renunciar a su demanda sobre parte de sus tierras.
2 afirmación

clam /klæm/ *sustantivo*
almeja

clang /klæŋ/ *verbo*
hacer un sonido metálico

clap /klæp/ *verbo* (**clapping, clapped**)
aplaudir: *When the singer finished, the audience clapped.* Cuando el cantante terminó, el público aplaudió.

clarinet /klærəˈnet/ *sustantivo*
clarinete

clash /klæʃ/ *verbo & sustantivo*
■ *verbo*
1 chocar [en un conflicto]: *The police clashed with the angry crowd.* Hubo choques entre la policía y la furiosa multitud.
2 desentonar: *His red shirt clashed with his coat.* Su camisa roja desentonaba con su saco.
■ *sustantivo* (plural **clashes**)
1 choque [en una pelea o discusión]
2 choque [de objetos metálicos]

clasp /klæsp/ *verbo*
agarrar, sujetar: *He clasped my hand.* Me agarró la mano.

class /klæs/ *sustantivo* (plural **classes**)
1 clase: *How many people are in your English class?* ¿Cuántas personas hay en tu clase de inglés?
2 clase: *He comes from a middle class family.* Viene de una familia de clase media.
3 clase: *Cats belong to one class of animal, fish to another.* Los gatos pertenecen a una clase de animales, los peces pertenecen a otra.

classic /ˈklæsɪk/ *sustantivo*
clásico: *The movie "Casablanca" is a classic.* La película "Casablanca" es un clásico del cine.

classical /ˈklæsɪkəl/ *adjetivo*
clásico -a: *I prefer classical music to rock music.* Prefiero la música clásica al rock.

classmate /ˈklæsmeɪt/ *sustantivo*
compañero -a [de clase]

classroom /ˈklæsrum/ *sustantivo*
salón (de clases)

clatter /ˈklætər/ *verbo*
hacer ruido: *The pans clattered to the floor.* Las ollas hicieron ruido al caer al piso.

clause /klɔz/ *sustantivo*
cláusula

claw /klɔ/ *sustantivo & verbo*
■ *sustantivo*
1 garra
2 pinza
■ *verbo*
arañar: *The cat clawed the chair.* El gato arañó la silla.

clay /kleɪ/ *sustantivo*
arcilla

clean /klin/ *adjetivo & verbo*
■ *adjetivo*
1 limpio -a: *Are your hands clean?* ¿Tienes limpias las manos? | *a clean shirt* una camisa limpia
2 nuevo -a: *a clean piece of paper* una hoja de papel nueva
■ *verbo*
limpiar: *Have you cleaned the kitchen?* ¿Ya limpiaste la cocina?

cleaner /ˈklinər/ *sustantivo*
1 afanador -a
2 limpiador: *floor cleaner* limpiapisos

clear /klɪr/ *adjetivo & verbo*
▪ *adjetivo*
1 claro -a: *He spoke in a clear voice.* Habló con voz clara. | *Are the instructions clear?* ¿Están claras las instrucciones? | *It is clear that he is to blame for the accident.* Está claro que él es el responsable del accidente.
2 transparente
3 despejado -a: *The road is clear now.* La carretera está despejada ahora.
▪ *verbo*
1 recoger: *Can you clear the dishes from the table?* ¿Puedes recoger los platos de la mesa?
2 to clear up (a) resolver, esclarecer: *He cleared up the mystery.* Resolvió el misterio. **(b) despejar**: *I hope the weather clears up before Sunday.* Espero que el tiempo despeje antes del domingo.

clearly /ˈklɪrli/ *adverbio*
1 con claridad: *Please speak clearly.* Por favor habla con claridad.
2 evidentemente: *Clearly, he felt she was to blame.* Evidentemente, pensaba que la culpa era de ella.

clerk /klɜrk/ *sustantivo*
oficinista

click /klɪk/ *sustantivo & verbo*
▪ *sustantivo*
clic: *I heard the click of a key in the lock.* Oí el ruido de una llave en la cerradura.
▪ *verbo*
hacer clic: *The door clicked shut.* La puerta se cerró con un clic.

client /ˈklaɪənt/ *sustantivo*
cliente -a

cliff /klɪf/ *sustantivo*
acantilado

cliff

The house is on the edge of the cliff.

climate /ˈklaɪmət/ *sustantivo*
clima

climb /klaɪm/ *verbo & sustantivo*
▪ *verbo*
1 subirse a, treparse a: *The two boys climbed the tree.* Los dos niños se treparon al árbol.
2 subir: *Prices are climbing every day.* Los precios están subiendo día con día.
▪ *sustantivo*
subida: *a long climb up the hill* una larga subida al cerro

cling /klɪŋ/ *verbo* (pasado y participio **clung**)
aferrarse: *The baby monkey clung to its mother.* El changuito se aferró a su madre.

clinic /ˈklɪnɪk/ *sustantivo*
clínica

clip /klɪp/ *sustantivo & verbo*
▪ *sustantivo*
clip: *The letters were held together with a paper clip.* Las cartas estaban sujetas con un clip.
▪ *verbo*
1 sujetar [con un clip]: *A small card was clipped to the letter.* Había una tarjetita sujeta a la carta con un clip.
2 cortar [las uñas, el pelo]: *He is clipping his fingernails.* Se está cortando las uñas.

cloakroom /ˈkloʊk-rum/ *sustantivo*
guardarropa

clock /klɑk/ *sustantivo*
reloj [de mesa, de pared]

clockwise /ˈklɑk-waɪz/ *adverbio*
en la dirección de las manecillas del reloj

close[1] /kloʊs/ *adverbio*
1 cerca: *They were standing close together.* Estaban parados muy cerca el uno del otro.
2 close to cerca de: *The temperature is close to 90 degrees.* La temperatura es de cerca de 90 grados. | *I live close to the school.* Vivo cerca de la escuela.

close[2] /kloʊz/ *verbo*
1 cerrar: *Please close the door.* Cierra la puerta, por favor.
2 cerrar: *What time does the bank close?* ¿A qué hora cierra el banco?

closed /kloʊzd/ *adjetivo*
cerrado -a: *Keep your eyes closed.* Mantén cerrados los ojos. | *The store is closed on Sunday.* La tienda está cerrada los domingos.

closet /ˈklɑzɪt/ *sustantivo*
clóset

cloth /klɔθ/ *sustantivo*
1 tela: *She bought some cloth to make a new dress.* Compró tela para hacer un vestido nuevo.
2 trapo: *He polished the table with a soft cloth.* Pulió la mesa con un trapo suave.

clothes /kloʊðz/ *sustantivo plural*
ropa: *I need to buy some new clothes.* Necesito comprarme ropa nueva. ▶ ver nota

NOTA: Cloth no es el singular de **clothes** (ver la entrada **cloth**). La palabra **clothes** es siempre plural y no tiene una forma singular. Cuando se habla de una sola prenda, se suele usar el nombre de la prenda (**shirt**, **dress**, etc.)

clothing /ˈkloʊðɪŋ/ *sustantivo*
ropa: *warm winter clothing* ropa caliente de invierno

cloud /klaʊd/ *sustantivo*
nube

cloudy /ˈklaʊdi/ *adjetivo* (**cloudier**, **cloudiest**)
nublado -a: *It's a cloudy day.* Es un día nublado.

clown /klaʊn/ *sustantivo*
payaso -a

clown

club /klʌb/ *sustantivo*
1 club: *I belong to a chess club.* Pertenezco a un club de ajedrez.
2 palo: *a golf club* un palo de golf

clue /klu/ *sustantivo*
pista: *The police are looking for clues to help them catch the killer.* La policía está buscando pistas que les ayuden a atrapar al asesino.

clumsily /ˈklʌmzəli/ *adverbio*
torpemente

clumsy /ˈklʌmzi/ *adjetivo* (**clumsier**, **clumsiest**)
torpe: *He was very clumsy and shy when he was a boy.* De niño era muy torpe y tímido.

clung /klʌŋ/ pasado y participio del verbo **cling**

clutch /klʌtʃ/ *verbo*
estrechar, **apretar**: *She clutched her baby in her arms.* Estrechó al bebe en sus brazos.

coach /koʊtʃ/ *sustantivo & verbo*
■ *sustantivo* (plural **coaches**)
entrenador -a: *a soccer coach* un entrenador de futbol
■ *verbo*
entrenar: *He coaches the tennis team.* Entrena al equipo de tenis.

coal /koʊl/ *sustantivo*
carbón

coarse /kɔrs/ *adjetivo*
1 tosco -a [modos, facciones]
2 grueso -a [arena, sal]

coast /koʊst/ *sustantivo*
costa: *She lives on the Pacific coast.* Vive en la costa del Pacífico.

coastline /ˈkoʊstlaɪn/ *sustantivo*
costa: *From the ship, they could see the rocky coastline.* Desde el barco podían ver la costa rocosa.

coat /koʊt/ *sustantivo*
1 abrigo: *Do you have a winter coat?* ¿Tienes un abrigo de invierno?
2 pelaje
3 mano, capa: *The wall needs a coat of paint.* La pared necesita una mano de pintura.

coat

She wears a warm coat in winter.

ˈcoat ˌhanger *sustantivo*
gancho [para colgar ropa]

coax /koʊks/ *verbo*
convencer [con paciencia]: *His mother coaxed him into taking the medicine.* Su mamá lo convenció pacientemente de que tomara la medicina.

cobweb /ˈkɑbweb/ *sustantivo*
telaraña

cockroach /ˈkɑk-roʊtʃ/ *sustantivo* (plural **cockroaches**)
cucaracha

cocoa /ˈkoʊkoʊ/ *sustantivo*
1 cacao
2 cocoa

coconut /ˈkoʊkənʌt/ *sustantivo*
coco

cod /kɑd/ *sustantivo* (plural **cod**)
bacalao

code /koʊd/ *sustantivo*
clave: *written in code* escrito en clave

coffee /ˈkɔfi/ *sustantivo*
1 café [como producto agrícola]
2 café: *Would you like some coffee?* ¿Quieres café?

coffin /ˈkɔfɪn/ *sustantivo*
ataúd, **féretro**

coil /kɔɪl/ *verbo & sustantivo*
■ *verbo*
enrollar: *A snake was coiled around the tree.* Una serpiente estaba enrollada alrededor del árbol.

■ *sustantivo*
rollo

coin /kɔɪn/ *sustantivo*
moneda

coincidence /koʊˈɪnsədəns/ *sustantivo*
coincidencia: *What a coincidence to meet you here!* ¡Qué coincidencia encontrarte aquí!

cold /koʊld/ *adjetivo & sustantivo*
■ *adjetivo*
1 frío: *It's cold outside!* ¡Hace frío afuera! | *I'm cold.* Tengo frio.
2 frío -a: *She is a very cold person.* Es una persona muy fría.
■ *sustantivo*
1 catarro, **resfriado**: *I have a cold.* Tengo catarro.
2 frío: *Don't stay out there in the cold – come in!* No te quedes afuera con este frío. ¡Pasa!

collage /kəˈlɑʒ/ *sustantivo*
collage

collapse /kəˈlæps/ *verbo* (**collapsing**, **collapsed**)
1 derrumbarse: *The roof of the house collapsed.* El techo de la casa se derrumbó.
2 sufrir un colapso: *The old man collapsed in the street.* El anciano sufrió un colapso en la calle.

collar /ˈkɑlər/ *sustantivo*
1 cuello [de una prenda de vestir]: *The collar of his shirt was dirty.* Tenía sucio el cuello de la camisa.
2 collar [para un animal]

collar

shirt collar *dog collar*

collect /kəˈlekt/ *verbo*
1 coleccionar: *I collect stamps from all over the world.* Colecciono timbres de todo el mundo.
2 hacer una colecta: *I'm collecting for the homeless.* Estoy haciendo una colecta para las personas sin hogar.

collection /kəˈlekʃən/ *sustantivo*
colección: *He has a large collection of old coins.* Tiene una extensa colección de monedas antiguas.

college /ˈkɑlɪdʒ/ *sustantivo*
universidad: *Carol is going to college next year.* Carol va ir a la universidad el año que viene.

collide /kəˈlaɪd/ *verbo* (**colliding**, **collided**)
chocar: *The two trucks collided.* Los dos camiones chocaron.

collision /kəˈlɪʒən/ *sustantivo*
choque [de vehículos]

Colombia /kəˈlʌmbiə/ *sustantivo*
Colombia

colon /ˈkoʊlən/ *sustantivo*
dos puntos [en puntuación]

colonel /ˈkɜrnl/ *sustantivo*
coronel

colony /ˈkɑləni/ *sustantivo* (plural **colonies**)
colonia [en el sentido territorial]: *a former Spanish colony* una ex colonia española

color /ˈkʌlər/ *sustantivo & verbo*
■ *sustantivo*
color: *What color is her hair?* ¿De qué color tiene el pelo? | *My favorite color is orange.* Mi color favorito es el naranja.
■ *verbo*
colorear: *The girl was coloring the pictures in her book.* La niña estaba coloreando los dibujos en su cuaderno.

colored /ˈkʌlərd/ *adjetivo*
de color: *colored markers* rotuladores de color

colorful /ˈkʌlərfəl/ *adjetivo*
de colores vivos, **de colores vistosos**: *She always wears colorful clothes.* Siempre se viste de colores vistosos.

column /ˈkɑləm/ *sustantivo*
1 columna [en arquitectura]
2 columna: *Can you add up this column of numbers?* ¿Puedes sumar esta columna de cifras?

comb /koʊm/ *sustantivo & verbo*
■ *sustantivo*
peine
■ *verbo*
peinarse: *Did you comb your hair?* ¿Ya te peinaste?

combination /kɑmbəˈneɪʃən/ *sustantivo*
combinación: *A combination of reasons led to the decision.* Una combinación de diversas razones llevó a la decisión.

combine /kəmˈbaɪn/ *verbo* (**combining**, **combined**)
1 integrarse, **juntarse**: *The two small businesses combined to make one new company.* Los dos pequeños negocios se integraron para formar una nueva compañía.

2 combinar: *Many college students combine school and work.* Muchos estudiantes universitarios combinan los estudios y el trabajo.

come /kʌm/ *verbo* (**coming**, pasado **came**, participio pasado **come**)

1 venir: *Come here, Mary!* Ven aquí, Mary. | *Are you coming with me?* ¿Vienes conmigo?

2 come on! ¡apúrate!: *Come on, Helen, or we are going to be late!* ¡Apúrate, Helen, o vamos a llegar tarde!

3 to come about ocurrir: *This situation should never have come about.* Esta situación nunca debiera haber ocurrido.

4 to come across something encontrarse algo o con alguien por casualidad: *I came across an old friend I hadn't seen for years.* Por casualidad me encontré con un amigo a quien no había visto en mucho tiempo.

5 to come back regresar: *When is Jack coming back from England?* ¿Cuándo regresa Jack de Inglaterra?

6 to come down bajar: *When the price comes down, we will buy you the computer.* Cuando baje el precio te vamos a comprar la computadora.

7 to come from ser de: *I come from San Francisco.* Soy de San Francisco.

8 to come off caerse: *A button came off my shirt.* Se me cayó un botón de la camisa.

9 to come out revelarse, **salir a la luz**: *Soon it came out that she had been seeing another man.* Pronto se reveló que había estado viendo a otro hombre.

comedian /kəˈmidiən/ *sustantivo*

humorista

comedy /ˈkɑmədi/ *sustantivo* (plural **comedies**)

comedia [obra de teatro, pélicula]

comet /ˈkɑmɪt/ *sustantivo*

cometa

comfort /ˈkʌmfərt/ *sustantivo & verbo*

■ *sustantivo*

1 comodidad: *He lived in comfort.* Vivía con comodidad.

2 consuelo: *I take comfort in the fact that she loves me.* Me consuela saber que me quiere.

■ *verbo*

consolar: *She comforted the crying child.* Consoló al niño que lloraba.

comfortable /ˈkʌmftərbəl/ *adjetivo*

1 cómodo -a: *This is a very comfortable chair.* Esta silla es muy cómoda.

2 acomodado -a: *We're not rich, but we are comfortable.* No somos ricos pero tenemos una posición acomodada.

comic /ˈkɑmɪk/ *adjetivo*

cómico -a

ˈcomic ˌbook *sustantivo*

revista de historietas, **cuento**

comma /ˈkɑmə/ *sustantivo*

coma [en puntuación]

command /kəˈmænd/ *verbo & sustantivo*

■ *verbo*

1 ordenar: *He commanded his soldiers to attack.* Ordenó a sus soldados que atacaran.

2 estar al mando de: *He commands a large number of soldiers.* Está al mando de un gran número de soldados.

■ *sustantivo*

1 orden

2 mando: *The officer is in command of his men.* El oficial está al mando de sus hombres.

commence /kəˈmens/ *verbo*

dar comienzo: *The evening performance will commence at eight o'clock.* La función de la noche dará comienzo a las ocho.

comment /ˈkɑment/ *verbo & sustantivo*

■ *verbo*

hacer comentarios: *The President will not be commenting on the meeting.* El Presidente no va a hacer ningún comentario acerca de la junta.

■ *sustantivo*

comentario: *Do you have any comments about the situation?* ¿Tiene algún comentario sobre la situación?

commentary /ˈkɑmənteri/ *sustantivo* (plural **commentaries**)

comentario [de un evento en radio o televisión]

commentator /ˈkɑmənteɪtər/ *sustantivo*

comentarista [de un evento]

commerce /ˈkɑmərs/ *sustantivo*

comercio

commercial /kəˈmɜrʃəl/ *adjetivo & sustantivo*

■ *adjetivo*

comercial

■ *sustantivo*

comercial

commit /kəˈmɪt/ *verbo* (**committing**, **committed**)

1 destinar: *How much money are they willing to commit to the work?* ¿Qué cantidad están dispuestos a destinar al trabajo?

2 cometer: *He said he did not commit the crime.* Dijo que no había cometido el crimen

committee /kəˈmɪti/ *sustantivo*
comité

common /ˈkɑmən/ *adjetivo*
1 común: *Dogs are a common pet.* Los perros son mascotas comunes.
2 común: *We are all working toward a common goal.* Todos estamos trabajando por un objetivo común.
3 common sense sentido común: *It's just common sense to plan ahead.* Planear con anticipación es simplemente sentido común.
4 to have something in common tener algo en común: *You and I have a lot in common.* Tú y yo tenemos mucho en común.

communicate /kəˈmjunəkeɪt/ *verbo* (**communicating**, **communicated**)
comunicarse: *If you speak English, you can communicate with a lot of people.* Si hablas inglés te puedes comunicar con mucha gente.

communication /kəmjunəˈkeɪʃən/ *sustantivo*
1 comunicación: *Communication between people who speak different languages is difficult.* La comunicación entre gente de idiomas diferentes es difícil.
2 communications comunicaciones [aéreas, marítimas, televisivas, etc.]

community /kəˈmjunəti/ *sustantivo* (plural **communities**)
comunidad: *All the children in our local community go to the same school.* Todos los niños de nuestra comunidad van a la misma escuela.

commuter /kəˈmjutər/ *sustantivo*
una persona que viaja diariamente grandes distancias entre su casa y su trabajo

compact disc /ˌkɑmpækt ˈdɪsk/ *sustantivo*
disco compacto

companion /kəmˈpænjən/ *sustantivo*
compañero -a: *He was my only companion for many months.* Fue mi único compañero durante muchos meses.

company /ˈkʌmpəni/ *sustantivo*
1 (plural **companies**) **compañía**: *I work for a computer company.* Trabajo en una compañía de computación.
2 visita: *I can't talk now. We have company.* No puedo hablar ahora. Tenemos visita.

comparative /kəmˈpærətɪv/ *sustantivo*
comparativo

compare /kəmˈper/ *verbo* (**comparing**, **compared**)
comparar: *People are always comparing me to my sister.* Siempre me están comparando con mi hermana.

comparison /kəmˈpærəsən/ *sustantivo*
comparación: *My shoes are small in comparison with my brother's.* Mis zapatos son chicos en comparación con los de mi hermano.

compartment /kəmˈpɑrtmənt/ *sustantivo*
compartimiento

compass /ˈkʌmpəs/ *sustantivo* (plural **compasses**)
brújula

compel /kəmˈpel/ *verbo* (**compelling**, **compelled**)
obligar, **forzar**: *The floods compelled us to turn back.* Las inundaciones nos obligaron a echar marcha atrás.

compete /kəmˈpit/ *verbo* (**competing**, **competed**)
competir: *Five children competed in the race.* Cinco niños compitieron en la carrera.

competition /kɑmpəˈtɪʃən/ *sustantivo*
concurso, **competencia**: *She won first place in a piano competition.* Ganó el primer lugar en un concurso de piano.

competitor /kəmˈpetətər/ *sustantivo*
concursante, **participante**

complain /kəmˈpleɪn/ *verbo*
quejarse: *We complained about the bad food.* Nos quejamos de la mala comida.

complaint /kəmˈpleɪnt/ *sustantivo*
queja: *I have had a lot of complaints about your work.* He recibido muchas quejas acerca de tu trabajo.

complete /kəmˈplit/ *verbo & adjetivo*
■ *verbo*
1 completar: *Complete these sentences.* Completa estas oraciones.
2 terminar, **acabar**: *They have completed the new school building.* Ya terminaron el nuevo edificio de la escuela.
■ *adjetivo*
1 completo -a: *Write complete sentences.* Escribe oraciones completas.
2 total: *It is a complete waste of time.* Es una total pérdida de tiempo.

completely /kəm'plitli/ *adverbio*
por completo, **totalmente**: *I completely forgot about your birthday.* Se me olvidó tu cumpleaños por completo.

complicated /'kɑmpləkeɪtɪd/ *adjetivo*
complicado -a: *She asked us to solve a very complicated problem.* Nos pidió que resolviéramos un problema muy complicado.

compliment¹ /'kɑmpləmənt/ *sustantivo*
cumplido, halago

compliment² /'kɑmpləment/ *verbo*
alabar, **felicitar**: *She complimented Mary on her dress.* Le alabó el vestido a Mary.

compose /kəm'poʊz/ *verbo* (**composing**, **composed**)
1 **to be composed of estar compuesto -a de**: *The book is composed of five parts.* El libro está compuesto de cinco partes.
2 **componer** [música]
3 **escribir** [un poema]

composer /kəm'poʊzər/ *sustantivo*
compositor -a

composition /kɑmpə'zɪʃən/ *sustantivo*
composición

compound /'kɑmpaʊnd/ *sustantivo*
compuesto

compulsory /kəm'pʌlsəri/ *adjetivo*
obligatorio -a: *Learning science is compulsory in our school.* En nuestra escuela es obligatorio estudiar ciencias.

computer /kəm'pjutər/ *sustantivo*
computadora: *Do you have a computer?* ¿Tienes computadora?

com'puter game *sustantivo*
juego de computadora

concentrate /'kɑnsəntreɪt/ *verbo* (**concentrating**, **concentrated**)
concentrarse: *With all this noise, it is difficult to concentrate.* Con todo este ruido es difícil concentrarse.

concern /kən'sɜrn/ *sustantivo & verbo*
■ *sustantivo*
1 **interés**: *He shows no concern for his children.* No muestra ningún interés por sus hijos.
2 **preocupación**
■ *verbo*
1 **tratar de**: *The story concerns a man who lived in Russia.* La historia trata de un hombre que vivía en Rusia.
2 **concernir**: *This letter concerns you.* Esta carta te concierne.
3 **preocupar**, **inquietar**: *Her refusal to eat concerns me greatly.* Me preocupa muchísimo que no quiera comer.

concerned /kən'sɜrnd/ *adjetivo*
1 **preocupado -a**: *I'm very concerned about my mother's illness.* Estoy muy preocupada por la enfermedad de mi mamá.
2 **as far as I'm concerned por mi parte**
3 **involucrado -a**

concerning /kən'sɜrnɪŋ/ *preposición*
con respecto a, **acerca de**: *I have a question concerning the car.* Tengo una pregunta con respecto al coche.

concert /'kɑnsərt/ *sustantivo*
concierto

conclude /kən'klud/ *verbo* (**concluding**, **concluded**)
concluir, **finalizar**: *The meeting concluded with a vote on the issue.* La junta concluyó con una votación sobre el tema en cuestión.

conclusion /kən'kluʒən/ *sustantivo*
1 **conclusión**: *My conclusion is that he is telling the truth.* Mi conclusión es que está diciendo la verdad.
2 **conclusión** [de un libro, de una historia, etc.]

concrete /'kɑŋkrit/ *sustantivo*
concreto

condemn /kən'dem/ *verbo*
condenar

condition /kən'dɪʃən/ *sustantivo*
1 **estado**, **condiciones**: *Weather conditions are bad today.* El estado del tiempo es malo hoy. | *The car is in very good condition.* El coche está en muy buenas condiciones.
2 **condición**: *One of the conditions of getting the job was that I had to learn English.* Una de las condiciones para obtener el trabajo era que tenía que aprender inglés.

conduct¹ /kən'dʌkt/ *verbo*
1 **realizar**, **llevar a cabo**: *They conducted several tests on the computer.* Realizaron varias pruebas en la computadora.

2 guiar: *He conducted us on a tour of the castle.* Nos guió en un recorrido por el castillo.

conduct[2] /ˈkɑndʌkt/ *sustantivo*
conducta, **comportamiento**

conductor /kənˈdʌktər/ *sustantivo*
director -a [de orquesta]

> **NOTA:** La palabra *conductor* en español se traduce por **driver** en inglés

cone /koʊn/ *sustantivo*
cono

conference /ˈkɑnfərəns/ *sustantivo*
congreso: *She is at a scientific conference.* Está en un congreso científico.

> **NOTA:** La palabra *conferencia* en español, en el sentido de plática, se traduce por **lecture** en inglés

confess /kənˈfes/ *verbo*
confesar

confession /kənˈfeʃən/ *sustantivo*
confesión: *He made a confession.* Hizo una confesión.

confidence /ˈkɑnfədəns/ *sustantivo*
confianza: *She has a lot of confidence in her ability to sing.* Tiene mucha confianza en su habilidad como cantante.

confident /ˈkɑnfədənt/ *adjetivo*
seguro -a ▶ A menudo se usa la expresión *tener confianza*: *I was confident that I had passed the exam.* Tenía plena confianza de haber pasado el examen.

confirm /kənˈfɜrm/ *verbo*
confirmar: *The doctors confirmed that she had a broken leg.* Los médicos confirmaron que se había roto la pierna.

confirmation /kɑnfərˈmeɪʃən/ *sustantivo*
confirmación [de una reservación, de una orden]

conflict[1] /ˈkɑnflɪkt/ *sustantivo*
conflicto: *There is a conflict between the two countries.* Hay un conflicto entre los dos países.

conflict[2] /kənˈflɪkt/ *verbo*
discrepar: *His story conflicts with what he said before.* Su versión de los hechos discrepa con lo que había dicho antes.

confuse /kənˈfjuz/ *verbo* (**confusing**, **confused**)
1 desconcertar, **confundir**: *His questions confused me.* Sus preguntas me desconcertaron.
2 confundir: *I confused the two boys because they look so much alike.* Confundí a los dos muchachos porque son tan parecidos.

confusion /kənˈfjuʒən/ *sustantivo*
confusión: *There was a lot of confusion over the new rules.* Había mucha confusión con respecto a las nuevas reglas.

congratulate /kənˈgrætʃəleɪt/ *verbo*
felicitar: *I congratulated them on the birth of their baby.* Los felicité por el nacimiento de su bebé.

congratulations /kəngrætʃəˈleɪʃənz/ *sustantivo plural*
felicidades: *Congratulations on your new job!* ¡Felicidades por tu nuevo trabajo!

congress /ˈkɑŋgrɪs/ *sustantivo*
el congreso [de un país]

conifer /ˈkɑnəfər/ *sustantivo*
conífera

coniferous /kəˈnɪfərəs/ *adjetivo*
conífero -a

conjunction /kənˈdʒʌŋkʃən/ *sustantivo*
conjunción

connect /kəˈnekt/ *verbo*
conectar: *Connect this hose to the faucet.* Conecta esta manguera a la llave.

connection /kəˈnekʃən/ *sustantivo*
1 conexión, **relación**: *What's the connection between the two events?* ¿Qué relación hay entre los dos acontecimientos?
2 conexión: *Check the pipes for any leaks around the connections.* Checa la tubería para ver si hay alguna fuga en las conexiones.

conquer /ˈkɑŋkər/ *verbo*
conquistar: *The Spaniards conquered Mexico.* Los españoles conquistaron a México.

conquest /ˈkɑŋkwest/ *sustantivo*
conquista

conscience /ˈkɑnʃəns/ *sustantivo*
conciencia: *He has a guilty conscience.* Le remuerde la conciencia.

conscious /ˈkɑnʃəs/ *adjetivo*
consciente: *He is badly hurt but still conscious.* Esta malherido pero todavía está consciente

consent /kənˈsent/ *sustantivo & verbo*
■ *sustantivo*
consentimiento: *We need your parents' written consent.* Necesitamos el consentimiento de tus padres por escrito.
■ *verbo*
acceder

C

consequence /ˈkɑnsəkwens/ *sustantivo*
consecuencia: *Think of the consequences.* Piensa en las consecuencias.

consequently /ˈkɑnsəkwentli/ *adverbio*
por consiguiente

conservation /kɑnsərˈveɪʃən/ *sustantivo*
conservación, **protección**: *He is involved in the conservation of trees.* Se dedica a la conservación de los árboles.

conservative /kənˈsɜrvətɪv/ *adjetivo*
conservador -a

consider /kənˈsɪdər/ *verbo*
considerar, **plantearse**: *I'm considering changing my job.* Estoy considerando cambiar de trabajo.

consideration /kənsɪdəˈreɪʃən/ *sustantivo*
1 consideración: *You show no consideration for anyone else!* No muestras ninguna consideración con los demás.
2 consideración ► A menudo se usa el verbo **considerar**: *They gave the plan careful consideration.* Consideraron el plan con detenimiento.

consist /kənˈsɪst/ *verbo*
to consist of constar de, **estar compuesto -a de**: *The soup consists of carrots, peas, and onions.* La sopa está compuesta de zanahorias, chícharos y cebollas.

consonant /ˈkɑnsənənt/ *sustantivo*
consonante

constant /ˈkɑnstənt/ *adjetivo*
constante, **continuo -a**: *He's under constant pressure at work.* Está bajo presión constante en su trabajo.

constantly /ˈkɑnstəntli/ *adverbio*
constantemente

constitution /kɑnstəˈtuʃən/ *sustantivo*
constitución

constitutional /kɑnstəˈtuʃənəl/ *adjetivo*
constitucional

construct /kənˈstrʌkt/ *verbo*
construir: *The city plans to construct a bridge over the river.* El municipio tiene planeado construir un puente sobre el río.

construction /kənˈstrʌkʃən/ *sustantivo*
construcción: *The house is under construction.* La casa está en construcción.

consul /ˈkɑnsəl/ *sustantivo*
cónsul

consult /kənˈsʌlt/ *verbo*
consultar: *You should consult your doctor.* Debería consultar a su médico.

consume /kənˈsum/ *verbo* (**consuming**, **consumed**)
consumir: *The country consumes more than it produces.* El país consume más de lo que produce.

consumption /kənˈsʌmpʃən/ *sustantivo*
consumo: *We have a plan to reduce water consumption.* Tenemos planeado reducir el consumo de agua.

contact /ˈkɑntækt/ *verbo & sustantivo*
■ *verbo*
ponerse en contacto con: *She contacted me as soon as she arrived.* Se puso en contacto conmigo en cuanto llegó.
■ *sustantivo*
1 contacto: *We don't have much contact with other people.* No tenemos mucho contacto con otra gente.
2 contacto: *The fire started when two wires came into contact.* El incendio empezó cuando dos cables hicieron contacto.

ˈcontact ˌlens *sustantivo* (plural **contact lenses**)
lente de contacto

contain /kənˈteɪn/ *verbo*
contener: *I found a box containing the letters.* Encontré una caja que contenía las cartas.

container /kənˈteɪnər/ *sustantivo*
recipiente, envase

content /kənˈtent/ *adjetivo*
satisfecho -a, **contento -a**

contented /kənˈtentɪd/ *adjetivo*
satisfecho -a: *My father seems more contented in his new job.* Mi papá parece más satisfecho en su nuevo trabajo.

contents /ˈkɑntents/ *sustantivo plural*
contenido: *The contents of the box fell onto the floor.* El contenido de la caja cayó al suelo.

contest /ˈkɑntest/ *sustantivo*
concurso [de deportes]

continent /ˈkɑntənənt/ *sustantivo*
continente

continental /kɑntənˈentl/ *adjetivo*
continental

continual /kənˈtɪnjuəl/ *adjetivo*
continuo -a

continue /kənˈtɪnju/ *verbo* (**continuing**, **continued**)
1 seguir, **continuar**: *She continued to work through the night.* Siguió trabajando toda la noche.

2 reanudarse: *The play will continue in 15 minutes.* La obra se reanudará dentro de 15 minutos.
3 continuar: *The road continues on to Miami from here.* La carretera continúa de aquí a Miami.

continuous /kən'tɪnjuəs/ *adjetivo*
continuo -a: *This plant needs a continuous supply of fresh water.* Esta planta necesita un abastecimiento continuo de agua.

contract /'kɑntrækt/ *sustantivo*
contrato

contrary /'kɑntreri/ *sustantivo & adjetivo*
■ *sustantivo*
on the contrary al contrario: *"You must be tired." "On the contrary, I feel fine."* –Debes estar cansado. –Al contrario, me siento bien.
■ *adjetivo*
contrario -a

contrast[1] /'kɑntræst/ *sustantivo*
contraste: *There is a big contrast between the rich and poor.* Hay un gran contraste entre los ricos y los pobres.

contrast[2] /kən'træst/ *verbo*
contrastar, **comparar**: *The book contrasts different ways to prepare fish.* El libro compara diferentes maneras de preparar pescado.

contribute /kən'trɪbjut/ *verbo* (**contributing**, **contributed**)
contribuir con, **aportar**: *We all contributed money to buy Richard's present.* Todos contribuimos con dinero para comprar el regalo de Richard.

contribution /kɑntrə'bjuʃən/ *sustantivo*
aportación, **contribución**: *Do you want to make a contribution to the church?* ¿Quieres hacer una aportación a la iglesia?

control /kən'troʊl/ *verbo & sustantivo*
■ *verbo* (**controlling**, **controlled**)
controlar: *He could not control his children.* No podía controlar a sus hijos.
■ *sustantivo*
control: *The car went out of control and hit a tree.* Fuera de control, el coche se estrelló contra un árbol. | *The army is trying to regain control of the city.* El ejército está tratando de retomar el control de la ciudad.

convenience /kən'vinjəns/ *sustantivo*
comodidad, **conveniencia**: *I like the convenience of living close to the city.* Me gusta la comodidad de vivir cerca de la ciudad.

con'venience food *sustantivo*
comida semipreparada, **alimentos de preparación rápida**

convenient /kən'vinjənt/ *adjetivo*
1 práctico -a: *It is a convenient place to shop.* Es un lugar práctico para hacer compras.
2 oportuno -a, **conveniente**: *a convenient time* un momento oportuno | *Would tomorrow be convenient?* ¿Te vendría bien mañana?

conveniently /kən'vinjəntli/ *adverbio*
convenientemente

convent /'kɑnvent/ *sustantivo*
convento

conversation /kɑnvər'seɪʃən/ *sustantivo*
conversación, **plática**: *I had a long conversation with your teacher.* Tuve una larga conversación con tu maestra.

conversion /kən'vɜrʒən/ *sustantivo*
conversión

convert /kən'vɜrt/ *verbo*
convertir: *They converted the building into a school.* Convirtieron el edificio en una escuela.

convict[1] /kən'vɪkt/ *verbo*
declarar culpable, **condenar**: *He was convicted of murder.* Fue declarado culpable de asesinato.

convict[2] /'kɑnvɪkt/ *sustantivo*
recluso -a, **presidiario -a**

convince /kən'vɪns/ *verbo* (**convincing**, **convinced**)
1 convencer: *He convinced me that he was telling the truth.* Me convenció de que estaba diciendo la verdad.
2 to be convinced that estar convencido -a de que: *I was convinced that I was doing the right thing.* Estaba convencida de que estaba haciendo lo correcto.

cook /kʊk/ *verbo & sustantivo*
■ *verbo*
1 hacer, **preparar** [el desayuno, la comida, la cena, etc.]: *John's cooking dinner tonight.* Esta noche John va a hacer la cena.
2 cocinar [un platillo]
■ *sustantivo*
cocinero -a: *Sarah is a very good cook.* Sarah es una buena cocinera.

cookbook /'kʊkbʊk/ *sustantivo*
libro de cocina

cookie /'kʊki/ *sustantivo*
1 galleta ▶ ver ilustración en la pág. 60
2 cookie [en informática]

C

cookie

a plate of cookies

cooking /ˈkʊkɪŋ/ *sustantivo*
1 (la acción de preparar comida) **cocina**
2 cocina: *She loves Mexican cooking.* Le encanta la cocina mexicana.

cool /kul/ *adjetivo & verbo*
■ *adjetivo*
1 fresco -a: *Keep the film in a cool place.* Guarda el rollo en un lugar fresco.
2 padre: *Look at those cool shoes!* ¡Mira qué zapatos tan padre!
3 to be cool ser buena onda: *Sue is really cool.* Sue es muy buena onda.
4 tranquilo -a: *Keep cool!* ¡Tranquilo!
■ *verbo*
1 enfriarse: *Leave the cake to cool.* Deja que se enfríe el pastel.
2 enfriar
3 to cool down/cool off calmarse: *I'll discuss it with her again when she's cooled down.* Lo voy a platicar con ella cuando se haya calmado.

cooperate /koʊˈɑpəreɪt/ *verbo* (**cooperating**, **cooperated**)
cooperar: *If we all cooperate, we'll finish this by five o'clock.* Si todos cooperamos, terminaremos antes de las cinco.

cooperation /koʊˌɑpəˈreɪʃən/ *sustantivo*
cooperación: *Thank you for your cooperation.* Gracias por su cooperación.

cooperative /koʊˈɑprətɪv/ *adjetivo*
cooperativo -a

cop /kɑp/ *sustantivo*
(un agente de la policía) **poli**

copper /ˈkɑpər/ *sustantivo*
cobre

copy /ˈkɑpi/ *verbo & sustantivo*
■ *verbo* (**copying**, **copied**)
1 hacer una copia de, **copiar**: *Can you copy this tape for me?* ¿Me puedes hacer una copia de esta cinta?
2 copiar: *He copied my answers on the test.* Copió mis respuestas en el examen.
■ *sustantivo* (plural **copies**)
1 copia: *Please send a copy of this letter to Mr. Brown.* Por favor mándele una copia de esta carta al Sr. Brown.
2 ejemplar: *Do you have another copy of this book?* ¿Tiene otro ejemplar de este libro?

cord /kɔrd/ *sustantivo*
cordón

core /kɔr/ *sustantivo*
corazón [de una pera o de una manzana]

cork /kɔrk/ *sustantivo*
1 corcho [material]
2 corcho [de una botella]

corn /kɔrn/ *sustantivo*
maíz

corner /ˈkɔrnər/ *sustantivo*
esquina: *His office is on the corner of 42nd Street and Fifth Avenue.* Su oficina está en la esquina de la calle 42 y la Quinta Avenida.

cornflakes /ˈkɔrnfleɪks/ *sustantivo plural*
hojuelas de maíz

corporation /kɔrpəˈreɪʃən/ *sustantivo*
sociedad anónima

corpse /kɔrps/ *sustantivo*
cadáver

correct /kəˈrekt/ *adjetivo & verbo*
■ *adjetivo*
correcto -a, **acertado -a**: *Write the correct form of the verb.* Escribe la forma correcta del verbo.
■ *verbo*
corregir: *I've already corrected your homework.* Ya corregí tu tarea.

correction /kəˈrekʃən/ *sustantivo*
corrección: *He made several corrections to the letter.* Le hizo varias correcciones a la carta.

correspond /kɔrəˈspɑnd/ *verbo*
1 corresponder a: *Your name does not correspond to the one on my list.* Su nombre no corresponde al de mi lista.
2 to correspond (with someone) mantener correspondencia (con alguien), **cartearse (con alguien)**

correspondence /kɔrəˈspɑndəns/ *sustantivo*
correspondencia

correspondent /kɔrəˈspɑndənt/ *sustantivo*
corresponsal

corridor /ˈkɔrədər/ *sustantivo*
pasillo, **corredor**: *My room is at the end of the corridor.* Mi cuarto está al final del pasillo.

cosmetics /kɑzˈmetɪks/ *sustantivo plural*
cosméticos

cost /kɔst/ *sustantivo & verbo*

■ *sustantivo*

1 costo: *The cost of the books has gone up.* El costo de los libros subió.

2 precio: *The cost of failure will be very high* El costo del fracaso será muy alto.

3 at all costs a toda costa: *We need that job at all costs.* Necesitamos ese trabajo a toda costa.

■ *verbo*

1 costar: *How much does it cost?* ¿Cuánto cuesta?

2 to cost an arm and a leg costar un ojo de la cara

Costa Rica /ˌkɑstə ˈrikə/ *sustantivo*

Costa Rica

costly /ˈkɔstli/ *adjetivo* (**costlier, costliest**)

caro -a, **costoso -a**: *The ring was very costly.* El anillo era carísimo.

costume /ˈkɑstum/ *sustantivo*

disfraz: *The children wore animal costumes.* Los niños traían disfraces de animales.

> **NOTA:** La palabra *costumbre* en español se traduce por **habit** o **custom** en inglés

cot /kɑt/ *sustantivo*

catre

cottage /ˈkɑtɪdʒ/ *sustantivo*

casa de campo

cottage

cotton /ˈkɑtn/ *sustantivo*

algodón: *She bought a new cotton dress.* Compró un vestido nuevo de algodón.

ˈcotton ˌball *sustantivo*

bola de algodón

couch /kaʊtʃ/ *sustantivo* (plural **couches**)

sofá

cough /kɔf/ *verbo & sustantivo*

■ *verbo*

toser: *She's been coughing all night.* Ha estado tosiendo toda la noche.

■ *sustantivo*

tos: *Billy has a bad cough.* Billy tiene mucha tos.

could /kʊd/ *verbo*

1 Usado como forma pasada del verbo **can**: *He could see his mother at the exit.* Podía ver a su mamá en la salida.

2 Usado para indicar probabilidad: *It could take weeks for the package to arrive.* El paquete podría tardar semanas en llegar.

3 Usado para hacer una petición en un registro formal: *Could you help me, please?* ¿Me podría ayudar?

couldn't /ˈkʊdnt/ contracción de **could not**

I couldn't see because it was dark. No veía porque estaba oscuro.

could've /ˈkʊdəv/ contracción de **could have**

He could've told me he was going to be late. Me podría haber avisado de que iba a llegar tarde.

council /ˈkaʊnsəl/ *sustantivo*

ayuntamiento, **municipio**: *The city council will decide where to plant the trees.* El ayuntamiento va a decidir dónde sembrar los árboles.

count /kaʊnt/ *verbo & sustantivo*

■ *verbo*

1 contar: *Can you count from 1 to 10?* ¿Sabes contar del 1 al 10?

2 contar: *She counted the books – there were fourteen of them.* Contó los libros: había catorce.

3 contar: *He felt that his opinion didn't count for anything.* Sentía que su opinión no contaba para nada.

4 to count on someone or something contar con alguien o con algo: *You can always count on me.* Siempre puedes contar conmigo.

■ *sustantivo*

1 recuento: *At the last count, I'd visited 15 countries.* En el último recuento, había visitado 15 países.

2 to lose count perder la cuenta: *I've already lost count of how many people I invited.* Ya perdí la cuenta de cuántas personas invité.

counter /ˈkaʊntər/ *sustantivo*

mostrador [en una tienda o en la cocina]

counterclockwise /kaʊntərˈklɑk-waɪz/ *adverbio & adjetivo*

■ *adverbio*

en el sentido contrario al de las agujas del reloj

■ *adjetivo*

in a counterclockwise direction en el sentido contrario al de las agujas del reloj

countless /ˈkaʊntləs/ *adjetivo*
incontables, **innumerables**: *She spends countless hours watching television.* Pasa horas incontables viendo televisión.

country /ˈkʌntri/ *sustantivo* (plural **countries**)
1 país: *France and Germany are European countries.* Francia y Alemania son países europeos.
2 campo: *He lives in the country.* Vive en el campo.

countryside /ˈkʌntrisaɪd/ *sustantivo*
campiña, **campo**

county /ˈkaʊnti/ *sustantivo* (plural **counties**)
condado

couple /ˈkʌpəl/ *sustantivo*
1 par: *I waited for a couple of hours.* Esperé un par de horas.
2 pareja: *We've invited three other couples to dinner.* Invitamos a tres parejas a cenar.

coupon /ˈkupɑn/ *sustantivo*
cupón

courage /ˈkɜrɪdʒ/ *sustantivo*
valor: *The guard showed great courage in the attempted bank robbery.* El guardia demostró mucho valor en la tentativa de robo al banco.

courageous /kəˈreɪdʒəs/ *adjetivo*
valiente: *It takes a courageous person to do what she did.* Se necesita ser muy valiente para hacer lo que hizo.

course /kɔrs/ *sustantivo*
1 of course claro, **por supuesto**: *"Can I borrow your pen?" "Of course."* –¿Me prestas la pluma? –Claro.
2 rumbo: *The plane had to change course in order to land.* El avión tuvo que cambiar de rumbo para aterrizar.
3 curso: *What courses are you taking in college?* ¿Qué cursos estás tomando en la universidad?
4 plato: *We have three courses: soup, meat and vegetables, and fruit.* Comemos tres platos: sopa, carne y verduras, y fruta.
5 curso: *The arrival of Cortés in Mexico changed the course of history.* La llegada de Cortés a México cambió el curso de la historia.

court /kɔrt/ *sustantivo*
1 tribunal
2 cancha: *I'll meet you at the tennis court.* Nos vemos en la cancha de tenis.

courteous /ˈkɜrtiəs/ *adjetivo*
cortés

courtesy /ˈkɜrtəsi/ *sustantivo*
cortesía

courtyard /ˈkɔrtjɑrd/ *sustantivo*
patio

cousin /ˈkʌzən/ *sustantivo*
primo -a

cover /ˈkʌvər/ *verbo & sustantivo*
■ *verbo*
1 cubrir: *She covered the table with a cloth.* Cubrió la mesa con un mantel.
2 cubrir: *The town covers five square miles.* La ciudad cubre cinco millas cuadradas.
3 tratar: *His talk covered the subject of how to read faster.* Su plática trataba sobre el tema de cómo leer con más rapidez.
4 to cover something up ocultar algo: *She tried to cover up the news about her sister.* Trató de ocultar la noticia sobre su hermana.
■ *sustantivo*
1 cubierta, **tapa**
2 portada
3 to take cover ponerse a cubierto, **guarecerse**: *We took cover when the shooting started.* Nos pusimos a cubierto cuando empezó el tiroteo.

cow /kaʊ/ *sustantivo*
vaca

coward /ˈkaʊərd/ *sustantivo*
cobarde: *He's a coward.* Es un cobarde.

cowardly /ˈkaʊərdli/ *adjetivo*
cobarde

cowbell /ˈkaʊbel/ *sustantivo*
cencerro

cowboy /ˈkaʊbɔɪ/ *sustantivo* (plural **cowboys**)
vaquero

cozy /ˈkoʊzi/ *adjetivo* (**cozier, coziest**)
acogedor -a: *They have a cozy little house.* Tienen una casita acogedora.

crab /kræb/ *sustantivo*
cangrejo

crack /kræk/ *verbo & sustantivo*
■ *verbo*
1 rajarse, **agrietarse**: *One of the cups is cracked.* Una de las tazas está rajada.
2 to crack down (on something) tomar medidas enérgicas (contra algo)
■ *sustantivo*
1 grieta, **rajadura**: *There's a crack in the wall.* Hay una grieta en la pared.
2 rendija: *Can you squeeze through the crack?* ¿Pudes pasar por la rendija?
3 estruendo, **estallido**: *I heard a crack of thunder.* Oí el estruendo de un trueno.

cracker /ˈkrækər/ *sustantivo*
galleta salada

cradle /ˈkreɪdl/ *sustantivo*
cuna

craft /kræft/ *sustantivo*
1 (plural **crafts**) **oficio**: *He knew the craft of making furniture.* Conocía el oficio de construir muebles.
2 (plural **craft**) **nave**

craftsman /ˈkræftsmən/ *sustantivo* (plural **craftsmen** /-mən/)
artesano

crafty /ˈkræfti/ *adjetivo* (**craftier**, **craftiest**)
astuto -a

cram /kræm/ *verbo* (**cramming**, **crammed**)
atiborrar: *Lots of people were crammed into the bus.* Había mucha gente atiborrada en el camión.

cram

He crammed the enormous sandwich into his mouth.

crane /kreɪn/ *sustantivo*
grúa

crash /kræʃ/ *sustantivo & verbo*
■ *sustantivo* (plural **crashes**)
1 estruendo: *The car hit the tree with a crash.* El coche se estrelló contra el árbol con gran estruendo.
2 choque: *He was involved in a car crash.* Estuvo en un choque automovilístico.
■ *verbo*
1 estrellarse, **chocar**: *The car crashed into a tree.* El coche se estrelló contra un árbol.
2 (una computadora) **tronarse**
3 hacer estruendo

ˈcrash course *sustantivo*
curso intensivo

crate /kreɪt/ *sustantivo*
cajón [caja grande]

crater /ˈkreɪtər/ *sustantivo*
cráter

crawl /krɔl/ *verbo*
gatear: *The baby crawled toward his father.* El bebé gateó hacia su papá.

crayon /ˈkreɪɑn/ *sustantivo*
crayola®

crazy /ˈkreɪzi/ *adjetivo* (**crazier**, **craziest**)
1 loco -a: *He's crazy to drive his car so fast.* Está loco al manejar tan rápido.
2 to be crazy about someone estar loco -a por alguien: *He's crazy about her.* Está loco por ella.

creak /krik/ *verbo*
chirriar, **crujir**: *The door creaked as she opened it.* La puerta chirrió cuando la abrió.

cream /krim/ *sustantivo & adjetivo*
■ *sustantivo*
1 crema: *Do you take cream in your coffee?* ¿Quieres el café con crema?
2 crema: *I'm trying a new face cream.* Estoy probando una nueva crema para la cara.
■ *adjetivo*
crema

creamy /ˈkrimi/ *adjetivo* (**creamier**, **creamiest**)
cremoso -a

create /kriˈeɪt/ *verbo* (**creating**, **created**)
crear: *The government wants to create more jobs.* El gobierno quiere crear más empleos.

creation /kriˈeɪʃən/ *sustantivo*
creación

creative /kriˈeɪtɪv/ *adjetivo*
creativo -a

creature /ˈkritʃər/ *sustantivo*
criatura

credit /ˈkredɪt/ *sustantivo & verbo*
■ *sustantivo*
1 mérito: *I never get any credit for the work I do.* Nunca me reconocen el mérito de mi trabajo.
2 crédito: *We bought the furniture on credit.* Compramos los muebles a crédito.
■ *verbo*
abonar

ˈcredit card *sustantivo*
tarjeta de crédito

creek /krik/ *sustantivo*
riachuelo, **arroyo**

creep /krip/ *verbo* (pasado y participio **crept**)
moverse sigilosamente

crept /krept/ pasado y participio del verbo **creep**

crescent /ˈkresənt/ *sustantivo*
media luna [arco]

ˌcrescent ˈmoon *sustantivo*
luna en cuarto creciente

crest /krest/ *sustantivo*
cima, **cresta**

crew /kru/ *sustantivo*
tripulación

crib /krɪb/ *sustantivo*
cuna

cricket /ˈkrɪkɪt/ *sustantivo*
1 grillo
2 cricket [deporte parecido al beisbol que se juega en Inglaterra]

cried /kraɪd/ pasado y participio del verbo **cry**

cries /kraɪz/ plural de **cry**

crime /kraɪm/ *sustantivo*
1 delito: *Stealing is a crime.* Robar es un delito. | **to commit a crime cometer un delito**
2 delincuencia

NOTA: La palabra *crimen* en español sólo se usa para referirse a delitos graves

criminal /ˈkrɪmənəl/ *sustantivo*
delincuente: *The prison contains 325 criminals.* En la cárcel están presos 325 delincuentes.

crimson /ˈkrɪmzən/ *sustantivo* & *adjetivo*
carmesí

cripple /ˈkrɪpəl/ *verbo* (**crippling**, **crippled**)
dejar lisiado -a: *The accident crippled her.* El accidente la dejó lisiada.

crisis /ˈkraɪsɪs/ *sustantivo* (plural **crises** /-siz/)
crisis

crisp /krɪsp/ *adjetivo*
crujiente: *Potato chips only taste good if they are crisp.* Las papas fritas sólo son buenas cuando están crujientes.

crisps /krɪsps/ *sustantivo plural* BrE
papas fritas [en bolsa]

critic /ˈkrɪtɪk/ *sustantivo*
crítico -a

critical /ˈkrɪtɪkəl/ *adjetivo*
1 crítico -a: *a critical article* un artículo crítico
2 crítico -a: *This item is critical to the plan's success.* Este punto es crítico para el éxito del plan.

criticism /ˈkrɪtəsɪzəm/ *sustantivo*
crítica: *I listened to all her criticisms in silence.* Escuché todas sus críticas en silencio.

criticize /ˈkrɪtəsaɪz/ *verbo* (**criticizing**, **criticized**)
criticar: *She's always criticizing me.* Siempre me está criticando.

crocodile /ˈkrɑkədaɪl/ *sustantivo*
cocodrilo

crook /krʊk/ *sustantivo*
sinvergüenza

crooked /ˈkrʊkɪd/ *adjetivo*
1 chueco -a [cuadro, etc.]: *He has crooked teeth.* Tiene los dientes chuecos.
2 torcido -a [una línea]
3 chueco -a, **deshonesto -a**: *It sounded like a crooked deal to me.* A mí me sonó como un negocio chueco.

crop /krɑp/ *sustantivo*
1 cultivo
2 cosecha

cross /krɔs/ *sustantivo, verbo & adjetivo*
■ *sustantivo* (plural **crosses**)
1 cruz: *She wore a gold cross on a chain.* Traía puesta una cruz de oro en una cadena.
2 cruza: *My dog is a cross between a German shepherd and a collie.* Mi perro es una cruza de pastor alemán y collie.
■ *verbo*
1 atravesar, **cruzar**: *Be careful when you cross the street.* Ten cuidado al atravesar la calle.
2 cruzar | **to cross your arms cruzar los brazos** | **to cross your legs cruzar las piernas**
■ *adjetivo* BrE
enojado -a: *Are you cross with me?* ¿Estás enojado conmigo?

crossroads /ˈkrɔsroʊdz/ *sustantivo*
crucero [de calles, carreteras]

crosswalk /ˈkrɔswɔk/ *sustantivo*
paso de peatones

crossword puzzle /ˈkrɔswɜrd ˌpʌzəl/ *sustantivo*
crucigrama

crouch /kraʊtʃ/ *verbo*
agacharse: *She crouched behind the wall to hide.* Se agachó detrás del muro para esconderse.

crow /kroʊ/ *sustantivo*
cuervo

crowd /kraʊd/ *sustantivo & verbo*
■ *sustantivo*
multitud, **muchedumbre**: *There was a crowd of people waiting at the airport.* Había una multitud esperando en el aeropuerto.
■ *verbo*
amontonarse, **apiñarse**: *People crowded at the doors when the movie ended.* La gente se amontonó en las puertas cuando terminó la película.

crowded /ˈkraʊdɪd/ *adjetivo*
abarrotado -a (de gente): *We had to wait in a crowded room.* Tuvimos que esperar en un cuarto abarrotado de gente.

crown /kraʊn/ *sustantivo*
corona

crucifix /ˈkrusəfɪks/ *sustantivo* (plural **crucifixes**)
crucifijo

crude /krud/ *adjetivo*
1 crudo -a: *Crude oil has to be made pure before it can be used.* El petróleo crudo se tiene que purificar antes de poderse usar.
2 grosero -a, **pelado -a**: *He told a crude joke.* Contó un chiste grosero.

cruel /ˈkruəl/ *adjetivo*
cruel: *You should not be cruel to animals.* No se debe ser cruel con los animales.

cruelty /ˈkruəlti/ *sustantivo*
crueldad

cruise /kruz/ *sustantivo & verbo*
■ *sustantivo*
crucero [viaje en barco]
■ *verbo*
navegar: *I saw a boat cruising on the lake.* Vi una lancha navegando en el lago.

crumb /krʌm/ *sustantivo*
migaja, **miga**

crumble /ˈkrʌmbəl/ *verbo* (**crumbling**, **crumbled**)
desmoronarse: *The walls of that house are crumbling.* Las paredes de esa casa se están desmoronando.

crumple /ˈkrʌmpəl/ *verbo*
1 (papel, ropa) **arrugar**: *She crumpled the letter and threw it away.* Arrugó la carta y la botó.
2 (objeto de metal) **abollarse**: *The front of the car crumpled when it was hit.* La parte delantera del coche se abolló con el golpe.

crunch /krʌntʃ/ *verbo*
1 masticar ruidosamente
2 crujir: *The stones crunched under the car tires.* Las piedras crujieron bajo las llantas del coche.

crush /krʌʃ/ *verbo*
aplastar: *Some people were crushed by the rocks.* Algunas personas fueron aplastadas por las rocas.

crust /krʌst/ *sustantivo*
corteza de pan

crustacean /krʌˈsteɪʃən/ *sustantivo*
crustáceo

crutch /krʌtʃ/ *sustantivo* (plural **crutches**)
muleta

cry /kraɪ/ *verbo & sustantivo*
■ *verbo* (gerundio **crying**, pasado y participio **cried**)
1 llorar: *I always cry at sad movies.* Siempre lloro en las películas tristes.
2 gritar: *The boy cried for help.* El niño gritó pidiendo ayuda.
■ *sustantivo* (plural **cries**)
grito: *We heard a cry for help.* Oímos un grito de auxilio.

cry

cub /kʌb/ *sustantivo*
cachorro -a

cube /kjub/ *sustantivo*
cubo

cuckoo /ˈkuku/ *sustantivo*
cucú

cucumber /ˈkjukʌmbər/ *sustantivo*
pepino

cuddle /ˈkʌdl/ *verbo* (**cuddling**, **cuddled**)
abrazar: *She cuddled her little boy.* Abrazó a su hijito.

cuff /kʌf/ *sustantivo*
puño [de manga]

cultivate /ˈkʌltəveɪt/ *verbo* (**cultivating**, **cultivated**)
cultivar

cultivation /kʌltəˈveɪʃən/ *sustantivo*
cultivo

culture /ˈkʌltʃər/ *sustantivo*
cultura

cup /kʌp/ *sustantivo*
1 taza: *Would you like a cup of tea?* ¿Quieres una taza de té?
2 vaso [de plástico o papel]: *a paper cup* un vaso de papel
3 copa, **trofeo**

cupboard /ˈkʌbərd/ *sustantivo*
1 aparador
2 armario

cupcake /ˈkʌpkeɪk/ *sustantivo*
quequito

curb /kɜrb/ *sustantivo*
borde [de la banqueta]

C

cure /kjʊr/ *verbo & sustantivo*
■ *verbo* (**curing**, **cured**)
curar: *This will cure your headache.* Esto te curará el dolor de cabeza.
■ *sustantivo*
cura: *They are searching for a cure for cancer.* Están buscando una cura contra el cáncer.

curiosity /kjʊriˈɑsəti/ *sustantivo*
curiosidad: *He is full of curiosity about the world around him.* Siente gran curiosidad por el mundo que lo rodea.

curious /ˈkjʊriəs/ *adjetivo*
1 Se suele traducir usando el sustantivo *curiosidad*: *I'm curious to know the result.* Tengo mucha curiosidad por conocer el resultado.
2 raro -a

curiously /ˈkjʊriəsli/ *adverbio*
curiosamente, **aunque parezca mentira**

curl /kɜrl/ *verbo & sustantivo*
■ *verbo*
1 enchinar, **rizar**: *She curled her hair.* Se enchinó el pelo.
2 to curl up acurrucarse: *She curled up in front of the fire.* Se acurrucó enfrente de la chimenea.
■ *sustantivo*
rizo, **chino**

curl up

The cat was curled up on the cushion.

curly /ˈkɜrli/ *adjetivo* (**curlier**, **curliest**)
rizado -a, **chino -a**

currency /ˈkɜrənsi/ *sustantivo* (plural **currencies**)
moneda [de un país]

current /ˈkɜrənt/ *adjetivo & sustantivo*
■ *adjetivo*
actual, **vigente**: *Why do you want to change your current job?* ¿Por qué quieres cambiarte de tu actual trabajo?
■ *sustantivo*
corriente: *Don't swim in the river. The current is very fast.* No nades en el río. La corriente es muy fuerte.

curse /kɜrs/ *verbo & sustantivo*
■ *verbo* (**cursing**, **cursed**)
1 maldecir: *He cursed the person who stole his money.* Maldijo al que le robó su dinero
2 maldecir, **decir maldiciones**: *I heard him curse when he hit his head.* Lo oí decir maldiciones cuando se pegó en la cabeza.
■ *sustantivo*
maldición

cursor /ˈkɜrsər/ *sustantivo*
cursor

curtain /ˈkɜrtn/ *sustantivo*
cortina

curve /kɜrv/ *sustantivo & verbo*
■ *sustantivo*
curva
■ *verbo*
curvear, **describir una curva**: *The river curved around the hill.* El río curveaba alrededor de la colina.

curvy /ˈkɜrvi/ *adjetivo* (**curvier**, **curviest**)
ondulado -a [línea]

cushion /ˈkʊʃən/ *sustantivo*
cojín

custom /ˈkʌstəm/ *sustantivo*
costumbre

customer /ˈkʌstəmər/ *sustantivo*
cliente -a

customs /ˈkʌstəmz/ *sustantivo plural*
aduana

cut /kʌt/ *verbo & sustantivo*
■ *verbo* (gerundio **cutting**, pasado y participio **cut**)
1 cortar: *Cut the apple in half.* Corta la manzana por la mitad. | *He has cut his leg, and it is bleeding.* Se cortó la pierna y está sangrando. | *Could you cut my hair for me?* ¿Me podrías cortar el pelo?
2 reducir: *The number of students has been cut by half.* El número de estudiantes se ha reducido a la mitad.
3 to cut down cortar, **talar**: *We'll have to cut down that tree.* Vamos a tener que cortar ese árbol.
4 to cut off (a) cortar [un servicio]: *Our water has been cut off.* Nos cortaron el agua. **(b) aislar** [dejar sin comunicación]: *Snow has cut us off from the town.* La nieve nos dejó sin comunicación con el pueblo.
5 to cut something out recortar algo: *She cut a picture out of the newspaper.* Recortó una foto del periódico.
6 cut it out! ¡ya basta!: *Cut it out you two, or I'll send you to bed!* ¡Ya basta, o los dos se me van a la cama!
7 to cut something up cortar algo [en pedazos]: *Could you cut up the chicken?* ¿Podrías cortar el pollo en pedazos?

■ *sustantivo*

1 cortada: *I have a cut on my arm.* Tengo una cortada en el brazo.

2 recorte [reducción]: *The government promised a tax cut.* El gobierno prometió una reducción de impuestos.

cute /kjut/ *adjetivo*

bonito -a, **lindo -a**: *Oh, what a cute little dress.* Ah, qué vestidito tan bonito.

cyberbully /ˈsaɪbərbʊli/ *sustantivo* (plural **cyberbullies**)

ciberacosador -a

cyberbullying /ˈsaɪbərbʊli-ɪŋ/ *sustantivo*

ciberacoso

cyberspace /ˈsaɪbərspeɪs/ *sustantivo*

ciberespacio

cycle /ˈsaɪkəl/ *sustantivo*

ciclo

cycling /ˈsaɪklɪŋ/ *sustantivo*

ciclismo: *Her main hobby is cycling.* El ciclismo es su principal pasatiempo.

cyclone /ˈsaɪkloʊn/ *sustantivo*

ciclón

cylinder /ˈsɪləndər/ *sustantivo*

cilindro

cymbal /ˈsɪmbəl/ *sustantivo*

platillo [instrumento musical]

Dd

D, d /di/ *sustantivo*
D, d: *D for Dallas* D de Dallas

'd /d/
■ contracción de **had**
He'd eaten all the cake. Se había comido todo el pastel.
■ contracción de **would**
I'd buy a car if I had the money. Compraría un coche si tuviera dinero.

dad /dæd/ *sustantivo*
papá

daddy /ˈdædi/ *sustantivo* (plural **daddies**)
papi

daffodil /ˈdæfədɪl/ *sustantivo*
narciso

daily /ˈdeɪli/ *adjetivo & adverbio*
1 diario -a: *his daily exercise* su ejercicio diario
2 a diario, diariamente: *Take the medicine daily.* Tome la medicina a diario.

dairy /ˈderi/ *sustantivo* (plural **dairies**)
lechería

daisy /ˈdeɪzi/ *sustantivo* (plural **daisies**)
margarita

dalmatian /dælˈmeɪʃən/ *sustantivo*
dálmata

dam /dæm/ *sustantivo & verbo*
■ *sustantivo*
dique, presa
■ *verbo*
represar, construir una presa en: *There is a plan to dam the river.* Hay un plan para construir una presa en el río.

damage /ˈdæmɪdʒ/ *sustantivo & verbo*
■ *sustantivo*
daño
■ *verbo*
dañar: *The cars were badly damaged in the accident.* Los coches resultaron muy dañados en el accidente.

damp /dæmp/ *adjetivo*
húmedo -a: *My clothes are still damp from the rain.* Mi ropa todavía está húmeda de lo que llovió.

dance /dæns/ *verbo & sustantivo*
■ *verbo* (**dancing, danced**)
bailar: *We danced all night at the party.* Bailamos toda la noche en la fiesta. | *We danced a waltz.* Bailamos un vals.
■ *sustantivo*
1 baile, danza: *I am learning a new dance.* Estoy aprendiendo un nuevo baile.
2 baile: *Are you going to the dance?* ¿Vas a ir al baile?

dance

He likes dancing.

dancer /ˈdænsər/ *sustantivo*
bailarín -ina

dandelion /ˈdændəlaɪən/ *sustantivo*
diente de león

dandruff /ˈdændrəf/ *sustantivo*
caspa

danger /ˈdeɪndʒər/ *sustantivo*
peligro: *You are not in any danger here.* Aquí no corres peligro. | *Do you know the dangers of smoking?* ¿Conoces los riesgos que corres si fumas?

dangerous /ˈdeɪndʒərəs/ *adjetivo*
peligroso -a: *He is a dangerous driver.* Es un conductor peligroso.

dangerously /ˈdeɪndʒərəsli/ *adverbio*
peligrosamente

dare /der/ *verbo* (**daring, dared**)
1 atreverse a: *He wouldn't dare to say anything to your boss!* ¡No se atrevería a decirle nada a tu jefe!
2 to dare someone to do something
retar a alguien a que haga algo: *I dared him to say it aloud.* Lo reté a decirlo en voz alta. | *I dare you to jump off this chair.* A que no brincas de esta silla.
3 don't you dare Se usa para advertir a alguien de que no haga algo: *Don't you dare touch that!* ¡No te atrevas a tocar eso!
4 how dare you Se usa para indicar enojo por lo que alguien ha hecho: *How dare you speak to me like that!* ¡Cómo te atreves a hablarme así!

dark /dɑrk/ *adjetivo & sustantivo*
■ *adjetivo*
1 oscuro -a: *It was getting dark, so we hurried home.* Estaba oscureciendo, así que nos apresuramos a llegar a la casa.

2 moreno -a: *She is very dark.* Es muy morena.

■ *sustantivo*

oscuridad: *We could not see in the dark.* No podíamos ver en la oscuridad. | *Make sure you are home before dark.* Vuelve a la casa antes de que oscurezca.

darkness /ˈdɑrknəs/ *sustantivo*

oscuridad: *The whole room was in darkness.* Todo el cuarto estaba en la oscuridad.

darling /ˈdɑrlɪŋ/ *sustantivo*

Se usa para dirigirse a alguien a quien uno quiere: *Come on darling, or we'll be late.* Apúrate, cariño, o vamos a llegar tarde.

darts /dɑrts/ *sustantivo plural*

dardos [juego]

dash /dæʃ/ *verbo & sustantivo*

■ *verbo*

Se usa para indicar movimiento rápido y repentino: *She dashed out of the room.* Salió volando del cuarto.

■ *sustantivo* (plural **dashes**)

guión [signo de puntuación]

dash

He said goodbye and dashed home.

data /ˈdeɪtə, ˈdætə/ *sustantivo plural*

datos

ˌdata ˈprocessing *sustantivo*

procesamiento de datos

date /deɪt/ *sustantivo & verbo*

■ *sustantivo*

1 fecha: *"What date is your birthday?" "It's April 2nd."* –¿En qué fecha es tu cumpleaños? –El dos de abril. | *Please write today's date.* Por favor escriba la fecha de hoy.

2 cita [social o romántica]: *I've got a date tonight.* Tengo una cita esta noche.

3 persona con la que sales en una cita: *Where's your date?* ¿Dónde está el muchacho/la muchacha con quien vas a salir?

4 dátil

■ *verbo*

salir con alguien en plan romántico: *How long have you been dating Sue?* ¿Cuánto hace que sales con Sue?

datebook /ˈdeɪtbʊk/ *sustantivo*

agenda

daughter /ˈdɔtər/ *sustantivo*

hija: *They have three daughters and one son.* Tienen tres hijas y un hijo.

ˈdaughter-in-law *sustantivo* (plural **daughters-in-law**)

nuera

dawn /dɔn/ *sustantivo*

amanecer

day /deɪ/ *sustantivo*

1 día: *The days get longer in the summer.* Los días son más largos en verano.

2 jornada [de trabajo]: *She works an eight-hour day.* Su jornada de trabajo es de ocho horas.

3 one day, some day un día, algún día: *Some day I'll be rich.* Algún día seré rico.

4 the other day el otro día: *I went to the movies the other day.* Fui al cine el otro día.

5 these days estos días: *Everyone seems so busy these days.* Todo el mundo parece estar tan ocupado estos días.

daybreak /ˈdeɪbreɪk/ *sustantivo*

alba, **amanecer**

daycare /ˈdeɪker/ *sustantivo*

servicio de guardería

daydream /ˈdeɪdrim/ *verbo*

soñar despierto -a

daylight /ˈdeɪlaɪt/ *sustantivo*

luz del día: *We want to travel in daylight.* Queremos viajar a la luz del día.

daytime /ˈdeɪtaɪm/ *sustantivo*

in the daytime en el día

dead /ded/ *adjetivo & sustantivo*

1 muerto -a: *My grandfather has been dead for ten years.* Mi abuelo tiene diez años de muerto.

2 cortado -a, **desconectado -a**: *The radio has gone dead.* Se cortó el radio.

3 the dead los muertos, **las muertas**: *After the earthquake they buried the dead.* Después del terremoto enterraron a los muertos.

deadly /ˈdedli/ *adjetivo* (**deadlier**, **deadliest**)

mortal: *She drank a deadly poison.* Se tomó un veneno mortal.

deaf /def/ *adjetivo*

sordo -a: *I'm deaf in my right ear.* Estoy sordo del oído derecho.

deafness /ˈdefnəs/ *sustantivo*

sordera

deal /dil/ *sustantivo & verbo*

■ *sustantivo*

1 acuerdo: *We have a deal with them to build cars.* Tenemos un acuerdo con ellos para armar coches.

D

2 a good deal, a great deal bastante [mucho]: *There's a good deal of work to do.* Hay bastante trabajo.

■ *verbo* (pasado y participio **dealt**)

1 to deal with someone tener negociaciones o relaciones comerciales con alguien: *We have been dealing with them for years.* Tenemos relaciones comerciales con ellos desde hace años.

2 to deal with something ocuparse de algo: *I will deal with any questions now.* Ahora voy a contestar las preguntas que tengan.

dealer /ˈdilər/ *sustantivo*
negociante: *He works as a car dealer.* Se dedica a la compra-venta de coches.

dealt /delt/ pasado y participio del verbo **deal**

dear /dɪr/ *adjetivo & interjección*
■ *adjetivo*
querido -a: *She is a very dear friend.* Es una amiga muy querida. | *Dear Sue, Thank you for your gift.* Querida Sue, gracias por el regalo.
■ *interjección*
Exclamación que se usa cuando estás sorprendido, enojado o frustrado: *Oh, dear! I forgot to call my son.* ¡Ay Dios! Se me olvidó llamar a mi hijo.

death /deθ/ *sustantivo*
muerte: *The death of his father was very sad for us all.* La muerte de su padre nos afectó mucho a todos.

debate /dɪˈbeɪt/ *sustantivo & verbo*
■ *sustantivo*
debate
■ *verbo*
debatir, discutir: *We are debating about which person to choose.* Estamos discutiendo a qué persona elegir.

debt /det/ *sustantivo*
deuda: *I don't have enough money to pay my debts.* No tengo suficiente dinero para pagar mis deudas.

decade /ˈdekeɪd/ *sustantivo*
década

decay /dɪˈkeɪ/ *verbo & sustantivo*
■ *verbo*
descomponerse, pudrirse
■ *sustantivo*
descomposición

deceit /dɪˈsit/ *sustantivo*
engaño

deceive /dɪˈsiv/ *verbo* (**deceiving, deceived**)
engañar: *He tried to deceive us all.* Nos trató de engañar a todos.

December /dɪˈsembər/ *sustantivo*
diciembre

decent /ˈdisənt/ *adjetivo*
1 decente, bueno -a: *Make sure you eat a decent breakfast.* Toma un buen desayuno.
2 decente

decide /dɪˈsaɪd/ *verbo* (**deciding, decided**)
decidir: *I decided to go home.* Decidí irme a mi casa. | *She could not decide which dress to buy.* No podía decidir qué vestido comprar.

deciduous /dɪˈsɪdʒuəs/ *adjetivo*
de hoja caduca, caducifolio -a

decimal /ˈdesəməl/ *adjetivo & sustantivo*
decimal

decision /dɪˈsɪʒən/ *sustantivo*
decisión: *We have to make a decision by next week.* Tenemos que tomar una decisión a más tardar la semana que viene.

deck /dek/ *sustantivo*
1 cubierta [de un barco]
2 deck of cards baraja

declaration /dekləˈreɪʃən/ *sustantivo*
declaración: *a declaration of war* una declaración de guerra

declare /dɪˈkler/ *verbo* (**declaring, declared**)
declarar: *The judge declared him to be not guilty.* El juez lo declaró inocente.

decline /dɪˈklaɪn/ *verbo & sustantivo*
■ *verbo* (**declining, declined**)
disminuir: *Sales are declining this year.* Las ventas están disminuyendo este año.
■ *sustantivo*
disminución, deterioro

decode /diˈkoud/ *verbo*
descodificar

decorate /ˈdekəreɪt/ *verbo* (**decorating, decorated**)
1 decorar: *I need to decorate the cake.* Necesito decorar el pastel.
2 pintar [una casa, un cuarto, etc.]

decoration /dekəˈreɪʃən/ *sustantivo*
decoración

decorator /ˈdekəreɪtər/ *sustantivo*
decorador -a

decrease[1] /dɪˈkris/ *verbo* (**decreasing, decreased**)
disminuir, bajar: *The number of students in the school has decreased this year.* El

decorate

She was decorating a cake.

número de alumnos en la escuela ha disminuido este año.

decrease[2] /ˈdikris/ *sustantivo*
disminución, **baja**

deed /did/ *sustantivo*
acción, **hecho**: *Did you do a good deed?* ¿Hiciste una buena acción?

deep /dip/ *adjetivo*
1 hondo -a, **profundo -a**: *How deep is the river?* ¿Qué tan hondo es el río? | *He has a deep cut on his leg.* Trae una cortada profunda en la pierna.
2 grave: *John has a deep voice.* John tiene una voz grave.
3 grande: *She feels a deep love for her son.* Siente un gran amor por su hijo.

ˌdeep ˈfreeze *sustantivo*
congelador

deeply /ˈdipli/ *adverbio*
profundamente, **intensamente**: *I am deeply in love with her.* Estoy profundamente enamorado de ella.

deer /dɪr/ *sustantivo* (plural **deer**)
venado

defeat /dɪˈfit/ *verbo & sustantivo*
■ *verbo*
derrotar
■ *sustantivo*
derrota: *The football team suffered a defeat.* El equipo de futbol sufrió una derrota.

defend /dɪˈfend/ *verbo*
defender: *You should learn to defend yourself.* Deberías aprender a defenderte.

defense /dɪˈfens/ *sustantivo*
defensa: *The weapons are for the defense of our country.* Las armas son para la defensa de nuestro país.

definite /ˈdefənət/ *adjetivo*
1 seguro -a: *Are you definite that she's coming?* ¿Estás seguro de que va a venir?
2 definido -a
3 definitivo -a

ˌdefinite ˈarticle *sustantivo*
artículo determinado

definitely /ˈdefənətli/ *adverbio*
definitivamente, **seguro**: *I'm definitely going to come.* Seguro voy a venir.

definition /defəˈnɪʃən/ *sustantivo*
definición

defy /dɪˈfaɪ/ *verbo* (**defying**, **defied**)
1 desobedecer: *He defied his parents' wishes and went to the party.* Desobedeció a sus padres y fue a la fiesta.
2 desafiar

degree /dɪˈgri/ *sustantivo*
1 grado [en temperatura o ángulos]: *The temperature is 45 degrees.* La temperatura es 45 grados Fahrenheit.
2 licenciatura [grado académico]: *I have a degree in history.* Tengo una licenciatura en historia.

delay /dɪˈleɪ/ *sustantivo & verbo*
■ *sustantivo* (plural **delays**)
retraso: *Sorry for the delay.* Perdón por el retraso.
■ *verbo*
1 retrasar, **demorar**: *The plane has been delayed by bad weather.* El avión está retrasado por el mal tiempo.
2 demorarse

delete /dɪˈlit/ *verbo* (**deleting**, **deleted**)
suprimir, **quitar**

deli /ˈdeli/ *sustantivo*
salchichonería

deliberate /dɪˈlɪbərət/ *adjetivo*
deliberado -a, **intencionado -a**

deliberately /dɪˈlɪbərətli/ *adverbio*
a propósito, **adrede**: *I didn't do it deliberately – it was an accident.* No lo hice a propósito: fue un accidente.

delicate /ˈdelɪkət/ *adjetivo*
delicado -a

delicatessen /ˌdelɪkəˈtesən/ *sustantivo*
salchichonería

delicious /dɪˈlɪʃəs/ *adjetivo*
delicioso -a: *The cake is delicious.* El pastel está delicioso.

delight /dɪˈlaɪt/ *sustantivo & verbo*
■ *sustantivo*
deleite, **placer**: *She laughed with delight.* Se rió con placer.
■ *verbo*
deleitar, **llenar de alegría**

delighted /dɪˈlaɪtɪd/ *adjetivo*
encantado -a: *We are delighted to hear the good news.* Estamos encantados de saber las buenas noticias.

delightful /dɪˈlaɪtfəl/ *adjetivo*
encantador -a: *We had a delightful day in the park.* Pasamos un día encantador en el parque.

deliver /dɪˈlɪvər/ *verbo*
1 entregar [a domicilio]: *Have you delivered the package yet?* ¿Ya entregaste el paquete?
2 to deliver a baby atender un parto

D

delivery /dɪˈlɪvəri/ *sustantivo* (plural **deliveries**)
entrega

delta /ˈdeltə/ *sustantivo*
delta: *the Nile delta* el delta del Nilo

demand /dɪˈmænd/ *verbo & sustantivo*
■ *verbo*
exigir: *She demanded the money.* Exigió el dinero.
■ *sustantivo*
exigencia, reivindicación | **to make a demand exigir**: *The workers made a demand for more money.* Los trabajadores exigieron más dinero.

democracy /dɪˈmɑkrəsi/ *sustantivo* (plural **democracies**)
democracia

democratic /deməˈkrætɪk/ *adjetivo*
democrático -a

demolish /dɪˈmɑlɪʃ/ *verbo*
demoler: *The houses were demolished in a few days.* Demolieron las casas en unos cuantos días.

demolition /deməˈlɪʃən/ *sustantivo*
demolición

demonstrate /ˈdemənstreɪt/ *verbo* (**demonstrating, demonstrated**)
1 demostrar: *He demonstrated how the new machine works.* Demostró cómo funciona la nueva máquina.
2 manifestarse [a favor o en contra de algo]

demonstration /demənˈstreɪʃən/ *sustantivo*
1 demostración: *She gave a demonstration to our class.* Le dio una demostración a nuestra clase.
2 manifestación [a favor o en contra de algo]

den /den/ *sustantivo*
guarida, madriguera

denim /ˈdenəm/ *sustantivo*
mezclilla: *a denim jacket* una chamarra de mezclilla

dense /dens/ *adjetivo*
denso -a

densely /ˈdensli/ *adverbio*
densamente: *a densely populated area* un área densamente poblada

dentist /ˈdentɪst/ *sustantivo*
dentista

dentures /ˈdentʃərz/ *sustantivo plural*
dentadura postiza

deny /dɪˈnaɪ/ *verbo* (**denying, denied**)
negar

deodorant /diˈoʊdərənt/ *sustantivo*
desodorante

depart /dɪˈpɑrt/ *verbo*
salir [vuelo, camión, etc.]: *When does the next flight to Houston depart?* ¿A qué hora sale el próximo vuelo a Houston?

department /dɪˈpɑrtmənt/ *sustantivo*
departamento

deˈpartment ˌstore *sustantivo*
tienda de departamentos

departure /dɪˈpɑrtʃər/ *sustantivo*
salida: *Try to be here an hour before your departure.* Trate de estar aquí una hora antes de la salida.

depend /dɪˈpend/ *verbo*
1 to depend on depender de
2 it depends depende: *"How long will the trip take?" "I don't know – it depends."* –¿Cuánto tiempo va a durar el viaje? –No sé, depende.

dependent /dɪˈpendənt/ *adjetivo*
1 dependiente
2 (que depende) *How many dependent relatives does she have?* ¿Cuántos de sus parientes dependen de ella?

deposit /dɪˈpɑzɪt/ *verbo & sustantivo*
■ *verbo*
depositar
■ *sustantivo*
1 (pago inicial en una compra) **depósito**
2 (en una cuenta de banco) **depósito**

depress /dɪˈpres/ *verbo*
deprimir

depressed /dɪˈprest/ *adjetivo*
deprimido -a: *She feels depressed.* Está deprimida.

depressing /dɪˈpresɪŋ/ *adjetivo*
deprimente: *I had some depressing news.* Recibí una noticia deprimente.

depression /dɪˈpreʃən/ *sustantivo*
depresión

depth /depθ/ *sustantivo*
profundidad: *The river has a depth of 5 feet.* El río tiene una profundidad de cinco pies.

deputy /ˈdepjəti/ *sustantivo* (plural **deputies**)
la segunda persona en orden de importancia en una organización

descend /dɪˈsend/ *verbo*
descender

descendant /dɪˈsendənt/ *sustantivo*
descendiente

describe /dɪˈskraɪb/ *verbo* (**describing**, **described**)
describir: *Can you describe the man?* ¿Puede describir al hombre?

description /dɪˈskrɪpʃən/ *sustantivo*
descripción

desert /ˈdezərt/ *sustantivo*
desierto

deserted /dɪˈzɜrtɪd/ *adjetivo*
desierto -a: *At night the streets are deserted.* De noche las calles están desiertas.

deserve /dɪˈzɜrv/ *verbo* (**deserving**, **deserved**)
merecer: *You deserve a rest after all your hard work.* Te mereces un descanso después de todo lo que has trabajado.

design /dɪˈzaɪn/ *sustantivo & verbo*
■ *sustantivo*
1 diseño, **dibujo**: *The chair has a design of blue flowers.* La silla tiene un dibujo de flores azules.
2 diseño, **plano**: *Have you seen the designs for the new house?* ¿Ya viste los planos de la nueva casa?
■ *verbo*
diseñar: *He is trying to design a new car.* Está tratando de diseñar un nuevo coche.

designer /dɪˈzaɪnər/ *sustantivo*
diseñador -a

deˈsign techˌnology *sustantivo*
tecnología industrial [asignatura]

desire /dɪˈzaɪr/ *sustantivo & verbo*
■ *sustantivo*
deseo, **anhelo**: *He has a strong desire to succeed.* Tiene un gran deseo de triunfar.
■ *verbo*
desear, **anhelar**

desk /desk/ *sustantivo*
escritorio, **mesa**: *I left the book on your desk.* Dejé el libro en tu mesa.

despair /dɪˈsper/ *sustantivo & verbo*
■ *sustantivo*
desesperación
■ *verbo*
desesperar, **desesperarse**

desperate /ˈdespərət/ *adjetivo*
desesperado -a: *I was desperate for a job.* Estaba desesperado por conseguir trabajo.

despise /dɪˈspaɪz/ *verbo* (**despising**, **despised**)
despreciar

despite /dɪˈspaɪt/ *preposición*
a pesar de: *Despite the bad weather, we enjoyed our trip.* A pesar del mal tiempo, disfrutamos el viaje.

dessert /dɪˈzɜrt/ *sustantivo*
postre

dessert

The dessert was delicious.

destination /destəˈneɪʃən/ *sustantivo*
destino [lugar al que uno se dirige]: *What is your destination?* ¿Adónde se dirige?

destroy /dɪˈstrɔɪ/ *verbo* (**destroying**, **destroyed**)
destruir: *The fire destroyed the building.* El incendio destruyó el edificio.

destruction /dɪˈstrʌkʃən/ *sustantivo*
destrucción

detail /ˈditeɪl, dɪˈteɪl/ *sustantivo*
1 detalle: *Tell me the details of the plan.* Cuéntame los detalles del plan.
2 in detail en detalle: *We talked about the problem in detail.* Discutimos el problema en detalle.

detect /dɪˈtekt/ *verbo*
detectar, **descubrir**

detective /dɪˈtektɪv/ *sustantivo*
detective

detergent /dɪˈtɜrdʒənt/ *sustantivo*
detergente

deteriorate /dɪˈtɪriəreɪt/ *verbo* (**deteriorating**, **deteriorated**)
deteriorarse: *Her health is deteriorating quickly.* Su salud se está deteriorando rápidamente.

determination /dɪˌtɜrməˈneɪʃən/ *sustantivo*
determinación

determined /dɪˈtɜrmɪnd/ *adjetivo*
decidido -a, **resuelto -a**: *She is a very determined woman.* Es una mujer muy decidida.

detest /dɪˈtest/ *verbo*
detestar

D

develop /dɪˈveləp/ *verbo*

1 desarrollar: *The objective is to develop the country's natural resources.* El objetivo es desarrollar los recursos naturales del país.

2 convertirse en: *The conflict could develop into a war.* El conflicto podría convertirse en guerra.

3 (fotos) **revelar**

4 formarse: *Clouds are developing in the distance.* Se están formando nubarrones a lo lejos.

developed /dɪˈveləpt/ *adjetivo*

desarrollado -a: *a developed country* un país desarrollado | *He has well developed muscles.* Tiene músculos bien desarrollados.

development /dɪˈveləpmənt/ *sustantivo*

1 desarrollo, **crecimiento**: *Good food is necessary for a child's development.* El desarrollo de un niño requiere buena alimentación.

2 acontecimiento

device /dɪˈvaɪs/ *sustantivo*

artefacto, **aparato**

devil /ˈdevəl/ *sustantivo*

diablo

devote /dɪˈvoʊt/ *verbo* (**devoting**, **devoted**)

to devote yourself to something dedicarse a algo: *She devoted herself to helping others.* Se dedicó a ayudar a los demás.

dew /du/ *sustantivo*

rocío

diagonal /daɪˈægənl/ *adjetivo & sustantivo*

diagonal

diagram /ˈdaɪəgræm/ *sustantivo*

diagrama

dial /ˈdaɪəl/ *verbo & sustantivo*

■ *verbo*

marcar [un número de teléfono]: *Dial this number if you need me.* Marca este número si me necesitas.

■ *sustantivo*

1 (en un instrumento de medir) **cuadrante**

2 (en un teléfono) **disco** [donde se marca el número]

dialect /ˈdaɪəlekt/ *sustantivo*

dialecto

dialogue box /ˈdaɪəlɔg bɑks/ *sustantivo*

cuadro de diálogo

diameter /daɪˈæmətər/ *sustantivo*

diámetro

diamond /ˈdaɪmənd/ *sustantivo*

diamante

diaper /ˈdaɪpər/ *sustantivo*

pañal

diaphragm /ˈdaɪəfræm/ *sustantivo*

diafragma

diarrhea /daɪəˈriə/ *sustantivo*

diarrea

diary /ˈdaɪri/ *sustantivo* (plural **diaries**)

diario [íntimo]

dice /daɪs/ *sustantivo*

dado o **dados**

dictate /ˈdɪkteɪt/ *verbo* (**dictating**, **dictated**)

dictar: *The teacher dictated the text.* La profesora dictó el texto.

dictation /dɪkˈteɪʃən/ *sustantivo*

dictado

dictator /ˈdɪkteɪtər/ *sustantivo*

dictador -a

dictionary /ˈdɪkʃəneri/ *sustantivo* (plural **dictionaries**)

diccionario: *a bilingual dictionary* un diccionario bilingüe.

did /dɪd/ pasado del verbo auxiliar **do**

"Did you go there?" "Yes, I did." –¿Fuiste? –Sí. ► mira también la entrada **do**

didn't /ˈdɪdnt/ Contracción de **did not**

I didn't enjoy the movie. Did you? No me gustó la película. ¿Y a ti?

die /daɪ/ *verbo* (**dying**, **died**)

1 morir: *He died of cancer last year.* Murió de cáncer el año pasado.

2 to be dying to do something estarse muriendo por hacer algo: *I'm dying to meet her.* Me muero por conocerla.

diet /ˈdaɪət/ *sustantivo*

1 dieta, **alimentación**: *She has a healthy diet.* Sigue una dieta saludable.

2 dieta [para perder peso, etc.]: *Are you on a diet?* ¿Estás a dieta?

difference /ˈdɪfrəns/ *sustantivo*

1 diferencia: *There is no difference between the two brands.* No hay diferencia entre las dos marcas.

2 to make a difference influir: *Exercise can make a big difference in how you feel.* El ejercicio influye mucho en cómo te sientes.

3 to make no difference no importar: *It makes no difference to me what you do.* No me importa lo que hagas.

different /ˈdɪfrənt/ *adjetivo*

diferente: *I don't like that dress. I want a different one.* No me gusta ese vestido, quiero uno diferente.

difficult /ˈdɪfəkʌlt/ *adjetivo*
difícil: *He asked a difficult question.* Hizo una pregunta difícil.

difficulty /ˈdɪfɪkʌlti/ *sustantivo* (plural **difficulties**)
dificultad: *He is having difficulty finding a job.* Está teniendo cierta dificultad para conseguir trabajo.

dig /dɪg/ *verbo* (**digging**, **dug**)
1 cavar: *He dug a well in the garden.* Cavó un pozo en el jardín.
2 escarbar: *She likes digging in the sand.* Le gusta escarbar en la arena.

digest /daɪˈdʒest/ *verbo*
digerir

digestive /daɪˈdʒestɪv/ *adjetivo*
digestivo -a: *the digestive system* el aparato digestivo

digital /ˈdɪdʒɪtl/ *adjetivo*
digital

dignified /ˈdɪgnəfaɪd/ *adjetivo*
digno -a

dignity /ˈdɪgnəti/ *sustantivo*
dignidad

dim /dɪm/ *adjetivo*
1 tenue [luz]
2 oscuro -a: *The room was very dim.* El cuarto estaba muy oscuro.

dime /daɪm/ *sustantivo*
moneda de diez centavos de dólar

din /dɪn/ *sustantivo*
barullo, **ruido**

diner /ˈdaɪnər/ *sustantivo*
1 comensal
2 cafetería

ˈdining room *sustantivo*
comedor

dinner /ˈdɪnər/ *sustantivo*
la comida principal del día, que se toma generalmente al anochecer

dinosaur /ˈdaɪnəsɔr/ *sustantivo*
dinosaurio

dip /dɪp/ *verbo* (**dipping**, **dipped**)
1 sopear
2 meter: *She dipped her foot in the water.* Metió el pie al agua.

diploma /dɪˈploʊmə/ *sustantivo*
diploma

direct /dəˈrekt/ *adjetivo & verbo*
■ *adjetivo*
1 directo -a [ruta o vuelo]: *We took a direct flight to Paris.* Tomamos un vuelo directo a París.
2 directo -a, **franco -a**: *It is better to be direct with people if you can.* Es mejor ser franco con la gente si se puede.
■ *verbo*
Indicar el camino o decir cómo llegar a algún lugar: *I directed him to the hotel.* Le indiqué el camino al hotel.

direction /dəˈrekʃən/ *sustantivo*
1 dirección: *Which direction are you going, north or south?* ¿En qué dirección va, hacia el norte o hacia el sur?
2 directions indicaciones, **instrucciones**: *She followed the directions on the package to bake the cake.* Hizo el pastel siguiendo las instrucciones en el paquete.

directly /dəˈrektli/ *adverbio*
1 directamente: *You must speak to her directly.* Le aconsejo que hable directamante con ella.
2 (sin parar) **directamente**, **directo**: *We are going directly to New York.* Vamos directamente a Nueva York.

director /dəˈrektər/ *sustantivo*
director -a

directory /dəˈrektəri/ *sustantivo* (plural **directories**)
directorio

dirt /dɜrt/ *sustantivo*
mugre, **suciedad**: *He had dirt all over his face.* Tenía mugre en toda la cara.

dirty /ˈdɜrti/ *adjetivo* (**dirtier**, **dirtiest**)
sucio -a, **mugroso -a**: *My shoes are dirty.* Tengo los zapatos sucios.

disabled /dɪsˈeɪbəld/ *adjetivo*
discapacitado -a, **minusválido -a**

disadvantage /dɪsədˈvæntɪdʒ/ *sustantivo*
desventaja: *It is a disadvantage not having a car.* Es una desventaja no tener coche.

disagree /dɪsəˈgri/ *verbo* (pasado **disagreed**)
no estar de acuerdo: *I'm afraid I disagree with you.* Me temo que no estoy de acuerdo contigo.

disagreement /dɪsəˈgrimənt/ *sustantivo*
desacuerdo, **altercado**: *We had a disagreement over money.* Tuvimos un altercado por dinero.

disappear /dɪsəˈpɪr/ *verbo*
desaparecer

disappearance /dɪsəˈpɪrəns/ *sustantivo*
desaparición

disappoint /dɪsəˈpɔɪnt/ *verbo*
desilusionar, **decepcionar**

disappointed /dɪsəˈpɔɪntɪd/ *adjetivo*
desilusionado -a, **decepcionado -a** ▶ A menudo se usa el verbo *decepcionar*: *We were disappointed with the food.* Nos decepcionó la comida.

disappointing /dɪsəˈpɔɪntɪŋ/ *adjetivo*
decepcionante: *Losing the game was disappointing but we played well.* Fue una decepción perder el juego, pero jugamos bien.

D

disappointment /dɪsəˈpɔɪntmənt/ *sustantivo*
desilusión, **decepción**

disapproval /dɪsəˈpruvəl/ *sustantivo*
desaprobación

disapprove /dɪsəˈpruv/ *verbo* (**disapproving**, **disapproved**)
desaprobar, **no tener una buena opinión**: *My mother disapproves of my friends.* Mi mamá no tiene una buena opinión de mis amigos.

disaster /dɪˈzæstər/ *sustantivo*
desastre

discipline /ˈdɪsəplɪn/ *sustantivo*
disciplina: *Soldiers have to learn discipline in the army.* Los soldados tienen que aprender disciplina en el ejército.

discount /ˈdɪskaʊnt/ *sustantivo*
descuento: *I got a $5 discount on the tickets.* Me dieron un descuento de $5 en los boletos.

discourage /dɪˈskɜrɪdʒ/ *verbo* (**discouraging**, **discouraged**)
disuadir: *His father tried to discourage him from buying the car.* Su papá trató de disuadirlo para que no comprara el coche.

discover /dɪˈskʌvər/ *verbo*
descubrir: *They discovered gold in the mountains.* Descubrieron oro en las montañas.

discovery /dɪˈskʌvəri/ *sustantivo* (plural **discoveries**)
descubrimiento: *a new discovery in medical science* un nuevo descubrimiento en medicina

discrimination /dɪˌskrɪməˈneɪʃən/ *sustantivo*
discriminación

discuss /dɪˈskʌs/ *verbo*
discutir, **hablar de**: *I want to discuss your work with you.* Quiero discutir tu trabajo contigo.

discussion /dɪˈskʌʃən/ *sustantivo*
discusión: *We had a discussion about politics.* Tuvimos una discusión sobre política.

disease /dɪˈziz/ *sustantivo*
enfermedad: *The doctor said he has heart disease.* El doctor dijo que tiene una enfermedad del corazón.

disgrace /dɪsˈgreɪs/ *sustantivo*
desgracia

disgraceful /dɪsˈgreɪsfəl/ *adjetivo*
vergonzoso -a: *Your attitude is disgraceful!* ¡Tu actitud es vergonzosa!

disguise /dɪsˈgaɪz/ *verbo & sustantivo*
■ *verbo* (**disguising**, **disguised**)
1 disfrazar
2 to disguise oneself disfrazarse
■ *sustantivo*
disfraz

disgust /dɪsˈgʌst/ *verbo & sustantivo*
■ *verbo*
dar asco, **dar repulsión**: *The smell disgusted me.* El olor me dio asco.
■ *sustantivo*
asco, **repugnancia**

> **NOTA:** La palabra *disgustar* en español se traduce por **upset** en inglés

disgusting /dɪsˈgʌstɪŋ/ *adjetivo*
asqueroso -a, **repugnante**: *The medicine tasted disgusting!* ¡La medicina sabía asquerosa!

dish /dɪʃ/ *sustantivo* (plural **dishes**)
1 plato: *Have you washed the dishes?* ¿Ya lavaste los platos?
2 platillo: *a Mexican dish* un platillo mexicano

dishonest /dɪsˈɑnɪst/ *adjetivo*
deshonesto -a

dishonestly /dɪsˈɑnɪstli/ *adverbio*
dehonestamente

ˈdish ˌtowel *sustantivo*
trapo de cocina

dishwasher /ˈdɪʃwɑʃər/ *sustantivo*
1 lavaplatos [máquina]
2 lavaplatos [persona]

disinfectant /dɪsɪnˈfektənt/ *sustantivo*
desinfectante

disk /dɪsk/ *sustantivo*
1 (de una computadora) **disco**
2 (objeto plano y redondo) **disco**

ˈdisk drive *sustantivo*
unidad de disco, **drive**

ˈdisk ˌjockey *sustantivo* (plural **disk jockeys**)
DJ, **disc jockey**

dislike /dɪsˈlaɪk/ *verbo & sustantivo*
■ *verbo* (**disliking**, **disliked**)
disgustar, **desagradar** ▶ ver también **like**
■ *sustantivo*
desagrado, **antipatía**

NOTA: El verbo **dislike** no se usa en conversaciones habituales porque es muy formal. La gente generalmente dice que no le gusta algo (**don't like**) y no que algo le disgusta (**dislike**): *I dislike her. = I don't like her.* No me gusta. | *He dislikes swimming. = He doesn't like swimming.* No le gustar ir a nadar.

disloyal /dɪsˈlɔɪəl/ *adjetivo*
desleal

dismay /dɪsˈmeɪ/ *sustantivo*
consternación

NOTA: La palabra *desmayo* en español se traduce por **faint** en inglés

dismiss /dɪsˈmɪs/ *verbo*
1 dar autorización para retirarse: *Class is dismissed.* Ya se pueden retirar.
2 descartar
3 despedir [de un trabajo]

disobedience /dɪsəˈbidiəns/ *sustantivo*
desobediencia

disobedient /dɪsəˈbidiənt/ *adjetivo*
desobediente: *He is a disobedient child.* Es un niño desobediente.

disobey /dɪsəˈbeɪ/ *verbo* (**disobeying**, **disobeyed**)
desobedecer: *You should never disobey your parents.* No deberías desobedecer nunca a tus padres.

disorganized /dɪsˈɔrgənaɪzd/ *adjetivo*
desorganizado -a

display /dɪˈspleɪ/ *verbo & sustantivo*
■ *verbo*
exponer, **exhibir**: *The children's pictures are displayed on the wall.* Las pinturas de los niños están expuestas en la pared.
■ *sustantivo*
1 exposición: *We saw a display of students' paintings.* Vimos una exposición de pinturas hechas por los estudiantes.
2 on display en exhibición

disposal /dɪˈspoʊzəl/ *sustantivo*
desecho

dispose /dɪˈspoʊz/ *verbo*
to dispose of something deshacerse de algo: *How did he dispose of the body?* ¿Cómo se deshizo del cadáver?

dispute /dɪˈspjut/ *sustantivo*
disputa: *They are having a legal dispute.* Tienen una disputa legal.

dissatisfied /dɪˈsætɪsfaɪd/ *adjetivo*
descontento -a, **insatisfecho -a**: *We were very dissatisfied with the food at the restaurant.* Estábamos muy descontentos con la comida del restaurante.

dissolve /dɪˈzɑlv/ *verbo* (**dissolving**, **dissolved**)
disolverse: *Sugar dissolves in water.* El azúcar se disuelve en agua.

distance /ˈdɪstəns/ *sustantivo*
1 distancia: *What's the distance between Boston and New York?* ¿A qué distancia está Boston de Nueva York?
2 in the distance a lo lejos: *You can see my house in the distance.* La que ves a lo lejos es mi casa.

distant /ˈdɪstənt/ *adjetivo*
lejano -a: *She traveled to a distant country.* Viajó a un país lejano.

distinct /dɪˈstɪŋkt/ *adjetivo*
1 distinto -a: *Several distinct languages are spoken in the country.* Se hablan distintos idiomas en el país.
2 inconfundible: *This apple has a distinct taste.* Esta manzana tiene un sabor inconfundible.

NOTA: La palabra *distinto* en español se suele traduce por **different** en inglés

distinctly /dɪˈstɪŋktli/ *adverbio*
claramente

distinguish /dɪˈstɪŋgwɪʃ/ *verbo*
1 distinguir, **diferenciar**: *You are old enough to distinguish between good and bad.* Ya tienes edad para distinguir entre lo bueno y lo malo.
2 distinguir, **discernir**: *It was dark; I could hardly distinguish their faces.* Estaba oscuro, apenas podía discernir sus caras.

distinguished /dɪˈstɪŋgwɪʃt/ *adjetivo*
distinguido -a: *Her mother is a distinguished scientist.* Su mamá es una distinguida científica.

distress /dɪˈstres/ *sustantivo & verbo*
■ *sustantivo*
angustia, **aflicción**
■ *verbo*
afligir, **angustiar**

distressing /dɪˈstresfəl/ *adjetivo*
angustiante

D

distribute /dɪˈstrɪbjət/ *verbo* (**distributing**, **distributed**)
distribuir, **repartir**: *They are distributing food to the people.* Están repartiéndole comida a la gente.

distribution /dɪstrəˈbjuʃən/ *sustantivo*
distribución

district /ˈdɪstrɪkt/ *sustantivo*
distrito

disturb /dɪˈstɜrb/ *verbo*
1 **interrumpir**: *Please don't disturb me while I'm working.* Por favor no me interrumpas mientras estoy trabajando.
2 **inquietar**, **perturbar**: *We were very disturbed by the news.* Nos inquietó mucho la noticia.

disturbance /dɪˈstɜrbəns/ *sustantivo*
1 **interrupción**: *I can't think with all these disturbances.* No puedo pensar con todas estas interrupciones.
2 **disturbio**: *There has been a disturbance in the street.* Hubo un disturbio en la calle.

ditch /dɪtʃ/ *sustantivo* (plural **ditches**)
1 **zanja**
2 (al lado de una carretera) **cuneta**

dive /daɪv/ *verbo* (gerundio **diving**, pasado **dove** o **dived**, participio **dived**)
echarse un clavado: *He dived into the pool.* Se echó un clavado a la alberca.

diver /ˈdaɪvər/ *sustantivo*
1 **clavadista**
2 **buzo**

divide /dəˈvaɪd/ *verbo* (**dividing**, **divided**)
1 **dividir**: *We divided the money between the three of us.* Nos dividimos el dinero entre los tres.
2 **dividirse**: *The class divided into groups.* La clase se dividió en grupos.
3 **dividir**: *Divide it by 2.* Divídelo por 2. | *10 divided by 5 is 2.* 10 entre 5, 2

divide

They divided the money between them.

divine /dəˈvaɪn/ *adjetivo*
divino -a

ˈ**diving board** *sustantivo*
trampolín

division /dəˈvɪʒən/ *sustantivo*
1 **división**
2 **departamento**, **división**: *Which division of the company do you work for?* ¿En qué departamento de la compañía trabajas?

divorce /dəˈvɔrs/ *verbo & sustantivo*
■ *verbo* (**divorcing**, **divorced**)
1 **divorciarse de**: *She divorced him.* Se divorció de él.
2 **divorciarse**: *They are getting divorced.* Se van a divorciar.
■ *sustantivo*
divorcio

dizzy /ˈdɪzi/ *adjetivo* (**dizzier**, **dizziest**)
mareado -a: *I feel dizzy when I look out of a high window.* Me mareo cuando miro por una ventana en un lugar alto.

DJ /ˈdi dʒeɪ/ *sustantivo*
DJ, **disc jockey**

do[1] /du/ *verbo* (pasado **did**, participio **done**)
1 **hacer**: *I have to do some work.* Tengo trabajo que hacer. | *What are you doing?* ¿Qué estás haciendo?
2 **to do well** *He has done well in school this year.* Le fue bien en la escuela este año.
3 **to do someone good hacerle bien a alguien**: *Some exercise will do you good.* Un poco de ejercicio te hará bien.
4 **could do with venir bien**: *I could do with some sleep.* Me vendría bien un sueñito.
5 **to have to do with something tener que ver con algo**, **tratar de algo**: *The book has to do with studying the stars.* El libro trata del estudio de las estrellas.
6 **How do you do? mucho gusto** [se dice al conocer a alguien]
7 **What do you do? ¿A qué se dedica?**
8 **What did you do with ...?** (usado para preguntarle a alguien dónde puso algo) **¿Qué hiciste con ...?**: *What did you do with my socks?* ¿Qué hiciste con mis calcetines?
9 **to do as you are told hacer lo que le dicen a uno, obedecer**
10 **to do away with something acabar con algo**, **suprimir algo**: *Some people want to do away with the program.* Algunos quieren acabar con el programa.
11 **to do something over volver a hacer algo**
12 **to do without (something) prescindir de (algo)**, **arreglárselas sin (algo)**: *With no money for shoes, we had to do without.* Nos las tuvimos que arreglar sin dinero para zapatos.

> **NOTA:** Compara los verbos **do** y **make**. Usa **do** para hablar de una acción o actividad: *to do some work* | *to do the shopping*
> Usa **make** para hablar de producir algo u obtener un resultado, o para hablar de planes o decisiones: *to make a cake* | *to make a noise* | *to make a plan* | *to make a choice* | *to make an appointment*

do² /du/ *verbo auxiliar* (pasado **did**)
1 Se usa con **not** para formar el negativo del presente y pasado. No se traduce: *I do not understand you.* No te entiendo. | *He doesn't have a car.* No tiene coche.
2 Se usa para formar el interrogativo del presente y pasado. No se traduce: *Do you like dancing?* ¿Te gusta bailar? | *Did you find the answer?* ¿Encontraste la respuesta?
3 Se usa con **not** para formar el imperativo negativo. No se traduce: *Do not lean out of the window.* No saques la cabeza por la ventana. | *Don't do that!* ¡No hagas eso!
4 Se usa para dar énfasis al afirmativo del presente y pasado. No se traduce: *You do believe me, don't you?* Sí me crees ¿verdad? | *She did believe me.* Me creyó.

dock /dɑk/ *sustantivo & verbo*
■ *sustantivo*
muelle
■ *verbo*
1 atracar
2 to dock sth to sth conectar por cable algo a algo [en informática]

doctor /ˈdɑktər/ *sustantivo*
doctor -a

document /ˈdɑkjəmənt/ *sustantivo*
documento

documentary /dɑkjəˈmentri/ *sustantivo* (plural **documentaries**)
documental

dodge /dɑdʒ/ *verbo* (**dodging**, **dodged**)
1 esquivar
2 evadir, **sacarle la vuelta a**: *He tried to dodge the question.* Trató de evadir la pregunta.

does /dʌz/ *verbo*
Auxiliar usado para formar el interrogativo y el negativo (en este caso usado con "not") de la tercera persona del singular del presente. No se traduce: *Does she have a job?* ¿Tiene trabajo? | *He does not smoke.* No fuma.

doesn't /ˈdʌzənt/
Contracción de **does** y **not**. Auxiliar usado para formar el negativo de la tercera persona del singular del presente. Se traduce por *no*: *She doesn't like school.* No le gusta la escuela.

dog /dɔg/ *sustantivo*
perro -a

doll /dɑl/ *sustantivo*
muñeca [para jugar]

dollar /ˈdɑlər/ *sustantivo*
dólar

dolphin /ˈdɑlfɪn/ *sustantivo*
delfín

dome /doʊm/ *sustantivo*
cúpula

domestic /dəˈmestɪk/ *adjetivo*
1 doméstico -a, **casero -a**
2 (en economía y política) **interno -a**

dominate /ˈdɑməneɪt/ *verbo* (**dominating**, **dominated**)
dominar

dominoes /ˈdɑmənoʊz/ *sustantivo plural*
dominó

donate /ˈdoʊneɪt/ *verbo* (**donating**, **donated**)
donar: *We want to donate money to the hospital.* Queremos donar dinero al hospital.

donation /doʊˈneɪʃən/ *sustantivo*
donativo, **donación**: *Please make a donation today.* Por favor haga un donación hoy.

done¹ /dʌn/ *adjetivo*
terminado -a: *The work is almost done.* El trabajo está casi terminado. | *Are you done with the dictionary?* ¿Ya terminaste de usar el diccionario?

done² /dʌn/ participio del verbo **do**

donkey /ˈdɑŋki/ *sustantivo* (plural **donkeys**)
burro -a

donor /ˈdoʊnər/ *sustantivo*
donador -a: *She is a blood donor.* Es una donadora de sangre.

don't /doʊnt/
Contracción de **do** y **not**. Auxiliar usado para formar el negativo del presente, excepto de la tercera persona del singular. Se traduce por *no*: *I don't want to go.* No quiero ir. | *Don't touch that!* ¡No toques eso!

donut /ˈdoʊnʌt/ *sustantivo*
dona

door /dɔr/ *sustantivo*
1 puerta: *Please open the door for me.* Por favor ábreme la puerta. | *You go through this*

D

door and turn to the left. Entra usted por esta puerta y da vuelta a la izquierda.
2 to answer the door abrir la puerta
3 next door to en la casa o departamento al lado de: *He lives next door to my parents.* Vive en la casa al lado de la de mis papás.
4 at the door en la puerta [tocando para que abran]: *Is someone at the door?* ¿Tocan la puerta?

doorbell /ˈdɔrbel/ *sustantivo*
timbre [que se toca para entrar]

doorknob /ˈdɔrnɑb/ *sustantivo*
pomo

doormat /ˈdɔrmæt/ *sustantivo*
tapete de la entrada [para limpiarse los pies]

doorstep /ˈdɔrstep/ *sustantivo*
umbral [de la puerta de entrada]

doorway /ˈdɔrweɪ/ *sustantivo* (plural **doorways**)
entrada: *He stood in the doorway.* Estaba parado en la entrada.

dorm /dɔrm/ *sustantivo*
dormitorio [en un cuartel o un colegio]

dormitory /ˈdɔrmətɔri/ *sustantivo* (plural **dormitories**)
dormitorio [en un cuartel o un colegio]

dormouse /ˈdɔrmaʊs/ *sustantivo* (plural **dormice** /-maɪs/)
lirón

dose /doʊs/ *sustantivo*
dosis: *The dose is two spoonfuls every four hours.* La dosis es dos cucharadas cada cuatro horas.

dot /dɑt/ *sustantivo*
punto: *On the map, towns were marked by a red dot.* En el mapa, las poblaciones estaban marcadas con un punto rojo.

double /ˈdʌbəl/ *adjetivo, adverbio & verbo*
■ *adjetivo & adverbio*
1 doble [para dos]: *We asked for a double room.* Pedimos una habitacion doble. | *Our room has a double bed.* Nuestra recámara tiene una cama matrimonial.
2 doble [un par]: *We went through the double doors into the room.* Entramos a la habitación por la puerta doble.
3 doble [en cantidad]: *I'll pay you double if you finish the work quickly.* Les pago doble si terminan el trabajo rápido.
■ *verbo* (**doubling**, **doubled**)
1 doblarse, **duplicarse**: *The value of our house has almost doubled.* El valor de nuestra casa casi se duplicó.
2 doblar, **duplicar**: *My new job will double my pay.* Mi nuevo puesto duplicará mis ingresos.

ˌdouble-ˈclick *verbo*
hacer doble clic | **to double-click on sth hacer doble clic en algo**: *Double-click on the picture you want and then press "print."* Haga doble clic en la imagen deseada y pulse "imprimir".

doubt /daʊt/ *verbo & sustantivo*
■ *verbo*
dudar: *I doubt it.* Lo dudo. | *I doubt that she will pass the test.* Dudo que pase la prueba.
■ *sustantivo*
1 duda: *I have doubts about whether he is the best man for the job.* Tengo mis dudas sobre si es la persona más indicada para el puesto.
2 no doubt no hay duda: *No doubt he is guilty.* No hay duda de que es culpable.

doubtful /ˈdaʊtfəl/ *adjetivo*
dudoso -a: *It's doubtful whether she'll succeed.* Es dudoso que vaya a tener éxito.

doubtless /ˈdaʊtləs/ *adverbio*
sin duda: *He will doubtless try to change their mind.* Sin duda va a tratar de que cambien de parecer.

dough /doʊ/ *sustantivo*
masa [mezcla de harina y agua que no se ha cocido]

doughnut /ˈdoʊnʌt/ *sustantivo*
dona

dove[1] /dʌv/ *sustantivo*
paloma

dove[2] /doʊv/ pasado y participio del verbo **dive**

down /daʊn/ *adverbio, preposición & adjetivo*
■ *adverbio & preposición*
1 hacia abajo: *Don't look down!.* ¡No mires hacia abajo! ► A menudo se traduce por un verbo: *Sit down, please.* Siéntese, por favor.
2 (hacia abajo de) *The children ran down the hill.* Los ninos corrieron cuesta abajo.
3 Cuando se usa referido a cantidades, volumen o intensidad, suele usarse el verbo *bajar*: *Our sales are down this year.* Nuestras ventas han bajado este año.
4 por escrito: *Write this down so you don't forget.* Escribe esto para que no se te olvide.
5 a lo largo, hasta ► A menudo se traduce por *por*: *We walked down the beach.* Caminamos por la playa
6 Con el significado de "en dirección al sur", suele traducirse por un verbo: *We drove*

down to Miami from New York. Manejamos hasta Miami desde Nueva York.

■ *adjetivo*

1 deprimido -a: *Why are you so down?* ¿Por qué estás tan deprimida?

2 descompuesto -a: *The computers are still down.* Las computadoras todavía están descompuestas.

downhill /daʊnˈhɪl/ *adverbio & adjetivo*

cuesta abajo: *The ball rolled downhill.* La pelota rodó cuesta abajo. | *a downhill slope* una pendiente

download /ˈdaʊnloʊd/ *verbo & sustantivo*

■ *verbo*

bajar, **descargar** [de Internet]

■ *sustantivo*

descarga

downstairs /ˈdaʊnsterz/ *adverbio & adjetivo*

1 abajo [en el piso de abajo]: *The bathroom is downstairs.* El baño está abajo.

2 de abajo: *the downstairs bathroom* el baño de abajo

downstairs/upstairs

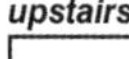

upstairs

downstairs

downtown /ˈdaʊntaʊn/ *adverbio & adjetivo*

1 to go downtown ir al centro: *We went downtown to do some shopping.* Fuimos al centro para hacer unas compras.

2 céntrico -a: *a downtown movie theater* un cine céntrico

downward /ˈdaʊnwərd/ *adverbio*

hacia abajo

doze /doʊz/ *verbo* (**dozing**, **dozed**)

1 dormitar

2 to doze off quedarse dormido -a: *I dozed off in front of the television.* Me quedé dormido enfrente de la televisión.

dozen /ˈdʌzən/ *sustantivo*

1 docena: *a dozen eggs* una docena de huevos

2 dozens muchos -as: *There were dozens of children there.* Había muchos niños ahí.

Dr. /ˈdɑktər/

Dr. [doctor], **Dra.** [doctora]

draft /dræft/ *sustantivo*

corriente de aire: *I felt a cold draft under the door.* Sentí una corriente de aire frío debajo de la puerta.

drag /dræg/ *verbo* (**dragging**, **dragged**)

arrastrar

dragon /ˈdrægən/ *sustantivo*

dragón

dragon

drain /dreɪn/ *sustantivo & verbo*

■ *sustantivo*

resumidero

■ *verbo*

1 colar [pasta, verduras]

2 vaciar, **drenar**: *We drained the tank.* Vaciamos el tanque.

drama /ˈdrɑmə, ˈdræmə/ *sustantivo*

1 arte dramático: *She's studying drama.* Esta estudiando arte dramático.

2 emoción, **dramatismo**: *I like the drama of a big game.* Me gusta la emoción de un juego importante.

dramatic /drəˈmætɪk/ *adjetivo*

1 drástico -a, **espectacular**: *There was a dramatic change in the temperature.* Hubo un cambio drástico en la temperatura.

2 dramático -a: *He told a dramatic story.* Contó una historia dramática.

drank /dræŋk/ pasado del verbo **drink**

drapes /dreɪps/ *sustantivo plural*
cortinas

draw /drɔ/ *verbo* (pasado **drew**, participio **drawn**)
1 dibujar: *Can you draw a dog?* ¿Puedes dibujar un perro? | *I like drawing.* Me gusta dibujar.
2 sacar, **extraer**: *He drew a gun from his bag.* Sacó una pistola de su bolsa.
3 to draw a conclusion sacar una conclusión
4 atraer: *The movie is drawing big crowds.* La película está atrayendo grandes multitudes.
5 to draw the curtains correr las cortinas
6 to draw back retirarse
7 to draw up redactar: *Draw up an agreement, and I will sign it.* Redacte un acuerdo y yo lo firmo.

drawer /drɔr/ *sustantivo*
cajón [de un mueble]

drawing /ˈdrɔ-ɪŋ/ *sustantivo*
1 dibujo: *Are you good at drawing?* ¿Eres bueno para el dibujo?
2 dibujo: *She showed me a drawing of her mother.* Me enseñó un dibujo de su mamá.

drawn /drɔn/ participio del verbo **draw**

dream /drim/ *verbo & sustantivo*
■ *verbo* (pasado y participio **dreamed** o **dreamt**)
1 soñar: *I dreamed about you last night.* Te soñé anoche.
2 soñar [despierto]: *He dreamed of becoming rich and famous.* Soñaba con hacerse rico y famoso.
■ *sustantivo*
1 sueño [cuando se duerme]: *I had a strange dream last night.* Tuve un sueño extraño anoche.
2 sueño [mayor deseo]: *It is her dream to visit Australia.* Su sueño es visitar Australia.

dreamt /dremt/ pasado y participio del verbo **dream**

dreary /ˈdrɪri/ *adjetivo* (**drearier**, **dreariest**)
deprimente: *It was a long and dreary day.* Fue un día largo y deprimente.

drench /drentʃ/ *verbo*
empapar: *I was drenched in the storm.* Me empapé en la tormenta.

dress /dres/ *verbo & sustantivo*
■ *verbo*
1 vestirse: *She got up, dressed quickly, and went to work.* Se levantó, se vistió rápido y se fue a trabajar.
2 to be dressed estar vestido -a: *They arrived before I was dressed.* Llegaron cuando todavía no estaba vestida.
3 to get dressed vestirse: *Hurry up and get dressed.* Apúrate y vístete.
4 to dress up (a) ponerse elegante: *I dressed up for the party.* Me puse elegante para la fiesta. **(b) disfrazarse**: *He dressed up as a pirate.* Se disfrazó de pirata.
■ *sustantivo* (plural **dresses**)
1 vestido: *Do you like my new dress?* ¿Te gusta mi vestido nuevo?
2 (tipo de vestimenta) *You must wear formal dress to the party.* Tienes que ir vestido de etiqueta a la fiesta.

dresser /ˈdresər/ *sustantivo*
cómoda

dresser

dressing /ˈdresɪŋ/ *sustantivo*
1 aderezo [para ensaladas]
2 vendaje [para heridas]

dressmaker /ˈdresmeɪkər/ *sustantivo*
modisto -a

drew /dru/ pasado del verbo **draw**

dried /draɪd/ pasado y participio del verbo **dry**

drift /drɪft/ *verbo*
ir a la deriva

drill /drɪl/ *verbo & sustantivo*
■ *verbo*
hacer un agujero usando un taladro: *I drilled a hole in the wall to put up the shelf.* Hice un agujero en la pared con un taladro para poner la repisa.
■ *sustantivo*
taladro

drink /drɪŋk/ *verbo & sustantivo*
■ *verbo* (pasado **drank**, participio **drunk**)
1 beber, tomar: *He drinks too much coffee.* Toma demasiado café. | *What would you like to drink?* ¿Qué quieres beber?
2 beber, **tomar** [bebidas alcohólicas]: *You should never drink and drive.* Nunca debes tomar y manejar.

■ *sustantivo*
bebida: *She bought the drinks.* Compró las bebidas. | *Can I have a drink of water?* ¿Me das agua?

drip /drɪp/ *verbo* (**dripping**, **dripped**)
1 escurrir, **gotear**: *Sweat was dripping from his face.* Le escurría sudor de la cara.
2 gotear: *Is the faucet still dripping?* ¿Todavía gotea la llave?

drive /draɪv/ *verbo & sustantivo*
■ *verbo* (gerundio **driving**, pasado **drove**, participio **driven**)
1 manejar: *Can you drive?* ¿Sabes manejar? | *I drove to town yesterday.* Fui manejando al centro ayer.
2 manejar: *She drives her father's car to school.* Maneja el coche de su papá al colegio.
■ *sustantivo*
vuelta o viaje en coche: *It is a short drive to the city.* La ciudad está a unos minutos en coche.

driven /ˈdrɪvən/ participio del verbo **drive**

driver /ˈdraɪvər/ *sustantivo*
conductor, **chofer**

ˈdriver's ˌlicense *sustantivo*
licencia de manejar

ˈdrive through, **drive-thru** *sustantivo*
1 (también **drive-through restaurant**) restaurante en el que se recibe servicio sin bajar del coche: *We got our food at the drive-through window.* Recogimos la comida en la ventanilla (del restaurante).
2 (también **drive-through bank**) **autobanco**

driveway /ˈdraɪvweɪ/ *sustantivo* (plural **driveways**)
entrada [camino que lleva hasta una casa]: *The car is parked in the driveway.* El coche está estacionado a la entrada de la casa.

drop /drɑp/ *verbo & sustantivo*
■ *verbo* (**dropping**, **dropped**)
1 dejar caer [voluntaria o accidentalmente]: *She dropped the plate.* Se le cayó el plato.
2 bajar, **descender**: *The price of gas is dropping.* El precio de la gasolina está bajando.
3 to drop in on someone pasar a ver a alguien
■ *sustantivo*
gota

ˈdrop-down ˌmenu *sustantivo*
menú desplegable

drought /draʊt/ *sustantivo*
sequía

drove /droʊv/ pasado del verbo **drive**

drown /draʊn/ *verbo*
ahogarse

drowsy /ˈdraʊzi/ *adjetivo* (**drowsier**, **drowsiest**)
somnoliento -a, **adormilado -a**: *The medicine made me feel drowsy.* La medicina me dio sueño.

drug /drʌg/ *sustantivo*
1 droga
2 medicamento, **medicina**

drugstore /ˈdrʌgstɔr/ *sustantivo*
tienda que vende medicinas y otros productos para la casa y que, a veces, tiene una fuente de sodas

drum /drʌm/ *sustantivo & verbo*
■ *sustantivo*
1 tambor
2 barril de metal
3 drums batería: *In his spare time he plays the drums.* En su tiempo libre toca la batería.
■ *verbo* (**drumming**, **drummed**)
tocar el tambor

drumstick /ˈdrʌmstɪk/ *sustantivo*
1 pata [de pollo o pavo]
2 baqueta, **palillo** [para tambor o batería]

drunk[1] /drʌŋk/ *adjetivo*
borracho -a: *I think he's drunk!* ¡Creo que está borracho!

drunk[2] /drʌŋk/ participio del verbo **drink**

drunken /ˈdrʌŋkən/ *adjetivo*
borracho -a

dry /draɪ/ *adjetivo & verbo*
■ *adjetivo* (**drier**, **driest**)
1 seco -a: *The clothes are dry.* La ropa está seca.
2 seco -a [sin lluvia]: *It has been a very dry summer.* No ha llovido este verano.
■ *verbo* (**drying**, **dried**)
1 secarse: *The clothes dried quickly outside.* La ropa se secó rápido afuera.
2 to dry out secar
3 to dry up secarse [completamente]

ˈdry ˌcleaners *sustantivo*
tintorería

duck /dʌk/ *sustantivo & verbo*
■ *sustantivo*
pato -a
■ *verbo*
agacharse

duckling /ˈdʌklɪŋ/ *sustantivo*
patito -a [pato joven]

due /du/ *adjetivo*
1 to be due (a) (para indicar llegada) *The flight is due at 5 o'clock.* La llegada del vuelo está programada para las cinco. | *When is the baby due?* ¿Para cuándo espera al bebé? **(b)** (para indicar plazo) *The rent is due at the end of the month.* Hay que pagar la renta a fin de mes. **(c)** (para indicar reconocimiento) *She never gets the credit she is due.* Nunca se le da el reconocimiento debido.
2 due to debido a: *His success is due to hard work.* Su éxito se debe a lo duro que trabaja.

duet /duˈet/ *sustantivo*
dueto

dug /dʌg/ pasado y participio de **dig**

dull /dʌl/ *adjetivo*
1 aburrido -a: *What a dull party!* ¡Qué fiesta tan aburrida!
2 romo -a [sin filo]: *This knife is too dull.* Este cuchillo no tiene filo.
3 gris, **nublado**: *It was a dull, cloudy day.* Era un día gris y nublado.

dumb /dʌm/ *adjetivo*
tonto -a, **bobo -a**: *That was a dumb thing to say.* Qué comentario más tonto.

dump /dʌmp/ *verbo & sustantivo*
■ *verbo*
1 tirar: *We dumped our bags on the floor.* Tiramos las bolsas en el suelo.
2 tirar, **botar**
■ *sustantivo*
basurero

dune /dun/ *sustantivo*
duna

dungeon /ˈdʌndʒən/ *sustantivo*
calabozo

during /ˈdʊrɪŋ/ *preposición*
1 (en el curso de) **en**, **durante**: *They swim every day during the summer.* Nadan todos los días en verano.
2 (a alguna hora en un período) **durante**: *He died during the night.* Se murió durante la noche.

dusk /dʌsk/ *sustantivo*
anochecer

dust /dʌst/ *sustantivo & verbo*
■ *sustantivo*
polvo
■ *verbo*
sacudir: *She dusted the table.* Sacudió la mesa.

dustpan /ˈdʌstpæn/ *sustantivo*
recogedor

dusty /ˈdʌsti/ *adjetivo* (**dustier**, **dustiest**)
polvoriento -a

duty /ˈduti/ *sustantivo* (plural **duties**)
1 deber: *You have a duty to look after your family.* Es tu deber cuidar a tu familia.
2 to be off duty no estar de guardia: *The nurses are off duty.* Las enfermeras no están de guardia.
3 to be on duty estar de guardia: *The nurses are on duty.* Las enfermeras están de guardia.

DVD /di vi ˈdi/ *sustantivo* (= **digital versatile disk**)
DVD

DVˈD player *sustantivo*
lector/reproductor de DVD

DVD-ROM /ˌdi vi di ˈrɑm/ *sustantivo* (= **digital versatile disk read-only memory**)
DVD-ROM

dwarf /dwɔrf/ *sustantivo* (plural **dwarfs** o **dwarves** /dwɔrvz/)
enano -a

dye /daɪ/ *verbo & sustantivo*
■ *verbo* (**dyeing**, **dyed**)
teñir, **pintar** [pelo, zapatos, tela]: *She dyed her hair black.* Se pintó el pelo de negro.
■ *sustantivo*
tintura

dynamite /ˈdaɪnəmaɪt/ *sustantivo*
dinamita

Ee

E, e /i/ *sustantivo*
E, e: *E for Elizabeth* E de Elizabeth

each /itʃ/ *adjetivo & pronombre*
1 cada: *Each child has an exercise book.* Cada niño tiene su cuaderno.
2 cada uno -a: *The tickets are $10 each.* Los boletos cuestan $10 cada uno.
3 each other el uno al otro ▶ A menudo se traduce por un verbo que expresa reciprocidad: *Karen and Mark kissed each other.* Karen y Mark se besaron.

eager /ˈigər/ *adjetivo*
ansioso -a: *My cousin was eager to show me her photographs.* Mi prima estaba ansiosa por enseñarme sus fotografías.

eagle /ˈigəl/ *sustantivo*
águila

eagle

ear /ɪr/ *sustantivo*
1 oreja
2 oído
3 espiga [de trigo]
4 ear of corn elote: *I ate an ear of corn.* Me comí un elote.

earache /ˈɪreɪk/ *sustantivo*
dolor de oído

eardrum /ˈɪrdrʌm/ *sustantivo*
tímpano [del oído]

early /ˈɜrli/ *adverbio & adjetivo* (**earlier**, **earliest**)
1 temprano: *Do you get up early?* ¿Te levantas temprano? | *It often rains in the early morning.* Frecuentemente llueve temprano en la mañana. | *You are early!* ¡Qué temprano llegas!
2 antes de lo esperado: *The plane landed ten minutes early.* El avión aterrizó diez minutos antes.

earn /ɜrn/ *verbo*
1 ganar [dinero trabajando]: *She earns a lot of money on her job.* Gana mucho dinero en su trabajo.
2 ganarse: *You've earned a good rest.* Te has ganado un buen descanso.

earring /ˈɪrɪŋ/ *sustantivo*
arete

earth /ɜrθ/ *sustantivo*
1 Tierra: *The earth goes around the sun once a year.* La Tierra viaja alrededor del sol una vez al año.
2 tierra: *She planted the seeds in the wet earth.* Sembró las semillas en la tierra mojada.

earthquake /ˈɜrθkweɪk/ *sustantivo*
terremoto, **temblor**

ease /iz/ *sustantivo & verbo*
■ *sustantivo*
with ease con facilidad, **fácilmente**: *He passed the test with ease.* Aprobó el examen fácilmente.
■ *verbo*
calmar, **aliviar**: *The medicine eased the pain.* La medicina le calmó el dolor.

easel /ˈizəl/ *sustantivo*
caballete

easily /ˈizəli/ *adverbio*
fácilmente, **sin problemas**: *He passed the exam easily.* Aprobó el examen fácilmente.

east /ist/ *sustantivo, adjetivo & adverbio*
1 este: *Which way is east?* ¿Hacia dónde está el este?
2 este, **oriental**: *We sailed down the east coast of the island.* Navegamos por la costa este de la isla.
3 al este: *Our house faces east.* Nuestra casa da al este.

Easter /ˈistər/ *sustantivo*
1 Pascua
2 Semana Santa: *They went to Guatemala at Easter.* En Semana Santa fueron a Guatemala.

ˈEaster egg *sustantivo*
huevo de Pascua

eastern /ˈistərn/ *adjetivo*
oriental, **este**

eastward /ˈistwərd/ *adverbio*
hacia el este

easy /ˈizi/ *adjetivo* (**easier**, **easiest**)
fácil: *I need a book that is easy to read.* Necesito un libro que sea fácil de leer.

eat /it/ *verbo* (pasado **ate**, participio **eaten**)
1 comer: *She doesn't eat meat.* No come carne. | *Have you eaten breakfast yet?* ¿Ya desayunaste?
2 comer: *What time do you eat?* ¿A qué horas comen?

eat

She's eating a sandwich.

eaten /ˈitn/ participio del verbo **eat**

echo /ˈekoʊ/ *sustantivo & verbo*
■ *sustantivo* (plural **echoes**)
eco
■ *verbo*
hacer eco, **resonar**: *Our voices echoed in the empty room.* Nuestras voces hacían eco en el cuarto vacío.

eclipse /ɪˈklɪps/ *sustantivo*
eclipse

economic /ekəˈnɑmɪk/ *adjetivo*
económico -a [crisis, etc.]: *The country's economic problems can be solved.* Los problemas económicos del país pueden ser resueltos.

economical /ekəˈnɑmɪkəl/ *adjetivo*
económico -a [coche, etc.]: *We need an economical way to produce energy.* Necesitamos una forma económica de producir energía.

economy /ɪˈkɑnəmi/ *sustantivo* (plural **economies**)
economía: *The new tax laws will help the economy.* Las nuevas leyes fiscales ayudarán a la economía.

Ecuador /ˈekwədɔr/ *sustantivo*
Ecuador

edge /edʒ/ *sustantivo*
1 borde, **orilla**: *The edge of the plate is painted red.* El borde del plato está pintado de rojo.
2 filo

edition /ɪˈdɪʃən/ *sustantivo*
edición

editor /ˈedətər/ *sustantivo*
redactor -a

educate /ˈedʒəkeɪt/ *verbo* (**educating**, **educated**)
educar: *Every child deserves the chance to be educated.* Todo niño merece la oportunidad de ser educado.

educated /ˈedʒəkeɪtɪd/ *adjetivo*
culto -a

education /edʒəˈkeɪʃən/ *sustantivo*
educación: *It is important to get a good education.* Es importante tener una buena educación.

educational /edʒəˈkeɪʃənəl/ *adjetivo*
1 educacional
2 educativo -a: *a new educational toy* un juguete educativo nuevo

eel /il/ *sustantivo*
anguila

effect /ɪˈfekt/ *sustantivo*
efecto: *Eating so much fat can have a bad effect on your health.* Comer tanta grasa puede tener efectos nocivos para la salud.

effective /ɪˈfektɪv/ *adjetivo*
eficaz, **efectivo -a**: *These pills are an effective cure for a headache.* Estas pastillas son un remedio eficaz para los dolores de cabeza.

efficient /ɪˈfɪʃənt/ *adjetivo*
eficiente: *She is a very efficient worker.* Es una trabajadora muy eficiente.

effort /ˈefərt/ *sustantivo*
esfuerzo: *With great effort, he opened the door.* Con mucho esfuerzo abrió la puerta.

EFL /i ef ˈel/ *sustantivo* (= **English as a Foreign Language**)
inglés como idioma extranjero

e.g. /i ˈdʒi/
p. ej., **vg** [por ejemplo]: *You can try many different sports here, e.g. sailing, tennis, and swimming.* Puede probar muchos deportes aquí, p. ej. vela, tenis y natación.

egg /eg/ *sustantivo*
huevo: *We had eggs for breakfast.* Desayunamos huevos.

eggplant /ˈegplænt/ *sustantivo*
berenjena

Egypt /ˈidʒɪpt/ *sustantivo*
Egipto

eight /eɪt/ *número*
ocho

eighteen /eɪˈtin/ *número*
dieciocho

eighteenth /eɪˈtinθ/ *número*
1 decimoctavo -a
2 dieciochoavo
3 dieciocho: *April the eighteenth* el dieciocho de abril

eighth /eɪtθ/ *número*
1 octavo -a
2 octavo
3 ocho: *January eighth* el ocho de enero

eighty /ˈeɪti/ *número*
ochenta

either /ˈiðər/ *conjunción & adverbio*
1 (en enunciados afirmativos) **o... o...**: *You can have either tea or coffee.* Puedes tomar o te o café.
2 (en enunciados negativos) **ni... ni...**: *I have not been to Canada, or to Mexico either.* No he ido ni a Canadá ni a México.
3 tampoco: *I haven't been to Canada either.* Yo tampoco he estado en Canadá.

elaborate /ɪˈlæbərət/ *adjetivo*
1 (para hablar de peinados, diseños o decoración) **complicado -a**
2 (para hablar de planes) **minucioso -a**

elastic /ɪˈlæstɪk/ *adjetivo*
elástico -a

elbow /ˈelboʊ/ *sustantivo*
codo [parte del cuerpo]

elderly /ˈeldərli/ *adjetivo*
mayor, **anciano -a**: *I spoke with an elderly woman with white hair.* Hablé con una mujer mayor de pelo blanco.

elect /ɪˈlekt/ *verbo*
elegir: *Bush was elected President in 2000.* Bush fue elegido Presidente en el año 2000.

election /ɪˈlekʃən/ *sustantivo*
elecciones: *When is the next election?* ¿Cuándo son las próximas elecciones?

electric /ɪˈlektrɪk/ *adjetivo*
eléctrico -a [guitarra, luz, etc.]: *I forgot my electric razor.* Se me olvidó la rasuradora eléctrica.

electrical /ɪˈlektrɪkəl/ *adjetivo*
eléctrico -a [instalación, etc.]

electrician /ɪlekˈtrɪʃən/ *sustantivo*
electricista

electricity /ɪlekˈtrɪsəti/ *sustantivo*
electricidad

electronic /ɪlekˈtrɑnɪk/ *adjetivo*
electrónico -a

electronics /ɪlekˈtrɑnɪks/ *sustantivo*
electrónica

elegant /ˈeləgənt/ *adjetivo*
elegante

element /ˈeləmənt/ *sustantivo*
1 (en química) **elemento**: *Gold and oxygen are elements.* El oro y el oxígeno son elementos.
2 (parte) **elemento**: *Honesty is an important element of this job.* La honestidad es un elemento importante de este trabajo.

elementary /eləˈmentri/ *adjetivo*
elemental, **básico -a**

eleˈmentary ˌschool *sustantivo*
escuela primaria

elephant /ˈeləfənt/ *sustantivo*
elefante

elevator /ˈeləveɪtər/ *sustantivo*
elevador, **ascensor**

elevator

eleven /ɪˈlevən/ *número*
once

eleventh /ɪˈlevənθ/ *número*
1 onceavo -a [parte]
2 undécimo -a, **decimoprimero -a**
3 once: *March the eleventh* el once de marzo

elf /elf/ *sustantivo* (plural **elves**)
duende

El Salvador /el ˈsælvədɔr/ *sustantivo*
El Salvador

else /els/ *adverbio*
1 A veces, tiene el significado de *más*: *Is there anything else I can get for you?* ¿Le puedo traer algo más?
2 Otras veces, tiene el significado de *otro*: *If you don't like eggs, I can cook something else.* Si no te gustan los huevos, te puedo hacer otra cosa. | *She was wearing someone else's coat.* Tenía puesto el abrigo de otra persona.
3 or else si no, de lo contrario: *He has to pay, or else he will be in trouble.* Tiene que pagar, si no, va a tener problemas.

elsewhere /ˈelswer/ *adverbio*
en otro lugar, **a otro lugar**: *They left the restaurant and went elsewhere.* Se fueron del restaurante y fueron a otro lugar.

elves /elvz/ *sustantivo* plural de **elf**

e-mail /ˈi meɪl/ *sustantivo & verbo*
■ *sustantivo*
1 e-mail, **correo electrónico** [sistema]
2 e-mail [mensaje]: *I sent Jill an e-mail yesterday.* Ayer le mandé un e-mail a Jill.

■ *verbo*
mandar un e-mail a

embarrass /ɪmˈbærəs/ *verbo*
apenar, **avergonzar**: *I'm sorry, I didn't mean to embarrass you.* Perdón, no quise apenarte.

embarrassed /ɪmˈbærəst/ *adjetivo*
apenado -a, **avergonzado -a**: *I feel so embarrassed when I think about what I said.* Me siento apenada cuando me acuerdo de lo que dije.

> **NOTA:** En inglés, se usa **embarrassed** cuando hacemos algo sin importancia que nos hace parecer ridículos ante los demás, como olvidar el nombre de una persona o ir a una fiesta con ropa inadecuada. Si nos arrepentimos de algo muy malo e importante, se usa **ashamed** y no **embarrassed**.
> No confundas **embarrassed** (estar apenado), con **embarrassing** (algo que nos causa vergüenza). *It was an embarrassing mistake.* Fue un error embarazoso. | *We all felt very embarrassed.* Todos nos sentimos muy apenados.
> La palabra *embarazada* en español se traduce por **pregnant** en inglés.

embarrassing /ɪmˈbærəsɪŋ/ *adjetivo*
embarazoso -a: *He asked a lot of embarrassing questions.* Hizo muchas preguntas embarazosas.

embarrassment /ɪmˈbærəsmənt/ *sustantivo*
pena, **vergüenza**

embassy /ˈembəsi/ *sustantivo* (plural **embassies**)
embajada

embrace /ɪmˈbreɪs/ *verbo & sustantivo*
■ *verbo* (**embracing**, **embraced**)
abrazar | **to embrace each other abrazarse**: *They embraced each other.* Se abrazaron.
■ *sustantivo*
abrazo

embroidery /ɪmˈbrɔɪdəri/ *sustantivo*
bordados: *She has a dress covered with embroidery.* Tiene un vestido cubierto de bordados.

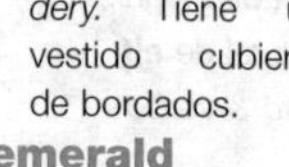
embroidery

emerald /ˈemərəld/ *sustantivo*
esmeralda

emerge /ɪˈmɜrdʒ/ *verbo* (**emerging**, **emerged**)
salir, **aparecer**: *The baby birds emerged from their eggs.* Los pajarillos salieron de su cascarón.

emergency /ɪˈmɜrdʒənsi/ *sustantivo* (plural **emergencies**)
emergencia: *Call an ambulance! This is an emergency!* ¡Llamen a la ambulancia! ¡Es una emergencia! | *the emergency exit* la salida de emergencia

eˈmergency ˌroom *sustantivo*
urgencias [en un hospital]

emigrant /ˈeməgrənt/ *sustantivo*
emigrante

emigrate /ˈeməgreɪt/ *verbo* (**emigrating**, **emigrated**)
emigrar: *Her family emigrated to Australia.* Su familia emigró a Australia.

emigration /eməˈgreɪʃən/ *sustantivo*
emigración

emotion /ɪˈmoʊʃən/ *sustantivo*
1 sentimiento: *Anger and love are emotions.* La ira y el amor son sentimientos.
2 emoción

emotional /ɪˈmoʊʃənəl/ *adjetivo*
emotivo -a

emperor /ˈempərər/ *sustantivo*
emperador

emphasize /ˈemfəsaɪz/ *verbo* (**emphasizing**, **emphasized**)
recalcar, **hacer hincapié en**

empire /ˈempaɪr/ *sustantivo*
imperio

employ /ɪmˈplɔɪ/ *verbo* (**employing**, **employed**)
dar empleo a, **emplear**: *The business employs hundreds of people.* El negocio da empleo a cientos de personas.

employee /ɪmˈplɔɪ-i/ *sustantivo*
empleado -a: *There are ten employees in this firm.* Hay diez empleados en esta compañía.

employer /ɪmˈplɔɪər/ *sustantivo*
empleador -a

employment /ɪmˈplɔɪmənt/ *sustantivo*
empleo, **trabajo**: *She's looking for employment.* Está buscando empleo.

empress /ˈemprɪs/ *sustantivo*
emperatriz

empty /ˈempti/ *adjetivo & verbo*
■ *adjetivo* (**emptier**, **emptiest**)
vacío -a: *The cup is empty.* La taza está vacía.

■ *verbo*
vaciar: *He emptied the bottle.* Vació la botella.

enable /ɪˈneɪbəl/ *verbo* (**enabling**, **enabled**)
permitir, **hacer posible**: *The new machine enables us to work very fast.* La nueva máquina nos permite trabajar muy rápido.

enclose /ɪnˈkloʊz/ *verbo* (**enclosing**, **enclosed**)
1 adjuntar, **acompañar**: *I enclosed a picture of the baby with my letter.* Le mandé una carta acompañada de una foto del bebé.
2 cercar: *The field is enclosed by a fence.* El campo está cercado por una valla.

encourage /ɪnˈkɜrɪdʒ/ *verbo* (**encouraging**, **encouraged**)
animar, **alentar**: *I encouraged her to start playing tennis.* La animé a que empezara a jugar tenis.

encouragement /ɪnˈkɜrɪdʒmənt/ *sustantivo*
ánimo, **aliento**: *Her parents gave her lots of encouragement.* Sus padres le dieron mucho ánimo.

encouraging /ɪnˈkɜrɪdʒɪŋ/ *adjetivo*
alentador -a: *The doctor gave us some encouraging news.* El doctor nos dio una noticia alentadora.

encyclopedia /ɪnsaɪkləˈpidiə/ *sustantivo*
enciclopedia

end /end/ *sustantivo & verbo*
■ *sustantivo*
1 final: *When you get to the end of this street, turn right.* Cuando llegues al final de la calle, da vuelta a la derecha. | *We had to wait until the end of August.* Tuvimos que esperar hasta finales de agosto.
2 in the end al final: *We walked for two hours, but in the end we found the house.* Caminamos dos horas, pero al final encontramos la casa.
■ *verbo*
1 terminar: *The party ended at midnight.* La fiesta terminó a medianoche.
2 to end up acabar, **terminar**: *Our car didn't start, so we ended up taking the bus.* Nuestro coche no arrancaba, así que acabamos tomando el camión.

endangered /ɪnˈdeɪndʒərd/ *adjetivo*
en peligro de extinción

ending /ˈendɪŋ/ *sustantivo*
final, **desenlace**: *The movie has a happy ending.* La película tiene un final feliz.

endless /ˈendləs/ *adjetivo*
interminable: *With children in the house, the work is endless.* Con niños en la casa, el trabajo es interminable.

enemy /ˈenəmi/ *sustantivo* (plural **enemies**)
enemigo: *He's made a lot of enemies.* Ha hecho muchos enemigos.

energetic /enərˈdʒetɪk/ *adjetivo*
lleno -a de energía: *My kids are very energetic.* Mis hijos están llenos de energía.

energy /ˈenərdʒi/ *sustantivo*
1 energía: *I have no energy left after working all day.* No me queda energía después de trabajar todo el día.
2 energía: *Coal provides energy for the city.* El carbón suministra energía a la ciudad.

engaged /ɪnˈgeɪdʒd/ *adjetivo*
comprometido -a [para casarse]: *My brother is engaged to Anne.* Mi hermano está comprometido con Anne.

engagement /ɪnˈgeɪdʒmənt/ *sustantivo*
1 compromiso [de casarse]: *William told everyone about his engagement to Linda.* William le contó a todo mundo de su compromiso con Linda.
2 compromiso [social]: *I'm not able to come this evening. I have another engagement.* No puedo ir esta noche. Tengo otro compromiso.

engine /ˈendʒɪn/ *sustantivo*
motor: *The car has a problem with its engine.* El coche tiene un problema en el motor.

engineer /endʒəˈnɪr/ *sustantivo*
1 ingeniero -a
2 maquinista [de un tren]

engineering /endʒəˈnɪrɪŋ/ *sustantivo*
ingeniería

England /ˈɪŋglənd/ *sustantivo*
Inglaterra

English /ˈɪŋglɪʃ/ *sustantivo & adjetivo*
■ *sustantivo*
1 inglés -esa: *Carlos is learning English.* Carlos está estudiando inglés. | *Do you speak English?* ¿Hablas inglés?
2 the English los ingleses
■ *adjetivo*
inglés -a: *an English company* una empresa inglesa

enjoy /ɪnˈdʒɔɪ/ *verbo* (**enjoying**, **enjoyed**)
1 disfrutar ► A menudo se traduce por *gustar mucho*: *I enjoy listening to music.* Me gusta mucho escuchar música.

E

2 to enjoy yourself divertirse, **pasarla bien**: *Did you enjoy yourself at the wedding?* ¿Te divertiste en la boda?

enjoyable /ɪnˈdʒɔɪəbəl/ *adjetivo*
agradable: *We had an enjoyable weekend at the beach.* Pasamos un fin de semana agradable en la playa.

enjoyment /ɪnˈdʒɔɪmənt/ *sustantivo*
placer ▶ A menudo se traduce por *gustar*: *I get a lot of enjoyment from my job.* Me gusta mucho mi trabajo.

E

enlarge /ɪnˈlɑrdʒ/ *verbo* (**enlarging**, **enlarged**)
ampliar, **agrandar**: *I want to enlarge this photograph.* Quiero ampliar esta foto.

enormous /ɪˈnɔrməs/ *adjetivo*
enorme: *Their house is enormous!* ¡Su casa es enorme!

enormously /ɪˈnɔrməsli/ *adverbio*
enormemente ▶ A menudo se usan otras construcciones: *The movie was enormously popular.* La película tuvo muchísimo éxito.

enough /ɪˈnʌf/ *adjetivo* & *adverbio*
1 suficiente, **bastante**: *There is enough food for three people.* Hay suficiente comida para tres personas.
2 suficientemente: *This bag isn't big enough for my books.* Esta bolsa no es lo suficientemente grande para mis libros.

enough

There's not enough cake for me!

enter /ˈentər/ *verbo*
1 entrar a: *He entered the room quietly.* Entró al cuarto silenciosamente.
2 entrar: *She entered without knocking.* Entró sin tocar.
3 tomar parte en: *She entered the race and won.* Tomó parte en la carrera y ganó.
4 anotar: *Please enter your name on the first line.* Por favor, anote su nombre en el primer renglón.

entertain /entərˈteɪn/ *verbo*
1 entretener: *He entertained us with stories about life in France.* Nos entretuvo con relatos sobre la vida en Francia.
2 recibir [visitas]

entertainer /entərˈteɪnər/ *sustantivo*
animador -a [en el radio, la televisión y eventos sociales]

entertaining /entərˈteɪnɪŋ/ *adjetivo*
entretenido -a, **ameno -a**

entertainment /entərˈteɪnmənt/ *sustantivo*
entretenimiento: *For entertainment, we usually watch television.* Como entretenimiento, generalmente vemos la televisión.

enthusiasm /ɪnˈθuziæzəm/ *sustantivo*
entusiasmo

enthusiastic /ɪnθuziˈæstɪk/ *adjetivo*
entusiasta

entire /ɪnˈtaɪr/ *adjetivo*
todo -a, **entero -a**: *The entire class will be there.* Toda la clase va a estar allí.

entirely /ɪnˈtaɪrli/ *adverbio*
totalmente, **completamente**: *I agree with you entirely.* Estoy totalmente de acuerdo contigo.

entrance /ˈentrəns/ *sustantivo*
1 entrada: *Where's the entrance to the hospital?* ¿Dónde está la entrada al hospital?
2 entrada: *The music played for the entrance of the dancers.* La música tocó para la entrada de los bailarines.

entry /ˈentri/ *sustantivo* (plural **entries**)
1 entrada, **acceso**: *They were not allowed entry to the U.S.* No les permitieron la entrada a los Estados Unidos.
2 pieza, **ejemplar** [en un concurso]: *The winning entry was a beautiful picture.* La pieza ganadora era un cuadro precioso.

envelope /ˈenvəloʊp/ *sustantivo*
sobre [en papelería]

envious /ˈenviəs/ *adjetivo*
1 (como característica permanente) **envidioso -a**: *He is very envious.* Es muy envidioso.
2 to be envious (of something) dar envidia (algo): *He was envious of my success.* Le daba envidia mi éxito. | **to be envious of someone tenerle envidia a alguien**

environment /ɪnˈvaɪərnmənt/ *sustantivo*
1 medio ambiente: *Cutting down too many trees harms the environment.* La tala excesiva de árboles daña al medio ambiente.

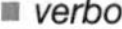

2 medio, **entorno**: *Children need a happy home environment.* Los niños necesitan un medio familiar feliz.

envy /ˈenvi/ *sustantivo & verbo*
■ *sustantivo*
envidia
■ *verbo*
envidiar: *I envy John – he seems so happy.* Envidio a John; parece tan feliz.

epidemic /epəˈdemɪk/ *sustantivo*
epidemia

equal /ˈikwəl/ *adjetivo, verbo & sustantivo*
■ *adjetivo*
igual: *Divide the cake into four equal parts.* Divide el pastel en cuatro partes iguales. | *Women want equal pay with men.* Las mujeres quieren salarios iguales a los de los hombres.
■ *verbo*
ser igual a: *Three plus five equals eight.* Tres más cinco es igual a ocho.
■ *sustantivo*
igual: *We were treated as equals.* Nos trataron de igual a igual.

equality /ɪˈkwɑləti/ *sustantivo*
igualdad: *Women want equality with men.* Las mujeres quieren igualdad con los hombres.

equator /ɪˈkweɪtər/ *sustantivo*
ecuador

equip /ɪˈkwɪp/ *verbo* (**equipping**, **equipped**)
equipar: *Our school is equipped with new computers.* Nuestra escuela está equipada con computadoras nuevas.

equipment /ɪˈkwɪpmənt/ *sustantivo*
equipo: *I want to buy some photographic equipment.* Quiero comprar algo de equipo fotográfico.

erase /ɪˈreɪs/ *verbo* (**erasing**, **erased**)
borrar: *Erase any words that are not spelled correctly.* Borra todas las palabras que estén mal escritas.

erase

eraser /ɪˈreɪsər/ *sustantivo*
borrador, **goma de borrar**

erect /ɪˈrekt/ *adjetivo & verbo*
■ *adjetivo*
erguido -a, **derecho -a**
■ *verbo*
levantar, **montar**: *They erected the tent quickly.* Montaron la tienda de campaña muy rápido.

errand /ˈerənd/ *sustantivo*
mandado

error /ˈerər/ *sustantivo*
error: *The doctor said that he made an error.* El doctor dijo que había cometido un error.

erupt /ɪˈrʌpt/ *verbo*
hacer erupción

escalator /ˈeskəleɪtər/ *sustantivo*
escalera eléctrica

escape /ɪˈskeɪp/ *verbo & sustantivo*
■ *verbo* (**escaping**, **escaped**)
escaparse: *He escaped from prison.* Se escapó de la cárcel.
■ *sustantivo*
fuga, **huida**: *The prisoner made his escape at night.* El prisionero se dio a la fuga por la noche.

escort¹ /ɪˈskɔrt/ *verbo*
escoltar: *Some soldiers escorted the President.* Unos soldados escoltaron al Presidente.

escort² /ˈeskɔrt/ *sustantivo*
escolta: *She traveled with a police escort.* Viajaba con una escolta de policías.

ESL /i es ˈel/ *sustantivo* (= **English as a Second Language**)
inglés como segundo idioma ▶ clases de inglés impartidas a personas cuyo primer idioma no es el inglés pero que viven en un país de habla inglesa

especially /ɪˈspeʃəli/ *adverbio*
1 especialmente, **particularmente**: *She is especially good at science.* Es especialmente buena para las ciencias.
2 especialmente, **sobre todo**: *Everyone is excited about our trip, especially Sam.* Todo mundo está entusiasmado con nuestro viaje, especialmente Sam.

essay /ˈeseɪ/ *sustantivo* (plural **essays**)
1 composición, **redacción**: *She wrote an essay on "My Family."* Escribió una composición sobre "Mi Familia".
2 (género literario) **ensayo**

essential /ɪˈsenʃəl/ *adjetivo*
esencial: *Good food is essential for good health.* La buena alimentación es esencial para tener buena salud

establish /ɪˈstæblɪʃ/ *verbo*
1 fundar: *The company was established in 1985.* La compañía fue fundada en 1985.

2 establecer: *We have established contact with a school in France.* Hemos establecido contacto con una escuela en Francia.

estate /ɪˈsteɪt/ *sustantivo*
finca, **propiedad**

estimate¹ /ˈestəmeɪt/ *verbo* (**estimating**, **estimated**)
calcular: *They estimated that the house cost $2 million.* Calcularon que la casa costó $2 millones.

estimate² /ˈestəmət/ *sustantivo*
cálculo aproximado

eucalyptus /jukəˈlɪptəs/ *sustantivo*
eucalipto

European /jʊrəˈpiən/ *adjetivo & sustantivo*
europeo -a

evacuate /ɪˈvækjueɪt/ *verbo* (**evacuating**, **evacuated**)
evacuar, **desalojar**

eve /iv/ *sustantivo*
víspera: *on the eve of the elections* en vísperas de las elecciones | *Where will you be on Christmas Eve?* ¿En dónde vas a estar en Nochebuena?

even /ˈivən/ *adjetivo & adverbio*

■ *adjetivo*

1 plano -a: *an even surface* una superficie plana

2 uniforme, **constante**: *Try to keep the oven at an even temperature.* Trate de mantener el horno a una temperatura uniforme.

3 even number número par

4 to be even estar a mano: *Here's your $10 – now we're even.* Aquí tienes tus $10; ahora ya estamos a mano.

■ *adverbio*

1 hasta: *Even Peter helped us.* Hasta Peter nos ayudó.

2 aún: *Yesterday it rained hard, and today it's raining even harder.* Ayer llovió fuerte y hoy está loviendo aún más fuerte.

evening /ˈivnɪŋ/ *sustantivo*
Dependiendo del contexto, equivale a *tarde* o a *noche*

> **NOTA:** En inglés, el día se divide en cuatro partes: **morning** (*mañana*), **afternoon** (*tarde*), **evening** (*tarde* o *noche*, dependiendo del contexto) y **night** (*noche*).
> El **afternoon** dura, más o menos, hasta las seis de la tarde, mientras que el **evening** dura aproximadamente desde entonces hasta la hora de acostarse: *It starts at seven in the evening.* Empieza a las siete de la tarde. | *I have a class on Monday evening.* Tengo una clase el lunes en la noche.

evenly /ˈivənli/ *adverbio*
en partes iguales: *Divide the money evenly among the men.* Reparte el dinero en partes iguales entre los hombres.

event /ɪˈvent/ *sustantivo*
acontecimiento: *What events do you remember from the last ten years?* ¿Qué acontecimientos recuerdas de los últimos diez años?

eventually /ɪˈventʃuəli/ *adverbio*
finalmente, **al final**: *I looked everywhere for my glasses, and eventually I found them under my chair.* Busqué mis lentes por todas partes y finalmente los encontré abajo de la silla.

ever /ˈevər/ *adverbio*

1 alguna vez: *Have you ever been to the Bahamas?* Has estado alguna vez en las Bahamas? | *Nothing ever makes Carol angry.* Carol nunca se enoja por nada.

2 ever since desde: *I have lived here ever since I was a child.* Vivo aquí desde que era niño.

evergreen /ˈevərgrin/ *sustantivo*
planta/árbol de hoja perenne

every /ˈevri/ *adjetivo*

1 todos -as: *I have read every book he has written.* He leído todos los libros que ha escrito.

2 cada: *We go to Florida every year.* Vamos a Florida cada año.

everybody /ˈevribɑdi/ *pronombre*
todos: *Everybody wants to watch the movie.* Todos quieren ver la película. | *She likes everybody in her class.* Le caen bien todos los de su clase.

> **NOTA:** Recuerda que **everybody** y **everyone** son palabras singulares, como **he** o **she**, así que las debes usar con una terminación de verbo singular: *Everyone knows that sugar is bad for your teeth.* Todos saben que el azúcar es mala para los dientes.

everyday /ˈevrideɪ/ *adjetivo*
cotidiano -a, **de todos los días**: *Problems are a part of everyday life.* Los problemas son parte de la vida cotidiana.

everyone /ˈevriwʌn/ *pronombre*
todos: *Everyone is welcome to the party.* Todos son bienvenidos a la fiesta.

everything /ˈevriθɪŋ/ *pronombre*

1 todo: *I got everything I needed at the store.* Compré en la tienda todo lo que necesitaba.

2 Usado para referirse a los distintos aspectos de la vida de una persona: *So, how is everything with you?* Bueno, ¿y cómo están las cosas contigo?

everywhere /ˈevriwer/ *adverbio*
en todas partes, **por todas partes**: *I looked everywhere for my watch, but I couldn't find it.* Busqué mi reloj por todas partes pero no lo encontré.

evidence /ˈevədəns/ *sustantivo*
pruebas: *Police have evidence that the killer is a woman.* La policía tiene pruebas de que el asesino es una mujer.

evident /ˈevədənt/ *adjetivo*
claro -a, **evidente**: *It was evident that she was not telling the truth.* Estaba claro que no estaba diciendo la verdad.

evil /ˈivəl/ *adjetivo*
malvado -a, **maligno -a**: *an evil man* un hombre malvado

exact /ɪgˈzækt/ *adjetivo*
exacto -a: *Can you tell me the exact time?* ¿Me puede dar la hora exacta?

exactly /ɪgˈzæktli/ *adverbio*
1 exactamente: *Where exactly do you live?* ¿Dónde vives exactamente?
2 así es, **exacto**, **efectivamente**: *"So you think we should wait until later?" "Exactly."* –Entonces ¿piensas que debemos esperar a más tarde? –Así es.

exaggerate /ɪgˈzædʒəreɪt/ *verbo* (**exaggerating**, **exaggerated**)
exagerar: *He exaggerated when he said his uncle was a millionaire.* Exageró cuando dijo que su tío era millonario.

exam /ɪgˈzæm/ *sustantivo*
examen: *When do you take your history exam?* ¿Cuándo vas a hacer el examen de historia?

examination /ɪgzæməˈneɪʃən/ *sustantivo*
inspección: *An examination of the metal proved that it was gold.* Una inspección del metal reveló que era oro.

examine /ɪgˈzæmɪn/ *verbo* (**examining**, **examined**)
1 examinar: *The doctor examined my ears.* El doctor me examinó los oídos.
2 examinar: *You will be examined in all subjects.* Los examinarán en todas las materias.

example /ɪgˈzæmpəl/ *sustantivo*
1 ejemplo: *Can anyone give me an example of a verb?* ¿Alguien puede darme un ejemplo de un verbo?
2 for example por ejemplo: *Prices are going up. For example, gas costs a lot more now.* Los precios están subiendo. Por ejemplo, la gasolina cuesta mucho más ahora.

exasperate /ɪgˈzæspəreɪt/ *verbo* (**exasperating**, **exasperated**)
exasperar, **sacar de quicio**

exceed /ɪkˈsid/ *verbo*
exceder de, **sobrepasar**: *The total cost should not exceed $100.* El precio total no debe exceder de $100.

excellent /ˈeksələnt/ *adjetivo*
excelente: *This is excellent work, Peter.* Este trabajo es excelente, Peter.

except /ɪkˈsept/ *preposición*
menos, **excepto**: *I have washed all the clothes except your shirt.* Lavé toda la ropa menos tu camisa.

exception /ɪkˈsepʃən/ *sustantivo*
1 excepción: *It has been cold, but today is an exception.* Ha hecho mucho frío pero hoy es una excepción,
2 with the exception of a excepción de: *They'd all been there before with the exception of Jim.* Todos habían estado allí antes a excepción de Jim.

exceptional /ɪkˈsepʃənəl/ *adjetivo*
1 excepcional: *She is an exceptional student.* Es una alumna excepcional.
2 excepcional: *We've had an exceptional number of rainy days this month.* Hemos tenido un número excepcional de días con lluvia este mes.

exceptionally /ɪkˈsepʃənəli/ *adverbio*
excepcionalmente: *This has been an exceptionally cold winter.* Este invierno ha sido excepcionalmente frío.

excess /ɪkˈses/ *sustantivo & adjetivo*
■ *sustantivo* (plural **excesses**)
exceso
■ *adjetivo*
excess baggage exceso de equipaje: *You have to pay extra for excess baggage.* Tiene que pagar extra por exceso de equipaje.

exchange /ɪksˈtʃeɪndʒ/ *verbo & sustantivo*
■ *verbo* (**exchanging**, **exchanged**)
cambiar: *This skirt is too small. Can I exchange it for a larger one?* Esta falda es demasiado chica. ¿La puedo cambiar por una más grande?
■ *sustantivo*
1 intercambio: *The two countries are planning an exchange of prisoners.* Los dos

países están planeando un intercambio de prisioneros.

2 in exchange for a cambio de: *I gave him the book in exchange for a CD.* Le di mi libro a cambio de un CD.

ex'change ˌrate *sustantivo*
tipo de cambio

excite /ɪk'saɪt/ *verbo* (**exciting**, **excited**)
alborotar, **excitar**: *The games excited the children.* Los juegos alborotaron a los niños.

E

excited /ɪk'saɪtɪd/ *adjetivo*
entusiasmado -a, **excitado -a**: *Everyone is excited about the trip to Boston.* Todos están entusiasmados con el viaje a Boston.

excitement /ɪk'saɪtmənt/ *sustantivo*
entusiasmo, **excitación**: *The excitement of the crowd grew when the singers arrived.* El entusiasmo de la multitud aumentó cuando llegaron los cantantes.

exciting /ɪk'saɪtɪŋ/ *adjetivo*
1 emocionante
2 Cuando se aplica a noticias, no tiene un equivalente directo en español: *I heard the exciting news about your baby.* Oí la noticia de tu bebé: ¡qué ilusión!

exclaim /ɪk'skleɪm/ *verbo*
exclamar: *"Look – Sarah is on TV," exclaimed Peter.* "Mira, ¡Sarah está en la tele!", exclamó Peter.

exclamation /ekskləˈmeɪʃən/ *sustantivo*
exclamación

excla'mation ˌmark *sustantivo*
signo de exclamación

exclude /ɪk'sklud/ *verbo* (**excluding**, **excluded**)
excluir: *Men were excluded from the meeting.* Los hombres estaban excluidos de la junta.

excluding /ɪk'skludɪŋ/ *preposición*
sin incluir, **excluyendo**: *The store is open every day, excluding Sundays.* La tienda abre todos los dias, sin incluir los domingos.

excursion /ɪk'skɜrʒən/ *sustantivo*
excursión: *We went on an excursion down the Nile.* Fuimos de excursión en el río Nilo.

excuse[1] /ɪk'skjuz/ *verbo* (**excusing**, **excused**)
1 excuse me disculpe, **perdone**: *Excuse me, do you know what time it is?* Perdone, ¿sabe qué hora es? | *Oh, excuse me. Did I hurt you?* Ay, disculpe. ¿Lo lastimé?
2 disculpar, **perdonar**: *Please excuse the mess.* Por favor perdone el desorden.
3 disculpar: *The teacher excused her from class.* La maestra la disculpó de la clase.

excuse[2] /ɪk'skjus/ *sustantivo*
excusa, **pretexto**: *What was his excuse for being late?* ¿Cuál fue su excusa por haber llegado tarde?

execute /'eksɪkjut/ *verbo* (**executing**, **executed**)
ejecutar

execution /eksɪ'kjuʃən/ *sustantivo*
ejecución

exercise /'eksərsaɪz/ *sustantivo & verbo*
■ *sustantivo*
1 (de práctica) **ejercicio**: *Please do exercise 3.* Por favor hagan ejercicio 3.
2 (físico) **ejercicio**: *Running is good exercise.* Correr es buen ejercicio. | *Have you done your leg exercises yet?* ¿Ya hiciste tus ejercicios para las piernas?
■ *verbo* (**exercising**, **exercised**)
hacer ejercicio: *The doctor told him to exercise more.* El doctor le dijo que hiciera más ejercicio.

'exercise ˌbike *sustantivo* (también **exercise bicycle**)
bicicleta fija

exhaust /ɪg'zɔst/ *verbo & sustantivo*
■ *verbo*
agotar: *The long walk exhausted her.* La larga caminata la agotó.
■ *sustantivo*
1 gases [de un tubo de escape]
2 tubo de escape, **mofle**

exhausted /ɪg'zɔstɪd/ *adjetivo*
agotado -a, **exhausto -a**

exhausting /ɪg'zɔstɪŋ/ *adjetivo*
agotador -a: *Taking care of babies can be exhausting.* Cuidar a bebés puede ser agotador.

exhibit /ɪg'zɪbɪt/ *verbo & sustantivo*
■ *verbo*
exponer: *She exhibited her paintings at the school.* Expuso sus cuadros en el colegio.
■ *sustantivo*
exposición: *We went to an art exhibit.* Fuimos a una exposición de arte.

exile /'egzaɪl/ *sustantivo & verbo*
■ *sustantivo*
1 exiliado -a
2 in exile en el exilio: *After the revolution, they had to live in exile in Chile.* Después de la revolución, tuvieron que vivir en el exilio en Chile.
■ *verbo*
exiliar, **desterrar**

exist /ɪg'zɪst/ *verbo*
existir

existence /ɪgˈzɪstəns/ *sustantivo*
existencia | **in existence** *The elephant is the largest land animal in existence.* El elefante es el animal terrestre más grande que existe.

exit /ˈegzɪt/ *sustantivo*
salida: *Where is the exit?* ¿Dónde está la salida?

NOTA: La palabra *éxito* en español se traduce por **success** en inglés.

expand /ɪkˈspænd/ *verbo*
expandirse: *The business has expanded from one office to four.* La compañía se ha expandido de una oficina a cuatro.

expansion /ɪkˈspænʃən/ *sustantivo*
expansión

expect /ɪkˈspekt/ *verbo*
1 esperar: *Did you expect to win the race?* ¿Esperabas ganar la carrera? | *The car cost more than I expected.* El coche costó más de lo que esperaba.

expect

She is expecting a baby.

2 to be expecting someone or something esperar algo o a alguien: *We're expecting the Johnsons for lunch.* Estamos esperando a los Johnson para comer.
3 esperar [algo de alguien]: *Visitors to the hospital are expected not to smoke.* Se espera que las visitas en el hospital se abstengan de fumar.
4 to be expecting (a baby) esperar (un bebé), estar en estado

expedition /ekspəˈdɪʃən/ *sustantivo*
expedición: *They are planning an expedition to the North Pole.* Están planeando una expedición al Polo Norte.

expel /ɪkˈspel/ *verbo* (**expelling**, **expelled**)
expulsar: *Four students were expelled for stealing.* Cuatro alumnos fueron expulsados por robar.

expense /ɪkˈspens/ *sustantivo*
gasto: *We share all the household expenses.* Compartimos todos los gastos de la casa.

expensive /ɪkˈspensɪv/ *adjetivo*
caro -a: *It is expensive to travel by plane.* Viajar por avión es caro.

experience /ɪkˈspɪriəns/ *sustantivo & verbo*
■ *sustantivo*
1 experiencia: *The accident was an experience she will never forget.* El accidente fue una experiencia que nunca olvidará.
2 experiencia: *She is a teacher with 5 years of experience.* Es una profesora con 5 años de experiencia.
■ *verbo* (**experiencing**, **experienced**)
tener, **sufrir**: *We are experiencing some problems with our computers.* Estamos teniendo problemas con nuestras computadoras.

experienced /ɪkˈspɪriənst/ *adjetivo*
con experiencia: *He is an experienced heart doctor.* Es un cardiólogo con experiencia.

experiment[1] /ɪkˈsperəmənt/ *sustantivo*
experimento: *He did a scientific experiment.* Hizo un experimento científico.

experiment[2] /ɪkˈsperəment/ *verbo*
experimentar, **hacer experimentos con**: *We will not experiment on animals in testing these products.* No vamos a experimentar con animales en las pruebas de estos productos.

experimental /ɪkˌsperəˈmentl/ *adjetivo*
experimental

expert /ˈekspərt/ *sustantivo & adjetivo*
experto -a: *Paul is an expert in modern art.* Paul es un experto en arte moderno. | *She's an expert skier.* Tiene mucha experiencia esquiando.

explain /ɪkˈspleɪn/ *verbo*
explicar: *Can you explain what this word means?* ¿Puedes explicar lo que significa esta palabra? | *I explained to him why I was mad.* Le expliqué por qué estaba enojado.

explanation /eksplәˈneɪʃən/ *sustantivo*
explicación

explode /ɪkˈsploʊd/ *verbo* (**exploding**, **exploded**)
explotar, **estallar**: *A bomb exploded there last night.* Una bomba explotó allí anoche.

exploration /ekspləˈreɪʃən/ *sustantivo*
exploración: *I read a book about space exploration.* Leí un libro sobre la exploración del espacio.

explore /ɪkˈsplɔr/ *verbo* (**exploring**, **explored**)
explorar

explorer /ɪkˈsplɔrər/ *sustantivo*
explorador -a

explosion /ɪkˈsploʊʒən/ *sustantivo*
explosión: *The explosion damaged three houses.* La explosión dañó tres casas.

explosive /ɪkˈsploʊsɪv/ *adjetivo & sustantivo*
■ *adjetivo*
explosivo -a
■ *sustantivo*
explosivo

E

export¹ /ɪkˈspɔrt/
exportar: *Japan exports cars.* Japón exporta coches.

export² /ˈekspɔrt/ *sustantivo*
exportación: *Fruit is one of our main exports.* La fruta es una de nuestras exportaciones principales.

expose /ɪkˈspoʊz/ *verbo* (**exposing**, **exposed**)
exponer: *You should not expose your skin to the sun.* No deberías exponer la piel al sol.

express /ɪkˈspres/ *verbo & adjetivo*
■ *verbo*
1 expresar: *This is another way of expressing the same idea.* Es otra forma de expresar la misma idea.
2 to express yourself expresarse
■ *adjetivo*
expreso -a, **rápido -a**: *We are taking the express train from Philadelphia to Washington.* Vamos a tomar el tren expreso de Philadelphia a Washington.

expression /ɪkˈspreʃən/ *sustantivo*
1 expresión [verbal]: *You should not use that expression – it's not polite.* No deberías usar esa expresión, es de mala educación.
2 expresión [en la cara]: *She had a sad expression.* Su cara tenía una expresión triste.

extend /ɪkˈstend/ *verbo*
1 extenderse, **llegar**: *The yard extends all the way to the fence.* El jardín llega hasta la cerca.
2 prolongar: *They extended their visit by two days.* Prolongaron su visita dos días.

extension /ɪkˈstenʃən/ *sustantivo*
1 (de una calle, carretera o línea) **prolongación**: *They're building an extension to the subway line.* Están construyendo una prolongación de la línea del metro.
2 (de un edificio) **ampliación**
3 extensión [telefónica]: *What's your extension number?* ¿Cuál es tu número de extensión?

extensive /ɪkˈstensɪv/ *adjetivo*
extenso -a: *The fire spread over an extensive area.* El fuego se propagó por un área extensa.

extent /ɪkˈstent/ *sustantivo*
alcance, **extensión**: *What was the extent of the damage?* ¿Cuál fue el alcance de los daños?

exterior /ɪkˈstɪriər/ *adjetivo & sustantivo*
■ *adjetivo*
exterior: *We painted the exterior walls of the house.* Pintamos las paredes exteriores de la casa.
■ *sustantivo*
exterior: *The exterior of the building is glass.* El exterior del edificio es de cristal.

external /ɪkˈstɜrnl/ *adjetivo*
externo -a: *He had no external signs of injury.* No presentaba señales externas de heridas.

extinguish /ɪkˈstɪŋgwɪʃ/ *verbo*
extinguir, **apagar**

extinguisher /ɪkˈstɪŋgwɪʃər/ *sustantivo*
extinguidor

extra /ˈekstrə/ *adjetivo, adverbio & sustantivo*
■ *adjetivo & adverbio*
1 adicional: *I want a large pizza with extra cheese.* Quiero una pizza grande con queso adicional.
2 más: *The car costs extra if you want air conditioning.* El coche cuesta más si quiere aire acondicionado.
■ *sustantivo*
extra: *The computer was very expensive with all the extras.* La computadora salió carísima con todos los extras.

extraordinary /ɪkˈstrɔrdneri/ *adjetivo*
extraordinario -a: *I heard an extraordinary story the other day.* Oí una historia extraordinaria el otro día.

extravagance /ɪkˈstrævəgəns/ *sustantivo*
extravagancia

extravagant /ɪkˈstrævəgənt/ *adjetivo*
1 derrochador -a [persona]: *She's very extravagant; she spends all her money on clothes.* Es muy derrochadora: gasta todo su dinero en ropa.
2 extravagante [decoración]

extreme /ɪkˈstrim/ *adjetivo*
extremo -a

extremely /ɪkˈstrimli/ *adverbio*
sumamente: *I am extremely grateful for your help.* Te estoy sumamente agradecido

por tu ayuda. | *She was extremely sorry.* Lo sintió muchísimo.

eye /aɪ/ *sustantivo*

1 ojo: *I have green eyes.* Tengo ojos verdes.
2 to keep an eye on something or someone echar un ojo a algo o a alguien: *Can you keep an eye on my house while I'm gone?* ¿Le puedes echar un ojo a la casa mientras no estoy?
3 in someone's eyes a ojos de alguien: *In her eyes, her brother is perfect.* A sus ojos, su hermano es perfecto.
4 ojo [de una aguja]

eyebrow /ˈaɪbraʊ/ *sustantivo*

ceja

eyelash /ˈaɪlæʃ/ *sustantivo* (plural **eyelashes**)

pestaña

eyelid /ˈaɪlɪd/ *sustantivo*

párpado

eyesight /ˈaɪsaɪt/ *sustantivo*

vista: *I think she is losing her eyesight.* Creo que está perdiendo la vista.

F, **f** /ef/ *sustantivo*
F, f: *F for France* F de Francia

F /ef/ *abreviatura*
F (Farenheit)

fable /ˈfeɪbəl/ *sustantivo*
fábula

fabric /ˈfæbrɪk/ *sustantivo*
tela

NOTA: La palabra *fábrica* en español se traduce por **factory** en inglés

fabulous /ˈfæbjələs/ *adjetivo*
fabuloso -a: *You look fabulous tonight.* Te ves fabulosa esta noche.

face /feɪs/ *sustantivo & verbo*
■ *sustantivo*
1 cara
2 carátula [de un reloj]
■ *verbo*
1 dar a: *Our house faces the park.* Nuestra casa da al parque.
2 volverse hacia: *He turned to face me.* Se volvió para mirarme.
3 enfrentar, **hacer frente a**: *I could not face him.* No lo podía enfrentar. | *You must face the fact that you are sick.* Debes hacer frente al hecho de que estás enfermo.

facilities /fəˈsɪlətiz/ *sustantivo plural*
instalaciones: *The university has very good sports facilities.* La universidad tiene muy buenas instalaciones deportivas.

fact /fækt/ *sustantivo*
1 hecho: *You must face the facts.* Tienes que hacer frente a los hechos. | *The book contains a lot of facts about plants.* El libro contiene mucha información sobre las plantas.
2 in fact de hecho, **en realidad**: *I don't know him very well. In fact, I've only spoken with him once.* No lo conozco muy bien. De hecho, sólo he hablado con él una vez.

factory /ˈfæktəri/ *sustantivo* (plural **factories**)
fábrica: *Harry works in a car factory.* Harry trabaja en una fábrica de coches.

fade /feɪd/ *verbo* (**fading**, **faded**)
desteñirse: *If you leave that dress in the sun, it will fade.* Si dejas ese vestido en el sol, se va a desteñir.

Fahrenheit /ˈfærənhaɪt/ *sustantivo*
Fahrenheit: *Water freezes at 32 degrees Fahrenheit.* El agua se congela a 32 grados Fahrenheit.

NOTA: En inglés americano las temperaturas se expresan en grados Fahrenheit (que se suele expresar con la abreviatura F). 32°F equivale a 0° centígrados. 50°F son más o menos 10°C; 60°F, 15°C; 70°F, 21°C; 80°F, 26° C, etc.

fail /feɪl/ *verbo*
1 malograrse, **fallar**: *The crops have failed because of lack of rain.* La siembra se malogró por la falta de lluvia.
2 to fail to do something Indica que no ocurrió algo que se esperaba: *Our flight failed to arrive on time.* Nuestro vuelo no llegó a tiempo.
3 fracasar [intento]
4 reprobar: *I failed my math test.* Reprobé mi examen de matemáticas.

failure /ˈfeɪljər/ *sustantivo*
fracaso: *The plan was a failure.* El plan fue un fracaso.

faint /feɪnt/ *adjetivo & verbo*
■ *adjetivo*
1 débil, **leve** [ruido, voz]
2 ligero -a: *There is a faint hope that she is still alive.* Hay una ligera esperanza de que aún esté viva.
■ *verbo*
desmayarse

fair /fer/ *adjetivo & sustantivo*
■ *adjetivo*
1 imparcial: *I try to be fair to all my children.* Trato de ser imparcial con todos mis hijos.
2 justo -a: *It's not fair – I want one too!* ¡No es justo, yo también quiero uno!
3 limpio -a: *Everyone wants to have a fair election.* Todos quieren tener unas elecciones limpias.
4 aceptable: *His writing is very good, but his speaking is only fair.* Su expresión escrita es muy buena pero su expresión oral es sólo aceptable.
5 güero -a, **rubio -a** [pelo o persona]: *She had blue eyes and fair hair.* Tenía los ojos azules y el pelo güero.
6 blanco -a, **claro -a** [piel]
■ *sustantivo*
feria

fairly /ˈferli/ *adverbio*

1 bastante: *He speaks French fairly well.* Habla francés bastante bien.

2 con justicia, con imparcialidad: *I expect to be treated fairly.* Espero que se me trate con justicia.

fairy /ˈferi/ *sustantivo* (plural **fairies**)

hada

ˈfairy tale *sustantivo*

cuento de hadas

faith /feɪθ/ *sustantivo*

1 confianza, fe: *I have faith in your judgment.* Tengo confianza en tu criterio.

2 fe [creencia]: *her faith in God* su fe en Dios

3 fe [religión]: *He is a member of the Jewish faith.* Es un miembro de la fe judía.

faithful /ˈfeɪθfəl/ *adjetivo*

fiel: *He is a faithful friend. I would trust him with anything.* Es un amigo fiel. Le confiaría cualquier cosa.

fake /feɪk/ *adjetivo*

de imitación, falso -a

fall /fɔl/ *verbo & sustantivo*

■ *verbo* (pasado **fell**, participio **fallen**)

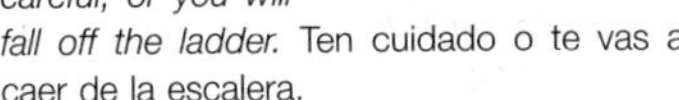

1 caer: *The leaves are falling from the trees.* Las hojas están cayendo de los árboles.

2 caerse: *She fell down the stairs.* Se cayó por las escaleras. | *Be careful, or you will fall off the ladder.* Ten cuidado o te vas a caer de la escalera.

3 bajar: *House prices are falling.* Los precios de las casas están bajando | *The temperature could fall below zero tonight.* La temperatura podría bajar de cero esta noche.

4 caer: *Christmas falls on a Monday this year.* La Navidad cae en lunes este año.

5 to fall apart desbaratarse, deshacerse: *These old shoes are falling apart.* Estos zapatos viejos se están desbaratando.

6 to fall asleep quedarse dormido -a: *I fell asleep in front of the fire.* Me quedé dormida frente a la chimenea.

7 to fall in love enamorarse: *We fell in love in Paris.* Nos enamoramos en París.

8 to fall out caerse [el pelo o un diente]

9 to fall for something tragarse algo [que no es verdad]: *I can't believe she fell for that old story.* No puedo creer que se haya tragado ese viejo cuento.

■ *sustantivo*

1 otoño: *We're getting married in the fall.* Nos vamos a casar en otoño.

2 caída: *He had a bad fall and hurt himself.* Sufrió una caida grave y se lastimó.

3 bajada, caída: *There was a sudden fall in house prices.* Hubo una bajada repentina de los precios de las casas.

fallen /ˈfɔlən/ participio del verbo **fall**

false /fɔls/ *adjetivo*

1 falso -a: *Is this statement true or false?* Esta oración ¿es falsa or verdadera?

2 falso -a [pasaporte, joyas o nombre]

3 postizo -a [dentadura]

fame /feɪm/ *sustantivo*

fama

familiar /fəˈmɪljər/ *adjetivo*

1 conocido -a, familiar: *This song sounds familiar.* Esta canción me suena conocida.

2 to be familiar with something conocer algo, estar familiarizado -a con algo: *Are you familiar with this story?* ¿Conoces este cuento?

family /ˈfæmli/ *sustantivo* (plural **families**)

familia: *There are four boys and two girls in my family.* En mi familia somos cuatro niños y dos niñas.

ˌfamily ˈtree *sustantivo*

árbol genealógico

famine /ˈfæmɪn/ *sustantivo*

hambruna

famous /ˈfeɪməs/ *adjetivo*

famoso -a: *She is a famous writer.* Es una escritora famosa. | *This town is famous for its wine.* Esta ciudad es famosa por su vino.

fan /fæn/ *sustantivo & verbo*

■ *sustantivo*

1 ventilador

2 abanico

3 aficionado -a, fan: *I'm a big fan of his music.* Soy una gran admiradora de su música.

■ *verbo*

abanicar | **to fan yourself abanicarse**: *She was fanning herself with a newspaper.* Se estaba abanicando con un periódico.

fancy /ˈfænsi/ *adjetivo*

elegante, de lujo: *We stayed in a fancy hotel.* Nos quedamos en un hotel elegante.

fantastic /fænˈtæstɪk/ *adjetivo*

fantástico -a: *You look fantastic in that dress.* Te ves fantástica con ese vestido. | *That is a fantastic idea.* Esa es una idea fantástica.

fantasy /ˈfæntəsi/ *sustantivo* (plural **fantasies**)
fantasía

far /fɑr/ *adverbio & adjetivo*
■ *adverbio* (comparative **farther** o **further**, superlative **farthest** o **furthest**)
1 lejos: *Is it very far?* ¿Está muy lejos? | *Let's see who can jump the farthest.* A ver quién brinca más lejos.
2 as far as hasta: *We drove as far as Saltillo.* Manejamos hasta Saltillo.
3 Usado para expresar la idea de *muy* o *demasiado*: *I'm far too tired to go out.* Estoy demasiado cansada para salir.
4 to go too far propasarse: *I know he likes jokes, but this time he has gone too far!* ¡Sé que le gustan las bromas pero esta vez se propasó!
5 so far hasta ahora: *We have not had any problems so far.* Hasta ahora no hemos tenido problemas.
6 so far, so good (todo) bien, hasta ahora: *"How is your new job?" "So far, so good."* –¿Cómo va tu nuevo trabajo? –Bien, hasta ahora.
■ *adjetivo*
Se usa para indicar que algo está en el otro extremo: *The principal's office is at the far end of the corridor.* La oficina del director está al fondo del pasillo. | *The furthest tree is 300 meters away.* El árbol más lejano está a 300 metros.

> **NOTA:** Cuando se habla de distancias, **far** se puede usar en preguntas, en enunciados negativos y después de **too** y **so**: *How far away is your house from here?* ¿Qué tan lejos está tu casa de aquí? | *We didn't want to go very far.* No queríamos ir muy lejos. | *It's too far to walk.* Es demasiado lejos para ir a pie.
> En el resto de oraciones afirmativas, es más normal usar **a long way** *It's a long way from the school to my house.* Mi casa está lejos de la escuela.

fare /fer/ *sustantivo*
1 (de camión, tren y avión) **boleto**
2 (de taxi) **dejada**

farm /fɑrm/ *sustantivo*
granja, hacienda

farmer /ˈfɑrmər/ *sustantivo*
agricultor -a, granjero -a

farmhouse /ˈfɑrmhaʊs/ *sustantivo*
granja [la casa]

farming /ˈfɑrmɪŋ/ *sustantivo*
1 agricultura
2 cultivo [de la tierra]
3 cría [de animales]

farmyard /ˈfɑrmjɑrd/ *sustantivo*
corral

farther /ˈfɑrðər/ forma comparativa de **far**

farthest /ˈfɑrðəst/ forma superlativa de **far**

fascinate /ˈfæsəneɪt/ *verbo* (**fascinating, fascinated**)
fascinar

fascination /fæsəˈneɪʃən/ *sustantivo*
fascinación

fashion /ˈfæʃən/ *sustantivo*
1 moda: *She always buys the newest fashions.* Siempre compra ropa de última moda.
2 in fashion de moda: *Short skirts are in fashion this year.* Las faldas cortas están de moda este año.
3 out of fashion pasado -a de moda

fashionable /ˈfæʃənəbəl/ *adjetivo*
a la moda: *fashionable suits* trajes a la moda

fast /fæst/ *adjetivo, adverbio & verbo*
■ *adjetivo*
1 rápido -a: *He is very fast.* Es muy rápido. | *What is the fastest way to get to the airport?* ¿Cuál es el camino más rápido para llegar al aeropuerto?
2 adelantado -a: *I think my watch is fast.* Creo que mi reloj está adelantado.
■ *adverbio*
1 rápido: *He likes driving fast.* Le gusta manejar rápido.
2 rápido: *You are learning fast.* Estás aprendiendo rápido.
3 fast asleep profundamente dormido -a
■ *verbo*
ayunar

fasten /ˈfæsən/ *verbo*
abrochar, amarrar: *Fasten your seat belts, please.* Abróchense el cinturón de seguridad, por favor.

fastener /ˈfæsənər/ *sustantivo*
cierre

ˈfast food *sustantivo*
comida rápida

fat /fæt/ *adjetivo & sustantivo*
■ *adjetivo* (**fatter, fattest**)
1 gordo -a: *She's gotten very fat.* Se ha puesto muy gorda.
2 grueso -a, gordo -a [libro, etc.]

■ *sustantivo*

1 grasa: *I buy meat that is low in fat.* Compro carne con poca grasa.

2 grasa [en personas]

fatal /ˈfeɪtl/ *adjetivo*

mortal: *She was in a fatal car accident.* Sufrió un accidente mortal.

fatally /ˈfeɪtl-i/ *adverbio*

mortalmente: *He was fatally injured.* Estaba mortalmente herido.

fate /feɪt/ *sustantivo*

1 destino: *I believe fate brought us together.* Creo que el destino nos unió.

2 suerte: *The fate of the children is unknown.* No se conoce qué suerte sufrieron los niños.

father /ˈfɑðər/ *sustantivo*

padre, **papá**

ˈfather-in-ˌlaw *sustantivo* (plural **fathers-in-law**)

suegro

faucet /ˈfɔsət/ *sustantivo*

llave [del agua]

fault /fɔlt/ *sustantivo*

1 culpa: *I'm sorry – it's all my fault.* Lo siento, todo fue culpa mía.

2 falla, **defecto**: *There is a fault in the engine.* Hay una falla en el motor.

faultless /ˈfɔltləs/ *adjetivo*

perfecto -a, **impecable**, **intachable**: *His performance was faultless.* Tuvo una actuación perfecta.

faulty /ˈfɔlti/ *adjetivo*

defectuoso -a: *We have a faulty connection in the telephone.* Tenemos una conexión defectuosa en el teléfono.

favor /ˈfeɪvər/ *sustantivo*

1 favor: *Can I ask you a favor?* ¿Te puedo pedir un favor? | *Will you do me a favor and help me lift this?* ¿Me puedes hacer el favor de ayudarme a levantar esto?

2 to be in favor of estar a favor de: *Are you in favor of changing the law?* ¿Estás a favor de que cambie la ley?

favorable /ˈfeɪvərəbəl/ *adjetivo*

favorable

favorite /ˈfeɪvrət/ *adjetivo & sustantivo*

■ *adjetivo*

favorito -a: *Orange is my favorite color.* El naranja es mi color favorito.

■ *sustantivo*

favorito -a: *Which book is your favorite?* ¿Cuál es tu libro favorito?

fax /fæks/ *sustantivo* (plural **faxes**)

fax

fear /fɪr/ *sustantivo & verbo*

■ *sustantivo*

1 miedo, **temor**: *He was shaking with fear.* Temblaba de miedo. | *I have a fear of snakes.* Les tengo miedo a las víboras.

2 temor: *You cannot live in fear.* No se puede vivir con temor.

■ *verbo*

1 tener miedo de, **temer**: *What do you fear most of all?* ¿A qué le tienes más miedo?

2 temer: *Many parents fear for their children's safety.* Muchos padres temen por la seguridad de sus hijos.

fearful /ˈfɪrfəl/ *adjetivo*

temeroso -a, **miedoso -a** | **to be fearful of something tener miedo de algo**: *Everyone is fearful of getting the disease.* Todos tienen miedo de contraer la enfermedad.

fearless /ˈfɪrləs/ *adjetivo*

intrépido -a, **audaz**

feast /fist/ *sustantivo*

banquete, **festín**

feather /ˈfeðər/ *sustantivo*

pluma [de ave]

feature /ˈfitʃər/ *sustantivo*

1 característica, **rasgo**

2 faccin, **rasgo**

February /ˈfebjueri/ *sustantivo*

febrero

fed /fed/ pasado y participio del verbo **feed**

federal /ˈfedərəl/ *adjetivo*

federal

ˌfed ˈup *adjetivo*

harto -a: *I'm fed up with staying at home all day.* Estoy harta de estar en casa todo el día.

fee /fi/ *sustantivo*

honorarios [de un profesionista]

feeble /ˈfibəl/ *adjetivo*

débil: *His voice sounded feeble.* Su voz sonaba débil.

F

feed /fid/ *verbo* (gerundio **feeding**, pasado y participio **fed**)
dar de comer a: *Have you fed the cat?* ¿Ya le diste de comer al gato?

feel /fil/ *verbo* (gerundio **feeling**, pasado y participio **felt**)
1 sentirse ► El uso de **to feel** es más amplio que el de *sentirse*: *She felt very sad.* Se sentía muy triste. | *I feel very happy for you.* Estoy muy contenta por ti. | *Do you feel cold?* ¿Tienes frío?
2 tocar, **palpar**: *Feel this cloth – it's so smooth.* Toca esta tela: es tan suave.
3 sentir: *I felt a bug on my arm.* Sentí un bicho en el brazo.
4 creer, **opinar**: *I just feel this is unfair.* Yo opino que esto no es justo.
5 to feel like something tener ganas de algo: *I feel like getting something to eat.* Tengo ganas de comer algo.

feeling /ˈfilɪŋ/ *sustantivo*
1 sentimiento: *You have to deal with your feelings of anger.* Tienes que hacer frente a tus sentimientos de ira.
2 sensación: *I have a feeling she is not being honest with me.* Tengo la sensación de que no está siendo sincera conmigo.
3 to hurt someone's feelings herir los sentimientos de alguien

feet /fit/ plural de **foot**
1 to be on your feet estar de pie, **estar parado -a**: *I've been on my feet all day.* He estado de pie todo el día.
2 to put your feet up descansar

fell /fel/ pasado del verbo **fall**

fellow /ˈfeloʊ/ *sustantivo & adjetivo*
■ *sustantivo*
hombre, **tipo**
■ *adjetivo*
Indica que un estudiante, un trabajador, etc. pertenece al mismo grupo, trabaja en la misma empresa, etc.: *He likes his fellow students.* Le caen bien sus compañeros de estudios.

felt /felt/ pasado y participio del verbo **feel**

ˌfelt tip ˈpen *sustantivo*
plumón, **marcador**

female /ˈfimeɪl/ *adjetivo & sustantivo*
■ *adjetivo*
1 femenino -a [rasgo, órgano, etc.]: *a female voice* una voz femenina
2 Aplicado a animales: *a female giraffe* una jirafa hembra
3 Se aplica a personas cuando se quiere especificar el sexo. En estos casos, en español suele haber una forma femenina: *my female colleagues* mis compañeras de trabajo | *a female teacher* una profesora
■ *sustantivo*
1 (animales y plantas) **hembra**
2 (persona) **mujer**

feminine /ˈfemənɪn/ *adjetivo*
1 femenino -a [ropa, etc.]
2 femenino -a [en gramática]

feminism /ˈfemənɪzəm/ *sustantivo*
feminismo

femur /ˈfimər/ *sustantivo*
fémur

fence /fens/ *sustantivo*
cerca, **cerco**

fender /ˈfendər/ *sustantivo*
salpicadera

fern /fɜrn/ *sustantivo*
helecho

ferocious /fəˈroʊʃəs/ *adjetivo*
bravo -a, **feroz**: *a ferocious animal* un animal feroz

ferry /ˈferi/ *sustantivo* (plural **ferries**)
transbordador, **panga**

fertile /ˈfɜrtl/ *adjetivo*
fértil: *His farm is on fertile land.* Su rancho está en tierra fértil.

fertilizer /ˈfɜrtlaɪzər/ *sustantivo*
fertilizante, **abono**

festival /ˈfestəvəl/ *sustantivo*
1 festival: *We went to a music festival.* Fuimos a un festival de música.
2 fiesta, **festividad**

fetch /fetʃ/ *verbo*
traer, **ir a buscar**, **ir por**: *The dog fetched the stick that I threw.* El perro me trajo el palo que aventé.

fete /feɪt/ *sustantivo*
kermesse

fever /ˈfivər/ *sustantivo*
calentura, **fiebre**: *I have a fever.* Tengo calentura.

few /fju/ *adjetivo*
1 pocos -as: *He has few friends.* Tiene pocos amigos. | *Few people would agree with you.* Pocos estarían de acuerdo contigo.
2 a few Dependiendo del contexto, puede equivaler a *unos/unas*, *algunos -as*, *unos cuantos/unas cuantas* etc.: *Can I ask you a few questions?* ¿Le puedo hacer unas preguntas? | *We'll wait a few more minutes.* Vamos a esperar unos cuantos minutos más.

3 quite a few bastante(s): *There were quite a few people at the party.* Había bastante gente en la fiesta.

fiancé /fiɑnˈseɪ/ *sustantivo*
prometido, **novio**

fiancée /fiɑnˈseɪ/ *sustantivo*
prometida, **novia**

fib /fɪb/ *sustantivo*
mentirilla: *Are you telling a fib?* ¿Estás diciendo una mentirilla?

fiber /ˈfaɪbər/ *sustantivo*
fibra

fibula /ˈfɪbjələ/ *sustantivo*
peroné

fiction /ˈfɪkʃən/ *sustantivo*
ficción

fictional /ˈfɪkʃənəl/ *adjetivo*
ficticio -a: *They're just fictional characters.* Sólo son personajes ficticios.

field /fild/ *sustantivo*
campo: *I see a field of wheat.* Veo un campo de trigo. | *Meet me at the soccer field.* Nos vemos en el campo de futbol.

fierce /fɪrs/ *adjetivo*
feroz, **bravo -a**: *Some fierce dogs guarded the house.* Unos perros feroces cuidaban la casa.

fifteen /fɪfˈtin/ *número*
quince

fifteenth /fɪfˈtinθ/ *número*
1 quinceavo -a [parte]
2 decimoquinto -a [en orden]
3 quince: *December fifteenth* el quince de diciembre

fifth /fɪfθ/ *número*
1 quinto -a [parte]
2 quinto (lugar) [en orden]
3 cinco: *January fifth* el cinco de enero

fifty /ˈfɪfti/ *número*
cincuenta

fig /fɪg/ *sustantivo*
higo

fight /faɪt/ *verbo & sustantivo*
■ *verbo* (gerundio **fighting**, past tense and present participle **fought**)
1 combatir, **luchar**: *He fought in the Korean War.* Combatió en la Guerra de Corea.
2 pelear: *The kids are fighting again.* Los niños se están peleando otra vez.
3 luchar contra: *The gladiators fought the lions.* Los gladiadores lucharon contra los leones.
■ *sustantivo*
1 pleito, **pelea**: *The two boys had a fight.* Los dos muchachos tuvieron un pleito.
2 contienda, **lucha**

figure /ˈfɪgjər/ *sustantivo*
figura: *I saw a tall figure near the door.* Vi una figura alta cerca de la puerta. | *She has a great figure.* Tiene una figura increíble.

file /faɪl/ *sustantivo & verbo*
■ *sustantivo*
1 carpeta
2 archivo
3 lima [para limar asperezas]
■ *verbo*
1 archivar: *Can you file these reports, please?* ¿Puede archivar estos reportes, por favor?
2 limar
3 ir en fila: *The children filed into the classroom.* Los niños entraron al salón en una fila.

ˈfile ˌcabinet *sustantivo*
archivero

Filipino /fɪləˈpinoʊ/ *adjetivo & sustantivo*
filipino -a

fill /fɪl/ *verbo*
1 llenar: *I filled the glass with water.* Llené el vaso de agua. | *The room was filled with smoke.* El cuarto se había llenado de humo.
2 to fill something in rellenar algo, **llenar algo** [una forma o un cuestionario]: *Fill in the answers to these questions.* Rellena las respuestas a esta preguntas.
3 to fill something up llenar algo: *Did you fill up the car with gas?* ¿Llenaste el tanque de la gasolina?
4 rellenar [un hueco]

filling /ˈfɪlɪŋ/ *sustantivo*
empaste, **tapadura** [en un diente o muela]

film /fɪlm/ *sustantivo & verbo*
■ *sustantivo*
1 rollo [para cámara]
2 película
■ *verbo*
filmar: *The movie was filmed in Mexico.* La película se filmó en México.

filmmaker, **film maker** /ˈfɪlmˌmeɪkər/ *sustantivo*
cineasta

ˈfilm star *sustantivo*
estrella de cine

filter /ˈfɪltər/ *sustantivo & verbo*
■ *sustantivo*
filtro: *a water filter* un filtro de agua
■ *verbo*
filtrar: *filtered drinking water* agua potable filtrada

F

filthy /ˈfɪlθi/ *adjetivo* (**filthier**, **filthiest**)
mugroso -a: *His clothes are filthy.* Su ropa está mugrosa.

fin /fɪn/ *sustantivo*
aleta

final /ˈfaɪnl/ *adjetivo & sustantivo*
■ *adjetivo*
1 último -a: *Did you read the final part of the story?* ¿Leíste la última parte de la historia?
2 definitivo -a, **final**: *That is my decision, and it is final.* Ésa es mi decisión y es definitiva.
■ *sustantivo*
final [de un acontecimiento deportivo]

finally /ˈfaɪnl-i/ *adverbio*
1 finalmente: *We finally left after waiting for two hours.* Finalmente nos fuimos después de esperar dos horas.
2 por último: *Finally, I want to thank Betty for all her help.* Por último, quiero agradecer a Betty toda su ayuda.

finance /fəˈnæns, ˈfaɪnæns/ *sustantivo & verbo*
■ *sustantivo*
finanzas
■ *verbo*
financiar

financial /fəˈnænʃəl/ *adjetivo*
financiero -a

find /faɪnd/ *verbo* (gerundio **finding**, pasado y participio **found**)
1 encontrar: *I can't find my keys.* No encuentro las llaves. | *Have you found a job yet?* ¿Ya encontraste trabajo?
2 encontrar, **descubrir**: *I want to find the answer to her question.* Quiero encontrar la respuesta a su pregunta.
3 to find someone guilty declarar a alguien culpable: *The court found him guilty of murder.* La corte lo declaró culpable.
4 to find something out descubrir: *She will find out the truth sooner or later.* Va a descubrir la verdad algún día.
5 to be found encontrarse: *This type of bear is found only in China.* Este tipo de oso sólo se encuentra en China.

fine /faɪn/ *adjetivo, sustantivo & verbo*
■ *adjetivo*
1 selecto -a, **de primera calidad**: *fine chocolates* chocolates selectos
2 bien: *"How is your meal?" "Fine, thanks."* –¿Cómo está tu comida? –Bien, gracias.
3 muy bien: *"How do you feel?" "Fine."* –¿Cómo te sientes? –Muy bien.
4 fino -a, **delgado -a**: *The painting has fine lines of blue in it.* El cuadro tiene finas pinceladas azules.
■ *sustantivo*
multa
■ *verbo*
poner una multa a, **multar**: *Robert was fined $50 for driving too fast.* A Robert le pusieron una multa de $50 por manejar con exceso de velocidad.

finger /ˈfɪŋgər/ *sustantivo*
dedo [de la mano]

fingernail /ˈfɪŋgərneɪl/ *sustantivo*
uña [de un dedo de la mano]

fingerprint /ˈfɪŋgərprɪnt/ *sustantivo*
huella digital

fingertip /ˈfɪŋgərtɪp/ *sustantivo*
punta del dedo [de la mano]

finish /ˈfɪnɪʃ/ *verbo & sustantivo*
■ *verbo*
1 terminar, **acabar**: *The game finished at four o'clock.* El juego terminó a las cuatro.
2 terminar, **acabar**: *Finish your dinner, and then you can watch television.* Termina de cenar y luego puedes ver la televisión.
3 to finish something off acabar algo, **terminar algo**: *I'm just finishing off the last of the cake.* Me estoy acabando lo que quedó del pastel.
■ *sustantivo*
final: *It was a very close finish.* Fue un final muy reñido.

finished /ˈfɪnɪʃt/ *adjetivo*
to be finished terminar, **acabar**: *Are you finished with the scissors?* ¿Ya terminaste con las tijeras?

fir /fɜr/ *sustantivo*
abeto

ˈfir cone *sustantivo*
piña [de abeto]

fire /faɪr/ *sustantivo & verbo*
■ *sustantivo*
1 fuego: *the discovery of fire* el descubrimiento del fuego
2 incendio: *The fire destroyed our house.* El incendio destruyó nuestra casa.
3 fuego: *I like to sit in front of the fire.* Me gusta sentarme enfrente del fuego.
4 to catch fire prender fuego, **encenderse**
5 on fire en llamas: *The house is on fire.* La casa está en llamas.
6 to set fire to something prender fuego a algo

■ *verbo*
1 disparar
2 despedir [de un trabajo]: *Four people were fired last week.* Despidieron a cuatro personas la semana pasada.

'fire a,larm *sustantivo*
alarma contra incendios

'fire de,partment *sustantivo*
cuerpo de bomberos

'fire ,engine *sustantivo*
camión de bomberos

'fire es,cape *sustantivo*
escalera de incendios

'fire ex,tinguisher *sustantivo*
extinguidor

firefighter /ˈfaɪrfaɪtər/ *sustantivo*
bombero -a

firefly /ˈfaɪrflaɪ/ *sustantivo* (plural **fireflies**)
luciérnaga

fireman /ˈfaɪrmən/ *sustantivo* (plural **firemen** /-mən/)
bombero

fireplace /ˈfaɪrpleɪs/ *sustantivo*
chimenea

'fire ,station *sustantivo*
estación de bomberos

firewood /ˈfaɪrwʊd/ *sustantivo*
leña

fireworks /ˈfaɪrwɜrks/ *sustantivo plural*
fuegos artificiales

fireworks

firm /fɜrm/ *adjetivo & sustantivo*
■ *adjetivo*
1 firme, duro -a: *I need a firm bed to sleep on.* Necesito una cama dura para dormir.
2 firme: *The government kept firm control over the military.* El gobierno mantuvo un firme control sobre los militares.
■ *sustantivo*
empresa, compañía: *He started his firm two years ago.* Fundó su empresa hace dos años. | *a law firm* un bufete de abogados

firmly /fɜrmli/ *adverbio*
con firmeza, firmemente: *She told him firmly that he must wait.* Le dijo con firmeza que debía esperar.

first /fɜrst/ *adjetivo*
1 primer, primero -a: *It's his first year at school.* Es su primer año en la escuela. | *Who wants to go first?* ¿Quién quiere ir primero?
2 first of all antes que nada, en primer lugar, primero: *First of all, can you tell me your name?* Antes que nada, ¿cómo se llama? | *First of all we had dinner, then we went to a movie, and then we went home.* Primero cenamos, después fuimos al cine y después nos fuimos a la casa.
3 at first al principio: *At first I didn't enjoy my job, but now I like it.* Al principio no me gustaba mi trabajo pero ahora sí.

,first 'aid *sustantivo*
primeros auxilios

,first 'aid ,kit *sustantivo*
botiquín de primeros auxilios

,first 'class *adjetivo*
de primera clase: *He bought a first-class plane ticket.* Compró un boleto de avión de primera clase.

firstly /ˈfɜrstli/ *adverbio*
en primer lugar, primeramente: *Firstly, let me thank everyone for coming here this evening.* En primer lugar, permítanme darles las gracias a todos los que están aquí esta noche.

'first name *sustantivo*
nombre de pila

fish /fɪʃ/ *sustantivo & verbo*
■ *sustantivo*
1 (plural **fish** o **fishes**) **pez**: *a tropical fish* un pez tropical
2 pescado: *I had fish and salad.* Comí pescado y ensalada.
■ *verbo*
pescar | **to go fishing ir a pescar, ir de pesca**

fisherman /ˈfɪʃərmən/ *sustantivo* (plural **fishermen** /-mən/)
pescador

fishing /ˈfɪʃɪŋ/ *sustantivo*
pesca

'fishing rod *sustantivo*
caña de pescar

fist /fɪst/ *sustantivo*
puño: *He hit me with his fist.* Me golpeó con el puño.

F

fit /fɪt/ *verbo & adjetivo*
■ *verbo* (present tense **fitting**, pasado **fitted** o **fit**)
1 quedar [la ropa]: *His pants don't fit him.* Los pantalones no le quedan. | *The jacket fits perfectly.* La chaqueta le queda perfectamente.
2 meter en: *We can't fit any more people in the car.* No podemos meter más gente en el coche.
3 to fit in integrarse, **encajar**: *The new students had a difficult time fitting in.* A los nuevos alumnos les costó trabajo integrarse.
■ *adjetivo*
1 en forma: *I want to get physically fit.* Quiero ponerme en buena forma.
2 apto -a: *This food is not fit for people.* Esta comida no es apta para el consumo humano.

five /faɪv/ *número*
cinco

fizz /fɪz/ *sustantivo*
gas, **efervescencia**: *The soda in the fridge has lost its fizz.* El refresco en el refrigerador ya no tiene gas.

fizzy /ˈfɪzi/ *adjetivo* (**fizzier**, **fizziest**)
efervescente

flag /flæg/ *sustantivo*
bandera

flagpole /ˈflægpoʊl/ *sustantivo*
astabandera

flake /fleɪk/ *sustantivo*
1 (de nieve) **copo**
2 (de cereal) **hojuela**
3 (de piel) **pellejo**

flame /fleɪm/ *sustantivo*
1 llama
2 in flames en llamas: *The house was in flames.* La casa estaba envuelta en llamas.

flamingo /fləˈmɪŋgoʊ/ *sustantivo* (plural **flamingoes**)
flamenco [ave]

flap /flæp/ *verbo & sustantivo*
■ *verbo* (**flapping**, **flapped**)
agitar, **batir** [alas]: *The bird flapped its wings.* El pájaro batió las alas.
■ *sustantivo*
solapa: *I tore the flap on my shirt pocket.* Desgarré la solapa de la bolsa de la camisa.

flash /flæʃ/ *sustantivo & verbo*
■ *sustantivo* (plural **flashes**)
1 destello | **a flash of lightning un relámpago**
2 flash [en fotografía]
3 in a flash en un dos por tres: *We'll be there in a flash.* Estaremos allí en un dos por tres.
■ *verbo*
destellar, **relampaguear**

ˈflash drive *sustantivo*
unidad flash, **flash drive**

flashlight /ˈflæʃlaɪt/ *sustantivo*
linterna

flat /flæt/ *adjetivo* (**flatter**, **flattest**)
1 plano -a: *The house has a flat roof.* La casa tiene un techo plano.
2 ponchado -a: *We have a flat tire.* Tenemos una llanta ponchada.

flat tire

I think we have a flat tire!

ˈflat screen *sustantivo*
pantalla plana

flatten /ˈflætn/ *verbo*
aplanar: *The heavy rain flattened the corn.* La fuerte lluvia aplanó el maíz.

flatter /ˈflætər/ *verbo*
halagar, **adular**

flattery /ˈflætəri/ *sustantivo*
halagos, **adulación**

flavor /ˈfleɪvər/ *sustantivo*
sabor: *They have 39 flavors of ice cream!* ¡Tienen 39 sabores de helado!

flea /fli/ *sustantivo*
pulga

flee /fli/ *verbo* (gerundio **fleeing**, pasado y participio **fled** /fled/)
huir

fleece /flis/ *sustantivo*
lana, piel de cordero

fleet /flit/ *sustantivo*
flota: *A fleet of ships.* Una flota de barcos.

flesh /fleʃ/ *sustantivo*
(de humano o animal) **carne**

flew /flu/ pasado de **fly**

flexible /ˈfleksəbəl/ *adjetivo*
flexible

flight /flaɪt/ *sustantivo*
1 vuelo: *When is the next flight to New York?* ¿A qué hora es el próximo vuelo a Nueva York?
2 a flight of stairs un tramo de escaleras

ˈflight atˌtendant *sustantivo*
sobrecargo

fling /flɪŋ/ *verbo* (gerundio **flinging**, pasado y participio **flung**)
aventar, **echar**: *She flung her arms around his neck.* Le echó los brazos al cuello.

flip /flɪp/ *verbo* (**flipping**, **flipped**)
voltear [con un movimiento rápido]: *Flip the tortilla over before it gets burnt.* Voltea la tortilla antes de que se queme. | *Can you flip that switch for me?* ¿Puedes prenderle al switch, por favor? | **to flip a coin echar un volado**

flip

He flipped a coin.

flipper /ˈflɪpər/ *sustantivo*
aleta

ˈflip phone *sustantivo*
celular con tapa, **celular (tipo) flip**

flirt /flɜrt/ *verbo*
coquetear: *He flirts with all the women.* Les coquetea a todas las mujeres.

float /floʊt/ *verbo*
flotar

float

He's floating on a swim ring in the sea.

flock /flɑk/ *sustantivo*
1 rebaño
2 bandada [de pájaros]

flood /flʌd/ *sustantivo & verbo*
■ *sustantivo*
inundación: *The floods destroyed many homes.* Las inundaciones destruyeron muchas casas.
■ *verbo*
inundar: *The river flooded the fields.* El río inundó los campos.

floodlight /ˈflʌdlaɪt/ *sustantivo*
reflector

floor /flɔr/ *sustantivo*
1 (de una habitación) **piso**, **suelo**: *The room has a beautiful wooden floor.* El cuarto tiene un hermoso piso de madera.
2 (de un edificio) **piso**: *We live on the third floor.* Vivimos en el tercer piso.

floorboard /ˈflɔrbɔrd/ *sustantivo*
duela

ˌfloppy ˈdisk *sustantivo*
disquete, **disco blando**

florist /ˈflɔrɪst/ *sustantivo*
florista

flour /flaʊr/ *sustantivo*
harina

flourish /ˈflɜrɪʃ/ *verbo*
florecer

flow /floʊ/ *verbo & sustantivo*
■ *verbo*
fluir, **correr** [río, etc.]
■ *sustantivo*
flujo: *The flow of cars through the city never stops.* El flujo de coches por la ciudad nunca para.

flower /ˈflaʊər/ *sustantivo*
flor

flowerbed /ˈflaʊərbed/ *sustantivo*
arriate [área donde crecen flores]

flowered /ˈflaʊərd/ *adjetivo*
floreado -a: *a flowered shirt* una camisa floreada

flowerpot /ˈflaʊərpɑt/ *sustantivo*
maceta

flown /floʊn/ participio del verbo **fly**

flu /flu/ *sustantivo*
the flu gripa, **gripe**

fluent /ˈfluənt/ *adjetivo*
fluido -a ► Se suele usar el sustantivo *fluidez*: *He speaks fluent English.* Habla inglés con mucha fluidez.

fluff /flʌf/ *sustantivo*
pelusa

fluid /ˈfluɪd/ *sustantivo & adjetivo*
■ *sustantivo*
fluido, **líquido**

■ *adjetivo*
fluido -a

flung /flʌŋ/ pasado y participio del verbo **fling**

flush /flʌʃ/ *verbo*
1 jalarle al escusado
2 ponerse rojo -a: *His face flushed with anger.* Se puso rojo de coraje.

flute /flut/ *sustantivo*
flauta

flutter /ˈflʌtər/ *verbo*
1 (refiriéndose a alas) **aletear**, **revolotear**
2 (refiriéndose a banderas) **ondear**: *The flag fluttered in the wind.* La bandera ondeaba al viento.

fly /flaɪ/ *verbo & sustantivo*
■ *verbo* (gerundio **flying**, pasado **flew**, participio **flown**)
1 volar: *The plane flew from Paris to Rome.* El avión voló de París a Roma.
2 ir volando [correr]: *She flew out of the house.* Salió volando de la casa.
3 volar [pilotear un avión]: *Kathy is learning to fly.* Kathy está aprendiendo a volar.
■ *sustantivo* (plural **flies**)
mosca

ˌflying ˈsaucer *sustantivo*
platillo volador

foal /foʊl/ *sustantivo*
potro

foam /foʊm/ *sustantivo*
espuma

fog /fɑg/ *sustantivo*
niebla

foggy /ˈfɑgi/ *adjetivo* (**foggier**, **foggiest**)
Significa "con niebla". No hay un adjetivo equivalente en español. Se tiene que usar el sustantivo *niebla*: *It's a very foggy morning.* Hay mucha niebla esta mañana.

fold /foʊld/ *verbo & sustantivo*
■ *verbo*
1 (refiriéndose a tela o papel) **doblar**: *He folded his shirts and put them away.* Dobló sus camisas y las guardó.
2 to fold your arms cruzar los brazos
3 (refiriéndose a una mesa, silla, etc.) **doblar**, **desarmar**: *Fold up the chairs when you are done.* Desarmen las sillas cuando terminen.
■ *sustantivo*
doblez, **pliegue**

folder /ˈfoʊldər/ *sustantivo*
fólder, **carpeta**

folk /foʊk/ *adjetivo*
folclórico -a, **folklórico -a**: *I like folk music.* Me gusta la música folclórica.

folks /foʊks/ *sustantivo plural*
1 jefes, **papás**: *Have you met my folks?* ¿Conoces a mis jefes?
2 familia
3 gente

follow /ˈfɑloʊ/ *verbo*
1 seguir: *Follow me. I will show you where she is.* Sígueme. Te voy a enseñar dónde está. | *He left the room and I followed.* Salió del cuarto y yo salí tras él.
2 seguir: *Follow the road as far as the church.* Sigue la calle hasta la iglesia.
3 (para indicar secuencia) **seguir**: *I heard a shout followed by a loud crash.* Oí un grito seguido de un fuerte ruido.
4 entender, **comprender**: *I'm sorry, I don't follow you.* Perdona, no entiendo lo que dices.
5 seguir [indicaciones]: *Did you follow the instructions on the box?* ¿Seguiste las instrucciones del paquete?
6 to follow in someone's footsteps seguir los pasos de alguien: *He followed in his father's footsteps and became a doctor.* Siguió los pasos de su padre y se hizo médico.

following /ˈfɑloʊɪŋ/ *adjetivo*
the following day/week/year etc. el día/semana/año siguiente etc.: *We leave on Friday and return the following Monday.* Nos vamos el viernes y regresamos el lunes siguiente.

fond /fɑnd/ *adjetivo*
to be fond of someone tenerle cariño a alguien: *I'm very fond of him.* Le tengo mucho cariño. | **to be fond of something gustarle a uno algo**: *Sam's not fond of country music.* A Sam no le gusta la música country.

food /fud/ *sustantivo*
comida, **alimentos**: *There's plenty of food for everyone.* Hay más que suficiente comida para todos.

ˈfood miles *sustantivo*
kilometraje de los alimentos [distancia que recorren los alimentos desde el lugar en que se los produce hasta que se los sirve en la mesa]

fool /ful/ *sustantivo & verbo*
■ *sustantivo*
1 tonto -a
2 to make a fool of yourself hacer el ridículo

■ *verbo*

1 engañar: *He fooled me into giving him money.* Me engañó y le di dinero.

2 to fool around hacer payasadas: *Stop fooling around!* ¡Deja de hacer payasadas! | *We spent the day fooling around on the beach.* Nos pasamos el día jugando en la playa.

foolish /ˈfuːlɪʃ/ *adjetivo*

tonto -a

foot /fʊt/ *sustantivo* (plural **feet**)

1 (de una persona) **pie**

2 (de un animal) **pata**

3 (de una montaña o página) **pie**: *We waited at the foot of the hill.* Esperamos al pie de la colina.

4 (medida de longitud) **pie**: *Mike is six feet tall.* Mike mide seis pies.

5 on foot a pie: *They made their way into town on foot.* Fueron al pueblo a pie.

> **NOTA:** En inglés, para hablar de la altura de las personas y para expresar medidas de longitud, se usan las unidades **feet** (pies) e **inches** (pulgadas). Un pie equivale a unos 30 centímetros y está dividido en doce pulgadas; es decir, una pulgada equivale a unos 2.5 centímetros.
> Para darte una idea, seis pies equivale más o menos a 1.80m, cinco pies siete pulgadas, a 1.70m, y cinco pies cinco pulgadas a 1.62m.

football /ˈfʊtbɔl/ *sustantivo*

1 futbol americano

2 BrE **futbol**

3 balón de futbol o de futbol americano

footprint /ˈfʊtprɪnt/ *sustantivo*

huella

footstep /ˈfʊtstep/ *sustantivo*

paso: *I heard footsteps behind me.* Oí pasos atrás de mí.

for /fɔr/ *preposición*

1 (para indicar cuánto tiempo) **por** ▶ pero a menudo la preposición se omite en español: *She has lived here for many years.* Ha vivido aquí muchos años. | *I waited for three hours.* Esperé tres horas. ▶ compara con **since**

2 (para indicar tiempo límite) **para**: *We'll be home for Christmas.* Estaremos en casa para Navidad.

3 (para indicar el destinatario) **para**: *I have a present for you.* Tengo un regalo para ti.

4 (para indicar el objetivo) **para**: *This knife is for cutting vegetables.* Este cuchillo es para cortar verduras.

5 (para indicar movimiento hacia un lugar) *The train was heading for Seattle.* El tren se dirigía a Seattle.

6 (para indicar qué tan lejos) *He ran for miles.* Corrió millas y millas.

7 (para indicar el precio) **por**: *She bought the dress for $50.* Compró el vestido por $50.

8 a favor de: *The government is for the plan.* El gobierno está a favor del plan.

9 (para indicar la razón) **por**: *They were punished for their bad behavior.* Los castigaron por portarse mal.

10 Cuando equivale a "que significa", se suele traducir por *se dice*: *What is the word for "tree" in French?* ¿Cómo se dice "árbol" en francés?

forbid /fərˈbɪd/ *verbo* (gerundio **forbidding**, pasado **forbade** /fərˈbæd/, participio **forbidden** /fərˈbɪdn/)

prohibir: *I forbid you to go there again!* ¡Te prohíbo que vuelvas ahí!

force /fɔrs/ *verbo & sustantivo*

■ *verbo* (**forcing**, **forced**)

1 forzar, **obligar**: *Bad health forced me to quit my job.* La mala salud me forzó a dejar mi trabajo.

2 forzar: *He had to force the door open.* Tuvo que forzar la puerta para abrirla.

■ *sustantivo*

1 impacto, **fuerza**: *The force of the explosion threw me to the ground.* El impacto de la explosión me tiró al suelo.

2 (violencia) **fuerza**

3 the armed forces las fuerzas armadas

forecast /ˈfɔrkæst/ *sustantivo*

pronóstico: *the weather forecast* el pronóstico del tiempo

forehead /ˈfɔrhed/ *sustantivo*

frente [parte de la cara]

foreign /ˈfɔrɪn/ *adjetivo*

extranjero -a: *a foreign language* un idioma extranjero | *foreign cars* coches importados

foreigner /ˈfɔrənər/ *sustantivo*

extranjero -a

foreman /ˈfɔrmən/ *sustantivo* (plural **foremen** /-mən/)

capataz

forest /ˈfɔrɪst/ *sustantivo*

bosque

forester /ˈfɔrɪstər/ *sustantivo*

1 silvicultor -a

2 guarda forestal

forever /fə'revər/ *adverbio*
siempre: *I will love you forever.* Siempre te querré.

forgave /fər'geɪv/ pasado del verbo **forgive**

forge /fɔrdʒ/ *verbo* (**forging, forged**)
falsificar: *It's easy to forge his signature.* Es fácil falsificar su firma. | *The police think the money is forged.* La policía cree que el dinero es falso

forgery /'fɔrdʒəri/ *sustantivo* (plural **forgeries**)
falsificación: *She went to prison for forgery.* Fue a la cárcel por falsificación. | *It's a forgery.* Es falso.

forget /fər'get/ *verbo* (gerundio **forgetting**, pasado **forgot**, participio **forgotten**)
1 olvidar, olvidarse de: *I have forgotten her name.* Olvidé su nombre. | *Don't forget that Tom's birthday is Friday.* No te olvides de que el cumpleaños de Tom es el viernes.
2 dejar de pensar en, olvidar: *You have to forget about your problems for a while.* Tienes que dejar de pensar en tus problemas un rato.

forgetful /fər'getfəl/ *adjetivo*
olvidadizo -a, desmemoriado -a: *Bill is getting forgetful in his old age.* Bill se está volviendo olvidadizo con la edad.

forgive /fər'gɪv/ *verbo* (gerundio **forgiving**, pasado **forgave** /fə'geiv/, participio **forgiven** /fə'gɪvən/)
perdonar: *Please forgive me – I didn't mean to do it.* Por favor, perdóname: no lo hice a propósito.

forgot /fər'gɑt/ pasado del verbo **forget**

forgotten /fər'gɑtn/ participio del verbo **forget**

fork /fɔrk/ *sustantivo & verbo*
■ *sustantivo*
1 tenedor
2 bifurcación [donde se divide una carretera]: *Turn left at the fork in the road.* Da vuelta a la izquierda donde se divide la carretera.
■ *verbo*
bifurcarse

form /fɔrm/ *sustantivo & verbo*
■ *sustantivo*
1 tipo: *She dislikes any form of exercise.* No le gusta ningún tipo de ejercicio.
2 forma: *She had a birthday cake in the form of a heart.* Su pastel de cumpleaños tenía forma de corazón.
3 forma, formulario: *Please fill in the form.* Por favor, llene la forma.
■ *verbo*
1 formarse: *Ice was forming on the roads.* Se estaba formando hielo en las carreteras.
2 formar: *Now children, form a circle.* Niños, formen un círculo.
3 formar: *We want to form a computer club at school.* Queremos formar un club de computación en la escuela.
4 formar: *You form the adverb of the word "quick" by adding "-ly" to the end.* El adverbio de la palabra "quick" se forma agregando "-ly" al final.

formal /'fɔrməl/ *adjetivo*
formal: *a formal letter* una carta formal

former /'fɔrmər/ *sustantivo & adjetivo*
■ *sustantivo*
the former el primero/la primera [de dos cosas que se mencionan]
■ *adjetivo*
ex: *Two former U.S. Presidents were at the meeting.* Dos ex Presidentes de EEUU estaban en la reunión.

formerly /'fɔrmərli/ *adverbio*
antes, anteriormente: *The house was formerly owned by the Kennedys.* Antes esta casa era de los Kennedy.

formula /'fɔrmjələ/ *sustantivo* (plural **formulas** o **formulae** /-li/)
fórmula

fort /fɔrt/ *sustantivo*
fuerte

fortunate /'fɔrtʃənət/ *adjetivo*
afortunado -a

fortunately /'fɔrtʃənətli/ *adverbio*
afortunadamente

fortune /'fɔrtʃən/ *sustantivo*
1 suerte, fortuna: *I had the good fortune to get a job.* Tuve la buena suerte de conseguir trabajo.
2 to tell someone's fortune adivinar la suerte
3 fortuna: *He made a fortune by selling houses.* Hizo una fortuna vendiendo casas.

forty /'fɔrti/ *número*
cuarenta

forward /'fɔrwərd/ *adverbio, adjetivo & sustantivo*
■ *adverbio* (también **forwards**)
hacia adelante: *I leaned forward to hear what she was saying.* Me incliné hacia adelante para oír lo que estaba diciendo.
■ *adjetivo*
de adelante, delantero -a: *We sat in the forward part of the plane.* Nos sentamos en la parte de adelante del avión.

■ *sustantivo*
delantero -a [en deporte]

fossil /ˈfɑsəl/ *sustantivo*
fósil

fought /fɔt/ pasado y participio del verbo fight

foul /faʊl/ *sustantivo & adjetivo*
■ *sustantivo*
(en deportes) **falta**, **foul**, **faul**
■ *adjetivo*
asqueroso -a: *a foul smell* un olor asqueroso

found¹ /faʊnd/ *verbo*
fundar: *The school was founded in 1884.* La escuela se fundó en 1884.

found² /faʊnd/ pasado y participio del verbo **find**

foundation /faʊnˈdeɪʃən/ *sustantivo*
1 fundación
2 cimiento [de una construcción]

fountain /ˈfaʊntən/ *sustantivo*
fuente

fountain

four /fɔr/ *número*
cuatro

fourteen /fɔrˈtin/ *número*
catorce

fourteenth /fɔrˈtinθ/ *número*
1 catorceavo -a [parte]
2 decimocuarto -a [en orden]
3 catorce: *May fourteenth* el catorce de mayo

fourth /fɔrθ/ *número*
1 cuarto -a [en orden]
2 cuarto [parte]
3 cuatro: *the fourth of July* el cuatro de julio

fowl /faʊl/ *sustantivo*
ave

fox /fɑks/ *sustantivo* (plural **foxes**)
zorro -a

fraction /ˈfrækʃən/ *sustantivo*
fracción, **quebrado**

fracture /ˈfræktʃər/ *verbo & sustantivo*
■ *verbo* (**fracturing**, **fractured**)
fracturar: *I fractured my leg skating.* Me fracturé la pierna patinando.
■ *sustantivo*
fractura

fragile /ˈfrædʒəl/ *adjetivo*
frágil

fragment /ˈfrægmənt/ *sustantivo*
pedazo: *Fragments of glass lay on the floor.* Había pedazos de vidrio en el piso.

fragrance /ˈfreɪgrəns/ *sustantivo*
aroma, **fragancia**

fragrant /ˈfreɪgrənt/ *adjetivo*
fragante, **aromático -a**

frail /freɪl/ *adjetivo*
débil [por motivos de enfermedad, vejez, etc.]

frame /freɪm/ *sustantivo & verbo*
■ *sustantivo*
1 (de bicicleta) **cuadro**
2 (de coche o moto) **bastidor**
3 (de edificio, barco, avión) **armazón**
4 (de cuadro) **marco**
5 (de anteojos) **armazón**
■ *verbo* (**framing**, **framed**)
enmarcar

frame

frank /fræŋk/ *adjetivo*
franco -a, **sincero -a**: *Mark and I have always been frank with each other.* Mark y yo siempre hemos sido francos el uno con el otro.

frankly /ˈfræŋkli/ *adverbio*
1 francamente, **para serte franco**: *Frankly, I think you are wasting your time.* Francamente, creo que pierdes el tiempo.
2 francamente, **sinceramente**: *They talked frankly about their problems.* Hablaron francamente de sus problemas.

fraud /frɔd/ *sustantivo*
fraude

fray /freɪ/ *verbo* (**fraying**, **frayed**)
deshilacharse

freak /frik/ *sustantivo*
1 monstruo
2 fenómeno

freckle /ˈfrekəl/ *sustantivo*
peca

free /fri/ *adjetivo, verbo & adverbio*
■ *adjetivo*
1 libre: *You are free to leave at any time.* Eres libre de irte en cualquier momento.
2 gratis: *I have a free ticket to the play.* Tengo un boleto gratis para la obra de teatro.
3 libre: *Are you free this evening?* ¿Estás libre hoy en la noche?
4 desocupado -a, **libre**: *Excuse me. Is this*

seat free? Disculpe, ¿está desocupado este asiento?

5 to set someone free liberar a alguien

■ *verbo* (**freeing**, **freed**)

soltar, **poner en libertad**: *They freed the birds from the cages.* Soltaron los pájaros de las jaulas.

■ *adverbio*

gratis, **gratuitamente**: *You can visit the museum for free.* El museo se puede visitar gratis.

freedom /ˈfridəm/ *sustantivo*

libertad

freeze /friz/ *verbo* (gerundio **freezing**, pasado **froze**, participio **frozen**)

1 helarse, **congelarse**: *The lake had frozen.* El lago se había helado.

2 helar: *It will probably freeze tonight.* Es probable que hiele esta noche.

3 to be freezing Se usa para indicar que hace mucho frío o que se tiene mucho frío: *It's freezing outside!* ¡Hace un frío glacial! | *I'm freezing out here!* ¡Me estoy helando aquí afuera!

4 congelar

freezer /ˈfrizər/ *sustantivo*

congelador

french fries /ˌfrentʃ ˈfraɪz/ *sustantivo plural*

papas (fritas) a la francesa

frequent /ˈfrikwənt/ *adjetivo*

frecuente: *They make frequent trips to New York.* Hacen frecuentes viajes a Nueva York.

frequently /ˈfrikwəntli/ *adverbio*

frecuentemente

fresh /freʃ/ *adjetivo*

1 fresco -a: *I bought fresh fish at the store.* Compré pescado fresco en la tienda.

2 nuevo -a: *a fresh sheet of paper* una hoja de papel nueva

3 nuevo -a: *He has some fresh ideas for the business.* Tiene nuevas ideas para la empresa.

4 insolente, **fresco -a**: *Don't get fresh with me.* No seas insolente conmigo.

freshman /ˈfreʃmən/ *sustantivo* (plural **freshmen** /-mən/)

estudiante de primer año

Friday /ˈfraɪdi/ *sustantivo*

viernes

fridge /frɪdʒ/ *sustantivo*

refrigerador

fried[1] /fraɪd/ *adjetivo*

frito -a: *fried eggs* huevos fritos

fried[2] /fraɪd/ pasado y participio del verbo **fry**

friend /frend/ *sustantivo*

1 amigo -a: *He is a friend of mine.* Es un amigo mío. | *Sisan and I are best friends.* Susan y yo somos muy buenas amigas.

2 to make friends with hacer amistad con

friendly /ˈfrendli/ *adjetivo* (**friendlier**, **friendliest**)

amistoso -a: *The people in the village were very friendly.* La gente del pueblo era muy amistosa.

friendship /ˈfrendʃɪp/ *sustantivo*

amistad: *Our friendship began in college.* Nuestra amistad empezó en la universidad.

fries /fraɪz/ *sustantivo plural*

papas (fritas) a la francesa: *Do you want fries with your burger?* ¿Quieres papas a la francesa con la hamburguesa?

fright /fraɪt/ *sustantivo*

susto

frighten /ˈfraɪtn/ *verbo*

asustar

frightened /ˈfraɪtnd/ *adjetivo*

asustado -a: *I was too frightened to sleep.* No pude dormir de lo asustada que estaba.

frightening /ˈfraɪtnɪŋ/ *adjetivo*

espantoso -a: *We had a frightening experience last night.* Tuvimos una experiencia espantosa anoche.

Frisbee®, **frisbee** /ˈfrɪzbi/ *sustantivo*

Frisbee®, **disco volador**

frog /frɔg/ *sustantivo*

rana

from /frɑm/ *preposición*

1 (para indicar origen) **de**: *He is from Boston.* Es de Boston. | *This letter is from my uncle.* Esta carta es de mi tío.

2 (para indicar punto de partida) **desde**, **de**: *I drove all the way from California.* Vine manejando desde California. | *the train from Chicago to New Yok* el tren de Chicago a Nueva York

3 (para indicar distancia) **de**: *White Plains is 10 miles from here.* White Plains está a 10 millas de aquí.
4 (para indicar inicio de periodo de tiempo) **desde**: *from April to September* desde abril hasta septiembre | *from 4 o'clock until 7* desde las 4 hasta las 7
5 **from now on de hoy en adelante**: *From now on, you will do as you are told.* De hoy en adelante vas a hacer lo que te diga.
6 (para indicar separación) *Her children were taken from her.* Le quitaron a sus hijos.
7 (para indicar ingredientes) **de, con**: *Bread is made from flour.* El pan se hace con harina.
8 (para indicar causa) **de**: *She was crying from the pain.* Lloraba de dolor.

front /frʌnt/ *sustantivo & adjetivo*
■ *sustantivo*
1 (parte delantera) *I am sitting in the front of the class.* Estoy sentado adelante de la clase. | *The sweater fastens in the front.* El suéter se abrocha por delante.
2 **the front of a car la parte de adelante de un coche**
3 **the front of the building la fachada del edificio**
4 **the front of a book/magazine las primeras páginas de un libro/una revista**
5 **in front of something/someone adelante de algo/alguien** [Frecuentemente se traduce como afuera de un lugar]: *I'll meet you in front of the theater.* Nos vemos afuera del teatro. | *How many people are in front of us?* ¿Cuántas personas hay adelante de nosotros?
■ *adjetivo*
de adelante: *He got in the front seat of the car.* Se sentó en el asiento de adelante del coche. | *She ran out the front door.* Salió corriendo por la puerta de la calle.

front row

I sat in the front row.

frontier /frʌnˈtɪr/ *sustantivo*
frontera

frost /frɔst/ *sustantivo*
1 **helada**
2 **escarcha**: *The trees were white with frost.* Los árboles estaban blancos de escarcha.

frosting /ˈfrɔstɪŋ/ *sustantivo*
betún [que cubre un pastel]

frown /fraʊn/ *verbo*
fruncir el ceño

froze /froʊz/ pasado del verbo **freeze**

frozen[1] /ˈfroʊzən/ *adjetivo*
congelado -a: *a bag of frozen peas* una bolsa de chícharos congelados | *The lake is frozen.* El lago está congelado.

frozen[2] /ˈfroʊzən/ participio del verbo **freeze**

fruit /frut/ *sustantivo*
fruta: *Apples are my favorite fruit.* Las manzanas son mi fruta favorita.

fry /fraɪ/ *verbo* (**frying**, **fried**)
freír: *Can you fry an egg?* ¿Sabes freír un huevo?

ˈfrying ˌpan *sustantivo*
sartén

ft. (= **foot/feet**)
pie [medida de longitud]: *He's 6ft. tall.* Mide 6 pies. ► ver nota en **foot**

fuel /fjul/ *sustantivo*
combustible

fulfill /fʊlˈfɪl/ *verbo*
cumplir con: *He wants to fulfill his promise to cut taxes.* Quiere cumplir con su promesa de bajar los impuestos.

full /fʊl/ *adjetivo*
1 **lleno -a**: *a box full of books* una caja llena de libros
2 **lleno -a**: *"More ice cream, Susan?" "No thanks, I'm full."* –¿Más helado, Susan? –No, gracias. Estoy llena.
3 **completo -a**, **total**: *What is your full name and address?* ¿Cuáles son tu nombre y dirección completos? | *Do I have your full support?* ¿Tengo tu apoyo total?
4 **to be full of something estar lleno -a de algo**: *The streets were full of people.* Las calles estaban llenas de gente.

ˌfull-ˈtime *adjetivo & adverbio*
1 **de tiempo completo**: *She has a full-time job.* Tiene un trabajo de tiempo completo.
2 **tiempo completo**: *He works full-time.* Trabaja tiempo completo.

fun /fʌn/ *sustantivo & adjetivo*
■ *sustantivo*
1 **diversión** | **to have fun divertirse**: *Did you have fun at the party?* ¿Te divertiste en la fiesta?
2 **to make fun of someone burlarse de alguien**

■ *adjetivo*
divertido -a: *Swimming is fun.* Nadar es divertido.

function /ˈfʌŋkʃən/ *sustantivo & verbo*
■ *sustantivo*
función
■ *verbo*
funcionar: *How does the new system function?* ¿Cómo funciona el nuevo sistema?

fund /fʌnd/ *sustantivo*
fondo

funeral /ˈfjunərəl/ *sustantivo*
funeral

fungi /ˈfungaɪ/ forma plural de **fungus**

fungus /ˈfʌŋgəs/ *sustantivo* (plural **fungi** o **funguses**)
hongo

funnel /ˈfʌnl/ *sustantivo*
embudo

funny /ˈfʌni/ *adjetivo* (**funnier**, **funniest**)
1 divertido -a, **chistoso -a**: *I heard a funny joke.* Oí un chiste muy divertido. | *What's so funny?* ¿De qué te ríes?
2 raro -a, **extraño -a**: *I smell something funny.* Me huele raro.

fur /fɜr/ *sustantivo*
piel [pelaje de animal]: *a fur coat* un abrigo de pieles

furious /ˈfjʊriəs/ *adjetivo*
furioso -a: *My Dad will be furious with us if we are late.* Mi papá se va a poner furioso si llegamos tarde.

furious

My dad was furious.

furnace /ˈfɜrnɪs/ *sustantivo*
horno, **caldera**

furnish /ˈfɜrnɪʃ/ *verbo*
amueblar: *It costs a lot of money to furnish a house.* Cuesta mucho dinero amueblar una casa.

furniture /ˈfɜrnɪtʃər/ *sustantivo*
muebles

furry /ˈfɜri/ *adjetivo* (**furrier**, **furriest**)
peludo -a: *She had a furry little rabbit.* Tenía un conejito peludo.

further /ˈfɜrðər/ *adverbio & adjetivo*
■ *adverbio* forma comparativa de **far** (más que antes) *Do you have anything further to say?* ¿Tiene algo más que decir?
■ *adjetivo* forma comparativa de **far** (adicional) *Are there any further questions?* ¿Tienen alguna otra pregunta?

furthest /ˈfɜrðɪst/ superlativo de **far**

fury /ˈfjʊri/ *sustantivo*
furia

fuss /fʌs/ *sustantivo & verbo*
■ *sustantivo* (plural **fusses**)
1 escándalo, **alboroto**: *What's all the fuss about?* ¿A qué se debe tanto escándalo?
2 to make a fuss hacer un escándalo
■ *verbo*
preocuparse

fussy /ˈfʌsi/ *adjetivo* (**fussier**, **fussiest**)
quisquilloso -a

future /ˈfjutʃər/ *sustantivo*
1 the future el futuro: *What are your plans for the future?* ¿Qué planes tienes para el futuro?
2 in the future en el futuro, **en un futuro**: *We hope to go to Europe in the near future.* Esperamos ir a Europa en un futuro próximo.

ˈfuture tense *sustantivo*
tiempo futuro [tiempo verbal]

fuzzy /ˈfʌzi/ *adjetivo* (**fuzzier**, **fuzziest**)
borroso -a: *Some of the photographs are fuzzy.* Algunas de las fotografías salieron borrosas.

Gg

G, **g** /dʒi/ *sustantivo*
G, **g**: *G for George* G de George

gadget /ˈgædʒɪt/ *sustantivo*
aparato pequeño, **aparatito**: *an interesting gadget for cleaning glass* un aparatito muy curioso para limpiar vidrio

gain /geɪn/ *verbo*
1 adquirir [experiencia, conocimientos]: *She is gaining experience in her job.* Está adquiriendo experiencia en su trabajo.
2 aprender: *What did you gain from your computer course?* ¿Qué aprendiste en tu curso de computación?
3 to gain weight aumentar de peso, **engordar**: *The baby is gaining weight quickly.* El bebé está aumentando de peso rápidamente.

gale /geɪl/ *sustantivo*
vendaval, **viento fuerte**

gallery /ˈgæləri/ *sustantivo* (plural **galleries**)
1 museo
2 galería: *an art gallery* una galería de arte

gallon /ˈgælən/ *sustantivo*
galón [= 3.78 litros]

gallop /ˈgæləp/ *verbo & sustantivo*
■ *verbo*
galopar
■ *sustantivo*
galope

gamble /ˈgæmbəl/ *verbo & sustantivo*
■ *verbo* (**gambling**, **gambled**)
jugar [apostar dinero]: *He lost a lot of money by gambling.* Perdió mucho dinero jugando.
■ *sustantivo*
riesgo: *The doctors say the operation is a gamble, but it may succeed.* Los médicos dicen que la operación tiene riesgos, pero que puede tener éxito.

gambler /ˈgæmblər/ *sustantivo*
jugador -a [persona que apuesta dinero]

game /geɪm/ *sustantivo*
1 juego: *Soccer is a team game.* El futbol es un juego de equipo. | *Do you like card games?* ¿Te gustan los juegos de cartas?

gamble

He lost all his money gambling on a card game.

2 juego, **partido**: *Did you watch the game?* ¿Viste el juego?
3 juego: *Sampras is ahead two games to one.* Sampras va ganando dos juegos a uno.
4 to play games tramar: *I wonder what games he's playing.* Me pregunto qué estará tramando.
5 games juegos: *the Olympic Games* los Juegos Olímpicos/las Olimpíadas
6 caza [animales producto de la caza]

ˈ**Game Boy®** *sustantivo*
Game Boy®

ˈ**game show** *sustantivo*
programa de concurso

gang /gæŋ/ *sustantivo & verbo*
■ *sustantivo*
1 pandilla: *Two members of the gang were killed.* Mataron a dos miembros de la pandilla.
2 cuadrilla [de trabajadores]
■ *verbo*
to gang up on someone Unirse en oposición a alguien: *The older children ganged up on him.* Los niños más grandes la traían contra él.

gap /gæp/ *sustantivo*
1 Usado para referirse al espacio entre dos cosas: *a gap in the fence* un hueco en la barda
2 brecha [distancia que separa]: *the generation gap* la brecha generacional | *There's a large age gap between Jorge and his sister.* Hay una gran diferencia de edades entre Jorge y su hermana.
3 hueco, **vacío**: *a gap in the market* un hueco en el mercado | *a gap in her memory* una laguna mental

garage /gəˈrɑʒ/ *sustantivo*
1 garage, **garaje**
2 taller mecánico

garbage /ˈgɑrbɪdʒ/ *sustantivo*
basura

G

ˈgarbage ˌcan *sustantivo*
bote de basura, **basurero**

ˈgarbage man *sustantivo*
basurero [hombre que recoge la basura]

ˈgarbage ˌtruck *sustantivo*
camión de la basura

garden /ˈgɑrdn/ *sustantivo*
jardín

gardener /ˈgɑrdnər/ *sustantivo*
jardinero -a

gardening /ˈgɑrdnɪŋ/ *sustantivo*
jardinería: *He enjoys gardening.* Le gusta la jardinería.

garlic /ˈgɑrlɪk/ *sustantivo*
ajo

garment /ˈgɑrmənt/ *sustantivo*
prenda [de vestir]: *This garment should be washed by hand.* Esta prenda se debe lavar a mano.

gas /gæs/ *sustantivo*
1 (also **gasoline**) **gasolina**
2 (plural **gasses**) **gas**: *She cooks with gas.* Tiene una estufa de gas.

gasoline /gæsəˈlin/ *sustantivo*
gasolina

gasp /gæsp/ *verbo & sustantivo*
■ *verbo*
jadear, **respirar con dificultad**: *I climbed out of the water, gasping for air.* Me salí del agua jadeando.
■ *sustantivo*
grito ahogado, **grito entrecortado**: *a horrified gasp* un grito entrecortado de horror

ˈgas ˌstation *sustantivo*
gasolinera

gate /geɪt/ *sustantivo*
1 reja, **verja**
2 tranquera
3 puerta (de embarque) [en un aeropuerto]

gather /ˈgæðər/ *verbo*
1 juntarse, **reunirse**: *A crowd gathered to see what had happened.* Se juntó una muchedumbre para ver qué había pasado,
2 recoger, **juntar**: *The squirrels were gathering nuts to eat.* Las ardillas estaban recogiendo nueces para comer.

gathering /ˈgæðərɪŋ/ *sustantivo*
reunión

gauge /geɪdʒ/ *sustantivo*
indicador: *This gauge shows you how much gas is left in the car.* Este indicador muestra cuánta gasolina le queda al coche.

gave /geɪv/ pasado del verbo **give**

gay /geɪ/ *adjetivo*
gay, **homosexual**

gaze /geɪz/ *verbo* (**gazing**, **gazed**)
ver, **mirar** [durante mucho tiempo]: *He gazed at the toys in the store window.* Se quedó viendo los juguetes en el aparador.

gear /gɪr/ *sustantivo*
1 velocidad [engranaje de un vehículo]
2 equipo: *We are getting some new camping gear.* Vamos a comprar nuevo equipo para acampar.

gee /dʒi/ *interjección*
expresión de sorpresa o emoción: *Gee, what a nice car!* ¡Híjole, qué bonito coche!

geese /gis/ plural de **goose**

gel /dʒel/ *sustantivo*
gel

gem /dʒem/ *sustantivo*
gema, **piedra preciosa**

gender /ˈdʒendər/ *sustantivo*
1 género [en gramática]
2 sexo [en biología]

gene /dʒin/ *sustantivo*
gene

general /ˈdʒenərəl/ *adjetivo & sustantivo*
■ *adjetivo*
1 general: *We had a general introduction to computers.* Tuvimos una introducción general a la computación. | *The drug is available for general use.* El medicamento está a la venta para uso generalizado.
2 in general en general, **generalmente**: *In general, I like the people I work with.* En general me gusta la gente con la que trabajo.
3 the general public el público en general
■ *sustantivo*
general

generally /ˈdʒenərəli/ *adverbio*
1 generalmente, **por lo general**: *Children here generally start school when they are five or six.* Aquí los niños generalmente empiezan a ir a la escuela a los cinco o seis años.
2 por lo general, **en general**: *Generally, his homework is very good.* Por lo general su tarea está muy bien hecha.

generate /ˈdʒenəreɪt/ *verbo* (**generating**, **generated**)
generar

generation /dʒenəˈreɪʃən/ *sustantivo*
generación

generator /ˈdʒenəreɪtər/ *sustantivo*
generador

generosity /dʒenəˈrɑsəti/ *sustantivo*
generosidad: *Thank you for your generosity.* Le agradecemos su generosidad.

generous /ˈdʒenərəs/ *adjetivo*
generoso -a: *It is very generous of you to offer to help.* Es muy generoso de su parte ofrecer ayuda.

genie /ˈdʒini/ *sustantivo*
genio [ser imaginario]

genius /ˈdʒinjəs/ *sustantivo* (plural **geniuses**)
genio: *Einstein was a genius.* Einstein era un genio.

gentle /ˈdʒentl/ *adjetivo*
1 (como característica permanente) **dulce**: *She's very gentle* Es muy dulce. | *She has a gentle voice.* Tiene una voz dulce.
2 (en una situación) **to be gentle tener cuidado**: *Be gentle with the baby.* Ten cuidado con el bebé.

gentleman /ˈdʒentlmən/ *sustantivo* (plural **gentlemen** /-mən/)
caballero: *He's a gentleman.* Es un caballero. ▶ Para referirse cortésmente a un hombre, se usa *señor*: *Show this gentleman to his seat.* Lleva al señor a su asiento.

gently /ˈdʒentli/ *adverbio*
con cuidado, **cuidadosamente**: *She gently lifted the child.* Levantó al niño con cuidado.

genuine /ˈdʒenjuɪn/ *adjetivo*
genuino -a, **verdadero -a**: *He has a genuine concern for other people.* Tiene un verdadero interés por la gente.

genuinely /ˈdʒenjuɪnli/ *adverbio*
realmente, **sinceramente**: *She genuinely loves him.* Realmente lo quiere.

geographical /dʒiəˈgræfɪkəl/ *adjetivo*
geográfico -a

geography /dʒiˈɑgrəfi/ *sustantivo*
geografía

geological /dʒiəˈlɑdʒɪkəl/ *adjetivo*
geológico -a

geology /dʒiˈɑlədʒi/ *sustantivo*
geología

geometric /dʒiəˈmetrɪk/ *adjetivo*
geométrico -a

geometry /dʒiˈɑmətri/ *sustantivo*
geometría

germ /dʒɜrm/ *sustantivo*
germen

gesture /ˈdʒestʃər/ *sustantivo & verbo*
■ *sustantivo*
gesto
■ *verbo*
hacer gestos, **hacer señas**: *He gestured for me to come over.* Me hizo señas de que me acercara.

get /get/ *verbo* (gerundio **getting**, pasado **got**, participio **gotten**)
1 conseguir, **obtener**: *Where did you get that map?* ¿Dónde conseguiste ese mapa? | *I got it from Tourist Information.* Lo conseguí en Información Turistíca.
2 comprar: *I have to get a birthday present for my mother.* Tengo que comprar un regalo de cumpleaños para mi mamá.
3 recibir: *Did you get any mail?* ¿Recibiste alguna carta? | *Sam got a bicycle from his aunt.* La tía de Sam le dio una bicicleta.
4 ponerse: *She got really mad at me.* Se puso furiosa conmigo. | *It's getting colder.* Está haciendo más frío. ▶ Cuando **get** va seguido de un adjetivo que describe un estado (por ejemplo, **tired**) la traducción varía. Por ejemplo, **to get tired** es *cansarse*, **to get married** es *casarse*, etc. Solemos darte esta información en la entrada del adjetivo.
5 recoger: *She got the kids from school.* Recogió a los niños de la escuela.
6 traer: *Can I get you a drink?* ¿Te traigo algo de tomar?
7 llegar: *Did you ever get to the end of the book?* ¿Alcanzaste a llegar al final del libro?
8 to get along with someone llevarse (bien) con alguien: *I get along well with Thomas.* Me llevo bien con Thomas.
9 to get away escaparse: *Four prisoners got away.* Se escaparon cuatro prisioneros.
10 to get away with something No ser visto o castigado por hacer algo malo: *He lied to me – and he thinks he is going to get away with it!* Me mintió ¡y cree que se va a salir con la suya!
11 to get back regresar: *When did you get back from your trip?* ¿Cuándo regresaste de tu viaje?
12 to get by arreglárselas: *She has to get by on $100 a week.* Se las tiene que arreglar con $100 a la semana.
13 to get off terminar de trabajar: *What time do you get off?* ¿A qué horas terminas de trabajar?

G

14 to get up levantarse: *What time do you get up on Sundays?* ¿A qué horas te levantas los domingos?

ghastly /ˈgæstli/ *adjetivo*
espantoso -a

ghetto /ˈgetoʊ/ *sustantivo*
gueto

ghost /goʊst/ *sustantivo*
fantasma

giant /ˈdʒaɪənt/ *sustantivo & adjetivo*
■ *sustantivo*
gigante
■ *adjetivo*
gigantesco -a, **gigante**

G

gift /gɪft/ *sustantivo*
1 regalo
2 talento, **don**: *He has a gift for languages.* Tiene talento para idiomas.

gigantic /dʒaɪˈgæntɪk/ *adjetivo*
gigantesco -a

giggle /ˈgɪgəl/ *verbo* (**giggling**, **giggled**)
reírse tontamente: *The girls were giggling in class.* Las muchachas estaban con sus risitas en la clase.

giggle

gills /gɪlz/ *sustantivo plural*
agallas, **branquias**

ginger /ˈdʒɪndʒər/ *sustantivo*
jengibre

giraffe /dʒəˈræf/ *sustantivo* (plural **giraffe** o **giraffes**)
jirafa

girl /gɜrl/ *sustantivo*
1 niña: *She has two children, a girl and a boy.* Tiene dos hijos, una niña y un niño.
2 muchacha, **chica**

girlfriend /ˈgɜrlfrend/ *sustantivo*
1 (de un hombre) **novia**
2 (de otra mujer) **amiga**

ˈ**Girl Scouts** *sustantivo plural*
Niñas Exploradoras

give /gɪv/ *verbo* (gerundio **giving**, pasado **gave**, participio **given**)
1 dar: *I gave the book to her.* Le di el libro a ella. | *Give me your coat and I will put it away.* Dame tu abrigo y te lo guardo.
2 dar [otorgar]: *Who did they give the job to?* ¿A quién le dieron el trabajo?
3 regalar, **dar**: *He gave me a bicycle for Christmas.* Me regaló una bicicleta de Navidad.
4 dar [al hacer una acción]: *Sharon gave her grandmother a big kiss.* Sharon le dio un besote a su abuelita. | *Give me a call when you can.* Llámame cuando puedas.
5 dar [decir algo]: *Will you give her a message from me?* ¿Le das un recado de mi parte? | *Let me give you some advice.* Permíteme que te dé un consejo.
6 to give something away regalar [deshacerse de]: *I'm giving away all my clothes that are too small.* Voy a regalar toda la ropa que me queda chica.
7 to give something back devolver algo: *I'll give your book back next week.* Te devuelvo el libro la semana que viene.
8 to give in ceder, **darse por vencido -a**: *He kept asking them for money, and they finally gave in.* Les pidió dinero tantas veces que finalmente cedieron.
9 to give something off despedir algo, **emitir algo**: *The factory smoke gives off a bad smell.* El humo de la fábrica despide mal olor.
10 to give something out repartir algo: *The teacher gave out copies of the article.* La maestra repartió copias del artículo.
11 to give something up dejar de hacer algo: *She's trying to give up smoking.* Está tratando de dejar de fumar.

given[1] /ˈgɪvən/ *adjetivo*
1 determinado -a, **dado -a**: *How much electricity is used in any given period?* ¿Cuánta electricidad se usa en un período determinado?
2 dado -a: *Given the number of people we invited, I'm surprised that so few came.* Dado el número de personas que invitamos, me sorprende que hayan venido tan pocas.

given[2] /ˈgɪvən/ participio del verbo **give**

glacier /ˈgleɪʃər/ *sustantivo*
glaciar

glad /glæd/ *adjetivo*
to be glad alegrarse: *I am glad to see you.* Me alegro de verte.

gladly /ˈglædli/ *adverbio*
con mucho gusto: *I gladly accepted his offer.* Acepté su oferta con mucho gusto.

glance /glæns/ *verbo & sustantivo*
■ *verbo* (**glancing**, **glanced**)
echar una mirada, **mirar rápidamente**: *She glanced at her watch.* Le echó una mirada a su reloj.
■ *sustantivo*
mirada rápida

gland /glænd/ *sustantivo*
glándula: *My glands are all swollen.* Tengo los ganglios inflamados.

glare /gler/ *sustantivo & verbo*
■ *sustantivo*
resplandor: *The glare of the sun made her eyes hurt.* Los ojos le molestaban por el resplandor del sol.
■ *verbo* (**glaring**, **glared**)
relumbrar, **brillar intensamente**

glass /glæs/ *sustantivo*
1 vidrio
2 (plural **glasses**) **vaso**: *a glass of water* un vaso de agua
3 (plural **glasses**) **copa**: *a glass of champagne* una copa de champaña

glasses /ˈglæsɪz/ *sustantivo plural*
anteojos

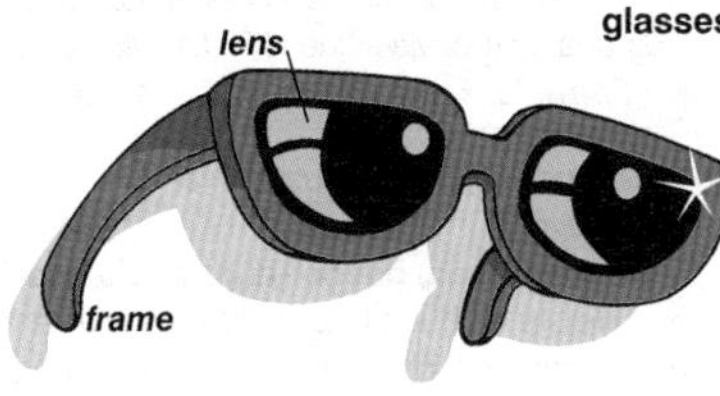

gleam /glim/ *verbo*
brillar: *The river gleamed in the moonlight.* El río brillaba a la luz de la luna.

glide /glaɪd/ *verbo* (**gliding**, **glided**)
deslizarse

glider /ˈglaɪdər/ *sustantivo*
planeador

glimmer /ˈglɪmər/ *sustantivo*
1 luz trémula
2 a glimmer of hope un rayito de esperanza: *There is still a glimmer of hope.* Todavía hay un rayito de esperanza.

glimpse /glɪmps/ *sustantivo & verbo*
■ *sustantivo*
to catch a glimpse of something alcanzar a ver algo: *I only caught a glimpse of his face.* Sólo le alcancé a ver la cara.
■ *verbo*
alcanzar a ver

globe /gloʊb/ *sustantivo*
1 the globe el mundo: *She's traveled all over the globe.* Ha viajado por todo el mundo.
2 (modelo) **globo terráqueo**

gloomy /ˈglumi/ *adjetivo* (**gloomier**, **gloomiest**)
1 sombrío -a: *a cold and gloomy day* un día gris y sombrío
2 melancólico -a: *He had a gloomy expression on his face.* Tenía una expresión melancólica.

glorious /ˈglɔriəs/ *adjetivo*
1 glorioso -a
2 espléndido -a: *What a glorious day!* ¡Qué día más espléndido!

glory /ˈglɔri/ *sustantivo*
gloria

gloss /glɔs/ *sustantivo*
brillo, **lustre**

glove /glʌv/ *sustantivo*
guante

glow /gloʊ/ *verbo & sustantivo*
■ *verbo*
resplandecer, **brillar**: *The fire glowed in the dark.* El fuego resplandecía en la oscuridad.
■ *sustantivo*
resplandor, **brillo**: *An orange glow filled the sky.* Había un resplandor naranja en el cielo.

glue /glu/ *sustantivo & verbo*
■ *sustantivo*
goma de pegar, **pegamento**: *She stuck the handle onto the cup with glue.* Le pegó el asa a la taza con goma.
■ *verbo*
pegar con goma: *She glued the pieces together.* Pegó los pedazos con goma.

gluteus /ˈglutiəs/ *sustantivo* (plural **glutei** /-tiaɪ/)
glúteo

gnaw /nɔ/ *verbo*
roer: *The dog is gnawing a bone.* El perro está royendo un hueso.

go /goʊ/ *verbo & sustantivo*
■ *verbo* (pasado **went**, participio **gone**)
1 ir: *She went to the market.* Fue al mercado. | *Where are you going?* ¿Adónde vas? | *Go and help him!* ¡Ve a ayudarlo!
2 irse: *I wanted to go, but she wanted to stay.* Yo quería irme pero ella se quería quedar.
3 (hablando de viajes) **ir**: *We are going to Florida this summer.* Vamos a ir a Florida este verano.
4 (hablando de colores) **ponerse**, **volverse**: *His hair is going white.* El pelo se le está poniendo blanco.
5 (para hablar de cómo van las cosas) **salir**: *Everything went wrong from the start.* Todo salió mal desde el principio.
6 funcionar: *The engine won't go.* El motor no funciona.

7 to be going to do something ir a hacer algo: *I think it's going to snow.* Creo que va a nevar. | *I'm going to buy that bicycle.* Voy a comprar esa bicicleta

8 to go away irse: *She has gone away for a while.* Se fue por un tiempo.

9 to go by pasar: *Several days went by before he called.* Pasaron varios días antes de que llamara.

10 to go in entrar: *I opened the door and went in.* Abrí la puerta y entré.

11 to go off (a) explotar [bomba]: *The bomb went off suddenly.* La bomba explotó de repente. **(b) sonar** [despertador] **(c) dispararse** [arma]

12 to go on seguir, **continuar**: *We cannot go on like this!* ¡No podemos seguir así!

13 to go out salir: *Are you going out tonight?* ¿Vas a salir hoy en la noche?

14 to go up subir, **aumentar**: *Prices have really gone up this year.* Los precios han subido muchísimo este año.

■ *sustantivo*

1 on the go sin parar [con mucho empeño]: *Steve is always on the go!* ¡Steve no para nunca!

2 to make a go of sacar adelante: *Jack did his best to make a go of the business.* Jack hizo todo lo que pudo para sacar el negocio adelante.

goal /goʊl/ *sustantivo*

1 gol: *Brazil won by three goals to one.* Brasil ganó por tres goles a uno

2 portería

3 meta, **objetivo**: *My goal is to go to college.* Mi meta es ir a la universidad.

goalie /ˈgoʊli/ *sustantivo*

portero -a

goalkeeper /ˈgoʊlkipər/ *sustantivo*

portero -a, **guardameta**

goat /goʊt/ *sustantivo*

cabra

god /gɑd/ *sustantivo*

dios

God /gɑd/ *sustantivo*

Dios

goddess /ˈgɑdɪs/ *sustantivo*

diosa

goggles /ˈgɑgəlz/ *sustantivo plural*

goggles [para nadar]

go-kart /ˈgoʊ kɑrt/ *sustantivo*

kart, **go-kart**

gold /goʊld/ *sustantivo & adjetivo*

■ *sustantivo*

oro

■ *adjetivo*

1 de oro: *the gold medal* la medalla de oro

2 dorado -a

golden /ˈgoʊldən/ *adjetivo*

dorado -a: *The little girl had golden hair.* La niñita tenía el pelo dorado.

goldfish /ˈgoʊldfɪʃ/ *sustantivo* (plural **goldfish**)

pescadito de colores

golf /gɑlf/ *sustantivo*

golf

gone /gɔn/ participio del verbo **go**

> **NOTA:** Mira la diferencia entre **been** y **gone** . Se usa **been** para decir que alguien ha estado en algún lugar y ya regresó. Se usa **gone** para decir que alguien ha ido a un lugar y no ha regresado: *Liz has gone to Spain.* Liz fue a España. [y todavía sigue ahí] | *Liz has been to Spain.* Liz ha ido a España. [y ya volvió]

good /gʊd/ *adjetivo & sustantivo*

■ *adjetivo*

1 (de alta calidad) **bueno -a**: *You did a good job.* Hiciste un buen trabajo. | *She has a very good memory.* Tiene muy buena memoria. ▶ El comparativo de **good** es **better** y el superlativo **best**

2 (con habilidad para algo) **bueno -a**: *She's very good at languages.* Es muy buena para los idiomas. | *He's very good with babies.* Es muy bueno con los bebés.

3 (adecuado para algo) **bueno -a**: *This music is good for dancing.* Esta música es buena para bailar.

4 to be good portarse bien: *Sit here and be a good girl.* Siéntate aquí y pórtate bien.

5 bueno -a [bondadoso]: *He's been very good to me.* Ha sido muy bueno conmigo.

6 (saludable) **bueno -a**: *Too much candy is not good for you.* Comer demasiados dulces no es bueno para la salud.

7 (agradable) La traducción varía según el contexto: *Have a good time.* Que te diviertas. | *It's good to see you again!* !Me da gusto volver a verte!

8 as good as casi: *The job is as good as done.* El trabajo está casi terminado.

9 good luck buena suerte

10 Good for you! ¡Bien hecho!

■ *sustantivo*

1 (beneficio) *What's the good of having a car if you can't drive?* ¿De qué sirve tener coche si no sabes manejar?

2 for good para siempre: *She has left her job for good.* Dejó su trabajo para siempre.

3 **to do no good no servir de nada**: *You can talk to her, but it won't do any good.* Puedes hablar con ella, pero no va a servir de nada.

good after'noon *interjección*
buenas tardes [se usa entre el mediodía y las cinco o las seis] ▶ ver nota en **evening**

goodbye /gʊd'baɪ/ *interjección*
adiós

good 'evening *interjección*
buenas tardes, **buenas noches** [se usa para saludar después de las cinco o las seis] ▶ ver nota en **evening**

ˌGood 'Friday *sustantivo*
Viernes Santo

good-'looking *adjetivo*
guapo -a: *He's very good-looking.* Es muy guapo.

good 'morning *interjección*
buenos días

goodness /'gʊdnəs/ *sustantivo*
1 bondad
2 madre mía: *My goodness, you look tired!* ¡Madre mía! ¡Qué cansada te ves!

good 'night *interjección*
buenas noches [se usa para despedirse, cuando uno se acuesta, etc.] ▶ ver nota en **evening**

goods /gʊdz/ *sustantivo plural*
artículos, **mercancías**

google /'gugəl/ *verbo*
to google sth/sb buscar información sobre algo/alguien en Google, **buscar información sobre algo/alguien googleando**

Google® /'gugəl/ *sustantivo*
Google®

goose /gus/ *sustantivo* (plural **geese**)
ganso

gorgeous /'gɔrdʒəs/ *adjetivo*
1 precioso -a: *The weather was absolutely gorgeous.* Hacía un tiempo precioso.
2 guapísimo -a: *Linda looks gorgeous in that dress.* Linda se ve guapísima con ese vestido.

gorilla /gə'rɪlə/ *sustantivo*
gorila

gosh /gɑʃ/ *interjección*
¡Híjole!: *Gosh! What are you doing here?* ¡Híjole! ¿Qué haces aquí?

gospel /'gɑspəl/ *sustantivo*
1 (en la Biblia) **evangelio**
2 (música) **gospel**

gossip /'gɑsəp/ *sustantivo & verbo*
■ *sustantivo*
1 chismes: *You should not listen to gossip.* No deberías hacer caso de los chismes.
2 (persona) **chismoso -a**
■ *verbo*
chismear, **chismorrear**: *Those two are always gossiping.* Esos dos siempre están chismeando.

got /gɑt/ pasado del verbo **get**

gotten /'gɑtn/ participio del verbo **get**

govern /'gʌvərn/ *verbo*
gobernar: *The army governed the country for five years.* El ejército gobernó el país durante cinco años.

government /'gʌvərmənt/ *sustantivo*
gobierno

governor /'gʌvənər/ *sustantivo*
gobernador -a

gown /gaʊn/ *sustantivo*
vestido [largo]: *She wore an evening gown.* Traía puesto un vestido largo de noche.

GPS /dʒi pi 'es/ *sustantivo* (= **Global Positioning System**)
GPS

grab /græb/ *verbo* (**grabbing**, **grabbed**)
arrebatar: *A man grabbed my bag and ran.* Un hombre me arrebató la bolsa y se fue corriendo.

grace /greɪs/ *sustantivo*
1 gracia: *She dances with such grace.* Baila con mucha gracia.
2 Acción de bendecir la comida: *Who is going to say grace?* ¿Quien va a bendecir la comida?

graceful /'greɪsfəl/ *adjetivo*
lleno -a de gracia

grade /greɪd/ *sustantivo & verbo*
■ *sustantivo*
1 año [en la escuela]: *Our son goes into the fourth grade this year.* Nuestro hijo entra a cuarto año este año.
2 calificación: *My grades were mostly B's.* Mis calificaciones fueron casi todas B.
3 calidad, **categoría**: *We always buy Grade A eggs.* Siempre compramos huevos de primera calidad.
■ *verbo*
1 corregir y calificar: *I was grading papers all day.* Estuve corrigiendo y calificando trabajos todo el día.
2 clasificar: *We grade the students according to their level of English.* Clasificamos a los alumnos según su nivel de inglés.

G

gradual /ˈgrædʒuəl/ *adjetivo*
gradual, **paulatino -a**: *I have seen a gradual improvement in his work.* He notado un mejoramiento gradual en su trabajo.

gradually /ˈgrædʒuəli/ *adverbio*
gradualmente, **paulatinamente**: *She gradually got better.* Se mejoró gradualmente.

graduate¹ /ˈgrædʒueɪt/ *verbo* (**graduating**, **graduated**)
graduarse, **recibirse**: *She graduated from Yale.* Se graduó de Yale.

graduate² /ˈgrædʒuət/ *sustantivo*
1 (de la universidad) **licenciado -a**, **recibido -a**
2 (de preparatoria) **graduado -a**

grain /greɪn/ *sustantivo*
1 grano [de sal, azúcar, arena cereal]
2 grano: *Grain is used for making flour.* Se usa grano para hacer harina.

gram /græm/ *sustantivo*
gramo

grammar /ˈgræmər/ *sustantivo*
gramática: *We are learning English grammar.* Estamos aprendiendo gramática inglesa.

grammatical /grəˈmætɪkəl/ *adjetivo*
gramatical

grand /grænd/ *adjetivo*
mayor: *I won the grand prize!* ¡Me saqué el premio mayor!

grandchild /ˈgræntʃaɪld/ *sustantivo* (plural **grandchildren** /-tʃɪldrən/)
nieto -a: *her grandchildren* sus nietos

granddaughter /ˈgrændɔtər/ *sustantivo*
nieta

grandfather /ˈgrænfɑðər/ *sustantivo*
abuelo

grandma /ˈgrænmɑ/ *sustantivo*
abuela, **abuelita**

grandmother /ˈgrænmʌðər/ *sustantivo*
abuela

grandpa /ˈgrænpɑ/ *sustantivo*
abuelo, **abuelito**

grandparent /ˈgrænperənt/ *sustantivo*
abuelo -a: *my grandparents* mis abuelos

grandson /ˈgrænsʌn/ *sustantivo*
nieto

grant /grænt/ *verbo & sustantivo*
■ *verbo*
1 conceder: *She was granted permission to enter the country.* Le concedieron el permiso para entrar al país.
2 to take something for granted dar algo por sentado: *I took it for granted that she would be successful.* Di por sentado que tendría éxito.
■ *sustantivo*
1 beca [concedida por el gobierno]
2 subsidio

grape /greɪp/ *sustantivo*
uva

grapefruit /ˈgreɪpfrut/ *sustantivo* (plural **grapefruit**)
toronja

graph /græf/ *sustantivo*
gráfica: *The graph shows how the population has changed over ten years.* La gráfica muestra cómo cambió la población en diez años.

ˌgraphic ˈdesign *sustantivo*
diseñ gráfico

graphics /ˈgræfɪks/ *sustantivo*
(en computación) **gráficos**

grasp /græsp/ *verbo*
1 agarrar [firmemente]: *He grasped the rope and pulled himself up.* Agarró la cuerda con fuerza y jaló para levantarse.
2 entender, **comprender**: *She didn't seem to grasp what I was saying.* No parecía entender lo que le estaba diciendo.

grass /græs/ *sustantivo*
pasto: *We sat on the grass to read.* Nos sentamos en el pasto a leer.

grasshopper /ˈgræshɑpər/ *sustantivo*
grillo, **chapulín**

grassy /ˈgræsi/ *adjetivo* (**grassier**, **grassiest**)
cubierto -a de hierba

grate /greɪt/ *sustantivo & verbo*
■ *sustantivo*
1 (de ventilación, de desagüe) **rejilla**
2 (de una ventana) **reja**
■ *verbo*
rallar

grateful /ˈgreɪtfəl/ *adjetivo*
agradecido -a: *I am grateful to her for helping me.* Le estoy agradecido por haberme ayudado.

gratitude /ˈgrætətud/ *sustantivo*
agradecimiento, **gratitud**: *He expressed his gratitude to all the workers.* Expresó su agradecimiento a todos los trabajadores.

grave /greɪv/ *sustantivo & adjetivo*
■ *sustantivo*
tumba, **sepultura**

■ *adjetivo*
serio -a, **grave**: *She had grave doubts whether we would succeed.* Tenía serias dudas sobre nuestro éxito.

gravel /ˈgrævəl/ *sustantivo*
grava

gravestone /ˈgreɪvstoʊn/ *sustantivo*
lápida

gravity /ˈgrævəti/ *sustantivo*
gravedad

gravy /ˈgreɪvi/ *sustantivo*
salsa que se prepara con el jugo de la carne asada

gray /greɪ/ *adjetivo & sustantivo*
■ *adjetivo*
1 gris: *She wore a gray dress.* Llevaba puesto un vestido gris.
2 canoso -a: *Jack has gray hair.* Jack tiene el pelo canoso.
■ *sustantivo*
gris

graze /greɪz/ *verbo* (**grazing**, **grazed**)
1 pastar: *Cattle were grazing in the field.* El ganado estaba pastando en el campo.
2 rasguñar

grease /gris/ *sustantivo & verbo*
■ *sustantivo*
grasa
■ *verbo*
engrasar

greasy /ˈgrisi/ *adjetivo* (**greasier**, **greasiest**)
1 grasoso -a
2 grasiento -a

great /greɪt/ *adjetivo*
1 sensacional: *It was a great party.* Fue una fiesta sensacional. | *I feel great.* Me siento muy bien.
2 great big enorme: *He has a great big dog.* Tiene un perro enorme.
3 gran: *Whitman is one of our greatest poets.* Whitman es uno de nuestros más grandes poetas.

great-ˈgranddaughter *sustantivo*
bisnieta

great-ˈgrandfather *sustantivo*
bisabuelo

great-ˈgrandmother *sustantivo*
bisabuela

great-ˈgrandson *sustantivo*
bisnieto

greatly /ˈgreɪtli/ *adverbio*
mucho: *She greatly admired his courage.* Admiraba mucho su valor.

greed /grid/ *sustantivo*
1 glotonería, **gula**
2 avaricia, **codicia**

greedy /ˈgridi/ *adjetivo* (**greedier**, **greediest**)
1 glotón -ona: *That greedy boy ate all the cake.* Ese niño glotón se comió todo el pastel.
2 avaricioso -a, **codicioso -a**

Greek /grik/ *adjetivo & sustantivo*
■ *adjetivo*
griego -a
■ *sustantivo*
1 griego -a [persona]
2 griego [idioma]

green /grin/ *adjetivo & sustantivo*
■ *adjetivo*
1 verde: *She has green eyes.* Tiene los ojos verdes.
2 verde: *Cities need more green areas.* Las ciudades necesitan más zonas verdes.
■ *sustantivo*
verde: *She was dressed in green.* Iba vestida de verde.

ˌgreen ˈcard *sustantivo*
permiso de residencia [en los Estados Unidos]

greenhouse /ˈgrinhaʊs/ *sustantivo*
invernadero

greet /grit/ *verbo*
recibir, **saludar**: *He greeted her with a smile.* La recibió con una sonrisa.

greeting /ˈgritɪŋ/ *sustantivo*
saludo

grew /gru/ pasado del verbo **grow**

grey /greɪ/ ▶ ver **gray**

grief /grif/ *sustantivo*
dolor, **pena**: *The death of her son caused her much grief.* La muerte de su hijo le causó mucho dolor.

grieve /griv/ *verbo*
sufrir [un dolor o una pena]

grill /grɪl/ *verbo & sustantivo*
■ *verbo*
asar [a la parrilla]
■ *sustantivo*
parrilla

grim /grɪm/ *adjetivo* (**grimmer**, **grimmest**)
1 deprimente
2 lúgubre, **sombrío -a**

grin /grɪn/ *verbo & sustantivo*
■ *verbo* (**grinning**, **grinned**)
sonreír [abiertamente]: *He grinned at me from across the room.* Me sonrió del otro lado del cuarto.

G

■ *sustantivo*
sonrisa: *She had a grin on her face.* Tenía una amplia sonrisa.

grind /graɪnd/ *verbo* (pasado y participio **ground**)
moler: *First, we grind the coffee beans.* Primero vamos a moler los granos de café.

grip /grɪp/ *verbo & sustantivo*
■ *verbo* (**gripping**, **gripped**)
agarrar [con fuerza]: *She gripped his hand in fear.* Lo agarró de la mano con fuerza porque tenía miedo.
■ *sustantivo*
to keep a grip on something agarrarse de algo: *She kept a firm grip on the rope.* Se agarró de la cuerda con fuerza.

G

groan /groʊn/ *verbo*
gemir: *He groaned with pain.* Gimió de dolor.

groceries /ˈgroʊsəriz/ *sustantivo plural*
abarrotes

ˈgrocery ˌlist *sustantivo*
lista de la compra

ˈgrocery ˌstore *sustantivo*
tienda de abarrotes

groom /grum/ *sustantivo*
novio [en una boda]: *The groom wore a dark blue suit.* El novio llevaba un traje azul oscuro.

groom/bride

grope /groʊp/ *verbo* (**groping**, **groped**)
buscar a tientas: *He groped for his matches in the dark.* Buscó los cerillos a tientas en la oscuridad.

ground¹ /graʊnd/ *sustantivo*
1 suelo: *An apple fell to the ground.* Una manzana cayó al suelo.
2 tierra: *The ground is too hard to plant seeds.* La tierra está demasiado dura para sembrar.

ground² /graʊnd/ pasado y participio del verbo **grind**

ground ˈbeef *sustantivo*
carne de res molida

ˌground ˈfloor *sustantivo*
planta baja

grounds /graʊndz/ *sustantivo plural*
terreno

group /grup/ *sustantivo*
1 grupo: *a group of girls* un grupo de niñas
2 conjunto, **grupo** [musical]

grow /groʊ/ *verbo* (pasado **grew**, participio **grown**)
1 crecer: *My son has grown two inches this year.* Mi hijo ha crecido dos pulgadas este año. | *Are you growing a beard?* ¿Te estás dejando crecer la barba?
2 cultivar: *They are growing potatoes.* Cultivan papas.
3 crecer: *Our business is growing.* Nuestro negocio está creciendo.
4 hacerse: *My uncle is growing old.* Mi tío se está haciendo viejo. | *The noise grew louder.* El ruido se hizo cada vez más fuerte.
5 to grow up (a) criarse: *He grew up in China.* Se crió en China. **(b) ser grande**: *He wants to be a fireman when he grows up.* Quiere ser bombero cuando sea grande.

growl /graʊl/ *verbo & sustantivo*
■ *verbo*
gruñir: *The dog growled at me.* El perro me gruñó.
■ *sustantivo*
gruñido

grown /groʊn/ participio del verbo **grow**

ˌgrown ˈup *adjetivo*
mayor: *Her children are all grown-up now.* Sus hijos son todos ya mayores.

ˌgrown ˈup *sustantivo*
adulto

growth /groʊθ/ *sustantivo*
crecimiento: *The growth of the company is impressive.* El crecimiento de la compañía es impresionante.

grumble /ˈgrʌmbəl/ *verbo* (**grumbling**, **grumbled**)
rezongar, **quejarse**: *She grumbled about having to wait for so long.* Rezongó por tener que esperar tanto.

grumpy /ˈgrʌmpi/ *adjetivo* (**grumpier**, **grumpiest**)
gruñón -ona

grunt /grʌnt/ *verbo*
gruñir

guarantee /gærən'ti/ *sustantivo & verbo*
■ *sustantivo*
garantía: *The watch has a two-year guarantee.* El reloj tiene una garantía de dos años.
■ *verbo*
1 garantizar: *He guaranteed that he would do it today.* Me garantizó que lo haría hoy mismo.
2 garantizar: *My radio is guaranteed for three years.* Mi radio está garantizado por tres años.

guard /gɑrd/ *verbo & sustantivo*
■ *verbo*
1 cuidar: *A dog guards the house.* Un perro cuida la casa.
2 (una prisión, un banco) **vigilar**
3 custodiar, **vigilar** [a un prisionero]
■ *sustantivo*
1 guardia
2 to be on guard/to stand guard estar de guardia: *Two policemen were on guard outside.* Dos policías estaban de guardia afuera.

Guatemala /gwɑtə'mɑlə/ *sustantivo*
Guatemala

guerrilla /gə'rɪlə/ *sustantivo*
guerrillero -a

NOTA: La palabra *guerrilla* en español se traduce por **guerrilla group** en inglés

guess /ges/ *verbo & sustantivo*
■ *verbo*
1 adivinar: *Can you guess my age?* ¿Adivinas mi edad?
2 I guess supongo: *He's not here. I guess he went on without us.* No está aquí. Supongo que se fue sin nosotros.
■ *sustantivo* (plural **guesses**)
El acto de intentar adivinar algo: *If you don't know the answer, take a guess.* Si no sabes la respuesta, adivina.

guest /gest/ *sustantivo*
1 invitado -a: *We have three guests for dinner.* Tenemos tres invitados a cenar.
2 huésped [en un hotel]

guidance /'gaɪdns/ *sustantivo*
orientación: *With my teacher's guidance, I finished the work.* Con la orientación de mi maestro, terminé el trabajo.

guide /gaɪd/ *verbo & sustantivo*
■ *verbo* (**guiding**, **guided**)
guiar: *He guided us around the city.* Nos guió por la ciudad.
■ *sustantivo*
1 guía: *How much does it cost to hire a guide?* ¿Cuánto cuesta contratar un guía?
2 manual: *She gave me a guide for new parents.* Me regaló un manual para nuevos padres.

guidebook /'gaɪdbʊk/ *sustantivo*
guía [libro]

guilt /gɪlt/ *sustantivo*
1 culpa: *I felt a sense of guilt for not being honest with her.* Tenía un sentimiento de culpa por no haber sido sincero con ella.
2 culpabilidad: *The jury was sure of his guilt.* El jurado estaba seguro de su culpabilidad.

guilty /'gɪlti/ *adjetivo*
1 culpable: *I feel guilty about not telling her.* Me siento culpable por no habérselo dicho.
2 culpable | **to find someone guilty (of something) declarar a alguien culpable (de algo)**

guinea pig /'gɪni pɪg/ *sustantivo*
conejillo de Indias

guitar /gɪ'tɑr/ *sustantivo*
guitarra

gulf /gʌlf/ *sustantivo*
golfo

gulp /gʌlp/ *verbo & sustantivo*
■ *verbo*
(also **gulp down**) **tomarse de un trago**: *He gulped down the water.* Se tomó el agua de un trago.
■ *sustantivo*
trago: *He drank the milk in one gulp.* Se tomó la leche de un solo trago.

gum /gʌm/ *sustantivo*
1 chicle
2 gums encías

gun /gʌn/ *sustantivo*
arma de fuego

gunman /'gʌnmən/ *sustantivo* (plural **gunmen** /-mən/)
pistolero

gunpowder /'gʌnpaʊdər/ *sustantivo*
pólvora

gunshot /'gʌnʃɑt/ *sustantivo*
disparo: *I heard three gunshots.* Oí tres disparos.

gush /gʌʃ/ *verbo*
salir a borbotones/chorros: *Blood gushed from the cut in his leg.* Le salía sangre a borbotones de la herida en la pierna.

gust /gʌst/ *sustantivo*
ráfaga: *A gust of wind blew the tent down.* Una ráfaga de viento tiró la tienda de campaña.

gutter /ˈgʌtər/ *sustantivo*
1 alcantarilla
2 canaleta

guy /gaɪ/ *sustantivo* (plural **guys**)
1 chavo, **cuate**: *What a nice guy!* ¡Qué chavo más simpático!
2 you guys Forma de dirigirse a un grupo de personas, que puede incluir tanto a hombres como a mujeres: *What do you guys want to do today?* ¿Qué quieren hacer hoy?

gym /dʒɪm/ *sustantivo*
1 gimnasio
2 gimnasia: *Do you like gym class?* ¿Te gusta la clase de gimnasia?

gymnast /ˈdʒɪmnæst/ *sustantivo*
gimnasta

gymnastics /dʒɪmˈnæstɪks/ *sustantivo*
gimnasia

Hh

H, h /eɪtʃ/ *sustantivo*
H, h: *H for Houston* H de Houston

habit /ˈhæbɪt/ *sustantivo*
costumbre, **hábito**: *She has a habit of being late.* Tiene la costumbre de llegar tarde. | *Don't play with your hair – it's a bad habit.* No juegues con el pelo: es un mal hábito.

had /hæd/ pasado y participio del verbo **have**

hadn't /ˈhædnt/ contracción de **had not**
I hadn't finished but I had to go. No había terminado pero me tuve que ir. | *I hadn't any money.* No tenía dinero.

hail /heɪl/ *sustantivo & verbo*
■ *sustantivo*
granizo | **a hail storm una granizada**
■ *verbo*
1 granizar
2 to hail a taxi hacerle la parada a un taxi

hair /her/ *sustantivo*
1 pelo, **cabello**: *There's a hair in my soup!* ¡Hay un pelo en mi sopa!
2 pelo, **cabello**: *Her hair is very long.* Tiene el pelo muy largo.
3 vello

hairbrush /ˈherbrʌʃ/ *sustantivo* (plural **hairbrushes**)
cepillo [para el pelo]

haircut /ˈherkʌt/ *sustantivo*
corte de pelo: *I like your new haircut.* Me gusta tu nuevo corte. | **to have/get a haircut cortarse el pelo**

hairdresser /ˈherdresər/ *sustantivo*
peluquero -a

hairdryer /ˈherdraɪər/ *sustantivo*
secadora de pelo

ˈhair spray *sustantivo*
laca, **fijador** [para el pelo]

hairstyle /ˈherstaɪl/ *sustantivo*
peinado, **corte de pelo**: *Is that a new hairstyle?* ¿Es un nuevo peinado?

hairy /ˈheri/ *adjetivo* (**hairier, hairiest**)
velludo -a: *His arms are very hairy.* Tiene los brazos muy velludos.

half /hæf/ *sustantivo & adverbio*
■ *sustantivo* (plural **halves**)
1 mitad: *I had half of the apple and my brother had the other half.* Yo me comí la mitad de la manzana y mi hermano la otra.
2 in half a la mitad: *I cut the pie in half.* Corté el pay a la mitad.
3 half an hour media hora: *I will be there in half an hour.* Estoy allí en media hora.
4 half a dozen media docena
■ *adverbio*
1 medio: *There were two half empty cups of tea on the table.* Había dos tazas de té medio vacías en la mesa. | *We were all half asleep.* Estábamos todos medio dormidos.
2 to be not half bad no estar nada mal: *This food isn't half bad.* Esta comida no está nada mal.

half-brother /ˈhæfbrʌðər/ *sustantivo*
hermanastro, **medio hermano**

half-sister /ˈhæfsɪstər/ *sustantivo*
hermanastra, **medio hermana**

halftime /ˈhæftaɪm/ *sustantivo*
medio tiempo

halfway /hæfˈweɪ/ *adverbio*
1 a mitad de camino: *It's halfway between Baton Rouge and New Orleans.* Está a mitad de camino entre Baton Rouge y Nueva Orleans.
2 en la mitad de: *I fell asleep halfway through the movie.* Me dormí en la mitad de la película.

hall /hɔl/ *sustantivo*
1 recibidor
2 salón [de actos públicos]

Halloween /hæləˈwin/ *sustantivo*
Halloween

hallway /ˈhɔlweɪ/ *sustantivo*
pasillo

halt /hɔlt/ *verbo & sustantivo*
■ *verbo*
parar, **detener**: *The police halted the traffic.* La policía paró el tráfico.
■ *sustantivo*
Usado para referirse a la acción de detenerse: *All the cars came to a halt.* Todos los coches se detuvieron.

ham /hæm/ *sustantivo*
jamón: *a ham sandwich* un sandwich de jamón

hamburger /ˈhæmbɜrgər/ *sustantivo*
1 hamburgesa
2 carne molida

hammer /ˈhæmər/ *sustantivo & verbo*
■ *sustantivo*
martillo
■ *verbo*
martillar

hamster /ˈhæmstər/ *sustantivo*
hámster

hamstring /ˈhæmstrɪŋ/ *sustantivo*
ligamento de la rodilla

hand /hænd/ *sustantivo & verbo*
■ *sustantivo*
1 mano: *Did you wash your hands?* ¿Te lavaste las manos?
2 by hand a mano: *These toys are made by hand.* Estos juguetes están hechos a mano.
3 to give/lend a hand echar una mano: *Will you give me a hand with this box?* ¿Me echas una mano con esta caja?
4 to need a hand necesitar una mano: *Do you need a hand with the cooking?* ¿Necesitas una mano con la comida?
5 hand in hand de la mano: *They were walking hand in hand.* Iban caminando de la mano.
6 on hand a la mano: *We always keep some glue on hand.* Siempre tenemos pegamento a la mano.
7 manecilla [de reloj]
■ *verbo*
1 pasar, **dar**: *Hand me that plate.* Pásame ese plato. | *She handed the letter to John.* Le dio la carta a John.
2 to hand something in entregar algo: *You can hand in your papers now.* Ya pueden entregar sus exámenes.
3 to hand something out repartir algo: *Please hand out the pencils.* Reparte los lápices, por favor.

hand

The children walked hand in hand.

handcuffs /ˈhændkʌfs/ *sustantivo plural*
esposas [para sujetar manos]

handful /ˈhændfʊl/ *sustantivo*
1 puñado: *He took a handful of candy.* Tomó un puñado de dulces.
2 a handful of people un puñado de personas: *Only a handful of people came to the meeting.* Sólo había un puñado de personas en la junta.

handgun /ˈhændgʌn/ *sustantivo*
pistola, revólver

handicap /ˈhændikæp/ *sustantivo*
1 impedimento físico
2 deficiencia mental

handicapped /ˈhændikæpt/ *adjetivo*
discapacitado -a: *He goes to a school for handicapped children.* Va a una escuela para niños discapacitados.

handkerchief /ˈhæŋkərtʃɪf/ *sustantivo*
pañuelo

handle /ˈhændl/ *sustantivo & verbo*
■ *sustantivo*
1 picaporte, **manija** [de una puerta]
2 agarradera [de un cajón]
3 asa [de una maleta, etc.]
4 mango [de un cuchillo]
■ *verbo*
1 manejar [cosas y situaciones]: *Handle the package with care.* Maneje el paquete con cuidado.
2 ocuparse de: *He can't handle the children by himself.* No se puede ocupar de los niños él solo.

handle

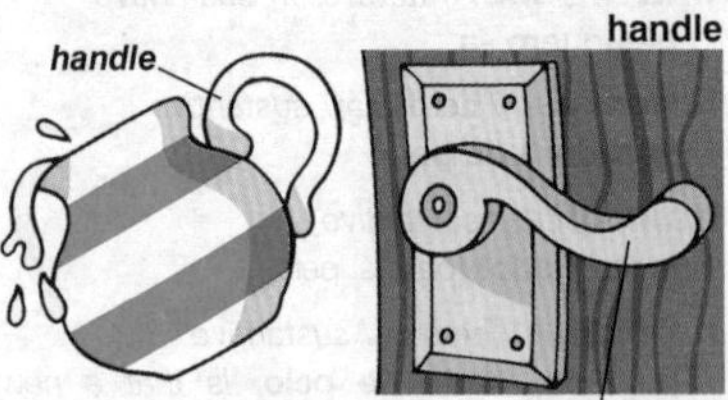

handlebars /ˈhændlbɑrz/ *sustantivo plural*
manubrio

handsome /ˈhænsəm/ *adjetivo*
guapo [generalmente para hablar de un hombre]

handwriting /ˈhændraɪtɪŋ/ *sustantivo*
letra [forma de escribir a mano]: *He has very neat handwriting.* Tiene muy buena letra.

handy /ˈhændi/ *adjetivo* (**handier**, **handiest**)
1 útil, **práctico -a**: *A second car comes in very handy.* Tener un segundo coche es muy útil.
2 a mano: *Keep the medicine handy in case we need it.* Ten la medicina a mano en caso de que la necesitemos.

hang¹ /hæŋ/ *verbo* (pasado y participio **hung**)
1 colgar: *I hung my coat in the closet.* Colgué mi abrigo en el closet.
2 colgar, **estar colgado -a**: *There was a mirror hanging on the wall.* Había un espejo colgado en la pared.
3 to hang around rondar, **esperar**: *He was hanging around outside my house.* Andaba rondando por mi casa.
4 to hang on to agarrarse: *Hang on to your hat, it's very windy.* Agárrate el sombrero, hace mucho viento.
5 to hang out *We usually hang out at Jill's house after school.* Generalmente andamos en casa de Jill después de la escuela.
6 to hang the washing out tender la ropa
7 to hang up colgar [el teléfono]

hang out

He was hanging out the washing.

hang² /hæŋ/ *verbo* (pasado y participio **hanged**)
ahorcar

hanger /ˈhæŋər/ *sustantivo*
gancho [para la ropa]

happen /ˈhæpən/ *verbo*
1 ocurrir, **pasar**: *The accident happened outside my house.* El accidente ocurrió afuera de mi casa.
2 to happen to do something *If you happen to see Susan, give her this message.* Si por casualidad ves a Susan, dale este recado.

happening /ˈhæpənɪŋ/ *sustantivo*
acontecimiento, **suceso**

happily /ˈhæpəli/ *adverbio*
alegremente, **felizmente**: *They were laughing happily.* Se reían alegremente.

happiness /ˈhæpinəs/ *sustantivo*
felicidad

happy /ˈhæpi/ *adjetivo* (**happier**, **happiest**)
1 contento -a: *We want our clients to be happy.* Queremos que nuestros clientes estén contentos. | *I'm happy to hear you're feeling better.* Me alegra saber que te encuentras mejor.
2 feliz: *They are very happy together.* Son muy felices juntos.
3 Happy Birthday! ¡Feliz cumpleaños!
4 Happy New Year! ¡Feliz Año Nuevo!

harass /həˈræs/ *verbo*
acosar

harassment /həˈræsmənt/ *sustantivo*
acoso

harbor /ˈhɑrbər/ *sustantivo*
puerto

hard /hɑrd/ *adjetivo & adverbio*
■ *adjetivo*
1 duro -a: *The ground is too hard to dig into.* La tierra está demasiado dura para cavar.
2 difícil: *Math is the hardest class I have.* Mi clase más difícil es matemáticas.
3 pesado -a, **arduo -a**: *I had a hard day.* Tuve un día pesado.
■ *adverbio*
mucho: *It's raining hard.* Está lloviendo mucho. | *She works very hard.* Trabaja mucho.

ˌhard ˈdisk *sustantivo*
disco duro [de una computadora]

harden /ˈhɑrdn/ *verbo*
1 endurecer
2 endurecerse

hardly /ˈhɑrdli/ *adverbio*
casi no, **casi nunca**, **casi nada**: *It was so dark that I could hardly see.* Estaba tan oscuro que casi no veía. | *He hardly ever eats meat.* Casi nunca come carne. | *He hardly eats anything.* No come casi nada.

hardware /ˈhɑrdwer/ *sustantivo*
1 ferretería [conjunto de herramientas]
2 hardware, **equipo** [de computadoras]

H

hardworking /hɑrdˈwɜrkɪŋ/ *adjetivo*
trabajador -a

hare /her/ *sustantivo*
liebre

harm /hɑrm/ *sustantivo & verbo*
■ *sustantivo*
1 daño
2 there's no harm in doing something no perderse nada con hacer algo: *There's no harm in asking him for a job.* No se pierde nada con pedirle trabajo.
■ *verbo*
1 dañar: *Too much sun can harm your skin.* Demasiado sol puede dañar la piel.
2 hacerle daño a

H

harmful /ˈhɑrmfəl/ *adjetivo*
nocivo -a, **dañino -a**: *Smoking is harmful to your health.* Fumar es nocivo para la salud.

harmless /ˈhɑrmləs/ *adjetivo*
inofensivo -a: *Don't worry, the dog is harmless.* No te preocupes, el perro es inofensivo.

harp /hɑrp/ *sustantivo*
arpa

harsh /hɑrʃ/ *adjetivo*
duro -a, **severo -a**: *He said some harsh things to her.* Le dijo algunas cosas muy duras.

harvest /ˈhɑrvɪst/ *sustantivo & verbo*
■ *sustantivo*
cosecha: *The corn harvest was good this year.* La cosecha de maíz fue buena este año.
■ *verbo*
cosechar

has /hæz/ tercera persona singular del presente del verbo **have**
She has three children. Tiene tres hijos.

hasn't /ˈhæznt/ contracción de la forma negativa **has not**
She hasn't called. No ha llamado.

hassle /ˈhæsəl/ *sustantivo*
lata, **lío**: *Driving in the city is such a hassle!* ¡Manejar en la ciudad es una lata!

haste /heɪst/ *sustantivo*
prisa: *In my haste I forgot my coat.* Con las prisas se me olvidó el abrigo.

hasty /ˈheɪsti/ *adjetivo* (**hastier**, **hastiest**)
precipitado -a: *I made a hasty decision.* Tomé una decisión precipitada.

hat /hæt/ *sustantivo*
sombrero

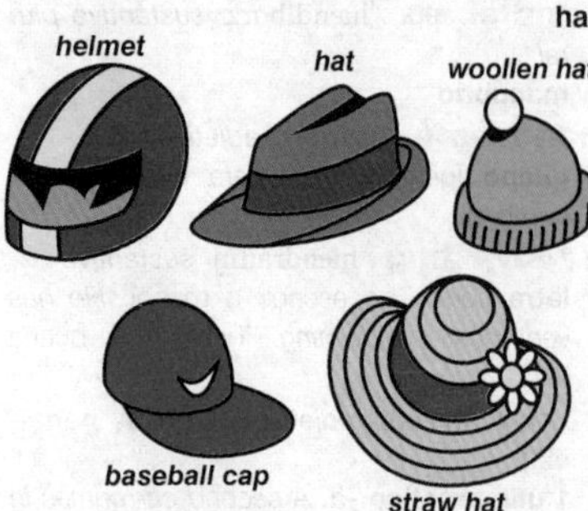

hatch /hætʃ/ *verbo*
salir del cascarón: *The chicks hatched this morning.* Los pollitos salieron del cascarón hoy en la mañana.

hate /heɪt/ *verbo & sustantivo*
■ *verbo* (**hating**, **hated**)
detestar, **odiar**: *I hate snakes.* Detesto las víboras.
■ *sustantivo*
odio

hatred /ˈheɪtrəd/ *sustantivo*
odio

haul /hɔl/ *verbo*
jalar: *They hauled the boat onto the shore.* Jalaron la lancha a la orilla.

haunt /hɔnt/ *verbo*
embrujar [un fantasma o espíritu un lugar]: *People say that the old house is haunted.* La gente dice que la casa está embrujada.

have /hæv/ *verbo* (pasado y participio **had**)
1 Se utiliza con el participio para formar los tiempos compuestos pasados: *We have been to the store.* Fuimos a la tienda. | *When I arrived, she had already gone away.* Cuando llegué, ya se había ido.
2 (para indicar características o que se posee algo) **tener**: *He has long hair.* Tiene el pelo largo. | *Do you have a car?* ¿Tienes coche? | *I do not have any money.* No tengo dinero. | *London has lots of Indian restaurants.* En Londres hay muchos restaurantes indios.
3 Para indicar que se experimenta algo: *We had fun at the party.* Nos lo pasamos bien en la fiesta. | *She is having a bad time at work.* Lo está pasando mal en el trabajo.
4 Para indicar que se come o se toma algo: *What will you have?* ¿Qué quieren tomar? | *I have my breakfast at 8 o'clock.* Desayuno a las 8.
5 (para indicar dónde está algo) **tener**: *I have it right here.* Lo tengo aquí mismo.

6 (usado con enfermedades) **tener**: *She has a headache.* Tiene dolor de cabeza.

7 Para indicar que se recibe algo: *You have a telephone call.* Tienes una llamada. | *Let me have your telephone number.* Dame tu número de teléfono.

haven't /ˈhævənt/ contracción de la forma negativa **have not**
I haven't seen that movie. No he visto esa película.

have to /ˈhæftə/ *verbo* (also **have got to**)
tener que: *We have to leave now, so we can catch the bus.* Tenemos que irnos ahora para tomar el camión. | *I have got to talk to him.* Tengo que hablar con él.

Hawaii /həˈwaɪ-i/ *sustantivo*
Hawai

hawk /hɔk/ *sustantivo*
halcón

hay /heɪ/ *sustantivo*
heno

hazard /ˈhæzərd/ *sustantivo*
peligro, **riesgo**: *Drinking this water may be a health hazard.* Tomar esta agua puede ser un peligro para la salud.

hazardous /ˈhæzərdəs/ *adjetivo*
peligroso -a, **arriesgado -a**

haze /heɪz/ *sustantivo*
1 polvareda, **humareda**
2 neblina, **bruma**

hazelnut /ˈheɪzəlnʌt/ *sustantivo*
avellana

hazy /ˈheɪzi/ *adjetivo* (**hazier**, **haziest**)
brumoso -a: *On a hazy day you cannot see the mountains.* En dias brumosos no se ven las montañas.

he /hi/ *pronombre*
él ▶ A menudo se omite en español: *I remember John. He lives in Boston now.* Me acuerdo de John. Ahora vive en Boston.

head /hed/ *sustantivo & verbo*
■ *sustantivo*
1 cabeza: *His head is full of ideas.* Tiene la cabeza llena de ideas.
2 cabecera, **cabeza**: *She sat at the head of the table.* Se sentó en la cabecera de la mesa. | *We stood at the head of the line.* Nos pusimos en la cabeza de la cola.
3 BrE **director -a** [de una escuela]
4 jefe -a [de una empresa]: *He is the head of a French company.* Es el jefe de una compañía francesa.
5 to use your head usar la cabeza
6 to keep your head mantener la calma
7 to lose your head perder la calma
■ *verbo*
1 Ir en dirección de: *Where are you heading?* ¿Hacia dónde vas? | *The car was heading for the wall.* El coche iba derecho al muro.
2 dirigir, **estar al frente de**
3 encabezar

headache /ˈhedeɪk/ *sustantivo*
dolor de cabeza: *I have a headache.* Tengo dolor de cabeza.

heading /ˈhedɪŋ/ *sustantivo*
encabezamiento

headlight /ˈhedlaɪt/ *sustantivo*
faro [de un coche]

headline /ˈhedlaɪn/ *sustantivo*
encabezado

headphones /ˈhedfoʊnz/ *sustantivo plural*
audífonos, **auriculares**

headquarters /ˈhedkwɔrtərz/ *sustantivo*
1 casa matriz
2 cuartel general

heal /hil/ *verbo*
1 cicatrizar, **cerrarse**: *The cut on my arm has healed.* La herida de mi brazo ya cicatrizó.
2 curar

health /helθ/ *sustantivo*
salud: *Smoking is bad for your health.* Fumar es malo para la salud.

healthy /ˈhelθi/ *adjetivo* (**healthier**, **healthiest**)
1 sano -a: *She had a healthy baby girl.* Tuvo una bebita sana.
2 saludable, **sano**: *It is healthy to eat a lot of fruit.* Comer mucha fruta es saludable.

heap /hip/ *sustantivo & verbo*
■ *sustantivo*
pila, **montón**
■ *verbo*
llenar, **amontonar**: *He heaped his plate with food.* Llenó su plato de comida.

hear /hɪr/ *verbo* (pasado y participio **heard** /hɜrd/)
1 oír: *Did you hear their new song?* ¿Ya oíste su nueva canción? | *Can you hear me?* ¿Me oyes?
2 enterarse: *I heard that he was sick.* Me enteré de que estaba enfermo.
3 to hear from someone tener noticias de alguien: *Have you heard from John lately?* ¿Has tenido noticias de John recientemente?

H

4 **to have heard of someone/something** **haber oído hablar de alguien/algo**: *I've never heard of her.* Nunca he oído hablar de ella.

hear

The music is so loud she can't hear the phone.

hearing /ˈhɪrɪŋ/ *sustantivo*
oído ► A menudo se usa el verbo *oír*: *His hearing is not very good.* No oye muy bien.

heart /hɑrt/ *sustantivo*
1 corazón
2 the heart of something **(a) el centro o corazón de un lugar**: *Our hotel was in the heart of the city.* Nuestro hotel estaba en el centro de la ciudad. **(b) el meollo de algo**: *We need to get to the heart of the problem.* Necesitamos llegar al meollo del asunto.
3 to break someone's heart **partirle el alma a alguien**
4 by heart **de memoria**: *I know this song by heart.* Me sé esta canción de memoria.
5 to lose heart **desanimarse, descorazonarse**
6 to take heart **animarse**
7 at heart **en el fondo**: *He seems serious, but he is a child at heart.* Parece serio pero en el fondo es un niño.

heartbeat /ˈhɑrtbit/ *sustantivo*
latido [del corazón]

heartbroken /ˈhɑrtbroʊkən/ *adjetivo*
desconsolado -a, inconsolable

heartless /ˈhɑrtləs/ *adjetivo*
sin corazón, cruel

heat /hit/ *sustantivo & verbo*
■ *sustantivo*
1 calor: *Heat from the sun is used for making energy.* El calor del sol se usa para generar energía.
2 the heat **(a) el calor**: *I hate the heat.* Detesto el calor. **(b) calefacción**: *Can you turn the heat off?* ¿Puedes apagar la calefacción?
3 eliminatoria [en competencias deportivas]
■ *verbo*
1 (también **heat up**) **calentar**: *We could heat up some soup for supper.* Podríamos calentar un poco de sopa para la cena.
2 calentarse

heater /ˈhitər/ *sustantivo*
radiador [del sistema de calefacción]

heave /hiv/ *verbo* (**heaving**, **heaved**)
levantar [con esfuerzo]: *I heaved the boxes onto the truck.* Levanté las cajas con mucho esfuerzo y las puse en el camión.

heaven /ˈhevən/ *sustantivo*
cielo

heavy /ˈhevi/ *adjetivo* (**heavier**, **heaviest**)
1 pesado -a: *This bag is too heavy to carry.* Esta bolsa está demasiado pesada para cargarla.
2 Se usa para indicar la intensidad de algo o de alguna actividad: *We had heavy rain.* Llovió fuerte. | *Traffic is heavy on Fridays.* El tráfico es pesado los viernes. | *My wife is a heavy sleeper.* Mi esposa tiene el sueño pesado. | *Nick is a heavy drinker.* Nick bebe mucho.

ˌheavy ˈmetal *sustantivo*
metal pesado [en música moderna]

he'd /hid/
■ contracción de **he had**
He'd seen her before. La había visto antes.
■ contracción de **he would**
He said he'd come. Dijo que vendría.

hedge /hedʒ/ *sustantivo*
seto

heel /hil/ *sustantivo*
1 talón
2 tacón [de calzado]
3 talón [de calcetines o medias]

height /haɪt/ *sustantivo*
estatura, altura: *They are about the same height.* Son más o menos de la misma estatura.

heir /er/ *sustantivo*
heredero -a

held /held/ pasado y participio del verbo **hold**

helicopter /ˈhelɪkɑptər/ *sustantivo*
helicóptero

hell /hel/ *sustantivo*
infierno

he'll /hil/ contracción de **he will**
He'll phone you tomorrow. Te llamará mañana.

hello /həˈloʊ/ *interjección*
1 hola: *Hello, how are you?* Hola, ¿cómo estás?

2 ¿bueno? [al hablar por teléfono]: *"Hello." "Hi, it's Mike, is Jane there?"* –¿Bueno? –Hola, soy Mike. ¿Está Jane?

helmet /ˈhelmət/ *sustantivo*
casco

help /help/ *verbo & sustantivo*
▪ *verbo*
1 ayudar: *Could you help me move this table?* ¿Me puedes ayudar a mover esta mesa?
2 can't help, couldn't help no poder evitar o remediar: *I couldn't help laughing when I saw his hat.* No pude evitar reírme cuando vi su sombrero.
3 to help yourself servirse: *Help yourself to some milk.* Sírvete leche.
▪ *sustantivo*
ayuda: *If you want any help, just tell me.* Si necesitas ayuda, dímelo.

helpful /ˈhelpfəl/ *adjetivo*
1 útil, **de utilidad**: *This map is not very helpful.* Este mapa no es de mucha utilidad.
2 servicial, **amable**: *She's very kind and helpful.* Es muy amable y servicial.

helping /ˈhelpɪŋ/ *sustantivo*
porción: *Would you like another helping of pie?* ¿Quieres otra porción de pay?

helpless /ˈhelpləs/ *adjetivo*
indefenso -a

hem /hem/ *sustantivo*
dobladillo, **bastilla**

hen /hen/ *sustantivo*
gallina

her /hɜr/ *pronombre*
1 la [como objeto directo], **le** [como objeto indirecto], **ella** [después de una preposición]: *I just saw her yesterday.* La vi apenas ayer. | *Give her the book.* Dale el libro. | *I had a letter from her.* Recibí una carta de ella.
2 su, **sus** [de ella]: *Her baby was sleeping in her arms.* El bebé dormía en sus brazos. | *Mary broke her leg.* Mary se rompió la pierna.

herb /ɜrb/ *sustantivo*
hierba [de olor o medicinal]

herbivore /ˈhɜrbəvɔr/ *sustantivo*
herbívoro -a

herd /hɜrd/ *sustantivo & verbo*
▪ *sustantivo*
1 manada [de ganado, de puercos o de animales salvajes]
2 rebaño [de cabras]
▪ *verbo*
arrear

here /hɪr/ *adverbio*
1 acá, **aquí**: *Come here and sit by me.* Ven acá y siéntate junto a mí. | *How far is your house from here?* ¿Qué tan lejos está tu casa de aquí?
2 here you are aquí tiene/aquí tienes
3 here and there aquí y allá: *There were a few boats here and there on the water.* Había algunas lanchas aquí y allá en el agua.

hero /ˈhɪroʊ/ *sustantivo* (plural **heroes**)
1 héroe
2 héroe, **protagonista**

heroic /hɪˈroʊɪk/ *adjetivo*
heroico -a

heroine /ˈheroʊɪn/ *sustantivo*
heroína, **protagonista**

hers /hɜrz/ *pronombre*
suyo -a [de ella]: *My hand touched hers.* Mi mano tocó la suya. | *a friend of hers* un amigo suyo

herself /hərˈself/ *pronombre*
1 se [usado con verbos reflexivos]: *She made herself a cup of coffee.* Se hizo una taza de café.
2 ella misma: *She gave me the money herself.* Me dio el dinero ella misma.
3 by herself sola: *She went for a walk by herself.* Salió a dar un paseo sola. | *She made dinner all by herself.* Hizo la cena ella sola.

he's /hiz/
▪ contracción de **he is**
He's an architect. Es arquitecto.
▪ contracción de **he has**
He's lost his keys again. Perdió sus llaves otra vez.

hesitate /ˈhezəteɪt/ *verbo* (**hesitating**, **hesitated**)
titubear, **vacilar**, **dudar**: *He hesitated before answering the question.* Titubeó un momento antes de contestar la pregunta.

hesitation /hezəˈteɪʃən/ *sustantivo*
vacilación

hexagon /ˈheksəgɑn/ *sustantivo*
hexágono

hey /heɪ/ *interjección*
eh

hi /haɪ/ *interjección*
hola

hiccups /ˈhɪkʌps/ *sustantivo plural*
hipo: *Do you have the hiccups?* ¿Tienes hipo?

H

hide /haɪd/ *verbo & sustantivo*

■ *verbo* (gerundio **hiding**, pasado **hid** /hɪd/ participio **hidden** /ˈhɪdn/)

1 esconder: *Where did you hide the money?* ¿Dónde escondiste el dinero?

2 esconderse: *I hid behind the door.* Me escondí detrás de la puerta.

3 ocultar: *She hid her feelings from her family.* Le ocultó sus sentimientos a su familia.

■ *sustantivo*

piel [de un animal]

hide

He hid the money behind the picture.

ˌhide-and-ˈseek *sustantivo*

jugar a las escondidas: *Let's play hide-and-seek.* Vamos a jugar a las escondidas.

high /haɪ/ *adjetivo & adverbio*

1 alto -a: *The apartment has very high ceilings* El departamento tiene techos muy altos. | *The highest mountain in Asia is Mount Everest.* La montaña más alta de Asia es el Everest. ▶ compara con **tall**

2 alto: *Throw the ball as high as you can.* Tira la pelota tan alto como puedas. | *We flew high above the town.* Volamos muy alto por encima de la ciudad.

3 fuerte [con referencia al viento]: *High winds knocked down the trees.* Los fuertes vientos derribaron los árboles.

4 alto -a [con referencia al estatus]: *She has a high position in the government.* Tiene un alto puesto en el gobierno.

5 bueno -a [concepto u opinión]: *Her parents have a high opinion of her boyfriend.* Sus padres tienen una buena opinión de su novio.

6 agudo -a [con referencia a la voz]: *You need a high voice to sing this song.* Se necesita una voz aguda para cantar esta canción.

ˌhigh-defiˈnition *adjetivo*

de alta definición: *high-definition TV* televisión de alta definición

highlands /ˈhaɪləndz/ *sustantivo plural*

altiplanicie, tierras altas

highly /ˈhaɪli/ *adverbio*

1 sumamente: *We had a highly successful meeting.* Tuvimos una junta muy exitosa.

2 to think highly of someone tener una buena opinión de alguien

Highness /ˈhaɪnəs/ *sustantivo*

Alteza: *Good morning, Your Highness.* Buenos días, Su Alteza.

ˈhigh school *sustantivo*

En los Estados Unidos, una escuela para alumnos de 14 a 18 años

high-tech /haɪ ˈtek/ *adjetivo*

de alta tecnología: *I bought a new high-tech camera.* Compré una cámara de alta tecnología.

ˌhigh ˈtide *sustantivo*

marea alta

highway /ˈhaɪweɪ/ *sustantivo*

autopista

hijack /ˈhaɪdʒæk/ *verbo*

secuestrar

hijacker /ˈhaɪdʒækər/ *sustantivo*

secuestrador -a, aeropirata

hike /haɪk/ *verbo & sustantivo*

■ *verbo* (**hiking, hiked**)

ir de caminata: *We hiked over to the old mine.* Fuimos de caminata hasta la vieja mina.

■ *sustantivo*

caminata: *We went on a hike.* Fuimos de caminata.

hilarious /hɪˈleriəs/ *adjetivo*

divertidísimo -a

hill /hɪl/ *sustantivo*

colina

him /hɪm/ *pronombre*

lo [como objeto directo], **le** [como objeto indirecto], **él** [después de una preposición]: *I just saw him yesterday.* Lo vi apenas ayer. | *Give him the book.* Dale el libro. | *I got a letter from him.* Recibí una carta de él.

himself /hɪmˈself/ *pronombre*

1 se [usado con verbos reflexivos]: *Peter bought himself a new car.* Peter se compró un coche nuevo.

2 él mismo [para indicar énfasis]: *He told me so himself.* Me lo dijo él mismo.

3 by himself solo: *He stayed at home by himself.* Se quedó solo en la casa. | *He* *repaired the roof all by himself.* Reparó el techo él solo.

hinder /ˈhɪndər/ *verbo*
dificultar

Hindu /ˈhɪndu/ *sustantivo & adjetivo*
hindú

hinge /hɪndʒ/ *sustantivo*
bisagra

hint /hɪnt/ *verbo & sustantivo*
■ *verbo*
dar a entender, **insinuar**: *He hinted that he wants a bicycle.* Dio a entender que quería una bicicleta.
■ *sustantivo*
1 indirecta: *She said she was tired, but it was a hint for us to go.* Dijo que estaba cansada pero era una indirecta para que nos fuéramos.
2 sugerencia: *I have a book full of decorating hints.* Tengo un libro con muchas sugerencias de decoración.

hip /hɪp/ *sustantivo*
cadera

ˈ**hip-hop** *sustantivo*
hip-hop

hippo /ˈhɪpoʊ/ *sustantivo*
hipopótamo

hippopotamus /hɪpəˈpɑtəməs/ *sustantivo* (plural **hippopotamuses**)
hipopótamo

hire /haɪr/ *verbo* (**hiring**, **hired**)
contratar: *She was hired in June.* La contrataron en junio.

his /hɪz/ *pronombre*
1 su [de él]: *Tony lent me his pen.* Tony me prestó su pluma. | *Mitchell broke his leg.* Mitchell se rompió la pierna.
2 suyo -a [de él]: *My hand touched his.* Mi mano toco la suya. | *a friend of his* un amigo suyo

Hispanic /hɪˈspænɪk/ *adjetivo & sustantivo*
■ *adjetivo*
hispano -a, **hispánico -a**
■ *sustantivo*
hispano -a

hiss /hɪs/ *verbo & sustantivo*
■ *verbo* (plural **hisses**)
silbar: *Steam was hissing from the pipe.* El vapor silbaba al salir del tubo.
■ *sustantivo*
silbido

historic /hɪˈstɔrɪk/ *adjetivo*
histórico -a: *It was a historic moment.* Fue un momento histórico.

historical /hɪˈstɔrɪkəl/ *adjetivo*
histórico -a: *The movie is based on a historical event.* La película está basada en un hecho histórico.

history /ˈhɪstəri/ *sustantivo*
historia: *Our next class is on the history of Rome.* Nuestra próxima clase es sobre la historia de Roma.

hit /hɪt/ *verbo & sustantivo*
■ *verbo* (**hitting**, **hit**)
1 golpear: *He hit me in the face.* Me golpeó en la cara. | *She was hit in the arm by a bullet.* Una bala le dio en el brazo.
2 darse un golpe en: *I hit my head on the shelf.* Me di un golpe en la cabeza contra la repisa.
3 chocar contra: *The car hit a wall.* El coche chocó contra un muro.
■ *sustantivo*
1 golpe
2 éxito: *This song is a big hit.* Esta canción es un gran éxito.

hitchhike /ˈhɪtʃhaɪk/ *verbo* (**hitchhiking**, **hitchhiked**)
ir de aventón, **pedir aventón**

HIV /eɪtʃ aɪ ˈvi/ *sustantivo*
VIH [virus del sida]: *Sarah was HIV positive.* Sarah era seropositiva.

hoard /hɔrd/ *verbo & sustantivo*
■ *verbo*
juntar, **acaparar**: *The people were hoarding food because of the floods.* La gente estaba juntando comida a causa de las inundaciones.
■ *sustantivo*
reserva

hoarse /hɔrs/ *adjetivo*
ronco -a: *He was hoarse after talking for an hour.* Quedó ronco después de hablar por una hora.

hobble /ˈhɑbəl/ *verbo* (**hobbling**, **hobbled**)
cojear

hobby /ˈhɑbi/ *sustantivo* (plural **hobbies**)
pasatiempo, **afición**: *I collect old coins as a hobby.* Mi pasatiempo es coleccionar monedas antiguas.

hockey /ˈhɑki/ *sustantivo*
hockey sobre hielo

hoe /hoʊ/ *sustantivo*
azadón

hoist /hɔɪst/ *verbo*
levantar, **alzar**, **izar** [una bandera, las velas de un barco]

hold /hoʊld/ *verbo & sustantivo*

■ *verbo* (pasado y participio **held**)

1 agarrar, **sujetar**: *Let me hold your purse.* Déjame agarrarte la bolsa. | *The little girl was holding the doll.* La niñita tenía la muñeca agarrada. | *I held her in my arms.* La tomé en mis brazos. | *He was holding a gun in his hand.* Tenía una pistola en la mano.

2 sostener: *Can you hold the picture up for us?* ¿Nos puedes sostener el cuadro?

3 tener capacidad para: *The bottle holds one gallon.* La botella tiene capacidad para un galón. | *Each carton can hold 100 oranges.* En cada caja caben 100 naranjas.

4 llevar a cabo: *The meeting will be held on Tuesday.* La junta se llevará a cabo el martes.

5 contener: *This computer holds all the data.* Esta computadora contiene todos los datos.

6 ocupar, **tener**: *He holds an important position at the bank.* Ocupa un puesto importante en el banco.

7 esperar [en llamadas telefónicas]: *I have another call. Can you hold?* Tengo otra llamada. ¿Puede esperar un momento?

8 to hold a conversation sostener una conversación

9 to hold your breath aguantar la respiración: *You have to hold your breath under water.* Tienes que aguantar la respiración abajo del agua.

10 to hold on esperar: *Can you hold on? I'll see if he's in.* ¿Puede esperar? Voy a ver si está.

■ *sustantivo*

1 bodega [de un barco o de un avión]

2 to get hold of conseguir, **pescar**: *Do you think you can get hold of a car?* ¿Crees que puedes conseguir un coche? | *I wanted to get hold of Mark before he left.* Quería pescar a Mark antes de que se fuera.

3 to take hold of agarrarse: *Take hold of the rope.* Agárrate de la cuerda.

4 on hold en espera [en la línea de teléfono]: *They have put me on hold.* Me tienen en espera.

holdup /ˈhoʊldʌp/ *sustantivo*

1 demora, **retraso**: *What's the holdup?* ¿Cuál es la causa de la demora?

2 embotellamiento: *Sorry I'm late. There was a holdup near the bridge.* Perdón por el retraso. Había un embotellamiento cerca del puente.

3 atraco

hole /hoʊl/ *sustantivo*

hoyo, **agujero**: *The dog is digging a hole in the yard.* El perro está haciendo un hoyo en el jardín. | *I had a hole in the knee of my pants.* Tenía un agujero en la rodilla del pantalón. | *a bullet hole* un agujero de bala

There is a hole in my watering can.

holiday /ˈhɑlədeɪ/ *sustantivo*

día feriado, **día festivo**: *Next Monday is a holiday.* El próximo lunes es feriado.

hollow /ˈhɑloʊ/ *adjetivo*

hueco -a

holly /ˈhɑli/ *sustantivo*

acebo

holy /ˈhoʊli/ *adjetivo* (**holier**, **holiest**)

1 sagrado -a: *the holy city* la ciudad sagrada

2 santo -a: *a holy man* un santo varón

home /hoʊm/ *sustantivo, adverbio & adjetivo*

■ *sustantivo*

1 casa, **hogar** [lugar donde uno vive]: *She is not at home now.* Ahorita no está en casa.

2 orfanatorio, **asilo**: *He lives in a children's home.* Vive en un orfanatorio.

■ *adverbio*

a casa: *Let's go home.* Vámonos a casa. | *Hello, I'm home.* Hola, ya llegué (a casa).

■ *adjetivo*

1 particular: *What is your home address?* ¿Cuál es tu dirección particular?

2 de casa, **local**: *The home team won the game.* El equipo de casa ganó el partido.

homeless /ˈhoʊmləs/ *adjetivo*

sin hogar

homemade /hoʊmˈmeɪd/ *adjetivo*

casero -a, **hecho -a en casa**: *homemade bread* pan casero

ˈhome page *sustantivo*

página inicial [de un sitio web]

homesick /ˈhoʊmsɪk/ *adjetivo*

to feel homesick extrañar, **añorar** [a la familia o país]: *I felt homesick living in Paris* *by myself.* Cuando vivía sola en Paris extrañaba a mi familia.

homework /ˈhoʊmwɜrk/ *sustantivo*
tarea: *We have to do a lot of homework every night.* Tenemos mucha tarea todas las noches.

homosexual /hoʊməˈsekʃuəl/ *adjetivo & sustantivo*
homosexual

Honduras /hɑnˈdʊrəs/ *sustantivo*
Honduras

honest /ˈɑnɪst/ *adjetivo*
1 honrado -a, honesto -a
2 sincero -a

honestly /ˈɑnɪstli/ *adverbio*
1 con honradez, honradamente: *If I can't get the money honestly, I'll have to do something else.* Si no puedo conseguir el dinero con honradez, tendré que hacer otra cosa.
2 en serio, de verdad: *I honestly don't mind working late.* En serio, no me molesta trabajar hasta tarde.

honesty /ˈɑnəsti/ *sustantivo*
honradez, honestidad

honey /ˈhʌni/ *sustantivo*
miel

honeymoon /ˈhʌnimun/ *sustantivo*
luna de miel

honor /ˈɑnər/ *sustantivo*
1 honor: *the honor of our nation* el honor de nuestra nación
2 in honor of en honor de: *There was a ceremony in honor of those who died.* Hubo una ceremonia en honor de los que murieron.

hood /hʊd/ *sustantivo*
1 capucha
2 cofre [de un coche]
3 matón -ona

hoof /huf/ *sustantivo* (plural **hooves** o **hoofs**)
pezuña

hook /hʊk/ *sustantivo*
1 gancho: *You can hang your coat on the hook.* Puedes colgar tu abrigo del gancho.
2 anzuelo
3 off the hook descolgado: *Her phone must be off the hook.* Su teléfono debe estar descolgado.

hoop /hup/ *sustantivo*
aro

hooray /hʊˈreɪ/ *interjección*
hurra: *Hooray! We won!* ¡Hurra! ¡Ganamos!

hoot /hut/ *verbo*
1 tocar el claxon
2 ulular [un búho]

hooves /huvz/ forma plural de **hoof**

hop /hɑp/ *verbo & sustantivo*
■ *verbo* (**hopping**, **hopped**)
1 brincar (en un pie)
2 ir a los saltitos: *I saw a rabbit hopping across the yard.* Vi un conejo cruzando el jardín.
3 Usado para indicar que se sube o baja de un vehículo: *Hop in and I'll give you a ride.* Súbete y te doy un aventón. | *I'll hop off at the next stop.* Me bajo en la próxima parada.
■ *sustantivo*
1 salto
2 brinco (en un solo pie)
3 vuelo corto: *It is a short hop from Chicago to Detroit.* De Chicago a Detroit es un vuelo corto.

hop

hope /hoʊp/ *verbo & sustantivo*
■ *verbo* (**hoping**, **hoped**)
esperar: *Jo hopes to go to college next year.* Jo espera entrar a la universidad el año que viene. | *"Will you be at the party?" "I hope so!"* –¿Vas a la fiesta? –¡Eso espero! | *I hope you can come to my party.* Espero que puedas venir a mi fiesta.
■ *sustantivo*
1 esperanza: *You must never lose hope.* Nunca se debe perder la esperanza. | *The new medicine will give hope to many people.* La nueva medicina dará esperanzas a mucha gente.
2 esperanza: *I had hopes of finishing early and going home.* Tenía la esperanza de terminar temprano e irme a casa.

hopeful /ˈhoʊpfəl/ *adjetivo*
esperanzado -a, **optimista**: *I am hopeful that she will get better soon.* Me siento optimista de que se va a recuperar pronto.

hopefully /ˈhoʊpfəli/ *adverbio*
1 Usado para indicar esperanza: *"Can we go to the movies?" he said hopefully.* "¿Podemos ir al cine?", preguntó esperanzado.
2 con suerte: *Hopefully, we'll be there by dinnertime.* Con suerte, llegaremos antes de la cena.

hopeless /ˈhoʊpləs/ *adjetivo*
1 desesperado -a: *The country is in a hopeless situation.* El país está en una situación desesperada.
2 negado -a: *I am hopeless at science.* Soy negado para las ciencias.

horizon /həˈraɪzən/ *sustantivo*
horizonte: *I can see a ship on the horizon.* Veo un barco en el horizonte.

horizontal /hɔrəˈzɑntl/ *adjetivo*
horizontal

horn /hɔrn/ *sustantivo*
1 cuerno
2 claxon: *The taxi blew its horn.* El taxi tocó el claxon.
3 corno

horrible /ˈhɔrəbəl/ *adjetivo*
horrible, **horroroso -a**: *I saw a horrible accident yesterday.* Ayer vi un accidente horrible.

horribly /ˈhɔrəbli/ *adverbio*
horriblemente

horrified /ˈhɔrəˌfaɪd/ *adjetivo*
horrorizado -a: *I was horrified by the news.* Me quedé horrorizada con la noticia.

horror /ˈhɔrər/ *sustantivo*
horror: *I watched in horror as the cars crashed into each other.* Vi con horror cómo chocaban los coches.

horse /hɔrs/ *sustantivo*
caballo

horseback /ˈhɔrsbæk/ *sustantivo*
on horseback a caballo

ˈhorseback ˌriding *sustantivo*
equitación

horseshoe /ˈhɔrʃ-ʃu/ *sustantivo*
herradura

hose /hoʊz/ *sustantivo*
manguera

hospital /ˈhɑspɪtl/ *sustantivo*
hospital: *Amy is in the hospital.* Amy está en el hospital.

hospitality /hɑspəˈtæləti/ *sustantivo*
hospitalidad: *Thank you for your hospitality.* Gracias por su hospitalidad.

host /hoʊst/ *sustantivo*
1 anfitrión -ona
2 presentador -a [de un programa de televisión]

hostage /ˈhɑstɪdʒ/ *sustantivo*
rehén

hostess /ˈhoʊstɪs/ *sustantivo* (plural **hostesses**)
1 anfitriona
2 presentadora [de un programa de televisión]

hostile /ˈhɑstl/ *adjetivo*
hostil: *The hostile crowd began to throw rocks.* La multitud hostil empezó a lanzar piedras.

hot /hɑt/ *adjetivo*
1 caliente: *I had a cup of hot milk.* Tomé una taza de leche caliente.
2 caluroso -a: *This is the hottest month of the year.* Éste es el mes más caluroso del año. | **to be hot (a)** (referido a personas) **tener calor**: *Ben was hot and tired.* Ben tenía calor y estaba cansado. **(b)** (referido al tiempo) **hacer calor**: *It's too hot to go out.* Hace demasiado calor para salir.
3 picoso -a

ˈhot dog *sustantivo*
hot dog

hot dog

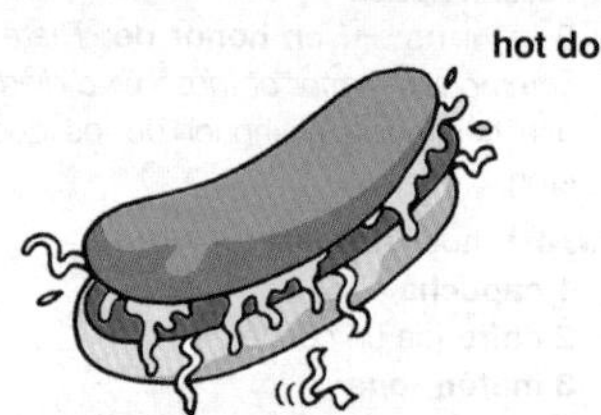

hotel /hoʊˈtel/ *sustantivo*
hotel: *We stayed in a hotel near the airport.* Nos quedamos en un hotel cerca del aeropuerto.

hound /haʊnd/ *sustantivo*
sabueso, **perro de caza**

hour /aʊr/ *sustantivo*
1 hora: *I'll be home in an hour.* Estaré en la casa dentro de una hora. | *The subway doesn't run at this hour of the night.* No hay servicio de metro a estas horas de la noche.
2 for hours horas: *I've been waiting here for hours.* Llevo horas esperando.

3 **on the hour** **a la hora en punto**: *The buses leave on the hour.* Los autobuses salen a la hora en punto.

hourly /ˈaʊrli/ *adjetivo & adverbio*
1 **por hora**
2 **cada hora**: *The planes arrive hourly.* Los vuelos llegan cada hora.

house /haʊs/ *sustantivo* (plural **houses** /ˈhaʊzɪz/)
casa [el edificio]: *They have a house in Cuernavaca.* Tienen una casa en Cuernavaca.

household /ˈhaʊshoʊld/ *sustantivo*
casa [los habitantes]

housekeeper /ˈhaʊskipər/ *sustantivo*
ama de llaves

housewife /ˈhaʊswaɪf/ *sustantivo* (plural **housewives** /-waɪvz/)
ama de casa

housework /ˈhaʊswɜrk/ *sustantivo*
quehaceres domésticos

hover /ˈhʌvər/ *verbo*
mantenerse inmóvil en el aire: *The bird hovered in the air.* El pájaro se mantenía en el aire sin moverse.

how /haʊ/ *adverbio*
1 **cómo**: *How do you spell your name?* ¿Cómo se escribe tu nombre? | *How is your mother?* ¿Cómo está tu mamá? | *How are you?* ¿Cómo estás?
2 Se usa con palabras como **many** y **much** para hacer preguntas sobre cantidades, tiempo y tamaño. Según el contexto la traducción puede ser *cuánto*, *cuánta*, *cuántos* o *cuántas*: *How much did you pay?* ¿Cuánto pagaste? | *How many children do you have?* ¿Cuántos hijos tiene? | *How old are you?* ¿Cuántos años tienes? | *How big is it?* ¿De qué tamaño es?
3 Cuando se usa con un adjetivo en inglés, suele equivaler a la estructura lo + adjetivo + que en español: *I can't tell you how boring the movie was!* No te puedo decir lo aburrida que era la película.
4 **How do you do?** **Mucho gusto**
5 **how about?** **¿Qué te parece?**: *I can't come today. How about tomorrow instead?* No puedo ir hoy. ¿Qué te parece mañana?

however /haʊˈevər/ *adverbio*
1 **sin embargo**: *I don't think we can do it; however, we will try.* No creo que podamos hacerlo, sin embargo, vamos a intentarlo.
2 **por más**: *She goes swimming every day, however cold it is.* Va a nadar todos los días, por más frio que haga. | *I want that car, however much it costs.* Quiero ese coche, cueste lo que cueste.

howl /haʊl/ *verbo & sustantivo*
■ *verbo*
aullar
■ *sustantivo*
aullido

hug /hʌg/ *verbo & sustantivo*
■ *verbo* (**hugging**, **hugged**)
abrazar a: *He hugged his daughter.* Abrazó a su hija. | **to hug each other** **abrazarse**: *They hugged each other.* Se abrazaron.
■ *sustantivo*
abrazo: *He gave her a big hug.* Le dio un fuerte abrazo.

huge /hjudʒ/ *adjetivo*
enorme: *He ate a huge amount of food.* Comió una cantidad enorme de comida.

hum /hʌm/ *verbo* (**humming**, **hummed**)
1 **zumbar**
2 **tararear** [con la boca cerrada]

human /ˈhjumən/ *adjetivo & sustantivo*
■ *adjetivo*
humano -a
■ *sustantivo*
ser humano

ˌhuman ˈbeing *sustantivo*
ser humano

humble /ˈhʌmbəl/ *adjetivo*
modesto -a, **humilde**: *a humble man* un hombre modesto

humerus /ˈhjumərəs/ *sustantivo* (plural **humeri** /-raɪ/)
húmero

humid /ˈhjumɪd/ *adjetivo*
húmedo -a

humor /ˈhjumər/ *sustantivo*
humor: *He doesn't have a sense of humor.* No tiene sentido del humor.

humorous /ˈhjumərəs/ *adjetivo*
humorístico -a, **divertido -a**

hump /hʌmp/ *sustantivo*
1 **montículo**
2 **joroba**

hundred /ˈhʌndrəd/ *número*
1 (plural **hundred**) **cien**: *The school was built one hundred years ago.* La escuela se construyó hace cien años. | *Three hundred people were killed in the flood.* Trescientas personas murieron en la inundación.
2 **hundreds of** **cientos de**: *We receive hundreds of letters each week.* Recibimos cientos de cartas cada semana.

hundredth /ˈhʌndrədθ/ *adjetivo & sustantivo*
1 centésimo -a
2 centésimo

hung /hʌŋ/ pasado y participio del verbo **hang**

hunger /ˈhʌŋgər/ *sustantivo*
hambre

hungry /ˈhʌŋgri/ *adjetivo* (**hungrier**, **hungriest**)
1 to be hungry tener hambre: *I'm hungry, when are we going to eat?* Tengo hambre. ¿A qué hora vamos a comer?
2 hambriento -a: *thousands of hungry children* miles de niños hambrientos

hunt /hʌnt/ *verbo*
1 cazar
2 to hunt for buscar: *I hunted everywhere for that book.* Busqué ese libro por todas partes.

hunter /ˈhʌntər/ *sustantivo*
cazador -a

hurl /hɜrl/ *verbo*
lanzar, **tirar**: *He hurled the brick through the window.* Lanzó el ladrillo contra la ventana.

hurricane /ˈhɜrɪkeɪn/ *sustantivo*
huracán

hurry /ˈhɜri/ *verbo & sustantivo*
■ *verbo* (**hurrying**, **hurried**)
1 apurarse, **darse prisa**: *We have to hurry or we will be late.* Tenemos que apurarnos o vamos a llegar tarde.
2 to hurry up apurarse: *Hurry up! We're late.* ¡Apúrate, que llegamos tarde!
■ *sustantivo*
to be in a hurry tener prisa: *I can't talk now. I'm in a hurry.* Ahorita no puedo hablar. Tengo prisa.

hurt /hɜrt/ *verbo & adjetivo*
■ *verbo* (pasado y participio **hurt**)
1 lastimar: *I fell over and hurt my knee.* Me caí y me lastimé la rodilla. | *Did you hurt yourself?* ¿Te lastimaste?
2 doler: *My feet hurt after all that walking.* Me duelen los pies de tanto caminar.
3 herir [ofender]: *I didn't mean to hurt his feelings.* No quería herir sus sentimientos.
■ *adjetivo*
1 herido -a, **lastimado -a**: *No one was hurt in the accident.* Nadie resultó herido en el accidente.
2 dolido -a: *She is hurt because of what you said.* Se siente dolida por lo que dijiste.

husband /ˈhʌzbənd/ *sustantivo*
marido, **esposo**

hush /hʌʃ/ *sustantivo*
silencio

hut /hʌt/ *sustantivo*
cabaña

hyena /haɪˈinə/ *sustantivo*
hiena

hymn /hɪm/ *sustantivo*
cántico

hyperlink /ˈhaɪpərlɪŋk/ *sustantivo*
hipervínculo, **hiperenlace**

hyphen /ˈhaɪfən/ *sustantivo*
guión [en punctuación]

Ii

I, **i** /aɪ/ *sustantivo*
I, **i**: *I for Indiana* I de Indiana

I /aɪ/ *pronombre*
yo ▶ A menudo se omite en español: *I want to go home.* Me quiero ir a mi casa. | *My friend and I went to the movies.* Mi amigo y yo fuimos al cine.

ice /aɪs/ *sustantivo*
hielo: *He put some ice in his drink.* Le puso hielo a su bebida. | *There is ice on the roads.* Hay hielo en las carreteras.

iceberg /ˈaɪsbɜrg/ *sustantivo*
iceberg

ˈice ˌcream *sustantivo*
helado: *chocolate ice cream* helado de chocolate

ˈice cube *sustantivo*
cubo de hielo

ˈice ˌhockey *sustantivo*
hockey sobre hielo

ice rink /ˈaɪs rɪŋk/ *sustantivo*
pista de (patinaje sobre) hielo

ˈice skate *sustantivo & verbo*
■ *sustantivo*
patín para hielo
■ *verbo*
patinar sobre hielo: *Do you want to go ice skating?* ¿Quieres ir a patinar sobre hielo?

ice skate

She went ice skating in the park.

icicle /ˈaɪsɪkəl/ *sustantivo*
carámbano [de hielo]

icing /ˈaɪsɪŋ/ *sustantivo*
betún [de pastel]

icon /ˈaɪkɑn/ *sustantivo*
ícono [en la pantalla de una computadora]

ICT /aɪ si ˈti/ *sustantivo* (= **Information and Communication Technology**)
informática [asignatura]

icy /ˈaɪsi/ *adjetivo* (**icier**, **iciest**)
1 helado -a: *an icy wind* un viento helado
2 cubierto -a de hielo: *You can't drive on these icy roads.* No puedes manejar con las carreteras cubiertas de hielo.

I'd /aɪd/
■ contracción de **I had**
I'd already left by the time she arrived. Ya me había ido cuando llegó.
■ contracción de **I would**
I'd like to go to see that movie. Me gustaría ir a ver esa película.

idea /aɪˈdiə/ *sustantivo*
1 idea: *I have an idea. Why don't we have a party?* Tengo una idea. ¿Por qué no hacemos una fiesta? | *What a good idea!* ¡Qué buena idea!
2 to have no idea no tener idea: *I had no idea that you had a brother.* No tenía idea de que tenías un hermano.

idea

He had a great idea!

ideal /aɪˈdiəl/ *adjetivo*
ideal: *This book is an ideal Christmas gift.* Este libro es un regalo ideal para Navidad.

identical /aɪˈdentɪkəl/ *adjetivo*
idéntico -a: *Her dress is identical to mine.* Su vestido es idéntico al mío.

identification /aɪˌdentəfəˈkeɪʃən/ *sustantivo*
identificación: *Do you have any identification with you?* ¿Trae alguna identificación?

identify /aɪˈdentəfaɪ/ *verbo* (**identifying**, **identified**)
identificar: *Can you identify the man in the picture?* ¿Puede identificar al hombre en la foto?

identity /aɪˈdentəti/ *sustantivo* (plural **identities**)
identidad: *The identity of the dead man is still unknown.* Todavia se desconoce la identidad del fallecido.

idiom /ˈɪdiəm/ *sustantivo*
modismo, **expresión idiomática**

idiot /ˈɪdiət/ *sustantivo*
idiota

idle /ˈaɪdl/ *adjetivo*
1 parado -a: *The machines are sitting idle in the factory.* Las máquinas de la fábrica están paradas.
2 flojo -a, **holgazán -ana**

idol /ˈaɪdl/ *sustantivo*
ídolo

i.e. /aɪ ˈi/ *abbreviation*
es decir, **a saber**, **esto es**: *The movie is for adults only, i.e. people over the age of 18.* La película es sólo para adultos, es decir para personas mayores de 18 años.

I

if /ɪf/ *conjunción*
1 si: *If you want to catch the bus, you should go now.* Si quieres alcanzar el camión, deberías irte ahorita. | *If it snows, we will come tomorrow.* Si nieva, venimos mañana. | *I always visit them if I go to the city.* Siempre los visito si estoy en la ciudad. | *I don't know if he will come or not.* No sé si va a venir o no.
2 as if como si: *It looks as if it is going to rain.* Parece como si fuera a llover. | *He talks to me as if I'm stupid.* Me habla como si yo fuera tonta.
3 if I were you yo que tú: *If I were you, I'd buy a bigger car.* Yo que tú compraría un coche más grande.

ignorance /ˈɪgnərəns/ *sustantivo*
ignorancia

ignorant /ˈɪgnərənt/ *adjetivo*
ignorante

ignore /ɪgˈnɔr/ *verbo* (**ignoring**, **ignored**)
1 no hacer caso de: *She ignored what I told her.* No hizo caso de lo que le dije.
2 ignorar: *She ignored me at the party.* Me ignoró en la fiesta.

iguana /ɪˈgwɑnə/ *sustantivo*
iguana

ill /ɪl/ *adjetivo*
enfermo -a: *She can't go to work because she is ill.* No puede ir a trabajar porque está enferma.

I'll /aɪl/ contracción de **I will**
I'll come with you. Yo voy contigo.

illegal /ɪˈligəl/ *adjetivo*
ilegal: *Stealing is illegal.* Robar es ilegal.

illegible /ɪˈledʒəbəl/ *adjetivo*
ilegible: *His writing is illegible.* Su letra es ilegible.

illiterate /ɪˈlɪtərət/ *adjetivo*
analfabeto -a

illness /ˈɪlnəs/ *sustantivo* (plural **illnesses**)
enfermedad: *He suffers from mental illness.* Sufre una enfermedad mental.

illustrate /ˈɪləstreɪt/ *verbo* (**illustrating**, **illustrated**)
ilustrar: *The book was illustrated with color drawings.* El libro estaba ilustrado con dibujos a color.

illustration /ɪləˈstreɪʃən/ *sustantivo*
ilustración

I'm /aɪm/ contracción de **I am**
I'm very pleased to meet you. Gusto en conocerlo.

image /ˈɪmɪdʒ/ *sustantivo*
1 imagen: *The company wants to change its image.* La compañía quiere cambiar su imagen.
2 imagen [en una pantalla de televisión, en una cámara o en un espejo]

imaginary /ɪˈmædʒəneri/ *adjetivo*
imaginario -a: *It's a story about an imaginary world.* Es una historia sobre un mundo imaginario.

imagination /ɪmædʒəˈneɪʃən/ *sustantivo*
imaginación

imagine /ɪˈmædʒɪn/ *verbo* (**imagining**, **imagined**)
1 imaginarse: *Imagine what you would do if you had a lot of money.* Imagínate qué harías si tuvieras muchísimo dinero.
2 figurarse, **imaginarse**: *John thinks that we don't like him, but he is just imagining things.* John cree que no nos cae bien pero sólo se lo está figurando.

imitate /ˈɪməteɪt/ *verbo* (**imitating**, **imitated**)
imitar a: *He always tries to imitate Elvis.* Siempre trata de imitar a Elvis.

imitation /ɪməˈteɪʃən/ *sustantivo*
imitación: *This isn't a real gun. It's an imitation.* No es una pistola de verdad. Es una imitación.

immature /ɪməˈtʃʊr/ *adjetivo*
inmaduro -a: *Don't be so immature!* ¡No seas tan inmaduro!

immediate /ɪˈmidiət/ *adjetivo*
inmediato -a: *Our immediate concern was to stop the fire.* Nuestra preocupación más inmediata era apagar el fuego.

immediately /ɪˈmidiətli/ *adverbio*
inmediatamente, **de inmediato**: *I need to see you immediately.* Tengo que verte inmediatamente.

immense /ɪ'mens/ *adjetivo*
inmenso -a, **enorme**

immensely /ɪ'mensli/ *adverbio*
enormemente: *I enjoyed the concert immensely.* Disfruté enormemente el concierto.

immigrant /'ɪməgrənt/ *sustantivo*
inmigrante

immigrate /'ɪməgreɪt/ *verbo* (**immigrating**, **immigrated**) **inmigrar**

immigration /ɪmə'greɪʃən/ *sustantivo*
inmigración: *The government wants to control immigration.* El gobierno quiere controlar la inmigración.

immoral /ɪ'mɔrəl/ *adjetivo*
inmoral

immunization /ɪmjənə'zeɪʃən/ *sustantivo*
inmunización

immunize /'ɪmjənaɪz/ *verbo* (**immunizing**, **immunized**)
inmunizar

impatient /ɪm'peɪʃənt/ *adjetivo*
impaciente: *With the delay, everyone was beginning to get impatient.* Todos se estaban poniendo impacientes con la demora.

imperative /ɪm'perətɪv/ *sustantivo & adjetivo*
■ *sustantivo*
imperativo [en gramática]
■ *adjetivo*
imprescindible, **fundamental**

impolite /ɪmpə'laɪt/ *adjetivo*
de mala educación, **descortés**: *It would be impolite not to call her back.* Sería de mala educación no contestarle la llamada.

import[1] /ɪm'pɔrt/ *verbo*
importar: *The United States imports oil from other countries.* Estados Unidos importa petróleo de otros países.

import[2] /'ɪmpɔrt/ *sustantivo*
importación: *Machinery is one of our main imports.* La maquinaria es una de nuestras importaciones más importantes.

importance /ɪm'pɔrtns/ *sustantivo*
importancia: *I understand the importance of a good education.* Comprendo la importancia de una buena educación.

important /ɪm'pɔrtənt/ *adjetivo*
importante: *She is an important person in the company.* Es una persona importante en la compañía.

impossible /ɪm'pɑsəbəl/ *adjetivo*
imposible: *It is impossible to sleep with all the noise.* Es imposible dormir con tanto ruido.

impress /ɪm'pres/ *verbo*
impresionar: *I was very impressed by your work.* Su trabajo me tiene muy impresionada.

impression /ɪm'preʃən/ *sustantivo*
1 impresión: *It is important to make a good impression on people.* Es importante dar una buena impresión.
2 to be under the impression that tener la impresión de que: *I was under the impression that he was from Germany.* Tenía la impresión de que era alemán.

impressive /ɪm'presɪv/ *adjetivo*
impresionante: *He gave an impressive performance.* Tuvo una actuación impresionante.

imprison /ɪm'prɪzən/ *verbo*
encarcelar, **meter a la cárcel**: *He was imprisoned for two years.* Lo encarcelaron por dos años.

imprisonment /ɪm'prɪzənmənt/ *sustantivo*
prisión, **encarcelamiento**: *He was given two years' imprisonment.* Le dieron dos años de prisión.

improve /ɪm'pruv/ *verbo* (**improving**, **improved**)
mejorar: *My tennis is improving.* Mi juego de tenis está mejorando. | *You need to improve your serve.* Tienes que mejorar tu saque.

improvement /ɪm'pruvmənt/ *sustantivo*
1 mejoría: *Her health is showing signs of improvement.* Su salud está dando muestras de mejoría.
2 mejora: *We want to make some home improvements.* Queremos hacerle unas mejoras a la casa.

impulse /'ɪmpʌls/ *sustantivo*
impulso: *She had an impulse to buy a new dress.* Sintió el impulso de comprar un vestido nuevo.

impulsive /ɪm'pʌlsɪv/ *adjetivo*
impulsivo -a: *I do not want to make an impulsive decision.* No quiero tomar una decisión impulsiva.

in /ɪn/ *preposición*
1 en [para indicar lugar o ubicación]: *They were sitting in the kitchen.* Estaban sentados en la cocina. | *He lives in Mexico.* Vive en México. | *I dropped my keys in the water.* Se me cayeron las llaves en el agua. | *Mrs. Jones is not in right now.* La Sra. Jones no está en estos momentos.
2 en [para indicar modo]: *She spoke in a quiet voice.* Habló en voz baja. | *The*

I

answers were written in pencil. Las respuestas estaban escritas en lápiz. | *They were speaking in French.* Estaban hablando en francés.

3 en [para indicar tiempo]: *The house was built in the 1950s.* La casa se construyó en la década de los 50. | *His birthday is in June.* Su cumpleaños es en junio.

4 en, **dentro de** [para indicar límite de tiempo]: *I'll be ready in a few minutes.* Estaré lista en unos minutos. | *She will be back in an hour.* Volverá dentro de una hora.

5 en [para indicar ocupación]: *She is in sales.* Trabaja en ventas.

6 de [para indicar lo que trae alguien puesto]: *Who's the woman in the black dress?* ¿Quién es la mujer del vestido negro?

7 in all en total: *There were twenty of us in all.* Éramos veinte en total.

NOTA: En inglés hay varias preposiciones que significan *en* (**in**, **on**, **at**). Mira la entrada **en** en el lado español para decidir cuál es la preposición correcta en cada caso.

inaccurate /ɪnˈækjərət/ *adjetivo*
erróneo -a, **inexacto -a**: *He gave us an inaccurate description of the car.* Nos dio una descripción errónea del coche.

inadequate /ɪnˈædəkwət/ *adjetivo*
inadecuado -a: *The medical care we received was inadequate.* La atención médica que recibimos era inadecuada.

inappropriate /ɪnəˈproʊpriət/ *adjetivo*
poco apropiado -a, **inadecuado -a**: *Those clothes are inappropriate for work.* Esa ropa es poco apropiada para el trabajo.

inbox, **in box** /ˈɪnbɑks/ *sustantivo*
bandeja de entrada

incapable /ɪnˈkeɪpəbəl/ *adjetivo*
incapaz: *He is incapable of telling a lie.* Es incapaz de decir una mentira.

inch /ɪntʃ/ *sustantivo* (plural **inches**)
pulgada: *There are 12 inches in one foot.* Un pie tiene doce pulgadas.

incident /ˈɪnsədənt/ *sustantivo*
incidente

incidentally /ɪnsəˈdentli/ *adverbio*
por cierto, **a propósito**: *I saw Peter today. Incidentally, he wants us to come for lunch next week.* Vi a Peter hoy. Por cierto, quiere que vayamos a comer con él la semana que entra.

inclined /ɪnˈklaɪnd/ *adjetivo*
to be inclined to do something tener tendencia a hacer algo: *He is inclined to get angry when someone does not agree with him.* Tiene tendencia a enojarse cuando alguien no está de acuerdo con él.

include /ɪnˈklud/ *verbo* (**including**, **included**)
1 incluir: *The price of the trip includes food.* Las comidas están incluidas en el precio del viaje. | *The group included several women.* El grupo incluía varias mujeres.

2 incluir: *I included my uncle on my list of people to invite.* Incluí a mi tío en la lista de invitados.

including /ɪnˈkludɪŋ/ *preposición*
incluyendo: *The whole family is going, including the children.* Va toda la familia, incluyendo a los niños.

income /ˈɪŋkʌm/ *sustantivo*
ingresos: *What is your present income?* ¿Cuáles son sus ingresos ahora?

ˈincome ˌtax *sustantivo*
impuestos sobre la renta

incomplete /ɪnkəmˈplit/ *adjetivo*
incompleto -a: *The work is incomplete.* El trabajo está incompleto. | *He wrote an incomplete sentence.* Escribió una oración incompleta.

inconvenience /ɪnkənˈvinjəns/ *sustantivo & verbo*

■ *sustantivo*
molestias: *I hope the delay won't cause any inconvenience.* Espero que la demora no le cause molestias.

■ *verbo*
causar molestias

inconvenient /ɪnkənˈvinjənt/ *adjetivo*
inconveniente, **inoportuno -a**: *Is this an inconvenient time for me to visit?* ¿Es un momento inoportuno para visitarte?

incorrect /ɪnkəˈrekt/ *adjetivo*
incorrecto -a: *The answer is incorrect.* La respuesta es incorrecta.

increase[1] /ɪnˈkris/ *verbo* (**increasing**, **increased**)
1 subir, **aumentar**: *Prices have increased this year.* Los precios han subido este año.

2 aumentar: *Smoking increases your chance of getting cancer.* Fumar aumenta tus posibilidades de contraer cáncer.

increase[2] /ˈɪnkris/ *sustantivo*
aumento, **incremento**: *There has been an increase in crime.* Ha habiodo un aumento de la delincuencia.

increasingly /ɪnˈkrisɪŋli/ *adverbio*
cada vez más: *It's becoming increasingly difficult to find work.* Es cada vez más difícil encontrar trabajo.

incredible /ɪnˈkredəbəl/ *adjetivo*
1 increíble: *The food here is incredible!* ¡La comida aquí es increíble! | *He won an incredible amount of money.* Ganó una cantidad increíble de dinero.
2 inverosímil: *She told us an incredible story.* Nos contó una historia inverosímil.

incredibly /ɪnˈkredəbli/ *adverbio*
increíblemente: *She is incredibly mean.* Es increíblemente tacaña.

indeed /ɪnˈdid/ *adverbio*
1 Usado para enfatizar: *"Did he really say that?" "He did indeed."* –¿De verdad dijo eso? –Sí, de verdad. | *He claims that the payments have indeed been made.* Alega que, efectivamente, los pagos fueron efectuados.
2 es más: *I do not know where Sam is; indeed, I haven't seen him for weeks.* No sé dónde está Sam. Es más, hace varias semanas que no lo veo.

indefinite /ɪnˈdefənət/ *adjetivo*
indeterminado -a, **indefinido -a**: *I will be away for an indefinite period of time.* Voy a estar fuera por un tiempo indeterminado.

independence /ɪndɪˈpendəns/ *sustantivo*
1 independencia: *Older people want to keep their independence.* Las personas mayores quieren conservar su independencia.
2 independencia: *America declared its independence in 1776.* Los Estados Unidos declararon su independencia en 1776.

Indeˈpendence ˌDay *sustantivo*
Día de la Independencia

independent /ɪndɪˈpendənt/ *adjetivo*
1 independiente: *Although she is young, she is very independent.* Aunque es joven, es muy independiente.
2 independiente: *India became independent from Britain in 1947.* La India se independizó de Gran Bretaña en 1947.

indeˈpendent ˌschool *sustantivo*
colegio privado, **escuela privada**

index /ˈɪndeks/ *sustantivo* (plural **indexes** o **indices**)
índice

ˈindex ˌfinger *sustantivo*
índice [dedo]

India /ˈɪndiə/ *sustantivo*
(la) India

indicate /ˈɪndəkeɪt/ *verbo* (**indicating**, **indicated**)
indicar, **señalar**: *Please indicate which one you have chosen.* Por favor, señale su elección.

indication /ɪndəˈkeɪʃən/ *sustantivo*
indicio: *Did he give you any indication that he was unhappy?* ¿Te dio algún indicio de que no estaba contento?

indices /ˈɪndəsiz/ forma plural de **index**

indirect /ɪndəˈrekt/ *adjetivo*
1 indirecto -a: *She made some indirect criticism of our work.* Hizoal gunas críticas indirectas de nuestro trabajo.
2 indirecto -a: *We took an indirect route to avoid the traffic.* Tomamos una ruta indirecta para evitar el tráfico.

individual /ɪndəˈvɪdʒuəl/ *adjetivo & sustantivo*
▪ *adjetivo*
individual: *The children had individual desks.* Los niños tenían escritorios individuales. | *Students need individual attention.* Los alumnos necesitan atención individual.
▪ *sustantivo*
individuo

individually /ɪndəˈvɪdʒuəli/ *adverbio*
individualmente

indoor /ˈɪndɔr/ *adjetivo*
cubierto -a, **techado -a**: *The school has an indoor swimming pool.* La escuela tiene una alberca cubierta.

indoors /ɪnˈdɔrz/ *adverbio*
adentro: *Let's stay indoors – it's raining.* ¿Por qué no nos quedamos adentro? Está lloviendo.

industrial /ɪnˈdʌstriəl/ *adjetivo*
industrial: *industrial waste* residuos industriales

industry /ˈɪndəstri/ *sustantivo* (plural **industries**)
industria: *What are the important industries in the town?* ¿Cuáles son las industrias importantes de la ciudad?

infant /ˈɪnfənt/ *sustantivo*
1 (formal) **bebé**, **niño -a**
2 infant mortality mortalidad infantil

infect /ɪnˈfekt/ *verbo*
infectar, **contagiar**: *I spoke to a man who was infected with the disease.* Hablé con un hombre que estaba contagiado de la enfermedad.

infection /ɪnˈfekʃən/ *sustantivo*
infección: *My son has an ear infection.* Mi hijo tiene una infección del oído.

infectious /ɪnˈfekʃəs/ *adjetivo*
contagioso -a, **infeccioso -a**

inferior /ɪnˈfɪriər/ *adjetivo*
inferior

infinite /ˈɪnfənət/ *adjetivo*
infinito -a

infinitely /ˈɪnfənətli/ *adverbio*
infinitamente: *I feel infinitely better today.* Me siento infinitamente mejor hoy.

infinitive /ɪnˈfɪnətɪv/ *sustantivo*
infinitivo

inflate /ɪnˈfleɪt/ *verbo* (**inflating**, **inflated**)
inflar: *I need a pump to inflate the tire.* Necesito una bomba para inflar la llanta.

I

influence /ˈɪnfluəns/ *sustantivo & verbo*
■ *sustantivo*
1 influencia: *Her parents have a strong influence on her.* Sus papás tienen mucha influencia sobre ella.
2 to be a good influence ejercer una buena influencia
3 to be a bad influence ejercer una mala influencia
4 to be under the influence of something estar bajo la influencia de algo
■ *verbo*
influir en, **influenciar**: *I do not want to influence your decision.* No quiero influir en tu decisión.

influential /ɪnfluˈenʃəl/ *adjetivo*
influyente: *She is an influential politician in this city.* Es una política muy influyente en esta ciudad.

influenza /ɪnfluˈenzə/ *sustantivo*
gripa

inform /ɪnˈfɔrm/ *verbo*
informar: *Our teacher informed us that the school will be closed on Monday.* Nuestra maestra nos informó de que la escuela estaría cerrada el lunes.

informal /ɪnˈfɔrməl/ *adjetivo*
informal: *We had an informal meeting at my house.* Tuvimos una junta informal en mi casa.

information /ɪnfərˈmeɪʃən/ *sustantivo*
información: *Can you give me some information about this machine?* ¿Me puede dar información sobre esta máquina? | *He told us an important piece of information about the plan.* Nos dio un dato importante sobre el plan.

ingredient /ɪnˈgridiənt/ *sustantivo*
ingrediente: *Flour, milk, and eggs are the main ingredients.* Los ingredientes principales son harina, leche y huevos.

inhabit /ɪnˈhæbɪt/ *verbo*
habitar: *the tribes that inhabit this region* las tribus que habitan esta región | *The country is inhabited by 20 million people.* El país tiene 20 millones de habitantes.

inhabitant /ɪnˈhæbətənt/ *sustantivo*
habitante: *The village has only 250 inhabitants.* El poblado sólo tiene 250 habitantes.

inherit /ɪnˈherɪt/ *verbo*
heredar: *He inherited the store from his parents.* Heredó la tienda de sus papás.

inheritance /ɪnˈherɪtəns/ *sustantivo*
herencia

initial /ɪˈnɪʃəl/ *sustantivo & adjetivo*
■ *sustantivo*
inicial: *His name is John Smith, so his initials are J.S.* Se llama John Smith, así es que sus iniciales son J.S.
■ *adjetivo*
inicial: *The initial plan was to build a new hospital.* El plan inicial era construir un nuevo hospital.

initially /ɪˈnɪʃəli/ *adverbio*
al principio, **inicialmente**

inject /ɪnˈdʒekt/ *verbo*
inyectar

injection /ɪnˈdʒekʃən/ *sustantivo*
inyección: *The nurse gave me an injection.* La enfermera me puso una inyección.

injure /ˈɪndʒər/ *verbo* (**injuring**, **injured**)
lesionar, **herir**: *I injured myself playing soccer.* Me lesioné jugando futbol. | *Two people were injured in the accident.* Dos personas resultaron heridas en el accidente.

injured /ˈɪndʒərd/ *sustantivo*
the injured los heridos: *The injured were taken to the hospital.* Los heridos fueron trasladados al hospital.

injury /ˈɪndʒəri/ *sustantivo* (plural **injuries**)
lesión, **herida**: *The accident caused serious injuries.* El accidente causó lesiones graves.

injustice /ɪnˈdʒʌstɪs/ *sustantivo*
injusticia: *He is determined to fight injustice.* Está decidido a luchar contra la injusticia.

ink /ɪŋk/ *sustantivo*
tinta

inn /ɪn/ *sustantivo*
mesón

inner /ˈɪnər/ *adjetivo*
interno -a, **interior**: *I have a problem with my inner ear.* Tengo un problema en el oído interno.

innocence /ˈɪnəsəns/ *sustantivo*
inocencia: *He had to prove his innocence.* Tuvo que probar su inocencia.

innocent /ˈɪnəsənt/ *adjetivo*
inocente: *No one believed that she was innocent.* Nadie creyó que era inocente.

inquire /ɪnˈkwaɪr/ *verbo* (**inquiring**, **inquired**)
preguntar: *I am phoning to inquire about the price of the car.* Llamo para preguntar cuál es el precio del coche.

inquiry /ˈɪŋkwəri/ *sustantivo* (plural **inquiries**)
pedir información: *People are making inquiries about the job.* La gente está pidiendo información sobre el puesto.

inquisitive /ɪnˈkwɪzətɪv/ *adjetivo*
curioso -a

insane /ɪnˈseɪn/ *adjetivo*
loco -a: *He must be insane to drive so fast.* Debe estar loco para manejar tan rápido.

insect /ˈɪnsekt/ *sustantivo*
insecto

insert /ɪnˈsɜrt/ *verbo*
meter [introducir]: *Insert the key in the lock and turn it to the right.* Mete la llave en la cerradura y dale vuelta hacia la derecha.

inside /ɪnˈsaɪd, ˈɪnsaɪd/ *sustantivo, adjetivo, adverbio & preposición*
■ *sustantivo*
1 the inside (a) el interior: *Have you seen the inside of the house?* ¿Viste el interior de la casa? **(b) la parte de adentro**: *The outside of an orange is bitter, but the inside is sweet.* La parte de afuera de la naranja es amarga, pero la parte de adentro es dulce.
2 inside out al revés: *You have your T-shirt on inside out.* Traes la playera al revés.
■ *adjetivo*
interior: *The inside walls of the house are painted white.* Las paredes interiores están pintadas de blanco.
■ *adverbio & preposición*
1 adentro: *Don't stand there in the rain – come inside.* No te quedes ahí parado en la lluvia; entra.
2 dentro de: *She put the money inside her bag.* Puso el dinero dentro de la bolsa.

insist /ɪnˈsɪst/ *verbo*
1 insistir en que: *He insists that he is right.* Insiste en que tiene la razón.
2 insistir, **empeñarse**: *She insisted on seeing the manager.* Insistió en ver al gerente.

inspect /ɪnˈspekt/ *verbo*
revisar: *Inspect the car before you buy it.* Revisa el coche antes de comprarlo.

inspection /ɪnˈspekʃən/ *sustantivo*
revisión

inspector /ɪnˈspektər/ *sustantivo*
1 inspector -a: *A health inspector visited our restaurant.* Un inspector de salubridad visitó nuestro restaurante.
2 inspector -a [de policía]

inspire /ɪnˈspaɪr/ *verbo* (**inspiring**, **inspired**)
inspirar: *He inspired us to think for ourselves.* Nos inspiró a pensar por nosotros mismos.

install /ɪnˈstɔl/ *verbo*
instalar: *They installed a new computer system in the office.* Instalaron un nuevo sistema de computación en la oficina.

installation /ɪnstəˈleɪʃən/ *sustantivo*
instalación

installment /ɪnˈstɔlmənt/ *sustantivo*
1 plazo, **abono**: *She is paying for her car in installments.* Está pagando su coche a plazos.
2 fascículo [de una publicación]
3 capítulo, **episodio** [de una serie de televisión o radio]

instance /ˈɪnstəns/ *sustantivo*
for instance por ejemplo: *In many countries, for instance Japan, fish is an important part of the diet.* En muchos países, por ejemplo en Japón, el pescado es una parte importante de dieta.

instant /ˈɪnstənt/ *adjetivo & sustantivo*
■ *adjetivo*
instantáneo -a: *Her first movie was an instant success.* Su primera película fue un éxito instantáneo. | *I only have instant coffee.* Sólo tengo café instantáneo.
■ *sustantivo*
instante: *He waited an instant before answering the question.* Esperó un instante antes de contestar la pregunta.

instantly /ˈɪnstəntli/ *adverbio*
al instante, **en el acto**, **instantáneamente**: *He was killed instantly.* Murió al instante.

I

instead /ɪn'sted/ *adverbio*
en lugar de, **en vez de**: *I didn't have a pen, so I used a pencil instead.* No tenía pluma, así es que usé un lápiz en su lugar. | *Can you come on Saturday instead of Sunday?* ¿Puedes venir el sábado en vez del domingo?

instinct /'ɪnstɪŋkt/ *sustantivo*
instinto: *Cats have the instinct to hunt for food.* Los gatos tienen el instinto de cazar para obtener comida.

institute /'ɪnstətut/ *sustantivo*
instituto

institution /ɪnstə'tuʃən/ *sustantivo*
institución

instruct /ɪn'strʌkt/ *verbo*
1 enseñar
2 to instruct someone to do something ordenar a alguien que haga algo: *I've been instructed to wait here.* Me ordenaron que esperara aquí.

instruction /ɪn'strʌkʃən/ *sustantivo*
instrucción: *Read the instructions on the box.* Lea las instrucciones en la caja.

instructor /ɪn'strʌktər/ *sustantivo*
instructor -a: *She is a swimming instructor.* Es instructora de natación

instrument /'ɪnstrəmənt/ *sustantivo*
instrumento: *medical instruments* instrumentos médicos | *a musical instrument* un instrumento musical

instrument

He can play many different instruments.

instrumental /ɪnstrə'mentl/ *adjetivo*
to be instrumental in something ser decisivo -a en algo

insult¹ /ɪn'sʌlt/ *verbo*
insultar

insult² /'ɪnsʌlt/ *sustantivo*
insulto

insurance /ɪn'ʃʊrəns/ *sustantivo*
seguro [de vida, de coche, etc.]: *Do you have car insurance?* ¿Tiene seguro tu coche?

insure /ɪn'ʃʊr/ *verbo* (**insuring**, **insured**)
asegurar [contra robo, incendio, etc.]: *The house is insured against fire.* La casa está asegurada contra incendios.

intelligence /ɪn'telədʒəns/ *sustantivo*
inteligencia: *She is a child of high intelligence.* Es una niña de una gran inteligencia.

intelligent /ɪn'telədʒənt/ *adjetivo*
inteligente

intend /ɪn'tend/ *verbo*
tener intención de, **pensar**: *Do you intend to marry him?* ¿Piensas casarte con él?

intense /ɪn'tens/ *adjetivo*
intenso -a

intention /ɪn'tenʃən/ *sustantivo*
intención: *I have no intention of going there.* No tengo la menor intención de ir allí.

interactive /ɪntər'æktɪv/ *adjetivo*
interactivo -a

interest /'ɪntrəst/ *sustantivo & verbo*
■ *sustantivo*
1 interés: *What are her interests?* ¿Cuáles son sus intereses? | *We both have an interest in music.* A los dos nos interesa la música.
2 interés [bancario]: *the rate of interest* el tipo de interés
■ *verbo*
interesar: *Her story interested me.* Su historia me interesaba.

interested /'ɪntrəstɪd, 'ɪntərestɪd/ *adjetivo*
interesado -a: *He is very interested in history.* Le interesa mucho la historia.

interesting /'ɪntrəstɪŋ, 'ɪntərestɪŋ/ *adjetivo*
interesante: *That is an interesting idea.* Ésa es una idea interesante.

interfere /ɪntər'fɪr/ *verbo* (**interfering**, **interfered**)
1 entrometerse, **interferir**: *Go away and stop interfering!* ¡Vete y deja de entrometerte!
2 to interfere with afectar: *The rain interfered with our plans.* La lluvia afectó nuestros planes.

interior /ɪn'tɪriər/ *sustantivo & adjetivo*
■ *sustantivo*
interior: *His car has a brown leather interior.* Su coche tiene interiores de piel café.
■ *adjetivo*
interior: *The interior walls of the house were white.* Las paredes interiores de la casa eran blancas.

intermediate /ɪntər'midiət/ *adjetivo*
intermedio -a: *I have a class in intermediate Spanish.* Tengo una clase de español de nivel intermedio.

internal /ɪnˈtɜrnl/ *adjetivo*
interno -a: *She has an internal injury from the accident.* El accidente le causó una herida interna.

international /ɪntərˈnæʃənəl/ *adjetivo*
internacional: *an international agreement* un acuerdo internacional

Internet /ˈɪntərnet/ *sustantivo* (also **the Net**)
the Internet **Internet**: *Are you on the Internet?* ¿Tienes Internet?

interpret /ɪnˈtɜrprɪt/ *verbo*
interpretar, **traducir** [oralmente]: *As he doesn't speak Spanish, I had to interpret for him.* Como no habla español, tuve que hacerle de intérprete.

interpretation /ɪnˌtɜrprəˈteɪʃən/ *sustantivo*
interpretación

interpreter /ɪnˈtɜrprətər/ *sustantivo*
intérprete

interracial /ˌɪntəˈreɪʃəl/ *adjetivo*
interracial, **mixto -a** [referido a matrimonios]

interrupt /ɪntəˈrʌpt/ *verbo*
interrumpir: *I didn't mean to interrupt you.* No fue mi intención interrumpirte.

interruption /ɪntəˈrʌpʃən/ *sustantivo*
interrupción: *There are too many interruptions at work.* Hay demasiadas interrupciones en el trabajo.

intersection /ˈɪntərsekʃən/ *sustantivo*
intersección

interstate /ˈɪntərsteɪt/ *adjetivo & sustantivo*
■ *adjetivo*
interestatal
■ *sustantivo*
carretera federal

interval /ˈɪntərvəl/ *sustantivo*
1 intervalo: *The theater opened again after an interval of two years.* El teatro volvió a abrir después de un intervalo de dos años.
2 at intervals **a intervalos**: *Water your plants at regular intervals.* Riegue sus plantas a intervalos regulares.

interview /ˈɪntərvju/ *sustantivo & verbo*
■ *sustantivo*
entrevista: *When is your job interview?* ¿Cuándo es tu entrevista para el trabajo?
■ *verbo*
entrevistar

interviewer /ˈɪntərvjuər/ *sustantivo*
entrevistador -a

intestine /ɪnˈtestɪn/ *sustantivo*
intestino | **the small/large intestine** **el intestino delgado/grueso**

into /ˈɪntu/ *preposición*
1 (cuando se habla de convertir algo) En español se usa la construcción *hacer algo con*: *She made the material into a dress.* Hizo un vestido con la tela. | *He rolled the dough into a ball.* Hizo una bola con la masa.
2 (para indicar movimiento y dirección) **a**: *They went into the house.* Entraron a la casa. | *He fell into the water.* Se cayó al agua. | *I want to go into business for myself.* Quiero dedicarme a mi propio negocio.
3 entre: *Five goes into twenty four times.* Veinte entre cinco son cuatro.

intransitive /ɪnˈtrænsətɪv/ *adjetivo*
intransitivo -a: *In the sentence, "He sat down," "sat down" is an intransitive verb.* En el enunciado "He sat down," "sat down" es un verbo intransitivo.

introduce /ɪntrəˈdus/ *verbo* (**introducing**, **introduced**)
1 presentar: *He introduced his friend to me.* Me presentó a su amigo.
2 introducir: *The government is introducing a new law.* El gobierno va a introducir una nueva ley.

> **NOTA:** Cuando se usa con el sentido de "meter", la palabra española *introducir* se traduce por **insert** en inglés

introduction /ɪntrəˈdʌkʃən/ *sustantivo*
1 introducción: *The introduction of computers into the school is a good idea.* La introducción de computadoras en la escuela es una buena idea.
2 introducción [en un libro]
3 presentación: *a letter of introduction* una carta de presentación

invade /ɪnˈveɪd/ *verbo* (**invading**, **invaded**)
invadir: *The army invaded the city.* El ejército invadió la ciudad.

invalid /ɪnˈvælɪd/ *sustantivo*
inválido -a

invasion /ɪnˈveɪʒən/ *sustantivo*
invasión

invent /ɪnˈvent/ *verbo*
inventar: *Who invented the telephone?* ¿Quién inventó el teléfono?

invention /ɪnˈvenʃən/ *sustantivo*
1 (proceso mental) **invención**
2 invento: *This machine is their latest invention.* Esta máquina es su invento más reciente.

inventor /ɪnˈventər/ *sustantivo*
inventor -a

invertebrate /ɪnˈvɜrtəbrət/ *sustantivo*
invertebrado

invest /ɪnˈvest/ *verbo*
invertir

investigate /ɪnˈvestəgeɪt/ *verbo* (**investigating**, **investigated**)
investigar: *The police are investigating the crime.* La policía está investigando el crimen.

investigation /ɪnvestəˈgeɪʃən/ *sustantivo*
investigación: *There will be an investigation into the cause of the accident.* Va a haber una investigación para descubrir la causa del accidente.

investment /ɪnˈvestmənt/ *sustantivo*
inversión

invisible /ɪnˈvɪzəbəl/ *adjetivo*
invisible: *Air is invisible.* El aire es invisible.

invitation /ɪnvəˈteɪʃən/ *sustantivo*
invitación: *Did you get an invitation to the party?* ¿Recibiste una invitación para ir a la fiesta?

invite /ɪnˈvaɪt/ *verbo* (**inviting**, **invited**)
invitar: *She invited us to her house for lunch.* Nos invitó a comer a su casa.

> **NOTA:** No se usa el verbo **invite** para invitar a alguien a hacer algo o a ir a un lugar. En estos casos, se usan frases como: "Would you like to come to dinner at my house?" o "Do you want to come to a party tonight?" (No digas nunca "I invite you..." en estas situaciones.)

involve /ɪnˈvɑlv/ *verbo* (**involving**, **involved**)
1 involucrar, **implicar**: *There were four cars involved in the accident.* Hubo cuatro coches involucrados en el accidente.
2 comprender, **suponer**: *The job will involve a lot of hard work.* El puesto va a suponer mucho trabajo.

involved /ɪnˈvɑlvd/ *adjetivo*
to be involved in something Significa estar involucrado o metido en algo: *He was involved in a fight.* Se metió en una pelea.

inward /ˈɪnwərd/ *adverbio* (also **inwards**)
hacia adentro, **hacia el interior**: *The door swings inward.* La puerta se abre hacia adentro.

iPod® /ˈaɪpɑd/ *sustantivo*
iPod®

IQ /aɪ ˈkju/ *sustantivo* (= **intellectual quotient**)
coeficiente o cociente intelectual

Ireland /ˈaɪrlənd/ *sustantivo*
Irlanda

Irish /ˈaɪrɪʃ/ *adjetivo & sustantivo*
■ *adjetivo*
irlandés -esa
■ *sustantivo*
the Irish los irlandeses

iron /ˈaɪərn/ *sustantivo, adjetivo & verbo*
■ *sustantivo*
1 (para ropa) **plancha**
2 (metal) **hierro**
■ *adjetivo*
de hierro: *The gate has iron bars.* La reja tiene barras de hierro.
■ *verbo*
planchar: *Do you want me to iron your shirt?* ¿Quieres que te planche la camisa?

iron

ironing /ˈaɪərnɪŋ/ *sustantivo*
planchado

ˈironing ˌboard *sustantivo*
burro de planchar

irregular /ɪˈregjələr/ *adjetivo*
irregular: *an irregular verb* un verbo irregular

irrigate /ˈɪrəgeɪt/ *verbo* (**irrigating**, **irrigated**)
irrigar

irrigation /ɪrəˈgeɪʃən/ *sustantivo*
irrigación

irritate /ˈɪrəteɪt/ *verbo* (**irritating**, **irritated**)
1 irritar, **molestar**: *The noise was irritating me.* El ruido me estaba irritando.
2 irritar: *The sun irritates my eyes.* El sol me irrita los ojos.

IRS /aɪ ɑr ˈes/ *sustantivo*
the IRS El **Interior Revenue Service**, la dependencia gubernamental que se encarga de los impuestos en Estados Unidos

is /ɪz/ *verbo* tercera persona del singular del presente del verbo **be**
es, **está**: *She is Peter's sister.* Es hermana de Peter. | *He's her brother.* Es su hermano.

| *That boy's in my class.* Ese niño está en mi clase. | *Don't touch it! It's dirty.* ¡No lo toques! Está sucio.

Islam /ˈɪzlɑm/ *sustantivo*
el Islam

island /ˈaɪlənd/ *sustantivo*
isla

isn't /ˈɪzənt/ contracción de **is not**
She isn't coming. No va a venir. | *It's a beautiful day, isn't it?* Hace un día precioso, ¿no?

isolate /ˈaɪsəleɪt/ *verbo* (**isolating**, **isolated**)
aislar: *He was isolated to stop the disease from spreading.* Lo aislaron para evitar que la enfermedad se extendiera.

isolated /ˈaɪsəleɪtɪd/ *adjetivo*
aislado -a: *He lives on an isolated farm.* Vive en una granja aislada.

issue /ˈɪʃu/ *verbo & sustantivo*
■ *verbo* (**issuing**, **issued**)
1 hacer público -a: *The government issued a warning about the water.* El gobierno hizo pública una advertencia sobre el agua.
2 proporcionar: *The team was issued with new shoes.* Se les proporcionaron nuevos zapatos a los miembros del equipo.
■ *sustantivo*
1 asunto, **cuestión**: *We will discuss the issue with them.* Vamos a discutir el asunto con ellos.
2 número: *Do you have the newest issue of Newsweek?* ¿Tiene el último número de Newsweek?

it /ɪt/ *pronombre*
1 Se usa para referirse a un animal, cosa o concepto. No se traduce cuando es sujeto. Cuando es objeto, se traduce como *lo* o *la*: *It is an interesting book.* Es un libro interesante. | *I lost my book, and I can't find it anywhere.* Perdí el libro y no lo encuentro por ningún lado.
2 Se usa como sujeto cuando se habla de la hora, la fecha o el tiempo que hace. No se traduce: *It is very hot today.* Hace mucho calor hoy. | *It's almost four o'clock.* Son casi las cuatro. | *It is Thursday.* Es jueves.
3 Se usa para referirse a un hecho. No se traduce: *It's a long way from here.* Está muy lejos de aquí. | *"What's that noise?" "It's a car."* –¿Qué es ese ruido? –Es un coche.
4 Se usa cuando se da el nombre de una persona o cosa que no se conocía. Generalmente no se traduce: *"Who is it?" "It's me, Peter."* –¿Quién es? –Soy yo, Peter. | *"What's that?" "It is a vegetable."* –¿Qué es eso? –Es un vegetal.

itch /ɪtʃ/ *verbo & sustantivo*
■ *verbo*
picar, **dar comezón**: *The insect bite itched all night.* La picadura de insecto me picó toda la noche.
■ *sustantivo* (plural **itches**)
comezón, **picazón**: *I've got an itch on my back.* Tengo comezón en la espalda.

itchy /ˈɪtʃi/ *adjetivo* (**itchier**, **itchiest**)
que pica, **que da comezón**

it'd /ˈɪtəd/
■ contracción de **it would**
It'd be good to live in Italy. Estaría bien vivir en Italia.
■ contracción de **it had**
It'd taken us two hours to get there. Nos había llevado dos horas llegar.

item /ˈaɪtəm/ *sustantivo*
artículo: *On the desk there were two books, a pen, and some other items.* En el escritorio había dos libros, una pluma y otros artículos.

it'll /ˈɪtl/ contracción de **it will**
It'll be time to go soon. Pronto va a ser hora de irnos.

its /ɪts/ *adjetivo*
su, **sus** ► Se usa cuando el propietario es un animal, cosa o concepto abstracto: *She gave the cat its food.* Le dio su comida al gato. | *The tree has lost all its leaves.* Se le cayeron todas las hojas al árbol.

> **NOTA:** No confundas **its** (=que pertenece a) con **it's** (="it is" o "it has") que se escribe con ' (apóstrof).

it's /ɪts/
■ contracción de **it is**
It's raining. Está lloviendo.
■ contracción de **it has**
It's stopped raining. Ya dejó de llover.

itself /ɪtˈself/ *pronombre*
1 se [usado con verbos reflexivos]: *Your body will try to defend itself against disease.* El cuerpo trata de defenderse contra las enfermedades.
2 sí mismo -a

I've /aɪv/ contracción de **I have**
I've never been to Texas. Nunca he estado en Texas.

ivory /ˈaɪvəri/ *sustantivo*
marfil

Jj

J, **j** /dʒeɪ/ *sustantivo*
J, **j**: *J for Japan* J de Japón

jab /dʒæb/ *verbo* (**jabbing**, **jabbed**)
meter: *I jabbed the needle into my arm.* Me metí la aguja en el brazo.

jack /dʒæk/ *sustantivo*
1 gato [hidráulico]
2 clavija, **enchufe** [para conectar un teléfono]

jack

a car jack *a phone jack*

jacket /ˈdʒækɪt/ *sustantivo*
1 saco [prenda de vestir]
2 chamarra

jack-o'-lantern /ˈdʒæk ə ˌlæntərn/ *sustantivo*
lámpara hecha con una calabaza ahuecada, usada como decoración en Halloween

jagged /ˈdʒægɪd/ *adjetivo*
con picos, **picudo -a**

jaguar /ˈdʒægwɑr/ *sustantivo*
jaguar

jail /dʒeɪl/ *sustantivo*
cárcel: *He was sent to jail.* Lo metieron en la cárcel.

jam /dʒæm/ *verbo & sustantivo*
■ *verbo* (**jamming**, **jammed**)
1 embutir, **meter** [casi a fuerza]: *I jammed the letters into my pocket.* Me embutí todas las cartas en el bolsillo.
2 atascar, **congestionar**: *The streets were jammed with cars.* Las calles estaban atascadas de coches.
3 trabarse: *The printer has jammed again.* La impresora se trabó otra vez.
■ *sustantivo*
1 mermelada
2 embotellamiento: *We were stuck in a traffic jam.* Nos quedamos atorados en un embotellamiento.

jangle /ˈdʒæŋgəl/ *verbo* (**jangling**, **jangled**)
Hacer un ruido metálico

janitor /ˈdʒænətər/ *sustantivo*
conserje

January /ˈdʒænjueri/ *sustantivo*
enero

Japan /dʒəˈpæn/ *sustantivo*
Japón

jar /dʒɑr/ *sustantivo*
frasco

javelin /ˈdʒævəlɪn/ *sustantivo*
jabalina

jaw /dʒɔ/ *sustantivo*
mandíbula, **quijada**

jazz /dʒæz/ *sustantivo*
jazz: *Do you like jazz?* ¿Te gusta el jazz?

jealous /ˈdʒeləs/ *adjetivo*
1 envidioso -a [que siente envidia] | **to be jealous of something darle envidia algo**: *I was very jealous of Sarah's new shoes.* Me daban mucha envidia los nuevos zapatos de Sarah. | **to be jealous of somebody tenerle envidia a alguien**: *She was very jealous of Sarah.* Le tenía mucha envidia a Sarah.
2 celoso -a: *Her husband gets jealous if she talks to other men.* Su esposo se pone celoso si habla con otros hombres.

jealousy /ˈdʒeləsi/ *sustantivo*
1 envidia
2 celos

jeans /dʒinz/ *sustantivo plural*
jeans, **pantalones de mezclilla**

Jeep® /dʒip/ *sustantivo*
jeep

jeer /dʒɪr/ *verbo*
abuchear: *The crowd jeered at the speaker.* La multitud abucheó al orador.

jelly /ˈdʒeli/ *sustantivo*
jalea

jellyfish /ˈdʒelifɪʃ/ *sustantivo* (plural **jellyfish** o **jellyfishes**)
aguamala

jerk /dʒɜrk/ *verbo & sustantivo*
■ *verbo*
dar un tirón a: *She jerked the door open.* Abrió la puerta dándole un tirón.
■ *sustantivo*
1 tirón, **sacudida**: *He pulled the cord with a jerk.* Jaló el cordón de un tirón.
2 pendejo -a: *Bill's a real jerk.* Bill es un verdadero pendejo.

jersey /ˈdʒɜrzi/ *sustantivo* (plural **jerseys**)
camiseta [parte de un uniforme deportivo]

Jesus /ˈdʒizəs/ *sustantivo* (also **Jesus Christ**)
Jesús, **Jesucristo**

jet /dʒet/ *sustantivo*
1 chorro: *a jet of steam* un chorro de vapor
2 jet, **avión de propulsión a chorro**

Jew /dʒu/ *sustantivo*
judío -a

jewel /ˈdʒuəl/ *sustantivo*
joya: *She had beautiful jewels around her neck.* Llevaba preciosas joyas al cuello.

jewelry /ˈdʒuəlri/ *sustantivo*
joyas

Jewish /ˈdʒuɪʃ/ *adjetivo*
judío -a

ˈjigsaw ˌpuzzle /ˈdʒɪgsɔ ˌpʌzəl/ *sustantivo*
rompecabezas

jingle /ˈdʒɪŋgəl/ *verbo* (**jingling**, **jingled**)
tintinear: *The coins jingled in his pocket.* Las monedas tintineaban en su bolsillo.

job /dʒɑb/ *sustantivo*
1 trabajo, **puesto**: *He lost his job.* Perdió su trabajo. | *"What type of job do you do?" "I'm a teacher."* –¿En qué trabajas? –Soy maestra.
2 Usado para expresar obligación o deber: *My job is to take the dog for a walk.* Yo soy el encargado de llevar al perro a dar un paseo.
3 on the job Haciendo un trabajo específico: *How long has he been on the job?* ¿Cuánto tiempo lleva haciendo este trabajo?

jockey /ˈdʒɑki/ *sustantivo* (plural **jockeys**)
jockey, **jinete**

jog /dʒɑg/ *verbo & sustantivo*
■ *verbo* (**jogging**, **jogged**)
hacer jogging, **correr** [a modo de ejercicio]: *She jogs every morning.* Hace jogging todas las mañanas.
■ *sustantivo*
carrera lenta para hacer ejercicio: *Let's go for a jog.* Vamos a correr.

jogger /ˈdʒɑgər/ *sustantivo*
persona que hace jogging

join /dʒɔɪn/ *verbo*
1 (also **join in**) **participar** ► A menudo la traducción depende del contexto: *I joined in the singing.* Yo también me puse a cantar.
2 Unirse a una persona o un grupo: *We are going to eat. Do you want to join us?* Vamos a comer. ¿Quieres venir con nosotros?
3 unirse: *The pipes join under the bathtub.* Los tubos se unen debajo de la tina de baño.
4 hacerse socio -a de [un club, etc.]
5 meterse a: *He joined the army.* Se metió al ejército.
6 to join hands tomarse las manos: *We all joined hands in a circle.* Todos nos tomamos las manos en un círculo

joint /dʒɔɪnt/ *sustantivo & adjetivo*
■ *sustantivo*
1 articulación
2 junta
■ *adjetivo*
conjunto -a: *They wrote it together; it was a joint effort.* Lo escribieron juntos, fue un esfuerzo conjunto. | *We have a joint bank account.* Tenemos una cuenta conjunta.

joke /dʒoʊk/ *sustantivo & verbo*
■ *sustantivo*
1 broma: *I don't think it was a very funny joke.* No me pareció una broma muy divertida.
2 chiste: *My dad is always telling jokes.* Mi papá siempre está contando chistes.
3 desastre, **farsa**: *The meeting was a complete joke!* ¡La junta fue un desastre!
■ *verbo* (**joking**, **joked**)
bromear: *He knew that I was just joking.* Sabía que sólo estaba bromeando.

jolly /ˈdʒɑli/ *adjetivo* (**jollier**, **jolliest**)
alegre, **jovial**

jolt /dʒoʊlt/ *sustantivo & verbo*
■ *sustantivo*
1 sacudida: *The train started with a jolt.* El tren arrancó con una sacudida.
2 shock: *A jolt of electricity hit him.* Una descarga eléctrica le dio un shock.
■ *verbo*
dar de tumbos, **dar una sacudida**: *The truck jolted to a stop.* El camion dio de tumbos y se paró.

jot /dʒɑt/ *verbo* (**jotting**, **jotted**)
to jot something down apuntar algo, **anotar algo**: *I jotted down her address on my newspaper.* Apunté su dirección en el periódico.

journal /ˈdʒɜrnl/ *sustantivo*
1 revista [especializada]: *A medical journal is missing from the library.* Falta una revista médica de la biblioteca.
2 diario

journalism /ˈdʒɜrnl-ɪzəm/ *sustantivo*
periodismo

journalist /ˈdʒɜrnl-ɪst/ *sustantivo*
periodista

journey /ˈdʒɜrni/ *sustantivo* (plural **journeys**)
viaje: *He is on a journey across Africa.* Anda de viaje por África.

joy /dʒɔɪ/ *sustantivo*
alegría, **júbilo**: *Christmas is a time of joy.* La Navidad es una época de alegría.

joyful /ˈdʒɔɪfəl/ *adjetivo*
alegre, **dichoso -a**: *Her birthday was a joyful occasion.* Su cumpleaños fue un evento muy alegre.

joystick /ˈdʒɔɪstɪk/ *sustantivo*
joystick, **palanca de mando**

Jr. *sustantivo* (= **junior**)
hijo ► Se usa después del nombre para indicar que el papá lleva el mismo nombre

Judaism /ˈdʒudi-ɪzəm/ *sustantivo*
judaísmo

judge /dʒʌdʒ/ *sustantivo & verbo*
■ *sustantivo*
1 juez: *The judge sent him to prison for two years.* El juez lo mandó a la cárcel por dos años.
2 juez [en un evento deportivo]
■ *verbo*
1 juzgar, **evaluar**: *How can you judge which dictionary to choose?* ¿Cómo puedes juzgar qué diccionario elegir?
2 juzgar, **ser el juez**: *Who is judging the poetry competition?* ¿Quién va a juzgar el concurso de poesía?

judgment /ˈdʒʌdʒmənt/ *sustantivo*
1 decisión: *You will have to make your own judgment about what to do.* Vas a tener que tomar tu propia decisión sobre qué hacer.
2 (en un tribunal) **fallo**

judo /ˈdʒudoʊ/ *sustantivo*
judo

jug /dʒʌg/ *sustantivo*
jarra

juggle /ˈdʒʌgəl/ *verbo* (**juggling**, **juggled**)
hacer malabarismo

juggle

juggler /ˈdʒʌglər/ *sustantivo*
malabarista

juice /dʒus/ *sustantivo*
jugo: *Can I have a glass of orange juice?* ¿Me das un vaso de jugo de naranja?

juicy /ˈdʒusi/ *adjetivo* (**juicier**, **juiciest**)
jugoso -a: *He ate a juicy orange.* Se comió una jugosa naranja.

July /dʒʊˈlaɪ/ *sustantivo*
julio

jumble /ˈdʒʌmbəl/ *sustantivo & verbo*
■ *sustantivo*
revoltijo: *There was a jumble of clothes on the floor.* Había un revoltijo de ropa en el piso.
■ *verbo*
revolver [una serie de objetos]

jumbo /ˈdʒʌmboʊ/ *adjetivo*
gigante [paquete o tamaño]

jump /dʒʌmp/ *verbo & sustantivo*
■ *verbo*
1 saltar, **brincar**: *The children jumped up and down with excitement.* Los niños saltaban de emoción. | *The horse jumped over the fence.* El caballo saltó la barda.
2 dar un brinco, **sobresaltarse**: *The noise made me jump.* El ruido me hizo dar un brinco.
3 saltar, **brincar** [de cierta altura]: *She jumped out of the window to escape the fire.* Saltó por la ventana para escaparse del incendio.
4 subir [precios, costos]: *The price of gas jumped last week.* El precio de la gasolina subió la semana pasada.
■ *sustantivo*
salto: *He got over the fence in one jump.* Pasó la barda de un salto.

June /dʒun/ *sustantivo*
junio

jungle /ˈdʒʌŋgəl/ *sustantivo*
selva

junior /ˈdʒunjər/ *adjetivo & sustantivo*
■ *adjetivo*
1 (de rango más bajo) **subalterno -a**: *He is a junior member of the company.* Tiene una posición subalterna en la compañía.
2 (más joven) **menor**: *He married a woman ten years his junior.* Se casó con una mujer diez años menor que él.
■ *sustantivo*
estudiante del tercer año de bachillerato o universidad

Junior /ˈdʒunjər/ *adjetivo*
hijo ▶ Se usa después del nombre para indicar que el papá lleva el mismo nombre

ˌjunior ˈhigh school *sustantivo*
en EEUU escuela para jóvenes entre 12 y 14-15 años

junk /dʒʌŋk/ *sustantivo*
cachivaches: *That room is full of junk.* Ese cuarto está lleno de cachivaches.

Jupiter /ˈdʒupətər/ *sustantivo*
Júpiter

jury /ˈdʒʊri/ *sustantivo* (plural **juries**)
jurado: *The jury listened carefully to the case.* El jurado escuchó cuidadosamente el caso.

just /dʒʌst/ *adverbio & adjetivo*

■ *adverbio*

1 Se usa para indicar que algo pasó hace muy poco: *I just got home.* Acabo de llegar a mi casa. | *You just missed the bus.* Acaba de pasar el camión.

2 sólo, **apenas**: *I play tennis just for fun.* Juego tenis sólo por diversión. | *It happened just a few days ago.* Pasó apenas hace unos días.

3 exactamente, **justamente**: *You look just like your mother.* Eres exactamente igual a tu madre. | *I have just enough money to buy a stamp.* Tengo justo el dinero necesario para comprar un timbre.

4 justamente [justo en este momento]: *I am just making some coffee. Do you want some?* Justo estaba haciendo café. ¿Quieres?

5 se usa para enfatizar: *Just sit down!* ¡Siéntate!

6 Se usa para pedir en forma cortés que alguien haga algo: *Could you just lift your cup for a second?* ¿Podría levantar su taza un segundo, por favor?

7 just about casi, **prácticamente**: *I am just about done.* Ya casi terminé.

8 just a minute/just a second (un) momentito, **un momento**: *Just a minute, I can't find my keys.* Un momentito, no encuentro las llaves.

■ *adjetivo*

justo -a: *He received a just punishment.* Recibió un castigo justo.

justice /ˈdʒʌstɪs/ *sustantivo*
justicia: *She is fighting for freedom and justice.* Lucha por la libertad y la justicia.

J

Kk

K, k /keɪ/ *sustantivo*
K, k: *K for kilo* K de kilo

kangaroo /kæŋgəˈru/ *sustantivo*
canguro

karate /kəˈrɑti/ *sustantivo*
karate

keen /kin/ *adjetivo*
1 to be keen to do something tener ganas de hacer algo: *He was keen to do the job well.* Tenía ganas de hacer bien el trabajo.
2 entusiasta [fotógrafo, músico, etc.]

K

keep /kip/ *verbo* (gerundio **keeping**, pasado y participio **kept**)

keep in shape

She exercises to keep in shape.

1 quedarse con, conservar: *You can keep the book. I don't need it now.* Quédate con el libro, no lo necesito.
2 guardar, conservar: *I kept all her letters through the years.* Durante años guardé todas sus cartas.
3 mantener: *They kept her in the hospital for a week.* La tuvieron internada en el hospital por una semana. | *This blanket will keep you warm.* Esta cobija te mantendrá calientito. | *Keep your dog out of my yard!* No dejes a tu perro entrar a mi jardín.
4 to keep in shape mantenerse en forma: *He runs to keep in shape.* Corre para mantenerse en forma.
5 (entretener) *What's keeping her?* ¿Por qué se está tardando?
6 to keep doing something seguir haciendo algo: *I keep making the same mistakes.* Sigo haciendo los mismos errores.
7 to keep a secret guardar un secreto
8 Keep out! ¡Prohibida la entrada!
9 to keep someone up no dejar dormir a alguien: *The music is keeping me up.* La música no me deja dormir.
10 to keep up seguir el paso: *Slow down. I can't keep up!* Más despacio. ¡No puedo seguirte el paso!

kennel /ˈkenl/ *sustantivo*
perrera [residencia canina]

Kenya /ˈkenjə, ˈkinjə/ *sustantivo*
Kenia

kept /kept/ pasado y participio del verbo **keep**

ketchup /ˈketʃəp/ *sustantivo*
catsup [salsa de tomate]

kettle /ˈketl/ *sustantivo*
tetera [para hervir agua]

key /ki/ *sustantivo & adjetivo*
■ *sustantivo* (plural **keys**)
1 llave: *Where are my car keys?* ¿Dónde están las llaves de mi coche?
2 tecla
■ *adjetivo*
clave: *Jobs are the key issue in the election.* El desempleo es el factor clave en la elección.

keyboard /ˈkibɔrd/ *sustantivo*
teclado

keyhole /ˈkihoʊl/ *sustantivo*
ojo de la cerradura

ˈkey ring *sustantivo*
llavero

kick /kɪk/ *verbo & sustantivo*
■ *verbo*
1 patear, dar una patada: *She kicked him on the shin.* Le dio una patada en la espinilla.
2 patalear [bebé, persona enojada]: *The baby is kicking his legs.* El bebé está pataleando.
3 to kick off empezar [uso informal que se originó en el futbol]: *The game kicks off at two o'clock.* El partido empieza a las dos.
4 to kick someone out correr a alguien, expulsar a alguien: *They kicked Dan out of the club.* Corrieron a Dan del club.
■ *sustantivo*
1 patada: *If the door won't open, give it a kick.* Si no se abre la puerta, dale una patada.
2 acto de disfrutar: *I get a kick out of ice skating.* Me encanta patinar.

kid /kɪd/ *sustantivo & verbo*
■ *sustantivo*
1 niño -a: *How many kids do you have?* ¿Cuántos niños tienes?
2 cabrito -a

kick off

The game kicked off at 2:30.

■ *verbo* (kidding, kidded)

vacilar, **bromear**: *I didn't mean that. I was just kidding.* No te lo creas. Nada más estaba vacilando.

kidnap /ˈkɪdnæp/ *verbo* (kidnapping, kidnapped)

secuestrar, **raptar**

kidnapper /ˈkɪdnæpər/ *sustantivo*

secuestrador -a

kidney /ˈkɪdni/ *sustantivo* (plural kidneys)

riñón

kill /kɪl/ *verbo*

matar: *The cat killed the bird.* El gato mató al pájaro. | *Ten people were killed in the car crash.* Murieron diez personas en el choque.

killer /ˈkɪlər/ *sustantivo*

asesino -a: *Police are searching for the killer.* La policía anda buscando al asesino.

kilogram /ˈkɪləgræm/ *sustantivo*

kilogramo

kilometer /kɪˈlɑmətər/ *sustantivo*

kilómetro

kind /kaɪnd/ *sustantivo & adjetivo*

■ *sustantivo*

1 tipo, **clase**: *What kind of car does he have?* ¿Qué tipo de coche tiene? | *We sell all kinds of food.* Vendemos toda clase de comida.

2 kind of medio, **como** ▶ Se trata de un uso coloquial: *I am kind of sad that I didn't win.* Estoy medio triste porque no gané.

■ *adjetivo*

amable: *It's very kind of you to help me.* Es usted muy amable en ayudarme.

kindly /ˈkaɪndli/ *adverbio*

amablemente: *She kindly offered to take me home.* Muy amablemente se ofreció a llevarme a mi casa.

kindness /ˈkaɪndnəs/ *sustantivo*

amabilidad: *Thank you very much for your kindness.* Muchas gracias por su amabilidad.

king /kɪŋ/ *sustantivo*

rey: *the King of Spain* el Rey de España

kingdom /ˈkɪŋdəm/ *sustantivo*

reino

kiss /kɪs/ *verbo & sustantivo*

■ *verbo*

1 dar un beso a, **besar**: *He kissed his wife goodbye.* Le dio un beso de despedida a su esposa.

2 besarse

■ *sustantivo* (plural kisses)

beso: *He gave his daughter a kiss.* Le dio un beso a su hija.

kit /kɪt/ *sustantivo*

1 juego: *Do you have a tool kit?* ¿Tienes un juego de herramientas?

2 juego para armar: *We made a model plane from a kit.* Hicimos un modelo de avión con un juego para armar.

kitchen /ˈkɪtʃən/ *sustantivo*

cocina: *They had dinner in the kitchen.* Cenaron en la cocina.

kite /kaɪt/ *sustantivo*

papalote

kitten /ˈkɪtn/ *sustantivo*

gatito -a

kitty /ˈkɪti/ *sustantivo* (plural kitties)

gatito -a

Kleenex® /ˈklineks/ *sustantivo*

Kleenex, **pañuelo desechable**

knead /nid/ *verbo*

amasar

knee /ni/ *sustantivo*

rodilla

kneecap /ˈnikæp/ *sustantivo*

rótula

kneel /nil/ *verbo* (pasado y participio knelt o kneeled)

(also kneel down) **hincarse**, **arrodillarse**: *She knelt down to pray.* Se hincó a rezar.

knelt /nelt/ pasado y participio del verbo **kneel**

knew /nu/ pasado del verbo **know**

knife /naɪf/ *sustantivo* (plural knives /naɪvz/)

cuchillo

knight /naɪt/ *sustantivo*

caballero [en la Edad Media]

K

knit /nɪt/ *verbo* (gerundio **knitting**, pasado y participio **knit** o **knitted**)
tejer: *She is knitting some clothes for the baby.* Está tejiendo ropa para el bebé.

knitting /ˈnɪtɪŋ/ *sustantivo*
tejido

ˈknitting ˌneedle *sustantivo*
aguja de tejer

knob /nɑb/ *sustantivo*
perilla [de una puerta]

knock /nɑk/ *verbo & sustantivo*
■ *verbo*
1 tocar [con los nudillos para entrar], **llamar**: *I knocked on the door.* Toqué a la puerta.
2 tirar [sin querer], **golpear**: *He knocked the glass off the table.* Sin querer tiró el vaso de la mesa.
3 to knock someone down atropellar a alguien
4 to knock someone out noquear a alguien
5 to knock something off rebajar el precio de algo: *He knocked $50 off the price of the suit.* Le rebajó $50 al precio del traje.
6 knock it off! ¡Ya párale!: *Hey, knock it off, I'm on the phone!* ¡Eh, ya párale, estoy hablando por teléfono!
■ *sustantivo*
toquido, **golpeteo** ▶ A menudo se usa el verbo *tocar*: *I heard a knock on the door.* Oí que tocaron la puerta.

knock out

He knocked Pete out.

knockout /ˈnɑk-aʊt/ *sustantivo*
nocaut

knot /nɑt/ *sustantivo & verbo*
■ *sustantivo*
1 nudo: *She tied the rope in a knot.* Hizo un nudo en la cuerda. | *My hair is full of knots.* Tengo el pelo muy enredado.
2 nudo [unidad de velocidad marina]
■ *verbo* (**knotting**, **knotted**)
anudar, **hacer un nudo en**

know /noʊ/ *verbo* (pasado **knew**, participio **known**)
1 saber: *Do you know the answer?* ¿Sabes la respuesta? | *I don't know your address.* No sé tu dirección. | *He knew they didn't believe him.* Sabía que no le creían. | *I know exactly how you feel.* Sé exactamente cómo te sientes. | *I know that I am right.* Estoy segura de que tengo razón.
2 conocer: *I have known Mary since she was a child.* Conozco a Mary desde que era chica. | *How well do you know Denver?* ¿Qué tan bien conoces Denver? | **to know each other conocerse**: *Do you know each other?* ¿Se conocen?
3 I know Ya lo sé: *"It's a bad idea." "I know."* –Es una mala idea. –Ya lo sé.
4 you know ya sabes: *That one is my car, you know, the red one.* Ése es mi coche, ya sabes, el rojo.

> **NOTA:** Para expresar la idea de conocer a alguien por primera vez, en inglés no se usa el verbo **know** sino **meet**: *I met her last year.* La conocí el año pasado. | *We met at John's party.* Nos conocimos en la fiesta de John.

knowledge /ˈnɑlɪdʒ/ *sustantivo*
conocimiento: *His knowledge of languages is excellent.* Tiene un excelente conocimiento de idiomas.

knowledgeable /ˈnɑlɪdʒəbəl/ *adjetivo*
culto -a, **que sabe mucho**: *She is very knowledgeable about horses.* Sabe mucho de caballos.

known /noʊn/ participio del verbo **know**

knuckle /ˈnʌkəl/ *sustantivo*
nudillo

koala /koʊˈɑlə/ *sustantivo* (also **koala bear**)
koala

Komodo dragon /kəˌmoʊdoʊ ˈdrægən/ *sustantivo*
dragón de Komodo

Koran /kəˈræn/ *sustantivo*
the Koran el Corán

Korea /kəˈriə/ *sustantivo*
Corea

L, **l** /el/ *sustantivo*
L, **l**: *L for London* L de Londres

lab /læb/ *sustantivo* forma coloquial de **laboratory**
laboratorio

label /ˈleɪbəl/ *sustantivo & verbo*
■ *sustantivo*
etiqueta: *Read the label on the bottle before you take the medicine.* Lee la etiqueta del frasco antes de tomarte la medicina.
■ *verbo*
poner una etiqueta a, **rotular**: *Label the boxes so we will remember what is in them.* Ponles una etiqueta a las cajas para que nos acordemos de lo que contienen.

label

clothes label ***food label***

labor /ˈleɪbər/ *sustantivo*
1 trabajo, **labor**: *Months of labor went into building the boat.* Construir el barco llevó meses de trabajo.
2 mano de obra

laboratory /ˈlæbrətɔri/ *sustantivo* (plural **laboratories**)
laboratorio

ˈ**Labor** ˌ**Day** *sustantivo*
Día del Trabajo ▶ En EEUU se celebra el primer lunes de septiembre

laborer /ˈleɪbərər/ *sustantivo*
peón

ˈ**labor** ˌ**union** *sustantivo*
sindicato de trabajadores

lace /leɪs/ *sustantivo*
encaje: *The dress has lace around the neck.* El vestido tiene encaje alrededor del cuello.

lack /læk/ *verbo & sustantivo*
■ *verbo*
no tener, **carecer de**: *He lacks the courage to tell her the truth.* No tiene el valor de decirle la verdad.
■ *sustantivo*
falta, **carencia**: *The plan failed because of a lack of money.* El plan fracasó por falta de dinero.

ladder /ˈlædər/ *sustantivo*
escalera [de mano]: *I need a ladder to reach the roof.* Necesito una escalera para subirme al techo.

laden /ˈleɪdn/ *adjetivo*
cargado -a, **repleto -a**: *The truck was laden with boxes of fruit.* El camión estaba cargado de cajas de fruta.

ˈ**ladies'** ˌ**room** *sustantivo*
baño (para señoras [en un lugar público]

ladle /ˈleɪdl/ *sustantivo*
cucharón

lady /ˈleɪdi/ *sustantivo* (plural **ladies**)
1 (formal) **señora**, **dama**: *Good afternoon, ladies.* Buenas tardes, señoras.
2 (para hablar a una mujer que uno no conoce, frecuentemente faltándole al respeto) **señora**, **vieja**: *Hey lady, hurry up!* ¡Oiga señora, apúrese!

laid /leɪd/ pasado y participio del verbo **lay**

lain /leɪn/ participio del verbo **lie**

lake /leɪk/ *sustantivo*
lago

lamb /læm/ *sustantivo*
1 cordero, **borrego**
2 carnero [hablando de comida]

lame /leɪm/ *adjetivo* (**lamer**, **lamest**)
cojo -a: *My horse is lame so I can't ride him.* Mi caballo está cojo, así que no lo puedo montar.

lamp /læmp/ *sustantivo*
lámpara: *I need a desk lamp.* Necesito una lámpara de escritorio.

lampshade /ˈlæmpʃeɪd/ *sustantivo*
pantalla [para lámpara]

land /lænd/ *sustantivo & verbo*
■ *sustantivo*
1 tierra: *He owns most of the land around here.* Es dueño de casi todas las tierras de por aquí. | *They reached land after six weeks.* Tocaron tierra después de seis semanas.
2 país, **nación**: *He wants to travel to foreign lands.* Quiere viajar a otros países.

■ *verbo*
aterrizar, **tocar tierra**: *We landed in Seattle at six in the evening.* Aterrizamos en Seattle a las seis de la tarde.

landing /ˈlændɪŋ/ *sustantivo*
1 descanso [en una escalera]
2 aterrizaje: *The plane made a safe landing.* El avión hizo un aterrizaje seguro.

landlady /ˈlændleɪdi/ *sustantivo* (plural **landladies**)
casera, **dueña**

landlord /ˈlændlɔrd/ *sustantivo*
casero, **dueño**

landscape /ˈlændskeɪp/ *sustantivo*
paisaje: *The trees and mountains made a beautiful landscape.* Los árboles y las montañas formaban un paisaje bellísimo.

lane /leɪn/ *sustantivo*
1 carril
2 camino, **sendero**: *We drove along a country lane.* Manejamos por un camino campestre.

language /ˈlæŋgwɪdʒ/ *sustantivo*
idioma, **lengua**: *We are studying the English language.* Estamos estudiando el idioma inglés. | *Do you speak any foreign languages?* ¿Hablas algún idioma?

lantern /ˈlæntərn/ *sustantivo*
farol

lap /læp/ *sustantivo & verbo*
■ *sustantivo*
1 rodillas, **regazo**: *Her little girl sat on her lap.* La niñita se sentó en sus rodillas.
2 (en carreras) **vuelta**
■ *verbo*
to lap (up) beber a lengüetazos

lap

The cat lapped up the milk. ***The cat was sitting on her lap.***

lapse /læps/ *sustantivo*
lapso

laptop /ˈlæptɑp/ *sustantivo*
laptop, **computadora portátil**

lard /lɑrd/ *sustantivo*
manteca

large /lɑrdʒ/ *adjetivo* (**larger**, **largest**)
grande: *I would like a large pizza.* Quisiera una pizza grande.

NOTA: La palabra *largo* en español se traduce por **long** en inglés

largely /ˈlɑrdʒli/ *adverbio*
en gran parte: *Our success was largely due to her good work.* Nuestro éxito se debió en gran parte a su excelente trabajo.

larva /ˈlɑrvə/ *sustantivo* (plural **larvae** /-vi/)
larva

lasagne /ləˈzɑnjə/ *sustantivo*
lasaña

laser /ˈleɪzər/ *sustantivo*
láser: *I have a laser printer.* Tengo una impresora láser. | *He needs laser surgery on his eye.* Necesita que le hagan una operación del ojo con rayos láser.

lash /læʃ/ *sustantivo* (plural **lashes**)
pestaña

lasso /ˈlæsoʊ/ *sustantivo*
lazo [que se usa en un rodeo, etc.]

last /læst/ *adjetivo, adverbio & verbo*
■ *adjetivo & adverbio*
1 último -a: *Mary is the last girl on the bus.* Mary es la última niña que queda en el camión. | *This is my last chance.* Ésta es mi última oportunidad.
2 en último lugar: *I was last in the race.* Llegué en último lugar en la carrera.
3 por última vez: *When I last saw him, he was just a boy.* La última vez que lo vi era un niño.
4 pasado -a, **último -a**: *I saw my friend last week.* Vi a mi amigo la semana pasada. | *The last time we played tennis, she won.* La última vez que jugamos tenis ganó ella.
■ *verbo*
1 durar: *Our vacation lasted for ten days.* Nuestras vacaciones duraron diez días.
2 durar [conservarse en buen estado]: *Good shoes last longer.* Los zapatos buenos duran más. | *These batteries will last a long time.* Estas pilas van a durar mucho tiempo.

lasting /ˈlæstɪŋ/ *adjetivo*
duradero -a: *We want to have a lasting relationship.* Queremos tener una relación duradera.

lastly /ˈlæstli/ *adverbio*
por último, **finalmente**

ˈlast name *sustantivo*
apellido

latch /lætʃ/ *sustantivo* (plural **latches**)
pasador [de una puerta]

L

late /leɪt/ *adjetivo & adverbio*

1 tarde: *Hurry up, it's late.* Apúrate, es tarde. | *She was late for school.* Llegó tarde a la escuela. | *I may not be home until late.* Puede que no regrese a mi casa hasta tarde.

2 a fines, a finales: *He began the work in late May.* Empezó a trabajar a fines de mayo. | *The house was built in the late 19th century.* La casa fue construida a fines del siglo XIX.

lately /ˈleɪtli/ *adverbio*

últimamente, recientemente

later /ˈleɪtər/ *adverbio & adjetivo*

1 después, más tarde: *I can't do it now. I'll do it later.* No puedo hacerlo ahorita. Después lo hago. | *Can I talk to you later?* ¿Te puedo hablar más tarde?

2 later on después, más tarde: *This may cause more problems later on.* Puede que esto cause más problemas después.

3 posterior: *A decision will be made at a later date.* Se tomará una decisión en una fecha posterior.

4 más reciente: *The later models are much faster.* Los modelos más recientes son mucho más rápidos.

latest /ˈleɪtɪst/ *adjetivo*

último -a: *Have you heard the latest news?* ¿Ya oíste las últimas noticias?

Latin /ˈlætn/ *sustantivo*

latín: *He had to study Latin.* Tuvo que estudiar latín.

latitude /ˈlætətud/ *sustantivo*

latitud

latter /ˈlætər/ *sustantivo*

the latter este último/esta última: *You can use glass or plastic, but the latter is cheaper.* Puede usted usar vidrio o plástico, pero este último es más barato.

laugh /læf/ *verbo & sustantivo*

■ *verbo*

1 reír: *It was so funny we couldn't stop laughing.* Era tan chistoso que no podíamos dejarn de reírnos.

2 to laugh at someone or something reírse de alguien o algo: *All the kids at school are laughing at me!* ¡Todos los niños de la escuela se ríen de mí!

■ *sustantivo*

1 risa, carcajada

2 to have a laugh reírse: *We had a good laugh over his story.* Nos reímos mucho con su cuento.

laughter /ˈlæftər/ *sustantivo*

risa, carcajadas

launch /lɔntʃ/ *verbo*

1 lanzar: *The company is launching a new perfume.* La compañía va a lanzar un nuevo perfume.

2 botar [un barco]

3 lanzar [un vehículo espacial]

laundromat /ˈlɔndrəmæt/ *sustantivo*

lavandería automática

laundry /ˈlɔndri/ *sustantivo*

1 ropa para lavar

2 (plural **laundries**) **lavandería**

lava /ˈlɑvə/ *sustantivo*

lava

lavatory /ˈlævətɔri/ *sustantivo* (plural **lavatories**)

baño [público]

law /lɔ/ *sustantivo*

1 ley: *There is a law against discrimination.* Hay una ley en contra de la discriminación.

2 the law (a) la ley: *Driving without a seat belt on is against the law.* Manejar sin el cinturón de seguridad es contra la ley. **(b) las autoridades, la policía**: *Is he in trouble with the law?* ¿Se metió en problemas con las autoridades?

lawful /ˈlɔfəl/ *adjetivo*

legítimo -a, legal

lawn /lɔn/ *sustantivo*

pasto, césped

ˈlawn ˌmower *sustantivo*

cortadora de pasto

lawsuit /ˈlɔsut/ *sustantivo*

juicio, demanda judicial

lawyer /ˈlɔjər/ *sustantivo*

abogado -a

lay[1] /leɪ/ *verbo* (gerundio **laying**, pasado y participio **laid**)

1 poner, colocar: *She laid her coat over a chair.* Puso su abrigo sobre una silla. | *He laid the baby on the bed.* Puso al bebé en la cama.

2 poner, colocar [alfombra en el piso, etc.]

3 poner: *The hen laid an egg.* La gallina puso un huevo.

lay[2] /leɪ/ pasado del verbo **lie**

layer /ˈleɪər/ *sustantivo*

capa [de polvo, pintura, nieve]: *There is a layer of dust on the furniture.* Hay una capa de polvo en los muebles.

lazy /ˈleɪzi/ *adjetivo* (**lazier**, **laziest**)

flojo -a: *He does not want a job. He's too lazy to work.* No quiere trabajo. Es demasiado flojo para trabajar.

L

lead[1] /lid/ *verbo & sustantivo*

■ *verbo* (pasado y participio **led**)

1 guiar, **llevar**: *You lead us, and we'll follow.* Tú nos guias y nosotros te seguimos. | *He led his horse to the barn.* Llevó su caballo al granero.

2 ir, **conducir** [carretera, etc.]: *This road leads to Springfield.* Esta carretera va a Springfield.

3 estar al frente de, **encabezar**: *He's going to lead the climb up Mount Everest.* Va a estar al frente de la expedición al Everest.

4 estar ganando [un juego o competencia]: *We are leading 2-1 with ten minutes to play.* Vamos ganando 2 a 1 y quedan diez minutos de juego.

5 ser líder de: *Our company leads the world in making cars.* Nuestra compañía es líder mundial en la fabricación de automóviles.

6 to lead to something dar algo como resultado: *The new factory has led to a lot of new jobs.* La nueva fábrica ha dado muchos nuevos empleos como resultado.

7 to lead a ... life llevar una vida ...: *She led a very lonely life.* Llevó una vida muy solitaria

■ *sustantivo*

1 cabeza, **primer lugar**: *Jackson is still in the lead.* Jackson todavía va a la cabeza.

2 ventaja: *We have a lead of ten points.* Llevamos diez puntos de ventaja.

lead[2] /led/ *sustantivo*

1 plomo: *The house has lead pipes.* La casa tiene tubería de plomo.

2 mina, **grafito** [de un lápiz]

leader /ˈlidər/ *sustantivo*

líder: *The leaders of the world's richest nations are at the meeting.* Los líderes de las naciones más ricas del mundo están en la junta.

leadership /ˈlidərʃɪp/ *sustantivo*

liderazgo: *The school needs strong leadership.* La escuela necesita un liderazgo firme.

leading /ˈlidɪŋ/ *adjetivo*

principal, **destacado -a**: *We are the world's leading producer of oil.* Somos el principal productor de petróleo en el mundo.

leaf /lif/ *sustantivo* (plural **leaves**)

hoja [de planta o árbol]: *It is beautiful when the leaves on the trees change color.* Es precioso cuando las hojas de los árboles cambian de color.

leaflet /ˈliflət/ *sustantivo*

folleto

league /lig/ *sustantivo*

1 (en deportes) **liga**: *How many teams are in the National Football League?* ¿Cuántos equipos hay en la National Football League?

2 liga, **alianza**

leak /lik/ *sustantivo & verbo*

■ *sustantivo*

1 fuga: *The pipe has a leak.* El tubo tiene una fuga.

2 gotera [en el techo]

■ *verbo*

1 tener goteras, **tener una gotera**: *The roof is leaking.* El techo tiene goteras.

2 gotear

leaky /ˈliki/ *adjetivo* (**leakier**, **leakiest**)

agujerado -a [que gotea]

lean /lin/ *verbo & adjetivo*

■ *verbo*

1 inclinarse, **agacharse**: *She leaned forward to kiss him.* Se inclinó hacia adelante para besarlo.

2 recargar, **apoyar**: *He leaned the ladder against the wall.* Recargó la escalera contra la pared.

3 recargarse, **apoyarse**: *I saw him leaning against my car.* Lo vi recargándose en mi coche.

■ *adjetivo*

1 delgado -a: *His body was lean and muscular.* Su cuerpo era delgado y musculoso.

2 magro -a, **sin grasa**: *I want to buy some lean meat.* Quiero comprar carne sin grasa.

leap /lip/ *verbo & sustantivo*

■ *verbo* (pasado y participio **leaped** o **leapt** /lept/)

brincar, **saltar**: *The dog leaped over the fence.* El perro brincó la barda.

■ *sustantivo*

brinco, **salto**: *With one leap, she crossed the stream.* Cruzó el arroyo de un brinco.

ˈleap year *sustantivo*

año bisiesto

learn /lɜrn/ *verbo* (pasado y participio **learned** o **learnt** /lɜrnt/)

1 aprender: *Have you learned how to swim?* ¿Ya aprendiste a nadar? | *I'm learning English.* Estoy aprendiendo inglés.

2 aprenderse, **memorizar**: *She learned the poem and said it in front of the class.* Se aprendió el poema y lo dijo frente a la clase.

learning /ˈlɜrnɪŋ/ *sustantivo*

conocimientos: *a woman of great learning* una mujer con muchos conocimientos

L

lease /lis/ *sustantivo*
contrato de arrendamiento

leash /liʃ/ *sustantivo* (plural **leashes**)
correa: *Please keep your dog on a leash.* Por favor mantén tu perro con la correa puesta.

least /list/ *pronombre*, *adjetivo* & *adverbio*
superlativo de **little**
1 the least lo menos: *The least you can do is say thank you.* Lo menos que puedes hacer es decir gracias.
2 the least amount of something *Even the least amount of poison can hurt you.* Aun la cantidad más pequeña de veneno puede hacerte daño.
3 menos: *They arrived when I least expected it.* Llegaron cuando menos lo esperaba. | *Which one is the least expensive?* ¿Cuál es el menos caro?
4 at least (a) por lo menos, **como mínimo**: *He will be going away for at least a week.* Va estar de viaje por lo menos una semana. **(b)** (para indicar que quieres cambiar de opinión) **al menos**: *His name is Paul, at least I think it is.* Se llama Paul, al menos eso creo
5 least of all y menos: *I don't like any of them, least of all John!* No me cae bien ninguno de ellos ¡y menos John!
6 not in the least para nada: *I'm not in the least interested in what she says.* No me interesa para nada lo que diga.

leather /ˈleðər/ *sustantivo*
cuero, **piel**: *a leather jacket* una chamarra de cuero

leave /liv/ *verbo & sustantivo*
■ *verbo* (gerundio **leaving**, pasado y participio **left**)
1 irse: *They left yesterday.* Se fueron ayer.
2 irse de: *She left home at 19.* Se fue de su casa a los 19 años.
3 salir: *The train leaves in five minutes.* El tren sale en cinco minutos.
4 salir de: *He leaves work at 5.* Sale de trabajar a las 5.
5 dejar, **abandonar**: *He left his wife.* Dejó a su mujer.
6 dejar [algo en un lugar específico o en una situación específica]: *I think I left my books at home.* Creo que me dejé los libros en la casa. | *Please leave a message for her.* Por favor déjale un recado. | *Why did you leave the windows open?* ¿Por qué dejaste abiertas las ventanas?
7 dejar [como herencia]: *My aunt left me some money.* Mi tía me dejó algo de dinero.
8 quedar, **sobrar**: *Is there any coffee left?* ¿Queda algo de café?
9 to leave someone alone dejar a alguien en paz: *Go away and leave me alone.* Vete y déjame en paz.
10 to leave something alone dejar algo (en paz) [no tocar algo]: *Leave those glasses alone or you will break them.* Deja los vasos en paz, los vas a romper.
■ *sustantivo*
permiso, **licencia** [para ausentarse]: *He has taken one week's sick leave.* Ha tomado una semana de permiso por enfermedad.

leaves /livz/ plural de **leaf**

lecture /ˈlektʃər/ *sustantivo & verbo*
■ *sustantivo*
1 conferencia: *a lecture on modern art* una conferencia sobre arte moderno
2 clase [a estudiantes de enseñanza superior]: *Did you go to her lecture?* ¿Fuiste a su clase?
■ *verbo* (**lecturing**, **lectured**)
dar clases [a estudiantes de enseñanza superior]: *He lectures on Inernational politics.* Da clases de política internacional.

> **NOTA:** La palabra *lectura* en español se traduce por **reading** en inglés

led /led/ pasado y participio del verbo **lead**

ledge /ledʒ/ *sustantivo*
antepecho [de una ventana]

left¹ /left/ *sustantivo*, *adjetivo* & *adverbio*
1 izquierda: *The school is on the left.* La escuela está a la izquierda.
2 izquierdo -a: *I hurt my left leg.* Me lastimé la pierna izquierda.
3 a la izquierda: *Turn left here.* Da vuelta a la izquierda aquí.

left² /left/ pasado y participio del verbo **leave**

ˌleft-ˈhanded *adjetivo*
zurdo -a

leftovers /ˈleftoʊvərz/ *sustantivo plural*
sobras

leg /leg/ *sustantivo*
1 pierna: *He hurt his right leg.* Se lastimó la pierna derecha.
2 pata: *Dogs have four legs.* Los perros tienen cuatro patas. | *The chair has a broken leg.* La silla tiene una pata rota.

legal /ˈligəl/ *adjetivo*
legal

legend /ˈledʒənd/ *sustantivo*
leyenda, **mito**: *an Aztec legend* una leyenda azteca | *Elvis Presley was a legend in*

L

rock music. Elvis Presley fue todo un mito en la música de rock.

legendary /ˈledʒənderi/ *adjetivo*
legendario -a

legible /ˈledʒəbəl/ *adjetivo*
legible: *His writing is not very legible.* Su letra no es muy legible.

leisure /ˈliʒər/ *sustantivo*
ocio: *What do you do in your leisure time?* ¿Qué haces en tu tiempo libre?

lemon /ˈlemən/ *sustantivo*
limón amarillo

lemonade /leməˈneɪd/ *sustantivo*
limonada

lend /lend/ *verbo* (pasado y participio **lent**)
prestar: *Can you lend me your book?* ¿Me prestas el libro?

length /leŋkθ/ *sustantivo*
largo: *The fish was three feet in length.* El pescado medía tres pies de largo.

lengthen /ˈleŋkθən/ *verbo*
alargar, **hacer más largo -a**: *I need to lengthen the curtain, it's too short.* Necesito alargar la cortina, está muy corta.

lengthy /ˈleŋkθi/ *adjetivo* (**lengthier**, **lengthiest**)
largo -a, **prolongado -a**: *He gave a lengthy speech.* Dio un largo discurso.

lens /lenz/ *sustantivo* (plural **lenses**)
lente

lent /lent/ pasado y participio del verbo **lend**

lentil /ˈlentəl/ *sustantivo*
lenteja

leopard /ˈlepərd/ *sustantivo*
leopardo

less /les/ *adverbio, adjetivo & pronombre*
1 menos: *There is a less expensive seat near the back.* Hay un asiento menos caro en la parte de atrás. | *I am trying to eat less.* Estoy tratando de comer menos.
2 less and less cada vez menos: *It seems like we have less and less money.* Parece que tenemos cada vez menos dinero.

lessen /ˈlesən/ *verbo*
disminuir: *The doctor lessened the dose.* El médico disminuyó la dosis. | *The noise lessened.* El ruido disminuyó.

lesson /ˈlesən/ *sustantivo*
1 lección
2 clase: *I am taking piano lessons.* Estoy tomando clases de piano.

let /let/ *verbo* (gerundio **letting**, pasado y participio **let**)
1 dejar, **permitir**: *My mother wouldn't let me go to the movie.* Mi mamá no me dejaba ir a la película. | *I let her have $10.* La dejé que se quedara con $10.
2 let's Se usa para hacer sugerencias: *Let's go swimming.* Vamos a nadar. | *I'm hungry. Let's eat!* Tengo hambre. ¿Por qué no comemos?
3 to let go soltar: *He let go of the dog and it ran away.* Soltó al perro y éste se escapó.
4 to let someone know avisar a alguien: *Let me know what time you'll be arriving.* Avísame a qué horas llegas.
5 to let someone go soltar a alguien, **dejar ir a alguien**: *The police let him go after asking him some questions.* La policía lo dejó ir después de hacerle unas preguntas.
6 to let someone down fallarle a alguien, **desilusionar a alguien**: *I thought she was coming, but she let me down.* Creí que iba a venir, pero me falló.

letter /ˈletər/ *sustantivo*
1 letra: *a three-letter word* una palabra de tres letras
2 carta: *I wrote a letter to my friend in Texas.* Le escribí una carta a mi amigo de Texas.

lettuce /ˈletɪs/ *sustantivo*
lechuga

level /ˈlevəl/ *adjetivo, sustantivo & verbo*
■ *adjetivo*
parejo -a, **plano -a**: *The floor of the house is not level.* El piso de la casa no está parejo.
■ *sustantivo*
1 nivel: *Check the water level in the swimming pool.* Checa el nivel de agua en la alberca.
2 nivel: *There are high levels of lead in the water.* Hay altos niveles de plomo en el agua.
■ *verbo*
nivelar, **emparejar**: *They leveled the ground before starting to build.* Nivelaron el terreno antes de empezar la construcción.

lever /ˈlevər/ *sustantivo*
palanca

liable /ˈlaɪəbəl/ *adjetivo*
to be liable to do something *He's liable to get angry if you do not agree with him.* Es probable que se enoje si no estás de acuerdo con él.

liar /ˈlaɪər/ *sustantivo*
mentiroso -a, **embustero -a**

L

liberal /ˈlɪbərəl/ *adjetivo*
liberal

liberty /ˈlɪbərti/ *sustantivo* (plural **liberties**)
libertad

librarian /laɪˈbreriən/ *sustantivo*
bibliotecario -a

library /ˈlaɪbreri/ *sustantivo* (plural **libraries**)
biblioteca: *When does the library open?* ¿A qué horas abre la biblioteca?

NOTA: La palabra *librería* en español se traduce por **bookstore** en inglés

lice /laɪs/ forma plural de **louse**

license /ˈlaɪsəns/ *sustantivo & verbo*
■ *sustantivo*
licencia: *He wants to see my driver's license.* Quiere que le enseñe mi licencia de manejar.
■ *verbo*
autorizar a, **otorgar licencia a** ▶ En inglés se usa a menudo en voz pasiva y se traduce por *tener licencia* o *permiso*: *He is licensed to carry a gun.* Tiene permiso para llevar pistola.

ˈlicense plate *sustantivo*
placa [que llevan los vehículos]

lick /lɪk/ *verbo*
1 lamer: *The dog licked my hand.* El perro me lamió la mano.
2 mojar con saliva: *She licked the stamp and put it on the envelope.* Mojó el timbre con saliva y se lo puso al sobre.

lid /lɪd/ *sustantivo*
tapa

lie[1] /laɪ/ *verbo* (gerundio **lying**, pasado **lay**, participio **lain**)
estar acostado -a, **acostarse**: *He was lying on the bed.* Estaba acostado en la cama. | *She lay down on the floor.* Se acostó en el piso. | *Lie down and rest for a while.* Acuéstate y descansa un rato.

lie[2] /laɪ/ *verbo & sustantivo*
■ *verbo* (gerundio **lying**, pasado y participio **lied**)
mentir: *She lied to him about her age.* Le mintió sobre su edad.
■ *sustantivo*
mentira: *Did he tell her a lie?* ¿Le dijo una mentira?

lieutenant /luˈtenənt/ *sustantivo*
teniente

life /laɪf/ *sustantivo* (plural **lives**)
1 vida: *There were no signs of life in the house.* No había señales de vida en la casa. | *No life was found on Mars.* No encontraron vida en Marte
2 vida: *Life in the city is exciting!* ¡La vida en la ciudad es muy emocionante!

lifeboat /ˈlaɪfboʊt/ *sustantivo*
bote salvavidas, **lancha de salvamento**

lifeguard /ˈlaɪfgɑrd/ *sustantivo*
salvavidas, **socorrista**

ˈlife ˌjacket *sustantivo*
chaleco salvavidas

ˌlife ˈsentence *sustantivo*
cadena perpetua

lifestyle /ˈlaɪfstaɪl/ *sustantivo*
estilo de vida: *My lifestyle changed when I went to college.* Mi estilo de vida cambió cuando fui a la universidad.

lifetime /ˈlaɪftaɪm/ *sustantivo*
vida [toda la vida]: *I never thought that would happen in my lifetime.* Nunca pensé que eso fuera a ocurrir en el curso de mi vida.

lift /lɪft/ *verbo & sustantivo*
■ *verbo*
levantar: *Can you lift the other end of the table?* ¿Puedes levantar el otro lado de la mesa? | *"Lift me up so I can see," said the little girl.* "Levántame para ver", dijo la niñita.
■ *sustantivo*
to give someone a lift **darle a alguien un aventón**: *Sometimes he gives me a lift to school.* A veces me da un aventón a la escuela.

ˈlift-off *sustantivo*
despegue

ligament /ˈlɪgəmənt/ *sustantivo*
ligamento

light /laɪt/ *sustantivo, adjetivo & verbo*
■ *sustantivo*
1 luz: *There's more light near the window.* Hay más luz cerca de la ventana. | *Turn off the lights when you go to bed.* Apaga la luz cuando te acuestes.
2 semáforo: *Turn left at the lights.* Da vuelta a la izquierda en el semáforo.
■ *adjetivo*
1 claro -a, **pálido -a**: *She wore a light blue dress.* Llevaba un vestido azul claro.
2 liviano -a, **ligero -a** ▶ Se suele traducir por *no pesa*: *The box is very light.* La caja no pesa casi nada.
3 suave: *I felt a light wind on my face.* Sentí un aire suave en la cara.
4 poco -a, **ligero -a**: *Traffic is very light this evening.* Hay poco tráfico esta tarde.

L

■ *verbo* (pasado y participio **lighted** o **lit**)

1 encender, **prender**: *Will you light the fire for me?* ¿Me enciendes la chimenea, por favor?

2 iluminar, **alumbrar**: *The room was lit by two small lamps.* El cuarto estaba iluminado por dos lámparas pequeñas.

'light bulb *sustantivo*

foco [para una lámpara, etc.]

lighten /ˈlaɪtn/ *verbo*

aligerar

lighter /ˈlaɪtər/ *sustantivo*

encendedor

lighthouse /ˈlaɪthaʊs/ *sustantivo* (plural **lighthouses** /-haʊzɪz/)

faro

lighting /ˈlaɪtɪŋ/ *sustantivo*

1 alumbrado [de la vía pública]: *Better street lighting will reduce crime.* El número de delitos bajará con un mejor alumbrado público.

2 luz, **iluminación** [de un cuarto, etc.]: *The lighting is poor in this room.* La luz es mala en este cuarto.

lightly /ˈlaɪtli/ *adverbio*

suavemente, **ligeramente**: *She touched me lightly on the arm.* Me tocó suavemente en el brazo.

lightning /ˈlaɪtnɪŋ/ *sustantivo*

rayos

lightning

likable /ˈlaɪkəbəl/ *adjetivo*

agradable, **simpático -a**: *He is a likable man.* Es un tipo agradable.

like /laɪk/ *verbo & preposición*

■ *verbo* (**liking**, **liked**)

1 gustar ▶ Gustar expresa la misma idea que **like**, pero fíjate que en inglés lo que agrada es gramaticalmente el objeto directo de **like**, mientras que en español lo que agrada es el sujeto de gustar: *I like bananas.* Me gustan los plátanos. | *I never liked her brother.* Nunca me gustó su hermano. | *Do you like to dance?* ¿Te gusta bailar?

2 Se usa con **would** para hablar en una forma cortés: *Would you like more coffee?* ¿Quieres más café? | *I would like to know how to get to Chinatown.* ¿Me podría decir cómo ir a Chinatown?

■ *preposición*

1 como: *The bread was round like a ball.* El pan era redondo como pelota. | *He is like his brother.* Es como su hermano. ▶ A veces se traduce por a: *This piece of candy tastes like peppermint.* Este dulce sabe a menta.

2 como si: *He acts like he's the most important person here.* Se porta como si fuera la persona más importante aquí.

likely /ˈlaɪkli/ *adjetivo*

probable: *It is likely to rain tomorrow.* Es probable que llueva mañana. | *She is the one who is most likely to win.* Lo más probable es que gane ella.

likewise /ˈlaɪk-waɪz/ *adverbio*

de la misma manera: *We respect his wishes, and we hope you will do likewise.* Nosotros respetamos sus deseos y esperamos que tú actúes de la misma manera.

liking /ˈlaɪkɪŋ/ *sustantivo*

to have a liking for something tener afición por algo ▶ A menudo se traduce por *ser aficionado -a a algo*: *He has a liking for fast cars.* Es aficionado a los coches rápidos.

lilac /ˈlaɪlək/ *sustantivo & adjetivo*

■ *sustantivo*

1 (arbusto) **lila**, **lilo**

2 (flor) **lila**

■ *adjetivo*

lila

lily /ˈlɪli/ *sustantivo* (plural **lilies**)

azucena

limb /lɪm/ *sustantivo*

extremidad, **miembro**

lime /laɪm/ *sustantivo*

1 limón

2 cal

limit /ˈlɪmɪt/ *sustantivo & verbo*

■ *sustantivo*

límite: *There is a 30 mile per hour speed limit here.* Aquí hay un límite de velocidad de 30 millas por hora. | *The fence marks the limits of the field.* La cerca marca los límites del campo.

■ *verbo*

limitar

limp /lɪmp/ *verbo, sustantivo & adjetivo*

■ *verbo*

cojear: *He limped off the football field.* Salió cojeando de la cancha.

■ *sustantivo*
cojera: *His limp is worse.* Su cojera ha empeorado. | **to walk with a limp** **cojear**
■ *adjetivo*
flojo -a [cuerpo, etc.] | **to go limp** **aflojarse**: *His body went limp as he fell asleep.* Se le aflojó el cuerpo cuando se durmió.

line /laɪn/ *sustantivo & verbo*
■ *sustantivo*
1 línea: *Do not write below this line.* No escriba debajo de esta línea.
2 cola: *I stood in line for the tickets.* Me formé en la cola para los boletos.
3 to put the clothes on the line **tender la ropa**: *Did you put the clothes on the line?* ¿Tendiste la ropa?
■ *verbo*
1 alinearse, **ponerse en fila**: *The class lined up at the front of the room.* Los alumnos se pusieron en fila adelante de la clase.
2 forrar: *The box was lined with paper.* El interior de la caja estaba forrado con papel.

line

There was a long line.

linen /ˈlɪnən/ *sustantivo*
lino

liner /ˈlaɪnər/ *sustantivo*
transatlántico

lining /ˈlaɪnɪŋ/ *sustantivo*
forro: *The lining of my coat is red.* El forro de mi abrigo es rojo.

link /lɪŋk/ *sustantivo & verbo*
■ *sustantivo*
conexión, **relación**: *There is a link between smoking and lung cancer.* Hay una conexión entre fumar y el cáncer de pulmón.
■ *verbo*
conectar, **unir**, **enlazar**: *The two towns are linked by a highway.* Las dos ciudades están conectadas por una autopista.

lion /ˈlaɪən/ *sustantivo*
león

lioness /ˈlaɪənɪs/ *sustantivo* (plural **lionesses**)
leona

lip /lɪp/ *sustantivo*
labio

lipstick /ˈlɪpstɪk/ *sustantivo*
lápiz de labios, **bilé**: *Do you use lipstick?* ¿Usas lápiz de labios?

liquid /ˈlɪkwɪd/ *sustantivo & adjetivo*
■ *sustantivo*
líquido
■ *adjetivo*
líquido -a: *a bottle of liquid soap* una botella de jabón líquido

liquor /ˈlɪkər/ *sustantivo*
licor

list /lɪst/ *sustantivo & verbo*
■ *sustantivo*
lista: *I have to make a shopping list.* Tengo que hacer una lista para ir de compras.
■ *verbo*
hacer una lista de, **enumerar**: *I listed all the things I needed to buy.* Hice una lista de las cosas que tenía que comprar.

listen /ˈlɪsən/ *verbo*
1 escuchar: *Are you listening to me?* ¿Me estás escuchando?
2 hacer caso: *I told him not to do it, but he wouldn't listen.* Le dije que no lo hiciera, pero no hizo caso.

> **NOTA:** Acuérdate de usar **to** después de **listen** *Listen to me!* ¡Escúchame! | *We were listening to the radio.* Estábamos escuchando el radio.

lit[1] /lɪt/ *adjetivo*
prendido -a, **encendido -a**: *He threw a lit cigarette into the garbage.* Tiró un cigarro prendido a la basura.

lit[2] /lɪt/ pasado y participio del verbo **light**

liter /ˈlitər/ *sustantivo*
litro

literature /ˈlɪtərətʃər/ *sustantivo*
literatura

litter /ˈlɪtər/ *sustantivo*
basura: *There was litter everywhere on the streets of the town.* Había basura por todas partes en las calles del pueblo.

little /ˈlɪtl/ *adjetivo & pronombre*
■ *adjetivo*
1 pequeño -a, **chico -a**: *It's just a little house.* Nada más es una casa pequeña. ▶ A menudo se traduce por un diminutivo: *The mother was carrying her little girl.* La mamá iba cargando a su hijita.

2 poco -a: *I have very little money.* Tengo muy poco dinero.

3 a little bit un poquito: *Can I have a little bit of sugar?* ¿Me das un poquito de azúcar?

4 a little while un ratito: *I will wait a little while, and then call her again.* Me espero un ratito y luego la vuelvo a llamar.

■ *pronombre*

1 poco -a: *She eats very little.* Come muy poco.

2 a little un poco, una pequeña cantidad: *I feel a little better today.* Hoy me siento un poco mejor. | *She knows a little English.* Habla un poco de inglés.

live[1] /lɪv/ *verbo* (**living**, **lived**)

1 vivir [estar con vida]: *Is your grandmother still living?* ¿Todavía vive tu abuelita?

2 vivir [residir]: *I live in Detroit.* Vivo en Detroit.

3 to live on something alimentarse de algo: *Cows live on grass.* Las vacas se alimentan de pasto.

4 to live up to something portarse a la altura de algo, vivir de acuerdo con algo

live[2] /laɪv/ *adjetivo*

1 vivo -a: *The company does not test products on live animals.* La compañía no hace pruebas de laboratorio para sus productos usando animales vivos.

2 en vivo [no grabado -a]: *The restaurant has live music on Fridays.* El restaurante tiene música en vivo los viernes.

3 en vivo, en directo [hablando de programas de radio o TV]

lively /ˈlaɪvli/ *adjetivo* (**livelier**, **liveliest**)

animado -a: *It was a lively party.* Fue una fiesta animada.

liver /ˈlɪvər/ *sustantivo*

hígado

lives /laɪvz/ plural de **life**

living /ˈlɪvɪŋ/ *adjetivo & sustantivo*

■ *adjetivo*

con vida, vivo -a: *She has no living relatives* No tiene familiares con vida.

■ *sustantivo*

1 to earn a living ganarse la vida: *How does he earn his living?* ¿Cómo se gana la vida?

2 the living los vivos

ˈliving room *sustantivo*

sala

lizard /ˈlɪzərd/ *sustantivo*

lagartija

lizard

ʼll /əl/ contracción de **will o shall**

She'll do it tomorrow. Lo hará mañana.

load /loʊd/ *sustantivo & verbo*

■ *sustantivo*

cargamento, carga: *The truck is carrying a load of bananas.* El camión lleva un cargamento de plátanos.

■ *verbo*

1 cargar: *We loaded the car with boxes.* Cargamos el coche de cajas.

2 cargar [un arma]

3 poner rollo en [una cámara]

loaf /loʊf/ *sustantivo* (plural **loaves**)

pan, barra [de pan]: *Please buy a loaf of bread at the store.* Por favor, compra una barra de pan en la tienda.

loan /loʊn/ *sustantivo & verbo*

■ *sustantivo*

préstamo, crédito: *I want to take out a loan for a new car.* Quiero sacar un préstamo para un coche nuevo.

■ *verbo*

prestar

loaves /loʊvz/ plural de **loaf**

lobby /ˈlɑbi/ *sustantivo* (plural **lobbies**)

lobby, vestíbulo: *Wait for me in the hotel lobby.* Espérame en el lobby del hotel.

lobster /ˈlɑbstər/ *sustantivo*

langosta

local /ˈloʊkəl/ *adjetivo*

local, municipal: *My children go to the local school.* Mis hijos van a la escuela local.

locally /ˈloʊkəli/ *adverbio*

en la zona

located /ˈloʊkeɪtɪd/ *adjetivo*

to be located estar situado -a: *The hotel is located near the airport.* El hotel está situado cerca del aeropuerto.

location /loʊˈkeɪʃən/ *sustantivo*

ubicación: *The map shows the location of the church.* El mapa muestra la ubicación de la iglesia.

lock /lɑk/ *sustantivo & verbo*

■ *sustantivo*

cerradura

■ *verbo*

1 cerrar con llave: *Did you remember to lock the door?* ¿Te acordaste de cerrar la puerta con llave?

The door is locked.

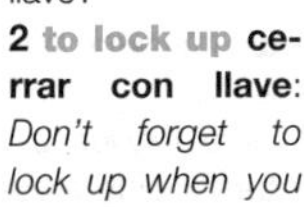

2 to lock up cerrar con llave: *Don't forget to lock up when you leave.* No te olvides de cerrar con llave cuando te vayas.

locker /ˈlɑkər/ *sustantivo*

locker: *Everyone has a locker at school.* Todos tienen locker en la escuela.

locksmith /ˈlɑksmɪθ/ *sustantivo*

cerrajero -a

locust /ˈloʊkəst/ *sustantivo*

langosta, **chapulín**

loft /lɔft/ *sustantivo*

desván

log /lɔg/ *sustantivo*

1 leño, **tronco**: *Put another log on the fire.* Échale otro leño al fuego.

2 to log on/to log in entrar al sistema [para usar una computadora]

3 to log off/to log out salir del sistema [después de usar una computadora]

lollipop /ˈlɑlipɑp/ *sustantivo*

paleta [de dulce]

London /ˈlʌndən/ *sustantivo*

Londres

loneliness /ˈloʊnlinəs/ *sustantivo*

soledad

lonely /ˈloʊnli/ *adjetivo* (**lonelier**, **loneliest**)

solo -a, **solitario -a**: *He is lonely without his wife.* Se siente solo sin su esposa.

> **NOTA:** La palabra **lonely** tiene una connotación de soledad no deseada. Hay otras palabras y expresiones en inglés que equivalen a *solo* (**alone**, **by yourself**, **on your own**). Mira la entrada **solo** en el lado español-inglés para decidir cuál usar en cada caso

long /lɔŋ/ *adjetivo & adverbio*

1 largo -a: *Julie has long hair.* Julie tiene el pelo largo. | *There was a long line at the bank.* Había una cola muy larga en el banco.

2 Para indicar mucho tiempo: *It takes a long time to write a dictionary.* Lleva mucho tiempo redactar un diccionario. | *Have you been waiting long?* ¿Llevas mucho tiempo esperando? | **long before/long after mucho antes/mucho después**: *He died long before you were born.* Murió mucho antes de que nacieras.

3 as long as siempre y cuando, **mientras**: *You can go out as long as you are back by 9 o'clock.* Puedes salir siempre y cuando regreses a las 9 de la noche.

ˌlong-ˈdistance *adjetivo*

de larga distancia: *Can I make a long-distance phone call?* ¿Puedo hacer una llamada de larga distancia?

longing /ˈlɔŋɪŋ/ *sustantivo*

añoranza, **nostalgia**

longitude /ˈlɑndʒətud/ *sustantivo*

longitud

look /lʊk/ *verbo & sustantivo*

■ *verbo*

1 mirar, **ver**: *She looked at me angrily.* Me miró enojada. | *He sat and looked out of the window.* Se sentó a ver por la ventana.

2 verse, **parecer**: *That dog looks dangerous.* Ese perro se ve peligroso. | *You look like you are tired.* Te ves cansado.

3 Look! ¡Mira!: *Look, I don't feel like arguing with you!* ¡Mira, no tengo ganas de discutir contigo!

4 to look as if/to look like parecer (ser) que, **parecer como si**: *It looks as if we're going to miss the plane.* Parece que vamos a perder el avión.

5 to look after something or someone cuidar algo o a alguien: *She looked after our house while we were away.* Nos cuidó la casa cuando no estábamos.

6 to look ahead ver hacia el futuro: *It is time to look ahead to next year.* Es hora de ver hacia el año próximo.

7 to look for someone or something buscar algo o a alguien: *I'm looking for my keys.* Busco mis llaves.

8 to look forward to something tener ganas de que pase algo: *We're looking forward to going to the party.* Tenemos muchas ganas de ir a la fiesta.

9 to look out tener cuidado: *Look out! The ball almost hit you!* ¡Ten cuidado! ¡Por poco te pega la pelota!

10 to look something up buscar algo [información en un libro]: *Did you look up that word in the dictionary?* ¿Buscaste esa palabra en el diccionario?

■ *sustantivo*

1 vistazo, **mirada**: *Take a look at this book.* Échale un vistazo a este libro. | *He gave me an angry look.* Me miró con cara de enojado.

2 forma en que se ve algo o a alguien: *I don't like the look of the weather.* No me gusta cómo se está poniendo el tiempo.

looks /lʊks/ *sustantivo plural*

(atractivo) físico: *She was always worried about her looks.* Siempre estuvo preocupada por su físico.

loop /lup/ *sustantivo*

lazo

loose /lus/ *adjetivo* (**looser**, **loosest**)

1 flojo -a, **suelto -a**: *a loose tooth* un diente flojo | *My shirt button is loose.* Se me está cayendo el botón de la camisa.

2 flojo -a: *These pants are loose.* Estos pantalones me quedan flojos.

3 suelto -a: *Don't let your dog run loose on the beach.* No dejes que tu perro corra suelto por la playa.

loosen /ˈlusən/ *verbo*

aflojar, **soltar**: *He loosened the tie around his neck.* Se alfojó la corbata.

Lord /lɔrd/ *sustantivo*

the Lord el Señor, **Jesucristo**

lose /luz/ *verbo* (gerundio **losing**, pasado y participio **lost**)

1 perder: *I think I lost my watch.* Creo que perdí el reloj. | *She has lost a lot of money in the stock market.* Ha perdido mucho dinero en la bolsa. | *He lost his job last week.* Se quedó sin trabajo la semana pasada

2 perder: *We lost the last two games.* Perdimos los dos últimos partidos.

3 to lose your sight/to lose your hearing etc. perder la vista/el oído, etc.

4 to lose your temper enojarse

loser /ˈluzər/ *sustantivo*

perdedor -a

loss /lɔs/ *sustantivo* (plural **losses**)

1 pérdida: *His death was a great loss to us.* Su muerte fue una gran pérdida para nosotros.

2 pérdida [en finanzas]: *The company had big losses last year.* La compañía tuvo grandes pérdidas el año pasado.

lost¹ /lɔst/ *adjetivo*

1 perdido -a

2 to get lost perderse: *I went for a walk and got lost.* Fui a dar un paseo y me perdí.

lost² /lɔst/ pasado y participio del verbo **lose**

ˌlost-and-ˈfound *sustantivo*

objetos perdidos

lot /lɑt/ *sustantivo*

1 a lot mucho: *I like it a lot.* Me gusta mucho.

2 a lot of mucho -a: *They are making a lot of noise.* Están haciendo mucho ruido. | *She got a lot of presents.* Le hicieron muchos regalos.

3 lots of muchos -as: *I picked lots of flowers.* Corté muchas flores.

4 lote, **terreno**: *There's an empty lot next to our house.* Hay un lote baldío junto a nuestra casa.

lotion /ˈloʊʃən/ *sustantivo*

loción

lottery /ˈlɑtəri/ *sustantivo* (plural **lotteries**)

lotería

loud /laʊd/ *adjetivo*

fuerte [sonido o ruido]: *This music is too loud!* ¡La música está muy fuerte!

loudly /ˈlaʊdli/ *adverbio*

1 en voz muy alta

2 ruidosamente

loudspeaker /ˈlaʊdspikər/ *sustantivo*

altavoz, **altoparlante**: *A policeman spoke to him using a loudspeaker.* Un policía le habló usando un altavoz.

lounge /laʊndʒ/ *sustantivo*

sala

louse /laʊs/ *sustantivo* (plural **lice**)

piojo

lousy /ˈlaʊzi/ *adjetivo* (**lousier**, **lousiest**)

malísimo -a, **pésimo -a**: *What a lousy day!* ¡Qué día tan pésimo!

lovable /ˈlʌvəbəl/ *adjetivo*

adorable

love /lʌv/ *verbo & sustantivo*

■ *verbo* (**loving**, **loved**)

1 querer, **amar**: *She loves her children very much.* Quiere mucho a sus hijos.

2 encantar ▶ Fíjate que en inglés lo que encanta es gramaticalmente el objeto directo de **love**, mientras que en español lo que encanta es el sujeto del verbo: *Maria loves to read.* A María le encanta leer.

■ *sustantivo*

1 amor: *What these children need is love.* Lo que necesitan estos niños es amor.

2 to fall in love enamorarse: *He fell in love with her.* Se enamoró de ella. | **to be in love (with somebody) estar enamorado -a (de alguien)**

3 pasión: *Music is one of his great loves.* La música es una de sus grandes pasiones.

ˈlove afˌfair *sustantivo*
romance

lovely /ˈlʌvli/ *adjetivo*
hermoso -a, **precioso -a**: *I had a lovely evening!* ¡Pasé una velada hermosa!

lover /ˈlʌvər/ *sustantivo*
1 (hablando de romance) **amante**
2 (hablando de afición) **amante**: *He is an art lover.* Es amante del arte

loving /ˈlʌvɪŋ/ *adjetivo*
afectuoso -a, **cariñoso -a**: *He gave her a loving kiss.* Le dio un beso muy afectuoso.

low /loʊ/ *adjetivo*
1 bajo -a [hablando de altura]: *a low wall* una barda baja
2 bajo -a [hablando de cantidad]: *Their prices are very low.* Sus precios son muy bajos.
3 malo -a, **bajo -a**: *I have a low opinion of his work.* Tengo mala opinión de su trabajo.
4 bajo -a [hablando de sonido]: *He has a low voice.* Tiene una voz muy baja.

lower /ˈloʊər/ *verbo*
1 bajar, **disminuir**: *Can you lower your voice, please.* Puedes bajar la voz, por favor.
2 arriar, **bajar**: *It is time to lower the flag.* Es hora de arriar la bandera.

ˌlower ˈcase *sustantivo*
(letra) minúscula

ˌlow ˈtide *sustantivo*
marea baja

loyal /ˈlɔɪəl/ *adjetivo*
leal: *She is a loyal friend.* Es una amiga leal.

loyalty /ˈlɔɪəlti/ *sustantivo*
lealtad: *His loyalty to his country is strong.* Siente una fuerte lealtad por su país.

LP /el ˈpi/ *sustantivo*
elepé, **disco de larga duración**

luck /lʌk/ *sustantivo*
suerte: *Good luck! I hope you win the game!* ¡Buena suerte! ¡Que ganes el partido!

luckily /ˈlʌkəli/ *adverbio*
afortunadamente, **por suerte**

lucky /ˈlʌki/ *adjetivo* (**luckier**, **luckiest**)
1 to be lucky tener suerte: *He is lucky to still be alive.* Tiene suerte de seguir vivo.
2 afortunado -a: *He is a lucky man.* Es un hombre afortunado.

luggage /ˈlʌgɪdʒ/ *sustantivo*
equipaje

lukewarm /lukˈwɔrm/ *adjetivo*
tibio -a

lumber /ˈlʌmbər/ *sustantivo*
madera [para construcción]

lumberjack /ˈlʌmbərdʒæk/ *sustantivo*
leñador -a

lump /lʌmp/ *sustantivo*
1 trozo, **pedazo**
2 chichón: *I've got a lump on my arm where I hit it.* Tengo un chichón donde me pegué en el brazo.
3 bulto

lumpy /ˈlʌmpi/ *adjetivo* (**lumpier**,, **lumpiest**)
1 boludo -a, **disparejo -a**: *The bed is lumpy.* La cama está toda boluda.
2 (hablando de salsa) **con grumos**

lunatic /ˈlunətɪk/ *sustantivo*
loco -a, **lunático -a**: *She must be a lunatic to drive her car so fast.* Debe estar loca para manejar su carro tan rápido.

lunch /lʌntʃ/ *sustantivo* (plural **lunches**)
comida [del mediodía] | **to have lunch comer**: *What time did you have lunch?* ¿A qué hora comieron?

lunchtime /ˈlʌntʃtaɪm/ *sustantivo*
hora de comer

lung /lʌŋ/ *sustantivo*
pulmón

lust /lʌst/ *sustantivo*
lujuria

luxurious /lʌgˈʒʊriəs/ *adjetivo*
lujoso -a

luxury /ˈlʌkʃəri/ *sustantivo* (plural **luxuries**)
lujo: *A new car is a luxury we cannot afford.* Un coche nuevo es un lujo que no nos podemos permitir.

lying /ˈlaɪ-ɪŋ/ gerundio del verbo **lie**

lyrics /ˈlɪrɪks/ *sustantivo plural*
letra [de una canción]

Mm

M, m /em/ *sustantivo*
M, m: *M for Mexico* M de México

'm /m/ contracción de **am**
I'm from California. Soy de California.

ma'am /mæm/ *sustantivo*
señora ▶ Se usa para dirigirse a una mujer cuando no se sabe su nombre: *Can I help you, ma'am?* ¿En qué le puedo servir, señora?

machine /məˈʃin/ *sustantivo*
máquina: *I have a new sewing machine.* Tengo una nueva máquina de coser.

maˈchine gun *sustantivo*
ametralladora

machinery /məˈʃinəri/ *sustantivo*
maquinaria: *The machinery is controlled by computers.* La maquinaria está controlada por computadoras.

mad /mæd/ *adjetivo* (**madder**, **maddest**)
1 enojado -a: *She was mad at me for being late.* Estaba enojada conmigo por llegar tarde. | **to get mad enojarse**
2 loco -a: *We thought he might be going mad.* Pensamos que a lo mejor se estaba volviendo loco.

madam /ˈmædəm/ *sustantivo*
señora ▶ Se usa para dirigirse a una mujer cuando no se sabe su nombre

made /meɪd/ pasado y participio de **make**

madly /ˈmædli/ *adverbio*
1 como loco -a, locamente: *She rushed madly from room to room.* Se puso a correr como loca de una habitación a otra.
2 madly in love locamente enamorado -a

magazine /ˈmægəzin/ *sustantivo*
revista

magic /ˈmædʒɪk/ *sustantivo & adjetivo*
■ *sustantivo*
magia
■ *adjetivo*
mágico -a

He is madly in love.

magical /ˈmædʒɪkəl/ *adjetivo*
1 maravilloso -a, mágico -a: *It was a magical evening.* Fue una velada maravillosa.
2 mágico -a: *He claimed to have magical powers.* Afirmaba tener poderes mágicos.

magician /məˈdʒɪʃən/ *sustantivo*
1 mago
2 mago, prestidigitador -a

magnet /ˈmægnət/ *sustantivo*
imán

magnetic /mægˈnetɪk/ *adjetivo*
magnético -a

magnificent /mægˈnɪfəsənt/ *adjetivo*
magnífico -a, espléndido -a: *What a magnificent painting!* ¡Es una pintura magnífica!

magnify /ˈmægnəfaɪ/ *verbo* (**magnifying**, **magnified**)
amplificar

ˈmagnifying ˌglass *sustantivo*
lupa

magpie /ˈmægpaɪ/ *sustantivo*
urraca

maid /meɪd/ *sustantivo*
sirvienta

maiden name /ˈmeɪdn neɪm/ *sustantivo*
nombre de soltera

mail /meɪl/ *sustantivo & verbo*
■ *sustantivo*
1 the mail el correo: *I put the letters in the mail this morning.* Puse las cartas en el correo hoy en la mañana.
2 correspondencia, correo: *Is there any mail for me?* ¿Hay correspondencia para mí?
■ *verbo*
mandar por correo: *I will mail the photos to you.* Te mandaré las fotos por correo.

mailbox /ˈmeɪlbɑks/ *sustantivo* (plural **mailboxes**)
buzón

mail carrier /ˈmeɪl ˌkæriər/ *sustantivo*
cartero -a

mailman /ˈmeɪlmæn/ *sustantivo* (plural **mailmen** /-men/)
cartero

main /meɪn/ *adjetivo*
principal: *For us dinner is the main meal of the day.* Para nosotros la cena es la principal comida del día.

mainly /ˈmeɪnli/ *adverbio*
principalmente: *That hospital is mainly for older people.* Ese hospital es principalmente para personas ya mayores.

maintain /meɪnˈteɪn/ *verbo*
mantener

maintenance /ˈmeɪntənəns/ *sustantivo*
mantenimiento: *Car maintenance is important.* Es importante que se le dé mantenimiento a los coches.

majestic /məˈdʒestɪk/ *adjetivo*
magnífico -a, **majestuoso -a**: *We had a majestic view of the mountains.* Teníamos una vista magnífica de las montañas.

major /ˈmeɪdʒər/ *adjetivo, sustantivo & verbo*
■ *adjetivo*
1 muy importante
2 a fondo: *Our car needs major repairs.* Nuestro coche necesita una reparación a fondo.
■ *sustantivo*
1 (en la universidad) **materia principal**
2 (en las fuerzas armadas) **mayor**
■ *verbo*
to major in hacer la carrera de: *I'm majoring in biology.* Estoy haciendo la carrera de biología.

majority /məˈdʒɔrəti/ *sustantivo*
mayoría: *The majority of children take this exam when they are eleven.* La mayoría de los niños hace este examen a los once años.

make /meɪk/ *verbo* (gerundio **making**, pasado y participio **made**)
1 hacer: *I'll make some coffee.* Voy a hacer café. | *Do you want to make a phone call?* ¿Quieres hacer una llamada? | *We need to make a decision.* Necesitamos tomar una decisión.
2 (producir o crear) **hacer**: *He made a model plane out of wood.* Hizo un avioncito de madera.
3 to be made of something estar hecho -a de algo ▶ Frecuentemente se traduce como *ser de*: *My shirt is made of silk.* Mi camisa es de seda.
4 (causar) **hacer**: *What he said made me mad!* ¡Lo que dijo me hizo enojar! ▶ En varios casos se traduce según lo que se ocasiona, por ejemplo **to make sad** es *entristecer*, **to make thirsty** es *dar sed*, etc.
5 (forzar a alguien) **hacer**: *I don't like milk, but she made me drink it.* No me gusta la leche, pero hizo que me la tomara.
6 ganar, **hacer** [dinero]: *I don't make enough money.* No gano suficiente dinero.
7 (hablando de sumas) **ser**: *Two and two make four.* Dos y dos son cuatro.
8 to make the bed hacer la cama
9 to make sure asegurarse: *Make sure you lock the door.* Asegúrate de cerrar la puerta.
10 to make it alcanzar a llegar: *We just made it to the hospital in time.* Apenas alcanzamos a llegar a tiempo al hospital.
11 to make of sacar en claro: *What do you make of his idea?* ¿Qué sacas en claro de su idea?
12 to make something out descifrar algo: *Can you make out what the sign says?* ¿Puedes descifrar lo que dice el letrero?
13 to make something up inventar algo: *He made up an excuse about why he was late.* Inventó un pretexto respecto a por qué había llegado tarde.
14 to make up your mind decidir: *I've made up my mind to go to Spain this summer.* Decidí ir a España este verano.

makeup /ˈmeɪkʌp/ *sustantivo*
maquillaje

malaria /məˈleriə/ *sustantivo*
malaria, **paludismo**

male /meɪl/ *adjetivo & sustantivo*
■ *adjetivo*
macho: *The male bird is brightly-colored.* El pájaro macho es de colores brillantes.
■ *sustantivo*
macho, **varón**

mall /mɔl/ *sustantivo*
centro comercial

mallet /ˈmælət/ *sustantivo*
1 mazo [herramienta]
2 baqueta [para xilofón, marimba]

mammal /ˈmæməl/ *sustantivo*
mamífero

man /mæn/ *sustantivo*
1 (plural **men**) (hablando de un adulto del sexo masculino) **el hombre**

2 (hablando del género humano) **hombre**: *Man uses animals in many ways.* El hombre usa a los animales de muchas formas.

manage /ˈmænɪdʒ/ *verbo* (**managing, managed**)
1 lograr: *He managed to avoid an accident.* Logró evitar un accidente.
2 administrar, **dirigir**: *He manages the hotel.* Administra el hotel.

management /ˈmænɪdʒmənt/ *sustantivo*
1 administración, **gerencia**: *I studied business management.* Estudié administración de empresas.
2 directivos -as: *We're meeting the management tomorrow.* Mañana vamos a encontrarnos con los directivos.

manager /ˈmænɪdʒər/ *sustantivo*
gerente, **director -a**

mane /meɪn/ *sustantivo*
crin, **melena** [de león]

mangrove /ˈmæŋgroʊv/ *sustantivo*
mangle: *a mangrove swamp* un manglar

mankind /mænˈkaɪnd/ *sustantivo*
la humanidad

ˌman-ˈmade *adjetivo*
artificial, **sintético -a**: *Plastic is a man-made material.* El plástico es un material sintético.

manner /ˈmænər/ *sustantivo*
manera, **modo**

manners /ˈmænərz/ *sustantivo plural*
modales: *You must learn good manners.* Debes aprender buenos modales.

mansion /ˈmænʃən/ *sustantivo*
mansión

mantel /ˈmæntl/ *sustantivo*
repisa de la chimenea

manual /ˈmænjuəl/ *adjetivo & sustantivo*
■ *adjetivo*
manual: *He does manual work.* Hace trabajo manual.
■ *sustantivo*
manual: *Be sure to read the manual before you start.* Asegúrate de leer el manual antes de empezar.

manually /ˈmænjuəli/ *adverbio*
a mano

manufacture /mænjəˈfæktʃər/ *verbo & sustantivo*
■ *verbo* (**manufacturing, manufactured**)
manufacturar, **fabricar**
■ *sustantivo*
manufactura, **fabricación**

many /ˈmeni/ *adjetivo & pronombre* (**more, most**)
1 muchos -as: *He has many toys.* Tiene muchos juguetes. | *Many of the children cannot read.* Muchos de los niños no saben leer.
2 how many cuántos -as: *How many people were there?* ¿Cuántas personas había?
3 too many demasiados -as: *I have eaten too many chocolates.* Comí demasiados chocolates.

map /mæp/ *sustantivo*
mapa: *Do you have a map of Florida?* ¿Tienes un mapa de Florida?

maracas /məˈrækəz/ *sustantivo*
maracas

marble /ˈmɑrbəl/ *sustantivo*
1 mármol
2 canica: *Do you like to play marbles?* ¿Te gusta jugar canicas?

march /mɑrtʃ/ *verbo & sustantivo*
■ *verbo*
1 marchar
2 caminar resueltamente: *She marched out of the room in anger.* Estaba tan enojada que se fue muy resuelta de la habitación.
■ *sustantivo* (plural **marches**)
marcha

March /mɑrtʃ/ *sustantivo*
marzo

margarine /ˈmɑrdʒərɪn/ *sustantivo*
margarina

margin /ˈmɑrdʒɪn/ *sustantivo*
margen

mark /mɑrk/ *sustantivo & verbo*
■ *sustantivo*
1 mancha: *You have a black mark on your shirt.* Tienes una mancha negra en la camisa.
2 marca, **huella**: *He had teeth marks on his arm.* Tenía marcas de mordidas en el brazo.
■ *verbo*
1 señalar: *A monument marks the place where the battle was fought.* Un monumento señala el lugar donde tuvo lugar la batalla.
2 dejar una marca en, **manchar**: *His black shoes marked the floor.* Sus zapatos negros dejaron marcas en el piso.
3 to mark something down rebajar: *These shoes were marked down to $10.* Estos zapatos estaban rebajados a $10.

marker /ˈmɑrkər/ *sustantivo*
plumón

market /ˈmɑrkɪt/ *sustantivo*

1 mercado

2 on the market a la venta: *Their house has been on the market for months.* Su casa ha estado a la venta durante meses.

marriage /ˈmærɪdʒ/ *sustantivo*

1 matrimonio [relación]: *They have had a long and happy marriage.* Han tenido un matrimonio largo y feliz.

2 matrimonio, **casamiento** [ceremonia]: *The marriage took place at St Mary's church.* El matrimonio se celebró en la iglesia de Santa María.

married /ˈmærid/ *adjetivo*

1 casado -a: *He is a married man.* Es un hombre casado.

2 to get married casarse: *They got married in June.* Se casaron en junio.

marry /ˈmæri/ *verbo* (**marrying**, **married**)

1 casarse con: *I am going to marry John.* Voy a casarme con John.

2 casarse: *They married in 1992.* Se casaron en 1992.

3 casar [oficiar la ceremonia de casamiento]: *They were married by Father O'Brien.* Los casó el Padre O'Brien.

Mars /mɑrz/ *sustantivo*

Marte

marsh /mɑrʃ/ *sustantivo* (plural **marshes**)

pantano

marvelous /ˈmɑrvələs/ *adjetivo*

maravilloso -a

masculine /ˈmæskjəlɪn/ *adjetivo*

1 masculino -a [cualidades, etc.]

2 masculino -a [en gramática]

mash /mæʃ/ *verbo*

hacer puré, **moler**, **aplastar**: *Mash the potatoes with a fork.* Haz las papas puré con un tenedor.

mask /mæsk/ *sustantivo*

antifaz, **máscara**: *The robbers both wore masks.* Los dos ladrones llevaban antifaces.

mask

mass /mæs/ *sustantivo* (plural **masses**)

montón [gran cantidad]: *There was a huge mass of work to be done.* Había un montón de trabajo que hacer.

Mass /mæs/ *sustantivo* (plural **Masses**)

misa: *She goes to Mass every day.* Va a misa a diario.

massacre /ˈmæsəkər/ *verbo & sustantivo*

■ *verbo* (**massacring**, **massacred**)

masacrar

■ *sustantivo*

masacre

massive /ˈmæsɪv/ *adjetivo*

enorme: *That ship is massive.* Ese barco es enorme.

mass media /ˌmæs ˈmidiə/ *sustantivo plural*

medios masivos de comunicación

mast /mæst/ *sustantivo*

mástil

master /ˈmæstər/ *sustantivo & verbo*

■ *sustantivo*

1 maestro [en pintura, cine, etc.]: *This painting is the work of a master.* Esta pintura es la obra de un maestro.

2 amo, **patrón**: *The dog obeyed his master.* El perro obedeció a su amo.

■ *verbo*

(llegar a) dominar: *It takes a long time to master a new language.* Lleva mucho tiempo llegar a dominar un idioma nuevo.

mat /mæt/ *sustantivo*

tapete

match /mætʃ/ *sustantivo & verbo*

■ *sustantivo* (plural **matches**)

1 cerillo: *I need a box of matches.* Necesito una caja de cerillos.

2 juego, **partido**: *We have a tennis match today.* Tenemos un juego de tenis hoy.

■ *verbo*

quedar con, **hacer juego con**: *The shoes do not match my dress.* Mis zapatos no quedan con mi vestido.

mate /meɪt/ *verbo & sustantivo*

■ *verbo* (**mating**, **mated**)

aparearse, **copular**: *Birds mate in the spring.* Los pájaros se aparean en la primavera.

■ *sustantivo*

pareja [de un animal]

material /məˈtɪriəl/ *sustantivo*

1 material: *Building materials are expensive.* Los materiales de construcción son caros.

2 **tela**: *I used blue material to make the curtains.* Usé tela azul para hacer las cortinas.

math /mæθ/ *sustantivo*
matemáticas

mathematical /mæθəˈmætɪkəl/ *adjetivo*
matemático -a

mathematics /mæθˈmætɪks/ *sustantivo*
matemáticas

matinee /mætnˈeɪ/ *sustantivo*
matiné, **función de la tarde**

matter /ˈmætər/ *sustantivo & verbo*
■ *sustantivo*
1 **asunto**, **cuestión**: *I have an important matter to discuss with you.* Tengo un asunto importante que discutir contigo.
2 **what's the matter? ¿qué pasa?**: *What's the matter with you? Why are you crying?* ¿Qué te pasa? ¿Por qué lloras?
3 **materia** [sustancia]
4 **as a matter of fact de hecho**: *As a matter of fact I'm only thirty-five, so don't say I'm old.* De hecho tengo apenas treinta y cinco años, así que no digas que soy vieja.
■ *verbo*
importar: *Money is all that matters to him.* Lo único que le importa es el dinero.

M

mattress /ˈmætrəs/ *sustantivo* (plural **mattresses**)
colchón

mature /məˈtʃʊr/ *adjetivo & verbo*
■ *adjetivo*
maduro -a: *She's a very mature girl.* Es una muchacha muy madura.
■ *verbo*
1 **madurar**, **desarrollarse** [fruta]
2 **madurar** [persona]

maximum /ˈmæksəməm/ *sustantivo & adjetivo*
■ *sustantivo*
máximo: *I can swim a maximum of 1 mile.* Puedo nadar una milla máximo.
■ *adjetivo*
máximo -a: *What is the car's maximum speed?* ¿Cuál es la máxima velocidad del coche?

may /meɪ/ *verbo*
1 (hablando de grado de probabilidad) **puede que**, **quizá**, **tal vez**: *He may come tonight, or he may come tomorrow* Puede que venga hoy en la noche o puede que venga mañana.
2 (para pedir permiso) **poder**: *May I use your pen?* ¿Puedo usar su pluma?
3 (para dar permiso) **poder**: *You may begin writing now.* Ya pueden empezar a escribir.

May /meɪ/ *sustantivo*
mayo

maybe /ˈmeɪbi/ *adverbio*
a lo mejor, **quizá**, **tal vez**: *"Are you coming with us?" "Maybe. I don't know yet."* –¿Vas a ir con nosotros? –A lo mejor. Todavía no sé.

mayor /ˈmeɪər/ *sustantivo*
alcalde -esa

me /mi/ *pronombre*
1 **me**: *She handed the book to me.* Me entregó el libro. | *Can you hear me?* ¿Me oyes?
2 **me too yo también**: *"I'm cold!" "Me too!"* –Tengo frío. –Yo también.

meal /mil/ *sustantivo*
comida [desayuno, comida, cena, etc.]: *My favorite meal of the day is breakfast.* El desayuno es mi comida preferida.

mealtime /ˈmiltaɪm/ *sustantivo*
hora de comer

mean /min/ *verbo & adjetivo*
■ *verbo* (pasado y participio **meant**)
1 **querer decir**, **significar**: *What does this word mean in English?* ¿Qué quiere decir esta palabra en inglés? | *The red light means "stop."* La luz roja significa "alto".
2 **to mean to do something querer hacer algo**, **tener (toda) la intención de hacer algo**: *I meant to give you the book, but I forgot.* Tenía toda la intención de darte el libro, pero se me olvidó.
3 **to mean a lot to someone ser muy importante pare alguien**: *His work means a lot to him.* Su trabajo es muy importante para él.
■ *adjetivo*
malo -a: *Don't be mean to your little sister.* No seas malo con tu hermanita.

meaning /ˈminɪŋ/ *sustantivo*
significado: *If you don't understand the meaning of a word, look it up in the dictionary.* Si no entiendes el signficado de una palabra, búscala en el diccionario.

means /minz/ *sustantivo* (plural **means**)
1 **medio**: *It's a means of making money.* Es un medio de ganar dinero.
2 **medios**, **recursos**: *His family does not have the means to help him.* Su familia no tiene los medios para ayudarlo.
3 **by means of por medio de**, **usando**: *He climbed the tree by means of a ladder.* Se subió al árbol usando una escalera.

4 by all means cómo no, claro: *"May I borrow your pencil?" "By all means."* –¿Me prestas el lápiz? –Claro.

5 by no means para nada, de ninguna manera: *It is by no means certain that they will come.* No es para nada seguro que vengan.

meant /ment/ pasado y participio del verbo **mean**

meantime /ˈmintaɪm/ *sustantivo*

in the meantime mientras (tanto): *I'll call for a taxi. In the meantime you can pack.* Voy a llamar un taxi. Mientras tanto puedes empacar.

meanwhile /ˈminwaɪl/ *adverbio*

mientras (tanto): *They will arrive soon. Meanwhile we can have a cup of coffee.* Ya no tardan. Mientras tanto vamos a tomarnos una taza de café.

measure /ˈmeʒər/ *sustantivo & verbo*

■ *sustantivo*

1 medida: *Strong measures are needed to stop crime.* Se necesitan medidas drásticas para acabar con la delincuencia.

2 medida: *An inch is a measure of length.* Una pulgada es una medida de longitud.

■ *verbo* (**measuring**, **measured**)

medir: *He measured the width of the room.* Midió la anchura del cuarto.

measure

tape measure *measuring cup*

measurement /ˈmeʒərmənt/ *sustantivo*

medida

meat /mit/ *sustantivo*

carne: *I do not eat meat.* No como carne.

mechanic /mɪˈkænɪk/ *sustantivo*

mecánico -a

mechanical /mɪˈkænɪkəl/ *adjetivo*

mecánico -a

medal /ˈmedl/ *sustantivo*

medalla

medical /ˈmedɪkəl/ *adjetivo*

médico -a: *He needs medical attention.* Necesita atención médica. | *He is a medical student.* Es estudiante de medicina.

medicine /ˈmedəsən/ *sustantivo*

medicina: *To become a doctor, you have to study medicine.* Para ser médico, tienes que estudiar medicina.

medium /ˈmidiəm/ *adjetivo*

mediano -a: *She is of medium height.* Es de mediana estatura.

meet /mit/ *verbo* (pasado y participio **met**)

1 encontrarse, reunirse: *Let's meet at your house tonight.* ¿Por qué no nos reunimos en tu casa hoy en la noche?

2 conocer: *I would like you to meet my father.* Me gustaría que conocieras a mi padre.

3 conocerse: *They met in Paris.* Se conocieron en París.

meeting /ˈmitɪŋ/ *sustantivo*

junta, reunión: *Many people came to the meeting.* Mucha gente vino a la junta.

melody /ˈmelədi/ *sustantivo* (plural **melodies**)

melodía

melon /ˈmelən/ *sustantivo*

melón

melt /melt/ *verbo*

1 derretirse: *The ice is melting in the sun.* El hielo se está derritiendo en el sol.

2 fundirse [metal o cera]

3 derretir, fundir: *Melt 2 tablespoons of butter in a small frying pan.* Derrita 2 cucharadas de mantequilla en un sartén chico.

member /ˈmembər/ *sustantivo*

1 miembro [de una organización]

2 socio -a [de un club]

membership /ˈmembərʃɪp/ *sustantivo*

membresía: *Membership costs $20 a year.* La membresía cuesta $20 al año.

memory /ˈmemri/ *sustantivo* (plural **memories**)

1 memoria: *She has a good memory for faces.* Tiene buena memoria para las caras.

2 recuerdo: *I have many happy memories of that summer.* Tengo muy buenos recuerdos de ese verano.

ˈmemory card *sustantivo*

tarjeta de memoria

men /men/ forma plural de **man**

menace /ˈmenəs/ *sustantivo*

amenaza: *The insects are a menace this time of year.* Los insectos son una amenaza en esta época del año.

mend /mend/ *verbo*

1 coser: *Did you mend the hole in your shirt?* ¿Cosiste el hoyo de tu camisa?

2 arreglar

mental /ˈmentl/ *adjetivo*
1 mental: *A lot of mental effort went into solving the problem.* Resolver el problema requirió un gran esfuerzo mental.
2 psiquiátrico -a: *He is in a mental hospital.* Está en un hospital psiquiátrico.

mention /ˈmenʃən/ *verbo*
mencionar: *He mentioned to me that he had been sick.* Mencionó que había estado enfermo.

menu /ˈmenju/ *sustantivo*
1 carta, **menú**
2 menú [en computación]

meow /miˈaʊ/ *verbo & sustantivo*
■ *verbo*
maullar
■ *sustantivo*
maullido

Mercury /ˈmɜrkjəri/ *sustantivo*
Mercurio

mercy /ˈmɜrsi/ *sustantivo*
clemencia, **piedad**: *He asked for mercy from the judge.* Le pidió clemencia al juez.

merely /ˈmɪrli/ *adverbio*
simplemente, **solamente**: *Don't get mad at me. I was merely making a suggestion.* No te enojes conmigo. Yo simplemente estaba haciendo una sugerencia.

merit /ˈmerɪt/ *sustantivo*
mérito

mermaid /ˈmɜrmeɪd/ *sustantivo*
sirena

merry /ˈmeri/ *adjetivo* (**merrier**, **merriest**)
alegre, **feliz**: *Merry Christmas!* ¡Feliz Navidad!

ˈmerry-go-ˌround *sustantivo*
carrusel

mess /mes/ *sustantivo & verbo*
■ *sustantivo* (plural **messes**)
1 desorden: *Your room is a mess.* Tu cuarto está hecho un desorden.
2 desastre, **lío**: *My life is a real mess.* Mi vida es un verdadero desastre.
■ *verbo*
1 to mess around tontear: *Stop messing around and finish your work.* Deja de tontear y acaba la tarea.
2 to mess up (a) desordenar, **desarreglar**, **ensuciar**: *I just cleaned the floor, and now you've messed it up again!* ¡Acabo de limpiar el piso y ya lo ensuciaste otra vez! **(b)** Hacer algo mal: *I really messed up on the test.* Me fue muy mal en el examen.

message /ˈmesɪdʒ/ *sustantivo*
recado, **mensaje**: *I have a message for you.* Tengo un recado para usted.

messenger /ˈmesəndʒər/ *sustantivo*
mensajero -a

messy /ˈmesi/ *adjetivo* (**messier**, **messiest**)
1 desordenado -a, **sucio -a**: *What a messy room!* ¡Qué cuarto más desordenado!
2 desagradable: *They had a messy divorce.* Su divorcio fue muy desagradable.

met /met/ pasado y participio del verbo **meet**

metal /ˈmetl/ *sustantivo*
metal

metallic /məˈtælɪk/ *adjetivo*
metálico -a

meter /ˈmitər/ *sustantivo*
1 metro [medida]
2 medidor: *Where is your water meter?* ¿Dónde está su medidor de agua?

method /ˈmeθəd/ *sustantivo*
método: *Which method would you recommend?* ¿Qué método recomendaría? | *What method of payment do you prefer?* ¿Qué forma de pago prefiere?

metric /ˈmetrɪk/ *adjetivo*
métrico -a

Mexican /ˈmeksɪkən/ *adjetivo & sustantivo*
mexicano -a

Mexico /ˈmeksɪkoʊ/ *sustantivo*
México

mice /maɪs/ plural de **mouse**

microphone /ˈmaɪkrəfoʊn/ *sustantivo*
micrófono

microscope /ˈmaɪkrəskoʊp/ *sustantivo*
microscopio: *She looked at the drop of water under the microscope.* Observó la gota de agua bajo el microscopio.

microscope

microwave /ˈmaɪkrəweɪv/ *sustantivo*
horno de microondas

midday /mɪdˈdeɪ/ *sustantivo*
mediodía: *She arrived just before midday.* Llegó justo antes del mediodía.

middle /ˈmɪdl/ *sustantivo & adjetivo*
■ *sustantivo*
centro, **medio**, **mitad**: *Please stand in the*

M

middle of the room. Por favor párense en el centro del cuarto. | *I woke up in the middle of the night.* Me desperté en la mitad de la noche.

■ *adjetivo*

de enmedio: *I sat in the middle seat.* Me senté en el asiento de enmedio.

ˌmiddle-ˈaged *adjetivo*

de mediana edad, **de edad madura**

ˈmiddle school *sustantivo*

En los Estados Unidos, una escuela para jóvenes de 12 a 14 años.

midnight /ˈmɪdnaɪt/ *sustantivo*

medianoche

might /maɪt/ *verbo*

1 Usado para expresar posibilidad: *I might come and see you tomorrow.* Es posible que te vaya a ver mañana.

2 Usado como pasado del verbo **may**: *I asked if I might borrow the book.* Le pregunté si me podría prestar el libro.

mighty /ˈmaɪti/ *adjetivo* (**mightier**, **mightiest**)

(un ejército, un gobernante, un imperio) **poderoso -a** (un golpe, un empujón, una patada) **tremendo -a**, **fortísimo -a**: *He gave the door a mighty push and it opened.* Le dió un tremendo empujón a la puerta y ésta se abrió.

migrate /ˈmaɪgreɪt/ *verbo* (**migrating**, **migrated**)

emigrar

migration /maɪˈgreɪʃən/ *sustantivo*

migración, **emigración**

mild /maɪld/ *adjetivo*

1 leve, **ligero -a**: *I have a mild cold.* Tengo un leve resfriado.

2 suave, **no picosa**: *This food is very mild.* La comida no está nada picante.

3 templado -a, **benigno**: *It's very mild today.* Hoy no hace nada de frío.

mile /maɪl/ *sustantivo*

milla

military /ˈmɪləteri/ *adjetivo & sustantivo*

■ *adjetivo*

militar: *He is at a military hospital.* Está en un hospital militar.

■ *sustantivo*

the military el ejército: *My dad is in the military.* Mi papá está en el ejército.

milk /mɪlk/ *sustantivo & verbo*

■ *sustantivo*

leche

■ *verbo*

ordeñar: *The farmer is going to milk the cows.* El granjero va a ordeñar las vacas.

ˈmilk shake *sustantivo*

malteada, **licuado** [de frutas, chocolate, etc.]

mill /mɪl/ *sustantivo*

1 molino

2 fábrica [de tejidos o de papel]: *She works in a cotton mill.* Trabaja en una fábrica de tejidos de algodón.

millennium /mɪˈleniəm/ *sustantivo* (plural **millennia** /-niə/)

milenio

millimeter /ˈmɪləmitər/ *sustantivo*

milímetro

million /ˈmɪljən/ *número*

1 (plural **million**) **millón**: *three million dollars* tres millones de dólares

2 (also **millions**) **millones** ► Se usa para indicar un número enorme: *I have heard that song millions of times.* He oído esa canción millones de veces.

millionaire /mɪljəˈner/ *sustantivo*

millonario -a

mime /maɪm/ *verbo & sustantivo*

■ *verbo* (**miming**, **mimed**)

1 hacer la mímica

2 imitar, **hacer la mímica de**

■ *sustantivo*

mimo

mimic /ˈmɪmɪk/ *verbo & sustantivo*

■ *verbo* (**mimicking**, **mimicked**)

remedar, **imitar**: *He mimicked the teacher's voice.* Remedó la voz de la maestra.

■ *sustantivo*

imitador -a

mince /mɪns/ *verbo* (**mincing**, **minced**)

1 picar [frutas y verduras]

2 BrE **moler** [carne]

mind /maɪnd/ *sustantivo & verbo*

■ *sustantivo*

1 mente: *What's on your mind?* ¿En qué estás pensando?

2 to change your mind cambiar de parecer: *I was going to go today, but I changed my mind.* Iba a ir hoy pero cambié de parecer.

3 to make up your mind decidirse, **decidir**: *I can't make up my mind which movie to see.* No puedo decidir cuál película ver.

4 to take your mind off something olvidarse de algo: *I need a vacation to take my mind off all my problems.* Necesito unas vacaciones para olvidarme de todos mis problemas.

5 to be out of your mind estar loco -a

■ *verbo*

1 importar, **molestar**: *I do mind if you smoke.* Sí me importa que fumes.

2 do you mind...?, would you mind...? ¿le importaría/molestaría...? ▶ Usado para hacer una petición formal. Generalmente se traduce usando el pospretérito: *Do you mind if I use the phone?* ¿Podría usar su teléfono? | *Would you mind moving your car?* ¿Le importaría mover su coche?

3 never mind no importa: *"What did you say?" "Never mind."* –¿Qué dijiste? –Nada, no importa.

mine /maɪn/ *pronombre, sustantivo & verbo*

■ *pronombre*

mío -a: *That bicycle is mine. I bought it yesterday.* Esa bicicleta es mía. La compré ayer.

■ *sustantivo*

1 mina [de oro, carbón, etc.]

2 mina [explosivo]

■ *verbo* (**mining**, **mined**)

Excavar en busca de metales: *They were mining for silver.* Estaban excavando en busca de plata.

miner /ˈmaɪnər/ *sustantivo*

minero -a

mineral /ˈmɪnərəl/ *sustantivo*

mineral

ˈmineral ˌwater *sustantivo*

agua mineral

miniature /ˈmɪniətʃər/ *adjetivo*

en miniatura: *She has a miniature doll house.* Tiene una casa de muñecas en miniatura.

minibeast /ˈmɪnibist/ *sustantivo*

bicho

minim /ˈmɪnɪm/ *sustantivo*

blanca [en música]

minimum /ˈmɪnəməm/ *sustantivo & adjetivo*

■ *sustantivo*

mínimo: *You must pay a minimum of $40 every month.* Tiene que pagar un mínimo de $40 al mes.

■ *adjetivo*

mínimo -a: *The minimum price he would accept was $1,000.* El precio mínimo que estaba dispuesto a aceptar eran $1,000.

minister /ˈmɪnəstər/ *sustantivo*

1 (líder religioso) **pastor -a**

2 (de un gobierno) **ministro -a**

ministry /ˈmɪnəstri/ *sustantivo*

1 clerecía: *Her son joined the ministry.* Su hijo decidió hacerse cura.

2 (plural **ministries**) **ministerio**

minor /ˈmaɪnər/ *adjetivo & verbo*

■ *adjetivo*

1 de poca gravedad [enfermedad]: *He has a minor illness.* Tiene una enfermedad de poca gravedad.

2 menor [autor, obra]

3 secundario [papel en una película, etc.]

■ *verbo*

to minor in estudiar como materia secundaria: *I'm minoring in European History.* Estoy tomando Historia de Europa como materia secundaria.

minority /məˈnɔrəti/ *sustantivo* (plural **minorities**)

1 minoría: *Only a minority of the children had to take the exam again.* Sólo una minoría de los niños tuvo que volver a hacer el examen.

2 minoría [étnica o religiosa]

mint /mɪnt/ *sustantivo*

1 menta

2 pastilla de menta

minus /ˈmaɪnəs/ *preposición*

menos: *10 minus 2 is 8.* 10 menos 2 es ocho.

minute[1] /ˈmɪnɪt/ *sustantivo*

1 minuto: *The train arrives in ten minutes.* El tren llega dentro de diez minutos.

2 in a minute en un minuto, **en un momento**: *I'll be ready in a minute.* Estaré lista en un minuto.

3 just a minute un momento: *Just a minute – I'll get some money.* Un momento, voy a buscar dinero.

4 this minute en este minuto, **en este instante**: *Come here this minute!* ¡Ven aquí en este instante!

minute[2] /maɪˈnut/ *adjetivo*

diminuto -a: *His writing is minute.* Su letra es diminuta.

miracle /ˈmɪrəkəl/ *sustantivo*

milagro: *It was a miracle you weren't killed!* ¡Fue un milagro que no te mataras!

miraculous /mɪˈrækjələs/ *adjetivo*

milagroso -a: *Her recovery from the illness was miraculous.* Su recuperación de la enfermedad fue milagrosa.

mirror /ˈmɪrər/ *sustantivo*

espejo: *She looked at herself in the mirror.* Se miró en el espejo.

misbehave /mɪsbɪˈheɪv/ *verbo* (**misbehaving**, **misbehaved**)
portarse mal: *I was angry because the children were misbehaving.* Estaba enojada porque los niños se estaban portando mal.

mischief /ˈmɪstʃɪf/ *sustantivo*
travesura: *He is always getting into mischief.* Siempre está haciendo travesuras.

mischievous /ˈmɪstʃəvəs/ *adjetivo*
travieso -a

miserable /ˈmɪzərəbəl/ *adjetivo*
1 abatido -a, **deprimido -a**: *I feel miserable about what happened.* Me siento deprimida por lo que pasó.
2 deprimente: *What miserable weather!* ¡Qué tiempo más deprimente!

misery /ˈmɪzəri/ *sustantivo*
sufrimiento

NOTA: La palabra *miseria* en español se traduce por **poverty** en inglés

misfortune /mɪsˈfɔrtʃən/ *sustantivo*
desgracia: *He had the misfortune of losing his job.* Tuvo la desgracia de quedarse sin trabajo.

miss /mɪs/ *verbo & sustantivo*
■ *verbo*
1 faltar a: *I will miss the meeting tomorrow.* Voy a faltar a la junta de mañana.
2 perder: *Hurry or we'll miss the train.* Apúrate o vamos a perder el tren.
3 extrañar: *We will miss you when you go away.* Te vamos a extrañar cuando te vayas.
4 No alcanzar a tocar algo: *He threw the ball to me, but I missed it.* Me echó la pelota pero no la caché.
5 no oír: *"Did you hear what he said?" "I missed it."* –¿Oíste lo que dijo? –No, no lo oí.
6 to miss out on something perderse algo: *You will be missing out on a great opportunity.* Vas a perderte una gran oportunidad.
■ *sustantivo* (plural **misses**)
fallo

Miss /mɪs/ *abreviatura*
Srita.: *Have you seen Miss Johnson?* ¿Has visto a la Srita. Johnson?

missile /ˈmɪsəl/ *sustantivo*
misil

missing /ˈmɪsɪŋ/ *adjetivo*
desaparecido -a: *Police are searching for the missing child.* La policía está buscando al niño desaparecido.

missionary /ˈmɪʃəneri/ *sustantivo* (plural **missionaries**)
misionero -a

mist /mɪst/ *sustantivo*
neblina, **bruma**: *We couldn't see through the mist.* No podíamos ver por la neblina.

mistake /mɪˈsteɪk/ *sustantivo & verbo*
■ *sustantivo*
1 error, **equivocación**: *You have made a mistake here; this 3 should be a 5.* Tienes un error aquí; este 3 debería ser un 5.
2 by mistake por equivocación: *I took your pen by mistake.* Tomé tu pluma por equivocación.
■ *verbo* (gerundio **mistaking**, pasado **mistook** /mɪˈstʊk/, participio **mistaken** /mɪˈsteɪkən/)
1 equivocarse: *I was mistaken when I said she was a teacher. She is a nurse.* Me equivoqué cuando dije que era maestra. Es enfermera.
2 to mistake someone for someone else confundir a alguien con otra persona: *I am sorry, I mistook you for someone I know.* Perdón. Lo confundí con alguien que conozco.

misty /ˈmɪsti/ *adjetivo* (**mistier**, **mistiest**)
brumoso -a, **neblinoso -a**: *It was a misty morning.* Era una mañana brumosa.

mitten /ˈmɪtn/ *sustantivo*
mitón

mix /mɪks/ *verbo*
1 mezclar: *Mix the butter and flour together.* Mezcle la mantequilla con la harina. | *Oil and water don't mix.* El agua y el aceite no se mezclan.
2 to mix someone up with someone confundir a alguien con alguien: *It's easy to mix him up with his brother.* Es fácil confundirlo con su hermano.
3 to mix something up revolver algo, **desordenar algo**: *Someone mixed up my papers.* Alguien revolvió mis papeles.

mixture /ˈmɪkstʃər/ *sustantivo*
mezcla: *Pour the mixture into a pan.* Vacíe la mezcla en una olla.

moan /moʊn/ *verbo & sustantivo*
■ *verbo*
gemir
■ *sustantivo*
gemido

mobile /ˈmoʊbəl/ *sustantivo*
móvil

ˌmobile ˈhome *sustantivo*
trailer

ˌmobile ˈphone *sustantivo*
teléfono celular

mock /mɑk/ *verbo*
burlarse de: *You shouldn't mock the way he talks.* No deberías burlarte de su forma de hablar.

model /ˈmɑdl/ *sustantivo, verbo & adjetivo*
■ *sustantivo*
modelo, **maqueta**: *We built a model of the train.* Hicimos un modelo del tren.
■ *verbo*
1 modelar [ropa o accesorios]
2 modelar
■ *adjetivo*
a escala: *He is playing with a model car.* Está jugando con un coche a escala.

modem /ˈmoʊdəm/ *sustantivo*
módem

moderate /ˈmɑdərət/ *adjetivo*
moderado -a: *The train was traveling at a moderate speed.* El tren iba a una velocidad moderada.

modern /ˈmɑdərn/ *adjetivo*
moderno -a: *Do you like modern art?* ¿Te gusta el arte moderno?

modest /ˈmɑdɪst/ *adjetivo*
modesto -a: *She is very modest about her success.* Es muy modesta en cuanto a su éxito.

modesty /ˈmɑdəsti/ *sustantivo*
modestia

moist /mɔɪst/ *adjetivo*
1 húmedo -a
2 esponjoso -a: *The cake was moist and delicious.* El pastel estaba esponjoso y muy rico.

moisture /ˈmɔɪstʃər/ *sustantivo*
humedad: *I can see the moisture on the window.* Veo gotas de humedad en la ventana.

mold /moʊld/ *verbo & sustantivo*
■ *verbo*
moldear: *I molded the clay with my fingers.* Moldeé la arcilla con los dedos.
■ *sustantivo*
1 molde
2 moho

moldy /ˈmoʊldi/ *adjetivo* (**moldier**, **moldiest**)
mohoso -a: *The bread is all moldy.* El pan está todo mohoso.

mole /moʊl/ *sustantivo*
1 topo
2 lunar

molecule /ˈmɑləkjul/ *sustantivo*
molécula

mollusk /ˈmɑləsk/ *sustantivo*
molusco

mom /mɑm/ *sustantivo*
mamá

moment /ˈmoʊmənt/ *sustantivo*
1 momento: *I'll be back in a moment.* Regreso en un momento. | *He might come back at any moment.* Podría regresar en cualquier momento.
2 at the moment de momento: *At the moment, we are living in Tampa.* De momento estamos viviendo en Tampa.
3 in a moment en un momento: *The principal will see you in a moment.* La directora lo recibirá en un momento.
4 for the moment por el momento: *The rain has stopped for the moment.* Dejó de llover por el momento.

mommy /ˈmɑmi/ *sustantivo* (plural **mommies**)
mami

monarch /ˈmɑnərk/ *sustantivo*
monarca

monarchy /ˈmɑnərki/ *sustantivo* (plural **monarchies**)
monarquía

monastery /ˈmɑnəsteri/ *sustantivo* (plural **monasteries**)
monasterio

Monday /ˈmʌndi/ *sustantivo*
lunes

money /ˈmʌni/ *sustantivo*
dinero: *How much money do you have with you?* ¿Cuánto dinero traes? | *He makes a lot of money selling clothes.* Gana mucho dinero vendiendo ropa.

monk /mʌŋk/ *sustantivo*
monje

monkey /ˈmʌŋki/ *sustantivo* (plural **monkeys**)
mono, **chango**

monotonous /məˈnɑtn-əs/ *adjetivo*
monótono -a: *My job is very monotonous.* Mi trabajo es muy monótono.

monsoon /mɑnˈsun/ *sustantivo*
monzón

monster /ˈmɑnstər/ *sustantivo*
monstruo: *Do you believe in monsters?* ¿Crees en los monstruos?

month /mʌnθ/ *sustantivo*
mes

M

monthly /ˈmʌnθli/ *adjetivo & adverbio*
1 mensual: *We have a monthly meeting.* Tenemos una junta mensual.
2 mensualmente, **una vez al mes**

monument /ˈmɑnjəmənt/ *sustantivo*
monumento

moo /mu/ *sustantivo & verbo*
■ *sustantivo*
mugido
■ *verbo*
mugir

mood /mud/ *sustantivo*
humor: *Why are you in such a bad mood?* ¿Por qué estás de tan mal humor?

moon /mun/ *sustantivo*
luna

moonlight /ˈmunlaɪt/ *sustantivo*
luz de la luna

moose /mus/ *sustantivo* (plural **moose**)
alce americano

mop /mɑp/ *sustantivo & verbo*
■ *sustantivo*
trapeador
■ *verbo*
trapear

moped /ˈmoʊped/ *sustantivo*
bicimoto

moral /ˈmɔrəl/ *adjetivo & sustantivo*
■ *adjetivo*
moral
■ *sustantivo*
moraleja: *The moral of the story is that we should be honest.* La moraleja de este cuento es que hay que ser honrado.

morals /ˈmɔrəlz/ *sustantivo plural*
moralidad

more /mɔr/ *adjetivo, adverbio & pronombre*
1 más: *Would you like some more cake?* ¿Quieres más pastel? | *We spend more than ever on food.* Gastamos más que nunca en comida.
2 more and more cada vez más: *He got more and more angry.* Se enojó cada vez más.
3 more or less más o menos: *The trip will cost us $500 more or less.* El viaje nos va a costar más o menos $500.
4 once more otra vez: *Read the sentence once more, please.* Lee la oración otra vez, por favor.

morning /ˈmɔrnɪŋ/ *sustantivo*
mañana [parte del día]: *They arrived yesterday morning.* Llegaron ayer en la mañana.

Morocco /məˈrɑkoʊ/ *sustantivo*
Marruecos

ˌmorse ˈcode *sustantivo*
clave Morse

Moslem /ˈmɑzləm/ *sustantivo*
musulmán -ana

mosque /mɑsk/ *sustantivo*
mezquita

mosquito /məˈskitoʊ/ *sustantivo* (plural **mosquitoes**)
mosco

moss /mɔs/ *sustantivo*
musgo

most /moʊst/ *adverbio & adjetivo*
■ *adverbio*
1 the most (usado para formar el superlativo de los adjetivos) **el/la/los/las más**: *the most expensive watch* el reloj más caro
2 más: *The food I eat most is pasta.* La comida que más como es pasta.
3 at most, también **at the most a lo sumo**: *It will take an hour at the most.* Llevará una hora a lo sumo.
4 to make the most of something aprovechar algo: *We only have two days here, so let's make the most of it.* Sólo vamos a estar aquí dos días, así que tenemos que aprovecharlos.
5 for the most part la mayor parte: *Our students, for the most part, do very well.* La mayor parte de nuestros alumnos logra buenos resultados.
■ *adjetivo*
Se usa para expresar la idea de "la mayoría de": *Most people take their vacation in August.* La mayoría de la gente toma las vacaciones en agosto.

> **NOTA:** Se usa **most** cuando se habla de gente o cosas en general. Se usa **most of** cuando se habla de un grupo de personas o cosas en particular: *Most kids like candy.* A la mayoría de los niños les gustan los dulces. | *Most of the children in her class are American.* La mayoría de los niños de su clase son norteamericanos.

mostly /ˈmoʊstli/ *adverbio*
Se usa en el sentido de mayoritariamente: *When I go to the city, it's mostly on business.* Cuando voy a la ciudad es sobre todo de negocios. | *The people at the party were mostly women.* La gente en la fiesta eran en su mayoría mujeres.

motel /moʊˈtel/ *sustantivo*
motel

moth /mɔθ/ *sustantivo*
polilla

M

mother /ˈmʌðər/ *sustantivo*
madre, **mamá**: *Her mother is a teacher.* Su mamá es maestra.

ˈ**mother-in-ˌlaw** *sustantivo* (plural **mothers-in-law**)
suegra

motion /ˈmoʊʃən/ *sustantivo*
movimiento

motionless /ˈmoʊʃənləs/ *adjetivo*
inmóvil, **sin moverse**: *The cat sat motionless.* El gato estaba sentado sin moverse.

motive /ˈmoʊtɪv/ *sustantivo*
motivo: *Police think he had a motive for killing the man.* La policía piensa que tenía motivo para matar al hombre.

motor /ˈmoʊtər/ *sustantivo*
motor

motorbike /ˈmoʊtərbaɪk/ *sustantivo*
moto

motorcycle /ˈmoʊtərsaɪkəl/ *sustantivo*
motocicleta

motorist /ˈmoʊtərɪst/ *sustantivo*
automovilista

motorway /ˈmoʊtərweɪ/ *sustantivo* BrE
autopista

M

mound /maʊnd/ *sustantivo*
montón: *a mound of dirt* un montón de tierra

mount /maʊnt/ *verbo & sustantivo*
■ *verbo*
1 (also **mount up**) **subir**, **aumentar** [gastos, deudas]
2 montar, **montarse en** [un caballo, una bicicleta]
■ *sustantivo*
monte ▶ Se usa en los nombre de ciertas montañas: *Mount Everest is the highest mountain in the world.* El Monte Everest es la montaña más alta del mundo.

mountain /ˈmaʊntən/ *sustantivo*
montaña: *Have you ever climbed a mountain?* ¿Alguna vez has escalado una montaña?

ˈ**mountain ˌbike** *sustantivo*
bicicleta de montaña

mourn /mɔrn/ *verbo*
llorar, **lamentar** [una muerte]: *She mourned for her dead child.* Lloró la muerte de su hijo.

mourning /ˈmɔrnɪŋ/ *sustantivo*
luto: *She is in mourning for her son.* Está de luto por la muerte de su hijo.

mouse /maʊs/ *sustantivo*
1 (plural **mice**) **ratón**
2 ratón [de una computadora]

ˈ**mouse pad** *sustantivo*
almohadilla, **pad** [para el mouse]

mouth /maʊθ/ *sustantivo* (plural **mouths** /maʊðz/)
1 boca: *Open your mouth.* Abre la boca.
2 to keep your mouth shut no decir palabra, **quedarse callado -a**: *I was very angry, but I kept my mouth shut.* Estaba furiosa pero me quedé callada.
3 desembocadura: *the mouth of the river* la desembocadura del río

mouthful /ˈmaʊθfʊl/ *sustantivo*
1 (de comida) **bocado**
2 (de bebida) **trago**

move /muv/ *verbo & sustantivo*
■ *verbo* (**moving**, **moved**)
1 mover: *Can you move your car, please?* ¿Puede mover su coche, por favor? | *I can't move my legs.* No puedo mover las piernas.
2 cambiarse, **mudarse**: *I moved to New York.* Me cambié a Nueva York.
3 emocionar: *His story moved me.* Su relato me emocionó.
4 to move in cambiarse, **mudarse** [a otra casa, local, etc.]: *We should be able to move in next week.* Es posible que nos cambiemos la semana que entra.
5 to move out cambiarse, **mudarse** [de una casa, local, etc.]: *Mr. Smith moved out last week.* El Sr. Smith se cambió la semana pasada.
■ *sustantivo*
Paso o medida: *Buying the house was a good move.* Comprar la casa fue una buena idea.

move

We are moving today.

movement /ˈmuvmənt/ *sustantivo*
movimiento

movie /ˈmuvi/ *sustantivo*
1 película
2 the movies el cine | **to go to the movies ir al cine**: *Do you want to go to the movies?* ¿Quieres ir al cine?

ˈ**movie ˌstar** *sustantivo*
estrella de cine

mow /moʊ/ *verbo* (gerundio **mowing**, participio **mowed** o **mown**)
1 cortar [el pasto]
2 segar [el trigo, etc.]

mower /ˈmoʊər/ *sustantivo*
podadora

mown /moʊn/ participio del verbo **mow**

Mr. /ˈmɪstər/ *sustantivo*
Señor (Sr.): *This is Mr. Brown.* Éste es el Sr. Brown.

Mrs. /ˈmɪsəz/ *sustantivo*
Señora (Sra.): *This is Mrs. Brown.* Ésta es la Sra. Brown.

Ms. /mɪz, məz/ *sustantivo*
Tratamiento que se da a mujeres y que no indica el estado civil

much /mʌtʃ/ *adjetivo & pronombre*
1 mucho -a ▶ Se usa antes de un sustantivo incontable o referido a un sustantivo incontable: *Was there much traffic?* ¿Había mucho tráfico? | *Did you pay much for your bicycle?* ¿Pagaste mucho por tu bicicleta?
2 as much as tanto -a como ▶ Se usa antes de un sustantivo incontable: *We don't have as much money as the Browns.* No tenemos tanto dinero como los Brown.
3 how much (a) cuánto -a ▶ Se usa antes de un sustantivo incontable: *How much milk is left?* ¿Cuánta leche queda? **(b) cuánto cuesta** [para hablar de precios]: *I'd like to know how much this shirt costs.* Me gustaría saber cuánto cuesta esa camisa.
4 not much (a) no mucho ▶ Se usa antes de un comparativo: *She is not much older than I am.* No es mucho mayor que yo. **(b) poco**, **no gran cosa**: *"What have you been doing lately?" "Oh, not much."* –¿Qué has hecho últimamente? –No he hecho gran cosa.
5 too much demasiado -a ▶ Se usa antes de un sustantivo incontable: *I have too much work to do.* Tengo demasiado trabajo.
6 very much/so much mucho -a: *Thank you very much for your help.* Muchas gracias por su ayuda. | *I feel so much better today.* Me siento mucho mejor hoy.

NOTA: Usa **much** en oraciones interrogativas y negativas. Para otro tipo de oraciones, usa **a lot of** en vez de **much:** *How much does it cost?* ¿Cuánto cuesta? | *It doesn't cost much.* No cuesta mucho. | *It cost a lot of money.* Costó mucho dinero. | *They are making a lot of noise.* Están haciendo mucho ruido.

mud /mʌd/ *sustantivo*
lodo

muddy /ˈmʌdi/ *adjetivo* (**muddier**, **muddiest**)
enlodado -a: *Take those muddy boots off!* ¡Quítate esa botas enlodadas!

muffin /ˈmʌfən/ *sustantivo*
panquecito

mug /mʌg/ *sustantivo*
tarro [para café, té, etc.]

cup/mug

mule /mjul/ *sustantivo*
mula

multiplication /mʌltəpləˈkeɪʃən/ *sustantivo*
multiplicación

multiply /ˈmʌltəplaɪ/ *verbo* (**multiplying**, **multiplied**)
multiplicar: *2 multiplied by 3 is 6.* 2 multiplicado por 3 son 6.

mumble /ˈmʌmbəl/ *verbo* (**mumbling**, **mumbled**)
hablar entre dientes

mumps /mʌmps/ *sustantivo*
paperas

murder /ˈmɜrdər/ *verbo & sustantivo*
■ *verbo*
asesinar
■ *sustantivo*
asesinato

murderer /ˈmɜrdərər/ *sustantivo*
asesino -a

murmur /ˈmɜrmər/ *verbo & sustantivo*
■ *verbo*
murmurar, **susurrar**
■ *sustantivo*
murmullo, **susurro**: *I heard the murmur of voices in the hall.* Oí el murmullo de voces en la sala.

muscle /ˈmʌsəl/ *sustantivo*
músculo

museum /mjuˈziəm/ *sustantivo*
museo: *I went to the Museum of Modern Art.* Fui al Museo de Arte Moderno.

mushroom /ˈmʌʃrum/ *sustantivo*
hongo, **champiñón**

M

music /ˈmjuzɪk/ *sustantivo*
música: *What kind of music do you like?* ¿Qué tipo de música te gusta?

musical /ˈmjuzɪkəl/ *adjetivo*
1 musical: *musical instruments* instrumentos musicales
2 Dicho de alguien con aptitudes para la música: *She is very musical.* Tiene muchas aptitudes para la música.

musician /mjuˈzɪʃən/ *sustantivo*
músico -a

Muslim /ˈmʌzləm/ *sustantivo*
musulmán -ana

must /mʌst/ *verbo*
1 deber, **tener que**: *I must go or I'll be late.* Debo irme, si no voy a llegar tarde.
2 deber ▶ Se usa para indicar suposición: *It is very late; it must be nearly 12 o'clock.* Es muy tarde; deben ser cerca de las 12. | *I can't open the door. Someone must have locked it.* No puedo abrir la puerta. Alguien la debe haber cerrado con llave.

mustache /ˈmʌstæʃ/ *sustantivo*
bigote

mustard /ˈmʌstərd/ *sustantivo*
mostaza

M

mustn't /ˈmʌsənt/ negativo del verbo **must**
You mustn't be late for school. No debes llegar tarde a la escuela.

must've /ˈmʌstəv/ pasado del verbo **must**
Se usa para indicar suposición: *Jane isn't here. She must've left.* Jane no está. Ya se debe haber ido.

mutter /ˈmʌtər/ *verbo*
hablar entre dientes, **mascullar**: *He's always muttering to himself.* Siempre está hablando solo entre dientes.

mutton /ˈmʌtn/ *sustantivo*
carnero

my /maɪ/ *adjetivo*
mi: *My uncle bought me a bicycle.* Mi tío me compró una bicicleta.

myself /maɪˈself/ *pronombre*
1 me [Usado con verbos reflexivos]: *I looked at myself in the mirror.* Me miré en el espejo.
2 yo mismo -a [para indicar énfasis]: *I made this shirt myself.* Hice esta camisa yo misma.

mysterious /mɪˈstɪriəs/ *adjetivo*
misterioso -a: *He died of a mysterious illness.* Se murió de una enfermedad misteriosa.

mystery /ˈmɪstəri/ *sustantivo* (plural **mysteries**)
misterio: *The location of the money remains a mystery.* La ubicación del dinero sigue siendo un misterio.

mythical /ˈmɪθɪkəl/ *adjetivo*
mítico -a

mythology /mɪˈθɑlədʒi/ *sustantivo* (plural **mythologies**)
mitología

Nn

N, **n** /en/ *sustantivo*
N, n: *N for Nevada* N de Nevada

nag /næg/ *verbo* (**nagging**, **nagged**)
fastidiar: *Stop nagging me to fix the door!* ¡Deja de fastidiarme con que arregle la puerta!

nail /neɪl/ *sustantivo & verbo*
■ *sustantivo*
1 clavo
2 uña
■ *verbo*
clavar: *Will you nail the sign on the door?* ¿Vas a clavar el letrero en la puerta?

naked /ˈneɪkɪd/ *adjetivo*
desnudo -a

name /neɪm/ *sustantivo & verbo*
■ *sustantivo*
1 nombre ► En español se suele usar el verbo *llamarse*: *My name is Jane Smith.* Mi nombre es Jane Smith./Me llamo Jane Smith. | *What is the name of this town?* ¿Cómo se llama esta ciudad?
2 figura: *She is a big name in fashion.* Es una gran figura en el mundo de la moda.
■ *verbo* (**naming**, **named**)
Ponerle un nombre a alguien: *They named the baby Ann.* Le pusieron Ann a la bebé. | *They named the baby for his grandfather.* Le pusieron al bebé el nombre de su abuelo.

namely /ˈneɪmli/ *adverbio*
a saber: *There is only one problem, namely, how to get more money.* Hay sólo un problema, a saber, cómo conseguir más dinero.

nanny /ˈnæni/ *sustantivo* (plural **nannies**)
niñera, **nana**

nap /næp/ *sustantivo*
siesta: *He always takes a nap in the afternoon.* Siempre toma una siesta en la tarde.

napkin /ˈnæpkɪn/ *sustantivo*
servilleta

narrow /ˈnæroʊ/ *adjetivo*
estrecho -a, **angosto -a**: *The gate is too narrow for cars to go through.* La reja es demasiado estrecha para que pasen los coches.

nasty /ˈnæsti/ *adjetivo* (**nastier**, **nastiest**)
1 asqueroso -a, **desagradable**: *The medicine has a nasty taste.* La medicina tiene un sabor asqueroso.
2 malo -a: *Don't be so nasty to your sister!* ¡No seas tan malo con tu hermana!

nation /ˈneɪʃən/ *sustantivo*
nación

national /ˈnæʃənl/ *adjetivo*
nacional: *Today is a national holiday.* Hoy es fiesta nacional.

ˌnational ˈanthem *sustantivo*
himno nacional

nationality /næʃəˈnæləti/ *sustantivo* (plural **nationalities**)
nacionalidad: *I have Canadian nationality.* Tengo nacionalidad canadiense.

native /ˈneɪtɪv/ *adjetivo & sustantivo*
■ *adjetivo*
materno -a: *Her native language is Spanish.* Su idioma materno es el español.
■ *sustantivo*
a native of un/una natural de: *Mary is a native of Australia.* Mary es natural de Australia.

natural /ˈnætʃərəl/ *adjetivo*
1 natural: *Cotton is a natural material.* El algodón es una fibra natural.
2 natural: *It's natural to feel nervous before your wedding.* Es natural que te sientas nerviosa antes de la boda.

naturally /ˈnætʃərəli/ *adverbio*
1 lógicamente: *You naturally make mistakes when speaking another language.* Lógicamente se cometen errores cuando se habla otro idioma.
2 de naturaleza: *Her hair is naturally curly.* Tiene el pelo rizado de naturaleza.
3 por supuesto, **naturalmente**: *"Are you happy to be home?" "Naturally."* –¿Estás contento de estar en casa? –Por supuesto.

nature /ˈneɪtʃər/ *sustantivo*
1 naturaleza: *These mountains are one of nature's most beautiful sights.* Estas montañas son una de las más bellas vistas de la naturaleza.
2 naturaleza: *Peter is trusting by nature.* Peter es confiado por naturaleza.

naughty /ˈnɔti/ *adjetivo* (**naughtier**, **naughtiest**)
travieso -a

naval /ˈneɪvəl/ *adjetivo*
naval: *He wrote a book about naval battles.* Escribió un libro sobre batallas navales.

navigate /ˈnævəgeɪt/ *verbo* (**navigating, navigated**)
navegar: *He navigated across the ocean.* Navegó por el océano.

navigation /nævəˈgeɪʃən/ *sustantivo*
navegación: *Navigation on the river is difficult because of the rocks.* La navegación por el río resulta difícil por las rocas.

navigator /ˈnævəgeɪtər/ *sustantivo*
navegante

navy /ˈneɪvi/ *sustantivo* (plural **navies**)
marina: *My son is in the navy.* Mi hijo está en la marina.

navy blue /ˈneɪvi blu/ *adjetivo & sustantivo*
azul marino

near /nɪr/ *preposición, adverbio & adjetivo*
■ *preposición*
cerca de: *My aunt lives near the station.* Mi tía vive cerca de la estación.
■ *adverbio*
cerca: *Don't come near.* No te acerques.
■ *adjetivo*
cercano -a: *Where is the nearest bank?* ¿Dónde queda el banco más cercano?

nearby /nɪrˈbaɪ/ *adjetivo & adverbio*
1 cercano -a: *We swim in a nearby river.* Nadamos en un río cercano.
2 cerca: *They live nearby.* Viven cerca.

nearly /ˈnɪrli/ *adverbio*
1 casi: *We are nearly finished.* Ya casi terminamos.
2 not nearly para nada: *It's not nearly good enough.* No es para nada bueno.

neat /nit/ *adjetivo*
1 arreglado -a: *She always keeps her room neat.* Siempre tiene su cuarto arreglado.
2 padre: *The movie was neat!* ¡La película estuvo padre!

neatly /ˈnitli/ *adverbio*
con esmero: *Try to write neatly.* Procura escribir con esmero.

necessary /ˈnesəseri/ *adjetivo*
necesario -a: *It is not necessary for you to be there all day.* No es necesario que estés allí todo el día.

necessity /nəˈsesəti/ *sustantivo* (plural **necessities**)
necesidad: *A car is a necessity for this job.* El coche es una necesidad en este trabajo.

neck /nek/ *sustantivo*
1 cuello [de una persona]
2 pescuezo [de un animal]
3 cuello [de una botella]: *The neck of the bottle is long and thin.* El cuello de la botella es largo y angosto.
4 to be up to your neck in something estar hasta aquí de algo: *He is up to his neck in debt.* Está hasta aquí de deudas.

necklace /ˈnek-ləs/ *sustantivo*
collar

need /nid/ *sustantivo & verbo*
■ *sustantivo*
1 necesidad: *There is a need to improve our schools.* Tenemos la necesidad de mejorar nuestras escuelas.
2 necesidad: *The needs of a baby are simple.* Las necesidades de un bebé son muy sencillas.
3 in need (a) necesitado -a: *We're collecting money for children in need.* Estamos haciendo una colecta para los niños necesitados. **(b)** Usado para indicar que hace falta algo: *The country is in need of more doctors.* Al país le hacen falta médicos.
■ *verbo*
1 necesitar: *I need a hammer to take this nail out.* Necesito un martillo para sacar este clavo.
2 to need to do something tener que hacer algo: *You need to see a doctor as soon as you can.* Tienes que ver un médico lo antes posible.

needle /ˈnidl/ *sustantivo*
aguja [de coser, tejer, jeringa]

needless /ˈnid-ləs/ *adjetivo*
needless to say sobra decirlo, está de más: *Needless to say, it rained the day we left.* Sobra decir que estaba lloviendo el día que salimos.

negative /ˈnegətɪv/ *adjetivo & sustantivo*
■ *adjetivo*
negativo -a: *He gave a negative answer.* Su respuesta fue negativa.
■ *sustantivo*
negativo [en fotografía]

neglect /nɪˈglekt/ *verbo & sustantivo*
■ *verbo*
1 desatender [a personas o animales]: *The animals were sick because they had been neglected.* Los animales estaban enfermos porque habían estado desatendidos.
2 descuidar [un lugar, la salud]
■ *sustantivo*
falta de atención, abandono, negligencia: *The child suffered from neglect.* El niño padecía de falta de atención.

neglected /nɪˈglektɪd/ *adjetivo*
descuidado -a, abandonado -a

N

neigh /neɪ/ *sustantivo*
relincho

neighbor /ˈneɪbər/ *sustantivo*
1 vecino -a: *He is my next-door neighbor.* Es mi vecino de al lado.
2 La persona de junto: *Don't copy the answers from your neighbor's paper.* No copien las respuestas de su compañero de junto.

neighborhood /ˈneɪbərhʊd/ *sustantivo*
colonia, **barrio**: *There are some good restaurants in the neighborhood.* Hay algunos buenos restaurantes en la colonia.

neighboring /ˈneɪbərɪŋ/ *adjetivo*
vecino -a: *The flood affected the neighboring towns.* La innundación afectó a las localidades vecinas.

neither /ˈniðər/ *adjetivo*
1 ninguno de los dos, ninguna de las dos: *Neither boy could swim, but they both wanted to learn.* Ninguno de los dos niños sabía nadar pero ambos querían aprender.
2 tampoco: *"I don't like smoking." "Neither do I."* –No me gusta fumar. –A mí tampoco.
3 neither ... nor ... ni... ni: *Neither his father nor his mother is tall.* Ni su papá ni su mamá son altos.

nephew /ˈnefju/ *sustantivo*
sobrino

Neptune /ˈneptun/ *sustantivo*
Neptuno

nerd /nɜrd/ *sustantivo*
menso -a

nerve /nɜrv/ *sustantivo*
1 nervio
2 valor: *It takes a lot of nerve to speak in front of people.* Se necesita mucho valor para hablar en público.

nerves /nɜrvz/ *sustantivo plural*
1 nervios: *She is a bundle of nerves before a race.* Es un manojo de nervios antes de cada carrera.
2 to get on someone's nerves poner los nervios de punta a alguien, **sacar de quicio a alguien**: *The music is beginning to get on my nerves.* La música me está empezando a poner los nervios de punta.

nervous /ˈnɜrvəs/ *adjetivo*
1 nervioso -a: *She is nervous about traveling alone.* Está nerviosa porque tiene que viajar sola.
2 nervioso -a: *He has a disease of the nervous system.* Tiene una enfermedad del sistema nervioso.

nest /nest/ *sustantivo*
nido: *The bird laid its eggs in the nest.* El pájaro puso sus huevos en el nido.

net /net/ *sustantivo*
1 red: *He hit the ball into the net.* Metió la pelota en la red.
2 Internet

nettle /ˈnetl/ *sustantivo*
ortiga

network /ˈnetwɜrk/ *sustantivo*
1 cadena [de radio o televisión]
2 red [de carreteras, telefónica, etc.]

never /ˈnevər/ *adverbio*
nunca: *I've never been to Europe.* Nunca he ido a Europa. | *My brother never lets me ride his bicycle.* Mi hermano nunca me deja usar su bicicleta.

new /nu/ *adjetivo*
1 nuevo -a: *We have a new car.* Tenemos un coche nuevo.
2 nuevo -a, **otro -a**: *He wants to learn a new language.* Quiere aprender otro idioma.

newcomer /ˈnukʌmər/ *sustantivo*
recién llegado -a: *He is a newcomer to the city.* Está recién llegado a la ciudad.

newly /ˈnuli/ *adverbio*
recién: *They are a newly married couple.* Son recién casados.

news /nuz/ *sustantivo*
noticia: *We watched the news.* Vimos las noticias. | *Have you heard any news about Terry?* ¿Has tenido noticias de Terry?

newspaper /ˈnuzpeɪpər/ *sustantivo*
periódico: *I buy the local newspaper.* Compro el periódico local.

newsstand /ˈnuzstænd/ *sustantivo*
puesto de periódicos

ˌNew Year's ˈDay *sustantivo*
Año Nuevo

ˌNew Year's ˈEve *sustantivo*
Noche de Fin de Año

next /nekst/ *adjetivo & adverbio*
■ *adjetivo*
1 próximo -a: *I'll see you next week.* Te veo

la semana próxima. | *When does the next flight to Boston leave?* ¿Cuándo sale el próximo vuelo a Boston?

2 de al lado: *Music is coming from the next room.* Se oye música en el cuarto de al lado.

■ *adverbio*

1 después, **luego**: *What did he do next?* ¿Qué hizo después?

2 next to junto a: *Come and sit next to me.* Ven a sentarte junto a mí.

3 next to nothing casi nada: *I paid next to nothing for these shoes.* Estos zapatos no me costaron casi nada.

ˈnext-door *adjetivo*

de al lado: *Did you meet the next-door neighbors?* ¿Conociste a los vecinos de al lado?

nibble /ˈnɪbəl/ *verbo* (**nibbling**, **nibbled**)

picar ► Se usa para indicar la manera de comer algo con mordidas pequeñas: *She was nibbling on a piece of bread.* Estaba picando un pedazo de pan.

Nicaragua /nɪkəˈrɑgwə/ *sustantivo*

Nicaragua

nice /naɪs/ *adjetivo* (**nicer**, **nicest**)

1 bonito -a, **lindo -a**: *Have a nice time at the party.* Que te vaya bonito en la fiesta. | *You look nice!* ¡Qué guapa te ves!

2 amable, **simpático -a**: *What a nice person!* ¡Qué persona tan amable!

nickel /ˈnɪkəl/ *sustantivo*

En los Estados Unidos, una moneda de cinco centavos

nickname /ˈnɪkneɪm/ *sustantivo*

apodo: *John's nickname is "Tiny" because he is very small.* El apodo de John es "Tiny" porque es muy chaparrito.

niece /nis/ *sustantivo*

sobrina

night /naɪt/ *sustantivo*

1 noche: *It rained during the night.* Llovió durante la noche. | *Some nurses have to work at night.* Algunas enfermeras tienen que trabajar de noche. | *The baby cried all night long.* El bebé lloró toda la noche.

2 noche: *We saw them Saturday night.* Los vimos el sábado en la noche.

3 the other night la otra noche

nightgown /ˈnaɪtgaʊn/ *sustantivo*

camisón

nightingale /ˈnaɪtɪŋgeɪl/ *sustantivo*

ruiseñor

nightmare /ˈnaɪtmer/ *sustantivo*

pesadilla

nighttime /ˈnaɪt-taɪm/ *sustantivo*

noche

nine /naɪn/ *número*

nueve

nineteen /naɪnˈtin/ *número*

diecinueve

nineteenth /naɪnˈtinθ/ *número*

1 decimonoveno -a

2 decimonovena parte

3 diecinueve: *July nineteenth* el diecinueve de julio

ninety /ˈnaɪnti/ *número*

noventa

ninth /naɪnθ/ *adjetivo* & *sustantivo*

1 noveno -a

2 noveno

3 nueve: *July ninth* el nueve de julio

nip /nɪp/ *verbo* (**nipping**, **nipped**)

dar un mordisco, **mordisquear**: *The dog nipped my leg.* El perro me dio un mordisco en la pierna.

no /noʊ/ *adverbio*

1 no: *"Would you like some coffee?" "No, thanks."* –¿Quieres café? –No, gracias. | *I asked him for a dollar, but he said no.* Le pedí un dólar pero me dijo que no.

2 no: *There are no boys in my group.* No hay niños en my grupo.

3 no way! de ninguna manera: *"Are you going to help?" "No way!"* –¿Vas a ayudar? –¡De ninguna manera!

noble /ˈnoʊbəl/ *adjetivo* (**nobler**, **noblest**)

1 noble [de carácter]

2 noble [como clase social]

nobody /ˈnoʊbʌdi/ *pronombre*

(also **no one**) **nadie**: *I knocked on the door but nobody answered.* Toqué la puerta pero nadie contestó. | *Nobody told him.* Nadie se lo dijo.

nod /nɑd/ *verbo* & *sustantivo*

■ *verbo* (**nodding**, **nodded**)

asentir [con la cabeza]: *She nodded when I asked if she liked the movie.* Cuando le pregunté si le había gustado la película, asintió con la cabeza.

■ *sustantivo*

movimiento de la cabeza para indicar asentimiento

noise /nɔɪz/ *sustantivo*

ruido: *Planes make a lot of noise.* Los aviones hacen mucho ruido.

noisy /ˈnɔɪzi/ *adjetivo* (**noisier**, **noisiest**)

ruidoso -a

nomad /ˈnoʊmæd/ *sustantivo*

nómada

N

none /nʌn/ *pronombre*
ninguno -a: *None of my friends has a car.* Ninguno de mis amigos tiene coche. | *I ate all the bread. There's none left.* Me comí todo el pan. Ya no hay.

nonsense /ˈnɑnsens/ *sustantivo*
1 tontería: *"I look fat in this dress." "Nonsense. You look fine."* –Este vestido me hace ver gorda. –Eso es una tontería. Te ves bien.
2 tonterías: *Stop that nonsense right now!* ¡Déjate de esas tonterías ahora mismo!

nonstop /nɑnˈstɑp/ *adjetivo & adverbio*
1 directo -a, sin escalas: *We went on a nonstop flight to Los Angeles.* Tomamos un vuelo directo a Los Ángeles.
2 sin parar: *We worked nonstop for two days.* Trabajamos dos días sin parar.

noon /nun/ *sustantivo*
mediodía: *At noon, the sun is high in the sky.* A mediodía, el sol está alto en el cielo.

ˈno one *pronombre*
(also **nobody**) **nadie**

nope /noʊp/ *adverbio*
no ► Se trata de lenguaje informal: *"Are you hungry?" "Nope, not yet."* –¿Tienes hambre? –No, todavía no.

nor /nɔr/ *adjetivo*
ni: *Neither Anna nor Peter likes to cook.* Ni a Ana ni a Peter les gusta cocinar.

normal /ˈnɔrməl/ *adjetivo*
normal: *It's normal to feel tired after working hard.* Es normal sentirse cansado después de trabajar duro.

normally /ˈnɔrməli/ *adverbio*
normalmente: *Normally, I get up at seven o'clock.* Normalmente me levanto a las siete.

north /nɔrθ/ *sustantivo, adjetivo & adverbio*
1 norte: *Which way is north?* ¿Hacia dónde está el norte?
2 norte, septentrional
3 al norte: *The window faces north.* La ventana da al norte.

northeast /nɔrθˈist/ *sustantivo, adjetivo & adverbio*
1 noreste
2 noreste, del noreste
3 hacia el noreste

northeastern /nɔrθˈistərn/ *adjetivo*
noreste

northern /ˈnɔrðərn/ *adjetivo*
del norte, norteño -a

ˌNorth ˈPole *sustantivo*
the North Pole el Polo Norte

northward /ˈnɔrθwərd/ *adverbio*
hacia el norte

northwest /nɔrθˈwest/ *sustantivo, adjetivo & adverbio*
1 noroeste
2 noroeste, del noroeste
3 hacia el noroeste

northwestern /nɔrθˈwestərn/ *adjetivo*
noroeste

nose /noʊz/ *sustantivo*
1 nariz
2 to turn up your nose at something despreciar algo
3 under someone's nose en las narices de alguien: *The pen I was looking for was under my nose the whole time.* La pluma que estaba buscando estaba en mis narices.

nostril /ˈnɑstrəl/ *sustantivo*
fosa nasal

nosy /ˈnoʊzi/ *adjetivo* (**nosier**, **nosiest**)
metiche

not /nɑt/ *adverbio*
no: *I'm not going home now.* No voy para la casa ahorita. | *The flower is red, not pink.* La flor es roja, no rosa. | *Is the story true or not?* La historia ¿es verdadera o no?

note /noʊt/ *sustantivo & verbo*
■ *sustantivo*
1 nota: *I'll write a note to thank her for helping.* Le voy a mandar una nota para darle las gracias por su ayuda.
2 nota ► Se suele usar el verbo **apuntar** o **anotar**: *Did you make a note of my new address?* ¿Apuntaste mi nueva dirección?
3 nota [musical]
4 to take note of something prestar atención a algo
■ *verbo* (**noting**, **noted**)
notar, **observar**: *Please note that the store is closed on Sunday.* Por favor note que la tienda cierra los domingos.

notebook /ˈnoʊtbʊk/ *sustantivo*
cuaderno

notepaper /ˈnoʊtpeɪpər/ *sustantivo*
papel de carta

notes /noʊts/ *sustantivo plural*
apuntes: *Did you take any notes?* ¿Tomaste apuntes?

nothing /ˈnʌθɪŋ/ *pronombre*
1 nada: *There is nothing in this box.* No hay nada en esta caja. | *She said nothing about the accident.* No dijo nada sobre el accidente.
2 for nothing (a) gratis: *Buy the table, and I'll give you the chairs for nothing.* Compre la mesa y le doy las sillas gratis. **(b) en**

N

vano: *I did all that work for nothing.* Hice todo ese trabajo en vano.

notice /ˈnoʊtɪs/ *sustantivo & verbo*

■ *sustantivo*

letrero: *The notice on the door said the library was closed.* El letrero en la puerta decía que la biblioteca estaba cerrada.

■ *verbo* (**noticing**, **noticed**)

notar, **fijarse en**: *Did you notice a strange smell in the room?* ¿Notaste un olor raro en el cuarto?

NOTA: Las palabras *noticia* y *noticias* en español se traducen, respectivamente, por **piece of news** y **news** en inglés

noticeable /ˈnoʊtɪsəbəl/ *adjetivo*

perceptible, **evidente**

notorious /noʊˈtɔriəs/ *adjetivo*

conocido -a, **de mala fama**: *He is a notorious criminal.* Es un conocido delincuente.

NOTA: La palabra **notorious** tiene connotaciones negativas en inglés

noun /naʊn/ *sustantivo*

sustantivo

novel /ˈnɑvəl/ *sustantivo*

novela

novelist /ˈnɑvəlɪst/ *sustantivo*

novelista

November /noʊˈvembər/ *sustantivo*

noviembre

now /naʊ/ *adverbio*

1 ahora, **ahorita**: *Tokyo is now one of the largest cities in the world.* Tokio es ahora una de las ciudades más grandes del mundo. | *She should have been home by now.* Ya debería haber llegado a casa.

2 a ver ▶ Se usa para atraer la atención de alguien: *Now, children, open your books to page 6.* A ver niños, abran los libros en la página 6.

3 for now por ahora, **de momento**: *Jim will be working at this desk for now.* De momento Jim va a trabajar en esta mesa.

nowhere /ˈnoʊwer/ *adverbio*

en/a ningún lugar, **en/a ninguna parte**: *The birds on this island are found nowhere else.* Los pájaros de esta isla no se encuentran en ningún otro lugar.

nuclear /ˈnukliər/ *adjetivo*

nuclear: *Our electricity comes from nuclear power.* Nuestra electricidad es generada por energía nuclear.

nude /nud/ *adjetivo*

desnudo -a

nudge /nʌdʒ/ *verbo & sustantivo*

■ *verbo* (**nudging**, **nudged**)

dar un codazo a [suavemente]: *She nudged me when it was time to go.* Me dio un codazo cuando era hora de irnos.

■ *sustantivo*

codazo

nugget /ˈnʌgɪt/ *sustantivo*

pepita: *a gold nugget* una pepita de oro

nuisance /ˈnusəns/ *sustantivo*

1 (una cosa) **fastidio**: *What a nuisance!* ¡Qué fastidio!

2 pesado -a: *Don't make a nuisance of yourself!* ¡No seas pesado!

numb /nʌm/ *adjetivo*

entumido -a: *My feet are numb from the cold.* Tengo los pies entumidos de frío.

number /ˈnʌmbər/ *sustantivo & verbo*

■ *sustantivo*

1 número: *Look at question number four.* Vean la pregunta número cuatro. | *What is his room number?* ¿Cuál es el número de su habitación?

2 número: *A large number of students failed the exam.* Un gran número de estudiantes reprobó el examen.

3 número (de teléfono): *Can you give me her number?* ¿Me puedes dar su número de teléfono? | *I dialed the wrong number.* Marqué un número equivocado.

■ *verbo*

numerar: *Number the questions from 1 to 10.* Numeren las preguntas del 1 al 10.

numeral /ˈnumərəl/ *sustantivo*

número: *3, 22, and 185 are numerals.* El 3, el 22 y el 185 son números.

numerous /ˈnumərəs/ *adjetivo*

numeroso -a: *We met on numerous occasions.* Nos vimos en numerosas ocasiones.

nun /nʌn/ *sustantivo*

monja

nurse /nɜrs/ *sustantivo & verbo*

■ *sustantivo*

enfermero -a: *She works as a nurse in a hospital.* Trabaja de enfermera en un hospital.

■ *verbo*

atender, **cuidar de** [un enfermo]: *She nursed her mother when she was sick.* Atendió a su mamá cuando estaba enferma.

nursery /ˈnɜrsəri/ *sustantivo* (plural **nurseries**)

1 invernadero

2 cuarto de los niños [en una casa]

3 guardería

ˈnursery ˌrhyme *sustantivo*
canción infantil

ˈnursery ˌschool *sustantivo*
kinder

nut /nʌt/ *sustantivo*
1 fruto seco [nuez, avellana, etc.]
2 tuerca
3 loco -a

nutrition /nuˈtrɪʃən/ *sustantivo*
nutrición: *Exercise and good nutrition are important.* El ejercicio y la buena nutrición son importantes.

nylon /ˈnaɪlɑn/ *sustantivo*
nylon

Oo

O, **o** /oʊ/ *sustantivo*
O, **o**: *O for Oklahoma* O de Oklahoma

oak /oʊk/ *sustantivo*
roble

oar /ɔr/ *sustantivo*
remo

oasis /oʊ'eɪsɪs/ *sustantivo* (plural **oases** /-siz/)
oasis

oath /oʊð/ *sustantivo* (plural **oaths** /oʊðz/)
juramento: *She took an oath to tell the truth.* Hizo un juramento de decir la verdad.

oatmeal /'oʊtmil/ *sustantivo*
avena

oats /oʊts/ *sustantivo plural*
avena

obedience /ə'bidiəns/ *sustantivo*
obediencia

obedient /ə'bidiənt/ *adjetivo*
obediente: *He is an obedient child.* Es un niño obediente.

obey /ə'beɪ/ *verbo* (**obeying**, **obeyed**)
obedecer: *You should obey your teacher.* Debes obedecer a tu profesor.

object¹ /'ɑbdʒɪkt/ *sustantivo*
1 objeto: *a small metal object* un pequeño objeto de metal
2 objetivo, **propósito**: *The object of this game is to roll the ball into the hole.* El objetivo del juego es meter la bola en el hoyo.
3 objeto: *In the sentence, "Jane bought the bread," "bread" is the object.* En la oración "Jane bought the bread," "bread" es el objeto.

object² /əb'dʒekt/ *verbo*
oponerse, **poner objeción**: *She objected to our plan.* Se opuso a nuestro plan.

objection /əb'dʒekʃən/ *sustantivo*
objeción: *She had strong objections to working on Sundays.* Le puso serias objeciones a trabajar los domingos.

obligate /'ɑbləgeɪt/ *verbo* (**obligating**, **obligated**)
obligar

obligation /ɑblə'geɪʃən/ *sustantivo*
obligación

oblige /ə'blaɪdʒ/ *verbo* (**obliging**, **obliged**)
obligar: *I felt obliged to tell her the truth.* Me sentí obligado a decirle la verdad.

oblong /'ɑblɔŋ/ *adjetivo*
rectangular

observation /ɑbzər'veɪʃən/ *sustantivo*
1 observación: *He is under observation in the hospital.* Está en observación en el hospital.
2 observación, **comentario**: *She made several observations about the way people treated her.* Hizo varios comentarios sobre la manera en que la trataban.

observe /əb'zɜrv/ *verbo* (**observing**, **observed**)
observar: *Children learn by observing other people.* Los niños aprenden observando a los demás.

obstacle /'ɑbstɪkəl/ *sustantivo*
obstáculo

obstruct /əb'strʌkt/ *verbo*
obstruir, **tapar**: *The building obstructs our view of the beach.* El edificio nos tapa la vista de la playa.

obstruction /əb'strʌkʃən/ *sustantivo*
obstrucción: *The accident caused an obstruction in the road.* El accidente causó una obstrucción en la carretera.

obstruction

There is an obstruction in the road.

obtain /əb'teɪn/ *verbo*
obtener: *Information about the disease is difficult to obtain.* Es difícil obtener información sobre la enfermedad.

obvious /'ɑbviəs/ *adjetivo*
obvio -a, **evidente**: *It is obvious that she is lying.* Es obvio que está mintiendo.

occasion /ə'keɪʒən/ *sustantivo*
1 ocasión: *I spoke to him on several occasions.* Hablé con él en varias ocasiones.
2 ocasión: *We are saving the wine for a*

O

special occasion. Guardamos el vino para una ocasión especial.

occasional /əˈkeɪʒənl/ *adjetivo*
ocasional

occasionally /əˈkeɪʒənl-i/ *adverbio*
de vez en cuando: *We occasionally go to the movies.* De vez en cuando vamos al cine.

occupation /ɑkjəˈpeɪʃən/ *sustantivo*
ocupación: *"What is your occupation?" "I am a lawyer."* –¿Cuál es su ocupación? –Soy abogado.

occupy /ˈɑkjəpaɪ/ *verbo* (**occupying**, **occupied**)
1 ocupar [espacio]: *Two families occupy the house.* Dos familias ocupan la casa. | *His pictures occupy the entire wall.* Sus cuadros ocupan toda la pared.
2 ocupar [tiempo]: *The game will keep the kids occupied.* El juego mantendrá a los niños ocupados.

occur /əˈkɜr/ *verbo* (**occurring**, **occurred**)
1 ocurrir: *The accident occurred at five o'clock.* El accidente ocurrió a las cinco.
2 to occur to someone ocurrírsele a alguien: *The idea had never occurred to me.* La idea nunca se me había ocurrido.

ocean /ˈoʊʃən/ *sustantivo*
océano: *the Atlantic Ocean* el Océano Atlántico

o'clock /əˈklɑk/ *adverbio*
Se usa para indicar que es la hora en punto: *It's four o'clock.* Son las cuatro.

octave /ˈɑktɪv/ *sustantivo*
octava

October /ɑkˈtoʊbər/ *sustantivo*
octubre

octopus /ˈɑktəpəs/ *sustantivo* (plural **octopuses**)
pulpo

odd /ɑd/ *adjetivo*
1 raro -a, **extraño -a**: *It's odd that he hasn't called me.* Es raro que no me haya llamado.
2 odd number número impar: *3, 7, and 15 are odd numbers.* El 3, el 7 y el 15 son números impares.

odds /ɑdz/ *sustantivo plural*
probabilidades, **posibilidades**: *What are the odds of our success?* ¿Qué probabilidades hay de lograrlo?

ˌodds and ˈends *sustantivo plural*
chucherías: *I have a box full of odds and ends.* Tengo una caja llena de chucherías.

odor /ˈoʊdər/ *sustantivo*
olor: *Where is that odor coming from?* ¿De dónde viene ese olor?

of /ɑv/ *preposición*
1 (usado para indicar pertenencia) **de**: *The streets of New York are crowded.* Las calles de Nueva York están llenas de gente.
2 (usado para designar una cualidad de algo o alguien) **de**: *I like the color of her hair.* Me gusta el color de su pelo.
3 (usado para indicar que algo forma parte de un grupo mayor) **de**: *Here is one of the books from his library.* Aquí tienes uno de los libros de su biblioteca.
4 (usado para indicar el contenido de algo) **de**: *I bought a carton of milk.* Compré un cartón de leche.
5 (usado para indicar cantidad o medida) **de**: *I want a cup of coffee.* Quiero una taza de café. | *The house has plenty of space inside.* La casa tiene mucho espacio adentro.
6 (usado para indicar el nombre de algo) **de**: *I like the game of chess.* Me gusta el juego de ajedrez.
7 (usado para indicar la razón o causa de algo) **de**: *He is dying of cancer.* Se está muriendo de cáncer.
8 (usado para indicar fechas) **de**: *He was born on the 12th of June.* Nació el 12 de junio.
9 (usado para indicar dirección) **de**: *She lives north of the city.* Vive al norte de la ciudad.

off /ɔf/ *adverbio*, *preposición* & *adjetivo*
1 de: *He got off the bus.* Se bajó del camión. | *Get your feet off the bed!* ¡Baja los pies de la cama!
2 Usado para indicar separación, distanciamiento: *Can you pull this lid off?* ¿Puedes quitar esta tapa? | *One of my buttons fell off.* Se me cayó un botón. | *He drove off.* Se alejó en su coche. | *Summer is a long way off.* Falta mucho para el verano.
3 Usado para indicar un descuento o una rebaja: *The computers are 25% off.* Las computadoras tienen 25% de descuento.
4 to turn something off apagar algo: *Turn the lights off when you leave.* Apaga las luces cuando te vayas.
5 to be off (a) estar apagado -da: *The lights in the house were off.* Las luces de la casa estaban apagadas. **(b) estar suspendido -a**: *Their wedding is off.* Se suspendió su boda. **(c) tener asueto**: *He's off for three days.* Tiene tres días de asueto.

offend /ə'fend/ *verbo*
ofender

offense /ə'fens/ *sustantivo*
1 delito: *It is an offense to drink alcohol and drive a car.* Es un delito tomar alcohol y manejar.
2 to take offense ofenderse: *She took offense when I asked how old she was.* Se ofendió cuando le pregunté su edad.

offensive /ə'fensɪv/ *adjetivo*
ofensivo -a, **insultante**: *He made some offensive comments to the waitress.* Le hizo unos comentarios ofensivos a la mesera.

offer /'ɔfər/ *verbo & sustantivo*
■ *verbo*
1 ofrecer: *I offered James a piece of candy.* Le ofrecí a James un dulce.
2 ofrecerse: *She offered to help me carry the boxes.* Se ofreció a ayudarme a cargar las cajas.
■ *sustantivo*
1 oferta: *They made us an offer on the house.* Nos hicieron una oferta por la casa.
2 ofrecimiento ▶ A menudo se usa el verbo *ofrecer*: *Thank you for your offer of help.* Gracias por ofrecerte a ayudar.

office /'ɔfɪs/ *sustantivo*
oficina: *She works in an office.* Trabaja en una oficina.

officer /'ɔfəsər/ *sustantivo*
1 oficial [en el ejército]
2 funcionario -a

official /ə'fɪʃəl/ *adjetivo & sustantivo*
■ *adjetivo*
oficial: *I received an official letter from the government.* Recibí una carta oficial del gobierno.
■ *sustantivo*
funcionario -a

often /'ɔfən/ *adverbio*
a menudo: *I often go to bed early.* A menudo me acuesto temprano. | *How often does it rain here?* ¿Qué tan seguido llueve aquí?

oh /oʊ/ *interjección*
Ay: *Oh, no! I missed the bus!* ¡Ay no! ¡Perdí el camión!

oil /ɔɪl/ *sustantivo & verbo*
■ *sustantivo*
1 aceite [para cocinar]: *He added a bit of oil.* Le puso un poco de aceite.
2 petróleo: *The company is drilling for oil.* La compañía está perforando en busca de petróleo.
3 aceite [para coches]
■ *verbo*
engrasar, **lubricar**

'oil ˌpainting *sustantivo*
óleo

'oil rig *sustantivo*
plataforma petrolera

'oil well *sustantivo*
pozo petrolero

oily /'ɔɪli/ *adjetivo* (**oilier**, **oiliest**)
1 aceitoso -a, **grasoso -a** [comida]
2 grasoso -a [piel o cabello]

ointment /'ɔɪntmənt/ *sustantivo*
pomada, **ungüento**

OK /oʊ'keɪ/ *adjetivo & adverbio*
1 bien: *"How is your mother?" "She's OK."* –¿Cómo está tu mamá? –Bien.
2 okey: *"I'll go first." "OK."* –Yo voy primero. –Okey.
3 Usado cuando se pregunta si algo es posible: *Is it OK if I leave?* ¿Te importa si me voy?

okay /oʊ'keɪ/ ortografía alternativa de **OK**

old /oʊld/ *adjetivo*
1 viejo -a: *My grandmother is very old.* Mi abuela es muy vieja.
2 Usado para hablar de edades: *"How old are you?" "I am eleven years old."* –¿Cuántos años tienes? –Tengo once años.
3 viejo -a: *What do you do with your old clothes?* ¿Qué haces con la ropa vieja?
4 an old friend un viejo amigo, **una vieja amiga**

ˌold-'fashioned *adjetivo*
anticuado -a, **pasado -a de moda**: *He has old-fashioned ideas about women.* Tiene ideas anticuadas sobre las mujeres.

olive /'ɑlɪv/ *sustantivo*
aceituna

Olympic Games /əˌlɪmpɪk 'geɪmz/ *sustantivo plural*
the Olympic Games los Juegos Olímpicos

Olympics /ə'lɪmpɪks/ *sustantivo plural*
Juegos Olímpicos

omelette, **omelet** /'ɑmlət/ *sustantivo*
omelet

omit /oʊ'mɪt/ *verbo* (**omitting**, **omitted**)
omitir, **olvidar incluir**: *My name was omitted from the list.* Se les olvidó incluir mi nombre en la lista.

on /ɔn/ *preposición, adverbio & adjetivo*
1 en, **sobre**: *The glass is on the shelf.* El vaso está sobre la repisa. | *I have mud on my shoes.* Tengo lodo en los zapatos.

2 en: *The picture is on page 40.* La ilustración está en la página 40. | *I grew up on a farm.* Crecí en un rancho.
3 (usado para hablar de fechas y días) **el**: *The party is on March 12th.* La fiesta es el 12 de marzo.
4 (usado con televisión, video, radio y teléfono) **en**: *I saw the movie on television.* Vi la película en la televisión.
5 (usado con camión, avión, tren) **en**: *I saw Jane on the bus.* Vi a Jane en el camión.
6 (usado con derecha e izquierda) **a**: *She sat on my right.* Estaba sentada a mi derecha.
7 Usado para indicar continuación: *We drove on to the next city.* Manejamos sin parar hasta la ciudad siguiente. | *We were tired, but we needed to move on.* Estábamos cansados pero teníamos que seguir adelante.
8 Usado con prendas: *What does she have on?* ¿Qué tiene puesto? | *Put your coat on.* Ponte el abrigo.
9 to turn something on prender algo: *Turn the lights on when you get there.* Prende las luces cuando llegues.
10 to be on (a) estar prendido -a: *The lights in the house were on.* Las luces de la casa estaban prendidas. **(b) estar conectado -a**: *The water is on.* El agua está conectada. **(c) pasar**: *What's on tonight?* ¿Qué pasan hoy?

NOTA: En inglés hay varias preposiciones que significan *en* (**on**, **in**, **at**). Mira la entrada **en** en el lado español para decidir cuál es la preposición correcta en cada caso.

on

The cat always sleeps on my bed.

There are two pictures on the wall.

once /wʌns/ *adverbio*
1 una vez: *I have been to America once.* He estado en los Estados Unidos una vez. | *We go shopping once a week.* Vamos de compras una vez a la semana.
2 alguna vez [en el pasado]: *My grandmother was a teacher once.* Mi abuela alguna vez fue profesora.
3 una vez: *It is easy, once you learn how to do it.* Es fácil una vez que aprendes a hacerlo.
4 all at once de repente: *All at once everyone stopped talking.* De repente todos dejaron de hablar.
5 at once (a) a la vez, al mismo tiempo: *You can't do two things at once.* No se pueden hacer dos cosas a la vez **(b) inmediatamente**: *We must go at once!* ¡Debemos irnos inmediatamente!
6 (every) once in a while de vez en cuando: *We go fishing every once in a while.* Vamos de pesca de vez en cuando.
7 once more una vez más: *Try calling her once more.* Trata de llamarla una vez más.
8 once upon a time esta era una vez

one /wʌn/ *adjetivo, pronombre & sustantivo*
1 un, una: *One coffee and two teas please.* Un café y dos tés, por favor
2 uno, una: *"How many do you want?" "One."* –¿Cuántos quieres? –Uno.
3 (se usa para referirse a un tiempo no específico) **un, una**: *One week last December it snowed.* Nevó una semana del pasado diciembre. | *We should go to the movies one day.* Deberíamos ir al cine un día.
4 único -a: *My one goal is to do better in school.* Mi único objetivo es mejorar en mis estudios.
5 (cuando se dice la hora) **la una**: *I have a meeting at one.* Tengo una junta a la una.
6 the one el que, la que: *I like the one we saw yesterday.* Me gusta el que vimos ayer.
7 this one éste, ésta
8 that one ése, ésa

ˌone-ˈway *adjetivo*
de un solo sentido: *He lives on a one-way street.* Vive en una calle de un solo sentido.

onion /ˈʌnjən/ *sustantivo*
cebolla

on-ˈline *adjetivo*
conectado -a (a Internet), en línea: *Is your school on-line?* ¿Tu escuela está conectada a Internet?

O

only /ˈoʊnli/ *adjetivo & adverbio*
1 único -a: *She is the only girl in her family.* Es la única niña en su familia.
2 an only child hijo -a único -a
3 sólo, solamente: *You can only have one piece of cake.* Sólo puedes comer un pedazo de pastel. | *She is only doing this because she is angry.* Sólo lo hace porque está enojada.
4 sólo, pero: *I want to come with you, only I have to stay home and help my mom.* Quiero ir contigo sólo que tengo que quedarme a ayudar a mi mamá.

onto /ˈɔntu/ *preposición*
a, sobre ▶ Indica movimiento: *He climbed onto the roof.* Se trepó al techo.

onward /ˈɔnwərd/ *adverbio*
adelante: *They hurried onward.* Siguieron adelante sin detenerse. | *We studied history from 1900 onward.* Estudiamos historia de 1900 en adelante.

ooze /uz/ *verbo* (**oozing, oozed**)
(líquidos) **salir** [lentamente]: *Blood oozed from his knee.* Le salía sangre de la rodilla.

open /ˈoʊpən/ *adjetivo & verbo*
■ *adjetivo*
1 abierto -a: *Who left the window open?* ¿Quién dejó la ventana abierta? | *Keep the door open.* Deja la puerta abierta. | *Is the bank open yet?* ¿Ya está abierto el banco?
2 abierto -a: *Most jobs are open to women now.* La mayoría de los trabajos están abiertos a las mujeres hoy en día.
■ *verbo*
1 abrir: *Open your books to page three.* Abran sus libros en la página tres.
2 abrir: *When does the store open?* ¿Cuándo abre la tienda? | *The door opened and Jackie came in.* La puerta se abrió y entró Jackie.

opener /ˈoʊpənər/ *sustantivo*
1 (de botellas) **destapador**: *Do you have a bottle opener?* ¿Tienes un destapador?
2 (de latas) **abridor**

opening /ˈoʊpənɪŋ/ *sustantivo*
1 abertura: *an opening in the fence* una abertura en la cerca
2 vacante: *Are there any openings at the factory?* ¿Hay vacantes en la fábrica?

opera /ˈɑprə/ *sustantivo*
ópera

operate /ˈɑpəreɪt/ *verbo* (**operating, operated**)
1 operar, manejar: *Do you know how to operate this machine?* ¿Sabes cómo operar esta máquina?
2 operar: *They had to operate on her stomach.* Tuvieron que operarla del estómago.

operation /ɑpəˈreɪʃən/ *sustantivo*
operación: *He needs to have an operation on his back.* Lo tienen que operar de la espalda.

operator /ˈɑpəreɪtər/ *sustantivo*
1 operador -a
2 operario -a

opinion /əˈpɪnjən/ *sustantivo*
opinión: *In my opinion, you're wrong.* En mi opinión, estás equivocado. | *What's your opinion on this subject?* ¿Cuál es su opinión con respecto a este tema?

opponent /əˈpoʊnənt/ *sustantivo*
contrincante, rival

opportunity /ɑpərˈtunəti/ *sustantivo* (plural **opportunities**)
oportunidad: *I have an opportunity to travel to Asia.* Tengo la oportunidad de viajar a Asia.

oppose /əˈpoʊz/ *verbo* (**opposing, opposed**)
oponerse a: *My mother opposes the idea of me getting married.* Mi mamá se opone a la idea de que me case.

opposite /ˈɑpəzɪt/ *adjetivo, preposición & sustantivo*
■ *adjetivo & preposición*
1 opuesto -a: *The buses went in opposite directions.* Los camiones se fueron en direcciones opuestas.
2 de enfrente: *The library is on the opposite side of the road from the school.* La biblioteca está en la banqueta de enfrente de la escuela.
3 enfrente de, frente a: *The bank is opposite the police station.* El banco está enfrente de la delegación.
■ *sustantivo*
the opposite of something lo contrario de algo: *Hot is the opposite of cold.* Caliente es lo contrario de frío.

optimist /ˈɑptəmɪst/ *sustantivo*
optimista

optimistic /ɑptəˈmɪstɪk/ *adjetivo*
optimista: *I'm optimistic that we'll win the game.* Me siento optimista de que ganaremos el juego.

option /ˈɑpʃən/ *sustantivo*
opción: *What are our options?* ¿Qué opciones tenemos?

O

optional /ˈɑpʃənl/ *adjetivo*
opcional: *Red paint is optional on this car.* La pintura roja es opcional en este coche.

optometrist /ɑpˈtɑmətrist/ *sustantivo*
optometrista

or /ɔr/ *conjunción*
1 o: *Do you want tea or coffee?* ¿Quieres té o café? | *Hurry or you will be late!* ¡Apúrate o vas a llegar tarde!
2 ni: *I don't like lemons or oranges.* No me gustan ni los limones ni las naranjas.

oral /ˈɔrəl/ *adjetivo*
oral: *We had an oral test.* Tuvimos una prueba oral.

orange /ˈɔrɪndʒ/ *sustantivo & adjetivo*
■ *sustantivo*
1 naranja [la fruta]
2 naranja [el color]
■ *adjetivo*
naranja, **de color naranja**

orbit /ˈɔrbɪt/ *sustantivo & verbo*
■ *sustantivo*
órbita
■ *verbo*
girar alrededor de: *The space vehicle orbited the moon.* El vehículo espacial giró alrededor de la Luna.

orbit

orchard /ˈɔrtʃərd/ *sustantivo*
huerta

orchestra /ˈɔrkɪstrə/ *sustantivo*
orquesta

order /ˈɔrdər/ *sustantivo & verbo*
■ *sustantivo*
1 orden: *The words are in alphabetical order.* Las palabras están en orden alfabético.
2 orden: *Can I take your order?* ¿Puedo tomar su orden?
3 pedido: *We placed an order for fifty more copies.* Hicimos un pedido de cincuenta ejemplares más.
4 orden: *Soldiers must obey orders.* Los soldados deben obedecer órdenes.
5 in order to do something para hacer algo: *He stood on the chair in order to reach the light.* Se paró en la silla para alcanzar la luz.
6 out of order descompuesto -a: *The telephone is out of order.* El teléfono está descompuesto.
■ *verbo*
1 ordenar: *He ordered the soldiers to attack.* Ordenó a los soldados que atacaran.
2 ordenar, **pedir**: *I ordered a new table for the office.* Ordené una mesa nueva para la oficina. | *Who ordered the pie?* ¿Quién pidió el pay?
3 organizar: *They are ordered according to size.* Están organizados según tamaño.

ordinarily /ɔrdnˈerəli/ *adverbio*
generalmente: *Ordinarily I would drive, but I don't feel well.* Generalmente manejo yo pero no me siento bien.

ordinary /ˈɔrdneri/ *adjetivo*
1 normal, **común y corriente**: *It was just an ordinary day.* Fue un día común y corriente.
2 out of the ordinary fuera de lo común, **excepcional**: *Did you notice anything out of the ordinary at school today?* ¿Notaste algo fuera de lo común en la escuela hoy?

ore /ɔr/ *sustantivo*
mineral metalífero

organ /ˈɔrgən/ *sustantivo*
1 órgano: *The eyes are your organs of sight.* Los ojos son los órganos de la vista.
2 órgano [instrumento musical]

organic /ɔrˈgænɪk/ *adjetivo*
biológico -a [cultivados sin pesticidas químicos]: *organic fruit and vegetables* fruta y verdura biológicas

organization /ɔrgənəˈzeɪʃən/ *sustantivo*
1 organización: *Good organization makes your work easier.* La buena organización hace el trabajo más fácil.
2 organización [empresa, institución]

organize /ˈɔrgənaɪz/ *verbo* (**organizing**, **organized**)
organizar: *Did you organize the wedding by yourself?* ¿Organizaste la boda tú sola?

organized /ˈɔrgənaɪzd/ *adjetivo*
1 organizado -a: *Her desk is always very organized.* Su escritorio siempre está bien organizado.
2 organizado -a: *The police think he is involved in organized crime.* La policía cree que está involucrado en el crimen organizado.

origin /ˈɔrədʒɪn/ *sustantivo*
origen: *What is the origin of this custom?* ¿Cuál es el origen de esta costumbre?

original /əˈrɪdʒənl/ *adjetivo*
1 original: *Who was the original owner of the house?* ¿Quién fue el dueño original de la casa?
2 original: *He has an original idea for a new game.* Tiene una idea original para un nuevo juego.
3 original: *This is the original painting.* Éste es el cuadro original.

originally /əˈrɪdʒənl-i/ *adverbio*
originariamente, **de origen**: *My family originally came from Mexico.* Mi familia es de origen mexicano.

ornament /ˈɔrnəmənt/ *sustantivo*
adorno: *We hung the ornaments on the Christmas tree.* Colgamos los adornos en el árbol de navidad.

orphan /ˈɔrfən/ *sustantivo*
huérfano -a

orphanage /ˈɔrfənɪdʒ/ *sustantivo*
orfanatorio

ostrich /ˈɑstrɪtʃ/ *sustantivo* (plural **ostriches**)
avestruz

ostrich

other /ˈʌðər/ *adjetivo* & *pronombre*
1 otro -a: *My brother sleeps in the other room.* Mi hermano duerme en la otra recámara. | *Where is my other sock?* ¿Dónde está mi otro calcetín? ► compara con **another**
2 otro -a: *I can take Peter and Mary, but all the others will have to take the bus.* Puedo llevar a Peter y a Mary, pero todos los demás tendrán que tomar el camión.
3 the other day el otro día: *I saw John the other day.* Vi a John el otro día.
4 other than aparte de: *I don't know much about him, other than he likes to fish.* No sé mucho de él, aparte de que le gusta pescar.

otherwise /ˈʌðərwaɪz/ *adverbio* & *conjunción*
1 aparte de eso, **por lo demás**: *It wasn't very sunny, otherwise the day was fine.* No había mucho sol, aparte de eso hacía buen tiempo.
2 de lo contrario, **si no**: *You should buy the tickets now, otherwise you may not get any.* Deberías comprar los boletos ahora, de lo contrario a lo mejor ya no encuentras.

otter /ˈɑtər/ *sustantivo*
nutria

ouch /aʊtʃ/ *interjección*
¡ay!

ought to /ˈɔt tu/ *verbo*
deber: *She really ought to eat less.* En verdad debería comer menos.

ounce /aʊns/ *sustantivo*
onza

our /aʊr/ *adjetivo*
nuestro -a: *He lives in our village.* Vive en nuestro pueblo.

ours /aʊrz/ *pronombre*
nuestro -a: *"Whose car is that?" "It's ours."* –¿De quién es ese coche? –Es nuestro.

ourselves /aʊrˈselvz/ *pronombre*
1 nos [usado con verbos reflexivos]: *We could see ourselves in the mirror.* Nos podíamos ver en el espejo. | *We bought a lot of things for ourselves.* Nos compramos muchas cosas.
2 by ourselves solos -as: *Dad never lets us go to the store by ourselves.* Papá nunca nos deja ir a la tienda solos. | *We painted the bedroom by ourselves.* Pintamos la recámara solos.

out /aʊt/ *adjetivo* & *adverbio*
1 apagado -a: *The lights were out and the house was dark.* Las luces estaban apagadas y la casa estaba a oscuras.
2 Se usa para indicar ausencia: *My father is out right now.* Mi papá no está ahorita.
3 Se usa para indicar que se va para afuera: *Close the gate, or the dog will get out.* Cierra la reja o se va a salir el perro. | *Why don't you go out and play?* ¿Por qué no salen a jugar?
4 out of de: *She took the keys out of her bag.* Se sacó las llaves de la bolsa.
5 Se usa para indicar totalidad: *Clean out the car before you go.* Limpia el coche con cuidado antes de irte. | *I am worn out.* Estoy completamente agotado.

outdated /aʊtˈdeɪtɪd/ *adjetivo*
obsoleto -a, **anticuado -a**: *This information is outdated.* Esta información es obsoleta.

outdoor /ˈaʊtdɔr/ *adjetivo*
descubierto -a, **al aire libre**: *We have an outdoor swimming pool.* Tenemos una alberca descubierta.

outdoors /aʊtˈdɔrz/ *adverbio*
(also **out of doors**) **afuera**: *It's a nice day, let's play outdoors.* Hace un día lindo, vamos a jugar afuera.

O

outer /ˈaʊtər/ *adjetivo*
exterior: *The outer walls of the house are made of brick.* Las paredes exteriores de la casa son de ladrillo.

outfit /ˈaʊtfɪt/ *sustantivo*
conjunto [de vestir]: *Is that a new outfit?* ¿Traes un nuevo conjunto?

outgrow /aʊtˈgroʊ/ *verbo* (pasado **outgrew** /aʊtˈgru/, participio **outgrown** /aʊtˈgroʊn/)
Se usa para indicar que a alguien le queda chica una prenda: *Jack has outgrown his coat.* A Jack ya le queda chico el abrigo.

outing /ˈaʊtɪŋ/ *sustantivo*
excursión, **salida**: *We went on an outing to the beach.* Fuimos de excursión a la playa.

outlet /ˈaʊtlet/ *sustantivo*
contacto [de electricidad]

outline /ˈaʊtlaɪn/ *sustantivo*
1 contorno: *He drew the outline of a house.* Dibujó el contorno de una casa.
2 esquema, **resumen**

outside /aʊtˈsaɪd/ *sustantivo, adjetivo, adverbio & preposición*
▪ *sustantivo*
the outside el exterior: *The outside of the house was painted white.* El exterior de la casa estaba pintado de blanco.
▪ *adjetivo*
exterior: *The outside walls are in bad condition.* Las paredes exteriores están en mal estado.
▪ *adverbio & preposición*
1 afuera: *He opened the door and went outside.* Abrió la puerta y salió.
2 afuera de: *They were standing outside the school.* Estaban parados afuera de la escuela.

outskirts /ˈaʊtskɜrts/ *sustantivo plural*
afueras, **alrededores**: *We live on the outskirts of the town.* Vivimos en las afueras de la ciudad.

outstanding /aʊtˈstændɪŋ/ *adjetivo*
sobresaliente: *She is an outstanding student.* Es una alumna sobresaliente.

outward /ˈaʊtwərd/ *adjetivo & adverbio*
▪ *adjetivo*
1 externo -a: *There were no outward signs that she was upset.* No daba señales externas de estar alterada.
2 de ida
▪ *adverbio*
hacia afuera: *The top of the box opens outward.* La tapa de la caja se abre hacia afuera.

oval /ˈoʊvəl/ *sustantivo & adjetivo*
▪ *sustantivo*
óvalo
▪ *adjetivo*
ovalado -a

oven /ˈʌvən/ *sustantivo*
horno

over /ˈoʊvər/ *preposición & adverbio*
▪ *preposición*
1 arriba de, **encima de**: *The lamp is hanging over the table.* La lámpara cuelga sobre la mesa. | *I leaned over the desk.* Me incliné por encima del escritorio.
2 por encima de: *He jumped over the wall.* Saltó por encima de la tapia.
3 encima: *Put this blanket over him.* Ponle esta cobija encima.
4 más de: *Children over the age of 12 cannot come to this school.* Los niños de más de 12 años no pueden asistir a esta escuela.
5 durante: *I visited her over the summer.* La visité durante el verano.
6 all over por todas partes de: *He has traveled all over the world.* Ha viajado por todas partes del mundo.
7 to be over terminar: *The game is over.* Ya terminó el juego.
▪ *adverbio*
1 Usado con el significado de "al piso" no se suele traducir. Se usa el verbo **tirar** o **caer**: *He knocked the glass over and it broke.* Tiró el vaso y se rompió. | *She fell over.* Se cayó.
2 Usado con el significado de "en otro lugar", no se suele traducir: *I'll sit over here, and you sit over there.* Yo me voy a sentar aquí y tú siéntate allá. | *There is a chair over in the corner.* Hay una silla allá en la esquina.
3 Usado con el significado de "hacia un lugar específico", no se suele traducir: *We went over to her house.* Fuimos a su casa.

over

He threw the ball over the wall.

O

4 **otra vez**: *I made a mistake and had to start over.* Me equivoqué y tuve que volver a empezar. | *She sings the same song over and over.* Canta la misma canción una y otra vez.
5 **to think something over pensar algo bien**: *Think it over and give me your decision tomorrow.* Piénsalo bien y dime qué has decidido mañana.
6 Usado con el significado de "hacia otro lado": *He rolled over and went to sleep.* Se volteó y se durmió.
7 Usado con el significado de "por encima": *It is very noisy when the planes fly over.* Hay mucho ruido cuando pasan los aviones.

overall /oʊvər'ɔl/ *adverbio*
en términos generales: *Overall, the situation is very good.* En términos generales, la situación es muy buena.

overalls /'oʊvərˌɔlz/ *sustantivo plural*
overol

overboard /'oʊvərbɔrd/ *adverbio*
por la borda: *He fell overboard.* Se cayó por la borda.

overcoat /'oʊvərkoʊt/ *sustantivo*
abrigo

overdose /'oʊvərdoʊs/ *sustantivo & verbo*
■ *sustantivo*
sobredosis: *He died of a drug overdose.* Se murió de una sobredosis de droga.
■ *verbo* (**overdosing**, **overdosed**)
tomar una sobredosis de algo

overflow /oʊvər'floʊ/ *verbo*
desbordar: *The river overflowed its banks.* El río desbordó su cauce.

overhead /oʊvər'hed/ *adverbio & adjetivo*
■ *adverbio*
por encima, **en lo alto** ▶ A menudo no se traduce: *A plane flew overhead.* Pasó un avión.
■ *adjetivo*
1 **aéreo -a** [cable]
2 **elevado -a** [tren]

overhear /oʊvər'hɪr/ *verbo* (pasado y participio **overheard** /oʊvər'hɜrd/)
oír [por casualidad]: *I overheard them talking about me.* Los oí hablar de mí.

overlook /oʊvər'lʊk/ *verbo*
1 **pasar por alto**: *He overlooked several mistakes on my part.* Pasó por alto varios errores que cometí.
2 **dar a**: *Our house overlooks the valley.* Nuestra casa da al valle.

overnight /oʊvər'naɪt/ *adverbio & adjetivo*
1 (toda la noche) *We stayed overnight with my sister.* Pasamos la noche con mi hermana.
2 **de noche**: *the overnight express* el expreso de noche

overpass /'oʊərpæs/ *sustantivo*
paso a desnivel

overseas /oʊvər'siz/ *adverbio & adjetivo*
1 **en el extranjero**: *My brother lives overseas.* Mi hermano vive en el extranjero.
2 **extranjero -a**: *an overseas client* un cliente extranjero

oversleep /oʊvər'slip/ *verbo* (pasado y participio **overslept** /oʊvər'slept/)
quedarse dormido -a: *I was late for school because I overslept.* Llegué tarde a la escuela porque me quedé dormido.

overweight /oʊvər'weɪt/ *adjetivo*
pasado -a de peso: *The doctor told her she was overweight.* El médico le dijo que estaba pasada de peso.

owe /oʊ/ *verbo* (**owing**, **owed**)
1 **deber** [dinero]: *I owe John $10 for my ticket.* Le debo $10 a John de mi boleto.
2 **deber**: *Peter owes me a favor.* Peter me debe un favor.

'owing to *preposición*
debido a

owl /aʊl/ *sustantivo*
búho, **tecolote**

own /oʊn/ *adjetivo & verbo*
■ *adjetivo*
1 **propio -a**: *I want my own room.* Quiero mi propio cuarto. | *You must make your own decisions.* Tienes que tomar tus propias decisiones.
2 **on your own solo -a**: *I was on my own all day.* Estuve sola todo el día. | *Did you write this story on your own?* ¿Escribiste esta historia tú solo?
■ *verbo*
tener, **ser dueño -a de**, **poseer**: *Their family owns two restaurants.* Su familia tiene dos restaurantes.

owner /'oʊnər/ *sustantivo*
dueño -a, **propietario -a**: *Who is the owner of this car?* ¿Quién es el dueño de este coche?

ox /ɑks/ *sustantivo* (plural **oxen** /'ɑksən/)
buey

oxygen /'ɑksɪdʒən/ *sustantivo*
oxígeno

oyster /'ɔɪstər/ *sustantivo*
ostión

oz. *sustantivo* (**=ounce**)
onza, **onzas**

ozone layer /'oʊzoʊn ˌleɪər/ *sustantivo*
capa de ozono

O

P, **p** /pi/ *sustantivo*
P, **p**: *P for Peter* P de Peter

pace /peɪs/ *sustantivo*
1 paso
2 ritmo: *They walked at a very fast pace.* Caminaban a un paso acelerado.
3 to pace up and down caminar de un lado a otro [con impaciencia o nervios]

pacifier /ˈpæsəfaɪər/ *sustantivo*
chupón

pack /pæk/ *verbo & sustantivo*
■ *verbo*
1 (also **pack up**) **empacar**, **hacer la maleta**: *She packed her bags and left.* Hizo la maleta y se fue.
2 abarrotar
■ *sustantivo*
1 paquete
2 cartón: *He bought a six-pack of beer.* Compró un cartón de seis cervezas.
3 manada [de animales salvajes]
4 mochila

pack

She's packing her suitcase.

package /ˈpækɪdʒ/ *sustantivo*
paquete: *I want to get a package of cookies.* Quiero comprar un paquete de galletas.

packed /pækt/ *adjetivo*
lleno -a de gente, **abarrotado -a**

packet /ˈpækɪt/ *sustantivo*
1 paquete
2 sobre: *I bought two packets of tomato seeds.* Compré dos sobres de semillas de jitomate.

packing /ˈpækɪŋ/ *sustantivo*
acto de hacer la maleta: *I do my packing the night before I leave.* Hago la maleta la noche antes de irme.

pact /pækt/ *sustantivo*
pacto, **convenio**

pad /pæd/ *sustantivo*
1 almohadilla
2 bloc: *I need a writing pad.* Necesito un bloc para escribir.

paddle /ˈpædl/ *sustantivo & verbo*
■ *sustantivo*
remo
■ *verbo* (**paddling**, **paddled**)
remar

paddy /ˈpædi/ *sustantivo* (también **rice paddy**)
(plural **paddies**) **arrozal**

padlock /ˈpædlɑk/ *sustantivo*
candado

padlock

page /peɪdʒ/ *sustantivo*
página: *The book has 120 pages.* El libro tiene 120 páginas.

pageant /ˈpædʒənt/ *sustantivo*
concurso de belleza

paid /peɪd/ pasado y participio del verbo **pay**

pail /peɪl/ *sustantivo*
cubeta

pain /peɪn/ *sustantivo*
1 dolor: *I've got a pain in my leg.* Tengo un dolor en la pierna.
2 to be a pain, también **to be a pain in the neck ser pesado -a o insoportable**: *He's a real pain when he's tired.* Se pone insoportable cuando está cansado.
3 sufrimiento, **dolor**
4 to take pains to do something esmerarse en hacer algo

painful /ˈpeɪnfəl/ *adjetivo*
1 doloroso -a: *I have a painful cut on my leg.* Tengo una cortada muy dolorosa en la pierna.
2 doloroso -a: *I have painful memories of the earthquake.* Tengo recuerdos dolorosos del terremoto.

painkiller /ˈpeɪnkɪlər/ *sustantivo*
analgésico

painless /ˈpeɪnləs/ *adjetivo*
sin dolor

paint /peɪnt/ *sustantivo & verbo*
■ *sustantivo*
pintura: *The wall needs another coat of paint.* La pared necesita otra mano de pintura.
■ *verbo*
1 pintar: *They painted the house white.* Pintaron la casa de blanco.
2 pintar: *She loves painting the mountains.* Le encanta pintar las montañas.

paintbrush /ˈpeɪntbrʌʃ/ *sustantivo* (plural **paintbrushes**)
brocha, **pincel**

painter /ˈpeɪntər/ *sustantivo*
pintor -a

painting /ˈpeɪntɪŋ/ *sustantivo*
cuadro, **pintura**: *I bought a painting of a ship.* Compré un cuadro de un barco.

pair /per/ *sustantivo*
1 par: *I need a pair of socks.* Necesito un par de calcetines.
2 Cuando se refiere a un objeto que consta de dos partes, como tijeras o pantalones, no se suele traducir: *Here is a pair of scissors.* Aquí tienes unas tijeras.
3 pareja: *They were dancing in pairs.* Estaban bailando en parejas.

pajamas /pəˈdʒɑməz/ *sustantivo plural*
pijama

pal /pæl/ *sustantivo*
amigo -a, **cuate -a**

palace /ˈpæləs/ *sustantivo*
palacio

pale /peɪl/ *adjetivo* (**paler**, **palest**)
1 pálido -a: *She was very pale after her illness.* Estaba muy pálida después de su enfermedad.
2 pálido -a: *Her dress is pale green.* Su vestido es verde pálido.

palm /pɑm/ *sustantivo*
1 palmera
2 palma: *He held the insect in the palm of his hand.* Tenía el insecto en la palma de la mano.

palmtop /ˈpɑmtɑp/ *sustantivo*
palmtop, **asistente personal**

ˈpalm tree *sustantivo*
palmera

pamphlet /ˈpæmflət/ *sustantivo*
folleto

pan /pæn/ *sustantivo*
cacerola

Panama /ˈpænəmɑ/ *sustantivo*
Panamá

pancake /ˈpænkeɪk/ *sustantivo*
crepa, **hotcake**

panda /ˈpændə/ *sustantivo*
oso -a panda

pane /peɪn/ *sustantivo*
cristal, **hoja de vidrio**: *Who broke the pane of glass?* ¿Quién rompió el cristal?

panel /ˈpænl/ *sustantivo*
1 panel [de madera, metal]
2 panel [en un debate o una entrevista]
3 equipo [en un concurso o juego]
4 tribunal [en un examen]

panic /ˈpænɪk/ *sustantivo & verbo*
■ *sustantivo*
pánico: *There was panic when the fire started.* Cundió el pánico cuando empezó el incendio.
■ *verbo* (**panicking**, **panicked**)
dejarse llevar por el pánico: *The crowd panicked at the sound of shots.* La multitud se dejó llevar por el pánico cuando se oyeron los disparos.

ˈpanic-ˌstricken *adjetivo*
presa del pánico, **aterrorizado -a**

pant /pænt/ *verbo*
jadear: *He was panting when he reached the top of the hill.* Estaba jadeando cuando llegó a la cima de la colina.

panties /ˈpæntiz/ *sustantivo plural*
pantaletas, **calzones**

pantomime /ˈpæntəmaɪm/ *sustantivo*
pantomima

pantry /ˈpæntri/ *sustantivo* (plural **pantries**)
despensa

pants /pænts/ *sustantivo plural*
pantalones: *I need a new pair of pants.* Necesito unos pantalones nuevos.

pantyhose /ˈpæntihoʊz/ *sustantivo plural*
pantimedias

paper /ˈpeɪpər/ *sustantivo*
1 papel: *I do not have any writing paper.* No tengo papel para escribir.
2 periódico: *Here's today's paper.* Aquí está el periódico de hoy.
3 trabajo [académico, escrito]: *Have you finished your English paper?* ¿Ya terminaste tu trabajo de inglés?

paperback /ˈpeɪpərbæk/ *sustantivo*
libro de pasta blanda

ˈpaper ˌclip *sustantivo*
clip

papers /ˈpeɪpərz/ *sustantivo plural*
documentos

parachute /ˈpærəʃut/ *sustantivo*
paracaídas

parade /pəˈreɪd/ *sustantivo & verbo*

■ *sustantivo*

desfile

■ *verbo* (**parading**, **paraded**)

desfilar: *The army paraded through the town.* El ejército desfiló por la ciudad.

paradise /ˈpærədaɪs/ *sustantivo*

paraíso

paragraph /ˈpærəgræf/ *sustantivo*

párrafo

Paraguay /ˈpærəgwaɪ/ *sustantivo*

Paraguay

parallel /ˈpærəlel/ *adjetivo*

paralelo -a: *The sidewalk runs parallel to the street.* La banqueta es paralela a la calle.

paralysis /pəˈræləsɪs/ *sustantivo*

parálisis

paralyze /ˈpærəlaɪz/ *verbo* (**paralyzing**, **paralyzed**)

paralizar: *He was paralyzed in a fall and couldn't walk.* Quedó paralizado en una caída y no podía caminar.

paralyzed /ˈpærəlaɪzd/ *adjetivo*

paralizado -a

pardon /ˈpɑrdn/ *verbo*

1 pardon me? ¿Perdón?, **¿Mande?**: *"It's four o'clock." "Pardon me?" "I said it's four o'clock."* –Son las cuatro. –¿Perdón? –Dije que son las cuatro.

2 pardon me (a) perdón: *Pardon me. I didn't mean to upset you.* Perdón, no quería ofenderte. **(b) disculpe**, **perdone**: *Pardon me, what time is it?* Disculpe, ¿qué horas son?

parent /ˈperənt/ *sustantivo*

El padre o la madre de una persona o animal: *My parents live near here.* Mis papás viven cerca de aquí.

> **NOTA:** La palabra *pariente* en español se traduce por **relative** en inglés.

parentheses /pəˈrenθəsiz/ *sustantivo plural*

paréntesis

park /pɑrk/ *sustantivo & verbo*

■ *sustantivo*

parque

■ *verbo*

estacionar: *She parked the car near the bank.* Estacionó el coche cerca del banco.

parking /ˈpɑrkɪŋ/ *sustantivo*

1 estacionamiento

2 No parking Prohibido estacionarse

ˈparking lot *sustantivo*

estacionamiento

ˈparking ˌmeter *sustantivo*

parquímetro

parliament /ˈpɑrləmənt/ *sustantivo*

parlamento

parochial school /pəˈroʊkiəl skul/ *sustantivo*

colegio particular religioso

parrot /ˈpærət/ *sustantivo*

perico

parsley /ˈpɑrsli/ *sustantivo*

perejil

part /pɑrt/ *sustantivo & verbo*

■ *sustantivo*

1 parte: *Which part of the town do you live in?* ¿En qué parte de la ciudad vives? | *The front part of the bus was damaged.* La parte delantera del camión estaba dañada.

2 refacción: *I need a new part for my car.* Necesito una refacción para mi coche.

3 papel: *James played the part of the soldier.* James hizo el papel del soldado.

4 to take part in something participar en algo, **tomar parte en algo**: *He took part in the race.* Participó en la carrera.

5 in part en parte: *Her success was due in part to good luck.* Su éxito fue en parte cuestión de suerte.

■ *verbo*

1 separar, **abrir**: *He parted the curtains and looked out the window.* Abrió las cortinas y miró hacia afuera.

2 to part with something desprenderse de algo, **deshacerse de algo**: *She hates parting with her old clothes.* Detesta desprenderse de su ropa vieja.

3 to part your hair peinarse con raya

partial /ˈpɑrʃəl/ *adjetivo*

parcial: *The meeting was only a partial success.* La junta sólo fue un éxito parcial.

partially /ˈpɑrʃəli/ *adverbio*

parcialmente: *She is only partially to blame for the problem.* Sólo tiene parte de la culpa del problema.

participant /pɑrˈtɪsəpənt/ *sustantivo*

participante

participate /pɑrˈtɪsəpeɪt/ *verbo* (**participating**, **participated**)

participar: *Most students participated in the activity.* La mayoría de los alumnos participó en la actividad.

participle /ˈpɑrtəsɪpəl/ *sustantivo*

participio

particular /pərˈtɪkjələr/ *adjetivo*

1 especial, **particular**: *Did you have a particular reason for choosing this book?*

¿Tenías una razón especial para escoger este libro?

2 preciso -a: *On that particular day, I wasn't feeling well.* Ese preciso día no me sentía bien.

3 in particular en particular: *Is there anything in particular I can help you with?* ¿Hay algo en particular en lo que le pueda ayudar?

particularly /pərˈtɪkjələrli/ *adverbio*

particularmente: *It is particularly hot today.* Hoy hace un día particularmente caluroso.

partly /ˈpɑrtli/ *adverbio*

en parte: *The accident was partly my fault.* En parte, el accidente fue mi culpa.

partner /ˈpɑrtnər/ *sustantivo*

1 (en una actividad) **compañero -a**

2 (en una compañía) **socio -a**

3 (en el baile, el tenis, etc.) **pareja**

ˌpart-ˈtime *adverbio & adjetivo*

de medio tiempo: *I work part-time at the library.* Trabajo de medio tiempo en la biblioteca.

party /ˈpɑrti/ *sustantivo* (plural **parties**)

1 fiesta: *Are you coming to my birthday party?* ¿Vas a venir a mi fiesta de cumpleaños?

2 partido [político]: *Are you a member of a political party?* ¿Eres miembro de algún partido político?

pass /pæs/ *verbo & sustantivo*

■ *verbo*

1 (también **pass by**) **pasar por**: *She waved at me as she passed my house.* Me dijo adiós con la mano al pasar por mi casa.

pass out

He passed out.

2 pasar: *Pass the salt, please.* Pásame la sal, por favor.

3 pasar, hacer un pase

4 pasar, transcurrir: *Time passes very slowly when you're waiting.* El tiempo pasa muy despacio cuando uno está esperando.

5 aprobar, pasar: *Did you pass your driving test?* ¿Aprobaste tu examen de manejo?

6 aprobar: *Congress passed the bill.* El Congreso aprobó el proyecto de ley.

7 to pass away fallecer: *I was sorry to hear that Larry had passed away.* Me apenó saber que Larry había fallecido.

8 to pass out desmayarse: *He passed out when he saw the blood.* Se desmayó cuando vio la sangre.

9 to pass something on pasar algo a alguien, dar algo a alguien: *I will pass the message on to her.* Le voy a dar el recado.

■ *sustantivo* (plural **passes**)

1 pase [en deportes]

2 pase [documento]

3 paso, desfiladero

passage /ˈpæsɪdʒ/ *sustantivo*

1 pasillo: *The bathroom is at the end of the passage.* El baño está al final del pasillo.

2 trozo: *He read a passage from the book.* Leyó un trozo del libro.

passenger /ˈpæsəndʒər/ *sustantivo*

pasajero -a: *There are ten passengers on the bus.* Hay diez pasajeros en el camión.

passerby /pæsərˈbaɪ/ *sustantivo* (plural **passersby**)

transeúnte: *A passerby stopped to help me.* Un transeúnte se detuvo a ayudarme.

passing /ˈpæsɪŋ/ *adjetivo*

1 que pasa: *They could hear the noise from the passing traffic.* Se oía el ruido del tráfico que pasaba.

2 pasajero -a

passion /ˈpæʃən/ *sustantivo*

pasión

passionate /ˈpæʃənət/ *adjetivo*

apasionado -a, vehemente: *She is a passionate defender of animal rights.* Es una apasionada defensora de los derechos de los animales.

passive /ˈpæsɪv/ *adjetivo*

1 pasivo -a

2 pasivo -a: *a passive sentence* una oración pasiva

passport /ˈpæspɔrt/ *sustantivo*

pasaporte

password /ˈpæswɜrd/ *sustantivo*

contraseña, clave (de acceso)

past /pæst/ *sustantivo, adjetivo, adverbio & preposición*

■ *sustantivo*

1 pasado: *Traveling is much easier now than it was in the past.* Viajar es mucho más fácil ahora que en el pasado.

2 pasado: *I don't know anything about his past.* No sé nada de su pasado.

3 pasado [el tiempo verbal]

■ *adjetivo*

último -a: *I've been sick for the past two weeks.* He estado enferma en las últimas dos semanas.

P

■ *adverbio & preposición*
1 después de: *It was just past four o'clock.* Era justo después de las cuatro.
2 por, **delante de**: *Do you drive past the school?* ¿Pasas por la escuela en el coche? | *She walked past me and didn't say anything.* Pasó delante de mí y no dijo nada.

pasta /ˈpɑstə/ *sustantivo*
pasta

paste /peɪst/ *sustantivo & verbo*
■ *sustantivo*
1 engrudo, **pegamento**
2 pasta [de untar]
■ *verbo* (**pasting**, **pasted**)
pegar [con engrudo]

pastime /ˈpæstaɪm/ *sustantivo*
pasatiempo

ˌpast ˈparticiple *sustantivo*
participio: *"Done" is the past participle of the verb "do".* "Done" es el participio del verbo "do".

pastry /ˈpeɪstri/ *sustantivo*
1 (plural **pastries**) **pastelito**
2 masa [de repostería]

ˌpast ˈtense *sustantivo*
pasado, **pretérito**: *The past tense of the verb "go" is "went."* El pasado del verbo "go" es "went".

pasture /ˈpæstʃər/ *sustantivo*
pastos

pat /pæt/ *verbo & sustantivo*
■ *verbo* (**patting**, **patted**)
darle palmaditas a: *She patted the dog on the head.* Le dio palmaditas al perro en la cabeza.
■ *sustantivo*
palmadita

patch /pætʃ/ *sustantivo & verbo*
■ *sustantivo* (plural **patches**)
1 parche
2 mancha: *There are wet patches on the wall.* Hay manchas húmedas en la pared.
■ *verbo*
parchar: *I patched the bicycle tire with a piece of rubber.* Parché la llanta de la bicicleta con un cacho de hule.

path /pæð/ *sustantivo* (plural **paths** /pæðz/)
sendero: *There is a narrow path through the forest.* Hay un sendero angosto que atraviesa el bosque.

patience /ˈpeɪʃəns/ *sustantivo*
paciencia: *You need a lot of patience to be a teacher.* Se necesita mucha paciencia para ser profesor.

patient /ˈpeɪʃənt/ *adjetivo & sustantivo*
■ *adjetivo*
paciente: *Try to be patient with the children.* Trata de ser paciente con los niños.
■ *sustantivo*
paciente: *There are 150 patients in the hospital.* Hay 150 pacientes en el hospital.

patio /ˈpætioʊ/ *sustantivo*
patio

patriotic /peɪtriˈɑtɪk/ *adjetivo*
patriota

patrol /pəˈtroʊl/ *sustantivo & verbo*
■ *sustantivo*
1 patrulla
2 on patrol de patrulla: *Four police were on patrol outside the building.* Cuatro policías estaban de patrulla afuera del edificio.
■ *verbo*
patrullear: *Every hour the police patrol our street.* Cada hora la policía patrullea nuestra calle.

patter /ˈpætər/ *sustantivo*
golpeteo, **tamborileo**: *I heard the patter of rain on the roof.* Oí el golpeteo de la lluvia en el techo.

pattern /ˈpætərn/ *sustantivo*
1 estampado, **diseño**: *The dress has a pattern of flowers on it.* El vestido tiene un estampado de flores.
2 patrón, **molde**
3 Elemento que se repite: *There is a pattern to the robberies.* Los robos siguen la misma pauta.

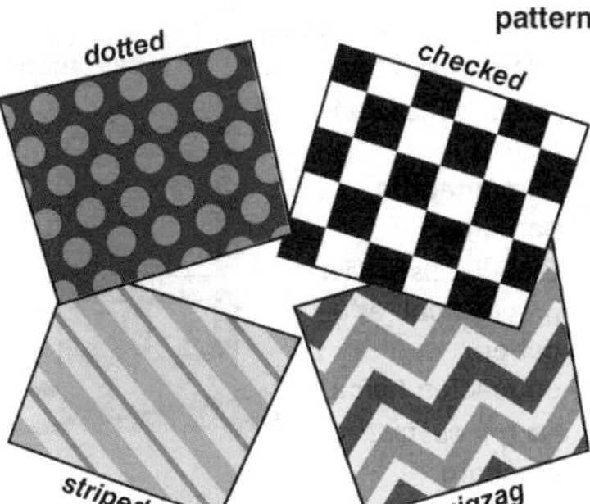

pause /pɔz/ *sustantivo & verbo*
■ *sustantivo*
pausa: *There was a pause in the conversation when Mary came in.* Se hizo una pausa en la conversación cuando entró Mary.
■ *verbo* (**pausing**, **paused**)
detenerse, **hacer una pausa**: *When he reached the top of the hill, he paused to*

P

rest. Cuando llegó a la cima de la colina, se detuvo a descansar.

pave /peɪv/ *verbo* (**paving, paved**)
pavimentar, enlosar

pavement /ˈpeɪvmənt/ *sustantivo*
pavimento

paw /pɔ/ *sustantivo*
pata, garra

pay /peɪ/ *verbo & sustantivo*
■ *verbo* (**paying, paid**)
1 pagar: *She paid for the coffee and left.* Pagó el café y se fue. | *He is paid $10 an hour.* Le pagan $10 por hora.
2 to pay attention prestar atención: *Pay attention to the story, children.* Presten atención a la historia, niños.
3 to pay someone back pagarle a alguien [dinero que se debe]: *I'll pay you back next week.* Te pago la semana que entra.
4 to pay something off terminar de pagar algo: *We paid off our house this year!* Terminamos de pagar la casa este año.
■ *sustantivo*
sueldo, paga, salario: *You will get your pay on Friday.* Recibirá su sueldo el viernes.

paycheck /ˈpeɪtʃek/ *sustantivo*
cheque de sueldo

payment /ˈpeɪmənt/ *sustantivo*
1 pago: *This money is in payment for your work.* Este dinero es el pago de su trabajo.
2 plazo: *How much are your car payments?* ¿Cuánto pagas por tus plazos del coche?

ˈpay phone *sustantivo*
teléfono público

pay phone

PC /pi ˈsi/ *sustantivo*
computadora personal

PE /pi ˈi/ *sustantivo* (= **physical education**)
educación física

pea /pi/ *sustantivo*
chícharo

peace /pis/ *sustantivo*
paz: *It's a threat to world peace.* Es una amenaza para la paz mundial. | *Go away and leave me in peace.* Vete y déjame en paz.

peaceful /ˈpisfəl/ *adjetivo*
1 tranquilo -a: *We had a peaceful day at the beach.* Pasamos un día tranquilo en la playa.
2 pacífico -a: *a peaceful antiwar march* una marcha pacífica contra la guerra

peach /pitʃ/ *sustantivo* (plural **peaches**)
durazno

peacock /ˈpikɑk/ *sustantivo*
pavo real

peak /pik/ *sustantivo*
1 pico, cima, cumbre
2 cumbre: *He is at the peak of his career.* Está en la cumbre de su carrera.

peal /pil/ *sustantivo*
repique de campanas

peanut /ˈpinʌt/ *sustantivo*
cacahuate

ˈpeanut ˌbutter *sustantivo*
mantequilla de cacahuate

pear /per/ *sustantivo*
pera

pearl /pɜrl/ *sustantivo*
perla

peasant /ˈpezənt/ *sustantivo*
campesino -a

pebble /ˈpebəl/ *sustantivo*
piedrita, guijarro

pecan /pəˈkɑn/ *sustantivo*
nuez

peck /pek/ *verbo*
picotear, picar

peck

The hen pecked at the ground.

peculiar /pɪˈkjuljər/ *adjetivo*
raro -a, extraño -a: *A peculiar smell is coming from the room.* Sale un olor raro del cuarto.

pedal /ˈpedl/ *sustantivo & verbo*
■ *sustantivo*
pedal
■ *verbo*
pedalear

pedestrian /pəˈdestriən/ *sustantivo*
peatón -ona: *This bridge is for pedestrians only.* Este puente es sólo para peatones.

peel /pil/ *verbo & sustantivo*
■ *verbo*
pelar: *Can you peel this banana?* ¿Puedes pelar este plátano?
■ *sustantivo*
cáscara: *Throw the apple peels into the garbage.* Tira las cáscaras de manzana a la basura.

peep /pip/ *verbo & sustantivo*
■ *verbo*
mirar [furtivamente]: *I peeped through the window to see if she was there.* Miré por la ventana para ver si estaba allí.
■ *sustantivo*
vistazo: *He took a peep at the last page of the book to see how the story ended.* Echó un vistazo a la última página del libro para ver cómo terminaba la historia.

peer /pɪr/ *verbo*
mirar con detenimiento

peg /peg/ *sustantivo*
gancho [en la pared]

pelican /ˈpelɪkən/ *sustantivo*
pelícano

pelvis /ˈpelvɪs/ *sustantivo*
pelvis

pen /pen/ *sustantivo*
1 **pluma** [para escribir]
2 **corral**

penalty /ˈpenlti/ *sustantivo* (plural **penalties**)
1 **multa**: *What is the penalty for speeding?* ¿Cuánto es la multa por exceso de velocidad?
2 **penal** [en juegos]

pencil /ˈpensəl/ *sustantivo*
lápiz

ˈpencil case *sustantivo* (también **ˈpencil box**)
estuche (escolar)

ˈpencil ˌsharpener *sustantivo*
sacapuntas

penetrate /ˈpenətreɪt/ *verbo* (**penetrating**, **penetrated**)
penetrar: *The sun penetrated the thick clouds.* El sol penetraba por las nubes espesas.

penguin /ˈpeŋgwɪn/ *sustantivo*
pingüino

penknife /ˈpen-naɪf/ *sustantivo* (plural **penknives** /-naɪvz/)
navaja

penny /ˈpeni/ *sustantivo* (plural **pennies**)
1 (en Estados Unidos) **centavo**
2 (en Gran Bretaña) **penique**

ˈpen pal *sustantivo*
amigo -a por correspondencia

pension /ˈpenʃən/ *sustantivo*
pensión

pentagon /ˈpentəgɑn/ *sustantivo*
pentágono

people /ˈpipəl/ *sustantivo*
gente: *I like the people I work with.* Me cae bien la gente con la que trabajo.

pepper /ˈpepər/ *sustantivo*
1 **pimienta**
2 **pimiento**

peppermint /ˈpepərmɪnt/ *sustantivo*
1 **menta**
2 **pastilla de menta**

per /pər/ *preposición*
por: *How much do you earn per week?* ¿Cuánto ganas por semana? | *The fruit costs 75 cents per pound.* La fruta cuesta 75 centavos por libra.

percent /pərˈsent/ *sustantivo & adverbio*
por ciento: *Sixty percent of the students are male.* Sesenta por ciento de los alumnos son hombres.

perch /pɜrtʃ/ *verbo*
1 **posarse**
2 **estar posado -a**

percussion /pərˈkʌʃən/ *sustantivo*
1 **percusión**: *percussion instruments* instrumentos de percusión
2 **the percussion section** **la sección de percusión**

perfect[1] /ˈpɜrfɪkt/ *adjetivo*
1 **perfecto -a**: *They seem to have a perfect marriage.* Parecen tener un matrimonio perfecto. | *She speaks perfect French.* Habla un francés perfecto.
2 **perfecto -a**: *This rug is perfect for the living room.* Esta alfombra queda perfecta en la sala.
3 **perfecto** [en tiempos de verbo]: *the present perfect* el antepresente

perfect[2] /pərˈfekt/ *verbo*
perfeccionar: *They worked very hard to perfect their dancing.* Trabajaron mucho para perfeccionar su baile.

perfection /pərˈfekʃən/ *sustantivo*
perfección

perfectly /ˈpɜrfɪktli/ *adverbio*
1 **totalmente**, **completamente** ► A menudo se usa un superlativo: *She is perfectly happy now.* Ahora está contentísima.
2 **perfectamente**, **impecablemente**: *He is always perfectly dressed.* Siempre está impecablemente vestido

perform /pərˈfɔrm/ *verbo*
1 **representar**: *They are performing a new play tonight.* Van a representar una obra nueva esta noche.
2 **actuar**

P

3 Tener buen rendimiento: *The car performs well in wet weather.* El coche responde bien en la lluvia.

performance /pər'fɔrməns/ *sustantivo*
1 representación: *I saw an excellent performance of the opera.* Vi una excelente representación de la ópera.
2 desempeño: *Her performance on the test was very good.* Su desempeño en el examen fue muy bueno.

performer /pər'fɔrmər/ *sustantivo*
actor -triz, **artista**

perfume /'pɜrfjum/ *sustantivo*
perfume: *What perfume are you wearing?* ¿Que perfume traes?

perhaps /pər'hæps/ *adverbio*
a lo mejor: *Perhaps our team will win.* A lo mejor gana nuestro equipo.

period /'pɪriəd/ *sustantivo*
1 temporada, **período**: *There were long periods when we didn't hear from him.* Pasaron largas temporadas sin que supiéramos de él.
2 época: *This is a difficult period of life for her.* Atraviesa por una época difícil en su vida.
3 punto [en puntuación]
4 regla [menstruación]

perish /'perɪʃ/ *verbo*
echarse a perder: *The crops perished in the heat.* La siembra se echó a perder en el calor.

perky /'pɜrki/ *adjetivo* (**perkier**, **perkiest**)
alegre

perm /pɜrm/ *sustantivo*
permanente [en el cabello]

permanent /'pɜrmənənt/ *adjetivo*
permanente: *She has a permanent job.* Tiene un trabajo permanente.

permission /pər'mɪʃən/ *sustantivo*
permiso: *Did you ask permission to use her computer?* ¿Pediste permiso para usar su computadora?

permit¹ /pər'mɪt/ *verbo* (**permitting**, **permitted**)
permitir: *You are not permitted to bring food into the library.* No se permite llevar comida a la biblioteca.

permit² /'pɜrmɪt/ *sustantivo*
permiso

person /'pɜrsən/ *sustantivo* (plural **people**)
1 persona: *She's a nice person.* Es una persona simpática. | *You're just the person I want to talk to.* Eres justo la persona con quien quería hablar.
2 in person en persona: *I wanted to see her in person.* La quería ver en persona.

> **NOTA:** El plural usual de **person** es **people**. La palabra **persons** existe, pero es muy formal y sólo se usa en comunicados oficiales: *The persons responsible for this crime must be caught.* Las personas responsables de este delito deben ser detenidas.
> No digas "all people". En su lugar, usa **everyone** or **everybody.**

personal /'pɜrsənl/ *adjetivo*
personal: *These are my personal letters.* Estas son mis cartas personales.

ˌpersonal com'puter *sustantivo*
computadora personal

personality /pɜrsə'næləti/ *sustantivo* (plural **personalities**)
1 personalidad: *She has a nice personality.* Tiene una personalidad agradable.
2 figura, **personalidad**: *He is a television personality.* Es una figura de la televisión.

personally /'pɜrsənəli/ *adverbio*
personalmente: *Personally I don't like him, but many people trust him.* Personalmente, no me cae bien, pero mucha gente confía en él.

persuade /pər'sweɪd/ *verbo* (**persuading**, **persuaded**)
convencer, **persuadir**: *He persuaded her to go with him.* La convenció de que fuera con él.

persuasion /pər'sweɪʒən/ *sustantivo*
persuasión: *After a lot of persuasion, she agreed to go.* Después de mucho insistirle, accedió a ir.

persuasive /pər'sweɪsɪv/ *sustantivo*
persuasivo -a

Peru /pə'ru/ *sustantivo*
Perú

pessimist /'pesəmɪst/ *sustantivo*
pesimista

pessimistic /pesə'mɪstɪk/ *adjetivo*
pesimista

pest /pest/ *sustantivo*
1 Cualquier insecto dañino
2 pesado -a

pester /'pestər/ *verbo*
dar la lata, **atosigar**: *Stop pestering me, I'll clean up my room tomorrow!* Deja de darme la lata, ¡ya mañana voy a limpiar mi cuarto!

P

pet /pet/ *sustantivo & verbo*
■ *sustantivo*
mascota, animal doméstico: *She has two pets – a cat and a rabbit.* Tiene dos mascotas: un gato y un conejo.
■ *verbo* (**petting**, **petted**)
acariciar: *Can I pet your dog?* ¿Puedo acariciar a tu perro?

petal /ˈpetl/ *sustantivo*
pétalo

petition /pəˈtɪʃən/ *sustantivo*
petición

petroleum /pəˈtroʊliəm/ *sustantivo*
petróleo

petty /ˈpeti/ *adjetivo*
insignificante: *Don't bother me with petty details!* ¡No me molestes con detalles insignificantes!

pew /pju/ *sustantivo*
banco [en una iglesia]

phantom /ˈfæntəm/ *sustantivo*
fantasma

pharmacist /ˈfɑrməsɪst/ *sustantivo*
farmacista, farmacéutico -a

pharmacy /ˈfɑrməsi/ *sustantivo* (plural **pharmacies**)
farmacia

phase /feɪz/ *sustantivo*
fase: *We are in the last phase of the project.* Estamos en la última fase del proyecto.

Philippines /ˈfɪləpinz/ *sustantivo*
the Philippines (las) Filipinas

philosopher /fɪˈlɑsəfər/ *sustantivo*
filósofo -a

philosophy /fɪˈlɑsəfi/ *sustantivo*
filosofía

phone /foʊn/ *sustantivo & verbo*
■ *sustantivo* (also **telephone**)
teléfono: *Can I use your phone?* ¿Puedo usar tu teléfono?
■ *verbo* (**phoning**, **phoned**)
llamar por teléfono: *I phoned my parents to tell them the news.* Llamé a mis papás por teléfono para darles la noticia.

ˈphone book *sustantivo*
directorio telefónico

ˈphone booth *sustantivo*
caseta de teléfono

ˈphone ˌnumber *sustantivo*
número de teléfono: *What's your phone number?* ¿Cuál es tu número de teléfono?

phonetic /fəˈnetɪk/ *adjetivo*
fonético -a: *the phonetic alphabet* el alfabeto fonético

phonetics /fəˈnetɪks/ *sustantivo plural*
fonética

phonics /ˈfɑnɪks/ *sustantivo*
método para aprender a leer que relaciona el sonido de cada letra con su grafía correspondiente

phony /ˈfoʊni/ *adjetivo* (**phonier**, **phoniest**)
falso -a: *He gave the police a phony address.* Le dio a la policía una dirección falsa.

photo /ˈfoʊtoʊ/ *sustantivo*
foto: *Match each description to the correct photo.* Empareja cada descripción con la foto que le corresponde.

photocopy /ˈfoʊtəkɑpi/ *sustantivo & verbo*
■ *sustantivo* (plural **photocopies**)
fotocopia: *This is a photocopy of the letter.* Ésta es una fotocopia de la carta.
■ *verbo* (**photocopying**, **pohtocopied**)
fotocopiar

photograph /ˈfoʊtəgræf/ *verbo & sustantivo*
■ *verbo*
fotografiar: *He has photographed many famous people.* Ha fotografiado a mucha gente famosa.
■ *sustantivo*
fotografía

photographer /fəˈtɑgrəfər/ *sustantivo*
fotógrafo -a

photography /fəˈtɑgrəfi/ *sustantivo*
fotografía: *She was enjoying her photography course.* Le gustaba mucho su curso de fotografía.

photosynthesis /ˌfoʊtoʊˈsɪnθəsɪs/ *sustantivo*
fotosíntesis

ˌphrasal ˈverb *sustantivo*
verbo con partícula

phrase /freɪz/ *sustantivo*
frase

physical /ˈfɪzɪkəl/ *adjetivo*
físico -a

physically /ˈfɪzɪkli/ *adverbio*
físicamente

physician /fɪˈzɪʃən/ *sustantivo*
médico

physics /ˈfɪzɪks/ *sustantivo*
física

pianist /piˈænɪst/ *sustantivo*
pianista

piano /piˈænoʊ/ *sustantivo*
piano

pick /pɪk/ *verbo & sustantivo*

■ *verbo*

1 escoger: *The child picked the biggest toy.* El niño escogió el juguete más grande.

2 cortar: *She picked an apple from the tree.* Cortó una manzana del árbol.

3 to pick your nose meterse el dedo a la nariz

4 to pick someone's pocket robarle a alguien algo de la bolsa

5 to pick on someone meterse con alguien: *He's always picking on other children.* Siempre se está metiendo con los otros niños.

6 to pick someone up recoger a alguien: *I'll pick you up at the hotel.* Te recojo en el hotel.

7 to pick something up recoger algo: *Pick up your toys and put them away.* Recoge tus juguetes y guárdalos.

■ *sustantivo*

elección ▶ Se suele usar el verbo *escoger*: *Take your pick of these cakes.* Escoge el pastel que quieras.

picket /ˈpɪkɪt/ *sustantivo* (also ˈ**picket line**)
piquete [en una huelga]

pickle /ˈpɪkəl/ *sustantivo*
pepinillos agrios

pickpocket /ˈpɪkpɑkɪt/ *sustantivo*
carterista

pickup /ˈpɪkʌp/ *sustantivo* (also ˈ**pickup truck**)
camioneta

picnic /ˈpɪknɪk/ *sustantivo*
picnic: *We had a picnic by the lake.* Hicimos un picnic al lado del lago. | *They went for a picnic in the park.* Fueron de picnic al parque.

picture /ˈpɪktʃər/ *sustantivo & verbo*

■ *sustantivo*

1 dibujo: *She drew a picture of her mother.* Hizo un dibujo de su mamá.

2 to take a picture tomar una foto: *He took a picture of his girlfriend.* Tomó una foto de su novia.

3 cuadro

■ *verbo* (**picturing**, **pictured**)

1 imaginar

2 to picture yourself imaginarse: *She pictured herself as a beautiful queen.* Se imaginó como una hermosa reina.

pie /paɪ/ *sustantivo*
pay: *I love apple pie.* Me encanta el pay de manzana.

pie

He loves pie.

piece /pis/ *sustantivo*
pedazo: *He took a piece of cake.* Agarró un pedazo de pastel. | *I need a piece of paper.* Necesito una hoja de papel.

piece

pierce /pɪrs/ *verbo* (**piercing**, **pierced**)
perforar: *She is having her ears pierced.* Se va a perforar las orejas.

piercing /ˈpɪrsɪŋ/ *adjetivo*

1 desgarrador -a [grito]

2 penetrante [mirada]

pig /pɪg/ *sustantivo*

1 puerco -a, cochino -a, cerdo -a

2 cochino -a, puerco -a [con referencia a una persona]

pigeon /ˈpɪdʒən/ *sustantivo*
paloma

piglet /ˈpɪglət/ *sustantivo*
puerquito -a, cochinito -a, cerdito -a

pigpen /ˈpɪgpen/ *sustantivo*
chiquero

pigsty /ˈpɪgstaɪ/ *sustantivo* (plural **pigsties**)
chiquero

pigtails /ˈpɪgteɪlz/ *sustantivo plural*
coletas: *She wore her hair in pigtails.* Se peinaba de coletas.

pile /paɪl/ *sustantivo & verbo*

■ *sustantivo*

1 pila: *A neat pile of books was on the floor.* Había una pila ordenada de libros en el piso.

2 altero: *There is a pile of papers on my desk.* Hay un altero de papeles en mi escritorio.
■ *verbo* (**piling**, **piled**)
(also **pile up**) **apilar**: *She piled the boxes in the room.* Apiló las cajas en el cuarto.

pill /pɪl/ *sustantivo*
pastilla

pillar /ˈpɪlər/ *sustantivo*
columna, **pilar**: *The roof of the church is supported by stone pillars.* El techo de la iglesia está apoyado en columnas de piedra.

pillow /ˈpɪloʊ/ *sustantivo*
almohada

pillowcase /ˈpɪloʊkeɪs/ *sustantivo*
funda de almohada

pilot /ˈpaɪlət/ *sustantivo*
piloto [de un avión]

pimple /ˈpɪmpəl/ *sustantivo*
barro, **grano**, **espinilla**

pin /pɪn/ *sustantivo & verbo*
■ *sustantivo*
alfiler
■ *verbo* (**pinning**, **pinned**)
prender [con alfileres o chinches]

pinch /pɪntʃ/ *verbo & sustantivo*
■ *verbo*
pellizcar: *She pinched my arm.* Me pellizcó el brazo.
■ *sustantivo* (plural **pinches**)
1 pizca: *Put a pinch of salt in the soup.* Ponle una pizca de sal a la sopa.
2 pellizco

pine /paɪn/ *sustantivo*
pino

pineapple /ˈpaɪnæpəl/ *sustantivo*
piña

ˈ**pine cone** *sustantivo*
piña [de pino]

ping-pong /ˈpɪŋpɑŋ/ *sustantivo*
ping pong

pink /pɪŋk/ *adjetivo & sustantivo*
■ *adjetivo*
rosa, **rosado -a**
■ *sustantivo*
rosa, **rosado**

pint /paɪnt/ *sustantivo*
pinta ► Medida de líquidos equivalente a 0.47 litros

pioneer /paɪəˈnɪr/ *sustantivo*
1 (inventor) **precursor -a**
2 pionero -a, **colonizador -a**: *He was one of the pioneers who first came to this area.* Fue uno de los primeros pioneros en llegar a esta zona.

pipe /paɪp/ *sustantivo & verbo*
■ *sustantivo*
1 tubería, **tubo**
2 pipa [para fumar tabaco]
■ *verbo* (**piping**, **piped**)
llevar, **traer** [por tubería, gaseoducto u oleoducto]: *The oil is piped in from Alaska.* El petróleo se trae de Alaska por oleoducto.

pirate /ˈpaɪrət/ *sustantivo & verbo*
■ *sustantivo*
pirata
■ *verbo* (**pirating**, **pirated**)
piratear

pistol /ˈpɪstl/ *sustantivo*
pistola

pit /pɪt/ *sustantivo*
1 hoyo, **pozo**, **fosa**
2 hueso [de fruta]

pita bread /ˈpɪtə bred/ *sustantivo*
pan (de) pita, **pan árabe**

pitch /pɪtʃ/ *verbo & sustantivo*
■ *verbo*
1 lanzar [en beisbol]
2 tirar, **arrojar**
3 to pitch a tent armar o montar una tienda de campaña: *We pitched our tent near the river.* Montamos la tienda de campaña cerca del río.
■ *sustantivo* (plural **pitches**)
1 tono [de voz]
2 lanzamiento [en beisbol]

pitcher /ˈpɪtʃər/ *sustantivo*
1 jarra
2 lanzador -a, **pitcher** [en beisbol]

pity /ˈpɪti/ *sustantivo & verbo*
■ *sustantivo*
1 lástima: *I feel pity for people who have nowhere to live.* La gente que no tiene dónde vivir me da lástima.
2 what a pity! ¡qué lástima!: *What a pity you can't come with us!* ¡Qué lástima que no puedas venir con nosotros!
■ *verbo* (**pitying**, **pitied**)
compadecer: *I pity anyone who has to work in such bad conditions.* Compadezco a los que tienen que trabajar en tan malas condiciones.

pizza /ˈpitsə/ *sustantivo*
pizza

place /pleɪs/ *sustantivo & verbo*
■ *sustantivo*
1 lugar, **sitio**: *This is the place where we met.* Está es el lugar donde nos conocimos. | *He has traveled to places all over the world.*

P

Ha viajado a lugares en todas partes del mundo.

2 lugar: *Please put the book back in its place.* Por favor regresa el libro a su lugar.

3 lugar: *No one can ever take his place.* Nadie podrá nunca tomar su lugar.

4 asiento: *Is this place taken?* ¿Esta ocupado este asiento?

5 casa: *The party will be at Amy's place.* La fiesta va a ser en la casa de Amy.

6 to take place tener lugar: *When will the ceremony take place?* ¿Cuándo tendrá lugar la ceremonia?

7 in place of en lugar de: *I am going to use margarine in place of butter.* Voy a usar margarina en lugar de mantequilla.

■ *verbo* (**placing, placed**)

1 poner: *She placed her head on the pillow.* Puso la cabeza en la almohada.

2 depositar: *He placed his trust in her.* Depositó su confianza en ella.

3 to place an order hacer un pedido

plaid /plæd/ *sustantivo & adjetivo*

■ *sustantivo*

cuadros escoceses

■ *adjetivo*

de cuadros: *a plaid shirt* una camisa de cuadros

plain /pleɪn/ *adjetivo & sustantivo*

■ *adjetivo*

1 liso -a: *He wore a plain blue suit.* Traía puesta una camisa azul lisa.

2 claro -a: *He made it plain that he did not like me.* Dejó claro que yo no le caía bien.

■ *sustantivo*

llanura

plainly /ˈpleɪnli/ *adverbio*

1 con franqueza: *Let me speak plainly.* Déjame hablar con franqueza.

2 evidentemente

plan /plæn/ *sustantivo & verbo*

■ *sustantivo*

1 plan: *Do you have any plans for the weekend?* ¿Tienes planes para el fin de semana?

2 plano

■ *verbo* (**planning, planned**)

planear: *We plan to build a bridge over the river.* Planeamos construir un puente sobre el río.

plane /pleɪn/ *sustantivo*

avión: *What time does the plane land?* ¿A qué horas llega el avión?

planet /ˈplænɪt/ *sustantivo*

planeta

plank /plæŋk/ *sustantivo*

tabla

plant /plænt/ *sustantivo & verbo*

■ *sustantivo*

1 planta: *Trees and vegetables are plants.* Los árboles y las verduras son plantas.

2 planta, fábrica: *He works at a car plant.* Trabaja en una planta de coches.

■ *verbo*

sembrar, plantar: *Spring is the best time to plant flowers.* La primavera es la mejor temporada para sembrar flores.

plantation /plænˈteɪʃən/ *sustantivo*

plantación

plaster /ˈplæstər/ *sustantivo*

yeso

plastic /ˈplæstɪk/ *sustantivo & adjetivo*

■ *sustantivo*

plástico: *The blocks are made of plastic.* Los bloques son de plástico.

■ *adjetivo*

plástico -a: *a plastic cup* un vaso de plástico

plate /pleɪt/ *sustantivo*

plato

platform /ˈplætfɔrm/ *sustantivo*

1 plataforma, estrado: *The teacher stood on a platform to speak to us.* El maestro se paró en el estrado para hablarnos.

2 andén

play /pleɪ/ *verbo & sustantivo*

■ *verbo*

1 jugar: *The little girl is playing with a doll.* La niña está jugando con una muñeca.

2 jugar: *He plays football every Sunday.* Juega futbol todos los domingos.

3 tocar [un instrumento musical]: *She plays the drums.* Toca la batería.

4 hacer el papel de: *Who does he play in the movie?* ¿Qué papel hace en la película?

5 to play with something jugar con algo: *Stop playing with that glass.* Deja de jugar con ese vaso.

■ *sustantivo*

1 obra [de teatro]: *She is in a new play about the Civil War.* Actúa en una nueva obra sobre la Guerra Civil.

2 jugada: *He made a great play!* ¡Hizo una gran jugada!

3 juego: *Children learn a lot through play.* Los niños aprenden mucho a través del juego.

player /ˈpleɪər/ *sustantivo*

jugador -a ▶ A menudo se traduce por palabras como *tenista, futbolista*, etc.: *She is a tennis player.* Es tenista.

P

play

He is playing the trumpet.

playful /ˈpleɪfəl/ *adjetivo*
juguetón -ona: *They had a playful little dog.* Tenían un perrito juguetón.

playground /ˈpleɪgraʊnd/ *sustantivo*
En un parque, el área donde están los juegos infantiles

playlist /ˈpleɪlɪst/ *sustantivo*
lista de reproducción

plead /plid/ *verbo*
suplicar: *He pleaded with her to listen to him.* Le suplicó que lo escuchara.

pleasant /ˈplezənt/ *adjetivo*
agradable: *We spent a pleasant day in the country.* Pasamos un día agradable en el campo.

please /pliz/ *interjección & verbo*
■ *interjección*
por favor: *Could I have a glass of water, please?* ¿Me das un vaso de agua, por favor? | *Please bring your book to me.* Tráeme tu libro por favor.
■ *verbo* (**pleasing**, **pleased**)
complacer: *You cannot please everyone.* No se puede complacer a todos.

pleased /plizd/ *adjetivo*
contento -a: *I'm so pleased to see you.* Estoy muy contento de verte.

pleasure /ˈpleʒər/ *sustantivo*
placer

plectrum /ˈplektrəm/ *sustantivo*
plectro, **plumilla**

plentiful /ˈplentɪfəl/ *adjetivo*
abundante: *Fruit is plentiful this summer.* La fruta es muy abundante este verano.

plenty /ˈplenti/ *pronombre*
mucho -a: *There is plenty of bread.* Hay mucho pan. | *"Do you have enough?" "Yes, I have plenty."* –¿Tienes suficiente? –Sí, tengo mucho.

pliers /ˈplaɪərz/ *sustantivo plural*
alicate(s), **pinza(s)**

plot /plɑt/ *sustantivo & verbo*
■ *sustantivo*
1 trama, **argumento**: *The movie had an exciting plot.* La trama de la película era muy emocionante.
2 complot
3 parcela
■ *verbo* (**plotting**, **plotted**)
conspirar, **tramar**: *They are plotting against the King.* Están conspirando contra el Rey.

plow /plaʊ/ *sustantivo & verbo*
■ *sustantivo*
1 arado
2 barredora de nieve
■ *verbo*
arar: *The land must be plowed in the spring.* La tierra se tiene que arar en la primavera.

pluck /plʌk/ *verbo*
arrancar

plug /plʌg/ *sustantivo & verbo*
■ *sustantivo*
1 clavija, **enchufe**
2 tapón
■ *verbo* (**plugging**, **plugged**)
1 tapar, **rellenar**
2 to plug something in conectar algo, **enchufar algo**: *You need to plug in the lamp.* Tienes que conectar la lámpara.

plug

plum /plʌm/ *sustantivo*
ciruela

plumber /ˈplʌmər/ *sustantivo*
plomero -a

plumbing /ˈplʌmɪŋ/ *sustantivo*
plomería

plump /plʌmp/ *adjetivo*
rellenito -a, **regordete -a**: *The baby has plump little arms.* El bebé tiene bracitos regordetes.

plunge /plʌndʒ/ *verbo* (**plunging**, **plunged**)
1 sumergir: *He plunged his hand into the water.* Sumergió la mano en el agua.
2 descender bruscamente

plural /ˈplʊrəl/ *sustantivo*
plural: *"Children" is the plural of "child."* "Children" es el plural de "child".

P

plus /plʌs/ *preposición & conjunción*
■ *preposición*
más: *Four plus two is six.* Cuatro más dos son seis.
■ *conjunción*
además: *She works all week, plus she has two children at home.* Trabaja toda la semana, y además tiene dos hijos en casa.

p.m. /pi ˈem/
tarde: *It is 4 p.m.* Son las 4 de la tarde

P.O. box /pi ˈoʊ bɑks/ *sustantivo* (plural **P.O. boxes**)
apartado postal

pocket /ˈpɑkɪt/ *sustantivo*
bolsillo, **bolsa**: *He put his hands in his pockets.* Se metió las manos en los bolsillos.

ˈpocket ˌknife *sustantivo*
navaja

pod /pɑd/ *sustantivo*
vaina

podcast /ˈpɑdkæst/ *sustantivo & verbo*
■ *sustantivo*
podcast
■ *verbo* (pasado & participio **podcast**)
emitir en podcast

poem /ˈpoʊəm/ *sustantivo*
poema

poet /ˈpoʊɪt/ *sustantivo*
poeta

poetry /ˈpoʊətri/ *sustantivo*
poesía: *She gave me a book of poetry.* Me regaló un libro de poesía.

point /pɔɪnt/ *sustantivo & verbo*
■ *sustantivo*
1 punto: *We won by 15 points.* Ganamos por 15 puntos.
2 lugar preciso: *The accident happened at the point where the two roads cross.* El accidente ocurrió en el lugar preciso donde se cruzan las dos carreteras.
3 (usado en números decimales) **punto**: *Prices rose 5.5%.* Los precios subieron 5.5%.
4 caso, **sentido**: *I don't see the point of fixing a car this old.* No veo el caso de reparar un coche tan viejo.
5 punta: *I cut my finger on the point of a nail.* Me corté el dedo con la punta de un clavo.
6 to get to the point ir al grano: *Stop talking so much and get to the point.* Deja de hablar tanto y vamos al grano.
7 momento: *At the point when I left, the teacher was reading a story.* En el momento en que salí, la maestra estaba leyendo una historia.
8 up to a point hasta cierto punto: *I believed what he said up to a point.* Le creí lo que dijo hasta cierto punto.
9 point of view punto de vista: *Try to see it from my point of view.* Trata de verlo desde mi punto de vista.
■ *verbo*
señalar con el dedo: *He pointed to the building and said, "That's where I work."* Señaló el edificio y dijo, "Allí es donde trabajo."

pointed /ˈpɔɪntɪd/ *adjetivo*
acabado -a en punta, puntiagudo -a

pointless /ˈpɔɪntləs/ *adjetivo*
sin sentido, **inútil**: *The meeting was completely pointless.* La junta fue totalmente inútil.

poison /ˈpɔɪzən/ *sustantivo & verbo*
■ *sustantivo*
veneno
■ *verbo*
envenenar: *The farmer poisoned the rats.* El granjero envenenó a las ratas.

poisonous /ˈpɔɪzənəs/ *adjetivo*
venenoso -a: *This is a poisonous plant.* Esta planta es venenosa.

poke /poʊk/ *verbo* (**poking**, **poked**)
1 atizar: *He poked the fire with a stick.* Atizó el fuego con un palo.
2 hurgar

poker /ˈpoʊkər/ *sustantivo*
póker

polar /ˈpoʊlər/ *adjetivo*
polar: *He is studying the polar winter.* Está investigando el invierno polar.

ˈpolar ˌbear *sustantivo*
oso -a polar

pole /poʊl/ *sustantivo*
1 (de líneas telefónicas) **poste**
2 a fishing pole una caña de pescar
3 (en geografía) **polo**

police /pəˈlis/ *sustantivo plural*
policía: *The police are searching for the thief.* La policía está buscando al ladrón.

policeman /pəˈlismən/ *sustantivo* (plural **policemen** /-mən/)
policía, agente

poˈlice ˌofficer *sustantivo*
agente de la policía

poˈlice ˌstation *sustantivo*
delegación [de policía]

policewoman /pəˈliswʊmən/ *sustantivo* (plural **policewomen** /-wɪmɪn/)
mujer policía, **agente**

policy /ˈpɑləsi/ *sustantivo* (plural **policies**)
política: *The policy of the government is to improve education.* La política del gobierno es mejorar la educación.

polish /ˈpɑlɪʃ/ *verbo & sustantivo*
■ *verbo*
bolear, **lustrar**: *I need to polish my shoes.* Tengo que bolear mis zapatos
■ *sustantivo*
1 grasa [de zapatos]
2 cera [para muebles]
3 barniz [de uñas]

polish

He's polishing the lamp.

polite /pəˈlaɪt/ *adjetivo*
bien educado -a: *A polite person always says thank you.* Una persona bien educada siempre da las gracias.

political /pəˈlɪtɪkəl/ *adjetivo*
político -a: *How many political parties are there?* ¿Cuántos partidos políticos hay?

politician /pɑləˈtɪʃən/ *sustantivo*
político -a

politics /ˈpɑlətɪks/ *sustantivo*
política: *Are you interested in politics?* ¿Te interesa la política?

poll /poʊl/ *sustantivo*
encuesta

pollute /pəˈlut/ *verbo* (**polluting**, **polluted**)
contaminar: *The lake is polluted by chemicals.* El lago está contaminado por sustancias químicas.

pollution /pəˈluʃən/ *sustantivo*
1 contaminación: *What are the causes of water pollution?* ¿Cuáles son las causas de la contaminación del agua?
2 contaminación ambiental: *The air in big cities is full of pollution.* El aire en las grandes ciudades está muy contaminado.

polygon /ˈpɑlɪgɑn/ *sustantivo*
polígono

pond /pɑnd/ *sustantivo*
estanque: *There's a small pond on our farm.* Hay un pequeño estanque en nuestra granja.

pony /ˈpoʊni/ *sustantivo* (plural **ponies**)
pony

ponytail /ˈpoʊniteɪl/ *sustantivo*
cola de caballo

pool /pul/ *sustantivo*
1 alberca: *I like swimming in the indoor pool.* Me gusta nadar en la alberca cubierta.
2 billar
3 charco: *He lay in a pool of blood.* Yacía en un charco de sangre.

poor /pʊr/ *adjetivo*
1 pobre: *She is very poor.* Es muy pobre.
2 malo -a: *His writing is poor.* Redacta mal. | *He is in poor health.* Está mal de salud.
3 pobre: *The poor animal was in pain.* El pobre animal estaba sufriendo.

poorly /ˈpʊrli/ *adverbio*
mal: *The room was poorly lit.* El cuarto estaba mal iluminado.

pop /pɑp/ *sustantivo & verbo*
■ *sustantivo*
1 música pop
2 estallido: *I heard the pop of a gun.* Oí el estallido de una pistola.
3 refresco [bebida]
■ *verbo* (**popping**, **popped**)
reventar: *He popped the balloon.* Reventó el globo.

popcorn /ˈpɑpkɔrn/ *sustantivo*
palomitas de maíz

Pope /poʊp/ *sustantivo*
Papa

poplar /ˈpɑplər/ *sustantivo*
álamo

popular /ˈpɑpjələr/ *adjetivo*
popular: *She is popular at school.* Es popular en la escuela. | *This song is popular with young people.* Esta canción es popular entre los jóvenes.

popularity /pɑpjəˈlærəti/ *sustantivo*
popularidad

population /pɑpjəˈleɪʃən/ *sustantivo*
población: *What is the population of this city?* ¿Qué población tiene esta ciudad?

ˈpop-up *sustantivo*
ventana emergente, **pop-up**

porch /pɔrtʃ/ *sustantivo* (plural **porches**)
porche

pork /pɔrk/ *sustantivo*
(carne de) cerdo, **puerco**

port /pɔrt/ *sustantivo*
puerto

portable /ˈpɔrtəbəl/ *adjetivo*
portátil: *I want to buy a portable computer.* Quiero comprar una computadora portátil.

porter /ˈpɔrtər/ *sustantivo*
maletero

porthole /ˈpɔrthoʊl/ *sustantivo*
1 ojo de buey, **portilla**
2 ventanilla [en un avión]

portion /ˈpɔrʃən/ *sustantivo*
porción: *She only ate a small portion of her food.* Sólo comió una pequeña porción de la comida.

portrait /ˈpɔrtrɪt/ *sustantivo*
retrato: *He painted a portrait of his daughter.* Pintó un retrato de su hija.

position /pəˈzɪʃən/ *sustantivo*
1 posición: *I could not find a comfortable position to sit in.* No encontraba una posición cómoda de sentarme.
2 posición: *I have been in a difficult position since I lost my job.* Estoy en una posición difícil desde que me quedé sin trabajo.
3 puesto: *He has an important position at the bank.* Tiene un puesto importante en el banco.
4 lugar: *We were in a good position to hear the music.* Estábamos en buen lugar para escuchar la música.

positive /ˈpɑzətɪv/ *adjetivo*
1 seguro -a: *I am positive that I gave you his address.* Estoy segura que te di su dirección.
2 positivo -a: *She has a positive attitude toward work.* Tiene una actitud positiva hacia el trabajo.

possess /pəˈzes/ *verbo*
tener, **poseer**

possession /pəˈzeʃən/ *sustantivo*
pertenencia: *He lost most of his possessions in the fire.* Perdió la mayoría de sus pertenencias en el incendio.

possibility /pɑsəˈbɪləti/ *sustantivo* (plural **possibilities**)
posibilidad: *There's a possibility of rain today.* Existe la posibilidad de que llueva hoy.

possible /ˈpɑsəbəl/ *adjetivo*
posible: *Is it possible to get to the city by train?* ¿Es posible llegar a la ciudad en tren?

possibly /ˈpɑsəbli/ *adverbio*
posiblemente: *"Can you come tomorrow?" "Possibly."* –¿Puedes venir mañana? –Posiblemente.

post /poʊst/ *sustantivo & verbo*
■ *sustantivo*
1 poste: *The fence is held up by wooden posts.* Unos postes de madera sostienen la cerca.
2 puesto: *The new posts are all in Asia.* Los nuevos puestos son todos en Asia.
3 post [en Internet]
■ *verbo*
1 poner [un anuncio, cartel o letrero]
2 postear [en Internet]

postage /ˈpoʊstɪdʒ/ *sustantivo*
franqueo

postcard /ˈpoʊstkɑrd/ *sustantivo*
tarjeta postal

poster /ˈpoʊstər/ *sustantivo*
póster

ˈpost ˌoffice *sustantivo*
oficina de correos

ˈpost office ˌbox *sustantivo* (also **P.O. Box**)
apartado postal

postpone /poʊsˈpoʊn/ *verbo* (**postponing**, **postponed**)
posponer: *The game was postponed because of rain.* El juego se pospuso por lluvia.

pot /pɑt/ *sustantivo*
1 olla: *I made a big pot of soup.* Hice una olla grande de sopa. | *a coffee pot* una cafetera
2 maceta: *The plant needs a bigger pot.* La planta necesita una maceta más grande.

potato /pəˈteɪtoʊ/ *sustantivo* (plural **potatoes**)
papa

poˈtato chip *sustantivo*
papa frita [de bolsa]

pottery /ˈpɑtəri/ *sustantivo*
1 cerámica
2 (plural **potteries**) **cerámica**, **alfarería**

poultry /ˈpoʊltri/ *sustantivo*
1 aves de corral
2 carne de ave [en un menú]

pounce /paʊns/ *verbo* (**pouncing**, **pounced**)
abalanzarse, **saltar**: *The cat pounced on the bird.* El gato se abalanzó sobre el pájaro.

pound /paʊnd/ *sustantivo*
libra: *I lost two pounds this week!* ¡Bajé dos libras esta semana!

pour /pɔr/ *verbo*
1 echar, verter: *She poured some sugar into a bowl.* Echó un poco de azúcar en un tazón.
2 servir: *Will you pour me some more coffee?* ¿Me sirves más café?
3 diluviar, llover [a cántaros]: *It's been pouring all day.* Ha llovido a cántaros todo el día.

pour

She poured some milk into a glass.

poverty /ˈpɑvərti/ *sustantivo*
pobreza, miseria: *She has lived in poverty all her life.* Ha vivido en la miseria toda la vida.

powder /ˈpaʊdər/ *sustantivo*
polvo: *talcum powder* talco

power /paʊr/ *sustantivo*
1 poder: *They have a lot of power.* Tienen mucho poder.
2 energía: *Our electricity is produced by nuclear power.* Nuestra electricidad se genera por energía nuclear.
3 autoridad: *Police have the power to arrest you.* La policía tiene la autoridad para hacer arrestos.

powerful /ˈpaʊrfəl/ *adjetivo*
1 poderoso -a
2 potente: *The car has a powerful engine.* El coche tiene un motor potente.

powerless /ˈpaʊrləs/ *adjetivo*
impotente: *I was powerless to help her.* No pude ayudarla.

ˈpower ˌplant *sustantivo*
planta eléctrica

practical /ˈpræktɪkəl/ *adjetivo*
1 práctico -a: *He has a lot of practical experience in fixing cars.* Tiene mucha experiencia práctica reparando coches.
2 práctico -a: *We have to be practical and not spend too much.* Debemos ser prácticos y no gastar demasiado.

ˌpractical ˈjoke *sustantivo*
broma

practically /ˈpræktɪkli/ *adverbio*
prácticamente: *I'm practically finished; I'll be there in a minute.* Ya prácticamente acabé, en un momento estoy con ustedes.

practice /ˈpræktɪs/ *sustantivo & verbo*
■ *sustantivo*
1 práctica: *You need practice in order to play the piano well.* Se necesita práctica para tocar el piano bien.
2 costumbre: *It is a practice in her country to kiss people when you meet them.* Saludarse de beso es una costumbre de su país.
3 to be out of practice *I'm out of practice.* Me falta práctica.
■ *verbo* (**practicing**, **practiced**)
practicar: *You have to practice to become a good singer.* Hay que practicar para ser un buen cantante.

prairie /ˈpreri/ *sustantivo*
pradera, llanura

praise /preɪz/ *verbo & sustantivo*
■ *verbo* (**praising**, **praised**)
elogiar: *She praised her daughter's hard work.* Elogió el tesón de su hija.
■ *sustantivo*
elogios: *Her new book received a lot of praise.* Su nuevo libro recibió muchos elogios.

prawn /prɔn/ *sustantivo*
camarón

pray /preɪ/ *verbo* (**praying**, **prayed**)
rezar, orar

prayer /prer/ *sustantivo*
1 oración, rezo
2 oración: *They said a prayer for the soldiers in the war.* Rezaron una oración por los soldados en la guerra.

preach /pritʃ/ *verbo*
predicar

preacher /ˈpritʃər/ *sustantivo*
predicador -a

precaution /prɪˈkɔʃən/ *sustantivo*
precaución: *He took the precaution of locking his door before leaving.* Tuvo la precaución de cerrar la puerta con llave antes de salir.

precious /ˈpreʃəs/ *adjetivo*
valiosísimo -a, precioso -a: *Water is precious in the desert.* El agua es valiosísima en el desierto.

precipitation /prɪˌsɪpəˈteɪʃən/ *sustantivo*
precipitaciones

precise /prɪˈsaɪs/ *adjetivo*
preciso -a: *Your instructions need to be more precise.* Tus instrucciones tienen que ser más precisas.

precisely /prɪˈsaɪsli/ *adverbio*
1 precisamente, con exactitud: *I don't remember precisely what happened.* No recuerdo con exactitud lo que pasó.
2 exacto: *"So you think he was wrong?"*

P

"Precisely." –Entonces ¿piensas que estaba equivocado? –¡Exacto!

predator /ˈpredətər/ *sustantivo*
depredador -a

predict /prɪˈdɪkt/ *verbo*
pronosticar, **predecir**: *The newspapers are predicting a close election.* Los periódicos pronostican una elección muy peleada.

prediction /prɪˈdɪkʃən/ *sustantivo*
pronóstico, **predicción**: *Their prediction about the weather was wrong.* Su pronóstico del tiempo era incorrecto.

prefer /prɪˈfɜr/ *verbo* (**preferring**, **preferred**)
preferir: *Which of these two dresses do you prefer?* ¿Cuál de estos dos vestidos prefieres?

preferable /ˈprefərəbəl/ *adjetivo*
preferible: *They accept credit cards, but cash is preferable.* Aceptan tarjetas de crédito, pero es preferible pagar en efectivo.

preference /ˈprefərəns/ *sustantivo*
preferencia: *We have a preference for flying rather than driving.* Tenemos preferencia por ir en avión en vez de manejar.

prefix /ˈprifɪks/ *sustantivo* (plural **prefixes**)
prefijo: *If we add the prefix "un" to the word "happy", we make the word "unhappy."* Si añadimos el prefijo "un" a la palabra "happy", formamos la palabra "unhappy".

pregnancy /ˈpregnənsi/ *sustantivo* (plural **pregnancies**)
embarazo: *You should not smoke during your pregnancy.* No se debe fumar durante el embarazo.

pregnant /ˈpregnənt/ *adjetivo*
embarazada: *She is four months pregnant.* Tiene cuatro meses de embarazo. | *She wanted to get pregnant.* Quería embarazarse.

prejudice /ˈpredʒədɪs/ *sustantivo*
prejuicio: *You have a prejudice against women drivers.* Tienes prejuicios contra las mujeres que manejan.

prejudiced /ˈpredʒədɪst/ *adjetivo*
lleno -a de prejuicios, **prejuiciado -a**: *Why are you so prejudiced against foreigners?* ¿Por qué tienes tantos prejuicios en contra de los extranjeros?

preparation /prepəˈreɪʃən/ *sustantivo*
1 preparación: *Teachers have to do a lot of preparation before each class.* Los maestros tienen que hacer mucha preparación antes de cada clase.
2 preparations preparativos: *She's very busy with preparations for the wedding.* Está muy ocupada con los preparativos de la boda.

prepare /prɪˈper/ *verbo* (**preparing**, **prepared**)
1 preparar: *I prepared the food for the party.* Preparé la comida para la fiesta.
2 prepararse: *We're preparing to go on vacation.* Estamos preparándonos para las vacaciones.

prepared /prɪˈperd/ *adjetivo*
1 preparado -a: *Are you prepared for your new job?* ¿Estás preparado para tu nuevo trabajo?
2 to be prepared to do something estar dispuesto -a a hacer algo: *Are you prepared to accept our offer?* ¿Está dispuesto a aceptar nuestra oferta?

preposition /prepəˈzɪʃən/ *sustantivo*
preposición: *In the sentence "They went to town", "to" is a preposition.* En la oración "They went to town", "to" es preposición.

prescribe /prɪˈskraɪb/ *verbo* (**prescribing**, **prescribed**)
recetar

prescription /prɪˈskrɪpʃən/ *sustantivo*
receta: *The doctor wrote me a prescription for the pills.* El doctor me recetó las pastillas.

presence /ˈprezəns/ *sustantivo*
1 presencia: *We are investigating the presence of chemical weapons.* Estamos investigando la presencia de armas químicas.
2 in someone's presence en la presencia de alguien: *Everyone was afraid to talk in her presence.* Todos temían hablar en su presencia.

present[1] /ˈprezənt/ *adjetivo & sustantivo*
■ *adjetivo*
1 to be present estar presente: *There are twenty children present.* Hay veinte niños presentes.
2 actual: *What is your present job?* ¿Cuál es su empleo actual?
■ *sustantivo*
1 regalo: *He gave her a birthday present.* Le hizo un regalo de cumpleaños.
2 at present en este momento, **actualmente**: *He's away at present.* En este momento no se encuentra.

present[2] /prɪˈzent/ *verbo*
entregarl: *He presented the gold medal to the winner.* Le entregó la medalla de oro al ganador.

presentation /prizənˈteɪʃən/ *sustantivo*
entrega: *The presentation of the prizes is tonight.* La entrega de premios es hoy en la noche.

presently /ˈprezəntli/ *adverbio*
actualmente, **en este momento**: *Presently he does not have a job.* Actualmente está sin trabajo.

ˌpresent ˈparticiple *sustantivo*
gerundio: *In the sentence, "The child is sleeping", "sleeping" is a present participle.* En la oración, "The child is sleeping", "sleeping" es un gerundio.

ˌpresent ˈperfect *sustantivo*
presente perfecto: *In the sentence, "I have eaten the cake," "have eaten" is in the present perfect.* En la oración "I have eaten the cake", "have eaten" es el presente perfecto.

ˌpresent ˈtense *sustantivo*
el presente [el tiempo de verbo]

preservation /prezərˈveɪʃən/ *sustantivo*
conservación: *We are working for the preservation of the forests.* Estamos trabajando para la conservación de los bosques.

preserve /prɪˈzɜrv/ *verbo* (**preserving**, **preserved**)
conservar: *You can preserve fish in salt.* El pescado se puede conservar en sal.

president /ˈprezədənt/ *sustantivo*
1 presidente: *The President of the U.S. is coming to our country.* El Presidente de los Estados Unidos va a venir a nuestro país.
2 presidente [de una compañía, asociación, etc.]

press /pres/ *verbo & sustantivo*
■ *verbo*
1 apretar, **pulsar**, **tocar**: *He pressed the doorbell.* Tocó el timbre.
2 pegar, **apretar**: *The children pressed their faces against the window.* Los niños pegaron las caras contra la ventana.
■ *sustantivo*
the press la prensa: *Members of the press were waiting outside.* Miembros de la prensa esperaban afuera.

pressing /ˈpresɪŋ/ *adjetivo*
urgente, **apremiante**: *Crime is a pressing problem in our city.* La delincuencia es un problema urgente en nuestra ciudad.

pressure /ˈpreʃər/ *sustantivo*
presión: *The pressures of his job are great.* Las presiones de su trabajo son enormes. | **to be under pressure estar bajo presión**

pretend /prɪˈtend/ *verbo*
fingir: *She pretended to be asleep.* Fingió estar dormida.

pretty /ˈprɪti/ *adjetivo & adverbio*
■ *adjetivo* (**prettier**, **prettiest**)
1 bonito -a, **guapo -a**: *She is a very pretty girl.* Es una muchacha muy bonita.
2 bonito -a: *What a pretty dress!* ¡Qué bonito vestido!
■ *adverbio*
bastante, **muy**: *It was a pretty serious accident.* Fue un accidente bastante serio. | *Dad was pretty mad at us.* Mi papá estaba muy enojado con nosotros.

pretzel /ˈpretsəl/ *sustantivo*
pretzel

prevent /prɪˈvent/ *verbo*
impedir, **evitar**: *He was trying to prevent a fight.* Estaba tratando de impedir un pleito. | *I wanted to prevent her from leaving.* Quería impedir que se fuera.

prevention /prɪˈvenʃən/ *sustantivo*
prevención: *The prevention of crime is an important issue for us.* La prevención de la delincuencia es una cuestión importante para nosotros.

previous /ˈpriviəs/ *adjetivo*
anterior: *In my previous job, I had to travel a lot.* En mi empleo anterior, tenía que viajar mucho.

previously /ˈpriviəsli/ *adverbio*
anteriormente: *Previously, I worked in a restaurant.* Anteriormente, trabajaba en un restaurante.

prey /preɪ/ *sustantivo*
presa [de un animal salvaje]

price /praɪs/ *sustantivo*
precio: *The price of the house is very high.* El precio de la casa es muy elevado.

priceless /ˈpraɪsləs/ *adjetivo*
inestimable, **invalorable**: *He owns a priceless painting.* Es dueño de un cuadro de valor inestimable.

prick /prɪk/ *verbo*
picar, **pinchar**: *I pricked my finger on a needle.* Me piqué el dedo con una aguja.

pride /praɪd/ *sustantivo*
orgullo: *She showed us her new home with great pride.* Nos enseñó su nueva casa con mucho orgullo.

priest /prist/ *sustantivo*
sacerdote, **padre**

primary /ˈpraɪmeri/ *adjetivo*
primario -a

ˌprime ˈminister *sustantivo*
primer ministro, primera ministra

primitive /ˈprɪmətɪv/ *adjetivo*
primitivo -a: *Primitive people lived in caves.* La gente primitiva vivía en cuevas.

prince /prɪns/ *sustantivo*
príncipe

princess /ˈprɪnsəs/ *sustantivo* (plural **princesses**)
princesa

principal /ˈprɪnsəpəl/ *sustantivo & adjetivo*
■ *sustantivo*
director -a [de escuela]
■ *adjetivo*
principal: *What is your principal reason for taking the job?* ¿Cuál es tu razón principal para aceptar el trabajo?

principally /ˈprɪnsəpli/ *adverbio*
principalmente

principle /ˈprɪnsəpəl/ *sustantivo*
principio: *It is a principle of mine to treat everyone equally.* Uno de mis principios es tratar a toda la gente igual.

print /prɪnt/ *verbo & sustantivo*
■ *verbo*
1 imprimir: *The books were printed in Hong Kong.* Los libros se imprimieron en Hong Kong.
2 escribir con letra de molde: *Please print your name clearly.* Favor de escribir su nombre claramente en letra de molde.
■ *sustantivo*
letra: *The print is too small for me to read.* La letra es demasiado chica y no la puedo leer.

printer /ˈprɪntər/ *sustantivo*
1 impresora [de una computadora]
2 impresor -a [persona]

prison /ˈprɪzən/ *sustantivo*
cárcel, **prisión**: *He was sent to prison for ten years.* Lo mandaron a la cárcel por diez años.

prisoner /ˈprɪzənər/ *sustantivo*
preso -a, **recluso -a**

private /ˈpraɪvət/ *adjetivo & sustantivo*
■ *adjetivo*
1 particular: *This is my private telephone number.* Éste es mi número de teléfono particular.
2 privado -a: *I don't talk about my private life at work.* No hablo de mi vida privada en el trabajo.
3 privado -a: *Is there a private place where we can talk?* ¿Hay un lugar privado donde podamos hablar?
■ *sustantivo*
in private en privado: *I need to speak to you in private.* Tengo que hablar contigo en privado.

ˈprivate ˌschool *sustantivo*
escuela particular

privilege /ˈprɪvəlɪdʒ/ *sustantivo*
privilegio

prize /praɪz/ *sustantivo*
premio: *I won first prize in the race.* Gané el primer premio en la carrera.

probable /ˈprɑbəbəl/ *adjetivo*
probable: *The probable cause of the accident may be the leaking gas.* La causa probable del accidente pudo ser una fuga de gas.

probably /ˈprɑbəbli/ *adverbio*
probablemente: *We will probably go to the movies tomorrow.* Probablemente iremos al cine mañana.

problem /ˈprɑbləm/ *sustantivo*
1 problema: *I have been having some problems with my car.* He tenido algunos problemas con mi coche.
2 no problem no hay problema: *"Can you come over later?" "No problem."* –¿Puedes venir más tarde? –Claro, no hay problema.

proceed /prəˈsid/ *verbo*
marchar: *Our plans are proceeding smoothly.* Nuestros planes marchan sin problema.

process /ˈprɑses/ *sustantivo* (plural **processes**)
proceso: *Learning to read is a slow process.* Aprender a leer es un proceso lento.

procession /prəˈseʃən/ *sustantivo*
procesión: *They watched the procession go past.* Vieron pasar la procesión.

produce[1] /prəˈdus/ *verbo* (**producing**, **produced**)
1 producir: *The drug produces bad effects in some people.* La droga produce efectos negativos en algunas personas.
2 producir: *Trees produce oxygen.* Los árboles producen oxígeno. | *The factory produces 1,000 cars every week.* La fábrica produce 1,000 automóviles a la semana.
3 producir [una película, una obra de teatro, etc.]

produce[2] /ˈprɑdus/ *sustantivo*
productos (alimenticios): *I only buy fresh produce.* Sólo compro productos frescos.

P

producer /prə'dusər/ *sustantivo*
1 productor -a
2 productor -a [de una película, obra de teatro, etc.]

product /'prɑdʌkt/ *sustantivo*
producto: *The company makes plastic products.* La compañía fabrica productos de plástico.

production /prə'dʌkʃən/ *sustantivo*
1 producción
2 producción [de una película, obra de teatro, etc.]

profession /prə'feʃən/ *sustantivo*
profesión: *He is a doctor by profession.* Es medico de profesión.

professional /prə'feʃənl/ *adjetivo*
1 profesional: *Get some professional advice from your lawyer.* Pide la opinión profesional de tu abogado.
2 profesional: *He is a professional football player.* Es futbolista profesional.

professor /prə'fesər/ *sustantivo*
catedrático -a

> **NOTA:** La palabra *profesor* en español se traduce por **teacher** en inglés.

profit /'prɑfɪt/ *sustantivo*
ganancia: *I sold the house for a $10,000 profit.* Vendí la casa con una ganancia de $10,000.

profitable /'prɑfɪtəbəl/ *adjetivo*
rentable: *The business is not very profitable.* El negocio no es muy rentable.

program /'prougræm/ *sustantivo & verbo*
■ *sustantivo*
1 programa [de actividades]
2 programa [de computadora]
3 programa [de televisión o radio]: *What's your favorite program?* ¿Cuál es tu programa favorito?
4 programa [de una obra de teatro o un espectáculo]: *Do you want to buy a program?* ¿Quieres comprar un programa?
■ *verbo* (**programming**, **programmed**)
programar

programmer /'prougræmər/ *sustantivo*
programador -a

progress[1] /'prɑgrəs/ *sustantivo*
1 progreso, **adelanto**: *You have made good progress with your English.* Has hecho muchos progresos en inglés.
2 avance

progress[2] /prə'gres/ *verbo*
1 progresar, **avanzar**: *Work on the building is progressing slowly.* Las obras del edificio están avanzando lentamente.
2 avanzar [el día, la semana, etc.]

prohibit /prou'hɪbɪt/ *verbo*
prohibir: *Smoking is prohibited in this building.* Está prohibido fumar en este edificio.

prohibition /prouə'bɪʃən/ *sustantivo*
prohibición

project /'prɑdʒekt/ *sustantivo*
proyecto: *There is a city project to build a new road.* Hay un proyecto municipal para construir una carretera nueva.

projector /prə'dʒektər/ *sustantivo*
proyector

prominent /'prɑmənənt/ *adjetivo*
1 prominente
2 destacado -a, **eminente**: *She is a prominent politician.* Es una política destacada.

promise /'prɑmɪs/ *verbo & sustantivo*
■ *verbo* (**promising**, **promised**)
prometer: *She promised her brother she would write to him.* Le prometió a su hermano que le escribiría.
■ *sustantivo*
promesa: *She made a promise to come and see him.* Le hizo la promesa de ir a verlo.

promote /prə'mout/ *verbo* (**promoting**, **promoted**)
1 promover: *The company is promoting its new products.* La compañía está promoviendo sus nuevos productos.
2 ascender: *He was promoted to manager.* Fue ascendido a gerente.

promotion /prə'mouʃən/ *sustantivo*
1 promoción
2 ascenso

prompt /prɑmpt/ *adjetivo*
rápido -a: *They gave a prompt answer to our letter.* Su respuesta a nuestra carta fue rápida.

pronoun /'prounaun/ *sustantivo*
pronombre: *In the sentence "Peter saw her", "her" is a pronoun.* En la frase "Peter saw her", "her" es un pronombre.

pronounce /prə'nauns/ *verbo* (**pronouncing**, **pronounced**)
pronunciar: *How do you pronounce your name?* ¿Cómo se pronuncia tu nombre?

pronunciation /prənʌnsi'eɪʃən/ *sustantivo*
pronunciación

proof /pruf/ *sustantivo*
prueba: *Do you have any proof that he took the money?* ¿Tienes pruebas de que él tomó el dinero?

P

prop /prɑp/ *verbo* (**propping**, **propped**)
apoyar, **recargar**: *I propped my bicycle against the wall.* Apoyé mi bicicleta contra la pared.

propeller /prəˈpelər/ *sustantivo*
hélice

proper /ˈprɑpər/ *adjetivo*
adecuado -a, **apropiado -a**: *Put the book back in its proper place.* Pon el libro en el lugar adecuado.

properly /ˈprɑpərli/ *adverbio*
correctamente, **como es debido**: *You didn't do the job properly.* No hiciste el trabajo como es debido.

property /ˈprɑpərti/ *sustantivo*
1 propiedad: *Their job is to protect the property of the school.* Su trabajo es proteger la propiedad de la escuela.
2 (plural **properties**) **propiedad**: *This is private property.* Es propiedad privada.

prophecy /ˈprɑfəsi/ *sustantivo* (plural **prophecies**)
profecía

prophet /ˈprɑfɪt/ *sustantivo*
profeta -tisa

proportion /prəˈpɔrʃən/ *sustantivo*
proporción: *The proportion of girls to boys in the school is two to one.* La proporción de niñas y niños en la escuela es de dos por uno.

proposal /prəˈpoʊzəl/ *sustantivo*
1 propuesta: *A proposal to build a new school is being considered.* Se está considerando una propuesta de construir una nueva escuela.
2 proposición matrimonial

propose /prəˈpoʊz/ *verbo* (**proposing**, **proposed**)
1 proponer: *He proposed that we build another factory.* Propuso que se construyera otra fábrica.
2 Proponerle matrimonio a alguien: *He proposed to her, and she accepted.* Le pidió que se casara con él y ella aceptó.

prosper /ˈprɑspər/ *verbo*
prosperar: *His company is prospering.* Su compañía está prosperando.

prosperity /prɑˈsperəti/ *sustantivo*
prosperidad

prosperous /ˈprɑspərəs/ *adjetivo*
próspero -a: *She has a prosperous business.* Tiene un negocio próspero.

prostitute /ˈprɑstətut/ *sustantivo*
prostituta

propose

He knelt down and proposed to her.

prostitution /prɑstəˈtuʃən/ *sustantivo*
prostitución

protect /prəˈtekt/ *verbo*
proteger: *The fence is to protect the farmer's cattle.* La cerca es para proteger al ganado/del granjero.

protection /prəˈtekʃən/ *sustantivo*
protección

protein /ˈproʊtin/ *sustantivo*
proteína

protest¹ /ˈproʊtest/ *sustantivo*
protesta: *Many people joined the protest against the government plans.* Mucha gente se unió a la protesta contra los planes del gobierno.

protest² /prəˈtest/ *verbo*
protestar: *They are protesting (against) the price increases.* Están protestando contra la subida de precios.

Protestant /ˈprɑtəstənt/ *adjetivo & sustantivo*
Protestante

proud /praʊd/ *adjetivo*
1 orgulloso -a: *He is proud of his daughter's success.* Está orgulloso del éxito de su hija.
2 orgulloso -a, **arrogante**: *She is too proud to accept help from him.* Es demasiado orgullosa para aceptar su ayuda.

prove /pruv/ *verbo* (**proving**, **proved**)
probar: *Can you prove that he is guilty?* ¿Puedes probar que es culpable?

proverb /ˈprɑvɜrb/ *sustantivo*
proverbio, refrán

provide /prəˈvaɪd/ *verbo* (**providing**, **provided**)
1 proveer, **suministrar**: *They provide food for homeles people.* Les suministran comida a las personas sin hogar.

P

2 **provided (that)** **siempre y cuando**: *I'll go to see her, provided (that) you come too.* Iré a verla, siempre y cuando tú también vengas.

province /ˈprɑvɪns/ *sustantivo*
provincia

provoke /prəˈvoʊk/ *verbo* (**provoking**, **provoked**)
provocar

prowl /praʊl/ *verbo*
merodear, **rondar**

psalm /sɑm/ *sustantivo*
salmo

public /ˈpʌblɪk/ *adjetivo & sustantivo*
■ *adjetivo*
público -a: *We have a new public library.* Tenemos una nueva biblioteca pública. | *Public opinion is now against him.* La opinión pública ahora está contra él.
■ *sustantivo*
1 the public **el público**: *The pool is open to the public.* La alberca está abierta al público.
2 in public **en público**

ˈpublic school *sustantivo*
escuela de gobierno

ˌpublic transporˈtation *sustantivo*
transporte público

publish /ˈpʌblɪʃ/ *verbo*
publicar: *The company publishes children's books.* La compañía publica libros infantiles.

publisher /ˈpʌblɪʃər/ *sustantivo*
1 (compañía) **editorial**
2 (persona) **editor -a**

pudding /ˈpʊdɪŋ/ *sustantivo*
budín

puddle /ˈpʌdl/ *sustantivo*
charco

puff /pʌf/ *verbo & sustantivo*
■ *verbo*
resoplar: *I was puffing after climbing the stairs.* Estaba resoplando después de subir las escaleras.
■ *sustantivo*
1 ráfaga [de viento]: *A puff of wind blew the papers off the table.* Una ráfaga de viento voló los papeles de la mesa.
2 bocanada [de humo]

pull /pʊl/ *verbo & sustantivo*
■ *verbo*
1 jalar: *He pulled the door open.* Jaló la puerta para abrirla. | *Stop pulling my hair!* ¡Deja de jalarme el pelo!
2 jalar, **tirar de**: *Four horses were pulling the cart.* Cuatro caballos jalaban la carreta.
3 arrancar, **sacar**: *I had to have a tooth pulled.* Me tuvieron que sacar un diente.
■ *sustantivo*
jalón, **tirón**: *He gave the rope a pull.* Le dio un jalón a la cuerda.

pulse /pʌls/ *sustantivo*
pulso

pump /pʌmp/ *sustantivo & verbo*
■ *sustantivo*
bomba [de aire, agua, gasolina, etc.]
■ *verbo*
inflar: *I need to pump up the tire.* Tengo que inflar la llanta.

pumpkin /ˈpʌmpkɪn/ *sustantivo*
calabaza

punch /pʌntʃ/ *verbo & sustantivo*
■ *verbo*
1 darle un puñetazo a: *I punched him in the nose.* Le di un puñetazo en la nariz.
2 hacer: *He punched a hole in the wall.* Hizo un agujero en la pared.
■ *sustantivo*
1 (plural **punches**) **puñetazo**
2 ponche

punctuate /ˈpʌŋktʃueɪt/ *verbo* (**punctuating**, **punctuated**)
puntuar

punctuation /pʌŋktʃuˈeɪʃən/ *sustantivo*
puntuación

puncture /ˈpʌŋktʃər/ *verbo* (**puncturing**, **punctured**)
ponchar

punish /ˈpʌnɪʃ/ *verbo*
castigar: *Kelly was punished for telling a lie.* Castigaron a Kelly por decir una mentira.

punishment /ˈpʌnɪʃmənt/ *sustantivo*
castigo

pupil /ˈpjupəl/ *sustantivo*
alumno -a

puppet /ˈpʌpɪt/ *sustantivo*
marioneta

puppeteer /pʌpɪˈtɪr/ *sustantivo*
titiritero -a

puppy /ˈpʌpi/ *sustantivo* (plural **puppies**)
cachorro -a [de perro]

purchase /ˈpɜrtʃəs/ *sustantivo & verbo*
■ *sustantivo*
compra: *She made several purchases.* Hizo varias compras.
■ *verbo* (**purchasing**, **purchased**)
comprar

pure /pjʊr/ *adjetivo* (**purer**, **purest**)
puro -a: *The ring is made of pure gold.* El anillo es de oro puro. | *The water is pure, so*

P

you can drink it. El agua es pura así es que la puedes tomar.

purely /ˈpjʊrli/ *adverbio*
estrictamente, **puramente**: *She did it purely for selfish reasons.* Lo hizo por motivos estrictamente egoístas.

purple /ˈpɜrpəl/ *adjetivo & sustantivo*
■ *adjetivo*
morado -a, **púrpura**
■ *sustantivo*
morado, **púrpura**

purpose /ˈpɜrpəs/ *sustantivo*
1 propósito: *The purpose of this activity is to improve your reading.* El propósito de esta actividad es mejorar su comprensión lectora.
2 on purpose a propósito: *She broke the cup on purpose.* Rompió la taza a propósito.

purposely /ˈpɜrpəsli/ *adverbio*
deliberadamente, **intencionalmente**

purr /pɜr/ *verbo*
ronronear

purse /pɜrs/ *sustantivo*
bolsa de mano [de una mujer]

pursue /pərˈsu/ *verbo* (**pursuing**, **pursued**)
perseguir

P

push /pʊʃ/ *verbo & sustantivo*
■ *verbo*
1 empujar: *Can you push?* ¿Puedes empujar? ► A menudo se usa la expresión **de un empujón**: *They pushed the door open and rushed in.* Abrieron la puerta de un empujón y entraron corriendo. | *He pushed me off the chair.* Me tiró de la silla de un empujón.
2 oprimir: *Push the button for the elevator.* Oprime el botón para llamar el elevador.
■ *sustantivo*
empujón: *Give the door a hard push and it will open.* Dale a la puerta un fuerte empujón y se va a abrir.

put /pʊt/ *verbo* (gerundio **putting**, pasado y participio **put**)
1 poner: *Put the books on the shelf.* Pon los libros en el librero. | *Where did I put my keys?* ¿Dónde puse las llaves?

put on

He's putting on his sweater.

2 to put something off posponer algo: *The meeting has been put off until next week.* La junta se pospuso hasta la semana que entra.
3 to put something on (a) ponerse algo: *She put on her coat and went out.* Se puso el abrigo y salió. **(b) poner algo**, **prender algo**: *Why don't you put some music on?* ¿Por qué no pones un poco de música?
4 to put something out apagar algo: *It took three hours to put the fire out.* Llevó tres horas apagar el incendio.
5 to put something up levantar algo: *They plan to put up some houses over there.* Planean levantar unas casas nuevas allí.
6 to put up with something soportar algo, **aguantar algo**: *I don't know how she manages to put up with those children!* ¡No sé cómo soporta a esos niños!

puzzle /ˈpʌzəl/ *sustantivo & verbo*
■ *sustantivo*
1 rompecabezas
2 enigma, **misterio**
■ *verbo* (**puzzling**, **puzzled**)
dejar perplejo -a

puzzle

pyramid /ˈpɪrəmɪd/ *sustantivo*
pirámide

Qq

Q, q /kju/ *sustantivo*
Q, q: *Q for Quebec* Q de Quebec

quack /kwæk/ *verbo*
graznar, hacer cua cua

quadriceps /ˈkwɑdrəseps/ *sustantivo* (plural **quadriceps**)
cuádriceps

quake /kweɪk/ *verbo* (**quaking, quaked**)
temblar: *She was quaking with fear.* Temblaba de miedo.

qualification /kwɑləfəˈkeɪʃən/ *sustantivo*
1 (aptitud, atributo necesario) **requisito**
2 (de educación) **título**

qualified /ˈkwɑləfaɪd/ *adjetivo*
1 calificado -a: *She is well-qualified for the job.* Está bien calificada para el trabajo.
2 titulado -a

qualify /ˈkwɑləfaɪ/ *verbo* (**qualifying, qualified**)
1 habilitar: *A high school diploma will qualify you for a lot of jobs.* Un certificado de Preparatoria te habilitará para hacer muchos tipos de trabajo.
2 clasificar

quality /ˈkwɑləti/ *sustantivo* (plural **qualities**)
1 calidad: *We only sell cloth of the finest quality.* Sólo vendemos telas de la más alta calidad.
2 cualidad: *Her best qualities are courage and honesty.* Sus mayores cualidades son el valor y la honestidad.

quantity /ˈkwɑntəti/ *sustantivo* (plural **quantities**)
cantidad: *a small quantity of rice* una pequeña cantidad de arroz

quarrel /ˈkwɔrəl/ *sustantivo & verbo*
■ *sustantivo*
pleito, pelea: *We had a quarrel about money.* Tuvimos un pleito por dinero.
■ *verbo*
pelearse, discutir: *The children are always quarreling over something.* Los niños siempre se están peleando por algo.

quarry /ˈkwɔri/ *sustantivo* (plural **quarries**)
cantera

quart /kwɔrt/ *sustantivo*
un cuarto de galón [= 0,95 litros]

quarter /ˈkwɔrtər/ *sustantivo*
1 cuarto, cuarta parte: *We divided the pie into quarters.* Dividimos el pay en cuartos.
2 (cuando se dice la hora) **cuarto**: *It is a quarter after five.* Son las cinco y cuarto. | *Will you be ready in a quarter of an hour?* ¿Estarás listo en un cuarto de hora?
3 En los Estados Unidos, una moneda de 25 centavos

quarterly /ˈkwɔrtərli/ *adjetivo & adverbio*
1 trimestral: *Do you get a quarterly report card?* ¿Te dan una boleta de calificaciones trimestral?
2 trimestralmente

quaver /ˈkweɪvər/ *sustantivo*
corchea

quay /ki/ *sustantivo*
muelle

queen /kwin/ *sustantivo*
reina

question /ˈkwestʃən/ *sustantivo & verbo*
■ *sustantivo*
1 pregunta: *You didn't answer my question.* No contestaste mi pregunta.
2 cuestión, asunto
■ *verbo*
1 hacer preguntas a
2 interrogar: *Police questioned him about the crime.* La policía lo interrogó acerca del crimen.

ˈquestion mark *sustantivo*
signo de interrogación

questionnaire /kwestʃəˈner/ *sustantivo*
cuestionario

quick /kwɪk/ *adjetivo*
rápido -a: *This is the quickest way to get to school.* Éste es el camino más rápido para llegar a la escuela.

quickly /ˈkwɪkli/ *adverbio*
rápido, rápidamente

quiet /ˈkwaɪət/ *adjetivo & sustantivo*
■ *adjetivo*
1 silencioso -a
2 tranquilo -a: *The streets are quiet at night.* Las calles están tranquilas en la noche.
3 tranquilo -a: *I had a quiet day at home.* Pasé un día tranquilo en casa.
4 suave, baja: *He has a quiet voice.* Tiene una voz muy suave.

■ *sustantivo*
tranquilidad: *I love the peace and quiet of the morning.* Me encanta la paz y tranquilidad de la mañana.

quietly /ˈkwaɪətli/ *adverbio*
silenciosamente

quilt /kwɪlt/ *sustantivo*
edredón

quit /kwɪt/ *verbo* (**quitting**, **quit**)
dejar: *Mi father quit smoking cigarettes last year.* Mi papá dejó de fumar el año pasado.

quite /kwaɪt/ *adverbio*
1 bastante: *The instructions were quite clear.* Las instrucciones eran bastante claras.
2 not quite no completamente: *I am not quite sure how this works.* No estoy completamente seguro de cómo funciona esto.

quiver /ˈkwɪvər/ *verbo*
temblar: *The little girl quivered with fear.* La niña temblaba de miedo.

quiz /kwɪz/ *sustantivo* (plural **quizzes**)
1 prueba [en la escuela]
2 concurso [de cultura general]

quotation /kwoʊˈteɪʃən/ *sustantivo*
cita [de las palabras de otros]

ˈquotation ˌmarks *sustantivo plural*
comillas

quote /kwoʊt/ *verbo* (**quoting**, **quoted**)
citar [las palabras de una persona]

Q

R, r /ɑr/ *sustantivo*
R, r: *R for Richard* R de Richard

rabbit /ˈræbɪt/ *sustantivo*
conejo -a

race /reɪs/ *sustantivo & verbo*
■ *sustantivo*
1 carrera: *Who won the race?* ¿Quién ganó la carrera?
2 raza
■ *verbo* (**racing**, **raced**)
echarle una carrera a: *Paul raced John to the house.* Paul le echó una carrera a John a la casa.

racial /ˈreɪʃəl/ *adjetivo*
racial

racism /ˈreɪsɪzəm/ *sustantivo*
racismo

racist /ˈreɪsɪst/ *sustantivo*
racista

rack /ræk/ *sustantivo*
1 (para cartas y documentos) **organizador**
2 portaequipajes

racket /ˈrækɪt/ *sustantivo*
1 barullo: *Where's that racket coming from?* ¿De dónde viene ese barullo?
2 raqueta

radar /ˈreɪdɑr/ *sustantivo*
radar

radiation /reɪdiˈeɪʃən/ *sustantivo*
radiación

radiator /ˈreɪdieɪtər/ *sustantivo*
radiador [de la calefacción, coche, etc.]

radio /ˈreɪdioʊ/ *sustantivo*
1 radio: *I like listening to the radio.* Me gusta escuchar el radio. | *Ships send messages to each other by radio.* Los barcos se mandan mensajes por radio.
2 radio: *He wants to get a job in radio.* Quiere encontrar trabajo en la radio.

raft /ræft/ *sustantivo*
1 balsa
2 balsa inflable

rag /ræg/ *sustantivo*
1 trapo: *He cleaned the machine with an oily rag.* Limpió la máquina con un trapo con aceite.
2 in rags de harapos: *The man was dressed in rags.* El hombre iba vestido de harapos.

rage /reɪdʒ/ *sustantivo*
cólera, **furia**: *My father flew into a rage when I told him.* Mi papá se puso furioso cuando se lo dije.

raid /reɪd/ *sustantivo & verbo*
■ *sustantivo*
1 bombardeo: *The city was damaged in an air raid.* La ciudad sufrió daños en un bombardeo aéreo.
2 ataque
■ *verbo*
1 (en una operación militar) **asaltar**: *The soldiers raided the village.* Los soldados asaltaron el pueblo.
2 (en una operación policíaca) **hacer una redada**

rail /reɪl/ *sustantivo*
1 barandal: *Do not lean on the rail.* No se recargue en el barandal.
2 riel

railing /ˈreɪlɪŋ/ *sustantivo*
1 reja
2 barandal [en las escaleras]

railroad /ˈreɪlroʊd/ *sustantivo*
ferrocarril

rain /reɪn/ *verbo & sustantivo*
■ *verbo*
llover: *It rained last night.* Llovió anoche.
■ *sustantivo*
lluvia: *There was a lot of rain during the night.* Cayó mucha lluvia durante la noche.

rainbow /ˈreɪnboʊ/ *sustantivo*
arco iris

rainbow

raincoat /ˈreɪnkoʊt/ *sustantivo*
impermeable, **gabardina**

rainfall /ˈreɪnfɔl/ *sustantivo*
precipitaciones, **lluvia**

rain forest /ˈreɪnfɔrɪst/ *sustantivo*
selva tropical

rainy /ˈreɪni/ *adjetivo* (**rainier**, **rainiest**)
lluvioso -a: *a rainy day* un día lluvioso

raise /reɪz/ *verbo & sustantivo*
■ *verbo* (**raising**, **raised**)
1 levantar, **alzar**: *He raised his arms above his head.* Levantó los brazos arriba de la cabeza.
2 subir, **aumentar**: *There is a plan to raise taxes.* Hay un proyecto para subir los impuestos.
3 criar, **educar**: *She raised three sons on her own.* Crió a tres hijos ella sola.
■ *sustantivo*
aumento: *She asked her boss for a raise.* Le pidió un aumento a su jefe.

raisin /ˈreɪzən/ *sustantivo*
pasa

rake /reɪk/ *sustantivo & verbo*
■ *sustantivo*
rastrillo
■ *verbo* (**raking**, **raked**)
rastrillar

ram /ræm/ *verbo* (**ramming**, **rammed**)
chocar contra

ramp /ræmp/ *sustantivo*
1 vía de acceso [a una autopista]
2 rampa

ran /ræn/ pasado del verbo **run**

ranch /ræntʃ/ *sustantivo* (plural **ranches**)
rancho [ganadero]

rang /ræŋ/ pasado del verbo **ring**

range /reɪndʒ/ *sustantivo*
1 gama, **variedad**: *They sell a wide range of shoes.* Venden una amplia gama de calzado.
2 posibilidad, **límite**: *The house is out of our price range.* La casa está fuera de nuestras posibilidades.
3 autonomía: *The airplane has a range of 500 miles.* El avión tiene una autonomía de 500 millas.
4 cordillera

rank /ræŋk/ *sustantivo & verbo*
■ *sustantivo*
grado, **rango**: *A general is an army officer with a very high rank.* Un general es un oficial militar de muy alto grado.
■ *verbo*
clasificar: *The players are ranked in order of ability.* Los jugadores están clasificados de acuerdo a su destreza.

ransom /ˈrænsəm/ *sustantivo*
rescate: *He paid a high ransom for his daughter.* Pagó un rescate importante por su hija.

rap /ræp/ *sustantivo*
música rap

rape /reɪp/ *sustantivo & verbo*
■ *sustantivo*
violación
■ *verbo* (**raping**, **raped**)
violar

rapid /ˈræpɪd/ *adjetivo*
rápido -a

rapidly /ˈræpɪdli/ *adverbio*
rápidamente

rapper /ˈræpər/ *sustantivo*
rapero -a

rare /rer/ *adjetivo* (**rarer**, **rarest**)
poco común, **raro -a**: *That bird is very rare in this country.* Ese pájaro es poco común en este país.

rarely /ˈrerli/ *adverbio*
pocas veces, **rara vez**: *She rarely goes out.* Sale pocas veces.

rash /ræʃ/ *adjetivo & sustantivo*
■ *adjetivo*
precipitado -a: *She made a rash decision.* Tomó una decisión precipitada.
■ *sustantivo* (plural **rashes**)
erupción [en la piel]: *With some illnesses you get a rash.* Algunas enfermedades causan erupciones.

raspberry /ˈræzberi/ *sustantivo* (plural **raspberries**)
frambuesa

rat /ræt/ *sustantivo*
rata

rate /reɪt/ *sustantivo*
1 índice, **porcentaje**: *The crime rate in this area is high.* El índice de la delincuencia es esta zona es alto.
2 at the rate of a razón de: *She is paid at the rate of $6 an hour.* Le pagan a razón de $6 la hora.
3 ritmo, **paso**: *She reads at a fast rate.* Lee a un ritmo rápido.

rather /ˈræðər/ *adverbio*
1 rather than en vez de, **en lugar de**: *We decided to leave on Friday rather than Monday.* Decidimos irnos el viernes en vez del lunes.
2 would rather do something Se usa para expresar una preferencia: *I think I would rather stay home tonight.* Creo que prefiero quedarme en casa esta noche.

rattle /ˈrætl/ *verbo & sustantivo*
■ *verbo* (**rattling**, **rattled**)
hacer sonar: *She rattled some coins in the box.* Hizo sonar unas monedas en la caja.
■ *sustantivo*
sonaja

raw /rɔ/ *adjetivo*
crudo -a

ray /reɪ/ *sustantivo*
rayo: *The sun's rays warmed the water.* Los rayos del sol calentaron el agua.

razor /ˈreɪzər/ *sustantivo*
rasuradora

ˈrazor blade *sustantivo*
hoja de rasurar

Rd. *abbreviation*
calle

're /r, ər/ contracción de **are**
We're cousins. Somos primos.

reach /ritʃ/ *verbo & sustantivo*
■ *verbo*
1 llegar: *It took several days for the letter to reach me.* La carta tardó varios días en llegarme.
2 alcanzar: *I could not reach the top shelf.* No podía alcanzar la repisa más alta.

reach
I can't reach it!

■ *sustantivo*
alcance: *The cup is within easy reach.* La taza está al alcance de la mano.

react /riˈækt/ *verbo*
reaccionar: *How did your mother react to the news?* ¿Cómo reaccionó tu mamá ante la noticia?

reaction /riˈækʃən/ *sustantivo*
reacción: *What was his reaction to the question?* ¿Cuál fue su reacción a la pregunta?

read /rid/ *verbo* (gerundio **reading**, pasado y participio **read** /red/)
1 leer: *She read the newspaper.* Leyó el periódico.
2 leer: *I like to read.* Me gusta leer. | *He read his son a story.* Le leyó un cuento a su hijo.

readily /ˈredl-i/ *adverbio*
fácilmente: *The information is readily available on the computer.* La información está fácilmente disponible en la computadora.

ready /ˈredi/ *adjetivo*
1 listo -a: *Breakfast will be ready soon.* El desayuno va a estar listo en un momento. | *Are you ready to go?* ¿Ya estás listo para irnos?
2 dispuesto -a: *I'm always ready to help.* Siempre estoy dispuesta a ayudar.

real /ril/ *adjetivo*
1 real, **verdadero -a**: *There is a real danger that the fire will spread.* Hay un peligro real de que el fuego se extienda.
2 verdadero -a: *What is the real reason you were late?* ¿Cuál es la verdadera razón de que hayas llegado tarde?

ˈreal esˌtate *sustantivo*
bienes raíces, **propiedad inmobiliaria**: *Real estate prices are going up.* Los precios de las propiedades inmobiliarias están subiendo.

ˈreal estate ˌagent *sustantivo*
agente inmobiliario -a, **corredor -a de bienes raíces**

reality /riˈæləti/ *sustantivo*
realidad

realization /riələˈzeɪʃən/ *sustantivo*
to come to the realization darse cuenta: *We came to the realization that the business was failing.* Nos dimos cuenta de que el negocio iba mal.

realize /ˈriəlaɪz/ *verbo* (**realizing**, **realized**)
darse cuenta de: *I didn't realize that it was so late.* No me di cuenta de que era tan tarde.

really /ˈriəli/ *adverbio*
1 muy: *I am really worried about my work.* Estoy muy preocupada por mi trabajo. | *He is a really nice guy.* Es un cuate simpatiquísimo.
2 really? ¿De veras?, **¡No me digas!**: *"Ann is going to have a baby." "Really?"* –Ann va a tener un bebé. –¿De veras?
3 not really la verdad, no: *"Do you want to go out?" "Oh, not really."* –¿Quieres salir? –La verdad, no.

realtor /ˈrɪəltər/ *sustantivo*
agente inmobiliario -a, **corredor -a de bienes raíces**

rear /rɪr/ *sustantivo & adjetivo*
■ *sustantivo*
the rear la parte trasera, **la parte de atrás**: *The rear of the car is damaged.* La parte trasera del coche está dañada.
■ *adjetivo*
de atrás, **trasero -a**: *We went in the rear entrance.* Entramos por la puerta de atrás.

reason /ˈrizən/ *sustantivo*
razón: *Did she give any reason for quitting?* ¿Dio alguna razón de por qué se fue?

reasonable /ˈrizənəbəl/ *adjetivo*
1 razonable: *He is asking a reasonable price for the car.* Está pidiendo una suma razonable por el coche.

2 razonable: *The teacher is a very reasonable person.* La maestra es una persona muy razonable.

reasonably /ˈrizənəbli/ *adverbio*
1 razonablemente: *He behaved reasonably.* Se comportó razonablemente.
2 razonablemente: *She did reasonably well on the test.* Le fue razonablemente bien en la prueba.

reassure /riəˈʃʊr/ *verbo* (**reassuring**, **reassured**)
tranquilizar: *His mother reassured him.* Su mamá lo tranquilizó.

rebel¹ /rɪˈbel/ *verbo* (**rebelling**, **rebelled**)
rebelarse: *The soldiers rebelled against the government.* Los soldados se rebelaron contra el gobierno.

rebel² /ˈrebəl/ *sustantivo*
rebelde

rebellion /rɪˈbeljən/ *sustantivo*
rebelión

recall /rɪˈkɔl/ *verbo*
recordar: *I don't recall what she said.* No recuerdo lo que dijo.

receipt /rɪˈsit/ *sustantivo*
recibo

receive /rɪˈsiv/ *verbo* (**receiving**, **received**)
recibir: *Did you receive my letter?* ¿Recibiste mi carta?

receiver /rɪˈsivər/ *sustantivo*
bocina [del teléfono], **auricular**

recent /ˈrisənt/ *adjetivo*
reciente: *On a recent visit to the city, we saw a play.* En una de nuestras recientes visitas a la ciudad, vimos una obra de teatro.

recently /ˈrisəntli/ *adverbio*
recientemente: *I traveled to Japan recently.* Fui a Japón recientemente.

R

reception /rɪˈsepʃən/ *sustantivo*
recepción: *I went to the wedding reception.* Fui a la recepción de la boda.

recipe /ˈresəpi/ *sustantivo*
receta: *Do you have a recipe for chocolate cake?* ¿Tienes alguna receta para un pastel de chocolate?

reckless /ˈrekləs/ *adjetivo*
imprudente, **irresponsable**: *His reckless driving caused an accident.* Su manera imprudente de manejar causó un accidente.

recklessly /ˈrekləsli/ *adverbio*
imprudentemente, **irresponsablemente**

recognition /rekəgˈnɪʃən/ *sustantivo*
reconocimiento: *She hoped to avoid recognition by wearing dark glasses.* Esperaba evitar que la reconocieran usando lentes oscuros.

recognize /ˈrekəgnaɪz/ *verbo* (**recognizing**, **recognized**)
reconocer: *I recognized Peter from his picture.* Reconocí a Peter por su foto.

recommend /rekəˈmend/ *verbo*
recomendar: *She recommended that I try the soup.* Me recomendó que probara la sopa.

recommendation /rekəmenˈdeɪʃən/ *sustantivo*
recomendación, **sugerencia**: *I went to the hotel on your recommendation.* Fui al hotel bajo tu recomendación.

record¹ /rɪˈkɔrd/ *verbo*
1 grabar: *The statements are recorded on computer.* Las declaraciones están grabadas en computadora.
2 grabar [en video]
3 grabar: *He recorded a CD this year.* Grabó un CD este año.

> **NOTA:** La palabra *recordar* en español se traduce por **remember** en inglés.

record² /ˈrekərd/ *sustantivo*
1 récord: *He holds the world record for the high jump.* Tiene el récord mundial del salto de altura.
2 disco
3 antecedentes: *His record is not very good.* Sus antecedentes no son muy buenos.
4 historial

recorder /rɪˈkɔrdər/ *sustantivo*
1 grabadora
2 flauta dulce

recording /rɪˈkɔrdɪŋ/ *sustantivo*
grabación: *I heard the group's latest recording.* Escuché la grabación más reciente del grupo.

recover /rɪˈkʌvər/ *verbo*
recuperarse, **reponerse**: *Have you recovered from your cold?* ¿Ya te recuperaste de tu gripa?

recovery /rɪˈkʌvəri/ *sustantivo* (plural **recoveries**)
recuperación, **restablecimiento**: *She made a quick recovery after her accident.* Tuvo una pronta recuperación después de su accidente.

recreation /rekriˈeɪʃən/ *sustantivo*
esparcimiento: *What do you do for recreation?* ¿Cuáles son sus actividades de esparcimiento?

recruit /rɪˈkrut/ *sustantivo & verbo*

■ *sustantivo*

1 nuevo -a socio -a, **nuevo -a miembro**

2 recluta

■ *verbo*

1 reclutar: *We need to recruit new police officers.* Tenemos que reclutar más policías.

2 contratar [a nuevo personal]

rectangle /ˈrektæŋgəl/ *sustantivo*

rectángulo

rectangular /rekˈtæŋgjələr/ *adjetivo*

rectangular

recycle /riˈsaɪkəl/ *verbo* (**recycling**, **recycled**)

reciclar: *Glass bottles can be recycled.* Las botellas de vidrio se pueden reciclar.

recycled /riˈsaɪkəld/ *adjetivo*

reciclado -a: *Many newspapers use recycled paper.* Muchos periódicos utilizan papel reciclado.

recycling /riˈsaɪklɪŋ/ *sustantivo*

reciclaje

red /red/ *sustantivo & adjetivo*

■ *sustantivo*

rojo

■ *adjetivo* (**redder**, **reddest**)

rojo -a

reduce /rɪˈdus/ *verbo* (**reducing**, **reduced**)

1 (en número o cantidad) **reducir**

2 (precios) **rebajar**: *The price is reduced from $50 to $35.* El precio está rebajado de $50 a $35.

3 (velocidad) **disminuir**

reduction /rɪˈdʌkʃən/ *sustantivo*

1 (en número o tamaño) **reducción**

2 (de precios) **rebaja**, **descuento**

reed /rid/ *sustantivo*

carrizo, **junco**

reef /rif/ *sustantivo*

arrecife

reel /ril/ *sustantivo*

carrete

refer /rɪˈfɜr/ *verbo* (**referring**, **referred**)

to refer to someone or something (a) remitirse a alguien o algo: *Refer to a dictionary if you don't know what the word means.* Remítase a un diccionario si no conoce el significado de la palabra. **(b) hacer referencia a alguien o algo**, **aludir a alguien o algo**: *He referred to Jack in his letter.* Hizo referencia a Jack en su carta.

referee /refəˈri/ *sustantivo*

árbitro -a, **réferi**

referee

reference /ˈrefrəns/ *sustantivo*

1 consulta: *I keep the dictionary on my desk for reference.* Tengo el diccionario en mi escritorio para usarlo de consulta.

2 (para un empleo, curso, etc.) **referencia**

ˈreference ˌbook *sustantivo*

obra de consulta

refill[1] /riˈfɪl/ *verbo*

volver a llenar, **rellenar**: *Could you refill the glasses, please?* ¿Puedes volver a llenar los vasos, por favor?

refill[2] /ˈrifɪl/ *sustantivo*

1 cartucho, **repuesto**: *refills for an ink pen* cartuchos para una pluma fuente

2 Se usa para referirse a otra bebida: *Would you like a refill?* ¿Te sirvo más (bebida)?

reflect /rɪˈflekt/ *verbo*

1 reflejarse en: *The mountains were reflected in the lake.* Las montañas se reflejaban en el lago.

2 reflejar: *His attitude is reflected in his behavior.* Su actitud se refleja en su comportamiento.

3 reflexionar, **meditar**

reflection /rɪˈflekʃən/ *sustantivo*

1 reflexión: *The book is a collection of his reflections on American life.* El libro es una colección de sus reflexiones sobre la forma de vida americana.

2 reflejo: *We looked at our reflections in the mirror.* Miramos nuestro reflejo en el espejo.

reform /rɪˈfɔrm/ *verbo & sustantivo*

■ *verbo*

reformar: *There are plans to reform the tax laws.* Hay planes para reformar las leyes fiscales.

■ *sustantivo*

reforma

refresh /rɪˈfreʃ/ *verbo*

refrescar

refreshed /rɪˈfreʃt/ *adjetivo*
renovado -a, **como nuevo**: *I feel refreshed after a hot shower.* Me siento como nuevo después de un regaderazo caliente.

refreshing /rɪˈfreʃɪŋ/ *adjetivo*
refrescante: *It's a refreshing drink.* Es una bebida refrescante.

refreshments /rɪˈfreʃmənts/ *sustantivo plural*
refrigerio: *Refreshments will be served at seven o'clock.* Se servirá un refrigerio a las siete.

refrigerator /rɪˈfrɪdʒəreɪtər/ *sustantivo*
(also **fridge**) **refrigerador**: *Put the milk in the refrigerator.* Pon la leche en el refrigerador.

refuge /ˈrefjudʒ/ *sustantivo*
refugio

refugee /refjʊˈdʒi/ *sustantivo*
refugiado -a

refusal /rɪˈfjuzəl/ *sustantivo*
1 (de un ofrecimiento) **rechazo**
2 negativa: *Her refusal to help made me angry.* Su negativa a ayudar me enojó.

refuse /rɪˈfjuz/ *verbo* (**refusing**, **refused**)
no aceptar, **rehusar**: *She refused to marry me.* No aceptó casarse conmigo.

regard /rɪˈgɑrd/ *verbo & sustantivo*
■ *verbo*
considerar: *We always regarded him as our friend.* Siempre lo hemos considerado como un amigo.
■ *sustantivo*
1 consideración: *You have no regard for my feelings.* No tienes ninguna consideración por mis sentimientos.
2 regards saludos: *Give my regards to your parents.* Saludos a tus papás.

regarding /rɪˈgɑrdɪŋ/ *preposición*
con respecto a, **en lo que respecta a**: *I wrote you a letter regarding my daughter's illness.* Le escribí una carta con respecto a la enfermedad de mi hija.

reggae /ˈregeɪ/ *sustantivo*
música reggae

regiment /ˈredʒəmənt/ *sustantivo*
regimiento

region /ˈridʒən/ *sustantivo*
región: *This is a farming region.* Ésta es una región agrícola.

regional /ˈridʒənl/ *adjetivo*
regional

register /ˈredʒəstər/ *sustantivo & verbo*
■ *sustantivo*
registro
■ *verbo*
registrar: *The car is registered in my sister's name.* El coche está registrado a nombre de mi hermana.

registration /redʒəˈstreɪʃən/ *sustantivo*
inscripción

regret /rɪˈgret/ *verbo & sustantivo*
■ *verbo* (**regretting**, **regretted**)
arrepentirse de, **lamentar**: *I regret spending so much money on the car.* Me arrepiento de haber gastado tanto en el coche.
■ *sustantivo*
arepentimiento, **pesar** [cuando se refiere a algo que entristece]

regular /ˈregjələr/ *adjetivo*
1 regular, **con regularidad**: *His heartbeat is strong and regular.* Los latidos de su corazón son fuertes y regulares. | *We have a regular meeting every Monday.* Tenemos una junta todos los lunes con regularidad.
2 habitual: *Is he your regular doctor?* ¿Es tu médico habitual?
3 regular: *The verb "walk" is regular, but the verb "be" is not.* El verbo "walk" es regular, pero el verbo "be" no lo es.

regularity /regjəˈlærəti/ *sustantivo*
regularidad

regularly /ˈregjələrli/ *adverbio*
con regularidad, **regularmente**: *Take the medicine regularly three times a day.* Tome la medicina tres veces al día con regularidad.

regulation /regjəˈleɪʃən/ *sustantivo*
reglamento, **regla**

rehearsal /rɪˈhɜrsəl/ *sustantivo*
ensayo: *Anyone can come to the rehearsal.* Cualquiera puede ir al ensayo.

rehearse /rɪˈhɜrs/ *verbo* (**rehearsing**, **rehearsed**)
ensayar: *He rehearsed his speech last night.* Ensayó su discurso anoche.

reign /reɪn/ *verbo & sustantivo*
■ *verbo*
reinar
■ *sustantivo*
reinado: *during the reign of King George III* durante el reinado del Rey Jorge III

rein /reɪn/ *sustantivo*
rienda: *If you pull the reins, the horse will stop.* Si jalas las riendas, el caballo se detendrá.

reject /rɪˈdʒekt/ *verbo*
rechazar, **no aceptar**: *We rejected his idea.* Rechazamos su idea.

rejection /rɪˈdʒekʃən/ *sustantivo*
rechazo

rejoice /rɪˈdʒɔɪs/ *verbo* (**rejoicing**, **rejoiced**)
regocijarse, **alegrarse mucho**

relate /rɪˈleɪt/ *verbo* (**relating**, **related**)
1 estar relacionado -a con: *The movie relates to what we read earlier.* La película se relaciona con lo que habíamos leído.
2 relatar

related /rɪˈleɪtɪd/ *adjetivo*
1 relacionado -a: *The book is about farming and related subjects.* El libro es sobre la agricultura y otros temas relacionados.
2 to be related to ser pariente de: *I'm related to him. He's my uncle.* Soy su pariente. Es mi tío.

relation /rɪˈleɪʃən/ *sustantivo*
1 pariente: *Some of my relations live in Canada.* Algunos de mis parientes viven en Canadá.
2 relación: *Relations between the two countries are not good.* No hay buenas relaciones entre los dos países.
3 in relation to en relación a: *The land is small in relation to the population.* El territorio es pequeño en relación a la población.

relationship /rɪˈleɪʃənʃɪp/ *sustantivo*
1 relación [sentimental]
2 relación [entre dos cosas]

relative /ˈrelətɪv/ *sustantivo & adjetivo*
■ *sustantivo*
pariente
■ *adjetivo*
relativo -a: *The last few years have been a time of relative peace.* En los últimos años ha habido una paz relativa.

relatively /ˈrelətɪvli/ *adverbio*
relativamente: *Traveling by train is relatively expensive.* Viajar en tren es relativamente caro.

relax /rɪˈlæks/ *verbo*
1 relajarse: *Don't worry about it. Just try to relax.* No te preocupes. Sólo trata de relajarte.
2 relajar [disciplina, músculos]

relaxation /ˌrilækˈseɪʃən/ *sustantivo*
relajamiento

relaxed /rɪˈlækst/ *adjetivo*
relajado -a

release /rɪˈlis/ *verbo & sustantivo*
■ *verbo* (**releasing**, **released**)
soltar, **poner en libertad**: *I released the horse and it ran away.* Solté el caballo y se fue corriendo. | *Four prisoners were released.* Cuatro prisioneros fueron puestos en libertad.
■ *sustantivo*
liberación

reliable /rɪˈlaɪəbəl/ *adjetivo*
responsable, **de confianza**: *He is a very reliable person, and he will do what he promised.* Es una persona muy responsable y hará lo que dijo que haría.

relief /rɪˈlif/ *sustantivo*
alivio: *It was a relief to know that she was safe.* Fue un alivio saber que estaba a salvo.

relieve /rɪˈliv/ *verbo* (**relieving**, **relieved**)
aliviar: *The medicine relieved his headache.* La medicina le alivió el dolor de cabeza.

relieved /rɪˈlivd/ *adjetivo*
aliviado -a: *Your mother will be relieved to hear that you are doing well.* Tu mamá se sentirá muy aliviada de saber que te está yendo bien.

religion /rɪˈlɪdʒən/ *sustantivo*
religión: *Hinduism and Buddhism are Eastern religions.* El hinduismo y el budismo son religiones orientales.

religious /rɪˈlɪdʒəs/ *adjetivo*
religioso -a: *She has strong religious beliefs.* Tiene creencias religiosas firmes. | *He comes from a religious family.* Es de una familia religiosa.

reluctant /rɪˈlʌktənt/ *adjetivo*
renuente: *The child was reluctant to ask for help.* El niño estaba renuente a pedir ayuda.

rely /rɪˈlaɪ/ *verbo* (**relying**, **relied**)
confiar: *You can rely on me to help.* Puedes confiar en mí para ayudarte.

remain /rɪˈmeɪn/ *verbo*
1 seguir, **continuar**: *We remained friends for years.* Seguimos siendo amigos muchos años.
2 quedarse, **permanecer**: *I left, but my brother remained at home.* Yo me fui, pero mi hermano se quedó en la casa.

remainder /rɪˈmeɪndər/ *sustantivo*
resto: *I'll go with you; the remainder of the group can wait here.* Yo voy contigo, el resto del grupo puede esperar aquí.

remains /rɪˈmeɪnz/ *sustantivo plural*
restos: *We visited the remains of an ancient city.* Visitamos los restos de una ciudad antigua.

remark /rɪˈmɑrk/ *sustantivo & verbo*
■ *sustantivo*
comentario, **observación**: *He made a rude remark about one of his colleagues.* Hizo un comentario desagradable sobre uno de sus compañeros.

■ *verbo*

comentar, **observar**: *"That's where Jane lives," she remarked.* "Allí vive Jane", comentó.

remarkable /rɪˈmɑrkəbəl/ *adjetivo*

notable

remarkably /rɪˈmɑrkəbli/ *adverbio*

sorprendentemente: *The food was remarkably good.* La comida era sorprendentemente buena.

remedy /ˈremədi/ *sustantivo* (plural **remedies**)

1 remedio, solución

2 remedio

remember /rɪˈmembər/ *verbo*

acordarse de, **recordar**: *Did you remember to feed the cat?* ¿Te acordaste de darle de comer al gato? | *He suddenly remembered that he had left the lights on.* De repente se acordó de que había dejado las luces prendidas.

remind /rɪˈmaɪnd/ *verbo*

1 recordarle a, hacer acordar a: *Remind me to write to my uncle.* Recuérdame que le escriba a mi tío. | *That smell reminds me of the beach.* Ese olor me recuerda la playa.

2 to remind you of someone recordarle a uno a alguien: *He reminds me of Charlie Chaplin.* Me recuerda a Charlie Chaplin.

remote /rɪˈmoʊt/ *adjetivo*

remoto -a: *They have a remote farm in the hills.* Tienen una granja remota en las montañas.

reˌmote conˈtrol *sustantivo*

control remoto

remotely /rɪˈmoʊtli/ *adverbio*

not remotely ni remotamente: *He is not remotely like me.* No es ni remotamente parecido a mí.

removal /rɪˈmuvəl/ *sustantivo*

1 extracción [del contenido de algo]

2 levantamiento [de una tapa]

3 eliminación [de una mancha, etc.]

4 mudanza

remove /rɪˈmuv/ *verbo* (**removing**, **removed**)

quitar: *Please remove your books from my desk.* Por favor quita tus libros de mi escritorio.

renew /rɪˈnu/ *verbo*

1 renovar: *We need to renew our insurance.* Tenemos que renovar nuestra póliza de seguros.

2 reanudar: *The soldiers renewed their attack on the town.* Los soldados reanudaron su asalto a la ciudad.

rent /rent/ *sustantivo & verbo*

■ *sustantivo*

renta, **alquiler**: *How much do you pay for rent?* ¿Cuánto pagas de renta?

■ *verbo*

1 rentar, **alquilar**: *I rent an office in the city.* Rento una oficina en la ciudad.

2 to rent something out rentar algo a alguien: *She rents out the basement apartment to students.* Renta su sótano a estudiantes.

repaid /riˈpeɪd/ pasado y participio del verbo **repay**

repair /rɪˈper/ *verbo & sustantivo*

■ *verbo*

reparar, **arreglar**: *Did you repair the chair yet?* ¿Ya reparaste la silla?

■ *sustantivo*

reparación: *My car is in for repair.* Mi coche está en reparación.

repay /riˈpeɪ/ *verbo* (gerundio **repaying**, pasado y participio **repaid**)

pagar: *Did you repay the loan?* ¿Pagaste el préstamo?

repeat /rɪˈpit/ *verbo*

repetir: *Can you repeat the question?* ¿Puede repetir la pregunta?

repeated /rɪˈpitɪd/ *adjetivo*

repetido -a, **reiterado -a**: *She made repeated attempts to escape.* Hizo repetidos intentos de escaparse.

repetition /repəˈtɪʃən/ *sustantivo*

repetición

replace /rɪˈpleɪs/ *verbo* (**replacing**, **replaced**)

1 volver a poner

2 cambiar: *Can we afford to replace the television?* ¿Tenemos suficiente dinero para cambiar la televisión?

replacement /rɪˈpleɪsmənt/ *sustantivo*

reemplazo, **sustituto -a** [de una persona]

replay /ˈripleɪ/ *sustantivo* (plural **replays**)

repetición de la jugada

reply /rɪˈplaɪ/ *verbo & sustantivo*

■ *verbo* (**replying**, **replied**)

responder, **contestar**: *"I didn't do it," she replied.* "Yo no lo hice," respondió. | *Has anyone replied to your question?* ¿Alguien ha contestado tu pregunta?

R

■ *sustantivo*
respuesta, **contestación**: *Did you receive a reply to your letter?* ¿Recibiste respuesta a tu carta?

report /rɪˈpɔrt/ *verbo & sustantivo*
■ *verbo*
1 reportar: *The accident was reported on the radio.* El accidente se reportó en el radio.
2 reportar: *She reported the crime to the police.* Reportó el delito a la policía.
■ *sustantivo*
reportaje: *We read a report of the accident.* Leímos un reportaje sobre el accidente.

reˈport card *sustantivo*
boleta de calificaciones

reporter /rɪˈpɔrtər/ *sustantivo*
reportero -a

represent /reprɪˈzent/ *verbo*
1 representar: *He represented his company at the meeting.* Representó a su compañía en la junta.
2 representar: *The symbol "&" represents the word "and".* El símbolo "&" representa la palabra "and".

representative /reprɪˈzentətɪv/ *sustantivo*
representante: *They sent a representative to the meeting.* Enviaron un representante a la junta.

reproach /rɪˈproʊtʃ/ *verbo*
reprochar

reproduce /riprəˈdus/ *verbo* (**reproducing**, **reproduced**)
1 reproducirse
2 reproducir: *The paintings are all reproduced in the book.* Todas las pinturas están reproducidas en el libro.

reproduction /riprəˈdʌkʃən/ *sustantivo*
1 reproducción: *He wrote a book on human reproduction.* Escribió un libro sobre la reproducción humana.
2 reproducción [de objetos]

reptile /ˈreptaɪl/ *sustantivo*
reptíl

republic /rɪˈpʌblɪk/ *sustantivo*
república

reputation /repjəˈteɪʃən/ *sustantivo*
reputación: *This hotel has a good reputation.* El hotel goza de buena reputación.

request /rɪˈkwest/ *verbo & sustantivo*
■ *verbo*
pedir, **solicitar**, **rogar**: *We request that visitors remain quiet in the hospital.* Rogamos a las visitas no hacer ruido en el hospital.
■ *sustantivo*
petición, **solicitud**: *She made a request for help.* Solicitó ayuda.

require /rɪˈkwaɪr/ *verbo* (**requiring**, **required**)
requerir, **necesitar**: *Roses require a lot of water.* Las rosas requieren mucha agua.

requirement /rɪˈkwaɪrmənt/ *sustantivo*
requisito, **necesidad**: *The agreement meets all our requirements.* El acuerdo cumple todos nuestros requisitos.

rescue /ˈreskju/ *verbo & sustantivo*
■ *verbo* (**rescuing**, **rescued**)
rescatar: *He rescued the boy from the river.* Rescató al muchacho del río.
■ *sustantivo*
rescate: *a rescue operation* una operación de rescate

rescue

The Coast Guard rescued him.

research[1] /ˈrisɜrtʃ/ *sustantivo*
investigación: *She is doing medical research into the disease.* Está llevando a cabo una investigación médica sobre la enfermedad.

research[2] /rɪˈsɜrtʃ/ *verbo*
investigar, **estudiar**

resemblance /rɪˈzembləns/ *sustantivo*
semejanza: *There is no resemblance between the two brothers.* No hay ninguna semejanza entre los dos hermanos.

resemble /rɪˈzembəl/ *verbo* (**resembling**, **resembled**)
parecerse a: *She resembles her mother in several ways.* Se parece a su mamá en varias cosas.

resent /rɪˈzent/ *verbo*
guardar rencor a: *He resents his father for leaving the family.* Le guarda rencor a su padre por abandonar a la familia.

resentment /rɪˈzentmənt/ *sustantivo*
resentimiento, **rencor**

reservation /rezər'veɪʃən/ *sustantivo*
1 reservación: *Did you make a reservation at the hotel?* ¿Hiciste la reservación del hotel?
2 reserva, **reservación**

reserve /rɪ'zɜrv/ *verbo & sustantivo*
■ *verbo* (**reserving**, **reserved**)
reservar: *I have reserved a table for us at the restaurant.* Reservé una mesa en el restaurante.
■ *sustantivo*
1 reserva: *We have large reserves of oil.* Tenemos grandes reservas de petróleo.
2 reserva: *Africa has many wildlife reserves.* África tiene muchas reservas naturales.

reservoir /'rezərvwɑr/ *sustantivo*
presa

residence /'rezədəns/ *sustantivo*
residencia: *Where is the President's official residence?* ¿Dónde está la residencia oficial del Presidente?

resident /'rezədənt/ *sustantivo*
1 vecino -a, **colono** [de una región, zona o colonia]: *Residents of this area are angry about the new prison.* Los vecinos de la zona están enojados por la nueva cárcel.
2 residente [de un país]

residential /rezə'denʃəl/ *adjetivo*
residencial: *The plane crashed in a residential area.* El avión se estrelló en una zona residencial.

resign /rɪ'zaɪn/ *verbo*
renunciar: *He resigned from the company.* Renunció a su puesto en la compañía.

resignation /rezɪg'neɪʃən/ *sustantivo*
1 renuncia: *I handed in my resignation last week.* Presenté mi renuncia la semana pasada.
2 resignación

resist /rɪ'zɪst/ *verbo*
resistir: *They resisted the enemy attack.* Resistieron el ataque del enemigo. | *I couldn't resist laughing at him.* No pude resistir reírme de él.

resistance /rɪ'zɪstəns/ *sustantivo*
resistencia

resolution /rezə'luʃən/ *sustantivo*
propósito, **determinación**: *Did you make any resolutions this year?* ¿Hiciste algún propósito este año?

resolve /rɪ'zɑlv/ *verbo* (**resolving**, **resolved**)
resolver, **decidir**: *I resolved to try harder at school.* Resolví echarle más ganas a la escuela.

resort /rɪ'zɔrt/ *sustantivo*
centro turístico, **centro vacacional**: *We went to a beach resort.* Fuimos a un centro turístico en la playa.

resources /'risɔrsɪz/ *sustantivo plural*
recursos

respect /rɪ'spekt/ *sustantivo & verbo*
■ *sustantivo*
1 respeto: *He has great respect for his parents.* Les tiene mucho respeto a sus padres.
2 in some respects en algunos respectos: *In some respects, he is like his father.* En muchos respectos, es como su papá.
■ *verbo*
respetar: *The children respect their teacher.* Los niños respetan a su profesora.

respectable /rɪ'spektəbəl/ *adjetivo*
respetable: *He is a respectable young man.* Es un joven respetable.

respond /rɪ'spɑnd/ *verbo*
responder: *How did she respond to your question?* ¿Cómo respondió a tu pregunta?

response /rɪ'spɑns/ *sustantivo*
respuesta: *I haven't had any response to my letter.* No he tenido respuesta a mi carta.

responsibility /rɪspɑnsə'bɪləti/ *sustantivo* (plural **responsibilities**)
responsabilidad: *My children are my responsibility.* Mis hijos son mi responsabilidad.

responsible /rɪ'spɑnsəbəl/ *adjetivo*
1 responsable: *She is responsible for the children.* Ella es responsable de los niños.
2 responsable: *He is responsible for several murders.* Es responsable de varios asesinatos.

rest /rest/ *sustantivo & verbo*
■ *sustantivo*
1 descanso: *I had an hour's rest after work.* Tuve una hora de descanso después del trabajo.
2 the rest el resto: *We'll eat the rest of the cake tomorrow.* Nos comeremos el resto del pastel mañana.
■ *verbo*
1 descansar: *I rested after work.* Descansé después del trabajo.
2 apoyar: *I rested my elbows on the table.* Apoyé los codos sobre la mesa.

restaurant /'restərɑnt/ *sustantivo*
restaurante

restful /'restfəl/ *adjetivo*
tranquilo -a, **apacible**

R

restless /ˈrestləs/ *adjetivo*
inquieto -a: *The children are becoming restless.* Los niños se están poniendo inquietos.

restore /rɪˈstɔr/ *verbo* (**restoring**, **restored**)
restaurar: *He wants to restore the old car.* Quiere restaurar el viejo coche.

restrain /rɪˈstreɪn/ *verbo*
contener: *She couldn't restrain her tears.* No pudo contener las lágrimas.

restrict /rɪˈstrɪkt/ *verbo*
restringir, **limitar**

restriction /rɪˈstrɪkʃən/ *sustantivo*
restricción: *There is a restriction on how many tickets you can buy.* Han impuesto una restricción del número de boletos que se puede comprar.

ˈrest room *sustantivo*
baño [generalmente en lugares públicos]

result /rɪˈzʌlt/ *sustantivo & verbo*
■ *sustantivo*
consecuencia: *As a result of the snow, school is closed today.* Como consecuencia de la nieve, la escuela permanecerá cerrada hoy.
■ *verbo*
tener como resultado, **resultar**: *The accident resulted in three people being killed.* El accidente tuvo como resultado la muerte de tres personas.

resume /rɪˈzum/ *verbo* (**resuming**, **resumed**)
reanudar: *We will resume our work soon.* Vamos a reanudar el trabajo dentro de poco.

> **NOTA:** La palabra *resumir* en español se traduce por **summarize** en inglés.

retire /rɪˈtaɪr/ *verbo* (**retiring**, **retired**)
jubilarse: *He retired when he was 65.* Se jubiló a los 65 años.

retired /rɪˈtaɪrd/ *adjetivo*
jubilado -a

retirement /rɪˈtaɪrmənt/ *sustantivo*
jubilación: *She plans to spend her retirement traveling.* Piensa pasar su jubilación viajando.

retreat /rɪˈtrit/ *verbo & sustantivo*
■ *verbo*
retirarse, **replegarse**: *The soldiers retreated as the enemy advanced.* Los soldados se replegaron a medida que el enemigo avanzaba.
■ *sustantivo*
retirada, **repliegue**

return /rɪˈtɜrn/ *verbo & sustantivo*
■ *verbo*
1 regresar, **volver**: *He returned to his own country.* Regresó a su país.
2 devolver, **regresar**: *Will you return the books to the library?* ¿Puedes devolver los libros a la biblioteca?
3 volver, **regresar**: *Soon everything will return to normal.* Pronto todo volverá a la normalidad.
■ *sustantivo*
1 regreso, **vuelta**: *On my return, I saw that the door was open.* A mi regreso, vi que la puerta estaba abierta.
2 devolución, **regreso**

reveal /rɪˈvil/ *verbo*
revelar

revenge /rɪˈvendʒ/ *sustantivo*
venganza: *The bombing was in revenge for an earlier attack.* El bombardeo fue en venganza por un ataque anterior.

Reverend /ˈrevrənd/ *sustantivo*
Reverendo -a

reverse /rɪˈvɜrs/ *verbo* (**reversing**, **reversed**)
revocar, **invertir** [una decisión]: *The judge reversed his decision.* El juez revocó su decisión.

review /rɪˈvju/ *verbo & sustantivo*
■ *verbo*
1 hacer un repaso, **repasar**: *I'm reviewing for my math test.* Estoy haciendo un repaso para mi examen de matemáticas.
2 escribir la crítica de, **reseñar**
■ *sustantivo*
reseña, **crítica**

revise /rɪˈvaɪz/ *verbo* (**revising**, **revised**)
1 (políticas, planes) **modificar**
2 corregir, **revisar**: *He revised the manuscript of his book before sending it to the publisher.* Corrigió el manuscrito de su libro antes de mandárselo al editor.

revive /rɪˈvaɪv/ *verbo* (**reviving**, **revived**)
reanimar: *She revived him with cold water.* Lo reanimó con agua fría.

revolt /rɪˈvoʊlt/ *verbo & sustantivo*
■ *verbo*
sublevarse, **rebelarse**: *The army revolted against the government.* El ejército se sublevó contra el gobierno.
■ *sustantivo*
levantamiento, **sublevación**

revolting /rɪˈvoʊltɪŋ/ *adjetivo*
asqueroso -a: *What a revolting smell!* ¡Qué olor más asqueroso!

revolution /revəˈluʃən/ *sustantivo*
revolución

revolutionary /revəˈluʃəneri/ *adjetivo*
1 revolucionario -a [movimiento, etc.]
2 revolucionario -a: *Computers have had a revolutionary effect on business.* Las computadoras han tenido un efecto revolucionario sobre los negocios.

revolve /rɪˈvɑlv/ *verbo* (**revolving**, **revolved**)
girar: *The Earth revolves around the sun.* La Tierra gira alrededor del sol.

revolver /rɪˈvɑlvər/ *sustantivo*
revólver

reward /rɪˈwɔrd/ *sustantivo & verbo*
■ *sustantivo*
recompensa: *The police offered a reward for information about the crime.* La policía ofreció una recompensa por cualquier información sobre el crimen.
■ *verbo*
recompensar: *How can I reward you for your help?* ¿Cómo te puedo recompensar por tu ayuda?

rhinoceros /raɪˈnɑsərəs/ *sustantivo* (plural **rhinoceroses**)
rinoceronte

rhyme /raɪm/ *sustantivo & verbo*
■ *sustantivo*
1 rima
2 verso en rima
■ *verbo* (**rhyming**, **rhymed**)
rimar: *"Day" rhymes with "play."* "Day" rima con "play".

rhythm /ˈrɪðəm/ *sustantivo*
ritmo: *I like to dance to music with a good rhythm.* Me gusta bailar con música de buen ritmo.

rib /rɪb/ *sustantivo*
costilla

ribbon /ˈrɪbən/ *sustantivo*
listón, cinta: *She has a ribbon in her hair.* Lleva un listón en el pelo.

rice /raɪs/ *sustantivo*
arroz

rich /rɪtʃ/ *adjetivo*
1 rico -a, adinerado -a
2 indigesto -a [porque tiene alto contenido en grasas, azúcar, huevos, etc.]

riches /ˈrɪtʃɪz/ *sustantivo plural*
riquezas: *She gave away all her riches.* Se deshizo de todas sus riquezas.

rid /rɪd/ *adjetivo*
to get rid of something deshacerse de algo: *He got rid of his old shirts.* Se deshizo de sus camisas viejas.

ridden /ˈrɪdn/ participio del verbo **ride**

riddle /ˈrɪdl/ *sustantivo*
adivinanza, **acertijo**

ride /raɪd/ *verbo & sustantivo*
■ *verbo* (gerundio **riding**, pasado **rode**, participio **ridden**)
montar, **andar** [en bicicleta o a caballo]: *She is riding her bicycle.* Está andando en bicicleta. | *They rode horses on the mountain.* Montaron a caballo en la montaña.
■ *sustantivo*
vuelta, **paseo** [en coche, en bicicleta o a caballo]: *Do you want to go for a ride?* ¿Quieres ir a dar una vuelta en coche? | *We gave him a ride to work.* Le dimos un aventón al trabajo.

ride

rider /ˈraɪdər/ *sustantivo*
1 jinete: *The rider was thrown off his horse.* El jinete se cayó del caballo.
2 ciclista
3 motociclista

ridge /rɪdʒ/ *sustantivo*
cresta [en una montaña]

ridiculous /rɪˈdɪkjələs/ *adjetivo*
ridículo -a: *What a ridiculous thing to say!* ¡Qué cosas más ridículas dices!

rifle /ˈraɪfəl/ *sustantivo*
rifle

right /raɪt/ *adjetivo, sustantivo & adverbio*
■ *adjetivo*
1 correcto -a: *Do you know the right time?* ¿Tienes la hora correcta? | *She was right to tell the police.* Hizo lo correcto informando a la policía
2 derecho -a: *Take the next right turn.* Da vuelta en la primera a la derecha. | *He broke his right arm.* Se rompió el brazo derecho.
3 ¿verdad?: *You wanted coffee, right?* Querías café, ¿verdad?
■ *sustantivo*
1 el bien: *You must learn the difference between right and wrong.* Tienes que aprender la diferencia entre el bien y el mal.

R

2 derecho: *We must work for equal rights for everyone.* Tenemos que luchar por la igualdad de derechos para todos.
3 derecha: *His house is on the right.* Su casa está a la derecha.
■ *adverbio*
1 justo: *That's our house right there* Justo allí está nuestra casa. | *He's right behind you!* ¡Está justo atrás de ti!
2 correctamente, **bien**: *Did they spell your name right?* ¿Escribieron tu nombre correctamente?
3 a la derecha: *Turn right at the corner.* Da vuelta a la derecha en la esquina.
4 Con el significado de "hasta": *I read right to the end of the book.* Lei el libro hasta el final.
5 right away ahora mismo: *I need the report right away.* Necesito el reporte ahora mismo.
6 right there allí mismo: *I'll be right there.* Allí mismo estaré.

'right ˌangle *sustantivo*
ángulo recto

'right-click *verbo*
right-click on sth hacer clic con el botón derecho en algo

ˌright-'handed *adjetivo*
diestro -a

rigid /ˈrɪdʒɪd/ *adjetivo*
1 duro -a: *I need a box with rigid sides.* Necesito una caja con lados duros.
2 rígido -a: *He has rigid ideas about what women can do.* Tiene ideas rígidas sobre lo que pueden hacer las mujeres.

rim /rɪm/ *sustantivo*
1 armazón, **montura**: *She broke the rim of her glasses.* Rompió la armazón de sus lentes.
2 borde [de un plato, vaso o taza]

rind /raɪnd/ *sustantivo*
1 cáscara
2 cáscara, **corteza**
3 borde, **piel**

ring /rɪŋ/ *sustantivo & verbo*
■ *sustantivo*
1 anillo: *She has a gold ring.* Tiene un anillo de oro.
2 círculo: *There was a ring of fire around the house.* Había un círculo de fuego alrededor de la casa.
3 sonido de un timbre
■ *verbo* (gerundio **ringing**, pasado **rang**, participio **rung**)
sonar: *I heard the telephone ringing.* Oí que sonaba el teléfono.

ringtone /ˈrɪŋtoʊn/ *sustantivo*
tono [de un celular], **ringtone**

rinse /rɪns/ *verbo* (**rinsing**, **rinsed**)
enjuagar: *I rinsed the sand off my feet.* Me enjuagué los pies para quitarme la arena.

riot /ˈraɪət/ *sustantivo & verbo*
■ *sustantivo*
disturbio: *News of his death caused riots in the streets.* La noticia de su muerte causó disturbios en las calles.
■ *verbo*
causar disturbios

rip /rɪp/ *verbo* (**ripping**, **ripped**)
rasgar, **romper**: *I ripped my pants on a nail.* Me rasgué los pantalones en un clavo.

ripe /raɪp/ *adjetivo*
maduro -a: *This fruit isn't ripe yet.* Esta fruta todavía no está madura.

ripple /ˈrɪpəl/ *sustantivo*
onda

ripple

rise /raɪz/ *verbo & sustantivo*
■ *verbo* (gerundio **rising**, pasado **rose**, participio **risen**)
1 aumentar, **subir**: *Oil prices are rising.* El precio del petróleo está aumentando.
2 elevarse, **subir**: *Smoke rose from the chimney.* El humo se elevaba por la chimenea.
3 ponerse de pie, **pararse**: *He rose to his feet.* Se puso de pie.
4 salir: *The sun rose at seven o'clock.* El sol salió a las siete.
■ *sustantivo*
aumento, **subida**: *We had a rise in prices.* Tuvimos un aumento de precios.

risen /ˈrɪzən/ participio del verbo **rise**

risk /rɪsk/ *verbo & sustantivo*
■ *verbo*
arriesgar, **correr el riesgo de**: *You risk losing all your money.* Corres el riesgo de perder todo tu dinero. | *He risked his life in saving the child.* Arriesgó su vida para salvar al niño.
■ *sustantivo*
riesgo: *He took a risk in buying that car.* Tomó un riesgo al comprar ese coche.

rival /ˈraɪvəl/ *sustantivo*
rival: *She is his business rival.* Es su rival en los negocios.

rivalry /ˈraɪvəlri/ *sustantivo* (plural **rivalries**)
rivalidad

river /ˈrɪvər/ *sustantivo*
río: *The longest river in Africa is the Nile.* El río más largo de África es el Nilo.

road /roʊd/ *sustantivo*
1 calle: *Where's the best place to cross the road?* ¿Cuál es el mejor lugar para cruzar la calle?
2 carretera: *the road between L.A. and San Diego* la carretera de Los Ángeles a San Diego
3 to be on the road viajar en carretera: *We've been on the road since this morning.* Hemos estado viajando desde esta mañana.

roam /roʊm/ *verbo*
deambular: *Bears roam the woods.* Hay osos deambulando por los bosques.

roar /rɔr/ *verbo & sustantivo*
■ *verbo*
rugir
■ *sustantivo*
1 rugido
2 clamor: *You could hear the roar of the crowd.* Se oía el clamor de la multitud.

roast /roʊst/ *verbo & adjetivo*
■ *verbo*
asar
■ *adjetivo*
asado -a [en el horno o a las brasas]: *Do you like roast chicken?* ¿Te gusta el pollo asado?

rob /rɑb/ *verbo* (**robbing**, **robbed**)
1 asaltar, **robar**: *They planned to rob the bank.* Planeaban asaltar el banco.
2 robar [a una persona]

NOTA: Compara **rob** con **steal**. Usa **rob** cuando se trata de un robo a una persona o a una organización. Usa **steal** cuando se trata de robos de cosas como dinero a alguien *I've been robbed!* ¡Me robaron! | *He was sent to prison for robbing a bank.* Lo metieron a la cárcel por asaltar un banco. | *Someone stole my bag.* Alguien me robó la bolsa. | *She stole the money.* Se robó el dinero.

robber /ˈrɑbər/ *sustantivo*
ladrón -ona, **asaltante**

robbery /ˈrɑbəri/ *sustantivo* (plural **robberies**)
asalto, **robo**: *He was charged with armed robbery.* Lo acusaron de asalto a mano armada.

robe /roʊb/ *sustantivo*
bata

robin /ˈrɑbɪn/ *sustantivo*
petirrojo

robot /ˈroʊbɑt/ *sustantivo*
robot

rock /rɑk/ *sustantivo & verbo*
■ *sustantivo*
1 roca: *The ship hit a rock during the storm.* El barco chocó contra una roca durante la tormenta.
2 música rock
■ *verbo*
mecer: *Susan is rocking the baby to sleep.* Susan está meciendo al bebé para dormirlo.

rocket /ˈrɑkɪt/ *sustantivo*
cohete

rocket

ˈrocking chair *sustantivo*
mecedora

rocky /ˈrɑki/ *adjetivo* (**rockier**, **rockiest**)
rocoso -a

rod /rɑd/ *sustantivo*
vara, **caña**: *I bought a new fishing rod.* Compré una caña de pescar nueva.

rode /roʊd/ pasado del verbo **ride**

rodeo /ˈroʊdiˌoʊ/ *sustantivo*
rodeo

role /roʊl/ *sustantivo*
1 papel: *Our country plays a major role in keeping the peace.* Nuestro país desempeña un papel importante en mantener la paz.
2 papel: *He played the role of the old king in the play.* Hacía el papel del viejo rey en la obra.

roll /roʊl/ *verbo & sustantivo*
■ *verbo*
1 rodar: *A ball rolled under the table.* Una pelota rodó por debajo de la mesa. | *The car rolled backward.* El coche rodó hacia atrás.
2 (also **roll up**) **enrollar**: *Roll up the carpet so we can carry it.* Enrolla el tapete para que lo podamos cargar. | *Roll the string into a ball.* Enrolla el cordel en un ovillo.

R

3 (also **roll out**) **desenrollar**, **extender**: *Roll out your sleeping bag on the floor.* Extiende tu bolsa de dormir en el piso.

■ *sustantivo*

1 rollo: *A roll of coins fell off the table.* Un rollo de monedas se cayó de la mesa.

2 bolillo

3 lista

Rollerblade® /ˈroʊlərbleɪd/ *sustantivo*
Rollerblade®

ˈroller ˌcoaster *sustantivo*
montaña rusa

ˈroller skate *sustantivo*
patín [de ruedas]

Roman Catholic /ˌroʊmən ˈkæθəlɪk/ *adjetivo & sustantivo*
católico -a

romance /ˈroʊmæns, roʊˈmæns/ *sustantivo*

1 romance, **idilio**

2 novela de amor, **novela rosa**

romantic /roʊˈmæntɪk/ *adjetivo*
romántico -a

roof /ruf/ *sustantivo*
techo: *There's a cat on the roof.* Hay un gato en el techo.

room /rum/ *sustantivo*

1 cuarto: *The house has six rooms.* La casa tiene seis cuartos.

2 lugar, **espacio**: *There isn't enough room for anyone else in the car.* No hay lugar para nadie más en el coche.

roommate /ˈrum-meɪt/ *sustantivo*
compañero -a de cuarto, **compañero -a de departamento**

roomy /ˈrumi/ *adjetivo* (**roomier**, **roomiest**)
amplio -a

rooster /ˈrustər/ *sustantivo*
gallo

root /rut, rʊt/ *sustantivo*
raíz

rope /roʊp/ *sustantivo*
cuerda, **mecate**

rose[1] /roʊz/ *sustantivo*
rosa [la flor]

rose[2] /roʊz/ pasado del verbo **rise**

rot /rɑt/ *verbo* (**rotting**, **rotted**)
pudrirse, **descomponerse**: *The fruit began to rot.* La fruta empezó a pudrirse.

rotate /ˈroʊteɪt/ *verbo* (**rotating**, **rotated**)
girar: *Rotate the handle to the left.* Gira la manivela hacia la izquierda.

rotation /roʊˈteɪʃən/ *sustantivo*
rotación

rotten /ˈrɑtn/ *adjetivo*

1 podrido -a, **descompuesto -a**: *rotten fish* pescado podrido

2 asqueroso -a: *The way he treated her was really rotten.* Su manera de tratarla fue asquerosa.

rough /rʌf/ *adjetivo*

1 áspero -a [piel, textura o superficie]

2 lleno de baches, **desigual**: *They had to travel over a rough road.* Tuvieron que ir por una carretera llena de baches.

3 picado, **agitado**: *The sea was rough because of the storm.* El mar estaba picado debido a la tempestad.

4 aproximado -a: *Do you have a rough idea of when you will leave?* ¿Tienes una idea aproximada de cuándo te vas a ir?

roughly /ˈrʌfli/ *adverbio*

1 aproximadamente: *We sailed roughly twenty miles.* Navegamos aproximadamente veinte millas.

2 con brusquedad

round /raʊnd/ *adjetivo & sustantivo*

■ *adjetivo*

redondo -a: *They sat at a large round table.* Se sentaron en una gran mesa redonda.

■ *sustantivo*

1 ronda, **vuelta**: *The latest round of meetings went very well.* La última ronda de juntas fue muy bien.

2 round, **asalto**: *The boxing match is ten rounds long.* La pelea es de diez rounds.

ˈround-trip *adjetivo*
de ida y vuelta

route /rut, raʊt/ *sustantivo*
ruta: *What's the shortest route from here to Boston?* ¿Cuál es la ruta más corta de aquí a Boston?

router /ˈrutər/ *sustantivo*
router

routine /ruˈtin/ *sustantivo*
rutina: *I don't like anything that upsets my daily routine.* No me gusta nada que cambie mi rutina cotidiana.

row /roʊ/ *sustantivo & verbo*

■ *sustantivo*

hilera, **fila**: *They walked past a row of houses.* Pasaron por delante de una hilera de casas. | *She sat in the front row.* Se sentó en la primera fila.

■ *verbo*

remar

rowboat /ˈroʊboʊt/ *sustantivo*
bote de remos

royal /ˈrɔɪəl/ *adjetivo*
real: *Did you see the royal family?* ¿Viste a la familia real?

royalty /ˈrɔɪəlti/ *sustantivo*
realeza

rub /rʌb/ *verbo* (**rubbing**, **rubbed**)
1 frotar: *She rubbed cream into her hands.* Se frotó crema en las manos.
2 masajear: *Can you rub my back?* ¿Me masajeas la espalda?

rubber /ˈrʌbər/ *sustantivo*
hule, **caucho**

ˌrubber ˈband *sustantivo*
liga

rubbish /ˈrʌbɪʃ/ *sustantivo* BrE
basura

ruby /ˈrubi/ *sustantivo* (plural **rubies**)
rubí

rude /rud/ *adjetivo*
grosero -a, **mal educado -a**: *Don't be so rude to your father.* No seas grosero con tu papá.

rug /rʌg/ *sustantivo*
tapete

rugged /ˈrʌgɪd/ *adjetivo*
1 escarpado -a
2 accidentado -a, **escabroso -a**

ruin /ˈruɪn/ *verbo & sustantivo*
■ *verbo*
arruinar: *I spilled ink on my dress and ruined it.* Me eché tinta en el vestido y lo arruiné.
■ *sustantivo*
1 ruina: *The company faces financial ruin.* La compañía está a punto de irse a la ruina.
2 ruins ruinas: *We saw the ruins of the old church.* Vimos las ruinas de la vieja iglesia.

rule /rul/ *verbo & sustantivo*
■ *verbo* (**ruling**, **ruled**)
1 gobernar: *The country is ruled by a king.* El país es gobernado por un rey.
2 dictaminar, **declarar**: *The judge ruled that he was guilty.* El juez declaró que era culpable.
■ *sustantivo*
1 regla, **norma**: *It's against the rules.* Va contra las reglas.
2 dominio, **gobierno**: *The city is under military rule.* La ciudad está bajo el dominio de los militares.

ruler /ˈrulər/ *sustantivo*
1 gobernante
2 regla [de medir]

rum /rʌm/ *sustantivo*
ron

rumble /ˈrʌmbəl/ *verbo & sustantivo*
■ *verbo* (**rumbling**, **rumbled**)
1 hacer un ruido sordo [tambores]
2 retumbar
3 sonar [el estómago]
■ *sustantivo*
trueno

rumor /ˈrumər/ *sustantivo*
rumor: *Have you heard the rumor about John?* ¿Oíste los rumores sobre John?

run /rʌn/ *verbo & sustantivo*
■ *verbo* (gerundio **running**, pasado **ran**, participio **run**)
1 correr: *He ran across the road.* Cruzó la calle corriendo.
2 administrar, **llevar**: *There is not enough money to run the hospital.* No hay suficientes fondos para administrar el hospital. | *She runs a clothing store in town.* Lleva una tienda de ropa en el centro.
3 funcionar: *The radio runs on batteries.* El radio funciona con baterías. | *He left the engine running.* Dejó el motor prendido.
4 ir rápido: *I need to run into town to get some things.* Tengo que ir al centro rápido a comprar algunas cosas. | *Can you run to the store for me?* ¿Vas rapidito a la tienda a comprar una cosa?
5 pasar: *The road runs along the river bank.* La carretera pasa por todo lo largo del río. | *A path runs between the houses.* Un camino pasa entre las dos casas.
6 postularse: *She ran for President.* Se postuló como candidata para Presidenta.
7 salir: *The trains run every hour.* Los trenes salen cada hora.
8 correr: *The water is running down the street.* El agua está corriendo por la calle.
9 to run away escaparse: *He ran away from home when he was thirteen.* Se escapó de su casa cuando tenía trece años.
10 to run someone down atropellar a alguien
11 to run into someone or something (a) chocar con alguien o algo: *I ran into a tree.* Choqué contra un árbol. **(b) encontrarse a alguien o algo por casualidad**: *I didn't think I would run into you here.* No esperaba encontrarte aquí.
12 to run off salir corriendo: *Our dogs keep running off.* Nuestros perros siempre se salen corriendo.
13 to run out of something quedarse sin algo: *The car has run out of gas.* El coche se quedó sin gasolina.

R

■ *sustantivo*

1 carrera [en un juego de beisbol]

2 to go for a run salir a correr: *I always go for a run before breakfast.* Siempre salgo a correr antes de desayunar.

3 in the long run a la larga: *In the long run, I think our plan will work.* Creo que a la larga nuestro plan va a funcionar.

run away

The burglar ran away.

runaway /ˈrʌnəweɪ/ *sustantivo* (plural **runaways**)
fugitivo -a

rung[1] /rʌŋ/ *sustantivo*
travesaño

rung[2] /rʌŋ/ participio del verbo **ring**

runner /ˈrʌnər/ *sustantivo*
corredor -a

running /ˈrʌnɪŋ/ *sustantivo*
jogging ▶ A menudo se usa el verbo *correr*: *How often do you go running?* ¿Qué tan seguida vas a correr?

runny /ˈrʌni/ *adjetivo* (**runnier**, **runniest**)
1 aguado -a: *This paint is too runny to use.* Esta pintura no se puede usar de tan aguada que está.
2 que gotea [nariz]

rural /ˈrʊrəl/ *adjetivo*
rural: *Farm animals are kept in rural areas.* Los animales de granja se crían en zonas rurales.

rush /rʌʃ/ *verbo*
correr, **ir deprisa**: *She rushed into the room to tell us the news.* Entró corriendo al cuarto para darnos la noticia.

ˈrush hour *sustantivo*
hora pico

rust /rʌst/ *verbo & sustantivo*
■ *verbo*
oxidarse: *The lock is rusted shut.* La cerradura no se puede abrir porque se oxidó.
■ *sustantivo*
herrumbre, **óxido**: *This car has a lot of rust.* Este coche está lleno de herrumbre.

rusty /ˈrʌsti/ *adjetivo* (**rustier**, **rustiest**)
oxidado -a: *I found a box of rusty nails.* Encontré una caja de clavos oxidados.

rut /rʌt/ *sustantivo*
1 surco
2 to be in a rut estar estancado -a [en una situación o rutina]

Ss

S, s /es/ *sustantivo*
S, s: *S for sugar* S de sugar
's /s, z/
1 Contracción de **is**: *What's your name?* ¿Cómo te llamas?
2 Contracción de **has**: *She's been here before.* Ya ha venido antes.
3 En la frase **let's**, contracción de **us**: *Let's go, or we will be late.* Vámonos, o vamos a llegar tarde.
4 Para indicar el posesivo en singular se traduce por **de**: *Those are Tom's books.* Esos son los libros de Tom.

> **NOTA:** Cuando hay más de un dueño, escribe **s'**, no **'s** *the boy's books* los libros del niño | *the boys' books* los libros de los niños.

sack /sæk/ *sustantivo*
costal, **saco**: *The truck was carrying sacks of rice.* El camión llevaba costales de arroz.
sacred /ˈseɪkrɪd/ *adjetivo*
sagrado -a: *A church is a sacred building.* Una iglesia es un recinto sagrado.
sacrifice /ˈsækrəfaɪs/ *sustantivo & verbo*
■ *sustantivo*
sacrificio: *Her parents made a lot of sacrifices so that she could go to college.* Sus padres hicieron muchos sacrificios para que pudiera ir a la universidad.
■ *verbo* (**sacrificing**, **sacrificed**)
1 renunciar a, **sacrificar**: *She sacrificed her job to take care of her children.* Renunció a su trabajo para cuidar a sus hijos.
2 sacrificar, **ofrecer como sacrificio**: *They sacrificed a goat.* Sacrificaron una cabra.
sad /sæd/ *adjetivo* (**sadder**, **saddest**)
triste: *She looks very sad.* Se ve muy triste. | *I was sad to leave the school.* Me entristeció irme de la escuela.
saddle /ˈsædl/ *sustantivo*
1 silla de montar
2 asiento [de bicicleta]
sadly /ˈsædli/ *adverbio*
tristemente
safari /səˈfɑri/ *sustantivo*
safari
safe /seɪf/ *adjetivo & sustantivo*
■ *adjetivo*
1 seguro -a, **sin riesgos**: *This city is very safe at night.* Esta ciudad es muy segura de noche. | *Do you feel safe driving home alone?* ¿Te sientes segura manejando sola a tu casa?
2 sin peligro, **seguro -a**: *Is it safe to swim here?* ¿Se puede nadar aquí sin peligro?
3 safe and sound sano y salvo/sana y salva
■ *sustantivo*
caja fuerte
safely /ˈseɪfli/ *adverbio*
sin ningún percance: *We arrived home safely.* Llegamos a csa sin ningún percance.
safety /ˈseɪfti/ *sustantivo*
seguridad: *Some parents are concerned about safety at the school.* Algunos padres están preocupados por la seguridad en la escuela.
ˈsafety pin *sustantivo*
seguro, **alfiler de seguridad**
sag /sæg/ *verbo* (**sagging**, **sagged**)
combarse: *The bookshelf sagged in the middle.* La repisa de los libros se combaba en la mitad.
said /sed/ pasado y participio del verbo **say**
sail /seɪl/ *sustantivo & verbo*
■ *sustantivo*
vela [de un bote]
■ *verbo*
1 hacerse a la mar, **navegar**: *His ship sails today.* Su barco se hace a la mar hoy.
2 navegar [un bote]: *She sailed the boat without any help.* Navegó el velero sin ninguna ayuda.
sailboat /ˈseɪlboʊt/ *sustantivo*
barco de vela
sailor /ˈseɪlər/ *sustantivo*
marinero -a
saint /seɪnt/ *sustantivo*
santo -a
sake /seɪk/ *sustantivo*
1 for someone's sake por (el bien de) alguien: *Please be nice to your sister, for my sake.* Por favor sé bueno con tu hermana, hazlo por mí.
2 for goodness' sake por Dios, **por el amor de Dios**: *Oh, for goodness' sake, hurry up!* ¡Apúrate, por el amor de Dios!
salad /ˈsæləd/ *sustantivo*
ensalada

ˈsalad ˌdressing *sustantivo*
aderezo para ensalada

salamander /ˈsæləmændər/ *sustantivo*
salamandra

salary /ˈsæləri/ *sustantivo* (plural **salaries**)
salario

sale /seɪl/ *sustantivo*
1 venta: *The sale of cigarettes is controlled by the law.* La venta de cigarros está controlada por la ley.
2 barata: *They are having a sale this week.* Tienen barata esta semana.
3 for sale en venta: *Is this table for sale?* ¿Se vende esta mesa?

sales clerk /ˈseɪlzkɜrk/ *sustantivo*
dependiente -a

salesman /ˈseɪlzmən/ *sustantivo* (plural **salesmen** /-mən/)
vendedor, **dependiente**

salesperson /ˈseɪlzpɜrsən/ *sustantivo*
vendedor -a, **dependiente**

saleswoman /ˈseɪlzwʊmən/ *sustantivo* (plural **saleswomen** /-wɪmɪn/)
vendedora, **dependiente**

salmon /ˈsæmən/ *sustantivo* (plural **salmon**)
salmón

salt /sɔlt/ *sustantivo*
sal

salty /ˈsɔlti/ *adjetivo* (**saltier**, **saltiest**)
salado -a [con mucha sal]

salute /səˈlut/ *verbo & sustantivo*
■ *verbo* (**saluting**, **saluted**)
hacer el saludo, **saludar** [en el ejército]: *The soldier saluted the officer.* El soldado le hizo el saludo al oficial.
■ *sustantivo*
saludo [en el ejército]

NOTA: La palabra española *saludar* se traduce por **to say hello** en inglés.

same /seɪm/ *adjetivo & pronombre*
the same (a) igual, **idéntico -a**: *They all look the same to me.* A mí se me hacen todos iguales. | *Your pen is the same as mine.* Tu pluma es igual a la mía. **(b) el mismo/la misma**: *We go to the same place every year on vacation.* Todos los años vamos de vacaciones al mismo lugar. **(c) lo mismo**: *Oranges are an excelent source of vitamin C. The same can be said for strawberries.* Las naranjas son una excelente fuente de vitamina C. Lo mismo se puede decir de las fresas. | *The same for me, please.* Yo quiero lo mismo, por favor.

sample /ˈsæmpəl/ *sustantivo & verbo*
■ *sustantivo*
muestra: *I need to see a sample of his work.* Necesito ver una muestra de su trabajo.
■ *verbo* (**sampling**, **sampled**)
probar, **degustar**: *We sampled several different ice creams.* Probamos varios helados diferentes.

sand /sænd/ *sustantivo*
arena

sandal /ˈsændl/ *sustantivo*
sandalia, **huarache**

sandwich /ˈsændwɪtʃ/ *sustantivo* (plural **sandwiches**)
sandwich: *I had a chicken sandwich for lunch.* De lonche me comí un sandwich de pollo.

sandy /ˈsændi/ *adjetivo* (**sandier**, **sandiest**)
arenoso -a, **de arena**: *a sandy beach* una playa arenosa

sane /seɪn/ *adjetivo* (**saner**, **sanest**)
cuerdo -a

NOTA: La palabra *sano* en español se traduce por **healthy** en inglés.

sang /sæŋ/ pasado del verbo **sing**

sank /sæŋk/ pasado del verbo **sink**

Santa Claus /ˈsæntə klɔz/ *sustantivo* (also **Santa**)
Santa Claus

sap /sæp/ *sustantivo*
savia

sapphire /ˈsæfaɪr/ *sustantivo*
safiro

sarcastic /sɑrˈkæstɪk/ *adjetivo*
sarcástico -a: *Don't be so sarcastic!* ¡No seas tan sarcástico!

sardine /sɑrˈdin/ *sustantivo*
sardina

sat /sæt/ pasado y participio del verbo **sit**

Satan /ˈseɪtn/ *sustantivo*
Satanás

satanic /səˈtænɪk/ *adjetivo*
satánico -a

satellite /ˈsætl-aɪt/ *sustantivo*
1 (artificial) **satélite**: *The television broadcast came from Europe by satellite.* El programa se transmitió por satélite desde Europa.
2 (natural) **satélite**: *The moon is a satellite of the Earth.* La luna es un satélite de la Tierra.

satisfaction /sætɪsˈfækʃən/ *sustantivo*
satisfacción: *I get great satisfaction from working with children.* Me da mucha satisfacción trabajar con niños.

satisfactory /sætɪsˈfæktəri/ *adjetivo*
satisfactorio -a

satisfied /ˈsætɪsfaɪd/ *adjetivo*
satisfecho -a: *I am satisfied with my test results.* Estoy satisfecho con los resultados de mis pruebas.

satisfy /ˈsætɪsfaɪ/ *verbo* (**satisfying**, **satisfied**)
satisfacer: *It is very difficult to satisfy my boss.* Es muy difícil satisfacer a mi jefe.

Saturday /ˈsætərdi/ *sustantivo*
sábado

Saturn /ˈsætərn/ *sustantivo*
Saturno

sauce /sɔs/ *sustantivo*
salsa

saucepan /ˈsɔs-pæn/ *sustantivo*
cacerola, **olla**

saucer /ˈsɔsər/ *sustantivo*
platito [de una taza]

sauna /ˈsɔnə/ *sustantivo*
sauna

sausage /ˈsɔsɪdʒ/ *sustantivo*
salchicha

savage /ˈsævɪdʒ/ *adjetivo*
salvaje

save /seɪv/ *verbo* (**saving**, **saved**)
1 salvar: *Peter saved my life.* Peter me salvó la vida.
2 (también **save up**) **ahorrar**: *How much did you save this month?* ¿Cuánto ahorraste este mes? | *She is saving up to buy a car.* Está ahorrando para comprar un coche.
3 ahorrar: *We'll save time if we take this road.* Vamos a ahorrar tiempo si vamos por este camino.
4 guardar: *Did you save your file?* ¿Guardaste el archivo?

savings /ˈseɪvɪŋz/ *sustantivo plural*
ahorros: *He used his savings to buy a car.* Usó sus ahorros para comprar un coche.

saw¹ /sɔ/ *sustantivo & verbo*
■ *sustantivo*
serrucho, **serrote**
■ *verbo* (**sawed**, **sawn**)
serruchar, **aserrar**: *He sawed the wood into three pieces.* Serruchó la madera en tres pedazos.

saw² /sɔ/ pasado del verbo **see**

sawn /sɔn/ participio del verbo **saw**

saxophone /ˈsæksəfoun/ *sustantivo* (also **sax**)
saxofón

say /seɪ/ *verbo & sustantivo*
■ *verbo* (gerundio **saying**, pasado y participio **said**)
1 decir: *He said that he wanted to go to town.* Dijo que quería ir al centro. | *I didn't understand what she was saying.* No entendí lo que estaba diciendo.
2 indicar, **marcar**: *What time does the clock say?* ¿Qué horas marca el reloj?
■ *sustantivo*
opinión: *It is important to have a say in your children's education.* Es importante que uno pueda opinar sobre la educación de sus hijos.

NOTA: En inglés hay dos verbos que significan *decir*: **say** y **tell**. En líneas generales **say** se usa cuando no se indica a quién se le dice algo y **tell** cuando se menciona a quién se le dice algo. Para más información, mira la entrada **decir** en el lado español.

saying /ˈseɪ-ɪŋ/ *sustantivo*
dicho

scab /skæb/ *sustantivo*
costra [que cierra una herida]

scaffold /ˈskæfəld/ *sustantivo*
andamio

scald /skɔld/ *verbo*
escaldar, **quemar**: *She scalded her tongue on the coffee.* Se escaldó la lengua con el café.

scale /skeɪl/ *sustantivo*
1 escala, **tamaño**: *The large scale of the project surprised me.* Me sorprendió la gran escala del proyecto.
2 escala: *I need a ruler with a metric scale.* Necesito una regla con una escala métrica.
3 escala: *The scale of this map is one inch to the mile.* La escala de este mapa es de una pulgada por milla.
4 escala [musical]

5 báscula: *Put the bananas on the scale.* Pon los plátanos en la báscula.
6 escama

scalp /skælp/ *sustantivo*
cuero cabelludo

scandal /ˈskændl/ *sustantivo*
escándalo

scanner /ˈskænər/ *sustantivo*
scanner, **escáner**

scar /skɑr/ *sustantivo*
cicatriz

scarce /skers/ *adjetivo*
escaso -a ▶ A menudo se traduce por **escasear**: *Food becomes scarce during a war.* Durante una guerra la comida escasea.

scarcely /ˈskersli/ *adverbio*
apenas: *She scarcely said anything all evening.* Apenas habló en toda la noche.

scare /sker/ *verbo & sustantivo*
■ *verbo* (**scaring**, **scared**)
asustar: *The noises scared him.* Los ruidos lo asustaron.
■ *sustantivo*
susto: *You gave me a scare last night.* Me diste un susto anoche.

scarecrow /ˈskerkroʊ/ *sustantivo*
espantapájaros

scarecrow

scared /skerd/ *adjetivo*
asustado -a ▶ Se suele traducir por **tener miedo**: *I was scared that something bad would happen to her.* Tenía miedo de que le pasara algo malo.

scarf /skɑrf/ *sustantivo* (plural **scarves** o **scarfs**)
1 mascada
2 bufanda

scarlet /ˈskɑrlɪt/ *adjetivo*
escarlata

scarves /skarvz/ pasado del verbo **scarf**

scary /ˈskeri/ *adjetivo* (**scarier**, **scariest**)
de terror, **que asusta**: *I don't like scary movies.* No me gustan las películas de terror.

scatter /ˈskætər/ *verbo*
1 dispersar(se): *The crowd scattered into the streets.* La muchedumbre se dispersó por las calles.
2 desparramar: *His clothes were scattered all over the floor.* Su ropa estaba desparramada por todo el cuarto.

scene /sin/ *sustantivo*
1 escena: *He painted a pretty country scene with trees and a river.* Pintó una hermosa escena campestre con árboles y un río.
2 lugar, **escenario**: *Police arrived quickly at the scene of the accident.* La policía llegó rápidamente al lugar del accidente.
3 escena [en una obra de teatro]

scenery /ˈsinəri/ *sustantivo*
1 vista: *The scenery here is very beautiful.* La vista desde aquí es preciosa.
2 escenografía [en un teatro]

scent /sent/ *sustantivo*
aroma, **perfume**

schedule /ˈskedʒəl/ *sustantivo*
1 agenda, **programa de actividades**: *My schedule is very busy this week.* Tengo una agenda muy llena esta semana.
2 (hablando de transportes o clases) **horario**

scheme /skim/ *sustantivo & verbo*
■ *sustantivo*
plan [a menudo, deshonesto]: *He thought of a scheme to get some money.* Se le ocurrió un plan para conseguir dinero.
■ *verbo* (**scheming**, **schemed**)
tramar, **conspirar**: *They are scheming to steal money from the bank.* Están tramando para robarle dinero al banco.

scholar /ˈskɑlər/ *sustantivo*
1 becario -a
2 erudito -a, **estudioso -a**

scholarship /ˈskɑlərʃɪp/ *sustantivo*
beca: *She won a scholarship to Harvard.* Ganó una beca a Harvard.

school /skul/ *sustantivo*
1 colegio, **escuela**: *Which school do you go to?* ¿A qué colegio vas? | *I'm learning English in school.* Estoy aprendiendo inglés en la escuela.
2 clases: *What are you doing after school?* ¿Qué vas a hacer después de clases?

ˈschool bag *sustantivo*
mochila, **bolso** [para el colegio]

science /ˈsaɪəns/ *sustantivo*
ciencia

ˌscience ˈfiction *sustantivo* (also **sci-fi** /saɪ faɪ/)
ciencia ficción

scientific /saɪənˈtɪfɪk/ *adjetivo*
científico -a

S

scientist /ˈsaɪəntɪst/ *sustantivo*
científico -a: *A group of scientists discussed the problem of global warming.* Un grupo de científicos discutió el problema del calentamiento global.

scissors /ˈsɪzərz/ *sustantivo plural*
tijeras: *He passed me a pair of scissors.* Me dio unas tijeras.

scold /skoʊld/ *verbo*
regañar: *My mother scolded me for dropping the plates.* Mi mamá me regañó por dejar caer los platos.

scoop /skup/ *verbo & sustantivo*
■ *verbo*
sacar [grano o líquido con la mano o un implemento]: *She scooped some flour out of the bag.* Sacó harina de la bolsa.
■ *sustantivo*
pala, **cuchara** [para helado, harina, etc.]

scooter /ˈskutər/ *sustantivo*
1 escúter, **Vespa(r)**
2 escúter, **patín del diablo**

scooter

score /skɔr/ *sustantivo & verbo*
■ *sustantivo*
1 resultado, **puntuación**: *The final score was 35-17.* El resultado final fue 35 a 17.
2 to keep score llevar la cuenta de los puntos, goles, etc.
■ *verbo* (**scoring**, **scored**)
1 anotar, **marcar**, **meter**: *How many points did you score?* ¿Cuántos puntos anotaste?
2 sacar [un porcentaje o número de puntos]

scorpion /ˈskɔrpiən/ *sustantivo*
escorpión, **alacrán**

Scotland /ˈskɑtlənd/ *sustantivo*
Escocia

Scottish /ˈskɑtɪʃ/ *adjetivo*
escocés -esa

scowl /skaʊl/ *verbo & sustantivo*
■ *verbo*
hacer cara, **fruncir el ceño**: *She scowled at me because I was late.* Me hizo cara porque llegué tarde.
■ *sustantivo*
ceño fruncido

scramble /ˈskræmbəl/ *verbo* (**scrambling**, **scrambled**)
Moverse rápido pero con dificultad: *The children scrambled up the hill.* Los niños subieron la colina como pudieron.

ˌscrambled ˈeggs *sustantivo plural*
huevos revueltos

scrap /skræp/ *sustantivo*
pedacito: *There were scraps of paper on the floor.* Había pedacitos de papel en el suelo.

scrapbook /ˈskræpbʊk/ *sustantivo*
álbum de recortes

scrape /skreɪp/ *verbo* (**scraping**, **scraped**)
raspar, **rascar**: *Scrape the mud off your boots.* Ráspales el lodo a tus botas.

scratch /skrætʃ/ *verbo & sustantivo*
■ *verbo*
1 rascar: *Can you scratch my back?* ¿Me rascas la espalda?
2 rayar: *The cat scratched the chair.* El gato rayó la silla.
■ *sustantivo* (plural **scratches**)
rasguño: *She has a scratch on her hand.* Tiene un rasguño en la mano.

scream /skrim/ *verbo & sustantivo*
■ *verbo*
gritar: *"Look out!" she screamed.* "¡Cuidado!", gritó.
■ *sustantivo*
grito

screech /skritʃ/ *verbo & sustantivo*
■ *verbo*
chirriar ► A menudo se traduce por *chirrido*: *The car screeched around the corner.* El coche dio vuelta a la esquina con un chirrido.
■ *sustantivo* (plural **screeches**)
chirrido

screen /skrin/ *sustantivo*
1 pantalla [de una TV o computadora]
2 pantalla [en un cine]
3 biombo: *The doctor asked him to undress behind the screen.* El médico le pidió que se desvistiera detrás del biombo.

ˈscreen ˌsaver *sustantivo*
salvapantallas

screw /skru/ *sustantivo & verbo*
■ *sustantivo*
tornillo
■ *verbo*
1 atornillar: *He screwed the mirror to the wall.* Atornilló el espejo en la pared.
2 enroscar: *Screw the lid on.* Enrosca la tapa.

screwdriver /ˈskrudraɪvər/ *sustantivo*
desatornillador, **desarmador**

S

scribble /ˈskrɪbəl/ *verbo* (**scribbling**, **scribbled**)
escribir rápidamente: *I'll scribble a note to say when we'll be home.* Dejo una nota rapidito diciendo cuándo volvemos.

scroll /skroʊl/ *verbo*
Hacer avanzar o retroceder el texto que aparece en la pantalla de una computadora

scrub /skrʌb/ *verbo* (**scrubbing**, **scrubbed**)
restregar, **tallar** [con el objeto de limpiar]

scuba diving /ˈskubə ˌdaɪvɪŋ/ *sustantivo*
buceo [con tanques de aire]

sculptor /ˈskʌlptər/ *sustantivo*
escultor -a

sculpture /ˈskʌlptʃər/ *sustantivo*
1 escultura [el objeto]
2 escultura [el arte]

sea /si/ *sustantivo*
mar: *We sailed the Mediterranean Sea.* Navegamos por el Mar Mediterráneo.

seafood /ˈsifud/ *sustantivo*
mariscos: *We eat a lot of seafood.* Comemos muchos mariscos.

seagull /ˈsigʌl/ *sustantivo*
gaviota

seal /sil/ *sustantivo & verbo*
■ *sustantivo*
1 foca
2 sello [de cera]
■ *verbo*
(también **seal up**)
cerrar: *She sealed the envelope and put a stamp on it.* Cerró el sobre y le puso un timbre.

seal

ˈsea lion *sustantivo*
león marino

seam /sim/ *sustantivo*
costura [línea formada por puntadas]

search /sɜrtʃ/ *verbo & sustantivo*
■ *verbo*
1 registrar: *Police searched the house.* La policía registró la casa.
2 buscar: *I've searched everywhere for my keys.* He buscado mis llaves por todas partes.
■ *sustantivo* (plural **searches**)
búsqueda: *After a long search, they found the child.* Después de una larga búsqueda, encontraron al niño.

ˈsearch ˌengine *sustantivo*
buscador, **motor/página de búsqueda**

seashell /ˈsiʃel/ *sustantivo*
concha [de mar]

seashore /ˈsiʃɔr/ *sustantivo*
orilla del mar

seasick /ˈsisɪk/ *adjetivo*
mareado -a ► A menudo se traduce por **marearse**: *I felt seasick because the ocean was very rough.* Me mareé porque el mar estaba muy picado.

season /ˈsizən/ *sustantivo*
1 estación: *Summer is the hottest season.* El verano es la estación más calurosa.
2 temporada: *The baseball season begins soon.* La temporada de beisbol empieza pronto.

seat /sit/ *sustantivo*
1 asiento: *I could not find a seat on the bus.* No encontré asiento en el camión.
2 to take a seat/to have a seat sentarse: *Please, come in and take a seat.* Por favor, entre y siéntese.

ˈseat belt *sustantivo*
cinturón de seguridad

seaweed /ˈsiwid/ *sustantivo*
algas [marinas]: *a piece of seaweed* un alga

second /ˈsekənd/ *número & sustantivo*
■ *número*
1 segundo -a: *This is the second time I have met him.* Es la segunda vez que lo veo.
2 en segundo lugar: *I came in second in the race.* Llegué en segundo lugar en la carrera.
3 dos: *January second* el dos de enero
■ *sustantivo*
(unidad de tiempo) **segundo**

ˈsecondary ˌschool *sustantivo*
(escuela) secundaria

secret /ˈsikrɪt/ *sustantivo & adjetivo*
■ *sustantivo*
secreto: *Don't tell anyone about this. It's a secret.* No le cuentes esto a nadie. Es un secreto. | *Can you keep a secret?* ¿Puedes guardar un secreto?
■ *adjetivo*
secreto -a: *a secret plan* un plan secreto

secretary /ˈsekrəteri/ *sustantivo* (plural **secretaries**)
1 (en una oficina) **secretario -a**
2 (en el gobierno) **secretario -a**

secretly /ˈsikrɪtli/ *adverbio*
en secreto, **secretamente**

section /ˈsekʃən/ *sustantivo*
1 sección
2 parte

S

secure /sɪˈkjʊr/ *adjetivo*
1 seguro -a: *She has a secure job with the bank.* Tiene un trabajo seguro en el banco.
2 (bien sujeto) **seguro -a**: *The boat will be secure here.* El bote estará seguro aquí.

security /sɪˈkjʊrəti/ *sustantivo*
seguridad: *The government is responsible for the security of the country.* El gobierno es responsable de la seguridad en el país.

see /si/ *verbo* (pasado **saw**, participio **seen**)
1 ver: *I can't see without my glasses.* No veo sin mis anteojos. | *Have you seen her new movie?* ¿Ya viste su nueva película?
2 entender, **darse cuenta de**: *Do you see what I mean?* ¿Entiendes lo que quiero decir? | *I could see that she didn't like me.* Me di cuenta de que no le caía bien.
3 ver: *I'll see you outside.* Nos vemos afuera. | *You should see a doctor.* Deberías ir a ver a un médico.
4 ver: *Go and see how many people have arrived.* Ve a ver cuántas personas han llegado. | *I'll see if anyone wants a cup of coffee.* Voy a ver si alguien quiere una taza de café.
5 I'll see/we'll see Ya veré, ya veremos: *"Can I use your car this Saturday?" "We'll see."* –¿Me prestas el coche el sábado? –Ya veremos.
6 let's see vamos a ver: *Let's see. How many people are coming?* Vamos a ver. ¿Cuántos van a venir?
7 see you/see you later nos vemos, hasta luego: *"Goodbye, Bill." "See you later, Terry."* –Adiós, Bill. –Nos vemos, Terry.
8 to see to something encargarse de algo: *I will see to it that she gets home safely.* Yo me encargo de que llegue sana y salva a su casa.

S

seed /sid/ *sustantivo* (plural **seed** o **seeds**)
semilla

seek /sik/ *verbo* (pasado y participio **sought**)
tratar de encontrar, **buscar**

seem /sim/ *verbo*
parecer: *Your sister seems very nice.* Tu hermana parece ser muy simpática. | *There seems to be a problem with the car.* Parece que hay un problema con el coche.

seen /sin/ participio del verbo **see**

seesaw /ˈsisɔ/ *sustantivo*
subibaja

seize /siz/ *verbo* (**seizing**, **seized**)
agarrar: *A woman seized his arm.* Una mujer le agarró el brazo.

seldom /ˈseldəm/ *adverbio*
casi nunca: *Bill seldom eats dinner.* Bill casi nunca cena.

select /sɪˈlekt/ *verbo*
escoger, **seleccionar**: *I was selected for the team.* Me escogieron para el equipo.

selection /sɪˈlekʃən/ *sustantivo*
selección, **elección**: *Did you make a selection?* ¿Hiciste una selección?

self /self/ *sustantivo* (plural **selves**)
uno mismo/una misma

ˌself-ˈconfidence *sustantivo*
confianza en sí mismo -a

ˌself-ˈconfident *adjetivo*
seguro -a de sí mismo -a

ˌself-conˈtrol *sustantivo*
autocontrol, **dominio de sí mismo -a**

ˌself-deˈfense *sustantivo*
defensa propia

selfish /ˈselfɪʃ/ *adjetivo*
egoísta: *Don't be so selfish with your toys!* ¡No seas tan egoísta con tus juguetes!

self-ˈservice *adjetivo*
autoservicio: *self-service stores* tiendas de autoservicio

sell /sel/ *verbo* (pasado y participio **sold**)
1 vender: *She sold her bicycle to me.* Me vendió su bicicleta. | *Do you sell milk?* ¿Venden leche?
2 to sell out agotar las existencias de algo: *We've sold out of newspapers.* Ya vendimos todos los periódicos.

selves /selvz/ pasado del verbo **self**

semester /səˈmestər/ *sustantivo*
semestre

semicircle /ˈsemisɜrkəl/ *sustantivo*
semicírculo

semicolon /ˈsemikoʊlən/ *sustantivo*
punto y coma

semifinal /ˈsemifaɪnl/ *sustantivo*
semifinal

senate /ˈsenət/ *sustantivo*
senado

senator /ˈsenətər/ *sustantivo*
senador -a

send /send/ *verbo* (pasado y participio **sent**)
1 mandar: *She sent me a present.* Me mandó un regalo. | *Did you send him an email?* ¿Le mandaste un e-mail?
2 mandar: *They sent their children to school in Massachusetts.* Mandaron sus hijos a la escuela en Massachusetts.

3 **to send for someone** **mandar a traer a alguien**, **mandar por alguien**: *She was sick, so her mother sent for the doctor.* Estaba enferma, así que su mamá mandó a traer al médico.

senior /ˈsinjər/ *sustantivo & adjetivo*

■ *sustantivo*

estudiante del último año de preparatoria o de la carrera universitaria

■ *adjetivo*

de alto rango: *She is a senior officer in the army.* Es una oficial de alto rango en el ejército.

Senior /ˈsɪnjər/ *adjetivo*

padre: *I'd like to see John Conway senior.* Quisiera ver a John Conway padre.

ˌsenior ˈcitizen, también **senior** *sustantivo*

persona de la tercera edad, **persona mayor**

sensation /senˈseɪʃən/ *sustantivo*

1 **sensación**: *She felt a burning sensation on the back of her neck.* Sentía que algo le estaba quemando la parte de atrás del cuello.

2 **furor**, **sensación**: *The show caused a sensation.* El espectáculo causó furor.

sense /sens/ *sustantivo & verbo*

■ *sustantivo*

1 **sentido común**: *She has enough sense to call us if she needs to.* Tiene suficiente sentido común como para llamarnos si nos necesita.

2 **sentido** [uno de los cinco sentidos]: *He has a good sense of smell.* Tiene buen sentido del olfato.

3 **sentido**: *She felt a strong sense of pride when she won the race.* Se sintió muy orgullosa cuando ganó la carrera.

4 **to make sense** **tener sentido**: *Does this make sense to you?* ¿Te parece que esto tiene sentido?

■ *verbo* (**sensing**, **sensed**)

darse cuenta de, **sentir**: *The dog sensed that I was afraid.* El perro se dio cuenta de que yo tenía miedo.

senseless /ˈsensləs/ *adjetivo*

1 **sin sentido**: *The crime was completely senseless.* Fue un crímen completamente sin sentido.

2 **sin sentido**, **inconsciente**: *The punch knocked him senseless.* El puñetazo lo dejó sin sentido.

sensible /ˈsensəbəl/ *adjetivo*

sensato -a, **prudente**: *Tom is a sensible man.* Tom es un hombre sensato. | *I think we made a sensible decision.* Creo que tomamos una decisión prudente.

> **NOTA:** La palabra *sensible* en español se traduce por **sensitive** en inglés.

sensitive /ˈsensətɪv/ *adjetivo*

1 **sensible** [a los sentimientos de otras personas]

2 **sensible** [piel]

3 **sensible**, **susceptible** [a las críticas]

sent /sent/ pasado y participio de **send**

sentence /ˈsentəns/ *sustantivo*

oración, **enunciado**

separate¹ /ˈseprət/ *adjetivo*

1 (físicamente aparte) **distinto -a**, **separado -a**: *We sleep in separate beds.* Dormimos en camas separadas.

2 **distinto -a**: *This word has three separate meanings.* Esta palabra tiene tres significados distintos.

separate² /ˈsepəreɪt/ *verbo* (**separating**, **separated**)

1 **dividir**, **separar**: *The teacher separated the class into four groups.* La maestra dividió la clase en cuatro grupos.

2 **separar**: *A fence separated the cows from the pigs.* Una cerca separaba las vacas de los cochinos.

separation /sepəˈreɪʃən/ *sustantivo*

separación

September /sepˈtembər/ *sustantivo*

septiembre

sequence /ˈsikwəns/ *sustantivo*

secuencia

sequoia /sɪˈkwɔɪə/ *sustantivo*

secuoya

sergeant /ˈsɑrdʒənt/ *sustantivo*

sargento

serial /ˈsɪriəl/ *sustantivo*

serie [historia en partes]

series /ˈsɪriz/ *sustantivo* (plural **series**)

serie: *There has been a series of accidents on this road.* Ha habido una serie de accidentes en esta carretera.

serious /ˈsɪriəs/ *adjetivo*

1 **serio -a**: *He is serious about finding a new job.* Está buscando un nuevo trabajo en serio.

2 **grave**, **serio -a**: *My father has a serious illness.* Mi padre tiene una enfermedad grave.

3 **serio -a**: *We had a serious conversation about his future.* Tuvimos una seria conversación sobre su futuro.

seriously /ˈsɪriəsli/ *adverbio*

1 **gravemente**, **seriamente**: *He is seriously ill.* Está gravemente enfermo.

2 **to take something seriously tomar algo en serio**: *The police are taking the threats seriously.* La policía está tomando en serio las amenazas.

sermon /ˈsɜrmən/ *sustantivo*

sermón

servant /ˈsɜrvənt/ *sustantivo*

sirviente -a

serve /sɜrv/ *verbo* (**serving**, **served**)

1 **servir**: *Dinner will be served at eight o'clock.* La cena se servirá a las ocho.

2 **servir**: *She served the community selflessly.* Sirvió a la comunidad desinteresadamente. | *He served in the army for 15 years.* Sirvió en el ejército durante 15 años.

3 **to serve as servir de**: *This sofa serves as an extra bed.* Este sofá sirve de cama extra.

4 **it serves you right que te sirva de lección**: *He didn't do well on the test, but it serves him right for not studying.* No le fue bien en la prueba, pero que le sirva de lección por no estudiar.

service /ˈsɜrvɪs/ *sustantivo*

1 **servicio**, **atención**: *The service in this restaurant is very slow.* El servicio en este restaurante es muy lento.

2 **servicio**, **trabajo**: *She retired after twenty-five years of service.* Se jubiló después de veinticinco años de servicio.

3 **servicio**: *Is there a regular bus service from here?* ¿Hay servicio constante de autobuses desde aquí?

4 **oficio religioso**

session /ˈseʃən/ *sustantivo*

sesión

set /set/ *sustantivo, verbo & adjetivo*

■ *sustantivo*

1 **juego**, **colección**: *a set of tools* un juego de herramientas | *a set of records* una colección de discos | *a set of dishes* una vajilla

2 **aparato** [de radio o televisión]: *We have a color TV set.* Tenemos un televisor a color.

3 (de una filmación) **set**

■ *verbo* (gerundio **setting**, pasado y participio **set**)

1 **poner**, **colocar**: *She set the flowers on the table.* Puso las flores en la mesa.

2 (hablando del sol o de la luna) **ponerse**, **meterse**: *The sun is setting.* Se está poniendo el sol.

3 **desarrollarse**, **tener lugar**: *The story is set in Japan.* La historia se desarrolla en Japón.

4 **to set an example dar el ejemplo**: *Parents should set a good example for their children.* Los padres deben darles un buen ejemplo a los hijos.

5 **to set fire to something/to set something on fire prenderle fuego a algo**

6 **to set the table poner la mesa**

7 **to set up (a) crear**, **fundar**: *The government set up a special program for young mothers.* El gobierno creó un programa especial para las madres jóvenes. **(b) levantar**, **erigir**: *Police set up a roadblock.* La policía levantó una barrera.

8 **to set out salir**, **emprender el camino**: *They set out at dawn.* Salieron al amanecer.

9 **to set out to do something proponerse hacer algo**: *He set out to make a movie about the war.* Lo que se proponía era hacer una película sobre la guerra.

■ *adjetivo*

fijo -a: *We meet at a set time each week.* Nos reunimos a una hora fija cada semana.

settle /ˈsetl/ *verbo* (**settling**, **settled**)

1 **establecerse**: *My son settled in Los Angeles.* Mi hijo se estableció en Los Ángeles.

2 **resolver**: *We settled our disagreement without a fight.* Resolvimos nuestras discrepancias sin pelearnos.

3 **to settle a bill pagar una cuenta**

4 **to settle down apaciguarse**, **calmarse**: *It took the children a while to settle down.* A los niños les llevó un buen rato calmarse.

5 **to settle in adaptarse**: *How is she settling in at the school?* ¿Se está adaptando a su nueva escuela?

settlement /ˈsetlmənt/ *sustantivo*

acuerdo

seven /ˈsevən/ *número*

siete

seventeen /sevənˈtin/ *número*

diecisiete

seventeenth /sevənˈtinθ/ *número*

1 **decimoséptimo -a** [en orden]

2 **diecisieteavo**, **diecisieteava parte**

3 **diecisiete**: *May seventeenth* el diecisiete de mayo

seventh /ˈsevənθ/ *número*

1 **séptimo -a**

2 **séptimo**, **séptima parte**

3 **siete**: *June seventh* el siete de junio

seventy /ˈsevənti/ *número*
setenta

several /ˈsevərəl/ *adjetivo*
varios -as: *She has several friends in Miami.* Tiene varios amigos en Miami. | *I've talked to Pam several times on the phone.* He hablado por teléfono con Pam varias veces.

severe /səˈvɪr/ *adjetivo*
1 grave, severo -a: *He has severe head injuries.* Sufrió graves heridas en la cabeza.
2 severo -a, riguroso -a: *The criticism of her work was severe.* La crítica a su trabajo fue severa.

sew /soʊ/ *verbo* (pasado **sewed**, participio **sewn** o **sewed**)
coser: *He sewed the button on his shirt.* Le cosió el botón a la camisa.

sewing /ˈsoʊɪŋ/ *sustantivo*
costura: *My sister is very good at sewing.* Mi hermana es muy buena para la costura.

ˈsewing maˌchine *sustantivo*
máquina de coser

sewn /soʊn/ participio del verbo **sew**

sex /seks/ *sustantivo* (plural **sexes**)
1 relaciones sexuales, sexo
2 sexo ▶ En español cuando se habla del sexo de un animal, la noción generalmente se incorpora en el sustantivo masculino o femenino: *What sex is your cat?* ¿Tienes gato o gata?

sexism /ˈseksɪzəm/ *sustantivo*
sexismo

sexist /ˈseksɪst/ *adjetivo*
sexista: *This book is full of sexist opinions.* Este libro está lleno de opiniones sexistas.

sexual /ˈsekʃuəl/ *adjetivo*
sexual

sexy /ˈseksi/ *adjetivo* (**sexier**, **sexiest**)
sexy

shabby /ˈʃæbi/ *adjetivo* (**shabbier**, **shabbiest**)
raído -a, gastado -a: *A man in shabby clothes got on the bus.* Se subió al autobús un hombre con la ropa toda raída.

shade /ʃeɪd/ *sustantivo & verbo*
■ *sustantivo*
1 sombra: *They sat in the shade of the tree.* Se sentaron a la sombra del árbol. ▶ mira la nota en **shadow**
2 persiana: *Can you close the shades, please?* ¿Puedes bajar las persianas, por favor?
3 tono: *I want a darker shade of blue.* Quiero un tono más oscuro de azul.
■ *verbo* (**shading**, **shaded**)
proteger de la luz o del sol: *I shaded my eyes with my hand.* Me tapé los ojos del sol con la mano.

shade

He was sitting in the shade of the tree.

shadow /ˈʃædoʊ/ *sustantivo*
sombra: *The sun behind us cast our shadows on the wall.* El sol atrás de nosotros proyectaba nuestras sombras en la pared.

> **NOTA:** No confundas las palabras **shade** y **shadow** (ambas *sombra* en español). **shade** se usa para referirse a un lugar protegido del sol. **shadow** se usa para referirse a la silueta que proyecta un cuerpo.

shady /ˈʃeɪdi/ *adjetivo* (**shadier**, **shadiest**)
sombreado -a: *It's cool and shady under the tree.* Está fresco y sombreado bajo los árboles.

shake /ʃeɪk/ *verbo* (gerundio **shaking**, pasado **shook**, participio **shaken**)
1 temblar: *My hands were shaking from the cold.* Me temblaban las manos del frío.
2 sacudir: *She shook the rug to remove the dirt.* Sacudió el tapete para quitarle el polvo.
3 to shake hands darse la mano
4 to shake your head decir que no con la cabeza

shall /ʃæl/ *verbo*
se usa con los pronombres **I** y **we** para ofrecer ayuda: *Shall I help you with that?* ¿Quieres que te ayude con eso?

shallow /ˈʃæloʊ/ *adjetivo*
poco hondo -a, poco profundo -a: *The swimming pool is shallow here.* La alberca no está honda aquí.

shame /ʃeɪm/ *sustantivo*
1 vergüenza, pena: *The argument left me with a deep sense of shame.* El altercado me dejó con una profunda sensación de vergüenza.
2 what a shame/it's a shame qué pena/es una pena: *What a shame that Mary could not be here!* ¡Qué pena que no haya podido venir Mary!

shampoo /ʃæmˈpu/ *sustantivo*
shampoo, **champú**

shape /ʃeɪp/ *sustantivo & verbo*
■ *sustantivo*
1 forma: *She made a cake in the shape of a heart.* Hizo un pastel en forma de corazón.
2 condiciones, **condición**: *Our car is not in good shape.* Nuestro coche no está en buenas condiciones. | *I want to get back in shape.* Quiero ponerme otra vez en forma.
■ *verbo* (**shaping**, **shaped**)
darle forma a: *He shaped the clay into a pot.* Le dio forma de olla al barro.

share /ʃer/ *verbo & sustantivo*
■ *verbo* (**sharing**, **shared**)
1 compartir: *I share a house with two other girls.* Comparto una casa con otras dos chicas.
2 repartir(se): *We shared the cookies with them.* Nos repartimos las galletas con ellos.
■ *sustantivo*
parte, **porción**: *What happened to my share of the money?* ¿Qué pasó con mi parte del dinero?

shark /ʃɑrk/ *sustantivo*
tiburón

sharp /ʃɑrp/ *adjetivo*
1 filoso -a, **afilado -a**: *You need a sharp knife to cut the vegetables.* Necesitas un cuchillo filoso para cortar las verduras.
2 con punta, **afilado a**: *My pencil is not sharp.* Mi lápiz no tiene punta.
3 repentino -a: *There was a sharp increase in oil prices.* Hubo un repentino aumento en los precios del crudo.
4 listo -a, **avispado -a**: *He is a very sharp student.* Es un estudiante muy listo.
5 bueno -a, **agudo -a** [vista]
6 elegante: *You look sharp today.* Andas muy elegante hoy.

sharpen /ˈʃɑrpən/ *verbo*
afilar: *Sharpening a knife takes time.* Afilar un cuchillo lleva tiempo.

sharpener /ˈʃɑrpənər/ *sustantivo*
1 afilador
2 sacapuntas

sharply /ˈʃɑrpli/ *adverbio*
bruscamente: *Prices have risen sharply.* Los precios han subido bruscamente.

shatter /ˈʃætər/ *verbo*
1 hacerse pedazos: *The glass fell to the floor and shattered.* El vaso se cayó al suelo y se hizo pedazos.
2 hacer pedazos

shave /ʃeɪv/ *verbo & sustantivo*
■ *verbo* (**shaving**, **shaved**)
rasurarse, **afeitarse**: *My father shaves every day.* Mi papá se rasura todos los días.
■ *sustantivo*
rasurada, **afeitada**: *I need a shave.* Necesito una rasurada.

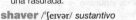

shave

He shaved my hair off!

shaver /ˈʃeɪvər/ *sustantivo*
rasuradora

she /ʃi/ *pronombre*
ella ▶ A menudo se omite en español: *My sister's name is Lora, and she is nine years old.* Mi hermana se llama Lora y tiene nueve años.

shear /ʃɪr/ *verbo* (pasado **sheared**, participio **shorn** o **sheared**)
trasquilar

shears /ʃɪrz/ *sustantivo plural*
trasquiladora

shed /ʃed/ *sustantivo & verbo*
■ *sustantivo*
cobertizo
■ *verbo* (gerundio **shedding**, pasado y participio **shed**)
cambiar, **mudar**: *Snakes shed their skin.* Las víboras cambian de piel.

she'd /ʃid/
■ contracción de **she had**
I went to her house, but she'd already left. Fui a su casa pero ya se había ido.
■ contracción de **she would**
She'd like to meet you. Le gustaría conocerte.

sheep /ʃip/ *sustantivo* (plural **sheep**)
oveja

sheer /ʃɪr/ *adjetivo*
1 puro -a: *They were singing out of sheer boredom.* Cantaban de puro aburrimiento.
2 a pique, **vertical**: *The ocean was a sheer drop from where we stood.* El océano estaba a pique de donde estábamos parados.

sheet /ʃit/ *sustantivo*
1 sábana
2 hoja: *I need a sheet of paper to write on.* Necesito una hoja de papel para escribir.

shelf /ʃelf/ *sustantivo* (plural **shelves**)
repisa, **anaquel**: *He took a cup from the shelf.* Tomó una taza de la repisa.

shell /ʃel/ *sustantivo*
1 concha
2 cáscara
3 caparazón

she'll /ʃil/ contracción de **she will**
She'll be here at ten o'clock. Estará aquí a las diez.

shelter /'ʃeltər/ *sustantivo & verbo*
■ *sustantivo*
refugio | **to take shelter refugiarse**
■ *verbo*
proteger: *The wall sheltered us from the wind.* El muro nos protegía del viento.

shelves /ʃelvz/ pasado del verbo **shelf**

shepherd /'ʃepərd/ *sustantivo*
pastor

sheriff /'ʃerɪf/ *sustantivo*
sheriff

she's /ʃiz/
■ contracción de **she is**
She's very tall. Es muy alta.
■ contracción de **she has**
She's never owned a car. Nunca ha tenido un coche.

shield /ʃild/ *sustantivo & verbo*
■ *sustantivo*
escudo
■ *verbo*
proteger: *He shielded his eyes from the sun.* Se protegió los ojos del sol.

shift /ʃɪft/ *verbo & sustantivo*
■ *verbo*
cambiar de posición: *She shifted in her chair.* Cambió de posición en la silla.
■ *sustantivo*
1 turno: *I'm on the night shift at the hospital.* Estoy en el turno de la noche en el hospital.
2 cambio: *There has been a shift in public opinion.* Se ha producido un cambio en la opinión pública.

shin /ʃɪn/ *sustantivo*
espinilla

shine /ʃaɪn/ *verbo* (gerundio **shining**, pasado y participio **shone**)
1 brillar: *The sun is shining.* El sol brilla.
2 brillar, **relucir**
3 Dirigir luz a un punto: *Shine the light over here so I can see.* Ilumina aquí para que pueda ver bien.

shiny /'ʃaɪni/ *adjetivo* (**shinier**, **shiniest**)
reluciente, **brillante**: *He wore a pair of shiny boots.* Traía un par de botas relucientes.

ship /ʃɪp/ *sustantivo & verbo*
■ *sustantivo*
barco
■ *verbo* (**shipping**, **shipped**)
mandar, **despachar**: *We can ship this anywhere in the country.* Podemos mandar esto a cualquier parte del país.

shipment /'ʃɪpmənt/ *sustantivo*
envío

shirt /ʃɜrt/ *sustantivo*
camisa

shiver /'ʃɪvər/ *verbo*
tiritar: *The dog shivered in the cold.* El perro tiritaba de frío.

shock /ʃɑk/ *sustantivo & verbo*
■ *sustantivo*
1 shock, **choque**: *It was a great shock for him when his wife died.* Se llevó un shock enorme cuando murió su esposa.
2 choque: *Everyone was in shock at the news of the flood.* Todos estaban en estado de choque con la noticia de la inundación.
3 (hablando de electricidad) **toque**, **shock**
■ *verbo*
horrorizar: *I was shocked when I heard about your accident.* Me horroricé cuando me enteré de tu accidente.

shocking /'ʃɑkɪŋ/ *adjetivo*
espeluznante, **horrible**: *a shocking crime* un crimen espeluznante

shoe /ʃu/ *sustantivo*
zapato: *She bought a pair of brown leather shoes.* Se compró un par de zapatos café de piel.

shoelace /'ʃuleɪs/ *sustantivo*
agujeta

shone /ʃoʊn/ pasado y participio del verbo **shine**

shook /ʃʊk/ pasado y participio del verbo **shake**

shoot /ʃut/ *verbo & sustantivo*
■ *verbo* (pasado y participio **shot**)
1 darle un balazo a: *She shot him in the chest.* Le dio un balazo en el pecho.

2 disparar
■ *sustantivo*
retoño [de una planta]

shooting /ˈʃutɪŋ/ *sustantivo*
balacera

shop /ʃɑp/ *sustantivo & verbo*
■ *sustantivo*
tienda
■ *verbo* (**shopping**, **shopped**)
ir de compras: *We often shop at the mall.* Seguido vamos de compras al centro comercial.

shopping /ˈʃɑpɪŋ/ *sustantivo*
comprar, **ir de compras**: *I like shopping for clothes.* Me gusta ir a comprar ropa.

ˈshopping mall *sustantivo*
centro comercial

shore /ʃɔr/ *sustantivo*
orilla [del mar o de un lago]: *We walked along the shore.* Caminamos por la orilla del mar.

shorn /ʃɔrn/ participio del verbo **shear**

short /ʃɔrt/ *adjetivo*
1 corto -a, **bajo -a**: *He has short black hair.* Tiene pelo negro corto.
2 breve: *The meeting was very short.* La junta fue muy breve.
3 chaparro -a, **bajo -a**: *She's the shortest girl in the class.* Es la niña más chaparrita de la clase.
4 to be short of something estar escaso -a de algo: *I'm short of money right now.* Estoy muy escasa de dinero ahorita.

shortage /ˈʃɔrtɪdʒ/ *sustantivo*
escasez: *The floods led to a food shortage.* Las inundaciones ocasionaron escasez de alimentos.

ˈshort cut *sustantivo*
camino corto, **atajo**: *I know a short cut to the store.* Conozco un camino corto a la tienda.

shorten /ˈʃɔrtn/ *verbo*
acortar: *Do you want to shorten this dress?* ¿Quieres acortar este vestido?

shortly /ˈʃɔrtli/ *adverbio*
dentro de poco: *They should be here shortly.* Creo que llegarán dentro de poco.

shorts /ʃɔrts/ *sustantivo plural*
shorts, **pantalones cortos**

shot[1] /ʃɑt/ *sustantivo*
1 tiro, **disparo**: *I heard two shots in the street.* Oí dos tiros en la calle.
2 inyección: *Did you get your flu shot?* ¿Ya te pusieron la inyección contra la gripe?
3 toma: *He took a shot of the sunset.* Hizo una toma de la puesta de sol.
4 (en deportes) **tiro**, **tirada**

shot[2] /ʃɑt/ pasado y participio de **shoot**

shotgun /ˈʃɑtgʌn/ *sustantivo*
escopeta

should /ʃʊd/ *verbo*
1 Usado para dar o pedir opiniones y consejos: *You should call him now.* Deberías llamarlo ahorita. | *Should I buy this bag?* ¿Tú crees que debería comprar esta bolsa?
2 Usado para indicar probabilidad: *They should arrive soon.* Lo más probable es que lleguen pronto. | *It should be a good movie.* Parece que es una buena película.
3 Usado para indicar posibilidad: *Should you buy the house, we can help you pay for it.* Si compra la casa, podemos ayudarlo a pagarla.

shoulder /ˈʃoʊldər/ *sustantivo*
hombro

ˈshoulder bag *sustantivo*
bolsa con correa lo suficientemente larga para colgar del hombro

shouldn't /ˈʃʊdnt/ contracción de **should not**
You shouldn't eat so much chocolate. No deberías comer tanto chocolate.

should've /ˈʃʊdəv/ contracción de **should have**
You should've told me that you would be late. Deberías haberme dicho que ibas a llegar tarde.

shout /ʃaʊt/ *verbo & sustantivo*
■ *verbo*
1 gritar: *"Help! Help!," he shouted.* "¡Ayúdenme, ayúdenme!" gritó.
2 to shout at someone gritarle a alguien: *Stop shouting at the children!* ¡Deja de gritarles a los niños!
■ *sustantivo*
grito: *I heard a shout from the next room.* Oí un grito que venía del cuarto de junto.

shove /ʃʌv/ *verbo*
empujar: *He shoved her and she fell over.* La empujó y ella se cayó.

shovel /ˈʃʌvəl/ *sustantivo*
pala

show /ʃoʊ/ *verbo & sustantivo*
■ *verbo* (participio **shown**)
1 enseñar, **mostrar**: *He showed me his new computer.* Me enseñó su nueva computadora.
2 enseñar: *Can you show me how to play this game?* ¿Me enseñas a jugar este juego?

S

3 verse: *Don't worry, the stain on your dress doesn't show.* No te apures, la mancha de tu vestido no se ve.
4 (dejar a otros ver) **mostrar**, **demostrar**: *Men aren't supposed to show their feelings.* Se supone que los hombres no deben mostrar sus sentimientos.
5 demostrar
6 to show off lucirse: *No one likes him very much because he's always showing off.* No le cae bien a nadie porque siempre se quiere lucir.
7 to show something off presumir de algo: *He drove to school to show off his new car.* Fue manejando a la escuela para presumir de su coche nuevo.
8 to show up aparecerse [llegar cuando alguien está esperando]: *She showed up late for the game.* Se apareció tarde para el partido.
■ *sustantivo*
1 programa: *This is my favorite TV show.* Este es mi programa favorito de TV.
2 show, **espectáculo**
3 exhibición, **exposición**: *Many people went to the flower show.* Mucha gente fue a la exhibición de flores.

shower /ʃaʊr/ *sustantivo & verbo*
■ *sustantivo*
1 regaderazo: *He's taking a shower.* Está dándose un regaderazo.
2 regadera: *The phone always rings when I'm in the shower.* El teléfono siempre suena cuando estoy en la regadera.
3 aguacero, **chubasco**: *We may have some showers today.* Parece que van a caer unos aguaceros hoy.
■ *verbo*
darse un regaderazo: *She showered and had breakfast.* Se dio un regaderazo y desayunó.

shown /ʃoʊn/ participio del verbo **show**

'show-off *sustantivo*
fanfarrón -ona: *Even his friends think he's a show-off.* Hasta sus amigos lo consideran un fanfarrón.

shrank /ʃræŋk/ pasado del verbo **shrink**

shred /ʃred/ *sustantivo*
pedacito: *Michael tore the letter to shreds.* Michael rompió la carta en pedacitos.

shrewd /ʃrud/ *adjetivo*
astuto -a

shriek /ʃrik/ *verbo & sustantivo*
■ *verbo*
gritar, **chillar**: *The crowd shrieked with delight.* La muchedumbre gritó entusiasmada.
■ *sustantivo*
grito, **chillido**

show-off

My dad's a real show-off!

shrill /ʃrɪl/ *adjetivo*
estridente: *She had a shrill voice.* Tenía una voz estridente.

shrimp /ʃrɪmp/ *sustantivo*
camarón

shrine /ʃraɪn/ *sustantivo*
santuario

shrink /ʃrɪŋk/ *verbo* (pasado **shrank**, participio **shrunk**)
encogerse: *You shouldn't wash the dress in hot water. It'll shrink.* No deberías lavar el vestido con agua caliente. Se va a encoger.

shrub /ʃrʌb/ *sustantivo*
arbusto

shrug /ʃrʌg/ *verbo* (**shrugging**, **shrugged**)
encogerse de hombros: *When I asked Katie if she liked her new school, she just shrugged her shoulders.* Cuando le pregunté a Katie si le gustaba su nueva escuela, simplemente se encogió de hombros.

shrunk /ʃrʌŋk/ participio del verbo **shrink**

shudder /'ʃʌdər/ *verbo*
estremecerse: *The thought of going back there made him shudder.* El pensar que tenía que volver a ese lugar lo hacía estremecerse.

shut /ʃʌt/ *verbo* (gerundio **shutting**, pasado y participio **shut**)
1 cerrar: *Please shut the door.* Por favor cierra la puerta. | *The little boy shut his eyes and went to sleep.* El niñito cerró los ojos y se durmió.
2 shut up! ¡cállate!: *Shut up! I'm trying to think!* ¡Cállate! ¡No puedo pensar!

S

3 to shut (something) down cerrar [para ya no volver a abrir]: *A lot of factories have had to shut down.* Muchas fábricas han tenido que cerrar.

shutter /ˈʃʌtər/ *sustantivo*
persiana

shuttle /ˈʃʌtl/ *sustantivo*
1 (entre ciudades) **puente aéreo**, **servicio de enlace**
2 (hablando de exploración espacial) **transbordador**

shy /ʃaɪ/ *adjetivo* (**shier**, **shiest**)
tímido -a: *The child was shy and hid behind his mother.* El niño era tímido y se escondió atrás de su madre.

sick /sɪk/ *adjetivo*
1 **enfermo -a**: *My father was sick last week.* Mi papá estuvo enfermo la semana pasada.
2 **to be sick vomitar**: *She was sick all over the floor.* Vomitó por todo el piso.
3 **to feel sick tener ganas de vomitar**: *When the ship started to move I suddenly felt sick.* Cuando el barco se empezó a mover me dieron ganas de vomitar.
4 **to be sick of something estar harto -a de algo**: *I'm sick of cleaning up after him!* ¡Estoy harta de andar recogiéndole todas sus cosas!
5 **to make someone sick dar asco**, **dar rabia**: *You make me sick! I hate you!* ¡Me das asco! ¡Te odio!

sickness /ˈsɪknəs/ *sustantivo* (plural **sicknesses**)
enfermedad: *The people suffered from hunger and sickness.* La gente sufría hambre y enfermedades.

side /saɪd/ *sustantivo*
1 **lado**: *the left side of the brain* el lado izquierdo del cerebro | *They live on the other side of the city.* Viven al otro lado de la ciudad.
2 **costado**, **lado**: *He walked around to the side of the house.* Caminó a un costado de la casa.
3 **lado**, **cara**: *Write on both sides of the paper.* Escribe en los dos lados de la hoja. | *A cube has six sides.* Un cubo tiene seis caras.
4 **costado**: *I have a pain in my side.* Tengo un dolor en el costado.
5 (en una discusión o negociación) **lado**: *Neither side wants to give in.* Ninguno de los dos lados quiere darse por vencido.
6 **by the side of junto a**, **al lado de**: *She lives by the side of a big lake.* Vive junto a un gran lago.
7 **side by side uno al lado del otro/una al lado de la otra**: *We sat side by side in the car.* Nos sentamos el uno al lado del otro en el coche.

sidewalk /ˈsaɪdwɔk/ *sustantivo*
banqueta: *Don't ride your bike on the sidewalk.* No andes en bici en la banqueta.

sideways /ˈsaɪdweɪz/ *adverbio*
1 **a un lado**: *He stepped sideways to let me pass.* Se hizo a un lado para dejarme pasar.
2 **de lado**: *We turned the table sideways for more room.* Pusimos la mesa de lado para tener más espacio.

sigh /saɪ/ *verbo & sustantivo*
■ *verbo*
suspirar
■ *sustantivo*
suspiro

sight /saɪt/ *sustantivo*
1 **vista**: *My grandmother is losing her sight.* Mi abuelita está perdiendo la vista.
2 Hablando del acto de ver se suele traducir por el verbo **ver**: *I can't stand the sight of blood.* No soporto ver sangre.
3 **lugar de interés**: *The Space Needle is one of the most famous sights in Seattle.* La Space Needle es uno de los lugares de interés más famosos de Seattle.
4 **to catch sight of someone or something alcanzar a ver a alguien o algo**

sightseeing /ˈsaɪtsi-ɪŋ/ *sustantivo*
to go sightseeing ver los lugares de interés: *We want to go sightseeing tomorrow.* Queremos ver los lugares de interés mañana.

sign /saɪn/ *sustantivo & verbo*
■ *sustantivo*
1 **letrero**, **señal**, **poste indicador**: *The sign said, "No Smoking."* El letrero decía "No fumar". | *He ignored the "stop" sign.* Ignoró la señal de "alto".

sign

2 **signo**: *A dollar sign looks like "$."* El signo de dólares es "$".
3 **señal**, **indicio**: *Scientists believe they have found signs of life on Mars.* Los científicos creen que han encontrado señales de vida en Marte.

S

■ *verbo*
firmar

signal /ˈsɪgnəl/ *sustantivo & verbo*
■ *sustantivo*
señal: *Don't start until I give the signal.* No empiecen hasta que dé la señal.
■ *verbo*
hacer señas

signature /ˈsɪgnətʃər/ *sustantivo*
firma

significance /sɪgˈnɪfəkəns/ *sustantivo*
trascendencia, **importancia**

significant /sɪgˈnɪfəkənt/ *adjetivo*
significativo -a: *There's been a significant change in people's attitudes to marriage.* Ha habido un cambio significativo en la actitud de la gente hacia el matrimonio.

ˈsign ˌlanguage *sustantivo*
lenguaje de gestos

silence /ˈsaɪləns/ *sustantivo*
silencio: *They worked in silence.* Trabajaban en silencio.

silent /ˈsaɪlənt/ *adjetivo*
callado -a, **silencioso -a**: *Simon was silent for a moment.* Simón se quedó callado por un momento.

silently /ˈsaɪləntli/ *adverbio*
silenciosamente

silk /sɪlk/ *sustantivo*
seda: *a silk shirt* una camisa de seda

silly /ˈsɪli/ *adjetivo* (**sillier**, **silliest**)
bobo -a, **tonto -a**: *What a silly question!* ¡Qué pregunta más boba! | *Don't pay attention to her. She's just being silly.* No le hagas caso. Se está portando como tonta.

silver /ˈsɪlvər/ *sustantivo*
1 plata
2 (hablando de color) **plateado**

silver birch /ˌsɪlvər ˈbɜrtʃ/ *sustantivo*
abedul

similar /ˈsɪmələr/ *adjetivo*
parecido -a, **similar**: *Our dresses are similar.* Nuestros vestidos son parecidos. | *His interests are similar to mine.* Sus intereses son similares a los míos.

similarity /sɪməˈlærəti/ *sustantivo* (plural **similarities**)
similitud, **parecido**: *There are many similarities between English and German.* Hay muchas similitudes entre el inglés y el alemán.

simple /ˈsɪmpəl/ *adjetivo* (**simpler**, **simplest**)
1 sencillo -a, **simple**: *The instructions are very simple.* Las instrucciones son muy sencillas.
2 sencillo -a, **simple**: *She wore a simple blue dress.* Traía un vestido azul sencillo.

simplify /ˈsɪmpləfaɪ/ *verbo* (**simplifying**, **simplified**)
simplificar: *a simplified version of the book* una versión simplificada del libro

simply /ˈsɪmpli/ *adverbio*
1 simplemente, **sencillamente**: *I simply wanted to help.* Simplemente quería ayudar.
2 simplemente, **sencillamente**: *Let me explain it simply.* Déjame explicarlo simplemente.
3 Usado para enfatizar lo que se dice: *What she said simply isn't true!* ¡Lo que dijo nada más no es verdad!

sin /sɪn/ *sustantivo*
pecado

since /sɪns/ *adverbio & preposición*
1 desde entonces: *She arrived in 1991 and has lived here ever since.* Llegó en 1991 y desde entonces vive aquí.
2 desde: *I've been here since six o'clock.* Estoy aquí desde las seis.

> **NOTA:** Compara **for** y **since**. Usa **for** cuando estás hablando de un período de tiempo tal como una semana, un mes, un año, etc. Usa **since** cuando estás hablando del momento exacto en el pasado cuando algo empezó. **Since** siempre se refiere a algo que empezó en el pasado pero que continúa hasta el presente, así que lo tienes que usar con antepresente no con el pretérito: *I've been studying English for three years.* Llevo tres años estudiando inglés. [y sigo estudiándolo] | *I lived there for six months.* Viví allí seis meses. [pero ya no vivo allí] | *I've been studying English since 1998.* Estudio inglés desde 1998. [y sigo estudiándolo] | *I've lived here since October.* Vivo aquí desde octubre. [vine a vivir aquí en octubre y sigo viviendo aquí]

sincere /sɪnˈsɪr/ *adjetivo*
sincero -a: *Do you think he was being sincere?* ¿Crees que estaba siendo sincero?

sincerely /sɪnˈsɪrli/ *adverbio*
1 sinceramente: *I sincerely hope that you succeed.* Espero sinceramente que tenga éxito.

S

2 **Sincerely, Atentamente,** ▶ Frase usada al terminar una carta semiformal

sing /sɪŋ/ *verbo* (pasado **sang**, participio **sung**)
cantar: *She sang a song.* Cantó una canción. | *I can hear the birds singing.* Oigo a los pájaros cantar.

singer /ˈsɪŋər/ *sustantivo*
cantante: *an opera singer* un cantante de ópera

single /ˈsɪŋgəl/ *adjetivo & sustantivo*
■ *adjetivo*
1 solo -a: *We lost the game by a single point.* Perdimos el partido por un solo punto.
2 soltero -a: *Are you married or single?* ¿Eres casado o soltero?
3 individual [para una sola persona]: *a single room* una habitación individual
■ *sustantivo*
disco sencillo: *Michael Jackson's latest single* el último disco sencillo de Michael Jackson

singular /ˈsɪŋgjələr/ *sustantivo*
singular: *"Child" is the singular of "children".* "Child" es el singular de "children".

sink /sɪŋk/ *verbo & sustantivo*
■ *verbo* (pasado **sank**, participio **sunk**)
1 hundirse: *The ship is sinking.* El barco se está hundiendo.
2 hundirse, **perderse**: *The sun sank behind the mountain.* El sol se hundió atrás de la montaña.
■ *sustantivo*
1 fregadero, **lavadero**
2 lavabo

sink

The ship is sinking.

sip /sɪp/ *verbo & sustantivo*
■ *verbo* (**sipping**, **sipped**)
sorber, **tomar a sorbos/sorbitos**: *She sipped her hot tea.* Tomó su té caliente a sorbitos.
■ *sustantivo*
sorbo, **sorbito**

sir /sɜr/ *sustantivo*
1 señor ▶ Se usa para dirigirse a un hombre cuando no se sabe su nombre: *Can I help you, sir?* ¿Lo puedo ayudar en algo, señor?
2 Dear Sir, Estimado señor: ▶ Frase usada al principio de una carta formal cuando no se sabe el nombre del hombre a quien se escribe

siren /ˈsaɪrən/ *sustantivo*
sirena

sister /ˈsɪstər/ *sustantivo*
1 hermana: *My sister's much taller than I am.* Mi hermana es mucho más alta que yo.
2 (hablando de religiosas) **hermana**, **monja**

ˈ**sister-in-law** *sustantivo* (plural **sisters-in-law**)
1 cuñada [la hermana de tu esposo]
2 cuñada [la esposa de tu hermano]

sit /sɪt/ *verbo* (gerundio **sitting**, pasado y participio **sat**)
1 sentarse: *Come and sit here.* Ven y siéntate aquí. | *The children sat around her in a circle.* Los niños se sentaron en un círculo alrededor de ella.
2 to sit down sentarse [después de estar de pie]: *Would you like to sit down?* ¿Quieres sentarte?
3 to sit up incorporarse, **sentarse**: *I sat up in bed when I heard the noise.* Me incorporé en la cama cuando oí el ruido.

site /saɪt/ *sustantivo*
1 sitio, **lugar**: *the site of the battle* el sitio donde ocurrió la batalla
2 obra [construcción]: *a construction site* una obra en construcción

situated /ˈsɪtʃueɪtɪd/ *adjetivo*
to be situated estar situado -a: *The hotel is situated next to the airport.* El hotel está situado junto al aeropuerto.

situation /sɪtʃuˈeɪʃən/ *sustantivo*
situación: *The political situation in the country is very dangerous.* La situación política del país es muy peligrosa.

six /sɪks/ *número*
seis

sixteen /sɪkˈstin/ *número*
dieciséis

sixteenth /sɪkˈstinθ/ *número*
1 decimosexto -a [en orden]
2 dieciseisavo, **dieciseisava parte**
3 dieciséis: *September sixteenth* el dieciséis de septiembre

ˈ**sixteenth note** *sustantivo*
semicorchea

S

sixth /sɪksθ/ *número*
1 sexto -a [en orden]
2 sexto, **sexta parte**
3 seis: *January sixth* el seis de enero

sixty /ˈsɪksti/ *número*
sesenta

size /saɪz/ *sustantivo*
1 tamaño: *His room is the same size as mine.* Su cuarto es del mismo tamaño que el mío.
2 (hablando de ropa) **talla**
3 (hablando de zapatos) **número**: *Do you have any shoes in a size 5?* ¿Tiene zapatos del número 5?

skate /skeɪt/ *verbo & sustantivo*
■ *verbo* (**skating**, **skated**)
patinar: *She skated over the ice toward us.* Se vino hacia nosotros patinando en el hielo.
■ *sustantivo*
patín: *roller skates* patines de ruedas | *ice skates* patines de hielo

skateboard /ˈskeɪtbɔrd/ *sustantivo*
patineta

ˈskate park *sustantivo*
pista de patinetas, **skatepark**

skating /ˈskeɪtɪŋ/ *sustantivo*
patinaje: *Do you want to go skating with us?* ¿Quieres venir a patinar con nosotros?

skeleton /ˈskelətn/ *sustantivo*
esqueleto

sketch /sketʃ/ *sustantivo & verbo*
■ *sustantivo* (plural **sketches**)
bosquejo, **dibujo rápido**
■ *verbo*
hacer un bosquejo, **dibujar rápidamente**

ski /ski/ *sustantivo & verbo*
■ *sustantivo* (plural **skis**)
esquí
■ *verbo*
esquiar [generalmente en nieve]: *We're going skiing on Saturday.* Vamos a esquiar el sábado.

skid /skɪd/ *verbo* (**skidding**, **skidded**)
derrapar: *The car skidded on the ice.* El coche derrapó en el hielo.

skiing /ˈski-ɪŋ/ *sustantivo*
esquí [generalmente en nieve]

skill /skɪl/ *sustantivo*
técnica, **habilidad**: *Everyone should have some basic computer skills.* Todos deberían saber técnicas básicas de computación.

skilled /skɪld/ *adjetivo*
1 hábil
2 experto -a
3 calificado -a: *skilled workers* trabajadores calificados

skillful /ˈskɪlfəl/ *adjetivo*
hábil: *a skillful driver* un conductor hábil

skin /skɪn/ *sustantivo*
1 piel: *The drums are made from animal skins.* Los tambores se hacen de piel de animal. | *She has pale skin.* Tiene la piel pálida.
2 cáscara, **piel**: *a banana skin* una cáscara de plátano

skinny /ˈskɪni/ *adjetivo* (**skinnier**, **skinniest**)
flaco -a: *Larry was very skinny as a child.* Larry era flaquísimo de niño.

skip /skɪp/ *verbo* (**skipping**, **skipped**)
avanzar dando saltitos: *The two girls were skipping down the street.* Las dos niñas iban brincando por la calle.

skirt /skɜrt/ *sustantivo*
falda

skull /skʌl/ *sustantivo*
cráneo

sky /skaɪ/ *sustantivo* (plural **skies**)
cielo, **firmamento**: *The sky is blue.* El cielo es azul.

skyscraper /ˈskaɪskreɪpər/ *sustantivo*
rascacielos

skyscraper

slab /slæb/ *sustantivo*
losa, **bloque**: *a concrete slab* un bloque de concreto

slack /slæk/ *adjetivo*
1 flojo -a: *The rope was slack.* La cuerda estaba floja.
2 flojo -a: *We're having a slack period at work.* Estamos teniendo un período flojo en el trabajo

slam /slæm/ *verbo* (**slamming**, **slammed**)
Cerrar violentamente: *He slammed the door angrily.* Cerró muy enojado de un portazo. | *I heard the door slam.* Oí que la puerta se cerró de un portazo.

slang /slæŋ/ *sustantivo*
argot, **jerga** [lingüística]

slant /slænt/ *verbo & sustantivo*
■ *verbo*
inclinarse
■ *sustantivo*
pendiente, **inclinación**: *The house sits on a slant.* La casa está en una pendiente.

slap /slæp/ *verbo & sustantivo*
■ *verbo* (**slapping**, **slapped**)
dar una cachetada, **dar una palmada**
■ *sustantivo*
cachetada, **palmada**: *She gave him a slap on his face.* Le dio una cachetada.

slash /slæʃ/ *verbo*
acuchillar, **rajar**

slaughter /ˈslɔtər/ *sustantivo & verbo*
■ *sustantivo*
1 (hablando de animales) **matanza**
2 (hablando de personas) **matanza**, **masacre**
■ *verbo*
1 (hablando de animales) **matar**
2 (hablando de personas) **masacrar**

slave /sleɪv/ *sustantivo & verbo*
■ *sustantivo*
esclavo -a: *Millions of Africans were taken to America as slaves.* Millones de africanos fueron llevados a América como esclavos.
■ *verbo* (**slaving**, **slaved**)
Trabajar mucho: *I spent all day slaving in the kitchen.* Me pasé todo el día trabajando como burro en la cocina.

slavery /ˈsleɪvəri/ *sustantivo*
esclavitud

sled /sled/ *sustantivo*
trineo

sleep /slip/ *verbo & sustantivo*
■ *verbo* (pasado y participio **slept**)
dormir: *Did you sleep well last night?* ¿Dormiste bien anoche?
■ *sustantivo*
1 Acto de dormir: *I need to get some sleep.* Necesito conciliar el sueño. | *Sometimes he talks in his sleep.* A veces habla dormido.
2 to go to sleep/to get to sleep
dormirse: *It took me a long time to get to sleep.* Tardé mucho en dormirme.

ˈsleeping bag *sustantivo*
bolsa de dormir

sleepless /ˈslipləs/ *adjetivo*
a sleepless night una noche en vela

sleepy /ˈslipi/ *adjetivo* (**sleepier**, **sleepiest**)
adormilado -a, **soñoliento -a**: *I felt sleepy all day.* Tuve sueño todo el día.

sleet /slit/ *sustantivo*
aguanieve

sleeve /sliv/ *sustantivo*
manga: *shirts with short sleeves* camisas de manga corta

sleigh /sleɪ/ *sustantivo*
trineo

ˈsleigh bells *sustantivo*
cascabeles [instrumento]

slender /ˈslendər/ *adjetivo*
delgado -a: *long, slender arms* brazos largos y delgados

slept /slept/ pasado y participio del verbo **sleep**

slice /slaɪs/ *sustantivo & verbo*
■ *sustantivo*
rebanada: *a slice of cheese* una rebanada de queso
■ *verbo* (**slicing**, **sliced**), also **slice up**)
rebanar: *I sliced the bread.* Rebané el pan.

slick /slɪk/ *adjetivo*
1 con mucha labia: *a slick salesperson* un vendedor con mucha labia
2 resbaloso -a, **resbaladizo -a**: *The roads are slick with ice.* Las calles están todas resbalosas por el hielo.

slide /slaɪd/ *verbo & sustantivo*
■ *verbo* (gerundio **sliding**, pasado y participio **slid** /slɪd/)
resbalarse, **deslizarse**: *She slid across the ice.* Se resbaló en el hielo.
■ *sustantivo*
1 resbaladilla
2 transparencia

slight /slaɪt/ *adjetivo*
ligero -a, **leve**: *There will be a slight delay.* Va a haber un ligero retraso.

slightly /ˈslaɪtli/ *adverbio*
ligeramente, **un poco**: *He moved his head slightly.* Movió la cabeza ligeramente.

slim /slɪm/ *adjetivo* (**slimmer**, **slimmest**)
1 delgado -a, **esbelto -a**: *I wish I was as slim as Jackie.* Ojalá fuera tan delgada como Jackie.
2 pequeño -a, **escaso -a**: *We have a slim chance of success.* Tenemos un pequeño chance de tener éxito.

slime /slaɪm/ *sustantivo*
baba

sling /slɪŋ/ *sustantivo*
cabestrillo: *His arm was in a sling for two weeks.* Llevó el brazo en un cabestrillo dos semanas.

slip /slɪp/ *verbo & sustantivo*
■ *verbo* (**slipping**, **slipped**)
1 resbalarse: *He slipped on the ice and fell.* Se resbaló en el hielo y se cayó.
2 Irse fuera de control: *The knife slipped out of her hand.* Se le fue el cuchillo de la mano.
3 Meter o poner sin que se note: *He slipped the money into his pocket.* Se puso el dinero en el bolsillo sin que se notara.
4 to slip out/in/off etc. salir/entrar/irse sin ser visto -a: *Casey slipped out of the room when no one was looking.* Casey salió del cuarto sin que la vieran.
5 to slip up equivocarse: *Someone slipped up and gave him the wrong medicine.* Alguien se equivocó y le dio la medicina que no era.
■ *sustantivo*
1 papelito: *I have a slip of paper with her phone number on it.* Tengo un papelito con su teléfono.
2 fondo [prenda que se usa bajo un vestido]

slipper /ˈslɪpər/ *sustantivo*
pantufla: *a pair of slippers* un par de pantuflas

slippery /ˈslɪpəri/ *adjetivo*
resbaloso -a: *Be careful! The floor is very slippery.* ¡Cuidado! El piso está muy resbaloso.

slit /slɪt/ *sustantivo & verbo*
■ *sustantivo*
rajada
■ *verbo* (gerundio **slitting**, pasado y participio **slit**)
cortar, **rajar**: *I slit open the letter with a knife.* Abrí la carta cortándola con un cuchillo.

slogan /ˈsloʊgən/ *sustantivo*
eslogan

slope /sloʊp/ *sustantivo*
cuesta, **pendiente**: *a ski slope* una pista de esquí

sloppy /ˈslɑpi/ *adjetivo* (**sloppier**, **sloppiest**)
1 descuidado -a: *Her writing is very sloppy and hard to read.* Su letra es muy desprolija y difícil de leer.
2 guango -a: *Wayne likes wearing big sloppy shirts.* A Wayne le gustan las camisas grandes y guangas.

slot /slɑt/ *sustantivo*
ranura: *Put the coins in this slot.* Pon las monedas en esta ranura.

ˈslot maˌchine *sustantivo*
máquina tragamonedas

slow /sloʊ/ *adjetivo*
1 lento -a: *The bus travels at a slow speed.* El camión viaja a una velocidad lenta.
2 atrasado -a: *My watch is five minutes slow.* Mi reloj está atrasado cinco minutos.

ˌslow ˈdown *verbo*
Reducir la velocidad: *Slow down. You're driving too fast!* Bájale a la velocidad. ¡Vas muy rápido!

slowly /ˈsloʊli/ *adverbio*
lento, **lentamente**: *He writes very slowly.* Escribe muy lento.

slug /slʌg/ *sustantivo*
babosa

sluggish /ˈslʌgɪʃ/ *adjetivo*
lento -a, **aletargado -a**

slum /slʌm/ *sustantivo*
barrio bajo

slump /slʌmp/ *verbo*
desplomarse: *He slumped in the corner and slept.* Se desplomó en el rincón y se durmió.

slur /slɜr/ *verbo* (**slurring**, **slurred**)
arrastrar [las palabras]: *He was drunk and slurred his words.* Estaba borracho y arrastraba las palabras.

sly /slaɪ/ *adjetivo* (**slier**, **sliest**)
astuto -a, **ladino -a**

smack /smæk/ *verbo & sustantivo*
■ *verbo*
pegar: *Be quiet or I'll smack you!* Estate quieto o te voy a pegar.
■ *sustantivo*
manotazo

small /smɔl/ *adjetivo*
pequeño -a, **chico -a**: *He lives on a small farm.* Vive en una pequeña granja. | *This bag is too small.* Esta bolsa está demasiado chica. | *There is a small problem with the tire.* Hay un pequeño problema con la llanta. | *When we were small, we lived in Oaxaca.*

Cuando éramos chicos, vivíamos en Oaxaca.

smart /smɑrt/ *adjetivo*
listo -a, **vivo -a**: *He is a smart politician.* Es un político muy listo.

smash /smæʃ/ *verbo*
1 romper, **destrozar**: *The crowd smashed the windows of the store.* La multitud rompió los aparadores de la tienda.
2 hacerse pedazos: *The plate smashed to the floor.* El plato se cayó al piso y se hizo pedazos.
3 Golpear con fuerza: *He smashed his fist against the door.* Dio un puñetazo en la puerta.

smear /smɪr/ *verbo & sustantivo*
■ *verbo*
embadurnar: *The child's face was smeared with chocolate.* La cara del niño estaba toda embadurnada de chocolate.
■ *sustantivo*
mancha: *He had a black smear on his pants.* Tenía una mancha negra en los pantalones.

smell /smel/ *verbo & sustantivo*
■ *verbo*
1 oler: *The food smells good.* La comida huele bien | *It smells like cigarettes in here.* Aquí huele a cigarro.
2 oler: *He smelled the flowers.* Olió las flores. | *I can smell gas.* Me huele a gas.
■ *sustantivo*
olor: *There's a bad smell in here.* Hay un olor muy feo aquí. | *I like the smell of fresh bread.* Me gusta el olor del pan recién hecho.

smelly /ˈsmeli/ *adjetivo* (**smellier**, **smelliest**)
apestoso -a

smile /smaɪl/ *verbo & sustantivo*
■ *verbo* (**smiling**, **smiled**)
sonreír: *The baby smiled at me.* El bebé me sonrió.
■ *sustantivo*
sonrisa

smoke /smoʊk/ *sustantivo & verbo*
■ *sustantivo*
humo
■ *verbo* (**smoking**, **smoked**)
1 fumar: *Do you smoke?* ¿Fumas?
2 humear, **echar humo**: *The fire is still smoking.* La hoguera sigue humeando.

smoker /ˈsmoʊkər/ *sustantivo*
fumador -a: *This part of the restaurant is for smokers.* Esta sección del restaurante es para fumadores.

smoking /ˈsmoʊkɪŋ/ *sustantivo*
Acción de fumar: *Smoking is not allowed in school.* Está prohibido fumar en la escuela.

smoky /ˈsmoʊki/ *adjetivo* (**smokier**, **smokiest**)
lleno -a de humo: *We sat in a smoky room.* Nos sentamos en un cuarto lleno de humo.

smolder /ˈsmoʊldər/ *verbo*
arder [sin llama pero con humo]

smooth /smuð/ *adjetivo*
1 suave, **terso -a**: *She has very smooth skin.* Tiene la piel muy tersa.
2 liso -a, **suave** [textura]
3 tranquilo -a, **en calma** [el mar, un lago]
4 sin problemas, **sin complicaciones**: *We had a smooth trip.* Tuvimos un viaje sin problemas.

smoothie /ˈsmuði/ *sustantivo*
smoothie, **licuado de frutas** [con jugo, leche o yogur]

smoothly /ˈsmuðli/ *adverbio*
sin contratiempo, **sin problemas**: *Everything went smoothly at work.* No tuvimos ningún contratiempo en el trabajo.

smother /ˈsmʌðər/ *verbo*
1 asfixiar, **sofocar**
2 cubrir: *The cake was smothered in chocolate.* El pastel estaba completamente cubierto de chocolate.

smudge /smʌdʒ/ *sustantivo & verbo*
■ *sustantivo*
mancha, **borrón** [de tinta, pintura, etc.]
■ *verbo* (**smudging**, **smudged**)
correrse, **emborronar**: *Now look, you've smudged my drawing!* Mira, ¡hiciste que se corriera la tinta de mi dibujo! | *Your lipstick is smudged.* Se te corrió el bilet.

smuggle /ˈsmʌgəl/ *verbo* (**smuggling**, **smuggled**)
pasar de contrabando: *They were smuggling cigarettes into the U.S.* Estaban pasando cigarros de contrabando a los Estados Unidos.

smuggler /ˈsmʌglər/ *sustantivo*
contrabandista

snack /snæk/ *sustantivo & verbo*
■ *sustantivo*
tentempié, **refrigerio**: *They ate so many snacks that they lost their appetite even for dessert.* Comieron tantos tentempiés que ya ni los postres se les antojaron.
■ *verbo*
comer [algo ligero]: *You'll get fat if you snack on cookies all the time.* Vas a engordar si sigues comiendo galletas todo el tiempo.

'snack bar *sustantivo*
cafetería

snag /snæg/ *sustantivo*
problema, **inconveniente**: *It's a great car, but the snag is, I can't afford it right now!* El coche está padre; el problema es que no me alcanza para comprarlo por el momento.

snail /sneɪl/ *sustantivo*
caracol

snail

snake /sneɪk/ *sustantivo*
culebra, **serpiente**

snap /snæp/ *verbo & sustantivo*
■ *verbo* (**snapping**, **snapped**)
1 quebrarse: *The branch snapped under his foot.* La rama se quebró bajo el peso de su pie.
2 hablar con brusquedad: *I am sorry that I snapped at you.* Perdón por haberte hablado tan bruscamente.
3 (hablando de un perro) **morder**
■ *sustantivo*
ruido seco, **chasquido**

snarl /snɑrl/ *verbo*
gruñir: *The two dogs snarled at each other, and then started fighting.* Los dos perros gruñeron y empezaron a pelear.

snatch /snætʃ/ *verbo*
arrebatar: *She snatched the book from my hands.* Me arrebató el libro de las manos.

sneak /snik/ *verbo* (pasado y participio **sneaked** o **snuck**)
salir a hurtadillas: *The boys sneaked out of school and went to the park.* Los niños salieron de la escuela a hurtadillas y se fueron al parque.

sneaker /ˈsnikər/ *sustantivo*
(zapato) **tenis**

sneer /snɪr/ *verbo*
tomar un aire despectivo: *She sneered at the mention of his name.* Tomó un aire despectivo al oír su nombre.

sneeze /sniz/ *verbo & sustantivo*
■ *verbo* (**sneezing**, **sneezed**)
estornudar
■ *sustantivo*
estornudo

sniff /snɪf/ *verbo*
1 sorberse los mocos: *Stop sniffing and blow your nose!* Déja de sorberte los mocos y suénate.
2 husmear, **olfatear**: *The dog sniffed the bone.* El perro husmeó el hueso.

snob /snɑb/ *sustantivo*
esnob

snooze /snuz/ *verbo & sustantivo*
■ *verbo* (**snoozing**, **snoozed**)
dormitar, **echarse un pisto**: *Dad was snoozing in front of the fire.* Papá está dormitando enfrente de la chimenea.
■ *sustantivo*
sueñito, **siestecita**

snooze

The cat is snoozing in the tree.

snore /snɔr/ *verbo* (**snoring**, **snored**)
roncar

snorkel /ˈsnɔrkəl/ *sustantivo*
snorkel, **esnórquel**

snorkeling /ˈsnɔrkəlɪŋ/ *sustantivo*
snorkel, **esnórquel**

snow /snoʊ/ *sustantivo & verbo*
■ *sustantivo*
nieve
■ *verbo*
nevar: *Look, it's snowing!* ¡Mira, está nevando!

snowball /ˈsnoʊbɔl/ *sustantivo*
bola de nieve: *The children were throwing snowballs at each other.* Los niños se estaban echando bolas de nieve.

snowboarding /ˈsnoʊbɔrdɪŋ/ *sustantivo*
snowboard

snowflake /ˈsnoʊfleɪk/ *sustantivo*
copo de nieve

snowman /ˈsnoʊmæn/ *sustantivo* (plural **snowmen** /-men/)
muñeco de nieve

snowy /ˈsnoʊi/ *adjetivo* (**snowier**, **snowiest**)
1 nevoso -a: *The snowy weather will continue.* El tiempo continuará nevoso.
2 (un sendero o un paisaje) **nevado -a**

so /soʊ/ *adverbio & conjunción*
1 tan: *The party was so boring!* ¡La fiesta estuvo tan aburrida! | *You have been so nice to me!* ¡Has sido tan amable conmigo!
2 también: *Ann was there, and so was Mary.* Ann estaba allí y también Mary.
3 so it is es cierto: *"Look, it's raining!" "So it is."* –¡Mira, está lloviendo! –Es cierto.
4 entonces: *So, when did you move to Denver?* Entonces, ¿cuándo se cambiaron a Denver?
5 así es que, **por lo tanto**: *I was very hungry, so I ate the cake.* Tenía mucha hambre, así es que me comí el pastel.
6 para: *We got up early so that we could go swimming.* Nos levantamos temprano para poder ir a nadar.
7 so ... that tan ... que: *I was so tired that I fell asleep on the bus.* Estaba tan cansado que me quedé dormido en el camión.
8 or so aproximadamente, **más o menos**: *The trip takes an hour or so.* El viaje lleva una hora aproximadamente. | *She left a week or so ago.* Se fue hace más o menos una semana.
9 to tell someone so decirle algo a alguien: *"How do you know?" "Peter told me so."* –¿Cómo sabes? –Me lo dijo Peter.
10 so long hasta luego: *So long, John, I'll see you next week.* Hasta luego John, nos vemos la semana que viene.
11 and so on etcétera: *My husband does all the cooking, cleaning and so on.* Mi esposo cocina, hace la limpieza, etcétera.

soak /soʊk/ *verbo*
1 remojar: *She soaked the dirty clothes in water.* Remojó la ropa sucia en agua.
2 empapar, **calar**: *We got soaked.* Nos empapamos.

soaked /soʊkt/ *adjetivo*
empapado -a: *I am absolutely soaked!* ¡Estoy completamente empapada!

soaking /ˈsoʊkɪŋ/ *adjetivo* (also **soaking wet**)
empapado -a: *My clothes are soaking wet.* Tengo emapapada la ropa.

soap /soʊp/ *sustantivo*
jabón: *She washed her hands with a bar of soap.* Se lavó las manos con jabón.

ˈsoap ˌopera *sustantivo*
telenovela

soar /sɔr/ *verbo*
1 dispararse [los precios o costos]
2 volar alto [pájaro]
3 elevarse, **remontarse** [papalote, cohete]

sob /sɑb/ *verbo* (**sobbing**, **sobbed**)
sollozar

sober /ˈsoʊbər/ *adjetivo*
sobrio -a

soccer /ˈsɑkər/ *sustantivo*
futbol

social /ˈsoʊʃəl/ *adjetivo*
1 social: *social problems such as unemployment* problemas sociales tales como el desempleo
2 social: *He has a good social life.* Hace mucha vida social.

socialize /ˈsoʊʃəlaɪz/ *verbo* (**socializing**, **socialized**)
alternar, **hacer vida social**

ˌsocial ˈnetworking site *sustantivo* (también **social networking website**)
sitio de redes sociales, **red social**

ˌSocial Seˈcurity *sustantivo*
Seguro Social

society /səˈsaɪəti/ *sustantivo* (plural **societies**)
sociedad: *We live in a multiracial society.* Vivimos en una sociedad multirracial.

sock /sɑk/ *sustantivo*
calcetín

socket /ˈsɑkɪt/ *sustantivo*
contacto, **enchufe**

soda /ˈsoʊdə/ *sustantivo*
refresco

sofa /ˈsoʊfə/ *sustantivo*
sofá

soft /sɔft/ *adjetivo*
1 suave, **blando -a**: *The bed is nice and soft.* La cama está suavecita. | *a soft cushion* un cojín blando
2 suave, **terso -a**: *She has very soft skin.* Tiene la piel muy suave.
3 suave: *He played some soft music.* Tocó música suave.
4 tenue: *I need a dress with soft colors.* Necesito un vestido de colores tenues.

softball /ˈsɔftbɔl/ *sustantivo*
softball

ˈsoft drink *sustantivo*
refresco

soften /ˈsɔfən/ *verbo*
suavizar: *This lotion will soften your skin.* Esta loción te suavizará la piel.

softly /ˈsɔftli/ *adverbio*
bajito: *She spoke softly to him.* Le habló bajito.

S

software /ˈsɔft-wer/ *sustantivo*
software: *What type of software do you use?* ¿Qué tipo de software usas?

soggy /ˈsɑgi/ *adjetivo* (**soggier**, **soggiest**)
empapado -a, **saturado -a**: *The ground was very soggy.* El suelo estaba empapado.

soil /sɔɪl/ *sustantivo*
tierra: *She planted the flowers in the damp soil.* Plantó las plantas en la tierra húmeda.

solar /ˈsoʊlər/ *adjetivo*
solar: *The building is heated using solar energy.* El edificio se calienta con energía solar.

ˈsolar ˌsystem *sustantivo*
sistema solar

sold /soʊld/ pasado y participio del verbo **sell**

soldier /ˈsoʊldʒər/ *sustantivo*
soldado

sole /soʊl/ *sustantivo & adjetivo*
■ *sustantivo*
1 (del pie) **planta**
2 (de un zapato) **suela**
■ *adjetivo*
único -a: *She is the sole owner of the company.* Es la única propietaria de la compañía. | *He was the sole survivor of the accident.* Fue el único sobreviviente del accidente.

solely /ˈsoʊli/ *adverbio*
únicamente, **exclusivamente**

solemn /ˈsɑləm/ *adjetivo*
solemne: *The funeral was a solemn event.* Los funerales fueron un evento solemne.

solid /ˈsɑlɪd/ *adjetivo & sustantivo*
■ *adjetivo*
1 sólido -a: *We had to dig through solid rock.* Tuvimos que excavar en roca sólida.
2 macizo -a, **puro -a**: *The ring is solid gold.* El anillo es de oro macizo.
■ *sustantivo*
sólido

solution /səˈluʃən/ *sustantivo*
solución: *Has anyone found a solution to the problem?* ¿Alguien ha encontrado una solución para el problema?

solve /sɑlv/ *verbo* (**solving**, **solved**)
1 resolver [un misterio]
2 solucionar [un conflicto, un problema]
3 esclarecer: *Police are working to solve the crime.* La policía está tratando de esclarecer el crimen.

some /sʌm/ *adjetivo & pronombre*
1 un poco: *Would you like some coffee?* ¿Quieres un poco de café? | *She opened the candy and gave me some.* Desenvolvió el dulce y me dio un poco. ▶ compara con **any**
2 algunos -as: *Some of my friends liked the movie.* A algunos de mis amigos les gustó la película.

somebody /ˈsʌmˌbɑdi/ *pronombre*
alguien

somehow /ˈsʌmhaʊ/ *adverbio*
1 de alguna manera, **de alguna forma**: *We will get the money somehow.* Conseguiremos el dinero de alguna manera.
2 por alguna razón: *Somehow, I do not trust him.* Por alguna razón no le tengo confianza.

someone /ˈsʌmwʌn/ *pronombre*
1 alguien: *Be careful! Someone could get hurt.* ¡Cuidado! Alguien se puede lastimar.
2 someone else otra persona: *I thought that was Gary, but it was someone else.* Pensé que era Gary, pero era otra persona. ▶ compara con **anybody**

someplace /ˈsʌmpleɪs/ *adverbio*
algún lugar

somersault /ˈsʌmərsɔlt/ *sustantivo*
maroma, **voltereta**

somersault

something /ˈsʌmθɪŋ/ *pronombre*
algo: *There is something in my eye.* Tengo algo en el ojo. | *She bought something to eat.* Compró algo para comer. ▶ compara con **anything**

sometime /ˈsʌmtaɪm/ *adverbio*
en algún momento, **alguna vez**: *I hope I'll see you again sometime.* A ver cuándo nos vemos.

sometimes /ˈsʌmtaɪmz/ *adverbio*
a veces: *Sometimes I help my parents clean the house.* A veces ayudo a mis papás a limpiar la casa.

somewhere /ˈsʌmwer/ *adverbio*
algún lugar: *Ellen's looking for somewhere to live.* Ellen está buscando algún lugar donde vivir. | *At last we found somewhere to*

S

park the car. Por fin encontramos dónde estacionar el coche.

son /sʌn/ *sustantivo*

hijo: *I have a son and a daughter.* Tengo un hijo y una hija.

> **NOTA:** Usa la palabra **son** sólo cuando hablas de un hijo varón. Compara las siguientes preguntas: *Do you have any sons?* ¿Tiene hijos varones? | *Do you have any children?* ¿Tiene hijos?

song /sɔŋ/ *sustantivo*

canción: *What's your favorite song?* ¿Cuál es tu canción favorita?

'son-in-law *sustantivo* (plural **sons-in-law**)

yerno

soon /sun/ *adverbio*

1 pronto: *Dinner will be ready soon.* Pronto va a estar lista la cena. | *Come and see me soon.* Ven a verme pronto. | *It's too soon to know if she will get better.* Es demasiado pronto para saber si se va a mejorar.

2 as soon as tan pronto como, **en cuanto**: *I called as soon as I heard the news.* Llamé tan pronto supe la noticia. | *She came as soon as she had finished work.* Vino en cuanto salió del trabajo.

3 as soon as possible en cuanto sea posible: *I'll get the car fixed as soon as possible.* Voy a mandar a arreglar el coche en cuanto sea posible.

4 sooner or later tarde o temprano: *Sooner or later, he will find out the truth.* Tarde o temprano se va a enterar de la verdad.

> **NOTA:** Compara **soon** con **early**. Compara también **soon** con **quickly**: *I'm going to bed soon.* Me voy a acostar pronto. | *I went to bed early.* Me acosté temprano. | *Do it soon.* Hazlo pronto. | *Do it quickly.* Hazlo rápido.

soot /sʊt/ *sustantivo*

hollín

soothe /suð/ *verbo* (**soothing**, **soothed**)

1 tranquilizar: *She did her best to soothe their fears.* Hizo lo que pudo para tranquilizarlos.

2 aliviar, **calmar**: *The medicine will soothe a sore throat.* La medicina alivia los dolores de garganta.

sophisticated /sə'fɪstəkeɪtɪd/ *adjetivo*

sofisticado -a

sophomore /'sɑfmɔr/ *sustantivo*

En los Estados Unidos, un estudiante de segundo año de universidad o de bachillerato

sore /sɔr/ *adjetivo & sustantivo*

■ *adjetivo*

adolorido -a: *My feet are sore.* Tengo los pies adoloridos.

■ *sustantivo*

llaga, **úlcera** [cutánea]

sorry /'sɑri/ *adjetivo & interjección*

■ *adjetivo* (**sorrier**, **sorriest**)

1 to be sorry (a) sentirlo: *I'm sorry that I lied to you.* Siento mucho haberte mentido. **(b) sentir**, **lamentar**: *I'm sorry that you can't come to the party.* Siento mucho que no puedas venir a la fiesta.

2 to feel sorry for someone compadecer a alguien, **tenerle lástima a alguien**: *I couldn't help feeling sorry for her.* No pude evitar compadecerla.

■ *interjección*

perdón: *I'm sorry, did I step on your foot?* Perdón, ¿te pisé?

sort /sɔrt/ *sustantivo & verbo*

■ *sustantivo*

1 clase, **tipo**: *What sort of material is it made of?* ¿De qué clase de material está hecho?

2 sort of como: *I feel sort of tired today.* Me siento como cansado hoy.

■ *verbo*

1 clasificar: *Letters are sorted according to where they are being sent.* Las cartas se clasifican de acuerdo a su destino.

2 to sort out (a) solucionar: *We have a few problems to sort out.* Tenemos algunos problemas que solucionar. **(b) organizar**: *She sorted out the accommodations.* Organizó el alojamiento.

'so-so *adverbio*

más o menos: *"Did you like the book?" "So-so."* –¿Te gustó el libro? –Más o menos.

sought /sɔt/ pasado y participio del verbo **seek**

soul /soʊl/ *sustantivo*

alma

sound /saʊnd/ *sustantivo, verbo, adjetivo & adverbio*

■ *sustantivo*

sonido

■ *verbo*

1 sonar: *That sounds like a good idea.* Eso suena bien. | *It sounds like you are upset.* Suenas alterada.

2 sonar: *The bells sounded.* Las campanas sonaron.

■ *adjetivo*

1 sólido -a, **sensato -a**: *a sound decision* una decisión sensata

S

2 sólido -a, **firme**: *The floor of the house was perfectly sound.* El piso de la casa era muy sólido.

■ *adverbio*

to be sound asleep estar profundamente dormido -a: *The baby is sound asleep.* El bebé está profundamente dormido.

> **NOTA: Sound** es la palabra general para indicar cualquier cosa que se oye. **Noise** generalmente se refiere a algo fuerte y desagradable: *the sound of music, the sound of a baby crying* el sonido de la música, el sonido de un bebé que llora | *Stop making that terrible noise!* ¡Deja de hacer ese horrible ruido!

soundly /ˈsaʊndli/ *adverbio*

to sleep soundly dormir profundamente

soup /sup/ *sustantivo*

sopa

sour /saʊr/ *adjetivo*

1 ácido -a, **agrio -a**

2 cortada [leche]: *The milk is sour.* La leche está cortada.

source /sɔrs/ *sustantivo*

fuente: *The river is the source of our water.* El río es la fuente de nuestro suministro de agua. | *Her book is a good source of information.* Su libro es una buena fuente de información.

south /saʊθ/ *sustantivo*, *adjetivo* & *adverbio*

1 sur: *South America* América del Sur

2 sur, **meridional**: *We live on the south side of the city.* Vivimos en la zona sur de la ciudad.

3 al sur: *We traveled south to Mexico.* Viajamos al sur hacia México.

southeast /saʊθˈist/ *sustantivo*, *adjetivo* & *adverbio*

1 sureste, **sudeste**: *The wind is coming from the southeast.* El viento viene del sureste.

2 sureste, **sudeste**, **sudoriental**

3 hacia el sureste, **en dirección sureste**: *They are heading southeast.* Se dirigen hacia el sureste.

southeastern /saʊθˈistərn/ *adjetivo*

del sureste

southern /ˈsʌðərn/ *adjetivo*

1 del sur, **sureño -a**: *southern California* el sur de California

2 del sur de los Estados Unidos, **sureño -a**: *Do you like Southern cooking?* ¿Te gusta la cocina del sur?

ˌSouth ˈPole *sustantivo*

the South Pole el Polo Sur

southwest /saʊθˈwest/ *sustantivo*, *adjetivo* & *adverbio*

1 sudoeste, **suroeste**

2 suroeste, **sudoeste**, **del suroeste**

3 hacia el suroeste, **en dirección suroeste**: *They are heading southwest.* Se dirigen hacia el suroeste.

southwestern /saʊθˈwestərn/ *adjetivo*

del suroeste

souvenir /suvəˈnɪr/ *sustantivo*

souvenir

sow /soʊ/ *verbo* (participio **sown** /soʊn/ o **sowed**)

sembrar

space /speɪs/ *sustantivo*

1 espacio: *the International Space Station* la estación espacial internacional

2 espacio, **lugar**: *There is not enough space for more furniture.* No hay suficiente espacio para más muebles. | *I need to find a parking space for the car.* Tengo que encontrar un lugar para estacionar el coche.

spacecraft /ˈspeɪs-kræft/ *sustantivo* (plural **spacecraft**)

nave espacial

spaceship /ˈspeɪsʃɪp/ *sustantivo*

nave espacia

ˈspace ˌshuttle *sustantivo*

transbordador espacial

spacious /ˈspeɪʃəs/ *adjetivo*

amplio -a, **espacioso -a**: *The car is big and spacious.* El coche es grande y amplio.

spade /speɪd/ *sustantivo*

pala

spaghetti /spəˈgeti/ *sustantivo*

espaguetis

Spain /speɪn/ *sustantivo*

España

span /spæn/ *sustantivo & verbo*

■ *sustantivo*

lapso, **período**: *The library was built over a span of two years.* La biblioteca se construyó en un lapso de dos años.

■ *verbo* (**spanning**, **spanned**)

abarcar: *Her singing career spanned the 1970s.* Su carrera como cantante abarcó la década de los 70.

Spanish /ˈspænɪʃ/ *adjetivo & sustantivo*

■ *adjetivo*

español -a

■ *sustantivo*

1 (idioma) **español**

2 the Spanish los españoles

S

spank /spæŋk/ *verbo*
dar nalgadas

spare /sper/ *adjetivo & verbo*
■ *adjetivo*
1 de repuesto: *a spare part* una pieza de repuesto
2 de más, de sobra: *Are there any spare seats?* ¿Hay lugares de más? | *You can stay in the spare bedroom.* Te puedes quedar en el cuarto de visitas.
3 spare time tiempo libre: *He paints pictures in his spare time.* En su tiempo libre pinta cuadros.
■ *verbo* (**sparing, spared**)
prestar: *Can you spare me ten dollars?* ¿Tienes diez dólares que me prestes?

spark /spɑrk/ *sustantivo*
chispa

sparkle /ˈspɑrkəl/ *verbo* (**sparkling, sparkled**)
destellar, brillar: *The diamond sparkled in the light.* El diamante destellaba en la luz.

sparrow /ˈspæroʊ/ *sustantivo*
gorrión

spat /spæt/ pasado y participio del verbo **spit**

speak /spik/ *verbo* (pasado **spoke**, participio **spoken**)
1 hablar: *I need to speak to you about something.* Tengo que hablarte de algo. | *She could hardly speak.* Apenas podía hablar.
2 hablar: *He speaks English and German.* Habla inglés y alemán.
3 to speak up hablar más fuerte: *Could you speak up, please?* ¿Podría hablar más fuerte, por favor?

speaker /ˈspikər/ *sustantivo*
1 hablante
2 exponente, orador -a: *Most of the speakers were women.* La mayoría de los exponentes eran mujeres.
3 altavoz, bocina

spear /spɪr/ *sustantivo*
lanza

special /ˈspeʃəl/ *adjetivo*
especial: *She wants to go someplace special on her birthday.* Quiere ir a un lugar especial para su cumpleaños.

specialist /ˈspeʃəlɪst/ *sustantivo*
especialista: *a heart specialist* un especialista en cardiología

specialize /ˈspeʃəlaɪz/ *verbo* (**specializing, specialized**)
especializarse: *She specializes in children's diseases.* Se especializa en enfermedades infantiles.

specially /ˈspeʃəli/ *adverbio*
1 especialmente: *I bought it specially for you.* Lo compré especialmente para ti.
2 expresamente, especialmente: *The car is specially made to carry a lot of weight.* El coche fue hecho expresamente para cargar mucho peso.

species /ˈspiʃiz/ *sustantivo* (plural **species**)
especie

specific /spɪˈsɪfɪk/ *adjetivo*
1 específico -a: *What are the specific issues we need to discuss?* ¿Cuáles son los temas específicos a tratar?
2 preciso -a: *Can you be more specific about your plans?* ¿Puedes ser más preciso acerca de tus planes?

specifically /spɪˈsɪfɪkli/ *adverbio*
1 específicamente, expresamente: *The movie is specifically for children.* La película es específicamente para niños.
2 explícitamente, expresamente: *I specifically told you not to do that.* Te dije explícitamente que no lo hicieras.

specimen /ˈspesəmən/ *sustantivo*
muestra: *The doctor took a specimen of blood from her arm.* El doctor le sacó una muestra de sangre del brazo.

speck /spek/ *sustantivo*
mota: *I have a speck of dust in my eye.* Tengo una mota de polvo en el ojo.

spectacular /spekˈtækjələr/ *adjetivo*
espectacular: *There's a spectacular view of the mountains.* Hay una vista espectacular de las montañas.

spectator /ˈspekteɪtər/ *sustantivo*
espectador -a

sped /sped/ pasado y participio del verbo **speed**

speech /spitʃ/ *sustantivo*
1 (plural **speeches**) **discurso**: *The President gave a speech to Congress.* El Presidente pronunció un discurso ante el Congreso.
2 habla: *She lost the power of speech.* Perdió el habla.
3 freedom of speech libertad de expresión

S

speed /spid/ *sustantivo & verbo*
■ *sustantivo*
velocidad: *The car was traveling at a high speed.* El coche iba a alta velocidad.
■ *verbo* (pasado y participio **sped**)
1 ir a toda velocidad: *The car sped off into the distance.* El coche desapareció en el horizonte a toda velocidad.
2 to speed up acelerar: *We had to speed up to pass the slower cars.* Tuvimos que acelerar para rebasar los coches más lentos.

speedboat /ˈspidboʊt/ *sustantivo*
lancha motora

ˈspeed ˌlimit *sustantivo*
velocidad máxima: *There is a 40 mile an hour speed limit here.* La velocidad máxima en esta zona es de 40 millas por hora.

spell /spel/ *verbo & sustantivo*
■ *verbo* (pasado **spelled** o **spelt**)
escribir o deletrear [con referencia a la ortografía]: *How do you spell "embarrassed"?* ¿Cómo se escribe "embarrassed"?
■ *sustantivo*
hechizo

ˈspell-check *verbo*
pasar el corrector ortográfico a

ˈspell-checker *sustantivo*
corrector ortográfico

spelling /ˈspelɪŋ/ *sustantivo*
ortografía

spelt /spelt/ pasado y participio del verbo **spell**

spend /spend/ *verbo* (pasado y participio **spent**)
1 gastar: *How much money do you spend each week?* ¿Cuánto (dinero) gastas cada semana?
2 pasar: *I spent an hour writing this letter.* Pasé una hora escribiendo esta carta.

spent /spent/ pasado y participio del verbo **spend**

sphere /sfɪr/ *sustantivo*
esfera

spice /spaɪs/ *sustantivo*
especia: *The sauce had lots of spices in it.* La salsa tenía muchas especias.

spicy /ˈspaɪsi/ *adjetivo* (**spicier**, **spiciest**)
condimentado -a, **picosa -a**: *I don't like spicy food.* No me gusta la comida muy condimentada.

spider /ˈspaɪdər/ *sustantivo*
araña

spied /spaɪd/ pasado y participio del verbo **spy**

spike /spaɪk/ *sustantivo*
púa: *The fence has spikes on the top.* La cerca tiene púas en la parte superior.

spill /spɪl/ *verbo*
derramar: *I spilled the coffee all over my shirt.* Derramé el café en toda la camisa.

spill

Water was spilling out of the glass.

spin /spɪn/ *verbo* (gerundio **spinning**, pasado y participio **spun**)
1 girar: *The wheels were spinning around.* Las ruedas estaban girando.
2 hilar

spin

He's spinning around and around.

spinach /ˈspɪnɪtʃ/ *sustantivo*
espinacas

spine /spaɪn/ *sustantivo*
espina dorsal, **columna vertebral**

ˈspinning ˌwheel *sustantivo*
rueca

spiral /ˈspaɪrəl/ *sustantivo*
espiral

spirit /ˈspɪrɪt/ *sustantivo*
1 corazón, **espíritu**: *She's 85, but she still feels young in spirit.* Tiene 85 años pero todavía se siente joven de corazón.
2 espíritu: *the spirits of the dead* los espíritus de los muertos
3 spirits licores

spiritual /ˈspɪrɪtʃuəl/ *adjetivo*
espiritual

spit /spɪt/ *verbo* (gerundio **spitting**, pasado **spat** o **spit**, participio **spat**)
escupir: *He spat on the floor.* Escupió en el piso.

spite /spaɪt/ *sustantivo*
1 maldad: *She refused to see him out of spite.* Se negó a verlo por pura maldad.
2 in spite of something a pesar de algo: *We went out in spite of the rain.* Salimos a pesar de la lluvia.

splash /splæʃ/ *sustantivo & verbo*
■ *sustantivo* (plural **splashes**)
Indica el sonido de algo que cae al agua: *She jumped into the river with a big splash.* Se echó al río haciendo plaf.
■ *verbo*
chapotear: *The children were splashing around in the pool.* Los niños estaban chapoteando en la alberca.

splash
Splash!

splendid /ˈsplendɪd/ *adjetivo*
espléndido -a, **magnífico -a**: *We have a splendid view from our window.* Tenemos una vista espléndida desde nuestra ventana.

splinter /ˈsplɪntər/ *sustantivo*
astilla

split /splɪt/ *verbo & sustantivo*
■ *verbo* (gerundio **splitting**, pasado y participio **split**)
1 partir, **partirse** [madera o piedra]: *We split the wood into pieces.* Partimos la madera en cachos.
2 romper, **romperse** [ropa, tela]: *My pants split when I sat down.* Se me rompió el pantalón cuando me senté.
3 (también **split up**) **dividir**: *We split the money between us.* Nos dividimos el dinero.
■ *sustantivo*
descosido

spoil /spɔɪl/ *verbo*
1 echar a perder, **arruinar**: *He spoiled the event.* Echó a perder el acontecimiento.
2 consentir, **malcriar**: *You should not spoil the children.* No se debe consentir demasiado a los niños.

S

spoiled /spɔɪld/ *adjetivo*
consentido -a, **malcriado -a**: *Tim is a very spoiled boy.* Tim es un niño demasiado consentido.

spoke¹ /spoʊk/ *sustantivo*
rayo [de una rueda]

spoke² /spoʊk/ pasado del verbo **speak**

spoken /ˈspoʊkən/ participio del verbo **speak**

sponge /spʌndʒ/ *sustantivo*
esponja

spool /spul/ *sustantivo*
carrete

spoon /spun/ *sustantivo*
cuchara

spoonful /ˈspunfʊl/ *sustantivo* (plural **spoonsful** o **spoonfuls**)
cucharada: *Take two spoonfuls of this medicine.* Toma dos cucharadas de esta medicina.

sport /spɔrt/ *sustantivo*
deporte: *What is your favorite sport?* ¿Cuál es tu deporte favorito? | *I'm no good at sports.* Soy mala para los deportes.

ˈsports car *sustantivo*
coche deportivo

spot /spɑt/ *sustantivo & verbo*
■ *sustantivo*
1 gota: *There are spots of paint on the floor.* Hay gotas de pintura en el piso.
2 mancha: *Our dog is brown with black spots.* Nuestro perro es café con manchas negras.
3 (en telas) **bolita**, **lunar**
4 lugar: *It's a very pretty vacation spot.* Es un lugar muy bonito para vacacionar.
■ *verbo* (**spotting**, **spotted**)
1 ver, **divisar**: *I spotted you at the party.* Te vi en la fiesta.
2 descubrir [un error]

spotless /ˈspɑtləs/ *adjetivo*
impecable, **limpísimo -a**: *She keeps her room spotless.* Mantiene su cuarto impecable.

spout /spaʊt/ *sustantivo*
pico [de una cafetera o tetera]

sprain /spreɪn/ *verbo*
hacerse un esguince en: *He sprained his ankle when he fell.* Se hizo un esguince en el tobillo cuando se cayó.

sprang /spræŋ/ pasado del verbo **spring**

spray /spreɪ/ *verbo & sustantivo*
■ *verbo* (**spraying**, **sprayed**)
rociar: *He sprayed water on the flowers.* Roció las flores con agua.
■ *sustantivo*
espray [en aerosol]: *Can I use your hair spray?* ¿Me prestas tu espray para el pelo?

spray

spread /spred/ *verbo* (gerundio **spreading**, pasado y participio **spread**)
1 (también **spread out**) **desplegar**, **extender**: *Spread out the map on the table.* Despliega el mapa en la mesa.
2 propagarse: *The disease spread through*

the town. La enfermedad se propagó por toda la ciudad.

3 difundir, **divulgarse**: *The news of her death spread quickly.* La noticia de su muerte se divulgó rápidamente.

4 untar: *She spread butter on the bread.* Untó mantequilla en el pan.

spring /sprɪŋ/ *sustantivo & verbo*

■ *sustantivo*

1 primavera: *The show opens in the spring.* El espectáculo se estrena en la primavera.

2 manantial

3 resorte

■ *verbo* (gerundio **springing**, pasado **sprang**, participio **sprung**)

saltar: *The cat sprang out of the chair.* El gato saltó repentinamente de la silla.

sprinkle /ˈsprɪŋkəl/ *verbo* (**sprinkling**, **sprinkled**)

1 rociar [con líquido]

2 espolvorear [con azúcar, harina, etc.]: *She sprinkled sugar on the cake.* Espolvoreó el pastel con azúcar.

sprout /spraʊt/ *verbo & sustantivo*

■ *verbo*

1 brotar, **germinar** [una semilla]: *The seeds are beginning to sprout.* Las semillas están empezando a germinar.

2 brotar [una hoja]

3 retoñar [una planta]

■ *sustantivo*

brote, **retoño**

spruce /sprus/ *sustantivo*

picea

sprung /sprʌŋ/ participio del verbo **spring**

spun /spʌn/ pasado y participio del verbo **spin**

spy /spaɪ/ *sustantivo & verbo*

■ *sustantivo* (plural **spies**)

espía: *There was a spy among them.* Había un espía entre ellos.

■ *verbo* (gerundio **spying**, pasado y participio **spied**)

espiar: *She's been spying on the neighbors.* Ha estado espiando a los vecinos.

square /skwer/ *sustantivo & adjetivo*

■ *sustantivo*

1 cuadrado

2 plaza, **zócalo**

■ *adjetivo*

cuadrado -a: *The window was square.* La ventana era cuadrada.

squash /skwɑʃ/ *sustantivo & verbo*

■ *sustantivo*

1 (plural **squashes**) **calabaza**

2 squash

■ *verbo*

aplastar, **apachurrar**: *The fruit at the bottom had been squashed.* La fruta del fondo se había aplastado.

squeak /skwik/ *verbo & sustantivo*

■ *verbo*

rechinar

■ *sustantivo*

rechinido

squeal /skwil/ *verbo & sustantivo*

■ *verbo*

chillar, **gritar**: *Pigs squeal.* Los puercos chillan.

■ *sustantivo*

chillido, **grito**: *She gave a squeal of surprise.* Dio un grito de sorpresa.

squeeze /skwiz/ *verbo* (**squeezing**, **squeezed**)

1 exprimir: *He squeezed an orange to get the juice out.* Exprimió una naranja para sacarle el jugo.

2 meter: *We can squeeze one more person into the car.* Podemos meter una persona más en el coche.

squid /skwɪd/ *sustantivo* (plural **squid**)

calamar

squirrel /ˈskwɜrəl/ *sustantivo*

ardilla

squirt /skwɜrt/ *verbo*

echar un chorro de: *He squirted the sauce from a bottle.* Echó un chorro de salsa de la botella.

St.

■ (= **Saint**)

■ (= **street**)

stab /stæb/ *verbo* (**stabbing**, **stabbed**)

apuñalar, **acuchillar**: *He stabbed her with a knife.* La apuñaló con un cuchillo.

stable /ˈsteɪbəl/ *sustantivo & adjetivo*

■ *sustantivo*

establo, **caballeriza**

■ *adjetivo*

estable, **sólido -a**: *Is the ladder stable?* ¿Es estable la escalera? | *We need a stable government.* Necesitamos un gobierno estable.

stack /stæk/ *sustantivo & verbo*

■ *sustantivo*

pila, **montón**: *There's a stack of books by the door.* Hay una pila de libros junto a la puerta.

■ *verbo*

apilar, **amontonar**: *He stacked the dishes in the sink.* Apiló los platos en el fregadero.

S

stadium /ˈsteɪdiəm/ *sustantivo*
estadio: *a football stadium* un estadio de futbol

staff /stæf/ *sustantivo*
personal: *All the staff members of the school came to the meeting.* Todo el personal de la escuela fue a la junta.

stage /steɪdʒ/ *sustantivo*
1 etapa, **fase**: *The disease is still in its early stages.* La enfermedad está en su fase primaria. | *The next stage is getting the book to the printer.* La siguiente etapa es mandar el libro a la imprenta.
2 escenario

stagger /ˈstægər/ *verbo*
tambalearse: *The old man staggered down the street.* El viejito se tambaleaba por la calle.

stain /steɪn/ *verbo & sustantivo*
■ *verbo*
manchar: *The coffee stained his shirt.* El café le manchó la camisa.
■ *sustantivo*
mancha: *I have grass stains on my pants.* Tengo manchas de pasto en los pantalones.

staircase /ˈsterkeɪs/ *sustantivo*
escalera: *She sat down at the top of the staircase.* Se sentó hasta arriba de la escalera.

stairs /sterz/ *sustantivo plural*
escalera: *He ran up the stairs.* Subió corriendo las escaleras.

stale /steɪl/ *adjetivo* (**staler**, **stalest**)
1 duro -a: *stale bread* pan duro
2 rancio -a [mantequilla, queso]

stalk /stɔk/ *sustantivo*
tallo

stall /stɔl/ *sustantivo*
1 cubículo [en un baño público]
2 puesto [de mercado]

stammer /ˈstæmər/ *verbo*
tartamudear: *"Th-th-thank you," he stammered.* "G-g-gracias", tartamudeó.

stamp /stæmp/ *sustantivo & verbo*
■ *sustantivo*
1 timbre
2 sello
■ *verbo*
1 sellar
2 Pisar algo para aplastarlo: *He stamped on the insect.* Aplastó un insecto con el pie.

stand /stænd/ *verbo & sustantivo*
■ *verbo* (pasado y participio **stood**)
1 estar de pie, **estar parado -a**: *I had to stand all the way home on the bus.* Tuve que ir parado hasta la casa en el camión.
2 pararse, **ponerse de pie**: *All the children stood up.* Todos los niños se pararon. | *Please stand.* Por favor pónganse de pie.
3 estar, **erguirse**: *The house stands at the top of the hill.* La casa está en la cima de la colina.
4 soportar, **aguantar**: *I can't stand the pain.* No soporto el dolor. | *We can't stand him!* ¡No lo soportamos!
5 to stand back hacerse para atrás, **hacerse a un lado**: *She stood back to let me pass.* Se hizo para atrás para dejarme pasar.
6 to stand by (a) mantenerse al margen: *Most people stood by and watched the attack.* La mayoría de la gente presenció el ataque y no hizo nada. **(b) estar listo -a para ayudar**, **estar en estado de alerta**: *Doctors are now standing by.* Los médicos están listos para ayudar.
7 to stand for significar: *What does PLO stand for?* ¿Qué significa PLO?
8 to stand up for defender: *You should always stand up for yourself.* Siempre debes defenderte.
■ *sustantivo*
1 (como base) **pie**
2 (para música) **atril**
3 (para abrigos) **perchero**

standard /ˈstændərd/ *sustantivo & adjetivo*
■ *sustantivo*
1 nivel, **calidad**: *Your work must be of a high standard.* Su trabajo debe ser de un alto nivel.
2 parámetro: *By American standards, this is a small house.* De acuerdo con los parámetros americanos, la casa es chica.
■ *adjetivo*
normal: *Is this a standard practice?* ¿Es éste el procedimiento normal?

stank /stæŋk/ pasado del verbo **stink**

staple /ˈsteɪpəl/ *sustantivo & verbo*
■ *sustantivo*
grapa
■ *verbo* (**stapling**, **stapled**)
engrapar

stapler /ˈsteɪplər/ *sustantivo*
engrapadora

star /stɑr/ *sustantivo & verbo*
■ *sustantivo*
1 estrella
2 estrella, **asterisco**
3 estrella: *I want to be a movie star.* Quiero ser estrella de cine.

■ *verbo* (**starring**, **starred**)
hacer el papel estelar: *We saw a movie starring Brad Pitt.* Vimos una película en que Brad Pitt hacía el papel estelar.

stare /ster/ *verbo* (**staring**, **stared**)
mirar [fijamente]: *Are you staring at me?* ¿Qué me miras?

start /stɑrt/ *verbo & sustantivo*
■ *verbo*
1 empezar, **comenzar**: *If you are ready, you can start your work.* Si ya están listos, pueden empezar su trabajo. | *The girl started singing.* La niña empezó a cantar.
2 to start over volver a empezar, **empezar de nuevo**
■ *sustantivo*
principio, **comienzo**: *I don't want to miss the start of the show.* No me quiero perder el principio del espectáculo.

startle /ˈstɑrtl/ *verbo* (**startling**, **startled**)
asustar, **sobresaltar**: *You startled me when you shouted.* Me asustaste cuando gritaste.

starvation /stɑrˈveɪʃən/ *sustantivo*
hambre, **inanición**

starve /stɑrv/ *verbo* (**starving**, **starved**)
1 morirse de hambre
2 to be starving morirse de hambre, **pasar hambre**: *I'm starving! When is dinner?* ¡Me muero de hambre! ¿A qué horas cenamos?

state /steɪt/ *sustantivo & verbo*
■ *sustantivo*
1 estado: *He's in a state of shock.* Está en estado de choque.
2 estado: *There are 50 states in the U.S.* Hay 50 estados en los Estados Unidos.
3 estado: *The heads of state will meet tomorrow.* Los jefes de estado se reúnen mañana.
■ *verbo* (**stating**, **stated**)
declarar, **afirmar**: *He stated that he had never seen the woman before.* Declaró que nunca había visto a la mujer.

statement /ˈsteɪtmənt/ *sustantivo*
declaración: *The man made a statement to the police.* El hombre hizo una declaración a la policía.

statesman /ˈsteɪtsmən/ *sustantivo* (plural **statesmen** /-mən/)
hombre de estado, **estadista**

station /ˈsteɪʃən/ *sustantivo*
1 estación: *I'll meet you at the station.* Nos vemos en la estación.
2 delegación: *There is always someone at the police station.* Siempre hay alguien en la delegación.

stationary /ˈsteɪʃəneri/ *adjetivo*
estacionario -a, **detenido -a**: *The car was stationary when the accident happened.* El coche estaba estacionario cuando ocurrió el accidente.

stationery /ˈsteɪʃəneri/ *sustantivo*
papel y sobres de carta

statue /ˈstætʃu/ *sustantivo*
estatua

stay /steɪ/ *verbo* (**staying**, **stayed**)
1 quedarse, **permanecer**: *Stay here. I'll be right back.* Quédate aquí. Ahorita vengo. | *It stayed cold all night.* La noche permanecio fría.
2 quedarse: *They're staying at a hotel.* Se están quedando en un hotel.

steadily /ˈstedl-i/ *adverbio*
a un ritmo constante, **regularmente**: *We drove steadily at 30 miles an hour.* Manejamos a una velocidad constante de 30 millas por hora.

steady /ˈstedi/ *adjetivo* (**steadier**, **steadiest**)
1 firme, **seguro -a**: *Hold the chair steady while I stand on it.* Mantén la silla firme mientras me subo en ella.
2 regular, **estable**: *He has a steady job.* Tiene un trabajo estable.

steak /steɪk/ *sustantivo*
bistec

steal /stil/ *verbo* (pasado **stole**, participio **stolen**)
robar: *Who stole my money?* ¿Quién me robó el dinero?

steam /stim/ *sustantivo & verbo*
■ *sustantivo*
vapor: *There was steam coming from the engine.* Salía vapor del motor.
■ *verbo*
1 echar vapor
2 cocinar al vapor

steel /stil/ *sustantivo*
acero

steep /stip/ *adjetivo*
empinado -a: *The car rolled down the steep hill.* El coche se rodó por la pendiente.

steeple /ˈstipəl/ *sustantivo*
campanario, **torre**

steer /stɪr/ *verbo*
conducir, **dirigir**: *He steered the car carefully into the garage.* Condujo el coche al garage con mucho cuidado.

ˈsteering wheel *sustantivo*
volante

stem /stem/ *sustantivo*
tallo

step /step/ *verbo & sustantivo*
■ *verbo* (**stepping**, **stepped**)
1 to step in something pisar algo: *What did you step in?* ¿Qué pisaste?
2 to step on someone's foot pisar a alguien
■ *sustantivo*
1 paso: *He took a step toward the door.* Dio un paso hacia la puerta.
2 escalón, peldaño: *She sat on a step and waited.* Se sentó a esperar en un escalón.
3 paso: *I heard steps outside.* Oí pasos afuera.
4 paso: *The first step is to call for help.* El primer paso es pedir ayuda.

step

You're stepping on my foot!

ˌstep-by-ˈstep *adverbio*
paso por paso: *He showed us how to repair the car step-by-step.* Nos enseñó a reparar el coche paso por paso.

stepfather /ˈstepfɑðər/ *sustantivo*
padrastro

stepmother /ˈstepmʌðər/ *sustantivo*
madrastra

stereo /ˈsterioʊ/ *sustantivo*
estéreo

stew /stu/ *sustantivo & verbo*
■ *sustantivo*
estofado, guiso
■ *verbo*
estofar, guisar

stewardess /ˈstuərdes/ *sustantivo* (plural **stewardesses**)
azafata, aeromoza

stick /stɪk/ *sustantivo & verbo*
■ *sustantivo*
1 palo
2 palo, bastón: *Can I borrow your hockey stick?* ¿Me prestas tu bastón de hockey?
■ *verbo* (pasado y participio **stuck**)
1 pegar: *I stuck a stamp on the letter.* le pegué un timbre a la carta.
2 clavar: *She stuck her fork into her food.* Clavó el tenedor en la comida.
3 atascarse: *The car is stuck in the mud.* El coche está atascado en el lodo.
4 poner: *Just stick that in the corner until we need it.* Pon eso en el rincón hasta que lo necesitemos.
5 to stick by someone no abandonar a alguien: *She has always stuck by me.* Nunca me ha abandonado.

ˈstick ˌinsect *sustantivo*
insecto palo

sticky /ˈstɪki/ *adjetivo* (**stickier**, **stickiest**)
pegajoso -a: *My hands are sticky.* Tengo las manos pegajosas.

stiff /stɪf/ *adjetivo*
1 duro -a, tieso -a: *The cards are made of stiff paper.* Las tarjetas son de papel duro.
2 agarrotado -a, entumecido -a: *My leg muscle is stiff.* Tengo el músculo de la pierna agarrotado.

still /stɪl/ *adverbio & adjetivo*
■ *adverbio*
1 todavía, aún: *Do you still play tennis?* ¿Todavía juegas tenis?
2 aún, todavía: *The weather is still colder than last week.* Hace aún más frío que la semana pasada.
3 aun así: *It was raining, but she still went out.* Estaba lloviendo, pero aun así salió.
■ *adjetivo*
1 quieto -a: *Sit still while I comb your hair.* Siéntate quieta mientras te peino.
2 en calma, tranquilo -a, quieto -a: *The ocean was calm and still.* El océano estaba en calma.

sting /stɪŋ/ *verbo & sustantivo*
■ *verbo* (pasado y participio **stung**)
1 picar: *The bee stung her leg.* La abeja le picó la pierna.
2 arder: *My eyes are stinging because of the smoke.* Me arden los ojos por el humo.
■ *sustantivo*
ardor

stink /stɪŋk/ *verbo & sustantivo*
■ *verbo* (pasado **stank**, participio **stunk**)
apestar, oler mal
■ *sustantivo*
peste, mal olor

stir /stɜr/ *verbo* (**stirring**, **stirred**)
1 revolver, menear: *He put sugar in his coffee and stirred it.* Le puso azúcar al café y lo revolvió.

S

2 agitarse, **moverse**: *The leaves stirred in the wind.* Las hojas se agitaban en el viento.

stitch /stɪtʃ/ *sustantivo* (plural **stitches**)
1 puntada: *The dress was sewn with small stitches.* El vestido estaba cosido con puntadas chiquitas.
2 punto [en el tejido]

stock /stɑk/ *sustantivo & verbo*
■ *sustantivo*
1 existencias, **stock**: *We have large stocks of canned goods.* Tenemos grandes existencias de productos enlatados.
2 in stock en existencias: *Are there any more boots in stock?* ¿Hay más botas en existencias?
3 out of stock agotado -a: *Red boots are out of stock.* Las botas rojas están agotadas.
■ *verbo*
vender: *Do you stock any fishing equipment?* ¿Venden equipo de pesca?

stockings /ˈstɑkɪŋz/ *sustantivo plural*
medias [que llegan hasta el muslo]

stole /stoʊl/ pasado del verbo **steal**

stolen /ˈstoʊlən/ participio del verbo **steal**

stomach /ˈstʌmək/ *sustantivo*
estómago

stomachache /ˈstʌməkˌeɪk/ *sustantivo*
dolor de estómago: *I have a stomachache.* Tengo dolor de estómago.

stone /stoʊn/ *sustantivo*
1 piedra: *The boys threw stones into the lake.* Los niños echaron piedras al lago.
2 piedra: *The walls are made of stone.* Las paredes son de piedra.

stood /stʊd/ pasado y participio del verbo **stand**

stool /stul/ *sustantivo*
banco [para sentarse]

stoop /stup/ *verbo*
agacharse: *He had to stoop to get through the door.* Se tuvo que agachar para pasar por la puerta.

stop /stɑp/ *verbo & sustantivo*
■ *verbo* (**stopping**, **stopped**)
1 parar: *The rain has stopped.* Ya paró de llover.
2 dejar de: *We stopped eating.* Dejamos de comer.
3 impedir: *They stopped me from going out of the door.* Me impidieron salir.
4 detener
5 pararse: *We had to stop for gas.* Nos tuvimos que parar para cargar gasolina.
6 stop it/stop that dejar de hacer algo: *Stop it. That hurts!* Deja de hacer eso. ¡Duele!
■ *sustantivo*
1 parada: *We waited at the bus stop.* Esperamos en la parada del camión.
2 Acción de parar: *The car came to a stop.* El coche se paró.

stoplight /ˈstɑplaɪt/ *sustantivo*
semáforo

store /stɔr/ *sustantivo & verbo*
■ *sustantivo*
tienda: *I'm going to the grocery store.* Voy a la tienda de abarrotes.
■ *verbo* (**storing**, **stored**)
guardar: *My old clothes are stored in those boxes.* Mi ropa vieja está guardada en esas cajas.

storm /stɔrm/ *sustantivo*
tormenta

stormy /ˈstɔrmi/ *adjetivo* (**stormier**, **stormiest**)
tormentoso -a

story /ˈstɔri/ *sustantivo* (plural **stories**)
1 cuento, **historia**: *Please read us a story!* ¡Por favor léenos un cuento!
2 artículo, **relato**: *Did you see the story in the newspaper?* ¿Viste el artículo en el periódico?
3 (también **storey**) **piso**: *Her apartment is on the third story.* Su departamento está en el tercer piso.

stove /stoʊv/ *sustantivo*
estufa

straight /streɪt/ *adjetivo & adverbio*
■ *adjetivo*
1 recto -a: *Can you draw a straight line?* ¿Puedes dibujar una línea recta?
2 lacio -a: *My sister has straight hair.* Mi hermana tiene el pelo lacio.
3 derecho -a: *The picture isn't straight.* El cuadro no está derecho.
4 directo -a: *Give me a straight answer.* Dame una respuesta directa.
■ *adverbio*
1 en línea recta: *The car went straight down the road.* El coche iba por la calle en linea recta.
2 directamente, **inmediatamente**: *He went straight to his friend to ask for help.* Se dirigió directamente a su amigo para pedir ayuda.

straighten /ˈstreɪtn/ *verbo*
1 enderezar: *She straightened the picture on the wall.* Enderezó el cuadro en la pared.

2 (también **straighten up**) **arreglar**, **recoger**: *Straighten up your room now!* ¡Arregla tu cuarto ahora mismo!

strain /streɪn/ *verbo*

1 torcer, **hacerse un esguince en**: *I strained my back when I lifted the box.* Me torcí la espalda cuando levanté la caja.

2 Hacer un esfuerzo para oír, ver, etc.: *She was straining to hear me.* Aguzó el oído para oírme.

3 colar

strait /streɪt/ *sustantivo*

estrecho

strand /strænd/ *sustantivo*

1 (de cabello) **pelo**

2 (de hilo) **hebra**

3 (de alambre) **filamento**

stranded /ˈstrændɪd/ *adjetivo*

botado -a, **varado -a**: *I was stranded after the car broke down.* Me quedé botado cuando se descompuso el coche.

strange /streɪndʒ/ *adjetivo* (**stranger**, **strangest**)

extraño -a, **raro -a**: *I heard a strange noise from the next room.* Oí un ruido extraño en el cuarto de al lado.

stranger /ˈstreɪndʒər/ *sustantivo*

desconocido -a, **extraño -a**

strangle /ˈstræŋgəl/ *verbo* (**strangling**, **strangled**)

estrangular

strap /stræp/ *sustantivo*

correa

straw /strɔ/ *sustantivo*

1 paja: *Do you like my straw hat?* ¿Te gusta mi sombrero de paja?

2 popote: *He drank the milk through a straw.* Tomó la leche con popote.

strawberry /ˈstrɔberi/ *sustantivo* (plural **strawberries**)

fresa

stray /streɪ/ *adjetivo & verbo*

■ *adjetivo*

callejero -a, **perdido -a** [perro]

■ *verbo*

apartarse, **alejarse**: *She strayed from the road and got lost.* Se apartó de la carretera y se perdió.

streak /strik/ *sustantivo*

1 raya: *There is a streak of paint on the wall.* Hay una raya de pintura en la pared.

2 rayo, **mechón** [en el pelo]

stream /strim/ *sustantivo*

1 arroyo

2 caravana, **torrente**: *A stream of cars came down the road.* Venían caravanas de coches por la calle.

street /strit/ *sustantivo*

calle: *The library is across the street from the school.* La biblioteca está del otro lado de la calle enfrente de la escuela. | *Robert lives on Main Street.* Robert vive en Main Street.

streetcar /ˈstritkɑr/ *sustantivo*

tranvía

streetlight /ˈstritlaɪt/ *sustantivo*

luz de la calle

strength /streŋkθ/ *sustantivo*

1 fuerza: *He didn't have the strength to get up.* No tenía fuerzas para levantarse.

2 poderío: *The country wants to build its military strength.* El país quiere fortalecer su poderío militar.

strengthen /ˈstreŋkθən/ *verbo*

fortalecer: *Exercise will strengthen your arms.* El ejercicio te va fortalecer los brazos.

stress /stres/ *sustantivo & verbo*

■ *sustantivo*

1 (plural **stresses**) **acento** [tónico]

2 estrés, **tensión**: *He is under a lot of stress at work.* Tiene mucho estrés en el trabajo.

3 énfasis, **hincapié**

■ *verbo*

1 acentuar

2 enfatizar, **hacer hincapié en**: *I must stress that we don't have much time.* Debo enfatizar el hecho de que no tenemos mucho tiempo.

stressful /ˈstresfəl/ *adjetivo*

estresante: *She has a very stressful job.* Tiene un trabajo muy estresante.

stretch /stretʃ/ *verbo*

1 estirar: *She stretched the rope between two poles.* Estiró la cuerda entre dos postes. | *Rubber stretches easily.* El hule se estira con facilidad.

2 estirar, **extender**: *He stretched his legs out in front of him.* Estiró las piernas hacia adelante.

3 extenderse: *The forest stretched for miles.* El bosque se extendía millas y millas.

stretcher /ˈstretʃər/ *sustantivo*

camilla

strict /strɪkt/ *adjetivo*

estricto -a, **severo -a**: *She is very strict with her children.* Es muy estricta con sus hijos.

strictly /ˈstrɪktli/ *adverbio*

1 estrictamente: *What he says is not strictly true.* Lo que dice no es estrictamente cierto.

2 estrictamente: *Smoking is strictly forbidden in this building.* Se prohíbe estrictamente fumar en este edificio.

strike /straɪk/ *verbo & sustantivo*

■ *verbo* (gerundio **striking**, pasado **struck**, participio **struck** o **stricken**)

1 golpear, **pegarle a**: *The car was struck by a tree.* El coche fue golpeado por un árbol.

2 declararse en huelga, **hacer huelga**

3 dar: *The clock struck three.* El reloj dio las tres.

4 atacar: *When will the killer strike again?* ¿Cuándo atacará el asesino otra vez?

■ *sustantivo*

huelga: *The workers are on strike.* Los obreros están en huelga.

string /strɪŋ/ *sustantivo*

1 mecate, **cordel**: *I tied a string around the box.* Amarré la caja con un mecate.

2 (de un instrumento musical) **cuerda**

strip /strɪp/ *sustantivo & verbo*

■ *sustantivo*

tira, **cinta**

■ *verbo* (**stripping**, **stripped**)

1 quitar: *He stripped the paper off the wall.* Quitó el papel tapiz de la pared.

2 quitarse: *John stripped off his shirt.* John se quitó la camisa.

stripe /straɪp/ *sustantivo*

raya, **franja**: *Tigers have dark stripes.* Los tigres tienen rayas oscuras.

striped /straɪpt/ *adjetivo*

rayado -a: *He wore a striped shirt.* Traía puesta una camisa rayada.

stroke /stroʊk/ *sustantivo & verbo*

■ *sustantivo*

1 derrame cerebral: *She had a stroke last year.* Sufrió un derrame cerebral en año pasado.

2 brazada

3 pincelada, **brochazo**

■ *verbo* (**stroking**, **stroked**)

acariciar: *He stroked her hair gently.* Le acarició el pelo suavemente.

stroll /stroʊl/ *verbo & sustantivo*

■ *verbo*

dar un paseo, **pasear**: *We strolled through the park.* Dimos un paseo por el parque.

■ *sustantivo*

paseo: *We went for a stroll in the evening.* Dimos un paseo en la noche.

stroller /ˈstroʊlər/ *sustantivo*

carreola

strong /strɔŋ/ *adjetivo*

1 fuerte: *He is a strong man.* Es un hombre fuerte. | *She is a strong swimmer.* Es una nadadora fuerte.

2 resistente, **fuerte**: *I need a strong rope.* Necesito una cuerda resistente.

3 poderoso -a, **fuerte**: *Is he a strong leader?* ¿Es un dirigente poderoso?

4 fuerte [olores, sabores y colores]

struck /strʌk/ pasado y participio del verbo **strike**

structure /ˈstrʌktʃər/ *sustantivo*

1 estructura: *The bridge is a very tall structure.* El puente es una estructura muy alta.

2 estructura: *The structure of the company will not change.* La estructura de la compañía no cambiará.

struggle /ˈstrʌgəl/ *verbo & sustantivo*

■ *verbo* (**struggling**, **struggled**)

1 forcejear: *I struggled to get free.* Forcejeé para escaparme.

2 luchar: *He struggled to learn English.* Luchó por aprender inglés.

■ *sustantivo*

lucha: *The men were involved in a struggle.* Los hombres estuvieron implicados en una lucha.

stubborn /ˈstʌbərn/ *adjetivo*

terco -a, **testarudo -a**

stuck /stʌk/ pasado y participio del verbo **stick**

student /ˈstudnt/ *sustantivo*

estudiante, **alumno -a**

studio /ˈstudioʊ/ *sustantivo*

estudio

studio

a television studio

study /ˈstʌdi/ *verbo & sustantivo*

■ *verbo* (**studying**, **studied**)

1 estudiar: *I am studying art.* Estoy estudiando artes plásticas. | *Mario needs to study for his English test.* Mario tiene que estudiar para su prueba de inglés.

S

2 **estudiar**: *Before we go, we'll have to study the map.* Antes de irnos, tenemos que estudiar el mapa.

■ *sustantivo* (plural **studies**)

1 **estudio**, **investigación**: *He is doing a study on crime in the city.* Está haciendo un estudio sobre la delincuencia en la ciudad.

2 **estudio**

stuff /stʌf/ *sustantivo & verbo*

■ *sustantivo*

1 (una cosa) **algo**: *There's some white stuff on the floor.* Hay algo blanco en el piso.

2 (pertenencias) **cosas**: *Just leave your stuff in the hall for now.* Deja tus cosas en la entrada por el momento.

■ *verbo*

1 **rellenar**

2 **meter**: *She stuffed the letter into her pocket.* Se metió la carta en la bolsa.

stuffing /ˈstʌfɪŋ/ *sustantivo*

relleno

stuffy /ˈstʌfi/ *adjetivo* (**stuffier**, **stuffiest**)

viciado -a [el aire]: *Open a window. The room is stuffy.* Abre la ventana. Falta aire en este cuarto/el aire está muy viciado.

stumble /ˈstʌmbəl/ *verbo* (**stumbling**, **stumbled**)

tropezar: *She stumbled coming out of the door.* Se tropezó al salir por la puerta.

stung /stʌŋ/ pasado y participio del verbo **sting**

stunk /stʌŋk/ participio del verbo **stink**

stupid /ˈstupɪd/ *adjetivo*

tonto -a, **menso -a**: *How could you be so stupid?* ¿Cómo pudiste ser tan tonto?

stupidity /stuˈpɪdəti/ *sustantivo*

estupidez, **tontería**

sturdy /ˈstɜrdi/ *adjetivo* (**sturdier**, **sturdiest**)

sólido -a, **macizo -a**: *a sturdy table* una mesa sólida y resistente

stutter /ˈstʌtər/ *verbo*

tartamudear: *"I ca-ca-can't help it," she stuttered.* "N-n-n-no puedo evitarlo", tartamudeó.

style /staɪl/ *sustantivo*

1 **estilo**: *I like his style of writing.* Me gusta su estilo de escribir.

2 **moda**: *Her dresses are always in style.* Sus vestidos siempre son de moda.

subject /ˈsʌbdʒɪkt/ *sustantivo*

1 **materia**: *English is one of my favorite subjects.* El inglés es una de mis materias favoritas.

2 **tema**: *Don't try to change the subject.* No trates de cambiar de tema.

3 **sujeto** [de una oración]

submarine /ˈsʌbmərin/ *sustantivo*

submarino

substance /ˈsʌbstəns/ *sustantivo*

sustancia: *There is a poisonous substance in the water.* Hay una sustancia tóxica en el agua.

substitute /ˈsʌbstətut/ *sustantivo & verbo*

■ *sustantivo*

sustituto -a, **suplente**, **remplazo**: *We had a substitute instead of our usual teacher today.* Hoy vino un suplente en vez de nuestro maestro de costumbre.

■ *verbo* (**substituting**, **substituted**)

sustituir, **remplazar**: *You can substitute margarine for butter in the recipe.* Puede sustituir la mantequilla por margarina en esta receta.

subtract /səbˈtrækt/ *verbo*

restar: *If you subtract 3 from 5, you get 2.* Si le restas 3 a 5, quedan 2.

subtraction /səbˈtrækʃən/ *sustantivo*

resta

suburb /ˈsʌbɜrb/ *sustantivo*

colonia [en una ciudad]: *He lives in a suburb of Houston.* Vive en una colonia de las afueras de Houston.

suburban /səˈbɜrbən/ *adjetivo*

suburbano -a

subway /ˈsʌbweɪ/ *sustantivo* (plural **subways**)

metro: *Sally rides the subway to work.* Sally va al trabajo en metro.

succeed /səkˈsid/ *verbo*

1 **lograr**: *If you try hard, you'll succeed.* Si realmente tratas, lo lograrás.

2 **conseguir**, **lograr**: *He succeeded in selling his house.* Logró vender su casa.

success /səkˈses/ *sustantivo*

1 **éxito**, **logro**: *Have you had any success in finding her?* ¿Lograste encontrarla?

2 (plural **successes**) **éxito**: *Her party was a big success.* Su fiesta fue un gran éxito.

successful /səkˈsesfəl/ *adjetivo*

exitoso -a: *She has a successful business.* Tiene un negocio exitoso.

successfully /səkˈsesfəli/ *adverbio*

con éxito

such /sʌtʃ/ *adjetivo*

1 **such a** (para indicar grado) *It's such a lovely day.* Hace un día tan bonito. | *What would you do in such a situation?* ¿Qué harías en una situación así?

S

2 such as tal como: *I like sports such as tennis.* Me gustan los deportes tales como el tenis.

suck /sʌk/ *verbo*
chupar, **succionar**: *The baby is sucking milk from the bottle.* El bebé está chupando la leche en la mamila.

sudden /ˈsʌdn/ *adjetivo*
1 repentino -a, **inesperado -a**: *Her death was very sudden.* Su muerte fue muy repentina.
2 all of a sudden de repente, **de pronto**: *All of a sudden, the lights went out.* De repente las luces se apagaron.

suddenly /ˈsʌdnli/ *adverbio*
de repente, **de pronto**: *Suddenly, everyone ran out of the room.* De repente todos salieron corriendo del cuarto.

sue /su/ *verbo* (**suing**, **sued**)
demandar

suede /sweɪd/ *sustantivo*
gamuza, **ante**

suffer /ˈsʌfər/ *verbo*
sufrir, **padecer**: *She suffers from headaches.* Padece dolores de cabeza.

suffering /ˈsʌfərɪŋ/ *sustantivo*
sufrimiento: *Suffering is a part of life.* El sufrimiento es parte de la vida.

sufficient /səˈfɪʃənt/ *adjetivo*
suficiente: *The amount of food is sufficient to feed four people.* La cantidad de comida es suficiente para cuatro personas.

suffix /ˈsʌfɪks/ *sustantivo* (plural **suffixes**)
sufijo

sugar /ˈʃʊgər/ *sustantivo*
azúcar

suggest /səgˈdʒest/ *verbo*
sugerir: *I suggested that we play cards.* Sugerí que jugáramos cartas.

suggestion /səgˈdʒestʃən/ *sustantivo*
sugerencia: *Can I make a suggestion?* ¿Puedo hacer una sugerencia?

suicide /ˈsuəsaɪd/ *sustantivo*
suicidio: *Alan's brother committed suicide.* El hermano de Alan se suicidó.

suit /sut/ *verbo & sustantivo*
■ *verbo*
convenirle a, **venirle bien a**: *"Can you come tomorrow?" "That suits me fine."* "¿Puede venir mañana?" "Eso me viene bien."
■ *sustantivo*
1 traje: *I want a dark gray suit.* Quiero un traje gris oscuro.
2 juicio, **pleito**

suitable /ˈsutəbəl/ *adjetivo*
apropiado -a, **adecuado -a**: *This toy is not suitable for very young children.* Este juguete no es apropiado para niños muy chicos.

suitcase /ˈsutkeɪs/ *sustantivo*
maleta, **petaca**

sum /sʌm/ *sustantivo*
1 suma: *We spent a large sum of money on the computer.* Gastamos una fuerte suma de dinero en la computadora.
2 the sum of la suma de: *The sum of 5 and 5 is 10.* La suma de 5 y 5 es 10.

summer /ˈsʌmər/ *sustantivo*
verano: *What are you doing this summer?* ¿Qué vas a hacer este verano?

summit /ˈsʌmɪt/ *sustantivo*
cima, **cumbre**

summon /ˈsʌmən/ *verbo*
mandar llamar: *They were summoned to the governor's office.* Los mandaron llamar a la oficina del gobernador.

sun /sʌn/ *sustantivo*
sol: *We went to the beach to lie in the sun.* Fuimos a la playa a echarnos al sol.

sunbathe /ˈsʌnbeɪð/ *verbo* (**sunbathing**, **sunbathed**)
tomar el sol, **asolearse**

sunbathe

I spent my vacation sunbathing on the beach.

sunburn /ˈsʌnbɜrn/ *sustantivo*
quemadura de sol

sunburned /ˈsʌnbɜrnd/ *adjetivo*
quemado -a por el sol

Sunday /ˈsʌndi/ *sustantivo*
domingo

S

sung /sʌŋ/ participio del verbo **sing**

sunglasses /ˈsʌnglæsɪz/ *sustantivo plural*
lentes de sol

sunk /sʌŋk/ participio del verbo **sink**

sunlight /ˈsʌnlaɪt/ *sustantivo*
sol, **luz del sol**: *Plants need sunlight to grow.* Las plantas necesitan sol para crecer.

sunny /ˈsʌni/ *adjetivo* (**sunnier**, **sunniest**)
soleado -a: *The day was bright and sunny.* El día estaba soleado.

sunrise /ˈsʌnraɪz/ *sustantivo*
amanecer

sunscreen /ˈsʌnskrin/ *sustantivo*
protector solar

sunset /ˈsʌnset/ *sustantivo*
puesta del sol

sunshine /ˈsʌnʃaɪn/ *sustantivo*
sol: *I enjoy walking in the sunshine.* Me gusta caminar en el sol.

suntan /ˈsʌntæn/, también **tan** *sustantivo*
bronceado

super /ˈsupər/ *adjetivo*
súper, **padrísimo -a**: *We had a super time on vacation.* La pasamos súper en las vacaciones.

superb /sʊˈpɜrb/ *adjetivo*
magnífico -a, **espléndido -a**: *The food here is superb.* La comida aquí es magnífica.

superhero /ˈsupərhɪroʊ/ *sustantivo* (plural **superheroes**)
superhéroe

superior /səˈpɪriər/ *adjetivo*
superior

superlative /səˈpɜrlətɪv/ *sustantivo & adjetivo*
■ *sustantivo*
superlativo
■ *adjetivo*
excepcional

supermarket /ˈsupərmɑrkɪt/ *sustantivo*
supermercado

supersonic /supərˈsɑnɪk/ *adjetivo*
supersónico -a

superstition /supərˈstɪʃən/ *sustantivo*
superstición: *It is only a superstition that the number 13 is unlucky.* Que el número 13 es de mala suerte es sólo una superstición.

supervise /ˈsupərvaɪz/ *verbo* (**supervising**, **supervised**)
supervisar

supervision /supərˈvɪʒən/ *sustantivo*
supervisión: *We were under her supervision.* Estábamos bajo su supervisión.

supervisor /ˈsupərvaɪzər/ *sustantivo*
supervisor -a

supper /ˈsʌpər/ *sustantivo*
cena

supplies /səˈplaɪz/ *sustantivo plural*
provisiones: *Supplies are difficult to find in the desert.* Las provisiones son difíciles de encontrar en el desierto.

supply /səˈplaɪ/ *sustantivo & verbo*
■ *sustantivo* (plural **supplies**)
reservas, **abastecimiento**: *The country has a large supply of oil.* El país tiene grandes reservas de petróleo.
■ *verbo* (**supplying**, **supplied**)
proveer de, **abastecer de**: *We supply paper to the company.* Proveemos de papel a la compañía.

support /səˈpɔrt/ *verbo & sustantivo*
■ *verbo*
1 sostener: *These poles support the roof.* Estos postes sostienen el techo.
2 apoyar: *Which political party do you support?* ¿Qué partido político apoyas?
3 sostener, **mantener**: *She supports her family by doing two jobs.* Sostiene a su famila haciendo dos trabajos.
■ *sustantivo*
1 apoyo: *Thank you for your support.* Gracias por su apoyo.
2 soporte

suppose /səˈpoʊz/ *verbo* (**supposing**, **supposed**)
1 suponer, **imaginar**: *I suppose that he went home.* Supongo que se fue a su casa. | *He'll come with us, I suppose.* Me imagino que vendrá con nosotros.
2 to be supposed to se supone que: *You are supposed to stop at a red light.* Se supone que uno tiene que detenerse parar en la luz roja. | *When is the movie supposed to start?* ¿Cuándo se supone que empieza la película? | *It's supposed to be a good book.* Se supone que es un buen libro.
3 suponerse: *Suppose someone found out about our plan. What would you do?* Suponte que alguien descubriera nuestro plan. ¿Qué harías?

supreme /səˈprim/ *adjetivo*
supremo -a: *The most important court in the country is called the Supreme Court.* El tribunal más importante del país es la Corte Suprema.

sure /ʃʊr/ *adjetivo & adverbio*
■ *adjetivo*
1 seguro -a: *I am sure that I put the money*

in the bank. Estoy seguro que deposité el dinero en el banco.

2 to make sure asegurarse, **cerciorarse**: *I'll make sure that the car is locked.* Voy a asegurarme de que el coche está cerrado con llave.

■ *adverbio*

1 claro, **seguro**: *"Will you come to the party?" "Sure!"* "Vienes a la fiesta?" "¡Claro!"

2 de verdad, **en serio**: *It sure is cold today!* ¡Hoy de verdad hace frío!

surely /ˈʃʊrli/ *adverbio*

seguramente ▶ Generalmente no se traduce y se usa una forma negativa para enfatizar la incredulidad: *Surely you're not serious!* ¡No puedes estar hablando en serio!

surf /sɜrf/ *sustantivo & verbo*

■ *sustantivo*

olas [rompientes]

■ *verbo*

hacer surf, **surfear**

surface /ˈsɜrfəs/ *sustantivo*

superficie: *Don't scratch the surface of the table.* No rayes la superficie de la mesa.

surfboard /ˈsɜrfbɔrd/ *sustantivo*

tabla de surf

surfing /ˈsɜrfɪŋ/ *sustantivo*

surf

surgeon /ˈsɜrdʒən/ *sustantivo*

cirujano -a

surgery /ˈsɜrdʒəri/ *sustantivo*

operación: *Beth had surgery on her knee.* A Beth le hicieron una operación de la rodilla.

surprise /sərˈpraɪz/ *sustantivo & verbo*

■ *sustantivo*

1 sorpresa: *What a surprise to see you here!* ¡Que sorpresa verte aquí!

2 sorpresa: *I could see the surprise in her eyes.* Leí su sorpresa en sus ojos.

3 to take someone by surprise sorprender a alguien, **agarrar a alguien desprevenido**: *When he offered me the job, it took me completely by surprise.* Cuando me ofreció el trabajo me sorprendió totalmente.

■ *verbo* (**surprising**, **surprised**)

sorprender: *His gift surprised me. I didn't expect anything from him.* Su regalo me sorprendió. No esperaba nada de él.

surrender /səˈrendər/ *verbo*

rendirse

surround /səˈraʊnd/ *verbo*

rodear, **cercar**: *The school is surrounded by a fence.* La escuela está rodeada por una cerca.

surroundings /səˈraʊndɪŋz/ *sustantivo plural*

entorno, **ambiente**: *How do you like your new surroundings?* ¿Qué te parece tu nuevo entorno?

survival /sərˈvaɪvəl/ *sustantivo*

supervivencia, **sobrevivencia**: *His chances of survival are not good.* Tiene pocas probabilidades de sobrevivir.

survive /sərˈvaɪv/ *verbo* (**surviving**, **survived**)

sobrevivir: *Three people survived the car accident.* Tres personas sobrevivieron el accidente automovilístico.

survivor /sərˈvaɪvər/ *sustantivo*

sobreviviente

sushi /ˈsuʃi/ *sustantivo*

sushi

suspect[1] /səˈspekt/ *verbo*

1 sospechar: *She is suspected of murder.* Sospechan que ella cometió un asesinato.

2 sospechar: *I suspect that he is not telling the truth.* Sospecho que no está diciendo la verdad.

suspect[2] /ˈsʌspekt/ *sustantivo*

sospechoso -a: *The police now have the suspect.* La policía ya agarró al sospechoso.

suspend /səˈspend/ *verbo*

1 suspender: *All flights have been suspended.* Se han suspendido todos los vuelos.

2 colgar, **suspender**: *The lamp was suspended from the ceiling.* La lámpara estaba colgada del techo.

suspenders /səˈspendərz/ *sustantivo plural*

tirantes

suspense /səˈspens/ *sustantivo*

suspenso: *Don't keep us in suspense. Tell us what happened!* No nos dejes en suspenso. ¡Dinos qué pasó!

suspicion /səˈspɪʃən/ *sustantivo*

sospecha: *I'm not sure who did it, but I have my suspicions.* No estoy seguro de quién lo hizo, pero tengo mis sospechas.

suspicious /səˈspɪʃəs/ *adjetivo*

1 desconfiado -a, **suspicaz**: *I am suspicious of her plans.* Les tengo desconfianza a sus planes.

2 sospechoso -a: *The man on the corner looks suspicious.* El hombre de la esquina se ve sospechoso.

swallow /ˈswɑloʊ/ *verbo & sustantivo*
■ *verbo*
tragar: *She swallowed the tablets.* Se tragó las píldoras.
■ *sustantivo*
golondrina

swallow

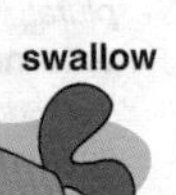

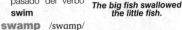

The big fish swallowed the little fish.

swam /swæm/ pasado del verbo **swim**

swamp /swɑmp/ *sustantivo*
pantano

swan /swɑn/ *sustantivo*
cisne

swap /swɑp/ *verbo & sustantivo*
■ *verbo* (**swapping**, **swapped**)
intercambiar, **cambiar**: *Can I swap seats with you?* ¿Cambiamos asientos?
■ *sustantivo*
cambio

swarm /swɔrm/ *sustantivo*
enjambre: *A swarm of bees lives in the tree.* Un enjambre de abejas vive en el árbol.

sway /sweɪ/ *verbo* (**swaying**, **swayed**)
mecerse, **balancearse**: *The trees swayed in the wind.* Los árboles se mecían en el viento.

swear /swer/ *verbo* (pasado **swore**, participio **sworn**)
1 decir malas palabras: *Don't swear in front of the children.* No digas malas palabras delante de los niños.
2 jurar: *Do you swear to tell the truth?* ¿Jura decir la verdad? | *I swear I'll kill him!* ¡Juro que lo voy a matar!

sweat /swet/ *sustantivo & verbo*
■ *sustantivo*
sudor, **transpiración**: *Sweat poured down his face as he ran.* El sudor le chorreaba por la cara mientras corría.
■ *verbo*
sudar: *She was sweating when she reached the top of the hill.* Estaba sudando cuando llegó a la cumbre del cerro.

sweat

sweater /ˈswetər/ *sustantivo*
suéter

sweats /swets/ *sustantivo plural*
1 (camiseta y pantalones) **pants**
2 (pantalones) **pants**

sweatshirt /ˈswetʃɜrt/ *sustantivo*
sudadera

sweep /swip/ *verbo* (pasado y participio **swept**)
barrer: *I swept the floor.* Barrí el piso.

sweet /swit/ *adjetivo*
1 dulce: *I don't like sweet foods.* No me gusta la comida dulce.
2 dulce: *What a sweet smile she has!* ¡Qué dulce sonrisa tiene!

sweetheart /ˈswithɑrt/ *sustantivo*
novio -a

swell /swel/ *verbo* (participio **swollen**)
hincharse: *After the rain, the river swelled.* Después de la lluvia, el río creció. | *I injured my hand and it is swelling up.* Me lastimé la mano y se me está hinchando.

swelling /ˈswelɪŋ/ *sustantivo*
hinchazón: *I have pain and swelling in my knee.* Me duele la rodilla y la tengo hinchada.

swept /swept/ pasado y participio del verbo **sweep**

swerve /swɜrv/ *verbo* (**swerving**, **swerved**)
virar, **dar un volantazo**: *The car swerved to avoid hitting the dog.* El coche viró bruscamente para no atropellar al perro.

swift /swɪft/ *adjetivo*
rápido -a, **veloz**: *She is a swift runner.* Es una corredora muy rápida.

swim /swɪm/ *verbo & sustantivo*
■ *verbo* (gerundio **swimming**, pasado **swam**, participio **swum**)
nadar: *He swam across the river.* Nadó al otro lado del río.
■ *sustantivo*
nadada: *Would you like to go for a swim after work?* ¿Nos echamos una nadadita después del trabajo?

swimmer /ˈswɪmər/ *sustantivo*
nadador -a: *Gina is a good swimmer.* Gina es una buena nadadora.

swimming /ˈswɪmɪŋ/ *sustantivo*
natación: *Swimming is my favorite exercise.* La natación es mi ejercicio favortito.

ˈswimming pool *sustantivo*
alberca

swimsuit /ˈswɪmsut/ *sustantivo*
traje de baño

swing /swɪŋ/ *verbo & sustantivo*

■ *verbo* (pasado y participio **swung**)

balancearse, **columpiarse**: *The boy swung on the rope tied to a tree.* El niño se balanceó de la cuerda amarrada al árbol. | *The door is swinging in the wind.* La puerta se balancea en el aire.

■ *sustantivo*

columpio

swing

She is swinging on the swing.

switch /swɪtʃ/ *sustantivo & verbo*

■ *sustantivo* (plural **switches**)

interruptor

■ *verbo*

1 cambiarse: *I studied English, but then I switched to history.* Estudiaba inglés pero me cambié a historia.

2 to switch something on/to switch something off prender algo/apagar also: *Switch off the lights.* Apaga las luces. | *Can you switch the television on?* ¿Puedes prender la tele?

swollen /ˈswoʊlən/ participio del verbo **swell**

swoop /swup/ *verbo*

bajar en picada: *The bird swooped down to catch a fish.* El pájaro bajó en picada para agarrar al pescado.

sword /sɔrd/ *sustantivo*

espada

swordfish /ˈsɔrdfɪʃ/ *sustantivo* (plural **swordfish**)

pez espada

swore /swɔr/ pasado del verbo **swear**

sworn /swɔrn/ participio del verbo **swear**

swum /swʌm/ participio del verbo **swim**

swung /swʌŋ/ pasado y participio del verbo **swing**

sycamore /ˈsɪkəmɔr/ *sustantivo*

sicomoro, **arce blanco**

syllable /ˈsɪləbəl/ *sustantivo*

sílaba

symbol /ˈsɪmbəl/ *sustantivo*

símbolo: *The symbol for a church on maps is a cross.* El símbolo de una iglesia en los mapas es una cruz.

symmetry /ˈsɪmətri/ *sustantivo*

simetría

sympathetic /sɪmpəˈθetɪk/ *adjetivo*

comprensivo -a: *She is a very sympathetic friend.* Es una amiga muy comprensiva.

> **NOTA:** La palabra *simpático* en español se traduce por **nice** en inglés.

sympathy /ˈsɪmpəθi/ *sustantivo*

compasión: *I have a lot of sympathy for people who have sick children.* Le tengo mucha compasión a la gente con hijos enfermos.

symptom /ˈsɪmptəm/ *sustantivo*

síntoma: *Fever is a symptom of many diseases.* La fiebre es un síntoma de muchas enfermedades.

synagogue /ˈsɪnəgɑg/ *sustantivo*

sinagoga

synonym /ˈsɪnənɪm/ *sustantivo*

sinónimo: *"Mad" and "angry" are synonyms.* "Mad" y "angry" son sinónimos.

synthetic /sɪnˈθetɪk/ *adjetivo*

sintetico -a

syringe /səˈrɪndʒ/ *sustantivo*

jeringa

syrup /ˈsɜrəp/ *sustantivo*

jarabe

system /ˈsɪstəm/ *sustantivo*

sistema: *We have a large system of highways.* Tenemos un gran sistema de carreteras. | *The company needs a new computer system.* La compañía necesita un nuevo sistema de computación.

Tt

T, t /ti/ *sustantivo*
T, t: *T for Thomas* T de Thomas

table /ˈteɪbəl/ *sustantivo*
1 mesa: *They were sitting at the kitchen table.* Estaban sentados en la mesa de la cocina.
2 to set the table poner la mesa

> **NOTA:** Cuando un objeto está sobre la mesa, se dice **on the table**. Cuando las personas están sentadas alrededor de la mesa, se dice **at the table**.

tablecloth /ˈteɪbəlklɔθ/ *sustantivo*
mantel

tablespoon /ˈteɪbəlspun/ *sustantivo*
cuchara [sopera]

tablet /ˈtæblət/ *sustantivo*
tableta, pastilla

ˈtable ˌtennis *sustantivo*
tenis de mesa, ping pong

tackle /ˈtækəl/ *verbo* (**tackling, tackled**)
1 abordar [un tema, una tarea, etc.]
2 taclear: *He was tackled on the play.* Lo taclearon en la jugada.

tactful /ˈtæktfəl/ *adjetivo*
de tacto, diplomático-a: *He gave a tactful response to her question.* Contestó su pregunta con mucho tacto.

tadpole /ˈtædpoʊl/ *sustantivo*
renacuajo

T

tag /tæg/ *sustantivo*
etiqueta: *Is there a price tag on this skirt?* ¿Esta falda tiene una etiqueta con el precio?

tail /teɪl/ *sustantivo*
cola: *The dog is wagging its tail.* El perro está moviendo la cola.

tailor /ˈteɪlər/ *sustantivo*
sastre

take /teɪk/ *verbo* (gerundio **taking**, pasado **took**, participio **taken**)
1 llevar: *I'll take you to the hospital.* Yo te llevo al hospital. | *He is taking some work home with him.* Se está llevando trabajo para hacer en casa.
2 tomar: *Can you take a picture for me?* ¿Puedes tomarme una foto? | *I need to take a shower.* Tengo que tomar un regaderazo.

take off

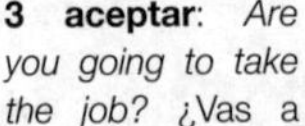

The bird took off into the sky.

3 aceptar: *Are you going to take the job?* ¿Vas a aceptar el trabajo? | *Will the store take a check?* ¿Aceptan cheques en la tienda? | *What kind of gas does the car take?* ¿Qué tipo de gasolina lleva el coche?
4 llevar, durar: *The trip to Boston takes three hours.* El viaje a Boston dura tres horas.
5 llevarse: *They took all her jewelry.* Se llevaron todas sus alhajas.
6 tomar: *She wants to take some guitar classes.* Quiere tomar clases de guitarra.
7 tomar: *I took some medicine for my cough.* Tomé una medicina para la tos.
8 sacar, quitar: *Take the meat out of the oven.* Saca la carne del horno.
9 tomar: *I took the bus home.* Tomé el camión para la casa. | *Take the first right.* Toma la primera a la derecha.
10 querer: *I'll take two pizzas with extra cheese.* Quiero dos pizzas con queso adicional.
11 to take something back regresar algo: *If the dress doesn't fit, take it back.* Si no te queda el vestido, regrésalo.
12 to take off despegar: *The plane takes off in an hour.* El avión despega en una hora.
13 to take something off quitar algo: *My name was taken off the list.* Quitaron mi nombre de la lista. | *He took his coat off.* Se quitó el abrigo.
14 to take someone out invitar a salir a alguien: *I am taking Sharon out tonight.* Invité a Sharon a salir hoy en la noche.
15 to take place tener lugar, ocurrir: *The accident took place on Saturday night.* El accidente ocurrió el sábado en la noche.
16 to take up something empezar a hacer algo: *I've taken up painting this year.* Este año he empezado a aprender a pintar.

taken /ˈteɪkən/ participio del verbo **take**

takeout /ˈteɪk-aʊt/ *sustantivo*
1 comida para llevar
2 restaurante de comida para llevar

tale /teɪl/ *sustantivo*
cuento

talent /ˈtælənt/ *sustantivo*
talento: *My sister has a talent for singing.* Mi hermana tiene talento como cantante.

talented /ˈtæləntɪd/ *adjetivo*
talentoso -a: *He is a talented actor.* Es un actor talentoso.

talk /tɔk/ *verbo & sustantivo*
■ *verbo*
1 hablar: *The baby is just starting to talk.* El bebé está empezando a hablar.
2 hablar, **platicar**: *They were talking about the weather.* Estaban hablando del tiempo. | *I talked to Jane today.* Hoy platiqué con Jane.
3 to talk back to someone contestarle (mal) a alguien: *Don't talk back to your father!* ¡No le contestes a tu papá!
■ *sustantivo*
1 conversación: *We had a long talk.* Tuvimos una larga conversación.
2 plática: *She is giving a talk on how to find a job.* Va a dar una plática acerca de cómo encontrar trabajo.

talkative /ˈtɔkətɪv/ *adjetivo*
conversador -a, **hablantín -ina**

tall /tɔl/ *adjetivo*
1 alto -a: *James is the tallest boy in our class.* James es el muchacho más alto de la clase.
2 Cuando se usa para expresar la altura de una persona, se suele traducir por el verbo **medir**: *He is 6 feet tall.* Mide seis pies. | *How tall are you?* ¿Cuánto mides?

tall

Amy is taller than Sarah.

tally chart /ˈtæli tʃɑrt/ *sustantivo*
tabla de registro [para aprender a contar]

tambourine /ˌtæmbəˈrin/ *sustantivo*
pandero

tame /teɪm/ *adjetivo & verbo*
■ *adjetivo* (**tamer**, **tamest**)
domado -a, **domesticado -a**: *She has a tame monkey for a pet.* Tiene un chango domado de mascota.
■ *verbo* (**taming**, **tamed**)
domar, **domesticar**

tan /tæn/ *sustantivo & adjetivo*
■ *sustantivo*
(also **suntan**) **bronceado**: *I want to get a tan this summer.* Quiero broncearme este verano.
■ *adjetivo*
café: *He was wearing a tan jacket.* Traía puesto un saco café.

tangerine /tændʒəˈrin/ *sustantivo*
mandarina

tangled /ˈtæŋgəld/ *adjetivo*
enredado -a, **enmarañado -a**: *The poor girl has tangled hair.* La pobre niña tiene el pelo enredado.

tank /tæŋk/ *sustantivo*
1 tanque: *Our car's gas tank leaks.* El tanque de la gasolina de nuestro coche gotea.
2 tanque [de combate]

tanker /ˈtæŋkər/ *sustantivo*
buque tanque

tap /tæp/ *verbo & sustantivo*
■ *verbo* (**tapping**, **tapped**)
dar golpecitos [con la mano o con el pie]: *She tapped me on the shoulder.* Me dio una palmadita en el hombro. | *I was tapping my foot in time to the music.* Llevaba el ritmo de la música con el pie.
■ *sustantivo*
1 golpecito, **palmada**: *I felt a tap on my arm.* Sentí una palmada en el brazo.
2 llave [de agua o de gas]

tape /teɪp/ *sustantivo & verbo*
■ *sustantivo*
1 cinta, **cassette**: *Which tape should we listen to next?* ¿Qué cinta oímos ahora?
2 cinta adhesiva
■ *verbo* (**taping**, **taped**)
1 grabar: *If we tape the movie, we can watch it later.* Si grabamos la película, la podemos ver más tarde.
2 pegar con cinta adhesiva: *She closed the box and taped it.* Cerró la caja y la pegó con cinta adhesiva.

ˈtape reˌcorder *sustantivo*
grabadora

tar /tɑr/ *sustantivo*
chapopote

target /ˈtɑrgɪt/ *sustantivo*
blanco, **objetivo**

task /tæsk/ *sustantivo*
tarea: *He has the dangerous task of stopping the fire.* Tiene la peligrosa tarea de parar el fuego.

taste /teɪst/ *sustantivo & verbo*
■ *sustantivo*
1 gusto: *My sense of taste isn't very good; I have a cold.* Mi sentido del gusto no es muy bueno; tengo gripa.
2 sabor: *Chocolate has a sweet taste.* El chocolate tiene un sabor dulce.
3 gusto: *I do not share her taste in clothes.* No comparto sus gustos en ropa.
4 probada: *Here, have a taste of this soup.* A ver, dale una probadita a esta sopa.
■ *verbo* (**tasting**, **tasted**)
1 probar: *Can I taste your drink?* ¿Puedo probar tu bebida?
2 saber, **tener sabor**: *This wine tastes sweet.* Este vino sabe dulce.

tasty /ˈteɪsti/ *adjetivo* (**tastier**, **tastiest**)
sabroso -a: *We had some tasty fish for lunch.* Comimos un pescado sabroso en la comida.

tattoo /tæˈtu/ *sustantivo*
tatuaje

taught /tɔt/ pasado y participio del verbo **teach**

tax /tæks/ *sustantivo & verbo*
■ *sustantivo* (plural **taxes**)
impuesto
■ *verbo*
gravar [impuestos]

taxi /ˈtæksi/ *sustantivo*
taxi: *I'll take a taxi home.* Voy a tomar un taxi para ir a la casa.

tea /ti/ *sustantivo*
té: *Will you make some tea?* ¿Puedes hacer un poco de té? | *She likes mint tea.* Le gusta el té de yerbabuena.

teach /titʃ/ *verbo* (pasado y participio **taught**)
1 enseñar, **dar clases de**: *Mr. Jones teaches history.* Mr. Jones enseña historia.
2 enseñar: *Who taught you to ride a bicycle?* ¿Quién te enseñó a andar en bicicleta?

teacher /ˈtitʃər/ *sustantivo*
maestro -a, profesor -a

ˌteacher's ˈpet *sustantivo*
consentido -a del profesor

team /tim/ *sustantivo*
1 equipo: *Mike is on the tennis team.* Mike está en el equipo de tenis.
2 equipo: *A team of writers wrote the movie script.* Un equipo de escritores escribió el guión de la película.

teapot /ˈtipɑt/ *sustantivo*
tetera

tear¹ /tɪr/ *sustantivo*
lágrima

tear² /ter/ *sustantivo & verbo*
■ *sustantivo*
rasgadura, **rotura**: *I have a tear in my pants.* Tengo una rasgadura en los pantalones.
■ *verbo* (gerundio **tearing**, pasado **tore**, participio **torn**)
1 rasgar, **romper**: *She tore her dress on the chair.* Se rasgó el vestido con la silla. | *I tore the envelope open.* Rasgué el sobre para abrirlo.
2 arrancar: *Did the wind tear the door off?* ¿Fue el viento lo que arrancó la puerta?
3 to tear something down derrumbar algo, **tirar algo**: *They tore the old school down a year ago.* Derribaron la vieja escuela hace un año.
4 to tear something up romper algo: *She tore up the letter.* Rompió la carta.

tease /tiz/ *verbo* (**teasing**, **teased**)
tomar el pelo a: *You shouldn't tease your little sister.* No deberías tomarle el pelo a tu hermanita.

teaspoon /ˈtispun/ *sustantivo*
cucharita

technical /ˈteknɪkəl/ *adjetivo*
técnico -a

technician /tekˈnɪʃən/ *sustantivo*
técnico -a

technique /tekˈnik/ *sustantivo*
técnica: *He wants to try some new teaching techniques.* Quiere probar nuevas técnicas didácticas.

technology /tekˈnɑlədʒi/ *sustantivo*
tecnología: *Modern technology has made some jobs easier.* La tecnología moderna ha facilitado algunos trabajos.

teddy bear /ˈtedi ber/ *sustantivo*
oso de peluche

teenager /ˈtineɪdʒər/ *sustantivo*
adolescente

teens /tinz/ *sustantivo plural*
adolescencia: *She got married in her teens.* Se casó en su adolescencia.

teeth /tiθ/ plural de **tooth**

telecommunications /teləkəmjunəˈkeɪʃənz/ *sustantivo*
telecomunicaciones

T

telephone /ˈteləfoʊn/ *sustantivo & verbo*
■ *sustantivo*
teléfono
■ *verbo* (**telephoning**, **telephoned**)
llamar por teléfono

ˈtelephone ˌnumber *sustantivo*
número de teléfono

telescope /ˈteləskoʊp/ *sustantivo*
telescopio

telescope

television /ˈteləvɪʒən/ *sustantivo* (also **TV**)
1 televisión: *Turn the television on.* Prende la televisión. | *We are watching television.* Estamos viendo tele.
2 on television en la televisión: *What's on television tonight?* ¿Qué hay en la televisión hoy en la noche?

tell /tel/ *verbo* (pasado y participio **told**)
1 decir: *Tell me what happened.* Dime qué pasó. | *I told him to see a doctor about the pain.* Le dije que fuera al médico para lo del dolor. | *Dad told me to be home by 10 o'clock.* Mi papá me dijo que regresara antes de las diez. ▶ ver nota abajo
2 saber: *I can always tell when he is lying.* Siempre sé cuándo está mintiendo.
3 to tell someone off regañar a alguien: *My mother told me off for swearing.* Mi mamá me regañó por decir malas palabras.
4 I told you so te lo dije

tell off

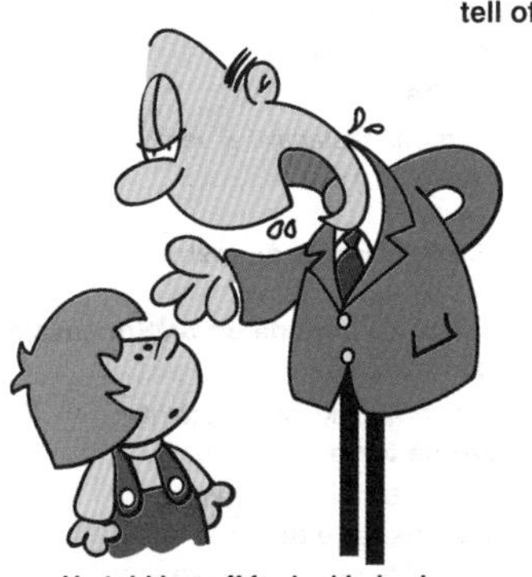

He told her off for bad behavior.

NOTA: En inglés hay dos verbos que significan *decir*: **tell** y **say**. En líneas generales se usa **say** cuando no se indica a quién, y se usa **tell** cuando se indica a quién. Para más información, mira la entrada **decir** en el lado español.

temper /ˈtempər/ *sustantivo*
1 genio, humor: *He is not able to control his temper.* No puede controlar su genio.
2 to lose your temper perder los estribos

temper

He loses his temper very easily.

temperate /ˈtempərət/ *adjetivo*
templado -a [clima, zona]

temperature /ˈtemprətʃər/ *sustantivo*
1 temperatura: *Water freezes at low temperatures.* El agua se congela a temperaturas bajas.
2 to have a temperature tener calentura

temple /ˈtempəl/ *sustantivo*
1 templo
2 sien

temporarily /tempəˈrerəli/ *adverbio*
temporalmente: *The school is temporarily closed.* La escuela está cerrada temporalmente.

temporary /ˈtempəreri/ *adjetivo*
temporal: *This is a temporary job.* Éste es un trabajo temporal.

tempt /tempt/ *verbo*
1 tentar: *Can I tempt you with another piece of cake?* ¿Te doy otro pedazo de pastel?
2 to be tempted to do something estar tentado -a de hacer algo: *I was tempted to sell my car.* Estuve tentado de vender el coche.

temptation /tempˈteɪʃən/ *sustantivo*
tentación

ten /ten/ *número*
diez

tenant /ˈtenənt/ *sustantivo*
inquilino -a, **arrendatario -a**

tend /tend/ *verbo*
to tend to do something **tener tendencia a hacer algo**, **tender a hacer algo**: *She tends to cry at weddings.* Tiene tendencia a llorar en las bodas.

tendency /ˈtendənsi/ *sustantivo* (plural **tendencies**)
tendencia: *Chuck has a tendency to talk too much.* Chuck tiene tendencia a hablar demasiado.

tender /ˈtendər/ *adjetivo*
1 suave: *The meat was very tender.* La carne estaba muy suave.
2 tierno -a: *He has a tender look on his face.* Tiene una expresión tierna.

tennis /ˈtenɪs/ *sustantivo*
tenis

ˈtennis shoe *sustantivo*
zapato tenis

tense /tens/ *adjetivo & sustantivo*
■ *adjetivo*
1 tenso -a, **nervioso -a**: *You seem tense. Is anything wrong?* Pareces muy tenso. ¿Ocurre algo?
2 tenso -a: *The muscles in my back are tense.* Los músculos de mi espalda están tensos.
■ *sustantivo*
tiempo [de verbo]: *the present tense* el tiempo presente

tent /tent/ *sustantivo*
tienda de campaña

tenth /tenθ/ *número*
1 décimo -a [en orden]
2 décimo, **décima parte**
3 diez: *July tenth* el diez de julio

term /tɜrm/ *sustantivo*
1 término: *What is the correct term for a baby duck?* ¿Cuál es el término correcto para un pato bebé?
2 trimestre: *There are three terms in our school year.* Nuestro año escolar tiene tres trimestres.

terminal /ˈtɜrmənəl/ *sustantivo*
terminal [de camiones, de trenes y en el aeropuerto]

termite /ˈtɜrmaɪt/ *sustantivo*
termita

terms /tɜrmz/ *sustantivo plural*
condiciones [en un contrato]

terrace /ˈterəs/ *sustantivo*
1 terraza
2 terraza [en la ladera de una montaña]

terrible /ˈterəbəl/ *adjetivo*
1 terrible, **espantoso -a**: *They were in a terrible accident.* Tuvieron un accidente terrible.
2 terrible, **malísimo -a**: *Your writing is terrible.* Tu letra es terrible.

terribly /ˈterəbli/ *adverbio*
1 terriblemente ► A menudo se traduce por un superlativo: *I'm terribly sorry to hear about your loss.* Lamento muchísimo su pérdida.
2 pésimo, **terriblemente mal**: *We played terribly and lost the game.* Jugamos pésimo y perdimos el juego.

terrific /təˈrɪfɪk/ *adjetivo*
padre: *What a terrific party!* ¡Qué fiesta tan padre!

terrify /ˈterəfaɪ/ *verbo* (**terrifying**, **terrified**)
aterrar, **aterrorizar**: *I was terrified by the storm.* Estaba aterrada por la tormenta.

territory /ˈterətɔri/ *sustantivo* (plural **territories**)
territorio

terror /ˈterər/ *sustantivo*
terror, **horror**: *She ran away in terror.* Salió corriendo llena de terror.

terrorist /ˈterərɪst/ *sustantivo*
terrorista

test /test/ *verbo & sustantivo*
■ *verbo*
1 probar, **poner a prueba a**: *The electrician will test the circuit.* El electricista va a probar el circuito.
2 hacer una prueba, **examinar**: *We will be tested on American history.* Nos van a hacer una prueba de historia americana.
■ *sustantivo*
prueba: *How well did you do on the math test?* ¿Cómo te fue en la prueba de matemáticas?

ˈtest tube *sustantivo*
probeta

text /tekst/ *sustantivo & verbo*
■ *sustantivo*
1 texto
2 SMS, **mensaje de texto**
■ *verbo*
to text sb **enviarle un SMS/mensaje de texto a alguien**

textbook /ˈtekstbʊk/ *sustantivo*
libro de texto

ˈtext ˌmessage *sustantivo*
SMS, **mensaje de texto**

texture /ˈtekstʃər/ *sustantivo*
textura

T

than /ðæn/ *conjunción*
que [en oraciones comparativas]: *My brother is older than me.* Mi hermano es mayor que yo. | *Mary sings better than anyone else in the class.* Mary canta mejor que todos en la clase.

thank /θæŋk/ *verbo*
1 thank you, también **thanks gracias**: *Thank you for helping us.* Gracias por ayudarnos. | *"Would you like another cup of coffee?" "No, thank you."* –¿Quieres más café? –No, gracias.
2 dar las gracias por: *I thanked her for the gift.* Le di las gracias por el regalo.

thankful /ˈθæŋkfəl/ *adjetivo*
agradecido -a

thanks /θæŋks/ *sustantivo plural*
1 thanks to someone gracias a alguien: *Thanks to Peter, we won the game.* Gracias a Peter, ganamos el juego. | *We missed the train, thanks to you.* Gracias a ti se nos fue el tren.
2 agradecimiento: *He sent a letter of thanks to everyone who came.* Mandó una carta de agradecimiento a todos los que estuvieron presentes.

Thanksgiving /θæŋksˈgɪvɪŋ/ *sustantivo*
En los Estados Unidos una cena formal, celebrada en noviembre, en la que las familias se reúnen para dar gracias por su salud, la abundancia de comida, etc.

that /ðæt/ *pronombre, adverbio & conjunción*
■ *pronombre* (plural **those**)
1 ese -a: *I called her, and we met for lunch that day.* La llamé y fuimos a comer ese mismo día. | *I wanted those pictures.* Quería esas fotos.
2 ése -a, **aquél -élla**: *They don't live in this house; they live in that one.* No viven en esta casa; viven en aquélla. | *That is the one I need.* Ése es el que necesito.
3 eso, **aquello**: *What's that?* ¿Qué es eso?
4 that is es decir: *Paul said his family can come; that is, his wife and two kids can come.* Paul dijo que su familia podía venir; es decir, que su esposa y sus dos hijos pueden venir.
5 that's that y punto: *You're not going to the party and that's that!* ¡No vas a la fiesta y punto!
■ *adverbio*
tan: *I can't walk that fast!* ¡No puedo caminar tan rápido! | *I really don't care that much.* La verdad es que no me importa mucho.
■ *conjunción*
que: *I think that it will rain tomorrow.* Creo que va a llover mañana. | *I'm glad that you've finished.* Me alegro de que hayas terminado. | *Did you get the letter that I sent to you?* ¿Recibiste la carta que te mandé?

thaw /θɔ/ *verbo*
1 derretirse, **fundirse**: *The ice began to thaw.* El hielo empezó a derretirse.
2 descongelarse [comidas congeladas]

the /ðə/ *artículo*
1 el, la, los, las: *the dress* el vestido | *the dresses* los vestidos | *the shirt* la camisa | *the shirts* las camisas | *We flew over the Mediterranean Sea.* Volamos sobre el Mar Mediterráneo. | *He lives in the United States.* Vive en los Estados Unidos.
2 los ► Usado con algunos grupos de personas: *The rich should help the poor.* Los ricos deberían ayudar a los pobres.
3 No se suele traducir cuando se refiere a fechas: *Today is Tuesday, the fifth of May.* Hoy es martes cinco de mayo
4 cada: *Our car gets 30 miles to the gallon.* Nuestro coche hace 30 millas por (cada) galón de gasolina.

theater /ˈθiətər/ *sustantivo*
teatro

theft /θeft/ *sustantivo*
robo: *We told the police about the theft of our bags.* Informamos a la policía del robo de nuestras maletas. | *He was put in prison for car theft.* Lo metieron a la cárcel por robar coches.

their /ðer/ *adjetivo*
su, **sus** [de ellos]: *The children carried their bags to school.* Los niños cargaron sus mochilas a la escuela.

theirs /ðerz/ *pronombre*
suyo -a, **suyos -as** [de ellos]: *They looked at our pictures, but they didn't show us theirs.* Ellos vieron nuestras fotos pero no nos enseñaron las suyas.

them /ðem/ *pronombre*
1 les, **los**, **las** [a ellos o a ellas]: *We gave them some food.* Les dimos un poco de comida. | *We saw them yesterday.* Los vimos ayer. ► La traducción es *ellos* o ellas cuando se usa detrás de una preposición: *This one is for them.* Éste es para ellos.
2 los, **las**: *I can't find my shoes; have you seen them?* No encuentro mis zapatos, ¿los has visto?

theme /θim/ *sustantivo*
tema

themselves /ðəmˈselvz/ *pronombre*
1 se [usado con verbos reflexivos]: *The tigers washed themselves in the river.* Los tigres se lavaron en el río. | *They bought themselves a new car.* Se compraron un coche nuevo.
2 ellos mismos, **ellas mismas** [para dar énfasis]: *They painted the house themselves.* Pintaron la casa ellos mismos.
3 by themselves solos -as: *The children did the drawing by themselves.* Los niños hicieron el dibujo solos. | *They spent the day by themselves.* Pasaron el día solos.

then /ðen/ *adverbio*
1 después, **luego**: *We watched a movie and then went to bed.* Vimos una película y después nos acostamos.
2 entonces: *He lived in another city back then.* Vivía en otra ciudad en aquel entonces.
3 entonces, **en ese caso**: *"I lost my ticket." "Then you need to get another one."* –Perdi mi boleto. –Entonces tienes que comprar otro.

theory /ˈθiəri/ *sustantivo* (plural **theories**)
teoría

there /ðer/ *adverbio* & *pronombre*
1 ahí, **allá**, **allí**: *Don't sit there by the door; come and sit here.* No te sientes ahí al lado de la puerta. Ven a sentarte aqui. | *Look at that man over there.* Mira a ese hombre que está allá.
2 there is/there are hay: *There is a letter for you.* Hay una carta para ti. | *Are there any questions?* ¿Hay alguna pregunta?

therefore /ˈðerfɔr/ *adverbio*
por lo tanto, **así que**: *He broke his leg, and therefore he cannot walk.* Se rompió la pierna y por lo tanto no puede caminar.

thermometer /θərˈmɑmətər/ *sustantivo*
termómetro

Thermos® /ˈθɜrməs/ *sustantivo* (plural **Thermoses**)
termo

these /ðiz/ *pronombre*
1 estos -as: *I don't like these shoes.* No me gustan estos zapatos.
2 éstos -as: *Should we give your brother these?* ¿Les damos éstos a tu hermano?

they /ðeɪ/ *pronombre*
ellos -as [A menudo se omite en español]: *My friends are coming, and they want you to come too.* Mis amigos van a venir y quieren que tú vengas también.

they'd /ðeɪd/
■ contracción de **they had**
They'd already left the house. Ya se habían ido de la casa.
■ contracción de **they would**
They said they'd help. Dijeron que ayudarían.

they'll /ðeɪl/ contracción de **they will**
They'll probably arrive tomorrow. Es probable que lleguen mañana.

they're /ðer/ contracción de **they are**
They're very nice people. Son muy simpáticos.

they've /ðeɪv/ contracción de **they have**
They've been shopping. Fueron de compras.

thick /θɪk/ *adjetivo*
1 grueso -a [pared, tela, libro]: *The house is surrounded by thick walls.* La casa está rodeada de muros gruesos. | *She has thick black hair.* Tiene el pelo grueso y abundante.
2 espeso -a: *I couldn't see them through the thick smoke.* No los veía debido al espeso humo. | *This soup is too thick.* Esta sopa está demasiado espesa.

thief /θif/ *sustantivo* (plural **thieves** /θivz/)
ladrón -ona: *The car thief was sent to prison.* El ladrón de coches fue encarcelado.

thigh /θaɪ/ *sustantivo*
muslo

thin /θɪn/ *adjetivo* (**thinner**, **thinnest**)
1 delgado -a, **fino -a**: *She gave me a thin slice of cheese.* Me dio una rebanada delgada de queso.
2 delgado -a, **flaco -a**: *You should eat more; you're too thin.* Deberías comer más; estás demasiado delgada.
3 aguado -a, **poco espeso -a**

thing /θɪŋ/ *sustantivo*
1 cosa: *What is that thing you are carrying?* ¿Qué es esa cosa que traes en la mano? | *Put your things there for now.* Deja tus cosas ahí por el momento.
2 cosa: *A funny thing happened last week.* Pasó algo curioso la semana pasada. | *How are things with you?* ¿Cómo andan las cosas contigo?

think /θɪŋk/ *verbo* (pasado y participio **thought**)
1 pensar: *Think carefully before you decide.* Piénsalo bien antes de decidir. | *What are you thinking about?* ¿En qué piensas?
2 creer: *Do you think it will rain?* ¿Crees que va a llover? | *I think that is a good idea.* Creo que es una buena idea.

3 to think of something/to think up something Ocurrírsele algo a alguien: *We need to think of a way to earn more money.* Tenemos que encontrar una forma de ganar más dinero. | *He thought up another answer to the problem.* Se le ocurrió otra solución al problema.

4 to think something over pensar algo bien: *Have you had enough time to think over our offer?* ¿Has tenido suficiente tiempo para pensar bien en nuestra oferta?

third /θɜrd/ *número*

1 tercero -a [en orden]

2 tercio, **tercera parte**

3 tres: *February third* el tres de febrero

thirst /θɜrst/ *sustantivo*

sed

thirsty /ˈθɜrsti/ *adjetivo* (**thirstier**, **thirstiest**)

1 to be thirsty tener sed: *Can I have some water? I'm very thirsty.* ¿Me das agua? Tengo mucha sed.

2 sediento -a

thirteen /θɜrˈtin/ *número*

trece

thirteenth /θɜrˈtinθ/ *número*

1 decimotercero -a [en orden]

2 treceavo, **treceava parte**

3 trece: *March thirteenth* el trece de marzo

thirtieth /ˈθɜrtiəθ/ *número*

1 trigésimo -a [en orden]

2 treintavo, **treintava parte**

3 treinta: *April thirtieth* el treinta de abril

thirty /ˈθɜrti/ *número*

treinta

this /ðɪs/ *adjetivo, pronombre & adverbio*

■ *adjetivo* (plural **these**)

este -a: *He gave me this ring.* Me dio este anillo. | *This bowl is mine; that bowl is yours.* Este tazón es mío; ése es el tuyo. | *Should we go there this Friday?* ¿Vamos este viernes?

■ *pronombre*

éste -a: *This is the third time I've called.* Ésta ya es la tercera vez que llamo. | *These are the pictures we took on our vacation.* Éstas son las fotos que tomamos en las vacaciones.

■ *adverbio*

tan, **así**: *I didn't expect it to be this expensive.* No esperaba que fuera así de caro. | *We never stayed up this late before.* Nunca nos habíamos acostado tan tarde.

thistle /ˈθɪsəl/ *sustantivo*

cardo

thorax /ˈθɔræks/ *sustantivo*

tórax

thorn /θɔrn/ *sustantivo*

espina [de una planta]

thorough /ˈθɜroʊ/ *adjetivo*

1 concienzudo -a, **cuidadoso -a** [persona]

2 minucioso -a, **meticuloso -a**: *The police made a thorough search of the house.* La policía registró la casa minuciosamente.

those /ðoʊz/ *pronombre*

1 esos -as, **aquellos -as**: *Should we give your cousins those books?* ¿Les damos esos libros a tus primos?

2 ésos -as, **aquéllos -as**: *Should we give them those?* ¿Les damos ésos?

though /ðoʊ/ *conjunción*

1 a pesar de, **aunque**: *Though he was poor, he was happy.* A pesar de ser pobre, era feliz. | *I bought it here, though it is probably cheaper somewhere else.* Lo compré aquí, aunque es probable que salga más barato en otra parte.

2 as though como si: *She looked as though she had been crying.* Parecía como si hubiera llorado.

thought[1] /θɔt/ *sustantivo*

1 Acción de pensar: *After much thought, he decided not to buy the car.* Después de pensarlo mucho, decidió no comprar el coche.

2 pensamiento: *She's very quiet and doesn't share her thoughts.* Es muy callada y no comparte sus pensamientos.

thought[2] /θɔt/ pasado y participio del verbo **think**

thoughtful /ˈθɔtfəl/ *adjetivo*

pensativo -a: *He has a thoughtful look on his face.* Tiene una expresión pensativa.

thousand /ˈθaʊzənd/ *número*

1 mil: *She lived over one thousand years ago.* Vivió hace más de mil años.

2 thousands of miles de: *There were thousands of people at the game.* Había miles de personas en el juego.

thousandth /ˈθaʊzəndθ/ *número*

1 milésimo -a

2 milésimo

thread /θred/ *sustantivo & verbo*

■ *sustantivo*

hilo

■ *verbo*

ensartar: *Can you thread this needle for me?* ¿Me puedes ensartar la aguja?

T

threat /θret/ *sustantivo*
amenaza: *He made a threat against my family.* Amenazó a mi familia.

threaten /ˈθretn/ *verbo*
amenazar

three /θri/ *número*
tres

three-D, **3-D** /θri ˈdi/ *adjetivo & sustantivo*
■ *adjetivo*
en tercera dimensión, **3D**: *three-D TV* televisión en tres dimensiones
■ *sustantivo*
in three-D en tercera dimensión, **en 3D**

threw /θru/ pasado del verbo **throw**

thrill /θrɪl/ *verbo & sustantivo*
■ *verbo*
emocionar
■ *sustantivo*
emoción

thrilled /θrɪld/ *adjetivo*
contentísimo -a, **encantado -a**

thrilling /ˈθrɪlɪŋ/ *adjetivo*
emocionante: *It was a thrilling game!* ¡Fue un juego emocionante!

throat /θroʊt/ *sustantivo*
1 garganta: *I can't speak. I have a sore throat.* No puedo hablar. Me duele la garganta.
2 cuello: *He grabbed me by the throat.* Me agarró por el cuello.

throne /θroʊn/ *sustantivo*
trono

through /θru/ *preposición & adjetivo*
1 por: *He came in through the window.* Entró por la ventana. | *The nail went through the wood.* El clavo atravesó la madera de lado a lado.
2 a través de, **mediante**: *We solved the problem through discussion.* Resolvimos el problema mediante el diálogo.
3 durante: *She slept through the night.* Durmió durante toda la noche.
4 to be through with something terminar con algo: *Are you through with the phone?* ¿Ya terminaste con el teléfono?

throughout /θruˈaʊt/ *preposición*
1 en todo -a: *He is famous throughout the world.* Es famoso en todo el mundo.
2 durante todo -a: *It rained throughout the night.* Llovió durante toda la noche.

throw /θroʊ/ *verbo & sustantivo*
■ *verbo* (gerundio **throwing**, pasado **threw**, participio **thrown**)
1 lanzar, **aventar**, **echar**: *He threw the ball to me, and I caught it.* Me echó la pelota y yo la caché.
2 to throw something away tirar algo: *Did you throw the newspapers away?* ¿Tiraste los periódicos?
3 to throw something out tirar algo
4 to throw someone out correr a alguien: *He was thrown out of the restaurant for being drunk.* Lo corrieron del restaurante porque estaba borracho.
■ *sustantivo*
lanzamiento

thrown /θroʊn/ participio del verbo **throw**

thrush /θrʌʃ/ *sustantivo*
tordo, **zorzal**

thud /θʌd/ *sustantivo*
ruido sordo: *He fell and landed with a thud.* Se cayó con un ruido sordo.

thug /θʌg/ *sustantivo*
matón

thumb /θʌm/ *sustantivo*
dedo pulgar

thumbtack /ˈθʌmtæk/ *sustantivo*
tachuela

thunder /ˈθʌndər/ *sustantivo*
trueno

thunderstorm /ˈθʌndərstɔrm/ *sustantivo*
tormenta eléctrica

Thursday /ˈθɜrzdi/ *sustantivo*
jueves

tibia /ˈtɪbiə/ *sustantivo* (plural **tibiae** /-bi-i/, **tibias**)
tibia

tick /tɪk/ *sustantivo & verbo*
■ *sustantivo*
tic tac
■ *verbo*
hacer tic tac

ticket /ˈtɪkɪt/ *sustantivo*
boleto: *Do you have your plane ticket?* ¿Tienes tu boleto de avión?

tickle /ˈtɪkəl/ *verbo* (**tickling**, **tickled**)
hacerle cosquillas a: *I tickled her under her arms.* Le hice cosquillas en las axilas.

tic-tac-toe /ˌtɪk tæk ˈtoʊ/ *sustantivo*
gato [el juego]

tide /taɪd/ *sustantivo*
marea

tidy /ˈtaɪdi/ *adjetivo* (**tidier**, **tidiest**)
ordenado -a, **arreglado -a**

tie /taɪ/ *verbo & sustantivo*
■ *verbo* (**tying**, **tied**)
1 amarrar, **atar**: *She tied the dog to the fence.* Amarró el perro en la cerca.

2 amarrar, **atar**: *Can you tie your shoes?* ¿Te sabes amarrar los zapatos?
3 to be tied estar empatado(s): *The score is tied.* El juego está empatado.
4 to tie something up amarrar algo, **atar algo**: *Tie the package up with some string.* Amarra el paquete con un cordón.
■ *sustantivo*
1 corbata
2 empate

tiger /ˈtaɪgər/ *sustantivo*
tigre

tight /taɪt/ *adjetivo & adverbio*
■ *adjetivo*
1 apretado -a: *These shoes are too tight.* Estos zapatos me quedan apretados.
2 fuerte: *Make the knot very tight.* Haz el nudo fuerte.
■ *adverbio*
fuerte: *Hold on tight and don't let go of my hand.* Agárrate fuerte de mi mano y no me sueltes.

tighten /ˈtaɪtn/ *verbo*
apretar: *I need to tighten this screw. It's very loose.* Tengo que apretar este tornillo. Está muy flojo.

tightly /ˈtaɪtli/ *adverbio*
fuerte: *Tie the string tightly.* Amarra el mecate fuerte.

tile /taɪl/ *sustantivo*
1 azulejo
2 teja

till /tɪl/ *preposición & sustantivo*
■ *preposición*
hasta: *I was up till 1:00 a.m. studying for my test.* Estuve levantada hasta la 1, estudiando para la prueba.
■ *sustantivo*
caja registradora

timber /ˈtɪmbər/ *sustantivo*
madera

time /taɪm/ *sustantivo & verbo*
■ *sustantivo*
1 tiempo: *How do your spend your time at home?* ¿Cómo pasas el tiempo en tu casa?
2 horas: *What time is it?* ¿Qué horas son?
3 vez: *I go swimming three times a week.* Voy a nadar tres veces por semana. | *When was the last time you saw your sister?* ¿Cuándo fue la última vez que viste a tu hermana? | *One time we went to Australia.* Una vez fuimos a Australia. | *We'll go by car next time.* La próxima vez vamos en coche.
4 tiempo: *It takes a long time to learn a new language.* Aprender un nuevo idioma lleva mucho tiempo. | *I don't have time to stop now.* No tengo tiempo de parar ahorita.
5 época: *This road was built during the time of the Romans.* Esta carretera fue construida en la época de los romanos.
6 on time a tiempo, **puntual**: *The train arrived on time.* El tren llegó puntual.
7 in time a tiempo: *We arrived in time to see her sing.* Llegamos a tiempo para verla cantar.
8 it's time/it's about time ya es hora: *She said it was time to go.* Dijo que ya era hora de irse.
9 all the time todo el tiempo: *It rained all the time in Portland.* Llovió todo el tiempo en Portland. | *I used to play tennis all the time.* Jugaba tenis todo el tiempo.
10 at a time a la vez: *She can only have two visitors at a time.* Sólo puede tener dos visitas a la vez.
11 at times a veces: *I hate my job at times.* A veces detesto mi trabajo.
12 in no time en poco tiempo: *We will be there in no time.* Vamos a llegar en poco tiempo.
13 for the time being por el momento: *You can live with us for the time being.* Puedes vivir con nosotros por el momento.
14 to have a good time divertirse, **pasarla bien**: *Have a good time at the party.* Que se diviertan en la fiesta.
15 ahead of time temprano: *We should arrive ahead of time to get a good seat.* Deberíamos llegar temprano para encontrar buenos lugares.
16 to take your time tomarse su tiempo: *There's no hurry. Take your time.* No hay prisa. Tómate tu tiempo.
17 from time to time de vez en cuando: *We go to the theater from time to time.* Vamos al teatro de vez en cuando.
■ *verbo* (**timing**, **timed**)
1 programar: *The bomb was timed to go off at 4 o'clock.* La bomba fue programada para que estallara a las 4.
2 cronometrar

ˌtime ˈoff *sustantivo*
tiempo de descanso

times /taɪmz/ *preposición*
por: *2 times 2 is 4.* 2 por 2 son 4.

timetable /ˈtaɪmteɪbəl/ *sustantivo*
horario

timid /ˈtɪmɪd/ *adjetivo*
tímido -a

tin /tɪn/ *sustantivo*
hojalata, **estaño**

tiny /ˈtaɪni/ *adjetivo* (**tinier**, **tiniest**)
chiquito -a

tip /tɪp/ *verbo & sustantivo*

■ *verbo* (**tipping**, **tipped**)

1 (también **tip over**) **inclinar**: *I tipped the box over and the papers fell out.* Incliné la caja y se cayeron los papeles.

2 ladear: *I tipped the table and the glasses fell off.* Ladeé la mesa y se cayeron los vasos.

3 darle propina a: *How much did you tip him?* ¿Cuánto le diste de propina?

■ *sustantivo*

1 punta: *I cut the tip of my finger.* Me corté la punta del dedo.

2 propina: *Did you leave a tip?* ¿Dejaste propina?

3 tip: *He gave me some tips on choosing a good car.* Me dio unos tips de cómo escoger un buen coche.

tiptoe /ˈtɪptoʊ/ *verbo & sustantivo*

■ *verbo* (**tiptoeing**, **tiptoed**)

ir de puntitas: *I tiptoed past the sleeping child.* Fui de puntitas por donde estaba durmiendo el bebé.

tiptoe

creak!

■ *sustantivo*

on tiptoe de puntitas: *Let's walk on tiptoe so they don't hear us.* Caminemos de puntitas para que no nos oigan.

tire /taɪr/ *sustantivo & verbo*

■ *sustantivo*

llanta

■ *verbo* (**tiring**, **tired**)

cansar, **agotar**: *Even a short walk tires her out.* Hasta una caminata corta la deja agotada.

T

tired /taɪrd/ *adjetivo*

1 cansado -a: *I felt tired after work.* Estaba cansado después del trabajo.

2 to be tired of something estar harto -a de algo, **estar cansado -a de algo**: *I am tired of listening to her stories.* Estoy harta de oír sus historias.

3 to be tired out estar agotado -a

tissue /ˈtɪʃu/ *sustantivo*
pañuelo desechable

title /ˈtaɪtl/ *sustantivo*

1 título [de un libro, una película]

2 título: *Doctors have the title "Dr." in front of their name.* Los doctores tiene el título "Dr" antes de su nombre.

to /tu/ *preposición*

1 a: *Are you going to the wedding?* ¿Vas a la boda?

2 hacia: *He ran to the door.* Corrió hacia la puerta.

3 hasta: *The water came up to our knees.* El agua nos llegaba hasta las rodillas.

4 a: *Give the book to Sarah.* Dale el libro a Sarah. | *The ring belongs to her mother.* El anillo pertenece a su mamá.

5 para: *She worked hard to earn some money.* Trabajaba mucho para ganar dinero.

6 para: *It's ten to nine.* Son diez para las diez.

7 Usado para formar el **infinitivo** en inglés: *Does anyone want to go?* ¿Alguien quiere ir?

8 from something to something de algo a algo: *I can count from 1 to 100.* Sé contar del uno al cien. | *It's twenty miles from here to the city.* Hay veinte millas de aquí a la ciudad.

toad /toʊd/ *sustantivo*
sapo

toast /toʊst/ *sustantivo*
pan tostado: *I had a piece of toast for breakfast.* Desayuné una rebanada de pan tostado.

toaster /ˈtoʊstər/ *sustantivo*
tostador

tobacco /təˈbækoʊ/ *sustantivo*
tabaco

today /təˈdeɪ/ *adverbio & sustantivo*

1 hoy: *Today is Monday.* Hoy es lunes.

2 hoy, **hoy en día**: *Many of today's students use computers at school.* Muchos de los estudiantes de hoy usan computadoras en la escuela.

toe /toʊ/ *sustantivo*
dedo (del pie)

toenail /ˈtoʊneɪl/ *sustantivo*
uña (del pie)

toffee /ˈtɔfi/ *sustantivo*
Dulce hecho con azúcar y mantequilla

together /təˈgeðər/ *adverbio*

1 juntos -as ▶ No se suele traducir cuando se refiere a poner una cosa con otra: *I stuck the two pieces of paper together.* Pegué los dos pedazos de papel. | *Can you add these numbers together?* ¿Puedes sumar estos números?

2 juntos -as: *The two letters arrived together.* Las dos cartas llegaron juntas.

3 juntos -as: *We went to school together.* Fuimos a la escuela juntas.

toilet /ˈtɔɪlət/ *sustantivo*
excusado

ˈtoilet ˌpaper *sustantivo*
papel higiénico, **papel de baño**

token /ˈtoʊkən/ *sustantivo*
ficha [de metal, para máquinas]

told /toʊld/ pasado y participio del verbo **tell**

toll /toʊl/ *sustantivo*
1 peaje, **cuota**
2 índice, **número**: *The death toll has risen to 83.* El número de muertos se eleva a 83.

tomato /təˈmeɪtoʊ/ *sustantivo* (plural **tomatoes**)
jitomate

tomb /tum/ *sustantivo*
tumba, **sepulcro**

tomboy /ˈtɑmbɔɪ/ *sustantivo* (plural **tomboys**)
machona

tomorrow /təˈmɑroʊ/ *adverbio & sustantivo*
1 mañana: *Can you do it tomorrow?* ¿Puedes hacerlo mañana?
2 mañana: *We are building the computer of tomorrow.* Estamos construyendo la computadora del mañana.

ton /tʌn/ *sustantivo*
1 tonelada
2 Con el significado de "mucho": *This box weighs a ton!* ¡Esta caja pesa muchísimo! | *We ate tons of food!* ¡Comimos un chorro de comida!

tone /toʊn/ *sustantivo*
tono: *I could tell that she was angry by the tone of her voice.* Me di cuenta de que estaba enojada por su tono de voz.

tongs /tɑŋz/ *sustantivo plural*
pinzas, **tenazas**: *He picked up the hot metal with a pair of tongs.* Levantó el metal caliente con unas tenazas.

tongue /tʌŋ/ *sustantivo*
lengua

tonight /təˈnaɪt/ *adverbio & sustantivo*
esta noche, **hoy en la noche**: *We are going to a party tonight.* Vamos a una fiesta hoy en la noche.

too /tu/ *adverbio*
1 demasiado: *He drives too fast.* Maneja demasiado rápido. | *She drinks too much.* Toma demasiado.
2 también: *I want to come too.* Yo también quiero ir. | *"I'm hungry." "I am too!"* –Tengo hambre. –Yo también.

took /tʊk/ pasado del verbo **take**

tool /tul/ *sustantivo*
herramienta

toolbar /ˈtulbɑr/ *sustantivo*
barra de herramientas

toolbox /ˈtulbɑks/ *sustantivo*
caja de herramientas

tooth /tuθ/ *sustantivo* (plural **teeth**)
1 diente, **muela**: *You should brush your teeth after every meal.* Te tienes que lavar los dientes después de cada comida.
2 diente [de un peine o una sierra]

tooth

The dentist examined his teeth.

toothache /ˈtuθeɪk/ *sustantivo*
dolor de muelas

toothbrush /ˈtuθbrʌʃ/ *sustantivo* (plural **toothbrushes**)
cepillo de dientes

toothpaste /ˈtuθpeɪst/ *sustantivo*
pasta de dientes, **dentífrico**

toothpick /ˈtuθpɪk/ *sustantivo*
palillo

top /tɑp/ *sustantivo, adjetivo & verbo*
■ *sustantivo*
1 parte superior, **parte de arriba**
2 cima, **cumbre**: *He climbed to the top of the hill.* Escaló hasta la cima de la montaña.
3 copa [de un árbol]
4 Parte de encima de un objeto: *He took the top off the box.* Le quitó la tapa a la caja. | *The table has a glass top.* La mesa tiene un tablero de vidrio.
5 suéter
6 blusa: *I need a new top to wear with this skirt.* Necesito una blusa nueva para esta falda.

T

■ *adjetivo*
1 de arriba, **superior**: *Put it in the top drawer.* Ponlo en el cajón de arriba.
2 mejor: *It is the top movie of the week!* ¡Es la mejor película de la semana!
■ *verbo* (**topping**, **topped**)
rebasar, **superar**: *Our sales topped $1,000,000 this year!* ¡Nuestras ventas rebasaron el millón de dólares este año!

topic /ˈtɑpɪk/ *sustantivo*
tema

> **NOTA:** La palabra *tópico* en español se traduce por **cliché** en inglés.

torch /tɔrtʃ/ *sustantivo* (plural **torches**)
antorcha

tore /tɔr/ pasado del verbo **tear**

torn /tɔrn/ participio del verbo **tear**

tornado /tɔrˈneɪdoʊ/ *sustantivo* (plural **tornadoes** o **tornados**)
tornado

torpedo /tɔrˈpidoʊ/ *sustantivo* (plural **torpedos**)
torpedo

tortoise /ˈtɔrtəs/ *sustantivo*
tortuga [de tierra]

torture /ˈtɔrtʃər/ *verbo & sustantivo*
■ *verbo* (**torturing**, **tortured**)
torturar
■ *sustantivo*
tortura

toss /tɔs/ *verbo*
1 echar, **lanzar**, **aventar**
2 to toss something out tirar algo [a la basura]: *"Where's the newspaper?" "I tossed it out."* –¿Dónde está el periódico? –Lo tiré.

total /ˈtoʊtl/ *sustantivo & adjetivo*
■ *sustantivo*
total: *Add up these numbers and tell me the total.* Suma estos números y dime el total.
■ *adjetivo*
total: *The total cost of the building is not yet known.* El costo total del edificio todavía no se sabe.

totally /ˈtoʊtl-i/ *adverbio*
totalmente: *I totally agree with you.* Estoy totalmente de acuerdo contigo.

toucan /ˈtukən/ *sustantivo*
tucán

touch /tʌtʃ/ *verbo & sustantivo*
■ *verbo*
1 tocar: *Don't touch the paint. It's still wet.* No toques la pintura. Todavía está fresca.
2 tocarse: *Are the wires touching?* ¿Se están tocando los cables?
■ *sustantivo*
1 (plural **touches**) **tacto**: *I felt the touch of his hand.* Sentí el tacto de su mano.
2 sentido del tacto
3 to get in touch comunicarse, **ponerse en contacto**: *I've been trying to get in touch with you all day.* He estado tratando de comunicarme contigo todo el día.
4 to keep in touch/to stay in touch seguir en contacto: *Do you still keep in touch with John?* ¿Sigues en contacto con John?

tough /tʌf/ *adjetivo*
1 difícil, **duro -a**: *She has a tough job.* Tiene un trabajo difícil. | *Moving here was a tough decision.* Cambiarnos a vivir aquí fue una decisión dura.
2 duro -a: *This meat is tough.* Esta carne está dura.
3 estricto -a, **severo -a**: *There are tough laws against smoking.* Hay leyes estrictas contra el tabaco.

tour /tʊr/ *sustantivo & verbo*
■ *sustantivo*
1 tour: *They have gone on a tour of Egypt.* Se fueron a un tour por Egipto.
2 visita guiada, **tour**: *We went on a tour of the museum.* Hicimos una visita guiada del museo.
■ *verbo*
visitar: *We toured the city in the morning.* Visitamos la ciudad por la mañana.

tourism /ˈtʊrɪzəm/ *sustantivo*
turismo

tourist /ˈtʊrɪst/ *sustantivo*
turista

tournament /ˈtʊrnəmənt/ *sustantivo*
torneo

tow /toʊ/ *verbo*
remolcar, **llevar a remolque**: *We towed the car to the garage.* Remolcamos el coche al taller.

toward /tɔrd/ *preposición* (also **towards**)
1 hacia: *She walked toward me.* Caminó hacia mí. | *The storm was moving toward the city.* La tormenta se aproximaba a la ciudad | *He lives down toward San Diego.* Vive cerca de San Diego.
2 hacia, **alrededor de**: *Normally I feel tired toward the end of the day.* Normalmente me siento cansado hacia el final del día.
3 hacia, **para con**: *How do you feel toward her?* ¿Cuáles son tus sentimientos hacia ella?

T

towel /ˈtaʊəl/ *sustantivo*
toalla

tower /ˈtaʊər/ *sustantivo*
torre

town /taʊn/ *sustantivo*
ciudad [pequeña]

ˌtown ˈhall *sustantivo*
ayuntamiento, **municipio**

toy /tɔɪ/ *sustantivo* (plural **toys**)
juguete

trace /treɪs/ *sustantivo & verbo*
■ *sustantivo*
rastro, **indicio**: *We found no trace of them in the building.* No había ni rastro de ellos en el edificio.
■ *verbo* (**tracing**, **traced**)
1 calcar
2 localizar, **ubicar**: *They are trying to trace the missing child.* Están tratando de localizar al niño perdido.

track /træk/ *sustantivo*
1 sendero, **camino**
2 vía del ferrocarril: *We walked along the railroad tracks.* Caminamos por la vía del ferrocarril.
3 tracks huellas, **pista**: *The hunter followed the animal's tracks.* El cazador siguió las huellas del animal.
4 to keep track of (seguir la pista de) *It is hard to keep track of everyone's names.* Es difícil acordarse de los nombres de todos.
5 to lose track of perder la pista de: *I've lost track of when the meeting is.* Perdí la pista de cuando era la junta.

ˌtrack and ˈfield *sustantivo*
atletismo

tractor /ˈtræktər/ *sustantivo*
tractor

trade /treɪd/ *sustantivo & verbo*
■ *sustantivo*
1 comercio: *Trade with other countries is important.* El comercio con otros países es importante.
2 cambio, **canje**: *I made a trade for his baseball.* Le cambié su pelota de beisbol.
3 oficio: *She's a dressmaker by trade.* Es costurera de oficio.
■ *verbo* (**trading**, **traded**)
1 comerciar: *We trade with other countries.* Comerciamos con otros países.
2 hacer un cambio por: *I'll trade my candy for your book.* Te cambio mis dulces por tu libro.

trademark /ˈtreɪdmɑrk/ *sustantivo*
marca [de fábrica]

trader /ˈtreɪdər/ *sustantivo*
comerciante

tradition /trəˈdɪʃən/ *sustantivo*
tradición: *Telling stories at Christmas is a family tradition.* Contar cuentos en Navidad es una tradición familiar.

traditional /trəˈdɪʃənl/ *adjetivo*
tradicional

traditionally /trəˈdɪʃənəli/ *adverbio*
tradicionalmente

traffic /ˈtræfɪk/ *sustantivo*
1 tráfico: *There is a lot of traffic in this street.* Hay mucho tráfico en esta calle.
2 tráfico, **tránsito**

ˈtraffic ˌjam *sustantivo*
embotellamiento

ˈtraffic ˌlights *sustantivo plural*
semáforo

tragedy /ˈtrædʒədi/ *sustantivo* (plural **tragedies**)
1 tragedia: *Her son's death was a great tragedy.* La muerte de su hijo fue una gran tragedia.
2 tragedia [en el teatro]

tragic /ˈtrædʒɪk/ *adjetivo*
trágico -a: *She had a tragic accident.* Sufrió un trágico accidente.

trail /treɪl/ *sustantivo*
1 huellas, **rastro**
2 reguero: *The man left a trail of blood on the floor.* El hombre dejó un reguero de sangre en el piso.
3 sendero, **senda**

trailer /ˈtreɪlər/ *sustantivo*
tráiler, **cámper** [cuando es una casa rodante]

train /treɪn/ *sustantivo & verbo*
■ *sustantivo*
1 tren
2 by train en tren: *We traveled by train.* Viajamos en tren.
■ *verbo*
1 estudiar: *She is training to become a nurse.* Está estudiando para enfermera.
2 enseñar [a un niño o a un animal]
3 capacitar, **formar** [en un oficio]
4 entrenar: *I am training for the Olympics.* Me estoy entrenando para las olimpiadas.

trainee /treɪˈni/ *sustantivo*
aprendiz -a

trainer /ˈtreɪnər/ *sustantivo* BrE
zapato tenis

training /ˈtreɪnɪŋ/ *sustantivo*
1 formación: *Do you have any training in computers?* ¿Tiene alguna formación en computación?
2 entrenamiento

traitor /ˈtreɪtər/ *sustantivo*
traidor -a: *The traitor was sent to prison.* El traidor fue encarcelado.

transfer[1] /trænsˈfɜr/ *verbo* (**transferring, transferred**)
1 trasladar: *His company transferred him to another office.* Su compañía lo trasladó a otra sucursal.
2 transferir: *I want to transfer some money into my bank account.* Quiero transferir dinero a mi cuenta bancaria.
3 traspasar [un negocio o una propiedad]

transfer[2] /ˈtrænsfər/ *sustantivo*
1 traslado
2 transferencia
3 traspaso

transform /trænsˈfɔrm/ *verbo*
transformar: *The country transformed itself into a world power.* El país se transformó en una potencia mundial.

transitive /ˈtrænsətɪv/ *adjetivo*
transitivo -a: *a transitive verb* un verbo transitivo

translate /ˈtrænzleɪt/ *verbo* (**translating, translated**)
traducir: *He translated the text from Spanish into English.* Tradujo el texto del español al inglés.

translation /trænzˈleɪʃən/ *sustantivo*
traducción

translator /ˈtrænzleɪtər/ *sustantivo*
traductor -a

T

transparent /trænsˈpærənt/ *adjetivo*
transparente

transplant /ˈtrænsplænt/ *verbo*
trasplantar

transport /trænsˈpɔrt/ *verbo*
transportar: *The coal was transported by train.* El carbón fue transportado en tren.

transportation /trænspərˈteɪʃən/ *sustantivo*
transporte: *Buses are an important form of public transportation.* Los camiones son una forma importante de transporte público.

trap /træp/ *sustantivo & verbo*
■ *sustantivo*
1 trampa: *Did you buy a mouse trap?* ¿Compraste una ratonera?
2 trampa: *The police set a trap for the thieves.* La policía les tendió una trampa a los ladrones.

■ *verbo* (**trapping, trapped**)
1 cazar [con una trampa]: *He is trapping rabbits.* Está cazando conejos.
2 to be trapped estar atrapado -a: *She was trapped in the building.* Estaba atrapada en el edificio.

trash /træʃ/ *sustantivo*
basura: *Throw this in the trash.* Tira esto a la basura.

ˈtrash can *sustantivo*
bote de basura

travel /ˈtrævəl/ *verbo & sustantivo*
■ *verbo*
1 viajar: *I want to travel around the world.* Quiero viajar alrededor del mundo.
2 viajar: *We traveled 200 miles today.* Viajamos 200 millas hoy.
■ *sustantivo*
viajes: *The rain is making travel difficult.* La lluvia está dificultando los viajes.

ˈtravel ˌagency *sustantivo* (plural **travel agencies**)
agencia de viajes

ˈtravel ˌagent *sustantivo*
agente de viajes

traveler /ˈtrævələr/ *sustantivo*
viajero -a

ˈtraveler's ˌcheck *sustantivo*
cheque de viajero

tray /treɪ/ *sustantivo* (plural **trays**)
charola, bandeja

treasure /ˈtreʒər/ *sustantivo*
tesoro: *She found the treasure buried under a tree.* Encontró el tesoro enterrado bajo un árbol.

treat /trit/ *verbo & sustantivo*
■ *verbo*
1 tratar: *He treats his dog very badly.* Trata a su perro muy mal. | *At work she treats everyone the same.* En el trabajo trata igual a todos.

2 abordar, **tratar**: *The subject of crime must be treated carefully.* El tema de la delincuencia debe ser abordado con cuidado.

3 tratar, **atender**: *The children were treated for burn injuries.* Los niños fueron tratados por quemaduras.

4 dar un gusto: *I'm going to treat my mother to a new hat.* Le voy a dar un gusto a mi mamá y le voy a comprar un sombrero nuevo.

■ *sustantivo*

gusto: *As a treat, I bought her some ice cream.* Para darle un gusto le compré un helado.

treatment /ˈtritmənt/ *sustantivo*

1 tratamiento: *a new treatment for bone disease* un nuevo tratamiento para las enfermedades de los huesos

2 trato: *He did not receive any special treatment.* No recibió ningún trato especial.

treaty /ˈtriti/ *sustantivo* (plural **treaties**)

tratado: *They signed the peace treaty.* Firmaron el tratado de paz.

treble clef /ˌtrebəl ˈklef/ *sustantivo*

clave de sol

tree /tri/ *sustantivo*

árbol

tremble /ˈtrembəl/ *verbo* (**trembling**, **trembled**)

temblar: *He was trembling with fear.* Estaba temblando de miedo.

tremendous /trɪˈmendəs/ *adjetivo*

tremendo -a, **enorme**: *The plan was a tremendous success.* El plan fue un tremendo éxito. | *A tremendous explosion destroyed the building.* Una enorme explosión destruyó el edificio.

tremendously /trɪˈmendəsli/ *adverbio*

enormemente

trench /trentʃ/ *sustantivo* (plural **trenches**)

zanja

trend /trend/ *sustantivo*

tendencia

trespass /ˈtrespæs/ *verbo*

En términos legales, entrar sin permiso a una propiedad privada

trespasser /ˈtrespæsər/ *sustantivo*

intruso -a

trial /ˈtraɪəl/ *sustantivo*

1 juicio: *The trial lasted a month.* El juicio duró un mes. | *She is on trial for murder.* Está en juicio por asesinato.

2 prueba: *The trials for the new drug are going well.* Las pruebas de la nueva medicina van muy bien.

triangle /ˈtraɪæŋgəl/ *sustantivo*

triángulo

triangular /traɪˈæŋgjələr/ *adjetivo*

triangular

tribal /ˈtraɪbəl/ *adjetivo*

tribal: *I collect tribal art.* Colecciono arte tribal.

tribe /traɪb/ *sustantivo*

tribu

tribute /ˈtrɪbjut/ *sustantivo*

tributo: *The movie is a tribute to their courage.* La película es un tributo a su valentía.

triceps /ˈtraɪseps/ *sustantivo* (plural **triceps**)

tríceps

trick /trɪk/ *sustantivo & verbo*

■ *sustantivo*

1 engaño: *He got the money from me by a trick.* Me quitó el dinero con engaños.

2 truco: *I can do magic tricks.* Puedo hacer trucos de magia.

3 to play a trick on someone hacerle una broma a alguien: *She played a trick on her brother.* Le hizo una broma a su hermano.

■ *verbo*

engañar: *He tricked me into giving him my money.* Me engañó para que le diera el dinero.

trickle /ˈtrɪkəl/ *verbo* (**trickling**, **trickled**)

salir, **manar**: *Blood trickled from the wound.* Le estaba saliendo sangre de la herida.

tricky /ˈtrɪki/ *adjetivo* (**trickier**, **trickiest**)

difícil: *This is a tricky job.* Este trabajo es difícil.

tricycle /ˈtraɪsɪkəl/ *sustantivo*

triciclo

tried /traɪd/ pasado y participio del verbo **try**

trigger /ˈtrɪgər/ *sustantivo*

gatillo

trim /trɪm/ *verbo* (**trimming**, **trimmed**)

cortar un poco: *She trimmed his hair.* Le cortó el pelo un poco.

trip /trɪp/ *sustantivo & verbo*

■ *sustantivo*

viaje: *She is on a business trip to New York.* Está de viaje de negocios en Nueva York.

■ *verbo* (**tripping**, **tripped**)

tropezarse: *Be careful! Don't trip over that box.* ¡Cuidado! No te vayas a tropezar con esa caja.

He tripped over my foot.

triumph /ˈtraɪəmf/ *sustantivo*
triunfo: *Winning five medals was a great triumph for our country.* Ganar cinco medallas fue un gran triunfo para nuestro país.

trolley /ˈtrɑli/ *sustantivo* (plural **trolleys**)
1 tranvía
2 BrE **carrito** [en aeropuerto, supermercado]

troops /trups/ *sustantivo plural*
tropas

trophy /ˈtroʊfi/ *sustantivo* (plural **trophies**)
trofeo

tropical /ˈtrɑpɪkəl/ *adjetivo*
tropical: *The coconut is a tropical plant.* El coco es una planta tropical.

tropics /ˈtrɑpɪks/ *sustantivo plural*
the tropics el trópico

trouble /ˈtrʌbəl/ *sustantivo & verbo*
■ *sustantivo*
1 problemas: *I'm having some trouble with the car.* Tengo problemas con el coche.
2 aprietos, **dificultades**: *Visitors to the country could be in trouble.* Los visitantes al país podrían verse en aprietos.
3 problemas, **trastornos**: *He has heart trouble.* Tiene problemas de corazón.
4 líos: *Is she in trouble with the police again?* ¿Se metió en líos con la policía otra vez?
5 molestia: *He took the trouble to explain it to me.* Se tomó la molestia de explicármelo. | *It's no trouble to help you.* No es ninguna molestia ayudarte.
6 disturbios
7 the trouble with someone or something is el problema con alguien o algo es que: *The trouble with her is she always criticizes people.* El problema con ella es que siempre está criticando a la gente.
■ *verbo* (**troubling**, **troubled**)
molestar: *I won't trouble you again.* No te voy a volver a molestar.

T

troubled /ˈtrʌbəld/ *adjetivo*
preocupado -a

trough /trɔf/ *sustantivo*
1 bebedero [para animales]
2 comedero [para animales]

truck /trʌk/ *sustantivo*
camión [de carga]

> **NOTA:** La palabra *truco* en español se traduce por **trick** en inglés.

true /tru/ *adjetivo* (**truer**, **truest**)
1 verdadero -a: *I will tell you a true story.* Te voy a contar una historia verdadera.
2 to come true hacerse realidad: *His wish finally came true.* Su deseo por fin se hizo realidad.

truly /ˈtruli/ *adverbio*
verdaderamente: *I am truly grateful for your help.* Te estoy verdaderamente agradecida por tu ayuda.

trumpet /ˈtrʌmpɪt/ *sustantivo*
trompeta

trunk /trʌŋk/ *sustantivo*
1 tronco
2 cajuela [de coche]
3 baúl
4 trompa [de elefante]
5 torso

trunks /trʌŋks/ *sustantivo plural*
traje de baño [para hombres, tipo short]

trust /trʌst/ *verbo & sustantivo*
■ *verbo*
confiar en, **tener confianza en**: *I don't trust her since she lied to me.* No confío en ella desde que me mintió. | *You can trust him to do his best.* Puedes tener confianza de que va a hacer todo lo que pueda.
■ *sustantivo*
confianza: *You have to be careful who you put your trust in.* Se debe tener cuidado en quién deposita uno su confianza.

trustworthy /ˈtrʌstwɜrði/ *adjetivo*
digno -a de confianza: *Let Paul have the money; he's trustworthy.* Déjale el dinero a Paul; es digno de confianza.

truth /truθ/ *sustantivo*
verdad: *He doesn't always tell the truth.* No siempre dice la verdad.

truthful /ˈtruθfəl/ *adjetivo*
1 veraz, **sincero -a** [persona]
2 veraz, **verídico -a**

try /traɪ/ *verbo & sustantivo*
■ *verbo* (**trying**, **tried**)
1 intentar, **tratar de**: *He tried to climb the tree, but he could not.* Intentó subirse al

árbol, pero no pudo. | *Please try not to be late.* Por favor trata de no llegar tarde.
2 probar: *Try another match to see if it lights.* Prueba otro cerillo para ver si prende. | *Are you going to try out your new radio?* ¿Vas a probar tu radio nuevo? | *I want to try the cake.* Quiero probar el pastel
3 juzgar: *He is being tried for the crime.* Lo están juzgando por el crimen.
4 to try something on probarse algo: *Can I try this shirt on?* ¿Puedo probarme esta camisa?
■ *sustantivo* (plural **tries**)
intento | **to have a try intentarlo**: *If you can't open the box, let me have a try.* Si no puedes abrir la caja, deja que yo lo intenté.

T-shirt /ˈti ʃɜrt/ *sustantivo*
camiseta, **playera**

tub /tʌb/ *sustantivo*
1 tina [de baño]
2 tinaja: *A tub of ice sat outside.* Había una tinaja con hielo afuera.

tube /tub/ *sustantivo*
tubo: *a tube of toothpaste* un tubo de pasta de dientes

tuck /tʌk/ *verbo*
1 meter: *Tuck your shirt into your pants.* Métete la camisa en los pantalones. | *She tucked the money into her pocket.* Se metió el dinero en la bolsa.

tuck in

Her dad tucked her in.

2 to tuck someone in arropar a alguien

Tuesday /ˈtuzdi/ *sustantivo*
martes

tug /tʌg/ *verbo & sustantivo*
■ *verbo* (**tugging**, **tugged**)
jalar (de), **tirar (de)**: *The child tugged at my hand.* El niño me jaló de la mano.
■ *sustantivo*
1 jalón, **tirón**: *I gave the rope a tug.* Le di un jalón a la cuerda.
2 (también **tug boat**) **remolcador**

ˌtug-of-ˈwar *sustantivo*
Juego de tira y afloja con una cuerda jugado por dos equipos

tulip /ˈtulɪp/ *sustantivo*
tulipán [holandés]

tumble /ˈtʌmbəl/ *verbo* (**tumbling**, **tumbled**)
caerse, **rodar**: *She tumbled down the stairs.* Rodó por las escaleras.

tumbler /ˈtʌmblər/ *sustantivo*
vaso [de lados rectos]

tummy /ˈtʌmi/ *sustantivo* (plural **tummies**)
panza, **estómago**: *Mommy, my tummy hurts.* Mami, me duele la panza.

tuna /ˈtunə/ *sustantivo*
atún

tune /tun/ *sustantivo & verbo*
■ *sustantivo*
melodía, **tonada**: *The song has a happy tune.* La canción tiene una melodía alegre.
■ *verbo* (**tuning**, **tuned**)
1 afinar: *When was the last time the piano was tuned?* ¿Cuándo fue la última vez que se afinó el piano?
2 to tune in sintonizar: *Millions of people tuned in to watch the game.* Millones de personas sintonizaron para ver el partido.

ˈtune-up *sustantivo*
afinación [de un coche]

tunnel /ˈtʌnl/ *sustantivo & verbo*
■ *sustantivo*
túnel
■ *verbo*
hacer un túnel, **abrir un túnel**

turban /ˈtɜrbən/ *sustantivo*
turbante

turkey /ˈtɜrki/ *sustantivo* (plural **turkeys**)
1 guajolote, **pavo -a**
2 pavo: *We had roast turkey for dinner.* Comimos pavo horneado en la cena.

turn /tɜrn/ *verbo & sustantivo*
■ *verbo*
1 voltearse: *She turned to look behind her.* Se volteó para ver atrás de ella. | *He turned over in the bed.* Se volteó en la cama.
2 dar vuelta, **doblar**: *She turned left at the end of the road.* Dio vuelta a la izquierda al final de la calle.
3 girar: *The wheels are turning.* Las ruedas están girando.
4 cumplir años: *When does she turn 21?* ¿Cuándo cumple los 21?
5 to turn something down (a) bajar el volumen de algo: *Turn the television down. It's too loud.* Bájale el volumen a la tele. Está demasiado fuerte. **(b) rechazar algo**: *He turned down the job.* Rechazó el trabajo.
6 to turn something into something convertir algo en algo diferente: *She turned her bedroom into an office.* Convirtió su recámara en oficina.
7 to turn something off apagar algo: *Turn the radio off.* Apaga el radio.

8 to turn something on prender algo: *Turn the heater on.* Prende el radiador.
9 to turn out salir, resultar: *How did the meeting turn out?* ¿Cómo salió la junta?
10 to turn something over (a) voltear algo: *I turned the box over to see the bottom.* Volteé la caja para ver el fondo. **(b) entregar algo**: *He turned the business over to his children.* Entregó el negocio a sus hijos.
11 to turn to recurrira: *He turned to his parents for advice.* Recurrió a sus papás para que le aconsejaran.
12 to turn something up subir el volumen de algo: *Please turn up the TV. I can't hear it!* Por favor súbele a la tele. ¡No oigo!
13 to turn up llegar, aparecerse: *He turned up late.* Llegó tarde.
■ *sustantivo*
1 turno: *It's my turn to choose a movie.* Me toca (el turno de) escoger una película.
2 to take turns turnarse: *We took turns driving the children to school.* Nos turnamos para llevar a los niños a la escuela.
3 vuelta: *Give the wheel another turn.* Dale otra vuelta a la rueda.
4 vuelta: *Make a right turn at the end of the road.* Da vuelta a la derecha al final de la calle.

ˈturn ˌsignal *sustantivo*
direccional [para indicar que se da vuelta en una calle]

turtle /ˈtɜrtl/ *sustantivo*
tortuga [marina, de río]

tusk /tʌsk/ *sustantivo*
colmillo

tutor /ˈtutər/ *sustantivo & verbo*
■ *sustantivo*
maestro -a particular: *Her French tutor teaches her three times a week.* Su maestra particular de francés le da clases tres veces a la semana.
■ *verbo*
darle clases particulares a: *He tutored me in English.* Me dio clases particulares de inglés.

TV /ti ˈvi/ *sustantivo*
1 televisión, tele: *Turn on the TV.* Prende la televisión.
2 on TV en la tele: *There's a good movie on TV tonight.* Hay una buena película en la televisión esta noche.

tweezers /ˈtwizərz/ *sustantivo plural*
pinzas

twelfth /twelfθ/ *número*
1 decimosegundo -a, duodécimo -a [en orden]
2 doceavo, doceava parte
3 doce: *October twelfth* el doce de octubre

twelve /twelv/ *número*
doce

twentieth /ˈtwentiəθ/ *número*
1 vigésimo -a [en orden]
2 veinteavo, veinteava parte
3 veinte: *August twentieth* el veinte de agosto

twenty /ˈtwenti/ *número*
veinte

twice /twaɪs/ *adverbio*
dos veces: *You've asked me that question twice.* Me has hecho la misma pregunta dos veces.

twig /twɪg/ *sustantivo*
ramita

twin /twɪn/ *sustantivo*
gemelo -a

ˌtwin ˈbed *sustantivo*
cama gemela

twinkle /ˈtwɪŋkəl/ *verbo* (**twinkling, twinkled**)
brillar: *The stars twinkled in the sky.* Las estrellas brillaban en el cielo.

twist /twɪst/ *verbo*
1 enrollar, enroscar
2 torcer: *I twisted my ankle when I fell.* Me torcí el tobillo cuando me caí.
3 serpentear [camino, río]: *The path twisted up the hill.* El camino serpenteaba por la montaña.

twitch /twɪtʃ/ *verbo*
moverse: *The cat's tail twitched several times.* La cola del gato se movió varias veces.

two /tu/ *número*
dos

tying /ˈtaɪ-ɪŋ/ gerundio del verbo **tie**

type /taɪp/ *sustantivo & verbo*
■ *sustantivo*
tipo: *A rose is a type of flower.* Una rosa es un tipo de flor.
■ *verbo* (**typing, typed**)
mecanografiar, escribir a máquina: *Are you done typing the letter?* ¿Ya acabaste de mecanografiar la carta?

type
She can type very fast.

T

typewriter /ˈtaɪpraɪtər/ *sustantivo*
máquina de escribir

typical /ˈtɪpɪkəl/ *adjetivo*
típico -a: *a typical day at work* un día típico en el trabajo

typically /ˈtɪpɪkli/ *adverbio*
típicamente

typing /ˈtaɪpɪŋ/ *sustantivo*
mecanografía

Uu

U, u /ju/ *sustantivo*
U, u: *U for Uruguay* U de Uruguay

UFO /ju ef ˈoʊ/ *sustantivo*
ovni

ugly /ˈʌgli/ *adjetivo* (**uglier**, **ugliest**)
feo -a: *The little dog has an ugly face.* El perrito tiene una cara fea.

ugly

an ugly face

UK /ju ˈkeɪ/ *sustantivo* (= **United Kingdom**)
Reino Unido

umbrella /ʌmˈbrelə/ *sustantivo*
paraguas

umpire /ˈʌmpaɪr/ *sustantivo*
árbitro -a [en deportes como el tenis]

unable /ʌnˈeɪbəl/ *adjetivo*
Indica que no se puede hacer algo: **to be unable to do something** **no poder hacer algo**: *She was unable to attend the meeting because she was sick.* No pudo ir a la junta porque estaba enferma.

unacceptable /ʌnəkˈseptəbəl/ *adjetivo*
inaceptable, **inadmisible**: *Your behavior is totally unacceptable!* ¡Tu conducta es completamente inaceptable!

unanimous /juˈnænəməs/ *adjetivo*
unánime

unarmed /ʌnˈɑrmd/ *adjetivo*
desarmado -a

unattractive /ʌnəˈtræktɪv/ *adjetivo*
poco atractivo -a: *The company is in an unattractive area of the city.* La compañía está situada en una zona poco atractiva de la ciudad.

unbearable /ʌnˈberəbəl/ *adjetivo*
insoportable: *The pain in my leg was unbearable.* El dolor era insoportable.

unbelievable /ʌnbɪˈlivəbəl/ *adjetivo*
increíble: *It's unbelievable how strong she is.* Es increíble lo fuerte que es.

uncertain /ʌnˈsɜrtn/ *adjetivo*
1 no seguro -a: *He was uncertain what to buy for her.* No estaba seguro de qué comprarle.
2 incierto -a: *Our plans are still uncertain.* Nuestros planes aún son inciertos.

uncle /ˈʌŋkəl/ *sustantivo*
tío

unclear /ʌnˈklɪr/ *adjetivo*
poco claro -a: *Her instructions were unclear.* Sus instrucciones eran poco claras.

uncomfortable /ʌnˈkʌmftərbəl/ *adjetivo*
1 incómodo -a: *The chair was uncomfortable.* La silla era incómoda.
2 incómodo -a: *I feel uncomfortable talking about my personal life.* Me siento incómoda hablando de mi vida personal.

uncommon /ʌnˈkɑmən/ *adjetivo*
poco común, **raro -a**

unconscious /ʌnˈkɑnʃəs/ *adjetivo*
inconsciente: *The fall left her unconscious.* La caída la dejó inconsciente.

uncontrollable /ʌnkənˈtroʊləbəl/ *adjetivo*
incontrolable: *He was in a state of uncontrollable anger.* Tenía una rabia incontrolable.

uncover /ʌnˈkʌvər/ *verbo*
1 destapar: *He uncovered the dish and showed us the food.* Destapó el plato y nos enseñó la comida.
2 descubrir: *The police uncovered their plan to steal the money.* La policía descubrió su plan de robar el dinero.

under /ˈʌndər/ *preposición*
1 abajo de, **debajo de**: *She sat in the shade under a tree.* Se sentó en la sombra abajo de un árbol. | *My shoes are under the bed.* Mis zapatos están abajo de la cama.
2 menos de: *The ticket was under ten dollars.* El boleto costó menos de diez dólares. | *All the children are under twelve years old.* Todos los niños tienen menos de doce años.
3 bajo: *The country is under military rule.* El país está bajo un gobierno militar.
4 bajo: *She has three people under her.* Tiene tres personas bajo su mando.

under

The shoes are under the bed.

undergo /ʌndər'goʊ/ *verbo* (gerundio **undergoing**, pasado **underwent**, participio **undergone**)
1 sufrir [un cambio, una transformación]
2 ser sometido -a a [una operación]: *He underwent two operations on his foot.* Fue sometido a dos operaciones del pie.

undergone /ʌndər'gɔn/ participio del verbo **undergo**

undergraduate /ʌndər'grædʒuɪt/ *sustantivo*
estudiante universitario -a

underground /'ʌndərgraʊnd/ *adjetivo*
subterráneo -a

underline /'ʌndərlaɪn/ *verbo* (**underlining**, **underlined**)
subrayar: *This sentence is underlined.* Esta oración está subrayada.

underneath /ʌndər'niθ/ *adverbio & preposición*
1 debajo, **abajo**: *We turned the rock over to see what was underneath.* Volteamos la roca para ver qué había debajo.
2 abajo de, **debajo de**: *Underneath the rock was a crab.* Abajo de la roca había un cangrejo.

underpants /'ʌndərpænts/ *sustantivo plural*
1 (de hombre) **calzoncillos**
2 (de mujer) **calzones**

underpass /'ʌndərpæs/ *sustantivo*
paso a desnivel

undershirt /'ʌndərʃɜrt/ *sustantivo*
camiseta [ropa interior]

understand /ʌndər'stænd/ *verbo* (**understanding**, **understood**)
1 entender, **comprender**: *Do you understand what I am saying?* ¿Entiendes lo que quiero decir? | *She understands Japanese.* Entiende japonés.
2 comprender: *Michael doesn't understand me.* Michael no me comprende. | *Believe me, I understand how you feel.* Créeme, comprendo cómo te sientes.

understanding /ʌndər'stændɪŋ/ *sustantivo & adjetivo*
■ *sustantivo*
comprensión: *He has a good understanding of English.* Tiene una buena comprensión del inglés.
■ *adjetivo*
comprensivo -a: *She was very understanding when I told her my problem.* Se mostró muy comprensiva cuando le dije mi problema.

understood /ʌndər'stʊd/ pasado y participio pasado del verbo **understand**

undertake /ʌndər'teɪk/ *verbo* (gerundio **undertaking**, pasado **undertook**, participio **undertaken**)
to undertake to do something comprometerse a hacer algo: *She undertook to pay the money back before July.* Se comprometió a pagar el dinero antes de julio.

undertaken /ʌndər'teɪkən/ participio del verbo **undertake**

undertook /ʌndər'tʊk/ pasado del verbo **undertake**

underwater /ʌndər'wɔtər/ *adverbio & adjetivo*
1 abajo del agua: *Can you swim underwater?* ¿Puedes nadar abajo del agua?
2 submarino -a: *I have an underwater camera.* Tengo una cámara submarina.

underwater

underwear /'ʌndərwer/ *sustantivo*
ropa interior: *You should change your underwear every day.* Te deberías cambiar la ropa interior a diario.

underwent /ʌndər'went/ pasado del verbo **undergo**

undid /ʌn'dɪd/ pasado del verbo **undo**

undo /ʌn'du/ *verbo* (gerundio **undoing**, pasado **undid**, participio **undone**)
1 reparar, **enmendar** [errores, etc.]
2 desabrochar [un botón]
3 desamarrar [las agujetas]

U

undone¹ /ʌnˈdʌn/ *adjetivo*
1 desabrochado -a: *My shirt button is undone.* Tengo la camisa desabrochada.
2 desamarrado -a [agujetas]
3 sin terminar: *The work on the bridge is still undone.* Las obras del puente siguen sin terminar.

undone² /ʌnˈdʌn/ participio del verbo **undo**

undress /ʌnˈdres/ *verbo*
1 desvestirse: *The doctor asked me to undress.* El médico me pidió que me desvistiera.
2 desvestir: *She undressed the baby.* Desvistió al bebé

undressed /ʌnˈdrest/ *adjetivo*
desvestido -a

uneasy /ʌnˈizi/ *adjetivo* (**uneasier**, **uneasiest**)
inquieto -a, **preocupado -a**

unemployed /ʌnɪmˈplɔɪd/ *adjetivo*
desempleado -a: *He was unemployed for two months.* Estuvo desempleado dos meses.

unemployment /ʌnɪmˈplɔɪmənt/ *sustantivo*
1 desempleo: *The city has high unemployment.* La ciudad tiene una alta tasa de desempleo.
2 subsidio de desempleo: *My brother is on unemployment.* Mi hermano recibe un subsidio de desempleo.

uneven /ʌnˈivən/ *adjetivo*
disparejo -a, **desnivelado -a**: *It is difficult to run across uneven ground.* Es difícil correr en un terreno disparejo.

unexpected /ʌnɪkˈspektɪd/ *adjetivo*
inesperado -a: *We had an unexpected visitor.* Tuvimos una visita inesperada.

unfair /ʌnˈfer/ *adjetivo*
injusto -a: *It's unfair to pay me less than her.* Es injusto que me paguen menos que a ella.

unfaithful /ʌnˈfeɪθfəl/ *adjetivo*
infiel

unfamiliar /ʌnfəˈmɪljər/ *adjetivo*
1 no familiarizado -a: *I am unfamiliar with her work.* No estoy familiarizado con su obra.
2 desconocido -a [para referirse a algo nuevo]

unfashionable /ʌnˈfæʃənəbəl/ *adjetivo*
pasado -a de moda

unfavorable /ʌnˈfeɪvərəbəl/ *adjetivo*
desfavorable

unfinished /ʌnˈfɪnɪʃt/ *adjetivo*
sin terminar: *Why is your assignment unfinished?* ¿Por qué está sin terminar tu trabajo?

unfit /ʌnˈfɪt/ *adjetivo*
no apto -a: *This food is unfit to eat.* Esta comida no es apta para el consumo.

unfold /ʌnˈfoʊld/ *verbo*
1 desdoblar, **extender** [una tela, un mapa]
2 desplegar: *She unfolded the letter carefully.* Desplegó la carta con cuidado.

unfortunate /ʌnˈfɔrtʃənət/ *adjetivo*
lamentable, **desafortunado -a**: *He had an unfortunate accident.* Tuvo un accidente lamentable.

unfortunately /ʌnˈfɔrtʃənətli/ *adverbio*
desgraciadamente, **por desgracia**: *Unfortunately, I can't come to your party.* Desgraciadamente, no puedo ir a tu fiesta.

unfriendly /ʌnˈfrendli/ *adjetivo* (**unfriendlier**, **unfriendliest**)
poco amistoso -a

unhappy /ʌnˈhæpi/ *adjetivo* (**unhappier**, **unhappiest**)
infeliz, **desgraciado -a**: *She felt unhappy about her marriage.* Era infeliz en su matrimonio.

unhealthy /ʌnˈhelθi/ *adjetivo* (**unhealthier**, **unhealthiest**)
1 de mala salud, **poco saludable**: *The child is thin and unhealthy.* La niña es delgada y poco saludable.
2 malo para la salud: *It's unhealthy to eat so much fat.* Es malo para la salud comer tanta grasa.

unhelpful /ʌnˈhelpfəl/ *adjetivo*
poco servicial, **no dispuesto -a a ayudar**

uniform /ˈjunəfɔrm/ *sustantivo*
uniforme: *The police wear dark blue uniforms.* La policía usa uniformes azul oscuro.

unimportant /ʌnɪmˈpɔrtnt/ *adjetivo*
de poca importancia: *All these small details are unimportant.* Todos estos detallitos son de poca importancia.

uninteresting /ʌnˈɪntrəstɪŋ/ *adjetivo*
poco interesante, **sin interés**

union /ˈjunjən/ *sustantivo*
1 (también **labor union**) **sindicato**: *Have you joined the union?* ¿Estás en el sindicato?
2 unión: *The country was formed by a union of states.* El país fue formado por una unión de estados.

unique /ju'nik/ *adjetivo*
1 único -a: *Her collection of ancient coins is unique.* Su colección de monedas antiguas es única.
2 único -a, **excepcional**: *I have a unique opportunity to hear him perform in person.* Tengo una oportunidad excepcional de oírlo cantar en persona.

> **NOTA:** La traducción más frecuente de la palabra española *único* es **only**. Mira la entrada **único** en el lado español.

unit /'junɪt/ *sustantivo*
1 unidad: *She works in the emergency unit at the hospital.* Trabaja en la unidad de urgencias en el hospital.
2 unidad: *The dollar is the unit of money in the U.S.* El dólar es la unidad monetaria de los Estados Unidos.

unite /ju'naɪt/ *verbo* (**uniting**, **united**)
unir: *The threat of an attack united the country.* La amenaza de un ataque unió al país.

U,nited 'Kingdom *sustantivo*
the United Kingdom el Reino Unido

U,nited 'Nations *sustantivo*
the United Nations, también **the UN las Naciones Unidas**, **la ONU**

U,nited 'States *sustantivo*
the United States (of America) los Estados Unidos (de América)

universal /junə'vɜrsəl/ *adjetivo*
general, **universal**: *universal health care* un programa general de salud

universe /'junəvɜrs/ *sustantivo*
the universe el universo

university /junə'vɜrsəti/ *sustantivo* (plural **universities**)
universidad: *Which university did you go to?* ¿A qué universidad fuiste?

unkind /ʌn'kaɪnd/ *adjetivo*
cruel, **malo -a**: *She made some unkind remarks about me.* Hizo unos comentarios crueles sobre mí.

unknown /ʌn'noʊn/ *adjetivo*
desconocido -a: *The cause of the disease is unknown.* Se desconoce la causa de la enfermedad.

unleaded /ʌn'ledɪd/ *adjetivo*
sin plomo [gasolina]

unless /ʌn'les/ *conjunción*
si no, **a no ser que**: *Unless you leave now, you'll be late.* Si no te vas ahorita, vas a llegar tarde.

unlike /ʌn'laɪk/ *adjetivo & preposición*
1 diferente, **distinto -a**: *I've never known two brothers to be so unlike one another.* Nunca he conocido a dos hermanos tan distintos.
2 Para indicar que algo no es normal: *It is unlike John to be so late.* Es raro que John se retrase tanto.

unlikely /ʌn'laɪkli/ *adjetivo*
poco probable, **improbable**: *The plane is unlikely to leave in this weather.* Es poco probable que el avión salga con este tiempo.

unload /ʌn'loʊd/ *verbo*
1 descargar: *He quickly unloaded the truck.* Descargó el camión rápidamente.
2 sacar [las balas de una pistola o el rollo de una cámara]

unlock /ʌn'lɑk/ *verbo*
abrir [con llave]: *She unlocked the door and went in.* Abrió la puerta (con la llave) y entró.

unlucky /ʌn'lʌki/ *adjetivo* (**unluckier**, **unluckiest**)
1 de mala suerte, **de mal agüero**: *Some people think that 13 is an unlucky number.* Algunos piensan que el número 13 es de mal agüero.
2 sin suerte, **desafortunado -a**

unmarried /ʌn'mærid/ *adjetivo*
soltero -a

unnatural /ʌn'nætʃərəl/ *adjetivo*
poco natural: *It's unnatural for a child to be so quiet.* No es natural que un niño sea tan callado.

unnecessary /ʌn'nesəseri/ *adjetivo*
innecesario -a: *He made a lot of unnecessary changes to the plans.* Hizo muchos cambios innecesarios a los planes.

unpack /ʌn'pæk/ *verbo*
desempacar: *I'm going to unpack my suitcases.* Voy a desempacar las maletas.

unpack

unpleasant /ʌnˈplezənt/ *adjetivo*
desagradable: *There's an unpleasant smell in the house.* Hay un olor desagradable en la casa.

unplug /ʌnˈplʌg/ *verbo* (**unplugging**, **unplugged**)
desconectar

unpopular /ʌnˈpɑpjələr/ *adjetivo*
poco popular

unreal /ʌnˈril/ *adjetivo*
irreal

unreasonable /ʌnˈrizənəbəl/ *adjetivo*
poco razonable

unrelated /ʌnrɪˈleɪtɪd/ *adjetivo*
no relacionado -a

unreliable /ʌnrɪˈlaɪəbəl/ *adjetivo*
1 poco fidedigno -a: *The information that they have is unreliable.* La información que tienen no es fidedigna.
2 informal [persona de la que uno no se puede fiar]

unroll /ʌnˈroʊl/ *verbo*
desenrollar: *He unrolled the blanket and sat down on it.* Desenrolló la cobija y se sentó encima.

unruly /ʌnˈruli/ *adjetivo*
revoltoso -a, rebelde [niño]

unsafe /ʌnˈseɪf/ *adjetivo*
inseguro -a, peligroso -a

unsatisfactory /ˌʌnsætɪsˈfæktəri/ *adjetivo*
deficiente, insatisfactorio -a: *Your written work is unsatisfactory.* Tu trabajo escrito es deficiente.

unscrew /ʌnˈskru/ *verbo*
desatornillar, desenroscar: *Unscrew the light bulb and put in this one.* Desenrosca el foco y pon éste.

unsteady /ʌnˈstedi/ *adjetivo*
tambaleante: *My legs are unsteady.* Mis piernas están tambaleantes.

U

unsuccessful /ʌnsəkˈsesfəl/ *adjetivo*
fracasado -a: *He is an unsuccessful writer.* Es un escritor fracasado.

unsuitable /ʌnˈsutəbəl/ *adjetivo*
inapropiado -a, poco apropiado -a: *The movie is unsuitable for children.* La película no es apropiada para niños.

unsure /ʌnˈʃʊr/ *adjetivo*
inseguro -a, indeciso -a: *I am unsure about the rules of the game.* No estoy segura de las reglas del juego.

untie /ʌnˈtaɪ/ *verbo* (**untying**, **untied**)
desamarrar, desatar: *She untied her shoes and took them off.* Se desamarró los zapatos y se los quitó.

until /ənˈtɪl/ *preposición*
hasta: *We can't go until Thursday.* No podemos ir hasta el jueves. | *I couldn't read until I was six years old.* No aprendí a leer hasta los seis años.

untrue /ʌnˈtru/ *adjetivo*
falso -a

unused /ʌnˈjuzd/ *adjetivo*
sin utilizar, sin usar: *an unused stamp* un timbre sin usar

unusual /ʌnˈjuʒuəl/ *adjetivo*
poco común: *an unusual request* una petición poco común

unusually /ʌnˈjuʒuəli/ *adverbio*
excepcionalmente: *It was an unusually hot day.* Era un día excepcionalmente caluroso.

unwell /ʌnˈwel/ *adjetivo*
Usado para indicar que una persona no se encuentra bien: *She's feeling unwell.* No se siente bien.

unwilling /ʌnˈwɪlɪŋ/ *adjetivo*
Usado para indicar que una persona no está dispuesta a algo: *She was unwilling to start over.* No estaba dispuesta a volver a empezar.

unwind /ʌnˈwaɪnd/ *verbo* (pasado y participio **unwound**)
1 desenrollar: *She unwound the yarn from the ball.* Desenrolló la bola de estambre.
2 relajarse: *A hot bath will help you unwind.* Un baño caliente te ayudará a relajarte.

unwise /ʌnˈwaɪz/ *adjetivo*
poco prudente, poco sensato -a: *The company has made some unwise decisions.* La compañía ha tomado algunas decisiones poco prudentes.

unwound /ʌnˈwaʊnd/ pasado y participio del verbo **unwind**

unwrap /ʌnˈræp/ *verbo* (**unwrapping**, **unwrapped**)
abrir, desenvolver: *She unwrapped her presents.* Abrió sus regalos.

unzip /ʌnˈzɪp/ *verbo* (**unzipping**, **unzipped**)
bajar el cierre de: *She unzipped her jacket.* Se bajó el cierre de la chamarra.

up /ʌp/ *adverbio, preposición & adjetivo*
1 Para indicar movimiento vertical o hacia arriba: *She climbed up the tree.* Se subió a un árbol. | *Go up the hill and turn right.* Sube la cuesta y da vuelta a la derecha. | *He sat up and talked to me.* Se incorporó y platicó

conmigo. | *The kids were jumping up and down on the bed.* Los niños estaban dando brincos en la cama.
2 Para resaltar la idea de movimiento: *He came up to me and asked my name.* Se me acercó y me preguntó cómo me llamaba. | *She went up to the manager and asked for a refund.* Se dirigió al gerente y pidió un reembolso.
3 Para indicar aumento: *Sales are up this year.* Las ventas han subido este año. | *Turn up the TV, please.* Súbele a la tele, por favor.
4 Para indicar lo completo o totalidad: *The car is full up.* El coche está completamente lleno. | *Eat your food up.* Acábate toda la comida.
5 up to hasta: *The room can hold up to 200 people.* En la sala caben hasta 200 personas.
6 to be up to something (a) estar tramando algo, **traerse algo entre manos**: *I think he is up to something.* Creo que está tramando algo. **(b) estar en condiciones para hacer algo**: *Are you up to a walk along the beach?* ¿Estás en condiciones para dar un paseo por la playa?
7 a lo largo de: *She walked up the street looking for the house.* Caminó a lo largo de la calle buscando la casa.
8 what's up? ¿Qué hay?: *Hi Bill, what's up?* Hola Bill, ¿qué hay?
9 levantado -a: *Are you up yet?* ¿Ya estás levantada?

upcoming /ˈʌpkʌmɪŋ/ *adjetivo*
próximo -a: *Are you voting in the upcoming election?* ¿Vas a votar en las próximas elecciones?

update /ʌpˈdeɪt/ *verbo* (**updating**, **updated**)
actualizar: *We need to update our computer files.* Tenemos que actualizar nuestros archivos en la computadora.

upgrade /ˈʌpgreɪd/ *verbo* (**upgrading**, **upgraded**)
Elevar la categoría de algo: *My ticket was upgraded to first class.* Me pasaron a primera clase.

uphill /ʌpˈhɪl/ *adverbio*
cuesta arriba: *It is difficult walking uphill.* Es difícil caminar cuesta arriba.

upon /əˈpɑn/ *preposición*
encima de, **sobre**: *The village stands upon a hill.* El pueblo está situado encima de una colina.

upper /ˈʌpər/ *adjetivo*
superior, **de arriba**: *He had burns on the upper part of his body.* Tenía quemaduras en la parte superior del cuerpo. | *the upper floors of the building* los pisos superiores del edificio

ˌupper ˈcase *sustantivo*
mayúscula [letra]

upright /ˈʌpraɪt/ *adjetivo*
vertical, **derecho -a**: *Stand the bottle upright on the table.* Pon la botella derecha en la mesa.

upset /ʌpˈset/ *adjetivo & verbo*
■ *adjetivo*
triste: *She was upset because he wouldn't talk to her.* Estaba triste porque él no quería hablar con ella.
■ *verbo* (gerundio **upsetting**, pasado y participio **upset**)
1 poner triste: *It upset me when I found out how sick she was.* Me puso triste saber lo enferma que estaba.
2 desbaratar, **trastornar**: *The bad weather upset our plans for a party.* El mal tiempo desbarató nuestros planes para la fiesta.

upside down /ˌʌpsaɪd daʊn/ *adverbio*
al revés

upstairs /ʌpˈsterz/ *adverbio & adjetivo*
1 arriba [en el piso de arriba]: *Our office is upstairs.* Nuestra oficina está arriba.
2 de arriba: *The upstairs bathroom is very small.* El baño de arriba es muy chico.

ˌup-to-ˈdate *adjetivo*
actualizado -a, **al día**: *Are your records up-to-date?* ¿Están actualizados tus archivos?

upward /ˈʌpwərd/ *adverbio*
hacia arriba: *The plane flew gently upward.* El avión voló hacia arriba suavemente. | *The cost of the project is moving upward.* Los costos del proyecto están subiendo.

Uranus /jʊˈreɪnəs, ˈjʊrənəs/ *sustantivo*
Urano

urban /ˈɜrbən/ *adjetivo*
urbano -a: *Most people live in urban areas.* La mayoría de la gente vive en zonas urbanas.

urge /ɜrdʒ/ *verbo & sustantivo*
■ *verbo* (**urging**, **urged**)
instar, **exhortar**: *He urged her to find another job.* La instó a que buscara otro trabajo.

■ *sustantivo*
impulso, **ganas**: *She suddenly had an urge to go back to New York.* De repente sintió el impulso de regresar a Nueva York.

urgent /ˈɜrdʒənt/ *adjetivo*
urgente: *I have an urgent message for you.* Tengo un recado urgente para usted.

Uruguay /ˈjʊrəgwaɪ/ *sustantivo*
Uruguay

us /ʌs/ *pronombre*
nos: *Give us another chance.* Denos otra oportunidad. | *The teacher told us to be quiet.* El profesor nos dijo que nos calláramos.

U.S. /ju ˈes/ *sustantivo* (= **United States**)
E.E.U.U., **Estados Unidos**: *He is moving back to the U.S.* Se va a regresar a vivir en Estados Unidos.

usage /ˈjusɪdʒ/ *sustantivo*
uso, **utilización**

use[1] /juz/ *verbo* (**using**, **used**)
1 usar: *What do you use this for?* ¿Para qué usas esto? | *Do you know how to use a computer?* ¿Sabes usar una computadora?
2 (también **use up**) **consumir**: *My car uses a lot of gas.* Mi coche consume mucha gasolina. | *You used all the toothpaste up.* Te acabaste toda la pasta de dientes.

use[2] /jus/ *sustantivo*
1 uso, **empleo**: *Do you approve of the use of force?* ¿Estás de acuerdo con el uso de la violencia?
2 uso: *The computer has many educational uses.* Las computadoras tienen muchos usos educativos.
3 it's no use es inútil: *It's no use. I can't fix it.* Es inútil. No lo puedo arreglar.

used /juzd/ *adjetivo*
de segunda mano

used to /ˈjust tu/ *adjetivo & verbo*
■ *adjetivo*
to be used to something estar acostumbrado -a a algo: *He's used to traffic because he drives all the time.* Está acostumbrado al tráfico porque maneja mucho.
■ *verbo*
Usado para expresar la idea que se hacía algo por costumbre, en español se suele usar el copretérito: *He used to play football every Saturday.* Jugaba futbol todos los sábados. | *She never used to smoke.* Nunca fumaba.

> **NOTA:** La forma negativa de **used to** es **didn't use to** o **used not to**. La forma interrogativa de **used to** es **did you/he/she use to...?** *I used not to like fish./I didn't use to like fish.* No me gustaba el pescado. | *Did you use to go there often?* ¿Ibas allí seguido?

useful /ˈjusfəl/ *adjetivo*
útil: *She gave me some useful information.* Me dio unos informes útiles.

useless /ˈjusləs/ *adjetivo*
inútil, **que no sirve**: *This knife is useless. The handle's broken.* Este cuchillo no sirve. El mango está roto.

user /ˈjuzər/ *sustantivo*
usuario -a

ˈuser name *sustantivo* (también **user ID** /ˌjuzər aɪ ˈdi/)
nombre de usuario

usual /ˈjuʒuəl/ *adjetivo*
1 habitual, **de costumbre**: *We had lunch at the usual place.* Comimos en el lugar de costumbre.
2 as usual como de costumbre, **como siempre**: *As usual, he arrived late.* Llegó tarde, como de costumbre.

usually /ˈjuʒuəli/ *adverbio*
normalmente, **por lo general**: *I'm usually at school early, but today I was late.* Normalmente llego a la escuela temprano, pero hoy llegué tarde.

utensil /juˈtensəl/ *sustantivo*
utensilio: *kitchen utensils* utensilios de cocina

utility /juˈtɪləti/ *sustantivo* (plural **utilities**)
compañía de servicios

> **NOTA:** La palabra española *utilidad* se traduce por **usefulness** en inglés.

U-turn /ˈju tɜrn/ *sustantivo*
vuelta en U: *He made a U-turn in the middle of the road.* Dio una vuelta en U en la mitad de la carretera.

U

Vv

V, **v** /vi/ *sustantivo*
V, **v**: *V for Venezuela* V de Venezuela

vacancy /ˈveɪkənsi/ *sustantivo* (plural **vacancies**)
1 cupo [en un hotel]: *There was a sign that said, "No vacancies."* Había un letrero que decía: "Cupo completo".
2 vacante: *They are advertising a vacancy for a driver.* Están anunciando una vacante de chofer.

vacant /ˈveɪkənt/ *adjetivo*
1 disponible: *We looked all over town for a vacant room.* Buscamos por toda la ciudad un cuarto disponible.
2 desocupado -a [edificio]

vacation /veɪˈkeɪʃən/ *sustantivo*
vacaciones: *We are on vacation for the next five days.* Los próximos cinco días estamos de vacaciones.

vaccinate /ˈvæksəneɪt/ *verbo* (**vaccinating**, **vaccinated**)
vacunar

vaccination /væksəˈneɪʃən/ *sustantivo*
vacuna

vacuum /ˈvækjum/ *sustantivo & verbo*
■ *sustantivo*
1 vacío
2 aspiradora
■ *verbo*
pasar la aspiradora: *Are you finished vacuuming?* ¿Ya acabaste de pasar la aspiradora?

ˈvacuum ˌcleaner *sustantivo*
aspiradora

vague /veɪg/ *adjetivo* (**vaguer**, **vaguest**)
vago -a: *I have only a vague idea where the house is.* Sólo tengo una vaga idea de dónde está la casa.

vaguely /ˈveɪgli/ *adverbio*
vagamente: *She looks vaguely familiar.* Me parece vagamente conocida.

valentine /ˈvæləntaɪn/ *sustantivo*
tarjeta de San Valentín

ˈValentine's ˌDay *sustantivo*
Día del Amor y la Amistad

valid /ˈvælɪd/ *adjetivo*
válido -a: *Do you have a valid passport?* ¿Tiene usted pasaporte válido?

valley /ˈvæli/ *sustantivo* (plural **valleys**)
valle

valuable /ˈvæljəbəl/ *adjetivo*
1 valioso -a [en sentido monetario]: *Is the ring valuable?* ¿Es valioso el anillo?
2 de utilidad, **valioso -a**: *Your help has been very valuable.* Su ayuda ha sido de mucha utilidad.

value /ˈvælju/ *sustantivo & verbo*
■ *sustantivo*
1 (refiriéndose a dinero) **valor** ▶ A menudo se usa el verbo **valer**: *What is the value of your house?* ¿Cuánto vale su casa?
2 valor: *Your advice has been of great value to me.* Sus consejos han sido de mucha utilidad para mí.
■ *verbo* (**valuing**, **valued**)
1 valorar, **apreciar**: *I value your friendship.* Valoro tu amistad.
2 valuar: *The book was valued at $1,000.* El libro fue valuado en $1,000.

valve /vælv/ *sustantivo*
válvula

vampire /ˈvæmpaɪr/ *sustantivo*
vampiro

van /væn/ *sustantivo*
camioneta [de carga]

vandal /ˈvændl/ *sustantivo*
vándalo

vandalism /ˈvændlɪzəm/ *sustantivo*
vandalismo

vandalize /ˈvændlaɪz/ *verbo* (**vandalizing**, **vandalized**)
destrozar: *All the public telephones had been vandalized.* Todos los teléfonos públicos habían sido destrozados.

vanilla /vəˈnɪlə/ *sustantivo*
vainilla: *Do you like vanilla ice cream?* ¿Te gusta el helado de vainilla?

vanish /ˈvænɪʃ/ *verbo*
esfumarse, **desaparecer**

vanity /ˈvænəti/ *sustantivo*
vanidad

vapor /ˈveɪpər/ *sustantivo*
vapor

variety /vəˈraɪəti/ *sustantivo*
1 variedad: *You need some variety in your life.* Es necesario tener variedad en la vida.
2 variedad, **surtido**: *These shirts come in a variety of colors.* Estas camisas vienen en una variedad de colores.

3 (plural **varieties**) **tipo**, **clase**: *He is growing a new variety of beans.* Está cultivando un nuevo tipo de frijol.

various /ˈveriəs/ *adjetivo*
varios -as: *There are various colors to choose from.* Hay varios colores de donde escoger.

varnish /ˈvɑrnɪʃ/ *sustantivo & verbo*
■ *sustantivo* (plural **varnishes**)
barniz
■ *verbo*
barnizar

vary /ˈveri/ *verbo* (**varying**, **varied**)
1 variar, **cambiar**: *The weather varies from day to day.* El tiempo cambia día con día.
2 variar, **diferir**: *The wines vary in quality.* Los vinos varían de calidad.

vase /veɪs/ *sustantivo*
florero

vast /væst/ *adjetivo*
vasto -a

vault /vɔlt/ *sustantivo*
1 bóveda [de seguridad]
2 cripta

VCR /vi si ˈɑr/ *sustantivo*
video, **videocasetera**

've /əv/ contracción de **have**
I've never felt better! ¡Nunca me he sentido mejor! | *We've decided to sell the car.* Hemos decidido vender el coche.

veal /vil/ *sustantivo*
ternera

vegetable /ˈvedʒtəbəl/ *sustantivo*
1 verdura
2 vegetal

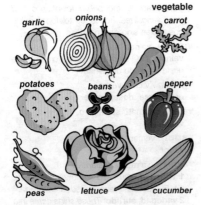

vegetarian /vedʒəˈteriən/ *sustantivo*
vegetariano -a

vehicle /ˈviɪkəl/ *sustantivo*
vehículo

veil /veɪl/ *sustantivo*
velo

vein /veɪn/ *sustantivo*
vena

velvet /ˈvelvɪt/ *sustantivo*
terciopelo

vending machine /ˈvendɪŋ ˌməʃin/ *sustantivo*
máquina expendedora, **máquina vendedora**

Venezuela /ˌvenəˈzweɪlə/ *sustantivo*
Venezuela

vent /vent/ *sustantivo*
rejilla o tubo de ventilación

ventilate /ˈventl-eɪt/ *verbo* (**ventilating**, **ventilated**)
ventilar

Venus /ˈvinəs/ *sustantivo*
Venus

veranda /vəˈrændə/ *sustantivo*
porche, **mirador**

verb /vɜrb/ *sustantivo*
verbo

verbal /ˈvɜrbəl/ *adjetivo*
de palabra, **verbal**: *We had a verbal agreement.* Teníamos un acuerdo de palabra.

verdict /ˈvɜrdɪkt/ *sustantivo*
veredicto: *Has the jury reached a verdict?* ¿Ya emitió su veredicto el jurado?

verge /vɜrdʒ/ *sustantivo*
to be on the verge of something
estar al borde de algo: *She was on the verge of tears.* Estaba al borde de las lágrimas.

verse /vɜrs/ *sustantivo*
1 estrofa
2 verso, **poesía**

version /ˈvɜrʒən/ *sustantivo*
1 versión: *I have the latest version of the software.* Tengo la última versión del software.
2 versión: *Is that your version of what happened?* ¿Ésa es tu versión de lo que pasó?

versus /ˈvɜrsəs/ *preposición*
contra: *It should be a great game. It's the Bulls versus the Lakers.* Va a ser un juego padre. Los Bulls contra los Lakers.

vertebrate /ˈvɜrtɪbrət/ *sustantivo*
vertebrado

vertical /ˈvɜrtɪkəl/ *adjetivo*
vertical

very /ˈveri/ *adverbio*

1 muy: *It's very hot in this room.* Hace mucho calor en este cuarto. | *She is not very happy.* No está muy contenta. | *Open the box very carefully.* Abre la caja con mucho cuidado.

2 very much mucho: *The book didn't cost very much.* El libro no costó mucho. | *Thank you very much for your help.* Muchas gracias por tu ayuda.

NOTA: Recuerda que **very much** se usa después de la cosa a la que se refiere. Hay que decir *I like Toronto very much* (Me gusta mucho Toronto). Es incorrecto decir **I like very much Toronto.*

vest /vest/ *sustantivo*
chaleco

vet /vet/ *sustantivo*
1 veterinario -a
2 veterano -a

veteran /ˈvetərən/ *sustantivo*
veterano -a

veterinarian /ˌvetərəˈneriən/ *sustantivo*
veterinario -a

veto /ˈvitoʊ/ *verbo*
prohibir, **vetar**: *The President vetoed the plan.* El Presidente vetó el plan.

via /ˈvaɪə, ˈviə/ *preposición*
vía: *I flew from New York to Miami via Washington.* Volé de Nueva York a Miami vía Washington.

vibrate /ˈvaɪbreɪt/ *verbo* (**vibrating**, **vibrated**)
vibrar: *The house was vibrating with the music.* La casa vibraba con la música.

vibration /vaɪˈbreɪʃən/ *sustantivo*
vibración

vice /vaɪs/ *sustantivo*
vicio: *Smoking is my only vice.* Fumar es mi único vicio.

ˌvice ˈpresident *sustantivo*
vicepresidente -a

vicinity /vəˈsɪnəti/ *sustantivo*
alrededores, **inmediaciones**: *The boy was found in the vicinity of the park.* Encontraron al niño en los alrededores del parque.

vicious /ˈvɪʃəs/ *adjetivo*
despiadado -a, **feroz**: *He suffered a vicious attack last night.* Anoche fue víctima de un ataque despiadado.

victim /ˈvɪktɪm/ *sustantivo*
víctima

victory /ˈvɪktəri/ *sustantivo* (plural **victories**)
victoria

video /ˈvɪdioʊ/ *sustantivo*
video: *We have a video of the wedding.* Tenemos un video de la boda.

ˌvideo casˈsette reˌcorder *sustantivo*
video, **videocasetera**

ˈvideo ˌgame *sustantivo*
juego de video, **videojuego**

videotape /ˈvɪdioʊteɪp/ *sustantivo & verbo*

■ *sustantivo*
cinta de video, **video**: *Do you have a blank videotape I can borrow?* ¿Tienes un video en blanco que me prestes?

■ *verbo* (**videotaping**, **videotaped**)
grabar en video

view /vju/ *sustantivo*

1 vista, **panorama**: *The view from the top of the hill was lovely.* La vista desde la cima de la colina era bellísima.

2 vista: *The man in front of me blocked my view of the stage.* El hombre delante mío me tapaba el escenario.

3 opinión

viewer /ˈvjuər/ *sustantivo*
televidente

vigorous /ˈvɪgərəs/ *adjetivo*
enérgico -a, **vigoroso -a**

village /ˈvɪlɪdʒ/ *sustantivo*
pueblo, **pueblito**

villain /ˈvɪlən/ *sustantivo*
1 malo -a, **villano -a**
2 criminal, **maleante**

vine /vaɪn/ *sustantivo*
parra

vinegar /ˈvɪnɪgər/ *sustantivo*
vinagre

vineyard /ˈvɪnjərd/ *sustantivo*
viñedo

violence /ˈvaɪələns/ *sustantivo*

1 violencia: *There is too much violence on television.* Hay demasiada violencia en la televisión.

2 intensidad, **violencia**: *The violence of the storm was surprising.* La violencia de la tormenta fue sorprendente.

violent /ˈvaɪələnt/ *adjetivo*

1 violento -a: *He is a violent man who attacked his wife.* Es un hombre muy violento que atacó a su mujer.

2 violento -a: *a violent earthquake* un violento temblor

violet /ˈvaɪələt/ *sustantivo & adjetivo*
■ *sustantivo*
1 violeta [flor]
2 violeta [color]
■ *adjetivo*
violeta

violin /vaɪəˈlɪn/ *sustantivo*
violín

violinist /ˌvaɪəˈlɪnɪst/ *sustantivo*
violinista

virgin /ˈvɜrdʒɪn/ *sustantivo*
virgen

virtual reality /ˌvɜrtʃuəl riˈæləti/ *sustantivo*
realidad virtual

virtue /ˈvɜrtʃu/ *sustantivo*
virtud: *Honesty is a virtue.* La honestidad es una virtud.

virus /ˈvaɪrəs/ *sustantivo* (plural **viruses**)
virus

visa /ˈvizə/ *sustantivo*
visa: *Do Americans need a visa to visit Canada?* ¿Los norteamericanos necesitan visa para ir a Canadá?

visible /ˈvɪzəbəl/ *adjetivo*
visible: *The smoke from the fire was visible from the road.* El humo del incendio se veía desde la carretera.

vision /ˈvɪʒən/ *sustantivo*
1 vista, visión: *She has good vision.* Tiene buena vista.
2 visión: *He has a vision of a better future for his country.* Tiene una visión de un futuro mejor para su país.

visit /ˈvɪzɪt/ *verbo & sustantivo*
■ *verbo*
1 ir a ver, visitar: *I visited my friends when I was in Denver.* Fui a ver a mis amigos cuando estuve en Denver.
2 to visit with someone platicar con alguien: *I visited with Kathy for an hour.* Platiqué con Kathy una hora.
■ *sustantivo*
visita: *We had a visit from Aunt Mary.* Recibimos la visita de la tía Mary.

visitor /ˈvɪzətər/ *sustantivo*
visitante

visual /ˈvɪʒuəl/ *adjetivo*
visual

vital /ˈvaɪtl/ *adjetivo*
vital: *The information is vital for our success.* La información es vital si queremos tener éxito.

vitamin /ˈvaɪtəmɪn/ *sustantivo*
vitamina: *Oranges contain vitamin C.* Las naranjas tienen vitamina C.

vivid /ˈvɪvɪd/ *adjetivo*
1 vívido -a: *She gave a vivid description of the accident.* Dio una vívida descripción del accidente.
2 (hablando de colores) **vivo, intenso**

vocabulary /voʊˈkæbjəleri/ *sustantivo* (plural **vocabularies**)
1 vocabulario: *He has a very large vocabulary.* Tiene un vocabulario muy amplio.
2 palabras, vocabulario: *We learned some new vocabulary today.* Hoy aprendimos nuevas palabras.

vocal /ˈvoʊkəl/ *adjetivo*
vocal [relativo a la voz]: *vocal exercises* ejercicios para la voz

voice /vɔɪs/ *sustantivo*
voz: *We could hear the children's voices in the garden.* Se oían las voces de los niños en el jardín. | *She spoke in a loud voice.* Habló en voz alta.

ˈvoice mail *sustantivo*
correo de voz

volcano /vɑlˈkeɪnoʊ/ *sustantivo* (plural **volcanoes** o **volcanos**)
volcán

volleyball /ˈvɑlibɔl/ *sustantivo*
1 volibol
2 balón de volibol

volt /voʊlt/ *sustantivo*
volt

volume /ˈvɑljəm/ *sustantivo*
1 volumen: *She turned down the volume on the radio.* Le bajó al volumen del radio.
2 volumen: *What is the volume of this bottle?* ¿Qué volumen tiene esta botella?
3 (hablando de libros) **volumen**

voluntarily /ˈvɑlənterəli/ *adverbio*
voluntariamente

voluntary /ˈvɑlənteri/ *adjetivo*
voluntario -a: *She's a voluntary worker at the hospital.* Es trabajadora voluntaria en el hospital. | *In many countries military service is not voluntary, it's obligatory.* En muchos países el servicio militar no es voluntario, es obligatorio.

volunteer /vɑlənˈtɪr/ *sustantivo & verbo*
■ *sustantivo*
voluntario -a: *We need volunteers to deliver food to people's homes.* Necesitamos voluntarios que lleven alimentos a los hogares de las gentes.

V

■ *verbo*
ofrecerse [de voluntario]: *I volunteered to help out at the camp.* Me ofrecí a ayudar en el campamento.

vomit /ˈvɑmɪt/ *verbo*
vomitar

vote /voʊt/ *verbo & sustantivo*
■ *verbo* (**voting**, **voted**)
votar: *Who did you vote for?* ¿Por quién votaste? | *Most people voted against the plan.* La mayoría de la gente votó contra el plan.
■ *sustantivo*
voto: *There were seven votes for the plan and three votes against it.* Hubo siete votos a favor del plan y tres en contra.

voter /ˈvoʊtər/ *sustantivo*
votante

vow /vaʊ/ *sustantivo*
voto, **promesa**

vowel /ˈvaʊəl/ *sustantivo*
vocal

voyage /ˈvɔɪ-ɪdʒ/ *sustantivo*
travesía, **viaje** [marino]

vs. (= **versus**)

vulgar /ˈvʌlgər/ *adjetivo*
vulgar

vulture /ˈvʌltʃər/ *sustantivo*
zopilote

Ww

W, **w** /ˈdʌbəlju/ *sustantivo*
W, **w**: *W for Washington* W de Washington

wad /wɑd/ *sustantivo*
fajo, **tambache**: *He had a wad of dollar bills in his pocket.* Tenía un fajo de billetes de dólar en el bolsillo.

wade /weɪd/ *verbo* (**wading**, **waded**)
caminar [por agua]: *We waded across the stream.* Atravesamos el arroyo caminando.

waffle /ˈwɑfəl/ *sustantivo*
wafle

wag /wæg/ *verbo* (**wagging**, **wagged**)
menear [de lado a lado]: *The dog wagged its tail.* El perro meneó la cola.

wage /weɪdʒ/ *sustantivo*
salario, **sueldo**: *What is the minimum wage?* ¿Cuál es el salario mínimo?

wagon /ˈwægən/ *sustantivo*
1 carro
2 carrito de juguete [del tipo en el que los niños ponen cosas y lo jalan]

wail /weɪl/ *verbo*
gemir

waist /weɪst/ *sustantivo*
cintura: *Ann has a slim waist.* Ann tiene la cintura delgada.

wait /weɪt/ *verbo & sustantivo*
■ *verbo*
1 esperar, **aguardar**: *Wait here until I come back.* Espérate aquí hasta que yo regrese. | *We're waiting around for his plane to arrive.* Estamos aquí esperando que llegue su avión.
2 to wait for something or someone esperar algo o a alguien: *I was waiting for the bus.* Estaba esperando el autobús.
3 to wait on someone servir a alguien [en un restaurante]: *Have you been waited on?* ¿Ya los están sirviendo?
4 to wait up for someone esperar levantado -a a alguien: *Don't wait up for me, I'll be late.* No me esperes levantada, voy a llegar tarde.
■ *sustantivo*
espera ► A menudo se usa el verbo **esperar**: *We had a long wait for the train.* Tuvimos que esperar el tren mucho tiempo.

waiter /ˈweɪtər/ *sustantivo*
mesero

ˈwaiting room *sustantivo*
sala de espera

waitress /ˈweɪtrəs/ *sustantivo* (plural **waitresses**)
mesera

wake /weɪk/ *verbo* (gerundio **waking**, pasado **woke**, participio **woken**)
1 (también **wake up**) **despertar**: *Don't wake the baby!* No despiertes al bebé.
2 (también **wake up**) **despertarse**: *I woke up early this morning.* Me desperté temprano esta mañana.

wake up

She wakes up at seven o'clock.

Wales /weɪlz/ *sustantivo*
Gales

walk /wɔk/ *verbo & sustantivo*
■ *verbo*
1 caminar
2 ir a pie, **ir caminando**: *We walk to school every day.* Todos los días vamos caminando a la escuela.
■ *sustantivo*
vuelta, **paseo** [a pie], **caminata**: *Do you want to go for a walk?* ¿Quieres ir a dar una vuelta? | *The store is a ten minute walk from here.* La tienda está a diez minutos de aquí a pie.

walker /ˈwɔkər/ *sustantivo*
caminante

walkie-talkie /ˌwɔki ˈtɔki/ *sustantivo*
walkie talkie, **transmisor-receptor portátil**

Walkman® /ˈwɔkmən/ *sustantivo*
walkman

wall /wɔl/ *sustantivo*
1 pared: *We painted all the walls white.* Pintamos de blanco todas las paredes.

2 **muro**: *A high wall surrounds the prison.* Un alto muro rodea la prisión.

wallet /ˈwɑlɪt/ *sustantivo*
cartera, **billetera**

wallpaper /ˈwɔlpeɪpər/ *sustantivo*
papel tapiz

ˌ**wall-to-ˈwall** *adjetivo*
de pared a pared: *The house has wall-to-wall carpeting.* La casa está alfombrada de pared a pared.

walnut /ˈwɔlnʌt/ *sustantivo*
nuez de Castilla

waltz /wɔlts/ *sustantivo & verbo*
■ *sustantivo* (plural **waltzes**)
vals
■ *verbo*
bailar el vals

wander /ˈwɑndər/ *verbo*
1 **pasear**, **vagar**: *They wandered around the shopping mall all day.* Anduvieron paseando por el centro comercial todo el día.
2 (también **wander off**) (salirse o alejarse de la ruta debida) *Don't wander off alone.* No se alejen ustedes solos.

want /wʌnt/ *verbo & sustantivo*
■ *verbo*
1 **querer**, **desear**: *I want a bicycle for my birthday.* Quiero una bicicleta para mi cumpleaños. | *He wants you to call him.* Quiere que le hables.
2 **if you want si quieres**: *I can pick you up later if you want.* Te recojo después si quieres.
■ *sustantivo*
Necesidad o carencia: *The children were in want of food.* A los niños les hacían falta alimentos.

ˈ**want ad** *sustantivo*
Anuncio clasificado solicitando algo o a alguien

war /wɔr/ *sustantivo*
1 **guerra**: *Did your father fight in the war?* ¿Tu papá combatió en la guerra?
2 **at war en guerra**: *The two countries are at war.* Los dos países están en guerra.
3 **to declare war declarar la guerra**: *France declared war on Germany.* Francia le declaró la guerra a Alemania.
4 **to go to war ir a la guerra**: *The country is preparing to go to war.* El país se está preparando para ir a la guerra.

warden /ˈwɔrdn/ *sustantivo*
guardián

wardrobe /ˈwɔrdroʊb/ *sustantivo*
1 (ropa) **guardarropa**
2 (mueble) **ropero**

warehouse /ˈwerhaʊs/ *sustantivo*
almacén, **bodega**

wares /werz/ *sustantivo plural*
mercancía: *The man spread his wares on the table.* El hombre extendió su mercancía en la mesa.

warm /wɔrm/ *adjetivo & verbo*
■ *adjetivo*
1 **calientito -a**: *The water was warm.* El agua estaba calientita.
2 **tibio -a**
3 Aplicado a algo que mantiene el calor: *I need some warm clothes.* Necesito ropa gruesa.
4 **cálido -a**: *She always greets you with a warm smile.* Siempre te recibe con una cálida sonrisa.
■ *verbo*
1 (también **warm up**) **hacer entrar en calor**, **calentar**: *The coffee warmed him up.* El café lo hizo entrar en calor.
2 (también **warm up**) **calentar** [agua, comida]
3 (también **warm up**) **entrar en calor**, **calentarse**: *Warm yourself by the fire.* Acércate a la chimenea para que entres en calor.

warmth /wɔrmθ/ *sustantivo*
1 **calor**: *The warmth of the sun felt wonderful!* ¡El calor del sol se sentía rico!
2 **calidez**: *the warmth of her welcome* la calidez de su acogida

warn /wɔrn/ *verbo*
advertir: *She warned me about walking home alone.* Me advirtió de que no me fuera caminando sola a la casa.

warning /ˈwɔrnɪŋ/ *sustantivo*
advertencia: *Cigarette packs have a warning printed on the side.* Las cajetillas de cigarros tienen una advertencia impresa de un lado.

warrant /ˈwɔrənt/ *sustantivo*
orden [que permite a la policía arrestar a alguien o registrar un lugar]: *The police have a warrant for his arrest.* La policía tiene orden de arresto contra él.

warranty /ˈwɔrənti/ *sustantivo* (plural **warranties**)
garantía

warship /ˈwɔrʃɪp/ *sustantivo*
barco de guerra

was /wɑz/ pasado de la primera y tercera personas del singular del verbo **be**
I was angry. Estaba enojada.

wash /wɑʃ/ *verbo & sustantivo*

■ *verbo*

1 lavar: *I've washed the car.* Lavé el coche. ▶ Cuando se refiere a partes del cuerpo, se traduce por **lavarse**: *Did you wash your hands?* ¿Te lavaste las manos?

2 lavarse: *Bob washes with cold water.* Bob se lava con agua fría.

3 to wash up lavarse las manos y la cara: *Be sure to wash up before supper.* No te olvides de lavarte las manos y la cara antes de cenar.

■ *sustantivo*

1 ropa, etc. que se lavó o se va a lavar: *Hang the wash out when it is finished.* Tiende la ropa una vez que esté lavada.

2 in the wash *Your shirt is in the wash.* Tu camisa está en la ropa para lavar.

washcloth /ˈwɑʃklɔθ/ *sustantivo*
toallita para lavarse

washer /ˈwɑʃər/ *sustantivo*
lavadora

ˈwashing maˌchine *sustantivo*
lavadora

wasn't /ˈwɑzənt/ contracción de **was not**
I wasn't in school yesterday. No fui a la escuela ayer. | *I wasn't listening.* No estaba escuchando.

wasp /wɑsp/ *sustantivo*
avispa

wasp

waste /weɪst/ *verbo & sustantivo*

■ *verbo* (**wasting, wasted**)

1 malgastar, desperdiciar: *She's wasting her money.* Está malgastando el dinero.

2 (hablando de tiempo) **perder**: *I waste a lot of my time on the phone.* Pierdo mucho tiempo en el teléfono.

■ *sustantivo*

1 desperdicio

2 pérdida: *The meeting was a complete waste of time.* La junta fue una absoluta pérdida de tiempo.

3 desechos: *nuclear waste* desechos nucleares

wastebasket /ˈweɪstbæskɪt/ *sustantivo*
papelera, basurero

wasted /ˈweɪstɪd/ *adjetivo*
desperdiciado -a: *a wasted opportunity* una oportunidad desperdiciada | *All my time working with him was just wasted effort.* Todo el tiempo que pasé trabajando con él fue un esfuerzo inútil.

watch /wɑtʃ/ *sustantivo & verbo*

■ *sustantivo*

1 (plural **watches**) **reloj** [de pulsera o bolsillo]

2 to keep a watch on something vigilar algo: *Police kept a close watch on the house.* La policía vigilaba la casa.

■ *verbo*

1 ver, mirar: *Do you watch a lot of television?* ¿Ves mucha televisión?

2 cuidar, vigilar: *Will you watch the baby?* ¿Me cuidas al bebé?

3 vigilar, tener cuidado con: *I am trying to watch my weight.* Estoy tratando de vigilar mi peso. | *Watch your language!* ¡Ten cuidado con lo que dices!

4 to watch out tener cuidado: *Watch out for the cars when you cross the street.* Ten cuidado con los coches cuando cruces la calle.

5 to watch for something estar alerta por si ocurre algo: *Doctors are watching for any signs of the disease.* Los médicos están alerta por si hay cualquier señal de la enfermedad.

NOTA: Compara **watch**, **see** y **look at**. **See** es el término general para hablar de lo que uno hace con los ojos. **Look at** se usa cuando mueves los ojos hacia algo porque lo quieres ver: **watch** cuando mueves tus ojos hacia algo y le pones atención por un tiempo. Usa **watch** cuando te refieras a un programa de TV, un evento deportivo o cuando las cosas podrían cambiar o moverse: *I can't see – it's too dark.* No veo, está demasiado oscuro. | *We saw them standing outside the school.* Los vimos parados afuera de la escuela. | *They were looking at the pictures.* Estaban viendo las fotos. | *We watched a movie on TV.* Vimos una película en la tele. | *He goes to watch a soccer game every Saturday.* Todos los sábados va a ver un partido de futbol.

watchman /ˈwɑtʃmən/ *sustantivo* (plural **watchmen** /-mən/)
vigilante

water /ˈwɔtər/ *sustantivo & verbo*

■ *sustantivo*

agua: *Would you like a glass of water?* ¿Quiere un vaso de agua?

■ *verbo*

regar

watercolor /ˈwɔtərkʌlər/ *sustantivo*
acuarela

waterfall /ˈwɔtərfɔl/ *sustantivo*
cascada

ˈwater ˌfountain *sustantivo*
bebedero

watermelon /ˈwɔtərmelən/ *sustantivo*
sandía

waterproof /ˈwɔtərpruf/ *adjetivo*
a prueba de agua: *She has a new waterproof jacket.* Tiene una nueva chamarra a prueba de agua.

ˈwater-ˌskiing *sustantivo*
esquí acuático | **to go water-skiing (ir a) hacer esquí acuático**

watt /wɑt/ *sustantivo*
watt: *Do you have a 60 watt light bulb?* ¿Tiene un foco de 60 watts?

wave /weɪv/ *sustantivo & verbo*
■ *sustantivo*
1 ola
2 Cuando significa movimiento de la mano de lado a lado para saludar o decir adiós, se suele traducir por *decir hola/adiós con la mano*: *She gave a wave as she left the house.* Les dijo adiós con la mano al salir de la casa.
3 oleada: *What is the cause of the recent crime wave?* ¿A qué se debe la reciente oleada de crímenes?
■ *verbo* (**waving**, **waved**)
1 Decir hola o adiós con la mano: *We waved goodbye to them.* Les dijimos adiós con la mano.
2 ondear, **mecerse con el viento**: *The flag waved in the wind.* La bandera ondeaba al viento.

wavy /ˈweɪvi/ *adjetivo* (**wavier**, **waviest**)
ondulado -a: *She has wavy blond hair.* Tiene el pelo rubio y ondulado.

wax /wæks/ *sustantivo & verbo*
■ *sustantivo*
cera
■ *verbo*
encerar

way /weɪ/ *sustantivo* (plural **ways**)
1 El camino o la forma de ir a un lugar: *Can you tell me the way to the school?* ¿Me puedes decir cómo se va a la escuela? | *Which way should we go?* ¿Por dónde vamos? | *Get out of my way!* ¡Quítate!
2 Una dirección en particular: *Look both ways before you cross the street.* Voltea para los dos lados antes de cruzar la calle. | *Come this way, please.* Venga por aquí, por favor.
3 forma, **modo**, **manera**: *Is there any way to solve this problem?* ¿Hay alguna forma de resolver este problema? | *He has an odd way of talking.* Habla muy raro.
4 Usado con el significado de "distancia": *We have to go a long way to get there.* Tenemos mucho camino que recorrer antes de llegar.
5 in a way/in some ways en cierto respecto/en ciertos respectos: *In some ways, I wouldn't mind working there.* En ciertos respectos, no me importaría trabajar allí.
6 to have your way/get your way salirse con la suya: *She always gets her way!* ¡Siempre se sale con la suya!
7 by the way a propósito: *By the way, your Mom called earlier.* A propósito, hace rato llamó tu mamá.
8 No way! (a) ¡Ni hablar!, **¡De ninguna manera!**: *"Will you help me clean my room?" "No way!"* –¿Me ayudas a limpiar mi cuarto? –¡Ni hablar! **(b) ¡No le hagas!** [expresando extrema sorpresa no placentera]: *"She said she likes you!" "No way!"* –¡Dice que le gustas! –¡No le hagas!
9 in the way *I can't drive through there. The bus is in the way.* No puedo meter el coche por allí. El camión está estorbando.
10 on the way/on my way de camino/en el camino: *I can drop you off at the store. It's on my way.* Te doy aventón a la tienda. Me queda de camino.
11 way around *Which way around does this skirt go?* ¿Cuál es lo de adelante y lo de atrás de esta falda?

we /wi/ *pronombre*
nosotros -as ► A menudo se omite en español: *We go to the same school.* Vamos a la misma escuela.

weak /wik/ *adjetivo*
1 débil: *She was weak after her illness.* Quedó débil después de la enfermedad. | *He has a weak heart.* Sufre del corazón.
2 débil [hablando de carácter]: *He is a weak leader.* Es un líder débil.
3 claro -a: *I don't like weak tea.* No me gusta el té claro.

weaken /ˈwikən/ *verbo*
debilitar: *The disease weakened her lungs.* La enfermedad le debilitó los pulmones.

weakness /ˈwiknəs/ *sustantivo*
1 (plural **weaknesses**) **debilidad**: *Spending money is her weakness.* Gastar dinero es su debilidad.
2 (hablando del cuerpo) **debilidad**

wealth /welθ/ *sustantivo*
fortuna, **riqueza**: *She passed on the family's wealth to her children.* Les dejó a sus hijos la fortuna de la familia.

wealthy /ˈwelθi/ *adjetivo* (**wealthier**, **wealthiest**)
rico -a

weapon /ˈwepən/ *sustantivo*
arma

wear /wer/ *verbo & sustantivo*
■ *verbo* (pasado **wore**, participio **worn**)
1 traer: *She wore a pretty dress.* Traía un vestido muy bonito. | *He wears his hair short.* Trae el pelo corto.
2 Gastar de tanto usar: *You've worn a hole in your sock.* Ya se le hizo un hoyo a tu calcetín.
3 to wear well aguantar [no gastarse]: *These shoes have worn well. They still look new.* Estos zapatos han aguantado. Todavía parecen nuevos.
4 to wear off pasarse: *The effect of the drug is wearing off.* El efecto de la droga se le está pasando.
5 to wear out gastar: *The batteries are worn out.* Las baterías están todas gastadas.
6 to wear down gastar: *The heels on my shoes are worn down.* Los tacones de mis zapatos están todos gastados.
■ *sustantivo*
uso: *The tires are showing signs of wear.* A las llantas se les ven señales de uso.

wear out

He has worn out his shoes.

wearily /ˈwɪrəli/ *adverbio*
con cansancio: *"I can't help you any more," she said wearily.* –No te puedo ayudar más. –dijo cansada.

weary /ˈwɪri/ *adjetivo* (**wearier**, **weariest**)
cansado -a: *She felt weary after working all day.* Se sentía cansada después de trabajar todo el día.

weather /ˈweðər/ *sustantivo*
tiempo [meteorológico]: *The weather was great.* Hizo muy buen tiempo. | *I don't like cold weather.* No me gusta que haga frío.

weave /wiv/ *verbo* (gerundio **weaving**, pasado **wove**, participio **woven**)
tejer [en telar]

weaving /ˈwivɪŋ/ *sustantivo*
tejido

web /web/ *sustantivo*
1 telaraña
2 the Web la Red

webcam /ˈwebkæm/ *sustantivo*
webcam, cámara web

webcast /ˈwebkæst/ *verbo & sustantivo*
■ *verbo* (pasado & participio **webcast**)
emitir por Internet
■ *sustantivo*
webcast, transmisión por Internet

weblog /ˈweblɑg/ *sustantivo*
blog, **bitácora**

website /ˈwebsaɪt/ *sustantivo*
sitio web

we'd /wid/
■ contracción de **we would**
I thought we'd never get here. Creí que nunca íbamos a llegar
■ contracción de **we had**
We didn't go because we'd seen the movie before. No fuimos porque ya habíamos visto la película.

wedding /ˈwedɪŋ/ *sustantivo*
boda: *I've been invited to their wedding.* Me invitaron a su boda.

Wednesday /ˈwenzdi/ *sustantivo*
miércoles

weed /wid/ *sustantivo & verbo*
■ *sustantivo*
mala hierba, **maleza**
■ *verbo*
deshierbar: *I am weeding the garden.* Estoy deshierbando el jardín.

week /wik/ *sustantivo*
1 semana: *I play tennis twice a week.* Juego tenis dos veces a la semana. | *Will you come and see us next week?* ¿Vas a venir a vernos la semana entrante?
2 (también **work week**) **entre semana**: *I don't have much free time during the week.* No tengo mucho tiempo libre entre semana.

weekday /ˈwikdeɪ/ *sustantivo* (plural **weekdays**)
día entre semana

weekend /ˈwikend/ *sustantivo*
fin de semana: *What did you do over the weekend?* ¿Qué hiciste el fin de semana?

weekly /ˈwikli/ *adjetivo & adverbio*
1 semanal: *The weekly newspaper is printed on Fridays.* El periódico semanal se imprime los viernes.
2 semanalmente

weeknight /ˈwiknaɪt/ *sustantivo*
noche de entre semana

weep /wip/ *verbo* (pasado y participio **wept**)
llorar: *She wept when she heard the news.* Lloró cuando oyó la noticia.

weigh /weɪ/ *verbo*
1 pesar: *He weighed the apples.* Pesó las manzanas. | *The fish weighed two pounds.* El pescado pesaba dos libras.
2 sopesar, **considerar**: *You should weigh all the options before deciding.* Deberías sopesar todas las opciones antes de decidir.

weight /weɪt/ *sustantivo*
1 peso ▶ Cuando se habla del peso de alguien o algo, se suele usar el verbo **pesar**: *The baby's weight was ten pounds.* El bebé pesó diez libras.
2 cosa pesada, **objeto pesado**: *I can't lift heavy weights with my bad back.* No puedo levantar cosas pesadas por mi espalda.

weird /wɪrd/ *adjetivo*
raro -a, **extraño -a**: *I've had a weird feeling all day.* Me he sentido muy raro todo el día.

welcome /ˈwelkəm/ *adjetivo, verbo & sustantivo*
■ *adjetivo*
1 bienvenido -a, **bien recibido -a**: *You are always welcome in my home.* Siempre eres bienvenida a mi casa. | *She made a welcome suggestion.* Su sugerencia fue bien recibida.
2 you're welcome de nada: *"Thanks for the coffee." "You're welcome."* –Gracias por el café. –De nada.
■ *verbo* (**welcoming**, **welcomed**)
1 dar la bienvenida a: *He welcomed everyone at the door.* Les dio la bienvenida a todos en la puerta.
2 agradecerle a alguien algo: *I would welcome your comments on the plan.* Les agradecería sus comentarios sobre el plan.
■ *sustantivo*
bienvenida: *We were given a warm welcome.* Nos dieron una cordial bienvenida.

welfare /ˈwelfer/ *sustantivo*
1 asistencia social [dinero o servicios que los gobiernos de algunos países dan para ayudar a los pobres o desempleados]: *They can't afford a car because they are on welfare.* No tienen dinero para comprar un coche porque viven de la asistencia social.
2 bienestar: *We're all concerned about your welfare.* A todos nos preocupa tu bienestar.

well /wel/ *adverbio, adjetivo, interjección & sustantivo*
■ *adverbio* (**better**, **best**)
1 bien: *Mary can read very well.* Mary lee muy bien. | *Did you sleep well last night?* ¿Dormiste bien anoche?
2 bien, **totalmente**: *Mix the paint well before you begin.* Mezcla bien la pintura antes de empezar.
3 as well también: *I'd like a cup of coffee and some cake as well.* Quisiera una taza de café y también pastel.
4 as well as además de: *I'm learning French as well as German.* Estoy estudiando francés además de alemán.
■ *adjetivo*
bien: *Call me when you're well enough to go out.* Llámame cuando te sientas suficientemente bien para salir.
■ *interjección*
(expresando sorpresa) **vaya**: *Well, I never thought she would admit to it.* Vaya, nunca me imaginé que lo admitiría.
■ *sustantivo*
pozo

we'll /wil/ contracción de **we will**
We'll see Jane tomorrow. Veremos a Jane mañana.

ˌwell-ˈbeing *sustantivo*
bienestar

ˌwell-ˈknown *adjetivo*
conocido -a, **famoso -a**: *A well-known writer lives here.* Aquí vive un escritor famoso.

ˌwell-ˈoff *adjetivo*
adinerado -a, **acomodado -a**

well-off

He's extremely well-off.

Welsh /welʃ/ *adjetivo & sustantivo*
■ *adjetivo*
galés -a
■ *sustantivo*
1 (idioma) **galés**
2 the Welsh los galeses

W

went /went/ pasado del verbo **go**

wept /wept/ pasado & participio del verbo **weep**

were /wɜr/ pasado de **are**
Where were you last night at 10? ¿Dónde estabas anoche a las 10?

we're /wɪr/ contracción de **we are**
We're in the same class in school. Estamos en la misma clase en la escuela.

weren't /wɜrnt/ contracción de **were not**
You weren't here yesterday, were you? No estuviste aquí ayer ¿verdad?

west /west/ *sustantivo*, *adjetivo* & *adverbio*
1 oeste
2 hacia el oeste, **al oeste**: *We traveled west for two days.* Viajamos hacia el oeste durante dos días.
3 the West el Occidente, **el Oeste**
4 the west el oeste [de un país o estado]
5 oeste: *the West Wing of the White House* el Ala Oeste de la Casa Blanca

western /ˈwestərn/ *adjetivo*
1 del oeste, **occidental**
2 Western occidental

westward /ˈwestwərd/ *adverbio* & *adjetivo*
hacia el oeste: *The ship sailed westward to Hawaii.* El bote navegó hacia el oeste, en dirección a Hawaii.

wet /wet/ *adjetivo & verbo*
■ *adjetivo* (**wetter**, **wettest**)
1 mojado -a: *My hair is wet.* Tengo el pelo mojado.
2 lluvioso -a: *It looks like another wet day.* Parece que va a ser otro día lluvioso.
3 fresco -a [aún no seco]: *Don't touch the wet paint.* No toques la pintura fresca.
■ *verbo* (**wetting**, **wetted**)
mojar

we've /wiv/ contracción de **we have**
We've missed our flight! ¡Perdimos el vuelo!

whale /weɪl/ *sustantivo*
ballena

whale

what /wʌt/ *pronombre* & *adjetivo*
1 (cuando se hacen preguntas) **qué**: *What did you do?* ¿Qué hiciste? | *What time is it?* ¿Qué horas son?
2 (para indicar que no se oye algo) **¿qué?**, **¿cómo dices?**: *"Is it hot?" "What?" "I said, is it hot?"* –¿Está caliente? –¿Cómo dices? –Que si está caliente.
3 (para introducir información) **qué**: *She told me what to do.* Me dijo qué hacer. | *I don't know what is happening.* No sé qué está pasando.
4 (para indicar sorpresa o enfatizar) **qué**: *What a stupid thing to do!* ¡Qué estupidez! | *What a great guy!* ¡Qué tipazo!
5 what ... for para qué: *What do you use this for?* ¿Para qué usas esto? | *"Can I have this?" "What for?"* –¿Me das ésto? –¿Para qué?
6 what about ...? ¿qué tal?: *What about trying some new medicine?* ¿Qué tal si tratamos con una nueva medicina?

whatever /wʌtˈevər/ *pronombre*
1 Usado con el significado de "todo lo que": *Take whatever you need.* Toma lo que necesites.
2 Usado con el significado de "cualquier cosa": *Whatever I do, it's going to be wrong.* No importa lo que haga, seguro va a estar mal.
3 es igual, **da igual**: *"Do you want a pizza?" "Oh, whatever."* –¿Quieres una pizza? –Me da igual.

wheat /wit/ *sustantivo*
trigo

wheel /wil/ *sustantivo*
1 rueda
2 manubrio

wheelbarrow /ˈwilbæroʊ/ *sustantivo*
carreta

wheelchair /ˈwil-tʃer/ *sustantivo*
silla de ruedas

when /wen/ *adverbio* & *conjunción*
1 cuándo: *When are you going to London?* ¿Cuándo te vas a Londres?
2 cuando: *I lived in this house when I was a boy.* Vivía en esta casa cuando era niño. | *When the phone rang, I was in the shower.* Cuando sonó el teléfono, estaba en la regadera.

whenever /wenˈevər/ *adverbio*
1 siempre que: *Whenever I see him, I talk to him.* Siempre que lo veo, le hablo.
2 No importa cuándo o en cualquier momento: *Please come to see me whenever you can.* Por favor ven a verme cuando puedas. | *"What time should I arrive?" "Oh, whenever."* –¿A qué hora quieres que llegue? –Pues cuando quieras.

where /wer/ *adverbio & conjunción*
1 dónde: *Where do you live?* ¿Dónde vives? | *I don't know where Brenda is.* No sé dónde está Brenda.
2 donde: *I like the area where I live.* Me gusta la colonia donde vivo.
3 adónde: *Where are you going?* ¿Adónde van?

wherever /wer'evər/ *adverbio*
(donde sea) A o en cualquier lugar: *I will drive you wherever you want to go.* Te llevo a donde quieras. | *Sit wherever you want.* Siéntate donde quieras.

whether /'weðər/ *conjunción*
si: *I don't know whether he'll come or not.* No sé si vendrá o no.

which /wɪtʃ/ *pronombre*
1 cuál: *Which of them is older: Mary or Jane?* ¿Cuál de las dos es mayor: Mary o Jane? | *Which one of these do you want?* ¿Cuál de éstos quieres?
2 que, **el/la que**, **el/la cual**: *We went to Plano, which is just outside Dallas.* Fuimos a Plano, que está a la salida de Dallas.

while /waɪl/ *conjunción & sustantivo*
■ *conjunción*
1 cuando, **mientras**: *I met her while I was in college.* La conocí cuando estaba en la universidad. | *While I ate dinner, I watched the game on TV.* Mientras cenaba, vi el partido en la televisión.
2 aunque: *While she seemed like a nice person, I just didn't trust her.* Aunque parecía buena persona, no confiaba en ella.
■ *sustantivo*
a while un rato: *After a while she fell asleep.* Después de un rato se quedó dormida. | *I'll be back in a little while.* Vuelvo en un ratito.

whimper /'wɪmpər/ *verbo*
lloriquear: *The dog whimpered in the corner.* El perro lloriqueaba en el rincón.

whine /waɪn/ *verbo & sustantivo*
■ *verbo* (**whining**, **whined**)
1 lloriquear: *Stop whining, or we'll turn around and go back!* ¡Deja de lloriquear o nos regresamos a la casa!
2 aullar: *A dog was whining at the door.* Un perro aullaba en la puerta.
■ *sustantivo*
chirriar: *The whine of the engine was very loud.* El chirriar del motor era muy fuerte.

whip /wɪp/ *sustantivo & verbo*
■ *sustantivo*
fuete, **látigo**
■ *verbo* (**whipping**, **whipped**)
1 fustigar, **pegarle a**: *He whipped the horse to make it run faster.* Fustigó al caballo para hacerlo correr más rapido.
2 darle una paliza a: *We were whipped 35-0.* Nos dieron una paliza, 35 a 0.
3 batir [crema o claras de huevo]

whirl /wɜrl/ *verbo*
arremolinar: *The wind whirled the leaves into the air.* El viento arremolinaba las hojas en el aire.

whisker /'wɪskər/ *sustantivo*
1 (de la barba) **pelo**
2 (de animal) **bigote**

whiskey /'wɪski/ *sustantivo* (plural **whiskeys**)
whisky

whisper /'wɪspər/ *sustantivo & verbo*
■ *sustantivo*
susurro: *She spoke in a whisper.* Habló en susurros.
■ *verbo*
cuchichear, **susurrar**: *What are you whispering about?* ¿De qué cuchichean?

whistle /'wɪsəl/ *sustantivo*
1 silbato, **pito**: *The teacher blew a whistle to start the race.* El maestro tocó un silbato para que comenzara la carrera.
2 silbido: *When he gave a whistle, his dog ran to him.* Cuando dio un silbido, el perro corrió hacia él.

white /waɪt/ *adjetivo & sustantivo*
■ *adjetivo*
1 blanco -a: *a white sheet* una sábana blanca
2 blanco -a [hablando de raza]: *Some of the children were white, and others were black.* Algunos de los niños eran blancos y otros negros.
■ *sustantivo*
1 blanco: *She was dressed in white.* Iba vestida de blanco.
2 blanco -a [hablando de raza]
3 clara [de huevo]
4 blanco [del ojo]

whiteboard /'waɪtbɔrd/ *sustantivo*
pizarrón blanco

'White House *sustantivo*
1 Casa Blanca [la residencia oficial del Presidente de EEUU]
2 Casa Blanca [el Presidente de EEUU y sus consejeros cercanos]: *The White House has no comment on the issue.* La Casa Blanca no tiene ningún comentario al respecto.

who /hu/ *pronombre*
1 quién: *Who gave you that book?* ¿Quién te dio ese libro? | *Who are those people?* ¿Quiénes son esas gentes?
2 que, **quien**: *The man who lives there is my uncle.* El señor que vive allí es mi tío.

who'd /hud/
■ contracción de **who had**
She asked who'd seen the movie. Preguntó quién había visto la película.
■ contracción de **who would**
He wanted to know who'd be able to help him. Quería saber quién lo podría ayudar.

whoever /hu'evər/ *pronombre*
1 quienquiera: *Whoever those people are, I don't want to see them.* Quienquiera que sean esas gentes, no los quiero ver.
2 el/la que, **quienquiera que**: *Whoever arrives first can get the tickets.* El que llegue primero compra los boletos.

whole /hoʊl/ *adjetivo & sustantivo*
■ *adjetivo*
1 íntegro -a, **todo -a**: *They told me the whole story.* Me contaron toda la historia.
2 the whole thing todo el rollo, **toda la historia**: *The whole thing just makes me mad!* ¡Todo ese rollo me enerva!
■ *sustantivo*
1 todo, **entero**: *Two halves make a whole.* Dos mitades hacen un entero.
2 the whole of todo -a: *He spent the whole of the morning cleaning the car.* Pasó toda la mañana limpiando el coche.
3 on the whole en general: *On the whole, I agree with you.* En general, estoy de acuerdo contigo.

'whole note *sustantivo*
redonda [en música]

wholesale /'hoʊlseɪl/ *adjetivo & adverbio*
al por mayor

who'll /hul/ contracción de **who will**
Who'll be here tomorrow? ¿Quién va a estar aquí mañana?

whom /hum/ *pronombre*
(el objeto del verbo) **quien/quién**, **a quien/quién**: *Whom did you see?* ¿A quién viste?

who's /huz/
■ contracción de **who is**
Who's that guy? ¿Quién es ese cuate?
■ contracción de **who has**
Who's seen my glasses? ¿Quién ha visto mis anteojos?

whose /huz/ *pronombre*
1 de quién: *Whose coat is that?* ¿De quién es ese abrigo?
2 cuyo -a: *This is the woman whose house burned down.* Ésta es la mujer cuya casa se quemó.

who've /huv/ contracción de **who have**
There are some people who've already left. Hay algunos que ya se han ido.

why /waɪ/ *adverbio*
1 por qué: *Why is she crying?* ¿Por qué llora? | *No one knows why the plan did not work.* Nadie sabe por qué no funcionó el plan.
2 why not ¿por qué no?: *"I'm not through yet." "Why not?"* –Todavía no terminé. –¿Por qué no?

wicked /'wɪkɪd/ *adjetivo*
maldito -a: *The story was about a wicked witch.* La historia se trataba de una bruja maldita.

wide /waɪd/ *adjetivo & adverbio*
■ *adjetivo* (**wider**, **widest**)
1 ancho -a: *The river is very wide.* El río es muy ancho.
2 how wide...? ¿qué tan ancho -a...?: *How wide is the room?* ¿Qué tan ancho es el cuarto?
3 amplio -a: *The flood affected a wide area.* La inundación afectó un área bastante amplia. | *The news story received wide attention.* La noticia tuvo amplia cobertura.
4 a wide range of something una amplia variedad de algo: *The store offers a wide range of shoes.* La tienda ofrece una gran variedad de zapatos.
■ *adverbio*
Usado para expresar la idea de "completamente": *I am wide awake.* Estoy bien despierta. | *The door was wide open.* La puerta estaba abierta de par en par.

widely /'waɪdli/ *adverbio*
1 (ampliamente, extensivamente) *His books are widely read.* Sus libros se leen mucho. | *The product is widely available.* El producto se consigue por todos lados.
2 mucho: *Taxes vary widely from state to state.* Los impuestos varían mucho de un estado a otro.

widow /'wɪdoʊ/ *sustantivo*
viuda

widower /'wɪdoʊər/ *sustantivo*
viudo

width /wɪdθ/ *sustantivo*
anchura: *The window has a width of five feet.* La ventana tiene una anchura de cinco pies.

wife /waɪf/ *sustantivo* (plural **wives**)
esposa

wig /wɪg/ *sustantivo*
peluca

wild /waɪld/ *adjetivo*
1 salvaje: *We saw some wild horses.* Vimos unos caballos salvajes.
2 silvestre: *We picked some wild flowers.* Recogimos flores silvestres.
3 alocado -a, **desenfrenado -a**: *It was a wild party!* ¡Fue una fiesta totalmente alocada!

wildlife /ˈwaɪldlaɪf/ *sustantivo*
fauna y flora

will /wɪl/ *verbo & sustantivo*
■ *verbo*
1 Auxiliar para formar el futuro: *It will rain tomorrow.* Va a llover mañana.
2 Usado para pedir a alguien que haga algo: *Will you help me, please?* ¿Me ayudas, por favor?
3 Usado para expresar capacidad: *This car will seat six people.* Este coche es para seis personas.
■ *sustantivo*
1 voluntad, **ganas**: *He has lost the will to live.* Ya perdió las ganas de vivir.
2 testamento

willing /ˈwɪlɪŋ/ *adjetivo*
dispuesto -a: *Are you willing to help?* ¿Estás dispuesto a ayudar?

willow /ˈwɪloʊ/ *sustantivo* (también **willow tree**)
sauce

win /wɪn/ *verbo & sustantivo*
■ *verbo* (gerundio **winning**, pasado y participio **won**)
ganar: *Who won the race?* ¿Quién ganó la carrera? | *He won $500 at the race track.* Se ganó $500 en las carreras.
■ *sustantivo*
victoria, **triunfo**

wind¹ /wɪnd/ *sustantivo*
viento: *The wind blew the leaves off the trees.* Las hojas de los árboles se volaron con el viento.

wind² /waɪnd/ *verbo* (pasado y participio **wound**)
1 serpentear: *The path wound along the side of the river.* El camino serpenteaba al lado del río
2 (también **wind up**) **dar cuerda a**: *Can you wind the clock for me?* ¿Le puedes dar cuerda a mi reloj?
3 enrollar
4 to wind up terminar, **acabar**: *Most of the men wound up without jobs.* La mayoría de los hombres terminaron sin trabajo.

windmill /ˈwɪndmɪl/ *sustantivo*
molino de viento

window /ˈwɪndoʊ/ *sustantivo*
ventana

windowsill /ˈwɪndoʊsɪl/ *sustantivo*
repisa de una ventana

windshield /ˈwɪndʃild/ *sustantivo*
parabrisas

ˈwindshield ˌwiper *sustantivo*
limpiaparabrisas

windy /ˈwɪndi/ *adjetivo* (**windier**, **windiest**)
1 to be windy hacer viento
2 ventoso -a

wine /waɪn/ *sustantivo*
vino

wing /wɪŋ/ *sustantivo*
ala

wink /wɪŋk/ *verbo & sustantivo*
■ *verbo*
guiñar el ojo: *He winked at me.* Me guiñó el ojo.
■ *sustantivo*
guiño

winner /ˈwɪnər/ *sustantivo*
ganador -a

winter /ˈwɪntər/ *sustantivo*
invierno

wipe /waɪp/ *verbo* (**wiping**, **wiped**)
1 limpiar, **limpiarse**: *She wiped the tears from her eyes.* Se limpió las lágrimas de los ojos.
2 limpiar: *Wipe your shoes before coming in.* Límpiate los zapatos antes de entrar.
3 secar [con un trapo]
4 to wipe something out destruir algo: *Fire wiped out most of the city.* Un incendio destruyó casi toda la ciudad.

wire /waɪr/ *sustantivo*
alambre: *I put up a wire fence.* Puse una reja de alambre.

wisdom /ˈwɪzdəm/ *sustantivo*
sabiduría

wise /waɪz/ *adjetivo* (**wiser**, **wisest**)
1 sabio -a: *She made a wise decision.* Tomó una decisión sabia.
2 prudente, **sensato**: *He is a wise leader.* Es un líder prudente.

wish /wɪʃ/ *verbo & sustantivo*
■ *verbo*
1 desear ▶ A menudo se traduce por **ojalá**: *I wish I had a million dollars.* Ojalá tuviera un millón de dólares.

2 to wish someone something desearle algo a alguien: *We wish you success in your new job.* Te deseamos éxito en tu nuevo trabajo. | *Wish me luck!* ¡Deséame suerte!

■ *sustantivo* (plural **wishes**)

deseo: *She had a wish to be a famous singer.* Tenía deseos de ser una cantante famosa. | *Did you get your wish?* ¿Se te cumplió tu deseo?

wit /wɪt/ *sustantivo*

ingenio

witch /wɪtʃ/ *sustantivo* (plural **witches**)

bruja

with /wɪð, wɪθ/ *preposición*

1 con: *She goes to school with her sister.* Va a la escuela con su hermana. | *He opened the door with his key.* Abrió la puerta con su llave. | *She has a white dress with red stripes.* Tiene un vestido blanco con rayas rojas. | *He always fights with his sister.* Siempre se está peleando con su hermana.

2 de, **con**: *They smiled with pleasure.* Sonrieron de placer. | *The room was bright with light.* La habitación brillaba de tanta luz.

3 de: *His hands were covered with blood.* Tenía las manos llenas de sangre.

withdraw /wɪθˈdrɔ/ *verbo* (pasado **withdrew** /-ˈdru/, participio **withdrawn** /-ˈdrɔn/)

1 sacar, **retirar** [de una cuenta]: *She withdrew all her money from the bank.* Sacó todo su dinero del banco.

2 retirar: *They withdrew the product.* Retiraron el producto.

3 retirarse: *He had to withdraw from the race with an injury.* Se tuvo que retirar de la carrera a causa de una lesión.

4 retirarse [dar marcha atrás]: *The soldiers decided to withdraw.* Los soldados decidieron retirarse.

withdrawal /wɪθˈdrɔəl/ *sustantivo*

retiro: *I'd like to make a withdrawal, please.* Quisiera hacer un retiro, por favor.

wither /ˈwɪðər/ *verbo*

marchitarse: *The plants withered in the heat.* Las plantas se marchitaron con el calor.

within /wɪðˈɪn/ *preposición*

1 dentro de: *Within the old walls, there was once a town.* Dentro de las viejas murallas, una vez hubo una ciudad.

2 en menos de, **dentro de**: *He learned to speak English within six months.* Aprendió a hablar inglés en menos de seis meses.

without /wɪðˈaʊt/ *preposición*

1 sin: *I can't see anything without my glasses.* No veo nada sin mis anteojos. | *He left without saying goodbye.* Se fue sin despedirse. | *We can't leave without the children.* No nos podemos ir sin los niños.

2 to go without something/to do without something pasársela sin algo: *I had to go without food for three days.* Tuve que pasármela sin comida durante tres días.

witness /ˈwɪtnəs/ *sustantivo* (plural **witnesses**)

testigo: *She was a witness to the accident.* Fue testigo del accidente.

witty /ˈwɪti/ *adjetivo* (**wittier**, **wittiest**)

ingenioso -a, **ocurrente**: *She is a very witty person.* Es una persona muy ingeniosa.

wives /waɪvz/ plural de **wife**

wizard /ˈwɪzərd/ *sustantivo*

mago

wobble /ˈwɑbəl/ *verbo* (**wobbling**, **wobbled**)

tambalearse: *The table wobbles.* La mesa se tambalea.

woke /woʊk/ pasado del verbo **wake**

woken /ˈwoʊkən/ participio del verbo **wake**

wolf /wʊlf/ *sustantivo* (plural **wolves** /wʊlvz/)

lobo -a

woman /ˈwʊmən/ *sustantivo* (plural **women** /ˈwɪmɪn/)

mujer

won /wʌn/ pasado y participio del verbo **win**

wonder /ˈwʌndər/ *verbo & sustantivo*

■ *verbo*

preguntarse: *I wonder if she ever thinks about me.* Me pregunto si alguna vez piensa en mí. | *We wondered what was happening.* Nos preguntamos qué pasaba.

■ *sustantivo*

1 maravilla: *the wonders of modern medicine* las maravillas de la medicina moderna

2 asombro: *The music filled them with wonder.* La música los llenó de asombro.

3 no wonder *No wonder he's not hungry. He only ate an hour ago.* No me extraña que no tenga hambre. Comió apenas hace una hora.

wonderful /ˈwʌndərfəl/ *adjetivo*

fantástico -a, **maravilloso -a**: *This is wonderful news.* Es una noticia fantástica.

won't /woʊnt/ contracción **will not**

We won't be late home. No vamos a volver tarde a la casa.

wood /wʊd/ *sustantivo*
madera

woodblock /ˈwʊdblɑk/ *sustantivo*
caja china [instrumento]

wooden /ˈwʊdn/ *adjetivo*
de madera: *a wooden box* una caja de madera

woodpecker /ˈwʊdpekər/ *sustantivo*
pájaro carpintero

woods /wʊdz/ *sustantivo plural*
bosque: *We took a walk in the woods.* Fuimos a caminar por el bosque.

wool /wʊl/ *sustantivo*
lana: *The dress was made of wool.* El vestido estaba hecho de lana. | *a wool blanket* una manta de lana

word /wɜrd/ *sustantivo*
1 palabra: *I wrote a 1,000 word paper.* Escribí un artículo de 1,000 palabras. | *What's the French word for "cheese"?* ¿Cómo se dice "queso" en francés? | *I didn't hear a word she said.* No oí una sola palabra de lo que dijo.
2 noticias: *There was no word from them.* No hubo noticias de ellos.
3 in other words en otras palabras, dicho de otra manera
4 in your own words en sus/tus propias palabras: *Tell me what happened in your own words.* Cuéntame lo que pasó en tus propias palabras.
5 word for word palabra por palabra, literalmente

word processor /ˈwɜrd ˌprɑsesər/ *sustantivo*
procesador de palabras o de textos

wore /wɔr/ pasado del verbo **wear**

work /wɜrk/ *verbo & sustantivo*
■ *verbo*
1 trabajar: *He works for a shoe company.* Trabaja para una compañía de zapatos. | *Where does your mom work?* ¿Dónde trabaja tu mamá?
2 funcionar: *The radio isn't working.* El radio no funciona.
3 esforzarse: *I've been working to improve my cooking.* Me he estado esforzando por cocinar mejor.
4 tener éxito: *It looks like your plan is going to work.* Parece que tu plan va a tener éxito.
5 manejar, operar: *Can you work the printer?* ¿Sabes manejar la impresora?
6 to work out (a) salir bien: *I'm sure everything will work out in the end.* Estoy segura de que al final todo va a salir bien. **(b) hacer ejercicio**: *I work out with weights twice a week.* Hago pesas dos veces a la semana.
7 to work something out resolver algo: *She worked the problem out for herself.* Resolvió el problema ella sola.
■ *sustantivo*
1 trabajo: *Sometimes it is difficult to arrive at work on time.* A veces es difícil llegar a tiempo al trabajo.
2 trabajo: *The teacher is pleased with my work.* La maestra está muy contenta con mi trabajo.
3 obra: *The museum has great works of art* . El museo tiene grandes obras de arte.
4 trabajo ▶ Dependiendo de la actividad, se traduce con diferentes verbos como **trabajar** o **componer**: *Dad's doing some work on the car.* Mi papá está componiendo el coche.
5 at work trabajando
6 out of work desempleado -a, sin trabajo: *I've been out of work for 6 months.* He estado desempleado 6 meses.
7 to set to work/to get to work empezar a trabajar, ponerse a trabajar: *They set to work on the building.* Empezaron a trabajar en el edificio.

> **NOTA:** Compara **work** y **job**. En el sentido de "empleo" **job** es un sustantivo que tiene plural (=jobs), mientras que **work** quiere decir lo mismo pero no tiene plural: *He is trying to find a job.* Está tratando de encontrar un trabajo. | *He's trying to find some work.* Está tratando de encontrar trabajo.
> La palabra **work** también se usa en un sentido general para referirse a muchas tareas: *I have a lot of work.* Tengo mucho trabajo.

worker /ˈwɜrkər/ *sustantivo*
trabajador -a: *Several workers lost their jobs.* Varios trabajadores se quedaron sin trabajo.

working /ˈwɜrkɪŋ/ *adjetivo*
1 que trabaja: *Working mothers have to balance their jobs and family.* Las madres que trabajan tienen que balancear trabajo y familia.
2 laboral, de trabajo: *The working conditions at the factory are very poor.* Las condiciones laborales en la fábrica son muy malas.

workman /ˈwɜrkmən/ *sustantivo* (plural **workmen** /-mən/)
obrero -a

workout /ˈwɜrk-aʊt/ *sustantivo*
sesión de ejercicios de gimnasia

world /wɜrld/ *sustantivo*
1 mundo: *They went on a trip around the world.* Hicieron un viaje alrededor del mundo.
2 in the world del mundo: *You're the best dad in the whole world.* Eres el mejor papi del mundo.

worldwide /wɜrldˈwaɪd/ *adjetivo & adverbio*
1 mundial
2 en/por todo el mundo: *The company has 500 stores worldwide.* La compañía tiene 500 tiendas en todo el mundo.

ˌWorld ˌWide ˈWeb, también **the Web** *sustantivo*
la Red Mundial

worm /wɜrm/ *sustantivo*
gusano, lombriz

worn /wɔrn/ participio del verbo **wear**

ˌworn ˈout *adjetivo*
1 rendido -a, agotado -a: *I am worn out after work.* Estoy rendido después del trabajo.
2 gastado -a, inservible: *My shoes are worn out.* Mis zapatos están gastados.

worried /ˈwɜrid/ *adjetivo*
preocupado -a: *He seems worried about something.* Parece preocupado por algo. | *She had a worried look on her face.* Tenía cara de preocupada.

worry /ˈwɜri/ *verbo & sustantivo*
■ *verbo* (**worrying, worried**)
preocuparse: *My parents worry about me if I come home late.* Mis papás se preocupan por mí si llego tarde.
■ *sustantivo*
1 preocupación: *The worry showed on her face.* La preocupación se le notaba en la cara.
2 (plural **worries**) **problema, preocupación**: *My father has a lot of worries.* Mi papá tiene muchos problemas.

worse /wɜrs/ *adjetivo, adverbio & sustantivo*
■ *adjetivo & adverbio* (comparativo de **bad**)
peor [más mal]: *Traffic is worse on Fridays.* El tráfico está peor los viernes. | *He draws even worse than I do.* Dibuja aún peor que yo. | *She was not feeling well, and now she's worse.* No se sentía bien y ahora está peor.
■ *sustantivo*
lo peor: *We thought that was bad, but worse was to come.* Pensamos que eso era malo, pero lo peor estaba por llegar.

worsen /ˈwɜrsən/ *verbo*
empeorar: *His condition worsened over the weekend.* Su estado empeoró durante el fin de semana.

worship /ˈwɜrʃɪp/ *verbo & sustantivo*
■ *verbo* (**worshipping, worshipped**)
adorar, venerar
■ *sustantivo*
culto

worst /wɜrst/ *adjetivo, adverbio & sustantivo*
■ *adjetivo & adverbio* (superlative **bad** o **badly**)
1 peor: *That was the worst movie I've ever seen!* ¡Es la peor película que he visto!
2 peor: *She sang worst.* Ella cantó peor que todos.
■ *sustantivo*
1 lo peor: *The worst is over!* ¡Ya pasó lo peor!
2 at worst en el peor de los casos: *It'll cost $200 at worst to replace the tires.* En el peor de los casos costará $200 reponer las llantas.
3 the worst el/la peor de todo, lo/la peor: *Four people were in the accident, but she was injured the worst.* Cuatro personas estuvieron involucradas en el accidente, pero ella recibió las peores lesiones.

worth /wɜrθ/ *adjetivo & sustantivo*
■ *adjetivo*
to be worth (a) valer: *How much is this ring worth?* ¿Cuánto vale este anillo? | *Each question is worth ten points.* Cada pregunta vale diez puntos. **(b) valer la pena**: *The book is really worth reading.* El libro de veras vale la pena leerse.
■ *sustantivo*
valor: *I bought $20 worth of food.* Compré comida por un valor de $20.

worthless /ˈwɜrθləs/ *adjetivo*
sin ningún valor

worthwhile /wɜrθˈwaɪl/ *adjetivo*
que vale la pena

worthy /ˈwɜrði/ *adjetivo* (**worthier, worthiest**)
digno -a: *He is worthy of our trust.* Es digno de nuestra confianza.

would /wʊd/ *verbo*
1 Usado para hablar de lo que alguien dijo que haría: *They said they would play on Saturday.* Dijeron que jugarían el sábado.
2 Usado para decir que se esperaba que algo sucediera: *I thought she would be happy for me, but she wasn't.* Pensé que le daría gusto por mí, pero no fue así.

3 would you? *Would you like some help?* ¿Me permite ayudarle?

4 Usado para hablar de hábitos en el pasado: *Edward would come over to play games with us.* Edward venía a la casa a jugar con nosotros.

wouldn't /ˈwʊdnt/ contracción de **would not**

I knew she wouldn't come. Sabía que no vendría.

would've /ˈwʊdəv/ contracción de **would have**

I would've come if I'd had time. Habría venido si hubiera tenido tiempo.

wound¹ /wund/ *verbo & sustantivo*

■ *verbo*

herir: *Was he badly wounded?* ¿Salió mal herido?

■ *sustantivo*

herida

wound² /waʊnd/ pasado y participio del verbo **wind**

wove /woʊv/ pasado del verbo **weave**

woven /ˈwoʊvən/ participio pasado del verbo **weave**

wrap /ræp/ *verbo* (**wrapping**, **wrapped**)

(también **wrap up**) **envolver**: *I haven't wrapped his birthday gift yet.* Todavía no envolví su regalo de cumpleaños.

wrapper /ˈræpər/ *sustantivo*

envoltorio, **envoltura**: *Where did you leave your gum wrapper?* ¿Dónde dejaste el envoltorio de tu chicle?

wreath /riθ/ *sustantivo*

corona [de flores]

wreck /rek/ *sustantivo & verbo*

■ *sustantivo*

1 restos [de un barco, avión o coche]

2 accidente grave, **siniestro**: *He was in a car wreck.* Tuvo un grave accidente automovilístico.

■ *verbo*

1 (hacer) naufragar o descarrilar: *The ship was wrecked on the rocks.* El barco naufragó al chocar contra las rocas.

2 arruinar, **destrozar**: *He ended up wrecking their marriage.* Terminó por arruinar su matrimonio.

wreckage /ˈrekɪdʒ/ *sustantivo*

restos: *Two people were recovered from the wreckage of the plane.* Rescataron a dos personas de entre los restos del avión.

wrench /rentʃ/ *sustantivo* (plural **wrenches**)

llave inglesa

wrestle /ˈresəl/ *verbo* (**wrestling**, **wrestled**)

luchar, **forcejear**

wrestler /ˈreslər/ *sustantivo*

luchador -a

wrestling /ˈreslɪŋ/ *sustantivo*

lucha

wriggle /ˈrɪgəl/ *verbo* (**wriggling**, **wriggled**)

culebrear, **retorcerse**

wring /rɪŋ/ *verbo* (pasado y participio **wrung**)

(también **wring out**) **escurrir** [ropa después de lavarla]

wring

She's wringing out the cloth.

wrinkle /ˈrɪŋkəl/ *sustantivo*

arruga: *Can you iron the wrinkles out of this shirt?* ¿Puedes planchar esta camisa para quitarle las arrugas?

wrist /rɪst/ *sustantivo*

muñeca [parte del cuerpo]

wristwatch /ˈrɪst-wɑtʃ/ *sustantivo* (plural **wristwatches**)

reloj de pulsera

write /raɪt/ *verbo* (gerundio **writing**, pasado **wrote**, participio **written**)

1 escribir: *The children are learning to write.* Los niños están aprendiendo a escribir. | *Write your name here.* Escribe tu nombre aquí. | *She's written several books.* Ha escrito varios libros.

2 escribir: *He writes to me every day.* Me escribe todos los días.

3 to write back contestar una carta o comunicado

4 to write something down apuntar algo, **anotar algo**: *Did you write down her phone number?* ¿Apuntaste su teléfono?

writer /ˈraɪtər/ *sustantivo*

escritor -a

writing /ˈraɪtɪŋ/ *sustantivo*

1 escritura, **letra**: *What beautiful writing!* ¡Qué hermosa escritura! | *I can't read your writing.* No entiendo tu letra.

2 in writing por escrito: *Can I have that promise in writing?* ¿Me lo puedes prometer por escrito?

3 obra: *I enjoy the writings of Mark Twain.* Me gustan mucho las obras de Mark Twain.

written /ˈrɪtn/ participio del verbo **write**

wrong /rɔŋ/ *adjetivo, adverbio & sustantivo*

■ *adjetivo*

1 mal, indebido -a: *Telling lies is wrong.* Decir mentiras está mal.

2 equivocado -a, incorrecto -a: *I gave the wrong answer.* Di la respuesta equivocada.

3 mal: *This is the wrong time to visit her.* Es mal momento para ir a visitarla.

4 what's wrong? Se usa para preguntar qué problema hay: *What's wrong? Aren't you feeling well?* ¿Qué te pasa? ¿No te sientes bien? | *Hey, John, what's wrong with the TV?* Oye John ¿qué le pasa a la tele?

■ *adverbio*

1 mal, incorrectamente: *You spelled the word wrong.* Escribiste mal la palabra.

2 to get something wrong cometer un error

3 to go wrong salir mal: *If anything goes wrong, just call me.* Si algo sale mal, llámame.

■ *sustantivo*

mal: *the difference between right and wrong* la diferencia entre el bien y el mal

wrote /roʊt/ pasado del verbo **write**

wrung /rʌŋ/ pasado y participio del verbo **wring**

WWW (= **World Wide Web**)

X, x /eks/ *sustantivo*

X, x: *"Xylophone" is spelled with an "x".* "Xilófono" se escribe con "x".

Xmas /ˈkrɪsməs/ *sustantivo* forma corta de escribir **Christmas**

Navidad

x-ray /ˈeks reɪ/ *sustantivo & verbo*

■ *sustantivo* (plural **x-rays**)

radiografía, rayos x: *The x-ray showed two broken bones.* La radiografía mostraba dos huesos rotos.

■ *verbo*

sacar una radiografía de

Y, y /waɪ/ *sustantivo*

Y, y: *Y for Yucatan* Y de Yucatán

yacht /jɑt/ *sustantivo*

yate

yank /jæŋk/ *verbo*

jalar, dar un tirón de: *The little boy yanked my hair.* El niñito me jaló el pelo.

yard /jɑrd/ *sustantivo*

1 jardín, patio: *We have a swimming pool in our yard.* Tenemos una alberca en el jardín.

2 yarda [medida de longitud equivalente a 0.91m]

ˈyard sale *sustantivo*

venta de garage

yarn /jɑrn/ *sustantivo*

estambre

yawn /jɔn/ *verbo & sustantivo*

■ *verbo*

bostezar: *I couldn't stop yawning.* No podía dejar de bostezar.

■ *sustantivo*

bostezo

yawn

yd. (= **yard**) *sustantivo*

yeah /jeə/ *adverbio*

sí ▶ palabra informal: *"Do you like ice cream?" "Yeah!"* –¿Te gusta el helado? –¡Sí!

year /jɪr/ *sustantivo*

1 año: *She is seven years old.* Tiene siete años. | *The contract is good for another year.* El contrato es válido por otro año más.

2 years/in years hace años: *It's been years since I rode a horse.* Hace años que no monto a caballo. | *I haven't seen her in years.* Hace años que no la veo

3 for years muchos años: *We lived there for years.* Vivimos allí muchos años.

yearbook /ˈjɪrbʊk/ *sustantivo*

anuario

yearly /ˈjɪrli/ *adjetivo & adverbio*

1 anual

2 anualmente, **cada año**

yeast /jist/ *sustantivo*

levadura

yell /jel/ *verbo*

gritar

yellow /ˈjeloʊ/ *adjetivo & sustantivo*

■ *adjetivo*

amarillo -a: *The park is full of yellow flowers.* El parque está lleno de flores amarillas.

■ *sustantivo*

amarillo

ˈYellow Pages® *sustantivo plural*

Sección Amarilla

yen /jen/ *sustantivo* (plural **yen**)

yen

yes /jes/ *adverbio*

sí: *"Will you call me tomorrow?" "Yes, I will."* –¿Me llamas mañana? –Claro que sí. | *"It is a beautiful day." "Yes, it is."* –Es un día precioso. –Sí que lo es.

yesterday /ˈjestərdi/ *adverbio & sustantivo*

ayer: *It was very hot yesterday.* Ayer hizo mucho calor

yet /jet/ *adverbio*

1 (usado en preguntas) **ya**: *Did he come yet?* ¿Ya vino?

2 (usado en frases negativas) **todavía**, **aún**: *I don't think she is awake yet.* Creo que todavía no está despierta.

3 (para dar más énfasis) **más (aún)**: *I made yet another mistake.* Hice otro error más. | *I will try to help her yet again .* Trataré de ayudarla otra vez más.

> **NOTA:** Usa **yet** en preguntas y enunciados negativos. En otros tipos de enunciados usa **already.** *"Are you finished yet?" "Not yet."* –¿Ya terminaste? –Todavía no. | *I am already finished.* Ya terminé.

yew /ju/ *sustantivo* (también ˈ**yew tree**)

tejo [tipo de árbol]

yield /jild/ *verbo*

1 ceder: *The government yielded to public demands for lower taxes.* El gobierno cedió a los reclamos públicos de impuestos más bajos.

2 ceder el paso [hablando de tráfico]

3 producir: *The trees yielded a large crop of fruit.* Los árboles produjeron una gran cosecha de fruta.

YMCA /ˌwaɪ em si ˈei/ *sustantivo* (= **Young Men's Christian Association**)

Asociación Cristiana de Jóvenes

yogurt /ˈjoʊgərt/ *sustantivo*

yogurt

yolk /joʊk/ *sustantivo*

yema [de huevo]

you /ju/ *pronombre*

1 (como sujeto del enunciado) Como sujeto de una frase, **you** puede equivaler a *tú*, *usted* o *ustedes*. No se suele traducir: *You sing very well.* Cantas muy bien.

2 (como objeto del verbo) Como objeto de un verbo, **you** puede equivaler a *te*, *lo*, *los*, *la*, *las*, *le*, *les* o *se*: *I can't hear you.* No te oigo | *Can I bring you anything?* ¿Les puedo traer algo?

3 Cuando sigue a una preposición, **you** puede equivaler a *ti*, *usted* o *ustedes*: *These flowers are for you.* Estas flores son para ti.

4 Cuando **you** se usa de forma impersonal, se suele traducir por la forma impersonal *se*: *You can't believe anyone these days.* Hoy en día no se le puede creer a nadie.

you'd /jud/

■ contracción de **you had**

You'd already left when I called. Ya habías salido cuando te llamé.

■ contracción de **you would**
If you brushed your hair, you'd look better. Si te cepillaras el pelo te verías mejor.

you'll /jul/ contracción de **you will**
You'll get it tomorrow. Lo recibirás mañana.

young /jʌŋ/ *adjetivo & sustantivo*
■ *adjetivo*
1 joven
2 chico -a, **chiquito -a**: *She was with a young child.* Estaba con un niño chiquito.
■ *sustantivo*
the young los jóvenes, la juventud: *This music is aimed at the young.* Esta música está dirigida a los jóvenes.

your /jər/ *adjetivo*
1 tu, **tus**: *Is that your mother?* ¿Ésa es tu mamá?
2 su, **sus** [de usted o ustedes]: *Put your toys away.* Guarden sus juguetes.

you're /jʊr/ contracción de **you are**
You're so smart! ¡Qué lista eres!

yours /jʊrz/ *pronombre*
1 tuyo -a, **tuyos -as**: *Are these pencils yours?* ¿Son tuyos estos lápices?
2 suyo -a, **suyos -as** [de usted o ustedes]: *Is he a friend of yours?* ¿Es un amigo suyo?
3 yours saludos [al terminar una carta informal]
4 yours sincerely atentamente [al terminar una carta formal]

yourself /jər'self/ *pronombre* (plural **yourselves** /-'selvz/)
1 (pronombre reflexivo) **te**, **se**: *Look at yourself in the mirror.* Mírate al espejo. | *Make yourself at home.* Siéntase como en su casa.
2 (forma enfática) **tú/usted mismo -a**: *You told me the story yourself.* Tú misma me contaste la historia.
3 by yourself (sin ayuda) **(tú/usted) solo -a**: *You can't lift that by yourself!* No puedes levantar eso tú solo. | *Do you live by yourself?* ¿Vives solo?
4 to yourself para ti/usted (solo -a): *You will have the house to yourself this week.* Vas a tener la casa toda para ti esta semana.

youth /juθ/ *sustantivo*
1 juventud
2 (plural **youths**) **joven** [varón]: *Two youths were involved in the accident.* Hubo dos jóvenes involucrados en el accidente.
3 the youth los jóvenes: *The youth of the country suffered the most.* Los jóvenes del país fueron los que más sufrieron.
4 in someone's youth de joven: *In his youth, he was a singer.* De joven era cantante.

you've /juv/ contracción de **you have**
You've forgotten your coat. Se te olvidó el abrigo.

yo-yo /'joujou/ *sustantivo*
yoyo

yuan /jʊ'ɑn/ *sustantivo* (plural **yuan**)
yuan

yuppie /'jʌpi/ *sustantivo*
yuppy

Zz

Z, **z** /zi/ *sustantivo*
Z, z: *Z for zoo* z de zoo

zebra /'zibrə/ *sustantivo*
zebra, **cebra**

zero /'zɪrou/ *sustantivo* (plural **zeros** o **zeroes**)
cero

zigzag /'zɪgzæg/ *sustantivo*
zigzag

zip /zɪp/ *verbo* (**zipping**, **zipped**)
(también **zip up**) **subir el cierre de**: *She zipped up her dress.* Se subió el cierre del vestido.

'zip code *sustantivo*
código postal

zipper /'zɪpər/ *sustantivo*
cierre, **zíper**

zodiac /'zoudiæk/ *sustantivo*
the zodiac el zodiaco, **el zodíaco**

zone /zoun/ *sustantivo*
zona: *This is a no-parking zone.* Ésta es una zona de no estacionarse.

zoo /zu/ *sustantivo*
zoológico

zucchini /zu'kini/ *sustantivo*
calabacita

Índice

Workbook

Cómo buscar palabras

El *Diccionario Inglés Básico de Longman* tiene dos partes. En la primera, inglés-español, encontrarás palabras en inglés con su traducción al español. En la segunda parte, español-inglés, hay palabras del español con su traducción al inglés.

Hay algunas palabras que utilizamos en español que son de origen inglés, como *club*. Hay otras que son iguales en español y en inglés, como *radio*. Estas palabras se encontrarán en ambas partes.

1 ¿En qué parte del *Diccionario Inglés Básico de Longman* se encuentran estas palabras? Escribe *I-E* para inglés-español, *E-I* para español-inglés, y *A* para ambas. Búscalas en el diccionario para comprobar las respuestas.

1 plan ___*A*___
2 menú ________
3 find ________
4 actor ________
5 chocolate ________
6 clip ________
7 hospital ________
8 look ________
9 jugar ________
10 hotel ________

Hay palabras que son muy parecidas en español y en inglés. Sin embargo, su significado es muy diferente.

2 Busca la traducción de las siguientes palabras en la parte español-inglés y escríbelas.

1 librería ___*bookstore*___
2 fábrica ________
3 contestar ________
4 ropa ________

3 Ahora busca estas palabras en la parte inglés-español y escribe su significado.

1 library ___*biblioteca*___
2 fabric ________
3 contest ________
4 rope ________

Orden alfabético

En el diccionario, las palabras siguen el mismo orden que las letras del abecedario, empezando por la *a* y terminando por la *z*. Este orden se llama *orden alfabético*, o *alphabetical order* en inglés.

1 Lee las palabras y escríbelas en el cuadro correspondiente. Luego, mira la ilustración y escribe el significado en español al lado de cada palabra en inglés.

wrist	elbow	knee	leg	foot
toe	eye	neck	back	mouth
shoulder	hand	finger	arm	

A–G	H–M	N–S	T–Z
______	______	______	*wrist*
______	______	______	______
______	______		
______	______		
______			
______			

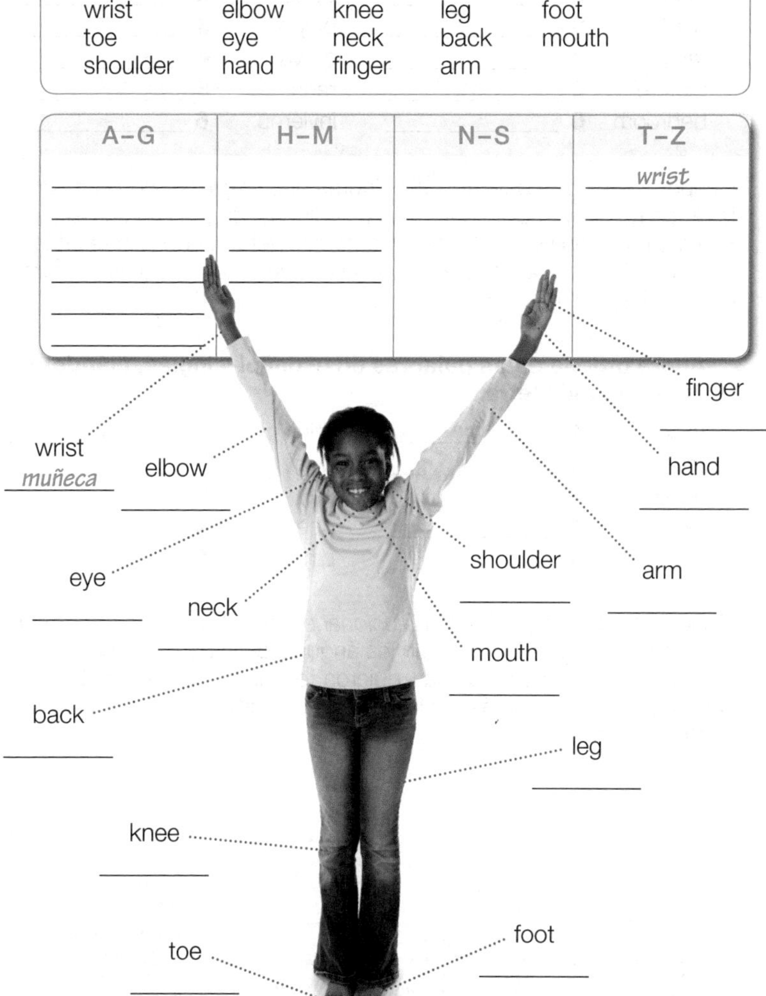

El *Diccionario Inglés Básico de Longman* tiene dos partes. La primera es inglés-español y la segunda, español-inglés.

2 Aquí tienes dos listas de palabras. La primera corresponde a la parte inglés-español del *Diccionario Inglés Básico de Longman* **y la segunda, a la parte español-inglés. Ordena las palabras alfabéticamente.**

inglés-español			**español-inglés**		
pasta	**1**	*bedroom*	norte	**1**	*curva*
family	**2**	______	edificio	**2**	______
wait	**3**	______	pulpo	**3**	______
talk	**4**	______	curva	**4**	______
picture	**5**	______	rana	**5**	______
bedroom	**6**	______	invierno	**6**	______

Cuando tienes que buscar dos palabras que empiezan con la misma letra, como *día* y *dado*, tienes que decidir cuál de ellas va primero. En este caso, en vez de fijarte en la primera letra, debes fijarte en la segunda. Como la *a* viene antes de la *i*, el orden correcto es primero *dado* y después *día*.

3 Ahora ordena estas palabras en español y inglés, fijándote en la segunda letra.

torre	**1**	*tan*	drink	**1**	*day*
trigo	**2**	______	dog	**2**	______
tener	**3**	______	day	**3**	______
tan	**4**	______	deep	**4**	______
turista	**5**	______	dinner	**5**	______

Cuando abras una página del *Diccionario Inglés Básico de Longman*, encontrarás palabras **azules** en los ángulos de la parte superior. La palabra que se encuentra a la izquierda te indica la primera palabra de esa página. La que está a la derecha te indica la última palabra de la otra página.

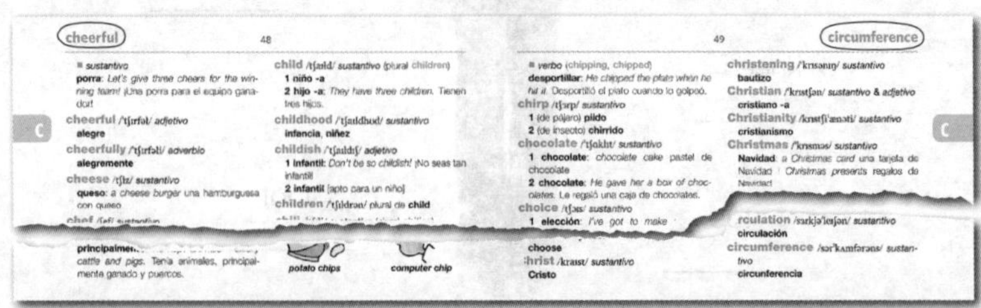

cheerful 48

▪ *sustantivo*
porra: *Let's give three cheers for the winning team!* ¡Una porra para el equipo ganador!
cheerful /ˈtʃɪrfəl/ *adjetivo*
alegre
cheerfully /ˈtʃɪrfəli/ *adverbio*
alegremente
cheese /tʃiz/ *sustantivo*
queso: *a cheese burger* una hamburguesa con queso
principalmen...
cattle and pigs. Tenía animales, principalmente ganado y puercos.

child /tʃaɪld/ *sustantivo* (plural children)
1 niño -a
2 hijo -a: *They have three children.* Tienen tres hijos.
childhood /ˈtʃaɪldhʊd/ *sustantivo*
infancia, niñez
childish /ˈtʃaɪldɪʃ/ *adjetivo*
1 infantil: *Don't be so childish!* ¡No seas tan infantil!
2 infantil [apto para un niño]
children /ˈtʃɪldrən/ plural de **child**

potato chips *computer chip*

49 circumference

▪ *verbo* (chipping, chipped)
desportillar: *He chipped the plate when he hit it.* Desportilló el plato cuando lo golpeó.
chirp /tʃɜrp/ *sustantivo*
1 (de pájaro) **pío**
2 (de insecto) **chirrido**
chocolate /ˈtʃɑklɪt/ *sustantivo*
1 chocolate: *chocolate cake* pastel de chocolate
2 chocolate: *He gave her a box of chocolates.* Le regaló una caja de chocolates.
choice /tʃɔɪs/ *sustantivo*
1 elección: *I've got to make*
choose
Christ /kraɪst/ *sustantivo*
Cristo

christening /ˈkrɪsənɪŋ/ *sustantivo*
bautizo
Christian /ˈkrɪstʃən/ *sustantivo & adjetivo*
cristiano -a
Christianity /krɪstʃiˈænəti/ *sustantivo*
cristianismo
Christmas /ˈkrɪsməs/ *sustantivo*
Navidad: *a Christmas card* una tarjeta de Navidad | *Christmas presents* regalos de Navidad
rculation /sɜrkjəˈleɪʃən/ *sustantivo*
circulación
circumference /sərˈkʌmfərəns/ *sustantivo*
circunferencia

4 Coloca las palabras de los cuadros en la página del diccionario correspondiente guiándote por las palabras azules.

fuerza fecha firmar favor flan fuera

faltar **feliz**

______ *fecha*

finalista **forma**

______ ______

fuego **fugarse**

______ ______

doll dear describe desk December double

darkness **decode**

______ ______

deposit **did**

______ ______

do **down**

______ ______

Acepciones

Algunas palabras tienen más de un significado, tanto en inglés como en español. Cuando buscas una palabra, tendrás que pensar cuál de los significados (*acepciones*) tiene sentido para lo que buscas.

1 ¿Cuál de los significados sería el adecuado en las siguientes frases con la palabra *match*? Mira la entrada de *match* en la parte inglés-español.

> **match** /mætʃ/ *sustantivo & verbo*
> ■ *sustantivo* (plural **matches**)
> **1 cerillo**: *I need a box of matches.* Necesito una caja de cerillos.
> **2 juego**, **partido**: *We have a tennis match today.* Tenemos un juego de tenis hoy.
> ■ *verbo*
> **quedar con**, **hacer juego con**: *The shoes do not match my dress.* Mis zapatos no quedan con mi vestido.

1 We are going to the soccer **match** tomorrow. ____________

2 Can you buy a box of **matches**? ____________

2 ¿Cuál de los significados sería el adecuado en las siguientes frases con la palabra *caja*? Mira la entrada de *caja* en la parte español-inglés.

> **caja** *sustantivo*
> **1** (recipiente) **box** (plural **boxes**): *una caja de zapatos* a shoe box | *una caja de chocolates* a box of chocolates
> **2** (en un supermercado) **checkout**
> **caja de ahorro savings bank**

1 Pon los zapatos en la **caja**. ____________

2 Puedes pagar las compras en la **caja**. ____________

3 Busca en el *Diccionario Inglés Básico de Longman* **las palabras resaltadas. Elige la acepción adecuada para cada oración y escribe el número al lado.**

1 La niña tiene muchas **muñecas**. ___1___
2 Se cayó de la bicicleta y se rompió la **muñeca**. ____

3 I wrote a **letter** to my grandmother. ____
4 There are five **letters** in the word "house". ____

5 Pídele la **carta** al mesero. ____
6 Me encanta jugar **cartas**. ____
7 Hay tres **cartas** en el buzón. ____

8 The minus **sign** looks like this – . ____
9 The **sign** said "Sorry, we're closed." ____

10 Hicimos una reunión **familiar** el día 31 de diciembre. ____
11 Tu cara me resulta **familiar**. ____

4 Hay palabras que se emplean de forma diferente dependiendo de las situaciones. ¿Cuál es el significado de las palabras en MAYÚSCULA en estas frases? Elige A, B o C. Utiliza el *Diccionario Inglés Básico de Longman* **para averiguarlo.**

1 Turn left at the LIGHTS and you will find the road.
A luz **B** señal **C** <u>semáforo</u>

2 Please turn off the LIGHT, I want to sleep.
A luz **B** señal **C** semáforo

3 The elephant is eating with its TRUNK.
A pata **B** baúl **C** trompa

4 Put your shirts and pants in the TRUNK.
A pata **B** baúl **C** trompa

5 Cut the green and red PEPPERS for the salad.
A pimientos **B** plátanos **C** pimienta

6 Put salt and PEPPER on the meat.
A pimientos **B** plátanos **C** pimienta

7 I'll have chicken and potatoes for the main COURSE.
A plato **B** postre **C** curso

8 The math COURSE is on Saturday.
A plato **B** postre **C** curso

Plurales

★ En inglés, la mayoría de los plurales de los sustantivos (*nouns*) se forma añadiendo *–s*. Por ejemplo:
a girl → *two* ***girls***
a boy → *two* ***boys***

★ *–es* se emplea cuando la palabra termina en: s, x, z, sh y ch. Por ejemplo:
box → ***boxes***

box /bɑks/ *sustantivo & verbo*
■ *sustantivo* (plural **boxes**)
caja: *I need three boxes for these bo*
Necesito tres cajas para estos libros.
■ *verbo*
boxear

★ Si una palabra termina en consonante y la letra *–y*, se sustituye la *–y* por la *–i* antes de añadir *–es*. Si una palabra cambia añadiendo *–ies* lo encontrarás en la entrada de la palabra. Por ejemplo:
baby → ***babies***

baby /ˈbeɪbi/ *sustantivo* (plural **babies**)
1 bebé: *A baby was crying upstairs.* bebé estaba llorando en el piso de arrib
2 to have a baby tener un bebé: *S going to have a baby in April.* Va a tene bebé en abril. | *Has she had the baby?* dio a luz?

★ Otras palabras tienen plurales que no siguen estas normas. En vez de añadir una terminación, cambia toda la palabra. Estos plurales son *irregulares*. Cuando el plural es irregular, lo encontrarás en la entrada de la palabra entre paréntesis. También lo encontrarás en una entrada aparte. Por ejemplo:

mouse /maʊs/ *sustantivo*
1 (plural **mice**) **ratón**
2 ratón [de una computadora]

mouse → ***mice***

foot /fʊt/ *sustantivo* (plural **feet**)
1 (de una persona) **pie**
2 (de un animal) **pata**
3 (de una montaña o página) **pie**: *We wa at the foot of the hill.* Esperamos al pie d colina.
4 (medida de longitud) **pie**: *Mike is six tall.* Mike mide seis pies.
5 on foot a pie: *They made their way town on foot.* Fueron al pueblo a pie.

foot → ***feet***

1 Escribe el plural de las siguientes palabras.

1	shop	*shops*	**6**	eye	________
2	fox	________	**7**	day	________
3	child	________	**8**	watch	________
4	party	________	**9**	woman	________
5	man	________	**10**	story	________

La ropa

★ ¿Cómo se dice *crucigrama* en inglés? ____________________
Una pista: empieza con la misma letra que en español y es una palabra compuesta de dos palabras más cortas.

★ ¿Cuáles son las palabras cortas? ____________ y ____________

★ ¿Qué significa *across* y *down* en el crucigrama?
across ____________________ down ____________________

1 Las siguientes pistas te dirán qué prenda de ropa tienes que escribir en el crucigrama. Las palabras vienen de la sección Diccionario ilustrado en la páginas A42–A43.

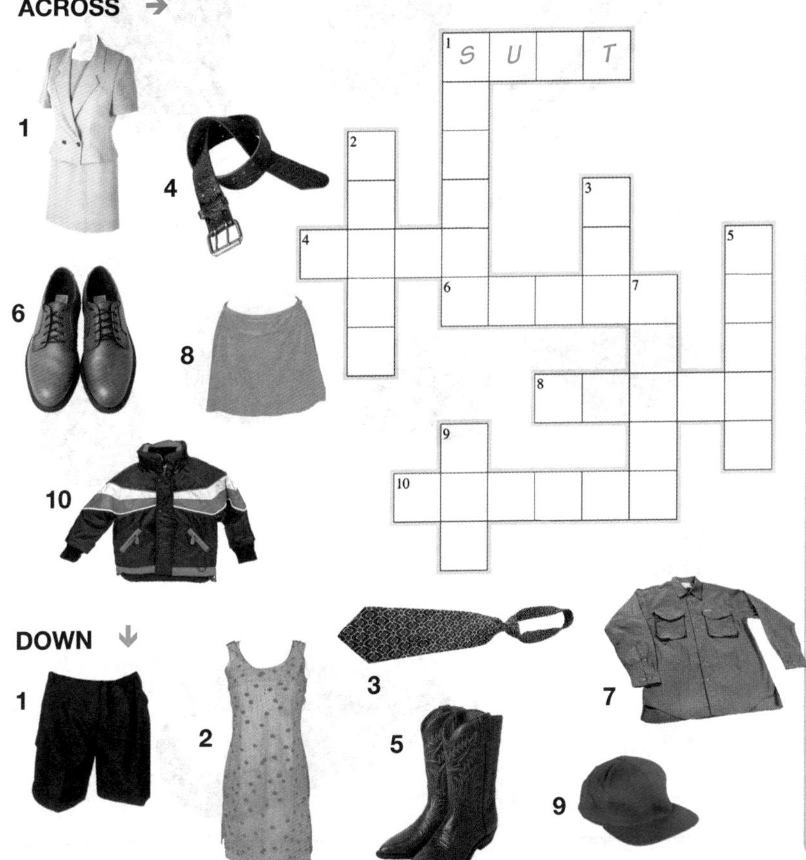

La comida

1 Clasifica las palabras según el tipo de comida al que pertenecen.

milk	carrots	peach	eggs
pasta	yogurt	grapes	beef
cheese	watermelon	rice	chicken
onion	butter	orange	lettuce

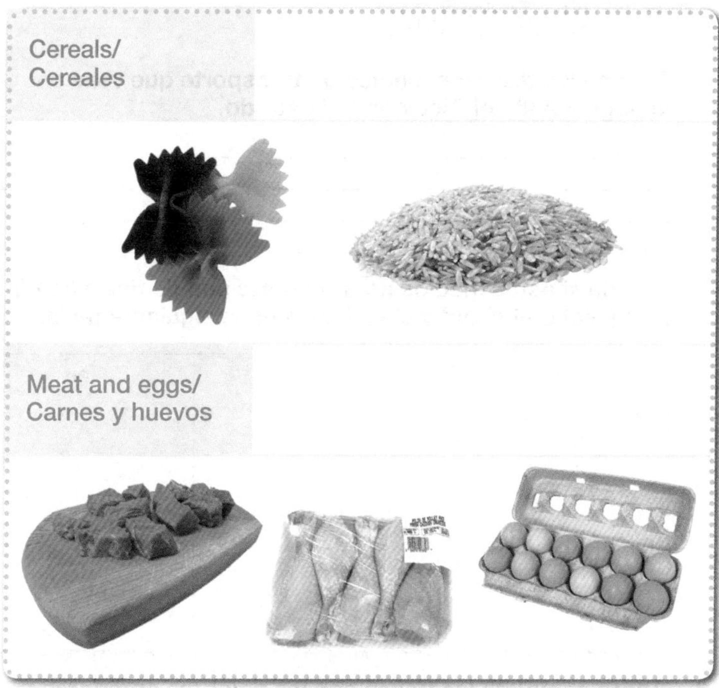

2 **De los alimentos del ejercicio 1, ¿cuáles son los tres que más te gustan? ¿Y los tres que menos te gustan? Escríbelos en la tabla.**

I like ☺	I don't like ☹
1 ____________	1 ____________
2 ____________	2 ____________
3 ____________	3 ____________

Medios de transporte

1 Escribe los distintos medios de transporte que veas en la página A46 del Diccionario ilustrado.

car ________ ________ ________ ________

________ ________ ________ ________ ________

________ ________ ________ ________

________ ________ ________ ________

2 Decide si estos medios de transporte son de tierra (*land*), mar (*sea*) o aire (*air*) y clasifícalos en la siguiente tabla.

land	sea	air
car		

3 Ahora completa las frases con las palabras anteriores. Los dibujos te darán pistas.

1 We can walk to school or go by *car*.

2 To travel from Mexico to Australia, you need to go by ________ .

3 A ship that can carry passengers and cars is a ________ .

4 In a city with a lot of traffic, many people take the ________ .

5 We need a ________ to move all the tables.

La ciudad

1 Lee las palabras y decide si se refieren a personas (*people*), lugares (*places*) o cosas (*things*) que se encuentran en una ciudad. Coloca las palabras en el esquema.

theater	firefighter	restaurant
traffic light	library	police officer
doctor	hospital	street
school	shopping center	park
train station	post office	mailbox
crosswalk	sales person	sidewalk

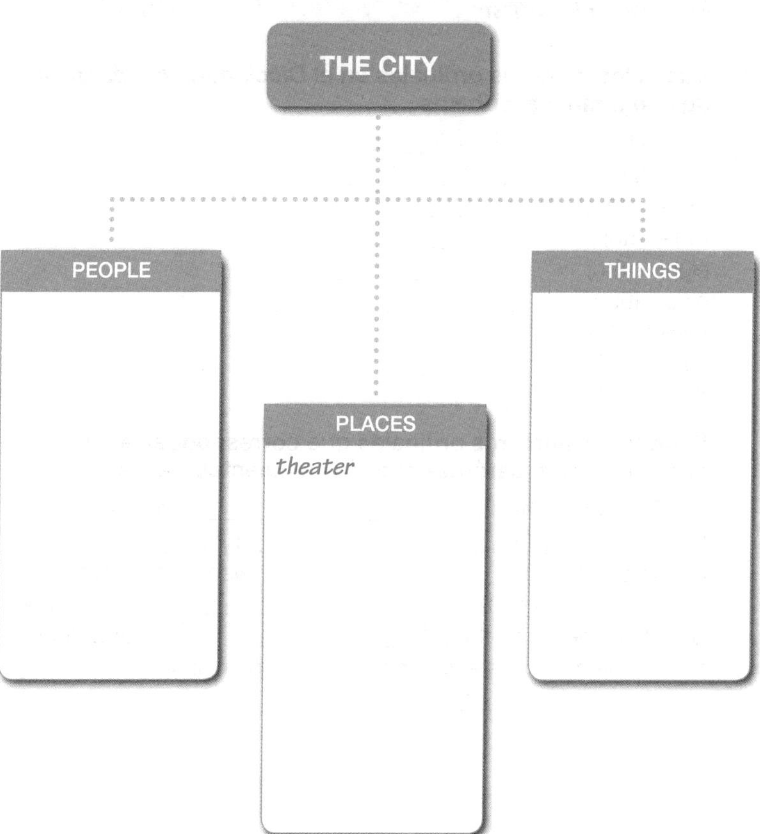

Números ordinales

★ Los números ordinales son los que indican el orden en el que se colocan las cosas.
Por ejemplo:
I was first in the race, María was second and Juan was third.

★ Cuando el número es compuesto, se coloca *th*, *st* y *nd* después de la última cifra, excepto con *one*, *two* y *three*; en este caso, se usan las formas *first*, *second* y *third* respectivamente.
Por ejemplo:
twenty-five → *twenty-**fifth***
forty-one → *forty-**first***

1 Busca los números ordinales en el *Diccionario Inglés Básico de Longman* y escríbelos.

one – (1st) ___first___
two – (2nd) ________
three – (3rd) ________
five – (5th) ________
eight – (8th) ________
nine – (9th) ________
twelve – (12th) ________
twenty – (20th) ________
thirty – (30th) ________

2 Escribe los números ordinales que corresponden a los números (entre paréntesis) en las siguientes frases.

1 February is the (2) ___second___ month of the year.
2 Today is my (9)________ birthday.
3 This is the (4) ________ week of the month.
4 Christmas is on the (25) ________ of December.
5 Halloween is on the (31) ________ of October.
6 Children who are eight or nine years old are in the (3) ________ grade.

3 Responde a las preguntas. Puedes buscar la respuesta en el *Diccionario Inglés Básico de Longman*.

1. What is the sixth day of the week in English? (start with Sunday) ___Friday___
2. What is the first month of the year in English? ________
3. What is the eighth month of the year in Spanish? ________
4. What is the fourth day of the week in Spanish? ________
5. What letter is at the top of the forty-first page of the dictionary? ________
6. What is the twelfth word on page 130? ________
7. On page 433, what is the first translation of *director*? ________
8. What is the second translation of *arrange* on page 15? ________
9. What is the eleventh word on page 357? ________
10. What is the last word on the twenty-third page of the dictionary? ________

4 Escribe el número ordinal correspondiente en las frases.

Five students have a race. María is the fastest, so she finishes (1) ___first___ . After María, Juan is (2) ________ .Then comes David, who is (3) ________ and Clara, who is (4) ________ . Finally, Miguel finished in last place. He was the (5) ________ person to finish.

Palabras compuestas

Muchas palabras en inglés están compuestas por dos palabras simples. Estas palabras se llaman *compound words*. Por ejemplo, la palabra *football* está compuesta de las palabras *foot* y *ball*.

1 Aquí hay 16 palabras simples que se pueden juntar para crear palabras compuestas. Únelas y escríbelas en la columna de la derecha.

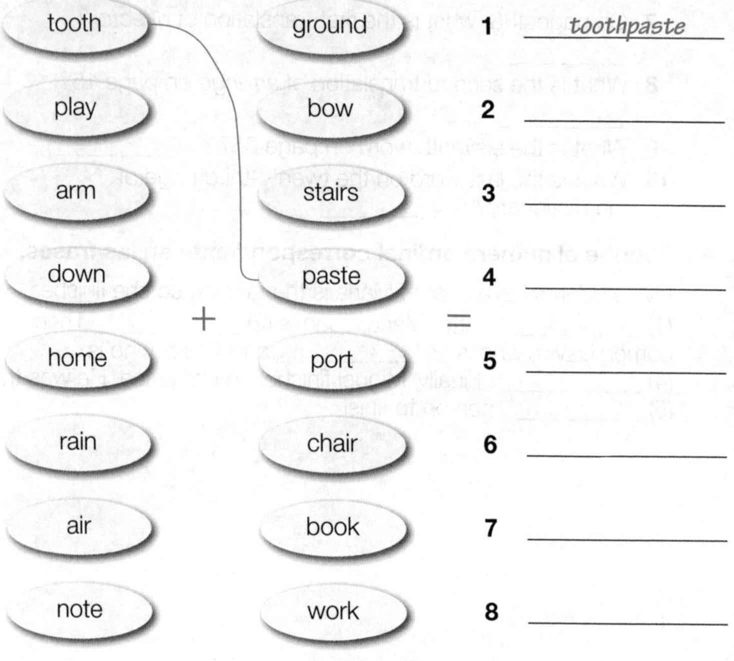

2 Ahora utiliza las palabras compuestas que has escrito en el ejercicio 1 en las siguientes frases.

1 My mother always sits in her ___armchair___ at night to watch TV.
2 Can I have the __________ to brush my teeth, please?
3 The plane leaves the __________ in 30 minutes.
4 I have some math __________ to do now, and then I can watch TV.
5 Please write the answers to the questions in your __________.
6 My bedroom is upstairs, but the kitchen is __________ in our house.
7 There are twenty-five children playing in the school __________.
8 It's raining and it's sunny! Look! There's a __________.

3 Busca palabras compuestas que empiecen con las siguientes palabras simples en el *Diccionario Inglés Básico de Longman*. Si encuentras más de un ejemplo, elige uno.

1 cook ___cookbook___
2 head __________
3 eye __________
4 fire __________
5 grand __________
6 motor __________
7 news __________
8 rail __________
9 sun __________
10 your __________

La raíz de las palabras

Muchas palabras en español e inglés vienen de la misma *raíz* (***root word***, en inglés). Esto significa que parte de la palabra es igual y ambas tienen un significado similar.

1 Une las palabras con su significado.

1	**microbio**	**a**	horno pequeño que funciona con ondas pequeñas de calor
2	**microscopio**	**b**	aparato pequeño que amplía el sonido
3	**microchip**	**c**	placa pequeña que se encuentra en aparatos electrónicos
4	**microphone**	**d**	instrumento que se utiliza para ver cosas muy pequeñas
5	**microwave**	**e**	algo pequeño que te hace enfermar

2 ¿Qué tienen en común las palabras anteriores?

____

3 ¿Qué significa 'micro'?

big small one

4 Aquí hay seis árboles con raíces y ramas. En la parte inferior está la *raíz*. Busca en el *Diccionario Inglés Básico de Longman* otras palabras que contengan la misma raíz y escribe al menos tres palabras en los espacios en blanco. Intenta incluir palabras en inglés y en español.

aqua
(agua)
(*acua-* en español)

aquarium
acuario
____

auto
(por sí mismo)

____
____
____

astro
(estrella)

____
____
____

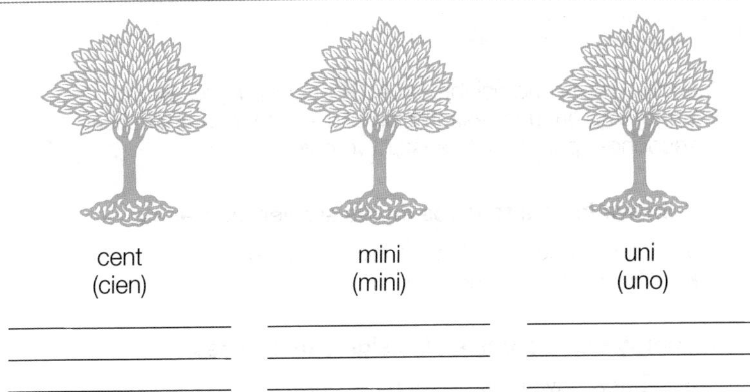

5 Ahora completa las frases con las siguientes palabras.

centimeters	autograph	unit
aquarium	minimum	astronaut

1. The ___*astronaut*___ wears a special uniform in space.
2. There are one hundred ________________ in a meter.
3. The ________________ number of players for a football team is five.
4. She was so lucky because her favorite actor gave her an ________________ .
5. We are doing a ________________ on plants in science class.
6. The fish swim in the ________________ all day.

Sustantivos y verbos

Cuando buscas una palabra en el *Diccionario Inglés Básico de Longman*, encuentras también a qué categoría gramatical corresponde, por ejemplo sustantivo o verbo.

1 Subraya los sustantivos en las siguientes frases.

a The teacher is writing on the blackboard.
b The book is on the table.

2 Subraya los verbos en las siguientes frases.

a She always runs to catch the bus.
b John likes to play football.

3 A continuación encontrarás dos listas de sustantivos y verbos. Todos tienen relación con la clase. Busca las palabras en cada sopa de letras.

W K G G L V R I R K K
X R A D D C W G O B Z
E B O L G P F I T E N
L P A D A C D C A D O
A Y G M F W V A L M W
Q S V I R J E L U E O
K I S I T D U I C Q B
R O T G U O L S L I L
A E O M C A G T A H K
Y D G L R S G E C D O
H B G D X S W N Y K D

ADD V
CALCULATOR ____
CUT ____
GLOBE ____
GLUE ____
LISTEN ____
LOOK ____
MAP ____
WRITE ____

D R O A B E T I H W R
E U S X Z S L X T R B
E P P Q A U I A Y O W
K Q E I H B C M N R N
J V N S Z T N Y R G P
E Z R W K R E V W B Y
R V E S Q A P J Q W O
A A L T Y C H W Z G Q
S N U I Q T S T U D Y
E X R C O X K A E P S
R G W K C U O O L Y G

ERASER ____
PEN ____
PENCIL ____
RULER ____
SPEAK ____
STICK ____
STUDY ____
SUBTRACT ____
WHITEBOARD ____

4 Ahora indica si cada palabra es sustantivo (S) o verbo (V). Si puede ser las dos cosas escribe (S/V).

Adjetivos y adverbios

Otras dos clases de palabras son los adjetivos y los adverbios. En las siguientes frases, *salvaje* es un adjetivo, y *rápido* es un adverbio.
El león es salvaje. *El león corre rápido.*

1 **En las siguientes frases sobre animales, marca con un círculo los** adjetivos **y subraya los** adverbios**. Puede haber más de una respuesta en cada frase. Por ejemplo:**

Snakes have long tongues.
They hiss quietly.

1 Giraffes have long necks.

2 Lions run quickly.

3 Crocodiles swim slowly through the water.

4 Tigers have sharp teeth.

5 Polar bears are large and white.

6 Parrots talk loudly.

7 Monkeys climb trees very easily.

8 Penguins are short and fat.

9 Chickens often lay eggs.

10 Owls have big, round eyes.

Adjetivos comparativos y superlativos

Comparativos

★ En español, para hacer comparaciones, se dice que una cosa es más/menos que otra. Por ejemplo: *Pedro es **más** alto que Tomás.*

★ Sin embargo, en inglés, si el adjetivo tiene una sola sílaba, lo cambiamos en vez de añadir *more*.
fast + **er** = fast**er** *A cat is **faster than** a turtle.*
Después de formar el comparativo, se añade la palabra **than**.

★ Si el adjetivo ya termina con *–e*, sólo hace falta añadirle *–r*
nice + **r** = nice**r** *My friend is **nicer than** my brother.*

★ Cuando el adjetivo lleva sólo una vocal y una consonante al final, como es el caso de *big*, se le añade otra consonante antes de añadir *–er*.
big + **g** + **er** = big**ger** *A van is **bigger than** a car.*

★ Si el adjetivo termina en *–y*, hay que cambiarla por *–i* antes de añadir *–er*.
happy –y + **i** + **er** = happ**ier**
*Mom is **happier** than we are when we clean our rooms.*

1 Escribe el comparativo de los siguientes adjetivos.

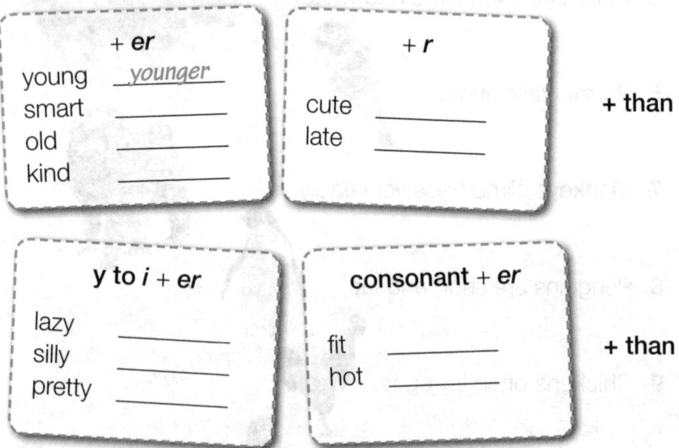

+ er
young younger
smart
old
kind
+ r
cute
late
+ than
y to i + er
lazy
silly
pretty
consonant + er
fit
hot
+ than

2 Forma frases con los adjetivos en su forma comparativa.

1 Compare an elephant and a dog. (big)
An elephant is bigger than a dog.

2 Compare Mexico City and Seattle. (rainy)
____

3 Sam is ten years old. John is twelve. Compare Sam and John. (young)
____

4 Compare a giraffe and a cat. (tall)
____

5 Compare an airplane and a taxi. (slow)
____

Superlativos

★ Los superlativos se forman de una manera muy parecida a los comparativos. Pero en vez de añadir *–er*, se añade *–est*.

fast + **est** = fast**est** nice + **st** = nice**st**
big + **g** + **est** = big**gest** happy –y + **i** + **est** = happ**iest**

★ Antes del superlativo, se añade la palabra **the**.

*Raúl is **the fastest** runner in the class.*

1 Ahora completa las frases con los adjetivos en su forma superlativa.

1 Dan is the (fast) *fastest* boy in the class.
2 Your sister is the (happy) __________ baby I have ever seen.
3 Dad is the (big) __________ person in our family.
4 María is the (nice) __________ girl in the class.
5 I need a new bike. Mine is the (old) _______ bike on our street.

2 Hay algunas excepciones a estas normas. Completa la siguiente tabla según los ejemplos.

Chocolate is **better than** potatoes.
Sam is **the best** football player in the class.

My math grade is **worse than** my English grade.
Peter is **the worst** student in the class.

adjetivo	comparativo	superlativo
good	*better*	
bad		

Comparativos con *more* y superlativos con *most*

★ Cuando el adjetivo tiene dos sílabas o más, la norma cambia.

★ Cuando es un comparativo, se utiliza ***more*** **+ el adjetivo +** ***than***.
The sofa is ***more comfortable than*** *the chair.*

★ En el caso del superlativo, se utiliza ***the most*** **+ el adjetivo**.
This is ***the most comfortable*** *bed in the house.*

1 Completa la siguiente tabla según los ejemplos.

adjetivo	comparativo	superlativo
important	more important than	the most important
generous		the most generous
beautiful		
	more intelligent than	
	more interesting than	

2 Completa las frases con las palabras de la tabla del ejercicio. Fíjate si debe ser comparativo o superlativo.

1 David always shares his snack with me. He is (generous) *the most generous* person that I know.

2 She is (beautiful) ______________________ girl in the pop group.

3 I think science is (interesting) ______________________ than math.

4 María thinks she is (intelligent) ______________________ person in the class.

Verbos irregulares

★ La mayoría de los verbos en inglés forman el pasado agregando *–ed*. Por ejemplo: walk + **ed** = walk**ed**

★ En el caso de algunos verbos terminados en –y, hay que cambiarla por *–i* antes de añadir *–ed*. Por ejemplo: worry + **i** + **ed** = worr**ied** Los verbos que cambian añadiendo *–ied* se encuentran en la entrada de la palabra.

★ Algunos verbos en inglés tienen formas irregulares en pasado y en participio. El verbo *fly*, por ejemplo, tiene como forma de pasado *flew* y como participio *flown*. Encontrarás estas formas en la entrada de *fly* y también en las entradas de *flew* y *flown*.

★ Además, hay una lista de los verbos irregulares más comunes en inglés en las páginas 641–2 del *Diccionario Inglés Básico de Longman*.

★ Si el verbo es *to be*, encontrarás las formas irregulares en la entrada de *be* y también en las entradas de *is*, *am* y *are*.

1 Clasifica los siguientes verbos según su terminación en el pasado.

play worry work take marry say
go do carry talk cry be

–ed ending	*–ied* ending	irregular
played		

Una invitación

1 Lee la invitación y completa las siguientes oraciones.

Please come to my
Halloween party!

When:
Friday, October 31st. 7 p.m. to 10 p.m.

Where:
My place – 23 Palm Tree Road, Apt 7B

What to bring:
Something sweet to share. Party music.

What to wear:
Costumes, as scary as possible!
There will be a prize for the scariest costume!

Please confirm by Monday, October 27th.
phone: 247-9376 or
email: scaryparty@myhouse.com

Hope to see you there!

Sandra

1. Sandra is having a *Halloween* party.
2. The party begins at ______________________.
3. Sandra wants people to bring ______________________.
4. People need to wear ______________________ to the party.
5. There will be a prize for ______________________.

La lista del mandado

1 Aquí hay cinco listas del mandado. Identifica qué necesita comprar cada persona y luego a qué tienda debe ir a comprarlo.

pharmacy supermarket newsstand stationery store bakery

Manolo

paper
scissors
glue
notebook

____

Sara

aspirin
cough medicine
bandages

____

Lucía

milk
rice
meat
potatoes
eggs

____

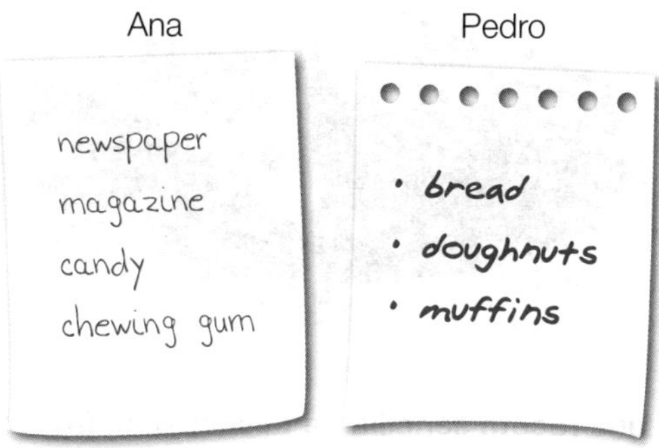

Ana
newspaper
magazine
candy
chewing gum
Pedro
• bread
• doughnuts
• muffins

________________ ________________

2 Responde a las preguntas.

1 Who needs to go to the newsstand? Ana
2 Where does Lucía need to go? ________________
3 Where does Sara need to go? ________________
4 Who needs to go to the bakery? ________________
5 Where does Manolo need to go? ________________

Adverbios: cómo hacer un sándwich

1 Ordena las frases con los números del 1 al 6. Después completa las frases con los siguientes adverbios. Más de una respuesta es posible.

first then next after that finally

Adverb			Number
________	a	Put the second piece of bread on top of the ham.	____
________	b	Put a slice of cheese on one piece of the bread.	____
________	c	Get some cheese, ham and a knife and put them on the plate.	____
________	d	Put a piece of ham on top of the cheese.	____
First	e	Take out two slices of bread. Put them on the plate.	*1*
________	f	Cut the sandwich in half with the knife.	____

2 Escribe una receta sencilla de tu sándwich favorito.

____

____

____

____

____

Escribe un email: invitación a una fiesta

1 Une las frases para responder a la invitación de Sandra de la página A26. Luego escríbelas.

Hi Sandra,

Thanks for your invitation.

1	I want to come	**a**	lots of pictures for me, please?
2	But the only problem is that	**b**	I love Halloween.
3	I'm sad because	**c**	to your party.
4	So can you take	**d**	I have to go camping with my family.

Love,
Lola

1 *I want to come to your party.* __________

2 __________

3 __________

4 __________

2 Ahora tus planes han cambiado, escribe otro correo para decirle a Sandra que sí vas a su fiesta. Esta vez, utiliza *and*, *so*, *but* y *because* para completar las frases.

and so but because

Dear Sandra,

You won't believe it (1) *but* now I can come to your party! It is going to rain (2) __________ our camping trip has been canceled!

I won't tell you what I am wearing (3) __________ I want it to be a surprise. My costume is really scary (4) __________ Sue's costume is scary too!

See you on Friday,
Lola

Las exclamaciones

1 Indica cuál de estas exclamaciones se emplea en cada situación. Escribe la letra de las expresiones al lado de cada frase.

A Cool! You are so lucky!

B Aha! There it is!

C Oops! I'm really sorry.

D Yuck! How can you eat that?

E Great! Let's go!

F Keep out!

G Ouch! That hurts!

H Hooray! We won!

I Hey! That wasn't nice!

J Incredible! No way!

1 Te ofrecen un queso que huele mal. D

2 La enfermera del colegio te pone una inyección. ____

3 Le preguntas a un amigo si quiere ir al cine y te dice que sí. ____

4 Tu hermana se come tu último trozo de chocolate. ____

5 Se te cae el reloj de tu amigo y se rompe. ____

6 No quieres que nadie entre en tu recámara y pones esto en la puerta. ____

7 Estás buscando tu libro de matemáticas y lo encuentras debajo de la cama. ____

8 Estás jugando un partido y tu equipo gana. ____

9 A tu amiga no le gustan los deportes y odia correr. Ella gana una carrera escolar. ____

10 Tu amigo va a ver a tu estrella del pop favorita. ____

Gustos y preferencias

1 Ordena estas frases, siendo (1) lo que más te gusta y (6) lo que menos te gusta.

It's ok. ___4___
I like it. _____
I hate it. _____
I like it a lot. _____
I don't really like it. _____
I love it. _____

Encuentro con un amigo

1 Todas estas expresiones están relacionadas con el verbo *gustar*. Colócalas en el siguiente diálogo.

Would you like to come?

I prefer …

Nice to see you!

… like the same music.

Good to meet you.

Alex y Javier se encuentran por la calle. Javier va con otro amigo, Sam.

Alex: Hey, Javier! How are you doing? (1) ________________
Javier: Hi, Alex. Good to see you, too. This is my friend, Sam.
Alex: Hi, Sam, (2) ____________________________ .
Sam: Good to meet you, too.
Alex: I am going home to listen to my new CD.
(3) ____________________________ .
Javier: What do you say, Sam? I think you'll like it. Alex and I
(4) ____________________________ .
Sam: No, thanks, (5) ____________________________
watching movies to listening to music. Enjoy the music!

La hora

1 Une las horas con los relojes.

1 10:25 (ten twenty-five/ twenty-five past ten) — **a**

2 5:30 (five thirty/half past five) — **b**

3 2:15 (two fifteen/quarter past two) — **c**

4 3:40 (three forty/twenty to four) — **d**

5 9:10 (nine ten/ten past nine) — **e**

6 7:00 (seven/seven o'clock) — **f**

2 Observa las horas y completa las oraciones.

My day

1 I get up at  *seven fifteen/ quarter past seven*.

2 I have breakfast at  ____________ ____________.

3 I go to school at  ____________ ____________.

4 I ____________ at  ____________ ____________.

5 I ____________ at  ____________ ____________.

6 I ____________ at  ____________ ____________.

El calendario

1 Trabaja con un compañero. Lee el calendario de Sergio. Pregunta qué es lo que va a hacer Sergio los días en rojo. Pídele a tu compañero que responda a tus preguntas.

Sergio's Calendar for February

Monday	Tuesday	Wednesday	Thursday	Friday		Sunday
1	2		4	5 Football practice	6 Pepe's birthday party	7
8 tennis	9	10	11	dentist	13	14
15 no school	16 go to the movies	17	18	19 Grandma's house	San Diego	21 San Diego
22 shopping	23	24	25	26 meet Manolo	27	28

Por ejemplo:

A: What is Sergio going to do on Friday, February 5?

B: He is going to go to football practice.

Soluciones a los ejercicios

Cómo buscar palabras

Ejercicio 1
1 A; **2** A; **3** I-E; **4** A; **5** A; **6** A; **7** A; **8** I-E; **9** E-I; **10** A

Ejercicio 2
1 bookstore; **2** factory; **3** to answer; **4** clothes

Ejercicio 3
1 biblioteca; **2** tela; **3** concurso; **4** cuerda

Orden alfabético

Ejercicio 1
A–G: elbow; foot; eye; back; finger; arm **H–M:** knee; leg; mouth; hand
N–S: neck; shoulder **T–Z:** wrist; toe

wrist – muñeca; elbow – codo; eye – ojo; neck – cuello; back – espalda; knee – rodilla; toe – dedo; foot – pie; leg – pierna; mouth – boca; shoulder – hombro; arm – brazo; hand – mano; finger – dedo

Ejercicio 2
I-E: bedroom; family; pasta; picture; talk; wait
E-I; curva; edificio; invierno; norte; pulpo; rana

Ejercicio 3
tan; tener; torre; trigo; turista
day; deep; dinner; dog; drink

Ejercicio 4
faltar–feliz: favor; fecha
finalista–forma: firmar; flan
fuego–fugarse: fuera; fuerza
darkness–decode: dear; December
deposit–did: describe; desk
do–down: doll; double

Acepciones

Ejercicio 1
1 partido; **2** cerillo

Ejercicio 2
1 box; **2** cash register

Ejercicio 3
1 1; **2** 2; **3** 2; **4** 1; **5** 3; **6** 2; **7** 1; **8** 2; **9** 1; **10** 1; **11** 3

Ejercicio 4
1 C; **2** A; **3** C; **4** B; **5** A; **6** C; **7** A; **8** C

Plurales

1 shops; **2** foxes; **3** children; **4** parties; **5** men; **6** eyes; **7** days; **8** watches; **9** women; **10** stories

La ropa

Across: 1 suit; **4** belt; **6** shoes; **8** skirt; **10** jacket
Down: 1 shorts; **2** dress; **3** tie; **5** boots; **7** shirt; **9** cap

La comida

Ejercicio 1
Vegetables: carrots, onion, lettuce
Fruit: peach, grapes, watermelon, orange
Dairy products: milk, yogurt, cheese, butter

Cereal: pasta, rice
Meat and eggs: eggs, beef, chicken

Medios de transporte

Ejercicio 1
car, truck, motorcycle, moped/scooter, bicycle/bike, bus, van, bus, airplane/plane, helicopter, boat, train, ship, ferry, subway

Ejercicio 2
Land: car, truck, motorcycle, moped/scooter, bicycle/bike, bus, van, bus, train, subway
Sea: ship, ferry, boat
Air: airplane/plane, helicopter

Ejercicio 3
1 car; **2** airplane/plane; **3** ferry; **4** bus; **5** van

La ciudad

People: firefighter, police officer, doctor, salesperson
Places: theater, restaurant, library, hospital, street, school, shopping center, park, train station, post office
Things: traffic light, mailbox, cross walk, sidewalk

Números ordinales

Ejercicio 1
first, second, third, fifth, eighth, ninth, twelfth, twentieth, thirtieth

Ejercicio 2
1 second; **2** ninth; **3** fourth; **4** twenty-fifth; **5** thirty-first; **6** third

Ejercicio 3
1 Friday; **2** January; **3** agosto; **4** jueves; **5** C; **6** haste; **7** principal; **8** arreglar; **9** aplaudir; **10** basin

Ejercicio 4
first, second, third, fourth, fifth

Palabras compuestas

Ejercicio 1
toothpaste, playground, armchair, downstairs, homework, rainbow, airport, notebook

Ejercicio 2
1 armchair; **2** toothpaste; **3** airport; **4** homework; **5** notebook; **6** downstairs; **7** playground; **8** rainbow

Ejercicio 3
Más de una respuesta es posible.

La raíz de las palabras

Ejercicio 1
1 e; **2** d; **3** c; **4** b; **5** a

Ejercicio 2
La raíz es igual.

Ejercicio 3
small

Ejercicio 4
Más de una respuesta es posible.

Ejercicio 5
1 astronaut; **2** centimeters; **3** minimum; **4** autograph; **5** unit; **6** aquarium

Sustantivos y verbos

Ejercicio 1
a teacher, blackboard; **b** book, table

Ejercicio 2
a runs, catch; **b** likes, play

Ejercicio 4
S: calculator, eraser, globe, map, pen, pencil, ruler, whiteboard
V: add, listen, speak, subtract, write
S/V: cut, glue, look, stick, study

Adjetivos y adverbios

1 long *adj*; **2** quickly *adv*; **3** slowly *adv*; **4** sharp *adj*; **5** large, white *adj*;
6 loudly *adv*; **7** very *adj*, easily *adv*; **8** short, fat *adj*; **9** often *adv*; **10** big, round *adj*

Adjetivos comparativos y superlativos

Ejercicio 1
younger; smarter; older; kinder
cuter; later
lazier; sillier; prettier
fitter; hotter

Ejercicio 2
1 An elephant is bigger than a dog.
2 Seattle is rainier than Mexico City.
3 Sam is younger than John.
4 A giraffe is taller than a cat.
5 A taxi is slower than an airplane.

Superlativos

Ejercicio 1
1 Dan is the fastest boy in the class.
2 Your sister is the happiest baby I have ever seen.
3 Dad is the biggest person in our family.
4 María is the nicest girl in the class.
5 I need a new bike. Mine is the oldest bike on our street.

Ejercicio 2
good; better than; the best
bad; worse than; the worst

Comparativos con *more* y superlativos con *most*

Ejercicio 1
important; more important than; the most important
generous; more generous than; the most generous
beautiful; more beautiful than; the most beautiful
intelligent; more intelligent than; the most intelligent
interesting; more interesting than; the most interesting

Ejercicio 2

1 David always shares his snack with me. He is the most generous person that I know.
2 She is the most beautiful girl in the pop group.
3 I think science is more interesting than math.
4 María thinks she is the most intelligent person in the class.

Verbos irregulares

***–ed* ending:** play; work; talk ***–ied* ending:** worry; marry; carry; cry
irregular: take, say, go, do, be

Una invitación

1 Halloween; **2** 7 p.m.; **3** something sweet to share and party music;
4 costumes; **5** the scariest costume

La lista del mandado

Ejercicio 1

Manolo – stationery store; Sara – pharmacy; Lucia – supermarket;
Ana – newsstand; Pedro – bakery

Ejercicio 2

1 Ana; **2** supermarket; **3** pharmacy; **4** Pedro; **5** stationery store

Adverbios: cómo hacer un sándwich

Ejercicio 1

1 First **e**; **2** then/next/after that **c**; **3** then/next/after that **b**; **4** then/next/after that **d**;
5 then/next/after that **a**; **6** Finally **f**

Ejercicio 2

Más de una respuesta es posible.

Escribe un email

Ejercicio 1

1 c; **2** d; **3** b; **4** a

Ejercicio 2

1 but; **2** so; **3** because; **4** and

Las exclamaciones

1 D; **2** G; **3** E; **4** I; **5** C; **6** F; **7** B; **8** H; **9** J; **10** A

Gustos y preferencias

1 I love it; **2** I like it a lot; **3** I like it; **4** It's ok; **5** I don't really like it; **6** I hate it

Encuentro con un amigo

1 Nice to see you!; **2** good to meet you; **3** Would you like to come?;
4 … like the same music; **5** I prefer …

La hora

Ejercicio 1

1 d; **2** a; **3** b; **4** c; **5** f; **6** e

Ejercicio 2

1 I get up at seven fifteen/a quarter past seven
2 I have breakfast at seven thirty/half past seven
3 I go to school at eight/eight o'clock
4 I have lunch at one/one o'clock
5 I go home at four thirty/half past four
6 I go to bed at nine thirty/half past nine

Fruit/Frutas

apple
manzana

pear
pera

tangerine
mandarina

lemon
limón
amarillo

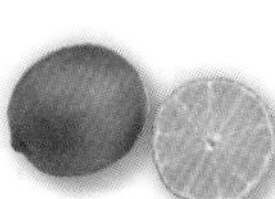
lime
limón (verde)

grapes
uvas

melon
melón

pineapple
piña

peach
durazno

apricot
chabacano

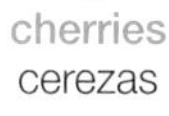
cherries
cerezas

banana
plátano

grapefruit
toronja

watermelon
sandía

figs
higos

orange
naranja

mango
mango

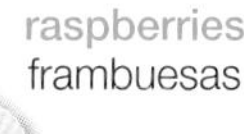

raspberries
frambuesas

strawberries
fresas

blackberries
zarzamoras

avocado
aguacate

almonds
almendras

date
dátil

walnut
nuez

peanut
cacahuate

coconut
coco

Vegetables/Verduras

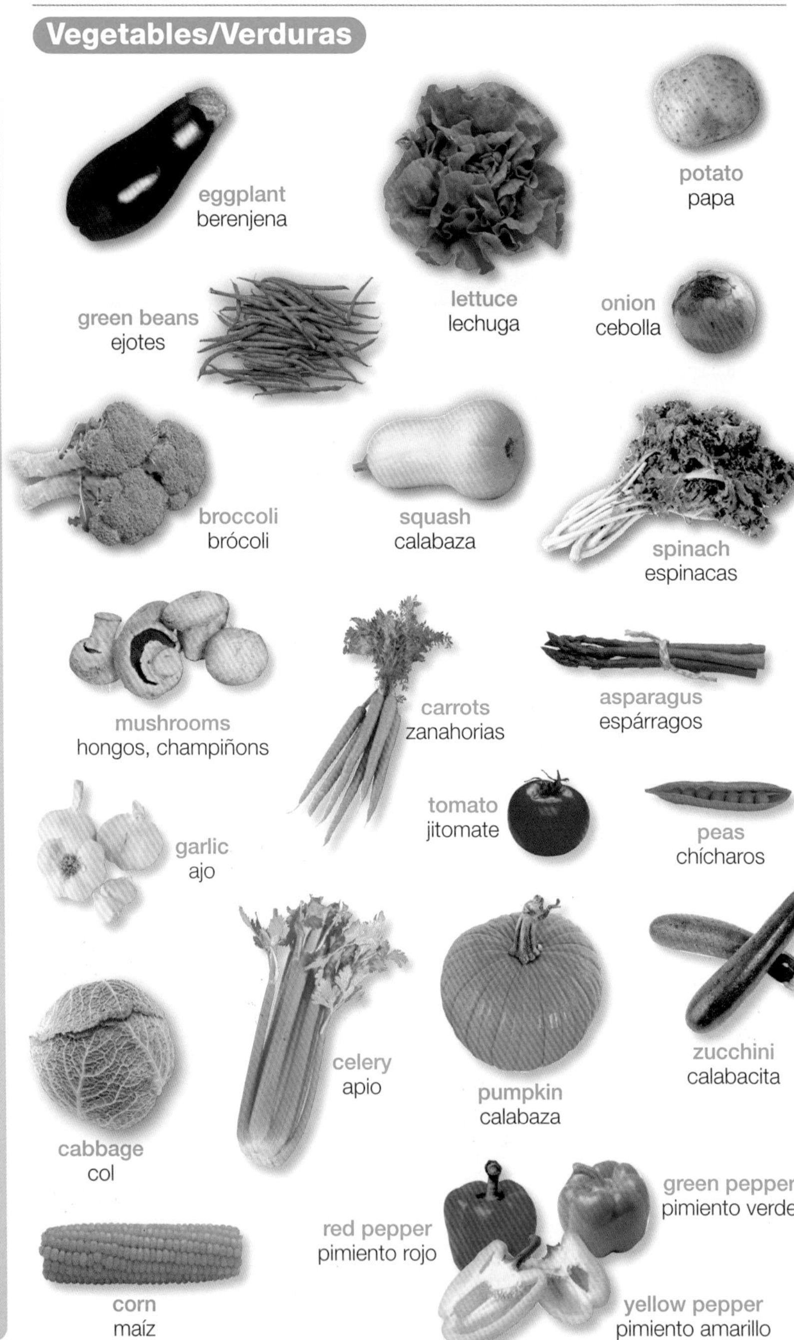
eggplant
berenjena
lettuce
lechuga
potato
papa
green beans
ejotes
onion
cebolla
broccoli
brócoli
squash
calabaza
spinach
espinacas
mushrooms
hongos, champiñons
carrots
zanahorias
asparagus
espárragos
tomato
jitomate
peas
chícharos
garlic
ajo
celery
apio
pumpkin
calabaza
zucchini
calabacita
cabbage
col
green pepper
pimiento verde
red pepper
pimiento rojo
corn
maíz
yellow pepper
pimiento amarillo

Sports/Deportes

skiing
esquí

cycling
ciclismo

skating
patinaje

surfing
surf

swimming
natación

tennis
tenis

volleyball
volibol

basketball
basquetbol

karate
karate

snowboarding
snowboard

soccer
futbol

windsurfing
windsurf

Clothes/Ropa

jacket
chamarra
skirt
falda
tie
corbata
dress
vestido
suit
traje
belt
cinturón
shirt
camisa
T-shirt
playera
coat
abrigo
sweatshirt
sudadera
shorts
short
jeans
jeans
sweatsuit
pants

swimsuit
traje de baño
(de mujer)
swim trunks
traje de baño
(de hombre)
pajamas
pijama
sweater
suéter
jacket
chamarra
hat
gorro
gloves
guantes
cap
gorra, cachucha
scarf
bufanda
sneakers
tenis
boots
botas
shoes
zapatos
sandals
sandalias
slippers
pantuflas
thongs
chanclas

Animals/Animales

Wild animals/Animales salvajes

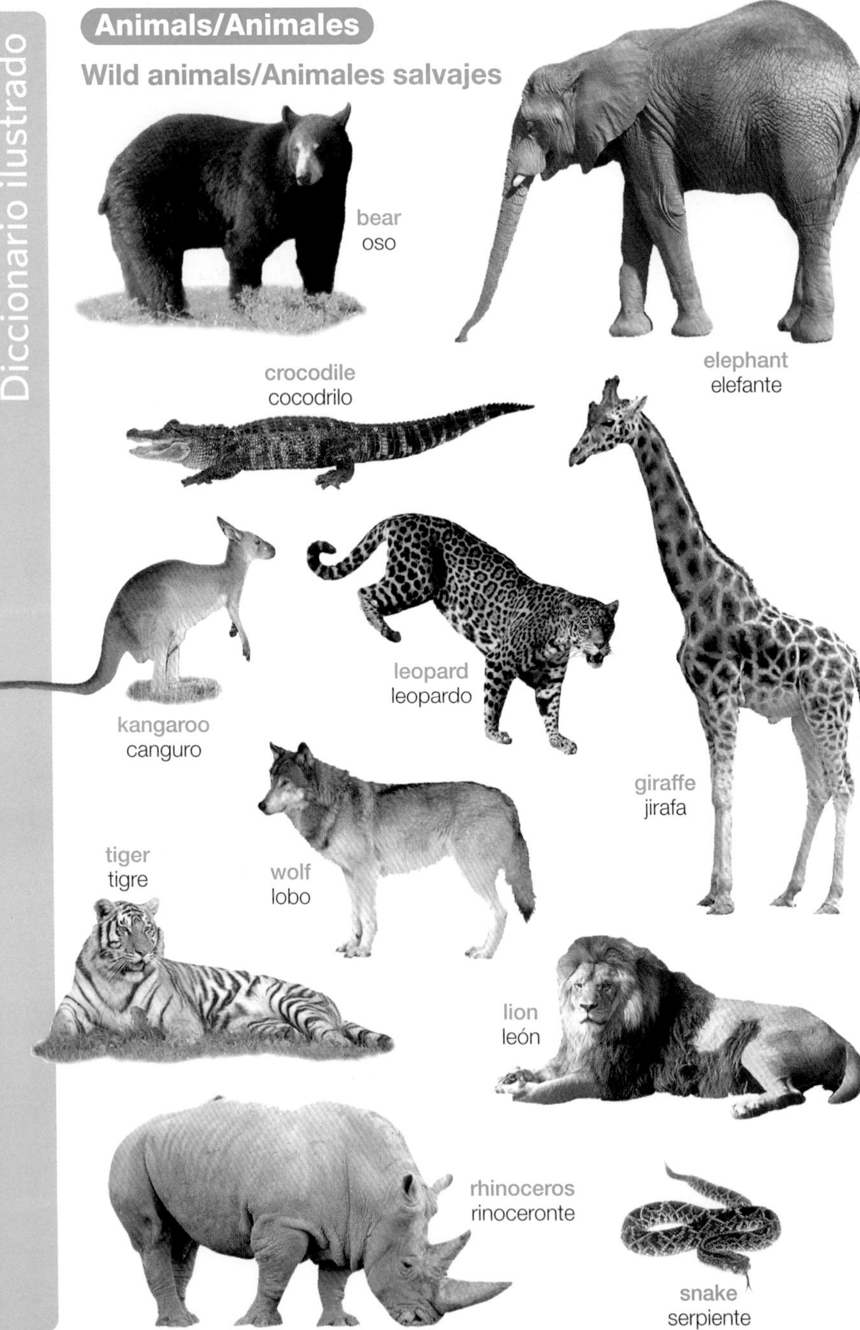

Farm animals/Animales de granja

horse
caballo

turkey
pavo

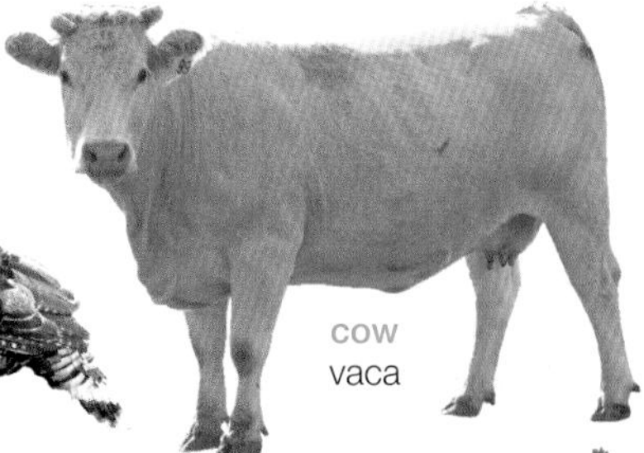

cow
vaca

chicken
pollo

goat
cabra

sheep
oveja

rabbit
conejo

Birds/Aves

parrot
perico

penguin
pingüino

owl
búho

swan
cisne

eagle
águila

Pets/Mascotas

hamster
hámster

cat
gato

goldfish
pescadito de colores

dog
perro

Transport/Transporte

car
coche

truck
camión

motorcycle
moto

moped/scooter
bicimoto/escúter

bicycle/bike
bicicleta

bus
camión

van
camioneta

bus
autobús

airplane/plane
avión

helicopter
helicóptero

boat
barco

train
tren

ship
barco

ferry
transbordador

subway
metro

School/Colegio

pen
pluma atómica

eraser
goma (de borrar)

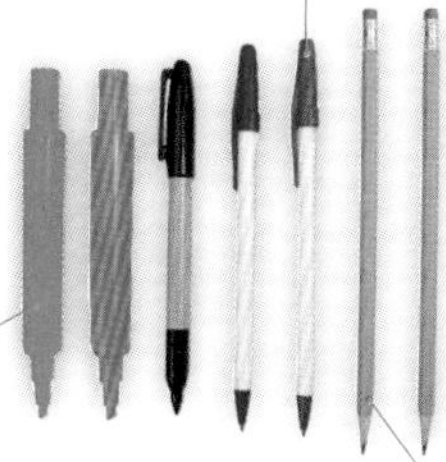

marker
plumón

blackboard
pizarrón

pencil
lápiz

notebook
cuaderno

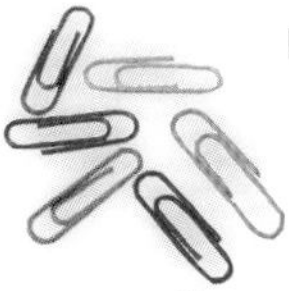

paper clip
clip

whiteboard
pizarrón blanco

ruler
regla

book
libro

wastebasket
papelera

calculator
calculadora

glue
pegamento

colored pencils
lápices de colores

globe
globo
terráqueo

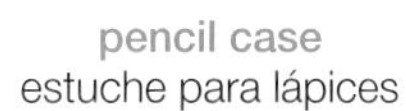

pencil case
estuche para lápices

crayons
crayolas®

stapler
engrapadora

scissors
tijeras

map
mapa

pencil sharpener
sacapuntas

Weather/Tiempo

fog
niebla

snow
nieve

clouds
nubes

wind
viento

rainbow
arco iris

lightning
relámpagos

winter
invierno

spring
primavera

summer
verano

fall/autumn
otoño

Technology/Tecnología

laptop/ notebook
computadora portátil, laptop

scanner
escáner

printer
impresora

computer
computadora

games console
consola de juegos

camera
cámara

CD-ROM
CD-ROM

iPod®
iPod®

DVD player
lector de DVD

DVD
DVD

cell phone
teléfono celular

webcam
webcam

GPS
GPS

headphones
auriculares

People/Personas

baby
bebé

child
niño, niña

teenager
adolescente

adult
adulto

senior
persona de la tercera edad

Hairstyles/Peinados

curly
rizado

straight
lacio

braids
trenzas

pigtails
coletas

short
corto

long
largo

ponytail
cola de caballo

Musical instruments/Instrumentos musicales

Body/Cuerpo

fingers
dedos
thumb
pulgar
wrist
muñeca
hand
mano
head
cabeza
shoulder
hombro
elbow
codo
arm
brazo
chest
pecho
stomach
estómago
waist
cintura
hip
cadera
leg
pierna
knee
rodilla
toes
dedos (del pie)
foot
pie
Face/Cara
forehead
frente
eyebrow
ceja
eyelashes
pestañas
eye
ojo
ear
oreja
lip
labio
nose
nariz
teeth
dientes
cheek
mejilla
neck
cuello
mouth
boca
chin
barbilla

Verbs of movement/Verbos de movimiento

1 wardrobe ropero
2 mirror espejo
3 dresser cómoda
4 rug tapete
5 bed cama
6 bedside table buró
7 shower regadera
8 towel toalla
9 sink lavabo
10 faucet llave (de agua)
11 toilet excusado
12 bathtub tina
13 window ventana
14 toaster tostador
15 sink fregadero
16 stove estufa
17 refrigerator refrigerador
18 cabinet armario
19 oven horno
20 chair silla
21 table mesa
22 picture cuadro
23 TV televisión
24 fireplace chimenea
25 shelf repisa
26 window ventana
27 curtains cortinas
28 coffee table mesa de centro
29 armchair sillón
30 sofa sofá

A a

A, **a** *sustantivo*

A, **a**: *"American" se escribe con A mayúscula.* "American" is written with a capital A.

a *preposición*

1 (dirección) **to**: *Nos vamos al club.* We are going to the club. | *el vuelo a Mérida* the flight to Mérida

2 (intención, finalidad) **to**: *Voy a comprar leche.* I'm going out to buy some milk.

3 (con horas) **at**: *Se despertó a las ocho.* She woke up at eight.

4 (con edades) **at**: *A los diez años ya era famoso.* At ten he was already famous.

5 (con precios) **at**: *Tienen playeras a $5.* They have T-shirts at $5.

6 (con velocidades) **at**: *Iban a 100 km por hora.* They were going at 100 km an hour.

7 a la semana/a los dos días etc. a week later/two days later etc.: *A los tres días estaba listo.* It was ready three days later.

8 (con distancias) *Está a 50 km de Veracruz.* It's 50 km from Veracruz.

9 (en resultados deportivos) *Ganamos 2 a 1.* We won 2-1.

10 (en complementos verbales) *Invitaron a Matías.* They invited Matías. | *Le di las llaves a mamá.* I gave Mom the keys./I gave the keys to Mom. ▶ Las expresiones como **al sur**, **a mano**, **a la derecha**, etc. están tratadas bajo el sustantivo correspondiente.

abajo *adverbio & preposición*

1 (posición, dirección) **acá abajo/allá abajo down here/down there**: *Ponlo allá abajo.* Put it down there. | **para abajo down**: *Si miro para abajo, me da vértigo.* If I look down, I get dizzy.

2 (en una casa, un edificio) **downstairs**: *El baño está abajo.* The bathroom is downstairs. | *¿Vamos abajo a ver la tele?* Let's go downstairs and watch television.

3 abajo de la mesa/del ropero etc. under the table/the wardrobe etc.: *Lo puse abajo de la cama.* I put it under the bed.

abandonado, **-a** *adjetivo*

(casa, pueblo, persona) **abandoned**

abandonar *verbo*

1 (a una persona) **to abandon**

2 abandonar los estudios to drop out of school/college etc.: *Abandonó los estudios para ponerse a trabajar.* She dropped out of college in order to go to work.

abanico *sustantivo*

fan

abdominal *adjetivo*

abdominal

abdominales *sustantivo plural*

sit-ups: *Hace abdominales todas las mañanas.* She does sit-ups every morning.

abecedario *sustantivo*

alphabet

abedul *sustantivo*

1 (árbol) **birch** (plural **birches**)

2 (madera) **birch**

abeja *sustantivo*

bee

abierto, **-a** *adjetivo*

1 open: *La puerta estaba abierta.* The door was open. | *Está abierto hasta las ocho.* It's open till eight.

2 (referido a llaves del agua) **on**: *La llave está abierta.* The faucet is on.

3 (sin abotonar o cerrar) **undone**: *Tienes el cierre abierto.* Your zipper is undone.

abogado, **-a** *sustantivo*

lawyer, **attorney**: *Su mamá es abogada.* His mother is a lawyer.

abolladura *sustantivo*

dent

abollar *verbo*

to dent

abollarse to get dented: *Se me abolló la puerta.* The door got dented.

A

abonar *verbo*
1 (fertilizar) **to fertilize**
2 (pagar) **to pay**

abono *sustantivo*
1 (fertilizante) **fertilizer**
2 (para eventos deportivos, para conciertos, etc.) **season ticket** | **sacar un abono to buy a season ticket**

abordar *verbo*
(una embarcación, un avión) **to board**

aborrecer *verbo*
to hate: *Mi papá aborrece las telenovelas.* My father hates TV soaps.

abotonar *verbo*
to button up: *¿Me abotonas el vestido?* Can you button up my dress?
abotonarse to button up: *Abotónate la camisa.* Button up your shirt.

abrazar *verbo*
(a una persona) **to hug**: *Abrazó a su mamá.* She hugged her mother.
abrazarse (dos o más personas) **to hug each other**: *Se abrazaron con fuerza.* They hugged each other tightly.

abrazo *sustantivo*
1 hug: *Ven y dame un abrazo.* Come here and give me a hug.
2 (al final de una carta) *Un abrazo, Juan.* All the best, Juan./Love, Juan. ▶ **Love** es más afectuoso que **All the best**

abrelatas *sustantivo*
can opener

abreviatura *sustantivo*
abbreviation: *"Sr." es la abreviatura de "señor".* "Sr." is the abbreviation of "señor".

abridor *sustantivo*
bottle opener

abrigar *verbo*
(dar calor) **to be warm**: *Este saco no abriga nada.* This jacket isn't warm at all.
abrigarse: **abrigarse bien to wrap up warm**: *Abríguense bien si van al partido.* Wrap up warm if you're going to the match.

abrigo *sustantivo*
(prenda de vestir) **coat**: *Me quité el abrigo.* I took my coat off.

abril *sustantivo*
April: *Los vimos en abril.* We saw them in April.

abrir *verbo*
1 to open ▶ Esta traducción es válida en la mayoría de los contextos, tanto para *abrir* como para *abrirse*: *¿Le importa si abro la ventana?* Do you mind if I open the window? | *Abre la boca.* Open your mouth. | *¿A qué hora abre la biblioteca?* What time does the library open? | *Se abrió la puerta.* The door opened.
2 (referido a llaves del agua) **to turn on**: *Abre la llave.* Turn the faucet on.
3 (referido a cierres) **to come undone**: *Se te abrió el cierre.* Your zipper has come undone.

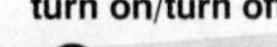
turn on/turn off

turn on

turn off

abrochar *verbo*
1 abrochar un botón to button
2 abrocharle el saco/la camisa a alguien to button someone's coat/shirt up: *¿Me abrochas el vestido?* Can you do my dress up for me?
abrocharse: **abrocharse la camisa/el pantalón to button your shirt/your pants**: *Abróchate el saco.* Do your coat up.

absolutamente *adverbio*
absolutely: *Estoy absolutamente segura.* I'm absolutely sure.

absoluto, -a *adjetivo*
1 un éxito absoluto a total success | **un absoluto desastre an absolute disaster**
2 en absoluto not at all: *–¿Está cansado? –En absoluto.* "Are you tired?" "Not at all."

absorber *verbo*
to absorb

abstracto, -a *adjetivo*
(concepto, idea, arte) **abstract**

absurdo, -a *adjetivo*
absurd

abuelito, -a *sustantivo* ▶ ver **abuelo**

abuelo, -a *sustantivo*
abuelo grandfather abuela grandmother abuelos (abuelo y abuela) **grandparents** ▶ Existen términos más coloquiales y cariñosos como **grandpa** para abuelo y **grandma** para abuela: *Mi abuela nos contó un cuento.* My grandma told us a story.

abundante *adjetivo*
abundante comida/agua etc. **plenty of food/water etc.**

aburrido, -a *adjetivo*
1 (que se aburre) **bored**: *Estoy aburrida.* I'm bored. | **estar aburrido -a de hacer algo** **to be sick of doing something**: *Estaban aburridos de mirar la televisión.* They were sick of watching television.
2 (que aburre) **boring**: *una clase aburrida* a boring class | *una película aburridísima* a very boring movie

aburrimiento *sustantivo*
boredom | **morirse de aburrimiento** **to be bored to tears**: *En el pueblo nos morimos de aburrimiento.* We get bored to tears in the village.

aburrir *verbo*
to bore: *Me aburren las películas de guerra.* War films bore me.
aburrirse
1 to get bored: *Me aburro en la casa de la abuela.* I get bored at grandma's house.
2 aburrirse de hacer algo **to get fed up with doing something**: *Me aburrí de ver la tele.* I got fed up with watching TV.

abusado, -a *adjetivo*
1 (listo) **smart**
2 ponerse abusado -a **to watch out**
3 ¡abusado! **Watch out!**

abuso *sustantivo*
ser un abuso **to be totally unreasonable**: *$50 la entrada es un abuso.* $50 for a ticket is totally unreasonable.

acá *adverbio*
here: *Vamos a sentarnos acá.* Let's sit here. | *Acá están tus llaves.* Here are your keys. | **acá abajo/arriba** **down here/up here**: *Súbete acá arriba.* Climb up here. | **acá adentro/afuera** **in here/out here**: *Acá afuera hay mosquitos.* There are mosquitoes out here.

acabar *verbo*
1 acabar de hacer algo (haberlo hecho recientemente) **to have just done something**: *Acabo de verlo.* I've just seen him.
2 acabar haciendo algo/por hacer algo **to end up doing something**: *Acabó trabajando de mesero.* He ended up working as a waiter.
3 (terminar) **to finish**: *Cuando acabes, avísame.* When you finish, let me know.
acabarse: **se acabó el pan/el café** **there isn't any bread/coffee left** | **se acabaron los chocolates/las galletitas** **there aren't any chocolates/cookies left**: *Se habían acabado los boletos.* There weren't any tickets left. | **se me/le/nos acabó el dinero etc** **I/he/we ran out of money etc**: *Si se te acaban los sobres, usa éstos.* If you run out of envelopes, use these.

academia *sustantivo*
1 (instituto privado) **school**
2 (sociedad de artes, letras, etc.) **academy**

académico, -a *adjetivo*
academic

acampar *verbo*
to camp: *Acampamos cerca del río.* We camped near the river. | **ir a acampar** **to go camping**

acariciar *verbo*
1 (mejilla, cabello, etc.) **to stroke**
2 (animal) **to pet**: *Se agachó para acariciar al gato.* She bent down to pet the cat.

acaso *adverbio*
por si acaso **just in case**: *Llévate un suéter por si acaso.* Take a sweater just in case.

acceder, también **accesar** *verbo*
acceder a una cuenta/una base de datos (en computación) **to access an account/a database**

accesible *adjetivo*
(precio, producto) **affordable**

accidente *sustantivo*
accident: *Tuvo un accidente de coche.* She had a car accident.
accidente aéreo/de avión **plane crash**
accidente de tránsito **road accident**

acción *sustantivo*
(actividad) **action**: *películas de acción* action movies

acebo *sustantivo*
holly

aceite *sustantivo*
(para cocinar y en mecánica) **oil**
aceite de oliva **olive oil**

aceituna *sustantivo*
olive

acelerador *sustantivo*
accelerator

acelerar *verbo*
(manejando) **to accelerate**

acento *sustantivo*
1 (ortográfico) **accent**: *"Examen" no lleva acento.* There's no accent on the word "examen".
2 (pronunciación) **accent**: *Habla con acento francés.* He speaks with a French accent.

A

acentuar *verbo*
(al escribir) **se acentúa/no se acentúa it has an accent/it doesn't have an accent**

aceptable *adjetivo*
acceptable

aceptar *verbo*
1 (una oferta, un regalo, etc.) **to accept**: *Me invitaron a ir con ellos y acepté.* They invited me to go with them and I accepted.
2 (admitir) **to admit**: *Finalmente aceptó que se había equivocado.* Finally, he admitted that he'd made a mistake.

acera *sustantivo*
sidewalk AmE, **pavement** BrE

acerca de *preposición*
about: *Hay muchos libros acerca de este tema.* There are many books about this subject.

acercar *verbo*
acercar algo a algo to move something closer to something: *Acerca el sofá a la ventana.* Move the sofa closer to the window.
acercarse
1 (a algo o alguien) **to get close**: *No te acerques tanto al televisor.* Don't get so close to the television.
2 acercársele a alguien (para hablarle, etc.) **to go up to someone, to come up to someone**: *Se nos acercó y nos preguntó la hora.* He came up to us and asked the time.
3 (en el tiempo) **to approach**: *Ya se acercan los exámenes.* The exams are approaching.

acero *sustantivo*
steel
acero inoxidable stainless steel

acertar *verbo*
1 (adivinar) **to guess**
2 acertar en una respuesta to get an answer right

achicarse *verbo*
(encoger) **to shrink**: *La camiseta se achicó al lavarla.* The T-shirt shrank in the wash.

ácido *sustantivo*
(en química) **acid**

acierto *sustantivo*
(respuesta correcta) **correct answer**: *¿Cuántos aciertos tuviste?* How many correct answers did you get?

aclarar *verbo*
1 (explicar) **to clear up**: *Quisiera aclarar algunos puntos.* I'd like to clear up a few points.
2 (despejarse) **to clear up**: *Parece que va a aclarar.* It looks as if it's going to clear up.

acné *sustantivo*
acne: *Tiene acné.* He has acne.

acomodado, **-a** *adjetivo*
(adinerado) **well-off**: *una familia acomodada* a well-off family

acomodar *verbo*
to put: *Acomoda los juguetes en los estantes.* Put the toys on the shelves.

acompañar *verbo*
1 (ir con) **to go with**: *El perro lo acompaña a todas partes.* His dog goes everywhere with him. ▶ Para pedirle a alguien que te acompañe a algún lado se usa **to come** en lugar de **to go**: *¿Me acompañas al supermercado?* Will you come to the supermarket with me?
2 (a un cantante o músico) **to accompany**: *Daniel nos acompañó con la guitarra.* Daniel accompanied us on the guitar.

acondicionado ▶ ver **aire**

acondicionador *sustantivo*
(para el pelo) **conditioner**

aconsejar *verbo*
to advise | **aconsejarle a alguien que haga algo to advise someone to do something**: *Nos aconsejaron que llegáramos temprano.* They advised us to get there early.

acontecimiento *sustantivo*
event: *un acontecimiento histórico* a historic event

acordarse *verbo*
1 to remember: *–¿Dónde lo pusiste? –No me acuerdo.* "Where did you put it?" "I can't remember."
2 acordarse de algo o alguien to remember something or someone: *¿Te acuerdas de Gabi?* Do you remember Gabi?
3 acordarse de hacer algo to remember to do something: *Acuérdate de traerme los libros.* Remember to bring me the books.

acordeón *sustantivo*
accordion

acortar *verbo*
acortar un vestido/una falda etc to shorten a dress/a skirt etc

acostado, **-a** *adjetivo*
1 (en la cama) **in bed**: *Estaban todos acostados.* They were all in bed.
2 estar acostado -a en el piso/en el pasto etc. to be lying on the floor/on the grass etc.: *Estaba acostada en el sofá leyendo un libro.* She was lying on the sofa reading a book.

acostarse *verbo*
1 (en la noche) **to go to bed**: *Anoche me acosté tarde.* I went to bed late last night.
2 (echarse) **to lie down**: *Me voy a acostar un rato.* I'm going to lie down for a while.

acostumbrado, **-a** *adjetivo*
estar acostumbrado -a a algo o a hacer algo to be used to something or to doing something: *Estamos acostumbrados a sus bromas.* We're used to his jokes. | *El equipo está acostumbrado a ganar.* The team is used to winning.

acostumbrarse *verbo*
acostumbrarse a algo o a hacer algo to get used to something or to doing something: *No me puedo acostumbrar al nuevo uniforme.* I can't get used to the new uniform. | *Me acostumbré a levantarme temprano.* I got used to getting up early.

acrobacia *sustantivo*
hacer acrobacias to do acrobatics

acróbata *sustantivo*
acrobat

actitud *sustantivo*
attitude: *su actitud hacia sus padres* his attitude to his parents

actividad *sustantivo*
activity (plural **-ties**)

activo, **-a** *adjetivo*
active: *una mujer muy activa* a very active woman

acto *sustantivo*
1 (acción) **act**: *un acto de valor* an act of bravery
2 (ceremonia) **ceremony** (plural **-nies**): *el acto de inauguración* the opening ceremony
3 (de una obra de teatro) **act**

actor, **actriz** *sustantivo*
actor actor actriz actress (plural **-sses**): *Mi tía es actriz.* My aunt is an actress.

actuación *sustantivo*
(de un actor, etc.) **performance**

actual *adjetivo*
(situación, circunstancias, etc.) **present**, **current**: *los actuales dueños* the present owners/the current owners

actualizar *verbo*
(información, software, etc.) **to update**

actualmente *adverbio*
1 (hoy en día) **nowadays**: *Actualmente esto se hace por computadora.* Nowadays this is done by computer.
2 (en este momento) **presently**, **currently**: *Actualmente viven en Madrid.* They are presently living in Madrid./They are currently living in Madrid.

actuar *verbo*
(como actor) **to act**: *Había actuado en muchas películas.* He had acted in many movies.

acuarela *sustantivo*
(técnica, material, cuadro) **watercolor**

acuario *sustantivo*
1 (pecera) **fish tank**, **aquarium**
2 (edificio) **aquarium**

Acuario *sustantivo*
Aquarius: *Soy Acuario.* I'm an Aquarius./I'm an Aquarian.

acuerdo *sustantivo*
1 estar de acuerdo to agree: *Mamá está de acuerdo conmigo.* Mom agrees with me.
2 ponerse de acuerdo to agree: *Nos pusimos de acuerdo para ir juntos.* We agreed to go together.
3 de acuerdo all right, **OK**: *–Te paso a buscar a las 8. –De acuerdo.* "I'll pick you up at 8." "All right./OK."
4 (trato) **agreement** | **llegar a un acuerdo to reach an agreement**

acusar *verbo*
1 acusar a alguien con alguien to tell on someone: *Te voy a acusar con mi papá.* I'm going to tell on you to my Dad.
2 to accuse: *La acusó de mentirosa.* He accused her of lying.

acústico, **-a** *adjetivo*
acoustic: *una guitarra acústica* an acoustic guitar

adaptador *sustantivo*
adapter

adaptar *verbo*
to adapt
adaptarse (acostumbrarse) **to adapt**: *Me adapté muy pronto al nuevo colegio.* I adapted to my new school in no time.

adecuado, **-a** *adjetivo*
(apropiado) (ropa, regalo) **appropriate** | **el momento adecuado the right moment**

adelantado, **-a** *adjetivo*
1 (hablando de relojes) **fast**: *Tu reloj está adelantado.* Your watch is fast.
2 por adelantado in advance: *Tuve que pagar por adelantado.* I had to pay in advance.

adelantar *verbo*
adelantar un viaje/una fiesta etc. to move a trip/a party etc. forward: *Nos*

A

adelantaron el examen para el 9. They moved the exam forward to the 9th.

adelantarse: **mi/tu etc. reloj se adelanta my/your etc. watch gains**

adelante *adverbio, preposición & interjección*

■ *adverbio & preposición*

1 (lugar) **in front**: *Me senté hasta adelante.* I sat right in front. | *el taxi de adelante* the taxi in front | **adelante de algo o alguien in front of something or someone**: *Se sentó adelante de Luis.* She sat in front of Luis.

2 (dirección) **forward**: *Dio un paso adelante.* She took a step forward.

3 más adelante (en el espacio) **farther on**: *Está unos kilómetros más adelante.* It is a few kilometers farther on.

■ **¡adelante!** *interjección*

1 (desde adentro) **come in**: *–Con permiso. –Adelante.* "Excuse me." "Come in."

2 (desde afuera) **go in**: *Adelante, la puerta está abierta.* Go in, the door's open.

adelanto *sustantivo*

1 (científico, etc.) **advance**: *los adelantos en las comunicaciones* advances in communications

2 (de dinero) **advance**

adelgazar *verbo*

(perder peso) **to lose weight**: *Tengo que adelgazar.* I have to lose weight. | **adelgazar 1 kilo/20 kilos etc. to lose 1 kilo/20 kilos etc.**: *Adelgacé cinco kilos.* I lost five kilos.

además *adverbio & preposición*

1 (para agregar información) **besides**: *Es tarde. Además, estoy cansado.* It's late. Besides, I'm tired.

2 (también) **also**: *Estudia ingeniería y además trabaja.* She studies engineering, and she also works.

3 además de as well as, besides: *Además de guapo, es rico.* He's rich as well as being good-looking./Besides being good-looking, he's also rich. ▶ En preguntas siempre se usa **besides**: *¿Qué te gusta hacer, además de tocar la guitarra?* What do you like doing, besides playing the guitar?

adentro *adverbio & preposición*

1 inside: *Abre el cajón y dime qué hay adentro.* Open the drawer and tell me what's inside. ▶ Si se trata de un edificio, también se dice **indoors**: *Vamos a tener que comer adentro.* We'll have to eat inside./We'll have to eat indoors.

2 acá/ahí adentro in here/in there: *Ponlo acá adentro.* Put it in here.

3 adentro de inside: *Las cajas van una adentro de la otra.* The boxes go one inside the other

adicción *sustantivo*

addiction | **crear adicción to be addictive**

adiós *interjección*

(al despedirse) **goodbye, bye** | **decirle adiós (con la mano) a alguien to wave goodbye to someone**: *Dile adiós a la abuela.* Wave goodbye to grandma.

adivinanza *sustantivo*

riddle: *Juguemos a las adivinanzas.* Let's ask each other riddles.

adivinar *verbo*

(acertar) **to guess**: *Adivina cuántos años tiene.* Guess how old she is. | *¿A que no adivinas quién vino?* You'll never guess who came!

adivino, -a *sustantivo*

fortune teller

adjetivo *sustantivo*

adjective

administración *sustantivo*

(departamento, oficina) **administration**

administrador, -a *sustantivo*

manager: *Es administradora de un hotel.* She's a hotel manager.

administrar *verbo*

1 (dinero) **to manage**: *No sabe administrar bien el dinero.* She's not good at managing money.

2 (una empresa, un servicio) **to manage, to run**

administrativo, -a *adjetivo*

(empleado, trabajo) **administrative**

admirable *adjetivo*

1 (valentía, honestidad, etc.) **admirable**

2 (conocimientos, currículum, etc.) **impressive**

admiración *sustantivo*

admiration: *Siento una gran admiración por ella.* I have great admiration for her. ▶ ver **signo**

admirador, -a *sustantivo*

admirer, fan

admirar *verbo*

to admire

admisión *sustantivo*

admission ▶ ver **examen**

admitir *verbo*

(reconocer) **to admit**: *Admito que me equivoqué.* I admit that I made a mistake.

adolescencia *sustantivo*
adolescence

adolescente *sustantivo & adjetivo*
■ *sustantivo*
teenager: *un adolescente típico* a typical teenager
■ *adjetivo*
teenage: *dos hijos adolescentes* two teenage children

adonde *pronombre*
where: *el hospital adonde lo llevaron* the hospital where he was taken

adónde *pronombre*
where: *¿Adónde vas?* Where are you going?

adoptado, **-a** *adjetivo*
adopted: *Es adoptada.* She's adopted.

adoptar *verbo*
(un niño) **to adopt**

adoptivo, **-a** *adjetivo*
1 (hijo-a) **adopted**
2 (madre, padre, familia) **adoptive**

adorar *verbo*
1 (querer mucho) **to adore**: *Tu abuelita te adora.* Your grandmother adores you.
2 (disfrutar mucho de) **to love**: *Adoro el chocolate.* I love chocolate.
3 (a un dios) **to worship**

adornar *verbo*
to decorate

adorno *sustantivo*
1 (objeto) En el plural se traduce por **knick-knacks** y en el singular hay que especificar el tipo de adorno (por ejemplo **a plate**, **a vase**, etc.)
2 (navideño) **decoration**, **ornament**

adrede *adverbio*
on purpose: *No lo hice adrede.* I didn't do it on purpose.

ADSL *sustantivo* (= **asymmetrical digital subscriber line**)
broadband, **ADSL** ▶ **ADSL** es un término técnico

aduana *sustantivo*
customs *singular* | **pasar por la aduana** **to go through customs**

adulto, **-a** *sustantivo & adjetivo*
adult

adverbio *sustantivo*
adverb

adversario, **-a** *sustantivo*
opponent: *Derrotó a su adversario en cuatro sets.* He beat his opponent in four sets.

advertencia *sustantivo*
warning: *Es la última advertencia que te hago.* This is the last warning I'm giving you.

advertir *verbo*
to warn: *Le advertí que no lo hiciera.* I warned him not to do it.

aéreo, **-a** *adjetivo*
1 (vista, foto) **aerial**
2 (tráfico, ataque) **air**: *un ataque aéreo sobre la ciudad* an air raid on the city ▶ ver **fuerza**, **línea**, **puente**, **vía**

aerobics *sustantivo*
aerobics: *Voy a clases de aerobics.* I go to aerobics classes.

aerolínea *sustantivo*
airline

aeropuerto *sustantivo*
airport: *Nos vimos en el aeropuerto.* We met at the airport.

aerosol *sustantivo*
aerosol

afanador, **-a** *sustantivo*
(en oficinas, hospitales, etc.) **cleaner**

afectar *verbo*
1 (incumbir, perjudicar) **to affect**: *medidas que afectan a los maestros* measures that affect teachers
2 (conmover) **to upset**: *La muerte de su abuelo lo afectó muchísimo.* His grandfather's death upset him very much.

afectuoso, **-a** *adjetivo*
affectionate

afición *sustantivo*
interest: *su afición por la fotografía* their interest in photography.

aficionado, **-a** *adjetivo & sustantivo*
1 **ser aficionado -a a algo** **to be into something**: *Es aficionado a la pesca.* He's into fishing.
2 **los aficionados a la informática** **computer enthusiasts**
3 (no profesional) **amateur**

afilado, **-a** *adjetivo*
sharp

afilar *verbo*
to sharpen

afirmativo, **-a** *adjetivo*
affirmative

aflojar *verbo*
(un tornillo, una tuerca) **to loosen**
aflojarse
1 **aflojarse la corbata/el cinturón** **to loosen your tie/belt**
2 (tornillo, tuerca) **to come loose**

A

afortunado, **-a** *adjetivo*
fortunate, **lucky**

África *sustantivo*
Africa

africano, **-a** *adjetivo & sustantivo*
African

afuera *adverbio & preposición*
1 (lugar) **outside**: *Vamos afuera.* Let's go outside.
2 **afuera de outside**: *La universidad está afuera de la ciudad.* The university is outside the city.

afueras *sustantivo plural*
las afueras the outskirts: *en las afueras de Guadalajara* on the outskirts of Guadalajara

agacharse *verbo*
1 (ponerse en cuclillas) **to crouch down**
2 (inclinarse) **to bend down**

agarrado -a *adjetivo*
(tacaño) **mean**

agarrar *verbo*
1 (llevarse) **to take**: *Alguien agarró mi calculadora.* Someone took my calculator.
2 (tomar) **to grab**: *Agarró todos los chocolates.* She grabbed all the chocolates.
3 **agarrar a alguien de la mano/del brazo** (con violencia) **to grab someone by the hand/arm**: *Me agarró del brazo.* He grabbed me by the arm.
4 (sostener) **to hold on to**: *Agarra bien tu bolsa en el metro.* Hold on to your purse in the subway.
5 (atrapar) **to catch**: *Me agarró copiando.* He caught me cheating.
6 **agarrarle la onda a algo to get the hang of something**
7 **agarrar un resfriado to get a cold**
agarrarse
1 (sostenerse) **to hold on**: *¡Agárrate fuerte!* Hold on tight! | **agarrarse de algo to hold on to something**: *Se agarró del pasamanos.* He held on to the handrail.
2 **agarrarse con alguien to have a fight with someone**: *Se agarró con su hermano.* He had a fight with his brother.

agencia *sustantivo*
(comercial) **agency** (plural **agencies**)
agencia de viajes travel agency (plural **agencies**)

agenda *sustantivo*
datebook: *Lo anoté en mi agenda.* I wrote it in my datebook.
agenda electrónica personal organizer

agente *sustantivo*
1 **agente (de policía) police officer**
2 (representante) **representative**

ágil *adjetivo*
(persona, animal) **agile**

agitado, **-a** *adjetivo*
1 (ajetreado) **hectic**: *Lleva una vida muy agitada.* She leads a very hectic life.
2 (nervioso) **agitated**
3 (sin aliento) **breathless**

agitar *sustantivo*
1 (un frasco, una botella) **to shake**: *Agítese bien antes de usarse.* Shake well before use.
2 (un pañuelo, los brazos) **to wave**
agitarse
1 (quedarse sin aliento) **to get breathless**: *Si camina muy rápido, se agita.* If he walks very fast, he gets breathless.
2 (ponerse nervioso) **to get agitated**

agonizar *verbo*
estar agonizando to be dying

agosto *sustantivo*
August

agotado, **-a** *adjetivo*
1 (persona) **exhausted**
2 **estar agotado -a** (boletos, etc.) **to be sold out**: *Los boletos para el concierto están agotads.* The tickets for the concert are sold out.

agotador, **-a** *adjetivo*
exhausting

agotamiento *sustantivo*
exhaustion

agotar *verbo*
1 **agotar a alguien to wear someone out**: *Me agota porque no para de hablar.* He wears me out because he doesn't stop talking.
2 (recursos) **to exhaust**
agotarse
1 (cansarse) **to wear yourself out**: *Me agoté subiendo la escalera.* I wore myself out climbing the stairs.
2 (localidades, libro, etc.) **to sell out**: *Se agotó en una semana.* It sold out in a week

agradable *adjetivo*
1 (persona, lugar) **nice**: *una chica muy agradable* a very nice girl
2 (temperatura) **pleasant**
3 (tarde, vacaciones) **nice**, **enjoyable**: *Pasamos un día muy agradable en el campo.* We had a very nice day in the country.

agradecer

1 agradecerle (algo) a alguien to thank someone (for something): *Me olvidé de agradecerle la postal.* I forgot to thank him for the postcard.

2 (sentir gratitud por) **to be grateful for**: *Le agradezco muchísimo lo que hizo por mí.* I'm very grateful for what she did for me.

agradecido, **-a** *adjetivo*

grateful: *Estoy muy agradecido por la ayuda que nos dieron.* I'm very grateful for the help they gave us.

agrandar *verbo*

(una casa, un cuarto) **to extend**

agrandarse (aumentar de tamaño) **to get larger**: *Las pupilas se agrandan en la oscuridad.* Your pupils get larger in the dark.

agregar *verbo*

to add

agresión *sustantivo*

1 (militar) **aggression**: *una amenaza de agresión* a threat of aggression

2 (a un individuo) **assault**, **attack**: *la agresión sufrida por el portero* the assault on the goalkeeper

agresivo, **-a** *adjetivo*

aggressive

agrícola *adjetivo*

agricultural

agricultor, **-a** *sustantivo*

farmer: *Mi tío es agricultor.* My uncle is a farmer.

agricultura *sustantivo*

agriculture, **farming**

agrio, **-a** *adjetivo*

sour | **ponerse agrio -a to go sour**: *La leche se puso agria.* The milk went sour.

agrónomo, **-a** *sustantivo*

agronomist: *Mi hermano es agrónomo.* My brother is an agronomist.

agua *sustantivo*

1 water: *Un vaso de agua, por favor.* A glass of water, please.

2 se me hace agua la boca it's making my mouth water

3 estar como agua para chocolate to be furious: *Está como agua para chocolate.* She's furious.

agua corriente running water agua de la llave tap water agua dulce fresh water agua mineral mineral water ▶ Si quieres especificar agua con gas, di **sparkling mineral water agua potable drinking water agua salada salt water aguas frescas** soft drinks made with water and fruit juice or plant extracts **agua sin gas mineral water**

aguacate *sustantivo*

avocado

aguacero *sustantivo*

downpour

aguafiestas *sustantivo*

spoilsport, **killjoy**

aguantar *verbo*

1 (en el sentido de soportar algo o a alguien desagradable) **to put up with**: *Sólo la aguanto porque es tu novia.* I only put up with her because she's your girlfriend. ▶ En oraciones negativas y preguntas se usa **to stand**, siempre con **can** o **could**: *A ese tipo no lo aguanto.* I can't stand that guy. | *¿Cómo aguantas el calor aquí adentro?* How can you stand the heat in here?

2 (en el sentido de contener) *Aguanta la respiración.* Hold your breath. | *No pude aguantar la risa.* I couldn't stop myself from laughing.

3 (referido a ganas de ir al baño) **to hold on**: *¿Puedes aguantar hasta que lleguemos?* Can you hold on till we get there?

aguante *sustantivo*

tener aguante (a) (tener paciencia) **to be patient (b)** (tener resistencia física) **to have stamina**

agudo, **-a** *adjetivo*

(dolor) **sharp**

aguijón *sustantivo*

stinger

águila *sustantivo*

eagle

aguja *sustantivo*

1 (de coser, de tejer) **needle**

2 (de una jeringa) **needle**

3 (de un reloj) **hand**

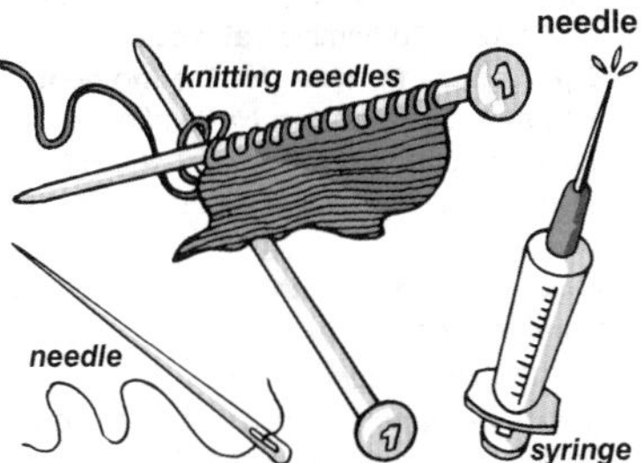

agujero *sustantivo*

hole: *Tengo un agujero en el bolsillo.* I have a hole in my pocket.

el agujero en la capa de ozono the hole in the ozone layer

agujeta *sustantivo*
shoelace: *Tienes desamarradas las agujetas.* Your shoelaces are untied.

ahí *adverbio*
1 (en el espacio) **there**: *Ponlo ahí.* Put it there. | *Fuimos a casa de la abuelita y cenamos ahí.* We went to grandma's and had dinner there. ▶ Si uno puede señalar el lugar al que se refiere, a menudo se dice **over there**: *–¿Viste mis anteojos? –Están ahí.* "Have you seen my glasses?" "They're over there."
2 (con verbos como venir, llegar, etc.) **here**: *Ahí viene el camión.* Here comes the bus. | *Ahí vienen los niños.* Here come the kids.
3 por ahí (en algún lugar) **over there somewhere**: *–¿Dónde pongo esto? –Déjalo por ahí.* "Where should I put this?" "Leave it over there somewhere." | *Fuimos a comer por ahí.* We went out somewhere for lunch.
4 ahí mero (exactamente en ese lugar) **right there**: *Ahí mero lo dejé.* I left it right there.
5 (en el tiempo) **de ahí en adelante from then on**

ahijado, **-a** *sustantivo*
ahijado godson ahijada goddaughter

ahogado, **-a** *adjetivo*
morir ahogado -a to drown: *Muchos murieron ahogados.* Many people drowned.

ahogar *verbo*
(en el agua) **to drown**
ahogarse
1 (en el agua) **to drown**: *No sabía nadar y casi se ahoga.* He couldn't swim and he almost drowned.
2 (por falta de aire) **to suffocate**

ahora *adverbio*
1 (en este momento, en la actualidad) **now**: *Ahora viven en Veracruz.* They live in Veracruz now. ▶ ver también **ahorita**
2 por ahora for now, **for the moment**
3 hasta ahora so far: *Hasta ahora no he tenido ningún problema con el coche.* I haven't had any problems with the car so far.
4 de ahora en adelante/desde ahora from now on

ahorcados *sustantivo plural*
(juego) **hangman**: *¿Jugamos ahorcados?* Do you want to play hangman?

ahorcar *verbo*
1 (en la horca, en un árbol) **to hang**
2 (con las manos, una media, etc) **to strangle**
ahorcarse to hang yourself

ahorita *adverbio*
1 (en este momento) **(right) now**: *Ahorita no puedo ayudarte.* I can't help you right now.
2 (dentro de un momento) **in a minute**, **in a moment**: *Ahorita viene el encargado.* The manager will be here in a minute.

ahorrar *verbo*
(dinero, tiempo, agua, energía) **to save**: *Si tomas el metro, ahorras tiempo.* If you take the subway, you save time.
ahorrarse (dinero) **to save (yourself)**: *Fui caminando y me ahorré el boleto.* I walked and saved (myself) the bus fare.

ahorros *sustantivo plural*
(dinero) **savings**: *Se gastó todos sus ahorros.* She spent all her savings.

aire *sustantivo*
1 air: *El aire fresco te va a hacer bien.* The fresh air will do you good.
2 al aire libre in the open air: *Es mejor hacer ejercicio al aire libre.* It's better to exercise in the open air. | *un recital de rock al aire libre* an open-air rock concert
3 en el aire in mid-air: *El avión explotó en el aire.* The airplane exploded in mid-air.
aire acondicionado air conditioning

aislado, **-a** *adjetivo*
1 (zona, vida) **isolated**
2 (hecho, caso) **isolated**: *casos aislados de cólera* isolated cases of cholera

ajedrez *sustantivo*
chess: *Mi hermano juega ajedrez.* My brother plays chess.

ajetreado, **-a** *adjetivo*
hectic, **busy**

ajo *sustantivo*
garlic

ajustado, **-a** *adjetivo*
(ropa) **tight**

ajustar *verbo*
1 (un tornillo, una tuerca) **to tighten**
2 (el volumen, la temperatura) **to adjust**

al *conjunción*
1 contracción de **a+el** ▶ ver **a**
2 (cuando) Se traduce por *when* seguido de sujeto y verbo: *Tome una pastilla al acostarse.* Take one pill when you go to bed.
3 (como) Se traduce por **as** seguido de sujeto y verbo: *Al ver que no venía nadie, se fue.* As he could see that nobody was coming, he left.

ala *sustantivo*
1 (de un ave, un insecto, un avión) **wing**
2 (de un edificio) **wing**

alacena *sustantivo*
1 (mueble de cocina) **cupboard**: *Saca unas tazas de la alacena.* Get some cups out of the cupboard.
2 (cuarto para guardar provisiones) **pantry** (plural **-tries**)

alacrán *sustantivo*
scorpion

alambre *sustantivo*
wire
alambre de púas **barbed wire**

álamo *sustantivo*
poplar

alargado, **-a** *adjetivo*
long

alargar *verbo*
1 **alargar un vestido/una falda etc** **to let a dress/a skirt etc. down**
2 (en el tiempo) **to prolong**

alarido *sustantivo*
1 (de terror, histeria) **shriek**
2 (de dolor) **howl**

alarma *sustantivo*
1 (aparato) **alarm**: *una alarma contra incendios* a fire alarm
2 **dar la alarma** **to raise the alarm** ▶ ver **falso**

alarmar *verbo*
to alarm

albañil *sustantivo*
contractor

alberca *sustantivo*
swimming pool **alberca cubierta** **indoor swimming pool**

albergue *sustantivo*
1 **albergue (estudiantil)** **student dormitory**
2 (para gente necesitada) **shelter**

albóndiga *sustantivo*
meatball: *albóndigas en salsa de jitomate* meatballs in tomato sauce

alborotarse *verbo*
(haciendo mucho ruido, etc.) **to get rowdy**

alboroto *sustantivo*
commotion: *Se armó tanto alboroto que vino la policía.* There was such a commotion that the police came.

álbum *sustantivo*
1 **álbum (de estampas)** **sticker book, album**
2 **álbum (de fotos)** **(photo) album**
3 **álbum (de timbres)** **(stamp) album**
4 (disco) **album**

albur *sustantivo*
pun

alcachofa *sustantivo*
artichoke

alcance *sustantivo*
está a mi/su etc. alcance **I/he etc. can afford it**: *un producto al alcance de todo el mundo* a product that anyone can afford | **está fuera de mi/tu etc. alcance** **I/you etc. can't afford it**

alcancía *sustantivo*
coin box (plural **coin boxes**)

alcantarilla *sustantivo*
drain

alcanzar *verbo*
1 (llegar) **to reach**: *Pablito no alcanza el timbre.* Pablito can't reach the doorbell.
2 (a una persona) **to catch up with**: *Si corres, la alcanzas.* If you run, you'll catch up with her.
3 (un tren, un camión) **to catch**
4 (una temperatura, una altura, etc.) **to reach**: *La temperatura alcanzó los 38 grados.* The temperature reached 38 degrees.
5 (ser suficiente) **no me/te etc. alcanza** **I/you etc. don't have enough**: *No le alcanza el dinero.* She doesn't have enough money.

catch up with

John is catching up with Peter.

alcatraz *sustantivo*
calla lily (plural **lilies**)

alcohol *sustantivo*
1 **alcohol**
2 (para desinfectar) **rubbing alcohol**

alcohólico, **-a** *adjetivo & sustantivo*
■ *adjetivo*
1 (bebida) **alcoholic**
2 **ser alcohólico -a** **to be an alcoholic**
■ *sustantivo*
alcoholic

alcoholismo *sustantivo*
alcoholism

alegrarse *verbo*
to be happy: *No sabes cómo se alegró cuando le conté.* You can't imagine how happy she was when I told her.

A

alegre *adjetivo*
1 (persona) **happy**: *Daniel es un tipo muy alegre.* Daniel is a very happy person.
2 (habitación, casa) **bright**
3 (música) **lively**

alegría *sustantivo*
¡qué alegría! that's wonderful!

alejar *verbo*
(poner más lejos) **alejar algo o a alguien de algo to move something or someone away from something**
alejarse (de un lugar) Se suele usar un verbo con **away**. Ver ejemplos: *No te alejes demasiado.* Don't go too far away. | *Aléjate del borde.* Move away from the edge.

alemán, **-ana** *adjetivo & sustantivo*
■ *adjetivo*
German
■ *sustantivo*
1 (persona) **German** ▶ También se usa **German man**, **German woman**, etc.
2 los alemanes (the) Germans
3 alemán (idioma) **German**

Alemania *sustantivo*
Germany

alergia *sustantivo*
1 allergy (plural **-gies**): *¿Sufre de alguna alergia?* Do you suffer from any allergies?
2 tenerle alergia a algo to be allergic to something: *Tengo alergia a los mariscos.* I'm allergic to shellfish.

alérgico, **-a** *adjetivo*
1 ser alérgico -a a algo to be allergic to something: *Soy alérgica a las plumas.* I'm allergic to feathers.
2 (reacción) **allergic**

alfabético, **-a** *adjetivo*
alphabetical: *en orden alfabético* in alphabetical order

alfabeto *sustantivo*
alphabet

alfiler *sustantivo*
pin

alfombra *sustantivo*
1 (de pared a pared) **carpet**
2 (que cubre parte del piso) **rug**

algas *sustantivo plural*
seaweed *singular*

álgebra *sustantivo*
algebra

algo *pronombre & adverbio*
1 (en oraciones afirmativas) **something**: *Tengo que decirte algo.* I have to tell you something.
2 (en preguntas y oraciones con "if") **anything**: *¿Algo más?* Anything else? | *Si necesitas algo, nomás pídemelo.* If you need anything, just ask me.
3 (un poco) **a little**, **slightly**: *Está algo nerviosa.* She's a little nervous./She's slightly nervous.

algodón *sustantivo*
1 (tejido, planta) **cotton** | **una camiseta/un vestido de algodón a cotton T-shirt/dress**
2 (material para limpiar heridas, desmaquillar, etc.) **cotton**: *Tengo que comprar algodón.* I have to buy some cotton. | *un algodón* a piece of cotton
3 (de azúcar) **cotton candy**: *Compramos un algodón en la feria.* We bought some cotton candy at the fair.

alguien *pronombre*
1 (en oraciones afirmativas) **someone**, **somebody**: *Alguien se comió mi pastel.* Someone ate my cake. | *Buscan a alguien con experiencia.* They are looking for someone with experience.
2 (en preguntas y oraciones con "if") **anyone**, **anybody**: *¿Conoces a alguien que nos pueda ayudar?* Do you know anyone who can help us?

algún ▶ ver **alguno**

alguno, **-a** *adjetivo & pronombre*
■ *adjetivo*
1 (en oraciones afirmativas) **some**: *Algún día te lo contaré.* Some day I will tell you. | *Algunas personas resultaron heridas.* Some people were hurt.
2 (en preguntas) **any**: *¿Has visto alguna película interesante últimamente?* Have you seen any interesting films recently?
3 Algunas combinaciones tienen traducciones especiales: *Algunas veces me acuesto temprano.* Sometimes I go to bed early. | *Lo había guardado en algún lugar/en algún lado.* I had put it away somewhere. | *¿Alguna vez estuviste en su casa?* Have you ever been to her house? | *no hay razón alguna/peligro alguno* there is no reason at all/no danger at all
■ *pronombre*
1 Cuando significa uno se traduce por **one**: *Necesito un sobre. ¿Tienes alguno?* I need an envelope. Do you have one?
2 Cuando significa más de uno se traduce por **some** en oraciones afirmativas y por **any** en preguntas: *Algunos de ellos ya pagaron.* Some of them have already paid. | *Se me olvidó comprar huevos. ¿Tienes*

alguno? I forgot to get any eggs. Do you have any?

alias *adverbio & sustantivo*
alias

aliento *sustantivo*
1 (olor) **breath**: *Tiene mal aliento.* She has bad breath.
2 (respiración) **breath** | **sin aliento out of breath**: *Llegó sin aliento.* He was out of breath when he arrived. | **me quedé/se quedó etc. sin aliento** (de la impresión, etc.) **I was/he was etc. speechless**: *Me quedé sin aliento cuando lo vi.* I was speechless when I saw him.

alimentación *sustantivo*
diet: *una alimentación sana* a healthy diet

alimentar *verbo*
(darle de comer a) **to feed**: *La mamá alimentaba a sus polluelos.* The mother bird was feeding her chicks.
alimentarse: **alimentarse de/con algo to live on something**: *Se alimenta de arroz y verduras.* She lives on rice and vegetables.

alimento *sustantivo*
food: *alimentos nutritivos* nutritious foods

alistarse *verbo*
to get ready: *Ya alístate o vas a llegar tarde al colegio.* Get ready or you'll be late for school.

alivianarse *verbo*
to chill out: *¡Aliviánate! No le hace que no venga.* Chill out! It doesn't matter if he doesn't come.

aliviar *verbo*
(un dolor) **to relieve**: *Esto te va a aliviar el dolor de estómago.* This will relieve your stomach ache.

alivio *sustantivo*
relief: *¡Qué alivio!* What a relief!

allá *adverbio*
1 (lugar) **there**: *Allá está Pablo.* There's Pablo. ▶ Si uno puede señalar el lugar al que se refiere, a menudo se dice **over there**: *Está allá, al lado del supermercado.* It's over there, next to the supermarket. | **allá abajo/arriba down there/up there**: *allá arriba, en el último estante* up there, on the top shelf | **allá adentro/afuera in there**: *Las servilletas están allá adentro.* The napkins are in there.
2 más allá (a) (para aquel lado) **farther over (that way)**: *Pon los postes de la portería más allá.* Move the goalposts farther over that way. **(b)** (más adelante) **farther on**: *La playa está dos kilometros más allá.* The beach is two kilometers farther on. | **más allá del puente/de la carretera etc. beyond the bridge/the road etc.**

allí *adverbio*
there: *Allí estaba, esperándonos.* There she was, waiting for us.

alma *sustantivo*
soul

almacén *sustantivo*
1 (tienda de departamentos) **department store**
2 (bodega) **warehouse**

almacenar *verbo*
1 (mercancía) **to store**
2 (en informática) **to store**

almeja *sustantivo*
clam

almendra *sustantivo*
almond

almíbar *sustantivo*
syrup: *duraznos en almíbar* peaches in syrup

almohada *sustantivo*
pillow

almorzar *verbo*
1 to have a mid-morning snack: *Almorzamos en la cocina.* We had our mid-morning snack in the kitchen.
2 almorzar huevos/bistec etc. to have eggs/steak etc. for your mid-morning snack

almuerzo *sustantivo*
mid-morning snack

alojamiento *sustantivo*
accommodations *plural*: *El precio incluye el alojamiento.* The price includes accommodations.

alojar *verbo*
alojar a alguien to put someone up: *la familia que nos alojó* the family that put us up
alojarse to stay: *Se alojaron en un hotel.* They stayed in a hotel.

alpinismo *sustantivo*
climbing, **mountaineering** | **hacer alpinismo to go climbing/mountaineering**

alpinista *sustantivo*
climber, **mountaineer**

alquilar *verbo*
(casa, auto) **to rent**: *El verano pasado alquilamos una casa en Cocoyoc.* Last summer we rented a house in Cocoyoc. | *Alquilaron*

A

un coche por dos semanas. They rented a car for two weeks.

alquiler *sustantivo*

1 (pago) **rent**: *Todavía no ha pagado el alquiler.* He hasn't paid the rent yet.

2 (acción de alquilar) *un negocio de alquiler de videos* a video-rental store

alrededor *adverbio & preposición*

1 around | **a mi/tu/su etc. alrededor around me/you/her etc.**: *Miré a mi alrededor.* I looked around me.

2 alrededor de (en torno a) **around**: *Se sentaron alrededor de la mesa.* They sat down around the table.

alrededores *sustantivo plural*

en los alrededores del estadio/de la catedral etc. in the area around the stadium/the cathedral etc.

Altántico *sustantivo*

el Atlántico the Atlantic (Ocean)

altar *sustantivo*

altar

alternativa *sustantivo*

alternative: *No me queda otra alternativa.* I have no alternative.

altiplano *sustantivo*

high plateau: *el clima del altiplano* the climate of the high plateau

altitud *sustantivo*

altitude: *a 5.860 metros de altitud* at an altitude of 5,860 meters

alto, **-a** *adjetivo, adverbio, sustantivo & interjección*

■ *adjetivo*

1 (persona, edificio, árbol, etc.) **tall**: *Es muy alto para su edad.* He's very tall for his age. | *el edificio más alto del mundo* the tallest building in the world

2 (barda, muro, etc.) **high**: *Pusieron una cerca más alta.* They put up a higher fence.

3 (precio, presión, calidad, etc.) **high**: *Siempre saca la nota más alta.* She always gets the highest grade.

4 (referido a posición o nivel de algo etc.) **high**: *un estante alto* a high shelf

5 (sonido) **loud**: *La tele está demasiado alta.* The television's too loud. ► ver **clase**, **temporada**

■ **alto** *adverbio*

1 (hablar) **loudly**: *No hablen tan alto.* Don't talk so loudly. | *Habla más alto que no te oigo.* Speak up, I can't hear you.

2 (volar) **high**: *Volaba muy alto.* It was flying very high

■ **alto** *sustantivo*

(pausa) **hacer un alto (en el camino) to stop (along the way)**

■ **alto** *interjección*

¡alto! stop!, halt!

altura *sustantivo*

1 (alto, estatura) **height**: *la altura del edificio* the height of the building | **¿cuánto tiene/mide de altura? how high/tall is it?**: *¿Cuánto mide de altura el librero?* How tall is the bookcase? | **tiene/mide cinco metros de altura it's five meters high/tall**: *La montaña tiene 5.000 metros de altura.* The mountain is 5,000 meters high.

2 (de vuelo, sobre el nivel del mar) **altitude**: *a 3.000 metros de altura* at an altitude of 3,000 meters

3 (referido a calles) **¿a qué altura de Reforma/de la avenida etc. queda? how far along Reforma/the avenue etc. is it?**

aluminio *sustantivo*

aluminum | **una cacerola/un cucharón de aluminio an aluminum saucepan/ladle** ► ver **papel**

alumno, **-a** *sustantivo*

student: *el mejor alumno de la clase* the best student in the class

alzar *verbo*

1 alzar algo (papeles, juguetes, etc.) **to pick something up**: *Alza tus juguetes.* Pick your toys up.

2 alzar a alguien (a un niño) **to lift someone up**: *Papá me alzó para que pudiera ver.* Daddy lifted me up so I could see.

3 (la mano, los brazos, un trofeo) **to raise** ► ver **hombro**, **voz**

amabilidad *sustantivo*

kindness

amable *adjetivo*

kind: *Fue muy amable conmigo.* She was very kind to me.

amanecer *sustantivo & verbo*

■ *sustantivo*

1 (salida del sol) **sunrise**: *un precioso amanecer* a beautiful sunrise

2 (hora) **dawn**: *Salimos al amanecer.* We left at dawn.

Look at the beautiful sunrise!

■ *verbo*

to get light: *Está amaneciendo.* It's getting light.

amar *verbo*
to love: *Te amo.* I love you.
amarse to love each other: *Se amaron hasta la muerte.* They loved each other until they died.

amargar *verbo*
amargarle el día/la vida etc. a alguien to ruin someone's day/life etc.: *Me amargó las vacaciones.* It ruined my vacation.

amargo, -a *adjetivo*
1 (de gusto) **bitter**: *naranjas amargas* bitter oranges
2 (sin azúcar) **without sugar**: *Tomo el café amargo.* I have my coffee without sugar.

amargura *sustantivo*
bitterness

amarillo, -a *adjetivo & sustantivo*
■ *adjetivo*
yellow ▶ ver **páginas**, **tarjeta**
■ **amarillo** *sustantivo*
yellow

amarrar *verbo*
1 (una embarcación) **to moor**
2 **amarrar a alguien to tie someone up** | **amarrar a alguien a algo to tie someone to something**: *El niño amarró al perro al árbol.* The boy tied the dog to a tree.
amarrarse: **amarrarse algo to tie something up**: *Amárrate las agujetas.* Tie your laces up.

amasar *verbo*
(en cocina) **to knead**

amateur *adjetivo & sustantivo*
amateur

Amazonas *sustantivo*
el Amazonas the Amazon

ambición *sustantivo*
ambition: *Su ambición es tocar en una banda de rock.* Her ambition is to play in a rock band.

ambicioso, -a *adjetivo*
(persona, proyecto, obra) **ambitious**

ambiental *adjetivo*
environmental: *altos niveles de contaminación ambiental* high levels of environmental pollution

ambiente *sustantivo*
1 (entorno) **environment**: *un ambiente de trabajo agradable* a pleasant working environment
2 (atmósfera) **atmosphere**: *un ambiente tenso* a tense atmosphere ▶ ver **medio**, **temperatura**

ambiguo, -a *adjetivo*
ambiguous

ambos, -as *adjetivo & pronombre*
both: *Ambos equipos tienen 20 puntos.* Both teams have 20 points. | *Ambos eran jóvenes.* They were both young. | *A ambos les gusta el tenis.* They both like tennis.

ambulancia *sustantivo*
ambulance: *¡Llamen a una ambulancia!* Call an ambulance!

amén *adverbio*
amen

amenaza *sustantivo*
threat

amenazante *adjetivo*
threatening

amenazar *verbo*
to threaten: *Lo habían amenazado de muerte* They had threatened to kill him. | **amenazar (a alguien) con hacer algo to threaten to do something**: *Nos amenazó con decirle a mis papás.* He threatened to tell my parents.

América *sustantivo*
the Americas, **America** ▶ Se usa más **the Americas** porque en inglés **America** suele significar *Estados Unidos*: *el río más largo de América* the longest river in the Americas
América Central Central America
América del Norte North America
América del Sur South America **América Latina Latin America**

americano, -a *adjetivo & sustantivo*
American

> **NOTA: American** significa fundamentalmente *estadounidense.* Para expresar *del continente americano* se suele usar **in the Americas**, **from the Americas**, etc. si hay riesgo de ambigüedad: *la principal cadena montañosa americana* the main mountain range in the Americas | *el continente americano* the American continent
> *Los americanos* se dice **Americans** o **the Americans** si se refiere a los estadounidenses y **people from the Americas** si designa a los habitantes del continente.

ametralladora *sustantivo*
machine gun

amigo, -a *sustantivo & adjetivo*
1 **friend**: *Laura es mi mejor amiga.* Laura is my best friend. | **un amigo mío/nuestro etc/una amiga mía/nuestra etc. a friend of mine/ours etc.**: *un gran amigo suyo* a great friend of hers

2 ser amigo -a de alguien to be a friend of someone's: *Es amigo mío.* He's a friend of mine. | *Era amiga de mi mamá.* She was a friend of my mother's. | **ser muy amigos -as to be very good/close friends**: *Somos muy amigos.* We are very good friends. | **ser muy amigo -a de alguien to be a good friend of someone's**: *Es muy amiga nuestra.* She's a good friend of ours.

3 hacerse amigo -a de alguien to make friends with someone: *Se hizo amigo de unos niños en la playa.* He made friends with some children on the beach. | **hacerse amigos -as to become friends**: *Nos hicimos amigas enseguida.* We became friends straight away.

amistad *sustantivo*
friendship

amistoso, **-a** *adjetivo*
1 (partido) **friendly**: *Jugaron un partido amistoso.* They played a friendly game.
2 (saludo, tono) **friendly**

amo, **-a** *sustantivo*
(dueño) **master**
ama de casa home-maker, **housewife** (plural **-wives**)

amolado, **-a** *adjetivo*
1 (persona) **in a bad way**: *Se ve muy amolado.* He seems to be in a very bad way.
2 (objeto) **past it**: *Ya no te pongas esos zapatos, están muy amolados.* Don't wear those shoes any more, they're past it.

amonestación *sustantivo*
(a un jugador) **yellow card**

amonestar *verbo*
(a un jugador) **to yellow-card**: *Lo amonestaron por protestar.* He was yellow-carded for complaining.

amontonar *verbo*
amontonar algo to pile something up
amontonarse (personas) **to crowd together**: *Las fans se amontonaron alrededor del escenario.* The fans crowded together around the stage.

amor *sustantivo*
(sentimiento) **love**: *amor por la música* love of music | *su amor por Romeo* her love for Romeo

ampliar *verbo*
1 (una foto) **to enlarge**
2 (una casa, un edificio) **to extend**

amplificador *sustantivo*
amplifier

amplio, **-a** *adjetivo*
1 (casa, habitación) **spacious**: *Mi recámara es muy amplia.* My room is very spacious.
2 (sofá, cama) **large**: *El sofá era amplio y cómodo.* The sofa was large and comfortable.
3 (saco, pantalones, etc.) **loose-fitting**: *Los pantalones amplios son más cómodos.* Loose-fitting pants are more comfortable.

ampolla *sustantivo*
(en la piel) **blister**: *Tengo una ampolla en el pie.* I have a blister on my foot.

amueblado, **-a** *adjetivo*
furnished: *un departamento amueblado* a furnished apartment

analfabeto, **-a** *adjetivo*
illiterate: *Es analfabeto.* He's illiterate.

analgésico *sustantivo*
painkiller

análisis *sustantivo*
1 (de un texto, de un problema) **analysis** (plural **-ses**)
2 (en medicina) **test**: *un análisis de sangre/orina* a blood/urine test | **hacerse análisis to have tests done**: *Todavía no me he hecho los análisis.* I haven't had the tests done yet.

analizar *verbo*
(examinar) **to analyze**

anaranjado, **-a** *adjetivo*
orange

anatomía *sustantivo*
anatomy

ancho, **-a** *adjetivo & sustantivo*
■ *adjetivo*
1 (calle, río, cinturón, tela) **wide**: *una ancha avenida* a wide avenue
2 (pantalón, saco) **loose-fitting** ► ver **banda**
■ **ancho** *sustantivo*
width: *el ancho de la tela* the width of the material | **¿cuánto tiene/mide de ancho? how wide is it?**: *¿Cuánto tiene de ancho esta puerta?* How wide is this door? | **tiene/mide dos metros de ancho it's two meters wide**: *La cama mide 90 cm de ancho.* The bed is 90 cm wide.

anciano, **-a** *sustantivo*
(persona) **anciano elderly man** (plural **men**) **anciana elderly woman** (plural **women**) **los ancianos the elderly**

ándale *interjección*
1 (para apurar) **get a move on**: *¡Ándale! ¡Que ya no tarda el camión!* Get a move on! The bus is going to be here soon!

2 (para convencer) **go on**: *¡Ándale, no seas malita! Cómprame el CD.* Go on, don't be mean! Buy me the CD.
3 (para expresar acuerdo) **perfect**: *¡Ándale! ¡Es justo lo que buscaba!* Perfect! It's just what I was looking for.
4 ándale pues right: *Ándale pues, te lo compro.* Right, I'll buy it off you.

andar *verbo*
1 (estar) **to be**: *¿Cómo andas?* How are you?/How are you doing? | *Siempre anda quejándose.* He's always complaining. | *–¿Dónde está papá? –Anda por el jardín.* "Where's Dad?" "He's in the yard." | **andar cansado-a/triste etc. to be tired/sad etc.** | **andar con gripe/dolor de garganta etc. to have the flu/a sore throat etc.**: *Anda con paperas.* She has the mumps. | **¿en qué anda/andas etc.? what's he up to?/what are you up to? etc.**: *¿En qué anda Fede?* What's Fede up to?
2 (funcionar) **to work**: *Mi reloj no anda.* My watch isn't working.
3 andar bien (a) to be going well (b) to be working properly | **andar mal (a) to be going badly (b)** *El coche anda mal.* There's something wrong with the car. **(c)** *Sonia anda mal de salud.* Sonia's not well.
4 andar por los quince/los veinte etc. to be about fifteen/twenty etc.: *Debe andar por los cuarenta.* She must be about forty.
5 andar con alguien (a) to mix with someone, to hang out with someone: *No les gusta la gente con la que ando.* They don't like the people I mix with. **(b) to go out with someone**: *Carlos anda con Norma.* Carlos is going out with Norma. ▶ ver **bicicleta**

andén *sustantivo*
track AmE, **platform** BrE: *¿De qué andén sale el tren?* What track does the train leave from?

Andes *sustantivo plural*
los Andes the Andes

andino, -a *adjetivo*
Andean

anestesia *sustantivo*
anesthesia | **con/sin anestesia with/without an anesthetic** | **ponerle/darle anestesia a alguien to give someone an anesthetic**
anestesia general/local general/local anesthetic

anestesiar *sustantivo*
to anesthetize

anestesista *sustantivo*
anesthetist

anfibio, -a *adjetivo & sustantivo*
■ *adjetivo*
(animal, planta) **amphibious**
■ *sustantivo*
amphibian

anfitrión, -ona *sustantivo*
anfitrión host anfitriona hostess (plural **-sses**): *Es una anfitriona perfecta.* She is the perfect hostess.

ángel *sustantivo*
angel

anginas *sustantivo plural*
tonsillitis *singular*: *Tiene anginas.* She has tonsillitis.

anglosajón, -ona *adjetivo & sustantivo*
1 (de los pueblos de lengua inglesa) **el mundo anglosajón the English-speaking world**
2 (del pueblo de la antigüedad) **Anglo-Saxon**
3 los anglosajones (a) (la gente de habla inglesa) **English-speaking people (b)** (en la antigüedad) **the Anglo-Saxons**

angosto, -a *adjetivo*
narrow: *Las calles de Guanajuato son muy angostas.* The streets of Guanajuato are very narrow.

ángulo *sustantivo*
1 (en geometría) **angle**: *ángulo recto* right angle | *un ángulo de 30°* a 30° angle
2 (esquina) **corner**

anillo *sustantivo*
(para el dedo) **ring**: *Me gusta ponerme anillos en las dos manos.* I like wearing rings on both hands. | **me viene como anillo al dedo it's just what I need**

animado, -a *adjetivo*
1 (referido a personas) **cheerful**: *Lo vi muy animado.* He looked very cheerful.
2 (divertido) **lively**: *La fiesta estuvo muy animada.* It was a very lively party. ▶ ver **dibujo**

animador, -a *sustantivo*
1 (de televisión) **host**
2 (de fiestas infantiles) **children's entertainer**

animal *sustantivo*
1 animal: *un animal muy inteligente* a very intelligent animal

A

2 (persona bruta) **animal** (persona ignorante) **idiot**: *¡Es un animal!* He's a brute!/ He's an idiot!

animar *verbo*

1 **animar a alguien (a)** (levantarle el ánimo) **to cheer someone up**: *Nada más lo dijo para animarme.* He just said it to cheer me up. **(b)** (a un equipo, un jugador) **to cheer someone on**

2 **animar una fiesta to liven up a party**

animarse (estar dispuesto): **animarse a hacer algo to dare do something**: *No me animo a decirle la verdad.* I don't dare tell her the truth. | *¿Te animas a tirarte del trampolín más alto?* Do you dare dive off the top board? | **¡a que no te animas! I dare you!**

ánimo *sustantivo*

1 **levantarle el ánimo a alguien to cheer someone up** | **¿cómo estás/está etc. de ánimo? how are you/is he etc. feeling?** | **estar/andar con el ánimo por los suelos to be very down**

2 **darle ánimos a alguien (a)** (a un equipo, un jugador) **to cheer someone on (b)** (a una persona desanimada) **to encourage someone**

aniversario *sustantivo*

1 **anniversary** (plural **-ries**)

2 **aniversario (de boda) (wedding) anniversary**

anoche *adverbio*

last night: *¿Qué hiciste anoche?* What did you do last night?

anochecer *verbo & sustantivo*

■ *verbo*

to get dark: *¿A qué hora anochece?* What time does it get dark?

■ *sustantivo*

1 **dusk**

2 **al anochecer at dusk**: *Al anochecer refresca un poco.* At dusk it begins to get a little cooler.

anónimo, -a *adjetivo*

anonymous

anorexia *sustantivo*

anorexia

anoréxico, -a *adjetivo & sustantivo*

anorexic

anotar *verbo*

1 (escribir) **anotar algo to write something down**: *Anoté la dirección en un papel.* I wrote the address down on a piece of paper.

2 (marcar) **to score**: *Anotó cuatro puntos.* She scored four points.

anotarse (un triunfo) **to notch up**: *Los Pumas se anotaron otra victoria.* The Pumas notched up another win.

ansias *sustantivo plural*

(deseos) **tener ansias de aprender/viajar etc. to long to learn/travel etc.** | **comer ansias to be impatient**: *No comas ansias, ya vamos a llegar.* Don't be impatient, we're almost there.

ansiedad *sustantivo*

anxiety | **con ansiedad anxiously**

ansioso, -a *adjetivo*

anxious, worried

antártico, -a *adjetivo*

Antarctic

Antártico *sustantivo*

el (océano) Antártico the Antarctic Ocean

Antártida *sustantivo*

la Antártida the Antarctic, Antarctica

ante *preposición*

ante todo above all: *Ante todo, conserven la calma.* Above all, keep calm.

antecopretérito *sustantivo*

past perfect ► Este término también denota al antepretérito porque en inglés no hay diferencia entre estos tiempos

antena *sustantivo*

1 (de TV, radio) **antenna** (plural **-nnas**)

2 (de un insecto) **antenna** (plural **-nnae**)

antena parabólica satellite dish (plural **satellite dishes**)

anteojos *sustantivo plural*

glasses: *¿Lucas usa anteojos?* Does Lucas wear glasses?

anteojos de sol sunglasses

antepresente *sustantivo*

present perfect

antepretérito *sustantivo*

past perfect ► Este término también denota al antecopretérito porque en inglés no hay diferencia entre estos tiempos

anterior *adjetivo*
previous: *el día anterior* the previous day | **anterior a algo before something**: *los momentos anteriores a la explosión* the moments before the explosion

antes *adverbio, conjunción & preposición*
1 (previamente) **before**: *¿Por qué no me lo dijiste antes?* Why didn't you tell me before? | **antes que alguien before someone**: *Yo llegué antes que ella.* I got here before her./I got here before she did.
2 Usado con el significado de "en una época anterior", se suele expresar en inglés con el modal **used to**, sin necesidad de usar un adverbio: *Antes me caía bien Leo pero ahora no lo puedo ver.* I used to like Leo, but now I can't stand him. | *Antes no usabas anteojos ¿no?* You didn't use to wear glasses, did you?
3 (en una fila, etc.) **first**: *Disculpe, yo estaba antes.* Excuse me, I was here first. | **antes que alguien before someone**: *Ellos están antes que nosotros.* They're before us.
4 antes que nada first of all: *Antes que nada cuéntame qué te dijo.* First of all tell me what he said to you.
5 (en el tiempo) **antes de algo before something**: *Nos vemos antes de la clase.* I'll see you before class. | *Antes de salir te llamo ¿sí?* I'll call you before I leave, OK? | *Quítaselo antes de que lo rompa.* Take it away from him before he breaks it.
6 antes de ayer the day before yesterday
7 (en el espacio) **antes del cine/de la plaza etc before the cinema/the square etc**: *Bájate una parada antes del cementerio.* Get off one stop before the cemetery.

antibiótico *sustantivo*
antibiotic

anticuado, **-a** *adjetivo*
old-fashioned

antifaz *sustantivo*
mask

antigüedad *sustantivo*
1 (de un fósil, un edificio, etc.) **age**
2 antigüedades antiques

antiguo, **-a** *adjetivo*
1 (edificio, ciudad, barrio) **old**: *una preciosa casa antigua* a beautiful old house
2 (mueble, jarrón) **antique**, **old**
3 (anterior) **former**: *su antiguo socio* his former partner
4 (civilización, sociedad) **ancient**: *las antiguas civilizaciones de América* the ancient civilizations of the Americas

Antiguo Testamento *el Antiguo Testamento* the Old Testament

antílope *sustantivo*
antelope

antipático, **-a** *adjetivo*
unfriendly

antojarse *verbo*
Este verbo no tiene equivalente en inglés. Guíate por los ejemplos: *No te lo doy porque no se me antoja.* I'm not going to give it you, because I don't feel like it. | *Se me antoja un poco de chocolate.* I feel like some chocolate.

antojitos *sustantivo*
appetizers

antorcha *sustantivo*
torch (plural **torches**)

antropólogo, **-a** *sustantivo*
anthropologist

anual *adjetivo*
annual

anualmente *adverbio*
annually

anular *verbo & sustantivo*
■ *verbo*
1 (una reservación, un contrato) **to cancel**
2 (un gol) **to disallow**
■ *sustantivo*
(dedo) **ring finger**

anunciar *verbo*
(dar aviso de) **to announce** | **anunciar un vuelo to call a flight**

anuncio *sustantivo*
1 (propaganda en TV, etc.) **advertisement**, **commercial**: *un anuncio de una marca de jeans* a commercial for a brand of jeans
2 (propaganda en una revista, etc.) **ad**, **advertisement**
3 (aviso en un periódico) **ad**, **advertisement**
4 (de una noticia) **announcement** | **hacer un anuncio to make an announcement**

anzuelo *sustantivo*
hook

añadir *verbo*
to add

año *sustantivo*
1 ¿cuántos años tienes/tiene? how old are you/is he?: *¿Cuántos años tiene tu hermana?* How old is your sister? | **tener 7/16 etc. años to be 7/16 etc. years old**: *Ese edificio tiene más de 100 años.* That building is over 100 years old. ▶ Se suele omitir **years old** al hablar de la edad de una persona: *Tengo 17 años.* I'm 17./I'm

A

17 years old. | **una niña de 6 años/un hombre de cuarenta años etc. a six-year-old girl/a forty-year-old man etc.**
2 (período, momento) **year**: *¿En qué año naciste?* What year were you born in? | *Viví dos años en Xalapa.* I lived in Xalapa for two years. | **el año pasado last year** | **el año que viene next year**
3 los años "50/"60 etc. the "50s/"60s etc.
4 (académico) **grade**: *¿En que año estás?* What grade are you in?
año bisiesto leap year Año Nuevo New Year: *¡Feliz Año Nuevo!* Happy New Year!

apachurrado, -a *adjetivo*
1 (apretado) **squashed in**: *Íbamos todos apachurrados en el metro.* We were all squashed in on the subway.
2 (de ánimo) **depressed**: *Te veo muy apachurrado.* You seem very depressed.

apachurrar *verbo*
to squash

apagado, -a *adjetivo*
estar apagado -a (a) to be off: *La tele estaba apagada.* The TV was off. **(b) to be out**

apagar *verbo*
1 apagar la luz/el radio etc. to turn the light/the radio etc. off: *¿Puedes apagar la luz?* Can you turn the light off?
2 apagar un incendio to put a fire out: *Los bomberos apagaron el incendio en una hora.* The firefighters put the fire out in an hour. | *Por favor, apaguen sus cigarros.* Please put your cigarettes out.
apagarse
1 (calefacción, aparato) **to go off**: *¿Ya se apagó la calefacción?* Has the heat gone off already?
2 (fuego) **to go out**

apagón *sustantivo*
outage

apantallar *verbo*
to impress: *No me apantallas con eso.* You don't impress me with that.

apapachar *verbo*
(abrazar) **to hug**

aparador *sustantivo*
window, shop window

aparato *sustantivo*
1 (máquina) **machine**: *un aparato para grabar compacts* a machine to record CDs
2 (instrumento técnico) **device**: *aparatos detectores de explosivos* devices to detect explosives
3 (electrodoméstico) **appliance**: *los aparatos de la cocina* the kitchen appliances

aparecer *verbo*
1 (mostrarse) **to appear**: *Aparecieron manchas en la pared.* Stains appeared on the wall.
2 (figurar) **to be**: *Tu nombre no aparece en la lista.* Your name isn't on the list.
3 (ser encontrado) **to turn up**: *¿Ya aparecieron tus llaves?* Have your keys turned up?
4 (llegar) **to show up**: *Apareció a las 8.* He showed up at 8 o'clock.

aparentar *verbo*
to look: *Tiene 40 años, pero aparenta menos.* She's 40, but she looks younger.

apariencia *sustantivo*
appearance | **las apariencias engañan appearances can be deceptive**

apartar *verbo*
1 apartar algo to put something to one side: *Apártame los maduros.* Put the ripe ones to one side.
2 (guardar) **to keep**: *Te aparto un lugar.* I'll save you a seat.
3 (reservar) **to reserve**: *Hay que apartar los boletos.* You have to reserve the tickets.

aparte *adverbio, adjetivo & preposición*
1 (además) **anyway**: *Es feo, y aparte es caro.* It's ugly and anyway, it's expensive. | *No tengo ganas de ir. Aparte ya la vi.* I don't want to go. Anyway, I've already seen it.
2 (por separado) **separately**: *¿Me los puede envolver aparte?* Can you wrap them separately? | **poner algo aparte to put something to one side**: *Puse mis compacts aparte.* I put my CDs to one side.
3 separate: *una hoja aparte* a separate piece of paper
4 (no incluido en un precio) **extra**: *Las bebidas son aparte.* Drinks are extra.
5 aparte de besides: *Aparte de cansada, estoy deprimida.* Besides being tired, I'm depressed. | *¿Qué hiciste, aparte de tomar sol?* What did you do, besides sunbathing?

apellido *sustantivo*
surname
apellido de casada/soltera married/maiden name

> En inglés generalmente no se usa el apellido de la madre. Si das tus dos apellidos en una escuela en EEUU, supondrán que el último apellido es el principal. Por ejemplo si dices que te llamas Gabriela Pérez López, te pondrán en la lista en la L.

Tradicionalmente las mujeres al casarse toman el apellido del esposo y sólo dan el paterno si se les pide específicamente. Sin embargo hoy en día hay mujeres que prefieren conservar el apellido paterno.

apenar *verbo*

1 to sadden

2 (hacer sentir vergüenza) **to embarrass**: *No lo apenes.* Don't embarrass him.

apenas *adverbio & conjunción*

1 (sólo) **only**: *No puede ir solo, tiene apenas 12 años.* He can't go on his own, he's only 12. | *–Me voy. –¡Pero si apenas son las 10!* "I'm going." "But it's only 10 o'clock!"

2 (casi no) **barely**: *Apenas me conocen.* They barely know me.

3 as soon as: *Llámame apenas llegues.* Call me as soon as you arrive.

apéndice *sustantivo*

1 (órgano) **appendix** (plural **-dixes** or **dices**)

2 (de un texto) **appendix** (plural **-dices**)

apendicitis *sustantivo*

appendicitis | **operarse de apendicitis to have your appendix out**

apertura *sustantivo*

(inauguración) **opening**: *la ceremonia de apertura* the opening ceremony

apestar *verbo*

to stink

apetito *sustantivo*

appetite | **me/le etc. abrió el apetito it gave me/him etc. an appetite**

apio *sustantivo*

celery

aplanadora *sustantivo*

road roller

aplastar *verbo*

1 to crush: *El árbol aplastó el coche.* The tree crushed the car.

2 (hacer puré con) **to mash**: *Aplaste las papas con un tenedor.* Mash the potatoes with a fork.

aplaudir *verbo*

to clap: *El público los aplaudió sin parar.* The audience clapped continuously.

aplauso *sustantivo*

round of applause: *¡Un aplauso para los bailarines!* Let's have a round of applause for the dancers! ► **Applause**, que es incontable, se puede usar para traducir el plural *aplausos*: *Hubo fuertes aplausos.* There was loud applause.

aplicación *sustantivo*

(en computación) **application**

aplicar *verbo*

(una crema, un cosmético) **to apply**

apodo *sustantivo*

nickname

apostar *verbo*

1 to bet: *Le apostó $20 al caballo negro.* He bet $20 on the black horse.

2 te apuesto que... I bet you...: *Te apuesto que llega tarde.* I bet you she's late.

apóstol *sustantivo*

apostle

apóstrofe *sustantivo*

apostrophe

apoyar *verbo*

(poner) **apoyar algo en/contra algo to lean something on/against something**: *Apoya la escalera contra la pared.* Lean the ladder against the wall.

apoyarse to lean: *Se apoyó en el mostrador.* He leaned on the counter.

apoyo *sustantivo*

support: *No puedo hacerlo sin tu apoyo.* I can't do it without your support.

aprender *verbo*

to learn: *Estoy aprendiendo inglés.* I'm learning English. | **aprender a hacer algo to learn to do something**: *Me gustaría aprender a manejar.* I'd like to learn to drive.

aprenderse

1 to learn

2 aprenderse algo de memoria to learn something by heart: *Me aprendí la canción de memoria.* I learned the song by heart.

apretado, -a *adjetivo*

1 (vestido, pantalón) **tight**: *Este pantalón me queda muy apretado.* These pants are very tight on me.

tight

His belt is too tight.

2 (en un lugar) **cramped, squashed**: *Creo que cabemos, pero muy apretados.* I think we can get in, but we'll be very cramped.

3 (tornillo, tuerca) **tight**

4 estar/andar apretado -a de dinero to be short of money

apretar *verbo*

1 (oprimir) **apretar un botón to push a button**: *Aprieta el botón de pausa.* Push the pause button.

2 (estar ajustado) (zapatos, ropa) **to be tight**

3 (ajustar) (un tornillo, un nudo) **to tighten**

aprobación *sustantivo*

(visto bueno) **approval**

aprobado, **-a** *sustantivo*

pass: *Le pusieron aprobado.* They gave him a pass.

aprobar *verbo*

1 (un examen, una materia, a un alumno) **to pass**: *¿Aprobaste el examen?* Did you pass the exam?

2 (una ley, un proyecto) **to pass**

apropiado, **-a** *adjetivo*

suitable

aprovechar *verbo*

1 (el día, el tiempo, el sol) **to make the most of**: *Vamos a salir temprano para aprovechar el día.* Let's leave early to make the most of the day.

2 (una oportunidad) **to take**: *Aprovechó la oportunidad para irse.* He took the opportunity to leave.

3 (usar) **to use**: *Puedes aprovechar la tela para hacer una falda.* You can use the material to make a skirt.

4 aprovechar para hacer algo to take the opportunity to do something

aprovecharse: **aprovecharse de alguien to take advantage of someone**: *Se aprovechan de mí porque soy chiquito.* You take advantage of me because I'm small.

apto, **-a** *adjetivo*

apto -a para algo o alguien suitable for something or someone: *La película es apta para mayores de 16.* The movie is suitable for over-16's.

apuesta *sustantivo*

bet: *una apuesta de $10* a $10 bet | **hacer una apuesta to have a bet** | **hacerle una apuesta a alguien to have a bet with someone**: *Le hice una apuesta.* I had a bet with him.

apuntar *verbo*

1 (escribir) **apuntar algo to write something down**: *Apuntó la dirección en un papel.* She wrote the address down on a piece of paper.

2 (con un arma) **to aim** | **apuntarle a algo o alguien to aim at something or someone**: *Me apuntó a la cabeza.* He aimed at my head.

3 (señalar) (flecha, veleta) **to point**: *La flecha apunta hacia la izquierda.* The arrow points left.

apuntes *sustantivo plural*

notes: *¿Me prestas tus apuntes?* Can you lend me your notes? | **tomar apuntes to take notes**

apuñalar *verbo*

to stab

apurar *verbo*

to hurry: *Tranquila, nadie te está apurando.* Take it easy, no one's hurrying you.

apurarse to hurry: *Apúrate que perdemos el tren.* Hurry or we'll miss the train.

apuro *sustantivo*

jam: *Estoy en un gran apuro.* I'm in a real jam. | **en apuros in a jam**

aquel, **aquella** *adjetivo & pronombre*

■ *adjetivo*

1 (en el espacio) **that** (plural **those**): *Mira a aquel tipo, qué raro.* Look at that guy, he's weird. | *¿Me pasas aquellos libros?* Can you pass me those books? ► Para indicar mayor distancia se suele agregar **over there**: *El libro va en aquel entrepaño.* The book goes on that shelf over there

2 (en el tiempo) **that** (plural **those**): *Aquel día me había levantado tarde.* I'd gotten up late that day. | *¿Te acuerdas de aquella vez que nos disfrazamos de brujas?* Do you remember that time we dressed up as witches? | **en aquella época/en aquel tiempo in those days**

■ *pronombre*

that one (plural **those**): *Aquellos son los más baratos.* Those are the cheapest. ► Para indicar mayor distancia se suele agregar **over there**: *Esa revista no, aquella.* Not that magazine, that one over there.

aquél, **aquélla** *pronombre*

► ver **aquel**

aquello *pronombre*

that: *¿Qué es aquello de allá?* What's that over there? | **aquello que me dijiste/que te pregunté etc. what you told me/I asked you etc.**

aquí *adverbio*

1 (lugar) **here**: *Aquí están tus llaves.* Here are your keys. | *Tu suéter está aquí adentro/arriba.* Your sweater is in here/up here. | **por aquí (a)** (para indicar el camino) **this way**: *Por aquí, por favor.* This way, please. **(b)** (en un lugar impreciso) **around here**:

Creo que vive por aquí. I think she lives around here. | **aquí tiene/tienes here you are**: *-Son $3. -Aquí tiene.* "That's $3." "Here you are."
2 (tiempo) **now** | **de aquí en adelante from now on**: *De aquí en adelante vas a tener que estudiar más.* From now on you'll have to study more.

árabe *adjetivo & sustantivo*
■ *adjetivo*
Arab, **Arabic** ▶ **Arabic** se usa para referirse a todo lo relacionado con el idioma, cultura, arte: *la comida árabe* Arab food | *una palabra árabe* an Arabic word
■ *sustantivo*
1 (persona) Se usa **Arab** para referirse a un hombre y **Arab woman**, **Arab girl**, etc. para referirse a una mujer. **los árabes the Arabs**
2 (idioma) **Arabic**

araña *sustantivo*
spider

arañar *verbo*
to scratch

arañazo *sustantivo*
scratch (plural **scratches**)

arar *verbo*
to plow

árbitro *sustantivo*
1 (en futbol, básquet, boxeo) **referee**
2 (en tenis, beisbol) **umpire**

árbol *sustantivo*
tree
árbol de Navidad Christmas tree

arbusto *sustantivo*
bush (plural **bushes**)

archivar *verbo*
(un documento) **to file**

archivo *sustantivo*
(en computación) **file**: *Guarde el archivo.* Save the file.

arco *sustantivo*
1 (en futbol, hockey, etc.) **goal** | **tirar al arco to shoot at goal**
2 (arma) **bow**
3 (en arquitectura) **arch** (plural **arches**)

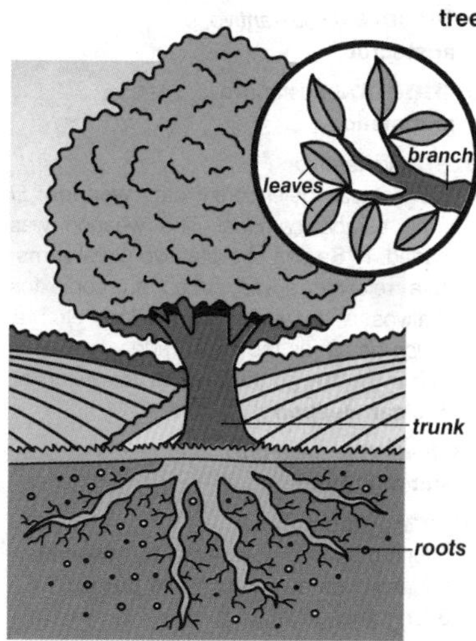

4 (de un violín) **bow**
arco iris rainbow

arder *verbo*
1 (ojos, herida) **to sting**: *Me arden los ojos.* My eyes are stinging.
2 (quemarse) **to burn**: *Ardió durante horas.* It burned for hours.

ardido, a *adjetivo*
hurt: *Está ardido porque Paula no le hizo caso.* He's hurt because Paula didn't pay attention to him.

ardilla *sustantivo*
squirrel

área *sustantivo*
1 (zona) **area**: *un área de clima seco* an area with a dry climate
2 (superficie) **area**
3 (en futbol, hockey, etc.) **penalty area**

arena *sustantivo*
sand

arete *sustantivo*
earring: *Me compré unos aretes de plata en Taxco.* I bought some silver earrings in Taxco.

Argentina *sustantivo*
Argentina

argentino, -a *adjetivo & sustantivo*
Argentine, **Argentinian** **los argentinos (the) Argentines**, **(the) Argentinians**

argolla *sustantivo*
ring

Aries *sustantivo*
Aries: *Soy Aries.* I'm an Aries./I'm an Arian.

A

aristócrata *sustantivo*
aristocrat

aritmética *sustantivo*
arithmetic

arma *sustantivo*
(para atacar, defenderse, etc.) **weapon**: *El arma estaba cargada.* The weapon was loaded. ▶ Se usa el sustantivo plural **arms**, para referirse a las armas en contextos relativos a su venta, fabricación, etc.: *el tráfico de armas* the arms trade
arma de fuego firearm arma nuclear nuclear weapon

armadura *sustantivo*
suit of armor

armar *verbo*
1 (una máquina, un mueble) **to assemble**
2 (una tienda de campaña) **to put up**
3 (un rompecabezas) **to do**
armarse
1 se va a armar un lío/escándalo there's going to be trouble | **se armó (la gorda) there was real trouble**
2 (proveerse de armas) **to arm yourself**

armónica *sustantivo*
mouth organ, harmonica

aro *sustantivo*
1 (cualquier argolla) **ring**
2 (en basquet) **hoop**

arpa *sustantivo*
harp

arpón *sustantivo*
harpoon

arqueología *sustantivo*
archaeology

arqueólogo, **-a** *sustantivo*
archaelogist: *Soy arqueóloga.* I'm an archaeologist.

arquero, **-a** *sustantivo*
goalkeeper

arquitecto, **-a** *sustantivo*
architect

arquitectura *sustantivo*
architecture

arrancar *verbo*
1 arrancar una hoja/una página to tear a page out
2 arrancarle algo a alguien to snatch something from someone: *Le arrancó la cartera.* He snatched her purse from her.
3 (ponerse en marcha) (coche) **to start**: *No arranca.* It won't start.

arrastrar *verbo*
1 to drag: *El caballo lo arrastró unos metros.* The horse dragged him along for several meters. | *No arrastres los pies al caminar.* Don't drag your feet when you walk.
2 (con el ratón) **to drag**
arrastrarse (persona) **to drag yourself**: *Se arrastró hasta la puerta.* He dragged himself to the door.

arrecife *sustantivo*
reef: *un arrecife de coral* a coral reef

arreglado, **-a** *adjetivo*
1 (solucionado, resuelto) **sorted out**: *¡Está todo arreglado!* It's all sorted out!
2 (referido a torneos, partidos, etc.) **fixed**
3 estar/venir/andar arreglado -a (bien vestido, etc.) **to be well-dressed**: *María siempre anda bien arreglada.* María is always well-dressed.
4 (ordenado y limpio) **neat** AmE, **tidy** BrE: *Siempre tiene el cuarto muy arreglado.* His room is always very neat.
5 (reparado) **fixed**: *El coche ya está arreglado.* The car's fixed now.

arreglar *verbo*
1 (reparar) (un coche, un aparato) **to fix, to repair** (unos zapatos) **to mend, to repair**: *No me pudo arreglar la computadora.* He couldn't fix my computer. | **mandar a arreglar algo to get something fixed/repaired**: *Tenemos que mandar a arreglar la videocasetera.* We have to get the VCR fixed.
2 (solucionar) **arreglar algo to sort something out**: *Esto lo vamos a arreglar entre nosotros.* We'll sort this out between ourselves.
arreglarse
1 (prepararse) **to get ready**: *Necesita horas para arreglarse.* She needs hours to get ready.
2 (vestir bien, etc.) **to dress well**: *Ya no se arregla como antes.* She doesn't dress as well as she used to.
3 (solucionarse) **to sort itself out**: *Las cosas no se arreglan solas.* Things don't sort themselves out on their own.
4 arreglárselas to manage: *¿Cómo se las arregla para estar siempre tan elegante?* How does she manage to look so smart all the time?

arreglo *sustantivo*
1 (reparación) Existe el sustantivo **repair** pero en la mayoría de los casos se usa el

verbo **to repair** o **to fix**: *Hacen todo tipo de arreglos.* They do all kinds of repairs. | *¿Cuánto te costó el arreglo de la computadora?* How much did it cost to get your computer repaired? | **no tiene arreglo** **it is beyond repair**: *La impresora no tiene arreglo.* The printer is beyond repair.
2 (acuerdo) **arrangement**: *La escuela tiene un arreglo con el club deportivo.* The school has an arrangement with the sports club.

arremangarse *verbo*
arremangarse la camisa/el suéter etc **to roll your sleeves up** | **arremangarse los pantalones** **to roll your pants up**

arrepentido, -a *adjetivo*
estar arrepentido -a **to be sorry**: *Regalé mi raqueta de tenis y ahora estoy arrepentida.* I gave away my tennis racket, and now I'm sorry I did it. | **estar arrepentido -a de algo** **to be sorry about something**: *Está arrepentido de lo que dijo.* He's sorry about what he said. | **estar arrepentido -a de haber hecho algo** **to be sorry you did something**: *No estoy arrepentido de haberlo comprado.* I'm not sorry I bought it.

arrepentirse *verbo*
to be sorry: *Te vas a arrepentir.* You'll be sorry. | **arrepentirse de algo** **to be sorry about something**: *Me arrepentí de lo que había hecho.* I was sorry about what I had done. | **arrepentirse de haber hecho algo** **to be sorry you did something**: *Se va a arrepentir de haber dicho que no.* He'll be sorry he said no.

arrestar *verbo*
to arrest

arresto *sustantivo*
arrest

arriba *adverbio*
1 (posición) **acá/allá arriba** **up here/up there**: *Pon las tijeras allá arriba.* Put the scissors up there. | **el estante/el cajón de arriba** **(a)** (el siguiente) **the next shelf/drawer up** **(b)** (el primero) **the top shelf/drawer**
2 **desde arriba** **(a)** (desde un edificio, una montaña) **from the top**: *Desde arriba se veía toda la ciudad.* From the top you could see the whole city. **(b)** (desde un avión, desde un piso superior, etc.) **from above**: *Desde arriba las casas se ven chiquitas.* From above the houses look tiny.
3 **para arriba** **up**: *Mira para arriba.* Look up. | *de la cintura para arriba* from the waist up | *niños de once años para arriba* children aged eleven and above
4 **mirar a alguien de arriba abajo** **to look someone up and down** | **limpiar la casa de arriba abajo** **to clean the house from top to bottom**
5 (en una casa, un edificio) **upstairs**: *El baño está arriba.* The bathroom is upstairs. | *¿Vamos arriba a mi cuarto?* Shall we go upstairs to my room?
6 (sobre) **arriba de la mesa/del escritorio** **on the table/the desk**: *¿Qué hace el gato arriba de la mesa?* What's the cat doing on the table? | **arriba del ropero/del armario** **on top of the wardrobe/the cupboard**
7 (en una posición más alta que) **arriba del tobillo/de la rodilla** **above the ankle/the knee**: *el departamento de arriba del mío* the apartment above mine | *arriba de las nubes* above the clouds
8 **¡arriba!** (para animar) **go!**: *¡Arriba las Chivas!* Go, Chivas! ▶ ver **mano**

arriesgado, -a *adjetivo*
1 (peligroso) **risky**
2 (valiente, atrevido) **daring**

arriesgar *verbo*
to risk: *Arriesgó su vida para salvar al perro.* He risked his life to save the dog.
arriesgarse **to risk it**: *No me quiero arriesgar.* I don't want to risk it.

arrogante *adjetivo*
arrogant

arroyo *sustantivo*
stream

arroz *sustantivo*
rice: *un kilo de arroz* a kilo of rice
arroz con leche **rice pudding**

arruga *sustantivo*
1 (en la piel) **wrinkle**
2 (en la ropa) **wrinkle**

arrugado, -a *adjetivo*
1 (ropa) **wrinkled**: *Traes el pantalón todo arrugado.* Your pants are all wrinkled.
2 (cara) **wrinkled**

arrugar *verbo*
arrugar algo **(a)** (el diario, una hoja, sin querer) **to crumple something** **(b)** (ropa) **to wrinkle something**: *No me arrugues el vestido.* Don't wrinkle my dress.
arrugarse
1 (piel, cara) **to get wrinkled**: *Se le está arrugando la cara.* Her face is getting wrinkled.

2 (ropa) **to get wrinkled**: *Se te arrugaron los pantalones.* Your pants have got wrinkled.

arruinar *verbo*
(echar a perder) **to ruin**: *La lluvia nos arruinó el picnic.* The rain ruined our picnic.

arte *sustantivo*
art: *el arte moderno/contemporáneo* modern/contemporary art ▶ ver **bello**, **obra**
artes marciales martial arts

arteria *sustantivo*
(en biología) **artery** (plural **-ries**)

artesanía *sustantivo*
1 (actividad) **craftwork**: *la artesanía típica de la zona* typical local craftwork
2 **artesanías** (objetos) **handicrafts**, **craftwork**

artesano, **-a** *sustantivo*
artesano craftsman (plural **-men**) **artesana craftswoman** (plural **-women**)

ártico, **-a** *adjetivo*
Arctic

Ártico *sustantivo*
el (océano) Ártico the Arctic (Ocean)

artículo *sustantivo*
1 (de diario, revista) **article**: *un artículo de revista* a magazine article
2 (en gramática) **article**
3 (producto) **item**

artificial *adjetivo*
artificial ▶ ver **fuego**, **inteligencia**

artista *sustantivo*
1 (pintor, escultor) **artist**: *Es un gran artista.* He's a great artist.
2 (actor de cine, de teatro) **actor** (actriz de cine, de teatro) **actress** (plural **-sses**), **actor**

artístico, **-a** *adjetivo*
artistic

arzobispo *sustantivo*
archbishop

as *sustantivo*
1 (en cartas, dados) **ace**: *el as de diamantes* the ace of diamonds
2 (persona) **star**: *Es el as del equipo.* He's the star of the team | **ser un as de la computación to be a computer wizard**

asaltante *sustantivo*
1 (ladrón) **robber**
2 (agresor) **attacker**

asaltar *verbo*
1 (un banco, un negocio) **to rob**
2 (a una persona) **to mug**: *Me asaltaron en la calle.* I was mugged in the street.

asalto *sustantivo*
1 **robbery** (plural **-ries**): *un asalto a un banco* a bank robbery
2 (militar) **assault**
asalto a mano armada armed robbery (plural **-ries**)

asar *verbo*
1 (a las brasas) **to barbecue**
2 (al horno) **to roast** ▶ Si se trata de papas con cáscara se dice **to bake**
asarse: **me estoy asando I'm burning up**: *¿Puedo abrir la ventana? Me estoy asando.* Can I open the window? I'm burning up.

asco *sustantivo*
1 **dar asco to be disgusting**: *Esta cocina da asco.* This kitchen is disgusting. | **me/le etc. da asco I think/he thinks etc. it's disgusting**: *Me dan asco los caracoles.* I think snails are disgusting.
2 **hecho -a un asco in a disgusting state**: *Tu cuarto está hecho un asco.* Your room is in a disgusting state.

asegurar *verbo*
1 (afirmar) **to assure**: *Te lo aseguro.* I assure you.
2 (un coche, una casa, etc.) **to insure**
asegurarse: **asegurarse de que to make sure that**: *Asegúrate de que el gas esté apagado.* Make sure the gas is off.

aserrín *sustantivo*
sawdust

asesinar *verbo*
to murder: *Lo asesinaron a sangre fría.* He was murdered in cold blood. ▶ Existe el verbo **to assassinate**, pero sólo se usa cuando se trata de una persona importante: *Asesinaron al presidente.* The President has been assassinated.

asesinato *sustantivo*
murder | **cometer un asesinato to commit murder** ▶ Existe el sustantivo **assassination**, pero sólo se usa cuando se trata de una persona importante.

asesino, **-a** *sustantivo*
murderer ▶ Existe el sustantivo **assassin**, pero sólo se usa cuando se trata de alguien que mata a una persona importante.
asesino -a serial serial killer

asfixiar *verbo*
to suffocate
asfixiarse to suffocate

así *adverbio, adjetivo & conjunción*

1 (de esta o esa manera) **like this/that**: *No me mires así.* Don't look at me like that.

2 (como éste o ése) **like this/that**: *Yo nunca haría una cosa así.* I'd never do anything like that.

3 **así de grande/alto -a etc.** **this big/this small etc.** | **es así de fácil/sencillo etc.** **it's as easy/as simple etc. as that**

4 **así es** **that's right**: *–¿Ustedes son primos? –Así es.* "Are you cousins?" "That's right."

5 **así que** **so**: *Ya terminé así que me voy.* I'm done, so I'm going. | *¿Así que te vas a Europa?* So you're off to Europe?

Asia *sustantivo*

Asia

asiático, -a *adjetivo & sustantivo*

Asian **los asiáticos** **(the) Asians**

asiento *sustantivo*

seat

asilo *sustantivo*

1 **asilo (político)** **(political) asylum**

2 (hogar) **home** (para niños) **children's home**

asilo de ancianos **retirement home**

asistencia *sustantivo*

1 (acto de presencia) **attendance**: *La asistencia es obligatoria.* Attendance is compulsory.

2 (ayuda) **assistance**

asistente *sustantivo*

1 (ayudante) **assistant**

2 (concurrente) **los asistentes a la reunión/a la ceremonia etc** **those present at the meeting/the ceremony etc**: *Entre los asistentes había muchos artistas famosos.* Among those present were many famous artists.

asistir *verbo*

asistir (a una clase/a una conferencia/a una reunión etc.) **to attend (a class/a lecture/a meeting etc.)**: *Asistió a todas las clases.* He attended all the classes.

asma *sustantivo*

asthma: *un ataque de asma* an asthma attack

asmático, -a *adjetivo & sustantivo*

asthmatic

asociación *sustantivo*

association: *Asociación de Padres de Familia* Student Parents Association

asociar *verbo*

to associate: *Asocian el rock con la droga.* They associate rock music with drugs.

asomar *verbo*

asomar la cabeza por la ventana **to stick your head out of the window**

asomarse: **asomarse por la ventanilla** **to lean out of the window**: *No te asomes por la ventanilla.* Don't lean out of the window. | **asomarse a la ventana/la puerta** **to look out of the window/door**

asombrado, -a *adjetivo*

estar asombrado -a **to be amazed**: *Estaba tan asombrada que no podía hablar.* She was so amazed that she couldn't speak.

asombrar *verbo*

to amaze: *Me asombra ver lo rápido que aprende.* It amazes me to see how quickly he learns. ► En oraciones negativas se usa **to surprise**: *No me asombra que esté harta.* It doesn't surprise me that she's fed up.

asombrarse **to be amazed**

asombroso, -a *adjetivo*

amazing

aspa *sustantivo*

(de un molino) **sail** (de un ventilador) **blade**

aspecto *sustantivo*

1 (apariencia) **appearance**: *su aspecto distinguido* his distinguished appearance | **tener buen/mal aspecto** **to look good/bad**: *Este pollo tiene muy buen aspecto.* This chicken looks very good.

2 (faceta) **aspect** | **en ese aspecto** **in that respect**: *En ese aspecto tienes razón.* You're right in that respect.

áspero, -a *adjetivo*

(piel, tela) **rough**: *Tiene las manos ásperas.* His hands are rough.

aspiradora *sustantivo*

vacuum cleaner | **pasar la aspiradora** **to vacuum**: *Pasa la aspiradora por la alfombra del comedor.* Vacuum the dining room carpet.

aspirina® *sustantivo*

aspirin

asqueroso, -a *adjetivo*

(repugnante) **disgusting**: *un olor asqueroso* a disgusting smell

asterisco *sustantivo*

asterisk

A

astilla *sustantivo*
splinter: *Me clavé una astilla en el dedo.* | got a splinter in my finger.

astillero *sustantivo*
shipyard

astrología *sustantivo*
astrology

astrólogo, **-a** *sustantivo*
astrologer

astronauta *sustantivo*
astronaut

astronomía *sustantivo*
astronomy

astronómico, **-a** *adjetivo*
1 (precio, salario) **astronomical**: *un precio astronómico* an astronomical price
2 (de la astronomía) **astronomical**

astrónomo, **-a** *sustantivo*
astronomer

astuto, **-a** *adjetivo*
1 (ingenioso) **shrewd**
2 (malicioso) **cunning**

asunto *sustantivo*
1 (cuestión) **matter**: *un asunto de vida o muerte* a matter of life and death
2 no es asunto mío/tuyo etc. it's none of my/your etc. business

asustar *verbo*
to scare: *¡Ay, me asustaste!* Oh, you scared me!
asustarse to be scared: *No te asustes, no pasa nada.* Don't be scared, it's all right.

atacar *verbo*
to attack: *Un perro atacó a mi gato.* A dog attacked my cat.
atacarse to hit the roof: *Mi hermana se atacó porque me puse su suéter.* My sister hit the roof because I wore her sweater. | **atacarse de la risa to burst out laughing**: *Le conté el chiste y se atacó de la risa.* I told her a joke and she burst out laughing.

atajar *verbo*
(un penalty, un tiro libre, etc.) **to save**: *El portero atajó el penalty.* The goalkeeper saved the penalty.

atajo *sustantivo*
short cut | **tomar un atajo to take a short cut**

ataque *sustantivo*
1 (físico, verbal) **attack**
2 le agarró/le dio un ataque he had a fit: *Cuando lo vio casi le da un ataque.* When she saw it she nearly had a fit.
3 le dio un ataque de risa/llanto she burst out laughing/she burst into tears
ataque cardíaco, **ataque al corazón heart attack**
ataque de tos coughing fit

atardecer *sustantivo & verbo*
■ *sustantivo*
(hora) **dusk** | **al atardecer at dusk**
■ *verbo*
to get dark: *Está atardeciendo.* Dusk is falling.

ataúd *sustantivo*
casket

atención *sustantivo*
1 (cuidado) **attention**: *Su atención, por favor.* Your attention, please.
2 leer/escuchar con atención to read/to listen carefully: *Lean el texto con atención.* Read the text carefully.
3 prestar atención to pay attention: *En clase hay que prestar atención.* You must pay attention in class. | **prestarle atención a alguien to listen to someone**: *¿Me estás prestando atención?* Are you listening to me? | **prestar(le) atención a algo to pay attention to something**
4 llamarle la atención a alguien to reprimand someone: *La maestra nos llamó la atención por hablar en clase.* The teacher reprimanded us for talking in class.

atender *verbo*
1 (a un cliente, en un negocio) **to serve**: *¿Ya lo atienden?* Are you being served? | *Trabaja en un banco atendiendo al público.* He works in a bank dealing with the public.
2 (en una oficina, un consultorio, etc.) **to see**: *Espere aquí, el doctor lo atiende enseguida.* Wait here and the doctor will see you right away.

atentamente *adverbio*
1 (leer, escuchar) **carefully**
2 Atentamente, también **Lo/La saluda atentamente,** (en una carta) **Sincerely yours,**

atento, **-a** *adjetivo*
1 estar atento -a to pay attention: *No está atenta a lo que pasa a su alrededor.* She doesn't pay attention to what is going on around her.
2 (considerado) **thoughtful**: *una chica muy atenta* a very thoughtful girl

ateo, **-a** *sustantivo*
atheist: *Es ateo.* He's an atheist.

aterrizaje *sustantivo*
landing
aterrizaje forzoso emergency landing

aterrizar *verbo*
to land

land

The plane is about to land.

atlas *sustantivo*
atlas (plural **atlases**): *Búscalo en el atlas.* Look it up in the atlas.

atleta *sustantivo*
athlete

atlético, **-a** *adjetivo*
athletic

atletismo *sustantivo*
athletics *singular*

atmósfera *sustantivo*
atmosphere

atolondrado, **-a** *adjetivo*
scatterbrained: *¡Qué atolondrada eres!* You're so scatterbrained!

atómico, **-a** *adjetivo*
atomic: *la bomba atómica* the atomic bomb

átomo *sustantivo*
atom

atontado, **-a** *adjetivo*
(por un golpe, etc.) **dazed**: *Estaba un poco atontado.* He was a little dazed.

atracción *sustantivo*
1 (atractivo, entretenimiento) **attraction**: *una de las atracciones de la temporada* one of the attractions of the season
2 **sentir atracción por alguien** **to be attracted to someone**

atraco *sustantivo*
hold-up: *Ayer hubo un atraco a un banco de Insurgentes.* There was a hold-up at a bank in Insurgentes.

atractivo, **-a** *adjetivo*
attractive

atractivo *sustantivo*
1 (de un lugar, una actividad, etc.) **attraction**: *uno de los atractivos del hotel* one of the attractions of the hotel
2 (de una persona) **appeal**

atraer *verbo*
1 (jalar) **to attract**: *El museo atrae muchos visitantes.* The museum attracts many visitors.
2 (interesar) **to appeal to**: *No me atrae mucho la idea.* The idea doesn't appeal to me very much.

atrapado, **-a** *adjetivo*
quedarse atrapado -a **to get trapped**: *Se fue la luz y se quedaron atrapados en el elevador.* The power went off and they were trapped in the elevator.

atrapar *verbo*
to catch: *Atraparon al ladrón.* They caught the thief.

atrás *adverbio & preposición*
1 (lugar) **at the back**: *Siempre se sienta atrás.* He always sits in the back. | *el coche de atrás* the car behind
2 **atrás de algo** **behind something**: *Fíjate atrás de la puerta.* Look behind the door. | **atrás de mí/de él etc.** **behind me/him etc.**: *Isabel estaba sentada atrás de mí.* Isabel was sitting behind me.
3 (dirección) **back**: *Corrí las sillas para atrás.* I moved the chairs back. | *Dio un paso atrás.* She took a step back.
4 **dejar algo o a alguien atrás** **to leave something or someone behind**: *Los dejamos atrás enseguida.* We left them behind right away. | **quedarse atrás** **to get left behind**: *Corrí para no quedarme atrás.* I ran so I wouldn't get left behind.

atrasado, **-a** *adjetivo*
1 (avión, tren) **estar/llegar atrasado -a** **to be late**: *El avión está atrasado.* The plane is late.
2 (en la escuela, con un trabajo, etc.) **estar atrasado -a** **to be behind**: *Estoy un poco atrasada.* I'm a bit behind.
3 (reloj) **estar atrasado** **to be slow**: *Tu reloj está atrasado.* Your watch is slow.

atrasar *verbo*
(posponer) **atrasar un viaje/una reunión** **to postpone a trip/a meeting**
atrasarse
1 (en la escuela, con el trabajo, etc.) **to get behind**: *Me atrasé porque falté mucho.* I got behind because I missed a lot of classes.
2 (reloj) (estar atrasado) **to be slow**: *Mi reloj se atrasa.* My watch is slow.

atravesar *verbo*
1 (un objeto) **to go through**: *La bala atravesó la puerta del coche.* The bullet went through the car door.

A

2 (un río, una cordillera, un país, una calle) **to cross**
atravesarse: **atravesársele a alguien to get in front of someone**: *Se me atravesó un perro y me caí de la bicicleta.* A dog got in front of me, and I fell off my bicycle.

atreverse *verbo*
atreverse a hacer algo to dare do something: *No se atrevió a decírselo.* She didn't dare tell him.

atrevido, **-a** *adjetivo*
(impertinente) **sassy** AmE, **cheeky** BrE: *¡No seas atrevida!* Don't be so sassy!

atropellar *verbo*
lo atropelló un coche/un camión (a) (tirándolo al suelo) **he was knocked down by a car/a bus (b)** (pasándole por encima) **he was run over by a car/a bus**

atún *sustantivo*
tuna, **tuna fish**: *un sandwich de atún y jitomate* a tuna fish and tomato sandwich

audición *sustantivo*
1 (capacidad auditiva) **hearing**
2 (prueba) **audition**

audiencia *sustantivo*
(de radio, TV, etc.) **audience**: *el programa de tele con más audiencia* the TV program with the biggest audience

audífono *sustantivo*
earphone

auditorio *sustantivo*
concert hall

aula *sustantivo*
(en una escuela) **classroom**

aullar *verbo*
to howl: *El perro estuvo aullando toda la noche.* The dog was howling all night.

aullido *sustantivo*
howl

aumentar *verbo*
1 aumentar dos kilos/medio kilo etc. to put on two kilos/half a kilo etc.: *Aumenté cinco kilos.* I put on five kilos. | **aumentar de peso to put on weight**
2 aumentarle el sueldo a alguien to give someone a raise
3 (precios, impuestos, artículos) **to go up**: *Va a aumentar la gasolina.* Gasoline is going to go up.

aumento *sustantivo*
1 el aumento de la leche/de la gasolina etc. the increase in the price of milk/gasoline etc.: *Anunciaron un nuevo aumento de las colegiaturas.* They announced another increase in tuition fees.
2 aumento (de sueldo) (pay) raise: *Pidió un aumento.* She asked for a raise.
3 (hablando de anteojos) **strength**: *Llevaba anteojos con mucho aumento.* She was wearing very strong glasses.

aunque *conjunción*
1 (incluso si) **even if**: *Dile que es bonito aunque no te guste.* Tell her it's nice even if you don't like it. | *Aunque supiera, no te lo diría.* Even if I knew, I wouldn't tell you. | *Vas a ir aunque no quieras.* You're going, even if you don't like it.
2 (a pesar de que) **even though**: *Aunque sus padres son mexicanos, no habla español.* Even though her parents are Mexican, she doesn't speak Spanish. | *Aunque no conocía a nadie, lo pasé bien.* Even though I didn't know anyone, I had a good time.

auricular *sustantivo & sustantivo plural*
■ *sustantivo*
(del teléfono) **receiver**
■ **auriculares** *sustantivo plural*
(audífonos) **headphones**, **earphones**
▶ **earphones** son los pequeños, como los de los MP3: *Si quieres escuchar música, ponte los auriculares.* If you want to listen to music, put your headphones on.

ausencia *sustantivo*
absence

ausente *adjetivo*
absent: *Los alumnos ausentes deben traer un certificado médico.* Pupils who are absent must bring in a medical certificate.

Australia *sustantivo*
Australia

australiano, **-a** *adjetivo & sustantivo*
1 Australian
2 los australianos (the) Australians

Austria *sustantivo*
Austria

austríaco, **-a** *adjetivo & sustantivo*
1 Austrian
2 los austríacos (the) Austrians

auténtico, **-a** *adjetivo*
1 (cuero, interés, razón) **genuine**, **real**: *Es de cuero auténtico.* It's genuine leather./It's real leather.
2 (cuadro, documento) **authentic**, **genuine**

autobiografía *sustantivo*
autobiography (plural **-phies**)

autóctono, **-a** *adjetivo*
indigenous

autódromo *sustantivo*
racetrack, **circuit**

autógrafo *sustantivo*
autograph: *Le pedimos un autógrafo.* We asked her for her autograph.

automático, **-a** *adjetivo*
automatic

automóvil *sustantivo*
automobile, **car**: *la industria del automóvil* the automobile industry

automovilista *sustantivo*
driver

autopista *sustantivo*
highway AmE, **freeway** AmE, **motorway** BrE | **ir por la autopista** **to take the highway**

autopsia *sustantivo*
post-mortem, **autopsy** (plural **-sies**)

autor, **-a** *sustantivo*
1 (de un texto) **author**: *el autor de esta novela* the author of this novel
2 (de un crimen) **perpetrator**

autoridad *sustantivo*
1 (poder) **authority**: *No respetan la autoridad paterna.* They have no respect for parental authority.
2 (experto) **authority** (plural **-ties**): *Es una autoridad en temas de ecología.* He is an authority on the environment.
3 **las autoridades** **the authorities**: *las autoridades de la escuela* the school authorities

autorización *sustantivo*
authorization

autorizar *verbo*
to authorize: *Autorizaron la marcha.* They authorized the march. | **autorizar a alguien a hacer algo** **to give someone permission to do something**: *El profesor los autorizó a salir temprano.* The teacher gave them permission to leave early.

auxiliar *sustantivo*
■ *sustantivo masculino & femenino*
(persona) **assistant**: *auxiliar de investigación* research assistant
■ *sustantivo masculino*
(verbo) **auxiliary** (plural **-ries**)

auxilio *sustantivo & interjección*
■ *sustantivo*
help | **pedir auxilio** **to ask for help**
▶ ver **primero**
■ *interjección*
¡auxilio! **help!**

avalancha *sustantivo*
1 (de nieve) **avalanche** (de barro, piedras) **landslide**
2 **una avalancha de cartas/quejas etc** **a flood of letters/complaints etc**

avanzar *verbo*
1 (ir hacia adelante) **to move forward**: *La cola avanzaba lentamente.* The line moved forward slowly. ▶ También existe **to advance** que se usa cuando se menciona hacia dónde: *Avanzó lentamente hacia ellos.* He advanced slowly towards them.
2 (progresar) **to make progress**: *No avanza mucho en sus estudios.* He isn't making much progress in his studies.

ave *sustantivo*
bird

avellana *sustantivo*
hazelnut

avena *sustantivo*
1 (cereal) **oats** *plural*
2 (harina) **oatmeal**

avenida *sustantivo*
avenue

aventar *verbo*
1 (lanzar) **to throw**: *Aviéntame la pelota.* Throw the ball to me.
2 (empujar) **to push**: *¡No lo avientes!* Don't push him!
aventarse
1 Guíate por los ejemplos: *Se aventó al agua.* He dove into the water. | *Se aventó de la barda.* He jumped off the wall.
2 (atreverse) **to dare**: *No se aventó a hablar con la directora.* He didn't dare talk to the principal. | *¡Ándale! ¡Aviéntate!* Go on! Go for it!

aventura *sustantivo*
adventure: *un libro/una película de aventuras* an adventure story/movie

aventurero, **-a** *sustantivo*
adventurer

averiguar *verbo*
averiguar algo **to find something out**: *No pude averiguar nada.* I couldn't find anything out. | *Voy a averiguar qué pasa.* I'm going to find out what's happening.

avestruz *sustantivo*
ostrich (plural **-ches**)

aviación *sustantivo*
1 (sistema de transporte) **aviation**
2 (fuerza aérea) **air force**

avión *sustantivo*
plane, airplane | **viajar/ir en avión** **to fly**: *Fuimos en avión.* We flew. | **mandar**

A

una carta/un paquete por avión to send a letter/a package (by) airmail

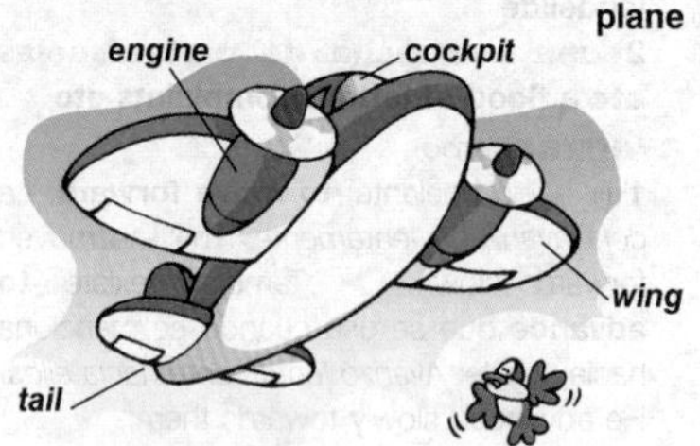

avioneta *sustantivo*
light plane

avisar *verbo*
1 (decir) **avisarle algo a alguien to let someone know something**: *Me avisó que iba a llegar tarde.* He let me know that he was going to be late.
2 (advertir) **to warn**: *No digas que no te avisé.* Don't say I didn't warn you.

aviso *sustantivo*
1 (anuncio) **hasta nuevo aviso until further notice** | **sin previo aviso without warning**
2 (advertencia) **warning**
3 aviso (clasificado) (classified) advertisement

avispa *sustantivo*
wasp

ay *interjección*
1 (de dolor) **ouch!**: *¡Ay! ¡No me jales el pelo!* Ouch! Don't pull my hair!
2 (de contrariedad) **oh!, oh, dear!**: *¡Ay! ¡Qué pena!* Oh! What a shame!
3 (ante un pequeño accidente) **oops!**: *¡Ay! ¡Por poco me caigo!* Oops! I nearly fell over!

ayer *adverbio*
yesterday | **la clase/el periódico etc de ayer yesterday's lesson/newspaper etc**: *Este pan es de ayer.* This is yesterday's bread. | **ayer en la mañana yesterday morning**: *Llegó ayer en la mañana.* She arrived yesterday morning. | **ayer en la tarde yesterday afternoon, yesterday evening** ▶ ver nota en **tarde**

ayuda *sustantivo*
help: *Gracias por tu ayuda.* Thanks for your help.

ayudante *sustantivo*
assistant

ayudar *verbo*
to help: *¿Quieres que te ayude?* Do you want me to help you? | **ayudar a alguien a hacer algo to help someone to do something**: *¿Me ayudas a hacer este ejercicio?* Can you help me to do this exercise?

ayunas *sustantivo plural*
estar en ayunas not to have eaten anything: *Estoy en ayunas.* I haven't eaten anything. | *Tienes que estar en ayunas para hacerte el análisis.* You shouldn't eat anything before you have the test done.

azafata *sustantivo*
stewardess (plural **-desses**) ▶ Las azafatas prefieren el término **flight attendant** para referirse a sí mismas.

azotador *sustantivo*
caterpillar

azúcar *sustantivo*
sugar: *una cucharadita de azúcar* a teaspoonful of sugar | *¿Tomas azúcar?* Do you take sugar?

azucarera *sustantivo*
sugar bowl

azul *adjetivo & sustantivo*
blue
azul marino navy blue

Bb

B, b *sustantivo*
B, b: *"Brazilian" se escribe con B mayúscula.* "Brazilian" is written with a capital B.

babero *sustantivo*
bib

bacalao *sustantivo*
cod ▶ El bacalao seco se conoce como **salt cod**

bache *sustantivo*
(en una calle o ruta) **pothole**

bacteria *sustantivo*
germ ▶ En inglés también existe la palabra **bacteria**, pero es plural: *Este desinfectante mata a las bacterias.* This disinfectant kills bacteria.

bahía *sustantivo*
bay

bailar *verbo*
to dance: *¿Sabes bailar?* Can you dance? | **ir/salir a bailar to go dancing** | **sacar a bailar a alguien to ask someone to dance**

bailarín, -ina *sustantivo*
dancer

baile *sustantivo*
1 (fiesta) **dance**
2 (danza) **dance**: *un baile típico de mi país* a traditional dance from my country
3 (acción) **dancing**: *clases de baile* dancing lessons ▶ ver **pista**

bajada *sustantivo*
(acción) **descent**

bajar *verbo*
1 (ir hacia abajo) **to go down, to come down** ▶ Se usa **to come down** cuando el movimiento es hacia el hablante: *Bajé a abrir la puerta.* I went down to open the door. | *¿Bajas a comer?* Are you coming down to eat?
2 bajar la escalera/una cuesta etc. to go down the stairs/down a hill etc., to come down the stairs/down a hill etc. ▶ Se usa **to come down** cuando el movimiento es hacia el hablante
3 (del tren, de un coche, etc.) ▶ ver **bajarse**
4 (temperatura) **to go down, to drop**
5 (precio) **to come down**: *Los precios de las computadoras están bajando.* Computer prices are coming down.
6 bajar de peso to lose weight: *Quiero bajar de peso.* I want to lose weight. | **bajar un kilo/medio kilo etc. to lose a kilo/half a kilo etc.**
7 bajarle a la música/el radio etc. to turn the music/the radio etc. down
8 bajar algo de un lugar to get something down from somewhere: *Baja la maleta del desván.* Get the case down from the attic.
9 bajar algo de Internet to download something from the Internet: *Puedes bajar el programa gratis.* You can download the program for free.

bajarse
1 (de un lugar alto) **to get down**: *¡Bájate de ahí!* Get down from there!
2 (de un tren, un camión, un caballo, una moto) **to get off**: *Yo me bajo en la próxima.* I'm getting off at the next stop. | *Se cayó al bajarse del camión.* She fell as she was getting off the bus.
3 (de un coche) **to get out**: *No se bajaron del coche.* They didn't get out of the car.
4 bajarse de una barda/una mesa etc. to get down off a wall/a table etc.
5 bajarse de un árbol to get down out of a tree

bajista *sustantivo*
bass player

bajo, -a *adjetivo, adverbio, preposición & sustantivo*
■ *adjetivo*
1 (estatura de una persona) **short**: *Es bajo para su edad.* He's short for his age.
2 (altura de un objeto) **low**: *una cerca baja* a low fence
3 (posición) **low**: *El cuadro está demasiado bajo.* The picture's too low.
4 (sueldo, precio, nota) **low**: *la nota más baja de la clase* the lowest grade in the class
5 una dieta/una bebida baja en calorías a low-calorie diet/drink
6 (poco profundo) **shallow**: *la parte baja de la alberca* the shallow end of the pool ▶ ver también **planta**, **temporada**, **voz**
■ **bajo** *adverbio*
1 (hablar) **softly**, **quietly**
2 (volar) **low**

■ **bajo** *preposición*
(debajo de) **under**: *con sus libros bajo el brazo* with his books under his arm
■ **bajo** *sustantivo*
1 (instrumento) **bass guitar**
2 (bajista) **bass player**
3 (cantante) **bass** (plural **-sses**)

bajón *sustantivo*
dar un bajón to go downhill

bala *sustantivo*
bullet

balazo *sustantivo*
(tiro) **shot** | **darle un balazo a alguien to shoot someone**: *Le dieron un balazo en la cabeza.* They shot him in the head.

balcón *sustantivo*
balcony (plural **-nies**)

balero *sustantivo*
Este juego no es común en el mundo anglosajón. Si quieres explicar lo que es, di *It's a toy where you try to flick a ball tied to a stick into a cup or onto the end of the stick*

ballena *sustantivo*
whale

ballet *sustantivo*
ballet

balneario *sustantivo*
1 (hotel) **hotel with a pool**: *Me gusta ir de vacaciones a un balneario.* I like to go to a hotel with a pool for my vacations.
2 (de aguas termales) **spa**

balsa *sustantivo*
raft

bambú *sustantivo*
bamboo

banca *sustantivo*
1 (pupitre) **desk**
2 (en un parque) **bench** (plural **benches**)
3 (en una iglesia) **pew**
4 (en juegos de mesa) **bank**
5 banca (de suplentes) (substitutes') bench

banco *sustantivo*
1 (establecimiento) **bank**: *Trabaja en un banco.* She works in a bank.
2 (banquito) **stool**

banda *sustantivo*
1 (musical) **band**: *Toco en una banda de rock.* I play in a rock band.
2 (de delincuentes) **gang**
banda sonora soundtrack

bandeja *sustantivo*
tray
bandeja de entrada inbox (plural **inboxes**) **bandeja de salida outbox** (plural **outboxes**)

bandera *sustantivo*
flag

banderín *sustantivo*
(en futbol) **banderín (del corner) (corner) flag**
banderines de colores (para adornar calles, etc.) **colored bunting**

bandido, -a *sustantivo*
1 (hablando de un niño) **little rascal**
2 (persona deshonesta) **crook**
3 (bandolero) **bandit**

bando *sustantivo*
side: *Se pasó al otro bando.* He went over to the other side.

banjo *sustantivo*
banjo

banquero, -a *sustantivo*
banker

banqueta *sustantivo*
sidewalk AmE, **pavement** BrE

banquete *sustantivo*
banquet, **dinner**

bañar *verbo*
bañar a alguien to give someone a bath: *Tengo que bañar al bebé.* I have to give the baby a bath.
bañarse
1 (en la regadera) **to take a shower**
2 (en la tina) **to take a bath**

baño *sustantivo*
1 (en una casa, un hotel) **bathroom**: *El baño está arriba.* The bathroom is upstairs.
2 (en un restaurante, etc.) **restroom** AmE, **toilet** BrE: *¿Dónde queda el baño?* Where's the restroom?
3 darse un baño (en una tina) **to take a bath**: *Me di un baño antes de acostarme.* I took a bath before I went to bed.
4 una pulsera con baño de plata/de oro a silver-plated/gold-plated bracelet

baqueta *sustantivo*
1 (para tambor o batería) **drumstick**
2 (para triángulo o gong) **beater**

bar *sustantivo*
bar: *Nos vimos en el bar.* We met in the bar.

baraja *sustantivo*
1 (carta) **(playing) card**
2 (mazo) **deck**
3 jugar a la baraja to play cards

barata *sustantivo*
sale: *Lo compré en una barata.* I bought it in a sale.

barato, -a *adjetivo & adverbio*
1 cheap
2 comprar algo barato/comer barato etc. to buy something cheaply/to eat cheaply etc.

barba *sustantivo*
1 (parte de la cara) **chin**
2 (vello facial) **beard**: *Tiene barba.* He has a beard. | **dejarse la barba to grow a beard**

barbaridad *sustantivo*
1 hacer una barbaridad to do something stupid | **decir barbaridades to talk nonsense**
2 ¡qué barbaridad! (para expresar indignación) **that's outrageous!**

barco *sustantivo & adjetivo*
■ *sustantivo*
1 boat, ship ▶ En general **ship** se usa para referirse a un barco grande y **boat** a uno chico
2 ir/viajar en barco to go/travel by sea
barco de vela 1 (grande) **sailing ship 2** (chico) **sailboat**
■ *adjetivo*
(profesor) **ser barco to be a pushover**: *El profesor es bien barco.* The teacher is a real pushover.

barda *sustantivo*
wall

barniz *sustantivo*
1 (para madera) **varnish**
2 (de uñas) **polish**

barra *sustantivo*
1 (en una cafetería o bar) **bar**: *Me tomé un café en la barra.* I had some coffee at the bar.
2 (de chocolate, de cereales) **bar**
3 (de metal) **bar**

barrendero, -a *sustantivo*
road sweeper

barrer *verbo*
1 (el piso) **to sweep**
2 barrer la cocina/el comedor to sweep the kitchen floor/the dining room floor
3 barrer las hojas/los vidrios rotos to sweep up the leaves/the broken glass

barrera *sustantivo*
(para impedir el paso) **barrier**: *La barrera estaba baja.* The barrier was down.

barricada *sustantivo*
barricade

barriga *sustantivo*
1 (internamente) **stomach**: *Me duele la barriga.* I have a stomachache.
2 (panza) **belly** (plural **bellies**): *Tiene una barriga enorme.* He has a huge belly.

barril *sustantivo*
barrel

barro *sustantivo*
1 (lodo) **mud**
2 (en cerámica) **clay** | **una olla de barro an earthenware pot**
3 (grano) **zit**

báscula *sustantivo*
scale: *¿Tienes una báscula?* Do you have a scale?

scale

base *sustantivo*
■ *sustantivo femenino*
1 (en beisbol) **base**
2 (fundamento) **basis** (plural **bases**): *la base de una buena relación* the basis of a good relationship
base de datos database base militar military base
■ *sustantivo masculino & femenino*
(en básquet) **guard**

básico, -a *adjetivo*
basic

básquet, o basquetbol *sustantivo*
basketball: *un partido de básquet* a basketball game | **jugar al básquet to play basketball**

basta *interjección*
that's enough!

bastante *adjetivo, pronombre & adverbio*
1 bastante trabajo/espacio/dinero etc. quite a lot of work/room/money etc.: *Habían tomado bastante cerveza.* They had drunk quite a lot of beer.
2 bastantes cosas/amigos etc. quite a few things/friends etc., quite a lot of things/friends etc.: *Tuvo bastantes faltas de ortografía.* He made quite a few spelling mistakes.
3 bastante caro/sucio/fácil etc. pretty

B

expensive/dirty/easy etc.: *Estoy bastante cansada.* I'm pretty tired.

4 bastante mejor/más grande/más alto etc. a lot better/bigger/taller etc.: *Ya me siento bastante mejor.* I feel a lot better.

5 trabaja/gana etc. bastante he works/earns etc. quite a lot: *Me dolió bastante.* It hurt quite a lot.

6 (suficiente o lo suficiente) **enough**: *Ya tengo bastantes problemas.* I have enough problems already. | *Ya es bastante por hoy.* That's enough for today.

bastar *verbo*
to be enough: *Creo que basta por hoy.* I think that's enough for today.

bastilla *sustantivo*
hem

bastón *sustantivo*
walking stick, **stick**

basura *sustantivo*
1 garbage: *¿Dónde tiras la basura?* Where do you put the garbage? ▶ También existe la palabra **litter**, que se usa para referirse a la basura que la gente tira en los lugares públicos: *No tire basura en la calle.* Don't drop litter in the street.
2 tirar algo a la basura to throw something away: *Tiré esos papeles a la basura.* I threw those papers away.

basurero, **-a** *sustantivo*
1 (persona) **garbage collector**
2 basurero (bote de basura) **garbage can**
3 basurero (terreno) **garbage dump**

bat *sustantivo*
bat

bata *sustantivo*
1 (de casa) **robe**: *Estaba en bata.* I was in my robe.
2 (de doctor, dentista, etc.) **coat**

batalla *sustantivo*
battle

bateador, **-a** *sustantivo*
batter

batear *verbo*
1 (la pelota) **to hit**
2 (ser bateador) **to bat**

batería *sustantivo*
1 (instrumento musical) **drums** *plural* | **tocar la batería to play the drums**
2 (de un vehículo) **battery** (plural **-ries**): *Me quedé sin batería.* My battery's dead.
3 (para celulares, notebooks, etc.) **battery** (plural **-ries**)

baterista *sustantivo*
drummer

batidora *sustantivo*
mixer

batir *verbo*
1 (huevos, masa de pastel) **to beat**
2 (claras de huevos) **to whisk**, **to beat**
3 (crema) **to whip**
4 (un récord) **to beat**

batuta *sustantivo*
baton

baúl *sustantivo*
(arcón) **chest**, **trunk**

bautizar *verbo*
to baptize, **to christen**

bautizo *sustantivo*
christening

bebé *sustantivo*
baby (plural **babies**) | **estar esperando un bebé to be expecting a baby**

beber *verbo*
to drink

bebida *sustantivo*
1 (líquido) **drink**
2 la bebida (la adicción) **drink**, **drinking** | **dejar la bebida to give up drink/drinking**
bebidas alcohólicas/sin alcohol alcoholic/non-alcoholic drinks

beca *sustantivo*
1 (de una entidad privada, un gobierno extranjero) **scholarship**
2 (del estado) **grant**

beige *adjetivo & sustantivo*
beige

beisbol *sustantivo*
baseball: *Me encanta jugar beisbol.* I love playing baseball.

belga *adjetivo & sustantivo*
Belgian | **los belgas (the) Belgians**

Bélgica *sustantivo*
Belgium

belleza *sustantivo*
1 (cualidad) **beauty**
2 ser una belleza to be absolutely beautiful ▶ ver **salón**

bello, **-a** *adjetivo*
beautiful
bellas artes fine arts

beneficiar *verbo*
to benefit
beneficiarse: **beneficiarse (de/con algo) to benefit (from something)**

beneficio *sustantivo*
1 (ventaja) **benefit**
2 a beneficio de alguien in aid of

someone: *un festival a beneficio de las víctimas del temblor* a festival in aid of the earthquake victims

berenjena *sustantivo*
eggplant

bermudas *sustantivo plural*
Bermuda shorts

berrinche *sustantivo*
(rabieta) **tantrum**: *Hizo un berrinche.* He threw a tantrum.

berro *sustantivo*
watercress

besar *verbo*
to kiss: *Me besó al salir.* He kissed me as he left.

beso *sustantivo*
1 kiss (plural **kisses**): *Dale un beso a tu abuela.* Give grandma a kiss.
2 un beso (al final de una carta) **lots of love**

bestia *adjetivo & sustantivo*
■ *adjetivo*
(poco inteligente) **dumb**
■ *sustantivo*
1 (persona poco inteligente) **dimwit**: *¡Es una bestia! Lo hizo todo mal.* He's a dimwit! He did it all wrong.
2 (persona poco delicada) **ser una bestia to be very rough**

biblia *sustantivo*
Bible | **la Biblia the Bible**

biblioteca *sustantivo*
library (plural **-ries**): *Voy a estudiar a la biblioteca.* I'm going to the library to study.

bíceps *sustantivo*
bicep | **los bíceps the biceps**

bicho *sustantivo*
1 (insecto) **bug**
2 ¿qué bicho te/le etc. picó? what's up with you/him etc.?

bici *sustantivo*
bike ► ver ejemplos en **bicicleta**

bicicleta *sustantivo*
bike, **bicycle** ► **bike** es más coloquial y más frecuente: *Fui a dar una vuelta en bicicleta.* I went for a ride on my bike. | **andar en bicicleta to ride a bike/bicycle**: *No sabe andar en bicicleta.* She can't ride a bike. | *Fuimos a andar en bicicleta.* We went for a ride on our bikes. | **ir/venir en bicicleta to bike**, **to ride**: *Voy a la escuela en bicicleta.* I bike to school./I ride to school.

bicycle

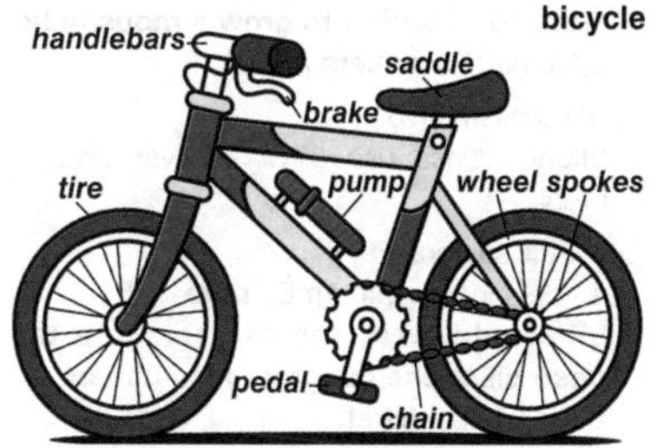

bien *adverbio, adjetivo & sustantivo*
■ *adverbio & adjetivo*
1 (satisfactoriamente) **well**: *Lo sé muy bien.* I know that very well. | *Llegó bien.* She arrived safely. | *No anda muy bien.* He's not feeling very well. ► Cuando alguien te pregunta cómo estás puedes decir **very well thanks** o **fine thanks**: *–¿Cómo estás? –Bien ¿y tú?* "How are you?" "Fine thanks, and you?"
2 bien vestido/alimentado etc. well dressed/well fed etc.: *Están muy bien entrenados.* They are very well trained.
3 (correcto) **right**: *Esta cuenta no está bien.* This answer isn't right.
4 (muy) **very**, **really**: *Le gusta el chocolate bien caliente.* He likes his hot chocolate very hot./He likes his hot chocolate really hot.
5 (suficiente) **enough**: *Con esto ya está bien.* That's enough. ► **hacer bien**, **llevarse bien**, **pasarla bien**, etc. se tratan bajo el verbo correspondiente.
■ *sustantivo*
por mi bien/por tu bien/por su bien etc. for my/your/his etc. own good: *Lo hace por tu bien.* He's doing it for your own good.

bienestar *sustantivo*
well-being: *Sólo pienso en tu bienestar.* I'm only thinking of your well-being.

bienvenida *sustantivo*
welcome: *una fiesta de bienvenida* a welcome party | **darle la bienvenida a alguien to welcome someone**: *Fuimos a darle la bienvenida.* We went to welcome her.

bienvenido, **-a** *adjetivo & interjección*
1 welcome: *Son siempre bienvenidos a nuestra casa.* You're always welcome at our house.
2 ¡bienvenido -a! welcome!: *¡Bienvenidos a Querétaro!* Welcome to Querétaro! | **¡bienvenido -a a casa! welcome home!**

bigote *sustantivo*
1 (de persona) **mustache**, **moustache**: *Tiene bigote.* He has a moustache. |

B

dejarse el bigote to grow a moustache
2 (de gato) **whiskers** *plural*

bikini *sustantivo*
bikini: *Nunca uso bikini.* I never wear a bikini.

billete *sustantivo*
1 (de dinero) **bill** AmE, **note** BrE | **un billete de diez/cien etc. pesos a ten peso bill/a one hundred peso bill etc.**
2 (de lotería) **ticket**

billetera *sustantivo*
wallet: *una billetera de cuero* a leather wallet

billón *sustantivo*
trillion ► En inglés **billion** equivale a mil millones: *un billón de pesos* a trillion pesos

biodegradable *adjetivo*
biodegradable

biodiversidad *sustantivo*
biodiversity

biografía *sustantivo*
biography (plural **-phies**)

biología *sustantivo*
biology: *Estudia biología.* She's studying biology.

biólogo, -a *sustantivo*
biologist: *Es bióloga.* She's a biologist.

bip *sustantivo*
1 (sonido) **beep**
2 (aparato) **beeper**: *Pueden llamarme al bip.* You can call me on my beeper.

bisabuelo, -a *sustantivo*
bisabuelo great-grandfather bisabuela great-grandmother bisabuelos (bisabuelo y bisabuela) **great-grandparents**

bisiesto
ser bisiesto to be a leap year: *El año pasado fue bisiesto.* Last year was a leap year.

bisnieto, -a *sustantivo*
bisnieto great-grandson bisnieta great-granddaughter bisnietos (bisnietos y bisnietas) **great-grandchildren**

bisonte *sustantivo*
bison (plural **bison**)

bitácora *sustantivo*
blog [en informática]

bizco, -a *adjetivo*
cross-eyed

blanca *sustantivo*
1 (en música) **minim**
2 (en ajedrez, damas) **white piece**

blanco, -a *adjetivo & sustantivo*
■ *adjetivo*
1 (camisa, papel, casa, etc.) **white**: *Lleva una camisa blanca.* He is wearing a white shirt.
2 (piel, cutis) **fair**: *Tenía el cutis muy blanco.* She had very fair skin.
3 (pálido) **pale**: *¡Qué blanco que estás!* You're so pale!
4 (raza, persona) **white** ► ver **vino**
■ *sustantivo*
1 **blanco** (color) **white**
2 **blanco** (objetivo) **target** | **dar en el blanco to hit the target**
3 **en blanco blank**: *Deja un espacio en blanco.* Leave a blank space. | *Complete los espacios en blanco.* Fill in the blanks. ► ver **voto**
4 **una película/una foto en blanco y negro a black and white movie/photograph**
5 (persona de raza blanca) **blanco white man** (plural **men**) **blanca white woman** (plural **women**) **los blancos white people**: *Se casó con una blanca.* He married a white woman.

blando, -a *adjetivo*
(cama, almohada, manteca, masa) **soft**: *Este colchón es muy blando.* This mattress is very soft. | **ponerse blando -a to get soft**: *Las galletitas se pusieron blandas.* The cookies have gotten soft. ► ver **tapa**

blindado, -a *adjetivo*
1 (coche) **armor-plated**: *Salió en un coche blindado.* He left in an armor-plated car.
2 (puerta) **reinforced**

block *sustantivo*
(para escibir) **notepad**

blog *sustantivo*
blog

bloque *sustantivo*
(de piedra, de cemento) **block**

bloquear *verbo*
1 (una calle, la salida) **to block**: *Un coche bloqueaba la entrada del garage.* A car was blocking the entrance to the garage.
2 (las líneas telefónicas) **to jam**
bloquearse (al escribir) **to get a mental block**: *Me bloqueé en el examen.* I got a mental block in the test.

blusa *sustantivo*
blouse

bobo, -a *adjetivo & sustantivo*
■ *adjetivo*
silly: *¡No seas boba!* Don't be silly!

■ *sustantivo*
idiot

boca *sustantivo*
1 (parte del cuerpo) **mouth**: *No hables con la boca llena.* Don't talk with your mouth full.
2 boca abajo (a) (referido a personas) **on your stomach**: *Se puso boca abajo.* He lay down on his stomach. **(b)** (referido a objetos) **face down**: *Dejó el libro boca abajo.* He left the book face down.
3 boca arriba (a) (referido a una persona) **on your back**: *Acuéstense boca arriba.* Lie down on your backs. **(b)** (referido a un objeto) **face up**

bocado *sustantivo*
1 mouthful: *Se lo comió de un solo bocado.* He ate it in one mouthful.
2 no probar bocado not to eat (anything): *No probé bocado en todo el día.* I didn't eat anything all day.

bocina *sustantivo*
(de un aparato de sonido) **speaker**: *las bocinas del estéreo* the stereo's speakers

boda *sustantivo*
wedding

bodega *sustantivo*
1 (en una tienda) **store room**: *¿Puede ver si hay otro par en la bodega?* Can you see if there is another pair in the store room?
2 (edificio) **warehouse**
3 (en un barco) **hold**

boina *sustantivo*
beret: *Usa boina.* She wears a beret.

bola *sustantivo*
1 (esfera, pelota) **ball**: *¡Pásame la bola!* Pass me the ball!
2 (de helado) **scoop**: *dos bolas de helado de fresa* two scoops of strawberry ice cream
3 hacerse bolas to get confused: *Se hizo muchas bolas con las cuentas.* He got terribly confused about the accounts.
4 vamos/fuimos en bola a bunch of us are going/went: *Fuimos al cine todos en bola.* A bunch of us went to the movies.

boleta *sustantivo*
(de calificaciones) **report card**

boleto *sustantivo*
1 (de transporte, para un espectáculo) **ticket**: *boletos de cine* movie tickets | *Un boleto para Guadalajara, por favor.* A ticket to Guadalajara, please. | *Tengo que comprar un boleto.* I have to buy a ticket.
2 (precio) **fare**: *Aumentó el boleto de tren.* The train fare has gone up.
boleto de ida one-way (ticket): *Sólo compré boleto de ida.* I just got a one-way ticket. **boleto de ida y vuelta round trip (ticket)**: *Dos boletos de ida y vuelta, por favor.* Two round trips, please.

boliche *sustantivo*
1 (el juego) **bowling** | **ir a jugar boliche to go bowling**: *¿Quieres ir a jugar boliche?* Do you want to go bowling?
2 (establecimiento) **bowling alley**: *¿Hay un boliche por aquí cerca?* Is there a bowling alley around here?

bolillo *sustantivo*
roll

Bolivia *sustantivo*
Bolivia

boliviano, -a *adjetivo & sustantivo*
1 Bolivian
2 los bolivianos (the) Bolivians

bolsa *sustantivo*
1 (de papel, plástico, etc.) **bag**: *una bolsa de dulces* a bag of candy
2 (de mano, de mujer) **purse** AmE, **handbag** BrE: *A mi mamá le robaron la bolsa.* My mom's purse was stolen.
3 (de una prenda de vestir) **pocket**: *Se lo guardó en la bolsa del pantalón.* He put it in the pocket of his pants.
4 bolsas (debajo de los ojos) **bags**
bolsa de basura garbage bag bolsa del mandado shopping bag

bolsillo *sustantivo*
1 (de una prenda de vestir) **pocket**: *Se puso las manos en los bolsillos.* He put his hands in his pockets.
2 un diccionario/una calculadora etc. de bolsillo a pocket dictionary/a pocket calculator etc.

bomba *sustantivo*
1 (explosivo) **bomb** | **poner/echar una bomba to plant/to drop a bomb**

2 (de agua) **pump**
bomba atómica atomic bomb

bombardear *verbo*
to bombard

bombero, **-a** *sustantivo*
1 firefighter
2 los bomberos the fire department: *Quiere ser bombero.* He wants to be a firefighter. | *¡Llamen a los bomberos!* Call the fire department!

bongós *sustantivo plural*
bongos, bongo drums

bonito, **-a** *adjetivo*
1 (muchacha, cara, bebé) **pretty**: *Su novia es muy bonita.* His girlfriend is very pretty.
2 (casa, canción, vestido) **pretty**

bonsai *sustantivo*
bonsai

boquete *sustantivo*
hole: *Abrieron un boquete en la pared.* They made a hole in the wall.

bordar *verbo*
to embroider

borde *sustantivo*
(de una mesa, un camino, etc.) **edge** (de una taza, un vaso) **rim**: *Se pegó con el borde de la mesa.* He walked into the edge of the table.

borracho, **-a** *adjetivo & sustantivo*
drunk: *Estaban todos borrachos.* They were all drunk. | *Había un borracho en la calle.* There was a drunk in the street.

borrador *sustantivo*
1 (para el pizarrón) **eraser**
2 (de un trabajo escrito) **rough draft**: *el borrador de mi redacción* the rough draft of my essay | **hacer algo en borrador to do something in rough**

borrar *verbo*
1 (con goma) **borrar algo to erase something**
2 borrar el pizarrón to clean the board: *¿Ya puedo borrar el pizarrón?* Can I clean the board now?
3 (en computación) **to delete**
4 (una grabación) **to erase**

borrego *sustantivo*
lamb

borrón *sustantivo*
smudge

borroso, **-a** *adjetivo*
(imagen, foto) **blurred**

bosque *sustantivo*
woods *plural*: *Dimos un paseo por el bosque.* We went for a walk through the woods.

bostezar *verbo*
to yawn: *No podía dejar de bostezar.* I couldn't stop yawning.

bota *sustantivo*
boot: *¿Me puedo probar estas botas?* Can I try these boots on?
botas de hule rubber boots

botánica *sustantivo*
botany

bote *sustantivo*
1 (lata) **can**: *un bote de pintura* a can of paint
2 (barco pequeño) **boat**: *Alquilamos un bote.* We rented a boat.
bote de (la) basura trash can: *El bote de la basura está debajo del fregadero.* The trash can is under the sink. **bote de remos rowboat bote inflable inflatable dinghy** (plural **-ghies**) **bote salvavidas lifeboat**

botella *sustantivo*
bottle: *botellas de refresco vacías* empty soda bottles

botín *sustantivo*
(de un robo) **haul**: *Se escaparon con el botín.* They got away with the haul.

botiquín *sustantivo*
(armario) **medicine chest**
botiquín de primeros auxilios first-aid kit

botón *sustantivo*
1 (de la ropa) **button**: *Le falta un botón.* It has a button missing.
2 (de un aparato) **button**: *No aprietes el botón rojo.* Don't push the red button.

box *sustantivo*
boxing

boxeador, **-a** *sustantivo*
boxer

boxear *verbo*
to box

boya *sustantivo*
1 (señal) **buoy**
2 (de una caña de pescar) **float**

bozal *sustantivo*
muzzle

bragueta *sustantivo*
fly: *Tiene la bragueta abierta.* Your fly is undone.

Brasil *sustantivo*
Brazil

brasileño, -a *adjetivo & sustantivo*
Brazilian **los brasileños** **(the) Brazilians**

bravo, -a *adjetivo & interjección*
■ *adjetivo*
1 (perro) **fierce**
2 (chile, salsa) **hot**: *Esta salsa está brava.* This sauce is hot.
■ **bravo** *interjección*
¡bravo! **bravo!**

brazada *sustantivo*
stroke

brazo *sustantivo*
1 (de una persona) **arm**: *Se rompió el brazo.* He broke his arm. | **en brazos** **in your arms**: *Tenía al bebé en brazos.* She held the baby in her arms. | **con los brazos cruzados** **with your arms crossed**: *Estaba parada con los brazos cruzados.* She was standing with her arms crossed.
2 (de un asiento) **arm**: *Se sentó en el brazo del sillón.* She sat on the arm of the chair.

brillante *adjetivo & sustantivo*
■ *adjetivo*
1 (luz, color) **bright**: *Estaba pintado de colores brillantes.* It was painted in bright colors.
2 (muy inteligente) **brilliant**: *un alumno brillante* a brilliant student
■ *sustantivo*
diamond: *un anillo de brillantes* a diamond ring

brillar *verbo*
1 (sol, luz, pelo) **to shine**: *El sol brillaba.* The sun was shining.
2 (metal) **to gleam**

brillo *sustantivo*
1 (del pelo) **shine**
2 (de una estrella) **brightness**
3 (del metal) **gleam**
4 (de un brillante) **sparkle**
5 **sacarle brillo al piso/a un mueble etc.** **to polish the floor/a piece of furniture etc.**: *Le sacó brillo al coche.* He polished the car.
6 (para labios) **lip gloss**
7 (para uñas) **clear nail polish**

brilloso, -a *adjetivo*
(pelo, tela, zapatos) **shiny**

brincar *verbo*
to jump: *Vamos a brincar la reata.* Let's jump rope.

brindar *verbo*
brindar por algo o alguien **to drink a toast to something or someone**

brisa *sustantivo*
breeze: *una brisa fresca* a cool breeze

británico, -a *adjetivo & sustantivo*
■ *adjetivo*
British: *la embajada británica* the British embassy
■ *sustantivo*
británico **British man/boy** **británica** **British woman/girl** **los británicos** **the British**

brocha *sustantivo*
paintbrush (plural **paintbrushes**)

broche *sustantivo*
1 (para prendas de vestir) **fastener**
2 (prendedor) **brooch** (plural **brooches**)
3 (cierre de una cartera, pulsera, etc.) **clasp**
4 (para el pelo) **barrette**

brócoli *sustantivo*
broccoli

broma *sustantivo*
1 **joke**: *Lo hizo en broma.* He did it as a joke. | *Nos hizo una broma.* He played a joke on us.
2 **lo dije/lo dijo etc. en broma** **I/he etc. was only kidding**
3 **¡ni en broma!** **no way!, you've got to be kidding!**

bromear *verbo*
to joke: *Está bromeando.* He's joking.

bronca *sustantivo*
1 (problema) **no hay bronca** **no problem!** | **meterse en una bronca** **to get yourself in a fix**
2 **se armó/se va a armar etc. la bronca** **there was trouble/there's going to be trouble etc.**

bronce *sustantivo*
(para estatuas, medallas) **bronze**: *la medalla de bronce* the bronze medal

bronquitis *sustantivo*
bronchitis

brotar *verbo*
(planta, hoja) **to sprout**

bruja *sustantivo*
(hechicera) **witch** (plural **witches**)

witch

brujo, **-a** *sustantivo*
1 (de una tribu) **witch-doctor**
2 (hechicero) **wizard**

brújula *sustantivo*
compass (plural **compasses**)

brusco, **-a** *adjetivo*
1 (movimiento) **abrupt**
2 (cambio) **abrupt**, **sudden**

brutal *adjetivo*
1 (crimen, represión) **brutal**
2 (persona) **cruel**

bruto, **-a** *adjetivo*
1 (violento) **rough**
2 (tonto) **dumb**

bucear *verbo*
to dive | **ir a bucear to go diving** ▶ Si se bucea con snorkel, se dice **to go snorkeling**. Si se usa un tanque de aire, **to go scuba diving**

buceo *sustantivo*
diving ▶ Si se bucea con snorkel, se dice **snorkeling**. Si se usa un tanque de aire, **scuba diving**

budismo *sustantivo*
Buddhism

budista *adjetivo & sustantivo*
Buddhist

buen ▶ ver **bueno**

bueno, **-a** *adjetivo, sustantivo & interjección*
■ *adjetivo*
1 La traducción **good** es válida en la mayoría de los contextos: *¿Conoces un buen restaurante por aquí?* Do you know a good restaurant around here? | *Es bueno comer mucha fruta.* Eating a lot of fruit is good for you. | *Lo bueno es que es gratis.* The good thing is that it's free.
2 Referido a personas bondadosas, se usa **nice** o **kind**: *Es una buena persona.* She's very nice./She's very kind.
3 (usado para intensificar) ver ejemplos: *Nos metió en un buen lío.* He got us into a real mess. | *Tuvimos que esperar un buen rato.* We had to wait a really long time. ▶ ver también **provecho**, **tarde**, **viaje**
■ *sustantivo*
(en una película) **goody** (plural **-dies**) ▶ Cuando se trata de un hombre se usa mucho **good guy**: *Entonces llega el bueno y la salva.* Then the good guy comes along and saves her.
■ **bueno** *interjección*
1 (expresando acuerdo) **all right**: *–¿Me acompañas? –Bueno.* "Will you come with me?" "All right." ▶ Pero para aceptar algo que alguien te ofrece, di **yes, please**: *–¿Quieres más jugo? –Bueno.* "Would you like some more juice?" "Yes, please."
2 (para calmar a alguien) **all right**: *Bueno, no te enojes.* All right, don't get mad.
3 (expresando enojo) **all right**: *¡Bueno, basta! ¡Ya me cansé!* All right, that's it! I've had enough!
4 (al contestar el teléfono) **hello**

buey *sustantivo & adjetivo*
■ *sustantivo*
ox (plural **oxen**)
■ *adjetivo*
dumb: *¡No seas buey!* Don't be so dumb!

bufanda *sustantivo*
scarf (plural **scarves**)

búho *sustantivo*
owl

bulimia *sustantivo*
bulimia

bulto *sustantivo*
1 (paquete) **package**
2 (de equipaje) **item of luggage**: *Sólo se pueden llevar dos bultos.* You can only take two items of luggage.
3 (protuberancia) **bulge**
4 hacer mucho bulto to take up a lot of space

burbuja *sustantivo*
bubble

burla *sustantivo*
hacerle burla a alguien to make fun of someone

burlarse *verbo*
burlarse de algo o alguien to make fun of something or someone

buró *sustantivo*
bedside table, **nightstand**

burrada *sustantivo*
1 (comentario) **decir burradas to talk nonsense**: *¡No digas burradas!* Don't talk nonsense!
2 hacer una burrada to do something silly: *Hice una burrada.* I did something silly.

burro, **-a** *sustantivo & adjetivo*
■ *sustantivo*
1 (animal) **donkey**
2 (persona) **dimwit**, **idiot**
3 trabajar como un burro/una burra to work like a dog
■ *adjetivo*
(poco inteligente) **dumb**

busca *sustantivo*

en busca de algo o alguien looking for something or someone: *Vinieron en busca de trabajo.* They came looking for work.

buscar *verbo*

1 (tratar de encontrar) **to look for**: *¿A quién estás buscando?* Who are you looking for? | **se busca wanted**

2 buscar algo en el directorio/en el diccionario etc. to look something up in the phone book/in the dictionary etc.: *Tuve que buscar muchas palabras en el diccionario.* I had to look a lot of words up in the dictionary.

búsqueda *sustantivo*

search (plural **searches**): *la búsqueda de sobrevivientes* the search for survivors

buzón *sustantivo*

1 (en la calle) **mailbox** (plural **mailboxes**)

2 (de una casa) **mailbox** (plural **mailboxes**)

byte *sustantivo*

byte

Cc

C

C, **c** *sustantivo*
C, **c**: *"Canadian" se escribe con C mayúscula.* "Canadian" is written with a capital C.

caballería *sustantivo*
cavalry

caballero *sustantivo*
1 (hombre educado) **gentleman** (plural **gentlemen**): *Es todo un caballero.* He's a real gentleman.
2 (hombre) **man** (plural **men**): *zapatos para caballero* men's shoes

caballitos *sustantivo plural*
merry-go-round: *¡Vamos a los caballitos!* Let's go on the merry-go-round!

caballo *sustantivo*
1 (animal) **horse** | **montar a caballo to ride**: *¿Sabes montar a caballo?* Can you ride a horse? | **ir a montar a caballo to go riding**, **to go horseback riding**: *Podríamos ir a montar a caballo.* We could go riding.
2 (en ajedrez) **knight**
caballo de carreras racehorse

cabaña *sustantivo*
cabin

cabecear *verbo*
(en futbol) **to head the ball**

cabello *sustantivo*
hair

caber *verbo*
1 (un objeto en una caja, un mueble en una pieza, etc.) **to fit**: *El regalo no cabe en la caja.* The present won't fit in the box.
2 (haber lugar) Se usa la construcción **there is room**: *En esta maleta no cabe nada más.* There's no room for anything else in this case.

cabeza *sustantivo*
1 (parte del cuerpo) **head**: *Se golpeó la cabeza.* She banged her head.
2 (de un clavo, un alfiler) **head**

cabezazo *sustantivo*
1 darse un cabezazo to bang your head: *Se dio un cabezazo con el techo del coche.* He banged his head on the car roof.

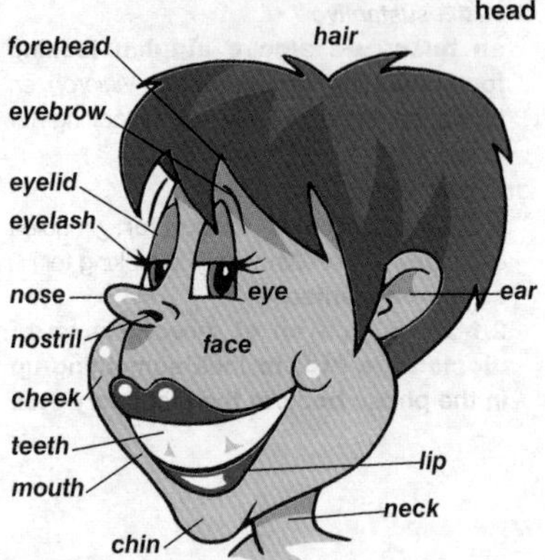

2 (en futbol) **header**

cabina *sustantivo*
1 cabina (de teléfonos) telephone booth: *¿Dónde hay una cabina de teléfono?* Where is there a telephone booth?
2 (de un camión) **cab**

cable *sustantivo*
1 (eléctrico, telefónico, etc.) **wire**, **cable**
▶ **cable** se usa para cables gruesos
2 (sistema de TV) **cable**, **cable television**: *¿Tienes cable?* Do you have cable?

cabo *sustantivo*
1 al fin y al cabo after all
2 (en el ejército) **corporal**
3 (en geografía) **cape**

cabra *sustantivo*
1 goat
2 estar como cabra to be crazy

cacahuate *sustantivo*
peanut: *Compré cacahuates salados.* I bought salted peanuts.

cacao *sustantivo*
1 (árbol) **cacao tree**
2 (fruto) **cocoa beans**

cacería *sustantivo*
ir de cacería to go hunting

cacerola *sustantivo*
saucepan

cachar *verbo*
1 (atrapar) **to catch**: *Mark cachó la pelota.* Mark caught the ball.
2 (sorprender) **to catch**: *La miss lo cachó copiando.* The teacher caught him copying.

cácher *sustantivo*
catcher: *Es muy bueno como cácher.* He's a very good catcher.

cachivache *sustantivo*
thing

cachorro *sustantivo*
1 (de un perro) **puppy** (plural **puppies**)
2 (de un león, un puma, etc.) **cub**

cachucha *sustantivo*
cap: *Quítate la cachucha.* Take your cap off.

cactus *sustantivo*
cactus (plural **cactuses**)

cada *adjetivo*
1 (referido a los elementos de un grupo) **each**: *Cada niño tiene su computadora.* Each boy has his own computer. | **cada uno -a each**: *Cuestan $5 cada uno.* They cost $5 each. | *Hay dos para cada uno.* There are two each.
2 (para expresar frecuencia) **cada tres horas/cada dos días etc. every three hours/every two days etc.**

cadáver *sustantivo*
body (plural **bodies**)

cadena *sustantivo*
1 (para atar) **chain**
2 (alhaja) **chain**: *una cadena de oro* a gold chain
3 (de hoteles, supermercados, etc.) **chain**
cadena perpetua life imprisonment

cadera *sustantivo*
hip

caer *verbo*
1 (precipitarse) **to fall**: *La maceta cayó a la terraza de abajo.* The flowerpot fell onto the balcony below.
2 (persona) En preguntas se usa el verbo **think**: *¿Qué tal te cayó el novio de Vicky?* What did you think of Vicky's boyfriend? | **caer bien/mal** Se usa **like** y **not like**: *Sebas me cae bien.* I like Sebas. | *Ese tipo de gente me cae muy mal.* I really don't like people like that.
3 cae en jueves/domingo etc. it falls on a Thursday/Sunday etc.: *Navidad cae en lunes.* Christmas falls on a Monday.
caerse
1 to fall: *Se cayó y se rompió el tobillo.* He fell and broke his ankle. | *Te vas a caer al agua.* You're going to fall into the water. | *Se cayó por la escalera.* He fell down the stairs. ▶ Cuando no se trata de caerse de una altura sino de caerse al ir caminando, etc., y no hay complemento, se usa **to fall over**: *¡Ay, casi me caigo!* Oops, I almost fell over!
2 se me cayó la pluma/la charola etc. I dropped my pen/the tray etc. ▶ Si se trata de algo que uno lleva puesto, se usa **to fall off**: *Se me cayeron los anteojos.* My glasses fell off.

café *sustantivo*
1 (bebida, planta) **coffee**: *¿Quieres un café?* Would you like a cup of coffee?/Would you like a coffee?
2 (restaurante) **café**
3 (color) **brown**
café con leche coffee with milk/cream
café instantáneo instant coffee **café negro**, **café solo black coffee**

cafetera *sustantivo*
1 (para hacer café) **coffee maker**
2 (para servir café) **coffee pot**

caída *sustantivo*
(accidente) **fall**

caja *sustantivo*
1 (recipiente) **box** (plural **boxes**): *una caja de zapatos* a shoe box | *una caja de chocolates* a box of chocolates
2 (en un supermercado) **checkout**
caja de ahorro savings bank

cajero, **-a** *sustantivo*
1 (persona) **cashier**
2 cajero (automático) ATM, **cash machine**

cajeta *sustantivo*
La cajeta no se come en el mundo anglosajón. Para explicar qué es di *It's a type of caramel made with milk. It's eaten on its own, or with bread, crackers or bananas.*

cajetilla *sustantivo*
(de cigarros) **pack**

cajón *sustantivo*
1 (de un mueble) **drawer**
2 (para frutas, botellas) **crate**

cajuela *sustantivo*
trunk AmE, **boot** BrE

calabacita *sustantivo*
zucchini (plural **zucchini**)

calabaza *sustantivo*
pumpkin

calabozo *sustantivo*
(celda) **cell**

calaca *sustantivo*
1 skeleton
2 la calaca the Grim Reaper

calamar *sustantivo*
squid (plural **squid**)

calambre *sustantivo*
cramp: *Me dio un calambre.* I got a cramp.

C

calavera *sustantivo*
skull

calcar *verbo*
to trace

calcetín *sustantivo*
sock: *¡Traes un calcetín azul y uno negro!* You're wearing one blue sock and one black one!

calcomanía *sustantivo*
transfer, **decal**

calculadora *sustantivo*
calculator

calcular *verbo*
calcular algo to figure something out: *Tienes que calcular cuántos necesitamos.* You have to figure out how many we need.

caldo *sustantivo*
1 (para cocinar) **stock**
2 (para tomar) **clear soup**

calefacción *sustantivo*
heat: *Pon la calefacción.* Put the heat on.
calefacción central central heating

calendario *sustantivo*
calendar

calentador *sustantivo*
heater

calentamiento *sustantivo*
(en deportes) **warm-up**: *ejercicios de calentamiento* warm-up exercises
calentamiento global global warming

calentar *verbo*
calentar algo to heat something up: *¿Lo caliento en el microondas?* Do you want me to heat it up in the microwave?
calentarse
1 (objeto) **to get hot**
2 (plancha, horno, comida) **to heat up**
3 (en deportes) **to warm up**: *Corrieron un rato para calentarse.* They jogged for a while to warm up.

calentura *sustantivo*
fever: *Tiene calentura.* She has a fever.

calidad *sustantivo*
quality

caliente *adjetivo*
hot: *Cuidado, que está caliente.* Be careful, it's hot.

calificación *sustantivo*
grade

calificar *verbo*
(un trabajo, un examen) **to grade**

callado, **-a** *adjetivo*
1 estar callado -a to be quiet: *Estás muy callada. ¿Qué te pasa?* You're very quiet. What's the matter?
2 ser callado -a to be quiet: *Es muy callado.* He's very quiet.
3 quedarse callado -a Ver ejemplos: *Ahora quédate callado.* Now be quiet. | *Cuando le pregunté se quedó callada.* When I asked her she didn't say anything.

callarse *verbo*
to go quiet: *Todos se callaron cuando apareció.* They all went quiet when she appeared. ▶ Para pedirle a alguien que se calle se usa **be quiet** o **shut up**. **Shut up** suena más grosero: *Cállate, por favor.* Be quiet, please. | *¡Cállese la boca!* Shut up!

calle *sustantivo*
1 street, **road**: *¿En qué calle vives?* What street do you live on?/What road do you live on? ▶ **street** y **road** se escriben con mayúscula en nombres de calles: **Woodside Road, 42nd Street**, etc.
2 la calle (afuera) Se usa **out** o **outside**: *Me pasé todo el día en la calle.* I was out all day. | *Hace un calor en la calle...* It's so hot outside...

callejero, **-a** *adjetivo*
perro callejero stray dog

callejón *sustantivo*
alley

calma *sustantivo*
calm | **mantener la calma to keep calm** | **perder la calma to lose your cool**: *Ahí perdí la calma y le grité.* That's when I lost my cool and yelled at him.

calmante *sustantivo*
(para dolores) **painkiller**

calmar *verbo*
1 (el dolor) **to ease**: *Le dieron algo para calmarle el dolor.* They gave him something to ease the pain.
2 calmar a alguien to calm someone down
calmarse to calm down: *Cálmate, todo está bien.* Calm down, everything's all right.

calor *sustantivo*
1 heat: *No quiero salir con este calor.* I don't want to go out in this heat. | **hacer calor to be hot**: *¡Qué calor hace!* It's so hot! | **tener calor to be hot**: *Tengo mucho calor.* I'm very hot.
2 entrar en calor to warm up

caloría *sustantivo*
calorie

caluroso, -a *adjetivo*
(clima, día, lugar) **hot**

calvo, -a
bald | **quedarse calvo -a to go bald**

calzado *sustantivo*
footwear: *calzado cómodo* comfortable footwear

calzar *verbo*
calzar del 4/5 etc. to take a size 4/5 etc. ▶ Los números de zapatos varían de país a país. El número en EEUU es igual al número mexicano más 2: *Carlos calza del 6.* Carlos takes a size 8. | *¿Qué número calzas?* What size do you take?

calzón *sustantivo*
panties *plural*

calzoncillo, o **calzoncillos** *sustantivo*
underpants *plural*

cama *sustantivo*
bed | **estar en cama to be in bed**: *Está en cama con calentura.* He's in bed with a fever. | **irse a la cama to go to bed** | **tender la cama to make the bed**
cama individual single bed cama matrimonial double bed

cámara *sustantivo*
1 (aparato) **camera**: *¿Trajiste la cámara?* Did you bring the camera?
2 en cámara lenta in slow motion
cámara de video camcorder

camarón *sustantivo*
shrimp

camarote *sustantivo*
cabin

cambiar *verbo*
1 La traducción **to change** es válida en la mayoría de los casos: *Tengo que cambiarle la pila al reloj.* I have to change the battery in my watch. | *Esta colonia cambió mucho.* This area has changed a lot.
2 (canjear) **to trade** | **cambiarle algo a alguien por algo to trade someone something for something**: *Te cambio la mochila por el MP3.* I'll trade you my backpack for your MP3 player. | **¡te lo cambio! I'll trade you!**
3 (en una tienda) **to exchange**: *Si no te gusta, lo puedes cambiar.* If you don't like it, you can exchange it.
4 La traducción de *cambiar de* suele ser **to change** (es decir, no se traduce *de*): **cambiar de canal to change channels** | **cambiar de forma/de color to change shape/color** | **cambiar de idea/de opinión to change your mind**: *Cambié de idea, voy a ir.* I've changed my mind, I'm going to go.

cambiarse
1 (cuando se refiere a ropa) **to change**: *¿No te vas a cambiar?* Aren't you going to change?
2 cambiarse de ropa/zapatos etc. to change your clothes/shoes etc.: *Cámbiate de camisa.* Change your shirt.
3 cambiarse de colegio/club etc. to change schools/clubs etc.

cambio *sustantivo*
1 (alteración) **change**: *Hubo cambio de planes.* There was a change of plan. | *un cambio de temperatura* a change in temperature
2 (moneda chica) **change**: *¿Tienes cambio?* Do you have any change?
3 (en moneda extranjera) **exchange rate**: *¿A cómo está el cambio?* What's the exchange rate?
4 a cambio (de algo) in exchange (for something): *¿Qué te dieron a cambio?* What did they give you in exchange?

camello *sustantivo*
camel

caminar *verbo*
to walk: *Caminamos 5 kilómetros.* We walked 5 kilometers. | **ir a caminar to go for a walk**: *Fuimos a caminar por la playa.* We went for a walk along the beach. | **ir/venir caminando to walk**: *Me fui caminando.* I walked.

C

C

caminata *sustantivo*
walk: *una caminata de tres kilómetros* a three-kilometer walk

camino *sustantivo*
1 (ruta) **way**: *No conozco el camino.* I don't know the way.
2 (de tierra) **track**
3 (sendero) **path**
4 de camino on the way: *Mi casa está de camino.* My house is on the way.
5 estar/venir en camino to be on your way: *Ya vienen en camino.* They're on their way.
6 a medio camino (entre) halfway (between): *a medio camino entre Mérida y Veracruz* halfway between Mérida and Veracruz
7 por el camino on the way: *A lo mejor lo perdiste por el camino.* Maybe you lost it on the way.

camión *sustantivo*
1 (para mercancías, etc.) **truck**
2 (para pasajeros) **bus** (plural **buses**): *Vamos a tomar el camión.* We're going to take the bus.

camioneta *sustantivo*
1 (de uso comercial) **van**
2 (coche familiar) **station wagon**

camisa *sustantivo*
shirt

camiseta *sustantivo*
1 (playera) **T-shirt**
2 (de futbol, básquet, etc.) **shirt**
3 (prenda interior) **undershirt** AmE, **vest** BrE

camisón *sustantivo*
nightdress (plural **-dresses**)

camote *sustantivo*
sweet potato: *camotes con jugo de naranja* sweet potatoes with orange juice

campamento *sustantivo*
1 irse de campamento to go camping: *Nos vamos de campamento a Playa Paraíso.* We're going camping in Playa Paraíso.
2 (grupo de tiendas de campaña) **camp**

campana *sustantivo*
(de una iglesia, en el colegio) **bell** | **tocar la campana to ring the bell**

campeón, **-ona** *sustantivo*
champion

campeonato *sustantivo*
championship

campesino, **-a** *sustantivo*
country person (plural **country people**): *Era hijo de campesinos.* His parents were country people. ▶ En contextos históricos se usa **peasant**

campo *sustantivo*
1 (zona rural) **country**: *Vive en el campo.* She lives in the country.
2 (plantación, extensión de terreno) **field**: *Se inundaron varios campos.* Several fields were flooded.
campo de deportes playing field
campo de golf golf course

cana *sustantivo*
(pelo blanco) **white hair** ▶ Cuando se quiere decir que la persona tiene muchas se usa **gray hair**: *Tiene muchas canas.* He has gray hair.

Canadá *sustantivo*
Canada

canadiense *adjetivo & sustantivo*
1 Canadian
2 los canadienses (the) Canadians

canal *sustantivo*
1 (de TV) **channel**: *¿En qué canal pasan la película?* Which channel is the movie on?
2 (de agua) **canal**: *el canal de Panamá* the Panama Canal
canal de riego irrigation channel

canasta *sustantivo*
basket

cancelar *verbo*
to cancel

cáncer *sustantivo*
cancer: *cáncer de pulmón* lung cancer

Cáncer *sustantivo*
Cancer: *Soy Cáncer.* I'm a Cancer./I'm a Cancerian.

cancha *sustantivo*
1 cancha (de futbol/de rugby) (soccer/rugby) field
2 cancha (de tenis/de básquet) (tennis/basketball) court: *una cancha de arcilla* a clay court

canción *sustantivo*
song: *¿Te sabes esta canción?* Do you know this song?

candado *sustantivo*
1 padlock
2 ponerle el candado a algo to padlock something

candidato, **-a** *sustantivo*
candidate

cangrejo *sustantivo*
1 (de mar) **crab**
2 (de río) **crayfish** (plural **crayfish**)

canguro *sustantivo*
kangaroo

canibal *adjetivo & sustantivo*
cannibal

canica *sustantivo*
marble

canjear *verbo*
canjear algo (por algo) to exchange something (for something): *Canjea tus cupones por un álbum de estampas.* Exchange your coupons for a sticker album.

canoa *sustantivo*
canoe

canoso, -a *adjetivo*
1 (persona) **gray-haired** | **ser canoso -a to have gray hair**: *Mi abuelo es muy canoso.* My grandfather has a lot of gray hair.
2 (pelo) **gray**: *Tiene el pelo canoso.* She has gray hair

cansado, -a *adjetivo*
1 (físicamente) **tired**: *Estoy muy cansado.* I'm very tired.
2 (harto) **estar cansado -a de algo to be tired of something**: *Estoy cansada de hacer todo sola.* I'm tired of doing everything on my own.
3 (que causa cansancio) **tiring**: *El viaje fue muy cansado.* The trip was very tiring.

cansancio *sustantivo*
tiredness | **estar muerto -a de cansancio to be dead tired**

cansar *verbo*
1 cansar a alguien to tire someone out: *La caminata nos cansó.* The walk tired us out.
2 (ser cansado) **to be tiring**: *Este trabajo cansa.* This job is tiring.
cansarse
1 (físicamente) **to get tired**: *Si te cansas, siéntate.* If you get tired, sit down.
2 (hartarse) **cansarse de algo o alguien to get tired of something or someone**: *Se cansó de la novia.* He got tired of his girlfriend. | **cansarse de hacer algo to get tired of doing something**: *Se cansó de esperar.* She got tired of waiting.

cantante *sustantivo*
singer

cantar *verbo*
1 (persona) **to sing**: *No sé cantar.* I can't sing.
2 (pájaro) **to sing**
3 (gallo) **to crow**

cantera *sustantivo*
(de piedras) **quarry** (plural **quarries**)

cantidad *sustantivo*
1 Para hablar de una cantidad de algo, usa **amount** si se trata de algo incontable y **number** si se puede contar: *la cantidad de agua/sal/mantequilla que necesito* the amount of water/salt/butter I need | *Eso depende de la cantidad de horas/páginas/alumnos.* That depends on the number of hours/pages/students.
2 Cuando cantidad implica *mucho -a* o *muchos -as*, se traduce por **a lot of**, **lots of**, **how much**, **how many**, etc. Mira los ejemplos: *Había cantidad de gente.* There were lots of people there. | *Mira la cantidad de comida que trajo.* Look how much food she brought.

cantimplora *sustantivo*
water bottle: *Traigan linterna y cantimplora.* Bring a flashlight and a water bottle.

canto *sustantivo*
singing: *clases de canto* singing lessons

caña *sustantivo*
cane
caña de azúcar sugar cane caña de bambú bamboo cane caña de pescar fishing rod

caño *sustantivo*
(del desagüe) **drain**: *Se me fue el anillo por el caño.* My ring went down the drain.

cañón *sustantivo*
1 (arma) **cannon**
2 (de una escopeta) **barrel**
3 (en geografía) **canyon**: *el cañón del Colorado* the Grand Canyon

caos *sustantivo*
chaos | **ser un caos/estar hecho -a un caos to be in chaos**

capa *sustantivo*
1 (de pintura, barniz, etc.) **coat**: *una capa de barniz* a coat of varnish

2 (nivel, estrato) **layer**: *capas de chocolate y de crema* layers of chocolate and cream
capa de ozono ozone layer

capacidad *sustantivo*
1 (aptitud) **ability** (plural **-ties**)
2 (de un recipiente, de un recinto, en informática) **capacity** (plural **-ties**): *El estadio tiene capacidad para 100,000 personas.* The stadium has a capacity of 100,000.

capacitado, -a *adjetivo*
qualified

capaz *adjetivo*
1 (competente, hábil) **capable**: *Es un alumno muy capaz.* He's a very capable student.
2 **ser capaz de hacer algo to be able to do something**: *No fue capaz de encontrar la solución.* He wasn't able to find the solution.
3 **capaz que maybe, perhaps**: *Capaz que ya lo sabe.* Maybe he already knows./ Perhaps he already knows.

capilla *sustantivo*
chapel

capital *sustantivo femenino*
(ciudad principal) **capital**: *Soy de la capital.* I'm from the capital.

capitalino, -a *sustantivo*
Si quieres explicar qué es, di *It's a person from the capital or from a big city*: *Los capitalinos andan siempre con prisa.* People from the big city are always in a hurry.

capitán, -ana *sustantivo*
(de un equipo, en el ejército, de un barco) **captain**: *el capitán del equipo* the captain of the team

capítulo *sustantivo*
1 (de un libro) **chapter**: *Para mañana lean el capítulo 2.* Read chapter 2 for tomorrow.
2 (de una serie de TV) **episode**: *Me perdí el capítulo de ayer.* I missed yesterday's episode.

caprichoso, -a *adjetivo & sustantivo*
ser muy caprichoso -a/ser un -a caprichoso -a (ser latoso) **to be difficult**: *No seas caprichoso y cómetelo.* Don't be difficult and eat it.

Capricornio *sustantivo*
Capricorn: *Es Capricornio.* He's a Capricorn./He's a Capricornian.

cápsula *sustantivo*
1 (de un medicamento) **capsule**: *Tómese 3 cápsulas al día.* Take 3 capsules a day.
2 (de una nave espacial) **capsule**

captar *verbo*
1 (una idea, una indirecta) **to get**: *¿Captas la idea?* Do you get the idea?
2 (un canal, una transmisión) **to get**: *No se capta bien la imagen.* You can't get a good picture.

capturar *verbo*
to catch: *Ya capturaron a los ladrones.* They've caught the thieves.

capucha *sustantivo*
hood: *Ponte la capucha.* Put your hood up.

cara *sustantivo*
1 (rostro) **face**: *Tiene cara redonda.* She has a round face.
2 (expresión, aspecto) **tener cara de cansado -a/dormido -a etc. to look tired/sleepy etc.**: *Tenía cara de preocupada.* She looked worried. | **tener mala cara not to look well**: *Tienes mala cara.* You don't look well.

caracol *sustantivo*
snail

carácter *sustantivo*
1 (modo de ser) **character**
2 (en informática) **character**

característica *sustantivo*
(rasgo típico) **characteristic, feature**

característico, -a *adjetivo*
characteristic: *Esto es característico de la cultura maya.* This is characteristic of Mayan culture.

caramba *interjección*
gosh: *¡Ay caramba! ¡Cuánta gente!* Gosh! Look at all the people!

caramelo *sustantivo*
1 (golosina) **piece of candy** AmE, **sweet** BrE: *¿Quieres un caramelo?* Do you want a piece of candy? ▶ El plural *caramelos* se traduce por **candy** que en este caso es incontable: *No comas tantos caramelos.* Don't eat so much candy.
2 (azúcar derretida) **caramel**

carátula *sustantivo*
(de un reloj) **dial**

caravana *sustantivo*
1 (de coches, etc.) **long line**: *Vimos una caravana de coches.* We saw a long line of cars.
2 (de cortesía) **bow** | **hacer una caravana to bow**

carbón *sustantivo*
1 (mineral) **coal**: *una mina de carbón* a coal mine
2 (vegetal) **charcoal**

carcajada *sustantivo*
reírse a carcajadas to laugh your head off: *Nos reímos a carcajadas.* We laughed our heads off.

cárcel *sustantivo*
prison, jail: *Le dieron 20 años de cárcel.* She got 20 years in prison./She got 20 years in jail.

cardenal *sustantivo*
cardinal

cardiaco, -a *adjetivo*
un problema cardiaco a cardiac problem, a heart problem ▶ ver **ataque**

carga *sustantivo*
1 (peso) **load**: *una carga de 25 kilos* a 25 kilo load
2 (de un avión, un barco) **cargo**: *una carga de té* a cargo of tea
3 (de un camión) **load**
4 (acción) **loading**: *horarios de carga y descarga* loading and unloading times

cargado, -a *adjetivo*
1 cargado -a de algo loaded with something: *un camión cargado de fruta* a truck loaded with fruit | *Llegó cargada de paquetes.* She arrived loaded down with packages.
2 (arma) **loaded**
3 (café, té) **strong**: *El café está muy cargado.* The coffee is very strong.

cargamento *sustantivo*
1 (de un barco, un avión) **cargo**: *El barco llevaba un cargamento de plátanos.* The ship was carrying a cargo of bananas.
2 (de un camión) **load**: *un cargamento de naranjas* a load of oranges

cargar *verbo*
1 (llevar) **to carry**: *No puedo cargar tanto peso.* I can't carry all this weight. | **cargar con algo to carry something**: *Cargó con los dos bolsos.* He carried both bags.
2 (un camión) **to load**
3 cargar gasolina to get some gas AmE, **to get some petrol** BrE
4 (un arma, una cámara) **to load**

cargo *sustantivo*
1 estar a cargo de algo to be in charge of something
2 hacerse cargo de algo to take care of something: *¿Te puedes hacer cargo de los refrescos?* Can you take care of the drinks?
3 (puesto) **position**: *Tiene el cargo de supervisor.* He holds the position of supervisor.
4 (acusación) **charge**: *Negó todos los cargos.* He denied all the charges.

Caribe *sustantivo*
Caribbean: *Viajaron en crucero por el Caribe.* They went on a cruise around the Caribbean.

caribeño, -a *adjetivo & sustantivo*
■ *adjetivo*
Caribbean: *música caribeña* Caribbean music
■ *sustantivo*
los caribeños (the) Caribbeans

caricatura *sustantivo*
1 (dibujo) **caricature**
2 caricaturas (dibujos animados) **cartoons**: *¿Quieres ver las caricaturas en la tele?* Do you want to watch the cartoons on TV?

caridad *sustantivo*
charity | **vivir de la caridad to live on charity**

cariño *sustantivo*
1 affection: *Les falta cariño.* They don't get enough affection.
2 tenerle cariño a alguien o a algo to be fond of someone or something: *Le tengo mucho cariño a Sofi.* I'm very fond of Sofi. | *Le tengo cariño a esta casa.* I'm fond of this house.

cariñoso, -a *adjetivo*
affectionate: *Son niños muy cariñosos.* They're very affectionate children.

carnaval *sustantivo*
carnival: *¿Vas al carnaval?* Are you going to the carnival?

carne *sustantivo*
1 (para comer) **meat**: *Mari no come carne.* Mari doesn't eat meat.
2 (del cuerpo) **flesh**
carne de cerdo pork carne de res beef carne molida ground beef

carnicería *sustantivo*
butcher's: *Tengo que ir a la carnicería.* I have to go to the butcher's.

carnicero, -a *sustantivo*
butcher

carnívoro, -a *adjetivo*
carnivorous: *un animal carnívoro* a carnivorous animal

caro, -a *adjetivo*
1 expensive: *Se compra ropa cara.* He buys expensive clothes. | *un restaurante carísimo* a really expensive restaurant
2 costarle/salirle caro algo a alguien to be expensive: *¡Qué bonita chamarra!*

¿Te salió muy cara? What a beautiful jacket! Was it very expensive?

carpa *sustantivo*

1 (de un circo) **big top**

2 (pez) **carp** (plural **carp**)

carpeta *sustantivo*

1 (para papeles) **folder**

2 (en computación) **folder**

carpeta de argollas ring binder

carpintería *sustantivo*

carpentry: *un curso de carpintería* a carpentry course

carpintero, **-a** *sustantivo*

carpenter: *El papá de Rubén es carpintero.* Rubén's dad is a carpenter.

carrera *sustantivo*

1 (en deportes) **race**: *una carrera de coches* a motor race | **echarse unas carreras con alguien to race someone**: *Te echo unas carreras de aquí a la esquina.* I'll race you to the corner.

2 (en la universidad) **degree course** | **hacer una carrera to do a degree**: *¿Qué carrera vas a hacer?* What degree are you going to do?

3 (en una profesión) **career**: *su carrera de modelo* her career as a model

carrera de obstáculos (de niños) **obstacle race carrera de relevos relay race**

carreta *sustantivo*

cart: *Llevaban el maíz en carreta.* They transported the corn in carts.

carril *sustantivo*

lane: *el carril de la derecha* the right-hand lane

carrito *sustantivo*

(en un supermercado) **cart** AmE, **trolley** BrE

cart

shopping cart

carro *sustantivo*

car: *un carro deportivo rojo* a red sports car

carta *sustantivo*

1 letter | **mandar una carta to send a letter**: *Le mandé la carta.* I sent her the letter. ► Si se trata de llevar la carta al correo o echarla al buzón, se dice **to mail a letter**: *Tengo que mandar esta carta.* I have to mail this letter.

2 (naipe) **card**: *¿Jugamos a las cartas?* Would you like to play cards? | **dar las**

cartas to deal the cards

3 (menú) **menu**: *¿Me trae la carta, por favor?* Can you bring me the menu, please?

letter

cartel *sustantivo*

1 (letrero) **sign**: *El cartel decía "Se Vende".* The sign said "For Sale".

2 (de publicidad) **poster**: *Había varios carteles de la nueva película.* There were several posters for the new movie.

cartelera *sustantivo*

1 (de espectáculos, en un diario) **listings** *plural*

2 estar en cartelera to be showing: *La película todavía está en cartelera.* The movie is still showing.

cartera *sustantivo*

wallet: *una cartera de cuero* a leather wallet

carterista *sustantivo*

pickpocket

cartero, **-a** *sustantivo*

letter carrier ► Si se trata de un hombre se usa también **mailman** (cuyo plural es **mailmen**): *Vino el cartero.* The mailman's been.

cartón *sustantivo*

cardboard: *una caja de cartón* a cardboard box

cartulina *sustantivo*

card

casa *sustantivo*

1 Para referirse al edificio, se usa **house**: *una casa de dos pisos* a two-story house

2 En las expresiones que se refieren a la casa como el lugar donde uno vive, se usa **home**: **estar/quedarse en la casa to be at home/to stay home**: *Se quedó en la casa todo el día.* He stayed home all day. | *–¿Y tu hermana? –Está en la casa.* "Where's your sister?" "She's at home." | **irse a la casa to go home**: *Me fui a la casa a las cinco.* I went home at five. | **irse de su casa to leave home**: *Se fue de su casa a los 18 años.* He left home at 18.

3 Para referirse a la casa de alguien en particular se puede usar **house** pero es muy frecuente omitir el sustantivo: *Me quedé en la casa de mi abuela.* I stayed at my grandma's./I stayed at my grandma's house. | *La fiesta fue en la casa de Juan.* The party was at Juan's. | *Sugirió que nos reuniéramos en su casa.* He suggested we meet at his house.

casa de huéspedes **rooming house**
casa de muñecas **dollhouse**

casado, -a *adjetivo*
married: *¿Es casado?* Is he married? | **estar casado -a con alguien** **to be married to someone**: *Está casado con una modelo.* He's married to a model. ▶ ver **recién**

casarse *verbo*
1 **to get married**: *¿Cuándo se casan?* When are you getting married?
2 **casarse con alguien** **to marry someone**: *Se casó con un francés.* She married a Frenchman.

cascada *sustantivo*
waterfall

cáscara *sustantivo*
1 (de una manzana) **peel**
2 (de una pera, una papa) **skin**
3 (de un cítrico) **peel**, **rind**
4 (de un plátano) **skin**: *una cáscara de plátano* a banana skin
5 (de un huevo, una nuez, un cacahuate) **shell**: *una cáscara de huevo* an eggshell
6 (del queso) **rind**
7 (del pan) **crust**

cascarón *sustantivo*
shell

casco *sustantivo*
helmet

casero, -a *adjetivo*
(comida, pan) **homemade**

caseta *sustantivo*
1 (de peaje) **tollbooth**
2 (de teléfono) **phone booth**

casetera *sustantivo*
cassette player

casi *adverbio*
1 (prácticamente) **almost**, **nearly**: *Estoy casi lista.* I'm almost ready./I'm nearly ready. | *¡Ay, casi lo rompo!* Oops, I almost broke it! ▶ Fíjate que en el ejemplo anterior el verbo va en pasado en inglés
2 (seguido de un adverbio negativo) Cuando a *casi* le sigue un adverbio negativo, en inglés se usa **hardly** y no se usa negación en el verbo: *Casi ni se conocen.* They hardly know each other. | *Casi no quedaba agua.* There was hardly any water left. | **casi nada** **hardly anything**: *No compró casi nada.* He hardly bought anything. | **casi nadie** **hardly anyone**: *No había casi nadie.* There was hardly anyone there. | **casi nunca** **hardly ever**: *Casi nunca lo veo.* I hardly ever see him.

casilla *sustantivo*
1 (en un formulario) **box** (plural **boxes**)
2 (en un juego de mesa) **square**

casillero *sustantivo*
(en un vestidor) **locker**: *Pon tus cosas en el casillero.* Put your things in the locker.

caso *sustantivo*
1 (circunstancia) **case**: *En caso de incendio, no use el elevador.* In case of fire, do not use the elevator. | **en ese caso** **in that case**: *En ese caso, avísame.* In that case, let me know.
2 **no tiene caso** **there's no point**: *No tiene caso que te inscribas si no vas a asisitir.* There's no point enrolling if you aren't going to attend.
3 **hacerle caso a alguien** **to do as someone says**: *Hazle caso a tu papá.* Do as your dad says. | **no hacerle caso a alguien** **not to take any notice of someone**: *No le hagas caso.* Don't take any notice of her.
4 (en medicina) **case**: *un caso grave* a serious case
5 (policial) **case**: *un caso de falsificación* a case of forgery

cassette *sustantivo*
cassette, **tape**: *un cassette virgen* a blank cassette/a blank tape

castaña *sustantivo*
chestnut

castaño, -a *adjetivo*
(pelo, ojos) **brown**: *una muchacha de pelo castaño* a girl with brown hair

castañuelas *sustantivo plural*
castanets

castellano *sustantivo*
Spanish: *¿Habla castellano?* Do you speak Spanish?

castigar *verbo*
to punish: *Los castigó por copiar en el examen.* She punished them for copying on the test.

castigo *sustantivo*
punishment: *De castigo, no la dejaron ir a la fiesta.* As punishment they didn't let her go to the party.

C

castillo *sustantivo*
castle: *el Castillo de Chapultepec* the Castle of Chapultepec
castillo de arena **sandcastle**

casual *adjetivo*
un encuentro casual **a chance meeting**

casualidad *sustantivo*
1 **coincidence**: *¡Qué casualidad!* What a coincidence!
2 **de casualidad** **by chance**: *Nos encontramos de casualidad.* We met by chance.

catálogo *sustantivo*
catalog

catarata *sustantivo*
waterfall ► En nombres se usa **falls**: *las cataratas del Niágara* Niagara Falls

catarro *sustantivo*
cold | **estar con catarro** **to have a cold**: *Estoy con catarro.* I have a cold. | **tener catarro** **to have a cold**: *Tengo catarro.* I have a cold.

catástrofe *sustantivo*
disaster: *catástrofes naturales* natural disasters

cátcher *sustantivo*
catcher: *Es muy bueno como cátcher.* He's a very good catcher.

catedral *sustantivo*
cathedral

categoría *sustantivo*
1 (clase) **category** (plural **-ries**)
2 **de (mucha) categoría** **first-rate**: *un hotel de categoría* a first-rate hotel

católico, -a *adjetivo & sustantivo*
Catholic: *un país católico* a Catholic country | **ser católico -a** **to be a Catholic**

catorce *número*
1 **fourteen**
2 (día) **fourteenth**: *el catorce de abril* April fourteenth

catre *sustantivo*
cot

catsup *sustantivo*
ketchup

cauce *sustantivo*
1 (lecho de un río) **bed**
2 (curso de un río) **course**

causa *sustantivo*
1 (razón) **cause**: *la causa del problema* the cause of the problem
2 **a causa de** **because of**: *Suspendieron el viaje a causa de su enfermedad.* They canceled the trip because of his illness.
3 (por la que se lucha) **cause**: *una buena causa* a good cause

causar *verbo*
(ser motivo de) **to cause**: *Nos causó muchos problemas.* It caused us a lot of problems.

caverna *sustantivo*
cave

caza *sustantivo*
■ *sustantivo femenino*
hunting: *la caza del jabalí* boar hunting | **ir/salir de caza** **to go hunting**
■ *sustantivo masculino*
(avión) **fighter**, **fighter plane**

cazador, -a *sustantivo*
hunter

cazar *verbo*
1 (animales en general) **to hunt**: *Cazaban y pescaban para subsistir.* They hunted and fished for food. | **ir/salir a cazar** **to go hunting**
2 (si se menciona el animal) **to shoot**, **to catch** ► **to shoot** se usa cuando se hace con escopeta: *Cazaron dos tigres.* They shot two tigers. | *Les gusta cazar mariposas.* They like catching butterflies.

cazuela *sustantivo*
(recipiente) **pot**: *una cazuela de barro* an earthenware pot

CD *sustantivo*
CD: *Me regaló dos CDs.* He gave me two CDs.

CD-ROM *sustantivo*
CD-ROM

cebolla *sustantivo*
onion: *cebolla picada* chopped onion

cebra *sustantivo*
zebra

cedro *sustantivo*
1 (árbol) **cedar**, **cedar tree**
2 (madera) **cedar**, **cedarwood**

ceguera *sustantivo*
blindness

ceja *sustantivo*
eyebrow

celda *sustantivo*
1 (en la cárcel) **cell**
2 (en una hoja de cálculo) **cell**

celebración *sustantivo*
(festejo) **celebration**

celebrar *verbo*
1 (festejar) **to celebrate**: *Hice una reunión para celebrar.* I had a party to celebrate.
2 (una reunión, elecciones) **to hold**

celo *sustantivo*
estar en celo **to be in heat**

celofán *sustantivo*
cellophane

celos *sustantivo plural*
jealousy *singular* | **tener celos de alguien o algo** **to be jealous of someone or something** | **me/le etc. da celos** **it makes me/him etc. jealous**: *Me da celos verlos juntos.* It makes me jealous to see them together.

celoso, -a *adjetivo*
jealous: *un novio celoso* a jealous boyfriend | *Está celosa de su hermana.* She's jealous of her sister. | **ponerse celoso -a** **to get jealous**

célula *sustantivo*
(en biología) **cell**

celular *sustantivo*
(teléfono) **cell phone** AmE, **mobile (phone)** BrE: *¿Tienes mi número de celular?* Do you have my cell phone number?

cementerio *sustantivo*
cemetery (plural **-ries**)
cementerio de coches **scrap yard**

cemento *sustantivo*
cement

cena *sustantivo*
dinner, **supper**: *¿Ya está la cena?* Is dinner ready?

> **NOTA:** La palabra **dinner** implica una comida con más platillos que si se dice **supper**. El **dinner** o **supper** suele ser la comida más importante del día en los países anglosajones.

cenar *sustantivo*
1 **to have dinner**, **to have supper** ▶ Ver nota en **cena**: *¿Qué hay de cenar?* What's for dinner? | *¿A qué horas cenan?* What time do you have dinner?
2 **cenar pescado/pasta etc.** **to have fish/pasta etc. for dinner**, **to have fish/pasta etc. for supper** ▶ Ver nota en **cena**: *Cenamos pollo con papas fritas.* We had chicken and (French) fries for dinner.

cencerro *sustantivo*
cowbell

cenicero *sustantivo*
ashtray

ceniza *sustantivo*
ash (plural **ashes**)

centavo *sustantivo*
cent: *Cuesta 90 centavos.* It costs 90 cents. | **no tengo/no tiene etc. ni un centavo** **I don't have/he doesn't have etc. a cent**

centena *sustantivo*
hundred: *unidades, decenas y centenas* units, tens and hundreds

centenario *sustantivo*
centennial, **centenary** (plural **-ries**)

centésimo, -a *adjetivo & sustantivo*
■ *adjetivo*
hundredth
■ *sustantivo*
(fracción) **hundredth**

centígrado, -a *adjetivo*
centigrade, **Celsius**: *25 grados centígrados* 25 degrees centigrade/25 degrees Celsius

centímetro *sustantivo*
centimeter
centímetro cúbico **cubic centimeter**

central *adjetivo & sustantivo*
■ *adjetivo*
central ▶ ver **calefacción**
■ *sustantivo*
1 (productora de energía) **power plant**
2 (de teléfonos) **exchange**

3 (oficina central) **headquarters**, **head office**
central camionera bus station

céntrico, **-a** *adjetivo*
centrally located: *un hotel céntrico* a centrally located hotel

centro *sustantivo*
1 (parte central) **center**: *el centro del círculo* the center of the circle
2 (de un pueblo, una ciudad) **downtown** AmE, **city centre** BrE: *No podría vivir en el centro.* I couldn't live downtown.
3 (en futbol) **cross** (plural **crosses**) | **tirarle un centro a alguien to cross to someone**

Centroamérica *sustantivo*
Central America

centroamericano, **-a** *adjetivo*
Central American

centrodelantero *sustantivo*
center forward

cepillar *verbo*
(la ropa, el calzado, etc.) **to brush**
cepillarse: **cepillarse el pelo/los dientes to brush your hair/teeth**

cepillo *sustantivo*
brush (plural **brushes**) ► **hairbrush** es un cepillo para el pelo y **clothes brush** uno para la ropa
cepillo de dientes toothbrush (plural **toothbrushes**)

cera *sustantivo*
1 (para pulir) **wax**
2 **cera (depilatoria) (hair-removing) wax**

cerámica *sustantivo*
1 (material) **ceramic** | **un jarrón/un plato de cerámica a ceramic vase/plate**
2 (también **cerámica de barro**) (artesanía) **pottery**: *Metepec es famoso por su cerámica.* Metepec is famous for its pottery.

cerca *adverbio, preposición & sustantivo*
■ *adverbio & preposición*
1 **cerca de la escuela/del club etc. close to the school/the club etc., near the school/the club etc.**: *El hotel está muy cerca de la estación.* The hotel is very close to the station./The hotel is very near the station. | **cerca de mí/nosotros etc. near me/us etc.**: *Se sentó cerca de nosotros.* She sat near us.
2 Cuando está sobreentendido cerca de qué, se usa **nearby**: *¿Hay algún restaurante cerca?* Is there a restaurant nearby? | *Queda cerca.* It's nearby.
3 **cerca de** (casi) **almost**, **nearly**: *Ayer hizo cerca de 30 grados.* Yesterday it was almost 30 degrees./Yesterday it was nearly 30 degrees.
4 **de cerca close up**: *Míralo de cerca.* Look at it close up.
5 **estar cerca** (en el tiempo) **to be getting close**
■ *sustantivo*
fence

cercano, **-a** *adjetivo*
1 **un pariente cercano a close relative**
2 **un pueblo cercano a nearby village** | **el pueblo más cercano the nearest village**

cerdo, **-a** *sustantivo*
1 (animal) **pig** ► **Pig** es el término genérico. Para referirse al macho se usa **boar**. Para referirse a una hembra se dice **sow**
2 (carne) **pork**: *No come cerdo.* He doesn't eat pork. ► ver **costilla**
3 **comer como un cerdo to stuff yourself**
4 (mala persona) **swine**

cereal *sustantivo*
cereal

cerebro *sustantivo*
1 (órgano) **brain**
2 (inteligencia) **brains** *plural*

ceremonia *sustantivo*
(acto) **ceremony** (plural **-nies**)

cereza *sustantivo*
cherry (plural **cherries**)

cero *número*

1 (en matemáticas, números de teléfono, etc.) **zero**: *Mi teléfono es cuatro ocho cero uno...* My telephone number is four eight zero one... | *cero punto cinco* zero point five

2 (en futbol, básquet) **zero**: *Ganamos tres a cero.* We won three zero.

3 (en tenis) **love**: *cuarenta cero* forty love

4 bajo cero below zero: *diez grados bajo cero* ten degrees below zero

cerrada *sustantivo*

cul-de-sac

cerrado, -a *adjetivo*

1 La traducción **closed** es válida en la mayoría de los contextos. También, para hablar de ventanas, puertas, etc. puede usarse **shut**: *La ventana está cerrada.* The window is closed./The window is shut. | *Todos los restaurantes estaban cerrados.* All the restaurants were closed.

2 Con el sentido de *cerrado con llave* se dice **locked**: *La puerta estaba cerrada con llave.* The door was locked.

3 (referido a llaves de agua) **off**: *La llave está cerrada.* The tap is off.

cerradura *sustantivo*

lock

cerrar *verbo*

1 La traducción **to close** es válida en la mayoría de los contextos, tanto para *cerrar* como para *cerrarse*. **To shut** es frecuente en el lenguaje hablado para hablar de cerrar puertas, ventanas, etc. pero no, por ejemplo, tiendas ni cuentas de banco: *Cierra los ojos.* Close your eyes./Shut your eyes. | *La puerta se cerró detras de ella.* The door closed behind her./The door shut behind her. | *¿A qué horas cierra el centro comercial?* What time does the mall close? | *Cerré mi cuenta de ahorros.* I closed my savings account.

2 Con el sentido de *cerrar con llave* se dice **to lock**: *Cerré el cajón con llave.* I locked the drawer.

3 (referido a llaves de agua) **to turn off**: *Cierra la llave del agua caliente.* Turn the hot water tap off.

cerro *sustantivo*

1 (colina) **hill**

2 (montaña) **mount**: *el cerro del Tepeyac* Mount Tepeyac

certificado *sustantivo*

certificate: *un certificado médico* a medical certificate

cervecería *sustantivo*

1 (bar) **bar**

2 (fábrica) **brewery** (plural **-ries**)

cerveza *sustantivo*

beer: *Nos tomamos una cerveza.* We had a beer.

césped *sustantivo*

1 (en un jardín) **lawn** | **cortar el césped to mow the lawn**

2 (en una plaza, un parque) **grass**: *Prohibido pisar el césped.* Keep off the grass.

chabacano *sustantivo*

apricot

chal *sustantivo*

shawl

chaleco *sustantivo*

(sin mangas) **vest** AmE, **waistcoat** BrE
chaleco antibalas bulletproof vest
chaleco salvavidas life jacket

chamaco, -a *sustantivo*

kid

chamarra *sustantivo*

jacket: *Ponte la chamarra, hace frío.* Put your jacket on, it's cold.

champiñón, champignon *sustantivo*

mushroom

champú *sustantivo*

shampoo

chance *sustantivo*

chance: *No tiene ningún chance de ganar.* He has no chance of winning.

chancla *sustantivo*

1 (para la playa) **thong** AmE, **flip-flop** BrE

2 (pantufla) **slipper**

chango *sustantivo*

monkey

changuitos *sustantivo*

hacer changuitos to cross your fingers: *Haz changuitos para que venga.* Cross your fingers that she comes.

chantaje *sustantivo*

hacerle chantaje a alguien to blackmail someone

chantajear *verbo*

to blackmail

chapa *sustantivo*

1 (cerradura) **lock**

2 (material) **sheet metal**

chaparro, -a *adjetivo*

short: *Es muy chaparrito.* He's very short.

chapopote *sustantivo*

asphalt

chapotear *verbo*

to splash around

C

chapulín *sustantivo*
grasshopper

chapuzón *sustantivo*
darse un chapuzón to go for a dip

charco *sustantivo*
puddle: *¡No te metas en el charco!* Don't step in the puddle! ► Si se menciona el líquido que forma el charco, se usa **pool**: *un charco de sangre* a pool of blood

charol *sustantivo*
patent leather | **zapatos/bolsa de charol patent leather shoes**

charola *sustantivo*
1 tray
2 (insignia) **badge**

charro *sustantivo*
Si quieres explicar lo que es un charro, di *It's the word for a Mexican cowboy who wears the traditional short, black jacket and wide-brimmed hat*

chat *sustantivo*
chat

chatarra *sustantivo*
(material) **scrap**, **scrap metal** ► ver **comida**

chatear *verbo*
to chat (on the Internet): *Estuvo chateando hasta la una.* She was chatting on the Internet until one o'clock.

chato, **-a** *adjetivo*
1 tener la nariz chata to have a snub nose
2 ser chato -a to have a snub nose: *Es chato.* He has a snub nose.

chavo, **-a** *sustantivo*
1 (joven) **chavo boy chava girl**: *Conocí a un chavo de Mérida.* I met a boy from Mérida.
2 (novio) **chavo boyfriend chava girlfriend**: *¿Conoces a su chava?* Do you know his girlfriend?

checar *verbo*
to check: *Chécame la tarea, por favor.* Check my homework, please.

chef *sustantivo*
chef

chelo *sustantivo*
cello

cheque *sustantivo*
check AmE, **cheque** BrE: *un cheque por $450* a check for $450 | **hacerle un cheque a alguien to write someone a check**
cheque de viajero traveler's check

chequera *sustantivo*
checkbook AmE, **chequebook** BrE

chícharo *sustantivo*
pea: *sopa de chícharo* pea soup

chichón *sustantivo*
bump | **hacerse un chichón to get a bump**

chicle *sustantivo*
chewing gum ► **chewing gum** es incontable. Para referirse a *un chicle* hay que decir **a piece of chewing gum**: *Le ofrecí un chicle.* I offered her a piece of chewing gum. | **comer chicle to chew gum**

chico, **-a** *adjetivo*
1 (de tamaño) **small**: *Se cambiaron a una casa más chica.* They moved to a smaller house. | **me/te etc. queda chico -a it's too small for me/you etc.**: *Los jeans le quedaban chicos.* The jeans were too small for her.
2 (de edad) **young**: *Es el más chico de la clase.* He's the youngest in the class.

chido, **-a** *adjetivo*
cool: *¡Está bien chido!* It's really cool!

chiflar *verbo*
1 (persona, viento) **to whistle**
2 (a un actor, a un cantante, etc.) **to boo**

chilango, **-a** *sustantivo*
Si quieres hablar de un chilango o de una chilanga, di **a man from Mexico City, a woman from Mexico City,** etc. Para referirse a los chilangos, di **people from Mexico City**: *Mi hermano sale con una chilanga.* My brother's seeing a girl from Mexico City.

chile *sustantivo*
chili

Chile *sustantivo*
Chile

chileno, **-a** *adjetivo & sustantivo*
1 Chilean
2 los chilenos (the) Chileans

chillar *verbo*
1 (persona) **to scream**
2 (puerco) **to squeal**
3 (ratón, murciélago) **to squeak**

chimenea *sustantivo*
1 (hogar) **fireplace**: *La sala tiene chimenea.* There's a fireplace in the living room. | **prender la chimenea to light a fire**
2 (tiro) **chimney**

chimpancé *sustantivo*
chimpanzee

China *sustantivo*
(la) China China

chinche *sustantivo*
1 (tachuela) **thumbtack**
2 (insecto) **bedbug**

chino, -a *adjetivo & sustantivo*
■ *adjetivo*
Chinese
■ *sustantivo*
1 (persona) Si quieres hablar de un chino o de una china, usa **a Chinese man, a Chinese woman,** etc.: *Chatea con una china.* She chats on the Internet with a Chinese girl.
2 **los chinos** **the Chinese**
3 (idioma) **Chinese**

chip *sustantivo*
chip

chiquero *sustantivo*
1 (lugar sucio) **pigsty** (plural **pigsties**)
2 (para puercos) **pigsty** (plural **pigsties**)

chiripa *sustantivo*
de chiripa **by luck**

chisme *sustantivo*
gossip ▶ **gossip** es incontable y no puede ir precedido de **a**: *¿Quieres que te cuente un chisme?* Do you want to hear some gossip? | **contar chismes** **to gossip**

chismoso, -a *sustantivo & adjetivo*
■ *sustantivo*
gossip
■ *adjetivo*
ser muy chismoso -a **to be a real gossip**

chispa *sustantivo*
1 (de fuego, de electricidad) **spark**
2 **está que echa chispas** **he's/she's hopping mad**

chiste *sustantivo*
1 joke | **contar un chiste** **to tell a joke**
2 **lo dije/lo dijo etc. de chiste** **I was joking/he was joking etc.** | **fue de chiste** **it was just a joke**

chistoso, -a *adjetivo*
(referido a una persona) **funny**

chivo, -a *sustantivo*
goat

chocar *verbo*
1 (estrellarse) **to crash** | **chocar con alguien** **to crash into someone**: *Chocó conmigo un camión.* A bus crashed into me. | **chocar contra algo** **to crash into something**
2 (molestar) **me choca/le choca etc.** **I hate/she hates etc.**: *Me choca que me conteste.* I hate it when he answers back.

chocolate *sustantivo*
1 (sustancia) **chocolate** | **pastel/galletas de chocolate** **chocolate cake/chocolate cookies**
2 (bebida) **hot chocolate**

chofer *sustantivo*
1 (de un taxi, un camión, etc.) **driver**
2 (de un particular, de una empresa) **chauffeur**

choque *sustantivo*
(colisión) **crash**

chorizo *sustantivo*
En inglés se usa la palabra española **chorizo**. Si quieres dar más detalles, di *it's a spicy pork sausage, eaten cold or used in cooking*

chorrear *verbo*
1 (ropa, tela, etc.) **to be dripping wet**: *Las cobijas chorreaban (agua).* The blankets were dripping wet.
2 **chorrear aceite/pintura etc.** **to be dripping with oil/paint etc.**
3 (perder líquido) (pluma, tanque) **to leak**
4 (verter) **to spill**: *Chorreó café en la alfombra.* He spilled coffee on the carpet.

chorro *sustantivo*
1 (de líquido) Si se trata de agua que sale con fuerza, se traduce por **jet**. Cuando se usa *un chorrito* para hablar de una cantidad pequeña de líquido, se dice **trickle** excepto si se refiere a la preparación de bebidas o comidas en cuyo caso se usa **dash**: *un chorrito de agua* a trickle of water | *un café con un chorrito de leche* a coffee with a dash of milk
2 (usado como intensificador) **un chorro de dinero/amigos etc.** **a lot of money/friends etc.**

choza *sustantivo*
hut

chueco, -a *adjetivo*
1 (torcido) **crooked**
2 (deshonesto) **crooked**

chupar *sustantivo*
1 (un caramelo, una paleta etc.) **to suck**
2 (absorber) **to soak up**
3 (tomar alcohol) **to drink**

chupón *sustantivo*
1 (para un bebé) **pacifier**
2 (de un biberón) **teat**

churro *sustantivo*
1 **ser un churro** **to be really bad**: *Esa película es un churro.* That movie is really bad.
2 **churros** Los *churros* no son conocidos

en el mundo anglosajón. Si quieres explicar qué son, puedes decir *they are coils of fried dough, sometimes with a sweet filling*

ciberacosador, **-a** *sustantivo*
cyberbully (plural **cyberbullies**)

ciberacoso *sustantivo*
cyberbullying

cibercafé *sustantivo*
Internet café, **cybercafé**: *Chequé el mail desde un cibercafé.* I checked my e-mail from an Internet café.

ciberespacio *sustantivo*
cyberspace

cibernauta *sustantivo*
cybernaut

cicatriz *sustantivo*
scar: *Tengo una cicatriz en la rodilla.* I have a scar on my knee.

cicatrizar *verbo*
to heal: *Tarda unos días en cicatrizar.* It takes a few days to heal.

ciclismo *sustantivo*
cycling

ciclista *sustantivo*
cyclist

ciclón *sustantivo*
cyclone

ciego, **-a** *adjetivo & sustantivo*
■ *adjetivo*
blind: *Es ciego.* He's blind. | *Se está quedando ciego.* He's going blind.
■ *sustantivo*
blind person ▶ Para referirse a los ciegos en general se usa **blind people** o **the blind**

cielo *sustantivo*
1 sky (plural **skies**): *un cielo despejado* a clear sky
2 (en religión) **heaven** | **irse al cielo to go to heaven**

ciempiés *sustantivo*
centipede

cien *número*
1 a hundred: *Hay cien invitados.* There are a hundred guests. ▶ Tras *mil* se usa **one hundred**: *dos mil cien* two thousand one hundred
2 cien por ciento a hundred percent: *Es cien por ciento algodón.* It's a hundred percent cotton.

ciencia *sustantivo*
science: *los avances de la ciencia* advances in science
ciencia ficción science fiction ciencias naturales natural science(s) ciencias sociales social science(s)

científico, **-a** *adjetivo & sustantivo*
■ *adjetivo*
scientific
■ *sustantivo*
scientist

ciento *número*
1 (en cifras) **a hundred**: *ciento veinte* a hundred and twenty ▶ tras *mil* siempre se usa **one hundred**: *tres mil ciento veinte dólares* three thousand one hundred twenty dollars
2 el 30/el 15 etc. por ciento 30/15 etc. per cent: *el 30 por ciento de la gente* 30 per cent of people
3 cientos (centenares) **hundreds**: *Llegaron cientos de turistas.* Hundreds of tourists came.

cierre *sustantivo*
1 (de una prenda) **zipper**: *Súbeme el cierre, por favor.* Can you do up my zipper, please? | *No me puedo bajar el cierre.* I can't undo my zipper.
2 (de una fábrica, una empresa, etc.) **closure**: *el cierre de la compañía* the closure of the company

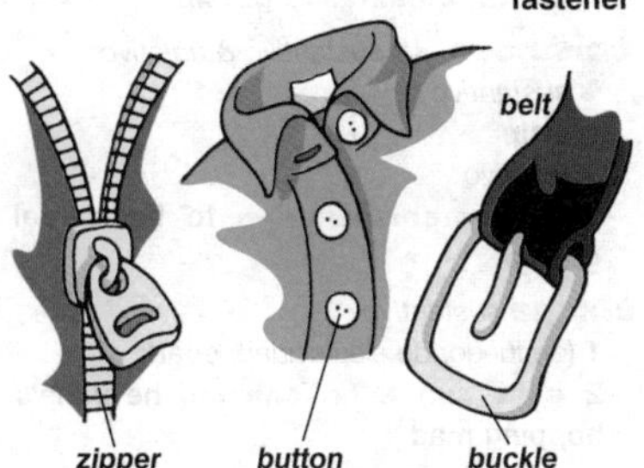

cierto, **-a** *adjetivo*
1 (verdadero) **true**: *¿Es cierto que te vas a cambiar de escuela?* Is it true you're going to change schools?
2 ¿no es cierto? En inglés se usa el verbo auxiliar y el sujeto: *Es bonito, ¿no es cierto?* It's pretty, isn't it? | *Vive aquí, ¿no es cierto?* She lives here, doesn't she?
3 por cierto by the way: *Por cierto ¿ya hiciste la tarea?* By the way, did you finish your assignment yet?

cifra *sustantivo*
1 (cantidad) **figure**: *la cifra exacta* the exact figure
2 (dígito) **figure, digit**: *un número de seis cifras* a six-figure number/a six-digit number

cigarro *sustantivo*
cigarette

cigüeña *sustantivo*
stork

cilantro *sustantivo*
coriander

cilindro *sustantivo*
(en geometría, en mecánica) **cylinder**

cima *sustantivo*
summit: *la cima del Popocatepetl* the summit of Popocatépetl

cimientos *sustantivo plural*
foundations: *los cimientos de la casa* the foundations of the house

cinco *número*
1 five
2 (día) **fifth**: *el cinco de noviembre* November fifth

cincuenta *número*
1 fifty
2 los años cincuentas the fifties

cine *sustantivo*
1 (lugar) **movie theater** AmE, **cinema** BrE | **ir al cine to go to the movies** AmE, **to go to the cinema** BrE: *Fuimos al cine.* We went to the movies.
2 (arte, industria) **cinema**: *el cine mexicano* Mexican cinema | **una actriz/un crítico de cine a movie actress/critic**

cinta *sustantivo*
1 (de audio, de video) **tape**: *Se trabó la cinta.* The tape got stuck.
2 (para el pelo, en la ropa, etc.) **ribbon**
cinta métrica tape measure cinta Diurex®, cinta Scotch® Scotch tape® AmE, **Sellotape®** BrE

cintura *sustantivo*
waist: *¿Cuánto mides de cintura?* What is your waist measurement?

cinturón *sustantivo*
belt: *un cinturón de cuero* a leather belt
cinturón de seguridad seat belt: *Pónte el cinturón (de seguridad).* Put your seat belt on.

circo *sustantivo*
circus (plural **circuses**): *Mis papás me llevaron al circo.* My parents took me to the circus.

circuito *sustantivo*
1 (eléctrico) **circuit**
2 (de carreras) **circuit**, **racetrack**

circulación *sustantivo*
circulation

circular *adjetivo & verbo*
■ *adjetivo*
circular, **round**
■ *verbo*
1 (en un vehículo) **to drive**: *Por aquí no se puede circular.* You can't drive along here.
2 (vehículo) **to be allowed on the road**: *Este coche no circula los martes.* This car isn't allowed on the road on Tuesdays.
3 (sangre) **to circulate**
4 (personas) **to move along**

círculo *sustantivo*
circle: *Dibujó un círculo.* He drew a circle.

circunferencia *sustantivo*
circumference

circunstancia *sustantivo*
(situación) **circumstance** | **dadas las circunstancias under the circumstances**

ciruela *sustantivo*
plum
ciruela pasa prune

cirugía *sustantivo*
surgery
cirugía estética cosmetic surgery
cirugía plástica plastic surgery: *Le hicieron cirugía plástica.* She had plastic surgery.

cirujano, -a *sustantivo*
surgeon: *Mi papá es cirujano.* My father is a surgeon.

cisne *sustantivo*
swan

cisterna *sustantivo*
cistern

cita *sustantivo*
(con un profesional) **appointment**: *Mañana tengo cita con el dentista.* I have an appointment with the dentist tomorrow.

citar *verbo*
citar a alguien para las tres/las cinco etc. to make an appointment to see someone at three/five etc. o'clock

cítrico *sustantivo*
citrus fruit

ciudad *sustantivo*
1 city (plural **cities**), **town** ▶ ver nota
2 mi/tu etc. ciudad natal my/your etc. home city, **my/your etc. home town**

> **NOTA: ¿city o town?**
> En inglés la palabra **city** se suele reservar para ciudades grandes. Para ciudades chicas se usa **town**: *la ciudad de Monterrey* the city of Monterrey | *la ciudad de Coatzacoalcos* the town of Coatzacoalcos | *la vida en la gran ciudad* life in the big city

C

ciudadano, -a *sustantivo*
citizen

cívico, -a *adjetivo*
civic

C

civil *adjetivo & sustantivo*
■ *adjetivo*
1 (autoridades, aviación) **civil**
2 (población) **civilian**
■ *sustantivo*
civilian: *Murieron varios civiles.* Several civilians were killed.

civilización *sustantivo*
civilization: *la civilización maya* the Mayan civilization

civilizado, -a *adjetivo*
civilized

clara, tambien **clara de heuvo** *sustantivo*
(egg) white: *Bata las claras aparte.* Beat the whites separately.

claridad *sustantivo*
(de una idea, una explicación) **clarity** | **con claridad clearly**: *Habla con claridad.* She speaks clearly.

claro, -a *adjetivo, interjección & adverbio*
■ *adjetivo*
1 (no confuso) **clear**: *Las instrucciones son claras.* The instructions are clear. | **no me queda/no me quedó claro I'm not quite sure/I wasn't quite sure**: *No me queda claro qué es lo que tengo que hacer.* I'm not quite sure what I have to do.
2 (color) **light**: *La alfombra es verde claro.* The carpet is light green. ▶ Para decir que alguien tiene *ojos claros* en inglés hay que especificar el color: *Tiene ojos claros.* He has blue/green/grey eyes.
3 (piel) **fair**: *Es de piel clara.* He has fair skin.
■ **claro** *interjección*
of course: *–¿Vienes mañana? –Claro.* "Are you coming tomorrow?" "Of course." | *–¿Puedo usar el teléfono? –Sí, claro.* "Can I use the phone?" "Of course you can." | **claro que sí of course** | **claro que no of course not**
■ **claro** *adverbio*
clearly: *Lo dijo muy claro.* She said it very clearly.

clase *sustantivo*
1 (lección) **class** (plural **classes**) AmE, **lesson** BrE: *un clase de inglés* an English class ▶ ver nota abajo
2 dar clases (de algo) to teach (something): *Daba clases en un colegio del barrio.* He used to teach at a local school. | *Da clases de historia.* She teaches history.
3 (grupo escolar) **class** (plural **classes**): *Invité a los niños de mi clase.* I invited the kids from my class.
4 (en la universidad) **lecture**
5 (aula) **classroom**
6 (tipo) **kind**, **sort**: *No me gusta esa clase de música.* I don't like that kind of music.
7 (en avión, tren, etc.) **class** (plural **classes**): *pasajes de segunda clase* second-class tickets
8 (en la sociedad) **class** (plural **classes**): *gente de distintas clases sociales* people of different social classes
clase alta/baja/media upper class/lower class/middle class **clase particular private lesson**

> **NOTA: ¿class o school?**
> En los ejemplos que siguen, la primera traducción corresponde a un contexto escolar general y la segunda a una clase específica de idioma, música, etc.: *Mañana no hay clases.* There's no school tomorrow./There's no class tomorrow. | *Ayer no vino a clases.* He didn't come to school yesterday./He didn't come to class yesterday.

clásico, -a *adjetivo & sustantivo*
■ *adjetivo*
1 (típico) **classic**: *Es el clásico junior.* He's the classic rich kid.
2 (de la antigüedad griega y romana) **classical** ▶ ver **música**
■ **clásico** *sustantivo*
(en literatura, cine, etc.) **classic**

clasificar *verbo*
1 (dividir en grupos) **to classify**
2 (para un campeonato) **to qualify**: *Clasificaron para el Mundial.* They qualified for the World Cup.
clasificarse (en deportes) ▶ ver **clasificar**

clavadista *sustantivo*
diver

clavado *sustantivo*
echarse/tirarse un clavado to dive: *Se echó un clavado del trampolín.* She dove off the diving board.

clavar *verbo*
1 (con clavos) **to nail**
2 clavar un clavo to hammer in a nail
3 (meter) **to stick**: *Le clavó el lápiz en el brazo.* She stuck the pencil into his arm.
clavarse: **clavarse una aguja/un**

alfiler etc. en el dedo to stick a needle/pin etc. in your finger

clave *sustantivo & adjetivo*

■ *sustantivo*

(código) **code** | **en clave coded**: *un mensaje en clave* a coded message

■ *adjetivo*

key: *Es un jugador clave.* He's a key player.

clavel *sustantivo*

carnation

clavícula *sustantivo*

collarbone: *Me fracturé la clavícula.* I fractured my collarbone.

clavija *sustantivo*

plug: *la clavija del tostador* the plug on the toaster

clavo *sustantivo*

nail

claxon *sustantivo*

horn | **tocar el claxon to beep your horn**

clic *sustantivo*

click | **hacer clic en/sobre algo to click (on) something** | **hacer clic con el botón derecho en/sobre algo to right-click (on) something** | **hacer clic con el botón izquierdo en/sobre algo to left-click (on) something** | **hacer doble clic en/sobre algo to double-click (on) something**

cliente *sustantivo*

1 (de un negocio, una empresa) **customer, client**

2 (de un profesional) **client**

clima *sustantivo*

(de una región) **climate**: *un país de clima tropical* a country with a tropical climate

climate

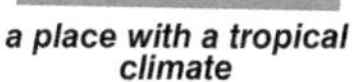

a place with a tropical climate

a place with a polar climate

clínica *sustantivo*

clinic

clip *sustantivo*

paperclip

clóset *sustantivo*

closet AmE, **wardrobe** BrE: *Cuelga la ropa en el clóset.* Hang your clothes in the closet.

club *sustantivo*

club: *un club deportivo* a sports club

cobarde *adjetivo & sustantivo*

■ *adjetivo*

cowardly: *una actitud cobarde* a cowardly attitude | **ser cobarde to be a coward**

■ *sustantivo*

coward: *Es un cobarde.* He's a coward.

cobertor *sustantivo*

blanket: *¿Quiere otro cobertor?* Do you want another blanket?

cobija *sustantivo*

blanket: *¿Tiene una cobija extra?* Do you have an extra blanket?

cobra *sustantivo*

cobra

cobrar *verbo*

1 (por un servicio o producto) **to charge**: *Cobra $25 la clase.* She charges $25 per lesson. | *¿Me cobra, por favor?* Can I pay, please? | **cobrarle algo a alguien to charge someone for something**: *No nos cobró las ocas.* He didn't charge us for the Cokes.

2 (recibir el sueldo) **to be paid**: *Hace dos meses que no cobran.* They haven't been paid for two months. ▶ Cuando se especifica la cantidad, se dice **to get**: *Cobra $500 de jubilación.* She gets a pension of $500.

3 cobrar un cheque to cash a check

cobre *sustantivo*

copper | **una olla/una moneda de cobre a copper pot/coin**

Coca®, o **Coca Cola®** *sustantivo*

Coke®: *Dos Cocas, por favor.* Two Cokes, please.

cocer *verbo*

1 (en general) **to cook**

2 (hervir) **to boil**: *huevos cocidos* boiled eggs

3 (en el horno) **to bake**

coche *sustantivo*

car: *Fuimos en coche.* We went by car. **coche de carreras race car coche deportivo sports car**

cocido, -a *adjetivo*

1 cooked: *El pollo no está cocido.* The chicken isn't cooked. ▶ Para hablar del punto de cocción de un bistec se dice **well done**: *Me gusta el bistec bien cocido.* I like my steak well done.

2 ▶ ver **jamón**

cocina *sustantivo*

1 (lugar) **kitchen**: *Cenamos en la cocina.* We had supper in the kitchen.

2 (actividad) **cooking**: *un curso de cocina* a cooking course

3 (comida) **cuisine**: *cocina internacional* international cuisine

cocinar *verbo*

to cook: *¿Sabes cocinar?* Can you cook?
▶ Cuando te refieres a la tarea doméstica, se dice **to do the cooking**: *En nuestra casa cocina mi papá.* In our house Dad does the cooking.

cocinero, **-a** *sustantivo*

1 (en un restaurante) **cook**
2 (en casa) **cook**: *Es muy buena cocinera.* She's a very good cook.

coco *sustantivo*

1 (fruta) **coconut**
2 (cabeza) **head**: *Hay que usar el coco.* You have to use your head.

cocodrilo *sustantivo*

crocodile

crocodile

codazo *sustantivo*

pegarle un codazo a alguien to elbow someone

codo *sustantivo & adjetivo*

■ *sustantivo*
elbow
■ *adjetivo*
stingy: *¡No seas codo!* Don't be stingy!

cofre *sustantivo*

1 (caja) **chest**: *¿Qué había en el cofre?* What was in the chest?
2 (de un coche) **hood** AmE, **bonnet** BrE: *¡Está saliendo humo del cofre!* There is smoke coming from under the hood!

coger *verbo*

1 coger a alguien de la mano/del brazo (para cruzar la calle, etc.) **to take someone's hand/arm**: *La cogió de la mano para cruzar.* He took her hand to cross the road.
2 coger (por) una calle/una carretera etc. (ir por) **to take a street/road etc.**: *Conviene coger la autopista.* It's best to take the freeway.

cohete *sustantivo*

1 (nave espacial) **rocket**
2 (de fuegos artificiates) **rocket**

coincidencia *sustantivo*

coincidence: *¡Qué coincidencia!* What a coincidence!

coincidir *verbo*

to coincide: *Su fiesta coincide con la de Juan.* Her party coincides with Juan's.

cojear *verbo*

to limp

cojín *sustantivo*

cushion

cojo, **-a** *adjetivo & sustantivo*

■ *adjetivo*
estar cojo -a to be limping: *La pobre está coja.* The poor girl is limping.
■ *sustantivo*
person with a limp: *un viejito cojo* a little old man with a limp

col *sustantivo*

cabbage: *ensalada de col* cabbage salad

cola *sustantivo*

1 (de un animal, un avión) **tail**: *la cola del caballo* the horse's tail
2 (de gente que espera) **line** AmE, **queue** BrE: *Hay mucha cola.* There's a long line. | **hacer cola to wait in line** AmE, **to queue** BrE: *Hay que hacer cola para entrar.* You have to wait in line to get in.
3 (pegamento) **glue**
cola de caballo ponytail: *Se peina de cola de caballo.* She wears a ponytail

colaborar *verbo*

1 (contribuir) **colaborar con algo to contribute something**: *Colaboró con $50.* He contributed $50.
2 (ayudar) **to help**, **to collaborate**: *Siempre está dispuesto a colaborar.* He's always willing to help.

coladera *sustantivo*

1 (para eliminar partículas grandes) **sieve** | **pasar algo por la coladera to sieve something**
2 (para escurrir verduras, arroz, etc.) **colander**
3 (en la calle) **grate**
4 (de un lavabo, de un fregadero) **drain**

colado, **-a** *sustantivo*

gatecrasher: *Había un montón de colados en la fiesta.* There were lots of gatecrashers at the party.

colar *verbo*

(pasta, verduras, arroz) **to drain**
colarse
1 (en una cola) **to cut in line** AmE, **to jump the queue** BrE: *Ése se está queriendo colar.* He's trying to cut in line.
2 (en el camión, el metro) **to get on without paying**
3 (en un partido, un recital) **to get in without paying**
4 (en una fiesta) **to gatecrash**

colcha *sustantivo*
bedspread

colchón *sustantivo*
mattress (plural **mattresses**): *Este colchón es muy duro.* This mattress is very hard.

colección *sustantivo*
collection: *mi colección de timbres* my stamp collection

coleccionar *verbo*
to collect: *Colecciono estampitas.* I collect stickers.

colecta *verbo*
collection: *la colecta anual de la Cruz Roja* the annual Red Cross collection | **hacer una colecta to make a collection**

colegiatura *sustantivo*
tuition fees *plural*: *Subieron la colegiatura.* Tuition fees have gone up.

colegio *sustantivo*
school: *¿A qué colegio vas?* What school do you go to? | *Te veo mañana en el colegio.* I'll see you tomorrow at school.
colegio de curas/monjas Catholic school colegio particular/colegio privado/colegio de paga private school

cólera *sustantivo*
(enfermedad) **cholera**: *una epidemia de cólera* a cholera epidemic

colgar *verbo*
1 colgar algo (a) to hang something up: *Cuelga la chamarra ahí.* Hang your jacket up there. **(b) to hang something**: *Colgó un letrero en la puerta.* He hung a sign on the door.
2 (por teléfono) **to hang up** | **colgarle a alguien to hang up on someone**: *¡Me colgó!* He hung up on me!
3 (ahorcar) **to hang**
colgarse
1 colgarse de algo to hang from something: *El changuito se colgó de una rama.* The monkey hung from a branch.
2 (tardarse) **to hang around**: *No te cuelgues.* Don't hang around.

colibrí *sustantivo*
hummingbird

coliflor *sustantivo*
cauliflower

colina *sustantivo*
hill

colirio *sustantivo*
eye drops *plural*

collar *sustantivo*
1 (alhaja) **necklace**: *un collar de perlas* a pearl necklace
2 (de un perro, un gato) **collar**: *Mi gato tiene un collar rojo.* My cat has a red collar.

colmena *sustantivo*
beehive

colmillo *sustantivo*
1 (de una persona) **canine tooth** (plural **canine teeth**)
2 (de un perro, vampiro) **fang**
3 (de un elefante) **tusk**

colmo *sustantivo*
ser el colmo to be the limit: *¡Esto es el colmo!* This is the limit!

colocar *verbo*
to put: *Coloquen las sillas en un círculo.* Put the chairs in a circle.

Colombia *sustantivo*
Colombia: *Es de Colombia.* He's from Colombia.

colombiano, -a *adjetivo & sustantivo*
1 Colombian
2 los colombianos (the) Colombians

colonia *sustantivo*
1 (barrio) **neighborhood**
2 (territorio) **colony** (plural **-nies**) | **(la época de) la colonia the colonial era**
3 (perfume) **cologne**

colonial *adjetivo*
colonial

color *sustantivo*
color: *¿De qué color es tu bici?* What color is your bike? | **una foto/una impresora etc. a color a color photo/a color printer etc.** | **lápices/gises etc. de colores colored pencils/colored chalks etc.**

colorado, -a *adjetivo*
1 ponerse colorado -a to blush
2 ▶ ver **rojo**

colorear *verbo*
colorear algo to color something in: *Coloreé el mapa.* I colored in the map.

columna *sustantivo*
1 (pilar) **column**
2 columna (vertebral) spine

columpio *sustantivo*
swing: *Se cayó del columpio.* She fell off the swing.

coma *sustantivo*
■ *sustantivo femenino*
(en puntuación) **comma**
■ *sustantivo masculino*
(en medicina) **coma** | **estar en coma to be in a coma**

C

comal *sustantivo*
En inglés no existe. Si quieres explicar qué signfica di *It's a griddle for cooking tortillas*

comandante *sustantivo*
1 (piloto) **captain**
2 (grado militar) **major**: *el comandante López* Major López

combi *sustantivo*
minibus (plural **-buses**)

combinación *sustantivo*
(mezcla) **combination**: *esta combinación de colores* this combination of colors

comedia *sustantivo*
comedy (plural **-dies**)

comedor *sustantivo*
1 (en una casa) **dining room**
2 (en una escuela) **canteen**

comentar *verbo*
(decir) **comentarle algo a alguien to mention something to someone**: *¿Le comentaste que nos vamos de vacaciones?* Did you mention to her that we're going on vacation?

comentario *sustantivo*
1 (opinión) **comment**
2 (en deportes) **commentary** (plural **commentaries**)

comentarista *sustantivo*
commentator

comenzar *verbo*
to begin, to start: *Ya comenzó el concierto.* The concert has already started./The concert has already begun. | **comenzar a hacer algo to start to do something, to start doing something**: *Comenzó a llover.* It started to rain./It started raining.

comer *verbo*
1 **to eat**: *No comiste nada.* You didn't eat anything. | *Come mucho.* He eats a lot. | **darle de comer a alguien to feed someone**: *¿Le diste de comer al perro?* Have you fed the dog?
2 (tomar la comida del mediodía) **to have lunch**: *Ayer comí con Elena.* I had lunch with Elena yesterday. | **¿qué hay de comer? what's for lunch?** | **comer ensalada/filete etc. to have salad/steak etc. for lunch**: *Al mediodía come guisado.* She has stew for lunch.
3 (en ajedrez, damas, etc.) **to take**: *Le comí la torre.* I took her rook.
comerse
1 (referido a alimentos) **to eat**: *Se comió toda la pizza.* She ate all the pizza.
2 (al escribir) **se comió la hache/el acento he left out the "h"/the accent**

comercial *adjetivo*
commercial

comestible *adjetivo & sustantivo plural*
■ *adjetivo*
edible
■ **comestibles** *sustantivo plural*
groceries

cometa *sustantivo*
(en astronomía) **comet**

comic *sustantivo*
comic

cómico, -a *adjetivo & sustantivo*
■ *adjetivo*
(divertido) **funny**: *el programa más cómico de la televisión* the funniest show on television
■ *sustantivo*
cómico comedian, comic cómica comedienne, comic

comida *sustantivo*
1 (alimento) **food**: *Me encanta la comida china.* I love Chinese food.
2 (desayuno, almuerzo, cena) **meal**: *¿Las comidas están incluidas?* Are meals included?
comida corrida set menu comida chatarra junk food comida para llevar food to go

comienzo *sustantivo*
beginning | **a comienzos del siglo/del año etc. at the beginning of the century/the year etc.**

comillas *sustantivo plural*
quotation marks

comité *sustantivo*
committee

como *adverbio, preposición & conjunción*
1 (igual a, del mismo modo que) **like**: *Quiero una chamarra como la de Pati.* I want a jacket like Pati's. | *Come como un cerdo.* He eats like a pig.
2 Cuando va seguido de una oración, usa **the way**: *Hazlo como te dijo la maestra.* Do it the way the teacher told you.
3 **como si as if**: *Me miró como si no me conociera.* He looked at me as if he didn't know me.
4 (según) **as**: *Como te dije, no tengo dinero.* As I told you, I don't have any money.
5 (en el papel de) *con Harrison Ford como Han Solo* with Harrison Ford as Han Solo
6 (puesto que) **since**: *Como no entendía, le pregunté a la profesora.* Since I didn't understand, I asked the teacher.

cómo *adverbio*
1 (en preguntas directas e indirectas) **how**: *¿Cómo te sientes?* How do you feel? | *No entiendo cómo funciona.* I don't understand how it works. | *¿Cómo está tu novia?* How's your girlfriend? | **¿cómo es tu novia/su padre etc.?** **what's your girlfriend/her father etc. like?**: *¿Cómo es el profesor nuevo?* What's the new teacher like? ▶ Para preguntar cómo es físicamente se dice *What does the new teacher look like?*
2 (para pedirle a alguien que repita lo que dijo) **¿cómo?** **sorry?**: *¿Cómo? No te oí.* Sorry? I didn't hear what you said. | *¿Cómo dijiste?* What did you say?
3 (para expresar disgusto o sorpresa) **¿cómo?** **what?**: *–Perdí los $20. –¿Cómo?* "I lost the $20." "What?"
4 **¡cómo no!** **of course!**: *–¿Me ayudarías con esto? –¡Cómo no!* "Could you help me with this?" "Of course!"

cómoda *sustantivo*
(mueble) **dresser**

comodidad *sustantivo*
(confort) **comfort**

comodín *sustantivo*
joker

cómodo, -a *adjetivo*
1 (confortable) **comfortable**: *un sofá muy cómodo* a very comfortable sofa | **ponerse cómodo -a** **to make yourself comfortable**
2 (práctico) **convenient**: *Es más cómodo tomar el tren.* It's more convenient to go by train.

compadecer, o **compadecerse** *verbo*
compadecer a alguien/compadecerse de alguien **to feel sorry for someone**: *Se compadecieron de él.* They felt sorry for him.

compañero, -a *sustantivo*
1 (de escuela) **classmate**: *Fuimos compañeros toda la primaria.* We were classmates all through elementary school.
2 (de trabajo) **colleague**
3 (pareja) **partner**

compañía *sustantivo*
1 (empresa) **company** (plural **-nies**)
2 **hacerle compañía a alguien** **to keep someone company**: *¿Por qué no te quedas y me haces compañía?* Why don't you stay and keep me company?

comparación *sustantivo*
comparison | **en comparación con algo o alguien** **compared to something or someone**: *Es brillante en comparación con el resto de la clase.* She is very bright compared to the rest of the class.

comparar *verbo*
to compare | **comparar algo o a alguien con algo o alguien** **to compare something or someone to something or someone**

compartir *verbo*
to share

compás *sustantivo*
1 (instrumento) **compass** (plural **-sses**)
2 (ritmo) **rhythm**, **beat** | **al compás de la música** **to the rhythm of the music**, **to the beat of the music**

competencia *sustantivo*
1 (en deportes) **competition**
2 (rivalidad) **competition** | **hacerle la competencia a alguien** **to compete with someone**
3 **la competencia** (los rivales) **the competition**

competidor, -a *sustantivo*
competitor

competir *verbo*
to compete: *No pueden competir con los clubes grandes.* They can't compete with the big clubs.

complejo, -a *adjetivo*
complex: *un tema complejo* a complex issue

complejo *sustantivo*
(instalaciones) **complex** (plural **-xes**)
complejo deportivo **sports complex**

complemento *sustantivo*
1 (alimenticio, vitamínico) **supplement**
2 (de un verbo) **object**

completar *verbo*
to finish, **to complete**

completo, -a *adjetivo*
1 (sin faltar nada) **complete**: *las obras completas de Octavio Paz* the complete works of Octavio Paz
2 (lleno) **full**
3 **por completo** **completely**: *Me olvidé por completo.* I completely forgot.

complicado, -a *adjetivo*
complicated

complicar *verbo*
to complicate: *No compliques más las cosas.* Don't complicate things any more.
complicarse **to get complicated**: *Las*

cosas se complicaron cada vez más. Things got more and more complicated.

componer *verbo*

1 (reparar) **to repair**: *No lo pude componer.* I couldn't repair it.

2 (una obra musical, una canción) **to compose**

componerse: **componerse de to be made up of**: *El equipo se compone de once jugadores.* The team is made up of eleven players.

composición *sustantivo*

(redacción) **composition, essay**

compositor, **-a** *sustantivo*

composer

compra *sustantivo*

1 ir(se)/salir de compras to go shopping: *Salió de compras con su mamá.* She went shopping with her Mom. | **hacer las compras to do the shopping**: *Ya hice las compras para la fiesta.* I've already done the shopping for the party.

2 (cosa comprada) **una buena compra a good buy**: *Esta tele fue una buena compra.* This television was a good buy.

comprar *verbo*

to buy: *Compré dos libros por $10.* I bought two books for $10. | **comprarle algo a alguien (a)** (comprar algo para alguien) **to buy something for someone**, **to buy someone something**: *¿Le compraste algo a Alicia?* Have you bought anything for Alicia?/Have you bought Alicia anything? **(b)** (comprar algo de alguien) **to buy something from someone**: *Le compré la colección a un amigo.* I bought the collection from a friend.

comprarse to buy: *Me tuve que comprar una impresora.* I had to buy a printer.

shopping

Have you been shopping?

comprender *verbo*

1 (entender) **to understand**

2 (abarcar) **to include**: *Comprende los estados de Yucatán y Quintana Roo.* It includes the states of Yucatan and Quintana Roo.

comprensión *sustantivo*

understanding

comprensión de textos reading comprehension comprensión auditiva listening comprehension

comprensivo, **-a** *adjetivo*

understanding

comprobar *verbo*

1 (constatar) **to see**: *Pude comprobar que era cierto.* I could see that it was true.

2 (checar) **to check**: *Vamos a comprobar si lo que dijo es cierto.* We're going to check to see if what he said is true.

comprometerse *verbo*

(para casarse) **comprometerse (con alguien) to get engaged (to someone)**

compromiso *sustantivo*

1 (para casarse) **engagement**: *una fiesta de compromiso* an engagement party

2 (obligación) **obligation**: *Pruébeselo sin compromiso.* Try it with no obligation.

computación *sustantivo*

computing: *un experto en computación* a computing expert

computadora *sustantivo*

computer: *Tenemos que hacer los trabajos en la computadora.* We have to do our assignments on a computer.

computadora portátil laptop

comulgar *verbo*

to take communion

común *adjetivo*

1 (normal, no especial) **ordinary**

2 (frecuente) **common**: *Este tipo de accidente es muy común.* This sort of accident is very common.

3 (compartido) **tener mucho/muy poco en común to have a lot/very little in common**: *No tienen nada en común.* They have nothing in common. ▶ ver **sentido**

comunicación *sustantivo*

1 (entre personas) **communication**

2 se cortó la comunicación (telefónica) **I was cut off.**

comunicar *verbo*

1 comunicarle algo a alguien to inform someone of something: *Nos comunicó su decisión.* He informed us of his decision.

2 (por teléfono) **comunicar a alguien to**

put someone through: *¿Me comunica con Ventas?* Could you put me through to Sales?

comunicarse

1 (relacionarse, transmitirse información) **to communicate**: *Nos comunicamos por mail.* We communicate by e-mail.

2 (ponerse en contacto) **to reach**: *No pude comunicarme con ella.* I couldn't reach her.

comunidad *sustantivo*

community (plural **-ties**)

comunión *sustantivo*

communion | **hacer la primera comunión to take your first communion**

con *preposición*

1 La traducción **with** es válida en la mayoría de los contextos: *Vente con nosotros.* Come with us. | *¿Con qué lo abriste?* What did you open it with? | *un niño con pecas* a little boy with freckles

2 Cuando se usa expresando modo o manera la traducción varía: *con cuidado* carefully | *con dificultad* with difficulty

3 (hacia) **to** | **ser amable/cruel/malo etc. con alguien to be kind/cruel/mean etc. to someone**: *Es muy cruel con él.* She's very cruel to him.

4 (usado con los nombres de algunos alimentos) **and**: *pan con mantequilla* bread and butter | *salchichas con puré* sausages and mashed potatoes

concentración *sustantivo*

(de la atención) **concentration**: *Este ejercicio requiere mucha concentración.* This exercise requires a lot of concentration.

concentrarse *verbo*

1 (fijar la atención) **to concentrate**: *Concéntrate en lo que te estoy diciendo.* Concentrate on what I'm saying.

2 (reunirse) **to gather**: *Los manifestantes se concentraron en el zócalo.* The demonstrators gathered in the main square.

concepto *sustantivo*

(idea) **concept**

concierto *sustantivo*

1 (evento) **concert**

2 (obra musical) **concerto**

conclusión *sustantivo*

conclusion: *Llegué a la conclusión de que está loco.* I've come to the conclusion that he's crazy.

concreto, -a *adjetivo & sustantivo*

■ *adjetivo*

1 (dato, pregunta) **specific**

2 (fecha, hora) **definite**

■ **concreto** *sustantivo*

concrete

concursante *sustantivo*

contestant

concurso *sustantivo*

competition: *un concurso literario* a literary competition

concurso de belleza beauty contest

condena *sustantivo*

sentence: *Ya cumplió su condena.* He has served his sentence.

condenar *sustantivo*

1 (a una pena de cárcel) **condenar a alguien a algo to sentence someone to something**: *Lo condenaron a dos años de cárcel.* He was sentenced to two years in prison.

2 condenar a alguien por algo to convict someone of something: *Lo condenaron por robo.* He was convicted of robbery.

condición *sustantivo*

1 condition | **con una condición on one condition**: *Puedes ir con una condición: que a las once estés de vuelta.* You can go on one condition: that you're back by eleven.

2 condiciones (situación) **conditions**: *Viven en condiciones espantosas.* They live in appalling conditions.

condicional *adjetivo & sustantivo*

conditional

conducir *verbo*

1 (llevar) **to take**: *Nos condujo a su oficina.* He took us to his office.

2 (un programa de radio o TV) **to present**

3 (manejar) **to drive**

conducta *sustantivo*

behavior

conductor, -a *sustantivo*

1 (de un programa de radio o TV) **host**: *¿Cómo se llama el conductor del programa?* What's the host's name?

2 (de un vehículo) **driver**

conectar *verbo*

to connect | **conectar algo a algo to connect something to something**: *Se puede conectar la cámara a la PC.* You can connect the camera to the PC.

conectarse (a Internet) **to connect (to the Internet)**: *No me pude conectar.* I couldn't connect (to the Internet).

conejo, -a *sustantivo*
(animal, carne) **rabbit**

conexión *sustantivo*
connection: *mi conexión a Internet* my Internet connection

conferencia *sustantivo*
lecture: *una conferencia sobre Carlos Fuentes* a lecture on Carlos Fuentes
conferencia de prensa press conference

confesar *verbo*
to confess: *Confesó que había robado la cámara.* He confessed that he had stolen the camera. | **confesar un delito to confess to a crime**
confesarse to go to confession

confianza *sustantivo*
(fe) **confidence, trust** | **tenerle confianza a alguien to trust someone**: *No le tengo confianza.* I don't trust him.

confiar *verbo*
confiar en alguien to trust someone: *Confía en mí.* Trust me.

confirmar *verbo*
to confirm: *Te llamo mañana para confirmar.* I'll call you tomorrow to confirm.

conflicto *sustantivo*
conflict

conforme *adjetivo*
estar conforme (con algo) to be happy (with something): *No está conforme con el sueldo.* He's not happy with the salary.

confundir *verbo*
1 (desorientar) **to confuse**: *Me estás confundiendo.* You're confusing me.
2 (ser confuso) **to be confusing**: *Esos carteles confunden.* Those signs are confusing.
3 confundir a alguien con alguien to mistake someone for somebody: *Me confundió con mi hermana.* He mistook me for my sister.
confundirse (equivocarse): **me confundí de puerta/departamento etc. I got the wrong door/apartment etc.**: *Se confundió de camión.* He took the wrong bus.

confusión *sustantivo*
1 (equivocación) **mix-up**
2 (desconcierto) **confusion**

congelado, -a *adjetivo*
1 frozen
2 estar congelado -a (a) to be freezing: *Estoy congelada.* I'm freezing. **(b) to be frozen**

congelador *sustantivo*
freezer: *Saca la carne del congelador.* Take the meat out of the freezer.

congelar *verbo*
(comida) **to freeze**
congelarse
1 (agua, río) **to freeze**
2 (persona) **to freeze**: *Sin chamarra te vas a congelar.* You'll freeze without a jacket.

conífera *sustantivo*
conifer

conífero, -a *adjetivo*
coniferous

conjunción *sustantivo*
(clase de palabra) **conjunction**

conjuntivitis *sustantivo*
conjunctivitis

conjunto *sustantivo*
1 (en general) **group** (en matemáticas) **set**
2 (de música popular) **group, band**
3 (de música clásica) **ensemble**
4 (de ropa) **outfit**

conmigo *pronombre*
with me: *¿Vienes conmigo?* Are you coming with me?

conmutador *sustantivo*
switchboard

cono *sustantivo*
cone

conocer *verbo*
to know, to meet ▶ ver nota abajo

NOTA: ¿to know o to meet?
conocer y *conocerse* pueden traducirse por **to know** o **to meet**.
to know significa tener trato con alguien o saber cómo es alguien o algo *La conozco desde hace mucho.* I've known her for a long time. | *A Pancho lo conozco muy bien.* I know Pancho very well.
to meet significa conocer a alguien por primera vez: *La conocí en una fiesta* I met her at a party. | *Se conocieron en julio.* They met in July.
to meet es más frecuente en los siguientes contextos, pero fíjate en el tiempo verbal: *¿Conoces al hermano de*

Sonia? Have you met Sonia's brother?/Do you know Sonia's brother? | *Todavía no conozco a tu novio.* I haven't met your boyfriend yet.
Cuando se habla de si se conoce o no un lugar, es frecuente usar **to have been to**: *¿Conoces Oaxaca?* Have you been to Oaxaca?

conocido, -a *adjetivo*
1 (famoso) **well-known**: *una actriz conocida* a well-known actress
2 (familiar) **familiar**: *caras conocidas* familiar faces

conocimiento *sustantivo*
1 (sentido) **perder/recobrar el conocimiento to lose/to regain consciousness**
2 (saber) **knowledge**
3 **conocimientos knowledge**: *Tiene conocimientos de inglés.* She has some knowledge of English

conquista *sustantivo*
(de un territorio) **conquest**

conquistador, -a *sustantivo*
1 (de América) **conquistador**
2 (de otras regiones) **conqueror**

conquistar *verbo*
(un territorio) **to conquer**

consciente *adjetivo*
1 **estar consciente to be conscious**: *El enfermo estaba consciente.* The patient was conscious.
2 **ser consciente de algo to be aware of something**

consecuencia *sustantivo*
1 **consequence**
2 **a/como consecuencia de algo as a result of something**

conseguir *verbo*
1 (obtener) **to get**: *Consiguió una beca para estudiar en Canadá.* He got a scholarship to study in Canada. ▶ En oraciones negativas, **to get** a menudo se usa con **can't** o **couldn't**: *No consigue trabajo.* He can't get a job.
2 (lograr) **conseguir hacer algo to manage to do something**: *Al final consiguió pasar.* Finally he managed to get through. | **conseguir que alguien haga algo to get someone to do something**: *Conseguí que me lo prestara.* I got him to lend it to me.

consejo *sustantivo*
piece of advice: *Te voy a dar un consejo.* I'm going to give you a piece of advice.

NOTA: advice, que es incontable, es la traducción de *consejos* o de *consejo* en general *Me dio muchos consejos útiles.* He gave me lots of useful advice. | *Siempre sigo el consejo de la profesora.* I always follow the teacher's advice.

consentido, -a *adjetivo*
spoiled: *Es un mocoso consentido.* He's a spoiled brat.

conserje *sustantivo*
receptionist

conservación *sustantivo*
conservation

conservador *sustantivo*
preservative: *sin colorantes ni conservadores* without coloring agents or preservatives

conservar *verbo*
1 (preservar) (alimentos) **to preserve** (el calor) **to retain**
2 (guardar) **to keep**: *Conservar en el refrigerador.* Keep refrigerated.
conservarse (preservarse) (alimentos) **to keep**: *Se conserva varios meses.* It keeps for several months.

conservatorio *sustantivo*
conservatory (plural **-ries**)

considerar *verbo*
1 (analizar) **to consider**: *Consideremos otras opciones.* Let's consider other alternatives.
2 (tener en cuenta) **to bear in mind**: *Hay que considerar que todavía es chico.* You have to bear in mind that he's still young.

consola *sustantivo*
console
consola de juegos games console

consolar *verbo*
to console

consonante *sustantivo*
consonant

constante *adjetivo*
(continuo) **constant**

constitución *sustantivo*
constitution

construcción *sustantivo*
en construcción under construction: *El edificio está en construcción.* The building is under construction.

constructor, -a *sustantivo*
builder

constructora *sustantivo*
construction company (plural **companies**)

C

construir *verbo*
(una casa, un puente) **to build**

consulado *sustantivo*
consulate

consulta *sustantivo*
1 (con un doctor) **consultation**: *¿Cuánto cobra la consulta?* How much does he charge for a consultation?
2 horario de consulta (de un doctor) **office hours**

consultar *verbo*
1 (a una persona) **to consult**: *Consulte a su médico.* Consult your doctor. | **consultar (algo) con alguien to ask someone (about something)**: *Consúltalo con tus papás.* Ask your parents about it.
2 consultar un diccionario to look it up in a dictionary: *¿Consultaste el diccionario?* Did you look it up in the dictionary?

consultorio *sustantivo*
doctor's office: *Está en el consultorio de 2 a 7.* She's at her office from 2 to 7.

consumidor, -a *sustantivo*
consumer

consumir *verbo*
1 (comprar) **to buy**: *No consumen productos importados.* They don't buy imported products.
2 (referido a combustibles) **to use**: *Este coche consume mucha gasolina.* This car uses a lot of gasoline.
3 (comer) **to eat**: *Deberíamos consumir más pescado.* We should eat more fish.
4 (en un bar, un café, etc.) **to have**: *No pueden quedarse si no consumen nada.* You can't stay here if you don't have something to eat or drink.

consumo *sustantivo*
(de productos, de combustible) **consumption**: *consumo de electricidad* electricity consumption

contabilidad *sustantivo*
accountancy: *Estudia contabilidad.* She's studying accountancy.

contactar *verbo*
to contact: *Me contactaron para que participara.* They contacted me to ask me to take part.
contactarse: **contactarse con alguien to contact someone**: *No pudieron contactarse con ella.* They couldn't contact her.

contacto *sustantivo*
1 (relación, comunicación) **contact**: *Seguimos en contacto con nuestros amigos de Guadalajara.* We are still in contact with our friends from Guadalajara. | **ponerse en contacto con alguien to contact someone**: *Me puse en contacto con el club de admiradores.* I contacted the fan club.
2 (roce) **contact**: *Evite el contacto con los ojos.* Avoid contact with the eyes.
3 (en electricidad) **outlet** AmE, **socket** BrE

contador, -a *sustantivo*
accountant: *Su mamá es contadora.* His mother is an accountant.

contados, -as *adjetivo*
very few: *en contadas ocasiones* on very few occasions

contagiar *verbo*
contagiarle la gripa/las paperas etc. a alguien to give someone the flu/the mumps etc.: *Me contagió el sarampión.* She gave me the measles.
contagiarse to get: *Se contagió los hongos en la alberca.* She got athlete's foot at the swimming pool.

contagioso, -a *adjetivo*
contagious: *La varicela es muy contagiosa.* Chickenpox is very contagious.

contaminación *sustantivo*
1 (del medio ambiente en general) **pollution**: *En esta ciudad hay mucha contaminación.* There is a lot of pollution in this city.
2 (con peligro inmediato para las personas) **contamination**

contaminado, -a *adjetivo*
1 (en general) **polluted**
2 (con peligro inmediato para las personas) **contaminated**: *agua contaminada* contaminated water

contaminar *verbo*
1 (en general) **to pollute**
2 (con peligro inmediato para las personas) **to contaminate**

contar *verbo*
1 (decir los números) **to count**: *Sabe contar hasta diez.* He can count up to ten.
2 (dinero, objetos) **to count**: *¿Contaste el dinero?* Have you counted the money?
3 (relatar) **contarle algo a alguien to tell someone something**: *Cuéntanos un cuento* Tell us a story. | **¿qué cuentas? how are things?**: *¿Qué cuentas, Nico?* How are things, Nico?
4 (valer) **to count**: *Esa jugada no cuenta.* That move doesn't count.

contemporáneo, -a *adjetivo*
contemporary: *El Museo de Arte Contemporáneo* The Museum of Contemporary Art.

contenedor *sustantivo*
1 (para transportar mercancías) **container**
2 (para basura) **dumpster**

contener *verbo*
(tener) **to contain**: *La leche contiene calcio.* Milk contains calcium.

contenido *sustantivo*
1 (de un recipiente) **contents** *plural*
2 (de una carta, un artículo) **contents** *plural*

contento, **-a** *adjetivo*
happy: *Está contenta de ser parte del equipo.* She's happy to be part of the team.

contestación *sustantivo*
reply (plural **replies**), **answer**

contestadora *sustantivo*
answering machine: *Hay tres mensajes en la contestadora.* There are three messages on the answering machine.

contestar *verbo*
1 (una pregunta) **to answer**: *No me contestaste la pregunta.* You didn't answer my question.
2 (una carta, un mail) **to answer**, **to reply to**: *¿Te contestó el mail?* Did he answer your e-mail?/Did he reply to your mail?
3 (el teléfono) **to answer**: *Nunca contesta el teléfono.* She never answers the phone. | *No contestan.* There's no answer.
4 (con insolencia) **to answer back**: *¡No me contestes!* Don't answer back to me!

contigo *pronombre*
with you: *Voy contigo.* I'm coming with you.

continente *sustantivo*
continent: *el continente americano* the American continent

continuación *sustantivo*
1 (de una película) **sequel**
2 (de un programa) **next part**
3 (de una calle) **continuation**

continuar *verbo*
to continue: *La serie continúa mañana.* The series continues tomorrow. | **continuar haciendo algo to continue doing something**, **to continue to do something**: *Continuó hablando.* He continued speaking./He continued to speak. | **continuará** (en un cómic, etc.) **to be continued**

contra *preposición & sustantivo*
■ *preposición*
1 (indicando oposición) **against**: *Jugaron contra Colombia.* They played against Colombia. | *una campaña contra la corrupción* a campaign against corruption | **en contra (de algo) against (something)**: *Están en contra de la reforma.* They are against the reform.
2 (indicando contacto o dirección) **against**: *Ponlo contra la pared.* Put it against the wall.
▶ El verbo puede exigir el uso de otra preposición: *Chocamos contra un poste.* We crashed into a post.
■ *sustantivo*
llevarle la contra a alguien (en una conversación) **to contradict someone**: *Siempre me lleva la contra.* He always contradicts me.

contrabandista *sustantivo*
smuggler

contrabando *sustantivo*
1 smuggling | **CDs/relojes etc. de contrabando smuggled CDs/watches etc.** | **pasar algo de contrabando to smuggle something in**: *Pasaron las cámaras de contrabando.* They smuggled the cameras in.
2 (lo contrabandeado) **contraband**

contrario, **-a** *adjetivo & sustantivo*
■ *adjetivo*
1 (sentido, dirección) **opposite**: *en la dirección contraria* in the opposite direction
2 el equipo contrario/el arco contrario the opposing team/the opposing goal
3 al contrario just the opposite, **on the contrary**: *Al contrario, lo pasé bien.* On the contrary, I had a good time.
■ *sustantivo*
opponent

contraseña *sustantivo*
password: *No se acordaba de la contraseña.* He couldn't remember the password.

contraste *sustantivo*
contrast

contratar *verbo*
contratar a alguien para hacer algo to hire someone to do something: *Lo contrataron para cuidar la casa.* They hired him to take care of the house.

contrato *sustantivo*
contract: *Firmó contrato con un equipo europeo.* He signed a contract with a European club.

contribuir *verbo*
contribuir con algo to contribute something: *Contribuí con $5.* I contributed $5.

contrincante *sustantivo*
opponent: *un contrincante difícil* a difficult opponent

control *sustantivo*
1 (dominio) **control**: *Todo está bajo control.* Everything is under control. | **perder el control (a)** (de un vehículo) **to lose control**: *Perdió el control y chocó.* He lost control and crashed. **(b)** (enojarse) **to lose control**: *Perdí el control y le grité.* I lost control and yelled at him.
2 (de un aparato) **control**: *el control del volumen* the volume control
3 (inspección) **control**: *control de pasaportes* passport control
control antidóping **drug test** **control remoto** **remote control**

controlador -a aéreo -a *sustantivo*
air traffic controller

controlar *verbo*
1 (dominar, manejar) **to control**: *Los padres no lo pueden controlar.* His parents can't control him.
2 (regular) **to control**: *Este botón controla la temperatura.* This button controls the temperature.
controlarse (dominarse) **to control yourself**: *Contrólate, por favor.* Please control yourself.

convencer *verbo*
1 convencer a alguien (de que/de algo) to convince someone (that/of something): *La convencí de que teníamos razón.* I convinced her that we were right.
2 convencer a alguien (de/para que haga algo) to persuade someone (to do something): *Convenció a sus papás para que los llevaran a la feria.* She persuaded her parents to take them to the fair.

convencido, **-a** *adjetivo*
estar convencido -a de que to be convinced (that): *Estoy convencida de que me mintió.* I'm convinced that he lied to me.

conveniente *adjetivo*
1 (aconsejable) **ser conveniente to be advisable**: *Es conveniente esperar unos días.* It's advisable to wait a few days.
2 (cómodo) **convenient**: *¿A qué hora es más conveniente para usted?* What time is most convenient for you?

convento *sustantivo*
1 (de religiosas) **convent**
2 (de religiosos) **monastery** (plural **-ries**)

conversación *sustantivo*
conversation: *una conversación telefónica* a telephone conversation

conversar *verbo*
to talk: *Conversaron un buen rato.* They talked for quite a while.

convertir *verbo*
1 convertir algo o a alguien en algo to turn something or someone into something: *Lo convirtió en príncipe con un beso.* She kissed him and turned him into a prince.
2 convertir dólares a pesos/gramos a onzas etc. to convert dollars into pesos/grams into ounces etc.
convertirse: **convertirse en algo to become something**: *Se convirtió en su mejor amigo.* He became her best friend.

convidar *verbo*
(ofrecer) **convidarle algo a alguien to offer someone something**: *Nos convidó un café.* He offered us a cup of coffee.

convivir *verbo*
to live together: *Queremos convivir en paz.* We want to live together in peace.

cooperación *sustantivo*
cooperation: *Les agradeció su ayuda.* He thanked them for their help.

cooperar *verbo*
1 to cooperate | **cooperar en algo to help with something**: *Cooperé en el proyecto.* I helped with the project.
2 cooperar con alguien to work together with someone: *Los padres cooperaron con los maestros.* The parents worked together with the teachers.

coordinador, **-a** *sustantivo*
coordinator: *la coordinadora de los cursos de inglés* the coordinator of the English courses

copa *sustantivo*
1 (recipiente, contenido) **glass** (plural **glasses**): *¿Cuál es su copa?* Which one is your glass?
2 (premio) **cup**: *Ganaron la copa.* They won the cup.
3 (de un árbol) **top**

copia *sustantivo*
copy (plural **copies**): *¿Me saca una copia de esta página?* Can you make me a copy of this page?

copiar *verbo*
1 (transcribir) **to copy**: *Lo copié del pizarrón.* I copied it from the board.
2 (imitar) **to copy**: *Copia todo lo que hace*

su hermano. She copies everything her brother does.
3 (en un examen) **to copy**: *La maestra lo cachó copiando.* The teacher caught him copying.

copiloto *sustantivo*
(en un avión) **co-pilot**

copión, -ona *sustantivo*
copycat

coquetear *verbo*
coquetear con alguien to flirt with someone: *Se puso a coquetear con todos.* She started to flirt with everyone.

corazón *sustantivo*
1 (órgano) **heart**
2 corazones (en naipes) **hearts**

corbata *sustantivo*
tie, necktie

corcho *sustantivo*
1 (de una botella) **cork**: *Vuelve a ponerle el corcho.* Put the cork back in.
2 (material) **cork**: *un tablero de corcho* a cork board

cordero *sustantivo*
(animal y carne) **lamb**

cordillera *sustantivo*
mountain range: *la cordillera de Los Andes* the Andes (mountain range)

cordón *sustantivo*
1 (hilo grueso) **string**
2 (del teléfono, de un aparato eléctrico) **cord**: *Se enrolló el cordón del teléfono.* The telephone cord got tangled up.

Corea *sustantivo*
Korea
Corea del Norte North Korea Corea del Sur South Korea

corebac *sustantivo*
quarterback

córner *sustantivo*
corner, corner kick | **tirar un córner to take a corner**

coro *sustantivo*
1 (grupo) **choir**: *el coro de la escuela* the school choir
2 (de una canción) **chorus** (plural **choruses**): *Hace los coros en el nuevo disco.* He does the choruses on the new record.

corona *sustantivo*
1 (de un monarca) **crown**
2 (para una muela) **crown**: *Me pusieron una corona.* I had a crown fitted.

coronel *sustantivo*
colonel

corral *sustantivo*
1 (para ganado) **corral, pen**
2 (patio) **farmyard**: *animales de corral* farmyard animals
3 (para bebés) **playpen**: *Dieguito está jugando en el corral.* Dieguito is playing in his playpen.

correa *sustantivo*
1 (para un perro) **leash** (plural **leashes**): *Ponle la correa al perro.* Put the dog's leash on.
2 (del reloj, de una cámara) **strap**

corrección *sustantivo*
(rectificación) **correction**: *Le hice unas correcciones.* I made some corrections.

correcto, -a *adjetivo*
(respuesta, razonamiento, decisión) **correct, right**: *Ésa es la respuesta correcta.* That is the correct answer./That is the right answer.

corrector ortográfico *sustantivo*
spell-checker | **pasar el corrector ortográfico to do a spell-check** | **pasar el corrector ortográfico a un documento to spell-check a document**

corredor, -a *sustantivo*
(deportista) **runner**
corredor -a de autos race car driver

corredor *sustantivo*
(pasillo) **corridor**: *Da al corredor.* It opens onto the corridor.

corregir *verbo*
1 (un examen, un trabajo) **to grade** AmE, **to mark** BrE: *¿Ya corrigió las pruebas?* Have you graded the tests yet?
2 (un error, una falta) **to correct**: *Corregí las faltas de ortografía.* I corrected the spelling mistakes.
3 (a una persona) **to correct**: *Corrígeme si me equivoco.* Correct me if I'm wrong.

correo *sustantivo*
1 (edificio) **post office**: *¿Sabe dónde queda el correo?* Do you know where the post office is?
2 (servicio) **mail** AmE, **post** BrE | **mandar algo por correo to send something through the mail**
correo electrónico e-mail: *Ingrese su dirección de correo electrónico.* Enter your e-mail address.

correr *verbo*
1 (moverse rápido) **to run**: *Corrí para agarrar el camión.* I ran to catch the bus. | **salir corriendo to run off**: *Salieron corriendo*

cuando me vieron. They ran off when they saw me.

2 (como ejercicio) **to run** | **ir/salir a correr to go running**: *Voy a correr todos los días.* I go running every day.

3 (ir apurado) **to rush**: *Anduve corriendo todo el día.* I was rushing around all day. | **salir corriendo para un lugar to rush off somewhere**: *Salimos corriendo para el colegio.* We rushed off to school.

4 (manejar rápido) **to go fast**: *No corras tanto.* Don't go so fast.

5 (a alguien de un lugar) **to throw out**: *Lo corrieron del bar.* They threw him out of the bar.

6 (a alguien del trabajo) **to fire**

7 (mover) **correr algo to move something over**: *¿Puedes correr la mesa un poquito?* Can you move the table over a little? | **correr las cortinas to draw the curtains**

8 ▶ **correr peligro**, **correr el riesgo**, etc. están tratados bajo el sustantivo correspondiente

correrse

1 (salir del medio) **to move over**: *Córrete, no veo nada.* Move over, I can't see a thing.

2 (tinta, color) **to run**

correspondencia *sustantivo*

(cartas) **correspondence**

corresponder *verbo*

1 (cuando se trata de derechos) **me corresponde la mitad/me corresponden dos etc. I'm entitled to half/I'm entitled to two etc.** ▶ En contextos más coloquiales se usa el verbo **to get**: *A ti te corresponde una sola.* You only get one.

2 (cuando se trata de obligaciones) *Te corresponde a ti decírselo.* It's up to you to tell her.

correspondiente *adjetivo*

(adecuado) **appropriate**: *Ponga una cruz en la casilla correspondiente.* Put an "X" in the appropriate box.

corresponsal *sustantivo*

correspondent

corrida *sustantivo*

corrida (de toros) bullfight: *Los domingos hay corrida.* There are bullfights on Sundays.

corriente

1 (de agua) **current**: *Los arrastró la corriente.* The current swept them away.

2 corriente (de aire) draft: *Aquí hay corriente.* There's a draft here.

3 (electricidad) **power**: *No hay corriente.* There's no power.

corrupción *sustantivo*

corruption: *Prometieron acabar con la corrupción.* They promised to put an end to corruption.

corrupto, -a *adjetivo*

corrupt

cortada *sustantivo*

cut: *Tengo una cortada en el dedo.* I have a cut on my finger.

cortar *verbo*

1 (con una tijera, un cuchillo, etc.) **to cut** | **cortar algo en rebanadas to cut something into slices**: *Corte el pan en rebanadas.* Cut the bread into slices.

We cut the paper up into small pieces.

2 cortar la luz/el gas etc. to cut the electricity off/to cut the gas off etc.

3 (los novios) **cortar (con alguien) to split up (with someone)**: *Tina cortó con Jorge.* Tina split up with Jorge.

4 (con un amigo) **las corté con Mari/Pancho I've fallen out with Mari/Pancho**: *Las corté con Mari porque no me invitó a su fiesta.* I've fallen out with Mari because she didn't invite me to her party.

5 (jugando a las cartas) **to cut**

cortarse

1 (lastimarse) **to cut yourself**: *Se cortó con el cuchillo del pan.* He cut himself with the bread knife. | **cortarse el dedo/el pie etc. to cut your finger/foot etc.**: *Se cortó la mano.* She cut her hand.

2 cortarse las uñas to cut your nails ▶ ver **pelo**

3 (leche) **to go sour**

corte *sustantivo*

■ *sustantivo masculino*

1 corte (de pelo) haircut: *¿Cuánto cobran por un corte?* How much do they charge for a haircut?

2 (hecho con un cuchillo, etc.) **cut**

3 (en TV o radio) **break**

■ *sustantivo femenino*

1 (tribunal) **court**

2 (de un monarca) **court**

cortés *adjetivo*

polite

cortesía *sustantivo*
politeness: *Se rió por cortesía.* He laughed out of politeness.

corteza *sustantivo*
1 (de un árbol) **bark**
2 (del pan) **crust**: *Quítale la corteza al pan.* Cut the crust off the bread.

cortina *sustantivo*
1 (de tela) **curtain**: *Corre las cortinas, por favor.* Can you draw the curtains, please?
2 (de metal) **shutter**

corto, **-a** *adjetivo & sustantivo*
■ *adjetivo*
1 (en longitud) **short**: *una falda corta* a short skirt | *una muchacha de pelo corto* a girl with short hair | **me/te etc. queda corto -a it's too short on me/you etc.**: *El vestido le queda corto.* The dress is too short on her.
2 (en duración) **short**: *La película es muy corta.* The movie is very short.
3 estar/andar corto -a de algo to be short of something: *Ando corto de tiempo.* I'm short of time.
4 me quedé corto -a con los refrescos/la comida etc. I didn't buy enough sadas/I didn't make enough food etc.
■ **corto** *sustantivo*
1 (en electricidad) **short circuit**
2 los cortos the trailers, the previews

short/long

short

long

cortocircuito *sustantivo*
short circuit

cosa *sustantivo*
1 (objeto, tarea, asunto) **thing**: *Compré muchas cosas.* I bought lots of things. | *Tengo muchas cosas que hacer.* I have a lot of things to do.
2 una cosa something: *Tengo que decirte una cosa.* I have to tell you something.
3 no ser gran cosa to be nothing special: *La película no es gran cosa.* The movie is nothing special.

cosecha *sustantivo*
harvest

cosechar *verbo*
to harvest

coser *verbo*
1 to sew | **coser un botón to sew a button on**: *¿Me coses este botón?* Can you sew this button on for me? | *¿Sabes coser a máquina?* Can you use a sewing machine?
2 (una herida) **to stitch up**: *Le cosieron la herida.* They stitched up his wound.

cosmético, **-a** *adjetivo & sustantivo*
■ *adjetivo*
cosmetic
■ **cosmético** *sustantivo*
cosmetic: *Gasta mucho en cosméticos.* She spends a lot on cosmetics.

cosquillas *sustantivo*
tener cosquillas to be ticklish: *¿Tienes cosquillas?* Are you ticklish? | **hacerle cosquillas a alguien to tickle someone**: *¡No me hagan cosquillas!* Don't tickle me! | *Le hice cosquillas en los pies.* I tickled her feet.

costa *sustantivo*
coast: *la costa del Pacífico* the Pacific coast

costado *sustantivo*
1 side: *Me duele el costado.* My side hurts. | *Hay una puerta al costado del edificio.* There's a door at the side of the building.
2 pasar de costado to go through sideways: *Tuve que pasar de costado.* I had to go through sideways.

costar *verbo*
1 (valer) **to cost**: *Éste cuesta $15.* This one costs $15. | *¿Cuánto te costaron los jeans?* How much did your jeans cost you? | **costar caro/barato to be expensive/cheap**: *¡Me costó muy barata!* It was really cheap!
2 me cuesta el francés/me cuestan las matemáticas etc. I find French hard/I find math hard etc.: *Le costó entender por qué.* He found it hard to understand why.

Costa Rica *sustantivo*
Costa Rica: *Son de Costa Rica.* They are from Costa Rica.

costarricense *adjetivo & sustantivo*
Costa Rican los costarricenses (the) Costa Ricans

costilla *sustantivo*
1 (del cuerpo) **rib**: *Se fracturó dos costillas.* He fractured two ribs.
2 (para comer) **chop**: *costillas de puerco* pork chops

costo *sustantivo*
cost

C

costra *sustantivo*
(de una herida) **scab**: *Tenía costras en las rodillas.* He had scabs on his knees.

costumbre *sustantivo*
1 (de una persona) **habit** | **como de costumbre as usual**
2 (de una sociedad) **custom**: *las costumbres locales* the local customs

costura *sustantivo*
1 (en una prenda) **seam**: *Se me abrió la costura.* My seam split.
2 (actividad) **sewing**: *clases de costura* sewing lessons

costurera *sustantivo*
seamstress (plural **-sses**)

costurero *sustantivo*
sewing box

cotidiano, -a *adjetivo*
daily: *la vida cotidiana* daily life

cráneo *sustantivo*
skull

cráter *sustantivo*
crater

crayola® *sustantivo*
(wax) crayon: *¿Me prestas tus crayolas?* Can you lend me your crayons?

crear *verbo*
to create

crecer *sustantivo*
1 (persona, animal, planta, pelo, uñas, ciudad) **to grow**: *Mónica creció mucho este año.* Mónica has grown a lot this year. | *Te creció un montón el pelo.* Your hair has grown a lot.
2 dejarse crecer el pelo to let your hair grow

crecimiento *sustantivo*
growth

crédito *sustantivo*
1 (préstamo) **loan**: *Pidió un crédito para comprarse un coche.* She applied for a loan to buy a car.
2 comprar algo a crédito to buy something on credit

creencia *sustantivo*
belief

creer *verbo*
1 (pensar) **to think**: *Yo creía que me iban a invitar.* I thought they were going to invite me. | *–¿La vas a ver hoy? –No creo.* "Are you going to see her today?" "I don't think so." ▶ Fíjate que en los siguientes ejemplos es el verbo **to think** que se pone en negativo: *Creo que no están.* I don't think they're there. | *Cree que no va a poder venir.* She doesn't think she'll be able to come.
2 creerle a alguien to believe someone: *¿Y tú le creíste?* And you believed him?
3 (tener fe) **creer en algo o alguien to believe in something or someone**: *¿Crees en Dios?* Do you believe in God?
creerse
1 (tragarse) **to believe**: *Se creyó todo lo que le dije.* He believed everything I told him.
2 (considerarse) **to think**: *Se cree la dueña.* She thinks she owns the place.

creído, -a *adjetivo*
conceited

crema *sustantivo*
1 crema (de leche) cream: *Le puse crema.* I put cream in it.
2 crema (chantilli) (whipped) cream: *fresas con crema* strawberries and cream ▶ La crema batida se suele servir sin azúcar en los países anglosajones
3 (cosmético) **cream**: *crema para las manos* handcream
4 color crema cream: *cortinas color crema* cream curtains
crema humectante moisturizer

creyente *adjetivo & sustantivo*
■ *adjetivo*
ser creyente to believe in God
■ *sustantivo*
believer

criar *verbo*
1 criar a alguien to bring someone up: *Me criaron mis abuelos.* My grandparents brought me up.
2 (animales) **to keep**: *Crían patos y gallinas.* They keep ducks and hens. ▶ Cuando se trata de animales de raza, se usa **to breed**: *Cría caballos de polo.* He breeds polo ponies.
criarse to grow up: *Me crié en el campo.* I grew up in the country.

crimen *sustantivo*
1 (asesinato) **murder**: *el lugar del crimen* the murder scene
2 (delito grave) **crime**

criminal *adjetivo & sustantivo*
criminal

crisis *sustantivo*
crisis (plural **crises**): *El país está en crisis.* The country is in crisis.

cristal *sustantivo*
1 (de anteojos) **lens** (plural **lenses**)
2 un jarrón/una copa de cristal a crystal vase/glass

cristianismo *sustantivo*
el cristianismo **Christianity**

cristiano, a *adjetivo & sustantivo*
Christian

Cristo *sustantivo*
Christ

crítica *sustantivo*
1 (ataque) **criticism** ▶ **criticism** es incontable y no tiene plural: *Recibieron más críticas que elogios.* They got more criticism than praise.
2 (artículo sobre una película, etc.) **review**: *Le hicieron buenas críticas.* It got good reviews.

criticar *verbo*
to criticize: *Criticaban a todo el mundo.* They were criticizing everyone.

crítico, -a *adjetivo*
critical

criticón, -ona *adjetivo*
eres/es etc. muy criticón -ona **you're/he's etc. always criticizing**

crol *sustantivo*
crawl: *No sé nadar de crol.* I can't do the crawl.

cronológico, -a *adjetivo*
chronological: *en orden cronológico* in chronological order

cronómetro *sustantivo*
stopwatch (plural **-watches**)

cruce *sustantivo*
1 (de calles, carreteras) **crossroads** *singular*
2 (acción) **crossing**
cruce de peatones **crosswalk**

crucero *sustantivo*
1 (de calles, carreteras) **crossroads** *singular*
2 (viaje) **cruise**: *un crucero por el Caribe* a Caribbean cruise
3 (barco para viajes de placer) **cruise ship**
4 (buque de guerra) **cruiser**

crucifijo *sustantivo*
crucifix (plural **crucifixes**)

crucigrama *sustantivo*
crossword: *Hace el crucigrama todos los días.* She does the crossword every day.

crudo, -a *adjetivo*
1 (sin cocinar) **raw**: *pescado crudo* raw fish
2 (por haber bebido) **estar crudo -a** **to be hung over**

cruel *adjetivo*
cruel

crueldad *sustantivo*
cruelty

crustáceo *sustantivo*
crustacean

cruz *sustantivo*
(figura) **cross** (plural **crosses**)
la Cruz Roja **the Red Cross**

cruzado, -a *adjetivo*
con las piernas cruzadas **with your legs crossed** | **con los brazos cruzados** **with your arms crossed**: *Estaba sentado con los brazos cruzados.* He was sitting with his arms crossed.

cruzar *verbo*
1 (atravesar) **to cross**: *Mira antes de cruzar.* Look before you cross.
2 **cruzar las piernas** **to cross your legs** | **cruzar los brazos** **to cross your arms**
cruzarse (personas) **to pass each other**: *Se deben haber cruzado sin darse cuenta.* You must have passed each other without realizing it.

cuaderno *sustantivo*
notebook, **exercise book**

cuadra *sustantivo*
block: *Está a dos cuadras de aquí.* It's two blocks from here.

cuadrado, -a *adjetivo & sustantivo*
■ *adjetivo*
1 (de forma) **square**
2 **metro/kilómetro etc. cuadrado** **square meter/kilometer etc.**: *Tiene 60 metros cuadrados.* It measures 60 square meters.
■ **cuadrado** *sustantivo*
1 (figura geométrica) **square**
2 (de un número) **square**: *22 al cuadrado* the square of 22

cuádriceps *sustantivo*
quadriceps (plural **quadriceps**)

cuadriculado, -a *adjetivo*
(papel, hoja) **squared**

cuadro *sustantivo*
1 (en la pared) **picture**: *un cuadro de la Virgen* a picture of the Virgin ▶ Si se trata de una pintura, se dice **painting**: *un cuadro de Picasso* a painting by Picasso
2 (esquema) **table**: *Ver cuadro 1.* See Table 1.
3 (cuadrado) **square** | **de cuadros/de cuadritos** **checked**: *una camisa de cuadritos* a checked shirt

cual *pronombre*
1 *el cual*, *la cual*, *los cuales* y *las cuales* generalmente se omiten en inglés. En lenguaje muy formal se pueden traducir por **whom** si se trata de personas, y por **which**

en los demás casos. La primera traducción de cada ejemplo es la alternativa menos formal, sin relativo y con la preposición al final si la hay: *un hombre al cual todos admiran* a man everybody admires/a man whom everybody admires | *una profesora de la cual aprendí mucho* a teacher I learned a lot from/a teacher from whom I learned a lot

2 *lo cual* se traduce por **which**: *No quiere ir, lo cual me parece mal.* He doesn't want to go, which I think is bad. ▶ *cada cual* y *tal cual* están tratados en *cada* y *tal* respectivamente

cuál *pronombre*

what: *¿Cuál es la diferencia?* What's the difference? | *¿Cuál es tu nombre?* What's your name? ▶ Cuando las posibles respuestas son limitadas, se usa **which one** o **which**: *¿Cuál de los tres te gusta más?* Which of the three do you like best? | *–Vi la película. –¿Cuál?* "I saw the movie." "Which one?"

cualquier *adjetivo*

any: *Puede llegar en cualquier momento.* He could arrive at any moment. | *–¿Qué le digo? –Cualquier cosa, no importa.* "What should I tell him?" "Anything, it doesn't matter." ▶ ver también **manera**

cualquiera *adjetivo & pronombre*

■ *adjetivo*

(no importa cuál) **any**: *Dame un papel cualquiera.* Give me any piece of paper. ▶ Cuando el negativo se usa para expresar que algo o alguien es especial, se traduce por **not just any**: *Hoy no es un día cualquiera.* Today is not just any day.

■ *pronombre*

1 Cuando se refiere a personas en general, se traduce por **anyone** o **anybody**: *Le puede pasar a cualquiera.* It can happen to anyone. ▶ Pero si se trata de sólo dos personas, la traducción es **either**: *–¿Quieres hablar con mi mamá o con mi papá? –Con cualquiera (de los dos).* "Do you want to speak to Mom or Dad?" "To either of them." ▶ Para expresar *una persona así nomás*, se dice **just anyone**: *Yo no salgo con cualquiera.* I don't go out with just anyone.

2 Cuando se refiere a cosas en general, se traduce por **any** o **any one**: *cualquiera de esos libros* any of those books/any one of those books ▶ Pero si se trata de sólo dos cosas, la traducción es **either**: *–¿El viejo o el nuevo? –Cualquiera.* "The old one or the new one?" "Either."

cuando *conjunción*

1 (en el momento que) **when**: *Cuando llegué, estaba lloviendo.* It was raining when I arrived. | *Avísame cuando termines.* Let me know when you're finished.

2 cuando menos at least: *Tiene cuando menos 40 años.* She's at least 40.

3 cuando mucho at most: *Te costará $100 cuando mucho.* It will cost you $100 at most.

4 de vez en cuando/de cuando en cuando every now and then: *Me llama de vez en cuando.* He calls me every now and then.

cuándo *adverbio*

when: *¿Cuándo es el examen?* When is the exam? | *Todavía no sabemos cuándo llegan.* We still don't know when they are arriving. ▶ ver **desde**, **hasta**

cuanto, **-a** *adjetivo, pronombre & conjunción*

1 unos cuantos/unas cuantas a few: *Vinieron unas cuantas personas.* A few people came. | *Dame unas cuantas.* Give me a few.

2 cuanto más/cuanto menos etc. Ver ejemplos: *Cuanto antes, mejor.* The sooner, the better. | *Cuanto más lo piensas, es peor.* The more you think about it, the worse it is. | *Cuanto menos hable, mejor.* The less he talks, the better.

3 en cuanto as soon as: *En cuanto termine nos vamos.* As soon as I'm finished we'll go.

4 cuanto antes as soon as possible: *Ven cuanto antes.* Come as soon as possible.

cuánto, **-a** *adjetivo & pronombre*

1 (en preguntas) Usa **how much** si te refieres a un sustantivo en singular y **how many** si a uno en plural: *¿Cuánto café queda?* How much coffee is there left? | *¿Cuántos niños hay en tu clase?* How many children are there in your class? | *–Necesito unas chinches. –¿Cuántas?* "I need some thumbtacks". "How many?" ▶ Guíate por el sustantivo inglés y no por el español: *¿Cuánta gente vino?* How many people came? ▶ Usa **how much** si se trata de dinero: *¿Cuánto le debo?* How much do I owe you? ▶ Usa **how long** si se trata de tiempo: *¿Cuánto tiempo te vas a quedar?* How long are you going to stay? | *¿Cuánto falta para comer?* How long is it till lunch? | *¿Cuántos años hace que viven aquí?* How long have you been living here?

2 (en exclamaciones) **what a lot**: *¡Cuánta gente!* What a lot of people! | *¡Cuántas flores!* What a lot of flowers! ▶ La traducción es diferente si se trata de tiempo: *¡Cuánto tiempo sin verte!* I haven't seen you for such a long time! | *¡Cuánto tardaste!* You took such a long time!

cuarenta *número*
1 forty
2 los (años) cuarentas the forties

cuaresma *sustantivo*
Lent

cuarta *sustantivo*
(medida) **span**, **hand's width**: *Mide dos cuartas de ancho.* It's two spans wide.

cuarto, **-a** *número*
fourth: *Está en el cuarto piso.* It's on the fourth floor.

cuarto *sustantivo*
1 (habitación) **room**
2 (al dar la hora) **quarter** | **las cuatro/cinco etc. y cuarto a quarter after four/five etc.** AmE, **a quarter past four/five etc.** BrE: *Son las tres y cuarto.* It's a quarter after three. | **cuarto para las seis/siete etc. a quarter to six/seven etc.**, **a quarter of six/seven etc.**: *al cuarto para las cinco* at a quarter to five/at a quarter of five
3 (cuarta parte) **quarter**: *un cuarto de jamón/un cuarto kilo de jamón* a quarter of a kilo of ham ▶ **a quarter of ham** se interpretaría como un cuarto de libra
cuarto de hora quarter of an hour: *un cuarto de hora* a quarter of an hour | *tres cuartos de hora* three quarters of an hour **cuarto de huéspedes guest room cuarto de servicio maid's room cuartos de final quarter-finals**

cuatro *número*
1 four
2 (día) **fourth**: *el cuatro de marzo* March the fourth

cuatrocientos, **-as** *número*
four hundred

Cuba *sustantivo*
Cuba

cubano, **-a** *adjetivo & sustantivo*
1 Cuban
2 los cubanos (the) Cubans

cubeta *sustantivo*
bucket

cúbico, **-a** *adjetivo*
cubic

cubierto, **-a** *adjetivo*
1 (tapado) **cubierto -a de algo covered with something**
2 ▶ ver **alberca**

cubiertos *sustantivo plural*
(para comer) **silverware** *singular* ▶ **silverware** es un sustantivo singular: *Los cubiertos estaban sucios.* The silverware was dirty.

silverware

cubo *sustantivo*
1 (cuerpo geométrico) **cube**
2 (en matemáticas) **al cubo cubed**: *21 al cubo* 21 cubed

cubrir *verbo*
1 (tapar) **to cover**: *Lo cubrió con una cobija.* She covered him with a blanket.
2 (seguro, plan médico) **to cover**: *¿Lo cubre el seguro?* Is it covered by the insurance?

cucaracha *sustantivo*
cockroach (plural **-ches**)

cuchara *sustantivo*
spoon

cucharada *sustantivo*
spoonful

cucharadita *sustantivo*
teaspoonful: *una cucharadita de azúcar* a teaspoonful of sugar

cucharita *sustantivo*
teaspoon

cuchichear *verbo*
to whisper

cuchillo *sustantivo*
knife (plural **knives**): *el cuchillo del pan* the bread knife

cuello *verbo*
1 (de una camisa, un saco, etc.) **collar**
2 (de una persona) **neck**: *Me dolía el cuello.* My neck hurt.

cuenta *sustantivo*
1 (factura) **bill**: *la cuenta del gas* the gas bill
2 (en restaurante) **check** AmE, **bill** BrE: *¿Me trae la cuenta, por favor?* Can I get the check please?
3 (en aritmética) **sum** | **hacer una cuenta to do a sum** | **hacer/sacar la cuenta (de algo) to work something out**: *Todavía no hago la cuenta.* I haven't worked

C

it out yet. | **perder la cuenta (de algo) to lose count (of something)**

4 darse cuenta (de algo) to notice (something), to realize (something): *Al rato me di cuenta de quién era.* After a while I realized who it was. ▶ **to notice** se usa sobre todo cuando se trata de algo visual: *Me pinté el pelo y ni se dio cuenta.* I dyed my hair and he didn't even notice. | **tener/tomar algo en cuenta to take something into account**: *No tuvieron en cuenta el clima.* They didn't take the climate into account.

5 (en un banco) **account**

cuento *sustantivo*

1 (narración) **story** (plural **stories**): *Cuéntanos un cuento.* Tell us a story.

2 (mentira) **story** (plural **stories**)

cuento de hadas fairy tale

cuerda *sustantivo*

1 (reata) **rope**: *un trozo de cuerda* a piece of rope

2 (de una guitarra, un violín) **string**

3 de cuerda clockwork: *un juguete de cuerda* a clockwork toy | **darle cuerda a algo to wind something up**: *Dale cuerda al reloj.* Wind the clock up.

cuerno *sustantivo*

1 (de un toro) **horn**

2 (pan dulce) **croissant**

cuero *sustantivo*

leather | **una chamarra de cuero a leather jacket**

cuerpo *sustantivo*

1 (de una persona, un animal) **body** (plural **bodies**): *loción para el cuerpo* body lotion

2 (cadáver) **body** (plural **bodies**)

3 (en física) **body** (plural **bodies**)

cuesta *sustantivo*

hill | **cuesta arriba/abajo uphill/downhill**: *Tuvimos que empujar el coche cuesta arriba.* We had to push the car uphill.

cuestión *sustantivo*

1 (asunto) **matter**: *Eso es otra cuestión.* That's another matter.

2 es cuestión de gustos/tiempo etc. it's a question of taste/time etc. | **es cuestión de practicar/tener paciencia etc. it's a question of practicing/being patient etc.**

cuestionario *sustantivo*

questionnaire

cueva *sustantivo*

cave

cuidado *sustantivo & interjección*

■ *sustantivo*

1 (tener) cuidado con algo (to be) careful with something: *¡Cuidado con ese cuchillo!* Careful with that knife! | *Ten cuidado con ese jarrón.* Be careful with that vase. ▶ A menudo se dice **watch out for** para advertir a alguien de un peligro que puede no haber notado: *Cuidado con el escalón.* Watch out for the step.

2 con cuidado carefully: *Lávalo con cuidado.* Wash it carefully.

■ *interjección*

careful!: *¡Cuidado! ¡Está caliente!* Careful! It's hot!

cuidadoso, -a *adjetivo*

careful

cuidar *verbo*

1 (a un niño, un enfermo) **to look after, to take care of**

2 (los libros, la ropa) **to take care of, to look after** | **cuidarle algo a alguien to look after something for someone**: *Cuídame la bici un segundo.* Can you look after my bike for a second?

cuidarse to look after yourself, to take care of yourself: *¡Cuídate!* Look after yourself!/Take care!

culebra *sustantivo*

snake

culpa *sustantivo*

1 fault: *Es culpa mía.* It's my fault. | **tienes/tuvo etc. la culpa it's your fault/it was his fault etc.**: *¿Quién tuvo la culpa?* Whose fault was it? | *Tú tienes la culpa de todo.* It's all your fault. | **echarle la culpa (de algo) a alguien to blame someone (for something)**: *Le echaron la culpa de todo a Pedro.* They blamed Pedro for everything.

2 por culpa de algo o alguien because of something or someone: *Fue por culpa del tráfico.* It was because of the traffic.

culpable *adjetivo & sustantivo*

■ *adjetivo*

guilty: *Me siento culpable de lo que pasó.* I feel guilty about what happened.

■ *sustantivo*

(de un delito) **culprit**

culpar *verbo*

culpar a alguien (de algo) to blame someone (for something): *Me culparon de todo.* They blamed me for everything.

cultivar *verbo*

1 (cereales, plantas) **to grow**

2 cultivar la tierra to farm the land

cultivo *sustantivo*
(producto) **crop**: *los principales cultivos de la región* the main crops in the region

cultura *sustantivo*
(civilización) **culture**
cultura general **general knowledge**

cultural *adjetivo*
cultural

cumbre *sustantivo*
summit

cumpleaños *sustantivo*
birthday: *¡Feliz cumpleaños!* Happy birthday!

cumplir *verbo*
1 (años) En inglés se usa una construcción con **to be**. Mira los ejemplos: *Mañana cumplo 12 años.* I'm 12 tomorrow. | *¿Cuántos años cumples?* How old are you now?
2 (una promesa) **to keep**: *No cumpliste tu promesa.* You didn't keep your promise.
cumplirse
1 (sueño, deseo) **to come true**: *Se me cumplió el sueño.* My dream came true.
2 (referido a aniversarios, etc.) Ejemplo típico: *Hoy se cumple un año de su muerte.* He died a year ago today.

cuna *sustantivo*
1 (cama) **crib**
2 (que se puede mecer) **cradle**

cuñado, -a *sustantivo*
cuñado **brother-in-law** (plural **brothers-in-law**) **cuñada** **sister-in-law** (plural **sisters-in-law**)

cuota *sustantivo*
membership fee: *La cuota mensual es de $50.* The monthly membership fee is $50.

cupón *sustantivo*
voucher

cura *sustantivo*
■ *sustantivo masculino*
priest
■ *sustantivo femenino*
(tratamiento) **cure**: *No tiene cura.* There is no cure.

curar *verbo*
1 (una enfermedad) **to cure**
2 (una herida) **to dress**
curarse **to get better**: *cuando te cures* when you get better | **curarse de algo** **to get over something**: *Ya se curó de la gripa.* She's gotten over the flu now.

curiosidad *sustantivo*
(deseo de saber) **curiosity**: *Fui por curiosidad.* I went out of curiosity. | **me/le etc. da curiosidad** **I'm/she's etc. curious**

curioso, -a *adjetivo*
1 (metiche) **nosy**: *No seas curioso.* Don't be nosy.
2 (inquieto) **inquisitive**: *Siempre fui muy curioso.* I've always been very inquisitive.
3 (extraño) **strange**: *Qué curioso ¿no?* Isn't that strange?

curita® *sustantivo*
Band-Aid®: *Ponte una curita.* Put a Band-Aid on it.

cursi *adjetivo*
affected

curso *sustantivo*
course: *un curso de computación* a computer course

cursor *sustantivo*
cursor

curva *sustantivo*
1 (en una carretera) **bend**, **curve**: *una curva cerrada* a sharp bend/a sharp curve | **tomar una curva** **to take a bend**, **to take a curve**
2 (línea) **curve**

cutis *sustantivo*
skin: *una crema para cutis graso* a cream for oily skin

cuyo, -a *adjetivo*
whose: *un actor cuyo nombre no recuerdo* an actor whose name I can't remember

C

Dd

D

D, **d** *sustantivo*
D, **d**: *"Danish" se escribe con D mayúscula.* "Danish" is written with a capital D.

dado *sustantivo*
dice (plural **dice**) | **jugar a los dados to play dice**

dama *sustantivo*
1 (mujer, señora distinguida) **lady** (plural **ladies**) | **damas y caballeros ladies and gentlemen**
2 damas (juego) **checkers** | **jugar a las damas to play checkers**
3 (en juegos de cartas) **queen**

danés, **-esa** *adjetivo & sustantivo*
■ *adjetivo*
Danish
■ *sustantivo*
1 (persona) **Dane**
2 los daneses (the) Danes
3 danés (idioma) **Danish**

danza *sustantivo*
dance

dañar *verbo*
to damage

daño *sustantivo*
hacerle daño a alguien to hurt someone

dar *verbo*
1 (entregar) **to give**: *Me dio $5.* He gave me $5. | *Le di la llave a Pablo.* I gave Pablo the key./I gave the key to Pablo.
2 (aplicar) **to give**: *Dale una mano de pintura.* Give it a coat of paint.
3 (una película, una obra) Se usa una construcción con **on**: *¿Dónde la dan?* Where is it on? | *¿Qué dan hoy en canal 11?* What's on channel 11 today?
4 dar a algo to overlook something: *El cuarto da al mar.* The room overlooks the ocean.
5 a todo lo que da (a todo volumen) **full blast**: *Tenía el radio a todo lo que da.* She had the radio on full blast.
6 ▶ *dar clases*, *dar miedo*, etc. están tratados bajo el sustantivo correspondiente

darse
1 darse contra una puerta/un farol etc. to bump into a door/a lamppost etc.
2 se las da de intelectual/de experto etc. he likes to think he's an intellectual/an expert etc.

datos *sustantivo plural*
information *singular*: *Aquí tiene los datos que me pidió.* Here is the information you asked for. ▶ *datos* también puede traducirse por **data**, que es una palabra más técnica: *los datos almacenados en la computadora* the data stored on the computer ▶ ver **base**

d.C. (= **después de Cristo**)
AD: *en el 300 d.C.* in 300 AD

de *preposición*
1 (pertenencia) **'s**: *el coche de Laura* Laura's car ▶ ver nota abajo
2 (tema) El tema se menciona antes y *de* no se traduce: *una clase de ballet* a ballet class | *una película de terror* a horror movie
3 (material) El material se menciona antes y *de* no se traduce: *una vaso de papel* a paper cup | *una chamarra de cuero* a leather jacket
4 (procedencia, origen) **from**: *Soy de Guadalajara.* I'm from Guadalajara. | *¿De dónde eres?* Where are you from?
5 (contenido) **of**: *un vaso de agua* a glass of water
6 (con superlativos) **in**: *el país más grande del mundo* the biggest country in the world | *el niño más guapo del colegio* the best-looking boy in the school
7 (pertenencia a un grupo) **of**: *uno de los niños* one of the children
8 (característica) La traducción varía según el contexto: *una chica de pelo cortito* a girl with short hair | *ése de anteojos* that guy with glasses | *la mujer de saco negro* the woman in the black jacket
9 (autoría) **by**: *una novela de Ángeles Mastreta* a novel by Angeles Mastreta
10 (ocupación) **as**: *Trabaja de mesera.* She works as a waitress.
11 (desde) **from**: *La clase es de 9 a 11.* The class is from 9 to 11. | *¿Cuánto se tarda de Newark a Nueva York?* How long does it take to go from Newark to New York?

> **NOTA:** Si se trata de algo que pertenece a una persona, se usa el nombre del poseedor seguido de **'s** *los anteojos de Fede* Fede's glasses | *la bufanda de la muchacha* the girl's scarf

Si el sustantivo termina en **s** se usa sólo el apóstrofo: *el cuarto de los niños* the kids' room
Si se trata de algo que es parte de un objeto, *de* no se traduce y el objeto se menciona antes que la parte: *la ventana del baño* the bathroom window | *la pantalla de la computadora* the computer screen

debajo *preposición & adverbio*
1 **debajo de** **under**: *debajo de la cama* under the bed
2 **underneath**: *Pon un tapete debajo.* Put a mat underneath.
3 **por debajo de los 25 grados etc.** **below 25 degrees etc.**: *temperaturas por debajo de 0°* temperatures below 0°

deber *verbo & sustantivo*
■ *verbo*
1 (obligación) Usa **must** si la oración está en presente y **should** si está en condicional o en pasado: *Es algo que debemos tener en cuenta.* It is something we must take into account. | *Deberías llamarla.* You should call her. | *Me debiste haber avisado.* You should have told me.
2 (suposición) En oraciones afirmativas se usa **must**. En oraciones negativas se usa **can't**: *Debe tener unos 30 años.* She must be about 30. | *Ya se debe haber ido.* He must have left by now. | *No debe ser muy difícil.* It can't be very difficult.
3 (dinero, un favor) **to owe**: *Me debes $3.* You owe me $3. | *Le debo el regalo de cumpleaños.* I owe him a birthday present.
■ *sustantivo*
duty (plural **duties**): *Es tu deber.* It's your duty.

débil *adjetivo*
weak

debutar *verbo*
to make your debut: *Debutó como cantante en 1991.* He made his debut as a singer in 1991.

década *sustantivo*
decade: *la década de los sesentas* the sixties

decena *sustantivo*
(en aproximaciones) **decenas de casos/veces etc.** **dozens of cases/times etc.**

decente *adjetivo*
1 (honesto) **decent**
2 (aceptable) **decent**: *un sueldo decente* a decent salary

decidido, -a *adjetivo*
1 (seguro) **estar decidido -a** **to have made up your mind**: *No estoy decidida.* I haven't made up my mind.
2 (empeñado) **estar decidido -a a hacer algo** **to be determined to do something**

decidir *verbo*
to decide: *¿Qué decidiste?* What did you decide? | **decidir hacer algo** **to decide to do something**: *Decidí ir sola.* I decided to go on my own.
decidirse **to make up your mind**: *Ándale, decídete.* Come on, make up your mind.

decimal *adjetivo & sustantivo*
decimal

décimo, -a *número*
tenth

decimoctavo, -a *número*
eighteenth

decimocuarto, -a *número*
fourteenth

decimonoveno, -a *número*
nineteenth

decimoprimero, -a *número*
eleventh

decimoquinto, -a *número*
fifteenth

decimoséptimo, -a *número*
seventeenth

decimosexto, -a *número*
sixteenth

decimotercero, -a *número*
thirteenth

decir *verbo*
1 **to tell, to say** ► ver nota abajo
2 **decirle a alguien que haga algo** **to tell someone to do something**: *Dile que espere.* Tell her to wait.
3 **querer decir** **to mean**: *¿Qué quiere decir "obsoleto"?* What does "obsolete" mean? | *No quise decir eso.* I didn't mean that.
4 **digo** **I mean**: *Hay dos, digo, tres.* There are two, I mean, three.

NOTA: La traducción puede ser **to say** o **to tell**.
Si no se indica a quién se le dice algo, se usa **to say**: *¿Qué dijiste?* What did you say? | *No dije nada.* I didn't say anything. | *¿Cómo se dice "queso" en francés?* How do you say "cheese" in French?
Si se indica a quién se le habla, se usa **to tell**: *Me dijo que venía.* She told me she was coming.

D

D

> También se puede usar **to say**, pero seguido de **to**: *Eso no es lo que me dijo a mí.* That's not what she said to me./That's not what she told me.
> *decir la verdad* y *decir mentiras* siempre se traducen con **to tell**: *Le dije la verdad.* I told her the truth. | *No digas mentiras.* Don't tell lies.

decisión *sustantivo*
decision | **tomar una decisión to make/take a decision**

declarar *verbo*
declarar a alguien culpable/inocente to find someone guilty/innocent

decodificador *sustantivo*
decoder

decorar *verbo*
to decorate

dedicar *verbo*
dedicarle algo a alguien to dedicate something to someone: *Me dedicó la canción.* He dedicated the song to me.

dedo *sustantivo*
1 (de la mano) **finger**: *Me corté el dedo.* I cut my finger.
2 (del pie) **toe**
dedo chiquito little finger dedo gordo 1 (de la mano) **thumb 2** (del pie) **big toe**

deducir *verbo*
to deduce

defecto *sustantivo*
1 (de una persona) **fault**: *Todos tenemos defectos.* We all have our faults.
2 (de una cosa) **defect**: *un defecto de fábrica* a manufacturing defect

defender *verbo*
1 to defend
2 En el sentido de sacar la cara por alguien, se usa **to stick up for somebody**: *Tú siempre lo defiendes.* You always stick up for him.
defenderse
1 (protegerse) **to defend yourself** | **defenderse de algo o alguien to defend yourself against something or someone**
2 (arreglárselas) **to get by**: *No hablo francés tan bien como ella, pero me defiendo.* I don't speak French as well as she does, but I get by.

defensa *sustantivo*
1 (protección) **defense** | **en defensa propia in self-defense**
2 (de un equipo deportivo) **defense**

defeño, -a *sustantivo*
En inglés no hay una traducción de **defeño**. Si quieres explicar qué es, di *It's a person from Mexico City*: *Son defeños.* They are from Mexico City.

definición *sustantivo*
definition

definir *verbo*
to define

definitivamente *adverbio*
(para siempre) **for good**

deforestación *sustantivo*
deforestation

dejar *verbo*
1 Si buscas el sentido de *permitir* o *dejar de hacer algo*, mira más abajo. Los demás usos de *dejar* se traducen por **to leave**: *Deja la llave en el cajón.* Leave the key in the drawer. | *Dejaste la luz prendida.* You left the light on. | *El novio la dejó.* Her boyfriend left her. | *¡Déjame tranquila!* Leave me alone! | *El abuelo le dejó mucho dinero.* His grandfather left him a lot of money. ▶ Fíjate en la preposición en el ejemplo: *Déjale un poco de pastel a tu hermano.* Leave some cake for your brother.
2 Cuando alguien te lleva en coche, taxi, etc. y te deja en un lugar, en inglés se usa **to drop off**: *Déjeme en la esquina nomás.* Just drop me off on the corner, please.
3 (permitir) **to let**: *Déjame ver.* Let me see. | *Deja que te explique.* Let me explain. ▶ Cuando la oración es negativa, se suele usar **won't let** o **wouldn't let**: *Mis papás no me dejan ir.* My parents won't let me go. | *Yo quise ayudar pero no me dejaron.* I wanted to help, but they wouldn't let me.
4 dejar de hacer algo to stop doing something: *¡Deja de gritar!* Stop yelling!

del contracción de **de+el** ▶ ver **de**

delantal *sustantivo*
1 (de escuela) **pinafore**
2 (de cocina) **apron**: *Se puso el delantal.* She put on her apron.

delante *preposición & adverbio*
1 delante de algo o alguien in front of something or someone: *Le gritó delante de todos.* He yelled at her in front of everybody. | **delante de mí/ti etc. in front of me/you etc.**: *No te pongas delante de mí.* Don't sit in front of me.
2 por delante ahead: *Tienes toda la vida por delante.* You have your whole life ahead of you.

delantera *sustantivo*
1 (en futbol) **strikers** *plural*: *Tienen una delantera desastrosa.* Their strikers are useless.
2 **llevar la delantera** **to be in the lead**

delantero, **-a** *sustantivo & adjetivo*
■ *sustantivo*
(en deporte) **forward**: *el mejor delantero de la historia* the best forward in history
■ *adjetivo*
el asiento delantero/las ruedas delanteras etc. **the front seat/the front wheels etc.**: *el asiento delantero del coche* the front seat of the car

delegación *sustantivo*
1 (de policía) **police station**: *Reportó el robo en la delegación.* He reported the robbery at the police sation.
2 (división administrativa) **borough**: *Está en la Delegación Benito Juárez.* It is in the Benito Juárez borough.

deletrear *verbo*
to spell: *¿Podría deletrear su nombre, por favor?* Could you spell your name, please?

delfín *sustantivo*
dolphin

dolphin

delgado, **-a** *adjetivo*
1 (persona) **thin**
2 (pared, labios, lámina, tela, etc.) **thin**

delicado, **-a** *adjetivo*
1 **delicate**
2 **estar delicado -a** **to be sickly**

delicioso, **-a** *adjetivo*
delicious: *un platillo delicioso* a delicious dish

delincuencia *sustantivo*
crime: *la lucha contra la delincuencia* the fight against crime

delincuente *sustantivo*
criminal

delito *sustantivo*
crime: *Robar es un delito.* Stealing is a crime.

delta *sustantivo*
(en geografía) **delta**: *el delta del Nilo* the Nile delta

demás *adjetivo & pronombre*
1 **other**: *Las demás canciones son malísimas.* The other songs are terrible.
2 **todo lo demás** **everything else**: *Yo me encargo de todo lo demás.* I'll take care of everything else.
3 **lo demás** **the rest**: *Lo demás no es importante.* The rest isn't important.
4 **las/los demás** **(a)** (el resto) **the others**: *Esperemos a los demás.* Let's wait for the others. **(b)** (el prójimo) **other people**: *Nunca piensa en los demás.* He never thinks of other people.

demasiado, **-a** *adjetivo, pronombre & adverbio*
1 Delante de sustantivos, usa **too much** si te refieres a un sustantivo en singular y **too many** si te refieres a uno en plural: *demasiado trabajo* too much work | *demasiados turistas* too many tourists
2 Delante de adjetivos, usa **too**: **demasiado grande/lejos/caro etc.** **too big/far/expensive etc.**: *La música está demasiado fuerte.* The music's too loud.
3 Como complemento de un verbo, usa **too much**: **comer/fumar etc. demasiado** **to eat/to smoke etc. too much**: *Te preocupas demasiado.* You worry too much.

democracia *sustantivo*
democracy (plural **-cies**)

democrático, **-a** *adjetivo*
democratic

demonio *sustantivo*
devil

demostración *sustantivo*
(de cómo se hace algo) **demonstration** | **hacer una demostración de algo** **to give a demonstration of something**

demostrar *verbo*
1 (probar) **to prove**: *Demuéstrales que eres capaz de hacerlo.* Prove to them that you're capable of doing it.
2 (mostrar) **to show**: *No demuestra sus sentimientos.* He doesn't show his feelings.

densidad *sustantivo*
(de un material) **density** (plural **-ties**)

D

denso, **-a** *adjetivo*
(espeso) **thick**

dentadura *sustantivo*
teeth *plural*: *Tiene una dentadura buenísima.* She has very good teeth.
dentadura postiza **false teeth**

D

dental *adjetivo*
dental

dentista *sustantivo*
dentista: *Mi tío es dentista.* My uncle is a dentist. | **ir al dentista** **to go to the dentist**

dentro *preposición & adverbio*
1 **dentro de una hora/dos semanas etc.** **in an hour/in two weeks etc.**: *Se casan dentro de dos meses.* They are getting married in two months. | *No lo vamos a ver hasta dentro de mucho tiempo.* We're not going to see him for a long time.
2 **dentro de poco (tiempo)** **soon**: *Se mudan dentro de poco.* They are moving soon.
3 **dentro de la caja/del edificio etc.** **inside the box/inside the building etc.**
4 **por dentro** **inside**: *Por dentro se moría de rabia.* Inside, he was furious. | *Es suave por dentro.* It's soft inside.

departamento *sustantivo*
1 (vivienda) **apartment**: *un departamento de dos recámaras* a two-bedroom apartment
2 (sección) **department**: *el departamento de inglés* the English department

depender *verbo*
1 **depender de algo** **to depend on something**: *Depende del tiempo.* It depends on the weather.
2 **depende** **it depends**: *–¿Qué vas a hacer? –No sé, depende.* "What are you going to do?" "I don't know. It depends."

deporte *sustantivo*
1 **sport**
2 **hacer deporte** **to play sports**: *No hace deporte.* She doesn't play any sports.

deportista *sustantivo & adjetivo*
■ *sustantivo*
(mujer) **sportswoman** (plural **-women**) (varón) **sportsman** (plural **-men**)
■ *adjetivo*
athletic: *Es un niño muy deportista.* He's a very athletic kid.

deportivo, **-a** *adjetivo*
un evento deportivo **a sports event**
▶ ver **coche**

depósito *sustantivo*
1 (de dinero) **deposit**: *Me pidieron un depósito.* They asked me for a deposit.
2 (lugar) **warehouse**

depredador, **-a** *sustantivo*
predator

deprimente *adjetivo*
depressing

deprimir *verbo*
to depress: *Este clima me deprime.* This climate depresses me.
deprimirse **to get depressed**

derecha *sustantivo*
1 **la derecha** (la mano) **your right hand**: *Escribe con la derecha.* He writes with his right hand.
2 **a la derecha** **on the right**: *la primera calle a la derecha* the first street on the right | **doblar a la derecha** **to turn right** | **a la derecha de algo** **to the right of something**: *Está a la derecha de la puerta.* It's to the right of the door. | **a la derecha de alguien** **on someone's right**: *Estaba sentada a la derecha de Viviana.* She was sitting on Viviana's right.
3 **el/la de la derecha** **the one on the right**: *El de la derecha es mi primo.* The one on the right is my cousin.
4 **de derecha a izquierda** **from right to left**

derecho, **-a** *adjetivo, sustantivo & adverbio*
■ *adjetivo*
1 (mano, pie, etc.) **right**: *Se lastimó la mano derecha.* He hurt his right hand.
2 **en el lado derecho/del lado derecho** **on the right-hand side**
3 (recto, no torcido) **straight**: *Siéntense derechos.* Sit up straight. | *Puso el cuadro derecho.* She put the picture straight.
■ **derecho** *sustantivo*
1 (de una persona, un ciudadano, etc.) **right**: *los derechos de la mujer* women's rights
2 (de una tela, una prenda de ropa) **el derecho** **the right side**
3 (disciplina) **law**: *Estudia derecho.* She's studying law.
derechos humanos **human rights**
■ **derecho** *adverbio*
straight: *Me fui derecho a la cama.* I went straight to bed. | *Sigue derecho por esta calle.* Keep on going straight down this street.

derramarse *verbo*
to get spilled: *Se derramó la leche.* The milk got spilled.

derretir *verbo*
to melt
derretirse to melt: *El helado se derritió.* The ice cream melted.

melt

The snowman is melting.

derribar *verbo*
1 (un edificio) **to demolish**
2 **derribar la puerta to break the door down**
3 **derribar un avión to shoot a plane down**

derrochar *verbo*
to waste

derrota *sustantivo*
defeat

derrotar *verbo*
to defeat: *Derrotaron a los visitantes por 3 a 1.* They defeated the visitors 3-1.

derrumbarse *verbo*
to collapse

desabrigado, -a *adjetivo*
Ejemplo típico: *Salí muy desabrigada.* I wasn't wearing warm enough clothes.

desabrochar *verbo*
to undo
desabrocharse
1 (camisa, falda) **to come undone**: *Se te desabrochó el botón.* Your button has come undone.
2 **desabrocharse la camisa/la falda etc. to undo your shirt/your skirt etc.**

desafiar *verbo*
to defy: *¿Me estás desafiando?* Are you defying me?

desafinado, -a *adjetivo*
out of tune: *El piano está desafinado.* The piano is out of tune.

desafinar *verbo*
(al cantar) **to sing out of tune**

desagradable *adjetivo*
unpleasant: *un sabor desagradable* an unpleasant taste

desamarrar *verbo*
to untie: *Desamárrate las agujetas.* Untie your shoelaces.

desangrado, -a *adjetivo*
morir desangrado -a to bleed to death

desanimar *verbo*
to discourage
desanimarse to get discouraged: *No te desanimes.* Don't get discouraged.

desaparecer *verbo*
to disappear: *Desapareció mi pluma.* My pen has disappeared.

desarrollar *verbo*
1 (los músculos, la inteligencia) **to develop**: *ejercicios para desarrollar los músculos* exercises to develop your muscles
2 (un producto, un programa) **to develop**

desarrollo *sustantivo*
development

desastre *sustantivo*
1 (catástrofe) **disaster**: *un desastre ecológico* an environmental disaster
2 (para calificar eventos, cosas, etc.) **disaster**: *La fiesta fue un desastre.* The party was a disaster.
3 (referido a una persona) **ser un desastre to be hopeless**

desastroso, -a *adjetivo*
terrible: *Sus calificaciones son desastrosas.* His grades are terrible.

desatar *verbo*
1 (un nudo) **to undo**: *No puedo desatar este nudo.* I can't undo this knot.
2 (a una persona) **to untie**
desatarse (nudo, agujetas) **to come undone**: *Se te desataron las agujetas.* Your shoelaces have come undone.

desatornillador *sustantivo*
screwdriver

desayunar *verbo*
to have breakfast: *¿Ya desayunaste?* Did you have breakfast yet? | *Desayuno pan tostado.* I have toast for breakfast.

desayuno *sustantivo*
breakfast: *¿Qué tomas para el desayuno?* What do you have for breakfast?

descalificar *verbo*
(de una competencia) **to disqualify**

descalzo, -a *adjetivo*
barefoot: *No andes descalza.* Don't walk around barefoot.

descansar *verbo*
1 (de una actividad) **to rest**: *Necesito descansar un rato.* I need to rest for a while.
2 **que descanses sleep well**

descanso *sustantivo*
(reposo) **rest**: *Necesito un descanso.* I need a rest.

descarado, -a *adjetivo*
(atrevido) **sassy** AmE, **cheeky** BrE

D

descargar *verbo*
(un camión, un arma) **to unload**
descargarse (batería) **to go dead**

descaro *sustantivo*
1 **tener el descaro de hacer algo to have the nerve to do something**
2 **¡qué descaro! what nerve!**

D

descarrilarse *verbo*
to be derailed: *El tren se descarriló.* The train was derailed.

descender *verbo*
1 (de un tren, un camión) **to get off**: *Descendieron todos los pasajeros.* All the passengers got off.
2 (de un coche) **to get out**
3 (en una tabla) **to drop**: *Descendió al tercer lugar.* He dropped to third place.
4 (provenir) **descender de españoles/italianos etc. to be of Spanish/Italian etc. descent**

descendiente *sustantivo*
1 **descendant**
2 **ser descendiente de españoles/italianos etc. to be of Spanish/Italian etc. descent**

descolgar *verbo*
1 **descolgar un cuadro/un espejo to take a picture/a mirror down**
2 **dejar el teléfono descolgado to leave the phone off the hook**

descolorido, -a *adjetivo*
faded: *cortinas descoloridas* faded curtains

descomponerse *verbo*
1 (vehículo, electrodoméstico) **to break down**: *Se nos descompuso el coche.* Our car broke down.
2 (la carne, el pescado) **to go bad**: *Se descompuso la carne.* The meat went bad.

descompuesto, -a *adjetivo*
1 **la lavadora/el televisor etc. está descompuesto the washing machine/the TV etc. has broken down**
2 **el elevador/el teléfono está descompuesto the elevator/the phone is out of order**
3 **el puerco/el pescado está descompuesto the pork/the fish is bad**

desconectar *verbo*
1 **desconectar un celular to switch off a cell phone**
2 **desconectar el gas to turn off the gas**
desconectarse (de Internet) **to disconnect**

desconfiado, -a *adjetivo*
suspicious

desconfianza *sustantivo*
suspicion

desconfiar *verbo*
desconfiar de algo o alguien to be suspicious of something or someone: *Desconfía de todo el mundo.* He is suspicious of everybody.

descongelar *verbo*
1 (un pollo, un pastel, etc.) **to defrost**: *Descongelé el pollo.* I have defrosted the chicken.
2 (el congelador) **to defrost**
descongelarse (comida) **to defrost**

desconocido, -a *adjetivo & sustantivo*
■ *adjetivo*
(actor, escritor, razón) **unknown**: *actores desconocidos* unknown actors
■ *sustantivo*
stranger: *No hables con desconocidos.* Don't talk to strangers.

descoserse *verbo*
1 (costura) **to come unstitched**
2 (botón) **to come off**

describir *verbo*
to describe

descripción *sustantivo*
description

descubridor, -a *sustantivo*
discoverer

descubrimiento *sustantivo*
discovery (plural **-ries**): *el descubrimiento de América* the discovery of America

descubrir *verbo*
1 (enterarse) **to find out**: *Descubrí que era mentira.* I found out that it was a lie.
2 (un lugar, un fenómeno) **to discover**: *Descubrieron una ciudad maya.* They discovered a Mayan city. | *En 1929 se descubrió la penicilina.* Penicillin was discovered in 1929.
3 **descubrir a alguien to find someone out**: *Nos van a descubrir.* They're going to find us out.

descuento *sustantivo*
discount: *un descuento del 20%* a 20% discount

descuidado, -a *adjetivo*
1 (edificio, jardín) **neglected**
2 (negligente) **careless**

descuidar *verbo*
to neglect: *No descuidaron ni un detalle.* They didn't neglect a single detail.

descuidarse
1 (distraerse) Ver ejemplos: *Si te descuidas, te puedes perder.* If you aren't careful, you can get lost. | *Se descuidó un minuto y le robaron la maleta.* He took his eyes off his suitcase for a minute and it got stolen.
2 (en el aspecto físico) **to let yourself go**

desde *preposición*
1 (lugar) **from**: *Desde acá se ve mejor.* You can see better from here. | *Vine corriendo desde la playa.* I ran all the way from the beach. | **desde... hasta... from... to...**: *la carretera que va desde Monterrey hasta Los Mochis* the road that goes from Monterrey to Los Mochis
2 (tiempo) **since**: *Cambió mucho desde que se casó.* He's changed a lot since he got married. ▶ Cuando en español el verbo va en presente, en inglés va en el **present perfect** o el **present perfect continuous**: *No lo veo desde el viernes.* I haven't seen him since Friday. | *Toca la guitarra desde que tenía cinco años.* She has been playing the guitar since she was five. ▶ En oraciones afirmativas *desde hace* equivale a **for**: *Estudio inglés desde hace tres años.* I've been learning English for three years. | **desde... hasta... from... to.../from... until...**: *Me quedé desde el 31 hasta el 8.* I stayed from the 31st to the 8th./I stayed from the 31st until the 8th. | **¿desde cuándo ...? how long ...?**: *¿Desde cuándo la conoces?* How long have you known her? | *¿Desde cuándo vas a clases de inglés?* How long have you been going to English classes?
3 (variedad) **from**: *Hay boletos desde $5.* There are tickets from $5. | **desde... hasta... from... to...**: *Venden desde coches hasta relojes.* They sell everything from cars to watches.

desear *verbo*
desearle algo a alguien to wish someone something: *Te deseo suerte.* I wish you luck.

desechos *sustantivo plural*
waste *singular*: *desechos industriales* industrial waste

desembocar *verbo*
desembocar en to lead onto: *Esta calle desemboca en la Avenida Juárez.* This street leads onto Juárez Avenue.

desempatar *verbo*
Ejemplo típico: *Desempataron en el último minuto.* They broke the tie in the last minute.

desempate *sustantivo*
producirse el desempate *En el último minuto se produjo el desempate.* The tie-breaker came in the final minute. | **jugar el desempate to play the deciding game**

desempleado, -a *adjetivo & sustantivo*
■ *adjetivo*
unemployed: *Está desempleado.* He's unemployed.
■ *sustantivo*
1 unemployed person (plural **unemployed people**): *miles de desempleados* thousands of unemployed people
2 los desempleados the unemployed

desenchufar *verbo*
to unplug

desengaño *sustantivo*
disappointment | **llevarse un desengaño to be disappointed**

desenredar *verbo*
desenredarle el pelo a alguien to untangle someone's hair

desentonar *verbo*
1 (al cantar) **to sing out of tune**
2 (en un lugar) **to look out of place**

desenvolver *verbo*
(un paquete) **to unwrap**

deseo *sustantivo*
wish (plural **wishes**): *Pide un deseo.* Make a wish.

desértico, -a *adjetivo*
un clima/un paisaje desértico a desert climate/landscape

desesperación *sustantivo*
desperation: *Lo hizo por desesperación.* He did it out of desperation.

desesperado, -a *adjetivo*
desperate | **estar desesperado -a to be desperate**: *Está desesperado porque no consigue trabajo.* He's desperate because he can't find a job.

desesperante *adjetivo*
exasperating

desfile *sustantivo*
1 (de soldados) **parade**
2 desfile (de modas) (fashion) show

desgracia *sustantivo*
por desgracia unfortunately: *Por desgracia, me vio.* Unfortunately, he saw me.

desgraciado, -a *adjetivo & sustantivo*
■ *adjetivo*
unhappy
■ *sustantivo*
(persona infeliz) **un pobre desgraciado/una pobre desgraciada a poor devil**

deshabitado, **-a** *adjetivo*
1 (casa) **empty, unoccupied**
2 (pueblo, isla) **uninhabited**

deshacer *verbo*
1 (un nudo) **to undo**
2 (un rompecabezas) **to break up**: *¡No me vayas a deshacer el rompecabezas!* Don't go breaking up my puzzle!
deshacerse
1 (nudo, trenza) **to come undone**: *Se te deshizo la trenza.* Your braid has come undone
2 (desintegrarse) **to disintegrate**: *Lo tocas y se deshace.* If you touch it, it disintegrates.
3 (disolverse) **to dissolve**
4 deshacerse de algo o alguien to get rid of something or someone: *Deshazte de esa porquería.* Get rid of that piece of junk.

deshecho, **-a** *adjetivo*
wrecked: *La bici quedó deshecha.* The bike was wrecked.

deshilachado, **-a** *adjetivo*
frayed

deshonesto, **-a** *adjetivo*
dishonest

desierto *sustantivo*
desert

desilusión *sustantivo*
disappointment | **llevarse una desilusión to be disappointed**

desilusionado, **-a** *adjetivo*
disappointed

desilusionar *verbo*
to disappoint
desilusionarse to be disappointed: *Me desilusioné cuando lo vi.* I was disappointed when I saw it.

desinfectante *sustantivo*
disinfectant

desinflarse *verbo*
(globo, llanta) **to go down**

desinteresado, **-a** *adjetivo*
unselfish: *un gesto desinteresado* an unselfish gesture

desmayarse *verbo*
to faint: *Se desmayó.* She fainted.

desmayo *sustantivo*
sufrir un desmayo to faint

desmontar *verbo*
1 (una máquina) **to dismantle**
2 (de un caballo) **to dismount**

desnudo, **-a** *adjetivo*
1 (persona) **naked**
2 (pies, hombros) **bare**

desnutrido, **-a** *adjetivo*
malnourished

desobedecer *verbo*
(una orden, a una persona) **to disobey**: *No me desobedezcas.* Don't disobey me.

desobediente *adjetivo*
disobedient

desodorante *sustantivo*
deodorant

desorden *sustantivo*
(en una casa, un cuarto, etc.) **mess**: *¡Qué desorden!* What a mess!

desordenado, **-a** *adjetivo*
(casa, cuarto, persona) **not very neat**: *Mi escritorio está muy desordenado.* My desk is not very neat. | *Soy muy desordenado.* I'm not a very neat person.

desorganizado, **-a** *adjetivo*
disorganized

despacio *adverbio*
slowly: *¿Puede hablar más despacio?* Can you speak more slowly?

despampanante *adjetivo*
stunning: *una güera despampanante* a stunning blonde

despedida *sustantivo*
1 (adiós) **goodbye**: *No me gustan las despedidas.* I don't like goodbyes.
2 (evento) **una fiesta/una cena etc. de despedida a farewell party/dinner etc. despedida de soltera hen night despedida de soltero stag night**

despedir *verbo*
despedir a alguien (a) (decirle adiós) **to see someone off**: *La fuimos a despedir al aeropuerto.* We went to the airport to see her off. **(b)** (del trabajo) **to fire someone, to lay someone off**: *Los despidieron a todos.* They were all fired.
despedirse to say goodbye | **despedirse de alguien to say goodbye to someone**: *¿Te despediste de tu tía?* Did you say goodbye to your aunt?

despegar *verbo*
(avión) **to take off**
despegarse (cartel, sticker, foto) **to come off**

despejado, **-a** *adjetivo*
(cielo, noche) **clear**

despejar *verbo*
(un lugar) **to clear**: *Despejen la entrada, por favor.* Clear the entrance, please.
despejarse (hablando del tiempo) **to clear up**: *Se está despejando.* It's clearing up.

despensa *sustantivo*
1 (en una casa) **larder**, **pantry** (plural **pantries**)
2 (alimentos) **food**: *vales para despensa* food vouchers

desperdiciar *verbo*
1 (papel, material) **to waste**
2 (una oportunidad) **to miss**, **to waste**

desperdicio *sustantivo*
1 (gasto) **waste**: *¡Qué desperdicio!* What a waste!
2 **desperdicios garbage** | **no arroje desperdicios** (en un cartel) **no dumping**

despertador *sustantivo*
alarm, **alarm clock**: *No sonó el despertador.* The alarm clock didn't go off. | *Pon el despertador a las 7.* Set the alarm for 7 o'clock.

despertar *verbo*
despertar a alguien to wake someone up: *Despiértame a las 8.* Wake me up at 8.
despertarse to wake up

despierto, **-a** *adjetivo*
awake: *¿Estás despierta?* Are you awake?

despistado, **-a** *adjetivo*
(distraído) **absent-minded**: *Es un poco despistado.* He's pretty absent-minded.

despistar *verbo*
1 (desorientar) **to confuse**: *un plan para despistar al enemigo* a plan to confuse the enemy
2 (hacerle perder la pista a) **despistar a alguien to throw someone off the scent**: *Las huellas despistaron a la policía.* The prints threw the police off the scent.
despistarse
1 **to get confused**: *Me despisté y terminé en Coyoacán.* I got confused and ended up in Coyoacán.
2 (distraerse) **to get distracted**: *Se despistó y por poco choca.* He got distracted and almost crashed.

despoblado, **-a** *adjetivo*
1 (deshabitado) **uninhabited**
2 (con pocos habitantes) **underpopulated**

desprevenido, **-a** *adjetivo*
agarrar a alguien desprevenido to catch someone unawares: *Me agarraron desprevenido.* They caught me unawares.

desproporcionado, **-a** *adjetivo*
disproportionate

después *adverbio & conjunción*
1 (más tarde) **later**: *Después te llamo.* I'll ring you later. | *varios años después* several years later
2 (a continuación) **then**: *Después se puso a cantar.* Then she started singing. ► **afterwards** se usa para expresar después de algo que ya se mencionó: *La ceremonia es a las siete y después hay una fiesta.* The ceremony is at seven and afterwards there's a party.
3 **después de algo after something**: *Te veo después de la clase.* I'll see you after the lesson. | **después de hacer algo after doing something**: *No conviene nadar después de comer.* It's not advisable to swim after eating. | **después de cenar/comer after dinner/lunch**: *¿Qué hicieron después de cenar?* What did you do after dinner? | **después de que after**: *Llegaron después de que hablé contigo.* They arrived after I spoke to you.
4 (en el espacio) **further on**: *Son dos paradas después.* It's two stops further on. | **después de la estación/del puente etc. after the station/the bridge etc.**
5 (expresando turno) **después de alguien after someone**: *¿Quién está después del señor?* Who's after this gentleman?
6 **después de todo after all**: *Después de todo, es mi casa.* It's my house, after all.

desquitarse *verbo*
(vengarse) **to get even**: *Quería jugar otro partido para desquitarse.* She wanted to play another game to get even.

destapador *sustantivo*
bottle opener

destapar *verbo*
1 (una botella, un frasco) **to open**: *Destapa la Coca, por favor.* Can you take the top off the Coke, please?/Can you open the Coke, please?
2 (a alguien que está acostado) **to take the covers off**: *No lo destapes.* Don't take the covers off him.
3 (un caño, una alberca) **to unblock**
destaparse (en la cama) **to throw the covers off**

destino *sustantivo*
1 (de un viaje) **destination**: *cuando llegaron a su destino* when they got to their destination
2 **con destino a** Ejemplo típico: *los pasajeros con destino a Mérida* passengers traveling to Mérida

destrozado, **-a** *adjetivo*
1 (arruinado, roto) **ruined**
2 (muy apenado) **devastated**: *Quedó*

D

destrozada con la noticia. She was devastated by the news.

destrozar *verbo*

1 (destruir) **to destroy**: *El huracán destrozó medio pueblo.* The hurricane destroyed half the town.

2 (arruinar) **to ruin**: *Destrozó sus zapatos jugando al futbol.* He ruined his shoes playing football.

3 (romper a propósito) **to smash up**: *Destrozaron la habitación del hotel.* They smashed up the hotel room.

destrozos *sustantivo plural*

damage *singular*: *La inundación causó grandes destrozos.* The flood caused a lot of damage.

destrucción *sustantivo*

destruction

destruir *verbo*

to destroy

desván *sustantivo*

attic

desventaja *sustantivo*

disadvantage | **estar en desventaja to be at a disadvantage**

desvestirse *verbo*

to undress: *Me desvestí y me metí en la cama.* I undressed and got into bed.

desviar *verbo*

(el tráfico, un vuelo) **to divert**

desviarse

1 (vehículo, ruta) **to turn off**

2 desviarse del tema to get off the subject

detalle *sustantivo*

(pormenor) **detail**: *Se fija en todos los detalles.* He notices every detail.

detallista *adjetivo*

1 (atento) **thoughtful**: *Tony es muy detallista.* Tony is so thoughtful.

2 (minucioso) **meticulous**

detective *sustantivo*

detective: *un detective privado* a private detective

detector *sustantivo*

detector

detener *verbo*

1 (arrestar) **to arrest**: *Fue detenido en el aeropuerto.* He was arrested at the airport.

2 (parar) **to stop**: *No podían detener el fuego.* They couldn't stop the fire.

detenerse (parar) **to stop**: *Se detuvo en el semáforo.* She stopped at the traffic lights.

detenido, **-a** *adjetivo & sustantivo*

■ *adjetivo*

estar detenido -a to be under arrest

■ *sustantivo*

Se usa el verbo **to arrest**: *Hubo más de 40 detenidos.* More than 40 people were arrested.

detergente *sustantivo*

1 (para lavar la ropa) **detergent**

2 (para lavar los platos) **dishwashing liquid**

detrás *preposición & adverbio*

1 detrás de algo (en el espacio) **behind something**: *Se escondió detrás de la puerta.* He hid behind the door.

2 detrás de mí/él etc. behind me/him etc.: *Quédate detrás de mí.* Stay behind me.

3 behind: *El perro venía detrás.* The dog walked along behind.

4 por detrás in the back: *Se abrocha por detrás.* It fastens in the back.

5 andar detrás de algo o alguien to be after something or someone

deuda *sustantivo*

debt: *Tiene muchas deudas.* He has a lot of debts.

devaluar *verbo*

to devalue

devaluarse (moneda) **to fall**

devolver *verbo*

1 (hablando de algo prestado) **devolverle algo a alguien to give something back to someone**: *Le tengo que devolver este CD a Luisa.* I have to give this CD back to Luisa. | **devolver un libro a la biblioteca to return a book to the library**

2 (hablando de algo comprado) **to take back**: *Devolví el video.* I took the video back.

3 (vomitar) **to throw up**: *Devolvió en el coche.* She threw up in the car.

devorar *verbo*

(comida) **to devour**

devoto, **-a** *adjetivo*

devout

DF *sustantivo* (= **Distrito Federal**)

el DF Mexico City: *Antes vivíamos en el DF.* We used to live in Mexico City.

día *sustantivo*

1 (24 horas) **day**: *Mayo tiene 31 días.* May has 31 days. | *¿Qué día es hoy?* What day is it today? | **todos los días every day**: *Lo veo todos los días.* I see him every day. | **todo el día all day**: *Estuvo todo el día acá.* He was here all day. | **cada tercer día**

every other day: *Me habla cada tercer día.* She calls me every other day. | **al día siguiente the next day**: *Se fueron al día siguiente.* They left the next day. | **al día a day**: *Trabaja ocho horas al día.* She works eight hours a day. | **el otro día the other day**: *Lo conocí el otro día.* I met him the other day.
2 (hablando del tiempo) **day**: *un día nublado* a cloudy day
3 (claridad) **daylight**: *en pleno día* in broad daylight | **de día in the daytime**: *Prefiero manejar de día.* I prefer driving in the daytime.
4 (en fechas) No se traduce al inglés: *Llegan el día 3 de junio.* They arrive on June 3rd.
5 buenos días good morning

diabetes *sustantivo*
diabetes

diabético, -a *adjetivo & sustantivo*
diabetic

diablo *sustantivo*
1 devil
2 el Diablo the Devil

diafragma *sustantivo*
1 (en el cuerpo) **diaphragm**
2 (en una cámara) **diaphragm**

diagnóstico *sustantivo*
diagnosis (plural **diagnoses**)

diagonal *adjetivo & sustantivo*
■ *adjetivo*
diagonal
■ *sustantivo*
1 (línea) **en diagonal diagonally**: *Cruzamos en diagonal.* We crossed diagonally.
2 (calle) No existe un término paralelo en inglés. Puedes decir *a street that cuts diagonally across the city*

diagrama *sustantivo*
diagram

diamante *sustantivo*
1 diamond | **un anillo/un collar de diamantes a diamond ring/necklace**
2 diamantes (en la baraja) **diamonds**

diámetro *sustantivo*
diameter

diapositiva *sustantivo*
slide

diario, -a *adjetivo & sustantivo*
■ *adjetivo*
1 (cotidiano) **daily**: *la vida diaria* daily life
2 dos/diez horas diarias two/ten hours a day: *Trabaja ocho horas diarias.* He works eight hours a day.
■ **diario** *sustantivo*
1 (periódico) **newspaper**
2 (libro o cuaderno) **diary** (plural **diaries**) | **llevar un diario to keep a diary**

diarrea *sustantivo*
diarrhea: *Está con diarrea.* He has diarrhea.

dibujar *verbo*
to draw: *Dibujó una casa.* She drew a house.

dibujo *sustantivo*
1 (obra) **drawing**: *¡Qué lindo dibujo!* What a pretty drawing!
2 (actividad) **drawing**: *clases de dibujo* drawing lessons ▶ El nombre de la materia es **Art**: *Mañana tenemos dibujo.* We have Art tomorrow.
dibujos animados cartoons

diccionario *sustantivo*
dictionary (plural **-ries**): *Tuve que buscar tres palabras en el diccionario.* I had to look three words up in the dictionary.

dicho *verbo & sustantivo*
■ *verbo*
1 dicho y hecho right away: *Dicho y hecho, compró las refacciones.* He bought the spares right away.
2 mejor dicho or rather: *Es tarde, mejor dicho, tardísimo.* It's late, or rather, it's very late.
■ *sustantivo*
saying: *como dice el dicho* as the saying goes

diciembre *sustantivo*
December: *el 25 de diciembre* December 25th

dictado *sustantivo*
dictation

dictador, -a *sustantivo*
dictator

dictadura *sustantivo*
dictatorship
dictadura militar military dictatorship

diecinueve *número*
1 nineteen
2 (día) **nineteenth**: *el diecinueve de junio* June nineteenth

dieciocho *número*
1 eighteen
2 (día) **eighteenth**: *el dieciocho de julio* July eighteenth

dieciséis *número*
1 sixteen
2 (día) **sixteenth**: *el dieciséis de marzo* March sixteenth

diecisiete *número*
1 seventeen
2 (día) **seventeenth**: *el diecisiete de abril* April seventeenth

diente *sustantivo*
(de persona, animal) **tooth** (plural **teeth**): *Tiene los dientes torcidos.* His teeth are crooked. | **lavarse los dientes to clean your teeth**: *¿Te lavaste los dientes?* Have you cleaned your teeth?

dieta *sustantivo*
1 (régimen) **diet** | **hacer dieta/estar a dieta to be on a diet** | **ponerse a dieta to go on a diet**: *Se puso a dieta.* She went on a diet.
2 (alimentación) **diet**: *una dieta balanceada* a balanced diet

diez *número*
1 ten
2 (día) **tenth**: *el diez de agosto* August tenth

diferencia *sustantivo*
difference: *¿Qué diferencia hay entre estos dos?* What's the difference between these two?

diferente *adjetivo*
(distinto) **different**: *Los modelos son todos diferentes.* The models are all different. | **diferente de algo o alguien different from something or someone**: *Este CD es muy diferente al primero.* This CD is very different from the first one.

difícil *adjetivo*
1 difficult, hard: *Es muy difícil de entender.* It's very difficult to understand./It's very hard to understand.
2 (improbable) **unlikely**: *Lo veo difícil.* I think it's unlikely./I don't think it's very likely.

dificultad *sustantivo*
1 (problema) **problem**: *Tiene dificultades en el colegio.* She has problems at school.
2 respirar/caminar etc. con dificultad to have difficulty breathing/walking etc.: *Respiraba con dificultad.* She was having difficulty breathing.

difunto, -a *adjetivo & sustantivo*
■ *adjetivo*
late: *su difunta madre* his late mother
■ *sustantivo*
el difunto/la difunta the deceased

digestión *verbo*
digestion | **hacer la digestión to let your food settle**: *Todavía no has hecho la digestión.* You haven't let your food settle yet.

digital *adjetivo*
digital: *un reloj digital* a digital watch

dignidad *sustantivo*
dignity

digno, -a *adjetivo*
1 (salario, vivienda) **decent**
2 ser digno -a de respeto/admiración etc. to deserve respect/admiration etc.: *una actuación digna de un Oscar* a performance that deserved an Oscar

dije *sustantivo*
1 (para pulsera) **charm**
2 (para colgar del cuello) **pendant**

diluir *verbo*
1 (un polvo, una pastilla) **to dissolve**: *Diluir el polvo en un vaso de agua.* Dissolve the powder in a glass of water.
2 (un líquido) **to dilute**
3 (pintura) **to thin**

diluvio *sustantivo*
deluge

dimensión *sustantivo*
1 (magnitud) **dimension**: *en tres dimensiones* in three dimensions/in 3-D
2 dimensiones (de un cuarto, un terreno, etc.) **dimensions**

Dinamarca *sustantivo*
Denmark

dinámico, -a *adjetivo*
(persona) **dynamic**

dinamita *sustantivo*
dynamite

dinastía *sustantivo*
dynasty (plural **-ties**)

dineral *sustantivo*
fortune | **costar un dineral to cost a fortune**

dinero *sustantivo*
money: *Eso cuesta mucho dinero.* That costs a lot of money.

dinosaurio *sustantivo*
dinosaur

dios, -a *sustantivo*
dios god diosa goddess (plural **goddesses**): *los dioses mayas* the Mayan gods

Dios *sustantivo*
1 God
2 gracias a Dios thank God: *Está bien, gracias a Dios .* She's all right, thank God.

diploma *sustantivo*
diploma: *Al final del curso te dan un diploma.* You get a diploma at the end of the course.

diplomático, **-a** *adjetivo & sustantivo*

■ *adjetivo*

diplomatic: *No estuviste muy diplomática.* You weren't very diplomatic.

■ *sustantivo*

diplomat: *Su padre es diplomático.* His father is a diplomat.

diputado, **-a** *sustantivo*

NOTA: El cargo equivalente al de diputado en EE. UU. es el de **representative** y en Gran Bretaña es el de **member of Parliament** o **MP**. Para referirse a un diputado de otro país se usa **deputy** (cuyo plural es **deputies**).

dirección *sustantivo*

1 (domicilio) **address** (plural **-sses**): *¿Cuál es tu dirección?* What's your address?

2 (sentido) **direction**: *en dirección oeste* in a westerly direction | *Iban en dirección a Toluca.* They were going toward Toluca.

3 (oficina del director) **principal's office**: *Lo mandaron a la dirección.* He was sent to the principal's office.

4 (de un vehículo) **steering**

dirección de e-mail, **dirección electrónica** **e-mail address**: *Dame tu dirección de e-mail.* Give me your e-mail address.

direccional *sustantivo*

turn signal

directamente *adverbio*

(derecho) **straight**: *Lo llevaron directamente al hospital.* He was taken straight to the hospital.

directo, **-a** *adjetivo*

1 (camino, ruta, vuelo) **direct**: *¿Cuál es la ruta más directa?* Which is the most direct route?

2 **en directo** **live**: *¿Lo pasan en directo?* Are they showing it live?

director, **-a** *sustantivo*

1 (de una escuela) **principal**: *Tengo que hablar con la directora.* I have to talk to the principal.

2 (de cine, teatro) **director**

3 (de una empresa) **director**

4 (de una orquesta) **conductor**

director -a técnico -a **head coach** (plural **head coaches**)

directorio *sustantivo*

1 (de números telefónicos) **phone book**: *¿Tienes un directorio?* Do you have a phone book?

2 (en computación) **directory** (plural **-ries**)

dirigir *verbo*

1 (una empresa, una institución) **to manage**: *Antes dirigía el centro cultural.* She used to manage the cultural center.

2 (una investigación, un proyecto) **to head**

3 (una película, una obra de teatro) **to direct**

4 (una carta) **to address**: *La carta está dirigida a ti.* The letter is addressed to you.

dirigirse

1 (ir) **dirigirse a** **to head for**: *Se dirigió a la sala de profesores.* He headed for the teachers' lounge.

2 (hablar) **dirigirse a alguien** **to speak to someone**

disciplina *sustantivo*

(normas) **discipline**

disc jockey *sustantivo*

DJ, **disc jockey**

disco *sustantivo*

■ *sustantivo masculino*

1 (de música) **record**: *el mejor disco de Shakira* Shakira's best record ▶ Si se trata de un compacto, también se dice **CD**: *Le regalé un disco.* I gave her a CD. | **poner un disco** **to put a CD on**, **to put a record on**

2 (en computación) **disk**

disco compacto **compact disc**, **CD**

disco duro **hard disk**

■ *sustantivo femenino*

(discoteca) **club**

discoteca *sustantivo*

club: *No me dejaron entrar a la discoteca.* They didn't let me into the club.

discreto, **-a** *adjetivo*

(persona) **discreet**

discriminación *sustantivo*

discrimination

disculpa *sustantivo*

1 **apology** (plural **-gies**): *Le debo una disculpa.* I owe you an apology.

2 **pedirle disculpas a alguien** **to apologize to someone**: *Pídele disculpas.* Apologize to him.

discurso *sustantivo*

speech (plural **speeches**) | **dar/pronunciar un discurso** **to make a speech**

discusión *sustantivo*

1 (pelea) **argument**: *Tuvimos una discusión terrible.* We had a terrible argument.

2 (debate) **discussion**: *Hubo una discusión en clase sobre el medio ambiente.* We had a discussion in class about the environment.

D

discutir *verbo*

1 (pelearse) **to argue**: *No discutamos más.* Let's not argue any more. | **discutir por algo to argue about something**: *Discutieron por dinero.* They argued about money.

2 (debatir) **to discuss**

diseñador, -a *sustantivo*

designer

diseñador -a de modas fashion designer diseñador -a gráfico -a graphic designer: *Su mamá es diseñadora gráfica.* Her mom is a graphic designer.

diseñar *verbo*

to design

diseño *sustantivo*

design

diseño gráfico graphic design

disfraz *sustantivo*

1 (para divertirse) **costume**: *un disfraz de vampiro* a vampire costume ► ver **fiesta**

2 (para ocultarse) **disguise**

disfrazado, -a *adjetivo*

1 (para divertirse) **in costume, wearing a costume**: *Estaban todos disfrazados.* They were all in costume./They were all wearing costumes. | **disfrazado -a de algo dressed up as something**: *Estaba disfrazada de payaso.* She was dressed up as a clown.

2 (para ocultarse) **in disguise** | **disfrazado -a de algo disguised as something**: *Entró al país disfrazado de mujer.* He entered the country disguised as a woman.

disfrazarse *verbo*

disfrazarse (de algo) (a) (para divertirse) **to dress up (as something)**: *Me voy a disfrazar de Superman.* I'm going to dress up as Superman. | *¿Te vas a disfrazar para la fiesta?* Are you going to dress up for the party? **(b)** (para ocultarse) **to disguise yourself (as something)**: *Se disfrazaron de monjas.* They disguised themselves as nuns.

dress up

My daughter loves dressing up.

disgustarse *verbo*

to be upset: *Mis papás se disgustaron mucho.* My parents were very upset.

diskette *sustantivo*

diskette, floppy disk

disolver *verbo*

to dissolve: *Disuelva la tableta en un vaso de agua.* Dissolve the tablet in a glass of water.

disolverse to dissolve

dissolve

The pill is dissolving in the water.

disparar *verbo*

1 (un arma, un tiro) **to fire**: *Dispararon tres veces.* They fired three times.

2 **disparar (a alguien)** Cuando se le dispara a alguien, se usa **to shoot** si se acierta y **to shoot at** o **to fire at** si no se acierta: *Le dispararon por la espalda.* They shot him from behind./They shot at him from behind. | *¡No dispares!* Don't shoot!

disparo *sustantivo*

shot: *Oímos un disparo.* We heard a shot.

distancia *sustantivo*

distance | **¿a qué distancia está? how far is it?**: *¿A qué distancia está del aeropuerto?* How far is it from the airport?

distinguir *verbo*

1 (diferenciar) **distinguir cosas/personas to be able to tell things/people apart**: *No distingue a los gemelos.* She can't tell the twins apart.

2 (ver) **distinguir algo to make something out**: *No distingo el número del camión.* I can't make out the number on the bus.

distinto, -a *adjetivo*

1 (diferente) **different**: *Las dos hermanas son muy distintas.* The two sisters are very different. | **distinto -a a/de algo o alguien different from something or someone**: *Es muy distinta a la mamá.* She's very different from her mom.

2 **distintos -as** (varios) **different**: *Vimos distintos casos.* We looked at different cases.

distrito *sustantivo*

district

diversión *sustantivo*

1 (disfrute) **hacer algo por diversión to do something for fun**

2 (actividad recreativa) **form of entertainment**: *su diversión favorita* his favorite form of entertainment ▶ *diversiones* se puede traducir por el sustantivo incontable **entertainment**: *No hay diversiones para los niños.* There is no entertainment for the children.

diversos, -as *adjetivo*
different: *Viene en diversos colores.* It comes in different colors.

divertido, -a *adjetivo*
(entretenido) **fun**: *un juego divertido* a fun game | **ser/estar muy divertido -a to be a lot of fun**: *La fiesta estuvo muy divertida.* The party was a lot of fun. | *Tus amigos son muy divertidos.* Your friends are a lot of fun.

> **NOTA: ¿funny o fun?**
> **funny** significa *gracioso* y se aplica a lo que te hace reír como chistes, incidentes, personas, etc.
> Una fiesta, una salida, unas vacaciones, son **fun** y no **funny**.

divertir *verbo*
me/le etc. divierte hacer algo I enjoy/he enjoys etc. doing something: *Me divierte jugar con los chiquitos.* I enjoy playing with the little kids.
divertirse to have a good time, to enjoy yourself: *¿Te divertiste?* Did you have a good time?/Did you enjoy yourself? | *¡Que se diviertan!* Have a good time!/Enjoy yourselves!

dividir *verbo*
to divide | **dividir algo entre algo to divide something by something**: *Tienes que dividir cien entre cuatro.* You have to divide a hundred by four.
dividirse
1 **dividirse en grupos/equipos to split up into groups/teams**
2 **dividirse algo entre alguien to split something between someone**: *Se dividieron el premio entre los cuatro.* They split the prize between the four of them.

divino, -a *adjetivo*
1 (encantador) **gorgeous**
2 (relativo a Dios) **divine**

división *sustantivo*
1 (operación matemática) **division** | **hacer una división to do a division problem**
2 (en deportes) **division**: *Ascendieron a primera división.* They were promoted to the first division.

divorciado, -a *adjetivo & sustantivo*
■ *adjetivo*
divorced: *Sus padres están divorciados.* Her parents are divorced.
■ *sustantivo*
divorcee: *Se casó con una divorciada.* He married a divorcee.

divorciarse *verbo*
1 **to get divorced**: *Se divorciaron el año pasado.* They got divorced last year.
2 **divorciarse de alguien to divorce someone**

divorcio *sustantivo*
divorce

do *sustantivo*
C: *un concierto en do menor/mayor* a concerto in C minor/major

dobladillo *sustantivo*
hem

doblado, -a *adjetivo*
(referido a películas) **dubbed**

doblar *verbo*
1 (un papel, una carta, etc.) **to fold** | **doblar algo a la mitad/en cuatro etc. to fold something in half/in four etc.**: *Tomen una hoja y dóblenla a la mitad.* Take a sheet of paper and fold it in half.
2 (una camisa, una sábana, etc) **to fold**
3 (girar) **doblar a la derecha/izquierda to turn right/left** | **doblar en Reforma/Insurgentes etc. to turn into Reforma/Insurgentes etc.**
4 (una película) **to dub**: *Está doblada al español.* It's dubbed into Spanish.

doble *adjetivo & sustantivo*
■ *adjetivo*
double: *Reservó un cuarto doble.* He reserved a double room.
doble falta (en tenis) **double fault**
■ *sustantivo masculino*
1 **el doble twice as much**: *Me costó el doble.* It cost me twice as much. | **el doble de dinero/de tiempo etc. twice as much money/time etc.**: *Necesito el doble de tiempo.* I need twice as much time. | **el doble de largo/rápido etc. twice as long/fast etc.**: *Esta computadora es el doble de rápida que la otra.* This computer is twice as fast as the other one.
2 **dobles** (en tenis) **doubles**
■ *sustantivo masculino & femenino*
1 (persona parecida) **double**
2 (en el cine) **double, stand-in**

D

doce *número*
1 **twelve**
2 (día) **twelfth**: *el doce de octubre* October twelfth

doceavo, **-a** *número*
twelfth

D

docena *sustantivo*
dozen: *una docena de bolillos* a dozen bread rolls ► **dozen** se usa en singular aunque se hable de varias docenas: *dos docenas de huevos* two dozen eggs

doctor, **-a** *sustantivo*
1 (en medicina) **doctor**: *Llama al doctor.* Call the doctor. | *Lo atendió la Doctora Rodríguez.* He was seen by Doctor Rodríguez.
2 (en otras carreras) **ser doctor -a en to have a PhD in**: *Es doctora en lingüística.* She has a PhD in linguistics.

documental *sustantivo*
documentary (plural **-ries**) | **un documental sobre algo a documentary on/about something**

dólar *sustantivo*
dollar: *¿A cuánto está el dólar?* What is the exchange rate for the dollar?

doler *verbo*
1 La traducción general es **to hurt**: *¿La inyección duele?* Does the injection hurt?
2 Para dolores continuos y no muy fuertes se usa **to ache**: *Le duelen los pies.* His feet ache. ► Tanto **to hurt** como **to ache** se suelen usar sin complemento, es decir, *me*, *le*, etc. no se traducen: *Ya no le duele.* It doesn't hurt any more. | *Me duele todo el cuerpo.* My whole body aches.
3 Fíjate que hay traducciones especiales para ciertos dolores específicos: **me duele la cabeza I have a headache** | **me duele la muela I have a toothache** | **me duele el estómago/la panza I have a stomachache** | **me duele el oído I have an earache** | **me duele la garganta I have a sore throat**

dolor *sustantivo*
pain: *El dolor era insoportable.* The pain was unbearable. ► El sustantivo **ache**, que indica un dolor continuo, se usa sobre todo en cuando se especifica el tipo de dolor. Ver abajo
dolor de cabeza headache: *Tengo un dolor de cabeza terrible.* I have a terrible headache. **dolor de estómago stomachache**: *Tengo dolor de estómago.* I have a stomachache. **dolor de garganta sore throat** **dolor de muelas toothache** **dolor de oídos earache**

domar *verbo*
1 (un león, un tigre) **to tame**
2 **domar un caballo to break a horse in**

doméstico, **-a** *adjetivo*
domestic

domicilio *sustantivo*
address (plural **-sses**)

domingo *sustantivo*
Sunday

dominó *sustantivo*
dominoes *singular*: *un partido de dominó* a game of dominoes | **jugar dominó to play dominoes**

don *sustantivo*
gift: *un don natural para las lenguas* a natural gift for languages

dona *sustantivo*
doughnut, **donut**

donde *pronombre*
where: *el lugar donde nació Benito Juárez* the place where Benito Juárez was born | *Lo volví a poner donde lo encontré.* I put it back where I found it. ► Se usa **wherever** cuando se quiere indicar que no importa el lugar: *Siéntate donde quieras.* Sit wherever you want.

dónde *pronombre*
where: *¿Dónde está mi lápiz?* Where's my pencil? | *No sé dónde puse las llaves.* I don't know where I put my keys. | *¿De dónde es?* Where's he from? | *¿De dónde sacaste ese libro?* Where did you get that book from? | *¿Por dónde queda Irapuato?* Whereabouts is Irapuato?

dorado, **-a** *adjetivo*
(de color oro) **botones/zapatos etc. dorados gold buttons/shoes etc.** ► También existe **golden**, que es literario y se usa para referirse al color de la arena, del cabello, etc.

dormido, **-a** *adjetivo*
1 **estar dormido -a to be asleep**: *Estaba medio dormida.* She was half asleep.
2 **quedarse dormido -a** **(a)** (conciliar el sueño) **to fall asleep**: *Me quedé dormida inmediatamente.* I fell asleep right away. **(b)** (no despertarse) **to oversleep**: *Me quedé dormida y llegué tarde al colegio.* I overslept and was late for school.

3 **tengo la pierna dormida/el pie dormido etc. my leg's gone to sleep/my foot's gone to sleep etc.**

dormilón, -ona *adjetivo & sustantivo*

■ *adjetivo*

ser dormilón -ona to be a sleepyhead

■ *sustantivo*

sleepyhead

dormir *verbo*

1 **to sleep**: *Que duermas bien.* Sleep well. ▶ Para decir que alguien está durmiendo, es más frecuente usar **to be asleep**: *No hagas ruido, están todos durmiendo.* Don't make any noise, they're all asleep.

2 **irse a dormir to go to bed**: *Me fui a dormir temprano.* I went to bed early.

dormirse

1 (conciliar el sueño) **to fall asleep**: *Me dormí mirando la tele.* I fell asleep watching television.

2 (no despertarse a tiempo) **to oversleep**: *Me dormí y llegué tarde.* I overslept and got there late.

3 **se me durmió la mano/pierna etc. my hand/leg etc. has gone to sleep**

dormitorio *sustantivo*

bedroom

dos *número*

1 **two**: *Tienen dos hijos.* They have two children.

2 (día) **second**: *el dos de marzo* March second

3 **los dos/las dos both of them**: *Me gustan los dos.* I like both of them. | **las dos manos/los dos aretes etc. both hands/both earrings etc.**: *Se rompió las dos piernas.* He broke both legs. | **ninguno de los dos/ninguna de las dos neither (of them)**: *Ninguno de los dos quiso venir.* Neither of them wanted to come. ▶ Cuando el verbo va en negativo, se usa **either** en lugar de **neither**: *No compró ninguno de los dos.* She didn't buy either of them.

dos puntos colon

doscientos, -as *número*

two hundred

dosis *sustantivo*

dose

Dr. (= **doctor**)

Dr.: *el Dr. Garrido* Dr. Garrido

Dra. (= **doctora**)

Dr.: *la Dra. Sánchez* Dr. Sánchez

dragón *sustantivo*

dragon

drama *sustantivo*

1 (obra teatral) **play**

2 (película) **drama**

dramático, -a *adjetivo*

1 (terrible) **terrible**

2 (emocionante) **dramatic**

droga *sustantivo*

1 (narcótico) **drug**

2 (en medicina) **drug**

droga blanda soft drug droga dura hard drug

drogadicto, -a *sustantivo*

drug addict

duda *sustantivo*

1 (interrogante) **question**: *Si tienes alguna duda, pregúntame.* If you have any questions, just ask me.

2 (incertidumbre) **doubt**: *No tengo ninguna duda.* I have no doubt whatsoever.

3 **por (si) las dudas just in case**: *Llévate el paraguas por las dudas.* Take your umbrella just in case.

duelo *sustantivo*

estar de duelo to be in mourning

dueño, -a *sustantivo*

owner: *la dueña del coche* the owner of the car

dulce *adjetivo & sustantivo*

■ *adjetivo*

1 (sabor) **sweet**: *Está demasiado dulce.* It's too sweet.

2 (persona, voz, sonrisa) **sweet** ▶ ver **agua**

■ *sustantivo*

piece of candy AmE, **sweet** BrE ▶ El plural *dulces* se traduce por **candy**, que en este caso es incontable: *No comas tantos dulces.* Don't eat so much candy.

dulcería *sustantivo*

candy store

duna *sustantivo*

dune

dúo *sustantivo*

1 (de actores, músicos) **duo**

2 (en música) **duet**: *un dúo de guitarras* a guitar duet | **cantar a dúo to sing a duet**

duodécimo, -a *número*

twelfth

duque, -esa *sustantivo*

duque duke duquesa duchess (plural **-sses**)

durante *preposición*

1 **during, for** ▶ ver nota en la pág. 438

2 **durante todo el mes/todo el año/toda la tarde all month/all year/all**

afternoon: *Está abierto durante todo el año.* It's open all year.

> **NOTA: ¿during o for?**
> Se traduce por **during** cuando significa *en el transcurso de* un evento o un período: *No tengo tiempo durante la semana.* I don't have time during the week.
> Se traduce por **for** cuando se refiere a una cantidad de tiempo: *Lo esperé durante horas.* I waited for him for hours. | *Vivimos allí durante tres años.* We lived there for three years.

durar *verbo*

1 (objeto, situación) **to last**: *Estas pilas duran más.* These batteries last longer. | *¿Cuánto te dura un cartucho de tinta?* How long does an ink cartridge last you? | **durar mucho to last a long time**: *Son caros pero duran mucho.* They're expensive but they last a long time. | **durar poco not to last long**: *La relación duró poco.* Their relationship didn't last long.

2 (clase, película, reunión) **durar una hora/dos semanas etc. to last an hour/two weeks etc.**: *El curso duró seis meses.* The course lasted six months.

durazno *sustantivo*

peach (plural **peaches**)

duro, -a *adjetivo & adverbio*

■ *adjetivo*

1 (material, asiento, cama) **hard**: *La cama es un poco dura.* The bed is a little hard.

2 (carne) **tough**: *La carne estaba durísima.* The meat was really tough.

3 (pan) **stale**

4 ser/estar duro -a con alguien to be hard on someone: *Creo que estuviste demasiado dura con él.* I think you were too hard on him.

■ **duro** *adverbio*

hard: *Trabajamos muy duro.* We worked very hard.

DVD *sustantivo* (= **Disco Versátil Digital**)

DVD

DVD-ROM *sustantivo*

DVD-ROM

Ee

E, **e** *sustantivo*

E, **e**: *"English" se escribe con E mayúscula.* "English" is written with a capital E.

echar *verbo*

1 (arrojar) **to throw**

2 (del trabajo) **to fire**

3 (de la escuela) **to expel**

4 (de un bar, una casa, etc.) **echar a alguien to throw someone out**: *Nos echaron del bar.* They threw us out of the bar.

5 (poner) **to put**: *Échale sal a la carne.* Put some salt on the meat.

6 echar(le) un ojo/un vistazo/una mirada (a algo) to take a look (at something): *Vamos a echar un vistazo.* Let's take a look. ▶ ver **culpa**, **mano**

echarse

1 (tirarse) **to jump**: *Se echó del balcón.* He jumped off the balcony.

2 (acostarse) **to lie down**: *El perro se echó en mi cama.* The dog lay down on my bed.

3 echarse a perder to go bad: *La fruta se echó a perder.* The fruit went bad.

4 echarse para atrás to back out

kick out

He kicked me out of the house.

eco *sustantivo*

echo (plural **echoes**)

ecología *sustantivo*

ecology

ecológico, **-a** *adjetivo*

1 (equilibrio, desastre) **ecological**

2 (producto) **environmentally friendly**: *Usan materiales ecológicos.* They use environmentally friendly materials.

ecologista *adjetivo & sustantivo*

■ *adjetivo*

(organización) **environmental**

■ *sustantivo*

environmentalist, **ecologist**

economía *sustantivo*

1 (de un país) **economy** (plural **-mies**)

2 (disciplina) **economics** *singular*

económico, **-a** *adjetivo*

1 (problemas, recursos, situación) **financial**: *Tiene problemas económicos.* He has financial problems.

2 (crisis, política, prosperidad) **economic**: *la política económica del gobierno* the government's economic policy

3 (barato) **cheap**

4 (que gasta poco) (coche) **economical**

economista *sustantivo*

economist

ecuador *sustantivo*

el ecuador (la línea) **the equator**

Ecuador *sustantivo*

(país) **Ecuador**

ecuatoriano, **-a** *adjetivo & sustantivo*

Ecuadorean los ecuatorianos (the) Ecuadoreans

edad *sustantivo*

1 (de una persona) **age**: *Tenemos la misma edad.* We are the same age. | *A tu edad yo ya trabajaba.* At your age I was already working. | **gente de mi/tu etc. edad people my/your etc. age**: *No había niños de mi edad.* There weren't any children my age. | **¿qué edad tiene/tienes etc.? how old is he?/how old are you? etc.** ▶ ver **mayor**, **menor**, **tercer**

2 (en la historia) **age**

la Edad Media the Middle Ages

edición *sustantivo*

1 (de un libro, un festival) **edition**

2 (acción de editar) **editing**

edificio *sustantivo*

1 (construcción) **building**: *un edificio público* a public building

2 edificio (de departamentos) (apartment) building: *¿En tu edificio hay garage?* Is there a parking garage in your apartment building?

educación *sustantivo*

1 (enseñanza) **education**

2 (modales) **manners** *plural*: *Es una falta de educación.* It's bad manners.

educación física physical education

educación primaria elementary education educación secundaria, educación media secondary education educación superior, educación universitaria college education

educado, **-a** *adjetivo*

polite, **well-mannered**

educar *verbo*

1 (criar) **to bring up**: *Educó muy bien a sus hijos.* She brought her children up very well.

2 (instruir) **to educate**: *Los educaron en los mejores colegios.* They were educated at the best schools.

3 (a un perro) **to train**

EE. UU. *sustantivo* (= **Estados Unidos**)

U.S.A., **U.S.**: *Viven en EE.UU.* They live in the U.S.A./They live in the U.S.

efectivo, **-a** *adjetivo & sustantivo*

■ *adjetivo*

(sistema, remedio) **effective**

■ **efectivo** *sustantivo*

cash | **en efectivo in cash**: *Pagó el pasaje en efectivo.* She paid for the ticket in cash.

efecto *sustantivo*

1 (consecuencia) **effect** | **hacerle efecto a alguien to have an effect on someone**: *La droga no le hizo efecto.* The drug had no effect on him. | **surtir efecto to work**

2 (en tenis) **spin**: *La tiró con efecto.* She put a spin on it.

efecto invernadero greenhouse effect efecto secundario side effect efectos de sonido sound effects efectos especiales special effects

eficaz *adjetivo*

(método, medida, remedio) **effective**

eficiente *adjetivo*

efficient

Egipto *sustantivo*

Egypt

egoísmo *sustantivo*

selfishness

egoísta *adjetivo & sustantivo*

■ *adjetivo*

(actitud, persona) **selfish**

■ *sustantivo*

ser un/una egoísta to be very selfish

eh *interjección*

1 ¿eh? (a) (en advertencias) **OK?**: *Cuídalo ¿eh?* Take care of it, OK? **(b)** (cuando no se oyó algo) **sorry?**, **pardon?**, **excuse me?**: *¿Eh? ¿Me hablaste?* Pardon me? Did you say something?

2 (para atraer la atención de alguien) **¡eh! hey!**, **excuse me!**

eje *sustantivo*

1 (de un vehículo) **axle**

2 eje vial expressway: *Es más rápido si tomas un eje vial.* It's quicker if you take one of the expressways.

ejemplo *sustantivo*

(muestra) **example**: *¿Puede darme un ejemplo?* Can you give me an example? | **por ejemplo for example**: *Ésta, por ejemplo, es barata.* This one, for example, is cheap.

ejercicio *sustantivo*

1 (para practicar) **exercise**: *¿Hiciste los ejercicios de matemáticas?* Have you done the math exercises?

2 (físico) **exercise** | **hacer ejercicio to do exercise**: *No haces ejercicio.* You don't do any exercise.

ejército *sustantivo*

army (plural **armies**) | **entrar en el ejército to join the army**

ejido *sustantivo*

Si quieres explicar lo que es un ejido, di *It is the land belonging to a farming cooperative*

ejote *sustantivo*

green bean

el, **la** *artículo*

1 La traducción es **the** salvo en los casos que se señalan más abajo: *¿Dónde está la guía?* Where's the phone book? | *Te espero en la estación.* I'll wait for you at the station.

2 No se usa **the** cuando se habla de algo en general: *Me gusta el chocolate.* I like chocolate. | *El futbol no me interesa.* I'm not interested in soccer. | *El kiwi tiene vitamina C.* Kiwis contain vitamin C.

3 No se usa **the** con títulos: *Llamó el Sr. Lagos.* Mr Lagos phoned.

4 No se usa **the** con la hora y los días de la semana y otras expresiones de tiempo: *Es la una.* It's one o'clock. | *¿Vienes el sábado?* Are you coming on Saturday? | *el mes pasado* last month | *la semana que viene* next week

5 No se usa **the** en ciertas construcciones con el verbo *tener*: *Tiene el pelo corto.* She has short hair. | *Tiene la nariz chiquita.* She has a small nose.

6 Con partes del cuerpo y objetos personales se usa un posesivo: *Lávate la cara.* Wash your face. | *Se le olvidó el celular.* She forgot her cell phone.

7 En construcciones sin sustantivo se usa **the one**: *Prúebate el más grande.* Try the bigger one on. | *Nora es la del vestido rojo.*

Nora's the one with the red dress. ▶ A menos que haya un posesivo: *La mía está rota.* Mine is broken.

él *pronombre*

1 (como sujeto) **he**: *Me lo dijo él.* He told me. ▶ Tras el verbo **to be** se usa **him**: *Fue él.* It was him.

2 (tras preposiciones) **him**: *Se lo di a él.* I gave it to him. | *Voy a ir con él.* I'm going with him. | *¿Recibiste carta de él?* Have you had a letter from him? ▶ Cuando **de él** significa *suyo* se traduce por **his**: *¿Estos CDs son de él?* Are these CDs his?

3 (en comparaciones) **him**: *Tú eres más alto que él.* You're taller than him. | *Nadie juega como él.* Nobody plays like him.

4 (referido a cosas) **it**

elástico, -a *adjetivo & sustantivo*

■ *adjetivo*

elastic

■ **elástico** *sustantivo*

(de una prenda) **elastic**

elección *sustantivo*

1 (opción, decisión) **choice**: *Fue una mala elección.* It was a bad choice.

2 (por votación) **election**: *la elección de Ramos como presidente* the election of Ramos as president

3 elecciones elections

elecciones generales general election

electricidad *sustantivo*

electricity

electricista *sustantivo*

electrician

eléctrico, -a *adjetivo*

1 (luz, estufa, guitarra, cocina) **electric**

2 (instalación, artefacto) **electrical**: *aparatos eléctricos* electrical appliances ▶ ver **rasuradora**, **silla**

electrónico, -a *adjetivo*

electronic ▶ ver **correo**

elefante, -a *sustantivo*

elephant

elegante *adjetivo*

1 (persona) **well-dressed**, **elegant**: *Estás muy elegante.* You're very well-dressed.

2 (restaurante, zona) **upscale** AmE, **posh** BrE

elevador *sustantivo*

elevator AmE, **lift** BrE: *Vamos a tomar el elevador.* Let's take the elevator.

ella *pronombre*

1 (como sujeto) **she**: *Me lo regaló ella.* She gave it to me. ▶ Tras el verbo **to be** se usa **her**: *Fue ella.* It was her.

2 (tras preposiciones) **her**: *Es para ella.* It's for her. | *Recibí un mail de ella.* I got an e-mail from her. ▶ Pero cuando **de ella** significa *suyo* se traduce por **her** o **hers**: *¿Conoces al hermano de ella?* Do you know her brother? | *Ese libro no es de ella.* That book isn't hers.

3 (en comparaciones) **her**: *Él es más joven que ella.* He is younger than her. | *La hermana no es como ella.* Her sister isn't like her.

4 (referido a cosas) **it**

ellos, -as *pronombre*

1 (como sujeto) **they**: *Me lo mandaron ellas.* They sent it to me. | *Ellos no saben nada.* They don't know anything. ▶ Tras el verbo **to be** se usa **them**: *Deben haber sido ellos.* It must have been them.

2 (tras preposiciones) **them**: *Las cervezas son para ellos.* The beers are for them. | *Me despedí de ellos.* I said goodbye to them. ▶ Pero cuando **de ellos -as** significa *suyo* se traduce por **their** o **theirs**: *Ése es el coche de ellos.* That's their car. | *Las azules son de ellos.* The blue ones are theirs.

3 (en comparaciones) **them**: *Él es más callado que ellas.* He's quieter than them. | *Tú no eres como ellos.* You're not like them.

elote *sustantivo*

1 (mazorca) **corncob**

2 (grano) **corn**

El Salvador *sustantivo*

El Salvador

embajada *sustantivo*

embassy (plural **-ssies**)

embarazada *adjetivo & sustantivo*

■ *adjetivo*

pregnant | **estar embarazada to be pregnant**

■ *sustantivo*

pregnant woman (plural **pregnant women**)

embarazarse *verbo*

to get pregnant

embarrado, -a *adjetivo*

estar/quedar embarrado -a de algo to be/to get covered in something: *El mantel está embarrado de catsup.* The tablecloth is covered in ketchup.

embestir *verbo*

(animal) **to charge**

emborracharse *verbo*

to get drunk: *Anoche me emborraché.* I got drunk last night.

emboscada *sustantivo*
ambush (plural **-shes**) | **tenderle una emboscada a alguien to prepare an ambush for someone**

embotellamiento *sustantivo*
traffic jam: *Había un embotellamiento terrible.* There was a terrible traffic jam.

embudo *sustantivo*
funnel

emergencia *sustantivo*
emergency (plural **-cies**): *en caso de emergencia* in case of emergency

emigración *sustantivo*
1 (a otro país) **emigration**
2 (de animales) **migration**

emigrante *sustantivo*
emigrant

emigrar *verbo*
1 (a otro país) **to emigrate**: *Emigraron a España.* They emigrated to Spain.
2 (aves) **to migrate**

emisión *sustantivo*
1 (de radio, TV) **broadcast**
2 (de gases, líquidos, etc) **emission**

emisora *sustantivo*
radio station

emitir *verbo*
(en radio, TV) **to broadcast**

emocionado, **-a** *adjetivo*
emotional

emocionante *adjetivo*
1 (apasionante) **exciting**: *un partido emocionante* an exciting game
2 (conmovedor) **moving**: *un momento emocionante* a moving moment

emoticón *sustantivo*
smiley, **emoticon**

empañado, **-a** *adjetivo*
(vidrio, anteojos) **steamed up**

empapado, **-a** *adjetivo*
soaking wet

empatado, **-a** *adjetivo*
estar/ir empatados -as (en deportes y juegos) **to be tied**: *Van empatados 3 a 3.* They're tied 3–3. | *Iban empatados hasta la última pregunta.* They were level until the last question.

empatar *verbo*
1 (terminar en empate) **to tie**: *Empatamos 1 a 1.* We tied 1–1.
2 (conseguir el empate) **to tie the scores**, **to level the scores** ▶ **to tie the scores** se usa en futbol; en otros deportes y juegos se dice **to level the scores**: *Empató a los diez minutos.* He leveled the scores after ten minutes.

empate *verbo*
tie: *Hubo empate.* It was a tie.

empedrado, **-a** *adjetivo*
cobbled: *una calle empedrada* a cobbled street

empeñado, **-a** *adjetivo*
estar empeñado -a en hacer algo to be determined to do something: *Está empeñado en conseguir ese puesto.* He's determined to get that job.

empeñar *verbo*
(joyas, un reloj) **to pawn**
empeñarse to insist: *Se empeñó en pagarlo todo.* She insisted on paying for everything.

empeorar *verbo*
1 (volver peor) **empeorar algo to make something worse**: *Vas a empeorar las cosas si se lo dices.* You're going to make things worse if you tell her.
2 (volverse peor) **to get worse**: *El tiempo va a empeorar.* The weather is going to get worse.

emperador, **emperatriz** *sustantivo*
emperador emperor emperatriz empress (plural **empresses**)

empezar *verbo*
1 (clase, reunión, partido, etc.) **to start, to begin**: *La clase empieza a las 10.* The class starts at 10 o'clock./The class begins at 10 o'clock. | *¿A qué hora empieza la película?* What time does the movie start?/What time does the movie begin?
2 (palabra, canción) **to begin**, **to start**: *palabras que empiezan con "e"* words that begin with "e"/words that start with "e"
3 (un trabajo, una actividad) **to start**: *Mañana empiezo la dieta.* I start my diet tomorrow.
4 empezar a hacer algo to start doing something/to start to do something: *Me empecé a reír.* I started laughing./I started to laugh.
5 empezar haciendo algo to start off doing something: *Empezó trabajando de mesero.* He started off working as a waiter.
6 no empecemos/no empieces don't start!: *¡No empecemos de nuevo!* Don't start again!

empinado, **-a** *adjetivo*
steep: *La ladera es bastante empinada.* The hillside is pretty steep.

empleado, **-a** *sustantivo*
employee: *La compañía tiene 200 empleados.* The company has 200 employees.

empleo *verbo*
1 (trabajo en general) **work**: *gente buscando empleo* people looking for work | **estar sin empleo** **to be out of work**
2 (puesto) **job**: *Tiene un buen empleo.* She has a good job.
3 (uso) **use**

empresario, **-a** *sustantivo*
empresario **businessman** (plural **businessmen**) **empresaria** **businesswoman** (plural **businesswomen**)

empujar *verbo*
to push: *Tuvimos que empujar el coche.* We had to push the car.

push

empujón *sustantivo*
darle un empujón a alguien **to push someone**: *Me dio un empujón.* He pushed me.

en *preposición*
1 (adentro de) **in**: *Ponlo en el cajón.* Put it in the drawer. | *Miguel está en el baño.* Miguel's in the bathroom.
2 (sobre) **on**: *Déjamelo en el escritorio.* Leave it on my desk.
3 (ciudad, país, región) **in**: *en Londres* in London | *en España* in Spain | *en el sur* in the south
4 (otros lugares) La traducción varía: *Está en su casa.* She's at home. | *Te espero en la esquina.* I'll meet you on the corner. | *Vive en el tercer piso.* He lives on the third floor.
5 Cuando se piensa en un lugar no como un edificio sino como el sitio donde se realiza determinada actividad, se usa **at** y no **in**: *Está en la oficina/en el teatro/en el club.* He's at the office/at the theater/at the club. ▶ Con algunos sustantivos se omite el artículo: *Estábamos en la escuela/la iglesia.* We were at school/at church.
6 (medio de transporte) **by**: *Fui en tren.* I went by train | *Vinimos en coche.* We came by car./We drove. | *Voy en avión.* I'm flying./I'm going by plane. ▶ Cuando se habla de estar en el coche o en el tren, etc., se usa **in** con coche y **on** con tren, metro, avión, etc.: *Ya estábamos en el avión.* We were already on the plane.
7 (años, meses, estaciones) **in**: *en 1987* in 1987 | *en mayo* in May | *en invierno* in winter
8 (Navidad, Semana Santa) **at**: *Siempre nos juntamos en Navidad.* We always get together at Christmas.
9 (tiempo invertido) **in**: *Lo hice en cinco minutos.* I did it in five minutes.
10 (modo, medio, formato) **in**: *No salgas en camisón.* Don't go out in your nightdress. | *Escríbelo en inglés.* Write it in English.

in

The milk is in the fridge.

enamorado, **-a** *adjetivo*
estar enamorado -a (de alguien) **to be in love (with someone)**: *Estoy enamorado de ella.* I'm in love with her.

enamorarse *verbo*
enamorarse (de alguien) **to fall in love with someone**: *Se enamoró perdidamente de ella.* He fell madly in love with her.

fall in love

Jack and Sarah have fallen in love.

enano, **-a** *sustantivo*
dwarf: *Blanca Nieves y los siete enanos* Snow White and the Seven Dwarfs

encantado, **-a** *adjetivo*

1 (feliz) **delighted**: *Está encantada con su nueva casa.* She's delighted with her new house.

2 (en presentaciones) **pleased to meet you**: *–Le presento a mi tía. –Encantada.* "Let me introduce you to my aunt." "Pleased to meet you."

3 (hechizado) **enchanted**: *una casa encantada* an enchanted house

E

encantar *verbo*

1 (gustar) Se traduce usando el verbo **to love** con la persona como sujeto: *Antes me encantaba patinar.* I used to love skating. | *Nos encantaría que vinieran a visitarnos.* We'd love you to come and visit us.

2 (hechizar) **to cast a spell on**

encarcelar *verbo*

to imprison

encargado, **-a** *adjetivo*

(estar) encargado -a de algo (to be) in charge of something: *Está encargado de organizar el festival.* He's in charge of organizing the festival.

encargar *verbo*

1 (flores, comida, un libro, etc.) **to order**: *Encargamos unas pizzas.* We ordered some pizzas.

2 encargarle algo a alguien (pedirle que lo compre) **to ask someone to get something for you**: *Me encargó unos CDs.* She asked me to get some CDs for her.

encargarse: **encargarse de algo o alguien to take care of something or someone**: *Yo me encargo de la comida.* I'll take care of the food.

encargo *sustantivo*

(en una tienda) **order**

encariñarse *verbo*

encariñarse con alguien o algo to become very attached to someone or something

encendedor *sustantivo*

lighter, **cigarette lighter**

encender *verbo*

1 (la luz, un aparato eléctrico) **to turn on**: *Enciende la luz.* Turn the light on.

2 (un cigarro, una vela, el fuego) **to light**: *Encendió la chimenea.* He lit the fire.

encendido, **-a** *adjetivo*

1 estar encendido -a (a) to be on: *La calefacción no está encendida.* The heating isn't on. **(b) to be lit**

2 dejar la televisión/la luz etc. encendida to leave the television/the light etc. on: *No dejes la luz encendida.* Don't leave the light on.

encerrar *verbo*

encerrar a alguien (a) (con llave) **to lock someone in (b)** (sin llave) **to shut someone in**: *Encerré al perro en la cocina.* I shut the dog in the kitchen.

encerrarse

1 (con llave) **to lock yourself in**

2 (sin llave) **to shut yourself in**

enchufar *verbo*

enchufar algo to plug something in: *Enchufa la tele.* Plug the TV in.

enchufe *sustantivo*

1 (de un aparato) **plug**: *el enchufe de la plancha* the plug on the iron

2 (en la pared) **outlet**

encía *sustantivo*

gum

enciclopedia *sustantivo*

encyclopedia

encima *preposición & adverbio*

1 encima de algo o alguien on something or someone, **on top of something or someone**: *encima de la televisión* on the television/on top of the television

2 (además) **not only that**: *Hacía frío y encima llovía.* It was cold and, not only that, it was raining.

3 por encima (por arriba) **on top**: *Espolvoréalo con azúcar por encima.* Sprinkle some sugar on top.

4 leer/mirar etc. algo por encima to have a quick look at something: *Leyó el diario por encima.* He had a quick look at the newspaper.

encoger *verbo*

to shrink

encogerse to shrink

encontrar *verbo*

(hallar) **to find**: *No encuentro mi cartera.* I can't find my wallet.

encontrarse

1 (hallar) **to find**: *Me encontré cincuenta centavos en la calle.* I found fifty cents in the street.

2 (reunirse) **to meet**: *¿Por qué no nos encontramos en la puerta del bar?* Why don't we meet outside the bar?

3 encontrarse con alguien (a) (de casualidad) **to meet someone**: *Se encontró con un amigo en el avión.* He met a friend of his on the plane. **(b)** (habiendo hecho un arreglo) **to meet up with someone**: *Me encontré con Daniela para platicar.* I met up with Daniela for a chat.

4 (sentirse) **to feel**: *¿Se encuentra usted bien?* Do you feel all right?

encuentro *sustantivo*
1 (de personas) **meeting**: *Fue un encuentro inesperado.* It was a chance meeting.
2 (en futbol, básquet) **game**

encuesta *sustantivo*
survey

enderezar *verbo*
to straighten
enderezarse **to stand up straight**

endeudarse *verbo*
to get into debt

endurecer *verbo*
to harden
endurecerse (material) **to go hard**

enemigo, **-a** *sustantivo & adjetivo*
■ *sustantivo*
enemy (plural **-mies**)
■ *adjetivo*
el ejército enemigo **the enemy army**

energía *sustantivo*
1 (en física) **energy**: *una fuente de energía* a source of energy
2 (fuerza) **energy**: *una pérdida de tiempo y energía* a waste of time and energy
energía eléctrica **electricity** **energía nuclear** **nuclear power** **energía solar** **solar power**

enero *sustantivo*
January: *Los vimos en enero.* We saw them in January.

énfasis *sustantivo*
emphasis (plural **-ses**) | **poner (el) énfasis en algo** **to emphasize something**

enfermarse *verbo*
to get sick: *No pudo venir porque se enfermó.* He couldn't come because he got sick.

enfermedad *sustantivo*
illness (plural **-sses**), **disease** ► ver nota abajo

> **NOTA: ¿illness o disease?**
> Cuando se habla de una enfermedad sin darle un nombre específico, se puede usar tanto **illness** como **disease**. **Disease** es más frecuente cuando la enfermedad es contagiosa: *una enfermedad muy grave* a very serious illness/a very serious disease
> Cuando se especifica a qué parte del cuerpo afecta, se suele usar **disease** *una enfermedad de la piel* a skin disease
> Dos casos excepcionales son *una enfermedad mental* a mental illness | *una enfermedad terminal* a terminal illness
> Cuando se habla de contraer o contagiarse una enfermedad, se usa **disease** *Contrajo la enfermedad en un viaje al Amazonas.* She caught the disease on a trip to the Amazon.
> Para referirse al tiempo que uno está enfermo o al estado de estar enfermo, se usa **illness** *Murió ayer tras una corta enfermedad.* She died yesterday after a short illness.

E

enfermería *sustantivo*
sickbay: *Lo llevaron a la enfermería.* He was taken to the sickbay.

enfermero, **-a** *sustantivo*
nurse: *Mi tía es enfermera.* My aunt is a nurse.

enfermo, **-a** *adjetivo & sustantivo*
■ *adjetivo*
sick, **ill** ► ver nota abajo
■ *sustantivo*
1 Si mencionas la enfermedad que se tiene, guíate por este ejemplo: *una enferma de cáncer* a cancer sufferer/a woman who has cancer
2 Desde el punto de vista de un médico o de un hospital *un enfermo* es **a patient**: *El doctor salió a visitar a un enfermo.* The doctor has gone out to visit a patient.
3 Para hablar de enfermos en general, usa **sick people**: *Trabaja como voluntaria cuidando enfermos.* She does voluntary work looking after sick people.

> **NOTA: ¿ill o sick?**
> Delante de un sustantivo se usa **sick**: *un chico enfermo* a sick child | *animales enfermos* sick animals
> *estar enfermo* se dice **to be sick** en inglés americano y **to be ill** en inglés británico: *Está muy enfermo.* He's very sick.
> Pero *gravemente enfermo* es **seriously ill**: *Su madre estaba gravemente enferma.* His mother was seriously ill.

enfrentarse *verbo*
1 (en deportes) **enfrentarse a/con alguien** **to play someone**: *Se enfrentan al equipo hondureño este fin de semana.* They play the Honduran team this weekend.
2 (boxeadores) **enfrentarse a/con alguien** **to fight someone**
3 (con violencia) **enfrentarse con alguien** **to clash with someone**: *Los hooligans se enfrentaron con la policía.* The hooligans clashed with the police.

enfrente *adverbio & preposición*
1 (del otro lado de la calle) **across the road**: *Voy enfrente a comprar chicles.* I'm going across the road to get some gum. | **justo enfrente right opposite**
2 enfrente de algo (a) (del otro lado de la calle) **opposite something**: *Vive enfrente de la florería.* She lives opposite the florist shop. **(b)** (de la misma acera) **in front of something**: *Hay una parada enfrente del teatro.* There's a bus stop in front of the theater.
3 enfrente de alguien (a) (adelante) **in front of someone**: *Lo dijo enfrente de mí.* She said it in front of me. **(b)** (cara a cara) **facing someone**: *Estaba sentado enfrente de mí.* He sat facing me.

enfriarse *verbo*
to get cold: *Come que se te enfría la comida.* Eat your food, it's getting cold.

enganchar *verbo*
enganchar algo a algo (con un gancho) **to hook something onto something**: *Engancharon otro vagón al tren.* They hooked another car onto the train.
engancharse (quedar atrapado) **to get caught**: *Se me enganchó el pantalón en la cadena de la bicicleta.* My pants got caught in the bicycle chain.

engañar *verbo*
(mentirle a) **to fool**: *Nos engañó a todos.* He fooled us all. ▶ También existe **to deceive**, que se usa en contextos más formales

engordar *verbo*
1 (aumentar de peso) **to put on weight**: *Engordó muchísimo.* He's put on a lot of weight. | **engordar un kilo/tres kilos etc. to put on a kilo/three kilos etc.**: *Engordó seis kilos en dos meses.* He put on six kilos in two months.
2 (referido a alimentos) **to be fattening**: *Las verduras no engordan.* Vegetables aren't fattening.

engrapadora *sustantivo*
stapler

engrasar *verbo*
1 (con aceite) **to oil**
2 (con grasa) **to grease**
engrasarse to get greasy: *Se me engrasó el pelo.* My hair has gotten greasy.

enjuagar *verbo*
(la ropa, los platos etc.) **to rinse**
enjuagarse: **enjuagarse la boca/el pelo etc. to rinse your mouth/your hair etc.**

enlatado, -a *adjetivo*
canned: *comida enlatada* canned food

enmarcar *verbo*
(una lámina, una foto) **to frame**

enojado, -a *adjetivo*
estar enojado -a (con alguien) to be angry (with someone), to be mad (at someone)

> **NOTA: to be mad (at someone)** expresa un enojo menos serio. Por ejemplo, puedes estar **mad** con tu hermano porque te rompió la bicicleta, pero usa **angry** cuando se trata de algo más serio.

enojarse *verbo*
enojarse (con alguien) to get angry (with someone), to get mad (at someone): *No te enojes conmigo.* Don't get angry with me./Don't get mad at me. ▶ ver nota en **enojado**

enojo *sustantivo*
anger: *No pudo ocultar su enojo.* She couldn't hide her anger.

enorme *adjetivo*
huge, enormous: *una casa enorme* a huge house/an enormous house

enredado, -a *adjetivo*
tangled

enredar *verbo*
to tangle up
enredarse (pelo, lana, hilo) **to get tangled up**: *Se me enredó el pelo.* My hair got tangled up.

enriquecerse *verbo*
(hacerse rico) **to get rich**

enrollar *verbo*
(una alfombra, un papel) **enrollar algo to roll something up**: *¿Me ayudas a enrollar la alfombra?* Can you help me roll the carpet up?

ensalada *sustantivo*
salad
ensalada de frutas fruit salad
ensalada rusa potato salad, Russian salad

ensayar *verbo*
(para un espectáculo) **to rehearse**: *Vamos a ensayar por última vez.* We're going to rehearse for the final time.

ensayo *sustantivo*
(de un espectáculo) **rehearsal**: *Mañana tengo ensayo.* I have a rehearsal tomorrow.

enseguida, **en seguida** *adverbio*
immediately, **right away**: *Enseguida la reconocí.* I recognized her immediately./I recognized her right away.

enseñar *verbo*
1 (mostrar) **to show**: *Enséñame tu cuarto.* Show me your room.
2 enseñarle a alguien a hacer algo to teach someone to do something: *Nos están enseñando a usar la computadora.* They are teaching us to use the computer.

ensuciar *verbo*
ensuciar algo to get something dirty: *¡Estás ensuciando todo!* You're getting everything dirty!
ensuciarse
1 to get dirty: *No te ensucies.* Don't get dirty.
2 ensuciarse el vestido/la chamarra etc. to get your dress/jacket etc. dirty: *Me ensucié la camisa.* I got my shirt dirty.

entender *verbo*
1 (una explicación, un idioma) **to understand**: *No entendí nada.* I didn't understand a thing.
2 (a una persona) **to understand**: *Nadie me entiende.* Nobody understands me.
3 entender de algo to know about something: *No entiendo nada de futbol.* I don't know anything about soccer.

enterarse *verbo*
1 (referido a una noticia) **to hear** | **enterarse de algo to hear about something**: *¿Te enteraste de lo de Ana?* Have you heard about Ana? | *Ya me enteré de que te vas.* I heard you're leaving.
2 (descubrir) **to find out**: *Si se entera, me mata.* If he finds out, he'll kill me.

entero, **-a** *adjetivo*
1 (completo) **whole**: *un año entero* a whole year | *Se tomó la botella entera.* He drank the whole bottle.
2 (leche, yogurt) **full-fat**
3 (número) **whole**

enterrar *verbo*
to bury: *Enterró el hueso en el jardín.* He buried the bone in the garden.

entierro *sustantivo*
funeral: *No pudo ir al entierro.* He couldn't go to the funeral.

entonces *adverbio*
1 (para introducir una consecuencia) **then**: *–No quiero ir. –Entonces no vayas.* "I don't want to go." "Don't go then."
2 (en ese momento) **then**: *Entonces llamaron a la policía.* Then they called the police.

entrada *sustantivo*
1 (de un lugar) **entrance**: *La entrada está a la vuelta.* The entrance is round the corner.
2 (para un espectáculo) **ticket**: *¿Cuánto cuesta la entrada?* How much are the tickets?
3 (acción de entrar) **entry**: *"Prohibida la entrada"* "No entry"
4 (primer plato) **appetizer**: *¿Qué vas a pedir de entrada?* What are you going to order as an appetizer?

entrar *verbo*
1 (pasar adentro) **to come in**, **to go in** ▶ En general se usa **to come in** si la persona que habla está adentro y **to go in** si está afuera: *Entra sin hacer ruido.* Go in quietly. | *Entré por la puerta de atrás.* I came in through the back door. | *La vi entrar a la farmacia.* I saw her go into the pharmacy. ▶ Para expresar dificultad se usa **to get in**: *Entraron por la ventana del baño.* They got in through the bathroom window.
2 (caber) **to go in**: *Estos libros no entran.* These books won't go in. | **esta falda/este vestido etc. no me entra I can't get into this skirt/this dress etc.**: *Este pantalón no me entra.* I can't get into these pants.
3 (ser admitido) **entrar a un colegio/a la universidad etc. to get into a school/into college etc.** | **entrar a una empresa/una organización to join a company/an organization**: *Entró a la empresa en 2000.* He joined the company in 2000.
4 me entró frío/sueño etc. I started to feel cold/tired etc.

entre *preposición*
1 (punto intermedio) **between**: *Siéntate entre Marisol y Ana.* Sit between Marisol and Ana. | *Cuesta entre $25 y $30.* It costs between $25 and $30.
2 (cooperación) **between**: *Lo hicimos entre los tres.* We did it between the three of us. | *Lo pagamos entre todos.* We paid for it between us all.
3 (relación) **between**: *No hay nada entre él y yo.* There's nothing between him and me.
4 (pertenencia a un grupo) **among**: *Es común entre la gente mayor.* It's common among old people.
5 (intercalado con) **among**: *Estaba entre tus papeles.* It was among your papers.

E

6 (distribución) Si es entre dos personas, se usa **between** pero si es entre más, se dice **among**: *Repártanse la pizza entre los dos.* Share the pizza between the two of you. | *Reparte los caramelos entre los niños.* Share the candy out among the children.

entrecerrado, **-a** *adjetivo*
(ojos) **half-closed**

entregar *verbo*
1 (dar) **entregarle algo a alguien to give someone something**: *Le entregó la carta al director.* He gave the principal the letter./He gave the letter to the principal.
2 (deberes, trabajos) **to hand in**: *¿Cuándo hay que entregar el trabajo?* When do we have to hand the project in?
3 entregarle un premio a alguien to present someone with a prize: *Le entregaron el premio en una ceremonia especial.* He was presented with the prize at a special ceremony.
4 (algo que se ha comprado) **to deliver**: *Le entregaron el coche el lunes.* They delivered her car on Monday.
entregarse (a una autoridad) **to give yourself up**: *Se entregó a la policía.* He gave himself up to the police.

entrenador, **-a** *sustantivo*
(en deportes) **coach** (plural **coaches**)
entrenador -a personal personal trainer

entrenamiento *sustantivo*
1 (acción) **training**
2 (sesión) **training session**: *Hoy tengo entrenamiento.* I have a training session today.

entrenar *verbo*
1 (a un equipo) **to coach**
2 (a un deportista) **to train**, **to coach**
3 (hacer ejercicio) **to train**: *Entreno dos veces por semana.* I train twice a week.
entrenarse to train

entretener *verbo*
entretener a alguien to keep someone amused: *La tele no la entretiene.* Television doesn't keep her amused.
entretenerse
1 to keep yourself amused: *Me entretengo haciendo solitarios.* I keep myself amused playing solitaire.
2 (perder el tiempo) **to get held up**: *Me entretuve en la dulcería.* I got held up at the cake shop.

entretenido, **-a** *adjetivo*
entertaining: *un programa entretenido* an entertaining program | **ser/no ser muy entretenido -a to be a lot of fun/not to be much fun**: *Este juego no es muy entretenido.* This game isn't much fun.

entrevista *sustantivo*
1 (en los medios) **interview**
2 (a un aspirante a un trabajo) **interview**: *Llegó tarde a la entrevista.* He was late for the interview.

entrevistar *verbo*
(en los medios, para un trabajo) **to interview**

envase *sustantivo*
1 (de un producto) El término general es **container**. Se usa **jar** para referirse a un frasco de vidrio, **carton** para un envase de cartón, **pot** para los envases de los yogurts y **tub** para los de margarina.
2 (botella vacía) **empty bottle**
envase no retornable non-returnable container/bottle etc.

envenenar *verbo*
to poison

envidioso, **-a** *adjetivo & sustantivo*
■ *adjetivo*
envious: *Es muy envidiosa.* She's very envious.
■ *sustantivo*
En inglés se usa el adjetivo y se suele expresar lo que se envidia: *Es un envidioso.* He's so envious of other people./He's so envious of what other people have.

envolver *verbo*
1 to wrap: *Lo envolví en papel periódico.* I wrapped it in newspaper.
2 envolver algo para regalo to gift-wrap something

wrap

He is wrapping up the books.

enyesado, **-a** *adjetivo*
in a cast: *Tengo el brazo enyesado.* My arm is in a cast.

epiléptico, **-a** *adjetivo & sustantivo*
epileptic: *un ataque epiléptico* an epileptic fit

época *sustantivo*

1 (período) **time**: *en aquella época* at that time | *en época de clases* during term time
2 (del año) **time of year**: *Hace frío en esta época.* It's cold at this time of year.
3 (histórica) **times** *plural*: *en la época de la colonia* in colonial times

equilibrio *sustantivo*

1 **balance**: *el equilibrio ecológico* the ecological balance
2 **perder el equilibrio to lose your balance**
3 **mantener el equilibrio to keep your balance**

equipaje *sustantivo*

baggage: *¿Tienes mucho equipaje?* Do you have much baggage? ▶ ver **exceso**
equipaje de mano hand baggage

equipo *sustantivo*

1 (en deportes) **team**
2 (de profesionales o técnicos) **team**
equipo de buceo diving gear equipo de gimnasia gym kit

equitación *sustantivo*

riding, **horseback riding** | **hacer equitación to ride**

equivalente *adjetivo & sustantivo*

equivalent: *Costó el equivalente a $10.* It cost the equivalent of $10.

equivocación *sustantivo*

1 **mistake**
2 **por equivocación by mistake**: *Tomó otro tren por equivocación.* He took a different train by mistake.

equivocado, **-a** *adjetivo*

1 **estar equivocado -a to be wrong, to be mistaken** ▶ **mistaken** es más formal que **wrong**: *Creo que estás equivocado.* I think you're wrong./I think you're mistaken.
2 (al llamar por teléfono) *–¿Está Luis? –No, está equivocado.* "Is Luis there?" "No, I think you have the wrong number."

equivocarse *verbo*

1 (cometer un error) **to make a mistake**: *Cualquiera se puede equivocar.* Anyone can make a mistake. | *Te equivocaste, es el rojo.* You're wrong, it's the red one.
2 **equivocarse de puerta/de número etc. to get the wrong door/to dial the wrong number etc.**: *Se equivocó de camión.* He got on the wrong bus.
3 (estar equivocado) **to be wrong, to be mistaken** ▶ **mistaken** es más formal que **wrong**: *Creo que se equivoca.* I think you're mistaken.

era *sustantivo*

era, **age**: *la era de Internet* the Internet era/the age of the Internet

erizo *sustantivo*

1 **hedgehog**
2 **erizo (de mar) sea urchin**

erosión *sustantivo*

erosion

erupción *sustantivo*

1 (en la piel) **rash** (plural **rashes**)
2 (de un volcán) **eruption**

He has a bad rash on his face.

escala *sustantivo*

1 (serie jerárquica) **scale**: *en una escala de uno a diez* on a scale of one to ten
2 (en un viaje) **stopover** | **hacer escala en (a) to stop over in**: *El avión hizo escala en Río de Janeiro.* The plane stopped over in Rio de Janeiro. **(b) to call at**
3 (en música) **scale**
4 (proporción) **scale** | **dibujar algo a escala to draw something to scale**
escala de Richter Richter scale

escalar *verbo*

(una montaña) **to climb**: *Van a escalar el Everest.* They're going to climb Everest.

escalera *sustantivo*

1 (de un edificio) **stairs** *plural*, **staircase** ▶ En general, con verbos de movimiento se usa **stairs**. Si se trata de describir la estructura se usa **staircase**: *una escalera de mármol* a marble staircase | **bajar/subir la escalera to go down/up the stairs**: *Ten cuidado al bajar la escalera.* Careful as you go down the stairs. | **bajar/subir la escalera corriendo to run down/up the stairs** | **caerse por la escalera to fall down the stairs**
2 (portátil) **ladder** es una escalera que se

apoya en la pared y **stepladder** una escalera de tijera: *¿Dónde está la escalera?* Where's the stepladder?

escalera de caracol spiral staircase

escalera eléctrica escalator

escalator

escalofrío *sustantivo*

shiver: *Tiene escalofríos.* He's shivering. | *Me dio un escalofrío.* I shivered.

escalón *sustantivo*

(en un edificio) **step**: *Cuidado con el escalón.* Watch the step.

escama *sustantivo*

scale

escándalo *sustantivo*

1 (alboroto) **racket** | **armar escándalo to make a racket**

2 (quejas, protestas) **armar un escándalo to make a scene**: *Armó un escándalo terrible.* He made a terrible scene.

3 (asunto escandaloso) **scandal**

escandinavo, -a *adjetivo & sustantivo*

Scandinavian

escanear *verbo*

to scan

escáner *sustantivo*

scanner

escaparse *verbo*

1 (de la cárcel, de una jaula, etc.) **to escape**: *Un león se escapó ayer del zoológico.* A lion escaped from the zoo yesterday.

2 (salir corriendo) **to run off**: *No dejes que se escape el perro.* Don't let the dog run off.

3 escaparse de su/de la casa to run away from home: *Se escapó de la casa a los dieciséis años.* He ran away from home when he was sixteen.

4 (secreto) **se me/le etc. escapó I/he etc. let it slip**: *Se me escapó lo de la fiesta.* I let it slip about the party.

escarabajo *sustantivo*

beetle

escarbar *verbo*

escarbar (en) la tierra/la arena to dig in the soil/the sand

escarcha *sustantivo*

frost

escarlata *adjetivo & sustantivo*

scarlet

escenario *sustantivo*

stage

esclavitud *sustantivo*

slavery

esclavo, -a *sustantivo*

slave

escoba *sustantivo*

1 (para barrer) **broom**

2 (de bruja) **broomstick**

escocés, -esa *adjetivo & sustantivo*

■ *adjetivo*

1 (de Escocia) **Scottish** ▶ También existe el adjetivo **Scots**, que los escoceses prefieren en ciertos contextos (**a Scots girl, a Scots miner**, etc.). **Scotch** hoy en día se usa casi exclusivamente para referirse al whisky

2 (a cuadros) **tartan**: *una falda escocesa* a tartan skirt

■ *sustantivo*

1 (persona) **escocés Scot, Scotsman** (plural **-men**) **escocesa Scot, Scotswoman** (plural **-women**)

2 los escoceses (the) Scots

Escocia *sustantivo*

Scotland

escoger *verbo*

to choose: *Escogí el verde.* I chose the green one.

escolar *adjetivo*

el año/el reglamento escolar the school year/the school regulations: *las vacaciones escolares* the school vacations

escolta *sustantivo*

■ *sustantivo masculino & femenino*

(del abanderado) **escort**

■ *sustantivo femenino*

escort: *la escolta presidencial* the presidential escort

escombros *sustantivo plural*

rubble *singular*

esconder *verbo*

to hide: *Escondió el regalo abajo de la cama.* He hid the gift under the bed.

esconderse

1 to hide: *Me escondí abajo de la cama.* I hid under the bed.

2 esconderse de alguien to hide from someone

escondidas *sustantivo*
a escondidas **in secret**: *Fuman a escondidas.* They smoke in secret.

escondidillas *sustantivo plural*
jugar a las escondidillas **to play hide-and-seek**

escopeta *sustantivo*
shotgun

escorpión *sustantivo*
1 (animal) **scorpion**
2 (signo del zodiaco) **Scorpio**: *Es escorpión.* He's a Scorpio./He's a Scorpian.

escote *sustantivo*
low neckline

escribir *verbo*
1 (persona, pluma) **to write**: *Escribe con la derecha.* She writes with her right hand. | **escribirle a alguien** **to write to someone**: *Te voy a escribir todos los días.* I'll write to you every day.
2 **escribir a máquina** **to type**
3 (hablando de la ortografía) **to spell**: *¿Cómo se escribe tu apellido?* How do you spell your last name? | *Se escribe con "K".* It's spelled with a "K".
escribirse (tener correspondencia) **to write to each other**

escrito, **-a** *adjetivo*
1 **written**: *una prueba escrita* a written test
2 **escrito -a a mano** **handwritten**
3 **escrito -a a máquina** **typed**
4 **por escrito** **in writing**: *Tenemos que presentar las conclusiones por escrito.* We have to present our conclusions in writing.

escritor, **-a** *sustantivo*
writer

escritorio *sustantivo*
desk

escritura *sustantivo*
writing

escuadra *sustantivo*
1 (útil) **triangle**
2 (de buques) **squadron**

escuadrón *sustantivo*
(de aviones) **squadron**

escuchar *verbo*
1 (con atención) **to listen**: *¡Escúchame!* Listen! | **escuchar algo** **to listen to something**: *Nunca escucho el radio.* I never listen to the radio.
2 (oír) **to hear**: *Habla más fuerte: no te escucho.* Can you speak a little louder, I can't hear you.

escudo *sustantivo*
shield

escuela *sustantivo*
(institución, edificio) **school**: *Está en la escuela.* She's at school. | *¿A qué escuela vas?* Which school do you go to? | **ir a la escuela** **to go to school**: *No quiero ir a la escuela.* I don't want to go to school.
escuela de gobierno **public school** AmE, **state school** BrE **escuela de paga** **private school** **escuela primaria** **elementary school** AmE, **primary school** BrE **escuela secundaria** **high school** AmE, **secondary school** BrE

escultor, **-a** *sustantivo*
sculptor

escultura *sustantivo*
sculpture

ese, **-a** *adjetivo & pronombre*
■ *adjetivo*
that: *Dame ese libro.* Give me that book. | *Ese día estaba en mi casa.* I was at home that day. ▶ ver también **esos**
■ *pronombre*
▶ ver **ése -a**

ése, **-a** *pronombre*
that one: *–¿Cuál te gusta? –Ésa.* "Which one do you like?" "That one." | *El novio es ése que está ahí.* Her boyfriend is that one over there. ▶ ver también **ésos**

esfera *sustantivo*
(en geometría) **sphere**

esforzarse *verbo*
to try hard: *Se esfuerza por ser amable con ella.* He tries hard to be nice to her. | **esforzarse más** **to try harder**

esfuerzo *sustantivo*
1 **effort**
2 **hacer esfuerzos** (físicamente) **to exert yourself**: *El médico le recomendó que no hiciera esfuerzos.* The doctor advised her not to exert herself.
3 **hacer un esfuerzo/hacer esfuerzos** (tratar) **to try**: *Hacía esfuerzos para no dormirse.* He was trying hard not to fall asleep.

esgrima *sustantivo*
fencing | **practicar esgrima** **to fence**

esmalte *sustantivo*
enamel
esmalte de uñas **nail polish**

esmeralda *sustantivo*
emerald

eso *pronombre*
1 **that**: *No digas eso.* Don't say that. | *Eso está mal.* That's wrong. | *¿Qué es eso de que no vas a ir?* What's all this about you not going? | **por eso** **that's why**: *Se esfuerza*

E

mucho, por eso le va bien. She tries hard, that's why she does well.

2 a eso de at around: *Nos encontramos a eso de las ocho.* We met at around eight.

3 y eso que even though: *Todavía extraña. Y eso que hace años que vive allá.* She still gets homesick, even though she's lived there for years.

4 en eso just then: *En eso los oí entrar.* Just then I heard them come in.

esófago *sustantivo*
esophagus AmE, **oesophagus** BrE

esos, -as *adjetivo & pronombre*
■ *adjetivo*
those: *Me gustan esos zapatos.* I like those shoes. | *¿Puedo comerme uno de esos pastelitos?* Can I have one of those cupcakes?
■ *pronombre*
▶ ver **ésos -as**

ésos, -as *pronombre*
those: *–¿Te gustan estos zapatos? –Prefiero ésos.* "Do you like these shoes?" "I prefer those." | *Ésas son mis amigas.* Those are my friends.

espacial *adjetivo*
vuelo espacial space flight | **un viaje espacial a journey into space** ▶ ver **estación**

espacio *sustantivo*
1 (lugar) **room**: *Necesito más espacio.* I need more room.

2 (entre palabras, líneas) **space**: *Deja un espacio después de la coma.* Leave a space after the comma.

3 (en astronomía) **el espacio space**: *la conquista del espacio* the conquest of space

espada *sustantivo*
1 sword
2 espadas (en la baraja francesa) **spades**

sword

espalda *sustantivo*
1 (parte del cuerpo) **back**: *Me duele la espalda.* My back hurts.

2 a espaldas de alguien behind someone's back: *Lo hizo a sus espaldas.* He did it behind her back.

3 de espaldas a alguien with your back to someone: *Estaba de espaldas a mí.* He had his back to me.

4 por la espalda from behind: *Lo atacaron por la espalda.* They attacked him from behind.

espantapájaros *sustantivo*
scarecrow

espantoso, -a *adjetivo*
1 (muy feo) **terrible**: *Esos anteojos te quedan espantosos.* Those glasses look terrible on you.

2 (que asusta) **horrific**: *Tuve un sueño espantoso.* I had a horrific dream.

3 (usado para enfatizar) **terrible**: *un dolor de cabeza espantoso* a terrible headache ▶ Delante de un adjetivo, usa el adverbio **extremely** o **very**: *Había un ruido espantoso.* It was extremely noisy. | *Hace un frío espantoso.* It's very cold.

España *sustantivo*
Spain

español, -a *adjetivo & sustantivo*
■ *adjetivo*
Spanish
■ *sustantivo*
1 Spaniard ▶ También se puede usar **Spanish man, Spanish woman,** etc.: *Se casó con una española.* He married a Spanish woman.

2 los españoles the Spanish

3 español (idioma) **Spanish**

espárragos *sustantivo plural*
asparagus *singular*

especial *adjetivo*
1 (particular, diferente) **special**: *una ocasión especial* a special occasion

2 en especial especially: *Me gusta la música, en especial la tecno.* I like music, especially techno.

especialidad *sustantivo*
specialty (plural **-ties**)

especialista *sustantivo*
specialist

especializarse *verbo*
especializarse en algo to specialize in something: *Me especialicé en biotecnología.* I specialized in biotechnology.

especialmente *adverbio*
1 (sobre todo) **especially**: *Hay muchos extranjeros, especialmente italianos.* There are a lot of foreigners, especially Italians.

2 (específicamente) **specially**: *Está diseñado especialmente para jóvenes.* It is specially designed for young people.

especie *sustantivo*
1 (clase, tipo) **kind**, **sort**: *una especie de sopa fría* a kind of cold soup/a sort of cold soup

2 (en biología, etc.) **species** (plural **species**): *una especie en peligro* an endangered species

especificar *verbo*
to specify

espectáculo *sustantivo*
(de cine, teatro, etc.) **show**

espectador, **-a** *sustantivo*
1 (en un cine, en un teatro) **member of the audience** ▶ Para traducir el plural se usa **audience** o **people in the audience**: *Los espectadores aplaudieron al terminar la obra.* The audience clapped at the end of the play. | *Había muchos espectadores.* There were a lot of people in the audience.
2 (de televisión) **viewer**
3 (en un encuentro deportivo) **spectator**: *Hubo 50.000 espectadores.* There were 50,000 spectators.

espejo *sustantivo*
mirror: *Se miró en el espejo.* She looked at herself in the mirror.

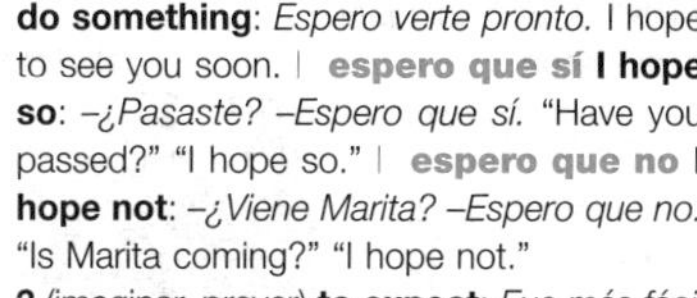
mirror

espera *sustantivo*
wait: *una larga espera* a long wait

esperanza *sustantivo*
1 hope
2 perder las esperanzas (de hacer algo) to give up hope (of doing something): *No pierdas las esperanzas.* Don't give up hope.

esperar *verbo*
1 (aguardar) **to wait**: *Esperó hasta las 11.* He waited until 11 o'clock. | *Espera un minuto.* Wait a minute. | **esperar a alguien to wait for someone**: *Lo esperé hasta mediodía.* I waited for him until midday. | *Hace dos horas que la estoy esperando.* I've been waiting for her for two hours. ▶ Para arreglar dónde te vas a encontrar con alguien, usa el verbo **to meet**: *Te espero en la taquilla.* I'll meet you at the ticket office. | **esperar el camión/un taxi etc. to wait for the bus/a taxi etc.**: *Estaba esperando el camión.* I was waiting for the bus. | **esperar a que to wait until**: *Espere a que se apague la luz roja.* Wait until the red light goes out.
2 (desear) **to hope**: *Espero que mis papás no se enojen.* I hope my parents won't be mad. | *Espero que estés bien.* I hope you are well. | **esperar hacer algo to hope to do something**: *Espero verte pronto.* I hope to see you soon. | **espero que sí I hope so**: *–¿Pasaste? –Espero que sí.* "Have you passed?" "I hope so." | **espero que no I hope not**: *–¿Viene Marita? –Espero que no.* "Is Marita coming?" "I hope not."
3 (imaginar, prever) **to expect**: *Fue más fácil de lo que esperaba.* It was easier than I expected.
4 esperar un bebé to be expecting a baby

esperarse
1 (imaginar, prever) **to expect**: *Me esperaba otra cosa.* I was expecting something else.
2 (aguardar) **to wait**

espeso, **-a** *adjetivo*
1 (salsa, chocolate) **thick**
2 (neblina, niebla) **thick**
3 (vegetación) **dense**

espía *sustantivo*
spy (plural **spies**)

espiar *verbo*
to spy | **espiar a alguien to spy on someone**

espina *sustantivo*
1 (de pescado) **bone**: *Tiene muchas espinas.* It has a lot of bones.
2 (de una planta) **thorn**: *Me piqué con una espina.* I pricked myself on a thorn.
espina dorsal spine, **backbone**

espinaca, **espinacas** *sustantivo*
spinach

espíritu *sustantivo*
spirit
el Espíritu Santo the Holy Spirit

espolvorear *verbo*
to dust: *Espolvorear el pastel con azúcar.* Dust the cake with sugar.

esponja *sustantivo*
sponge

esposas *sustantivo plural*
handcuffs | **ponerle las esposas a alguien to handcuff someone**: *Le pusieron las esposas.* They handcuffed him.

esposo, **-a** *sustantivo*
esposo husband esposa wife (plural **wives**)

espuela *sustantivo*
spur

espuma *sustantivo*
1 (de jabón) **lather**
2 (de una ola) **surf**: *la espuma del mar* the surf

esquelético, **-a** *adjetivo*
skinny

esqueleto *sustantivo*
skeleton

skeleton
skull
ribs

esquema *sustantivo*
1 (diagrama) **diagram**
2 (resumen) **summary** (plural **summaries**)

esquí *sustantivo*
1 (tabla) **ski**: *Necesito esquíes nuevos.* I need some new skis.
2 (deporte) **skiing**
esquí acuático **water skiing**: *Hace esquí acuático.* She goes water skiing.

esquiador, -a *sustantivo*
skier

esquiar *verbo*
to ski | **ir a esquiar** **to go skiing**

esquimal *sustantivo & adjetivo*
Inuit ▶ Existe el término **Eskimo**, pero muchas personas consideran que es ofensivo

esquina *sustantivo*
(entre dos calles) **corner**: *Te espero en la esquina.* I'll meet you on the corner. | *la panadería de la esquina* the bread shop on the corner | *en la esquina de Juárez y Revolución* on the corner of Juárez and Revolución

esquizofrénico, -a *adjetivo & sustantivo*
schizophrenic

estable *adjetivo*
stable

establecer *verbo*
1 (instituir) **to establish**: *la ley que estableció el voto obligatorio* the law which established the obligation to vote
2 (una compañía, un comité) **establecer algo** **to set something up**
establecerse **to settle**: *Se establecieron en Rosario.* They settled in Rosario.

establo *sustantivo*
stable

estaca *sustantivo*
stake

estación *sustantivo*
1 (del año) **season**: *las cuatro estaciones* the four seasons
2 (de tren, de metro) **station**: *Para en todas las estaciones.* It stops at all stations.
estación espacial **space station**

estacionamiento *sustantivo*
1 (al aire libre) **parking lot**
2 (cubierto) **parking garage**

estacionar *verbo*
to park
estacionarse **to park**: *Prohibido estacionarse.* No parking.

estadio *sustantivo*
(para deportes) **stadium** (plural **stadiums** o **stadia**)

estadística *sustantivo*
1 (disciplina) **statistics** *singular*
2 **estadísticas** (datos) **statistics**

estado *sustantivo*
1 (condición, situación) **state**: *el estado de la cancha* the state of the field | **estar en mal estado** **(a)** (referido a alimentos) **to be bad**: *El pescado estaba en mal estado.* The fish was bad. **(b)** (referido a calles, casas, etc.) **to be in bad condition**
2 (también **Estado**) (órganos de gobierno) **state**: *Trabaja para el estado.* He works for the state.
3 (división territorial) **state**: *el estado de Florida* the state of Florida

Estados Unidos *sustantivo*
El nombre oficial del país es **the United States of America**, pero es mucho más frecuente hablar de **America**, **the States** o **the U.S.**: *Vive en Estados Unidos.* He lives in America./He lives in the States./He lives in the U.S.

estadounidense *adjetivo & sustantivo*
■ *adjetivo*
American, **US**: *una empresa estadounidense* an American company/a US company
■ *sustantivo*
1 **American**
2 **los estadounidenses** **(the) Americans**

estallar *verbo*
1 (bomba, granada) **to go off, to explode**
2 (guerra) **to break out**

estancado, -a *adjetivo*
(agua) **stagnant**

estante *sustantivo*
shelf (plural **shelves**)

estar *verbo*
1 to be: *¿Cómo está tu hermana?* How's your sister? | *Ayer estuvimos en el club.* We were at the club yesterday. | *El postre estaba riquísimo.* The dessert was delicious. | *Aquí están las llaves.* Here are the keys. | **¿está Inés/el señor Obes etc.? Is Inés?/Mr Obes etc. in?** | **¿has estado en Perú/la nueva disco etc.? have you been to Peru/to the new club etc.?**: *Nunca he estado en casa de Gabi.* I have never been to Gabi's house.
2 estar parado -a/sentado -a/acostado -a to be standing/sitting/lying: *Estuvimos parados en la esquina.* We were standing on the corner.
3 estar precioso -a/muy bonito -a etc. to look lovely/very pretty etc.
4 estar haciendo algo to be doing something: *Se está bañando.* She's taking a bath.

> **NOTA:** A veces el uso de *estar* en lugar de *ser* expresa el resultado de un proceso por oposición a una característica permanente. Los siguientes ejemplos ilustran cómo se expresa esa idea en inglés *Los chicos están altísimos.* The kids have gotten really tall. | *Está muy delgada.* She's lost a lot of weight.

estatua *sustantivo*
statue

estatura *sustantivo*
height: *de mediana estatura* of medium height

este *sustantivo & adjetivo*
■ *sustantivo*
east, **East**
■ *adjetivo*
east, **eastern**

este, -a *adjetivo & pronombre*
■ *adjetivo*
this: *Nos gusta mucho esta casa.* We like this house very much. | *¿Me prestas este libro?* Can you lend me this book? ▶ ver también **estos**
■ *pronombre*
(también **éste**) **this one**: *–¿Cuál te gusta? –Esta.* "Which one do you like?" "This one." ▶ ver también **estos**

éste, -a *pronombre* ▶ ver **este -a**

estéreo *adjetivo & sustantivo*
■ *adjetivo*
stereo
■ *sustantivo*
1 (de un coche) **radio-cassette**
2 (equipo de música) **stereo**

esterilizar *verbo*
to sterilize

estilo *sustantivo*
(característica) **style**: *Tienen distintos estilos.* They have different styles.

estímulo *sustantivo*
incentive

estirado, -a *adjetivo*
1 (creído) **snooty**
2 con los brazos estirados with outstretched arms | **con las piernas estiradas with my/his etc. legs stretched out in front of me/him etc.**: *Estaba sentada con las piernas estiradas.* She was sitting with her legs stretched out in front of her.

estirar *verbo*
(los brazos, las piernas) **to stretch**: *No hay espacio para estirar las piernas.* There's no room to stretch your legs.
estirarse
1 (persona) **to stretch**: *Se estiró para agarrar el libro.* She stretched to reach the book.
2 se me estiró el suéter/el pantalón etc. my sweater has stretched/my pants have stretched etc.

estirón *sustantivo*
dar un estirón to shoot up: *Marcela dio un estirón.* Marcela has shot up.

esto *pronombre*
this: *¿Qué es esto?* What's this? | *¡Esto es muy divertido!* This is a lot of fun! | *Esto de tener dos exámenes en un día no es justo.* This business of having two exams in one day just isn't fair.

estómago *sustantivo*
stomach: *Me duele el estómago.* I have a stomachache. | *Tengo el estómago revuelto.* I feel a little nauseous. ▶ ver **dolor**

estorbar *verbo*
1 to be in the way: *Esa silla ahí estorba.* That chair's in the way there.
2 estorbar a alguien to be in someone's way: *¿Te estorban los niños?* Are the kids in your way?

estornudar *verbo*
to sneeze

E

estornudo *sustantivo*
sneeze

estos, -as *adjetivo & pronombre*
■ *adjetivo*
these: *Mira estas fotos.* Look at these pictures. | *¿Me pongo estos zapatos?* Should I put these shoes on?
■ *pronombre*
these: *–¿Cuáles son tus guantes? –Estos.* "Which ones are your gloves?" "These."

E

éstos, -as *pronombre* ► ver **estos -as**

estrecho, -a *adjetivo*
narrow

narrow/wide

narrow *wide*

estrella *sustantivo*
1 (en el cielo) **star**
2 (de cine, de futbol, etc.) **star**
3 (que indica categoría) **star**: *un hotel de cinco estrellas* a five-star hotel
estrella de cine movie star estrella fugaz shooting star

estrellado, -a *adjetivo*
(cielo, noche) **starry**

estrellarse *verbo*
to crash: *Se estrelló un avión en la selva.* A plane crashed in the jungle. | **estrellarse contra algo to crash into something**: *Se estrelló contra un árbol.* He crashed into a tree.

estrenar *verbo*
1 (ropa) **estrenar una falda/unos jeans etc. to wear a skirt/a pair of jeans etc. for the first time**: *Estoy estrenando zapatos.* This is the first time I've worn these shoes.
2 (una película) **to release**: *Todavía no se ha estrenado en México.* It hasn't been released in Mexico yet. ► Al hablar de la función de gala se dice **to premiere**: *Se estrenó en Nueva York el mes pasado.* It premiered in New York last month.
3 (una obra de teatro) Usa el verbo **to open** con la obra como sujeto: *¿Cuándo estrenan el musical?* When does the musical open?

estreno *sustantivo*
1 (de una película) **premiere**: *la noche del estreno* the night of the premiere
2 (de una obra teatral) **opening night**: *Fuimos al estreno.* We went to the opening night.

estrés *sustantivo*
stress

estresado, -a *adjetivo*
estar/andar muy estresado -a to be stressed out

estribo *sustantivo*
1 (para montar) **stirrup**
2 (de un camión) **step**
3 perder los estribos to lose your temper

estricto, -a *adjetivo*
strict: *un profesor muy estricto* a very strict teacher

estructura *sustantivo*
1 (de un edificio, etc.) **structure**
2 (de un equipo, de la sociedad, etc.) **structure**

estuche *sustantivo*
case: *No encuentro el estuche de mis lentes.* I can't find my glasses case.

estudiante *sustantivo*
student: *Soy estudiante.* I'm a student.

estudiar *verbo*
1 to study: *Tengo que estudiar para la prueba.* I have to study for the test. | *Estudia psicología.* She's studying psychology. | *Tienes que estudiar más.* You have to work harder.
2 (asistir a clases) **to go**: *Estudia en un colegio bilingüe.* She goes to a bilingual school.
3 dejar de estudiar (a) (en secundaria y prepa) **to leave school**: *Dejó de estudiar a los quince años.* She left school when she was fifteen. **(b)** (en la universidad) **to drop out of college**

estudio *sustantivo*
1 (habitación de una casa) **study** (plural **studies**): *Hay una computadora en el estudio.* There is a computer in the study.
2 (de un pintor, fotógrafo, etc.) **studio**
3 (de cine, televisión) **studio**
4 (investigación) **study** (plural **studies**): *un estudio sobre el calentamiento global* a study on global warming
5 (análisis médico) **test** | **hacerse unos estudios to have some tests done**
estudio de grabación recording studio

estudios *sustantivo plural*
1 studies
2 dejar los estudios (a) (del colegio) **to quit school (b)** (de la universidad) **to quit college**
estudios de primaria elementary education estudios de secundaria secondary education

estudioso, -a *adjetivo*
Existe el adjetivo **studious** pero no es tan frecuente como **estudioso** en español. Mira las alternativas: *Mi hermano es muy estudioso.* My brother works very hard./My brother is a very good student.

estufa *sustantivo*
stove: *Pon la olla en la estufa.* Put the pot on the stove. | **prender/apagar la estufa to turn on/turn off the stove**

estupidez *sustantivo*
1 (que se dice o se hace) **decir estupideces to talk nonsense**: *¡Déjate de decir estupideces!* Stop being ridiculous! | **decir una estupidez to say something stupid** | **hacer una estupidez to do something stupid** | **es/fue una estupidez it is/it was really stupid**
2 (cualidad de estúpido) **stupidity**

estúpido, -a *adjetivo & sustantivo*
■ *adjetivo*
stupid
■ *sustantivo*
idiot

etapa *sustantivo*
stage: *Sandra está pasando por una etapa difícil.* Sandra is going through a difficult stage.

etiqueta *sustantivo*
1 (en un cuaderno, una botella, etc.) **label**
2 (de una prenda) **label**

étnico, -a *adjetivo*
ethnic

eucalipto *sustantivo*
eucalyptus (plural **-tuses**)

Europa *sustantivo*
Europe

europeo, -a *adjetivo & sustantivo*
European: *Mis abuelos eran europeos.* My grandparents were European.

evangelio *sustantivo*
gospel: *el evangelio según San Mateo* the gospel according to Saint Matthew

evidencia *sustantivo*
1 evidence
2 poner a alguien en evidencia to show someone up

evitar *verbo*
1 (impedir) **to prevent**
2 evitar que alguien haga algo to stop someone from doing something: *No pudimos evitar que se colara gente.* We couldn't stop people from getting in without paying.
3 no puedo/no puede etc. evitar hacer algo I can't/he can't etc. help doing something: *No puedo evitar ponerme colorado.* I can't help blushing.
4 (eludir) **to avoid** | **evitar hacer algo to avoid doing something**: *Evita mencionar a su ex novia.* Avoid mentioning his ex-girlfriend.
5 (a una persona) **to avoid**: *Si puede, me evita.* He avoids me if he can.

evolución *sustantivo*
(en biología) **evolution**

ex, o **ex-** *prefijo*
ex-: *mi ex novio/mi ex novia* my ex-boyfriend/my ex-girlfriend ▶ Se usa **former** cuando se habla de cargos: *el ex presidente del Paraguay* the former president of Paraguay

exacto, -a *adjetivo*
1 (preciso) **exact**: *Necesitamos las medidas exactas.* We need the exact measurements.
2 (sin errores) **accurate**: *No es del todo exacto.* It isn't completely accurate.

exageración *sustantivo*
exaggeration

examen *sustantivo*
exam, examination ▶ **examination** es más formal: *Tengo examen de francés hoy.* I have a French exam today. | **presentar/tomar un examen to take an exam**: *Van a tomar el examen en julio.* They are taking the exam in July. | **aprobar/reprobar un examen to pass/to fail an exam**
examen de admisión entrance examination examen extraordinario retake examen final final exam examen médico medical checkup

examinar *verbo*
1 (a un paciente, una herida) **to examine**: *Lo examinó el doctor.* The doctor examined him.
2 examinarle la vista a alguien to test someone's eyesight
3 (una propuesta, una situación) **to study**

excelente *adjetivo*
excellent

excéntrico, -a *adjetivo*
eccentric

excepción *sustantivo*
exception: *una excepción a la regla* an exception to the rule | **hacer una excepción to make an exception**: *Por hoy voy a hacer una excepción.* I'm going to make an exception just for today. | **sin excepción without exception**

excepto *preposición*
except: *Hice todos los ejercicios excepto el último.* I did all the exercises except the last one.

exceso *sustantivo*
excess (plural **excesses**)
exceso de equipaje excess baggage

exclamación *sustantivo*
exclamation ▶ ver **signo**

exclusivo, -a *adjetivo*
exclusive: *un club muy exclusivo* a very exclusive club

excursión *sustantivo*
trip: *una excursión a los lagos* a trip to the lakes | **ir(se) de excursión to go on a trip**: *Nos fuimos de excursión a La Marquesa.* We went on a trip to La Marquesa.

excusado *sustantivo*
toilet

exhibición *sustantivo*
(espectáculo) **display**: *una exhibición de patinaje artístico* a figure-skating display

exigente *adjetivo*
demanding: *un profesor exigente* a demanding teacher

exiliado, -a *adjetivo & sustantivo*
■ *adjetivo*
(escritor, político) **exiled** | **estar exiliado -a to be in exile**: *Estuvieron exiliados en Suecia.* They were in exile in Sweden.
■ *sustantivo*
exile: *un exiliado político* a political exile

exilio *sustantivo*
exile | **en el exilio in exile**

existencia *sustantivo*
existence

existir *verbo*
1 (ser real) **to exist**: *Los fantasmas no existen.* Ghosts don't exist.
2 (haber) **existe/existen there is/there are**: *Existen otras posibilidades.* There are other possibilities.

éxito *sustantivo*
1 (buen resultado) **success** (plural **-sses**): *El desfile fue un éxito.* The fashion show was a success. | **tener éxito** (ser exitoso) **to be successful**: *Tuvo mucho éxito en España.* She was very successful in Spain. | **no tener éxito** (al tratar de hacer algo) **not to succeed, to be unsuccessful**: *No tuvimos éxito.* We didn't succeed./We were unsuccessful.
2 (disco, película) **hit**: *el último éxito de la banda* the band's latest hit

exitoso, -a *adjetivo*
successful

exótico, -a *adjetivo*
exotic

expedición *sustantivo*
1 (viaje) **expedition**: *una expedición al Polo Sur* an expedition to the South Pole
2 (personas) **expedition**: *La expedición llegó a la cima.* The expedition reached the summit.

experiencia *sustantivo*
1 (de trabajo) **experience**: *No tiene experiencia.* He has no experience.
2 (vivencia) **experience**: *una experiencia inolvidable* an unforgettable experience

experimentar *verbo*
1 (hacer experimentos) **to experiment**
2 (sentimientos, sensaciones) **to experience**

experimento *sustantivo*
experiment | **hacer un experimento to do an experiment**

experto, -a *sustantivo & adjetivo*
1 expert: *Es un cocinero experto.* He's an expert cook.
2 ser experto -a en algo to be an expert on something

explicación *sustantivo*
explanation | **darle una explicación a alguien to give someone an explanation**

explicar *verbo*
to explain: *Le expliqué que no era posible.* I explained to her that it wasn't possible.
explicarse (comprender) **to understand**: *No me explico por qué se fue.* I don't understand why she left.

explorador, -a *sustantivo*
explorer

explorar *verbo*
to explore

explosión *sustantivo*
(de una bomba) **explosion** | **hacer explosión to explode**

explosivo, -a *adjetivo & sustantivo*
explosive

explotar *verbo*
1 (estallar) **to explode**: *Explotó el tanque de gasolina.* The gas tank exploded. ▶ Cuando se trata de bombas, también se usa **to go**

off: *La bomba no explotó.* The bomb didn't go off./The bomb didn't explode.

2 (a una persona) **to exploit**: *Explotan a sus empleados.* They exploit their employees.

3 (recursos naturales) **to exploit**

exportar *verbo*

1 (vender al extranjero) **to export**: *México exporta frutas y verduras.* Mexico exports fruit and vegetables.

2 (en informática) **to export**

exposición *sustantivo*

(de obras de arte) **exhibit**

expresar *verbo*

to express: *Nunca expresa sus sentimientos.* He never expresses his feelings.

expresarse to express yourself: *Me cuesta expresarme en inglés.* I find it hard to express myself in English.

expresión *sustantivo*

1 (en la cara de alguien) **expression**: *Tenía una expresión triste.* She had a sad expression.

2 (dicho) **expression**: *Hoy aprendí una nueva expresión en inglés.* I learned a new English expression today.

expulsar *verbo*

1 (a un alumno) **to expel**

2 expulsar a un jugador to give a player a red card: *El árbitro lo expulsó en el primer tiempo.* The referee gave him a red card in the first half.

exquisito, -a *adjetivo*

(comida, sabor) **delicious**

exterior *adjetivo & sustantivo*

■ *adjetivo*

1 (pared, aspecto) **external**: *la parte exterior* the outside

2 (que da a la calle) Ejemplo típico: *Todas las habitaciones son exteriores.* All the rooms look out onto the street.

■ *sustantivo*

el exterior (a) (el extranjero) *trabajar en el exterior* to work abroad | *viajar al exterior* to travel abroad | *noticias del exterior* international news **(b)** (de un edificio) **the outside**: *Están pintando el exterior del museo.* They're painting the outside of the museum.

extinguidor *sustantivo*

fire extinguisher

extranjero, -a *adjetivo & sustantivo*

■ *adjetivo*

foreign: *una lengua extranjera* a foreign language

■ *sustantivo*

1 (persona) **foreigner**

2 el extranjero (el exterior) *Vive en el extranjero.* She lives abroad. | *Nunca ha viajado al extranjero.* He has never traveled abroad.

extrañar *verbo*

1 (sentir nostalgia) **to be homesick**: *Volvió antes porque extrañaba.* She came back early because she was homesick.

2 extrañar algo o a alguien to miss something or someone: *Te extraño mucho.* I really miss you.

3 (sorprender) **me extraña (que) I'm surprised (that)**: *No me extraña.* I'm not surprised. | *Me extraña que no estén.* I'm surprised they're not in.

extrañarse to be surprised: *No te extrañes si vuelve a hacerlo.* Don't be surprised if he does it again.

extraño, -a *adjetivo & sustantivo*

■ *adjetivo*

1 (referido a una situación) **odd, strange**: *Es extraño que no haya llegado.* It's odd that she hasn't arrived./It's strange that she hasn't arrived.

2 (referido a personas) **strange**: *Es una muchacha extraña.* She's a strange girl.

■ *sustantivo*

stranger: *No hables con extraños.* Don't talk to strangers.

extraordinario, -a *adjetivo*

(fuera de lo común) **extraordinary**: *un talento extraordinario* an extraordinary talent

extraterrestre *adjetivo & sustantivo*

■ *adjetivo*

extraterrestrial

■ *sustantivo*

alien

Ff

F, f *sustantivo*
F, f: *"French" se escribe con F mayúscula.* "French" is written with a capital F.

fa *sustantivo*
F: *un concierto en fa mayor* a concerto in F major

fábrica *sustantivo*
factory (plural **-ries**): *una fábrica de muebles* a furniture factory

fabricante *sustantivo*
manufacturer

fabricar *verbo*
to manufacture, to make

fábula *sustantivo*
fable

fabuloso, -a *adjetivo*
fantastic, fabulous: *un gol fabuloso* a fantastic goal

fácil *adjetivo & adverbio*
1 (sencillo) **easy** | **ser fácil de hacer /usar etc. to be easy to do/to use etc.**: *El programa es fácil de instalar.* The program is easy to install.
2 (fácilmente) **easily**: *Eso se arregla fácil.* That's easily fixed.

facilidad *sustantivo*
con facilidad easily: *Ganó con facilidad.* He won easily.

factura *sustantivo*
(cuenta) **bill**: *la factura del plomero* the plumber's bill

fajo *sustantivo*
1 (de billetes) **wad**
2 (de hojas, papeles) **bundle**

falda *sustantivo*
1 (de una montaña) **side**
2 (ropa) **skirt**

falla *sustantivo*
1 (en una máquina, un sistema, etc.) **fault**: *una falla en el motor* an engine fault
2 (error) **mistake**: *Perdimos por una falla de la defensa.* We lost because of a mistake by the defense.
3 (en geología) **fault**: *la Falla de San Andrés* the San Andres fault

falso, -a *adjetivo*
1 (no cierto) **false**: *¿Verdadero o falso?* True or false?
2 (dinero, billete) **counterfeit**
3 (documento, pasaporte) **forged, false**
4 (perla, brillante) **fake**
5 (persona) **two-faced**: *Es muy falso.* He's really two-faced.
6 (sonrisa) **false**
falsa alarma false alarm

falta *sustantivo*
1 (inasistencia) **absence**: *Tienes tres faltas.* You've been absent three times. | **ponerle falta a alguien to mark someone absent**: *Me puso falta.* She marked me absent.
2 falta (de ortografía) (spelling) mistake: *Tuve tres faltas en el dictado.* I had three mistakes in my dictation.
3 (carencia) **lack**: *la falta de recursos económicos* the lack of economic resources
▶ En contextos más coloquiales se usan construcciones con **not enough**: *No lo terminé por falta de tiempo.* I didn't finish it because I didn't have enough time.
4 hacer falta Se usan construcciones con **to need**: *Hace falta otra silla.* We need another chair. | **no hace falta there's no need**: *No hace falta gritar.* There's no need to yell. | *No hace falta que llames.* There's no need for you to call. | **me/te etc. hace falta I/you etc. need**: *Me hace falta una maleta.* I need a suitcase. | *Le hacía falta descansar.* He needed to rest.
5 (en futbol, básquet) **foul**
6 (en tenis) **fault**
7 ser una falta de educación to be rude

faltar *verbo*
1 (no estar) **to be missing**: *Espérate, falta Pato.* Wait a minute, Pato's missing. | *Le faltan dos dientes.* He has two teeth missing.
2 (no haber suficiente) Se usan construcciones con **not enough**: *Faltaba espacio.* There wasn't enough room. | *Me faltó tiempo.* I didn't have enough time. | **le falta sal/pimienta etc. it needs more salt/pepper etc.**
3 (quedar) **faltan cuatro días/tres semanas etc. para el partido the game is only four days/three weeks etc. away**: *Faltan dos días para el examen.* The exam is two days away. | **me faltan diez minutos/dos meses etc. para I have ten minutes/two months etc. to go**

before: *Le falta un año para recibirse.* He has one year to go before he graduates. | **falta poco/mucho** Ver ejemplos: *Falta poco para las vacaciones.* The vacation is not far away. | *¿Falta mucho para que llegue papá?* Will Dad be here soon? | *¿Te falta mucho?* Will you be long? | *Me falta poco para terminar.* I'm almost done.

4 (quedar por hacer) Se usan construcciones con **still have to**: *Me falta el último ejercicio.* I still have to do the last exercise.

5 **faltar (a clase)** **to be absent (from school)**: *Otra vez faltó Laura.* Laura was absent again. | *¿Por qué faltaste ayer?* Why were you absent yesterday?

fama *sustantivo*

1 **fame**: *No le interesa la fama.* She's not interested in fame.

2 **tener fama de (ser) algo** **to have a reputation for being something**: *Tiene fama de codo.* He has a reputation for being stingy.

3 **tener mala/buena fama** **to have a bad/good name**, **to have a bad/good reputation**

familia *sustantivo*

family (plural **-lies**): *Tengo familia en Chile.* I have family in Chile. | *Su familia vive en el campo.* Her family lives out in the country.

familiar *adjetivo & sustantivo*

■ *adjetivo*

1 (de la familia) **una reunión/tradición familiar** **a family gathering/tradition**

2 (referido al tamaño) **family-size**: *un envase tamaño familiar* a family-size pack

3 (conocido) **familiar**: *una voz familiar* a familiar voice

4 (lenguaje) **colloquial**

■ *sustantivo*

relative: *un familiar de ella* a relative of hers

famoso, **-a** *adjetivo*

famous: *una actriz famosa* a famous actress | **hacerse famoso -a** **to become famous**

fan *sustantivo*

(de un equipo, un cantante etc) **fan**

fanático, **-a** *adjetivo & sustantivo*

■ *adjetivo*

1 (aficionado) **ser fanático -a de algo** **to be crazy about something**: *Es fanática de Los Simpson.* She's mad about The Simpsons.

2 (de una ideología o religión) **fanatical**

■ *sustantivo*

1 (aficionado) **fan**

2 (de una ideología o religión) **fanatic**

fantasma *sustantivo*

ghost

fantástico, **-a** *adjetivo*

fantastic

farmacéutico, **-a** *sustantivo*

pharmacist, **chemist** BrE: *Pregúntale al farmacéutico.* Ask the pharmacist.

farmacia *sustantivo*

1 (negocio) **pharmacy** (plural **-cies**), **chemist's** BrE: *¿Hay una farmacia por aquí?* Is there a pharmacy around here?

2 (estudios) **pharmacy**

faro *sustantivo*

1 (en la costa) **lighthouse**

2 (de un vehículo) **headlight**

fascinar *verbo*

me fascina bailar/Luis Miguel etc. **I love dancing/Luis Miguel etc.**: *Le fascina la ciencia ficción.* He loves science fiction.

fauna *sustantivo*

fauna

favor *sustantivo*

1 **por favor** **please**: *Dos cafés, por favor.* Two coffees, please.

2 (que se le hace a alguien) **favor** | **hacerle un favor a alguien** **to do someone a favor**: *¿Me haces un favor?* Will you do me a favor? | **pedirle un favor a alguien** **to ask someone a favor**: *¿Te puedo pedir un favor?* Can I ask you a favor?

3 **a favor de algo** **in favor of something**: *Yo estoy a favor de ir en avión.* I'm in favor of going by plane. | **estar a favor de alguien** **to support someone**: *Están todos a favor de ella.* They all support her.

favorito, **-a** *adjetivo & sustantivo*

■ *adjetivo*

favorite: *Es mi programa favorito.* It's my favorite program.

■ *sustantivo*

favorite: *Es el favorito del torneo.* He's the favorite to win the tournament.

fax *sustantivo*

1 (documento) **fax** (plural **faxes**)

2 (aparato) **fax** (plural **faxes**), **fax machine** | **mandar algo por fax** **to fax something**: *Mándale los datos por fax.* Fax the information to her.

F

fe *sustantivo*
1 faith: *la fe cristiana/islámica* the Christian/Islamic faith
2 tener fe en algo o alguien to have faith in something or someone: *Tengo mucha fe en él.* I have a lot of faith in him. | **tenerle fe a alguien to have faith in someone**: *Tenme fe.* Have faith in me.

febrero *sustantivo*
February

fecha *sustantivo*
1 date: *¿Qué fecha es hoy?* What date is it today?/What's the date today?
2 hasta la fecha to date: *No ha habido problemas hasta la fecha.* There haven't been any problems to date.
fecha de nacimiento date of birth

federal *adjetivo*
federal

felicidad *sustantivo*
happiness

felicidades *interjección*
1 (por un cumpleaños) **happy birthday**
2 (en Navidad) **happy Holidays** AmE, **happy Christmas!** BrE
3 (en Año Nuevo) **happy New Year**

felicitar *verbo*
1 (por un logro) **to congratulate**: *La felicitaron por su actuación.* They congratulated her on her performance. | **te/lo etc. felicito congratulations**: *Los felicito, tocaron muy bien.* Congratulations, you played very well.
2 (por un cumpleaños) **felicitar a alguien to wish someone a happy birthday**: *Llámalo para felicitarlo.* Call him and wish him a happy birthday.

feliz *adjetivo*
1 happy: *Estoy muy feliz aquí.* I'm very happy here. | *¡Que sean felices!* I hope you'll be very happy!
2 ¡feliz Año (Nuevo)! happy New Year!
3 ¡feliz cumpleaños! happy birthday!
4 ¡feliz Navidad! merry Christmas!

femenino, -a *adjetivo & sustantivo*
■ *adjetivo*
1 female
2 (referido al aspecto, la actitud) **feminine**
3 (para o de mujeres) **revistas femeninas women's magazines** | **los dobles femeninos the women's doubles**
4 (en gramática) **feminine**
■ **femenino** *sustantivo*
(en gramática) **feminine**

feminismo *sustantivo*
feminism

feminista *adjetivo & sustantivo*
feminist

fémur *sustantivo*
thighbone, femur [más técnico]

fenómeno *sustantivo*
phenomenon (plural **phenomena**): *los fenómenos naturales* natural phenomena

feo, -a *adjetivo*
1 (edificio, pueblo, objeto) **ugly**: *un jarrón muy feo* a very ugly vase
2 (persona, nariz, etc.) **ugly**
3 (olor, gusto) **nasty**: *Hay un olor feo.* There's a nasty smell.

ugly

an ugly face

4 ponerse feo -a (a) (hablando de una situación) **to turn ugly**: *La cosa se puso fea.* Things turned ugly. **(b)** (hablando del tiempo) **to cloud over**: *Se está poniendo feo.* It is clouding over.

feria *sustantivo*
1 (de atracciones) **fair**: *Vamos a la feria de San Marcos.* We're going to the San Marcos fair. | *Tiene un puesto en la feria.* She has a stall at the fair.
2 (exposición comercial temporal) **fair**: *la feria del libro* the book fair
3 (moneda suelta, dinero) **change**: *No traigo nada de feria.* I don't have any change.

feroz *adjetivo*
1 (animal) **ferocious, fierce**
2 (lucha, competencia, ataque) **fierce**

ferretería *sustantivo*
hardware store, ironmonger's BrE

ferrocarril *sustantivo*
railroad AmE, **railway** BrE

ferry *sustantivo*
ferry (plural **ferries**)

fértil, -a *adjetivo*
fertile

festejar *verbo*
to celebrate: *Salieron a cenar para festejar su aniversario.* They went out to dinner to celebrate their anniversary.

festival *sustantivo*
festival: *un festival de rock* a rock festival

fiar *verbo*
1 to give credit: *No fiamos.* We don't give credit. | **fiarle algo a alguien to let**

someone have something on credit: *Nos fió las cervezas.* She let us have the beers on credit.

2 **ser de fiar** **to be trustworthy**: *Ese tipo no es de fiar.* That guy isn't trustworthy.

fiarse: **fiarse de alguien** **to trust someone**: *Te puedes fiar de ella.* You can trust her.

fibra *sustantivo*

fiber: *fibras naturales* natural fibers | *fibras sintéticas* man-made fibers

fibra de vidrio **fiberglass** **fibra óptica** **optical fiber**

ficción *sustantivo*

fiction ▶ ver **ciencia**

ficha *sustantivo*

1 (de un juego de mesa) **counter**

2 (de las damas) **checker** AmE, **draught** BrE

3 (de dominó) **domino** (plural **dominoes**)

4 (de un videojuego) **token**: *Sólo puedo comprarme dos fichas.* I can only buy two tokens.

5 (con datos, tarjeta) **index card**

ficha de la policía **police record**

fichero *sustantivo*

1 (caja) **card index box**

2 (mueble) **filing cabinet**

fideo *sustantivo*

noodle

fiel *adjetivo*

1 **faithful**, **loyal**

2 **ser(le) fiel a alguien** **to be loyal to someone**, **to be faithful to someone** ▶ **faithful** se usa cuando se trata de una relación amorosa: *Tienes que ser fiel a tus amigos.* You have to be loyal to your friends.

fiera *sustantivo*

wild animal, **beast**

fierro *sustantivo*

1 (hierro) **iron**

2 (pieza de metal) **piece of metal**

fiesta *sustantivo*

party (plural **parties**): *La invité a la fiesta.* I invited her to the party. | **dar una fiesta** **to have a party**: *Vamos a dar una fiesta para festejarlo.* We're going to have a party to celebrate.

fiesta de cumpleaños **birthday party** **fiesta de disfraces** **costume party** **fiesta de quince** El cumpleaños de quince no es un cumpleaños especial en las culturas anglosajonas. Si quieres explicar qué es una fiesta de quince, di *it's a special party held to celebrate a child, especially a girl, turning fifteen* **fiesta del santo patrón** En el mundo anglosajón no se celebra este día porque en general no existe el concepto del patrón del pueblo. Si quieres explicar lo que es, di *In Mexico each town has its patron saint and people have festivities on a particular day each year to celebrate* **fiestas patrias** Si quieres explicar lo que es, di *it's a holiday when people celebrate an important national event such as the country's independence*

figura *sustantivo*

1 (cuerpo, silueta) **figure**: *Se preocupa por su figura.* She worries about her figure.

2 (representación) **figure**: *una figura de cera* a wax figure | *Ver la figura de la página 11.* See the figure on page 11.

3 (persona importante) **figure**

fijo, **-a** *adjetivo*

1 (día, hora) **set**: *Hay un día fijo para consultas.* There's a set day for consultations.

2 (que no se mueve) **fixed**: *un punto fijo* a fixed point

3 **un trabajo/un empleo fijo** **a permanent job**

fila *sustantivo*

1 (de asientos) **row**: *Se sentó en la primera fila.* She sat in the front row.

2 (de personas) **line** AmE, **queue** BrE (de cosas) **line**: *Es el último de la fila.* It's the last one in the line. | **hacer/ponerse en fila** **to get in a line**: *Hagan fila.* Get in a line. | **en fila india** **in single file**: *Caminaban en fila india.* They were walking in single file.

Filipinas *sustantivo*

(las) Filipinas **the Philippines**

filipino, **-a** *adjetivo & sustantivo*

Filipino

filmar *sustantivo*

to film: *Mi papá filmó mi fiesta de quince.* My father filmed my fifteenth birthday party. | **filmar una película** **to make a movie**

filo *sustantivo*

edge | **tener filo** **to be sharp**: *Este cuchillo no tiene filo.* This knife isn't very sharp.

filoso, **-a** *adjetivo*

sharp

filosofía *sustantivo*

philosophy

filtrar *sustantivo*

(un líquido) **to filter**

filtro *sustantivo*

filter: *Necesito filtros de café.* I need some coffee filters.

fin *sustantivo*

1 (término) **end**: *el fin del mundo* the end of the world | *la fiesta de fin de curso* the end-of-year party | **a fin de mes/año at the end of the month/year**: *Se casan a fin de mes.* They're getting married at the end of the month. | **a fines de agosto/de 1999 etc. at the end of August/of 1999 etc.**: *Cumple años a fines de abril.* Her birthday's at the end of April.

2 (de un cuento, una película, etc.) **end**: *"Fin."* "The End"

3 (objetivo) **aim** | **a fin de hacer algo/ con el fin de hacer algo to do something**: *Viajó a Washington con el fin de entrevistarse con él.* She traveled to Washington to meet him.

4 al/por fin at last: *¡Al fin solos!* Alone at last! | *¡Por fin llegaste!* You're here at last!

5 al fin y al cabo after all: *Al fin y al cabo no es tan difícil.* After all, it isn't that difficult.

6 en fin anyway: *En fin ¿a quién le importa?* Anyway, who cares?

fin de año New Year's Eve: *¿Dónde vas a pasar el fin de año?* Where are you going to spend New Year's Eve? **fin de semana weekend**: *Nos vemos el fin de semana.* I'll see you this weekend. | *Vinieron a pasar el fin de semana.* They came for the weekend.

final *adjetivo & sustantivo*

■ *adjetivo*

final: *el toque final* the final touch | *examen final* final exam

■ *sustantivo masculino*

1 (término) **end**: *Nos quedamos hasta el final.* We stayed till the end. | **al final del partido/de la clase etc. at the end of the game/the lesson etc.**

2 (de un libro, una película, etc.) **ending**: *La película tiene un final muy triste.* The movie has a very sad ending.

3 al final in the end: *Al final me quedé en casa.* In the end I stayed at home.

■ *sustantivo femenino*

final: *Llegaron a la final.* They reached the final.

finalista *sustantivo*

finalist

fingir *verbo*

to pretend: *Fingió que estaba dormido.* He pretended to be asleep.

Finlandia *sustantivo*

Finland

fino, -a *adjetivo*

1 (de calidad) (vino, ropa, mueble) **fine**

2 (refinado) (persona) **polite** (gustos) **refined**

3 (delgado) (tela, papel, dedos, bigote) **thin** (pelo, polvo, labios) **fine**: *Tiene los labios finos.* She has thin lips.

firma *sustantivo*

1 (escrita) **signature**: *¿Ésta es tu firma?* Is this your signature?

2 (empresa) **company** (plural **-nies**)

firmar *verbo*

to sign: *Firme aquí, por favor.* Sign here, please.

sign

He signed his name.

firme *adjetivo*

1 (estricto) **firm**: *Es firme con sus alumnos.* She is firm with her students. | **ponerse firme to put your foot down**: *Mi mamá se puso firme.* My mother put her foot down.

2 (escalera, mesa) **steady**: *La escalera no está firme.* The ladder isn't steady.

3 (superficie) **firm**

física *sustantivo*

physics *singular*

físico, -a *adjetivo & sustantivo*

■ *adjetivo*

physical ▶ ver **educación**

■ *sustantivo*

(científico) **physicist**

fisioterapeuta *sustantivo*

physiotherapist

fisioterapia *sustantivo*

physiotherapy

flaco *adjetivo*

(persona, cara, piernas) **thin**, **slim**

> **NOTA: slim** tiene connotaciones positivas y no se usa, por ejemplo, para decir que alguien está demasiado flaco. **skinny** a veces tiene connotaciones negativas *Es alto y flaco.* He's tall and thin./He's tall and slim. | *Está demasiado flaco.* He's too skinny. | *Está más flaca.* She's lost weight.

flamenco *sustantivo*

1 (animal) **flamingo**

2 (música) **flamenco**

flan *sustantivo*
crème caramel

flash *sustantivo*
flash

flauta *sustantivo*
flute
flauta dulce **recorder**

flecha *sustantivo*
1 (arma) **arrow**
2 (indicación) **arrow**

arrow

flexible *adjetivo*
flexible

flojo, -a *adjetivo*
1 (perezoso) **lazy**: *Levántate, no seas flojo.* Get up and don't be lazy.
2 (suelto) **loose**: *Tenía un tornillo flojo.* There was a screw loose. | *Usa la ropa floja.* She wears loose clothes.

flor *sustantivo*
(planta) **flower**: *un ramo de flores* a bunch of flowers

flora *sustantivo*
flora

florecer *verbo*
1 (árbol) **to flower**, **to blossom**
2 (planta) **to flower**
3 (arte, industria, actividad) **to flourish**

florería *sustantivo*
florist's, **flower shop**

florero *sustantivo*
vase

flota *sustantivo*
fleet

flotador *sustantivo*
1 (tabla) **float**
2 (alrededor del brazo) **armband**: *Usa flotadores porque no sabe nadar.* He wears armbands because he can't swim.

flotar *verbo*
to float

fluorescente *adjetivo*
fluorescent

foca *sustantivo*
seal

foco *sustantivo*
1 (de la luz) **bulb**: *Se fundió el foco de mi cuarto.* The bulb went in my room.
2 (en cine y fotografía) **fuera de foco** **out of focus**: *Esta foto está fuera de foco.* This picture is out of focus. | **en foco** **in focus**

fogata *sustantivo*
bonfire

folklore *sustantivo*
(tradición) **folklore**

folklórico, -a *adjetivo*
música/danza folklórica **folk music/dance**

folleto *sustantivo*
Si es de una sola página, se llama **leaflet**. Si tiene varias páginas es un **booklet**, pero si tiene forma de revista, con fotos, etc., como por ejemplo los de las agencias de viajes, se dice **brochure**.

fondo *sustantivo*
1 (del mar, de un pozo, de una caja) **bottom**
2 (de una calle, un corredor) **end**: *El baño está al fondo a la derecha.* The bathroom is at the end on the right.
3 (de una habitación) **back**: *El piano está al fondo de la sala.* The piano is at the back of the hall.
4 (de un cuadro, una escena, un diseño) **background**: *la puerta que se ve al fondo* the door you can see in the background
5 **una limpieza/un repaso a fondo** **a thorough clean/check** | **limpiar algo a fondo** **to clean something thoroughly**
6 (de dinero) **fund**: *un fondo de $1.000* a $1,000 fund | *Están recaudando fondos para una nueva iglesia.* They are raising funds for a new church.

forma *sustantivo*
1 (contorno) **shape**: *Las piedras tenían distintas formas.* The stones had different shapes. ▶ ver ilustración en la siguiente página
2 (formulario) **form**: *Hay que llenar esta forma.* You have to fill in this form.
3 (modo) **way**: *No estoy de acuerdo con tu forma de pensar.* I don't agree with your way of thinking. | **no hay/no hubo forma** **there's/there was no way**: *No hubo forma de que entendiera.* There was no way to make him understand.
4 **estar en forma** **to be fit**: *Se nota que está en forma.* You can see that she's fit.
5 **de forma que** **so that**: *Se lo dijo al oído, de forma que nadie pudiera escuchar.* She whispered it in his ear, so that nobody could hear.

F

6 de todas formas anyway: *Gracias de todas formas.* Thank you anyway.

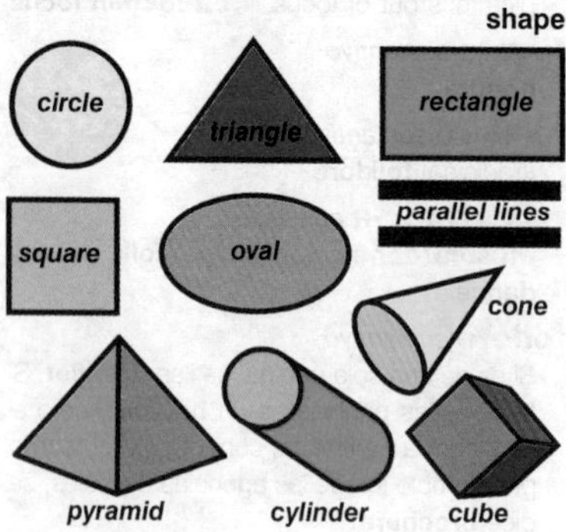

formación *sustantivo*
1 (para un oficio, una profesión) **training**: *su formación de soldado* his training as a soldier
2 (creación) **formation**: *la formación de un nuevo gobierno* the formation of a new government

formal *adjetivo*
1 (ropa, lenguaje, ocasión) **formal**: *una carta formal* a formal letter | *Siempre se viste muy formal.* He always dresses very formally.
2 (serio) **reliable**

formar *verbo*
1 (crear) **to form**: *Formó una banda con sus hermanos.* He formed a band with his brothers.
2 formado -a por (constituido por) **made up of**: *Una molécula está formada por átomos.* A molecule is made up of atoms.
formarse
1 (crearse) **to form**: *¿Cómo se forman las nubes?* How do clouds form?
2 (educarse) **to be educated**: *Se formó en los mejores colegios.* He was educated at the best schools.

formatear *verbo*
to format

fórmula *sustantivo*
(en ciencias) **formula** (plural **formulae**)
Fórmula 1 Formula 1: *una carrera de Fórmula 1* a Formula 1 race

foro *sustantivo*
forum

forrar *verbo*
1 (un libro, un álbum, etc.) **to cover**: *Forró el cuaderno con papel azul.* He covered the book with blue paper.
2 (una prenda de vestir, una caja, etc.) **to line**: *El saco está forrado de satín.* The jacket is lined with satin.

forro *sustantivo*
1 (de un libro, un cuaderno, etc.) **cover**
2 (de una prenda de ropa, una caja, etc.) **lining**

fortaleza *sustantivo*
(edificio) **fortress** (plural **fortresses**)

fortuna *sustantivo*
fortune: *Cuesta una fortuna.* It costs a fortune.

forzar *verbo*
1 (obligar) **to force**: *No pueden forzarme a hablar.* They can't force me to talk.
2 (una cerradura, una puerta) **to force**

fosa *sustantivo*
(tumba) **grave**: *Cavaron una fosa.* They dug a grave.

fósil *sustantivo*
fossil

foso *sustantivo*
1 (zanja) **ditch** (plural **ditches**): *Hicieron un foso.* They dug a ditch.
2 (de un castillo) **moat**
3 el foso (de la orquesta) the (orchestra) pit

foto *sustantivo*
photo | **tomar una foto to take a photo**: *Tomé muchas fotos en la fiesta.* I took a lot of photos at the party. | **tomarle una foto a alguien to take someone's photo**: *Les quiero tomar una foto a las niñas.* I want to take the girls' photo. | **tomarse una foto to have your photo taken**: *Nos tomamos una foto todos juntos.* We all had our photo taken together.
foto tamaño pasaporte passport photo

fotocopia *sustantivo*
photocopy (plural **-pies**) | **sacarle una fotocopia a algo to photocopy something**

fotocopiar *verbo*
to photocopy

fotografía *sustantivo*
1 (arte, técnica) **photography**
2 (foto) **photograph**

fotografiar *verbo*
to photograph

fotógrafo, -a *sustantivo*
photographer

fotonovela *sustantivo*
photoromance, photostory (plural **photostories**)

fotosíntesis *sustantivo*
photosynthesis

fracasar *verbo*
to fail

fracaso *sustantivo*
failure

frágil *adjetivo*
1 (objeto) **fragile**
2 (salud) **delicate**

frambuesa *sustantivo*
raspberry (plural **-rries**)

francés, -esa *adjetivo & sustantivo*
■ *adjetivo*
French: *la bandera francesa* the French flag
■ *sustantivo*
1 (persona) **francés** **Frenchman** (plural **Frenchmen**) **francesa** **Frenchwoman** (plural **Frenchwomen**)
2 **los franceses** **the French**
3 **francés** (idioma) **French**

Francia *sustantivo*
France

franco, -a *adjetivo*
(sincero) **frank**

franela *sustantivo*
(trapo) **duster**

frasco *sustantivo*
1 (de alimentos envasados) **jar**: *un frasco de mermelada* a jar of jam ▶ Si se trata de un frasco vacío, se dice **a jam jar**
2 (de perfume, jarabe) **bottle**

frase *sustantivo*
1 (oración) **sentence**: *Tenemos que escribir frases con las palabras nuevas.* We have to write sentences using the new words.
2 (sin verbo conjugado) **phrase**

fraude *sustantivo*
fraud

frecuencia *sustantivo*
frequency | **con frecuencia** **frequently**: *Nos hablamos con frecuencia.* We talk frequently.

frecuente *adjetivo*
1 (que sucede a menudo) **frequent**
2 (común) **common**: *Es un error muy frecuente.* It is a very common mistake.

fregadero *sustantivo*
sink

freír *verbo*
to fry

frenar *verbo*
to brake

freno *sustantivo*
(de un coche, de una bicicleta) **brake**
freno de mano **emergency brake** AmE, **handbrake** BrE: *Puso el freno de mano.* He put the emergency brake on.

frente *sustantivo & preposición*
■ *sustantivo femenino*
(parte del cuerpo) **forehead**
■ *sustantivo masculino*
1 (parte delantera) **front**: *Están pintando el frente del edificio.* They are painting the front of the building. | **pasar al frente** **to go to the front**: *La profesora me hizo pasar al frente.* The teacher made me go to the front.
2 **de frente** Ver ejemplos: *Le daba el sol de frente.* The sun was shining in his face. | *Chocaron de frente contra un camión.* They crashed head-on into a truck. | *De frente se parece a mi hermana.* From the front she looks like my sister. | **frente a frente** **face to face**: *Es hora de hablar frente a frente.* It's time we talked face to face. | **estar al frente de algo** **to head something**: *Está al frente de la empresa.* She heads the company.
3 (en una guerra) **front**
■ **frente a** *preposición*
1 (delante de) **in front of**: *Está todo el día sentado frente a la televisión.* He sits in front of the television all day.
2 (de cara a) **facing**: *Estaba sentado frente a ella.* He was sitting facing her./He was sitting opposite her. | *una casa frente al mar* a house facing the ocean

fresa *sustantivo*
strawberry (plural **strawberries**): *Un helado de fresa, por favor.* A strawberry ice cream cone, please.

fresco, -a *adjetivo*
1 (hablando del tiempo) Usa **cool** cuando está agradablemente fresco y **chilly** cuando hace bastante frío: *Aquí en la sombra está más fresco.* It's cooler here in the shade. | *Hace bastante fresco, llévate la chamarra.* It's pretty chilly, take your jacket. | **hace fresco** **it's chilly** | **tomar el fresco** **to get some fresh air**
2 (hablando de alimentos) **fresh**: *fruta y verdura fresca* fresh fruit and vegetables
3 (hablando de pintura) **wet**: *La pintura todavía está fresca* The paint is still wet.
4 (ligero) **light**: *un vestido fresco* a light dress
5 (descansado) **fresh**

F

fricción *sustantivo*
1 (rozamiento) **friction**
2 (enfrentamiento) **friction**

frijol *sustantivo*
bean
frijoles refritos refried beans

frío, -a *adjetivo & sustantivo*
■ *adjetivo*
1 (referido a la temperatura) **cold**: *un invierno muy frío* a very cold winter | *La comida estaba fría.* The food was cold.
2 (hablando de una persona, su mirada, etc.) **cold**
■ **frío** *sustantivo*
cold: *No soporta el frío.* He can't stand the cold. | **hace frío it's cold**: *Hacía mucho frío.* It was very cold. | **tener frío to be cold**: *¿Tienes frío?* Are you cold? | **morirse de frío to freeze to death**

friolento, -a *adjetivo*
ser muy friolento -a to get cold easily: *Vivi es muy friolenta.* Vivi gets cold easily.

frito, -a *adjetivo*
1 (referido a alimentos) **fried**: *cebolla frita* fried onion ▶ ver **papa**
2 estar frito -a (estar en problemas) **to be in big trouble**: *Si nos descubren estamos fritos.* If they catch us, we're in big trouble.

frontera *sustantivo*
(entre países) **border**: *la frontera con Estados Unidos* the border with the U.S.

frontón *sustantivo*
1 (deporte) **pelota** | **jugar al frontón to play pelota**
2 (cancha) **pelota court**

frotar *verbo*
to rub
frotarse to rub yourself: *Frótate con la toalla.* Rub yourself with the towel. | **frotarse las manos/los ojos to rub your hands/your eyes**

fruta *sustantivo*
(alimento) **fruit**: *Me encanta la fruta.* I love fruit. ▶ Para referirse a una pera, una manzana, etc. se dice **a piece of fruit**: *A mediodía come un yogurt y una fruta.* She has yogurt and a piece of fruit for lunch. ▶ ver **ensalada**

frutería *sustantivo*
fruit stand: *Hay una frutería en la esquina.* There's a fruit stand on the corner.

fruto *sustantivo*
(de una planta) **fruit**
frutos secos nuts: *Los frutos secos engordan mucho.* Nuts are very fattening.

fuego *sustantivo*
1 (sustancia) **fire**: *Tardaron tres días en apagar el fuego.* It took them three days to put the fire out. | **prenderle fuego a algo to set fire to something**: *Lo roció con gasolina y le prendió fuego.* He sprinkled gasoline on it and set fire to it.
2 (de un fogón, de la chimenea) **fire** | **hacer/prender el fuego to light the fire**: *Prende el fuego para la parrillada.* Light the fire for the barbecue.
3 (en cocina) **heat**: *Quita la leche del fuego.* Take the milk off the heat. | **a fuego lento/fuerte over a low/high heat**
4 (para un cigarro) **light**: *¿Tienes fuego?* Do you have a light? | *Me pidió fuego.* He asked me for a light.
5 (con armas) **abrir fuego to open fire** | **¡fuego! fire!**
fuegos artificiales fireworks

fuente *sustantivo*
(de agua) **fountain**: *la fuente de la plaza* the fountain in the square

fuera *adverbio & preposición*
1 (del país) **abroad**: *Quiero estudiar fuera.* I want to study abroad.
2 ir a comer/cenar fuera to go out for dinner/for a meal: *¿Vamos a cenar fuera?* Would you like to go out for dinner?
3 estar fuera to be away: *Va a estar fuera por unos días.* He's going to be away for a few days.
4 por fuera on the outside: *Era verde por fuera.* It was green on the outside. ▶ Cuando significa *visto desde afuera* se traduce por **from the outside**: *No parecía tan grande por fuera.* It didn't look so big from the outside.
5 fuera de (un lugar) **out of**: *Está fuera del país.* He's out of the country. | *Dejaste la carne fuera del refrigerador.* You left the meat out of the refrigerator.
6 fuera de peligro out of danger
7 fuera de control out of control
8 fuera de juego (a) out of play: *La pelota está fuera de juego.* The ball is out of play. **(b) offside**: *Anularon el gol porque estaba en posición de fuera de juego.* The goal was disallowed because he was offside.
9 ¡fuera! get out!

fuerte *adjetivo, adverbio & sustantivo*

■ *adjetivo*

1 (persona) **strong**: *un chico muy fuerte* a very strong boy | *Tienes que ser fuerte.* You have to be strong.

2 (volumen) **loud**: *un ruido fuerte* a loud noise | *La tele está demasiado fuerte.* The television's too loud. | **poner algo más fuerte** **to turn something up**: *Pon el radio más fuerte que no oigo.* Turn the radio up, I can't hear.

3 (dolor) **bad**: *un dolor de cabeza muy fuerte* a very bad headache

4 (olor, gusto) **strong**: *un fuerte olor a ajo* a strong smell of garlic | *Me gusta el café fuerte.* I like my coffee strong.

5 (lluvia, nevada) **heavy**

6 (viento) **strong**

7 (golpe, patada) **hard**

■ *adverbio*

1 (llover) **hard**: *Estaba lloviendo fuerte.* It was raining hard.

2 (hablar, gritar) **loud**: *No griten tan fuerte.* Don't shout so loud. | *Habla más fuerte, que no te oigo.* Speak up, I can't hear you.

3 (patear, empujar) **hard**: *Empuja fuerte.* Push hard.

4 (agarrarse, abrazar) **tight**: *Agárrate bien fuerte.* Hold on really tight.

■ *sustantivo*

(fortaleza) **fort**

fuerza *sustantivo*

1 (energía) **strength** | **tener fuerzas** **to be strong**: *Hay que tener muchas fuerzas para levantarlo.* You have to be very strong to lift it. | **tener fuerza en las piernas/los brazos etc.** **to have strong legs/arms etc.** | **con fuerza** **hard**: *Jala con fuerza.* Pull hard. | *Tienes que pegarle a la pelota con fuerza.* You have to hit the ball hard.

2 hacer fuerza La traducción depende del tipo de esfuerzo que estés haciendo. Si se trata de empujar algo, es **to push hard**, si de jalar algo, **to pull hard**, etc.: *Tienes que hacer mucha fuerza.* You have to push/pull etc. really hard.

3 fuerzas **strength** *singular*: *Me quedé sin fuerzas.* I don't have any strength left. | **recuperar las fuerzas** **to get your strength back**

4 a/por la fuerza (obligado) **by force**: *Se lo llevaron a la fuerza.* They took him away by force.

fuerza aérea **air force** **fuerzas armadas** **armed forces**

fuga *sustantivo*

escape | **darse a la fuga** **to flee**

fuga de gas **gas leak**

fugarse *verbo*

1 to escape: *Se fugaron de la cárcel.* They escaped from prison.

2 fugarse de un país **to flee a country**

fugitivo, -a *sustantivo & adjetivo*

fugitive

fulano, -a *sustantivo*

(usado para evitar nombrar) **so-and-so** | **Fulano de Tal** **so-and-so**

fumador, -a *sustantivo*

smoker

fumar *verbo*

to smoke: *Fuma demasiado.* She smokes too much. | **prohibido fumar** **no smoking** | **dejar de fumar** **to give up smoking**

función *sustantivo*

1 (en un cine) **showing**: *la función de la tarde* the afternoon showing

2 (en un teatro) **performance**: *¿A que horas empieza la segunda función?* What time does the second performance start?

3 (de un aparato) **function**

funcionar *verbo*

1 (máquina, plan) **to work**: *¿Cómo funciona?* How does it work? | **funcionar con pilas/a control remoto** **to work on batteries/by remote control**

2 no funciona (en un cartel) **out of order**

funda *sustantivo*

1 (de una almohada) **pillowcase**

2 (de un almohadón, un sillón) **cover**

3 (de una guitarra) **case**

4 (de una raqueta) **cover**

5 (de un libro) **jacket**

6 (de una pistola) **holster**

fundación *sustantivo*

1 (institución) **foundation**: *la beca otorgada por la fundación* the grant awarded by the foundation

2 (acción de fundar) **founding**: *la fundación del partido* the founding of the party

fundador, -a *sustantivo*

founder

fundar *verbo*

to found

fundido, -a *adjetivo*

1 (metal) **molten**: *hierro fundido* molten iron

2 (un foco, un fusible) **blown**

funeral *sustantivo*

funeral

funeraria *sustantivo*
funeral home AmE, **undertaker's** BrE

funicular *sustantivo*
cable car

furia *sustantivo*
1 fury
2 estar/ponerse hecho -a una furia to be/to get in a rage

furioso, **-a** *adjetivo*
furious: *Se puso furioso cuando lo vio.* He was furious when he saw it.

F

fusible *sustantivo*
fuse: *Se fundió el fusible.* The fuse blew.

fusil *sustantivo*
rifle

fusilar *verbo*
to shoot: *Lo fusilaron.* He was shot.

futbol *sustantivo*
soccer, **football** BrE ► ver abajo **jugar futbol to play soccer** AmE, **to play football** BrE
futbol americano football AmE, **American football** BrE

> **NOTA:** En inglés americano **football** significa *futbol americano* pero en inglés británico **football** es mucho más frecuente que **soccer** para referirse a nuestro futbol. *un partido de futbol* se dice **a soccer game** en inglés americano y **a football match** en inglés británico. Un partido informal entre amigos es **a game of soccer** o **a game of football**.

futbolista *sustantivo*
soccer player AmE, **footballer** BrE: *Quiere ser futbolista.* He wants to be a soccer player.

futbolito *sustantivo*
Foosball®

futuro *sustantivo*
1 (tiempo que va a venir) **future**: *nuestros planes para el futuro* our plans for the future
2 (posibilidad de éxito) **future** | **tener mucho futuro to have a great future**
3 (en gramática) **future**

Gg

G, **g** *sustantivo*
G, **g**: *"Guatemalan" se escribe con G mayúscula.* "Guatemalan" is written with a capital G.

gala *sustantivo*
una función/cena de gala **a gala performance/dinner**

galaxia *sustantivo*
galaxy (plural **galaxies**)

galería *sustantivo*
1 (en un teatro, cine) **gallery**
2 galerías (de tiendas) **mall**: *¿Ya conoces las nuevas galerías de Polanco?* Have you been to the new mall in Polanco?
galería de arte **art gallery** (plural **-ries**)

Gales *sustantivo*
Wales

galés, **- esa** *adjetivo & sustantivo*
■ *adjetivo*
Welsh: *Tiene un amigo galés.* He has a Welsh friend.
■ *sustantivo*
1 (persona) **galés** **Welshman** (plural **Welshmen**) **galesa** **Welshwoman** (plural **Welshwomen**)
2 los galeses **the Welsh**
3 galés (idioma) **Welsh**

galleta *sustantivo*
1 (dulce) **cookie** AmE, **biscuit** BrE: *galletas de nuez* walnut cookies
2 (salada) **cracker**: *galletas de queso* cheese crackers

gallina *sustantivo & adjetivo*
■ *sustantivo femenino*
(animal) **hen** ▶ ver **piel**
■ *sustantivo masculino & femenino*
(cobarde) **chicken**
■ *adjetivo*
chicken: *No seas gallina.* Don't be chicken.

gallinero *sustantivo*
henhouse

gallo *sustantivo*
(animal) **rooster**

galopar *sustantivo*
to gallop

galope *sustantivo*
gallop | **al galope** **at a gallop**

gama *sustantivo*
range: *una variada gama de artículos* a wide range of articles

Game Boy® *sustantivo*
Game Boy®

gamuza *sustantivo*
suede | **zapatos/guantes de gamuza** **suede shoes/gloves**

gana *sustantivo*
1 (con el verbo tener) **tener ganas de salir/escuchar música etc.** **to feel like going out/listening to music etc.**: *¿Tienes ganas de ir al cine?* Do you feel like going to the movies? | *–¿Vienes? –No tengo ganas.* "Are you coming?" "I don't feel like it." | **tener ganas de vomitar** **to feel nauseous** AmE, **to feel sick** BrE: *Tenía ganas de vomitar.* I felt nauseous. | **tener ganas de ir al baño** **to need to go to the bathroom**
2 (con el verbo dar) **me dieron ganas de llorar/de verlo etc.** **I felt like crying/seeing him etc.**: *De repente me dieron ganas de comer chocolate.* I suddenly felt like eating chocolate. | **no se me/le etc. da la gana** **I don't feel like it/she doesn't feel like it etc.**: *No fui porque no se me dio la gana.* I didn't go because I didn't feel like it. | **hace lo que le da la gana/haces lo que te da la gana etc.** **he does exactly what he wants/you do exactly what you want etc.**: *Lo dejan hacer lo que le da la gana.* They let him do exactly what he wants.

ganadería *sustantivo*
cattle farming

ganadero, **-a** *sustantivo*
cattle farmer

ganado *sustantivo*
1 ganado (vacuno/bovino) **cattle** *plural*: *más de mil cabezas de ganado* over a thousand head of cattle
2 (cuando no se especifica el tipo) **livestock**
ganado equino **horses** *plural* **ganado ovino** **sheep** *plural* **ganado porcino** **pigs** *plural*

ganador, **-a** *sustantivo & adjetivo*
■ *sustantivo*
winner
■ *adjetivo*
la película ganadora/el número ganador etc. **the winning movie/number etc.**

ganancia *sustantivo*
profit

ganar *verbo*
1 (en competencias, concursos, etc) **to win**: *Ganaron el partido.* They won the game. | *¿Quién va ganando?* Who's winning? | *Ganamos tres a uno.* We won three-one. | **ganarle a alguien (a algo) to beat someone (at something)**: *¡Te gané!* I beat you! | *Siempre me gana al tenis.* He always beats me at tennis.
2 (trabajando) **to earn**: *¿Cuánto ganas?* How much do you earn?
3 (en juegos de azar, apuestas) **to win**: *Ganó la apuesta.* He won the bet. | *Nunca he ganado nada en las rifas.* I've never won anything in a raffle.
4 (conseguir) **to gain**: *No ganó nada con eso.* He didn't gain anything by doing that.
ganarse
1 ganarse la vida to earn one's living: *Se gana la vida como maestro.* He earns his living as a teacher.
2 ganarse el amor/el respeto etc. de alguien to win someone's love/respect etc.: *Se ganó el cariño de todos.* She won everyone's affection.

gancho *sustantivo*
1 (para colgar algo) **hook**: *Cuelga la bolsa del gancho.* Hang your bag on the hook.
2 (para colgar ropa) **hanger**
3 (en una prenda) **hook**
4 (en boxeo) **hook**

ganga *sustantivo*
bargain

ganso, -a *sustantivo*
(animal) **goose** (plural **geese**)

garabato *sustantivo*
1 (dibujo) **doodle** | **hacer garabatos to doodle**
2 (escritura) **scrawl**

garage *sustantivo*
(en una casa) **garage**

garantía *sustantivo*
(de algo que se compra) **guarantee**: *Tiene un año de garantía.* It has a year's guarantee. | **tener garantía to be under guarantee**

garantizar *verbo*
to guarantee

garbanzo *sustantivo*
chickpea, **garbanzo bean** AmE

garganta *sustantivo*
throat: *Me duele la garganta.* I have a sore throat.

garra *sustantivo*
1 (de un león, tigre) **claw**
2 (de un ave de rapiña) **talon**

gas *sustantivo*
1 gas (plural **gases**): *Huele a gas.* There's a smell of gas.
2 gases (emanaciones) **fumes**: *gases tóxicos* toxic fumes
3 gases (en el intestino) **gas** *singular*: *Los frijoles me dan gases.* Beans give me gas.
gas lacrimógeno tear gas

gasa *sustantivo*
(para curaciones) **dressing**

gasolina *sustantivo*
gas, **gasoline**

gasolinera *sustantivo*
gas station AmE, **petrol station** BrE

gastado, -a *adjetivo*
worn, **worn out**: *Estos zapatos están muy gastados.* These shoes are really worn out.

gastar *verbo*
1 (referido a dinero) **to spend**: *Gasté $5 en todo el día.* I spent $5 the whole day. | *Gasta mucho en ropa.* She spends a lot on clothes.
2 (consumir) **to use**: *No gastes tanta electricidad.* Don't use so much electricity. | *Este coche gasta muy poca gasolina.* This car uses very little gasoline.
gastarse (referido a dinero) **to spend** | **gastarse el dinero/los ahorros etc. en algo to spend your money/savings etc. on something**: *Se gastó todos los ahorros en una computadora nueva.* He spent all his savings on a new computer.

gasto *sustantivo*
1 expense: *Compartimos los gastos.* We share the expenses. | **reducir gastos to cut down on your spending** | **correr con todos los gastos to pay for everything**
2 (familiar) **housekeeping money**: *Tomé $100 del gasto.* I took $100 out of the housekeeping money.

gatear *verbo*
to crawl

gatillo *sustantivo*
trigger | **apretar el gatillo to pull the trigger**

gato, -a *sustantivo*
■ *sustantivo masculino & femenino*
cat: *¡Qué gata tan linda!* What a beautiful cat!
■ *sustantivo masculino*
1 (herramienta) **jack**

2 (juego) **tick-tack-toe**: *¿Jugamos un gato?* Let's play tick-tack-toe.

gaviota *sustantivo*
seagull

gay *adjetivo & sustantivo*
gay

gel *sustantivo*
(para el pelo) **gel**
gel de baño **body wash**

gelatina *sustantivo*
1 (postre) **Jello®** AmE, **jelly** (plural **jellies**) BrE: *gelatina de fresa* strawberry jello
2 (sustancia) **gelatine**

gemelo, -a *sustantivo & adjetivo*
■ *sustantivo*
identical twin: *Tienen gemelas.* They have identical twins.
■ *adjetivo*
mi hermano gemelo/hermana gemela **my twin brother/sister**

twins

Jay and Ray are twins.

Géminis *sustantivo*
Gemini: *Soy Géminis.* I'm a Gemini.

gen, gene *sustantivo*
gene

generación *sustantivo*
generation: *la generación de mis padres* my parents' generation

general *adjetivo & sustantivo*
■ *adjetivo*
1 general: *un tema de interés general* a subject of general interest
2 en general **(a)** (sin entrar en detalles) **in general**: *Le gustan los animales en general.* He likes animals in general. **(b)** (generalmente) **generally**: *En general, me levanto tarde.* I generally get up late.
■ *sustantivo*
(militar) **general**: *el General Sánchez* General Sánchez

género *sustantivo*
(masculino o femenino) **gender**
el género humano **humankind**, **the human race**

generoso, -a *adjetivo*
generous | **ser generoso -a con alguien** **to be generous to someone**

genética *sustantivo*
genetics *singular*

genético, -a *adjetivo*
genetic: *la manipulación genética* genetic engineering

genio *sustantivo*
genius (plural **geniuses**): *¡Eres un genio!* You're a genius!

gente *sustantivo*
people

> **NOTA: people** es un sustantivo plural y por lo tanto se usa con verbos en plural, con **many** y no con **much**, etc. *Había demasiada gente.* There were too many people.
> Cuando se refiere a las personas en general se usa sin artículo. Cuando se refiere a un grupo determinado de personas, va con artículo *cuando la gente está de vacaciones* when people are on vacation | *la gente que conocí en el viaje* the people I met on the trip
> Para decir *toda la gente* usa **everyone** o **everybody** *Llamé a toda la gente del equipo.* I called everyone on the team.

geografía *sustantivo*
geography

geometría *sustantivo*
geometry

gerente *sustantivo*
manager: *Quiero hablar con el gerente.* I want to speak to the manager.
gerente de banco **bank manager** **gerente de personal/de ventas** **personnel/sales manager**

germen *sustantivo*
(bacteria, virus) **germ**
germen de trigo **wheatgerm**

gerundio *sustantivo*
present participle

gesto *sustantivo*
gesture: *un gesto cariñoso* an affectionate gesture

gigante *sustantivo*
(personaje) **giant**

G

gimnasia *sustantivo*
1 (ejercicio) **exercise**: *una clase de gimnasia* an exercise class | **hacer gimnasia to exercise**: *Hace gimnasia todos los días.* She exercises every day.
2 (en la escuela) **gym**: *Hoy tuvimos gimnasia.* We had gym today.

gimnasio *sustantivo*
gym: *Va al gimnasio tres veces por semana.* She goes to the gym three times a week.

gimnasta *sustantivo*
gymnast

girasol *sustantivo*
sunflower

giro *sustantivo*
(vuelta) **turn**

gitano, **-a** *sustantivo*
gypsy (plural **gypsies**)

glaciar *sustantivo*
glacier

glándula *sustantivo*
gland

globo *sustantivo*
1 (de goma) **balloon**: *Se me reventó el globo.* My balloon burst.
2 (para volar) **balloon**
globo terráqueo globe

glorieta *sustantivo*
traffic circle

glúteo *sustantivo*
gluteus (plural **glutei**)

gobernador, **-a** *sustantivo*
governor

gobernar *verbo*
(presidente, partido) **to govern**: *Gobernó el país entre 1876 y 1910.* He governed the country between 1876 and 1910.

gobierno, **Gobierno** *sustantivo*
government, **Government**

gol *sustantivo*
goal: *Perdimos por dos goles a uno.* We lost by two goals to one. | *El América ganó por dos goles a cero.* América won by two goals to none. | **meter/anotar un gol to score a goal**: *Nos metieron un gol en el último minuto.* They scored a goal against us in the last minute.

goleador, **-a** *sustantivo*
1 **goalscorer**
2 **máximo goleador top goalscorer**

golear *verbo*
to thrash: *Los goleamos 8 a 0.* We thrashed them 8-0.

goal

golf *sustantivo*
golf | **jugar golf to play golf**

golfo *sustantivo*
gulf

golondrina *sustantivo*
swallow

golpe *sustantivo*
1 (que recibe una persona) **blow**: *Los golpes en la cabeza pueden ser peligrosos.* Blows to the head can be dangerous. | **darse un golpe en la cabeza/rodilla etc. to bang your head/knee etc.**
2 (que se le da a un objeto) **darle un golpe a algo to bang something**: *Le di un golpe al CPU y se arregló.* I banged the CPU and it started working.
3 (ruido) **bump**: *¿Oíste ese golpe?* Did you hear that bump?
4 (en golf) **shot**
5 **golpe (de estado) coup (d'état)** | **golpe (militar) (military) coup**
6 **de golpe** (de repente) **suddenly**: *De golpe me acordé.* I suddenly remembered.

golpear *verbo*
1 (a alguien accidentalmente) **to hit**: *El balón la golpeó en la nuca.* The ball hit her on the back of the neck.
2 (para lastimar) **to beat up**: *Lo golpearon y le robaron la cartera.* They beat him up and stole his wallet.
3 (dar golpes en) **to bang on**: *¿Quién está golpeando la pared?* Who's banging on the wall?
golpearse
1 **to hit yourself**: *¿Te golpeaste?* Did you hit yourself?
2 **golpearse el brazo/la cabeza etc. to hit your arm/head etc.**: *Me golpeé la cabeza.* I hit my head.

goma *sustantivo*
1 **goma (de borrar) eraser**: *¿Me prestas tu goma?* Can I borrow your eraser?
2 **goma (de pegar) glue**: *Esta goma no sirve.* This glue is no good.
3 (en beisbol) **home plate**

Google® *sustantivo*
Google® | **buscar información sobre algo/alguien en Google** **to Google something/someone**

gordo, -a *adjetivo & sustantivo*
■ *adjetivo*
1 (referido a personas, animales) **fat**: *Soy más gordo que él.* I'm fatter than he is. ▶ **he's fat** se puede interpretar como **es gordo**. Si lo que quieres decir es que *está gordo*, que engordó, usa **he's put on weight**: *Mi mamá está muy gorda.* My mom's put on a lot of weight.
2 (grueso) **thick**: *un libro muy gordo* a very thick book ▶ ver **dedo**
■ *sustantivo*
1 No hay un sustantivo equivalente en inglés. Usa **a fat man**, **a fat boy**, **a fat woman**, **a fat girl**, etc. *Los gordos* en general se dice **fat people**
2 **gordo** (de la lotería) **big prize**: *el gordo de Navidad* the big prize in the Christmas lottery
3 **gordo** (de la carne) **fat**

gorila *sustantivo*
gorilla

gorra *sustantivo*
1 (para la cabeza) **cap**
2 **de gorra** **without paying**: *Nos dejó entrar de gorra.* He let us in without paying.
gorra de baño **1** (para la regadera) **shower cap** **2** (para nadar) **swimming cap**

gorrión *sustantivo*
sparrow

gorro *sustantivo*
1 (en general) **hat**: *un gorro de papel* a paper hat
2 (de bebé) **bonnet**

gota *sustantivo*
1 **drop**
2 **sudar la gota gorda** **to work very hard**: *Sudé la gota gorda para terminar esto a tiempo.* I worked very hard to finish on time.

gotear *verbo*
(llave) **to drip**: *Esta llave gotea.* This faucet drips

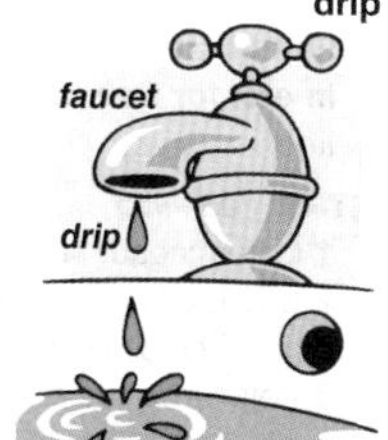

gotera *sustantivo*
leak

GPS *sustantivo* (= **Global Positioning System**) **GPS**

grabación *sustantivo*
recording: *una grabación de 1968* a recording from 1968

grabadora *sustantivo*
tape recorder

grabar *verbo*
1 (una canción, un álbum) **to record**: *Están grabando un nuevo álbum.* They are recording a new album.
2 (una conversación, una entrevista) **to record**
3 (pasar a un cassette) **to tape**: *¿Me grabarías este CD?* Would you tape this CD for me?
4 (en video) **to record**: *Voy a grabar el partido de hoy en la noche.* I'm going to tape tonight's game./I'm going to record tonight's game.
5 (en metal) **to engrave**: *un encendedor grabado con sus iniciales* a lighter engraved with his initials

gracia *sustantivo*
1 (comicidad) **me/le etc. hace gracia** **I think it's funny/she thinks it's funny etc.**: *No me hace ninguna gracia.* I don't think it's funny at all.
2 (cosa divertida) **funny thing**: *Todos se ríen de sus gracias.* Everyone laughs at the funny things he does.

gracias *interjección & sustantivo plural*
thank you, thanks: *–¡Gracias! —De nada.* "Thank you!" "You're welcome." | *Muchas gracias.* Thank you very much. | **gracias por (hacer) algo** **thank you for (doing) something**: *Gracias por todo.* Thanks for everything. | *Gracias por ayudarme.* Thank you for helping me. | **gracias a algo o alguien** **thanks to something or someone**: *Pude hacerlo gracias a Hugo.* I was able to do it thanks to Hugo. | **darle las gracias a alguien** **to thank someone/to say thank you to someone**: *Quiero darte las gracias por lo que hiciste.* I want to thank you for what you did.

gracioso, -a *adjetivo*
funny: *un chiste muy gracioso* a very funny joke | *No me parece gracioso.* I don't think it's funny. | *Tu hermano es muy gracioso.* Your brother is very funny.

grado *sustantivo*
1 (de temperatura) **degree**: *El agua hierve a 100 grados centígrados.* Water boils at 100 degrees centigrade. | **hace diez/treinta etc. grados** **it's ten/thirty etc. degrees**: *Hacía cinco grados.* It was five degrees.
2 (de un ángulo) **degree**: *un ángulo de*

G

treinta grados an angle of thirty degrees
3 (nivel) **degree**: *quemaduras de tercer grado* third-degree burns
4 5/6 etc. grados en la escala Richter 5/6 etc. on the Richter scale: *El temblor tuvo una intensidad de 5 grados en la escala Richter.* The earthquake measured 5 on the Richter scale.

graduarse *verbo*
to graduate

graffiti *sustantivo*
graffiti: *paredes cubiertas de graffiti(s)* walls covered in graffiti

gráfico *sustantivo*
graph | **hacer un gráfico to draw a graph**
gráfico de barras bar chart

gramática *sustantivo*
grammar

gramo *sustantivo*
gram

gran ▶ ver **grande**

Gran Bretaña *sustantivo*
Britain, **Great Britain**

> **NOTA: Gran Bretaña** comprende tres países: Inglaterra, Escocia y Gales (**England, Scotland and Wales**). Junto con Irlanda del Norte (**Northern Ireland**) forma el Reino Unido (**the United Kingdom**). **Great Britain** es un término bastante formal y se da más que nada en contextos políticos. En el uso diario, la gente dice **Britain**.

grande *adjetivo*
1 (referido al tamaño) **large**, **big**: *–Una Coca. –¿Grande o chica?* "A Coke, please." "Large or small?" | *Tu mochila es más grande que la mía.* Your backpack's bigger than mine. | *el cuarto más grande de la casa* the biggest room in the house/the largest room in the house | **me/te etc. queda grande it's too big for me/you etc.**: *Estos zapatos me quedan grandes.* These shoes are too big for me.
2 (referido a la cantidad) **large**: *un gran número de errores* a large number of mistakes | *grandes cantidades de comida* large amounts of food | *Compuso gran parte de las canciones.* She wrote many of the songs.
3 (referido a la edad: en comparaciones) El comparativo es **older** y el superlativo **oldest**: *Es más grande que yo.* She's older than I am. | *Soy la más grande de la clase.* I'm the oldest in the class.
4 (mayor, adulto) **grown-up**: *Tienen hijos grandes.* They have grown-up children. | *No hagas eso, ya eres grande.* Don't do that, you're a big boy/a big girl now. | **cuando sea/seas etc. grande when he grows up/you grow up etc.**: *¿Qué vas a ser cuando seas grande?* What are you going to be when you grow up?
5 (referido a la importancia, calidad) **great**: *Es un gran pintor.* He's a great painter. | *una gran amiga mía* a great friend of mine

granero *sustantivo*
barn

granito
pimple, **zit**: *¡No te aprietes los granitos!* Don't squeeze your pimples! | **me/le etc. salió un granito I have/he has etc. a pimple, I have/he has etc. a zit**: *Me salió un granito en la frente.* I have a pimple on my forehead.

granizar *verbo*
to hail: *Está granizando.* It's hailing.

granizo *sustantivo*
hail

granja *sustantivo*
farm | **vivir/trabajar en una granja to live/work on a farm**

granjero, **-a** *sustantivo*
farmer

grano *sustantivo*
1 (de trigo, arroz, etc.) **grain** | **un grano de café a coffee bean** | **un grano de pimienta a peppercorn**
2 (de arena) **grain**
3 (en la piel) ▶ ver **granito**

grasa *sustantivo*
1 (de los animales, vegetales) **fat**: *un pollo con mucha grasa* a chicken with a lot of fat
2 (suciedad) **grease**: *una mancha de grasa* a grease stain
3 (para una máquina) **oil**

grasoso, **-a** *adjetivo*
greasy

gratis *adjetivo & adverbio*
1 free: *Las bebidas son gratis.* The drinks are free.
2 viajar/entrar etc. gratis to travel/get in etc. for free: *Comimos gratis.* We ate for free.

grave *adjetivo*
1 (enfermedad, herida) **serious**
2 (situación, crisis) **serious**: *La situación es grave.* The situation is serious.
3 (referido a un enfermo) **seriously ill**: *los*

enfermos graves seriously ill patients | **estar grave to be seriously ill**
4 una palabra grave a word which is stressed on the penultimate syllable

Grecia *sustantivo*
Greece

griego, -a *adjetivo & sustantivo*
■ *adjetivo*
Greek: *unas aceitunas griegas* some Greek olives
■ *sustantivo*
1 Greek los griegos (the) Greeks
2 griego (idioma) **Greek**

grieta *sustantivo*
crack

grillo *sustantivo*
cricket

gringo -a *adjetivo & sustantivo*
American

gripa *sustantivo*
flu: *una epidemia de gripa* a flu epidemic | **tener gripa to have the flu**

gris *adjetivo & sustantivo*
gray

gritar *verbo*
1 to yell, **to shout**: *No grites, está dormido el bebé.* Don't yell, the baby's asleep. | *Gritaba pidiendo ayuda.* She was shouting for help.
2 gritarle a alguien (a) (con enojo) **to yell at someone**, **to shout at someone**: *No le grites.* Don't yell at her. **(b)** (para decirle algo) **to yell to someone**, **to shout to someone**: *Les grité, pero no me oyeron.* I yelled to them but they didn't hear me.

grito *sustantivo*
1 yell, **shout**: *Oí un grito fuerte.* I heard a loud yell.
2 pegar un grito (de dolor/alegría etc.) to cry out (in pain/with happiness etc.): *Pegó un grito y cayó al suelo.* He cried out and fell to the ground. | *Cuando se lo dije pegó un grito de alegría.* When I told him, he cried out with happiness.

grosella *sustantivo*
redcurrant

grosería *sustantivo*
1 (que se dice o se hace) **ser una grosería to be rude**: *Es una grosería irse sin despedirse.* It's rude to leave without saying goodbye.
2 (de una persona) **rudeness**
3 (mala palabra) **swearword**

grosero, -a *adjetivo & sustantivo*
■ *adjetivo*
rude
■ *sustantivo*
ser un grosero/una grosera to be very rude

grúa *sustantivo*
1 (en una obra, en el puerto) **crane**
2 (para vehículos mal estacionados) **tow truck**: *La grúa se llevó el coche.* Our car was taken away by the tow truck.
3 (para vehículos descompuestos) **tow truck** AmE, **breakdown truck** BrE: *Llama a la grúa.* Call the tow truck.

grueso, -a *adjetivo*
thick: *labios gruesos* thick lips | *Pedí un cobertor más grueso.* I asked for a thicker blanket.

gruñir *verbo*
1 (perro) **to growl**
2 (puerco) **to grunt**
3 (persona) **to grumble**

gruñón, -ona *adjetivo*
grumpy

grupo *sustantivo*
1 (de personas, animales, cosas) **group** | **trabajar en grupo to work in a group** | **dividirse en grupos to split up into groups**: *Nos dividimos en grupos de cinco.* We split up into groups of five.
2 (de pop, rock etc) **group**, **band**
grupo sanguíneo blood group

guacamole *sustantivo*
guacamole

guajolote *sustantivo*
turkey

guante *sustantivo*
glove

guantera *sustantivo*
glove compartment, **glove box**

guapo -a *adjetivo*
(físicamente) **good-looking**

guardabosques *sustantivo*
forest ranger

guardaespaldas *sustantivo*
bodyguard

guardar *verbo*
1 (poner en su lugar) **guardar algo to put something away**: *Guarden sus libros.* Put your books away. | *Guarden todo que vamos a comer.* Put everything away, we're going to eat.
2 (poner) **guardar algo en la bolsa/en un cajón etc. to put something in your pocket/in a drawer etc.**: *Guardó las llaves*

G

en su bolsa. She put the keys in her pocket.
3 (tener) **to keep**: *Lo guarda en el refrigerador.* She keeps it in the fridge.
4 guardar un secreto to keep a secret
5 (reservar) **to save**: *Te guardé un pedazo de pastel.* I saved you a piece of cake. *¿Me guardas el lugar?* Can you save my place for me?

guardería *sustantivo*
nursery (plural **nurseries**)

guardia *sustantivo*
1 (turno de trabajo) **shift**: *una guardia de 12 horas* a 12-hour shift | **hacer guardia/estar de guardia to be on duty**: *Mañana tengo que hacer guardia.* I'm on duty tomorrow
2 (conjunto de personas) **guard**

Guatemala *sustantivo*
Guatemala

guatemalteco, -a *adjetivo & sustantivo*
Guatemalan los guatemaltecos (the) Guatemalans

guayaba *sustantivo*
guava

guerra *sustantivo*
war | **estar en guerra to be at war** | **declararle la guerra a alguien to declare war on someone**

guerrilla *sustantivo*
1 (grupo) **guerrilla group**
2 (tipo de lucha) **guerrilla warfare**

guerrillero, -a *sustantivo*
guerrilla

guía *sustantivo*
■ *sustantivo masculino & femenino*
(persona) **guide**
■ *sustantivo femenino*
1 (libro) **guide**: *Encontramos un buen hotel en la guía.* We found a good hotel in the guide.
2 (orientación) **guide**: *Lo usé de guía.* I used it as a guide./I used it for guidance.
3 (en el movimiento scout) **girl scout**

guiar *verbo*
to guide

guión *sustantivo*
1 (para unir o separar palabras) **hyphen**
2 (en diálogos) **dash** (plural **dashes**)
3 (de una película) **script**

guisar *verbo*
to cook: *Guisa muy bien.* She cooks very well.

guiso *sustantivo*
stew

guitarra *sustantivo*
guitar | **tocar la guitarra to play the guitar**
guitarra eléctrica electric guitar

guitarrista *sustantivo*
guitarist

gusano *sustantivo*
worm

gustar *verbo*
1 Usa el verbo **to like** con la persona a quien le gusta algo como sujeto de la oración: *Me gusta el chocolate.* I like chocolate. | *A mi hermana le gusta Pablo.* My sister likes Pablo. | *A mis padres no les gusta el rock.* My parents don't like rock. | *Le gusta que nos levantemos temprano.* She likes us to get up early.
2 me gusta mucho... I really like..., I love...: *Me gusta mucho esta canción.* I really like this song./I love this song.
3 me gusta más... (que...) I like... better (than...), I prefer... (to...): *Nos gusta más el azul.* We like the blue one better./We prefer the blue one. | *Me gusta más el beisbol que el futbol.* I like baseball better than soccer./I prefer baseball to soccer.
4 me gusta leer/cocinar/nadar I like reading/cooking/swimming: *A mi papá le gusta escuchar música mientras trabaja.* My dad likes listening to music while he works. | **¿te gustaría ir/verlo/probarlo? would you like to go/to see it/to try it?**: *Me gustaría conocer París.* I'd like to visit Paris.

gusto *sustantivo*
1 (afición) **taste**: *Tenemos el mismo gusto en música.* We have the same taste in music.
2 de mal gusto in bad taste: *Es una broma de muy mal gusto.* It's a joke that's in very bad taste.
3 (placer) **¡qué gusto verte! how nice to see you!**
4 mucho gusto (en presentaciones) **pleased to meet you**
5 (sentido) **taste**

Hh

H, h *sustantivo*

H, h: *"Honduran" se escribe con H mayúscula.* "Honduran" is written with a capital H.

haba *sustantivo*

broad bean

haber *verbo*

1 (existir, estar, suceder) Usa **there** seguido del verbo **to be** en singular o plural según el sustantivo inglés: *Hay una carta para ti.* There is a letter for you. | *Hay dos uruguayos en el equipo.* There are two Uruguayans in the team. | *Había un perro en el jardín.* There was a dog in the yard. | *Había mucha gente esperando.* There were lots of people waiting. | *Hubo un accidente.* There was an accident. | *Hubo inundaciones.* There were floods.

2 (en los tiempos compuestos) **to have**: *Hemos hecho los dos ejercicios.* We've done both exercises. | *Perdón, no te había visto.* Sorry, I hadn't seen you.

3 (necesidad, obligación) **hay que hacer algo** Se usa la voz pasiva o un sujeto concreto: *Hay que arreglarlo.* It needs to be fixed./We must fix it. | *Hay que hacer este ejercicio.* We have to do this exercise.

4 **no hay de qué** **you're welcome**: *–Gracias por el aventón. –No hay de qué.* "Thanks for the ride." "You're welcome."

5 **¿qué hubo?** **hi!**

hábil *adjetivo*

1 (político, jugador, maniobra, jugada) **skillful**

2 **ser hábil para algo** **to be good at something**: *Es muy hábil para los deportes.* He's very good at sports.

habilidad *sustantivo*

skill | **tener habilidad para algo** **to be good at something**: *Tiene mucha habilidad para los trabajos manuales.* He's very good with his hands.

habitación *sustantivo*

room: *Quisiera una habitación con baño.* I'd like a room with a bathroom. | *una casa con muchas habitaciones* a house with many rooms

habitación doble **double room** **habitación individual** **single room**

habitante *sustantivo*

inhabitant: *El país tiene alrededor de tres millones de habitantes.* The country has around three million inhabitants. | *los habitantes de las zonas rurales* people living in the rural areas

hábito *sustantivo*

(costumbre) **habit**: *malos hábitos* bad habits | **tener el hábito de hacer algo** **to be in the habit of doing something**

hablar *verbo*

1 (platicar) **to talk**: *Tenemos que hablar.* We have to talk. | **hablar con alguien** **to talk to someone**: *Tengo que hablar contigo.* I have to talk to you. | *¿Con quién estabas hablando?* Who were you talking to? | **hablar de alguien o algo** **to talk about someone or something**: *No hablamos de ellos.* We didn't talk about them.

2 (referido a la capacidad de un niño) **to talk**: *Ya empezó a hablar.* He's already started talking.

3 (referido a un idioma) **to speak**: *¿Hablas francés?* Do you speak French? | *Se habla español.* Spanish spoken here.

4 (por teléfono) Ver ejemplos: *Estoy hablando por teléfono.* I'm on the phone. | *¿Podría hablar con Alicia, por favor?* Could I speak to Alicia, please? | *¿Quién habla?* Who's calling? | *Hola, habla Donna.* Hello, it's Donna.

hablarse (dirigirse la palabra) **to speak to each other, to talk to each other**: *No se hablan.* They're not speaking to each other./They're not talking to each other.

hacer *verbo*

1 ▶ Ten en cuenta que expresiones como *hacer un favor*, *hacer una pregunta*, *hacer frío/calor*, etc están tratadas bajo los sustantivos correspondientes.

2 (un vestido, una comida, un producto) **to make**: *Me hizo una blusa.* She made me a blouse. | *Hice un pastel.* I made a cake. | *Hacen muebles de pino.* They make pine furniture.

3 (referido a actividades) **to do**: *¿Qué vas a hacer esta noche?* What are you going to do tonight? | *¿Tu papá qué hace?* What does your dad do? | *¿Haces algún deporte?* Do you play any sports?

4 (un dibujo, un ejercicio) **to do**: *Hagan el ejercicio 5.* Do exercise 5.

5 **hacer arreglar/limpiar algo** **to get something fixed/cleaned**: *Tengo que* *hacer arreglar la impresora* I have to get the printer fixed.

6 hacer pensar/reír a alguien to make someone think/laugh: *Me hizo repetir el ejercicio.* She made me do the exercise again.

7 hacer bien *Esto te va a hacer bien.* This will do you good. | **hacer mal** *Me hizo mal el pollo.* The chicken didn't agree with me. | *Hace mal tomar sol al mediodía.* Sunbathing at lunchtime is bad for you.

8 (recorrer) **to do**: *Hicimos más de 500 kilómetros.* We did over 500 kilometers.

9 (referido al tiempo transcurrido) **hace cinco minutos que se fue/que lo vi he left/I saw him five minutes ago**: *Hace muchos años que murió.* He died many years ago. | **hace una hora que espero/que llueve I've been waiting/it's been raining for an hour**: *Hace meses que trabajo ahí.* I've been working there for months. | **hace una semana que no la veo/que no llama I haven't seen her/she hasn't called for a week**: *Hacía días que no comía.* He hadn't eaten for days.

hacerse

1 hacerse una torta/una falda etc. to make yourself a sandwich/a skirt etc.: *Me hice unos huevos revueltos.* I made myself some scrambled eggs.

2 (volverse) **to become**: *Se quiere hacer cura.* He wants to become a priest. | *Se hicieron famosos con esa canción.* They became famous with that song.

3 hacerse el dormido/la distraída to pretend to be asleep/not to notice

4 (cocinarse) **to cook**: *Se hace en diez minutos.* It cooks in ten minutes.

hacha *sustantivo*

ax AmE (plural **axes**), **axe** BrE

hacia *preposición*

1 (para indicar dirección) **toward** AmE, **towards** BrE: *Íbamos hacia el centro de la ciudad.* We were heading toward the center of the city. | *Caminen hacia adelante/hacia atrás.* Walk forward/backward.

2 hacia fines de mayo/principios del verano etc. around the end of May/around the beginning of the summer etc.

hall *sustantivo*

hall (de entrada) (entrance) hall

hallar *verbo*

(encontrar) **to find**

hallarse

1 (estar) **to be**: *Se hallaba fuera del país.* He was out of the country.

2 (estar a gusto) **to feel at home**: *No se halla en Japón.* He doesn't feel at home in Japan.

hamaca *sustantivo*

hammock

hambre *sustantivo*

1 tener hambre to be hungry: *Tengo mucha hambre.* I'm very hungry.

2 (falta de alimentos) **hunger**: *la pobreza y el hambre* poverty and hunger

3 morirse de hambre (a) (morir de inanición) **to die of starvation**: *La gente se moría de hambre por la sequía.* People were dying of starvation because of the drought. **(b)** (tener mucha hambre) **to be starving**: *Me muero de hambre. ¿Qué hay para cenar?* I'm starving. What's for supper?

hamburguesa *sustantivo*

hamburger: *Una hamburguesa con papas fritas, por favor.* A hamburger and fries, please.

hamburguesa con queso cheeseburger

hámster *sustantivo*

hamster

harina *sustantivo*

flour

harina de maíz cornmeal harina integral wholewheat flour

harto, -a *adjetivo*

1 estar harto -a (de algo) to be sick (of something): *Estoy harta de tus mentiras.* I'm sick of your lies. | **estar harto -a de hacer algo to be sick of doing something**: *Estamos hartos de ir siempre al mismo lugar.* We're sick of going to the same place all the time.

2 me tienes/tiene etc. harto -a I'm sick of you/him etc.

hasta *preposición*

1 (referido al tiempo) **until**: *Te espero hasta las 10.* I'll wait for you until 10. | **llegan/empieza hasta el lunes they won't be here/it doesn't start till Monday**: *Cierran hasta las siete.* They don't close till seven. | **¿hasta cuándo...? how long...?**: *¿Hasta cuándo vas a estar en Dallas?* How long are you going to be in Dallas? | **hasta ahora so far**: *Hasta ahora, nadie ha contestado.* So far nobody has replied.

2 (en despedidas) **hasta luego see you later** | **hasta mañana see you tomorrow** | **hasta el lunes/martes etc. see you on Monday/Tuesday etc.**

3 (referido al espacio) Ver ejemplos: *¿Hasta dónde vas?* How far are you going? | *Desde*

aquí hasta mi casa se hacen 10 minutos. It takes 10 minutes to get from here to my house. | *Me llevó hasta mi casa.* She took me as far as my house.
4 (referido a cantidades) **up to**: *Cuenta hasta 100.* Count up to a hundred.
5 (incluso) **even**: *Hasta a mi abuela le gustó.* Even my grandmother liked it.

Hawai *sustantivo*
Hawaii

hecho *sustantivo*
1 (realidad) **fact**: *el hecho de que no hayan llamado* the fact that they haven't called
2 (suceso) **event**: *una versión diferente de los hechos* a different version of events
3 de hecho (en realidad) **in fact**: *De hecho, lo vi sólo una vez.* In fact, I only saw him once.

helada *sustantivo*
frost

helado, -a *adjetivo & sustantivo*
■ *adjetivo*
freezing: *El agua está helada.* The water is freezing. | *Estoy helada.* I'm freezing.
■ **helado** *sustantivo*
ice cream ► En inglés americano, **ice cream** es incontable y no se puede usar con **a** ni en plural: *Me compré un helado de chocolate.* I bought myself a chocolate ice cream cone./I bought myself some chocolate ice cream.

helar *verbo*
(referido al tiempo) **heló/va a helar etc. there was a frost/there's going to be a frost etc.**
helarse
1 (sentir mucho frío) **to freeze**: *Me estoy helando.* I'm freezing.
2 (lago, río) **to freeze**

hélice *sustantivo*
propeller

helicóptero *sustantivo*
helicopter: *Fuimos en helicóptero.* We went by helicopter.

hembra *adjetivo & sustantivo*
female: *¿Es macho o hembra?* Is it a male or a female? | *un avestruz hembra* a female ostrich

herbívoro, -a *adjetivo & sustantivo*
■ *adjetivo*
herbivorous
■ **herbívoro** *sustantivo*
herbivore

heredar *verbo*
1 (recibir) (dinero, bienes) **to inherit**: *Heredó una fortuna.* She inherited a fortune.
2 (dejar) **to leave**: *el dinero que me heredó mi abuelo* the money my grandfather left me

heredero, -a *sustantivo*
heir: *Yo soy su única heredera.* I'm his only heir.

herida *sustantivo*
wound

herido, -a *adjetivo & sustantivo*
■ *adjetivo*
1 (en un accidente) **injured**: *Cinco niños resultaron heridos.* Five children were injured.
2 (de arma) **wounded**: *Quedó herido en el tiroteo.* He was wounded in the shooting.
■ *sustantivo*
los heridos (a) (en un accidente) **the injured (b)** (de arma) **the wounded**

herir *verbo*
1 (con un arma) **to wound**: *Lo hirieron en la cabeza.* He was wounded in the head.
2 (emocionalmente) **to hurt**

hermanastro, -a *sustantivo*
hermanastro stepbrother hermanastra stepsister

hermano, -a *sustantivo*
(pariente) **hermano brother**: *mi hermano mayor* my eldest brother **hermana sister**: *mi hermana menor* my youngest sister **hermanos** (de ambos sexos) **brother(s) and sister(s)**: *Pablo y Belén son hermanos.* Pablo and Belén are brother and sister. | *¿Tienes hermanos?* Do you have any brothers or sisters?

hermoso, -a *adjetivo*
beautiful

hermosura *sustantivo*
beauty (plural **beauties**)

héroe *sustantivo*
hero (plural **heroes**)

heroína *sustantivo*
(mujer) **heroine**

herradura *sustantivo*
horsehoe

herramienta *sustantivo*
tool

hervir *verbo*
1 to boil
2 el café/la sopa etc. está hirviendo (demasiado caliente) **the coffee/soup etc. is boiling hot**

hexágono *sustantivo*
hexagon

H

hidrato de carbono *sustantivo*
carbohydrate

hidrógeno *sustantivo*
hydrogen

hielo *sustantivo*
ice

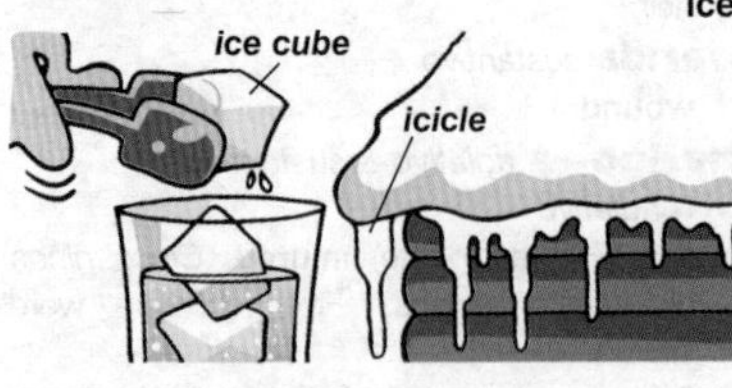

H

hierba *sustantivo*
1 (aromática, medicinal) **herb**
2 (césped) **grass**: *Hay que quitar toda esta hierba.* All this grass needs to be cleared away.
hierba mala weed

hierro *sustantivo*
1 (metal) **iron** | **un portón/un candado de hierro an iron gate/padlock**
2 (elemento químico) **iron**

hígado *sustantivo*
liver

higo *sustantivo*
fig

hijastro, -a *sustantivo*
hijastro stepson hijastra stepdaughter
hijastros (de ambos sexos) **stepchildren**

hijo, -a *sustantivo*
hijo son hija daughter hijos (de ambos sexos) **children**: *mi hija Vera* my daughter Vera | *¿Cuántos hijos tienes?* How many children do you have? | *sus hijos Martín y Pablo* her sons Martín and Pablo
hijo -a único -a only child: *Soy hija única.* I'm an only child.

híjole, híjoles *interjección*
jeez: *¡Híjole! Rompí el vaso.* Jeez! I broke the glass.

hilera *sustantivo*
row

hilo *sustantivo*
(para coser) **thread**: *un carrete de hilo negro* a reel of black thread

himno *sustantivo*
1 himno (nacional) national anthem: *Cantamos el himno.* We sang the national anthem.
2 (cántico) **hymn**

hinchado, -a *adjetivo*
swollen: *Tengo la rodilla hinchada.* My knee's swollen.

hinchazón *sustantivo*
swelling

hipervínculo *sustantivo*
hyperlink

hip-hop *sustantivo*
hip-hop

hípico, -a *adjetivo*
club hípico riding club | **concurso hípico showjumping competition**

hipo *sustantivo*
hiccups *plural* | **tener hipo to have hiccups**

hipódromo *sustantivo*
racecourse

hipopótamo *sustantivo*
hippopotamus (plural **-muses**)

hippie, o hippy *adjetivo & sustantivo*
hippie, hippy (plural **hippies**)

historia *sustantivo*
1 (materia) **history**: *el profesor de historia* the history teacher
2 (narración) **story** (plural **stories**): *una historia divertida* a funny story

hobby *sustantivo*
hobby (plural **hobbies**): *¿Tienes algún hobby?* Do you have a hobby? | *Mi hobby es coleccionar timbres.* My hobby is stamp collecting.

hockey *sustantivo*
hockey | **jugar hockey to play hockey**: *¿Juegas hockey en el colegio?* Do you play hockey at school?
hockey sobre hielo hockey, ice hockey
hockey sobre pasto field hockey AmE, **hockey** BrE

hogar *sustantivo*
(casa, familia) **home**: *un hogar feliz* a happy home

hoja *sustantivo*
1 hoja (de papel) sheet of paper: *¿Me das otra hoja?* Can I have another sheet of paper?
2 (de un libro, un diario) **page**
3 (de un árbol, una planta) **leaf** (plural **leaves**): *un árbol de hojas grandes* a tree with large leaves
4 (de un cuchillo, una navaja) **blade**
hoja de cálculo spreadsheet

Holanda *sustantivo*
Holland

holandés, -esa *adjetivo & sustantivo*

■ *adjetivo*

Dutch: *un queso holandés* a Dutch cheese

■ *sustantivo*

1 (persona) **holandés Dutchman** (plural **Dutchmen**) **holandesa Dutchwoman** (plural **Dutchwomen**)

2 los holandeses the Dutch

3 holandés (idioma) **Dutch**

hombre *sustantivo*

man (plural **men**)

hombre rana frogman (plural **frogmen**)

hombro *sustantivo*

shoulder

homicidio *sustantivo*

murder | **cometer un homicidio to commit murder**

homosexual *adjetivo & sustantivo*

homosexual

hondo, -a *adjetivo*

deep: *la parte honda de la alberca* the deep end of the pool

Honduras *sustantivo*

Honduras

hondureño, -a *adjetivo & sustantivo*

1 Honduran

2 los hondureños (the) Hondurans

honesto, -a *adjetivo*

honest

hongo *sustantivo*

1 (comestible) **mushroom**: *una salsa de hongos* a mushroom sauce

2 hongos (en los pies) **athlete's foot**: *Tengo hongos.* I have athlete's foot.

honor *sustantivo*

1 (privilegio) **honor**: *Sería un honor.* It would be an honor.

2 (reputación, integridad) **honor**: *un hombre de honor* a man of honor

honrado, -a *adjetivo*

honest

hora *sustantivo*

1 (sesenta minutos) **hour**: *Tuve que esperar dos horas.* I had to wait two hours.

2 (parte del día) **time**: *¿Qué hora es?* What time is it? | *¿A qué horas te levantas?* What time do you get up? | **a estas horas by now**: *A estas horas ya deben estar en Florida.* They should be in Florida by now.

3 (momento) **time**: *Es hora de ir a la cama.* It's time to go to bed. | **a la hora de la comida/la cena at lunchtime/dinnertime** | **a última hora at the last moment**: *A última hora cambió de idea.* At the last moment she changed her mind.

4 (en la enseñanza) **period**, **hour**

horas pico rush hour: *durante las horas pico* during the rush hour **horas extra overtime**: *Están trabajando horas extra.* They are working overtime.

horario *sustantivo*

1 (de clases, de transportes) **schedule** AmE, **timetable** BrE: *¿Tienes el horario de los camiones?* Do you have the bus schedule?

2 (de una oficina, un negocio) **hours of business** *plural*: *¿Qué horario tienen los bancos?* What are the banks' hours of business?

horizontal *adjetivo*

horizontal

horizonte *sustantivo*

horizon

hormiga *sustantivo*

ant

hormiguero *sustantivo*

ants' nest ▶ El montículo que se puede ver en el suelo se llama **anthill**

horno *sustantivo*

1 (para cocinar) **oven**: *un horno a gas/eléctrico* a gas/an electric oven

2 pollo/cordero al horno roast chicken/lamb | **manzanas/pescado al horno baked apples/fish**

horno de microondas microwave oven

horóscopo *sustantivo*

horoscope: *¿Qué dice mi horóscopo?* What does my horoscope say?

horrible *adjetivo*

1 (trágico, tremendo) **terrible**, **awful**: *Le pasó algo horrible.* Something terrible happened to her./Something awful happened to her.

2 (referido al tiempo) **terrible**, **awful**: *El tiempo estaba horrible.* The weather was terrible./The weather was awful. | **hace un frío/calor horrible it's extremely cold/hot, it's very cold/hot**: *Hacía un frío horrible.* It was very cold.

3 (muy feo) **terrible**, **awful**: *Estás horrible*

con ese sombrero. You look terrible in that hat./You look awful in that hat.

horror *sustantivo*

1 ¡qué horror! how terrible!, **how awful!**: *¡Qué horror que te digan eso!* How awful that someone should say that to you! | **es un horror it's terrible**, **it's awful**

2 horrores (cosas horribles) **horrors**: *los horrores de la guerra* the horrors of war

hortaliza *sustantivo*

vegetable

hospital *sustantivo*

hospital: *Su mamá está en el hospital.* Her mom is in the hospital. | *Trabaja en el hospital.* She works at the hospital. | *Tuvimos que llevarla al hospital.* We had to take her to the hospital.

H

hostia *sustantivo*

1 (consagrada) **host**

2 (sin consagrar) **communion wafer**

hot cake *sustantivo*

pancake

hotel *sustantivo*

hotel: *Nos quedamos en un hotel cerca del aeropuerto.* We stayed at a hotel near the airport.

hoy *adverbio*

1 today: *¿Qué día es hoy?* What day is it today? | *Hoy es el cumpleaños de Lupe.* Today is Lupe's birthday. | **por hoy for today**: *Hemos terminado por hoy.* We're done for today. | **el diario/las noticias de hoy today's paper/news**

2 hoy en día these days: *Hoy en día nadie usa máquina de escribir.* No one uses a typewriter these days.

hoyo *sustantivo*

hole

huachinango *sustantivo*

red snapper: *huachinango a la veracruzana* red snapper Veracruz style

hueco, **-a** *adjetivo & sustantivo*

■ *adjetivo*

hollow | **sonar a hueco to sound hollow**

■ **hueco** *sustantivo*

(lugar vacío) **space**: *un hueco entre dos piedras* a space between two stones

huelga *sustantivo*

strike: *una huelga de mineros* a miners' strike | **ponerse en huelga to go on strike** | **estar en huelga to be on strike**

huelga de hambre hunger strike

huelguista *sustantivo*

striker

huella *sustantivo*

1 (de pies, de calzado) **footprint**: *Hay unas huellas junto a la ventana.* There are some footprints by the window.

2 (de un animal) **print**: *las huellas de un puma* the paw prints of a puma

3 (de un vehículo) **track**

huella digital fingerprint

huérfano, **-a** *adjetivo*

ser huérfano -a to be an orphan | **quedarse huérfano -a to be orphaned**: *Se quedó huérfano cuando tenía seis años.* He was orphaned when he was six.

huerta *sustantivo*

1 (de verduras) **vegetable garden**: *Estos tomates son de nuestra huerta.* These tomatoes are from our vegetable garden.

2 (de árboles frutales) **orchard**

hueso *sustantivo*

1 (de una persona, un animal) **bone**: *Se rompió varios huesos.* She broke several bones. | *huesos de pollo* chicken bones

2 (de una aceituna, un aguacate) **pit** AmE, **stone** BrE

huésped *sustantivo*

guest ▶ ver **cuarto**

huevo *sustantivo*

1 (de ave, tortuga, etc.) **egg**: *Compró una docena de huevos.* She bought a dozen eggs.

2 poner un huevo to lay an egg

huevo de pascua Easter egg huevo duro hard-boiled egg huevo estrellado fried egg huevos revueltos scrambled eggs huevo tibio soft-boiled egg

egg

huir *verbo*

1 to escape | **huir de alguien to escape from someone**: *Logró huir de la policía.* He managed to escape from the police. | **huir de la cárcel to escape from prison**

2 huir del país to flee the country

hule *sustantivo*

(natural) **rubber** | **guantes/botas de hule rubber gloves/boots**

humanidad *sustantivo*
1 **la humanidad** (los seres humanos) **humankind**: *la historia de la humanidad* the history of humankind
2 (compasión) **humanity**
3 **humanidades** (literatura, historia, etc.) **humanities**

humanitario, -a *adjetivo*
humanitarian

humano, -a *adjetivo & sustantivo*
■ *adjetivo*
1 (del hombre) **human**: *el conocimiento humano* human knowledge
2 (solidario, comprensivo) **humane**: *una sociedad más humana* a more humane society
■ *sustantivo*
human being

humedad *sustantivo*
1 (en una pared, el techo) **damp**: *una mancha de humedad* a damp mark
2 (del clima) **humidity**

húmedo, -a *adjetivo*
1 (un poco mojado) **damp**: *Las sábanas todavía están húmedas.* The sheets are still damp.
2 (hablando de una vivienda) **damp**
3 (hablando del clima, el tiempo) **humid**: *Hoy está muy húmedo.* It's very humid today.

húmero *sustantivo*
humerus (plural **humeri**)

humilde *adjetivo*
1 (modesto) **modest**: *No seas tan humilde.* Don't be so modest.
2 (en lo económico) **poor**: *una familia humilde* a poor family

humillación *sustantivo*
humiliation

humo *sustantivo*
1 (de algo que se quema) **smoke**
2 (vapor) **steam**

humor *sustantivo*
1 **humor**: *No tiene sentido del humor.* He doesn't have a sense of humor.
2 (estado de ánimo) **mood** | **de buen/mal humor in a good/bad mood**: *Hoy está de buen humor.* She's in a good mood today. | **no estar de humor para algo not to be in the mood for something**: *No estoy de humor para salir.* I'm not in the mood to go out.

hundido, -a *adjetivo*
un barco hundido a sunken ship

hundir *verbo*
1 (un barco, una flota) **to sink**
2 (arruinar) **to ruin**: *Hundieron al país.* They ruined the country.
hundirse
1 (barco) **to sink**: *Se hundió frente a Cancún.* It sank off Cancún.
2 (piso, techo) **to collapse**

huracán *sustantivo*
hurricane

huso horario *sustantivo*
time zone

H

I, **i** *sustantivo*
I, **i**: *"Irish" se escribe con I mayúscula.* "Irish" is written with a capital I.

icono *sustantivo*
icon: *Haz doble clic en este icono.* Double-click on this icon.

ida *sustantivo*
1 (viaje) **la ida the trip there**: *La ida pareció más larga que la vuelta.* The trip there seemed to take longer than the trip back. | **a la ida on the way there**: *A la ida vamos a parar en Zihuatanejo.* On the way there we'll stop in Zihuatanejo.
2 boleto de ida y vuelta round-trip ticket AmE, **return ticket** BrE: *Compré un boleto de ida y vuelta.* I got a round-trip ticket.

idea *sustantivo*
1 (ocurrencia) **idea**: *una buena idea* a good idea | *Tengo una idea.* I have an idea. | **se me/le etc. ocurrió una idea I/he etc. had an idea**
2 (noción) **¡no tengo ni idea! I have no idea!**: *No tengo ni idea de dónde vive.* I have no idea where he lives.
3 (parecer) **cambiar de idea to change your mind**: *Cambié de idea, voy con ustedes.* I've changed my mind, I'm coming with you.

ideal *adjetivo*
ideal: *un lugar ideal para una fiesta* an ideal place for a party

idéntico, **-a** *adjetivo*
identical | **ser idéntico -a a algo to be identical to something**: *Su bicicleta es idéntica a la mía.* Her bicycle is identical to mine. | **ser idéntico -a a alguien (a)** (físicamente) **to look just like someone**: *Es idéntico a Antonio Banderas.* He looks just like Antonio Banderas. **(b)** (en la manera de ser) **to be just like someone**: *Eres idéntica a tu madre.* You're just like your mother.

identidad *sustantivo*
identity (plural **-ties**)

identificación *sustantivo*
1 (documentación) **ID**: *No tenía identificación.* He had no ID.
2 (de un cadáver, etc) **identification**

identificar *verbo*
to identify

idioma *sustantivo*
language: *Habla varios idiomas.* He speaks several languages.

idiota *sustantivo & adjetivo*
■ *sustantivo*
idiot: *Es un idiota.* He's an idiot.
■ *adjetivo*
stupid: *¿Cómo pudiste ser tan idiota?* How could you be so stupid?

idiotez *sustantivo*
1 (que se dice) **¡qué idiotez! what a stupid thing to say!** | **decir una idiotez to say something stupid**
2 (que se hace) **¡qué idiotez! what a stupid thing to do!** | **hacer una idiotez to do something stupid**

ídolo *sustantivo*
idol: *un ídolo del futbol* a soccer idol

iglesia *sustantivo*
church (plural **churches**): *No van a la iglesia.* They don't go to church. | *la Iglesia católica* the Catholic Church

ignorante *adjetivo*
ignorant

igual *adjetivo & adverbio*
1 (idéntico) **the same**: *Necesito dos sobres iguales.* I need two envelopes the same. | *Los dos dibujos son iguales.* The two drawings are the same. | *Tengo una gorra igual a ésta.* I have a cap the same as this one.
2 ser igual a/que algo to be the same as something: *El walkman de Sofi es igual al mío.* Sofi's walkman is the same as mine. | **ser igual que alguien to be just like someone**: *Es igual que mi madre.* She's just like my mother. | **ser igual de caros/feos etc. to be equally expensive/ugly etc.**
3 (en operaciones matemáticas) **es igual a is, equals**: *3 por 2 es igual a 6.* 3 times 2 is 6./3 times 2 equals 6.
4 quince/treinta etc. iguales (en tenis, etc.) **fifteen/thirty etc. all**
5 da igual it doesn't matter | **me/le etc. da igual it doesn't matter to me/him etc.**: *–¿Pastel o helado? –Me da igual.* "Cake or ice cream?" "It doesn't matter to me."

6 (de la misma manera) **igual que the same as**: *Se viste igual que su mamá.* She dresses the same as her mom.
7 (de todos modos) **still**: *No tengo hambre pero igual lo quiero probar.* I'm not hungry but I still want to try it.

igualdad *sustantivo*
equality: *la igualdad entre los sexos* equality between the sexes
igualdad de derechos equal rights
igualdad de oportunidades equal opportunities

igualmente *adverbio*
(como respuesta) **the same to you**: *–Feliz Navidad. –Gracias, igualmente.* "Merry Christmas!" "Thank you, and the same to you." | *–Que se diviertan. –Igualmente.* "Have fun." "You too."

iguana *sustantivo*
iguana

ilegal *adjetivo*
illegal

iluminar *verbo*
1 (una calle, una habitación, etc) **to light**: *una calle bien iluminada* a well-lit street
2 (un edificio) **to illuminate**

ilusión *sustantivo*
1 (sueño) **dream**: *Tiene la ilusión de trabajar en Hollywood.* Her dream is to work in Hollywood.
2 hacerse ilusiones to get your hopes up: *No te hagas ilusiones.* Don't get your hopes up.
3 (alegría) **me hizo ilusión verla/recibir su carta etc. it was lovely to see her/to receive her letter etc.**

ilustrar *verbo*
to illustrate

imagen *sustantivo*
1 (de televisión) **picture**: *La imagen se ve borrosa.* The picture is fuzzy.
2 (estatua) **image**: *una imagen de la Virgen* an image of the Virgin
3 (apariencia) **image**: *un cambio de imagen* a change of image
4 (en un espejo) **reflection**
5 (en computación) **image**

imaginación *sustantivo*
imagination

imaginar *verbo*
to imagine: *Es difícil de imaginar.* It's difficult to imagine.

imaginarse
1 (suponer) **to imagine**: *–Estoy muy contenta. –¡Me imagino!* "I'm very happy." "I can imagine!"
2 me la imaginaba gorda/güera etc. I imagined her to be fat/blonde etc.

imaginario, **-a** *adjetivo*
imaginary: *un mundo imaginario* an imaginary world

imán *sustantivo*
magnet

magnet

imbécil *adjetivo & sustantivo*
■ *adjetivo*
stupid
■ *sustantivo*
idiot

imitación *sustantivo*
1 (hablando de un reloj, un modelo, etc.) **imitation**
▶ Cuando el reloj, etc. está hecho con el fin de engañar al comprador, se usa **fake**: *Es una imitación.* It's an imitation./It's a fake. | *Venden relojes de imitación.* They sell fake watches.
2 (de una persona) **impression**

imitar *verbo*
1 (parodiar) **to do an impression of**: *Imita muy bien a la directora.* She does a very good impression of the principal.
2 (copiar) **to copy**: *Imita a la hermana en todo.* She copies everything her sister does.

impaciente *adjetivo*
impatient: *Eres muy impaciente.* You're very impatient.

impacto *sustantivo*
impact

impar *adjetivo*
(número) **odd**

imperativo *sustantivo*
imperative

imperfecto, **-a** *adjetivo & sustantivo*
■ *adjetivo*
1 (no perfecto) **imperfect**
2 (en gramática) **imperfect**
■ **imperfecto** *sustantivo*
(en gramática) **imperfect**

imperialismo *sustantivo*
imperialism

imperio *sustantivo*
empire

impermeable *sustantivo & adjetivo*

■ *sustantivo*

(prenda) **raincoat**: *Ponte el impermeable.* Put your raincoat on.

■ *adjetivo*

waterproof: *tela impermeable* waterproof material

importación *sustantivo*

1 importation: *la importación de petróleo* the importation of oil

2 artículos/productos de importación imported goods/products

3 importaciones (mercancías) **imports**

importado, -a *adjetivo*

imported: *un coche importado* an imported car

importancia *sustantivo*

1 importance

2 un tema/un acontecimiento etc. de gran importancia a very important issue/event etc.

3 no tiene importancia it doesn't matter: *No te preocupes, no tiene importancia.* Don't worry, it doesn't matter.

4 darle importancia a algo to worry about something: *No le des importancia.* Don't worry about it.

importante *adjetivo*

important: *una mujer muy importante* a very important woman | *Tengo que decirte algo muy importante.* I have something very important to tell you. | **lo importante es... the important thing is...**: *Lo importante es que te mejores.* The important thing is that you get better. | **ser importante para algo o alguien to be important to something or someone**: *La música es muy importante para mí.* Music is very important to me.

importar *verbo*

1 no importa it doesn't matter: *–¡Perdimos el tren! –No importa.* "We missed the train!" "It doesn't matter." | *No importa que no esté perfecto.* It doesn't matter if it's not perfect.

2 no me/le etc. importa (a) (para expresar indiferencia) **I don't/she doesn't etc. care**: *–Está enojada contigo. –No me importa.* "She's mad at you." "I don't care." **(b)** (para expresar que no hay problema) **I don't/she doesn't etc. mind**: *No me importa hacerlo sola.* I don't mind doing it on my own.

3 ¿y a ti qué te importa? it's none of your business: *–¿Con quién hablabas? –¿Y a ti qué te importa?* "Who were you talking to?" "It's none of your business." | **¿y a mí qué me importa? what do I care?**

4 ¿te/le importa...? (fórmula de cortesía) **do you mind...?**: *¿Le importa si me siento acá?* Do you mind if I sit here? | *¿Te importaría cerrar la ventana?* Would you mind closing the window?

5 (de otro país) **to import**: *Importan carne de Argentina.* They import meat from Argentina.

6 (en computación) **to import**

imposible *adjetivo*

1 impossible: *Me resulta imposible creerlo.* I find it impossible to believe. | **es imposible que esté listo/que lo sepa etc. it can't possibly be ready/he can't possibly know etc.**: *Es imposible que ya haya terminado.* He can't possibly have finished yet.

2 hacer lo imposible to do everything you can: *Voy a hacer lo imposible para aprobar.* I'm going to do everything I can to pass.

impresión *sustantivo*

1 (efecto) **causarle una buena/mala impresión a alguien to make a good/bad impression on someone**: *No sé si le causé buena impresión.* I don't know if I made a good impression on him.

2 (sensación) **tener la impresión de que... to have the feeling (that)...**: *Tengo la impresión de que me olvidé de algo.* I have the feeling that I forgot something. | **me/te etc. da la impresión de que... I/you etc. get the impression (that)...**: *Me dio la impresión de que no te gustó.* I got the impression you didn't like it.

3 (shock) **shock**: *Se desmayó de la impresión.* She fainted from the shock.

impresionante *adjetivo*

1 (admirable, espectacular) **amazing**: *Fue un recital impresionante.* It was an amazing concert.

2 (muy grande) **enormous**: *una cantidad impresionante de gente* an enormous number of people

3 (que produce shock) **horrific**: *un accidente impresionante* a horrific accident

impresionar *verbo*

1 (en sentido negativo) **to shock**: *Nos impresionó verla tan delgada.* We were shocked to see her looking so thin. | *La noticia lo impresionó mucho.* He was very shocked at the news.

2 (en sentido positivo) **to impress**: *Quedamos muy impresionados con Roma.* We were very impressed with Rome.

impreso, **-a** *adjetivo*
printed

impresora *sustantivo*
printer
impresora de inyección de tinta **ink-jet printer** **impresora láser** **laser printer**

imprimir *verbo*
to print

improvisar *verbo*
to improvise

impuesto *sustantivo*
tax (plural **taxes**): *Aumentaron los impuestos.* Taxes have gone up.

impulsivo, **-a** *adjetivo*
impulsive

inalámbrico, **-a** *adjetivo*
cordless: *un teléfono inalámbrico* a cordless telephone

inauguración *sustantivo*
opening: *la inauguración de la exposición* the opening of the exhibition

inaugurar *verbo*
1 (un hospital, un museo, etc.) **to open**
2 (una exposición) **to open**

incapaz *adjetivo*
ser incapaz de hacer algo **(a)** (no tener capacidad) **to be incapable of doing something**: *Es incapaz de entenderlo.* He's incapable of understanding it. **(b)** (no tener voluntad) Usa la construcción **can't be bothered/couldn't be bothered**: *Fue incapaz de llamarla.* He couldn't be bothered to phone her.

incendiar *verbo*
to set fire to: *Incendiaron varios coches.* They set fire to several cars.
incendiarse
1 (quedar destruido) **to burn down**: *Se incendió toda la manzana.* The whole block burnt down.
2 (prenderse fuego) **to catch fire**

incendio *sustantivo*
fire: *Hubo un incendio en la escuela.* There was a fire at the school. | **apagar un incendio** **to put a fire out**

inclinado, **-a** *adjetivo*
1 (torre, poste) **leaning** | **estar inclinado -a hacia un lado** **to lean to one side**
2 (referido a objetos horizontales) **una superficie inclinada** **a sloping surface**

incluido, **-a** *adjetivo*
included: *No está incluido en el precio.* It's not included in the price. | **unas vacaciones con todo incluido** **an all-inclusive vacation**

incluir *verbo*
1 (comprender) **to include**: *El precio no incluye el desayuno.* The price does not include breakfast.
2 (poner) **to include**: *Van a incluir la canción en su próximo CD.* They're going to include the song on their next CD.

inclusive *adverbio*
inclusive: *del 3 al 10 de junio inclusive* from June 3rd to June 10th, inclusive

incluso *adverbio*
even: *Les gustó a todos, incluso al profesor.* Everyone liked it, even the teacher.

incoloro, **-a** *adjetivo*
colorless

incómodo, **-a** *adjetivo*
1 (mueble, posición) **uncomfortable**: *Esta cama es muy incómoda.* This bed is very uncomfortable.
2 **estar incómodo -a** **to be uncomfortable**
3 (no a gusto) **sentirse incómodo -a** **to feel uncomfortable**: *Me sentía incómoda entre tanta gente importante.* I felt uncomfortable among so many important people.
4 (embarazoso) **awkward**: *una situación muy incómoda* a very awkward situation

inconsciente *adjetivo*
(sin conocimiento) **unconscious**: *Estaba inconsciente.* She was unconscious.

inconveniente *sustantivo*
1 (problema, obstáculo) **problem**: *para evitar inconvenientes* to avoid problems | **surgió un inconveniente/surgieron inconvenientes** **a problem came up/problems came up**
2 (objeción) **no tener inconveniente en hacer algo** **to have no objection to doing something**: *No tengo inconveniente en ir sola.* I have no objection to going on my own.

incorrecto, **-a** *adjetivo*
wrong: *Esa respuesta es incorrecta.* That answer is wrong.

increíble *adjetivo*
1 (de no creer) **incredible**: *¡Parece increíble!* It seems incredible!
2 (excepcional) **amazing**: *un músico increíble* an amazing musician

incubadora *sustantivo*
incubator

inculto, -a *sustantivo*
ser un inculto/una inculta to be very ignorant

independencia *sustantivo*
independence: *el Día de la Independencia* Independence Day

independiente *adjetivo*
independent

independizarse *verbo*
1 (país) **to become independent**
2 (persona) **to become independent**

India, o **la India** *sustantivo*
India: *Nació en la India.* She was born in India.

indicaciones *sustantivo plural*
1 (instrucciones) **instructions**: *Seguimos las indicaciones del manual.* We followed the instructions in the manual.
2 (para ir a un lugar) **directions**

indicativo, -a *adjetivo & sustantivo*
(en gramática) **indicative**

índice *sustantivo*
1 (dedo) **forefinger**
2 (de un libro, documento) **index** (plural **indexes**): *Búscalo en el índice.* Look it up in the index.

Índico *sustantivo*
el (océano) Índico the Indian Ocean

indiferente *sustantivo*
indifferent | **ser indiferente a algo to be indifferent to something**: *Es indiferente a los problemas de los demás.* He is indifferent to other people's problems.

indígena *adjetivo & sustantivo*
■ *adjetivo*
(población, lengua, civilización) **indigenous**: *las comunidades indígenas de América* the indigenous communities of the Americas
■ *sustantivo*
Indian: *un indígena de la tribu Tzotzil* an Indian from the Tzotzil tribe ► Para traducir *indígenas* usa **indigenous people**: *los indígenas del Amazonas* the indigenous people of the Amazon

indigestión *sustantivo*
indigestion

indio, -a *adjetivo & sustantivo*
■ *adjetivo*
(de América, de la India) **Indian**
■ *sustantivo*
(de América, de la India) **Indian los indios (the) Indians** ► En Estados Unidos se usa el término **Native American**

indirecto, -a *adjetivo*
indirect

indispensable *adjetivo*
1 es indispensable que vengas/que leas esto etc. it is essential that you come/that you read this etc.
2 lo indispensable the absolute essentials: *Lleva sólo lo indispensable.* Take only the absolute essentials.

industria *sustantivo*
industry (plural **-tries**)

industrial *adjetivo*
industrial: *una zona industrial* an industrial area

inesperado, -a *adjetivo*
unexpected: *Recibí un regalo inesperado.* I received an unexpected gift.

inestable *adjetivo*
(tiempo) **changeable**

inevitable *adjetivo*
inevitable

infancia *sustantivo*
childhood: *Tuvo una infancia feliz.* She had a happy childhood. | **amigos/recuerdos de la infancia childhood friends/memories**

infantería *sustantivo*
infantry

infantil *adjetivo*
1 un programa/una revista infantil a children's program/comic
2 las enfermedades infantiles childhood diseases
3 (referido a personas y su comportamiento) **childish**: *No seas tan infantil.* Don't be so childish.

infarto *sustantivo*
heart attack: *Tuvo un infarto.* She had a heart attack.

infección *sustantivo*
infection

infeccioso, -a *adjetivo*
infectious: *una enfermedad infecciosa* an infectious disease

infectarse *verbo*
to get infected: *Se le infectó la herida.* Her wound got infected.

infeliz *adjetivo*
unhappy

inferior *adjetivo*
1 (más bajo) **lower**: *en un nivel inferior* at a lower level
2 el labio/la mandíbula inferior the lower lip/jaw

3 (no bueno) **inferior**: *un producto de calidad inferior* an inferior quality product
4 **inferior a** (referido a cifras, cantidades) **below**: *temperaturas inferiores a los 10 grados* temperatures below 10 degrees
5 **sentirse inferior a alguien to feel inferior to someone**: *Se siente inferior a sus compañeros.* He feels inferior to his classmates.

infierno *sustantivo*
hell | **irse al infierno to go to hell**

infinitivo *sustantivo*
infinitive

infinito, -a *adjetivo*
infinite

inflación *sustantivo*
inflation

inflamable *adjetivo*
flammable

inflamación *sustantivo*
swelling

inflamarse *verbo*
to swell up: *Se me inflamó el tobillo.* My ankle swelled up.

My ankle swelled up.

inflar *verbo*
inflar un globo/una llanta etc. to blow up a balloon/a tire etc. ▶ También existe **to inflate**, pero es más formal

influencia *sustantivo*
influence: *la influencia de los medios en la gente* the influence of the media on people

influir *verbo*
influir en algo o alguien to influence something or someone: *Eso no influyó en mi decisión.* That did not influence my decision.

información *sustantivo*
1 (datos) **information**: *Necesitamos más información sobre el tema.* We need more information on the subject.
2 (en un aeropuerto, etc.) **information desk**: *Preguntamos en información.* We asked at the information desk.
3 (de teléfonos) **directory assistance**: *Tuvimos que llamar a información.* We had to call directory assistance.

informal *adjetivo*
1 (referido a una persona) **unreliable**: *Son muy informales.* They're very unreliable.
2 (referido a la ropa) **casual**
3 (referido a una reunión, una cena, etc.) **informal**

informar *verbo*
informar a alguien (de algo) to inform someone (about something): *Tenemos que informar a sus padres.* We have to inform her parents. | *No me informaron del cambio.* I wasn't informed about the change.

informática *sustantivo*
information technology ▶ También se usa mucho la abreviatura **IT**, que se lee letra por letra: *Quiere estudiar informática.* He wants to study information technology. | **un curso de informática a computer course**

informe *sustantivo*
report: *un informe médico* a medical report

ingeniería *sustantivo*
engineering

ingeniero, -a *sustantivo*
engineer
ingeniero -a agrónomo -a agronomist ingeniero -a civil civil engineer ingeniero -a electrónico -a electronic engineer

ingenuo, -a *adjetivo & sustantivo*
■ *adjetivo*
naive
■ *sustantivo*
ser un ingenuo/una ingenua to be very naive

Inglaterra *sustantivo*
England

> **NOTA:** Algunas personas confunden los términos **England, Britain, Great Britain** y **United Kingdom**. Inglaterra (**England**) es uno de los tres países que forman Gran Bretaña (**Great Britain** o **Britain**). Los otros dos son Escocia (**Scotland**) y Gales (**Wales**). Gran Bretaña e Irlanda del Norte forman el Reino Unido (**the United Kingdom**).

inglés, -esa *adjetivo & sustantivo*
■ *adjetivo*
English ▶ ver nota en la pág. 492
■ *sustantivo*
1 (persona) **inglés Englishman** (plural **Englishmen**) **inglesa Englishwoman** (plural **Englishwomen**)
2 **los ingleses the English**
3 **inglés** (idioma) **English**: *Estoy aprendiendo inglés.* I'm learning English. | *Está escrito en inglés.* It's written in English.

NOTA: No se debe usar **English** para referirte a personas, ciudades, etc. que no son de Inglaterra. La gente de Escocia o de Gales es **British** pero no es **English.** Lee también la nota en **Inglaterra**.

ingrediente *sustantivo*
ingredient

inhalador *sustantivo*
inhaler

iniciativa *sustantivo*
initiative | **tomar la iniciativa to take the initiative**

injusticia *sustantivo*
1 injustice: *la injusticia social* social injustice
2 es/fue una injusticia it's/it was unfair

injusto, -a *adjetivo*
unfair: *Sería injusto no decírselo.* It would be unfair not to tell him. | **ser injusto -a con alguien to be unfair to someone**: *No seas injusta con él.* Don't be unfair to him.

inmediato, -a *adjetivo*
1 immediate: *una respuesta inmediata* an immediate response
2 de inmediato right away: *Vino de inmediato.* She came right away.

inmenso, -a *adjetivo*
1 (enorme) **huge**: *una casa inmensa* a huge house
2 la inmensa mayoría the vast majority

inmigrante *sustantivo*
immigrant

inmortal *adjetivo*
immortal

inmóvil *adjetivo*
still | **quedarse inmóvil to keep still**

innecesario, -a *adjetivo*
unnecessary

inocencia *sustantivo*
innocence

inocente *adjetivo*
1 (no culpable) **innocent**: *una víctima inocente* an innocent victim
2 (ingenuo) **naive**: *No es tan inocente como parece.* He's not as naive as he seems.

inofensivo, -a *adjetivo*
harmless

inoxidable *adjetivo* ▶ ver **acero**

inquilino, -a *sustantivo*
tenant

inscribirse *verbo*
inscribirse en un curso/una escuela to enroll in a course/in a school: *¿Ya te inscribiste en la prepa?* Have you enrolled in high school yet?

inscripción *sustantivo*
(para un curso, en una escuela) **enrollment**: *¿Cuándo es la inscripción?* When is enrollment?

insecticida *sustantivo*
insecticide

insecto *sustantivo*
insect

inseguro, -a *adjetivo*
1 (persona) **insecure**: *Es muy inseguro.* He's very insecure.
2 (ciudad, barrio) **unsafe**

inseparable *adjetivo*
inseparable: *Las dos primas son inseparables.* The two cousins are inseparable.

insignificante *adjetivo*
insignificant

insistir *verbo*
1 (diciendo algo) **to insist**: *–¿Por qué no te quedas a cenar? –Ya que insistes...* "Why don't you stay for dinner?" "Well, if you insist..." ▶ Para expresar irritación ante la insistencia de alguien, usa frases con **to stop talking about something**: *¡No insistas más! ¡No quiero ir!* Just stop talking about it! I don't want to go!
2 insistir en hacer algo to insist on doing something: *Insiste en decirme Pocha.* He insists on calling me Pocha.

insolación *sustantivo*
sunstroke | **me/le etc. dio una insolación I/he etc. got sunstroke**

insomnio *sustantivo*
insomnia

insoportable *adjetivo*
unbearable: *Su hermana es insoportable.* His sister is unbearable. | *Hace un calor insoportable.* It's unbearably hot.

inspección *sustantivo*
inspection

inspector, -a *sustantivo*
inspector: *un inspector de policía* a police inspector

inspiración *sustantivo*
inspiration

inspirar *verbo*
inspirarle confianza/respeto a alguien to inspire someone with confidence/respect
inspirarse: **inspirarse en algo o alguien to be inspired by something or someone**

instalaciones *sustantivo plural*
(de un club, un hotel, etc.) **facilities**: *El club tiene muy buenas instalaciones.* The club has very good facilities.

instalar *verbo*
to install

instantáneo, **-a** *adjetivo*
instant ▶ ver **café**

instante *sustantivo*
1 moment: *En ese instante se cortó la luz.* Just at that moment there was a power outage.
2 hace un instante a minute ago: *Lo vi hace un instante.* I saw him a minute ago.

instinto *sustantivo*
1 instinct: *el instinto materno* the maternal instinct
2 por instinto instinctively

instituto *sustantivo*
institute

instructor, **-a** *sustantivo*
instructor

instrumento *sustantivo*
1 (musical) **instrument**: *instrumentos de viento/cuerda/percusión* wind/string/ percussion instruments | **tocar un instrumento to play an instrument**
2 (de laboratorio) **instrument**
3 (herramienta) **tool**

insultar *verbo*
to insult

insulto *sustantivo*
insult

intacto, **-a** *adjetivo*
intact: *El jarrón llegó intacto.* The vase arrived intact.

intelectual *adjetivo & sustantivo*
intellectual

inteligencia *sustantivo*
intelligence
inteligencia artificial artificial intelligence

inteligente *adjetivo*
intelligent

intemperie *sustantivo*
a la intemperie out in the open: *Pasamos la noche a la intemperie.* We spent the night out in the open.

intención *sustantivo*
1 intention: *Vino con la intención de ayudar.* She came with the intention of helping.
2 tener la intención de hacer algo/ tener intenciones de hacer algo to intend to do something: *Tienen intenciones de mudarse a Mérida.* They intend to move to Mérida.

intensivo, **-a** *adjetivo*
intensive: *un curso intensivo de inglés* an intensive English course

intenso, **-a** *adjetivo*
intense

intentar *verbo*
to try: *Inténtalo otra vez.* Try again. | **intentar hacer algo to try to do something**: *Intentó explicármelo.* He tried to explain it to me.

intento *sustantivo*
1 try (plural **tries**): *Lo logró en el primer intento.* He managed it on the first try.
2 un intento de fuga/suicidio an attempted escape/suicide

intercambio *sustantivo*
1 (estudiantil) **exchange**: *Se fue a Washington en un intercambio.* He went to Washington on an exchange.
2 (de ideas, opiniones) **exchange**

interés *sustantivo*
1 (curiosidad) **interest**: *Escuchó con mucho interés.* He listened with great interest. | **tener interés en (hacer) algo to be interested in (doing) something**: *Tienen interés en conocerte.* They're interested in meeting you. | *No tiene interés en nada.* He isn't interested in anything.
2 (en finanzas) **interest**

interesado, **-a** *adjetivo*
interested | **estar interesado -a en (hacer) algo to be interested in (doing) something**: *Estoy interesado en hacerme socio.* I'm interested in becoming a member.

interesante *adjetivo*
interesting: *Es un tema muy interesante.* It is a very interesting subject.

interesar *verbo*
me/le etc. interesa (hacer) algo I'm/ he's etc. interested in (doing) something: *¿Te interesa la política?* Are you interested in politics? | *¿Te interesaría tomar parte en un intercambio?* Would you be interested in taking part in an exchange

interferencia *sustantivo*
interference

interfón *sustantivo*
entryphone: *Toqué el timbre del interfón.* I pressed the buzzer on the entryphone.

interior *sustantivo & adjetivo*
■ *sustantivo*
1 en el interior (del edificio/de la

I

caja etc.) inside (the building/the box etc.): *Había mucha gente en el interior.* There were a lot of people inside.

2 (de un país) **el interior the interior**: *Viaja mucho por el interior.* He travels around the interior a lot.

■ *adjetivo*

la parte interior de algo the inside of something | **un bolsillo/una pared interior an inside pocket/wall** ▶ ver **ropa**

interjección *sustantivo*
interjection

intermedio, -a *adjetivo*
intermediate: *un curso de nivel intermedio* an intermediate course

interminable *adjetivo*
1 endless: *una espera interminable* an endless wait
2 se me/le etc. hizo interminable it seemed to go on forever: *La clase se me hizo interminable.* The class seemed to go on forever.

internacional *adjetivo*
international

internado, -a *adjetivo*
(en un hospital) **estar internado -a to be in the hospital** AmE, **to be in hospital** BrE: *Va a estar internada una semana.* She's going to be in the hospital for a week. | *¿Dónde está internada tu abuela?* Which hospital is your grandmother in?

internado *sustantivo*
(colegio) **boarding school**

internar *verbo*
internar a alguien to take someone into the hospital AmE, **to take someone into hospital** BrE: *Lo internaron ayer.* They took him into the hospital yesterday. | *Tuvieron que internarla de urgencia.* She had to be rushed to the hospital.
internarse to go into the hospital AmE, **to go into hospital** BrE

Internet *sustantivo*
the Internet: *¿Tienes Internet?* Are you on the Internet? | **bajar algo de Internet to download something from the Internet**: *Este programa se puede bajar de Internet.* This program can be downloaded from the Internet. | **navegar por Internet to surf the Net**: *Se pasa horas navegando por Internet.* He spends hours surfing the Net. | **conectarse a Internet to get connected to the Internet** | **buscar algo en Internet to look something up on the Internet**

Internet

He is surfing the Internet.

interno, -a *adjetivo & sustantivo*
■ *adjetivo*
internal: *lesiones internas* internal injuries | *un módem interno* an internal modem
■ *sustantivo*
(alumno) **boarder**

intérprete *sustantivo*
1 (actor, músico) **performer**
2 (traductor) **interpreter**

interrogación ▶ ver **signo**

interrogar *verbo*
(a un detenido) **to interrogate**: *La interrogaron durante más de seis horas.* She was interrogated for over six hours.

interrogatorio *sustantivo*
(de un detenido) **interrogation**

interrumpir *verbo*
1 (a una persona) **to interrupt**: *No me interrumpas.* Don't interrupt me.
2 (una conversación, una actividad, un programa) **to interrupt**
3 (un viaje, unas vacaciones) **to cut short**: *Tuvimos que interrumpir nuestras vacaciones.* We had to cut our vacation short.

interrupción *sustantivo*
interruption

interruptor *sustantivo*
switch (plural **switches**)

intervalo *sustantivo*
interval

intestino *sustantivo*
intestine

íntimo, -a *adjetivo*
1 (hablando de amistades) **close**: *Es íntimo amigo de mi hermano.* He's a close friend of my brother's.
2 (ambiente, cena) **intimate**

intoxicación *sustantivo*
1 (causada por alimentos en mal estado) **food poisoning**
2 (por otras causas) **intoxication**

intoxicarse *verbo*
(por consumir alimentos en mal estado) **to get food poisoning**

introducción *sustantivo*
introduction

introducir *verbo*
1 (meter) **to insert**: *Introduzca otra moneda.* Insert another coin.
2 (un cambio, una medida) **to introduce**: *Introdujeron algunos cambios en el plan de estudios.* They have introduced some changes to the curriculum.
3 (en computación) (datos, información) **to enter**

intuición *sustantivo*
intuition

inundación *sustantivo*
flood: *Hubo inundaciones en el sur del país.* There were floods in the south of the country.

inundarse *verbo*
to flood: *Se inundó la cocina.* The kitchen flooded.

inútil *adjetivo & sustantivo*
■ *adjetivo*
useless: *cosas inútiles* useless things
■ *sustantivo*
ser un/una inútil to be useless

invadir *verbo*
to invade

inválido, -a *adjetivo & sustantivo*
■ *adjetivo*
(discapacitado) **disabled**
■ *sustantivo*
disabled person (plural **disabled people**)

invasión *sustantivo*
invasion

inventar *verbo*
to invent

invento *sustantivo*
invention: *los grandes inventos del siglo XX* the great inventions of the 20th century

inventor, -a *sustantivo*
inventor

invernadero *sustantivo*
greenhouse ► ver **efecto**

invernar *verbo*
to hibernate

inversión *sustantivo*
investment

invertebrado, -a *adjetivo & sustantivo*
■ *adjetivo*
invertebrate
■ **invertebrado** *sustantivo*
invertebrate

invertir *verbo*
(dinero) **to invest**: *Invirtieron millones en nuestro país.* They invested millions in our country.

investigación *sustantivo*
1 (policial) **investigation**
2 (científica, académica) **research**

investigador, -a *sustantivo*
researcher

investigar *verbo*
1 (policía) **to investigate**: *La policía está investigando los motivos del crimen.* The police are investigating the motives for the crime.
2 (científico, académico) **investigar (sobre) algo to carry out research into something**

invierno *sustantivo*
winter

invisible *adjetivo*
invisible

invitación *sustantivo*
1 (acción de invitar) **invitation**: *No acepté su invitación.* I didn't accept his invitation.
2 (tarjeta) **invitation**: *No se puede entrar sin invitación.* You can't get in without an invitation.

invitado, -a *sustantivo & adjetivo*
■ *sustantivo*
guest: *Los invitados empezaron a llegar a las diez.* The guests started arriving at ten. | *la lista de invitados* the guest list
■ *adjetivo*
estar invitado -a En inglés se usa más la forma activa: *Estamos invitados a cenar.* They've invited us to dinner.

invitar *verbo*
(a una fiesta, a una cena, etc.) **to invite**: *Nos invitó a su cumpleaños.* She invited us to her birthday party. | **invitar a alguien a salir to ask someone out**: *¿La invitaste a salir?* Did you ask her out? | *Me invitó a ir al cine con él.* He asked me if I wanted to go to the movies with him.

inyección *sustantivo*
injection | **ponerle una inyección a alguien to give someone an injection**

iPod® *sustantivo*
iPod®

I

ir *verbo*

1 (en general) **to go**: *¿Adónde vas?* Where are you going? | *Este camión va al centro.* This bus goes downtown. | *la carretera que va a Zacatecas* the road that goes to Zacatecas | *Estos libros van aquí.* These books go here. | **ir al dentista, al médico etc. to go to the dentist's, the doctor's etc.**: *Tengo que ir al dentista.* I have to go to the dentist's. ▶ ver también **coche**, **avión**

2 (con adjetivos) **to be**: *El camión iba lleno.* The bus was full. | *Iba furiosa.* She was furious.

3 (acudir) **to come**: *–¡Tomás! –¡Voy!* "Tomás!" "(I'm) coming!"

4 (en deportes, juegos) Ver ejemplos: *–¿Cómo van? –2 a 0.* "What's the score?" "Two zero." | *El equipo de Oaxaca va primero.* The Oaxaca team is in the lead.

5 (en una lectura, un trabajo) **voy en el primer capítulo/el último ejercicio I'm on the first chapter/the last exercise**

6 (vestir) **ir de traje/de negro etc. to wear a suit/to wear black etc.**: *Fue de jeans.* He wore jeans.

7 irle bien/mal a alguien Ver ejemplos: *–¿Cómo te va? –Bien.* "How are you?" "Fine." | *–¿Cómo te fue en el examen? –Más o menos.* "How did you do on the test?" "So-so."

8 voy a hacerlo/va a comprarlo etc. I'm going to do it/he's going to buy it etc.: *Le voy a decir la verdad.* I'm going to tell him the truth. | *Íbamos a comprarlo el viernes.* We were going to buy it on Friday.

irse

1 (de un lugar) **to leave** | **irse de su casa/del país etc. to leave home/the country etc.**: *Se fue de su casa a los 17 años.* He left home at 17.

2 (pasarse) Ver ejemplos: *Se me fue el dolor de cabeza.* My headache is gone. | *Se me fue el hambre.* I've lost my appetite.

Irlanda *sustantivo*

Ireland

irlandés, **-esa** *adjetivo & sustantivo*

■ *adjetivo*

Irish

■ *sustantivo*

1 (persona) **irlandés Irishman** (plural **Irishmen**) **irlandesa Irishwoman** (plural **Irishwomen**)

2 los irlandeses the Irish

3 irlandés (idioma) **Gaelic**, **Irish**

irregular *adjetivo*

irregular: *un verbo irregular* an irregular verb

irritar *verbo*

to irritate

irritarse to get irritated: *Se me irritaron los ojos.* My eyes got irritated.

isla *sustantivo*

island: *Viven en una isla en el Caribe.* They live on an island in the Caribbean.

las Islas Británicas the British Isles

Islam *sustantivo*

Islam

islámico, **-a** *adjetivo*

Islamic

Italia *sustantivo*

Italy

italiano, **-a** *adjetivo & sustantivo*

■ *adjetivo*

Italian

■ *sustantivo*

1 (persona) **Italian** ▶ También se usa **Italian man**, **Italian woman**, etc.: *Conocí a una italiana preciosa.* I met a beautiful Italian girl.

2 los italianos (the) Italians

3 italiano (idioma) **Italian**

izquierda *sustantivo*

1 la izquierda (la mano) **your left hand**: *Escribe con la izquierda.* He writes with his left hand.

2 a la izquierda on the left: *la primera calle a la izquierda* the first street on the left | **a la izquierda de algo to the left of something**: *Está a la izquierda de la puerta.* It's to the left of the door. | **a la izquierda de alguien on someone's left**: *Se sentó a la izquierda de Marta.* She sat on Marta's left. | **dar vuelta a la izquierda to turn left**

3 el/la de la izquierda the one on the left: *El de la izquierda es mi tío.* The one on the left is my uncle.

4 de izquierda a derecha from left to right

izquierdo, **-a** *adjetivo*

1 (mano, pie, etc.) **left**: *Se lastimó el pie izquierdo.* She hurt her left foot.

2 en el/del lado izquierdo on the left-hand side

I

Jj

J, j *sustantivo*
J, j: *"Japanese" se escribe con J mayúscula.* "Japanese" is written with a capital J.

jabalí *sustantivo*
wild boar

jabalina *sustantivo*
javelin

jabón *sustantivo*
soap: *Se lavó las manos con agua y jabón.* He washed his hands with soap and water.

jaguar *sustantivo*
jaguar

jaiba *sustantivo*
crab

jalar *verbo*
1 (tirar de) **to pull**: *Me jaló el pelo.* He pulled my hair. | **jalar parejo to pull together**: *Tenemos que jalar parejo.* We have to pull together.
2 (a un coche) **to tow**: *Nos jalaron hasta la gasolinera.* They towed us to the gas station.
3 (ir) **jalar para el norte/el sur etc. to head north/south etc.**
4 (funcionar) **to work**
jalarse
1 to pull: *No te jales el suéter que lo vas a estirar.* Don't pull your sweater or you'll stretch it.
2 jálate una silla/un banco pull up a chair/a seat

jalea *sustantivo*
Jello® AmE, **jelly** BrE (plural **jellies**): *jalea de membrillo* quince jelly

jalón *sustantivo*
1 dar un jalón a algo to pull something
2 tomarse algo de un jalón to drink something in one swallow: *Tómatelo de un jalón.* Drink it in one swallow.

jamaica *sustantivo*
(flor) **hibiscus**

Jamaica *sustantivo*
Jamaica

jamás *adverbio*
never: *Jamás pierde la paciencia.* He never loses patience.

jamón *sustantivo*
ham: *un sandwich de jamón* a ham sandwich
jamón cocido cooked ham jamón serrano cured ham

Japón *sustantivo*
Japan

japonés, -esa *adjetivo & sustantivo*
■ *adjetivo*
Japanese
■ *sustantivo*
1 (persona) **japonés Japanese man** (plural **men**) **japonesa Japanese woman** (plural **women**)
2 los japoneses the Japanese
3 japonés (idioma) **Japanese**

jaque *sustantivo*
check
jaque mate checkmate

jarabe *sustantivo*
syrup: *jarabe para la tos* cough syrup

jardín *sustantivo*
1 (de una casa) **yard** AmE, **garden** BrE: *Comimos en el jardín.* We had lunch in the yard.
2 (lugar con flores) **garden**
3 (en beisbol) **outfield** | **el jardín derecho/izquierdo/central right field/left field/center field**
jardín botánico botanical garden
jardín de niños nursery school

jardinería *sustantivo*
gardening

jardinero, -a *sustantivo*
1 (que arregla jardines) **gardener**
2 (en beisbol) **outfielder** | **jugar de jardinero -a derecho -a/izquierdo -a/central to play right field/left field/center field**

jarra *sustantivo*
pitcher: *una jarra de agua* a pitcher of water

jarro *sustantivo*
mug: *un jarro de té* a mug of tea

jarrón *sustantivo*
vase

jaula *sustantivo*
cage

jazmín *sustantivo*
jasmine

jazz *sustantivo*
jazz: *una banda de jazz* a jazz band

jeans *sustantivo plural*
jeans: *Me puse unos jeans y una playera.* | I put on some jeans and a T-shirt./I put on a pair of jeans and a T-shirt.

jefe, -a *sustantivo*
1 (en un trabajo) **boss** (plural **bosses**): *el jefe de mi papá* my dad's boss
2 (de una tribu) **chief**
jefe de Estado head of state

jerga *sustantivo*
1 (para limpiar el piso) **floor cloth**
2 (para limpiar otras cosas) **cloth**

jeringa *sustantivo*
syringe

jeroglífico *sustantivo*
hieroglyphic: *jeroglíficos mayas* Mayan hieroglyphics

Jesucristo *sustantivo*
Jesus Christ

Jesús *sustantivo*
Jesus

jilguero *sustantivo*
goldfinch (plural **goldfinches**)

jinete, -a *sustantivo*
rider

jirafa *sustantivo*
giraffe

jitomate *sustantivo*
tomato (plural **tomatoes**): *una ensalada de jitomate* a tomato salad

jockey *sustantivo*
jockey

joven *adjetivo & sustantivo*
■ *adjetivo*
young: *Es muy joven todavía.* He's still very young. | *Mi mamá es más joven que mi papá.* My mother is younger than my father.
■ *sustantivo*
(muchacho) **young man** (plural **men**) (muchacha) **girl**, **young woman** (plural **women**): *un joven de 18 años* an 18 year-old young man ▶ Para hablar de los jóvenes en general, se dice **young people**: *el tipo de música que les gusta a los jóvenes* the kind of music that young people like

joya *sustantivo*
(alhaja) **piece of jewelry**: *una joya muy valiosa* a very valuable piece of jewelry ▶ **a jewel** significa **una piedra preciosa**. Para hablar de joyas en general se usa **jewelry** (o **jewels** si son muy valiosas): *Tiene muchas joyas.* She has a lot of jewelry. | *las joyas de la corona* the crown jewels

joyería *sustantivo*
jewelery shop

jubilación *sustantivo*
(dinero) **pension**: *Cobra una buena jubilación.* She gets a good pension.

jubilado, -a *adjetivo & sustantivo*
■ *adjetivo*
retired: *Está jubilada.* She is retired.
■ *sustantivo*
retired person (plural **retired people**): *Los jubilados entran gratis.* Retired people get in free.

jubilarse *verbo*
to retire: *Se jubiló a los 62 años.* He retired at 62.

judaísmo *sustantivo*
Judaism

judío, -a *adjetivo & sustantivo*
■ *adjetivo*
Jewish
■ *sustantivo*
Jew

juego *sustantivo*
1 (actividad recreativa) **game**: *Jugamos un juego muy aburrido.* We played a very boring game.
2 los juegos (a) (tobogán, columpios, etc.) **the swings**: *Quiere ir a los juegos.* He wants to go to the swings. **(b)** (en una feria) **the rides**: *Nos subimos a todos los juegos.* We went on all the rides.
3 (en tenis, squash, etc.) **game**: *Va ganando por dos juegos a uno.* She's winning two games to one.
4 (conjunto) **set**: *un juego de té* a tea set | *un juego de toallas* a set of towels
5 hacer juego con algo to match something: *La playera le hace juego con el short.* His T-shirt matches his shorts.
6 (vicio) **el juego gambling**: *El juego le arruinó la vida.* Gambling ruined his life.
juego de azar game of chance juego de cartas card game juego de mesa board game juego de palabras play on

words **juego de video** **video game** **Juegos Olímpicos** **Olympic Games**

jueves *sustantivo*
Thursday: *Llegamos el jueves.* We arrived on Thursday.
Jueves Santo **Maundy Thursday**

juez, jueza *sustantivo*
judge: *Su mamá es jueza.* Her mom is a judge. | *los jueces del concurso* the judges of the competition

jugada *sustantivo*
1 (en futbol, basquet, etc.) **play**: *la mejor jugada del primer tiempo* the best play in the first half
2 (en ajedrez) **move**

jugador, -a *sustantivo*
1 (de un deporte o juego) **player**: *un jugador de futbol americano* a football player | *Cada jugador recibe tres cartas.* Each player gets three cards.
2 (que tiene el vicio del juego) **gambler**

jugar *verbo*
1 (realizar una actividad recreativa) **to play**: *Estaban jugando en el jardín.* They were playing in the yard. | *¿Sabes jugar ajedrez?* Can you play chess?
2 (hablando de deportes) **to play**: *Mi hermano juega basquet y yo tenis.* My brother plays basketball, and I play tennis. | **jugar contra alguien** **to play somebody**: *Mañana jugamos contra tu colegio.* We're playing your school tomorrow.
3 (apostar) **to bet**: *Te juego un helado a que tengo razón.* I bet you an ice cream cone that I'm right. | *Le jugó todo al 27.* He bet everything on number 27.
4 **jugar limpio** **to play fair** | **jugar sucio** **to play dirty**
jugarse (arriesgar): **jugarse la vida/el trabajo etc.** **to risk your life/your job etc., to put your life/your job etc. at risk**

jugo *sustantivo*
juice: *jugo de naranja* orange juice

jugoso, -a *adjetivo*
juicy: *un durazno jugoso* a juicy peach | *un filete jugoso* a juicy steak

juguete *sustantivo*
toy: *Guarda los juguetes.* Put your toys away. | **un coche/una pistola etc. de juguete** **a toy car/gun etc.**

juguetería *sustantivo*
toy store AmE, **toy shop** BrE

juicio *sustantivo*
(en derecho) **trial**: *El juicio fue televisado.* The trial was televised.

julio *sustantivo*
July

jumper *sustantivo*
jumper AmE, **pinafore (dress)** BrE

jungla *sustantivo*
jungle

junio *sustantivo*
June

junta *sustantivo*
1 (reunión) **meeting**
2 **junta (militar)** **(military) junta**

juntar *verbo*
1 (poner juntos) **juntar las manos/dos mesas etc.** **to put your hands/two tables etc. together**: *Juntamos las dos camas.* We put the two beds together. | **juntar algo con algo** **to put something and something together**: *Juntó los lápices con los marcadores.* She put the pencils and felt-tip pens together.
2 (reunir) (firmas, alimentos, etc.) **to collect**: *Estamos juntando ropa para mandar a la zona.* We are collecting clothes to send to the area.
3 **juntar (dinero) para algo** **to save up for something**: *Estoy juntando para un DVD.* I'm saving up for a DVD.
4 (coleccionar) **to collect**: *Junta timbres.* He collects stamps.
juntarse
1 (reunirse) **to get together**: *Nos juntamos a jugar cartas.* We got together to play cards.
2 (tener trato) **juntarse con alguien** **to hang out with somebody**: *Yo no me junto con ellos.* I don't hang out with them.
3 (acercarse) **to move close together**: *Júntense más.* Move closer together.

junto, -a *adjetivo & adverbio*
1 **juntos -as** **together**: *Van a todos lados juntas.* They go everywhere together.
2 **junto a** **next to**: *Se sentó junto a ella.* He sat next to her.

Júpiter *sustantivo*
Jupiter

jurado *sustantivo*
1 (en un concurso) **panel**, **panel of judges**
2 (en un juicio) **jury** (plural **juries**)

jurar *verbo*
to swear: *No fui yo, te lo juro.* It wasn't me, I swear. | **jurarle a alguien que...** **to swear to somebody that...**: *Me juró que era verdad.* He swore to me that it was true.

J

justicia *sustantivo*

1 (equidad) **justice**

2 **la justicia** (el sistema) **the law**

justo, **-a** *adjetivo & adverbio*

■ *adjetivo*

1 (de acuerdo con la justicia) **fair**: *No es justo.* It's not fair.

2 (apenas suficiente) **el dinero/el tiempo justo just enough money/time**: *Tengo el dinero justo para el boleto.* I have just enough money for the ticket. | *Tenemos el tiempo justo.* We have just enough time.

3 (ajustado) (pantalones, falda) **tight**: *Tenía puestos unos jeans muy justos.* She was wearing very tight jeans.

■ **justo** *adverbio*

(precisamente) **just**: *Justo en ese momento sonó el teléfono.* Just at that moment the phone rang. | **justo adelante/atrás etc. right in front/behind etc.**: *Se sentó justo enfrente de ella.* He sat right opposite her.

K

juventud *sustantivo*

1 **la juventud** (los jóvenes) **young people**: *la juventud de hoy* young people today

2 (de una persona) **youth**: *durante su juventud* during her youth

juzgar *verbo*

1 (en un juicio) **to try**: *Lo van a juzgar por asesinato.* He's going to be tried for murder.

2 (evaluar) **to judge**

K, **k** *sustantivo*

K, **k**: *"Korean" se escribe con K mayúscula.* "Korean" is written with a capital K.

karate *sustantivo*

karate

Kenia *sustantivo*

Kenya

kermés *sustantivo*

fête

kilo *sustantivo*

kilo

kilogramo *sustantivo*

kilogram

kilómetro *sustantivo*

kilometer

kinder *sustantivo*

pre-school: *Mi hermanita ya va al kinder.* My little sister is in pre-school now.

kiwi *sustantivo*

1 (fruta) **kiwi**, **kiwi fruit**

2 (pájaro) **kiwi**

kleenex® *sustantivo*

Kleenex®: *una caja de kleenex* a box of Kleenex

Ll

L, l *sustantivo*

L, l: *"London" se escribe con L mayúscula.* "London" is written with a capital L.

la *artículo, pronombre & sustantivo*

■ *artículo* ▶ ver **el**

■ *pronombre*

1 (cuando no se refiere a personas) **it**: *¿La vas a comprar?* Are you going to buy it?

2 (cuando se refiere a "ella") **her**: *La llevé a su casa.* I took her home.

3 (cuando se refiere a "usted") **you**: *¿La puedo ayudar?* Can I help you? ▶ El plural *las* está tratado junto con *los*

■ *sustantivo*

(nota musical) **A**: *un concierto en la menor* a concerto in A minor

laberinto *sustantivo*

maze

labio *sustantivo*

lip | **pintarse los labios** **to put some lipstick on**: *Se pintó los labios.* She put some lipstick on.

laboratorio *sustantivo*

laboratory (plural **-ries**)

lacio, -a *adjetivo*

straight: *Tiene el pelo lacio.* She has straight hair.

lado *sustantivo*

1 (para expresar posición) **al lado de algo o alguien** **next to something or someone**: *Estaba parado al lado de su novia.* He was standing next to his girlfriend. | *La escuela queda al lado del parque.* The school is next to the park. ▶ Cuando se trata de edificios que están uno al lado del otro, se usa **next door**: *Viven al lado de la iglesia.* They live next door to the church. | **a mi/tu etc. lado** **next to me/you etc.**, **beside me/you etc.**: *Siéntate a mi lado.* Sit next to me./Sit beside me. | **la casa/la tienda de al lado** **the house/the store next door**: *nuestro vecino de al lado* our next-door neighbor

2 (lugar, sitio) **en/por algún lado** **somewhere**: *Lo dejé en algún lado.* I left it somewhere. | **en/a otro lado** **somewhere else**: *Váyanse a otro lado.* Go somewhere else. | **a/en/por ningún lado** Se usa **anywhere** con un verbo en negativo.: *No lo encuentro por ningún lado.* I can't find it anywhere.

3 (parte) **side**: *el lado fresco de la casa* the cool side of the house

4 (en comparaciones) **al lado de algo o alguien** **compared to something or someone**: *Al lado de Diego es altísimo.* Compared to Diego he's very tall.

ladrar *verbo*

to bark | **ladrarle a alguien** **to bark at someone**: *Tu perro me ladró.* Your dog barked at me.

ladrillo *sustantivo*

brick: *una pared de ladrillos* a brick wall

ladrón, -ona *sustantivo*

1 (en general) **thief** (plural **thieves**): *el ladrón que le robó la cámara* the thief who stole her camera

2 (que roba en una casa) **burglar**: *Los ladrones entraron por la ventana del baño.* The burglars got in through the bathroom window.

3 (que asalta un banco, una tienda) **robber**: *El ladrón amenazó a la cajera.* The robber threatened the cashier.

lagartija *sustantivo*

1 (animal) **small lizard**

2 (ejercicio) **push-up** | **hacer lagartijas** **to do push-ups**

lagarto *sustantivo*

lizard

lago *sustantivo*

lake: *Acamparon a orillas del lago.* They camped by the side of the lake. ▶ Con nombres de lagos, en inglés se omite el artículo: *el lago de Chapala* Lake Chapala

lágrima *sustantivo*

tear

laguna *sustantivo*

1 (de agua dulce) **lake**

2 (de agua salada, junto al mar) **lagoon**

lamer *verbo*

lick: *El perro le lamió la mano.* The dog licked his hand.

lámpara *sustantivo*

lamp: *Prende la lámpara.* Turn the lamp on. **lámpara de escritorio** **desk lamp**

lana *sustantivo*

1 (material) **wool** | **un suéter/un saco de lana** **a woolen sweater/jacket**

2 (dinero) **cash**: *Me quedé sin lana.* I ran out

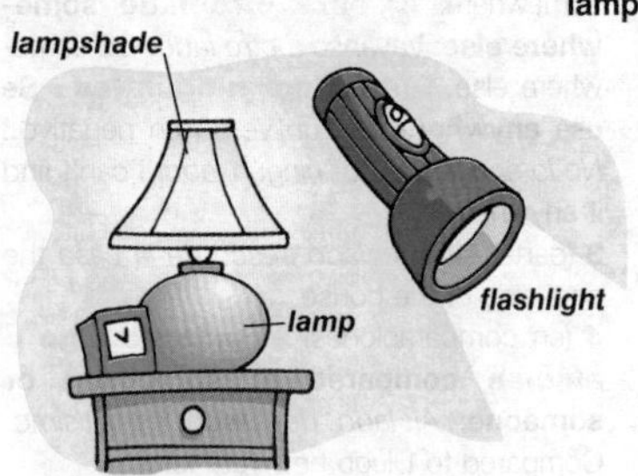

of cash. | **una lana** (mucho dinero) **a fortune**: *Ganaron una lana con el negocio.* They made a fortune out of the deal.

lancha *sustantivo*
boat
lancha de motor motorboat lancha guardacostas coastguard cutter lancha salvavidas lifeboat

langosta *sustantivo*
1 (crustáceo) **lobster**
2 (insecto) **locust**

langostino *sustantivo*
jumbo shrimp

lanza *sustantivo*
spear

lápiz *sustantivo*
pencil: *¿Tienes papel y lápiz?* Do you have a pencil and paper?
lápices de colores colored pencils lápiz de labios lipstick

largo, -a *adjetivo & sustantivo*
■ *adjetivo*
1 (en longitud) **long**: *una falda larga* a long skirt | *Tiene el pelo largo.* She has long hair.
2 (en duración) **long**: *La película es muy larga.* The movie's very long.
3 me/te etc. queda largo it's too long for me/you etc.: *Los pantalones le quedan largos.* The pants are too long for him.
■ *sustantivo*
(longitud) **length** | **¿cuánto tiene/mide de largo? how long is it?** | **mide dos metros/diez centímetros etc. de largo it's two meters/ten centimeters etc. long**: *La alberca mide cinco metros de largo.* The pool is five meters long.

larva *sustantivo*
larva (plural **larvae**)

las *artículo & pronombre* ▶ ver **los**

lasaña *sustantivo*
lasagna, lasagne

láser *sustantivo*
laser ▶ ver **impresora**, **rayo**

L

lástima *sustantivo*
1 ser una lástima to be a pity: *Es una lástima que no puedas venir.* It is a pity you can't come.
2 ¡(qué) lástima! what a pity!: *¡Lástima que no trajiste la cámara!* What a pity you didn't bring the camera!

lastimar *verbo*
to hurt: *¡Me lastimaste!* You hurt me!
lastimarse to hurt yourself: *Te vas a lastimar.* You're going to hurt yourself. | **lastimarse la pierna/la mano etc. to hurt your leg/your hand etc.**: *Se lastimó el tobillo.* She hurt her ankle.

lata *sustantivo*
1 (de bebida) **can**: *una lata de limonada* a can of lemonade
2 (de alimentos) **can**: *una lata de sardinas* a can of sardines | **en lata canned**: *atún en lata* canned tuna
3 (material) **tin**: *un techo de lata* a tin roof
4 (referido a cosas molestas) **¡qué lata! what a pain!** | **dar lata to be a pain**: *Deja de dar lata.* Stop being a pain.

lateral *adjetivo*
la puerta/entrada lateral the side door/entrance

látigo *sustantivo*
whip

latín *sustantivo*
Latin

latino, -a *adjetivo & sustantivo*
■ *adjetivo*
1 (en sentido amplio) **Latin**: *los países latinos* Latin countries
2 (de Latinoamérica) **Latin American**
■ *sustantivo*
Latin American ▶ También se usa **Latino** en inglés para referirse a un latinoamericano que vive en EU

Latinoamérica *sustantivo*
Latin America

latinoamericano, -a *adjetivo & sustantivo*
Latin American

latir *verbo*
1 (corazón) **to beat**
2 (referido a presentimientos) **me late que no va a venir/que me mintió etc. I have a feeling she's not going to come/she lied to me etc.**

laurel *sustantivo*
(árbol) **bay tree**

lava *sustantivo*
lava

lavabo *sustantivo*
sink AmE, **washbasin** BrE

lavadero *sustantivo*
1 (fregadero) **sink**
2 (en una casa) **laundry room**
3 (al aire libre) **washing place**

lavadora *sustantivo*
washing machine
lavadora de trastes **dishwasher**

lavanda *sustantivo*
lavender

lavandería *sustantivo*
1 (de autoservicio) **laundromat®**
2 (con servicio de lavado) **laundry** (plural **laundries**)

lavaplatos *sustantivo*
dishwasher

lavar *verbo*
1 to wash: *Mi papá está lavando el coche.* My dad's washing his car. | *¿Me lavaste la camisa azul?* Have you washed my blue shirt?

do the dishes

She is doing the dishes.

2 lavar los platos/los trastes to do the dishes: *Te toca lavar los trastes.* It's your turn to do the dishes.
3 lavar la ropa to do the laundry
lavarse
1 lavarse las manos/la cara etc. to wash your hands/face etc.: *Lávate las manos antes de comer.* Wash your hands before you eat.
2 lavarse los dientes to brush your teeth: *Ya me lavé los dientes.* I've already brushed my teeth.
3 lavarse la cabeza to wash your hair

laxante *sustantivo*
laxative

lazo *sustantivo*
1 (cuerda) **rope**: *Lo amarró con un lazo.* He tied it with rope.
2 (para atrapar animales, etc.) **lasso** (plural **lassoes**)

le *pronombre*
1 (cuando se refiere a "él") **him**: *Le dije la verdad.* I told him the truth.
2 (cuando se refiere a "ella") **her**: *Pregúntale dónde vive.* Ask her where she lives.
3 (cuando se refiere a "usted") **you**: *Le puedo dar más información.* I can give you more information.
4 (cuando no se refiere a personas) **it**: *Le di una mano de pintura.* I gave it a coat of paint. ▶ El plural *les* está tratado aparte

> **NOTA:** Algunos verbos ingleses requieren el uso de preposiciones. Te conviene buscar la entrada correspondiente al verbo o sustantivo (por ejemplo *explicar*, *foto*, etc.) *Le expliqué el problema.* I explained the problem to her. | *Le tomé una foto.* I took a picture of him.

leal *adjetivo*
(persona) **loyal**: *un amigo leal* a loyal friend

lección *sustantivo*
1 (clase) **lesson**: *una lección de piano* a piano lesson
2 (parte de un libro) **lesson**: *Se aprendió la lección de memoria.* She learned the lesson by heart.
3 (enseñanza) **lesson**: *Que esto te sirva de lección.* Let this be a lesson to you.

leche *sustantivo*
milk: *un vaso de leche* a glass of milk
leche condensada **condensed milk**
leche descremada **skimmed milk**
leche en polvo **powdered milk**

lechero, -a *sustantivo*
milkman (plural **-men**), **milkwoman** (plural **-women**)

lechón *sustantivo*
sucking pig

lechuga *sustantivo*
lettuce: *¿Quieres lechuga en tu sandwich?* Do you want lettuce in your sandwich?

lechuza *sustantivo*
owl

lector, -a *sustantivo*
reader

leer *verbo*
to read: *No sabe leer.* He can't read. | *Le leí un cuento a mi hermano.* I read my brother a story.

read

legal *adjetivo*
legal

legumbres *sustantivo plural*
1 (lentejas, garbanzos, etc) **pulses**
2 (verduras en general) **vegetables**

L

lejano, **-a** *adjetivo*
1 un pariente lejano a distant relative
2 un país lejano a far-off country
el Lejano Oriente the Far East

lejos *adverbio*
1 (a mucha distancia) **far**: *¿Está lejos?* Is it far? | *Queda demasiado lejos para ir caminando.* It's too far to walk. ▶ En frases afirmativas sin **too** se suele usar **a long way**: *Está bastante lejos.* It's quite a long way.
2 lejos de algo far from something: *¿Estamos lejos del aeropuerto?* Are we far from the airport? ▶ En frases afirmativas sin **too** se suele usar **a long way**: *Viven lejos de la estación.* They live a long way from the station.
3 a lo lejos in the distance: *A lo lejos se ven las montañas.* You can see the mountains in the distance.

lengua *sustantivo*
1 (en la boca) **tongue** | **sacarle la lengua a alguien to stick your tongue out at someone**: *Carlos me sacó la lengua.* Carlos stuck his tongue out at me.
2 (idioma) **language**: *Habla varias lenguas.* She speaks several languages.
lengua materna mother tongue

lenguaje *sustantivo*
language

lente *sustantivo*
1 lens (plural **lenses**)
2 lentes glasses: *Mi mamá usa lentes.* My mom wears glasses. | *Se puso los lentes.* He put his glasses on. | *una chava de lentes* a girl with glasses
lentes de contacto contact lenses: *Usa lentes de contacto.* She wears contact lenses. **lentes de sol sunglasses**

lenteja *sustantivo*
lentil: *sopa de lentejas* lentil soup

lento, **-a** *adjetivo & adverbio*
■ *adjetivo*
slow
■ **lento** *adverbio*
slowly: *Camina muy lento.* He walks very slowly.

leña *sustantivo*
firewood

Leo *sustantivo*
Leo: *Soy Leo.* I'm a Leo.

león, **-ona** *sustantivo*
lion ▶ Éste es el término genérico. Para referirse específicamente a una hembra se usa **lioness** (plural **lionesses**)
león marino sea lion

leopardo *sustantivo*
leopard

leotardo *sustantivo*
leotard

les *pronombre*
1 (cuando se refiere a "ellos" o "ellas", personas o cosas) **them**: *No les dije nada.* I didn't tell them anything. | *Les dimos una mano de pintura.* We gave them a coat of paint.
2 (cuando se refiere a "ustedes") **you**: *¿Quieren que les muestre las fotos?* Do you want me to show you the pictures? ▶ El singular *le* está tratado aparte

> **NOTA:** Algunos verbos ingleses requieren el uso de preposiciones. Te conviene buscar la entrada correspondiente al verbo o sustantivo (por ejemplo *explicar*, *foto*, etc.): *Les expliqué el problema.* I explained the problem to them. | *Les tomé una foto.* I took a photo of them.

lesión *sustantivo*
injury (plural **injuries**): *Sufrió lesiones leves.* He suffered minor injuries.

lesionado, **-a** *adjetivo*
injured

letra *sustantivo*
1 (del alfabeto) **letter**: *una palabra de cinco letras* a five-letter word
2 (caligrafía) **handwriting**: *Tiene buena letra.* She has neat handwriting.
3 (de una canción) **words** *plural*: *Se aprendió la letra de memoria.* He learned the words by heart.

letrero *sustantivo*
sign: *¿Qué dice el letrero?* What does the sign say?

leucemia *sustantivo*
leukemia

levantar *verbo*
1 (alzar) **to lift**: *Levantó la tapa de la caja.* She lifted the lid of the box. | *Entre los dos pudimos levantar el baúl.* We managed to lift the trunk between the two of us. | **levantar la mano (a)** (en clase) **to put your hand up**: *Sólo Inés levantó la mano.* Only Inés put her hand up. **(b)** (para pegarle a alguien) **to raise your hand**: *¡No me levantes la mano!* Don't raise your hand to me! | **levantar los brazos/las cejas to raise your arms/your eyebrows** | **levantar la vista to look up**
2 (recoger) **levantar algo to pick something up**: *Levanten esos papeles.* Pick those papers up.

3 levantar la mesa (después de comer) **to clear the table**: *Te toca levantar la mesa.* It's your turn to clear the table.

levantarse

1 (de la cama) **to get up**: *Me levanto temprano.* I get up early. | *¿A qué hora te levantaste?* What time did you get up?

2 (pararse) **to get up**: *No se levantó de su sillón en toda la tarde.* He didn't get up out of his chair all afternoon.

leve *adjetivo*

1 (aumento, ascenso) **slight**

2 (herida, lesión) **minor**

3 (aroma) **faint**

4 (temblor) **slight**

ley *sustantivo*

law

leyenda *sustantivo*

legend

libélula *sustantivo*

dragonfly (plural **-flies**)

liberación *sustantivo*

1 (de un dominio) **liberation**: *la liberación femenina* women's liberation

2 (de rehenes, presos) **release**

liberal *adjetivo*

1 (en política) **liberal**

2 (tolerante) **liberal**

liberar *verbo*

1 (a un preso, un rehén) **to release**

2 (un país, una ciudad) **to liberate**

libertad *sustantivo*

freedom | **dejar/poner a alguien en libertad to set someone free**: *Fue puesto en libertad.* He was set free.

libra *sustantivo*

1 (unidad de peso) **pound**

2 (moneda) **pound**

Libra *sustantivo*

Libra: *Soy Libra.* I'm a Libra.

libre *adjetivo*

1 (independiente) **free**: *un país libre* a free country

2 (no ocupado) **free**: *¿Está libre este asiento?* Is this seat free?

3 (sin ocupaciones) **free**: *¿Qué haces en tu tiempo libre?* What do you do in your free time? | **tener el día libre to have the day off**

librería *sustantivo*

bookstore AmE, **bookshop** BrE

> **NOTA:** En inglés existe la palabra **library**, pero significa *biblioteca*.

libreta *sustantivo*

notebook

libreta de ahorros passbook libreta de direcciones address book

libro *sustantivo*

book: *un libro de Carlos Fuentes* a book by Carlos Fuentes

libro de cocina cookbook libro de cuentos story book libro de texto textbook

licencia *sustantivo*

1 (del trabajo) **leave** | **estar de licencia to be on leave**: *Está de licencia por maternidad.* She's on maternity leave.

2 (de un producto) **license** AmE, **licence** BrE

licencia de manejar driver's license AmE, **driving licence** BrE

licenciado, -a *sustantivo*

1 (en general) **ser licenciado -a en historia/psicología etc. to have a degree in history/psychology etc.**: *Mi mamá es licenciada en biología.* My mom has a biology degree.

2 (abogado) **lawyer**

licenciatura *sustantivo*

degree: *Está haciendo una licenciatura en Física.* She's doing a degree in Physics.

licor *sustantivo*

liqueur

licuado *sustantivo*

smoothie: *un licuado de fresa* a strawberry smoothie ► Si se hace con leche, se llama **milk shake**: *un licuado de banana y leche* a banana milk shake

licuadora *sustantivo*

blender

líder *sustantivo*

leader

liebre *sustantivo*

hare

liendre *sustantivo*

nit

liga *sustantivo*

1 (en deportes) **league**

2 (banda elástica) **rubber band**

ligamento *sustantivo*

ligament

ligero, -a *adjetivo*

1 (liviano) **light**: *una cena ligera* a light dinner

2 (leve) (aumento, dolor) **slight**

light *adjetivo*

1 una coca light a diet coke | **mayonesa light low-calorie mayonnaise**

2 un cigarrillo light a low-tar cigarette

L

lima *sustantivo*
(herramienta) **file**
lima de uñas nail file

limar *verbo*
to file
limarse: **limarse las uñas to file your nails**

limitado, -a *sustantivo*
limited

limitar *verbo*
1 (ser vecino) **limitar con to share a border with**: *¿Con qué países limita Nicaragua?* What countries does Nicaragua share a border with?
2 (restringir) **to limit**

límite *sustantivo*
1 (máximo) **limit**: *el límite de velocidad* the speed limit
2 (de un territorio) **boundary** (plural **-ries**)

limón *sustantivo*
(verde) **lime** (amarillo) **lemon**

limonada *sustantivo*
lemonade

limonero *sustantivo*
1 (de limones verdes) **lime tree**
2 (de limones amarillos) **lemon tree**

limosna *sustantivo*
pedir limosna to beg: *Estaban pidiendo limosna.* They were begging.

limpiaparabrisas *sustantivo*
windshield wiper

limpiar *verbo*
1 (la casa, un cuarto, etc.) **to clean**: *Tengo que limpiar mi recámara.* I have to clean my bedroom.
2 (con un trapo) **to wipe**: *¿Puedes limpiar la mesa, por favor?* Can you wipe the table, please?
limpiarse: **limpiarse la boca/la nariz etc. to wipe your mouth/nose etc.**

limpieza *sustantivo*
hacer la limpieza to do the cleaning

limpio, -a *adjetivo & adverbio*
1 (sin suciedad) **clean**: *ropa limpia* clean clothes
2 pasar algo en limpio to make a clean copy of something
3 jugar limpio to play fair

lindo, -a *adjetivo*
1 (agradable) **nice**: *Hace un lindo día.* It's a nice day. | *Son gente muy linda.* They are very nice people.
2 (bonito, atractivo) **nice**: *¡Qué linda estás!* You look very nice! ► El adjetivo **pretty** se usa para referirse a una niña, o un bebé: *Es muy linda.* She's very pretty.

línea *sustantivo*
1 (raya) **line**: *Tracen una línea recta.* Draw a straight line.
2 (renglón) **line**: *No escriban más de diez líneas.* Don't write more than ten lines.
3 (de teléfono) **line**
4 (de metro, tren) **line**
5 (de camiones) **route**
6 en línea on line: *Puedes hacer compras en línea.* You can shop on line.
línea aérea airline

lino *sustantivo*
1 (tela) **linen** | **un saco/una falda de lino a linen jacket/skirt**
2 (planta) **flax**

linterna *sustantivo*
flashlight AmE, **torch** (plural **torches**) BrE

lío *sustantivo*
(problema) **problem** | **se armó/se va a armar etc. un lío there was trouble/there's going to be trouble etc.**: *Se armó un lío cuando llegó papá.* There was trouble when Dad arrived.

liquidación *sustantivo*
(en una tienda) **sale**: *Lo compré en una liquidación.* I bought it in a sale.

líquido *sustantivo*
liquid

lirón *sustantivo*
dormouse (plural **dormice**) | **dormir como un lirón to sleep like a log**

liso, -a *adjetivo*
1 (sin dibujos) (tela, corbata, etc.) **plain**: *Se puso una camisa blanca lisa.* He put on a plain white shirt.
2 (parejo, suave) (superficie) **smooth**

lista *sustantivo*
1 (enumeración) **list**: *Hizo una lista de los ingredientes.* She made a list of the ingredients.
2 (de alumnos) **roll** | **pasar lista to take roll**: *El maestro pasó lista.* The teacher took roll.
lista de espera waiting list lista de precios price list

listo, -a *adjetivo*
1 (inteligente) **smart**: *un niño muy listo* a very smart boy
2 (preparado) **estar listo -a to be ready**: *La cena está lista.* Dinner is ready. | *Estoy lista para empezar.* I'm ready to start. | *¿Tienes todo listo para mañana?* Do you have everything ready for tomorrow?

L

litera *sustantivo*
bunk: *la litera de arriba* the top bunk

literatura *sustantivo*
literature: *la literatura latinoamericana* Latin American literature

litro *sustantivo*
liter

liviano, **-a** *adjetivo*
light: *Esta maleta es muy liviana.* This suitcase is very light. | *una comida liviana* a light meal

llaga *sustantivo*
1 (en el cuerpo) **sore**
2 (en la boca) **ulcer**

llama *sustantivo*
1 (de fuego) **flame** | **en llamas in flames**: *El edificio estaba en llamas.* The building was in flames.
2 (animal) **llama**

llamada *sustantivo*
call | **hacer una llamada to make a call**: *¿Puedo hacer una llamada?* Can I make a call?
llamada de larga distancia long distance call llamada por cobrar collect call

llamar *verbo*
1 (a alguien para que venga) **to call**: *Llama a tu papá que la cena está lista.* Call your dad. Dinner's ready.
2 (por teléfono) **to call**, **to phone**: *Te llamo más tarde.* I'll call you later./I'll phone you later. | **llamar a la ambulancia/a los bomberos/a la policía to call an ambulance/the fire department/the police**
3 llamar a la puerta to knock at the door: *Alguien llamó a la puerta.* Somebody knocked at the door. ▶ ver **atención**
llamarse: **me llamo/se llama etc. Inés my name's Inés/her name's Inés etc.**: *Mi maestra se llama Cecilia.* My teacher's name is Cecilia. ▶ También se puede decir **My teacher's called Cecilia.** | **¿cómo te llamas/se llama etc.? what's your name/what's her name etc.?**: *¿Cómo se llama tu hermano?* What's your brother's name? ▶ También se puede decir **What's your brother called?**: *¿Cómo se llama este pueblo?* What's the name of this town?/What's this town called?

llanta *sustantivo*
1 (neumático) **tire** | **cambiar la llanta to change the wheel**: *Tuvimos que cambiar la llanta.* We had to change the wheel.
2 (para flotar en el agua) **float**

llanura *sustantivo*
plain

llave *sustantivo*
1 (de la cerradura) **key**: *la llave del coche* the car key | *la llave de este cajón/de la puerta de la calle* the key to this drawer/to the front door | **cerrar con llave to lock up**: *No se te olvide cerrar con llave.* Don't forget to lock up. | **cerrar una puerta/un cajón etc. con llave to lock a door/a drawer etc.**: *La puerta estaba cerrada con llave.* The door was locked.
2 llave (del agua) faucet AmE, **tap** BrE: *Abrí la llave pero no salió agua.* I turned on the faucet but no water came out. | *Dejaste la llave abierta.* You left the faucet running.
3 llave (del gas) gas tap: *Cerré la llave del gas.* I turned the gas tap off.

llavero *sustantivo*
keyring

llegada *sustantivo*
arrival: *su llegada al país* her arrival in the country

llegar *verbo*
1 to arrive: *Acaba de llegar.* He just arrived.
2 llegar a to get to: *El avión llega a Río a las siete.* The plane gets to Rio at seven o'clock. ▶ También se puede usar **to arrive in** si se trata de un país o una ciudad y **to arrive at** si se trata de un hospital, un aeropuerto, etc.: *cuando llegaron a España/cuando llegaron al aeropuerto* when they arrived in Spain/when they arrived at the airport
3 llegar de to arrive from: *cuando llegó de la estación* when he arrived from the station | *¿Cuándo llegan tus amigos de Nueva York?* When do your friends arrive from New York?
4 llegar tarde/temprano to be late/early: *Llegamos diez minutos tarde.* We were ten minutes late. | *Traten de llegar temprano.* Try to be early.
5 (alcanzar) **llegar a algo to reach something**: *La temperatura llegó a los 40 grados.* The temperature reached 40 degrees. | *cuando llegaron a la cumbre* when they reached the summit

llenar *verbo*
1 (un recipiente) **to fill**: *No llenes demasiado la taza.* Don't fill the cup too full. | **llenar algo de algo to fill something with something**: *Llenó el vaso de agua.* He filled the glass with water.
2 (cubrir) **llenar algo de algo to cover**

something with something: *Llenaron las paredes de carteles.* They covered the walls with posters.

3 llenar una forma/un formulario to fill out a form: *Ayúdame a llenar esta forma.* Help me fill out this form.

4 (referido a alimentos) **to be filling**: *Los plátanos llenan mucho.* Bananas are very filling.

llenarse

1 (un lugar, un recipiente) **to fill up**: *El teatro se llenó.* The theater filled up. | **llenarse de algo to fill with something**: *La casa se llenó de humo.* The house filled with smoke.

2 (comiendo) **to fill yourself up**

lleno, **-a** *adjetivo*

1 (lugar, recipiente) **full**: *La casa está llena de gente.* The house is full of people.

2 (cubierto) **covered**: *una mesa llena de papeles* a table covered in papers

3 (satisfecho) **estar lleno -a to be full**

llevar *verbo*

1 En la mayoría de los contextos, se usa **to take**: *Llévale esto a la maestra.* Take this to your teacher. | *Mi mamá me llevó al parque.* My mom took me to the park. ► Pero cuando se va a llevar algo adonde está la persona con quien se está hablando, se usa **to bring**: *El domingo te llevo las fotos.* I'll bring you the pictures on Sunday. | *Yo puedo llevar mis CDs.* I can bring my CDs.

2 Cuando el énfasis está en la acción de transportar, se usa **to carry**: *Me ayudó a llevar las maletas.* He helped me carry the suitcases.

3 (referido a cantidades de tiempo) **to take**: *No lleva mucho tiempo.* It doesn't take long.

4 (en edad) **me lleva un mes/dos años etc. he's a month/two years etc. older than me**: *Le llevo tres años a mi hermano.* I'm three years older than my brother.

5 (haber estado) **llevo una hora/dos días etc. aquí I've been here for an hour/two days etc.**: *Llevamos media hora esperando.* We've been waiting for half an hour.

6 (referido a ropa, etc.) **llevar algo (puesto) to be wearing something**: *Llevaba un vestido rojo.* She was wearing a red dress.

llevarse

1 (irse con) **to take**: *No te lleves mi celular.* Don't take my cell phone.

2 (un susto, una sorpresa) **to get**: *Me llevé una sorpresa grande.* I got a big surprise.

3 llevarse bien (con alguien) to get along (with someone): *¿Te llevas bien con tu prima?* Do you get along well with your cousin? | **llevarse mal (con alguien) not to get along well (with someone)**: *Se llevan mal.* They don't get along well.

llorar *verbo*

to cry: *¿Por qué lloras?* Why are you crying? | **llorar por algo to cry over something**

llorón, **-ona** *sustantivo*

crybaby (plural **-bies**)

llover *verbo*

to rain: *Está lloviendo.* It's raining. | *cuando pare de llover* when it stops raining

rain

It's raining very heavily.

lloviznar *verbo*

to drizzle

lluvia *sustantivo*

rain: *No salgas con esta lluvia.* Don't go out in this rain.

lluvia ácida acid rain

lluvioso, **-a** *adjetivo*

rainy: *una tarde lluviosa* a rainy afternoon

lo *pronombre & artículo*

■ *pronombre*

1 (cuando no se refiere a personas) **it**: *Me lo regaló.* She gave it to me.

2 (cuando se refiere a "él") **him**: *No lo conozco.* I don't know him.

3 (cuando se refiere a "usted") **you**: *Yo lo puedo llevar al hotel.* I can take you to the hotel. ► El plural *los* está tratado aparte

■ *artículo*

1 lo bueno/lo interesante etc. En inglés se usa una frase con **thing** o **things**. Guíate por los ejemplos: *Lo barato dura poco.* Cheap things don't last long. | *Lo*

bueno es que todavía hay tiempo. The good thing is that there is still time.

2 **lo que** **what**: *No sabe lo que quiere.* He doesn't know what he wants. | *Haz lo que puedas.* Do what you can. | **de lo que** **than**: *Es más difícil de lo que crees.* It's more difficult than you think.

3 (cuán) **how**: *No sabes lo difícil que es.* You don't know how difficult it is.

4 **lo más pronto posible/lo más rápido que puedas etc.** **as soon as possible/as quickly as you can etc.**: *Grité lo más fuerte que pude.* I shouted as loud as I could.

lobo, -a *sustantivo*
wolf (plural **wolves**)

local *adjetivo*
1 (de la zona) **local**
2 **el equipo local** **the home team**: *Ganó el equipo local.* The home team won.

loción *sustantivo*
(líquido) **lotion**

locker *sustantivo*
locker

loco, -a *adjetivo & sustantivo*
■ *adjetivo*
1 **crazy**: *Dicen que está loco.* They say he's crazy. | **volverse loco -a** **to go crazy**: *Se volvió loca.* She went crazy.
2 **volver loco -a a alguien** **to drive someone crazy**: *Me vas a volver loca con tanto ruido.* You're going to drive me crazy with all this noise.
3 **estar loco -a por alguien** **to be crazy about someone**: *Está loco por ti.* He's crazy about you.
■ *sustantivo*
1 **ser un loco/una loca** **to be crazy**
2 **los locos** **crazy people**

locomotora *sustantivo*
locomotive

locura *sustantivo*
1 (insensatez) **¡qué locura!** **that's crazy!** | **es/fue una locura** **it is/it was crazy**: *Es una locura salir con este tiempo.* It's crazy to go out in this weather.
2 (demencia) **madness**

locutor, -a *sustantivo*
presenter: *una locutora de radio* a radio presenter

lodo *sustantivo*
mud

lógica *sustantivo*
logic

lógico, -a *adjetivo*
1 (normal) **understandable**: *Es lógico que esté enojada.* It's understandable that she's angry.
2 (relativo a la lógica) **logical**

logo, o **logotipo** *sustantivo*
logo

lograr *verbo*
1 **lograr hacer algo** **to manage to do something**: *Logré convencer a mis padres.* I managed to persuade my parents. | **lograr que alguien haga algo** **to get someone to do something**: *Logramos que Julio viniera a la fiesta.* We got Julio to come to the party.
2 (conseguir) **to achieve**: *Lograron su objetivo.* They achieved their objective.

loma *sustantivo*
hill

lombriz *sustantivo*
earthworm

lomo *sustantivo*
1 **loin**: *lomo de puerco* loin of pork
2 (de un animal) **back**

lona *sustantivo*
(tela) **canvas**

lonchera *sustantivo*
lunchbox (plural **lunchboxes**)

lonja *sustantivo*
strip: *una lonja de tocino* a strip of bacon

loro *sustantivo*
1 (ave) **parrot**
2 (persona) **chatterbox** (plural **chatterboxes**)

los, las *artículo & pronombre*
■ *artículo*
1 **the**: *Nos comimos las fresas y los duraznos.* We ate the strawberries and the peaches.
2 No se usa **the** cuando se habla de algo en general: *Me gustan las fresas y los duraznos.* I like strawberries and peaches. | *Los DVDs son caros.* DVDs are expensive.
3 No se usa **the** con los días de la semana: *Los sábados no hay clase.* There's no school on Saturdays.
4 No se usa **the** en algunas construcciones con el verbo tener: *Tiene las orejas grandes.* He has big ears.
5 Con partes del cuerpo y objetos personales se usa un posesivo: *Se come las uñas.* She bites her nails. | *Me puse los zapatos nuevos.* I wore my new shoes.
6 En construcciones sin sustantivo se usa **the ones**: *¿Me enseñas los azules?* Can I

see the blue ones? | *Las grandes son más caras.* The big ones are more expensive. ▶ A menos que haya un posesivo: *Los suyos son mejores.* Theirs are better.

■ *pronombre*

1 (cuando se refiere a "ellos" o "ellas", cosas o personas) **them**: *Las perdí.* I lost them. | *No los conozco.* I don't know them.

2 (cuando se refiere a "ustedes") **you**: *¿Quieren que los lleve al cine?* Do you want me to take you to the movies?

lote *sustantivo*

1 (terreno) **lot**

2 (de artículos, de productos, etc.) **batch** (plural **batches**): *Recibimos dos lotes de leche en polvo.* We received two batches of powdered milk.

lotería *sustantivo*

1 (sorteo) **lottery** (plural **-ries**) | **sacarse la lotería to win the lottery**

2 (de cartones) **picture lotto** | **jugar a la lotería to play picture lotto**

lucha *sustantivo*

fight: *la lucha contra el cáncer* the fight against cancer

lucha libre freestyle wrestling

luchar *verbo*

1 to fight: *Tenemos que luchar contra la corrupción.* We must fight against corruption. | *Luchan por sus creencias.* They fight for their beliefs.

2 (en deporte) **to wrestle**

luciérnaga *sustantivo*

1 (con alas) **firefly** (plural **fireflies**)

2 (sin alas) **glow-worm**

lucirse *verbo*

(destacarse) **to excel yourself**: *Se lució en el examen.* She excelled herself on the test.

luego *adverbio*

1 (a continuación) **then**: *Hicimos la tarea y luego salimos.* We did our homework and then we went out.

2 (más tarde) **later**: *Luego nos vemos.* I'll see you later. ▶ ver **hasta**

lugar *sustantivo*

1 (sitio, ubicación) **place**: *Guárdame un lugar.* Save me a place. | *Tiene que estar en algún lugar.* It must be somewhere.

2 (espacio) **room**: *No hay más lugar.* There's no more room. | *Ocupa mucho lugar.* It takes up a lot of room.

3 en lugar de algo o alguien instead of something or someone: *Puedes usar aceite en lugar de mantequilla.* You can use oil instead of butter. | **en lugar de hacer algo instead of doing something**: *En lugar de ir a nadar, fuimos al partido.* Instead of going swimming, we went to the game.

lujo *sustantivo*

luxury (plural **-ries**) | **un coche/un hotel etc. de lujo a luxury car/hotel etc.**

lujoso, -a *adjetivo*

luxurious

luna *sustantivo*

1 moon

2 estar en la luna to be daydreaming

luna de miel honeymoon: *Fueron a Ixtapa de luna de miel.* They went to Ixtapa on their honeymoon.

lunar *sustantivo*

(en la piel) **mole**

lunes *sustantivo*

Monday: *Te llamaré el lunes.* I'll call you on Monday.

lupa *sustantivo*

magnifying glass (plural **magnifying glasses**)

luto *sustantivo*

mourning: *Están de luto.* They're in mourning.

luz *sustantivo*

1 (dispositivo) **light**: *Dejaste la luz prendida.* You left the light on. | **prender/encender la luz to turn the light on** | **apagar la luz to turn the light off**

2 (claridad) **light**: *No me tapes la luz.* Don't stand in my light.

3 (electricidad) **electricity**: *Estamos sin luz.* We don't have any electricity.

L

Mm

M, m *sustantivo*
M, m: *"Mexican" se escribe con M mayúscula.* "Mexican " is written with a capital M.

macarrones *sustantivo*
macaroni *singular*: *Los macarrones están fríos.* The macaroni is cold.

maceta *sustantivo*
flowerpot

machacar *verbo*
(frijoles) **to mash** (chiles) **to grind**: *Machaca bien los frijoles antes de freírlos.* Mash the beans well before frying them.

machete *sustantivo*
machete

machismo *sustantivo*
male chauvinism

machista *sustantivo & adjetivo*
■ *sustantivo*
male chauvinist
■ *adjetivo*
actitudes machistas male-chauvinist attitudes | **ser machista to be a male chauvinist**

macho *adjetivo & sustantivo*
male: *¿Es macho o hembra?* Is it a male or a female?

macizo, -a *adjetivo*
solid: *Es de oro macizo.* It's solid gold.

madera *sustantivo*
(material) **wood**: *El mango es de madera.* The handle is made of wood. | **una silla/una mesa de madera a wooden chair/table**

madrastra *sustantivo*
stepmother

madre *sustantivo*
1 (mamá) **mother**: *la madre de Elena* Elena's mother
2 (monja) **mother**: *la madre superiora* the mother superior

madriguera *sustantivo*
burrow

madrina *sustantivo*
(de bautismo) **godmother**

madrugada *sustantivo*
a las dos/tres etc. de la madrugada at two/three etc. in the morning | **de madrugada early in the morning**: *Salieron de madrugada.* They left early in the morning.

madrugar *verbo*
to get up early: *Mañana tenemos que madrugar.* We have to get up early tomorrow.

madurar *verbo*
1 (fruta) **to ripen**
2 (persona) **to mature**

maduro, -a *adjetivo*
1 (fruta) **ripe**
2 (referido a las actitudes, etc.) **mature**

maestro, -a *sustantivo*
teacher: *Su mamá es maestra.* His mom's a teacher.

mafia *sustantivo*
mafia

magia *sustantivo*
magic: *un truco de magia* a magic trick

mágico, -a *adjetivo*
1 (fórmula, poción, palabras) **magic**
2 (poderes, mundo) **magical** ▶ ver **varita**

magnético, -a *adjetivo*
magnetic

magnífico, -a *adjetivo*
wonderful: *Es una idea magnífica.* It's a wonderful idea.

mago *sustantivo*
1 (en un circo, una fiesta, etc.) **magician**
2 (hechicero) **wizard**: *Harry Potter, el mago* Harry Potter, the wizard

maicena®, o **maizena®** *sustantivo*
cornstarch

maíz *sustantivo*
corn AmE, **maize** BrE

mal *adverbio, adjetivo & sustantivo*
■ *adverbio & adjetivo*
1 (insatisfactoriamente) **badly**: *Dormí muy mal.* I slept very badly. | *Me fue mal en el examen.* I did badly on the exam. | *El trabajo estaba muy mal hecho.* The job was very badly done.
2 (incorrecto, incorrectamente) **wrong**: *Lo hice mal.* I did it wrong. | *Esa respuesta está mal.* That answer is wrong.
3 (desagradablemente) **oler/sonar mal to smell/sound bad**
4 estar mal (de salud) **to be sick** AmE, **to be ill** BrE: *Está muy mal.* He's very sick.
5 ir de mal en peor to go from bad to worse

6 él/ella etc. me cae mal I don't like him/her etc.: *El niño nuevo me cae mal.* I don't like the new kid.

7 ▶ ver **malo**

■ *sustantivo*

el mal evil: *el bien y el mal* good and evil

malaria *sustantivo*

malaria

maldito, **-a** *adjetivo*

(para expresar irritación) **damn**: *¡Esta maldita computadora!* This damn computer! | **¡maldita sea! damn it!**

maleducado, **-a** *adjetivo & sustantivo*

■ *adjetivo*

rude: *No seas maleducado.* Don't be rude.

■ *sustantivo*

ser un maleducado/una maleducada to be very rude

maleta *sustantivo*

1 suitcase, case

2 hacer las maletas to pack: *¿Hiciste las maletas?* Have you packed?

maletero *sustantivo*

porter

malgastar *verbo*

to waste

mallas *sustantivo plural*

leggings

mallones *sustantivo plural*

leggings

malo, **-a** *adjetivo & sustantivo*

■ *adjetivo*

1 (en general) **bad**: *Es muy mal alumno.* He's a very bad student. | *Tengo malas noticias.* I have some bad news. | *Es malo para la salud.* It's bad for your health.

2 Para referirse a personas demasiado severas o egoístas, se dice **mean**: *No seas mala, déjame ir.* Don't be mean, let me go.

3 lo malo es que... the unfortunate thing is...: *Lo malo es que queda muy lejos de aquí.* The unfortunate thing is it's a long way from here.

mala palabra swear word

■ *sustantivo*

(en una película) **baddy** (plural **baddies**) ▶ Cuando se trata de un hombre se usa mucho **bad guy**: *un actor que siempre hace de malo* an actor who always plays the bad guy

maltratar *verbo*

to ill-treat

malvado, **-a** *adjetivo*

wicked: *una bruja malvada* a wicked witch

malvavisco *sustantivo*

marshmallow: *Asamos malvaviscos en la fogata.* We toasted marshmallows on the fire.

mamá *sustantivo*

1 (para hablar de ella) **mother, mom** ▶ **mom** es más coloquial: *La mamá de Ana es arquitecta.* Ana's mother is an architect./ Ana's mom is an architect.

2 (para hablarle a ella) **mom**: *¡Mamá, tengo hambre!* Mom, I'm hungry!

mamar *verbo*

darle de mamar a un bebé to feed a baby ▶ Si quieres ser más específico di **to breastfeed a baby**

mamífero *sustantivo*

mammal

mamila *sustantivo*

bottle | **darle la mamila a un bebé to feed a baby** ▶ Si quieres ser más específico di **to give a baby his/her bottle**

manada *sustantivo*

1 (de caballos, elefantes) **herd**

2 (de lobos, perros) **pack**

manantial *sustantivo*

spring

mancha *sustantivo*

1 (de suciedad) **stain**: *una mancha de tinta* an ink stain

2 (de humedad) **patch** (plural **patches**)

3 (en la piel de un animal) **patch** (plural **patches**)

manchar *verbo*

1 manchar algo to get something dirty: *Me manchaste la camisa.* You got my shirt dirty.

2 el aceite/el vino etc. mancha oil/ wine etc. stains

mancharse

1 mancharse el vestido/los pantalones etc. to get your dress/your pants etc. dirty

2 mancharse la camisa/pantalones de/con tinta to get ink on your shirt/ pants

mancuernas, o **mancuernillas** *sustantivo*

cuff links

mandado *sustantivo*

1 (compra) **hacer el mandado to go grocery shopping**: *Salió a hacer el mandado.* He went out grocery shopping.

2 hacerle un mandado a alguien to run an errand for someone: *Tengo que*

M

hacerle un mandado a mi papá. I have to run an errand for my dad.

mandamiento *sustantivo*
commandment: *los diez mandamientos* the Ten Commandments

mandar *verbo*
1 (enviar) **to send**: *Le mandé un e-mail.* I sent him an e-mail.
2 (hacer ir) **to send**: *Lo mandaron a comprar el periódico.* They sent him to buy the newspaper.
3 (estar al mando) **to be in charge**: *Aquí mando yo.* I'm in charge here.
4 (ordenar) **to tell**: *Me mandó que lo limpiara.* She told me to clean it.
5 **¿mande?** (para pedirle a alguien que repita lo que dijo) **pardon me?**

mandarina *sustantivo*
mandarin

mandíbula *sustantivo*
jaw

mandón, -ona *adjetivo & sustantivo*
■ *adjetivo*
bossy: *Mi hermana es muy mandona.* My sister is very bossy.
■ *sustantivo*
ser un mandón/una mandona **to be very bossy**

manejar *verbo*
(conducir) **to drive**: *¿Sabes manejar?* Can you drive?

manera *sustantivo*
1 **way**: *la mejor manera de aprender un idioma* the best way to learn a language
2 **de cualquier manera/de todas maneras** **anyway**: *De cualquier manera, no me lo voy a comprar.* I'm not going to buy it, anyway.
3 **no hay manera...** **there's no way...**: *No hay manera de que entienda.* There's no way he'll understand.

manga *sustantivo*
1 (de una camisa, un saco, etc.) **sleeve**
2 **una playera/un vestido sin mangas** **a sleeveless T-shirt/dress**
3 **una camisa de manga corta/de manga larga** **a short-sleeved/long-sleeved shirt**

mango *sustantivo*
1 (fruta) **mango**
2 (de una herramienta, una sartén) **handle**

manguera *sustantivo*
hose

manía *sustantivo*
1 **funny habit**: *Tiene muchas manías.* He has a lot of funny habits.
2 (si es molesta) **annoying habit**: *Tiene la manía de dejar todas las luces prendidas.* He has this annoying habit of leaving all the lights on.

manifestación *sustantivo*
(de protesta) **demonstration**

manifestante *sustantivo*
demonstrator

manija *sustantivo*
handle

maniobra *sustantivo*
maneuver

mano *sustantivo*
1 (parte del cuerpo) **hand**: *Me voy a lavar las manos.* I'm going to wash my hands. ▶ ver **levantar** ▶ ver ilustración en la página 514
2 **darle la mano a alguien** **(a)** (tomarle la mano) **to hold someone's hand**: *Dame la mano.* Hold my hand. **(b)** (como saludo) **to shake hands with someone**: *Le dio la mano a mi papá.* He shook hands with my dad.
3 **¡arriba las manos!** **hands up!**
4 Expresiones en que se usa **a mano** con el significado de "con las manos": **hecho -a a mano** **handmade**: *papel hecho a mano* handmade paper | **escrito -a a mano** **handwritten** | **cosido -a a mano** **hand-sewn** | **tejido -a a mano** **hand-knitted** | **coser algo a mano** **to sew something by hand** | **lavar algo a mano** **to hand-wash something**
5 (lado) **a mano derecha/izquierda** **on the right/left**: *la primera puerta a mano izquierda* the first door on the left
6 **tener algo a mano** **to have something on hand**: *¿Tienes una regla a mano?* Do you have a ruler on hand?
7 **de segunda mano** **used** AmE, **second-hand** BrE: *Venden ropa de segunda mano.* They sell used clothes.
8 **darle/echarle una mano a alguien** **to give someone a hand**: *¿Nos podrías echar una mano con esto?* Could you give us a hand with this?
9 **una mano de pintura** **a coat of paint**
10 **estar a mano** **to be even**

manopla *sustantivo*
(de beisbol) **mitt**

mansión *sustantivo*
mansion

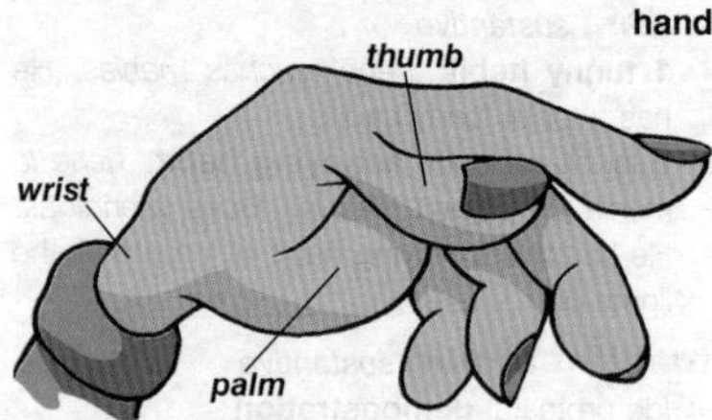

manso, -a *adjetivo*
1 (caballo) **tame**
2 (perro) **friendly**: *Mi perro es muy manso.* My dog's very friendly.

manteca *sustantivo*
(de cerdo) **lard**
manteca de cacao cocoa butter

mantel *sustantivo*
tablecloth

mantener *verbo*
1 (conservar) **to keep**: *Lo mantuve cerrado.* I kept it closed. | *Mantén los brazos en alto.* Keep your arms up. | **mantener la calma to keep calm**
2 (pagar los gastos de) **to support**: *Tiene cinco hijos que mantener.* She has five children to support.
mantenerse
1 mantenerse despierto -a to stay awake
2 mantenerse fresco -a to keep fresh
3 mantenerse en forma to keep in shape

mantenimiento *sustantivo*
maintenance

mantequilla *sustantivo*
butter: *pan con mantequilla* bread and butter

manual *sustantivo & adjetivo*
■ *sustantivo*
1 (libro de texto) **textbook**
2 (de instrucciones) **manual**
■ *adjetivo*
manual: *controles manuales* manual controls

manubrio *sustantivo*
handlebars *plural*

manzana *sustantivo*
1 (fruta) **apple**
2 (de casas) **block** | **dar una vuelta a la manzana to go around the block**

manzanilla *sustantivo*
1 (planta) **camomile**
2 (infusión) **camomile tea**

manzano *sustantivo*
apple tree

mañana *sustantivo & adverbio*
■ *sustantivo*
(parte del día) **morning**: *Lo vi en la mañana.* I saw him this morning. | **en la mañana in the morning**: *Voy a la escuela en la mañana.* I go to school in the morning. | **a las 2/9 etc. de la mañana at 2 o'clock/9 o'clock etc. in the morning**: *Nació a las 10 de la mañana.* He was born at 10 o'clock in the morning. | **ayer/el lunes etc. en la mañana yesterday morning/Monday morning etc.**: *Nos vamos el martes en la mañana.* We're leaving on Tuesday morning. | **a la mañana siguiente the next morning**: *A la mañana siguiente estaba listo.* It was ready the next morning.
■ *adverbio*
(el día después de hoy) **tomorrow**: *Mañana es viernes.* Tomorrow is Friday. | **¡hasta mañana! see you tomorrow!** | **mañana en la mañana/en la tarde tomorrow morning/afternoon**

mapa *sustantivo*
map: *No está en el mapa.* It isn't on the map.

mapache *sustantivo*
raccoon

maqueta *sustantivo*
model

maquillaje *sustantivo*
make-up: *No usa maquillaje.* She doesn't wear make-up.

maquillarse *verbo*
to put your make-up on: *Todavía no se ha maquillado.* She hasn't put her make-up on yet.

máquina *sustantivo*
1 (aparato) **machine**
2 escribir (algo) a máquina to type (something): *¿Sabes escribir a máquina?* Can you type?
máquina de coser sewing machine
máquina de escribir typewriter

maquinaria *sustantivo*
machinery

mar *sustantivo*
sea: *el Mar Caribe* the Caribbean Sea

maratón *sustantivo*
marathon

maravilla *sustantivo*
wonder: *las siete maravillas del mundo* the seven wonders of the world

maravilloso, **-a** *adjetivo*
wonderful: *unas vacaciones maravillosas* a wonderful vacation

marca *sustantivo*
1 (de computadoras, coches, videos) **make**: *¿De qué marca es el coche de tu mamá?* What make is your mom's car?
2 (de alimentos, cosméticos, productos de limpieza) **brand**: *una nueva marca de detergente* a new brand of detergent
3 (señal) **mark**
4 (en deportes) **record**
marca registrada **registered trademark**

marcador *sustantivo*
1 (para dibujar, escribir) **felt tip pen**
2 (para subrayar textos) **highlighter**
3 (en deportes) **scoreboard**

marcar *verbo*
1 (señalar) **to mark**: *Marca la respuesta correcta con una cruz.* Mark the correct answer with a cross.
2 (al llamar por teléfono) **to dial**: *¿Marcaste bien el número?* Did you dial the right number?
3 (un gol) **to score**
4 (a un jugador) **to mark**
5 (el ganado) **to brand**

marcha *sustantivo*
1 (manifestación) **march** (plural **marches**): *una marcha por la paz* a peace march
2 (composición musical) **march** (plural **marches**): *la marcha nupcial* the wedding march

marchar *verbo*
(soldados) **to march**

marco *sustantivo*
1 (de un cuadro, una foto) **frame**
2 (de una puerta, una ventana) **frame**

marea *sustantivo*
tide | **está subiendo/bajando la marea** **the tide's coming in/going out** **marea alta** **high tide** **marea baja** **low tide**

tide

low tide *high tide*

mareado, **-a** *adjetivo*
estar/sentirse mareado -a **(a)** (por la altura, por dar vueltas) **to be/feel dizzy**: *Estaba mareada.* I felt dizzy./I was dizzy. **(b)** (con ganas de vomitar) **to be/to feel nauseous** AmE, **to feel sick** BrE: *Estoy mareada.* I feel nauseous. ▶ Hay traducciones especiales si estás en un coche (**I feel carsick**), un barco (**I feel seasick**) y un avión (**I feel airsick**)

marearse *verbo*
1 (por la altura, por dar vueltas) **to get dizzy**
2 (con ganas de vomitar) **to feel nauseous** AmE, **to feel sick** BrE: *Me empecé a marear.* I started to feel nauseous. ▶ Hay traducciones especiales para marearse en un coche (**to get carsick**), en un barco (**to get seasick**) y en un avión (**to get airsick**): *Si te sientas en cubierta, no te mareas.* If you sit on deck, you don't get seasick.

marfil *sustantivo*
ivory | **una caja/una figura de marfil** **an ivory box/figure**

margarina *sustantivo*
margarine

margarita *sustantivo*
(flor) **daisy** (plural **daisies**)

margen *sustantivo*
■ *sustantivo masculino*
(en una página) **margin** | **al margen** **in the margin**
■ *sustantivo femenino*
(de un río) **bank**

marido *sustantivo*
husband: *No conozco a su marido.* I don't know her husband.

mariguana *sustantivo*
marijuana

marina *sustantivo*
navy (plural **navies**)
marina de guerra **navy** **marina mercante** **merchant navy**

marinero, **-a** *sustantivo*
sailor: *Mi hermano es marinero.* My brother is a sailor.

marino *sustantivo & adjetivo*
■ *sustantivo*
naval officer: *El papá de Ana es marino.* Ana's dad is a naval officer.
■ *adjetivo*
(del mar) **animales marinos/alga marina** **sea animals/seaweed** ▶ ver **azul**

marioneta *sustantivo*
puppet

mariposa *sustantivo*
1 (insecto) **butterfly** (plural **-flies**) | **cazar mariposas to catch butterflies**
2 (estilo de natación) **butterfly** | **nadar de mariposa to do the butterfly**

mariscos *sustantivo plural*
seafood *singular*: *Me encantan los mariscos.* I love seafood.

marítimo, -a *adjetivo*
transporte/puerto marítimo sea transportation/port

marketing *sustantivo*
marketing

maroma, o **marometa** *sustantivo*
somersault | **dar una maroma o marometa to do a somersault**

marqués, -esa *sustantivo*
marqués marquis marquesa marquise

Marruecos *sustantivo*
Morocco

Marte *sustantivo*
Mars

martes *sustantivo*
Tuesday: *Nos vimos el martes.* We met on Tuesday.

martillo *sustantivo*
hammer

marxismo *sustantivo*
Marxism

marxista *adjetivo & sustantivo*
Marxist

marzo *sustantivo*
March: *en marzo* in March

más *adverbio, adjetivo, preposición & sustantivo*
■ *adverbio & adjetivo*
1 (mayor cantidad o número) **more**: *Necesito más dinero.* I need more money. | *¿Quieres más?* Would you like some more?
2 más de diez/un millón etc. more than ten/a million etc.: *Éramos más de veinte.* There were more than twenty of us. | *Esperé más de una hora.* I waited for more than an hour.
3 (comparativo) Usa **more** con adjetivos o adverbios largos (de dos o más sílabas). Los adjetivos o adverbios cortos agregan el sufijo **-er**: *Es más interesante que el otro programa.* It's more interesting than the other program. | *Susana es más alta que tú.* Susana's taller than you.
4 (superlativo) Usa **most** con adjetivos o adverbios largos (de dos o más sílabas). Los adjetivos o adverbios cortos agregan el sufijo **-est**: *Éste es el más caro.* This is the most expensive one. | *la juguetería más grande del mundo* the biggest toy store in the world
5 Con algunos pronombres se traduce por **else**: **alguien/nadie/algo más someone/no one/something else**: *No quiero nada más.* I don't want anything else. | **¿quién/qué/dónde más? who/what/where else?**: *¿Dónde más puedo buscar?* Where else can I look?
6 de más extra: *Hice unas tortas de más por si acaso.* I made some extra sandwiches just in case.
7 más o menos Ver ejemplos: *Somos más o menos de la misma edad.* We are more or less the same age. | *–¿Cómo andas? –Más o menos.* "How are you?" "So-so."
8 más bien caro -a/alto -a etc. rather expensive/tall etc.
■ *preposición*
plus: *Dos más dos son cuatro.* Two plus two is four.
■ *sustantivo* (también **signo de más**)
plus sign

masa *sustantivo*
1 (para pan) **dough**
2 (para empanadas, pays) **pastry**
3 (para hot cakes) **batter**

masacre *sustantivo*
massacre

masaje *sustantivo*
massage | **darle un masaje a alguien to give someone a massage**

máscara *sustantivo*
mask

mascota *sustantivo*
1 (animal) **pet**: *¿Tienes alguna mascota?* Do you have any pets?
2 (símbolo) **mascot**: *la mascota de las Olimpíadas* the mascot of the Olympic Games

masculino, -a *adjetivo & sustantivo*
■ *adjetivo*
1 (referido al aspecto, la actitud) **masculine**
2 (para o de hombres) **moda/ropa masculina men's fashion/clothes** | **los dobles masculinos the men's doubles**
3 (en gramática) **masculine**
■ **masculino** *sustantivo*
(en gramática) **masculine**

masticar *verbo*
to chew

mástil *sustantivo*
1 (de una bandera) **flagpole**
2 (de una vela) **mast**

matadero *sustantivo*
slaughterhouse

matanza *sustantivo*
1 (de animales) **slaughter**
2 (de personas) **massacre**

matar *verbo*
to kill: *¡Te voy a matar!* I'm going to kill you! | **matar a alguien a tiros to shoot someone dead**: *Lo mataron a tiros.* They shot him dead.
matarse
1 (en un accidente) **to be killed**: *Se mató con la moto.* He was killed on his motorcycle.
2 (suicidarse) **to kill yourself**

matemáticas *sustantivo*
math *singular* AmE, **maths** *singular* BrE: *un ejercicio de matemáticas* a math exercise ▶ También existe **mathematics** pero se usa menos

materia *sustantivo*
1 (asignatura) **subject**: *¿Cuál es tu materia preferida?* What's your favorite subject?
2 (tema, asunto) **subject**: *un especialista en la materia* an expert on the subject
materia prima raw material

material *sustantivo*
1 (materia) **material**: *un material resistente* a tough material
2 (información) **material**: *Necesito más material para el trabajo.* I need more material for my project.

maternal *adjetivo*
maternal

maternidad *sustantivo*
maternity

materno, -a *adjetivo*
tío/abuelo etc. materno maternal uncle/grandfather etc. ▶ ver **lengua**

matón *sustantivo*
thug

matrimonio *sustantivo*
1 (hecho de estar casado, institución) **marriage** | **contraer matrimonio to get married**
2 (pareja) **couple**

maullar *verbo*
to meow

máximo, -a *adjetivo & sustantivo*
■ *adjetivo*
maximum: *la temperatura máxima* the maximum temperature | *el máximo goleador del campeonato* the highest scorer in the competition
■ **máximo** *sustantivo*
1 maximum: *un máximo de dos horas* a maximum of two hours
2 como máximo at most: *Tendrá veinte años como máximo.* He's twenty at most.

mayo *sustantivo*
May: *en mayo* in May

mayonesa *sustantivo*
mayonnaise

mayor *adjetivo, pronombre & sustantivo*
■ *adjetivo & pronombre*
1 (en edad, comparativo) **older**: *Es mayor que tú.* She's older than you. | **ser mayor de 18/21 to be over 18/21** | **los mayores de 18/21 (the) over 18s/over 21s**
2 (en edad, superlativo) **oldest**: *el mayor de la clase* the oldest in the class ▶ Si se trata de sólo dos personas, se usa **older**: *la mayor de las dos muchachas* the older of the two girls | *el hermano mayor* the older brother
3 (de edad avanzada) **elderly**: *Su abuela es muy mayor.* His grandmother's very elderly. | *un señor mayor* an elderly man
4 (más grande) **biggest**: *uno de los mayores peligros* one of the biggest dangers | **la mayor parte del tiempo/de su vida etc. most of the time/most of his life etc.**
5 (en comercio) **comprar/vender al por mayor to buy/to sell wholesale**
■ *sustantivo*
1 (adulto) **grown-up**: *No interrumpas a los mayores.* Don't interrupt when grown-ups are speaking.
2 (grado militar) **major**

mayoría *sustantivo*
1 la mayoría de la gente/de mis amigos etc. most people/most of my friends etc.: *La mayoría de los alumnos prefiere jugar futbol.* Most of the students prefer playing soccer.
2 (en una votación) **majority** (plural **-ties**)

mayúscula *sustantivo & adjetivo*
■ *sustantivo*
capital letter | **escribir algo con mayúscula to write something with a capital letter** | **escribir algo en mayúsculas to write something in capitals**
■ *adjetivo*
capital: *una "K" mayúscula* a capital "K"

mazapán *sustantivo*
marzipan

M

mazo *sustantivo*
1 (de cartas) **deck**
2 (herramienta) **mallet**

me *pronombre*
1 La traducción general es **me**: *¿No me viste?* Didn't you see me? | *¿Me pasas la sal?* Could you pass me the salt?
2 Algunos verbos ingleses requieren el uso de preposiciones. Te conviene mirar la entrada correspondiente al verbo o al sustantivo, por ejemplo *esperar*, *foto*, etc.: *No me esperen.* Don't wait for me. | *Me sacó una foto.* He took a picture of me.
3 Si tiene valor reflexivo, a veces se traduce por **myself**: *Me compré un helado.* I bought myself an ice cream cone. ▶ Pero los verbos pronominales tienen diferentes traducciones. Busca *arrepentirse*, *peinarse*, etc.

mecánica *sustantivo*
mechanics *singular*

mecánico, -a *adjetivo & sustantivo*
■ *adjetivo*
mechanical: *una sierra mecánica* a mechanical saw
■ *sustantivo*
mechanic: *Pedro es mecánico.* Pedro's a mechanic.

M

mecanismo *sustantivo*
mechanism

mecate *sustantivo*
1 (delgado) **piece of string**: *Amarró el paquete con un mecate.* He tied the package up with string.
2 (grueso) **rope**

mecedora *sustantivo*
rocking chair

mechón *sustantivo*
hacerse/pintarse mechones to have highlights done: *Mi tía se hizo unos mechones rojos.* My aunt had red highlights done.

medalla *sustantivo*
medal
medalla de oro/plata 1 (objeto) **gold/silver medal** 2 (persona) **gold/silver medalist**

media *sustantivo*
1 (al dar la hora) **las dos/las cuatro etc. y media half past two/half past four etc.**
2 (promedio) **average**: *la media de edad* the average age
3 **medias** (hasta la cintura) **pantyhose** *singular*: *Llevaba medias negras.* She was wearing black pantyhose.
4 **medias** (hasta el muslo) **stockings**

mediados
1 **a mediados de enero/de semana etc. around the middle of January/of the week etc.**
2 **para/hasta mediados de for/until the middle of**: *Lo necesito para mediados del mes que viene.* I need it for the middle of next month. | *No vuelvo hasta mediados del año que viene.* I won't be back until the middle of next year.

mediano, -a *adjetivo*
1 **un coche mediano/una casa mediana etc. a medium-sized car/house etc.**
2 **la talla mediana the medium size**

medianoche *sustantivo*
midnight | **a medianoche at midnight**

medicina *sustantivo*
medicine: *Estudia medicina.* She's studying medicine.

médico, -a *sustantivo*
doctor: *Tengo que ir al médico.* I have to go to the doctor.

medida *sustantivo*
1 (dimensión) **measurement**
2 (disposición) **measure**: *medidas económicas* economic measures | **tomar medidas to take steps**: *Tienen que tomar medidas para proteger el medio ambiente.* They must take steps to protect the environment.
3 (unidad) **measure**: *la tabla de pesos y medidas* the table of weights and measures

medieval *adjetivo*
medieval

medio, -a *adjetivo, adverbio & sustantivo*
■ *adjetivo*
1 **media página/media manzana etc. half a page/half an apple etc.**: *Compré medio kilo de jitomates.* I bought half a kilo of tomatoes. | **dos/tres etc. y medio -a two/three etc. and a half**: *Tardó tres horas y media.* It took him three and a half hours. | **un paquete de medio kilo/un cartón de medio litro etc. a half-kilo package/a half-liter carton etc.**
2 (promedio) **average**: *la temperatura media* the average temperature ▶ ver **clase**
■ **medio** *adverbio*
1 (por la mitad) **half**: *una botella medio vacía* a half-empty botttle
2 (no completamente) **half**: *Estaba medio dormida cuando me hablaste.* I was half asleep when you called.
3 (un poco) **pretty**, **quite**: *Empezó medio tarde.* It started pretty late. | *Queda medio lejos.* It's quite a long way.

■ **medio** *sustantivo*
1 (entorno) **environment**
2 **medios** (recursos económicos) **means**
3 **los medios (de comunicación) the media**
el medio ambiente the environment **medio de transporte means of transportation** (plural **means of transportation**) **medio hermano half-brother** **medio hermana half-sister** **Medio Oriente the Middle East**

mediocampista *sustantivo*
midfielder

mediodía *sustantivo*
midday | **al mediodía at midday**

medir *verbo*
1 (tomar la medida de) **to measure**: *Mide el largo de la mesa.* Measure the length of the table.
2 **¿cuánto mides/mide etc.? how tall are you/is he etc.?** | **mide/mido etc 1 metro 55 she's/I'm etc. 1 meter 55 tall**
3 **¿cuánto mide de largo/ancho etc.? how long/wide etc. is it?**: *¿Cuánto mide la valla de alto?* How high is the fence? | **mide dos metros de largo/ancho etc. it's two meters long/wide etc.** | **mide 50 cm de ancho/largo etc. it's 50 cm wide/long etc.**

meditar *verbo*
1 (pensar) **meditar sobre algo to think about something**
2 (como ejercicio espiritual) **to meditate**

Mediterráneo *sustantivo*
el (mar) Mediterráneo the Mediterranean (Sea)

médula *sustantivo*
bone marrow: *un transplante de médula* a bone marrow transplant

mejilla *sustantivo*
cheek: *Le di un beso en la mejilla.* I gave her a kiss on the cheek.

mejillón *sustantivo*
mussel

mejor *adjetivo & adverbio*
1 (comparativo) **better**: *Se siente mejor.* He's feeling better. | **mejor (...) que better (...) than**: *Juega mucho mejor que yo.* He plays much better than me. | *Es mejor alumno que su hermano.* He's a better student than his brother.
2 (superlativo) **best**: *Sacó la mejor calificación.* She got the best grade. | **el/la mejor... de the best... in**: *el mejor jugador del país* the best player in the country | *la mejor escena de la película* the best scene in the movie | **lo mejor the best thing**: *Es lo mejor que podía haber pasado.* It's the best thing that could have happened. | *Lo mejor de todo es que es gratis.* The best thing of all is that it's free.
3 **a lo mejor está enfermo/no le gusta etc. maybe he's sick/maybe he doesn't like it etc.**
4 **mejor dicho or rather**: *Es inglés, mejor dicho, británico.* He's English, or rather, British.

mejora *sustantivo*
improvement: *una mejora en los resultados* an improvement in the results

mejorar *verbo*
(progresar, hacer mejor) **to improve**: *Las cosas están mejorando.* Things are improving. | *Tienes que mejorar las calificaciones.* You have to improve your grades.
mejorarse (de salud) **to get better**: *cuando me mejore* when I get better | *¡Que te mejores!* Get well soon!

mejoría *sustantivo*
improvement

melena *sustantivo*
1 (de una persona) **hair**
2 (de un león) **mane**

melodía *sustantivo*
tune

melón *sustantivo*
melon

membrillo *sustantivo*
quince: *jalea de membrillo* quince jelly

memoria *sustantivo*
1 (de una persona) **memory** (plural **memories**) | **tener buena/mala memoria to have a good/bad memory**: *Tengo muy mala memoria.* I have a very bad memory. | **aprender/saber algo de memoria to learn/know something by heart**
2 (de una computadora) **memory**: *Necesito una computadora con más memoria.* I need a computer with more memory.

memorizar *verbo*
to memorize

mencionar *verbo*
to mention

mendigo, -a *sustantivo*
beggar

menor *adjetivo, pronombre & sustantivo*
■ *adjetivo & pronombre*
1 (en edad, comparativo) **younger**: *Es*

M

menor que tú. He's younger than you. | **ser menor de 18/21 etc. to be under 18/21 etc.** | **los menores de 18/21 etc. (the) under 18s/under 21s etc.**

2 (en edad, superlativo) **youngest**: *el menor del grupo* the youngest in the group ▶ Si se trata sólo de dos personas, se usa **younger**: *el menor de los dos niños* the younger of the two boys | *mi hermana menor* my younger sister

3 (más mínimo) **slightest**: *No hizo el menor esfuerzo.* She didn't make the slightest effort. | *No tengo la menor idea.* I don't have the slightest idea.

4 (poco importante) **minor**: *problemas menores* minor problems

5 (en comercio) **comprar/vender al por menor to buy/to sell retail**

6 (en música) **minor**

■ *sustantivo* (también **menor de edad**)

minor

menos *adverbio, adjetivo, preposición & sustantivo*

■ *adverbio & adjetivo*

1 (comparativo) **less**: *En la otra tienda cuesta $10 menos.* It costs $10 less in the other store. | *Fue menos doloroso de lo que pensaba.* It was less painful than I thought. ▶ Con sustantivos en plural, se suele usar **fewer**: *Llevan menos materias que nosotros.* They have fewer subjects than us.

2 (superlativo) **least**: *Es el menos difícil.* It's the least difficult. ▶ Con sustantivos en plural, se suele usar **fewest**: *el dictado con menos faltas* the dictation with the fewest mistakes

3 a menos que unless: *A menos que te apures, vas a perder el tren.* Unless you hurry, you're going to miss the train.

4 por lo menos/al menos at least: *Por lo menos podrías ayudarme.* At least you could help me.

5 ¡menos mal! just as well!: *¡Menos mal que lo encontraste!* Just as well you found it!

■ *preposición*

1 (excepto) **except**: *Fuimos todos menos Gabriel.* We all went except Gabriel.

2 (al dar la hora) **las diez menos veinte/las cuatro menos cuarto etc. twenty of ten/quarter of four etc.** AmE, **twenty to ten/quarter to four etc.** BrE: *Son las cinco menos diez.* It's ten of five.

3 (en matemáticas) **minus**: *¿Cuánto es 57 menos 15?* What's 57 minus 15?

■ *sustantivo* (también **signo de menos**)

minus sign

mensaje *sustantivo*

message: *¿Puedo dejarle un mensaje?* Can I leave a message for him?

mensajero, -a *sustantivo*

messenger

mensual *adjetivo*

1 (que se repite cada mes) **monthly**: *una cuota mensual* a monthly installment

2 (que dura un mes) **monthly**: *un abono mensual* a monthly season ticket

mensualidad *sustantivo*

1 (de una compra) **monthly payment**: *Lo venden en seis mensualidades sin intereses.* You can pay for it in six monthly payments with no interest.

2 (que se paga por un curso, una conexión a Internet, etc.) **monthly fee**

3 (que se le da a alguien) **monthly allowance**: *Mis padres me dan una mensualidad.* My parents give me a monthly allowance.

menta *sustantivo*

mint | **caramelos de menta mints**

mental *adjetivo*

mental

mente *sustantivo*

mind

mentir *verbo*

to lie | **mentirle a alguien to lie to someone**: *Me mentiste.* You lied to me.

mentira *sustantivo*

1 lie | **decir una mentira to tell a lie**: *No digas mentiras.* Don't tell lies.

2 una pistola de mentira a pretend gun

mentira piadosa white lie

mentiroso, -a *sustantivo & adjetivo*

■ *sustantivo*

liar: *Es un mentiroso.* He's a liar.

■ *adjetivo*

ser mentiroso -a to be a liar

menú *sustantivo*

1 (de comidas) **menu**: *Pídele el menú al mesero.* Ask the waiter for the menu.

2 (en computación) **menu**

menudo, -a *adjetivo*

a menudo often: *A menudo salen juntos.* They often go out together.

meñique *sustantivo*

little finger

mercado *sustantivo*

market: *Lo compré en el mercado.* I bought it in the market.

mercado negro black market mercado sobre ruedas street market

M

mercancías *sustantivo*
goods

mercurio *sustantivo*
mercury

Mercurio *sustantivo*
Mercury

merecer *verbo*
to deserve: *Merecías aprobar.* You deserved to pass.
merecerse to deserve: *Se merece un premio.* She deserves a prize.

merengue *sustantivo*
meringue

meridiano *sustantivo*
meridian: *el meridiano de Greenwich* the Greenwich meridian

merienda *sustantivo*
1 (en la tarde) Lo más parecido a nuestra merienda es el té de la tarde que se llama **tea**: **tomar la merienda to have tea**: *Vino a tomar la merienda a la casa.* She came to have tea with us.
2 (reunión social en la tarde) **tea party** (plural **-ties**): *Hizo una merienda para su cumpleaños.* She had a tea party for her birthday.

mermelada *sustantivo*
Se dice **marmalade** cuando es de cítricos y **jam** cuando no: *mermelada de naranja* orange marmalade | *mermelada de fresa* strawberry jam

mes *sustantivo*
month: *el mes de enero* the month of January | **el mes pasado last month**: *El curso empezó el mes pasado.* The course began last month. | **el mes que viene next month**: *Se casan el mes que viene.* They're getting married next month. | **una vez/dos veces/tres veces etc. al mes once/twice/three times etc. a month** | **al mes/a los dos meses etc. a month/two months etc. later**

mesa *sustantivo*
table: *la mesa de la cocina* the kitchen table | **poner la mesa to set the table** | **recoger la mesa to clear the table**

mesada *sustantivo*
allowance

mesero, -a *sustantivo*
mesero waiter mesera waitress (plural **waitresses**): *La mesera nos trajo la cuenta.* The waitress brought us the check.

meseta *sustantivo*
plateau

Messenger® *sustantivo*
Messenger®

mestizo, -a *sustantivo*
Usa **man/woman etc. of mixed race**

meta *sustantivo*
1 (en automovilismo, atletismo, etc.) **finish line**
2 (en futbol) **goal**
3 (objetivo) **aim**: *Mi meta es estar en forma.* My aim is to get in shape.

metal *sustantivo*
metal | **un botón/una puerta de metal a metal button/door**

metálico, -a *adjetivo*
metallic

meteorito *sustantivo*
meteorite

meter *verbo*
(poner) **to put**: *Se metió las manos en las bolsas del pantalón.* He put his hands in his pants pockets.
meterse
1 meterse en una tienda/en un cuarto etc. to go into a store/into a room etc.: *Se mete en el baño y se pasa horas.* She goes into the bathroom and stays in there for hours.
2 meterse en la cama to get into bed: *Me metí en la cama a ver la tele.* I got into bed to watch TV.
3 meterse al agua/en la regadera etc. to get into the water/into the shower etc.: *No pienso meterme al agua.* I don't intend to get into the water.
4 ¿dónde te habías metido/se habrá metido etc.? where did you get to?/where can she have gotten to? etc.
5 meterse en Internet to connect to the Internet
6 se me metió algo en el ojo/en el zapato etc. I got something in my eye/shoe etc.
7 (entrometerse) **to interfere**: *No te metas.* Don't interfere.
8 meterse con alguien to pick on someone: *No te metas conmigo.* Don't pick on me.

metiche *sustantivo*
1 (entrometido) **busybody** (plural **-dies**)
2 (curioso, indiscreto) **es/eres un metiche he is always sticking his nose/you are always sticking your nose into everybody's business**

método *sustantivo*
method

metralleta *sustantivo*
submachine gun

metro *sustantivo*
1 (unidad) **meter**
2 (cinta métrica) **tape measure**
3 (medio de transporte) **subway** AmE, **underground** BrE: *Nunca tomo el metro.* I never take the subway.
metro cuadrado square meter metro cúbico cubic meter

mexicano, -a *adjetivo & sustantivo*
■ *adjetivo*
Mexican
■ *sustantivo*
1 Mexican ▶ También se usa **Mexican man, Mexican woman**, etc.: *Hay dos mexicanas en la clase.* There are two Mexican girls in the class.
2 los mexicanos (the) Mexicans

México *sustantivo*
Mexico

mezcla *sustantivo*
mixture: *una mezcla de cemento y agua* a mixture of cement and water

mezclar *verbo*
1 (juntar) **to mix**: *Mezcle bien todos los ingredientes.* Mix all the ingredients well.
2 (revolver) **mezclar algo con algo to mix something up with something**: *No mezcles mis CDs con los tuyos.* Don't mix my CDs up with yours.
mezclarse (involucrarse): **mezclarse en algo to get mixed up in something**

mix

mezclilla *sustantivo*
denim | **una chamarra/una camisa de mezclilla a denim jacket/shirt** | **pantalones de mezclilla jeans**

mezquita *sustantivo*
mosque

mi *adjetivo & sustantivo*
■ *adjetivo*
my: *mi maestra* my teacher | *mis padres* my parents
■ *sustantivo*
(nota musical) **E**

mí *pronombre*
me: *¿Esto es para mí?* Is this for me? | *Dámelo a mí.* Give it to me.

miau *sustantivo*
meow | **hacer miau to meow**

microbio *sustantivo*
germ

microchip *sustantivo*
microchip

micrófono *sustantivo*
microphone

microondas *sustantivo*
(horno) **microwave**

microscopio *sustantivo*
microscope

miedo *sustantivo*
1 (temor) **tener miedo to be scared, to be frightened**: *Tengo mucho miedo.* I'm very scared./I'm very frightened. | **tenerle miedo a algo/alguien to be afraid of something/someone**: *Les tiene miedo a los perros.* He's afraid of dogs. | *Me tiene miedo.* She's afraid of me. | **me/te etc. da miedo I'm/you're etc. scared**: *Me da miedo la oscuridad.* I'm scared of the dark. | *Me da miedo ir sola.* I'm scared to go on my own. | **estar muerto -a de miedo to be scared to death**
2 (preocupación) **tengo miedo de llegar tarde/de que se entere etc. I'm worried I'll be late/he'll find out etc.**

afraid

She is afraid of spiders.

miedoso, -a *adjetivo*
ser miedoso -a to be easily frightened

miel *sustantivo*
honey

miembro *sustantivo*
member: *Es miembro del club de tenis.* He's a member of the tennis club.

mientras *conjunción & adverbio*
1 (al mismo tiempo que) **while**: *¿Quieres sentarte mientras esperas?* Do you want to

sit down while you wait? | **mientras (tanto) in the meantime**: *Mientras (tanto), puedes ordenar tu recámara.* In the meantime you can clean up your room.

2 (cuanto) **mientras más coma/mientras menos duerma etc. the more he eats/the less he sleeps etc.**: *Mientras más practiques, mejor.* The more you practice, the better.

miércoles *sustantivo*

Wednesday: *Vamos a verlo el miércoles.* We're going to see it on Wednesday.

mil *número*

thousand: *tres mil pesos* three thousand pesos

milagro *sustantivo*

1 miracle | **hacer milagros to work miracles**

2 no me maté/no me vio etc. de milagro it was a miracle I wasn't killed/he didn't see me etc.

milenio *sustantivo*

millennium (plural **millennia**)

milímetro *sustantivo*

millimeter

militar *adjetivo & sustantivo*

■ *adjetivo*

la disciplina militar military discipline ▶ ver **servicio**

■ *sustantivo*

1 (oficial) Se usa **an army officer**, **a naval officer** o **an air force officer** según la rama de las fuerzas armadas a que pertenezca.: *Su papá es militar.* Her dad's an army officer.

2 los militares (las fuerzas armadas) **the military**

milla *sustantivo*

mile

millón *número*

million: *tres millones de habitantes* three million inhabitants

millonario, -a *sustantivo*

millionaire: *Es millonario.* He's a millionaire.

mina *sustantivo*

1 (de carbón, plata, etc.) **mine**

2 (explosivo) **mine**

3 (de un lápiz) **lead**

mineral *adjetivo & sustantivo*

mineral ▶ ver **agua**

minero, -a *sustantivo*

miner

minifalda *sustantivo*

miniskirt

mínimo, -a *adjetivo & sustantivo*

■ *adjetivo*

minimum: *la temperatura mínima* the minimum temperature | *No tengo la más mínima idea.* I don't have the faintest idea.

■ **mínimo** *sustantivo*

minimum: *un mínimo de una hora por día* a minimum of an hour a day | **como mínimo at least**: *Como mínimo, tiene 15 años.* He's at least fifteen.

ministerio *sustantivo*

ministry (plural **ministries**)

ministro, -a *sustantivo*

minister ▶ ver **primer**

minúscula *sustantivo & adjetivo*

■ *sustantivo*

small letter | **escribir algo con minúscula to write something with a small letter**

■ *adjetivo*

con "a"/"c" etc. minúscula with a small "a"/"c" etc.

minuto *sustantivo*

minute: *Espera un minuto.* Wait a minute.

mío, -a *pronombre & adjetivo*

■ *pronombre*

el mío/la mía etc. mine: *Éste es tu paraguas. El mío es azul.* This is your umbrella. Mine is blue.

■ *adjetivo*

mine: *Los chocolates son míos.* The chocolates are mine. | **una amiga mía/un tío mío etc. a friend of mine/an uncle of mine etc.**: *unos amigos míos que viven en San Miguel* some friends of mine who live in San Miguel

mirada *sustantivo*

look | **tener una mirada triste/alegre to have a sad/happy look on your face**

mirar *verbo*

1 mirar algo/a alguien to look at something/someone: *Miraba el reloj cada cinco minutos.* He looked at his watch every five minutes. | *Me estaba mirando.* He was looking at me. | **mirar fijo a alguien to stare at someone**

2 (dirigir la mirada) **to look**: *No mires todavía.* Don't look yet. | **mirar por la ventana to look out (of) the window**

mirarse

1 mirarse en el espejo/al espejo to look at yourself in the mirror: *Me miré en el espejo.* I looked at myself in the mirror.

2 (dos o más personas) **to look at each other**: *Nos miramos sorprendidos.* We looked at each other in surprise.

M

misa *sustantivo*
mass (plural **masses**): *¿A qué horas es la misa?* What time is mass? | **ir a misa to go to mass**

miserable *adjetivo*
1 (muy pobre) **miserable**
2 (sueldo, cantidad) **pathetic**

misil *sustantivo*
missile

misión *sustantivo*
mission

misionero, -a *sustantivo*
missionary (plural **missionaries**)

mismo, -a *adjetivo, pronombre & adverbio*
■ *adjetivo & pronombre*
1 (igual) **el mismo nombre/la misma dirección etc. the same name/the same address etc.**: *Son del mismo color.* They are the same color. | *Nacimos el mismo día.* We were born on the same day. | **el mismo/la misma the same one**: *Es el mismo que vimos ayer.* It's the same one we saw yesterday. | **el mismo/la misma... que the same... as**: *Tenía el mismo vestido que yo.* She had the same dress as me. | *Eligió la misma que yo.* He chose the same one as me.
2 lo mismo the same: *Cuesta lo mismo ir en tren que en camión.* It costs the same to go by train as by bus. | *Me pasó lo mismo.* The same thing happened to me. | **me/le etc. da lo mismo I don't mind/he doesn't mind etc.**
3 (para intensificar) **lo vi yo mismo/lo llevó ella misma etc. I saw it myself/she took it herself etc.**: *Tú misma me lo contaste.* You told me yourself.
■ **mismo** *adverbio*
aquí mismo/ahí mismo right here/right there: *Lo puse ahí mismo.* I put it right there. | **ahora mismo right now**: *Ahora mismo lo llamo.* I'll call him right now.

misterio *sustantivo*
mystery (plural **-ries**) | **una película/novela de misterio a mystery movie/novel**

mitad *sustantivo*
1 (parte) **half** (plural **halves**) | **la mitad half**: *Dame la mitad.* Give me half. | **la mitad de la gente/de los asientos etc. half the people/half the seats etc.**: *La mitad de la clase está enferma.* Half the class is sick.
2 (centro) **partir/cortar algo por la mitad to cut something in half**: *Corta la manzana por la mitad.* Cut the apple in half.
3 a mitad de precio half-price: *Lo compré a mitad de precio.* I bought it half-price.

mítico, -a *adjetivo*
mythical

mito *sustantivo*
1 (historia) **myth**
2 (persona) **legend**: *un mito del rock* a rock legend

mitología *sustantivo*
mythology

mixto, -a *adjetivo*
1 (de distintos elementos) **mixed**: *una ensalada mixta* a mixed salad
2 (para ambos sexos) **co-educational**: *una escuela mixta* a co-educational school

mochila *sustantivo*
backpack

moda *sustantivo*
1 fashion: *la última moda* the latest fashion
2 estar de moda to be in fashion: *¿Esos jeans están de moda?* Are those jeans in fashion?
3 ponerse de moda to become fashionable: *Se puso de moda en los años '60.* It became fashionable in the 60s.
4 un restaurante/una playa etc. de moda a fashionable restaurant/beach etc.
5 pasado -a de moda old-fashioned: *un vestido pasado de moda* an old-fashioned dress

modales *sustantivo plural*
manners: *No tiene buenos modales.* He has no manners.

modelo *sustantivo & adjetivo*
■ *sustantivo masculino & femenino*
(persona que posa o desfila) **model**: *Quiere ser modelo.* She wants to be a model ▶ ver **desfile**
■ *sustantivo masculino*
1 (ejemplo a imitar) **model**: *Usa esta carta como modelo.* Use this letter as a model.
2 (de coche, moto) **model**: *Éste es el último modelo.* This is the latest model.
3 (de prenda de vestir) **design**: *un modelo exclusivo.* an exclusive design
■ *adjetivo*
una alumna/un padre etc. modelo a model student/father etc.

M

módem *sustantivo*
modem

modernizar *verbo*
to modernize

moderno, -a *adjetivo*
1 (de hoy en día) **modern**: *la música moderna* modern music
2 (a la moda) **fashionable**

modista *sustantivo*
dressmaker

modo *sustantivo*
1 (manera) **way**: *el mejor modo de hacerlo* the best way to do it | **a mi/tu etc. modo** **my/your etc. way**: *Deja que lo haga a su modo.* Let him do it his way. | **de este/ese modo** **like this/like that**: *No grites de ese modo.* Don't shout like that!
2 **de todos modos** (igual) **anyway**: *Voy a ir de todos modos.* I'm going, anyway.
3 (en gramática) **mood**

mojado, -a *adjetivo*
wet: *La ropa todavía está mojada.* The clothes are still wet.

mojar *verbo*
1 **mojar algo** **to get something wet**: *Me mojó la camisa.* He got my shirt wet.
2 (el pan, una galleta, etc.) **to dip**: *Le gusta mojar las galletas en la leche.* He likes to dip his cookies in the milk.
mojarse
1 **to get wet**: *Nos vamos a mojar.* We're going to get wet.
2 **mojarse la cara/el pelo etc.** **to wet your face/your hair etc.**: *Se mojó la cara.* He wet his face.
3 **se me/le etc. mojó el pelo** **my/her etc. hair got wet**: *Se me mojaron los zapatos.* My shoes got wet.

mole *sustantivo*
Aunque en inglés no existe traducción de **mole** se puede describir como *a sauce made from chillis, tomatoes, peanuts and a little chocolate. It is usually served with chicken*

moler *verbo*
to grind

molestar *verbo*
1 (fastidiar) **to bother**: *¿Te molesto?* Am I bothering you? | *¿Te molesta la música?* Does the music bother you?
2 **¿te/le etc. molesta si...?** **do you mind if... ?**: *¿Te molesta si abro la ventana?* Do you mind if I open the window?

molesto, -a *adjetivo*
1 (irritante) **annoying**: *un ruido muy molesto* a very annoying noise
2 **estar molesto -a** **to be upset**

molido, -a *adjetivo*
1 **ground**: *café molido* ground coffee ► ver **carne**
2 (cansado) **estar molido -a** **to be exhausted**

molino *sustantivo*
mill
molino de viento **windmill**

molusco *sustantivo*
mollusk

momento *sustantivo*
moment | **en ese momento** **at that moment**: *Llegó justo en ese momento.* She arrived just at that moment. | **en este momento** **right now**: *En este momento estoy ocupada.* I'm busy right now. | **en un momento** **in a minute**: *En un momento termino.* I'll be finished in a minute. | **de momento/por el momento** **for the moment**

momia *sustantivo*
mummy (plural **mummies**)

monasterio *sustantivo*
monastery (plural **monasteries**)

moneda *sustantivo*
1 (pieza) **coin**: *una moneda de veinticinco centavos* a twenty-five cent coin
2 (de un país) **currency** (plural **currencies**)

monedero *sustantivo*
change purse

monitor *sustantivo*
(de computadora) **monitor**

monitos *sustantivo*
comics: *la página de los monitos* the comics page

monja *sustantivo*
nun

monje *sustantivo*
monk

mono, -a *sustantivo*
monkey
mono de peluche **soft toy**

monstruo *sustantivo*
monster

montaña *sustantivo*
mountain: *Escalaron la montaña.* They climbed the mountain.
montaña rusa **roller coaster**: *Quiero subirme a la montaña rusa.* I want to go on the roller coaster.

mountain

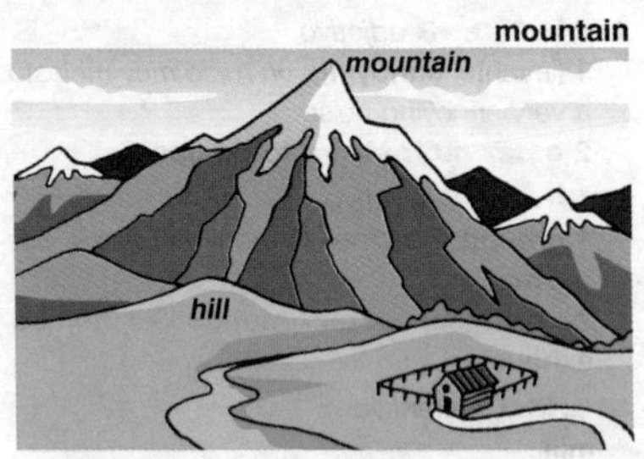

montañoso, -a *adjetivo*
mountainous

montar *verbo*
1 montar (a caballo) to ride (a horse): *Aprendió a montar cuando tenía cinco años.* She learned to ride (a horse) when she was five.
2 montar una empresa/un negocio to set up a company/a business

monte *sustantivo*
1 (de árboles) **woodland**
2 (de arbustos) **scrubland**
3 (montaña) **mountain** ▶ **mount** se usa sólo en los nombres de algunas montañas como **Mount Everest** y **Mount Sinai**

montón *sustantivo*
1 (gran cantidad) **un montón de algo/montones de algo a lot of something/lots of something**: *Leí un montón de libros.* I read a lot of books/lots of books.
2 (pila) **pile**: *un montón de papeles* a pile of papers

monumento *sustantivo*
monument

mora *sustantivo*
blackberry (plural **blackberries**)

morado, -a *adjetivo & sustantivo*
■ *adjetivo*
purple
■ **morado** *sustantivo*
1 (color) **purple**
2 (en la piel) **bruise**

mordedura *sustantivo*
bite: *una mordedura de serpiente* a snake bite

morder *verbo*
to bite: *Me mordió un perro.* A dog bit me. | *¿Muerde?* Does he bite?
morderse: **morderse las uñas/la lengua etc. to bite your nails/your tongue etc.**

mordida *sustantivo*
1 bite: *¿Quieres una mordida de mi sandwich?* Do you want a bite of my sandwich?
2 (soborno) **bribe**: *Nos pidió una mordida.* He asked us for a bribe.

mordisco *sustantivo*
bite

moreno, -a *adjetivo*
1 (persona) **ser moreno -a to have dark hair**
2 (pelo, piel) **dark**

moretón *sustantivo*
bruise: *Me salió un moretón.* I got a bruise.

morir *verbo*
to die: *Murió de un ataque al corazón.* He died of a heart attack.
morirse
1 to die: *Se murió hace mucho.* She died a long time ago.
2 morirse por algo to be dying to have something: *Se muere por una bici.* He's dying to have a bicycle. ▶ *morirse de hambre/de frío/de risa* aparecen bajo *hambre*, *frío* y *risa*

moronga *sustantivo*
blood sausage

mortal *adjetivo*
1 (que causa la muerte) **fatal**: *una dosis mortal* a fatal dose
2 (no inmortal) **mortal**: *los seres mortales* mortal beings

mosaico *sustantivo*
tile | **un piso/un patio de mosaico a tiled floor/patio**

mosca *sustantivo*
(insecto) **fly** (plural **flies**)

mosquito *sustantivo*
mosquito (plural **-toes** o **-tos**): *Me picó un mosquito.* A mosquito bit me.

mostaza *sustantivo*
mustard: *Le puse mostaza al hot dog.* I put mustard on my hot dog.

mostrador *sustantivo*
1 (en una tienda) **counter**
2 (en un bar) **bar**

mostrar *verbo*
1 (enseñar) **to show**: *Nos mostró sus trofeos.* He showed us his trophies.
2 (interés, preocupación, etc.) **to show**

motivo *sustantivo*
(causa) **reason**: *Tengo mis motivos.* I have my reasons. | *No tienes motivos para estar enojada.* You have no reason to be angry. | **el motivo de algo the reason for something**: *¿Cuál fue el motivo de la demora?* What was the reason for the delay?

moto *sustantivo*
motorbike | **en moto by motorcycle**: *Fueron al pueblo en moto.* They went to the village by motorcycle.

motociclismo *sustantivo*
motorcycling

motociclista *sustantivo*
motorcyclist

motor *sustantivo*
1 (de un coche, una moto, etc.) **engine**: *Puso el motor en marcha.* He started the engine.
2 (de una lavadora, una máquina de coser, etc.) **motor**

mover *verbo*
to move: *Tenemos que mover la mesa.* We have to move the table. | *Te toca mover.* It's your turn to move.
moverse to move: *¡No te muevas!* Don't move!

movimiento *sustantivo*
1 (cambio de posición o lugar) **movement**: *un movimiento de la mano* a movement of the hand
2 (de un tren, un coche, etc.) **motion**: *El movimiento del tren me da sueño.* The motion of the train makes me sleepy. | **estar en movimiento to be moving** | **ponerse en movimiento to start moving**: *El tren se puso en movimiento.* The train started moving.
3 (político, social, artístico) **movement**: *el movimiento feminista* the feminist movement

MP3 *sustantivo* (= **MPEG1 Audio Layer 3**)
MP3: *un archivo MP3* an MP3 file

muchacho, -a *sustantivo*
muchacho boy muchacha girl

muchedumbre *sustantivo*
crowd

mucho, -a *adjetivo, pronombre & adverbio*
■ *adjetivo & pronombre*
1 (con sustantivos) **a lot (of)**: *Perdieron mucho tiempo.* They wasted a lot of time. ► En preguntas y en negaciones se suele usar **many** con sustantivos en plural y **much** con sustantivos incontables: *¿Recibió muchos regalos?* Did she get many presents? | *No tiene muchos amigos.* She doesn't have many friends. | *No tenemos mucho tiempo.* We don't have much time.
2 tener mucha hambre/mucho sueño/mucho calor etc. to be very hungry/very sleepy/very hot etc.: *Tengo mucha sed.* I'm very thirsty. | *Teníamos mucho frío.* We were very cold.
3 hace mucho (tiempo) Se usan frases con **a long time**: *Hace mucho tiempo que no lo veo.* I haven't seen him for a long time. | *Se fueron hace mucho.* They left a long time ago.
■ **mucho** *adverbio*
1 (con verbos) **a lot**: *Me gusta mucho.* I like it a lot. | *Ha mejorado mucho.* He's improved a lot.
2 (con comparativos) **much**, **a lot**: *Me siento mucho mejor.* I feel much better./I feel a lot better. | *Es mucho más alto que tú.* He's much taller than you./He's a lot taller than you.

mudanza *sustantivo*
1 (de una casa a otra) **move**
2 (camion) **moving van**

mudarse *verbo*
mudarse (de casa) to move (house): *Nos vamos a mudar a una casa más grande.* We're going to move to a bigger house.

mudo, -a *adjetivo & sustantivo*
■ *adjetivo*
1 (que no puede hablar) **mute**
2 (que no se pronuncia) **silent**: *En "lamb" la "b" es muda.* The "b" in "lamb" is silent.
■ *sustantivo*
mute

mueble *sustantivo*
piece of furniture: *un mueble antiguo* a piece of antique furniture ► *muebles* se traduce por **furniture**, que es un sustantivo incontable: *Los muebles estaban cubiertos de polvo.* The furniture was covered in dust.

muela *sustantivo*
tooth (plural **teeth**): *El dentista me sacó una muela.* The dentist took out a tooth. | **me/le etc. duele una muela I have/she has etc. toothache**

muelle *sustantivo*
(en un puerto) **quay**

muerte *sustantivo*
death ► ver **pena**

muerto, -a *adjetivo*
1 (sin vida) **dead**: *un pájaro muerto* a dead bird | *Estaba muerta.* She was dead.
2 estar muerto -a de miedo to be scared to death | **estar muerto -a de frío/calor to be freezing cold/to be boiling** | **estar muerto -a de risa to be laughing your head off** | **estar muerto -a de sed/de sueño to be very thirsty/tired**

M

muestra *sustantivo*
1 (de una tela, un producto) **sample**: *Llévese una muestra.* Take a sample.
2 (señal) **sign**: *una muestra de cariño* a sign of affection

mugre *sustantivo*
filth

mujer *sustantivo*
1 (persona de sexo femenino) **woman** (plural **women**): *Hay más mujeres que hombres.* There are more women than men.
2 (esposa) **wife** (plural **wives**): *la mujer del director* the principal's wife

mula *sustantivo*
(animal) **mule**

mulato, **-a** *sustantivo*
man/woman etc. of mixed race

muleta *sustantivo*
crutch (plural **crutches**)

multa *sustantivo*
fine: *una multa de $100* a $100 fine | **ponerle una multa a alguien to fine someone**: *Me pusieron una multa.* I was fined.

multimillonario, **-a** *sustantivo*
multimillionaire | **ser multimillonario -a to be a multimillionaire**

multiplicar *verbo*
multiply

mundial *adjetivo & sustantivo*
■ *adjetivo*
una gira mundial a world tour | **el campeón mundial the world champion**
■ *sustantivo*
(de futbol) **World Cup**: *el Mundial de 2014* the 2014 World Cup

mundo *sustantivo*
1 (planeta) **world**: *el río más ancho del mundo* the widest river in the world | *Hizo un viaje alrededor del mundo.* She went on a round-the-world trip. | *todas las naciones del mundo* all the countries in the world
2 **todo el mundo (a)** (referido a personas) **everyone**, **everybody**: *Todo el mundo lo sabe.* Everyone knows./Everybody knows. **(b)** (referido a lugares) Ver ejemplos: *Viajó por todo el mundo.* She traveled all over the world. | *artistas de todo el mundo* artists from all around the world
3 (ambiente) **world**: *el mundo de los negocios* the world of business

muñeca *sustantivo*
1 (juguete) **doll**: *Todavía juega con muñecas.* She still plays with dolls.
2 (parte del cuerpo) **wrist**: *Se rompió la muñeca.* He broke his wrist.

muñeco *sustantivo*
1 (juguete) **doll**
2 (de ventrílocuo) **dummy** (plural **dummies**)
muñeco de nieve snowman (plural **snowmen**)

muro *sustantivo*
wall

músculo *sustantivo*
muscle

museo *sustantivo*
museum

música *sustantivo*
music: *Está escuchando música en su cuarto.* He's listening to music in his room.
música clásica classical music
música de fondo background music

musical *adjetivo & sustantivo*
musical

músico, **-a** *sustantivo*
musician: *Llegaron los músicos.* The musicians arrived.

musulmán, **-mana** *sustantivo & adjetivo*
Muslim

muy *adverbio*
1 **very**: *Estamos muy contentos.* We're very happy.
2 (demasiado) **too**: *Estos zapatos me quedan muy apretados.* These shoes are too tight. | *Es muy tarde para salir.* It's too late to go out now.

M

Nn

N, n *sustantivo*
N, n: *"Nicaraguan" se escribe con N mayúscula.* "Nicaraguan" is written with a capital N.

nabo *sustantivo*
turnip

nacer *verbo*
1 (bebé, animal) **to be born**: *Nació en Querétaro.* She was born in Queretaro. | *¿En qué año naciste?* What year were you born?
2 (pollito, patito) **to hatch**
3 (planta) **to sprout**

nacimiento *sustantivo*
1 (de un bebé, un animal) **birth**
2 (escena navideña) **nativity scene**

nación *sustantivo*
(país) **nation**

nacional *adjetivo*
1 (bandera, himno, etc.) **national**
2 (producto, industria) En inglés se suele mencionar el país: *Compre productos nacionales.* Buy Mexican goods.

nacionalidad *sustantivo*
nationality (plural **-ties**)

Naciones Unidas *sustantivo*
United Nations

nada *pronombre & adverbio*
1 La traducción es o bien **nothing** o bien **anything** acompañado de un negativo: *–¿Qué pasó? –Nada.* "What happened?" "Nothing." | *No había nada de comer.* There was nothing to eat./There wasn't anything to eat. | *Se fue sin decir nada.* He left without saying anything.
2 Para responder a alguien que da las gracias, el equivalente de *de nada* es **you're welcome**
3 casi nada La traducción varía. Guíate por los ejempos: *No comió casi nada.* She hardly ate anything. | *No me queda casi nada de dinero.* I have hardly any money left.
4 nada de *Nada de lo que dijo es verdad.* None of what he's said is true. | *No queda nada de leche.* There's no milk left at all.
5 nada más Ver ejemplos: *–¿Algo más? –Nada más, gracias.* "Anything else?" "No, that's all, thanks." | *No pidió nada más.* He didn't ask for anything else. | *Estuvimos nada más una semana.* We were only there for a week. | *No queda nada más que un poco de jamón.* There's only a little ham left.
6 no tener nada que ver to have nothing to do with it: *Eso no tiene nada que ver.* That has nothing to do with it.
7 para nada not at all: *–¿Te gustó? –Para nada.* "Did you like it?" "No, not at all." | **no servir para nada to be useless**: *¡No sirves para nada!* You're useless!
8 at all: *No está nada bien* She isn't well at all.

nadador, -a *sustantivo*
swimmer

nadar *verbo*
to swim: *No sabe nadar.* She can't swim. | **ir a nadar to go swimming**: *Voy a nadar tres veces por semana.* I go swimming three times a week.

nadie *pronombre*
1 La traducción es o bien **no one/nobody** o bien **anyone/anybody** acompañado de un negativo. Las palabras como **without** se consideran negativos: *Nadie se dio cuenta.* No one realized. | *No vimos a nadie.* We didn't see anyone./We saw no one. | *¿Nadie quiere ir?* Doesn't anyone want to go?
2 *Nadie más* se traduce por **no one else/nobody else** pero si hay otro negativo se usa **anyone else/anybody else**: *No llamó nadie más.* No one else called. | *No se lo digas a nadie más.* Don't tell anybody else.

naranja *sustantivo & adjetivo*
■ *sustantivo*
1 (fruta) **orange**: *un jugo de naranja* an orange juice
2 (color) **orange**
■ *adjetivo*
orange

naranjada *sustantivo*
orange juice: *Una naranjada, por favor.* An orange juice, please.

narcotraficante *sustantivo*
drug trafficker

narcotráfico *sustantivo*
drug trafficking

nariz *sustantivo*
nose: *Tiene una nariz grande.* He has a big nose. | **sonarse la nariz to blow your nose**: *Suénate la nariz.* Blow your nose. | **tengo/tiene etc. la nariz tapada my/his etc. nose is blocked**

natación *sustantivo*
swimming

nativo, -a *adjetivo*
native: *una hablante nativa de inglés* a native speaker of English.

natural *adjetivo*
1 (fenómeno, recursos, productos) **natural**: *Conviene conservar los recursos naturales.* It's important to preserve natural resources.
2 **es natural que esté preocupado/que no quiera ir etc. it's normal for him to be worried/it's normal that he doesn't want to go etc.**: *Es natural que tengas miedo.* It's normal for you to be afraid.

naturaleza *sustantivo*
1 **la naturaleza nature**: *un amante de la naturaleza* a nature lover
2 (tipo, clase) **kind**: *problemas de esa naturaleza* problems of that kind
3 (temperamento) **nature**
4 **por naturaleza by nature, naturally**: *Son agresivos por naturaleza.* They are aggressive by nature./They are naturally aggressive.

naufragar *verbo*
1 (nave) **to be wrecked**
2 (persona) **to be shipwrecked**

naufragio *sustantivo*
shipwreck: *los sobrevivientes del naufragio* the survivors of the shipwreck

N

navaja *sustantivo*
1 (de bolsillo) **penknife** (plural **penknives**): *Peló la naranja con una navaja.* She peeled the orange with a penknife.
2 (usada como arma) **knife** (plural **knives**)
navaja de rasurar razor

navegador *sustantivo*
(en informática) **browser**

navegar *verbo*
1 (en una embarcación) **to sail**
2 (en internet) **to surf**

Navidad *sustantivo*
Christmas: *¡Feliz Navidad!* Happy Christmas! | *regalos de Navidad* Christmas presents ▶ ver **árbol**

necesario, -a *adjetivo*
1 **los conocimientos/los recursos etc. necesarios the necessary knowledge/resources etc.**: *No tiene la experiencia necesaria.* She doesn't have the necessary experience. | *Tómense todo el tiempo necesario.* Take as much time as you need.
2 **ser necesario** *Llámame sólo si es absolutamente necesario.* Call me only if it is absolutely necessary. | *¿Es necesario que vayamos todos?* Do we all need to go? | **no es necesario que vengas/que me quede etc. you don't need to come/I don't need to stay etc.**: *No es necesario que lo hagas otra vez.* You don't need to do it again.
3 **lo necesario** *Tenemos todo lo necesario.* We have everything we need.

necesidad *sustantivo*
1 (requerimiento, urgencia) **need**: *las necesidades básicas de la población* the basic needs of the population
2 (cosa necesaria) **necessity** (plural **-ties**): *Un celular no es una necesidad.* A cell phone is not a necessity.
3 **hacer sus necesidades** (persona) **to go to the bathroom**

necesitar *verbo*
to need: *Necesito ayuda.* I need help. | **necesito que me acompañes/que me hagas un favor etc. I need you to come with me/to do me a favor etc.**: *¿Necesitas que haga algo?* Do you need me to do anything?

negar *verbo*
1 (lo contrario de afirmar) **to deny**: *Nadie lo puede negar.* No one can deny it.
2 (lo contrario de conceder) **to refuse**: *Le negaron el acceso al país.* He was refused entry to the country.
negarse to refuse: *Se negó a responder.* She refused to reply.

negativo, -a *adjetivo & sustantivo*
■ *adjetivo*
negative: *una respuesta negativa* a negative reply | *No seas tan negativo.* Don't be so negative.
■ **negativo** *sustantivo*
(de fotos) **negative**

negocio *sustantivo*
1 **negocios business** *singular*: *No soy buena para los negocios.* I'm no good at business. | **un viaje/una reunión de negocios a business trip/meeting**
2 (ramo de actividad) **business** (plural **businesses**): *el negocio de la música* the music business
3 (empresa) **business**: *un negocio de venta*

de coches por Internet a business selling cars on the Internet

4 (transacción) **deal**: *Es un excelente negocio.* It's an excellent deal.

negra *sustantivo*

1 (en música) **quarter note**

2 (en ajedrez, damas) **black piece**

negro, -a *adjetivo & sustantivo*

■ *adjetivo*

black: *una chamarra negra* a black jacket

■ *sustantivo*

1 negro (color) **black**

2 (persona de raza negra) **black person** ▶ Para referirse a las personas de raza negra en general, se dice **black people** o **blacks** y para referirse a las personas de raza negra en Estados Unidos a menudo se usa **African Americans**

nervio *sustantivo*

1 nervios nerves ▶ A menudo se usa el adjetivo **nervous**: *un sedante para calmarle los nervios* a tranquillizer to calm her nerves | *No pude dormir por los nervios.* I was so nervous I couldn't sleep.

2 (del cuerpo) **nerve**: *el nervio óptico* the optic nerve

nervioso, -a *adjetivo*

nervous: *Estoy muy nerviosa.* I'm very nervous. | **ponerse nervioso -a to get nervous**: *Me pongo muy nerviosa en los exámenes.* I get very nervous in exams. | **poner nervioso -a a alguien to make someone nervous**: *Me pusiste nerviosa.* You made me nervous.

neutro, -a *adjetivo*

1 (color, sustancia) **neutral**

2 (en gramática) **neuter**

nevar *verbo*

to snow: *Aquí nunca nieva.* It never snows here.

ni *conjunción*

1 Se traduce por **even**: *No tuve tiempo ni de desayunar.* I didn't even have time for breakfast.

2 ni siquiera not even: *Ni siquiera sé cómo se llama.* I don't even know what his name is.

3 *ni... ni* se traduce por **neither... nor** o por **either... or** si ya hay un negativo en la frase inglesa: *No es ni gorda ni flaca.* She's neither fat nor thin. | *No se lo dije ni a Luis ni a Daniel.* I didn't tell either Luis or Daniel. ▶ Se puede omitir **either** y decir simplemente **I didn't tell Luis or Daniel**

4 El uso enfático de *ni un/ni una...* se traduce por **not a single...**: *No metieron ni un gol.* They didn't score a single goal.

Nicaragua *sustantivo*

Nicaragua

nicaragüense *adjetivo & sustantivo*

Nicaraguan los nicaragüenses (the) Nicaraguans

nido *sustantivo*

nest

niebla *sustantivo*

fog: *Hay mucha niebla.* There's a lot of fog.

nieto, -a *sustantivo*

nieto (varón) **grandson** (cuando no se especifica el sexo) **grandchild** (plural **grandchildren**) **nieta granddaughter nietos** (varones y mujeres) **grandchildren**: *Mis abuelos tienen quince nietos.* My grandparents have fifteen grandchildren. | *Cuando sea viejito me gustaría tener muchos nietos.* When I'm old I'd like to have lots of grandchildren.

nieve *sustantivo*

snow: *La montaña está cubierta de nieve.* The mountain is covered in snow.

ningún ▶ ver **ninguno**

ninguno, -a *adjetivo & pronombre*

■ *adjetivo*

Cuando modifica a un sustantivo, la traducción es o bien **no** o bien **any** acompañado de un negativo: *No hay ningún peligro.* There's no danger./There isn't any danger. | *Llegamos sin ningún problema.* We arrived without any problem.

■ *pronombre*

1 (de dos personas o cosas) La traducción es o **none** o **any** acompañado de un negativo: *Les escribí a Pedro y a Mary pero ninguno me contestó.* I wrote to Pedro and to Mary but neither of them answered.

2 (de más de dos personas o cosas) La traducción es o **none** o **any** acompañado de un negativo: *Tengo tres plumas pero ninguna sirve.* I have three pens but none of them works.

niñero, -a *sustantivo*

nanny (plural **nannies**)

niñez *sustantivo*

childhood: *Vivió toda su niñez en el campo.* He spent his whole childhood in the country.

niño, **-a** *sustantivo & adjetivo*

■ *sustantivo*

niño (varón) **boy** (cuando no se especifica el sexo) **child** (plural **children**) **niña** **girl** **niños** (varones y mujeres) **children**

■ *adjetivo*

childish: *Alicia todavía es muy niña.* Alicia is still very childish.

nivel *sustantivo*

1 (altura) **level**: *Está a 2000 metros sobre el nivel del mar.* It's 2000 meters above sea level.
2 (calidad) **level**: *Todos tienen el mismo nivel.* They're all at the same level. | *Tiene muy buen nivel de inglés.* Her English is very good.
nivel de vida **standard of living**

no *adverbio & sustantivo*

1 Para dar una respuesta negativa, se usa **no**: *–¿Te gusta? –No.* "Do you like it?" "No." ► Por lo general se completa la respuesta de la siguiente manera: *–¿Te gusta? –No.* "Do you like it?" "No, I don't." | *–¿Sabes nadar? –No.* "Can you swim?" "No, I can't."
2 Cuando modifica a otro elemento de la oración, se traduce por **not** ► ver nota abajo
3 Cuando no tiene valor negativo: *¿No me llevas?* Could you take me, please? | *No empiecen hasta que yo no llegue.* Don't start until I get there.
4 En la expresión **¿a que no... ?**: *¿A que no sabes quién llamó?* I bet you can't guess who called. | *¿A que no te atreves a brincar?* I bet you don't dare jump.
5 **no**: *un no rotundo* a resounding no
6 ► **¿no?** En inglés se usa el verbo auxiliar y el sujeto: *Conoces a Carlos ¿no?* You know Carlos, don't you?

> **NOTA:** Cuando modifica a otro elemento de la oración, se traduce por **not**: *No siempre.* Not always. | *No todos están de acuerdo.* Not everyone agrees.
> Cuando se trata de la negación de un verbo, a menudo se usa la contracción **n't**: *No está en el cajón.* It isn't in the drawer. | *No me gusta el café.* I don't like coffee. | *No puedo abrirlo.* I can't open it.

noche *sustantivo*

1 (cuando se considera que no es muy tarde) **evening**: *La veo todas las noches en la clase de computación.* I see her every evening at our computing class. | **a las ocho/diez etc. de la noche** **at eight/ten etc. in the evening**: *Llegaron a las diez de la noche.* They arrived at ten in the evening. | **en la noche** **in the evening**: *En la noche fuimos a una fiesta.* In the evening we went to a party. | **mañana/el sábado etc. en la noche** **tomorrow evening/Saturday evening etc.**: *Siempre salimos los viernes en la noche.* We always go out on Friday evening. | **hoy en la noche** **this evening**: *¿Qué vas a hacer hoy en la noche?* What are you doing this evening?
2 (cuando se considera que ya es tarde) **night**: *No pude dormir en toda la noche.* I couldn't sleep all night. | **de noche** **at night**: *No me gusta volver sola de noche.* I don't like coming home on my own at night.
3 **buenas noches** **(a)** (al llegar a un lugar) **good evening** **(b)** (al despedirse) **goodnight**
4 **hacerse de noche** **to get dark**: *Se hizo de noche.* It got dark.

Nochebuena *sustantivo*

Christmas Eve: *la cena de Nochebuena* the Christmas Eve dinner

nomás *adverbio*

1 (sólo) **only**, **just**: *Faltan cinco minutos, nomás.* There are only five minutes to go./There are just five minutes to go.
2 **así nomás** **any old way**: *Esto está hecho así nomás.* This has been done any old way.
3 **nomás que** **as soon as**: *Nomás que tenga tiempo te voy a ver.* As soon as I have the time I'll come and see you.

nombre *sustantivo*

1 (de una persona, un lugar, una cosa) **name**: *No me acuerdo del nombre del pueblo.* I can't remember the name of the town.
2 **a nombre de alguien** **in someone's name**: *una reservación a nombre de Correa* a reservation in the name of Correa
3 (sustantivo) **noun**
nombre propio **proper noun**

nopal *sustantivo*

Los nopales son poco conocidos en el mundo anglosajón. Si quieres explicar qué es, di *It's an edible cactus, which is typically eaten in a salad with tomato, cheese and avocado*

noreste, o **nordeste** *sustantivo & adjetivo*

■ *sustantivo*

northeast

■ *adjetivo*

northeast, **northeastern**

normal *adjetivo*

1 (común) **normal**: *una persona normal* a normal person
2 (frecuente) **common**, **usual**: *Es normal que haya tráfico a esta hora.* It's common for there to be traffic at this time.

N

noroeste *sustantivo & adjetivo*

■ *sustantivo*
northwest
■ *adjetivo*
northwest, **northwestern**

norte *sustantivo & adjetivo*

■ *sustantivo*
north, **North**
■ *adjetivo*
north, **northern**

Norteamérica *sustantivo*

1 (América del Norte) **North America**
2 (EE.UU.) **America** ▶ ver nota en **Estados unidos**

norteamericano, **-a** *adjetivo & sustantivo*

1 (de Norteamérica) **North American**
2 (de EE.UU.) **American**

nos *pronombre*

1 Como complemento directo o indirecto, la traducción general es **us**: *Llámanos mañana.* Call us tomorrow. | *Nos dio su dirección particular.* He gave us his home address. ▶ ver nota abajo
2 Si tiene valor recíproco, se traduce por **each other**: *Nos queremos mucho.* We love each other very much. | *Nos llamamos todos los días.* We call each other every day.
3 Si tiene valor reflexivo, a veces se traduce por **ourselves**: *No nos tenemos que echar la culpa de lo que pasó.* We shouldn't blame ourselves for what happened. ▶ Pero los verbos pronominales tienen diferentes traducciones. Busca *arrepentirse*, *peinarse*, etc.

> **NOTA:** El pronombre aparece sólo una vez en la oración inglesa: *Nos eligieron a nosotras.* They chose us.
> Ten en cuenta que algunos verbos ingleses requieren el uso de preposiciones (**to us/for us etc.**): *Nos escribe todos los meses.* He writes to us every month. | *Nos sacó una foto.* He took a picture of us.
> En otros casos, en inglés se usa un posesivo en lugar del artículo: *Se nos rompió la impresora.* Our printer has broken down. | *Nos robaron el coche.* Our car was stolen.
> Siempre te conviene mirar la entrada correspondiente al verbo, buscar por ejemplo **escribir**, **sacar**, etc.

nosotros, **-as** *pronombre*

1 (como sujeto) **we**: *Nosotros no estamos de acuerdo.* We don't agree. ▶ Pero tras el verbo **to be** se usa **us**: *Fuimos nosotros, mamá.* It was us, mom.
2 (tras preposiciones) **us**: *Nos lo regaló a nosotras.* He gave it to us. | *Siéntate con nosotros.* Sit with us.
3 (en comparaciones) **us**: *Tienen más dinero que nosotros.* They have more money than us. | *Es más chica que nosotras.* She's younger than us.

nota *sustantivo*

1 (anotación) **note** | **tomar notas to take notes**
2 (mensaje) **note**: *Déjale una nota.* Leave him a note.
3 (musical) **note**

notar *verbo*

(darse cuenta de) **to notice**: *¿Notaste la cara que puso?* Did you notice the face she made? | *Nadie lo notó.* Nobody noticed. | **se nota que está cansada/que no le gusta etc. you can tell she's tired/she doesn't like it etc.**: *Se les notaba el aburrimiento.* You could tell they were bored.

noticia *sustantivo*

1 (novedad) **news** ▶ **news** es un sustantivo incontable y no puede ir precedido de **a** ni tiene plural. Sí se usa con **some** y **any**. Mira los ejemplos: *¿Escuchaste la noticia?* Have you heard the news? | *una noticia maravillosa* some wonderful news/a wonderful piece of news
2 **no tengo/tenemos etc. noticias de alguien I haven't heard/we haven't heard etc. from someone**: *¿Tienes noticias de Paco?* Have you heard from Paco?
3 **noticias** (noticiero) **news** *singular*: *Pon las noticias.* Put the news on.

noticiero *sustantivo*

news *singular*: *el noticiero de las ocho* the eight o'clock news

novecientos, **-as** *número*

nine hundred

novedad *sustantivo*

1 (noticia) **news** ▶ Ver nota en **noticia**: *–¿Alguna novedad? –No, ninguna novedad.* "Any news?" "No, no news."
2 (algo nuevo) **novelty** (plural **-ties**): *Internet ya dejó de ser novedad.* The internet isn't a novelty any more.
3 (cambio) **change**: *Todo sigue igual, sin novedades.* Everything is the same, there are no changes.

novela *sustantivo*

1 (narración) **novel**
2 (telenovela) **soap opera**
novela policiaca detective novel

novelista *sustantivo*

novelist

N

noveno, -a *número*
ninth

noventa *número*
ninety

noviembre *sustantivo*
November: *en noviembre* in November

novio, -a *sustantivo*
1 (pareja) **novio boyfriend novia girlfriend**: *¿Tienes novio?* Do you have a boyfriend? | *Son novios desde hace dos años.* They've been going out together for two years. ▶ Cuando los novios están comprometidos, se usa **fiancé** para referirse al novio y **fiancée** para referirse a la novia.
2 (en un casamiento) **novio groom, bridegroom novia bride los novios the bride and groom**

nube *sustantivo*
cloud: *una nube de polvo* a cloud of dust | **por las nubes sky-high**: *El precio de las computadoras estaba por las nubes.* The cost of computers was sky-high.

nublado, -a *adjetivo*
(referido al cielo, día) **cloudy**: *Está nublado.* It's cloudy.

nudo *sustantivo*
(atadura) **knot** | **hacer/deshacer un nudo to tie/undo a knot**

nuera *sustantivo*
daughter-in-law (plural **daughters-in-law**)

nuestro, -a *adjetivo & pronombre*
1 our: *nuestro país* our country | *nuestros padres* our parents | **una amiga nuestra/unos amigos nuestros a friend of ours/some friends of ours**
2 el nuestro/la nuestra etc. ours: *Éstos son los de ustedes. Los nuestros son azules.* These are yours. Ours are blue.

nueve *número*
nine

nuevo, -a *adjetivo*
1 new: *¿Tu bicicleta es nueva?* Is your bike new? | *Hay un niño nuevo en mi clase.* There's a new boy in my class.
2 de nuevo (otra vez) **again**: *Empecemos de nuevo.* Let's start again.
3 como nuevo -a as good as new: *Estoy como nueva después de la siesta.* I feel as good as new after that nap.

nuez *sustantivo*
walnut ▶ En inglés **nut** se usa para referirse a cualquier tipo de fruta seca
nuez moscada nutmeg

número *sustantivo*
1 (dígito) **number**: *el número tres* number three
2 (en gramática) **number**
3 (de zapatos) **size**: *¿Qué número calzas?* What size do you take?
4 (cantidad) **number**: *un gran número de turistas* a large number of tourists
5 (de una revista) **issue**: *el número de agosto* the August issue
número de teléfono telephone number, phone number: *¿Cuál es tu número de teléfono?* What's your phone number? **número impar odd number número par even number**

nunca *adverbio*
1 En la mayoría de los casos la traducción es **never**. Pero si hay otro negativo en la oración, se usa **ever**: *No voy nunca al teatro.* I never go to the theater. | *¿Tú nunca te equivocas?* Don't you ever make mistakes?
2 *Nunca más* se traduce por **never again**: *No lo vi nunca más.* I never saw him again.
3 casi nunca hardly ever: *Ahí no llueve casi nunca.* It hardly ever rains there. | *Casi nunca falta a clase.* He hardly ever misses a class. | **más que nunca more than ever**: *Hoy me dolió más que nunca.* Today it hurt more than ever. | *Está más gorda que nunca.* She's fatter than ever.

nutria *sustantivo*
otter ▶ También se usa **nutria** en inglés americano para referirse a un coipo

nutritivo, -a *adjetivo*
nutritious: *un alimento nutritivo* a nutritious food

ñ *sustantivo*
Esta letra no existe en el alfabeto inglés.

ñáñaras *sustantivo*
me/le da ñáñaras it gives me/him the creeps

O, **o** *sustantivo*
o: *"October" se escribe con O mayúscula.* "October" is written with a capital O.

o *conjunción*
1 **or**: *¿Vienes o prefieres quedarte?* Are you coming or would you rather stay here?
2 **o ... o** **either ... or**: *Quiero ser o médico o biólogo.* I want to be either a doctor or a biologist. | *O me dejan jugar o me voy.* Either you let me play or I'm leaving.

obedecer *verbo*
to obey

obispo *sustantivo*
bishop

objetivo *sustantivo*
1 (finalidad) **objective**: *Su único objetivo es ganar.* Her only objective is to win.
2 (blanco) **target**
3 (de una cámara) **lens** (plural **lenses**)

objeto *sustantivo*
1 (cosa) **object**
2 (finalidad) **purpose**, **object**
objeto directo **direct object** **objeto indirecto** **indirect object**

obligatorio, **-a** *adjetivo*
mandatory: *Es obligatorio usar el cinturón de seguridad.* It's mandatory to wear a seat belt.

obra *sustantivo*
1 (pintura, escultura, libro) **work**: *las obras completas de Borges* the complete works of Borges
2 **obra (de teatro)** **play**: *una obra de Arthur Miller* a play by Arthur Miller
3 (lugar en construcción) **building site**
obra de arte **work of art** **obra maestra** **masterpiece**

obrero, **-a** *sustantivo & adjetivo*
■ *sustantivo*
worker
■ *adjetivo*
la clase obrera **the working class** | **un barrio obrero** **a working-class area**

observación *sustantivo*
1 (examen) **observation**: *Lo dejaron en observación.* He was kept under observation.
2 (comentario) **comment**: *Me hizo varias observaciones.* He made several comments to me.

observar *verbo*
(mirar detenidamente) **to watch**: *Me observaba sin decir una palabra.* He watched me without saying a word.

obstáculo *sustantivo*
obstacle: *Nos pusieron muchos obstáculos.* They put a lot of obstacles in our way.

obtener *verbo*
to get: *Obtuvo una beca.* She got a scholarship.

obvio, **-a** *adjetivo*
(evidente) **obvious**: *Es obvio que te quiere.* It's obvious that he loves you.

ocasión *sustantivo*
1 (momento) **time**: *En ocasiones como ésta, extraño a mi familia.* At times like this I miss my family.
2 (circunstancia) **occasion**: *Sólo usan la sala en ocasiones especiales.* They only use the room on special occasions.

occidental *adjetivo*
western: *la costa occidental* the western coast/the west coast ► Se suele escribir con mayúscula cuando se refiere a occidente como una entidad cultural: *la cultura occidental* Western culture

occidente *sustantivo*
1 (oeste) **west**
2 **Occidente** (conjunto de países) **the West**

océano *sustantivo*
ocean
el océano Atlántico **the Atlantic Ocean** **el océano Índico** **the Indian Ocean** **el océano Pacífico** **the Pacific Ocean**

ochenta *número*
eighty

ocho *número*
1 **eight**
2 (día) **eighth**: *el ocho de junio* June eighth

ochocientos, **-as** *número*
eight hundred

octava *sustantivo*
(en música) **octave**

octavo, **-a** *número*
eighth

octubre *sustantivo*
October: *en octubre* in October

oculista *sustantivo*
El profesional que examina la vista y receta anteojos es el **optometrist** u **optician**. El médico que se especializa en enfermedades de la vista es el **ophthalmologist**: *Tengo que ir al oculista.* I have to go to the optometrist.

ocultar *verbo*
to hide | **ocultarle algo a alguien to hide something from someone**
ocultarse to hide

oculto, **-a** *adjetivo*
hidden

ocupación *sustantivo*
1 (profesión) **occupation**: *su nombre, dirección y ocupación* your name, address and occupation
2 (tarea) **tener muchas ocupaciones to have lots of things to do**
3 (de un territorio, una ciudad) **occupation**

ocupado, **-a** *adjetivo*
1 (referido a una persona) **busy**: *Es una persona muy ocupada.* He's a very busy person. | *Están ocupados con los preparativos de la fiesta.* They are busy with preparations for the party.
2 (referido a asientos) **estar ocupado -a to be taken**: *¿Este asiento está ocupado?* Is this seat taken?
3 (referido a la línea telefónica) **estar/sonar ocupado to be busy**
4 (referido al baño) **occupied**: *Está ocupado.* It's occupied.

ocupar *verbo*
1 ocupar lugar/espacio to take up room: *Esta mesa ocupa demasiado espacio.* This table takes up too much room.
2 (un territorio, una ciudad) **to occupy**
ocuparse
1 ocuparse de (hacer) algo to take care of (doing) something: *Yo me ocupo de la comida.* I'll take care of the food.
2 ocuparse de alguien to look after someone: *¿Quién se ocupa del bebé?* Who's looking after the baby?

odiar *verbo*
to hate: *Odio el hígado.* I hate liver. | **odiar hacer algo to hate doing something**: *Odio levantarme tan temprano.* I hate getting up so early.

odio *sustantivo*
hatred | **tenerle odio a algo o alguien to hate something or someone**

odioso, **-a** *adjetivo*
horrible: *Es un tipo odioso, no lo soporto.* He's horrible, I can't stand him.

oeste *sustantivo & adjetivo*
■ *sustantivo*
west, **West**
■ *adjetivo*
west, **western**

ofender *verbo*
to offend: *No quise ofender a nadie.* I didn't mean to offend anybody.
ofenderse to take offense

ofensa *sustantivo*
insult

oferta *sustantivo*
1 (ofrecimiento) **offer** | **hacerle una oferta a alguien to make someone an offer**: *Me hicieron una oferta muy atractiva.* They made me a very attractive offer.
2 (producto más barato) **offer**: *Tienen muy buenas ofertas.* They have some very good offers. | **de/en oferta on special offer**: *Está de oferta.* It's on special offer.

oficial *adjetivo & sustantivo*
■ *adjetivo*
official: *la versión oficial* the official version
■ *sustantivo*
officer: *un oficial del ejército* an army officer

oficina *sustantivo*
office: *Mamá está en la oficina.* Mom's at the office.
oficina de correos post office oficina de informes information office oficina de turismo tourist office

oficinista *sustantivo*
office worker

oficio *sustantivo*
(trabajo manual) **trade**: *Su padre le enseñó el oficio.* His father taught him the trade.

ofrecer *verbo*
to offer: *Ofrecieron una recompensa de mil dólares.* They offered a thousand-dollar reward.
ofrecerse: **ofrecerse (a/para hacer algo) to offer (to do something)**: *Se ofreció a cortar el pasto.* She offered to cut the grass.

oído *sustantivo*
1 (parte del cuerpo) **ear**: *Tápate los oídos.* Put your hands over your ears. | **al oído in your ear**: *Se lo dije al oído.* I said it in his ear.
2 (sentido del) oído (sense of) hearing: *Los perros tienen el oído muy desarrollado.* Dogs have highly developed hearing.

3 **de oído by ear**: *Toca el piano de oído.* He plays the piano by ear.

oír *verbo*

1 (percibir) **to hear**: *Oímos unos ruidos raros.* We heard some strange noises. ▶ ver nota abajo

2 **oír hablar de alguien o algo to hear of someone or something**: *Jamás oí hablar de él.* I've never heard of him.

3 (escuchar) **to listen to**: *Está oyendo el radio.* He's listening to the radio.

> **NOTA:** Cuando se expresa si alguien puede oír o no en un momento específico, se añade el verbo **can** o **could**: *No oigo nada.* I can't hear anything. | *¿Me oían desde el fondo?* Could you hear me from the back?
> Fíjate en la diferencia entre *I didn't hear anything* y *I couldn't hear anything*: *No oí nada.* I didn't hear anything. | *No oía nada.* I couldn't hear anything.

ojo *sustantivo*

1 (parte del cuerpo) **eye**: *Cierra los ojos.* Close your eyes.

2 (cuidado) **¡ojo! watch out!**: *¡Ojo que está muy caliente!* Watch out, it's very hot! | *Ojo con el escalón.* Watch out for the step.

3 **echarle un ojo a algo o alguien to keep an eye on something or someone** | **costar un ojo de la cara to cost a fortune**

ojo morado black eye: *Le puse un ojo morado.* I gave him a black eye.

ola *sustantivo*

1 (del mar) **wave**

2 (de asaltos, atentados, protestas) **wave**

ola de calor heatwave ola de frío cold spell

óleo *sustantivo*

oil | **pintar al óleo to paint in oils**

oler *verbo*

1 (percibir) **to smell**: *Huele qué rico perfume.* Smell this lovely perfume. ▶ Cuando se expresa si alguien puede o no sentir un olor en un momento específico, se añade el verbo **can** o **could**: *Yo no huelo nada.* I can't smell anything.

2 (tener olor) **oler a algo to smell like something**: *La casa olía a lavanda.* The house smelled like lavender.

3 **me/le etc. huele que... I have/he has etc. a feeling that...**: *Me huele que están planeando algo.* I have a feeling they are planning something.

olfato *sustantivo*

(sentido del) olfato sense of smell: *Los perros tienen muy buen olfato.* Dogs have a very good sense of smell.

olimpiada *sustantivo*

las Olimpiadas the Olympics, the Olympic Games

olímpico, -a *adjetivo*

un deporte olímpico an Olympic sport | **la campeona olímpica the Olympic champion** ▶ ver **juego**

olla *sustantivo*

pot

olla exprés pressure cooker

olor *sustantivo*

smell: *¡Qué feo olor!* What a horrible smell!

olvidar *verbo*

to forget | **olvidar a alguien to forget about someone**: *Ya lo olvidó.* She's forgotten about him already.

olvidarse: **olvidársele a alguien algo o hacer algo** *No se les olvide.* Don't forget. | *Se me olvidó el cuaderno.* I forgot my exercise book. | *Se le olvidó darnos la boleta.* She forgot to give us our report cards. ▶ Cuando se trata de olvidarse de la existencia de algo, a menudo se usa **to forget about something**: *Se me había olvidado tu alergia.* I had forgotten about your allergy.

ombligo *sustantivo*

belly button

omelette *sustantivo*

omelette: *un/una omelette de queso* a cheese omelette

once *número*

eleven

onda *sustantivo*

1 (en física) **wave**: *un radio de onda corta* a short-wave radio

2 **¿qué onda? what's up?**: *¿Qué onda, Lara?* What's up, Lara? | *¿Qué onda la fiesta?* How was the party?

3 **ser buena onda to be cool**: *Silvina es muy buena onda.* Silvina's really cool.

4 **¡qué mala onda! what a bummer!**: *–Perdí el dinero. –¡Qué mala onda!* "I lost the money." "What a bummer!" | **¡qué buena onda! cool!, great!**: *–Sandra me regaló el DVD. –¡Qué buena onda!* "Sandra gave me the DVD as a present." "Cool!"

5 **agarrarle la onda a algo to get the hang of something**: *Enseguida le agarré la onda.* I soon got the hang of it.

O

ondulado, **-a** *adjetivo*
(pelo) **wavy**

ONU *sustantivo* (= **Organización de las Naciones Unidas**)
la ONU the UN

opción *sustantivo*
option

opcional *adjetivo*
optional

ópera *sustantivo*
opera

operación *sustantivo*
(en medicina) **operation**

operar *verbo*
1 operar a alguien Se puede decir **to operate on someone** pero es más frecuente la expresión **to have an operation** con la persona operada como sujeto: *Lo van a operar.* He's going to have an operation./They are going to operate on him.
2 operar a alguien de algo/operarse de algo Fíjate en las traducciones para distintos tipos de operaciones: *Lo operaron de las anginas/del apéndice.* He had his tonsils out/his appendix out. | *La van a operar del corazón.* She is going to have heart surgery. | *Mi abuela se operó de cataratas.* My grandmother had a cataract operation.
operarse
1 to have an operation: *Me tengo que operar.* I have to have an operation.
2 operarse de algo ver nota arriba

opinión *sustantivo*
opinion | **cambiar de opinión to change your mind**: *¿Por qué cambiaste de opinión?* Why did you change your mind? | **en mi/su etc. opinión in my/his etc. opinion**

oportunidad *sustantivo*
chance: *Le dieron otra oportunidad.* They gave her another chance.

oposición *sustantivo*
opposition

opresión *sustantivo*
oppression

oprimir *verbo*
(a un pueblo) **to oppress**

optativo, **-a** *adjetivo*
(materia, curso) **optional**

óptica *sustantivo*
(establecimiento) **optician's**

optimismo *sustantivo*
optimism

optimista *adjetivo & sustantivo*
■ *adjetivo*
optimistic
■ *sustantivo*
optimist

opuesto, **-a** *adjetivo*
(dirección, sentido, extremo) **opposite**: *Iba en sentido opuesto.* She was going in the opposite direction. | **lo opuesto de algo the opposite of something**: *Hizo lo opuesto de lo que prometió.* He did the opposite of what he promised.

oración *sustantivo*
1 (en gramática) **sentence**
2 (plegaria) **prayer** | **rezar una oración to say a prayer**

oral *sustantivo*
oral: *Me saqué un ocho en el oral.* I got an eight in the oral.

orangután *sustantivo*
orangutan

órbita *sustantivo*
(de un planeta) **orbit** | **en órbita in orbit**

orden *sustantivo*
■ *sustantivo masculino*
1 (organización) **order** | **poner orden en algo to clean something up**: *Nunca tengo tiempo para poner orden en mi escritorio.* I never have time to clean my desk up. | **en orden (a)** (sin problemas) **in order**: *Todo está en orden.* Everything's in order. **(b)** (ordenado) **neat**: *La pieza estaba limpia y en orden.* The room was clean and neat.
2 (secuencia) **en/por orden alfabético/cronológico in alphabetical/chronological order**: *Nos llamaron por orden alfabético.* They called us out in alphabetical order. | **en/por orden de importancia/preferencia etc. in order of importance/preference etc.**
■ *sustantivo femenino*
(mandato) **order**: *Le encanta dar órdenes.* She loves giving orders.

ordenado, **-a** *adjetivo*
1 (referido a personas) **neat**: *No soy muy ordenado.* I'm not very neat.
2 (en orden) **neat**, **tidy**: *¡Qué ordenado tienes el cuarto!* Your room is really tidy!

ordenar *verbo*
1 (poner en orden) **ordenar el cuarto/los juguetes etc. to clean up your room/to put away your toys etc.**: *Tengo que ordenar mi clóset.* I have to clean up my closet.
2 ordenar algo alfabéticamente/

O

cronológicamente to put something in alphabetical/chronological order

3 (dar una orden) **to order**: *El juez ordenó el cierre de la disco.* The judge ordered the closure of the club. | **ordenarle a alguien que haga algo to order someone to do something**

ordeñar *verbo*

to milk

ordinario, -a *adjetivo & sustantivo*

■ *adjetivo*

1 (referido a personas) **rude** expresa grosería, mientras que **vulgar** indica falta de refinamiento en los modales

2 (gesto, expresión) **rude**

3 (de mala calidad) **cheap**

■ *sustantivo*

ser un ordinario/una ordinaria to be very rude, to be very vulgar ► Ver nota en el adjetivo

orégano *sustantivo*

oregano

oreja *sustantivo*

ear

orfanatorio, o **orfelinato** *sustantivo*

children's home

orgánico, -a *adjetivo*

organic

organización *sustantivo*

1 (orden, planeamiento) **organization**: *falta de organización* lack of organization

2 (entidad) **organization**: *una organización clandestina* an underground organization

organizar *verbo*

to organize

organizarse (persona) **to get organized**: *Tengo que organizarme.* I have to get organized.

órgano *sustantivo*

1 (del cuerpo) **organ**

2 (instrumento musical) **organ**: *Toca el órgano.* She plays the organ.

orgullo *sustantivo*

1 (satisfacción) **pride**: *Habla de ella con orgullo.* He talks about her with pride.

2 (engreimiento) **pride**: *Se va a tener que tragar el orgullo.* He's going to have to swallow his pride.

orgulloso, -a *adjetivo*

1 (satisfecho) **proud** | **estar orgulloso -a de algo o alguien to be proud of something or someone**: *Están muy orgullosos de sus hijos.* They are very proud of their children.

2 (creído) **proud**: *Es muy orgullosa.* She's very proud.

oriental *adjetivo & sustantivo*

■ *adjetivo*

1 (del este) **eastern**: *la costa oriental* the eastern coast/the east coast

2 (de los países asiáticos) **Eastern**, **oriental**: *la cultura oriental* Eastern culture/oriental culture

■ *sustantivo*

(de un país asiático) Existe el sustantivo **Oriental**, pero algunas personas lo consideran ofensivo. Usa **a man/woman from the Far East** etc.

oriente *sustantivo*

1 (este) **east**

2 Oriente (conjunto de países) **the East**

origen *sustantivo*

1 (principio, causa) **cause**: *el origen del problema* the cause of the problem

2 (procedencia) **origin**: *colonos de origen europeo* colonists of European origin

original *adjetivo*

1 (novedoso) **original**: *un vestido muy original* a very original dress

2 (de origen, primitivo) **original**: *No es el texto original.* It's not the original text.

orilla *sustantivo*

1 (del mar) **shore**: *Caminamos por la orilla.* We walked along the shore. | **a la orilla del mar by the ocean**

2 (de un río) **bank**

orinar *sustantivo*

to urinate

orinarse to wet yourself

oro *sustantivo*

(metal) **gold** | **un anillo/un reloj de oro a gold ring/watch** | **un anillo/un reloj bañado en oro a gold-plated ring/watch**

orquesta *sustantivo*

1 (de música clásica) **orchestra**

2 (de jazz) **band**

ortografía *sustantivo*

spelling: *Le corrigió la ortografía.* She corrected his spelling. | *Tiene muy buena ortografía.* She's very good at spelling. ► ver **falta**

oruga *sustantivo*

caterpillar

oscurecer

oscurecerse to get darker: *El cielo se oscureció.* The sky got darker.

oscuridad *sustantivo*
darkness | **tenerle miedo a la oscuridad to be afraid of the dark**

oscuro, -a *adjetivo*
1 (referido al color) **dark**: *rojo oscuro* dark red | *Tenía puesto un pantalón oscuro.* She was wearing dark pants.
2 (sin luz) **dark**: *una noche oscura* a dark night | **estar oscuro to be dark**: *Son las seis y ya está oscuro.* It's six o'clock and it's already dark.

oso, -a *sustantivo*
bear
oso de peluche teddy bear oso hormiguero anteater oso panda panda oso polar polar bear

ostión *sustantivo*
oyster

otoño *sustantivo*
fall AmE, **autumn** BrE

otro, -a *adjetivo & pronombre*
■ *adjetivo*
1 (precedido de artículo o posesivo) **other**: *el otro guante* the other glove | *los otros platos* the other plates | *mis otras amigas* my other friends
2 (sin artículo ni posesivo) Se usa **another** con un sustantivo contable en singular y **other** con uno en plural: *¿Quieres otro café?* Would you like another coffee? | *la gente de otros países* people from other countries
3 *otra cosa, otra persona, otro lado*, etc. tienen traducciones especiales: *Te voy a contar otra cosa.* I'll tell you something else. | *Pregúntale a otra persona.* Ask someone else. | *Ponlo en otro lado.* Put it somewhere else. ▶ En el interrogativo y el negativo se usa **anything else**, **anyone else**, etc.
■ *pronombre*
1 (objetos) La traducción depende de si el pronombre va o no precedido de artículo, y de si está en singular o en plural: *Me gusta más el otro.* I like the other one better. | *Las otras son más baratas.* The others are cheaper./The other ones are cheaper. | *¿Quieres otro?* Do you want another one? | *Éstos no me gustan. ¿Tienes otros?* I don't like these. Do you have any others?
2 (personas) Ver ejemplos: *Uno se quiere ir y el otro se quiere quedar.* One of them wants to go and the other one wants to stay. | *Los otros se fueron temprano.* The others left early.

ovalado, -a *adjetivo*
oval

óvalo *sustantivo*
oval

oveja *sustantivo*
sheep (plural **sheep**)

overol *sustantivo*
(de trabajo) **coveralls** *plural*

ovni *sustantivo*
UFO: *Vimos un ovni.* We saw a UFO.

oxidado, -a *adjetivo*
rusty

oxidarse *verbo*
1 (metal) **to rust**: *Se oxidó el cuchillo.* The knife rusted.
2 (aguacate, manzana) **to discolor**

oxígeno *sustantivo*
oxygen

oyente *sustantivo*
1 (de radio) **listener**: *llamados de los oyentes* telephone calls from listeners
2 (alumno) Para explicar qué es un *oyente.* di *It's a student who audits a class*: *Voy de oyente.* I'm auditing the class.

ozono *sustantivo*
ozone ▶ ver **agujero**, **capa**

O

P, **p** *sustantivo*
P, **p**: *"Portuguese" se escribe con P mayúscula.* "Portuguese" is written with a capital P.

pabellón *sustantivo*
1 (en un hospital) **wing**
2 (en una exposición, una feria) **pavilion**

pachanga *sustantivo*
1 party (plural **parties**)
2 irse de pachanga to go partying

paciencia *sustantivo*
patience | **tener paciencia (con alguien) to be patient (with someone)** | **perder la paciencia to lose your patience**: *Nunca pierde la paciencia.* He never loses his patience.

paciente *sustantivo & adjetivo*
■ *sustantivo*
patient
■ *adjetivo*
patient

pacífico, **-a** *adjetivo*
peaceful

Pacífico *sustantivo*
el (océano) Pacífico the Pacific (Ocean)

pacifista *adjetivo & sustantivo*
pacifist

padrastro *sustantivo*
stepfather

padre *sustantivo, adjetivo & adverbio*
■ *sustantivo*
1 (papá) **father**: *el padre de Lucía* Lucía's father **padres** (padre y madre) **parents**: *Mis padres están divorciados.* My parents are divorced.
2 (sacerdote) **Father**: *el padre Andrés* Father Andrés
■ *adjetivo & adverbio*
1 cool: *Este compact está padre.* This CD is cool.
2 really well: *Canta padrísimo.* He sings really well.

padrenuestro *sustantivo*
1 el padrenuestro the Lord's Prayer
2 tres/cuatro etc. padrenuestros (como penitencia) **three/four etc. Our Fathers**

padrino *sustantivo*
(de bautismo) **godfather** **padrinos** (padrino y madrina) **godparents**

paella *sustantivo*
paella

pagano, **-a** *adjetivo & sustantivo*
pagan

pagar *verbo*
1 (una cuenta, el alquiler, una suma de dinero) **to pay**: *Le pagué $50.* I paid him $50. | *Se fue sin pagar.* He left without paying.
2 (algo que se compra) **to pay for**: *¿Quién pagó los boletos?* Who paid for the tickets?
3 (a un empleado) **to pay**: *¿Cuánto te pagan?* How much do they pay you?
4 me las vas/va etc. a pagar you'll/he'll etc. pay for this
5 ni que me/le etc. paguen not even if you paid me/him etc.: *No salgo con él ni que me paguen.* I wouldn't go out with him even if you paid me.

página *sustantivo*
page
páginas amarillas® Yellow Pages®

pago *sustantivo*
(de un sueldo, una cuota) **payment**

país *sustantivo*
country (plural **countries**)

paisaje *sustantivo*
landscape

Países Bajos *sustantivo plural*
los Países Bajos the Netherlands

paja *sustantivo*
straw | **un sombrero de paja a straw hat** | **un techo de paja a thatched roof**

pájaro *sustantivo*
1 bird
2 matar dos pájaros de un tiro to kill two birds with one stone
pájaro carpintero woodpecker

pala *sustantivo*
1 (para cavar) **spade**
2 (para recoger tierra, nieve, etc.) **shovel**

palabra *sustantivo*
1 (término) **word**: *una palabra de seis letras* a six-letter word
2 (promesa) **word**: *Te doy mi palabra.* I give you my word.
3 dirigirle la palabra a alguien to speak to someone ▶ ver **malo**

palacio *sustantivo*
palace: *el palacio de Buckingham* Buckingham Palace

paladar *sustantivo*
palate, roof of the mouth

palco *sustantivo*
1 (en un teatro) **box** (plural **boxes**)
2 (tribuna) **stand**

paleta *sustantivo*
1 (de dulce) **lollipop**
2 (helada) **Popsicle®**
3 (de pintor) **palette**

pálido, -a *adjetivo*
1 (referido a personas) **pale**: *Estás pálida.* You look pale. | **ponerse pálido -a to turn pale**
2 (referido a colores) **pale**: *un vestido rosa pálido* a pale pink dress

palillo *sustantivo*
1 (también **palillo de dientes**) **toothpick**
2 (para comida oriental) **chopstick**

paliza *sustantivo*
1 (golpes) **darle/pegarle una paliza a alguien (a)** (a un niño) **to spank someone**: *Les pegó una paliza a los dos.* She spanked them both. **(b)** (a un adulto) **to beat someone up**: *Le dieron una paliza terrible.* They beat him up very badly.
2 (derrota) **thrashing**: *¡Qué paliza les dimos!* We gave them a real thrashing!

P

palma *sustantivo*
1 (de la mano) **palm**
2 (árbol) **palm tree**

palmera *sustantivo*
palm tree

palmtop *sustantivo*
palmtop

palo *sustantivo*
1 (trozo de madera) **stick**: *Le pegó con un palo.* He hit her with a stick.
2 **de palo wooden**: *una pata de palo* a wooden leg
3 (en futbol, rugby) **post**
4 (de golf) **club**
5 (de una escoba) **handle**
6 (golpe) **darle/pegarle un palo a alguien to whack someone**
7 (en las cartas) **suit**

paloma *sustantivo*
pigeon, **dove** ▶ **pigeon** es la paloma común y **dove** una paloma blanca

palomita *sustantivo*
1 (marca) **check mark**
2 **palomitas (de maíz) popcorn** *singular*: *¿Quieres palomitas?* Do you want any popcorn?

paludismo *sustantivo*
malaria

pan *sustantivo*
bread ▶ ver nota abajo
pan árabe pitta bread pan Bimbo® sliced bread pan blanco white bread pan con mantequilla bread and butter pan de centeno rye bread pan dulce pastries *plural* **pan integral wholewheat bread pan molido breadcrumbs** *plural* **pan negro brown bread pan tostado toast**

> **NOTA: bread** es un sustantivo incontable. Para referirse a *un pan* se dice **a loaf** o **a loaf of bread**. Un panecito es **a roll** o **a bread roll**: *¿Queda pan?* Is there any bread left? | *Trajo dos panes.* He brought two loaves of bread.
> Lo mismo se aplica a los sustantivos compuestos. *Un pan blanco, un pan negro*, etc. se traducen por **a loaf of white bread, a loaf of brown bread**, etc.

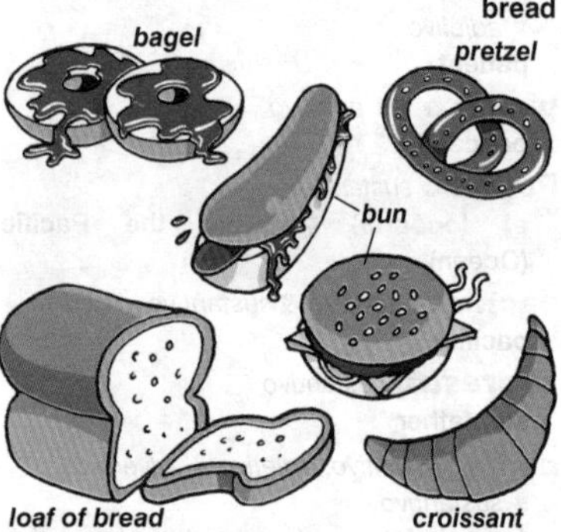

pana *sustantivo*
corduroy: *unos pantalones de pana* a pair of corduroy pants

panadería *sustantivo*
bakery (plural **bakeries**)

panadero, -a *sustantivo*
baker

Panamá *sustantivo*
Panama

panameño, -a *adjetivo & sustantivo*
1 **Panamanian**
2 **los panameños (the) Panamanians**

panda *sustantivo*
panda

pandero *sustantivo*
tambourine

pandilla *sustantivo*
gang

pánel *sustantivo*
1 (de expertos, etc.) **panel**: *los miembros del pánel* the members of the panel
2 (de madera, etc.) **panel**

pánico *sustantivo*
panic | **tenerle pánico a algo o alguien to be terrified of something or someone**: *Les tenía pánico a las arañas.* She was terrified of spiders.

panorama *sustantivo*
1 (vista) **view**
2 (situación) **outlook**: *un panorama optimista* an optimistic outlook

pantalla *sustantivo*
1 (de cine, televisión, computadora) **screen**
2 (de una lámpara) **shade, lampshade**

pantalón, o **pantalones** *sustantivo*
pants AmE, **trousers** BrE: *Ponte el pantalón.* Put your pants on. ▶ *un pantalón* se dice **a pair of pants** o **(some) pants** en inglés americano y **a pair of trousers** o **(some) trousers** en inglés británico: *Se compró un pantalón beige.* He bought some beige pants./He bought a pair of beige pants.

pantano *sustantivo*
marsh (plural **marshes**)

panteón *sustantivo*
cemetery (plural **-ries**)

pantera *sustantivo*
panther

pantimedias *sustantivo plural*
pantyhose *singular*

pantorrilla *sustantivo*
calf (plural **calves**)

pants *sustantivo plural*
1 (pantalones) **sweat pants**
2 (conjunto) **sweatsuit** *singular*: *Traía unos pants azules.* He was wearing a blue sweatsuit.

pantufla *sustantivo*
slipper

panza *sustantivo*
belly (plural **bellies**) | **tener panza to have a big belly**

pañal *sustantivo*
diaper | **cambiarle los pañales/el pañal a un bebé to change a baby's diaper**: *Ya le cambié los pañales.* I've already changed his diaper.

pañuelo *sustantivo*
1 (para la nariz) **handkerchief** (plural **handkerchieves**)
2 (para la cabeza, cuello) **scarf** (plural **scarves**)
pañuelo de papel/pañuelo desechable Kleenex® (plural **Kleenex**)

papa *sustantivo*
(tubérculo) **potato** (plural **potatoes**)
papas a la francesa 1 French fries AmE, **chips** BrE **2** (de paquete) **potato chips** AmE, **crisps** BrE

papa, o **Papa** *sustantivo*
Pope

papá *sustantivo*
dad

papagayo *sustantivo*
(ave) **parrot**

papalote *sustantivo*
(juguete) **kite**

papaya *sustantivo*
papaya

kite

papel *sustantivo*
1 (material) **paper** | **una flor/un avión de papel a paper flower/plane**
2 (hoja) **sheet of paper**
3 (pedazo) **piece of paper**: *Lo escribí en un papel.* I wrote it down on a piece of paper.
4 (rol) **role, part** | **hacer el papel de alguien to play the part/role of someone**
5 papeles (documentos) **papers**: *Ya presenté todos los papeles.* I've already submitted all the papers.
papel aluminio aluminum foil papel de estraza brown paper papel para envolver wrapping paper papel higiénico toilet paper papel tapiz wallpaper

papelera *sustantivo*
wastebasket
papelera de reciclaje (en computación) **recycle bin**

papelería *sustantivo*
(tienda) **stationery store**: *¿Hay una papelería por aquí?* Is there a stationery store around here?

paperas *sustantivo plural*
mumps *singular*: *Ya tuve paperas.* I've already had mumps.

paquete *sustantivo*
1 (bulto) **package**: *Traía muchos paquetes.* He was carrying a lot of packages.
2 (de cigarros) **pack**

package

par *sustantivo & adjetivo*
■ *sustantivo*
1 (de guantes, zapatos, etc.) **pair**: *un par de aretes* a pair of earrings
2 (dos o tres, etc.) **un par de horas/días etc. a couple of hours/days etc.**: *La vimos un par de veces.* We saw her a couple of times.
■ *adjetivo* ▶ ver **número**

para *preposición*
1 La traducción **for** es válida en muchos contextos: *Esto es para ti.* This is for you. | *Lo necesito para mañana.* I need it for tomorrow. | *¿Para qué lo quieres?* What do you want it for? | *Fumar es malo para la salud.* Smoking is bad for your health. | *Es muy alta para su edad.* She's very tall for her age.
2 (al dar opiniones) **para mí/para Juan etc.** I think/Juan thinks etc.: *Para mí que se le olvidó.* I think he must have forgotten. | *Para Lucio, es preciosa.* Lucio thinks she's beautiful.
3 Cuando se usa para expresar dirección, la traducción varía. Guíate por los ejemplos: *Viene para acá.* He's coming this way. | *No mires para arriba/abajo.* Don't look up/down. | *Ven para adentro.* Come inside.
4 (seguido de infinitivo) **para hacer algo to do something**: *Me llamó para invitarme.* He called to invite me. | **para no hacer algo so as not to do something**: *Entré despacio para no despertarte.* I came in quietly so as not to wake you.
5 (para que) **so that**: *Envuélvelo para que no se rompa.* Wrap it up so that it doesn't break. ▶ Si no hay que introducir un nuevo sujeto, se usa un infinitivo: *Te pago para que me ayudes.* I pay you to help me.

parabólica *sustantivo*
(antena) **satellite dish** (plural **satellite dishes**)

parabrisas *sustantivo*
windshield

paracaídas *sustantivo*
parachute | **tirarse en paracaídas to parachute**

parachute

parada *sustantivo*
1 (de camión) **bus stop, stop**
2 (también **parada de taxis**) **taxi stand**
3 hacer una parada (en un viaje) **to stop**

parado, -a *adjetivo*
1 (de pie) **estar parado -a to be standing**: *Estaba parado en la esquina.* He was standing on the corner. ▶ Se usa **to be on your feet** cuando se pone el énfasis en el cansancio: *Estoy todo el día parada.* I'm on my feet all day. | **viajar parado -a to stand**: *Tuve que viajar parada.* I had to stand.
2 (levantado) **tengo/tienes etc. el pelo parado my/your etc. hair is sticking up**
3 (sin moverse) **estar parado -a to be stationary**

paraguas *sustantivo*
umbrella

Paraguay, o **el Paraguay** *sustantivo*
Paraguay

paraguayo, -a *adjetivo & sustantivo*
■ *adjetivo*
Paraguayan
■ *sustantivo*
1 Paraguayan
2 los paraguayos (the) Paraguayans

paraíso *sustantivo*
paradise

paralelo, -a *adjetivo*
parallel

parálisis *sustantivo*
paralysis

paralítico, -a *adjetivo*
quedar paralítico -a to be left paralyzed

parar *verbo*
1 (detenerse) **to stop**: *¿Aquí para el Juárez Loreto?* Does the Juárez Loreto bus stop here? | *Paré para descansar.* I stopped to rest.
2 (detener) **to stop**: *Los paró la policía.* The police stopped them.
3 (poner vertical) **to stand**: *Para el paraguas aquí.* Stand your umbrella here.

P

4 (un tiro, un penalty) **to stop**
5 **parar de hacer algo to stop doing something**: *No paró de llover en todo el día.* It didn't stop raining all day.
6 **ir a parar al hospital/a la cárcel etc. to end up in the hospital/in jail etc**
pararse
1 (ponerse de pie) **to stand up**: *Se paró para saludarme.* He stood up to greet me.
2 (detenerse) **to stop**: *Me paré a mirar un aparador.* I stopped to look in a store window.
3 (dejar de funcionar) **to stop**: *Se me paró el reloj.* My watch stopped.
4 (de la cama) **to get up**: *El sábado me paré tardísimo.* I got up really late on Saturday.

parásito *sustantivo*
parasite

parche *sustantivo*
patch (plural **patches**)

parcial *adjetivo*
partial

parecer *verbo*
1 La traducción general es **to seem**: *Parece ridículo volver a hacerlo.* It seems ridiculous to do it again. | *Parece saber lo que quiere.* He seems to know what he wants.
2 Si se trata de algo que estamos oyendo o viendo, también se usan **to sound** y **to look**: *Lo que dice parece interesante.* What he says sounds interesting. | *De afuera parece enorme.* It looks huge from the outside. ▶ Cuando hay un sustantivo en el predicado se usa **to look like, to sound like** o **to seem (like)**: *Parece una buena idea.* It sounds like a good idea. | *Esto parece catsup.* This looks like ketchup.
3 (para expresar una impresión personal) **me/le etc. parece I think/he thinks etc.**: *¿Qué te pareció Miami?* What did you think of Miami?
parecerse
1 (en el aspecto) **to look alike**: *No se parecen nada.* They don't look at all alike. | **parecerse a algo o alguien to look like something or someone**: *Te pareces a tu mamá.* You look like your mom.
2 (en la personalidad) **to be alike**: *En eso nos parecemos.* We're alike in that respect. | **parecerse a alguien to be like someone**: *No se parece al hermano.* He isn't like his brother.

parecido, -a *adjetivo*
1 (cuando se refiere a personas) **ser parecidos -as (a)** (en el aspecto físico) **to look alike (b)** (en la personalidad) **to be alike** | **ser parecido -a a alguien (a)** (en el aspecto físico) **to look like someone**: *Eres muy parecida a Leti.* You look a lot like Leti. **(b)** (en la personalidad) **to be like someone**: *En eso es muy parecido a mí.* He's very much like me in that respect.
2 (cuando no se refiere a personas) **similar** | **parecido -a a algo similar to something**: *Éste es parecido al otro.* This one is similar to the other one.

pared *sustantivo*
wall

pareja *sustantivo*
1 (dos personas) **couple**: *una pareja con un bebé* a couple with a little boy
2 (compañero o compañera) **partner**: *Silvia vino con su pareja.* Silvia brought her partner.
3 (en un baile) **couple**
4 (en un juego) **pair**

parejo, -a *adjetivo*
1 (partido) **even**
2 (regular) **even**: *Este borde no está parejo.* This edge isn't even.

paréntesis *sustantivo*
(signo de puntuación) **parenthesis** (plural **parentheses**) | **entre paréntesis in parentheses**

pariente, -a *sustantivo*
relative: *Tengo parientes en Italia.* I have relatives in Italy.

parpadear *verbo*
to blink

párpado *sustantivo*
eyelid

parque *sustantivo*
park
parque de diversiones amusement park parque nacional national park

párrafo *sustantivo*
paragraph

parrilla *sustantivo*
(artefacto) **barbecue** | **a la parrilla barbecued**: *pollo a la parrilla* barbecued chicken

párroco *sustantivo*
parish priest

parte *sustantivo*
■ *sustantivo femenino*
1 (porción) **part**: *Córtala en tres partes.* Cut it into three parts. | **la tercera/cuarta etc. parte a third/a fourth etc.**: *Pagó sólo la cuarta parte.* He only paid a fourth. | **la mayor parte de algo most of something**

P

2 (episodio, capítulo) **part**: *¿Viste la primera parte?* Did you see the first part?
3 (lugar) **part**: *en otras partes de la ciudad* in other parts of the city | **en/por todas partes everywhere** | **en/por ninguna parte anywhere**: *No lo encuentro en ninguna parte.* I can't find it anywhere. | **en cualquier parte anywhere**: *Deja sus cosas en cualquier parte.* He leaves his things anywhere. | **en alguna parte somewhere**: *Tiene que estar en alguna parte.* It has to be somewhere.
4 **tomar parte en algo to take part in something**: *Tomaron parte en la carrera.* They took part in the race.
■ *sustantivo masculino*
(informe) **report**
parte médico medical report

participar *verbo*
to take part

participio *sustantivo*
1 **participle**
2 **participio (pasado) past participle**

partícula *sustantivo*
particle

particular *adjetivo*
1 (privado) **private**: *una profesora particular* a private tutor
2 (propio, específico) **particular**: *rasgos particulares* particular features
3 (raro, especial) **unusual**

partida *sustantivo*
(de ajedrez) **game**

partido *sustantivo*
1 (en deportes) **game**: *un partido de básquet* a basketball game
2 (de cartas) **game**
3 (político) **party** (plural **parties**): *un partido de izquierda* a left-wing party

partir *verbo*
1 (romper) **to break**: *Lo partió en dos.* He broke it in two.
2 (cortar) **to cut**: *Vamos a partir el pastel.* We're going to cut the cake.
3 **a partir de hoy/del 3 de marzo etc. from today/from March 3rd etc.**: *La inscripción es a partir del viernes.* Registration is from Friday.
partirse (romperse) **to break**: *Se partió en mil pedazos.* It broke into hundreds of pieces.

pasa, o **uva pasa** *sustantivo*
raisin

pasable *adjetivo*
passable

pasadizo *sustantivo*
passage

pasado, **-a** *adjetivo & sustantivo*
■ *adjetivo*
1 (mes, semana, etc.) **last**: *el mes pasado* last month | *la semana pasada* last week
2 (en mal estado) **bad**: *Este yogurt está pasado.* This yoghurt is bad.
■ **pasado** *sustantivo*
1 (época anterior) **past**
2 (en gramática) **past tense**

pasaje *sustantivo*
fare: *¿Cuánto cuesta el pasaje?* How much is the fare?
pasaje de ida one-way fare pasaje de ida y vuelta round-trip fare

pasajero, **-a** *sustantivo & adjetivo*
■ *sustantivo*
passenger
■ *adjetivo*
temporary

pasaporte *sustantivo*
passport: *Tiene pasaporte italiano.* He has an Italian passport. | **sacar el pasaporte to get a passport**

pasar *verbo*
1 (entrar) **to come in**: *¿Puedo pasar?* Can I come in?
2 (circular) **to go by**: *No pasó ni un camión.* Not a single bus went by.
3 **pasar por un lugar (a)** (en un trayecto) **to go past somewhere**: *El 65 pasa por mi casa.* The 65 goes past my house. **(b)** (de visita) **to drop in somewhere**: *Pasé por casa de Ale.* I dropped in at Ale's. **(c)** (para comprar algo, recoger algo, etc.) **to stop off somewhere**: *Tengo que pasar por la tintorería.* I have to stop off at the dry cleaners.
4 **pasar por alguien to pick someone up**: *Paso pot ti a las nueve.* I'll pick you up at nine o'clock.
5 (ir más allá de) **to go past**: *¿Ya pasamos Dolores?* Have we gone past Dolores?
6 (ocurrir) **to happen**: *No sé qué pasó.* I don't know what happened. | **¿qué te/le etc. pasó? what happened to you/him etc.?** | **¿qué te/le etc. pasa? what's the matter with you/her etc.?**
7 (transcurrir) **to go by**: *Ya pasaron dos meses.* Two months have gone by.
8 (terminar) **ya pasó it's over**: *Lo peor ya pasó.* The worst is over.
9 (el tiempo, las vacaciones, etc.) **to spend**: *Pasé dos meses en Acapulco.* I spent two months in Acapulco.
10 **pasarla bien/mal etc. to have a**

P

good/tough etc. time: *La pasamos padre en casa de Andi.* We had a fantastic time at Andi's house.

11 (dar) **to pass**: *¿Me pasas el azúcar?* Could you pass the sugar, please?

12 (en los estudios) *Pasó a tercero.* He'll be starting third grade next year. | **pasar de año/nivel etc. to move up to the next year/level etc.**

13 (copiar) **to copy**: *Pásalo a un diskette.* Copy it to a diskette.

14 pasar algo en limpio to write something out neatly

15 (una película, un programa) **to show**: *Pasan una de Spielberg.* They're showing a Spielberg movie.

16 (aprobar) **to pass**: *Pasaron todos.* They all passed.

pasarse

1 (seguir de largo) **to go too far**: *Ésta es Reforma, te pasaste.* This is Reforma, you've gone too far.

2 se me pasó de sal/pimienta I put too much salt/pepper in

3 pasarse una hora/el día etc. haciendo algo to spend an hour/the whole day etc. doing something: *Se pasa el día durmiendo.* He spends the whole day sleeping.

pasatiempo *sustantivo*

hobby (plural **hobbies**)

pascua, también **Pascua** *sustantivo*

1 (fiesta cristiana) **Easter** | **¡felices Pascuas! Happy Easter!**

2 (fiesta judía) **Passover**

pase *sustantivo*

(con la pelota) **pass** (plural **passes**)

pasear *verbo*

1 (caminando) **to walk** (en bicicleta) **to ride** (en coche) **to drive**: *Estuvimos paseando toda la tarde.* We walked around all afternoon./We rode around all afternoon./We drove around all afternoon.

2 ir/salir a pasear (a) (caminando) **to go for a walk**: *¿Vamos a pasear?* Shall we go for a walk? **(b)** (en bicicleta) **to go for a ride (c)** (en coche) **to go for a drive**

3 sacar a pasear a un perro to take a dog out for a walk

paseo *sustantivo*

1 (caminando) **walk** (en bicicleta) **ride** (en coche) **drive**: *un paseo por el parque* a walk in the park | *un paseo por la costa* a drive along the coast

2 ir a dar un paseo/salir de paseo (a) (caminando) **to go for a walk (b)** (en bicicleta) **to go for a ride (c)** (en coche) **to go for a drive**

pasillo *sustantivo*

1 (en una casa, un edificio, etc.) **corridor**

2 (en un teatro, un avión) **aisle**

pasión *sustantivo*

passion

paso *sustantivo*

1 (al caminar) **step**: *Caminé unos pasos.* I walked a few steps. | **dar un paso to take a step**: *Dio un paso atrás.* He took a step back.

2 (en la vida) **step**: *Es un paso importante.* It's a big step.

3 paso a paso step by step: *Vayamos paso a paso.* Let's take it step by step.

4 (velocidad) **rate**: *A este paso no terminamos ni mañana.* At this rate we won't even finish by tomorrow.

5 estar de paso to be passing through: *Estoy de paso, nomás.* I'm just passing through.

6 de paso (de camino) **on your way**: *Me queda de paso.* It's on my way.

paso a nivel grade crossing

pasta *sustantivo*

1 (ravioles, ñoquis, etc.) **pasta**

2 (mezcla espesa) **paste**

3 (para pays, etc.) **pastry**

4 (para pasteles, hot cakes, etc.) **batter**

pasta de dientes, también **pasta dental toothpaste**

pastel *sustantivo & adjetivo*

■ *sustantivo*

(repostería) **cake**: *un pastel de cumpleaños* a birthday cake

■ *adjetivo*

color/tono pastel pastel color/shade

pastilla *sustantivo*

1 (medicamento) **tablet**

2 (caramelo) **piece of candy** AmE, **sweet** BrE **pastilla de menta mint**

pasto *sustantivo*

grass

pastor, -a *sustantivo*

1 (de ovejas) **pastor shepherd pastora shepherdess** (plural **sheperdesses**)

2 (religioso) **minister** ▶ En algunas iglesias protestantes se usa **pastor**

pata *sustantivo*

1 (de un mueble) **leg**

2 (extremidad de un animal) **leg**

3 (pie de un animal) **paw**

4 (de pollo) **leg**

P

5 (pie de una persona) **foot** (plural **feet**) | **ir/venir a pata to walk**: *Vino a pata desde el centro.* He walked from downtown. | **meter la pata to put your foot in your mouth**: *Siempre mete la pata.* He's always putting his foot in his mouth. | **patas para arriba upside down**: *Estaba todo patas para arriba.* Everything was upside down.

patada *sustantivo*
darle una patada a algo o alguien to kick something or someone: *Me dio una patada.* He kicked me.

patalear *verbo*
1 (en el agua) **to kick**
2 (en un berrinche) **to stamp your foot**

paté *sustantivo*
paté

patear *verbo*
to kick

paterno, **-a** *adjetivo*
abuelo paterno/abuela paterna paternal grandfather/paternal grandmother

patilla *sustantivo*
(del pelo) **sideburn**

patín *sustantivo*
skate ▶ Éste es el término general. **roller skate** especifica que se trata de un patín con ruedas y **ice skate** que es para patinar en hielo. *roller* se dice **Rollerblade**, que es marca registrada, o se puede decir **in-line skate**

P

patinador, **-a** *sustantivo*
skater

patinar *verbo*
1 **to skate** ▶ Éste es el término general. **To rollerskate** indica que se hace con patines de ruedas y **to ice skate** que se hace en hielo. Para patinar con rollers se dice **to rollerblade**
2 **ir a patinar to go skating** ▶ Dependiendo del tipo de patín la traducción puede ser **to go rollerskating**, **to go iceskating** o **to go rollerblading**
patinarse (resbalarse) **to slip**: *Me patiné y casi me caigo.* I slipped and nearly fell over.

patineta *sustantivo*
skateboard | **andar en patineta to skateboard**

patio *sustantivo*
1 (de una casa) **patio**
2 (de una escuela) **playground**

pato, **-a** *sustantivo*
duck

duck

duck *duckling*

patria *sustantivo*
Se suele decir **my own country/his own country etc.**: *Pudieron regresar a su patria.* They were able to go back to their own country.

patriota *adjetivo & sustantivo*
■ *adjetivo*
patriotic
■ *sustantivo*
patriot

patrón, **-ona** *sustantivo*
1 (jefe) **boss** (plural **bosses**): *Pregúntale al patrón.* Ask the boss.
2 (santo) **patron saint**: *el patrón de la ciudad* the patron saint of the city

patrulla *sustantivo*
(de policías, soldados, etc.) **patrol**

patrullar *verbo*
to patrol: *Están patrullando toda la zona.* They are patrolling the whole area.

patrullero, **-a** *sustantivo*
patrol officer

pausa *sustantivo*
1 (al hablar, al leer) **pause** | **hacer una pausa to pause**
2 (intervalo) **break**: *una pausa de 10 minutos* a ten-minute break
3 (botón) **pause button**

pavo *sustantivo*
turkey
pavo al horno roast turkey
pavo real peacock

payasadas *sustantivo plural*
hacer payasadas to fool around: *Se puso a hacer payasadas.* He started fooling around.

payaso, **-a** *sustantivo*
clown

paz *sustantivo*
1 (entre naciones, etc.) **peace**: *esfuerzos para lograr la paz* efforts to achieve peace
2 (tranquilidad) **peace and quiet**: *Necesito un poco de paz.* I need a bit of peace and quiet. | **dejar a alguien en paz to leave someone alone**

P.D. (= **posdata**)
P.S.

peatón *sustantivo*
pedestrian

peca *sustantivo*
freckle: *Tiene pecas.* She has freckles.

pecado *sustantivo*
sin | **cometer un pecado** **to commit a sin**

pecera *sustantivo*
1 (rectangular) **fish tank**
2 (redonda) **goldfish bowl**

pecho *sustantivo*
1 (tórax) **chest**: *Me duele el pecho.* My chest hurts.
2 (seno de una mujer) **breast** | **darle el pecho a un bebé** **to breastfeed a baby** ▶ ver nota en **mamar**
3 **nadar de pecho** **to swim the breaststroke**

pechuga *sustantivo*
breast

pedal *sustantivo*
pedal

pedalear *verbo*
to pedal

pedazo *sustantivo*
1 (trozo) **piece**: *Necesito un pedazo de alambre.* I need a piece of wire.
2 **caerse a pedazos** **to fall apart**: *El coche se está cayendo a pedazos.* The car is falling apart.
3 **hacerse pedazos** **to smash**: *Se me cayó y se hizo pedazos.* I dropped it and it smashed.

pediatra *sustantivo*
pediatrician

pedido *sustantivo*
(encargo) **order**: *¿Ya hiciste el pedido?* Have you placed the order yet?

pedir *verbo*
1 **pedirle algo a alguien** **to ask someone for something**: *Me pidió dinero.* He asked me for money.
2 **pedir permiso** **to ask permission**
3 **pedirle un favor a alguien** **to ask a favor of someone**: *¿Te puedo pedir un favor?* Can I ask a favor of you?
4 **pedirle perdón/disculpas a alguien** **to apologize to someone**: *Ni siquiera me pidió disculpas.* He didn't even apologize to me.
5 **pedirle a alguien que haga algo** **to ask someone to do something**: *Me pidió que le cuidara al perro.* She asked me to look after her dog.
6 **pedir $10/$25 etc. por algo** **to ask $10/$25 etc. for something**: *¿Cuánto pide por la moto?* How much is he asking for the motorbike?
7 (en un restaurante) **to order** | **pedir la cuenta** **to ask for the check**
8 (mendigar) **to beg**: *Hay mucha gente pidiendo.* There are a lot of people begging.

pedo, **-a** *adjetivo & sustantivo*
■ *adjetivo*
(borracho) **drunk**: *Estaban todos pedos.* Everybody was drunk. | **ponerse pedo -a** **to get drunk**: *Se puso pedo.* He got drunk.
■ **pedo** *sustantivo*
(flatulencia) **fart** | **echarse un pedo** **to fart**

pegajoso, **-a** *adjetivo*
sticky: *Tenía las manos pegajosas.* His hands were sticky.

pegamento *sustantivo*
glue

pegar *verbo*
1 **pegar en algo** **to hit something**: *La pelota pegó en el travesaño.* The ball hit the bar.
2 **pegarle a alguien** **to hit someone**: *¡No me pegues!* Don't hit me! | *Le pegó en el ojo.* She hit him in the eye.
3 (adherir) **to stick**: *Pegó la foto en la pared.* He stuck the photo on the wall.
4 (en computación) **to paste**: *Voy a pegarlo aquí.* I'll paste it here.

pegarse
1 (golpearse) **pegarse en el codo/la cabeza etc.** **to hit your elbow/your head etc.**
2 (adherirse) **to stick**: *Se pegaron las hojas.* The pages stuck together.
3 **se me pegó la canción/la tonada** **I can't get the song/the tune out of my head**
4 **pegarse un susto** **to get a scare**: *Me pegué un susto tremendo.* I got a real scare.

peinado, **-a** *adjetivo & sustantivo*
■ *adjetivo*
está/estaba etc. bien peinado **his hair is/was etc. neat and tidy**
■ **peinado** *sustantivo*
hairstyle: *un peinado moderno* a modern hairstyle

peinar *verbo*
peinar a alguien **(a)** (con peine) **to comb someone's hair**: *¿Quieres que te peine?* Do you want me to comb your hair? **(b)** (en

P

una peluquería) **to do someone's hair**: *Me peinó Alejandro.* Alejandro did my hair.
peinarse to comb your hair: *Salí sin peinarme.* I left without combing my hair.

peine *sustantivo*
comb

pelado, -a *adjetivo*
1 (referido a fruta) **peeled**
2 (nueces) **shelled**

pelar *verbo*
1 (una fruta, una papa) **to peel**
2 (rapar) **pelar a alguien to shave someone's head**
3 (ignorar) **pelar a alguien not to take notice of someone**: *De plano no me pela.* He simply doesn't take notice of me.
pelarse
1 (por haber tomado mucho sol) **to peel**
2 (raparse) **to shave your head**

pelea *sustantivo*
1 (discusión) **argument**: *Tuvimos una pelea.* We had an argument.
2 (a golpes) **fight**: *Se armó una pelea.* There was a fight.

pelearse *verbo*
1 (discutir) **to argue**: *Se pelean todo el tiempo.* They argue all the time.
2 (a golpes) **to fight**: *¡No se peleen más!* Stop fighting!
3 **pelearse con alguien (a)** (discutiendo) **to have an argument with someone**: *Se peleó con el novio.* She had an argument with her boyfriend. **(b)** (a golpes) **to have a fight with someone**
4 **pelearse por algo (a)** (discutiendo) **to argue over something (b)** (a golpes) **to fight over something**: *Se pelearon por una muchacha.* They fought over a girl.

pelícano *sustantivo*
pelican

película *sustantivo*
movie AmE, **film** BrE: *¿A qué hora pasan la película?* What time is the movie showing?
película de acción action movie película de ciencia ficción science fiction movie película de suspenso thriller película de terror horror movie

peligro *sustantivo*
danger | **hay/no hay peligro de algo there is a danger of something/there is no danger of something**: *No hay peligro de que vuelva a pasar.* There is no danger of it happening again. | **fuera de peligro out of danger** | **ser un peligro to be dangerous** | **correr peligro to be in danger**: *Su vida no corre peligro.* Her life is not in danger. | **en peligro in danger**: *Está en peligro y no se da cuenta.* He's in danger and he doesn't realize it.

peligroso, -a *adjetivo*
dangerous

pelirrojo, -a *adjetivo & sustantivo*
■ *adjetivo*
red-haired: *una chica pelirroja* a red-haired girl
■ *sustantivo*
Existe el sustantivo **redhead**, que se usa más que nada para referirse a mujeres. Para hablar de *un pelirrojo* usa **a man/boy/guy with red hair**: *Lo vi con una pelirroja.* I saw him with a redhead.

pellejo *sustantivo*
(piel) **skin**

pellizcar *verbo*
to pinch: *No me pellizques.* Don't pinch me.

pellizco *sustantivo*
pinch (plural **pinches**) | **darle un pellizco a alguien to pinch someone**: *Me dio un pellizco en el brazo.* He pinched my arm.

pelo *sustantivo*
1 (de una persona) **hair**: *Se pintó el pelo de negro.* He dyed his hair black. | **cortarse el pelo to have your hair cut**: *¿Te cortaste el pelo?* Have you had your hair cut? | **tener el pelo largo/corto to have long/short hair**: *Tienes el pelo muy largo.* Your hair's very long.
2 **tomarle el pelo a alguien to pull someone's leg**: *¿Me están tomando el pelo?* Are you pulling my leg?
3 **por un pelo/por un pelito by the skin of your teeth**: *Se salvó por un pelito.* He escaped by the skin of his teeth.
4 **al pelo just right**: *Tu chamarra me queda al pelo.* Your jacket is just right on me.
5 **de pelos terrific**: *Este videojuego está de pelos.* This video game is terrific.
6 (de un animal) **fur**

pelón, -ona *adjetivo*
1 (calvo) **bald**
2 (con el pelo muy corto) **with very short hair**
3 (cable) **bare**
4 (difícil) **tough**: *Esto sí que está pelón.* This really is tough.

pelota *sustantivo*
1 **ball**: *una pelota de tenis* a tennis ball
2 **una pelota de futbol a football**
3 **una pelota de basquetbol a basketball**

P

peluca *sustantivo*
wig: *Usa peluca.* She wears a wig.

peluche *sustantivo*
un muñeco/un conejo etc. de peluche **a cuddly toy/rabbit etc.** ▶ ver **oso**

peluquería *sustantivo*
1 (unisex) **hairdressing salon**
2 (para hombres) **barbershop**

peluquero, -a *sustantivo*
1 (de hombres y mujeres) **hairdresser**
2 (para hombres) **barber**

pelvis *sustantivo*
pelvis (plural **pelvises**)

pena *sustantivo*
1 (vergüenza) **darle pena a alguien** **to be embarrassing for someone**: *Me da pena pedirle el dinero.* Asking him for the money is embarrassing for me. | **¡qué pena!** **how embarrassing!**
2 (lástima) **ser una pena** **to be a shame**: *Es una pena que nos tengamos que ir.* It's a shame we have to go. | **¡qué pena!** **what a shame!**
3 (tristeza) **estar con/sentir pena** **to be/to feel sad**: *Siento una pena terrible.* I feel very sad. | **dar pena** *Daba pena verla llorar así.* It was sad to see her cry like that. | *Me dio mucha pena no poder verlo.* I was very sad not to be able to see him.
4 **vale/no vale la pena** **it's worth it/it isn't worth it** | **vale/no vale la pena hacer algo** **it's worth/it isn't worth doing something**: *No vale la pena arreglarlos.* It isn't worth repairing them.
pena de muerte *la pena de muerte* the death penalty

pendiente *sustantivo*
(cuesta) **slope**

pene *sustantivo*
penis (plural **penises**)

penicilina *sustantivo*
penicillin

península *sustantivo*
peninsula

penoso, -a *adjetivo*
shy

pensamiento *sustantivo*
1 (lo que se piensa) **thought**
2 (flor) **pansy** (plural **pansies**)

pensar *sustantivo*
1 (razonar) **to think**: *Piensa antes de contestar.* Think before you answer.
2 **pensar en algo o alguien** **to think of something or someone**: *Ella piensa en todo.* She thinks of everything. | *Tiene que pensar en sus hijos.* He has to think of his children. ▶ Cuando no está presente la idea de considerar, de tener en cuenta, se usa **to think about something or someone**: *Ayer estaba pensando en ti.* I was thinking about you yesterday.
3 **pensarlo** **to think about it**: *Bueno, lo voy a pensar.* All right, I'll think about it.
4 (opinar, creer) **to think**: *¿Tú qué piensas?* What do you think? | *Pienso que tienes razón.* I think you're right.
5 **pensar hacer algo** **to intend to do something**: *No pienso llamarlo.* I don't intend to call him.

pensión *sustantivo*
1 (residencia) **guesthouse**
2 (dinero) **pension**
3 (para coches) **parking garage**

pentágono *sustantivo*
(polígono) **pentagon**

peor *adjetivo & adverbio*
1 (comparativo) **worse**: *Hoy me siento peor.* I feel worse today. | **peor (...) que** **worse (...) than**: *Sacaste peores calificaciones que yo.* You got worse grades than me.
2 (superlativo) **worst**: *el peor libro que he leído en mi vida* the worst book I've ever read | *Es el que peor canta.* He's the one who sings worst. | **el/la peor ... del mundo/de la ciudad etc.** **the worst ... in the world/the city etc.**: *Es la peor actriz del mundo.* She is the worst actress in the world.

pepino *sustantivo*
cucumber

pequeño, -a *adjetivo*
small: *un pequeño problema* a small problem | *un pequeño pueblo en la montaña* a small village in the mountains

pera *sustantivo*
pear

peral *sustantivo*
pear tree

percusión *sustantivo*
percussion: *instrumentos de percusión* percussion instruments | **la percusión** (en una orquesta) **the percussion section**

perdedor, -a *sustantivo & adjetivo*
■ *sustantivo*
loser: *Es mala perdedora.* She's a bad loser.
■ *adjetivo*
el equipo/el caballo etc. perdedor **the losing team/horse etc.**

P

perder *verbo*

1 (un lápiz, dinero, etc.) **to lose**: *Perdí las llaves.* I've lost my keys.

2 (un partido, un campeonato) **to lose**: *Perdieron 3 a 2.* They lost 3-2. | **perder por un gol/dos puntos etc. to lose by a single goal/by two points etc.**

3 (un camión, un tren, etc.) **to miss**: *Apúrate, vas a perder el avión.* Hurry up, you're going to miss the plane.

4 perder tiempo to waste time: *No podemos perder más tiempo.* We can't waste any more time. ▶ Cuando el énfasis está en lo inútil de lo que se está haciendo, se usa **to waste your time**: *No pierdas el tiempo tratando de arreglarlo.* Don't waste your time trying to fix it.

perderse

1 (extraviarse) **to get lost**: *Llegué tarde porque me perdí.* I was late because I got lost.

2 se me/le etc. perdió algo I've lost something/he's lost something etc.: *Se me perdió la pluma.* I've lost my pen.

3 (una película, una fiesta, una oportunidad) **to miss**: *No te pierdas la segunda parte.* Don't miss part two.

pérdida *sustantivo*

1 (de tiempo) **waste**: *Es una pérdida de tiempo.* It's a waste of time.

2 (de objetos o dinero) **loss** (plural **losses**): *Hubo grandes pérdidas por el huracán.* The hurricane caused huge losses.

P

perdido, -a *adjetivo*

1 (extraviado) **lost**: *Creo que estamos perdidos.* I think we're lost.

2 (que no comprende) **lost**: *Estoy completamente perdida en inglés.* I'm completely lost in English.

3 (lejano) **remote**

perdón *interjección & sustantivo*

1 (para disculparse) **sorry**: *¡Perdón! No te vi.* Sorry! I didn't see you there.

2 (para llamar la atención) **excuse me**: *Perdón ¿qué hora es?* Excuse me, can you tell me the time?

3 pedir perdón (por algo) to apologize (for something): *Pidió perdón por lo que había hecho.* She apologized for what she had done. | **pedirle perdón (por algo) a alguien to apologize to someone (for something)**: *Le pedí perdón por el error.* I apologized to her for the mistake.

perdonar *verbo*

1 perdóname/perdóneme I'm sorry | **perdonen que interrumpa/perdona que te moleste etc. I'm sorry to interrupt/I'm sorry to bother you etc.**

2 perdonar a alguien to forgive someone: *Nunca lo voy a perdonar.* I'm never going to forgive him.

perejil *sustantivo*

parsley

perfección *sustantivo*

perfection | **a la perfección perfectly**: *Imita al profesor a la perfección.* He imitates the teacher perfectly.

perfecto, -a *adjetivo & adverbio*

■ *adjetivo*

perfect: *un día perfecto* a perfect day

■ **perfecto** *adverbio*

(perfectamente) **perfectly**: *Lo hizo perfecto.* She did it perfectly.

perfumarse *verbo*

to put some perfume on

perfume *sustantivo*

perfume | **ponerse un poco de perfume to put some perfume on**

perfumería *sustantivo*

perfume store

perico *sustantivo*

1 parrot

2 hablar como perico to talk non-stop

parrot

periódico *sustantivo*

(diario) **newspaper**

periodista *sustantivo*

journalist: *Mi novio es periodista.* My boyfriend's a journalist.

período *sustantivo*

1 (lapso) **period**: *un período de tres meses* a period of three months

2 (presidencial) **term of office**

3 (menstruación) **period**

perla *sustantivo*

pearl | **un collar/una pulsera de perlas a pearl necklace/bracelet**

permanente *adjetivo & sustantivo*

■ *adjetivo*

permanent

■ *sustantivo*

perm | **hacerse un permanente to have a perm**

permiso *sustantivo*

1 (autorización) **permission**: *Pidió permiso para ir al baño.* He asked permission to go to the bathroom. | **darle permiso a alguien (de hacer algo) to give someone permission (to do something)**

2 (para pasar) **con permiso excuse me**

3 (documento oficial) **permit** (documento no oficial) **written permission**: *Necesita un permiso.* He needs written permission.

permitido, **-a** *adjetivo*

estar permitido -a to be allowed: *Aquí no está permitido acampar.* Camping isn't allowed here.

permitir *verbo*

1 permitirle a alguien hacer algo/ permitir que alguien haga algo to let someone do something, to allow someone to do something: *Nos permitieron salir más temprano.* They let us leave early./They allowed us to leave early.

2 no se permite acampar/fumar etc. camping/smoking etc. is not allowed

pero *conjunción*

(para marcar oposición) **but**: *Es precioso, pero muy caro.* It's beautiful, but very expensive. | *Ella fue, pero yo no.* She went, but I didn't.

peroné *sustantivo*

fibula

perro *sustantivo*

(animal) **dog** ▶ **dog** es el término que se usa para referirse tanto a un perro como a una perra. En contextos en que es importante saber el sexo, se usa **bitch** para referirse a una hembra

perro de la calle, también **perro callejero stray dog perro guardián guard dog perro salchicha dachshund**

perseguir *verbo*

1 (tratando de agarrar) **to chase**: *Lo perseguimos por la calle.* We chased him along the street.

2 (seguir con insistencia) **perseguir a alguien to follow someone around**

3 (por razones ideológicas) **to persecute**

chase

The dog chased the man.

persiana *sustantivo*

blind

persona *sustantivo*

1 (ser humano) **person** (plural **people**): *Es la persona indicada.* He's the right person. | *un grupo de seis o siete personas* a group of six or seven people ▶ **person** se usa menos en inglés que en castellano. Fíjate en estos ejemplos: *Es muy buena persona.* He's very nice. | *Hay una persona que quiere hablar contigo.* There's someone who wants to talk to you.

2 en persona in person: *Quiso felicitarla en persona.* He wanted to congratulate her in person.

3 (gramatical) **person**: *la tercera persona del singular* the third person singular

persona mayor 1 (adulto) **grown-up 2** (anciano) **elderly person** (plural **elderly people**)

personaje *sustantivo*

character: *el personaje principal* the main character

personal *adjetivo & sustantivo*

■ *adjetivo*

personal: *mi opinión personal* my personal opinion

■ *sustantivo*

(empleados) **staff** *plural*

personalidad *sustantivo*

1 (carácter) **personality** (plural **-ties**)

2 (del mundo del espectáculo, de la moda, etc.) **celebrity** (plural **-ties**)

3 (del mundo de la política, la ciencia, etc.) **important figure**

perspectiva *sustantivo*

1 (punto de vista) **perspective**: *desde otra perspectiva* from a different perspective

2 (de un dibujo, cuadro) **perspective**

pertenecer *verbo*

1 (ser propiedad de) **pertenecer a alguien o algo to belong to someone or something**: *Esos terrenos pertenecen al Estado.* That land belongs to the State.

2 (ser integrante de) **to belong to**: *Pertenecen a un grupo terrorista.* They belong to a terrorist organization.

Perú, o **el Perú** *sustantivo*

Peru

peruano, **-a** *adjetivo & sustantivo*

1 Peruvian

2 los peruanos (the) Peruvians

pesadilla *sustantivo*

nightmare: *Tuve una pesadilla horrible.* I had a horrible nightmare.

pesado, -a *adjetivo & sustantivo*

■ *adjetivo*

1 (de mucho peso) **heavy**: *Esta maleta está pesadísima.* This suitcase is very heavy.

2 (clase, película) **boring**

3 (molesto) **ser pesado -a to be a pain in the neck**: *No seas tan pesada.* Stop being such a pain in the neck.

■ *sustantivo*

(persona molesta) **pain in the neck**: *Es un pesado.* He's a pain in the neck.

pesca *sustantivo*

fishing | **ir/salir de pesca to go fishing**

pescadería *sustantivo*

fish shop

pescadero, -a *sustantivo*

fish dealer

pescado *sustantivo*

1 (para comer) **fish** (plural **fish**): *No come pescado.* She doesn't eat fish.

2 (vivo) **fish** (plural **fish**): *pescaditos de colores* goldfish

pescador, -a *sustantivo*

pescador fisherman (plural **-men**) **pescadora fisherwoman** (plural **-women**)

pescar *verbo*

1 (un pez espada, una trucha, etc.) **to catch** | **ir/salir a pescar to go fishing**

2 (cachar) **to catch**: *La pescaron copiando.* She was caught copying.

3 (un catarro, un virus) **to catch**

P

pescuezo *sustantivo*

neck

pese a

pese a todo/a las críticas etc. despite everything/the criticism etc.: *El partido se jugó pese a la lluvia.* The game went ahead despite the rain.

pesero, o **pesera** *sustantivo*

bus

pésimo, -a *adjetivo & adverbio*

■ *adjetivo*

terrible: *La película es pésima.* The movie is terrible.

■ **pésimo** *adverbio*

(pésimamente) **terribly**: *Te portaste pésimo.* You behaved terribly.

peso *sustantivo*

1 (de un objeto, una persona) **weight** | **¿qué peso tiene? how much does it weigh?** | **bajar de peso to lose weight**: *Bajó mucho de peso.* She's lost a lot of weight. | **subir de peso to put on weight**

2 (carga) Ver ejemplos: *No lleves tanto peso.* Don't carry so much. | *Es mucho peso para mí.* It's too heavy for me.

3 (moneda) **peso**: *¿Tienes cinco pesos?* Do you have five pesos? | **estoy sin/no tengo ni un peso I don't have a cent**

pestaña *sustantivo*

eyelash (plural **eyelashes**)

pétalo *sustantivo*

petal

petróleo *sustantivo*

oil

petrolero, -a *adjetivo & sustantivo*

■ *adjetivo*

una empresa petrolera/un pozo petrolero an oil company/oil well

■ **petrolero** *sustantivo*

(también **barco petrolero**) **oil tanker**

pez *sustantivo*

fish (plural **fish**)

pez de colores tropical fish pez espada swordfish pez gordo fat cat

pezuña *sustantivo*

hoof (plural **hooves**)

pianista *sustantivo*

pianist

piano *sustantivo*

piano

picado, -a *adjetivo*

1 ajo/perejil etc. picado chopped garlic/parsley etc.

2 (hablando de un diente) **bad**: *Tiene todos los dientes picados.* All his teeth are bad.

3 (referido al mar) **rough**

4 estar/quedarse picado -a to be/get hooked: *Estoy picada con el programa.* I'm hooked on the program.

picadura *sustantivo*

1 (de un mosquito, una víbora) **bite**

2 (de una abeja, una avispa) **sting**

3 (caries) **cavity** (plural **-ties**)

picante *adjetivo*

hot: *una salsa picante* a hot sauce

picar *verbo*

1 (cebolla, perejil, etc.) **to chop**

2 (carne) **to grind**

3 (comer) Ver ejemplos: *¿Quieren picar algo?* Do you want some snacks? | *Trajeron algo para picar.* They brought some snacks.

4 (mosquito, víbora) **to bite**

5 (abeja, avispa) **to sting**

6 (dar picazón) **to be itchy**: *Esta lana pica.*

This wool is itchy. | **me pica la cabeza/le pica la espalda etc.** **my head/her back etc. itches**

7 (estar picoso) **to be hot**: *Esta salsa no pica.* This sauce isn't hot.

8 (pelota) **to bounce**: *Picó justo en la línea.* It bounced right on the line.

picarse

1 (punzarse, pincharse) **to prick yourself**: *Me piqué con un alfiler.* I pricked myself on a needle.

2 (dientes) **se me/le etc. picaron los dientes** **I/he etc. got cavities**: *Se te van a picar los dientes con tanto dulce.* You're going to get cavities with all that candy.

3 (entusiasmarse) **to get carried away**: *Me piqué con el juego.* I got carried away by the game.

picazón *sustantivo*

itch (plural **itches**)

picea *sustantivo*

spruce

picnic *sustantivo*

picnic | **ir de picnic** **to go on a picnic**

pico *sustantivo*

1 (de un pájaro) **beak**

2 (de una montaña) **peak**

3 (con la hora, edades, cantidades) **son las tres/las cinco etc. y pico** **it's after three/five etc.** | **tiene treinta y pico/cuarenta y pico etc.** **he's thirty something/forty something etc.**

4 **cerrar el pico** (callarse) **to shut up**: *Cierra el pico ¿quieres?* Shut up, will you?

5 (herramienta) **pick** ▶ ver **hora**

picoso, -a *adjetivo*

hot

pie *sustantivo*

1 (de una persona) **foot** (plural **feet**): *Quita los pies del sillón.* Take your feet off the sofa.

2 **a pie** **on foot**: *Vinieron a pie.* They came on foot./They walked.

3 **de pie** **standing**: *Había mucha gente de pie.* There were a lot of people standing. | **ponerse de pie** **to stand up**

4 (de una montaña) **foot**

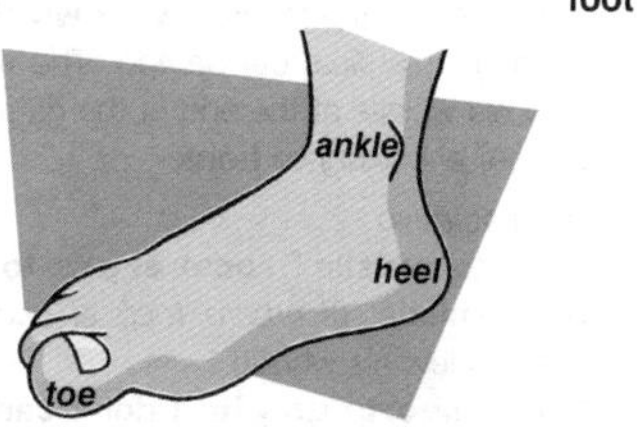

piedra *sustantivo*

(material, pedazo) **rock**: *Están tirando piedras.* They're throwing rocks. | **una casa/una pared de piedra** **a stone house/wall**

piedra preciosa **precious stone**

piel *sustantivo*

1 (de una persona) **skin**: *Tiene la piel suave.* She has a smooth skin. | **se me/le etc. puso la piel de gallina** **it gives me/him etc. goose bumps**: *Lo ves y se te pone la piel de gallina.* When you see it, it gives you goose bumps.

2 (de un animal) **fur**: *piel de zorro* fox fur | **un abrigo/un gorro de piel** **a fur coat/hat**

3 (de duraznos, uvas, tomates) **skin**

pierna *sustantivo*

leg: *Se rompió una pierna.* He broke his leg.

pieza *sustantivo*

1 (cuarto) **room**: *una pieza muy grande* a very large room

2 (de un rompecabezas, un juego, etc.) **piece**: *Falta una pieza.* There's a piece missing.

3 (de un coche, una máquina) **part**

pila *sustantivo*

1 (batería) **battery** (plural **-ries**): *Cámbiale las pilas.* Change the batteries. | **un radio/un juguete de pila(s)** **a battery-operated radio/toy**

2 (montón) **pile**: *una pila de libros* a pile of books

3 **ponerse las pilas** (entrar en acción) **to get a move on**: *Ponte las pilas que es tarde.* Get a move on. It's late.

pilar *sustantivo*

1 (columna) **pillar**

2 (sostén) **mainstay**

píldora *sustantivo*

pill | **la píldora (anticonceptiva)** **the (contraceptive) pill**

piloto *sustantivo*

1 (de avión) **pilot**

2 (de un coche) **driver**

3 (de una estufa, etc.) **pilot light**

piloto automático **automatic pilot**

pimentón *sustantivo*

paprika

pimienta *sustantivo*

pepper

pimienta blanca **white pepper**

pimienta negra **black pepper**

pimiento *sustantivo*
pepper: *pimiento rojo/pimiento verde* red pepper/green pepper

pin *sustantivo*
(prendedor) **pin**

pincel *sustantivo*
brush (plural **brushes**)

pinchar *verbo*
(un globo, una burbuja) **to pop**

ping pong *sustantivo*
Ping-Pong®, **table tennis**

pingüino *sustantivo*
penguin

pino *sustantivo*
1 (árbol) **pine**, **pine tree**
2 (madera) **pine**: *una mesa de pino* a pine table

pintar *verbo*
1 (una pared, un mueble, un cuadro) **to paint** | **pintar algo de blanco/verde etc. to paint something white/green etc.**: *Pinté los marcos de rojo.* I painted the frames red.
2 (colorear) **to color**: *Pinta las flores amarillas.* Color the flowers yellow.
pintarse (maquillarse) **to put make-up on**: *Me pinto sólo para ir a una fiesta.* I only put make-up on when I go to a party. | *No se pinta.* She doesn't wear make-up.

pintor, **-a** *sustantivo*
1 (de paredes) **painter**, **decorator**
2 (artista) **painter**, **artist**

pintura *sustantivo*
1 (producto) **paint**: *Dale una mano de pintura.* Give it a coat of paint.
2 (cuadro) **painting**: *una pintura de Rivera* a painting by Rivera
3 (arte) **painting**: *Ganó varios concursos de pintura.* He won several painting competitions.
4 **pinturas** (maquillaje) **make-up**

piña *sustantivo*
1 (fruta) **pineapple**
2 (de un pino) **pine cone**

piñata *sustantivo*
La palabra *piñata* se usa en inglés pero si tienes que explicar lo que es, di que es *a container full of candy which you hit with a stick and then share the candy when it breaks*

piojo *sustantivo*
louse (plural **lice**) | **tener piojos to have lice**

pipa *sustantivo*
pipe | **fumar pipa to smoke a pipe**

pipí *sustantivo*
pee | **hacer pipí to pee**: *Para el coche que tengo ganas de hacer pipí.* Stop the car – I have to pee.

piquete *sustantivo*
1 (de abeja, avispa, alacrán) **sting**
2 (de mosco) **bite**
3 (con alfiler, aguja) **prick**

pirámide *sustantivo*
pyramid

pirata *sustantivo*
pirate

pisar *verbo*
1 (caminar sobre) **to step on**: *Pisé un chicle.* I stepped on some gum. | **pisar a alguien to step on someone's foot**: *¡Ay! ¡Me pisaste!* Ow! You stepped on my foot!
2 (el freno, el acelerador) **to put your foot on**: *Pisa el freno.* Put your foot on the brake.

Piscis
Pisces: *Es de Piscis.* He's a Pisces.

piso *sustantivo*
1 (suelo) **floor**: *Se sentó en el piso.* He sat down on the floor.
2 (de un edificio) **floor**: *¿Cuántos pisos hay?* How many floors are there? | **una casa de dos pisos/un edificio de diez pisos a two-story house/a ten-story building**

pista *sustantivo*
1 (indicio) **clue**: *Dame una pista.* Give me a clue.
2 (rastro) **estar tras la pista de alguien to be on someone's trail**
3 **pista (de aterrizaje) runway**
4 **pista (de atletismo) (athletics) track**
5 **pista (de baile) dance floor**
6 **pista (de carreras) racetrack**

pistache *sustantivo*
pistachio

pistola *sustantivo*
gun, **pistol**: *Me apuntó con una pistola.* She pointed a gun at me.
pistola de agua water pistol

pitar *verbo*
1 (un tren, una olla de presión) **to whistle**
2 (tocar el silbato) **to blow your whistle**: *El árbitro pitó al final del partido.* The referee blew his whistle at the end of the game.
3 (tocar el claxon) **to honk**

pito *sustantivo*
1 (silbato) **whistle** | **tocar el pito to blow your whistle**: *El árbitro tocó el pito.* The referee blew his whistle.
2 **me importa un pito I don't care**: *Me*

P

importa un pito lo que digan. I don't care what they say.

piyama *sustantivo*
pajamas *plural*: *Ponte la piyama.* Put your pajamas on.

pizarra *sustantivo*
1 (material) **slate**
2 (marcador) **scoreboard**
pizarra blanca (para marcadores) **whiteboard**

pizarrón *sustantivo*
blackboard: *Borra el pizarrón.* Wipe the blackboard.

pizza *sustantivo*
pizza

placa *sustantivo*
1 (de metal) **plate**
2 (de un coche) **license plate** **placas** (número de matrícula) **license number**: *¿Qué placas tiene el coche?* What's the license number of the car?
3 (de policía) **badge**
4 (con una inscripción) **plaque**

placer *sustantivo*
pleasure

plan *sustantivo*
plan | **tener planes to have plans**: *No tengo planes para esta noche.* I don't have any plans for tonight. | **cambiar de planes to change your plans**

plancha *sustantivo*
1 (para planchar) **iron**
2 (para cocinar) **griddle** | **a la plancha grilled**: *un bistec a la plancha* a grilled steak
3 (lámina) **sheet**
plancha de vapor steam iron

planchar *verbo*
(un pañuelo, un vestido) **to iron**

planear *sustantivo*
(planificar) **to plan**: *Están planeando una fiesta.* They're planning a party.

planeta *sustantivo*
planet: *seres de otro planeta* beings from another planet

plano, -a *adjetivo & sustantivo*
■ *adjetivo*
(superficie) **flat**
■ **plano** *sustantivo*
1 (de una casa) **plan**
2 (de una ciudad, del metro) **map**
3 de plano completely: *De plano la regó.* She messed up completely. ▶ ver **primero**

planta *sustantivo*
1 (vegetal) **plant**: *Me regaló una planta.* She gave me a plant.
2 (fábrica, instalación) **plant**: *una planta de energía eléctrica* a power plant
planta baja first floor AmE, **ground floor** BrE: *Vive en planta baja.* She lives on the first floor. **planta del pie sole of your foot**

plantar *verbo*
(plantas, árboles, etc.) **to plant**: *Plantaron trigo.* They planted wheat.

plantel *sustantivo*
(de una escuela) **campus** (plural **-ses**)

plantilla *sustantivo*
1 (de zapato) **insole**
2 (para trazar contornos) **template**

plástico *sustantivo*
1 (material) **plastic** | **una cubeta/una bolsa de plástico a plastic bucket/bag**
2 (cubierta) **plastic sheet**: *Tápalo con un plástico.* Put a plastic sheet over it.

plastilina®, o **plasticina®** *sustantivo*
Play-Doh® | **un muñequito/una bola de plastilina a Play-Doh figure/a ball of Play-Doh**

plata *sustantivo*
silver | **una charola/una pulsera de plata a silver tray/bracelet**

plataforma *sustantivo*
(tarima) **platform**
plataforma de lanzamiento launch pad **plataforma petrolera oil rig**

plátano *sustantivo*
1 (fruta) **banana**: *un licuado de plátano* a banana shake
2 (árbol) **banana tree**

plateado, -a *adjetivo*
un botón plateado/una hebilla plateada a silver button/buckle

plática *sustantivo*
1 (conversación) **chat**: *Tuvimos una plática larguísima.* We had a long chat.

P

2 (conferencia) **talk**: *Dio una plática muy interesante.* She gave a very interesting talk.

platicar *verbo*

1 (hablar) **to chat**: *Platicamos un buen rato en el teléfono.* We chatted for a while on the phone.

2 (contar, decir) **to tell**: *Platícame qué te pareció Acapulco.* Tell me what you thought of Acapulco. | *Nos platicó la película.* She told us about the movie.

platillo *sustantivo*

1 (de comida) **dish** (plural **dishes**): *platillos típicos mexicanos* typical Mexican dishes

2 (de una batería) **cymbal**

platillo volador **flying saucer**

platino *sustantivo*

(metal) **platinum** | **un anillo/un alambre de platino** **a platinum ring/wire**

plato *sustantivo*

1 (utensilio) **plate** | **lavar los platos** **to do the dishes**

2 (porción) **plate**: *Me comí dos platos de arroz.* I ate two plates of rice.

3 (también **platito**) (de una taza) **saucer**

4 (parte de una comida) **course**: *el plato principal* the main course

5 (comida) **dish** (plural **dishes**): *un plato típico de la región* a typical regional dish

plato de postre **dessert plate** **plato extendido** **dinner plate** **plato hondo** **soup dish** (plural **soup dishes**)

platón *sustantivo*

serving dish (plural **serving dishes**)

playa *sustantivo*

beach (plural **beaches**): *No había nadie en la playa.* There was nobody on the beach. | *Pasamos todo julio en la playa.* We spent all July by the ocean.

playera *sustantivo*

T-shirt

plaza *sustantivo*

square: *la plaza del pueblo* the town square

plaza de toros **bull ring**

plazo *sustantivo*

1 Ver ejemplos: *Tienes plazo hasta el lunes.* You have until Monday | *El plazo vence mañana.* The deadline is tomorrow.

2 **a largo/corto plazo** **in the long/short term**: *A largo plazo, puede traer problemas.* In the long term, it may cause problems.

plegable *adjetivo*

una silla/una carreola plegable **a folding chair/stroller**

pleno, -a *adjetivo*

1 **en pleno invierno/plena noche** **in the middle of winter/the night**: *Salió a caminar en plena tormenta.* He went out for a walk in the middle of the storm.

2 **en pleno centro** **right in the middle of town**

3 **a plena luz del día** **in broad daylight**

plomero, -a *sustantivo*

plumber: *Soy plomero.* I'm a plumber.

plomo *sustantivo*

(metal) **lead** | **una cañería/una pesa de plomo** **a lead pipe/weight**

pluma *sustantivo*

1 **feather** | **un almohadón/una almohada de plumas** **a feather cushion/pillow**

2 (para escribir) **pen**: *¿Tienes una pluma que me prestes?* Do you have a pen you can lend me?

pluma atómica **ballpoint pen** **pluma fuente** **fountain pen**

plumero *sustantivo*

feather duster

plumilla *sustantivo*

plectrum

plumón *sustantivo*

1 (para escribir: de punta fina) **felt-tip pen**

2 (de punta gruesa) **marker**

3 (para marcar textos) **highlighter**

plural *sustantivo & adjetivo*

■ *sustantivo*

plural

■ *adjetivo*

un adjetivo/un pronombre plural **a plural adjective/pronoun**

Plutón *sustantivo*

Pluto

población *sustantivo*

1 (habitantes) **population**

2 (lugar) Usa **town** si es grande y **small town** o **village** si es chica

pobre *adjetivo & sustantivo*

■ *adjetivo*

1 (sin dinero) **poor**: *los barrios más pobres de la ciudad* the poorest neighborhoods of the city

2 (que da lástima) **poor**: *¡Pobre Ana!* Poor Ana! | **¡pobre!/¡pobres!** **poor thing!/poor things!**: *–Se rompió un brazo. –¡Pobre!* "She broke her arm." "Poor thing!"

■ *sustantivo*

los pobres **the poor**: *ayuda para los pobres* aid for the poor

pobreza *sustantivo*
poverty | **vivir en la pobreza** **to live in poverty**

poco, -a *adjetivo, pronombre & adverbio*
■ *adjetivo & pronombre*
1 Se usa **little** con sustantivos incontables y **few** con sustantivos contables: *Hay muy poca leche.* There's very little milk. | *No me gustó la pizza y comí poca.* I didn't like the pizza and I only had a little. | *Quedan muy pocos boletos.* There are very few tickets left. ► A veces en inglés se prefiere usar las formas negativas **not much** o **not many**: *Hay poco tráfico.* There isn't much traffic. | *Había poca gente.* There weren't many people there.
2 un poco a little/a little bit: *¿Me das un poco?* Can I have a little?/Can I have a little bit? | *Estaba un poco nerviosa.* She was a little nervous./She was a little bit nervous. | *Comí un poco de arroz.* I had a little rice./I had a little bit of rice.
3 Cuando *poco* significa *no mucho tiempo* se traduce por construcciones con **not long**: *Lo vi hace poco.* I saw him not long ago. | *Falta poco para Navidad.* It's not long till Christmas. | *Tardaste poco.* You didn't take long. | **dentro de poco soon**: *Dentro de poco es mi cumpleaños.* It'll be my birthday soon.
4 por poco me caigo/me mata etc. I nearly fell/he nearly killed me etc.: *Por poco fue gol.* It was nearly a goal.
■ **poco** *adverbio*
1 Cuando modifica a un verbo, se suele traducir por **not much**: *Estudié muy poco para la prueba.* I didn't study much for the test.
2 Cuando modifica a un adjetivo, se suele traducir por **not very**: *Es poco comunicativo.* He isn't very communicative.

podcast *sustantivo*
podcast | **emitir en podcast** **to podcast**

poder *verbo & sustantivo*
■ *verbo*
1 (posibilidad, capacidad, permiso, pedidos) Usa el modal **can** en el presente, **could** en el pasado y el condicional y **to be able to** en otros tiempos: *No puedo terminarlo hoy.* I can't finish it today. | *Podríamos ir a la alberca.* We could go swimming. | *No podía caminar tan rápido.* I couldn't walk that fast. | *¿Puedo sentarme aquí?* Can I sit here? | *¿Me podría decir la hora?* Could you tell me the time, please? | *No va a poder venir.* She won't be able to come. | *Hace tres meses que no puede jugar.* He hasn't been able to play for three months. ► Para expresar un logro en el pasado, se usa **to be able to**: *Lo pude arreglar.* I was able to fix it. | *¿Pudiste entenderlo?* Were you able to understand it?
2 (suposiciones, conjeturas) Usa el modal **can** en el presente y **could** en el pasado: *No puede estar muy lejos.* It can't be very far away. | *No pudo haber sido ella.* It couldn't have been her.
3 puede ser maybe: *–¿Estará enojada? –Puede ser.* "Do you think she's mad?" "Maybe." | *Puede ser que venga.* Maybe he'll come.
4 ¡no puede ser! that's impossible!
■ *sustantivo*
(influencia, fuerza) **power**

poderoso, -a *adjetivo*
1 (que tiene poder) **powerful**: *un empresario muy poderoso* a very powerful businessman
2 (fuerte, efectivo) **powerful**: *un poderoso insecticida* a powerful insecticide

podrido, -a *adjetivo*
(fruta, carne) **rotten**: *una manzana podrida* a rotten apple

poema *sustantivo*
poem

poesía *sustantivo*
1 (poema) **poem**: *una poesía de Machado* a poem by Machado
2 (género) **poetry**: *Le encanta la poesía.* She loves poetry.

poeta *sustantivo*
poet

polaco, -a *adjetivo & sustantivo*
■ *adjetivo*
Polish
■ *sustantivo*
1 (persona) **Pole**
2 los polacos (the) Poles
3 polaco (idioma) **Polish**

policía *sustantivo*
■ *sustantivo masculino & femenino*
(hombre) **policeman** (plural **-men**) (mujer) **policewoman** (plural **-women**) ► Se usa **officer** o **police officer** si no se sabe o no se quiere especificar el sexo: *Dos policías se bajaron del coche.* Two police officers got out of the car.
■ *sustantivo femenino*
la policía (cuerpo) **the police**: *Llamó a la policía.* He called the police. ► El verbo que sigue a **the police** va en plural: *La policía andaba tras él.* The police were after him.

polígono *sustantivo*
polygon
polígono industrial **industrial estate**

polilla *sustantivo*
moth

política *sustantivo*
la política **politics**

político, **-a** *adjetivo & sustantivo*
■ *adjetivo*
1 (referido a la política) **political**: *un partido político* a political party
2 (referido a los parientes) Ver ejemplos: *mi familia política* my in-laws | *mi tío político* my uncle by marriage
■ *sustantivo*
politician: *un político joven* a young politician

pollo *sustantivo*
chicken: *pollo rostizado* roast chicken

polo *sustantivo*
1 (en geografía) **pole**
2 (deporte) **polo**
el Polo Norte **the North Pole** **el Polo Sur** **the South Pole**

Polonia *sustantivo*
Poland

polvo *sustantivo*
1 (tierra, suciedad) **dust**: *Los muebles estaban cubiertos de polvo.* The furniture was covered with dust.
2 (para maquillarse) **face powder** | **ponerse polvo** **to powder your face**
3 **estar hecho -a polvo** **to be exhausted**

pomada *sustantivo*
1 cream, ointment
2 **hacer pomada a alguien** **(a)** (derrotar) **to thrash someone**: *Nos hicieron pomada.* They thrashed us. **(b)** (golpear) **to beat someone up**: *Si te metes con ellos, te hacen pomada.* If you pick a fight with them, they'll beat you up.

pomo *sustantivo*
jar: *un pomo de crema* a jar of cream

poncho *sustantivo*
poncho

poner *verbo*
1 (colocar, agregar) **to put**: *¿Dónde pusiste las llaves?* Where did you put the keys? | *No le puse sal.* I didn't put salt in it.
2 (referido a un nombre) *Le vamos a poner Juana.* We're going to name her Juana.
3 **poner el radio/la televisión etc.** **to turn the radio/the TV etc. on**: *No pongas la tele ahora.* Don't put the TV on now. | *Pon música.* Put on some music.
4 (aportar) Ver ejemplos: *Cada uno puso cinco pesos.* Everyone put in five pesos. | *Yo pongo las bebidas.* I'll supply the drinks.
5 (abrir) **to open**: *Pusieron una tienda de discos.* They opened a record store.
6 (huevos) **to lay**
ponerse
1 (colocarse) En inglés hay que usar un verbo específico para cada manera de colocarse: **to sit, to stand**, etc.: *Ponte derecho.* Sit up straight. | *Se puso adelante de mí.* He stood in front of me.
2 **ponerse la chamarra/los anteojos etc.** **to put your jacket/your glasses etc. on**: *Se puso el abrigo y se fue.* She put her coat on and left.
3 **ponerse triste/contento -a etc.** **to be sad/happy etc.**: *Se puso contento cuando se lo dije.* He was happy when I told him. | *Se va a poner furioso.* He's going to be furious.
4 **ponerse a hacer algo** **to start doing something**: *Apenas llegué, me puse a trabajar.* I started working as soon as I arrived.
5 (sol) **to set**: *¿A qué hora se pone el sol?* What time does the sun set?
6 ► Expresiones como *ponerse de acuerdo*, *ponerse colorado*, *poner la mesa*, etc. están tratadas bajo *acuerdo*, *colorado*, *mesa*, etc.

pop *adjetivo & sustantivo*
■ *adjetivo*
música/arte pop **pop music/art**
■ *sustantivo*
el pop **pop, pop music**: *Le gusta el pop.* She likes pop.

popis, o **popoff** *adjetivo*
1 (persona) **classy**
2 (restaurante, establecimiento) **ritzy, upscale**: *Fuimos a un restaurante muy popis.* We went to a very ritzy restaurant.

popote *sustantivo*
straw

popular *adjetivo*
1 (conocido, apreciado) **popular**: *un cantante muy popular* a very popular singer
2 (del pueblo) **popular**: *la cultura popular* popular culture
3 (socialmente) **los barrios populares** **the working-class areas** | **los sectores populares** **the working classes**

popularidad *sustantivo*
popularity

P

por *preposición*

1 (lugar) *Iba caminando por la calle.* She was walking down the street./She was walking along the street. | *Tiene que estar por aquí.* It must be around here somewhere. | *Viajamos por todo el país.* We traveled all over the country.

2 (causa) *Me regañaron por llegar tarde.* I was told off for being late. | *Se suspendió por la lluvia.* It was called off because of the rain.

3 (medio) *por correo/por mail* by mail/by e-mail | *por radio/por televisión* on the radio/on television | *Me enteré por mi hermano.* I found out through my brother.

4 (duración) **for**: *Estuvo afuera por tres semanas.* He was away for three weeks.

5 (cambio) *Te cambio este CD por ése.* I'll trade you this CD for that one. | *Consiguió el boleto por $500.* He got the ticket for $500.

6 (finalidad) *Lo hizo por ayudar.* He did it to help. | *Sabes que haría cualquier cosa por ti.* You know I'd do anything for you.

7 (proporción) *uno por persona* one per person | *cien kilómetros por hora* a hundred kilometers an hour

8 (en matemáticas) *Dos por tres son seis.* Two times three is six. | *multiplicar por cinco* multiply by five

9 (agente) **escrito/pintado por alguien** **written/painted by someone**: *un pastel hecho por ella* a cake made by her

10 **por qué** **why**: *¿Por qué me dijiste una mentira?* Why did you tell me a lie? | *No entiendo por qué no quieres ir.* I don't understand why you don't want to go.

11 Expresiones como *por teléfono*, *por escrito*, *pasar por un lugar*, etc. están tratadas bajo *teléfono*, *escrito*, *pasar*, etc.

porcentaje *sustantivo*

percentage

porción *sustantivo*

portion

poro *sustantivo*

1 (en la piel) **pore**

2 (vegetal) **leek**: *Hoy hay sopa de poro y papa.* Today we have leek and potato soup.

porque *conjunción*

because: *Llegué tarde porque perdí el tren.* I was late because I missed the train.

porquería *sustantivo*

1 (cosa mala) **ser una porquería** **to be garbage**: *El libro me pareció una porquería.* I thought the book was garbage.

2 **porquerías** (comida mala) **garbage**: *Comes muchas porquerías.* You eat a lot of garbage.

porra *sustantivo*

1 (hinchas) **fans** *plural*

2 (canto) **cheer**

3 **echarle una porra/porras a alguien** **(a)** (en deporte) **to cheer someone on** **(b)** (cuando alguien esta desanimado) **to cheer someone up**

porrista *sustantivo*

cheerleader

portaaviones *sustantivo*

aircraft carrier

portal *sustantivo*

(en Internet) **portal**

portarse *verbo*

to behave: *¿Cómo se portaron?* How did they behave? | **portarse bien** **to behave yourself**: *Si no nos portamos bien, nos van a correr.* If we don't behave ourselves, they're going to throw us out. | **portarse mal** **to misbehave**

portátil *adjetivo*

una grabadora/un radio portátil **a portable tape recorder/radio**

portero, -a *sustantivo*

1 (en futbol, etc) **goalkeeper**

2 (de un edificio) **doorkeeper**

portero eléctrico **entryphone**

portón *sustantivo*

gate

Portugal *sustantivo*

Portugal

portugués, -esa *adjetivo & sustantivo*

■ *adjetivo*

Portuguese

■ *sustantivo*

1 (persona) Para hablar de un portugués o una portuguesa usa **Portuguese man, Portuguese woman**

2 **los portugueses** **the Portuguese**

3 **portugués** (idioma) **Portuguese**

posibilidad *sustantivo*

possibility (plural **-ties**): *Hay varias posibilidades.* There are several possibilities. | **posibilidad/posibilidades de algo** (Ver ejemplos) *No tengo posibilidad de ganar.* I have no chance of winning. | *Todos tienen la posibilidad de viajar.* Everyone has the chance to travel.

posible *adjetivo*

1 **possible**: *una posible solución* a possible solution | *¿Es posible cambiar la fecha de regreso?* Is it possible to change the date of the return trip? | **es posible que vaya/**

P

gane etc. she may go/win etc.: *Es posible que cambie de opinión.* He may change his mind.
2 hice/hizo etc. todo lo posible I did everything I could/he did everything he could etc.
3 lo antes/mejor etc. posible Usa la estructura **as... as**: *Ven lo más pronto posible.* Come as soon as you can. | *Gastó lo menos posible.* He spent as little as possible.

posición *sustantivo*
1 (postura) **position**: *Estoy incómodo en esta posición.* I'm not comfortable in this position.
2 (en un orden) **place**: *Llegó en tercera posición.* She finished in third place.

positivo, **-a** *adjetivo*
positive

postal *sustantivo & adjetivo*
■ *sustantivo*
postcard: *Te voy a mandar una postal.* I'll send you a postcard.
■ *adjetivo*
servicio/trabajador postal postal service/worker: *una huelga de trabajadores postales* a postal workers' strike

poste *sustantivo*
1 (de madera, hormigón, etc.) **post**
2 (de un arco de futbol) **post**: *La pelota pegó en el poste.* The ball hit the post.

post

He tied the horse to a post.

póster *sustantivo*
poster: *un póster de los Dallas Cowboys* a Dallas Cowboys poster

postizo, **-a** *adjetivo*
false ► ver **dentadura**

postre *sustantivo*
dessert | **de postre for dessert**: *¿Qué hay de postre?* What is there for dessert?

postura *sustantivo*
(posición) **position**: *una postura muy incómoda* a very uncomfortable position

potencia *sustantivo*
1 (fuerza) **power**: *la potencia del motor* the power of the engine
2 (país poderoso) **power**: *una gran potencia mundial* a major world power

potente *adjetivo*
powerful

pozo *sustantivo*
(de agua) **well**: *un pozo de petróleo* an oil well

práctica *sustantivo*
1 (ejercitación) **practice**: *Necesito un poco más de práctica.* I need a little more practice.
2 (opuesto a teoría) **practice** | **poner algo en práctica to put something into practice**
3 prácticas (sesión práctica) **labs**: *Me gustan las prácticas de biología.* I like biology labs.

practicar *verbo*
1 (ejercitar) **to practice**: *Quiero ir para practicar inglés.* I want to go so that I can practice my English.
2 practicar un deporte to play a sport

práctico, **-a** *adjetivo*
practical

precio *sustantivo*
price: *el precio del petróleo* the price of oil | **¿qué precio tiene? what is the price?**: *¿Qué precio tiene esta chamarra?* What's the price of this jacket?

precioso, **-a** *adjetivo*
beautiful: *Tenía puestos unos aretes preciosos.* She was wearing some beautiful earrings. | *Esa muchacha es preciosa.* That girl is beautiful.

precipitación *sustantivo*
1 (prisa) **haste** | **con precipitación hastily**
2 precipitaciones (lluvia) **rain** ► **rain** es un sustantivo singular. Existe además la palabra **precipitation**, que es un término técnico para referirse a la lluvia o a la nieve. También es un sustantivo singular.

precolombino, **-a** *adjetivo*
pre-Columbian: *las culturas precolombinas* pre-Columbian cultures

predecir *verbo*
to predict: *Nadie puede predecir lo que va a pasar.* Nobody can predict what's going to happen.

P

preferencia *sustantivo*
(predilección) **preference**: *su preferencia por la música tecno* his preference for techno music

preferido, -a *adjetivo & sustantivo*
■ *adjetivo*
favorite: *Es mi comida preferida.* It's my favorite dish.
■ *sustantivo*
favorite: *la preferida de la maestra* the teacher's favorite

preferir *verbo*
to prefer: *Prefiero el azul.* I prefer the blue one. | *Prefiero darme un regaderazo en la mañana.* I prefer to take a shower in the morning. | *Prefiero que no lo invites.* I'd prefer that you didn't invite him.

prefijo *sustantivo*
1 (en lingüística) **prefix** (plural **-fixes**)
2 (de teléfono) **area code**

pregunta *sustantivo*
question | **hacer una pregunta to ask a question**: *¿Puedo hacer una pregunta?* Can I ask a question? | **hacerle una pregunta a alguien to ask someone a question**: *¿Te puedo hacer una pregunta?* Can I ask you a question?

preguntar *verbo*
1 to ask: *Voy a preguntar dónde está la estación.* I'll ask where the station is. | **preguntarle algo a alguien to ask someone something**: *Me preguntó quién era.* She asked me who I was.
2 preguntar por algo to ask about something: *Fui a preguntar por los cursos de inglés.* I went to ask about the English courses.
3 preguntar por alguien (a) (para verlo, hablar con él, etc.) **to ask about someone**: *Preguntan por Juan.* Someone is asking about Juan. **(b)** (para saber cómo está, etc.) **to ask after someone**: *Me preguntó por tí.* He asked after you.
preguntarse to wonder: *Me pregunto qué pasó.* I wonder what happened.

prehispánico, -a *adjetivo*
pre-Columbian

prehistórico, -a *adjetivo*
prehistoric

premiado, -a *adjetivo*
1 una novela premiada a prize-winning novel | **una película/actriz premiada an award-winning movie/ actress**
2 el número premiado the winning number

premio *sustantivo*
1 (galardón) **prize, award** | **darle un premio a alguien to award someone a prize**: *Le dieron un premio por su actuación.* He was awarded a prize for his performance.
2 (en un sorteo o rifa) **prize** | **sacarse un premio to win a prize**: *Se sacó el primer premio.* He won first prize.

prenda *sustantivo*
prenda (de vestir) garment: *prendas de invierno* winter garments
prendas de lana woolens

prendedor *sustantivo*
1 (alhaja) **brooch** (plural **brooches**)
2 (de lata, con inscripciones o imágenes) **pin**

prender *verbo*
1 prender la luz/la televisión etc. to turn the light/television etc. on: *Prende el radio.* Turn the radio on.
2 (un cigarro, una vela) **to light**: *Prendió un cigarro.* He lit a cigarette. | *Prende las velitas.* Light the candles.
3 prenderle fuego a algo to set fire to something: *Le prendieron fuego al coche.* They set fire to his car.

prendido, -a *adjetivo*
estar prendido -a to be on: *La luz de la cocina estaba prendida.* The kitchen light was on. | **dejar algo prendido -a to leave something on**: *¿Quién dejó el radio prendido?* Who left the radio on?

prensa *sustantivo*
la prensa (los periodistas, los medios de comunicación) **the press** ▶ ver **conferencia**

preocupación *sustantivo*
worry (plural **worries**): *Tiene muchas preocupaciones.* He has a lot of worries.

preocupado, -a *adjetivo*
estar preocupado -a (por algo o alguien) to be worried (about something or someone): *Estoy preocupada por la abuelita.* I'm worried about Grandma.

preocupar *verbo*
1 (inquietar) **to worry**: *No se lo dije para no preocuparla.* I didn't tell her because I didn't want to worry her. | **me/le etc. preocupa I'm/he's etc. worried**: *Nos preocupa que no hayan vuelto todavía.* We're worried that they haven't come back yet.
2 (importar) **lo que me/le etc. preocupa what worries me/her etc.**: *Lo único que le*

P

preocupa es el dinero. The only thing that worries him is money.

preocuparse (inquietarse) **to worry**: *No te preocupes.* Don't worry. | **preocuparse por algo o alguien to worry about something or someone**: *Se preocupa por todo.* She worries about everything.

preparación *sustantivo*

preparation: *Llevó meses de preparación.* It took months of preparation.

preparado, **-a** *adjetivo*

1 (listo) **ready**: *Ya está todo preparado.* Everything's ready.

2 (para un examen, una entrevista) **prepared**: *Están muy bien preparados.* They are very well prepared.

preparar *verbo*

to prepare: *Está preparando el informe.* She's preparing the report.

prepararse

1 to get ready: *Prepárate que ya nos vamos.* Get ready, we're about to leave.

2 prepararse para algo (a) (arreglarse) **to get ready for something**: *Nos estábamos preparando para la fiesta.* We were getting ready for the party. **(b)** (para un examen, un partido) **to prepare for something**: *Se está preparando para el examen de inglés.* She's preparing for her English exam.

preparativos *sustantivo plural*

preparations: *los preparativos de la fiesta* the preparations for the party

preposición *sustantivo*

preposition

preprimaria *sustantivo*

preschool: *Mi hermanito está en preprimaria.* My little brother is in preschool.

presa *sustantivo*

dam: *la presa de Malpaso* the Malpaso Dam

presentación *sustantivo*

1 (acción de exponer) **presentation**: *Tengo que hacer una presentación en clase.* I have to give a presentation in class.

2 (aspecto) **presentation**: *La presentación es muy importante.* Presentation is very important. | **buena presentación a sharp appearance**

3 (de una persona) **introduction**: *una carta de presentación* a letter of introduction

presentador, **-a** *sustantivo*

host AmE, **presenter** BrE

presentar *verbo*

1 presentarle alguien a alguien to introduce someone to someone: *Me presentó a sus papás.* She introduced me to her parents. | **te presento a Gabi/Mateo etc. this is Gabi/Mateo etc.**: *Te presento a mi amiga Viviana.* This is my friend Viviana.

2 (un libro, un producto) **to launch**

3 (un programa, el noticiero) **to host** AmE, **to present** BrE

presentarse

1 presentarse (a un examen) to take an exam: *No me voy a presentar.* I'm not going to take the exam.

2 presentarse a las elecciones to run for election

presente *adjetivo & sustantivo*

■ *adjetivo*

1 estar presente to be here/there: *Yo no estaba presente cuando lo dijo.* I wasn't there when he said it.

2 ¡presente! here!: *—¿Pedro Carmona? —¡Presente!* "Pedro Carmona?" "Here!"

■ *sustantivo*

1 el presente (momento actual) **the present**

2 (tiempo verbal) **present**, **present tense**

presidente, **-a** *sustantivo*

1 (de un país, un gobierno) **president**

2 (de una organización, un club) **chairperson**

3 (de una empresa) **president**

presión *sustantivo*

1 (sobre una persona, un gobierno, etc) **pressure**: *Tengo muchas presiones.* I'm under a lot of pressure.

2 tener la presión alta/baja to have high/low blood pressure

presionar *verbo*

1 (un botón, una tecla) **to press**

2 presionar a alguien (para que haga algo) to pressure someone (to do something): *No la presiones.* Don't pressure her.

preso, **-a** *adjetivo & sustantivo*

■ *adjetivo*

1 estar preso -a to be in prison: *Estuvo tres años preso.* He was in prison for three years.

2 meter preso -a a alguien to put someone in prison

3 llevarse preso -a a alguien to arrest someone

■ *sustantivo*

prisoner

prestado, **-a** *adjetivo*

1 le pedí prestado el mapa/el martillo etc. I asked if I could borrow his map/his hammer etc., I borrowed his map/his hammer etc. ▶ Con la primera traducción no estás diciendo si te lo prestó o no. Con la segunda sí: *Le pedí prestada la bici y me dijo que no.* I asked if I could borrow his bike and he said no. | *Le pedí prestada la bici y me fui a la playa.* I borrowed his bike and rode to the beach.

2 la tienda de camapaña/la mochila etc. es prestada we've borrowed the tent/the backpack etc.: *El disfraz era prestado.* She had borrowed the costume.

préstamo *sustantivo*

loan | **pedir un préstamo to ask for a loan**

prestar *verbo*

1 to lend: *Le presté el coche a Leo.* I lent Leo the car.

2 ▶ ver **atención**

prestarse: **nos prestamos la ropa/los libros etc. we borrow each other's clothes/books etc.**

presumido, **-a** *adjetivo*

ser presumido -a to be a showoff: *Es muy presumida.* She's such a showoff.

presupuesto *sustantivo*

1 (dinero disponible) **budget**: *nuestro presupuesto para el mes* our budget for the month

2 (para un trabajo) **estimate**: *Le pedí un presupuesto al carpintero.* I asked the carpenter for an estimate.

pretender *verbo*

1 (querer) **to expect**: *No sé qué es lo que pretenden.* I don't know what they expect.

2 (intentar) **pretender hacer algo to try to do something**: *Pretende hacerlo sola.* She's trying to do it by herself.

pretérito *sustantivo*

preterite

prevención *sustantivo*

(de una enfermedad, un accidente) **prevention**: *una campaña de prevención del paludismo* a campaign for the prevention of malaria

prevenir *verbo*

(una enfermedad, un accidente) **to prevent**: *un producto para prevenir las caries* a product to prevent tooth decay

previsto, **-a** *adjetivo*

estar previsto -a to be planned: *La visita está prevista para mañana.* The visit is planned for tomorrow.

primaria *sustantivo*

elementary education: *Hizo toda la primaria en el mismo colegio.* She did all of her elementary education at the same school.

primavera *sustantivo*

spring

primer ▶ ver **primero**

primera *sustantivo*

1 (velocidad) **first gear**: *Mete primera.* Put it in first gear.

2 (en un avión, tren) **first class** | **viajar en primera to travel first class**

3 (también **primera división**) (en futbol) **First Division**: *Juega en primera.* He plays in the First Division.

primero, **-a** *número*

1 first | **ser el primero/la primera de la clase to be top of the class**

2 first: *Primero me quiero lavar las manos.* I want to wash my hands first.

primera clase first class: *Me gustaría viajar en primera clase.* I'd like to travel first class. **primera fila front row**: *Nos sentamos en primera fila.* We sat in the front row. **primer ministro/primera ministra Prime Minister primeros auxilios first aid primer plano close-up**

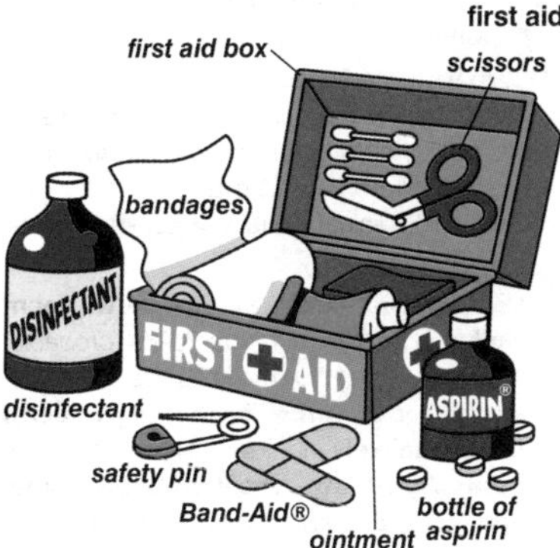

primo, **-a** *sustantivo & adjetivo*

■ *sustantivo*

cousin: *Somos primos.* We're cousins. **primo -a hermano -a first cousin primo -a segundo -a second cousin**

■ *adjetivo*

▶ ver **materia**

princesa *sustantivo*

princess (plural **-sses**) | **la Princesa Ana Princess Anne**

P

príncipe *sustantivo*
prince: *el Príncipe Carlos* Prince Charles
los príncipes the prince and the princess
príncipe heredero crown prince

principio *sustantivo*
(inicio) **beginning**: *Empieza por el principio.* Start at the beginning. | **a principios de mes/año etc. at the beginning of the month/year etc.** | **al principio** (en un primer momento) **at first**: *Al principio no me gustaba.* I didn't like it at first. | **al principio (de la película/del cuento etc.) at the beginning (of the movie/the story etc.)** | **desde el principio from the beginning**

prioridad *sustantivo*
priority (plural **-ties**) | **darle prioridad a algo to give something priority**

prisa *sustantivo*
hurry: *No hay prisa.* There's no hurry. | **tener prisa to be in a hurry** | **darse prisa to hurry up**: *¡Date prisa! No quiero llegar tarde.* Hurry up! I don't want to be late. | **a/de prisa in a hurry**: *Hice la tarea de prisa.* I did the assignment in a hurry.

prisión *sustantivo*
prison

prisionero, -a *sustantivo*
prisoner

privado, -a *adjetivo*
1 (íntimo) **private** | **en privado in private**: *Necesito hablar con usted en privado.* I need to talk to you in private.
2 (colegio, clínica) **private** ► ver **detective**

probable *adjetivo*
ser/parecer probable to be/to seem likely: *–¿Se van a mudar? –Es probable.* "Are you going to move?" "It's likely." | **ser/parecer poco probable to be/to seem unlikely** | **es probable que venga/gane etc. she'll probably come/win etc.**: *Es probable que llueva.* It will probably rain. | *Es probable que no haya entendido.* He probably didn't understand.

probar *verbo*
1 (una comida, una bebida) Se dice **to try** cuando se trata de probar algo por primera vez y **to taste** cuando se prueba algo para ver cómo está: *Nunca he probado los dátiles.* I have never tried dates. | *Prueba la salsa a ver qué te parece.* Taste the sauce and see how you like it.
2 (intentar) **to try**: *Probemos de nuevo.* Let's try again. | *Probemos poniéndole crema.* Let's try adding some cream.
3 (un aparato) (para ver cómo funciona) **probar algo to try something out**: *Pruébalo antes de comprarlo.* Try it out before you buy it.
probarse to try on: *¿Me puedo probar estos pantalones?* Can I try on these pants?

problema *sustantivo*
1 (dificultad, inconveniente) **problem**: *Tengo un serio problema.* I have a serious problem.
2 (en matemáticas) **problem**

procedimiento *sustantivo*
procedure

procesador *sustantivo*
processor
procesador de textos word processor

procesar *verbo*
1 (a una persona) **to try**
2 (un material, una sustancia) **to process**

procesión *sustantivo*
procession

proceso *sustantivo*
(evolución) **process** (plural **-sses**)

producción *sustantivo*
1 (en la industria) **production**: *la producción de carbón/petróleo* coal/oil production
2 (en agricultura) **production**
3 (en cine, televisión) **production**

producir *verbo*
1 (país, empresa) **to produce**: *una presa que produce electricidad* a dam that produces electricity
2 (elaborar, crear) **to produce**: *El páncreas produce insulina.* The pancreas produces insulin.
3 (en cine, televisión) **to produce**

producto *sustantivo*
product: *productos de mala calidad* poor-quality products
productos agrícolas farm produce

productor, -a *sustantivo*
1 (en cine, televisión, etc.) **producer**
2 (en la industria, agricultura) **producer**

profesión *sustantivo*
profession

profesional *adjetivo & sustantivo*
■ *adjetivo*
1 (no amateur) **professional**: *un jugador profesional* a professional player
2 (en la manera de actuar) **professional**: *Es muy profesional.* He's very professional.
■ *sustantivo*
professional

P

profesor, -a *sustantivo*
1 (en la escuela) **teacher**: *la profesora de inglés* the English teacher
2 (en la universidad) **professor**
3 (de natación, tenis, etc.) **coach** (plural **coaches**)

profundidad *sustantivo*
(de un lago, una alberca) **depth** | **tener 30 cm/10 m etc. de profundidad to be 30 cm/10 m etc. deep** | **¿qué profundidad tiene? how deep is it?**

profundo, -a *adjetivo*
deep: *un corte muy profundo* a very deep cut

programa *sustantivo*
1 (de televisión, radio) **program**: *un programa de MTV* an MTV program
2 (en informática) **program**: *un programa de hojas de cálculo* a spreadsheet program
3 (de una materia) **syllabus**: *el programa de matemáticas* the math syllabus
4 (planes, salida) Ejemplo típico: *¿Tienes programa para esta noche?* Do you have anything planned for tonight?
5 (de actividades) **schedule**: *un programa muy apretado* a very busy schedule
6 (folleto) **program**

programación *sustantivo*
1 (en informática) **programming**: *un curso de programación* a programming course
2 (de la televisión, radio) **programs** *plural*

programador, -a *sustantivo*
programmer

programar *verbo*
1 (una videocasetera) **to program**
2 (en informática) **to program**

progresar *verbo*
to progress: *Está progresando mucho en matemáticas.* She's progressing well in math.

progreso *sustantivo*
1 progress ▶ **progress** es un sustantivo incontable y no tiene plural: *los enormes progresos de la ciencia y la técnica* the huge progress in science and technology
2 hacer progresos to progress: *Está haciendo muchos progresos en la escuela.* She's progressing well at school.

prohibido, -a *adjetivo*
estar prohibido -a to be forbidden, not to be allowed: *La mendicidad está prohibida.* Begging is forbidden. | *Está prohibido comer aquí.* You aren't allowed to eat in here./Eating isn't allowed in here. | **"prohibido fumar" "No smoking"** | **"prohibido estacionar" "No parking"**

prohibir *verbo*
1 to forbid: *Te prohíbo que lo llames.* I forbid you to call him. ▶ **to forbid** es bastante formal y enfático. A menudo se usa **not to allow (someone to do something)**: *Nos prohibieron jugar futbol en el recreo.* We weren't allowed to play football during recess.
2 prohibir algo (mediante una ley, una disposición) **to ban something**: *Prohibieron el espectáculo.* The show was banned.

promedio *sustantivo*
1 (media) **average** | **un promedio de 7 horas/5 kilos etc. an average of 7 hours/5 kilos etc.**: *Duermo un promedio de siete horas diarias.* I sleep an average of seven hours a day. | **como promedio on average**
2 (de calificaciones) **average grade** | **un 4/8 etc. de promedio an average grade of 4/8 etc.**: *Lleva 8 de promedio.* He has an average grade of 8.

promesa *sustantivo*
(acción) **promise** | **hacer una promesa to make a promise** | **cumplir una promesa to keep a promise**

prometer *verbo*
to promise: *Me prometió que lo iba a hacer hoy.* He promised me that he was going to do it today.

prometido, -a *sustantivo*
prometido fiancé prometida fiancée

promoción *sustantivo*
1 (publicidad) **promotion**: *la promoción de su último álbum* the promotion of their latest album
2 (oferta) **offer**: *una promoción especial* a special offer | **de promoción on special offer**: *Está de promoción.* It's a special offer.
3 (grupo de alumnos) **class** (plural **classes**): *la promoción 2002* the class of 2002 | *Son de la misma promoción.* They graduated in the same year.

pronombre *sustantivo*
pronoun

pronosticar *verbo*
to forecast: *Pronosticaron lluvia.* They forecast rain.

pronóstico *sustantivo*
pronóstico (del tiempo) (weather) forecast: *¿Escuchaste el pronóstico?* Have you heard the forecast?

pronto *adverbio*
1 (en poco tiempo) **soon**: *Vuelvan pronto.* Come back soon.
2 (rápido) **quick**: *¡Ven, pronto!* Come here, quick!
3 de pronto suddenly: *De pronto se puso a llorar.* She suddenly started crying.
4 ¡hasta pronto! see you soon!
5 tan pronto como as soon as: *Hazlo tan pronto como puedas.* Do it as soon as you can.

pronunciación *sustantivo*
pronunciation

pronunciar *verbo*
(referido a una lengua) **to pronounce**

propaganda *sustantivo*
1 (aviso) **ad**: *una propaganda de jabón en polvo* an ad for laundry detergent
2 (publicidad) **advertising**: *Gastan millones en propaganda.* They spend millions on advertising. | **hacerle propaganda a algo** (a un producto, etc.) **to advertise something**: *Le hacen mucha propaganda en la tele.* They advertise it a lot on television.
3 (que se recibe por correo) **junk mail**

propiedad *sustantivo*
1 (posesión) **ser propiedad de alguien to belong to someone**: *Es propiedad de la escuela.* It belongs to the school.
2 (casa, terreno) **property** (plural **properties**)
propiedad privada private property

propina *sustantivo*
tip | **dejarle propina a alguien to leave someone a tip**: *Le dejaron cinco dólares de propina.* They left her a five dollar tip. | **darle propina a alguien to give someone a tip**

propio, **-a** *adjetivo*
(de uno) **con mis propios ojos/en mi propia casa etc. with my own eyes/in my own house etc.** ► ver **defensa**, **nombre**

proponer *verbo*
(un plan, una idea) **to suggest**: *Propongo que vayamos en mi coche.* I suggest we go in my car.
proponerse: **proponerse hacer algo to make up your mind to do something**: *Se propuso dejar de fumar.* He made up his mind to give up smoking.

propósito *sustantivo*
1 a propósito (a) (en forma deliberada) **on purpose**: *Lo hizo a propósito.* He did it on purpose. **(b)** (por cierto) **by the way**: *A propósito ¿cómo estuvo el recital?* By the way, how was the concert?
2 (motivo) **purpose**: *¿Cuál es el propósito de su visita?* What is the purpose of your visit?

propuesta *sustantivo*
proposal

protagonista *sustantivo*
main character: *El protagonista es un niño de once años.* The main character is an eleven-year old boy.

protección *sustantivo*
protection

protector *sustantivo*
protector (solar) sunscreen, sun cream: *Necesito un protector más fuerte.* I need a higher-factor sunscreen.

proteger *verbo*
to protect: *Debemos proteger el medio ambiente.* We must protect the environment. | **proteger a alguien de algo to protect someone from something**
protegerse: **protegerse de algo to protect yourself from something**: *Protégete del sol.* Protect yourself from the sun.

proteína *sustantivo*
protein

protesta *sustantivo*
protest

protestante *adjetivo & sustantivo*
■ *adjetivo*
Protestant | **ser protestante to be a Protestant**
■ *sustantivo*
Protestant

protestar *verbo*
1 (quejarse) **to complain** | **protestar por algo to complain about something**: *Siempre protesta por la comida.* He always complains about the food.
2 (mostrar desacuerdo) **to protest** | **protestar contra algo to protest against something**

provecho *sustantivo*
1 ¡buen provecho! bon appetit!
2 sacar provecho de algo/sacarle provecho a algo to benefit from something: *No saqué ningún provecho del curso.* I didn't benefit from the course at all.

provincia *sustantivo*
province

provisional *adjetivo*
provisional

P

provocar *verbo*
1 (causar) **to cause**: *la bacteria que provoca el cólera* the bacterium which causes cholera
2 (molestar) **to provoke**: *No provoques a tu hermana.* Don't provoke your sister.

próximo, -a *adjetivo*
(siguiente) **next**: *Bájese en la próxima estación.* Get off at the next station. | *Eso lo dejamos para la próxima vez.* We'll leave that for next time. | **el próximo lunes/martes etc. next Monday/Tuesday etc.**: *El próximo lunes no puedo venir.* I can't come next Monday.

proyecto *sustantivo*
1 (plan) **plan**: *¿Qué proyectos tienes para el año que viene?* What are your plans for next year?
2 (trabajo) **project**: *el equipo que trabaja en este proyecto* the team working on this project

proyector *sustantivo*
1 (de cine, de diapositivas) **projector**
2 (lámpara) **spotlight**
3 proyector (de transparencias) overhead projector

prudente *adjetivo*
(sensato) **sensible**: *Es una decisión prudente.* It's a sensible decision. ▶ También existe **prudent** que es más formal

prueba *sustantivo*
1 (examen) **test**: *Mañana tenemos prueba de historia.* Tomorrow we have a history test.
2 (en un juicio) **piece of evidence**: *Encontraron una nueva prueba.* They found a new piece of evidence. ▶ El plural *pruebas* se traduce por el sustantivo incontable **evidence**: *Tenemos pruebas contra él.* We have evidence against him.
3 (testimonio, indicio) **ser prueba de algo to be proof of something**
4 (en deportes) **event**
5 (experimento, ensayo) **test**: *una prueba de laboratorio* a laboratory test
prueba de ADN DNA test

psicología *sustantivo*
psychology

psicólogo, -a *sustantivo*
psychologist

psiquiatra *sustantivo*
psychiatrist

psiquiátrico, -a *adjetivo*
psychiatric

pubertad *sustantivo*
puberty

publicación *sustantivo*
publication

publicar *verbo*
(un libro, un artículo) **to publish**

publicidad *sustantivo*
1 (avisos) **commercials** *plural*: *En este canal dan mucha publicidad.* There are a lot of commercials on this channel.
2 (aviso) **ad**: *una publicidad de un yogur* an ad for yoghurt
3 (avisos, propaganda) **advertising**: *Tienen que invertir en publicidad.* They have to invest in advertising. | **hacer publicidad to advertise**: *Hacen publicidad en los periódicos.* They advertise in the papers. | **hacerle publicidad a algo to advertise something**

público, -a *adjetivo & sustantivo*
■ *adjetivo*
(de la comunidad) **public**: *el transporte público* public transportation | *un baño público* a public lavatory
■ *sustantivo*
1 (en un cine, teatro) **audience**
2 (de un espectáculo deportivo) **crowd**
3 en público in public: *No le gusta hablar en público.* She doesn't like speaking in public.

pudrirse *verbo*
(hablando de alimentos) **to go bad**: *Se pudrieron las naranjas.* The oranges went bad. ▶ También se puede decir **to go rotten**

pueblo *sustantivo*
1 el pueblo (la gente) **the people**: *un gobierno elegido por el pueblo* a government elected by the people
2 (localidad) Se usa **small town** o **village** para referirse a una localidad pequeña y **town** para una más grande
3 (nación) **people**: *el pueblo mexicano* the Mexican people

puente *sustantivo*
1 (sobre un río, una avenida, etc.) **bridge**
2 (en odontología) **bridge**
3 (día feriado) **day off**
4 hacer puente to take a day off: *El lunes vamos a hacer puente.* We're taking the day off on Monday.
puente aéreo (servicio) **shuttle service**: *el puente aéreo México-Guadalajara* the Mexico City-Guadalajara shuttle service

puerta *sustantivo*
1 (de una casa, un coche, etc) **door** | **en la puerta** (de una casa) **at the door**: *Te espero en la puerta.* I'll wait for you at the

P

door. | **llamar a la puerta/tocar la puerta to knock at the door**
2 puerta (de embarque) gate
puerta corrediza sliding door puerta giratoria revolving door

puerto *sustantivo*
1 (de mar, de río) **port**
2 (de una computadora) **port**

Puerto Rico *sustantivo*
Puerto Rico

puertorriqueño, -a *adjetivo & sustantivo*
1 Puerto Rican
2 los puertorriqueños (the) Puerto Ricans

pues *conjunción*
1 (para indicar consecuencia) **then**: *¿Estás lista? Pues vámonos.* Are you ready? Then let's go.
2 (para indicar duda o reflexión) **well**: *Pues... no estoy segura.* Well, I am not sure.
3 (para indicar causa) **because**

puesto, -a *adjetivo & sustantivo*
■ *adjetivo*
1 tener puesto un vestido verde/ tener puestos unos jeans etc. to be wearing a green dress/a pair of jeans etc.: *¿Qué tenía puesto?* What was she wearing? | **tener los anteojos/los auriculares puestos to have your glasses/your headphones on**
2 con el sombrero puesto/los guantes puestos etc. with your hat on/your gloves on etc.: *Se acostó con los zapatos puestos.* She went to bed with her shoes on.
3 la mesa está/estaba puesta the table is/was laid
■ **puesto** *sustantivo*
1 (empleo) **job**
2 (en un mercado, una feria) **stand**: *un puesto de frutas* a fruit stand
3 (en una clasificación, un ránking) **place**: *en segundo puesto* in second place
4 (en un equipo de futbol, beisbol, etc.) **position**: *¿En qué puesto juegas?* What postion do you play?

pulga *sustantivo*
flea

pulgada *sustantivo*
inch (plural **inches**): *un monitor de 17 pulgadas* a 17-inch monitor

pulgar *sustantivo*
thumb

pulmón *sustantivo*
lung

pulpo *sustantivo*
octopus (plural **octopuses**)

pulsera *sustantivo*
bracelet

puma *sustantivo*
puma

punta *sustantivo*
1 (de un cuchillo, un zapato) **point**
2 (de un lápiz) **point** | **sacarle punta a un lápiz to sharpen a pencil**
3 (de la lengua, de un dedo) **tip**: *Tengo la punta de la nariz congelada.* The tip of my nose is frozen.
4 (de una soga, un hilo) **end**
5 (de una sábana) **corner**
6 (de un lugar) **end**: *Está en la otra punta del edificio.* It's at the other end of the building.
7 de puntas/ de puntitas on tiptoe | **entrar/salir de puntas/puntitas to tiptoe in/out**

sharp/blunt
blunt
sharp

puntaje *sustantivo*
1 (en una evaluación, un concurso) **score**: *Le quedó un puntaje muy bajo.* He ended up with a very low score.
2 (en deportes) **score**: *la gimnasta con el puntaje más alto* the gymnast with the highest score

puntería *sustantivo*
tener buena/mala puntería to be a good/bad shot

punto *sustantivo*
1 (lugar) **place**: *en muchos puntos del país* in many places in the country
2 (en un examen, etc.) **point**: *Me descontó puntos por las faltas de ortografía.* I lost points because I made spelling mistakes.
3 (en un torneo, juego, etc.) **point**: *Ganamos por tres puntos.* We won by three points.
4 (marca, señal) **dot**
5 (al final de una oración) **period** ► ver **dos**
6 (de la "i", de una abreviatura) **dot**
7 (cuestión, ítem) **point**: *En ese punto discrepamos.* We disagree on that point.
8 (en una herida) **stitch** (plural **stitches**)
9 estar a punto de hacer algo (a) (estar

por hacer algo) **to be about to do something**: *Estaba a punto de salir.* I was about to go out. **(b)** (hablando de algo que casi sucedió) *Estuve a punto de decirle que sí.* I nearly said yes to her.

10 las tres/cuatro etc. en punto exactly three/four etc. o'clock: *Son las nueve en punto.* It's exactly nine o'clock.

punto de vista point of view: *Desde mi punto de vista...* From my point of view... **punto y aparte new paragraph punto y coma semi-colon punto (y) seguido period puntos suspensivos ellipsis**
► En lenguaje hablado se suele usar **dot, dot, dot**: *Dejé la frase con puntos suspensivos.* I ended the sentence with dot, dot, dot.

puntuación *sustantivo*
(de un texto) **punctuation**

puntual *adjetivo*
punctual

puñado *sustantivo*
handful: *un puñado de sal* a handful of salt | *un puñado de niños* a handful of kids

puñetazo *sustantivo*
punch (plural **punches**) | **darle un puñetazo a alguien (en el estómago/la nariz etc.) to punch someone (in the stomach/on the nose etc.)**

pupila *sustantivo*
(del ojo) **pupil**

pupitre *sustantivo*
desk

puré *sustantivo*
1 (de papas) **mashed potatoes** *plural*: *salchichas con puré* sausages and mashed potatoes
2 puré de tomate/zanahorias etc. tomato/carrot etc. purée

pureza *sustantivo*
purity

purificar *sustantivo*
to purify

puro, -a *adjetivo & sustantivo*
■ *adjetivo*
1 (no contaminado o mezclado) **pure**: *Es de oro puro.* It's pure gold.
2 (perro) **purebred**: *un fox terrier puro* a purebred fox terrier
3 (solamente) **había puras mujeres/puros niños etc. there were only women/kids etc.**: *Somos puras niñas en la clase.* There are only girls in our class.
4 (para enfatizar) Ver ejemplos: *Es la pura verdad.* It's the honest truth. | *Es puro cuento.* It's a complete fabrication. | *Lo vi de pura casualidad.* I saw it by pure chance.
pura sangre thoroughbred
■ **puro** *sustantivo*
(cigarro) **cigar**

pus *sustantivo*
pus

Qq

Q, **q** *sustantivo*
Q, **q**

que *conjunción & pronombre*
■ *conjunción*
1 Cuando introduce una proposición, se traduce por **that**, que se suele omitir en el lenguaje hablado: *Creo que tiene razón.* I think (that) he's right. | *Dijo que hacía frío.* She said (that) it was cold.
2 Con verbos que expresan deseos, pedidos o sugerencias, se usan construcciones con infinitivo: *Quiero que vengas.* I want you to come. | *Me pidió que me quedara.* She asked me to stay. | *Me aconsejó que esperara.* She advised me to wait.
3 Deseos y órdenes expresados por *que* seguido del subjuntivo: *Que te mejores.* I hope you get better soon. | *Que te vaya bien en el examen.* Good luck on the exam. | *Si no le gusta, que se vaya.* If he doesn't like it, he can leave.
4 Cuando expresa razón, no se traduce: *Abrígate, que hace frío.* Wrap up warm. It's cold out.
5 En comparaciones, se traduce por **than**: *Es más bonito que el otro.* It's nicer than the other one. | *Come más que yo.* He eats more than I do.
6 Cuando expresa consecuencia, se traduce por **that**, que se suele omitir en el lenguaje hablado: *Estaba tan cansada, que me quedé dormida.* I was so tired (that) I fell asleep.
■ *pronombre*
1 Cuando es sujeto, se traduce por **who** si se refiere a personas y por **which** o **that** si se refiere a cosas: *la chava que vino ayer* the girl who came yesterday | *la novela que ganó el premio* the novel that won the prize
2 Cuando es complemento, generalmente se omite aunque se puede traducir por **that** si se refiere a cosas: *Éste es el CD que me prestaste.* This is the CD (that) you lent me. | *Ése es el chavo que me gusta.* That's the boy I like. ▶ Fíjate en la posición de la preposición en los siguientes ejemplos: *el programa del que hablábamos* the program we were talking about | *la chava con la que sale* the girl he goes out with
3 lo que se traduce por **what**: *No entendí lo que dijo.* I didn't understand what he said.

qué *pronombre, adjetivo & adverbio*
1 (en preguntas directas e indirectas) **what**: *¿Qué dijo?* What did she say? | *No sé qué decirle.* I don't know what to say to her. | *¿De qué color es?* What color is it? ▶ Cuando la gama de opciones es limitada, se usa **which** en lugar de **what**: *¿Qué color prefieres?* Which color do you prefer? ▶ Fíjate en la posición de la preposición en los ejemplos siguientes: *¿De qué se ríen?* What are you laughing at? | *Le pregunté para qué era.* I asked him what it was for.
2 ¿qué? (a) (para pedir que se repita lo dicho) **pardon me?**: *¿Qué? No te oí bien.* Pardon me? I didn't hear you very well. **(b)** (para expresar incredulidad) **what?**: *–Se casa Paola. –¿Qué?* "Paola's getting married." "What?" ▶ Algunas personas prefieren usar **sorry** o **pardon**
3 ¿y qué? (para expresar indiferencia) **so what?**: *–Ya es tarde. –¿Y qué?* "It's late." "So what?"
4 ¿qué tal? how are you?: *Hola ¿qué tal?* Hello, how are you? | **¿qué tal Juan/la película etc.? how is Juan/how was the movie etc.?**: *¿Qué tal el libro? ¿Te gusta?* How's the book? Are you enjoying it?
5 ¿qué onda? how are things?
6 (en exclamaciones) Se usa **what a** cuando hay un sustantivo singular, **what** cuando hay un sustantivo plural y **how** cuando hay sólo un adjetivo: *¡Qué casualidad!* What a coincidence! | *¡Qué flores más hermosas!* What beautiful flowers! | *¡Qué mala suerte!* What bad luck! | *¡Qué extraño!* How strange!

quebrada *sustantivo*
gorge

quebrado, **-a** *adjetivo & sustantivo*
■ *adjetivo*
1 (roto) **broken**: *una rama quebrada* a broken branch
2 (comerciante, individuo) **bankrupt** (empresa) **insolvent**
■ **quebrado** *sustantivo*
(en matemáticas) **fraction**

quebrar *verbo*
1 (romper) **to break**
2 (comerciante, individuo) **to go bankrupt**
3 (empresa) **to go into liquidation**: *Nuestro negocio quebró.* Our business went into liquidation.

Q

quebrarse

1 (romperse) **to break**

2 quebrarse una pierna/un brazo etc. to break a leg/an arm etc.: *Se quebró una pierna.* She broke a leg.

quedar *verbo*

1 (haber todavía) **queda muy poco pan/quedan tres huevos etc. there's very little bread left/there are three eggs left etc.**: *No queda leche.* There's no milk left | **nos queda muy poco pan/nos quedan tres huevos etc. we have very little bread left/we have three eggs left etc.**: *Me quedan tres pesos.* I have three pesos left.

2 (faltar) Ver ejemplos: *Nos quedan dos horas.* We still have two hours. | *Todavía me quedan dos capítulos.* I still have two chapters to go.

3 (estar situado) **to be**: *Queda muy cerca de aquí.* It's very close by.

4 (hablando de planes, arreglos) Ver ejemplos: *¿A qué hora quedaron?* What time did you arrange to meet? | *¿Al final en qué quedaron?* What did you decide in the end?

5 (hablando del tamaño de la ropa) **to fit**: *Te queda perfecto.* It fits you perfectly. | **me queda chico -a/grande etc. it's too small/big etc. for me**: *Esos pantalones te quedan cortos.* Those pants are too short for you.

6 (hablando del aspecto) **to look**: *Queda horrible pintado de verde.* It looks terrible painted green. | **te queda lindo -a/feo -a etc. it looks good on you/it doesn't look good on you etc.**: *No le queda bien el negro.* Black doesn't look good on her. | *Te queda padre el vestido.* You look great in that dress.

7 (hablando de resultados) Ver ejemplos: *Las cortinas le quedaron muy bien.* The curtains looked very good. | *El pastel te quedó muy rico.* The cake was delicious.

quedarse

1 (permanecer) **to stay**: *Vayan, yo me quedo.* You go, I'm going to stay. | *Quédate aquí.* Stay here. | **quedarse a comer/cenar etc. to stay for lunch/dinner etc.**: *¿Te quieres quedar a dormir?* Would you like to stay the night?

2 (terminar) Ver ejemplos: *¿Dónde nos quedamos la clase pasada?* How far did we get in the last class? | *Nos quedamos en el último capitulo.* We got as far as the last chapter.

3 quedarse haciendo algo Ver ejemplos: *Me quedé toda la noche estudiando.* I spent the whole night studying. | *Se quedó mirándome.* She stood there watching me. | *Se quedó arreglando la bici.* He stayed behind fixing his bike.

4 (en determinado estado) **quedarse triste/preocupado -a etc. to be sad/worried etc.**: *Se quedaron preocupados cuando se fue.* They were worried when she left. | **quedarse calvo -a/sordo-a etc. to go bald/deaf etc.**: *Se está quedando ciego.* He's going blind. ▶ ver **quieto**, **tranquilo**

5 quedarse con algo (a) (conservarlo) **to keep something**: *Se quedó con mi libro.* She kept my book. **(b)** (elegirlo) **to choose something**: *No sé con cuál quedarme.* I don't know which one to choose.

6 quedarse sin algo to run out of something: *Nos quedamos sin café.* We've run out of coffee.

queja *sustantivo*

complaint: *Hubo quejas de los vecinos.* There were complaints from the neighbors.

quejarse *verbo*

to complain | **quejarse de/por algo to complain about something**: *Deja de quejarte por todo.* Stop complaining about everything.

quejido *sustantivo*

groan

quemado, **-a** *adjetivo*

1 (por el fuego o el calor) **burned**, **burnt**: *La comida está quemada.* The food's burned. | *Huele a quemado.* I can smell burning.

2 (bronceado) **tanned**: *¡Qué quemada estás!* You're really tan!

3 (por exceso de sol) **sunburnt**: *Tienes la nariz muy quemada.* Your nose is very sunburnt.

quemadura *sustantivo*

burn | **una quemadura de primer/segundo/tercer grado a first-degree/second-degree/third-degree burn**

quemaduras de sol sunburn: *una crema para las quemaduras de sol* a sunburn cream

quemar *verbo*

1 (con fuego, calor, etc.) **to burn**: *Quemé el mantel con el cigarro.* I burned the tablecloth with my cigarette.

2 (con un líquido caliente) **to scald**

3 (estar muy caliente) **to be very hot**: *La arena quema.* The sand's very hot. | *Ojo, la leche quema.* Be careful, the milk's very hot.

quemarse

1 (con fuego, con un objeto caliente) **to burn yourself**: *Me quemé con la olla.* I burned myself on the pot.

2 (con un líquido caliente) **to scald yourself**

3 quemarse la mano/el brazo etc. (a) (con fuego, con un objeto caliente) **to burn your hand/arm etc.**: *Me quemé el brazo con la plancha.* I burned my arm on the iron. **(b)** (con un líquido caliente) **to scald your hand/arm etc.**

4 (por exceso de sol) **to get sunburnt**: *Ponte protector para no quemarte.* Put some suntan lotion on so you don't get sunburnt. | **me quemé los hombros/la nariz etc. my shoulders/nose etc. got sunburnt**

5 (broncearse) **to tan**: *Se quema inmediatamente.* She tans right away. | **me quemé la espalda/las piernas etc. I got a tan on my back/my legs etc.**

6 (mantel, camisa, etc.) **to get burnt**: *Se me quemó el puño de la camisa.* The cuff of my shirt got burnt.

7 (ser destruido por el fuego) (casa, edificio, bosque) **to burn down**: *Se quemó todo en el incendio.* Everything burned in the fire.

8 (pollo, pan tostado, tortillas) **to burn**: *Se me quemó el pastel.* The cake burned.

querer *verbo*

1 (desear) **to want**: *Quiere un helado.* He wants an ice cream cone. | *Queremos ir al cine.* We want to go to the movies. | **querer que alguien haga algo to want someone to do something**: *Quiero que vengas.* I want you to come. | *Quería que la pasara a buscar.* She wanted me to go and pick her up. ▶ Usado en el pretérito *querer* a veces significa *tratar de* en el afirmativo y *rehusarse* en el negativo y en estos casos tiene traducciones diferentes: *Quisieron engañarnos.* They tried to deceive us. | *No me quiso ayudar.* She refused to help me./ She wouldn't help me.

2 (en ofrecimientos y pedidos) Se usan construcciones con **want** en lenguaje coloquial y con **would like** en lenguaje más formal: *¿Quieres café?* Would you like some coffee?/Do you want some coffee? | *¿Qué quieren hacer este fin de semana?* What do you want to do this weekend?/What would you like to do this weekend?

3 sin querer *Perdón, fue sin querer.* Sorry, it was an accident. | *Lo rompí sin querer.* I accidentally broke it. | *Lo ofendí sin querer.* I unintentionally offended him.

4 queriendo on purpose: *Lo hiciste queriendo.* You did it on purpose.

5 como quieras however you want | **cuando quieras whenever you want** | **lo que quieras whatever you want**: *–¿Qué hacemos? –Lo que quieras.* "What shall we do?" "Whatever you want."

6 querer decir to mean: *¿Qué quiere decir "skirt"?* What does "skirt" mean? | *¿Qué quieres decir con eso?* What do you mean by that?

7 (amar) **to love**: *Te quiero.* I love you.

quererse to love each other: *Se quieren mucho.* They love each other very much.

querido, -a *adjetivo*

1 (amado) **dear**: *un amigo muy querido* a very dear friend

2 (en cartas, etc.) **dear**: *Querido diario:* Dear diary,

quesadilla *sustantivo*

La palabra *quesadilla* se usa en inglés pero si tienes que explicar qué es, di *it's a folded pancake, filled with cheese, meat, mushrooms, etc.*

queso *sustantivo*

cheese | **un sandwich/un suflé de queso a cheese sandwich/soufflé** **queso crema cream cheese** **queso rallado grated cheese** **queso de tuna** Nuestro queso de tuna no existe en el mundo anglosajón. Si quieres explicar qué es, di *It's a sweet paste made from prickly pear.*

quiebra *sustantivo*

1 bankruptcy (plural **bankruptcies**)

2 estar en quiebra (a) to be bankrupt (b) to be in liquidation

quien *pronombre*

1 (tras una preposición) Se suele omitir en inglés hablado. Fíjate en la posición de las preposiciones en los siguientes ejemplos: *el muchacho con quien salía* the boy she used to go out with | *las personas de quienes te hablé* the people I spoke to you about

2 (como sujeto) **who**: *Es usted quien tiene que decidir.* It's you who has to decide. ▶ Cuando lo precede un negativo, se usa una construcción con **no-one** o **nobody**, o una construcción con verbo negativo y **anyone** o **anybody**: *No hay quien le gane.* Nobody can beat him. | *No tengo quien me lleve.* I don't have anyone to take me.

3 (cualquier persona) **whoever**: *Sea quien sea, es un imbécil.* He's an idiot, whoever he is. | *Dile a quien quieras.* Tell whoever you like.

Q

quién *pronombre*

1 (en preguntas directas e indirectas y en exclamaciones) **who**: *¿Quién es?* Who is it? | *No sabe quiénes van.* She doesn't know who's going. | *–¿Qué quiere? –¡Quién sabe!* "What does he want?" "Who knows!" ▶ Fíjate en la posición de la preposición en los ejemplos siguientes: *¿De quién están hablando?* Who are you talking about? | *Pregúntale para quién es.* Ask him who it's for.

2 de quién/quiénes whose: *¿De quién es este lápiz?* Whose is this pencil? | *No sabía de quién era.* She didn't know whose it was.

quienquiera *pronombre*

whoever

quieto, -a *adjetivo*

(sin moverse) **still** | **quedarse quieto -a to keep still**: *¡Quédate quieto!* Keep still!

química *sustantivo*

chemistry

químico, -a *adjetivo & sustantivo*

■ *adjetivo*

chemical: *una fórmula química* a chemical formula

■ *sustantivo*

chemist: *Es químico.* He's a chemist.

quince *número*

1 fifteen

2 (día) **fifteenth**: *el quince de marzo* March fifteenth

quincena *sustantivo*

two weeks *plural*: *la segunda quincena de enero* the second two weeks in January

quinientos, -as *número*

five hundred

quinto, -a *número*

fifth

quiosco *sustantivo*

(de periódicos, etc.) **newsstand**

quirófano *sustantivo*

operating room

quisquilloso, -a *adjetivo*

1 (susceptible) **touchy**: *No seas tan quisquillosa.* There's no need to be so touchy.

2 (exigente) **fussy**

quitar *verbo*

1 (retirar, poner en otro lugar) La traducción depende de dónde está lo que se quita: *Quitaron todos los cuadros* They took all the pictures down. | *Quita el gato de la cama.* Get the cat off the bed. | *Quitamos la alfombra antes de la fiesta.* We took the carpet up before the party.

2 (privar) **quitarle algo a alguien to take something from someone**: *La maestra nos quitó la revista.* The teacher took the magazine from us.

3 (restar) Ver ejemplos: *A doce quítale cinco.* Take five away from twelve. | *Vamos a quitarle 3 cm de largo.* We'll take 3 cm off the length.

4 (referido a una excepción) **not to count**: *Quitando a los niños somos cuatro.* There are four of us not counting the children.

quitarse

1 (una prenda de ropa) **to take off**: *Se quitó la camisa.* He took off his shirt.

2 (apartarse) **to get away**: *Quítate de ahí que te van a pegar.* Get away from there or you'll get hit.

3 (dolor) **to go**: *Ya se me quitó el dolor de cabeza.* My headache's gone now.

4 (mancha) **to come out**

quizás, o **quizá** *adverbio*

maybe, perhaps: *Quizás fue un error.* Maybe it was a mistake./Perhaps it was a mistake. ▶ A menudo se usa el modal **may**: *Quizás venga con la novia.* He may bring his girlfriend. | *Quizás lo haya hecho a propósito.* She may have done it on purpose.

R, r *sustantivo*
R, r: *"Russian" se escribe con R mayúscula.* "Russian" is written with a capital R.

rabia *sustantivo*
1 me/le etc. da rabia It makes me/him etc. mad: *Me da rabia que se salga siempre con la suya.* It makes me mad that he always gets his way.
2 (enfermedad) **rabies** *singular*

rabino, -a *sustantivo*
rabbi: *Es rabino.* He's a rabbi.

racha *sustantivo*
1 (de enfermedades, accidentes) **spate**
2 (de éxitos, derrotas) **string**
3 una racha de buena/mala suerte a run of good/bad luck
4 estar pasando por una buena/mala racha to be going through a good/bad stretch

racial *adjetivo*
racial

racimo *sustantivo*
(de uvas) **bunch** (plural **bunches**)

racional *adjetivo*
rational

racismo *sustantivo*
racism: *problemas de racismo* problems with racism

racista *adjetivo & sustantivo*
racist

radar *sustantivo*
radar

radiación *sustantivo*
radiation

radiactivo *adjetivo*
radioactive

radiador *sustantivo*
1 (de un coche) **radiator**
2 (para calefacción) **radiator**

radio *sustantivo*
1 (aparato) **radio**: *Prende el radio.* Turn the radio on.
2 (sistema) **radio**: *el radio y la televisión* radio and television | **en el radio on the radio**: *Lo oí en el radio.* I heard it on the radio.
3 (de una circunferencia) **radius** (plural **radii**) | **en un radio de 10/20 kilómetros within a 10/20 kilometer radius**

radiografía *sustantivo*
X-ray: *Me tengo que hacer una radiografía.* I have to have an X-ray.

raíz *sustantivo*
(de una planta) **root**
raíz cuadrada square root raíz cúbica cube root

raja *sustantivo*
1 (de chile) **slice** (de canela) **stick**
2 rajas (de chile) **chili slices**

rajadura *sustantivo*
crack

rajar
1 (taza, plato) **to crack**
2 (llanta) **to slash**
rajarse
1 (partirse, agrietarse) **to crack**
2 (echarse para atrás) **to back out**: *Ándale, no te rajes ahora.* Come on. Don't back out now.

rallado, -a *adjetivo*
(zanahoria, chocolate, etc.) **grated**

rallar *verbo*
to grate: *Ralla el queso.* Grate the cheese.

rama *sustantivo*
(de un árbol) **branch** (plural **branches**)

ramo *sustantivo*
(de flores) **bunch** (plural **bunches**): *un ramo de rosas* a bunch of roses ▶ Para un arreglo más elaborado, se usa **bouquet**: *el ramo de la novia* the bride's bouquet

rampa *sustantivo*
ramp: *una rampa para sillas de ruedas* a wheelchair ramp

rana *sustantivo*
frog

rancho *sustantivo*
ranch (plural **ranches**)

ranura *sustantivo*
slot: *Pon la moneda en la ranura.* Put the coin in the slot.

R

rap *sustantivo*
rap, **rap music** | **cantar rap** **to rap**

rape *sustantivo*
cortarse el pelo al rape **to have your hair cut really short**

rapero, **-a** *sustantivo*
rapper

rapidez *sustantivo*
speed | **con rapidez** **quickly**: *Reaccionó con rapidez.* She reacted quickly.

rápido, **-a** *adjetivo, adverbio & sustantivo plural*
■ *adjetivo*
1 (coche, computadora, corredor) **fast**: *Esta máquina es super rápida.* This machine's really fast.
2 (visita, mirada) **quick**: *Dale una mirada rápida.* Take a quick look at it.
3 **¡rápido!** **hurry up!**: *¡Rápido, que se va el tren!* Hurry up! The train's about to leave!
■ **rápido** *adverbio*
quickly: *Vino super rápido.* She came incredibly quickly.
■ **rápidos** *sustantivo plural*
rapids

raptar *sustantivo*
to kidnap

raqueta *sustantivo*
(de tenis, squash, etc.) **racket**

raro, **-a** *adjetivo*
1 (extraño) **strange**, **odd**: *Pablo es medio raro.* Pablo's a little strange. | *¡Qué raro que no vino!* It's strange that she didn't come.
2 (poco frecuente) **rare**: *un caso raro* a rare case

rascar *verbo*
to scratch: *¿Me rascas la espalda?* Can you scratch my back for me?
rascarse (con las uñas) **to scratch (yourself)** | **rascarse la cabeza/la nariz etc.** **to scratch your head/your nose etc.**

rasgo *sustantivo*
(característica) **characteristic**

rasguñar *verbo*
to scratch

rasguño *sustantivo*
scratch (plural **scratches**): *Salió sin un rasguño.* She emerged without a scratch.

raso *sustantivo*
satin

raspar *verbo*
(con cuchillo, espátula, etc.) **to scrape** | **raspar la pintura/el barro etc.** (para quitarlo) **to scrape the paint/mud etc. off**
rasparse: **rasparse el codo/la rodilla etc.** **to graze your elbow/knee etc.**

rastrear *verbo*
rastrear algo o a alguien **to track something or someone down**

rastrillo *sustantivo*
1 (para rasurarse) **razor**
2 (para el jardín) **rake**

rastro *sustantivo*
1 (pista) **trail**: *Le perdimos el rastro.* We lost his trail.
2 (matadero) **slaughterhouse**

rasuradora *sustantivo*
shaver

rata *sustantivo*
(animal) **rat**

rato *sustantivo*
while: *Salió hace un rato.* She went out a while ago. | *Quédate un ratito conmigo.* Stay with me for a while. | **al rato** **after a while**: *Al rato volvió con un amigo.* After a while, he returned with a friend. | **a ratos** **from time to time**: *A ratos salía el sol.* The sun came out from time to time.

ratón, **-ona** *sustantivo*
1 (animal) **mouse** (plural **mice**)
2 (de la computadora) **mouse**
3 **el ratón Pérez** En los países anglosajones el personaje imaginario que deja dinero a cambio de un diente se llama **the tooth fairy**

raya *sustantivo*
1 (línea) **line** | **hacer una raya** **to draw a line** | **a/de rayas** **striped**: *una camisa a rayas* a striped shirt
2 (en el pelo) **part**
3 **pasarse de la raya** **to go too far**

R

rayado, **-a** *adjetivo*
1 (a rayas) **striped**: *una camiseta rayada* a striped T-shirt
2 (disco) **scratched**

rayar *verbo*
1 (el piso, un mueble) **to scratch**: *Vas a rayar el piso con los patines.* You'll scratch the floor with your skates.
2 (con un lápiz, una pluma) **to scribble**: *Juanito me rayó todo el libro.* Juanito scribbled all over my book.
rayarse (disco, anteojos) **to get scratched**

rayo *sustantivo*
1 (durante una tormenta) **lightning** ▶ **lightning** es un sustantivo incontable. No tiene forma plural ni puede ir precedido de **a**:

Cayó un rayo en el árbol. The tree was hit by lightning.
2 (de sol, luz) **ray**
3 rayos (en el pelo) **highlights**: *Se hizo rayos.* She had highlights put in her hair.
rayo láser laser beam rayos ultravioleta ultraviolet rays rayos X X-rays

raza *sustantivo*
1 (de un perro, un gato, etc.) **breed**: *¿De qué raza es?* What breed is it? | **un perro/gato de raza a pedigree dog/cat**
2 (de una persona) **race**

razón *sustantivo*
1 tener razón to be right: *Tienes razón, no debería habérselo dicho.* You're right, I shouldn't have told her. | *Tienen razón en estar enojados.* They're right to be annoyed.
2 (causa) **reason**

razonable *adjetivo*
reasonable

re *sustantivo*
(nota musical) **D**

reacción *sustantivo*
reaction

reaccionar *verbo*
to react: *¿Cómo reaccionó cuando se lo dijiste?* How did he react when you told him?

reactor *sustantivo*
1 (para la producción de energía) **reactor**
2 (avión) **jet**
reactor nuclear nuclear reactor

real *adjetivo*
1 (de la realidad) **real**: *en la vida real* in real life | *Es una historia real.* It's a true story.
2 (de la realeza) **royal**: *la familia real* the royal family

realidad *sustantivo*
1 reality (plural **-ties**)
2 hacerse realidad to come true
realidad virtual virtual reality

realista *adjetivo*
realistic

realmente *adverbio*
really: *No se sabe qué pasó realmente.* Nobody knows what really happened.

reanimar *verbo*
1 reanimar a alguien (tras un desmayo) **to bring someone around**
2 reanimar a alguien (alegrar) **to cheer someone up**
reanimarse (alegrarse) **to cheer up**

rebaja *sustantivo*
(descuento) **hacerle una rebaja a alguien to give someone a discount**: *Me hicieron una rebaja.* They gave me a discount.

rebajado, -a *adjetivo*
reduced: *Los conseguí rebajados.* I got them reduced.

rebajar *verbo*
(un precio, un producto) **to reduce**: *Me lo rebajó a $15.* He reduced it to $15.

rebanada *sustantivo*
slice

rebaño *sustantivo*
1 (de ovejas) **flock**
2 (de cabras, ganado) **herd**

rebelde *adjetivo & sustantivo*
■ *adjetivo*
1 (espíritu, joven) **rebellious** ▶ Para referirse a un chico que no hace lo que se le dice, se usa **disobedient**
2 un grupo/ejército rebelde a rebel group/army
■ *sustantivo*
rebel

rebobinar *verbo*
to rewind: *¿Rebobinaste el video?* Did you rewind the video?

rebotar *verbo*
1 (pelota) **to bounce**: *La pelota no rebota.* The ball doesn't bounce. ▶ Cuando la pelota rebota en la dirección desde donde venía, se usa **to rebound**: *Rebotó en el palo.* It rebounded off the post.
2 (mail, mensaje) **to bounce**

rebuznar *verbo*
to bray

recaer *verbo*
(en una enfermedad) **to suffer a relapse**

recaída *sustantivo*
relapse: *Tuvo una recaída.* She had a relapse.

recalentar *verbo*
(comida) **to reheat**

recámara *sustantivo*
bedroom: *un departamento de tres recámaras* a three-bedroom apartment

recapacitar *verbo*
to think again: *Espero que recapacites.* I hope you will think again.

recargable *adjetivo*
(pila) **rechargeable** (encendedor) **refillable**

recargar *verbo*
1 (apoyar) **to lean**: *Recargó la guitarra en la pared.* She leaned the guitar against the wall.
2 (una batería, un celular) **to recharge**
3 (un encendedor) **to refill**

R

4 (un arma) **to reload**
recargarse **to lean**: *No te recargues en el barandal.* Don't lean on the rail.

recepción *sustantivo*
1 (en un hotel, una oficina) **reception**
2 (de radio, televisión, etc.) **reception**

recepcionista *sustantivo*
receptionist

receta *sustantivo*
1 (de cocina) **recipe**: *la receta del pastel de chocolate* the recipe for the chocolate cake
2 (de medicamentos) **prescription**: *El doctor me hizo una receta.* The doctor wrote me out a prescription. | **con receta** **with a prescription**

recetar *verbo*
to prescribe

rechazar *verbo*
(una propuesta, una solicitud) **to reject**

rechazo *sustantivo*
rejection

recibir *verbo*
(una carta, un regalo, etc.) **to get**, **to receive** ▶ **to get** es más frecuente en el lenguaje hablado: *¿Recibiste la postal que te mandé?* Did you get the postcard I sent you?
recibirse **to graduate**: *Me recibo a fin de año.* I graduate at the end of this year. | **recibirse de médico/abogada etc.** **to qualify as a doctor/lawyer etc.**

recibo *sustantivo*
1 (comprobante) **receipt**
2 (cuenta) **bill**: *No ha pagado el recibo del teléfono.* She hasn't paid the phone bill.

reciclable *adjetivo*
recyclable

reciclado, -a *adjetivo & sustantivo*
■ *adjetivo*
recycled
■ **reciclado** *sustantivo*
recycling

reciclar *verbo*
to recycle

recién *adverbio*
(con participios) *pan recién hecho* freshly baked bread | *una silla recién pintada* a newly painted chair | *Estaba recién bañado.* I had just taken a bath.

reciente *adjetivo*
recent

recipiente *sustantivo*
container

containers

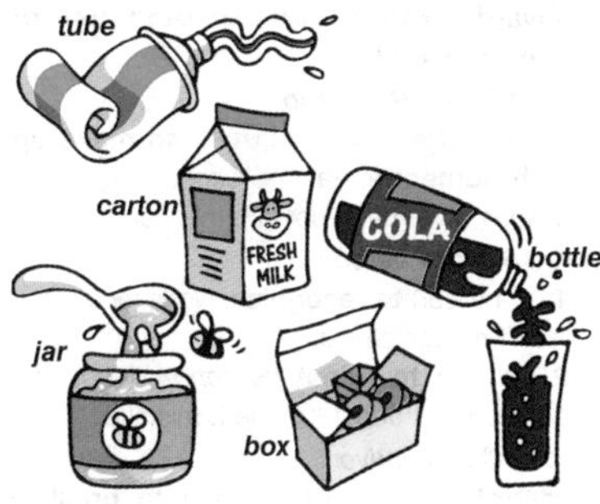

recital *sustantivo*
(de música) **recital**

recitar *verbo*
1 (una poesía, la lección) **to recite**
2 **recitar la tabla del cinco/del tres etc.** **to say your five times/three times etc. table**

reclamar *verbo*
(quejarse) **to complain**: *Fui a la tienda a reclamar.* I went to the store to complain.

recobrar *verbo*
(la memoria, la vista) **to recover**

recogedor *sustantivo*
dustpan

recoger *verbo*
1 (del suelo) **recoger algo** **to pick something up**: *Recojan todos los juguetes.* Pick all your toys up.
2 (ordenar) **to straighten up**: *Recoge tu cuarto.* Straighten up your room.
3 (buscar) **recoger algo o a alguien** **to pick something or someone up**: *Nos recogieron a las tres.* They picked us up at three o'clock.
recogerse: **recogerse el pelo** Si se trata de hacerse un chongo, se usa **to put your hair up**, si de una cola de caballo, etc. **to tie your hair back**

recomendación *sustantivo*
(consejo) **recommendation**

recomendar *verbo*
1 **recomendarle un hotel/un libro/un plomero etc. a alguien** **to recommend a hotel/a book/a plumber etc. to someone**: *María me recomendó este restaurante.* María recommended this restaurant to me.
2 (aconsejar) **recomendarle a alguien que haga algo** **to advise someone to do something**: *Me recomendó que no tomara sol.* He advised me not to sunbathe.

recompensa *sustantivo*
reward | **ofrecer una recompensa to offer a reward**

reconciliarse *verbo*
reconciliarse con alguien to make up with someone: *Ya me reconcilié con mis amigos.* I've made up with my friends.

reconocer *verbo*
1 (identificar) **to recognize**: *No la reconocí.* I didn't recognize her.
2 (admitir) **to admit**: *Reconozco que me equivoqué.* I admit I made a mistake.

récord *sustantivo*
record | **batir un récord to break a record**

recordar *verbo*
1 to remember: *No recuerdo dónde fue.* I don't remember where it was. | **recordar haber hecho algo to remember having done something**: *No recordaba haberlo leído.* He did not remember having read it.
2 me/le etc. recuerda a... it reminds me/him etc. of...: *Este lugar me recuerda a París.* This place reminds me of Paris.

recorrer *verbo*
1 (viajar por) **recorrer un país/una zona to travel around a country/an area**: *Queremos recorrer la Península de Yucatán.* We want to travel around the Yucatán Peninsula.
2 (en busca de algo) **to go all over**: *Recorrí todo el barrio buscando a mi perro.* I went all over the neighborhood looking for my dog.

recorrido *sustantivo*
(de un tren, camion) **route**

recortar *verbo*
to cut out: *Recortamos fotos de revistas para hacer un collage.* We cut out pictures from magazines to make a collage.

recorte *sustantivo*
(de diario, de revista) **cutting**

recostar *verbo*
to rest: *Recostó la cabeza en el cojín.* He rested his head on the cushion.

recreo *sustantivo*
recess (plural **recesses**): *en el recreo* during recess

recta *sustantivo*
(en geometría) **straight line**
recta final home straight

rectangular *adjetivo*
rectangular

rectángulo *sustantivo*
rectangle

recto, -a *adjetivo*
(línea, camino) **straight**

rector, -a *sustantivo*
president

recuerdo *sustantivo*
1 (en la memoria) **memory** (plural **memories**) ▶ El uso en plural es más frecuente: *Tengo un mal recuerdo de ese día.* I have bad memories of that day.
2 (objeto) **souvenir**

recuperar *verbo*
1 (referido al tiempo) **to make up**: *Tengo que recuperar los días que falté a clase.* I have to make up the days I missed school.
2 (dinero, bienes, territorios) **to recover**
recuperarse (de una enfermedad) **to recover**

recurso *sustantivo*
1 option: *No te queda otro recurso.* You have no other option. | **como último recurso as a last resort**
2 recursos (de un país, una empresa) **resources**
3 recursos (de una persona) **means**
recursos naturales natural resources

red *sustantivo*
1 (para pescar) **net**
2 (en tenis) **net**
3 (de comercios, sucursales) **network**
4 la red, la Red (Internet) **the web**: *Lo encontré en la red.* I found it on the web.
5 (en informática) **network** | **estar en red to be networked**: *Nuestras computadoras están en red.* Our computers are networked.

net

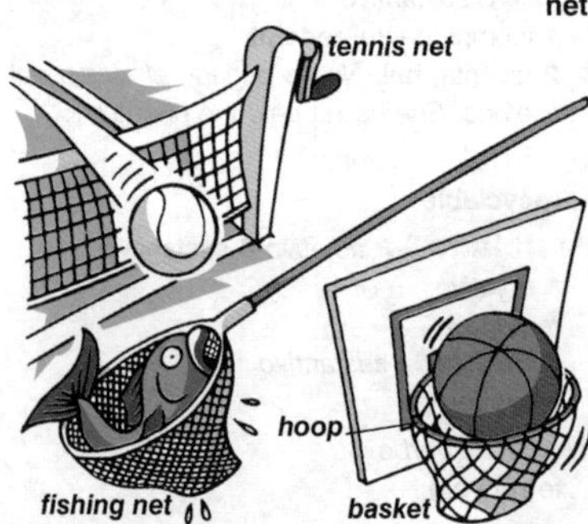

redacción *sustantivo*
essay: *una redacción sobre las vacaciones* an essay about the vacation

redactar *verbo*
to write: *Redacta muy bien.* She writes very well.

redactor, -a *sustantivo*
editor

redonda *sustantivo*
en cien metros/varias cuadras etc. a la redonda **for a hundred meters/ several blocks etc. around**: *No había un árbol en varios kilómetros a la redonda.* There wasn't a tree for miles around.

redondear *verbo*
redondear algo **(a)** (para arriba) **to round something up** **(b)** (para abajo) **to round something down**: *Lo redondeó a cien pesos.* He rounded it down to a hundred pesos.

redondel *sustantivo*
circle

redondo, -a *adjetivo*
1 (circular) **round**
2 caer redondo -a to collapse
3 (excelente) **great**: *un negocio redondo* a great deal

reducción *sustantivo*
reduction

reducir *verbo*
(disminuir) **to reduce**
reducirse (disminuir) **to go down**: *Las importaciones se redujeron en un 20%.* Imports went down by 20%.

reemplazar *verbo*
to replace: *Reemplazaron el elevador por una escalera eléctrica.* They replaced the elevator with an escalator.

refacción *sustantivo*
spare part

referencia *sustantivo*
1 reference | **hacer referencia a algo to refer to something**
2 referencias (para un trabajo) **references**

referirse *verbo*
referirse a algo o alguien to refer to something or someone: *¿A quién te refieres?* Who are you referring to?

refinería *sustantivo*
refinery (plural **-ries**)

reflejar *verbo*
to reflect

reflejo *sustantivo*
1 (imagen) **reflection**
2 reflejos (reacciones) **reflexes**: *Tiene buenos reflejos.* He has good reflexes.

reflexionar *verbo*
to think

reforma *sustantivo*
1 (de un sistema, una ley) **reform**
2 hacer reformas en una casa/en la cocina etc. to make improvements to a house/the kitchen etc.

reformar *verbo*
reformar una casa/el baño etc. to make improvements to a house/the bathroom etc.: *Van a reformar su casa.* They are going to make improvements to their house.

reformatorio *sustantivo*
juvenile correction facility

reforzar *verbo*
(hacer más fuerte o sólido) **to reinforce**: *Reforzaron el piso.* They reinforced the floor.

refrescante *adjetivo*
refreshing

refrescar *verbo*
1 (referido a la temperatura) **to get cooler**: *A la noche refrescó bastante.* It got much cooler in the evening.
2 refrescarle la memoria a alguien to refresh someone's memory
refrescarse (persona) **to cool off**: *Me voy al agua a refrescarme un poco.* I'm going for a swim to cool off a little.

refresco *sustantivo*
soda: *¿Quieres un refresco?* Do you want a soda?

refrigerador *sustantivo*
refrigerator

refuerzo *sustantivo*
1 reinforcement
2 refuerzos reinforcements

refugiado, -a *sustantivo*
refugee

refugiarse *verbo*
1 (por razones políticas, ideológicas, etc.) **to take refuge**: *Se refugiaron en la embajada.* They took refuge in the embassy.
2 refugiarse del viento/de la lluvia etc. to shelter from the wind/rain etc.

refugio *sustantivo*
(protección) **refuge**
refugio nuclear nuclear fallout shelter

regadera *sustantivo*
1 (para bañarse) **shower**
2 (para las plantas) **watering can**

regaderazo *sustantivo*
shower | **darse/echarse un regaderazo to take a shower**

regalar *verbo*
1 regalarle algo a alguien to give someone something: *Mis abuelos me regalaron una bicicleta.* My grandparents gave me a bicycle. ▶ Cuando no se menciona a la persona que hace el regalo, a

menudo se usa el verbo **to get** con la persona que recibe el regalo como sujeto: *Para Navidad me regalaron un skate.* I got a skateboard for Christmas.

2 (cuando no se dice a quién) **regalar algo to give something away**: *Tenía muchos libros de cuentos pero los regalé todos.* I had lots of story books but I gave them all away.

regalo *sustantivo*

1 present, **gift**: *Te traje un regalo.* I've brought you a present. | **hacerle un regalo a alguien to give someone a present/gift**: *Le quiero hacer un regalo.* I want to give her a present.

2 de regalo ► Hablando de productos comerciales, se usa el adjetivo **free**: *Viene con un póster de regalo.* You get a free poster with it.

regañar *verbo*

regañar a alguien to tell someone off: *La regañó la maestra por llegar tarde.* The teacher told her off for being late.

regar *verbo*

1 (las plantas) **to water**: *Está regando el pasto.* He's watering the lawn.

2 (leche, vino) **to spill**

3 (objetos) **to scatter**: *Regó los juguetes por toda la sala.* He scattered the toys all over the room.

4 regarla to goof: *La regaste al no contestarle su llamada.* You goofed when you didn't return her call.

regatear *verbo*

to haggle | **regatear el precio to haggle over the price**

R

régimen *sustantivo*

1 (dieta) **diet** | **estar a régimen to be on a diet**: *Está a régimen.* She's on a diet. | **ponerse a régimen to go on a diet**: *Tengo que ponerme a régimen.* I have to go on a diet.

2 (gobierno) **regime**

región *sustantivo*

region

regional *adjetivo*

regional

registrar *verbo*

(examinar) **to search**: *Le registraron la casa.* They searched his house.

registrarse

1 (en un hotel) **to check in**: *Tengo que registrarme.* I have to check in.

2 (inscribirse) **to register**

regla *sustantivo*

1 (útil) **ruler**: *¿Me prestas la regla?* Can I borrow your ruler?

2 (norma) **rule**: *las reglas del juego* the rules of the game

3 en regla in order: *Tengo todos los papeles en regla.* All my papers are in order.

reglamento *sustantivo*

rules *plural*: *el reglamento de la escuela* the school rules

regresar *verbo*

1 (ir) **to return**: *Regresaron a sus hogares.* They returned to their homes. ► Se usa **to return** sobre todo en contextos formales. En contextos más de todos los días se usa **to go back** (cuando el sujeto se aleja del hablante) o **to come back** (cuando el movimiento es hacia el hablante): *Mis papás regresan mañana.* My parents are coming back tomorrow.

2 (devolver) **to give back**: *No me has regresado el libro que te presté.* You haven't given me back the book I lent you.

3 (a una persona) **to send back**: *Lo regresaron del colegio por no llevar el uniforme.* They sent him home from school because he wasn't wearing his uniform.

4 regresar a alguien a la cárcel/al hospital etc. to send someone back to jail/to the hospital etc.

regresarse

1 (venir) **to come back**: *Nos regresamos antes de Acapulco porque había mucha gente.* We came back early from Acapulco because there were a lot of people.

2 (ir) **to go back**: *Después de traerme a la casa se regresaron a la fiesta.* After bringing me home, they went back to the party.

regreso *sustantivo*

return: *el viaje de regreso* the return journey | **estar de regreso (de Europa/las vacaciones etc.) to be back (from Europe/your vacation etc.)**

regular *adjetivo & adverbio*

1 (no muy bien, no muy bueno) La traducción varía según el contexto: *La redacción me salió regular.* I didn't do the essay very well. | *Como cantante es regular.* He's not a great singer. ► Como respuesta se usa **so-so**: *–¿Cómo te fue? –Regular.* "How did it go?" "So-so."

2 (siguiendo un ritmo fijo) **regular**: *a intervalos regulares* at regular intervals

rehacer *verbo*
rehacer algo to do something again: *Tengo que rehacer el trabajo.* I have to do the work again.

rehén *sustantivo*
hostage

rehusarse *verbo*
to refuse | **rehusarse a hacer algo to refuse to do something**: *Se rehusa a hablar conmigo.* He refuses to speak to me.

reina *sustantivo*
1 (monarca) **queen**
2 (en las cartas, el ajedrez) **queen**

reinar *verbo*
to reign

reino *sustantivo*
kingdom
el reino animal the animal kingdom el reino vegetal the vegetable kingdom, the plant kingdom

Reino Unido *sustantivo*
el Reino Unido the United Kingdom, the UK ▶ ver nota en **Inglaterra**

reír *verbo*
to laugh | **hacer reír a alguien to make someone laugh**
reírse to laugh: *Se rieron a carcajadas.* They laughed their heads off. | **reírse de algo to laugh about something**: *¿De qué te ríes?* What are you laughing about? | **reírse de alguien to laugh at someone**: *No te rías de mí.* Don't laugh at me.

relación *sustantivo*
1 (entre temas, ideas, etc.) **connection**
2 (entre personas) **relationship**

relacionado, -a *adjetivo*
relacionado -a con algo related to something ▶ En lenguaje hablado se usa más **to do with something**: *Le fascina todo lo relacionado con el campo.* He is fascinated by everything to do with the countryside.

relacionar *verbo*
to relate
relacionarse (estar relacionado): **relacionarse con algo to be related to something**: *Este caso se relaciona con los anteriores.* This case is related to the earlier ones.

relajar *verbo*
to relax
relajarse to relax

relajo *sustantivo*
1 (desorden) **mess**: *Ordenen este relajo.* Straighten up this mess.
2 (lío) **ser un relajo to be chaos**: *Cuando llegamos al aeropuerto, aquello era un relajo.* It was chaos at the airport when we got there.

relámpago *sustantivo*
flash of lightning ▶ El plural *relámpagos* se traduce por el sustantivo incontable **lightning**: *Llovió con truenos y relámpagos.* It rained and there was thunder and lightning.

relativo, -a *adjetivo*
1 (no absoluto) **relative**
2 (bastante) **de relativa importancia/urgencia relatively important/urgent**

relato *sustantivo*
1 (cuento) **story** (plural **stories**): *un libro de relatos* a story book
2 (de un hecho) **account**: *el relato de su viaje* the account of his journey

relevar *verbo*
1 to stand in for: *Me relevó un colega el sábado.* A co-worker stood in for me on Saturday.
2 (a un jugador) **to replace**: *Lo tuvieron que relevar cuando se lastimó.* He had to be replaced when he got injured.

religión *sustantivo*
religion

religioso, -a *adjetivo*
religious

relinchar *verbo*
to neigh

rellenar *verbo*
1 (un pollo, una berenjena, un chile) **to stuff**
2 (un pay) **to fill**

relleno, -a *adjetivo & sustantivo*
■ *adjetivo*
1 (pollo, tomate, chile) **stuffed**: *chiles rellenos* stuffed chilis | **relleno -a de algo stuffed with something**: *aceitunas rellenas de anchoa* olives stuffed with anchovies
2 (pay, galleta, caramelo) **relleno -a de chocolate/crema etc. chocolate-filled/cream-filled etc.**: *galletas rellenas de chocolate* chocolate-filled cookies
■ **relleno** *sustantivo*
1 (para pollo, jitomates, chiles) **stuffing**
2 (de un pay, una galleta, un taco) **filling**
3 (de una almohada, un colchón) **stuffing**

reloj *sustantivo*
1 (de pared, de mesa) **clock**: *el reloj de la cocina* the kitchen clock
2 reloj (pulsera) watch: *Traes el reloj atrasado.* Your watch is slow.

remar *verbo*
1 (en bote) **to row**
2 (en canoa, kayak) **to paddle**

rematar *verbo*
1 (en deportes) **to shoot**: *Remató a gol.* He shot at goal.
2 (subastar) **to auction**
3 (vender muy barato) **rematar algo to sell something off**: *Están rematando todo.* They're selling everything off.
4 (terminar de matar) **rematar a alguien to finish someone off**

remate *sustantivo*
1 (en deportes) **shot**
2 (subasta) **auction**: *Los compró en un remate.* She bought them at an auction.

remedio *sustantivo*
1 (medicamento) **medicine**: *¿Tomaste el remedio?* Have you taken your medicine?
2 (cura, tratamiento) **remedy** (plural **-dies**): *un remedio casero* a home remedy
3 (solución) **solution**: *Esto ya no tiene remedio.* There's no solution to this.
4 **no tengo/tenemos etc. más remedio que hacer algo I/we etc. have no choice but to do something**: *No tuvo más remedio que aceptar.* She had no choice but to accept.

remitente *sustantivo*
1 (persona) **sender**
2 (datos) **return address**

remo *sustantivo*
1 (de un bote) **oar**
2 (de un kayak, una canoa) **paddle**
3 (deporte) **rowing**: *un club de remo* a rowing club

R

remojo *sustantivo*
poner/dejar algo en remojo to leave something to soak: *Puse los frijoles en remojo.* I left the beans to soak.

remolcar *verbo*
to tow: *Remolcaron el coche hasta el taller.* They towed the car to the garage.

remolque *sustantivo*
1 (grúa) **tow truck**
2 (de un coche, un camión) **trailer**

remoto, **-a** *adjetivo*
(lugar, posibilidad) **remote** ▶ ver **control**

remover *verbo*
remover los escombros to go through the rubble

renacuajo *sustantivo*
tadpole

rencor *sustantivo*
resentment | **guardarle rencor a alguien (por algo) to hold a grudge against someone (for something)**: *No le guardo rencor por lo que me hizo.* I don't hold a grudge against him for what he did to me.

rendido, **-a** *adjetivo*
exhausted

rendija *sustantivo*
gap

rendimiento *sustantivo*
performance

rendir *verbo*
1 (hablando de alimentos, artículos de limpieza, etc.) **rendir (mucho) to go a long way**: *El arroz rinde mucho.* Rice goes a long way. | *Hizo rendir el pollo.* He made the chicken go a long way.
2 **me/le etc. rindió la mañana I/he etc. got a lot done in the morning**
3 (referido a una persona, un equipo) **to perform**: *El equipo no rindió lo que esperaban.* The team didn't perform as expected.

rendirse
1 (darse por vencido) **to give up**: *No lo sé. Me rindo.* I don't know. I give up.
2 (ejército) **to surrender**

renegar *verbo*
1 (refunfuñar) **to complain**
2 **hacer renegar a alguien to make someone mad**

renglón *sustantivo*
line

renovar *verbo*
1 (un documento, un contrato) **to renew**
2 (una casa, un edificio) **to renovate**, **to refurbish**: *Están renovando la escuela.* They are renovating the school.

renta *sustantivo*
rent: *¿Ya pagaste la renta?* Have you paid the rent yet?

rentar *verbo*
1 (cuando el sujeto es el dueño) **to rent**: *Allí rentan bicicletas.* They rent bicycles there.
2 (cuando el sujeto es el usuario) **to rent**: *Vamos a rentar una casa en la playa.* We're going to rent a house at the beach. | *se renta departamento* apartment for rent

renuncia *sustantivo*
resignation | **presentar la renuncia to hand in your resignation**

renunciar *verbo*
(dimitir) **to resign** | **renunciar a su cargo/puesto to resign your post/ position**

reñido, -a *adjetivo*
close: *un partido reñido* a close game

reojo
mirar algo o a alguien de reojo to look at something or someone out of the corner of your eye: *La miraba de reojo.* He was looking at her out of the corner of his eye.

reparación *sustantivo*
repair | **estar en reparación to be under repair**

repartidor, -a *sustantivo*
(de agua, del periódico) Usa **delivery man**, **delivery boy**, etc.

repartir *verbo*
1 (distribuir) **to hand out**: *El profesor repartió las fotocopias.* The teacher handed out the photocopies.
2 (periódico) **to deliver**
3 (en juegos de cartas) **to deal**: *Repártele tres cartas a cada uno.* Deal three cards to each person.
4 (dividir) **to divide**: *Repartió su dinero entre sus hijos.* He divided his money among his children.

hand out

He handed out the copies.

reparto *sustantivo*
1 (de una película, obra de teatro, etc.) **cast**
2 (de mercaderías) **delivery** (plural **deliveries**): *reparto de periódicos* newspaper delivery
3 (en partes) **division**
reparto a domicilio home delivery: *No hacen reparto a domicilio.* They don't do home deliveries.

repasar *verbo*
1 (volver a estudiar) **to review**: *Todavía me falta repasar todo.* I still have to review it all.
2 (volver a ver) **to check**: *Repásalo antes de entregarlo.* Check it before you hand it in.

repaso *sustantivo*
1 (para un examen, etc.) **review**: *El repaso llevó toda la clase.* Review took up the whole class.
2 hacer repaso to review
3 darle un repaso a algo to review something: *Le dieron un repaso a todo el programa.* They reviewed the whole syllabus.

repelente *sustantivo*
repelente de insectos/mosquitos insect/mosquito repellent

repente
de repente (repentinamente) **suddenly**: *De repente se fue la luz.* Suddenly the electricity went off.

repentino, -a *adjetivo*
sudden: *un cambio repentino* a sudden change

repetición *sustantivo*
1 (de una pregunta, un hecho, etc.) **repetition**
2 (de una jugada) **replay**: *No pasaron la repetición.* They didn't show the replay.

repetir *verbo*
1 (volver a decir) **to repeat**: *¿Me repites la pregunta?* Could you repeat the question?
2 (un grado, un año) **to repeat**: *Repitió quinto año.* He repeated fifth grade.
3 (en una comida) **to have a second helping**: *¿Puedo repetir?* Can I have a second helping? | **repetir pollo/el postre etc. to have a second helping of chicken/ dessert etc.**
4 estoy repitiendo la cebolla/el ajo etc. the onion/the garlic etc. is repeating on me

repisa *adjetivo*
(estante) **shelf** (plural **shelves**)

> **NOTA:** Tienen nombres específicos en inglés la repisa de encima de una chimenea (**mantelpiece**) y la que está debajo de una ventana (**windowsill**).

repollo *sustantivo*
cabbage

reponer *verbo*
(algo que falta) **to replace**: *Es una pieza difícil de reponer.* It's a difficult part to replace.
reponerse to recover: *Se repuso muy rápidamente.* She recovered very quickly.

reportaje *sustantivo*
report: *un reportaje sobre el terrorismo* a report on terrorism

reportero, -a *sustantivo*
reporter: *Su tío es reportero de un periódico.* Her uncle is a newspaper reporter.

reposar *verbo*
(en cocina) **to stand** | **dejar reposar algo to let something stand**: *Deje reposar la mezcla cinco minutos.* Let the mixture stand for five minutes.

reposo *sustantivo*
1 rest | **guardar reposo to rest**: *Le dijo que guardara reposo.* He told her to rest.
2 (en cocina) **dejar algo en reposo to let something stand**

repostería *sustantivo*
1 (actividad) En inglés hay que usar una frase verbal: *Me gusta la repostería.* I like making cakes and desserts.
2 (productos) En inglés hay que nombrar productos específicos: *Esta panadería tiene muy buena repostería.* This bakery sells very good cakes and desserts.

representante *sustantivo*
representative

representar *verbo*
1 (a una persona, una organización) **to represent**
2 (simbolizar) **to represent**: *El rojo representa el peligro.* Red represents danger.
3 (un papel) **to play**: *Representó el papel del mago.* He played the part of the wizard.

represión *sustantivo*
repression

reproducir *verbo*
to reproduce
reproducirse to reproduce

reptil *sustantivo*
reptile

república *sustantivo*
republic

República Dominicana *sustantivo*
la República Dominicana the Dominican Republic

repuesto *sustantivo*
1 (refacción) **spare part**
2 de repuesto spare: *¿Trajiste pilas de repuesto?* Did you bring any spare batteries?

repugnante *adjetivo*
disgusting

reputación *sustantivo*
reputation | **tener buena/mala reputación to have a good/bad reputation**

res *sustantivo*
1 (animal) **animal** ► El plural *reses* se traduce por **cattle** cuando no se especifica un número y por **head of cattle** cuando se especifica: *Tienen 650 reses.* They have 650 head of cattle.
2 (carne) **beef**

resaltar *verbo*
to stand out

resbaladilla *sustantivo*
slide

resbalarse *verbo*
to slip: *Se resbaló en el piso mojado.* She slipped on the wet floor.

resbalón *sustantivo*
slip | **dar un resbalón to slip**

rescatar *sustantivo*
to rescue: *Los rescataron a tiempo.* They were rescued in time.

rescate *sustantivo*
1 (dinero) **ransom**: *Piden un rescate de un millón de dólares.* They are demanding a million-dollar ransom.
2 (salvataje) **rescue**: *un equipo de rescate* a rescue team

reserva *sustantivo*
1 (territorio preservado) **preserve**: *una reserva natural* a nature preserve
2 (en deportes) **reserve team, reserves**

reservado, -a *adjetivo*
(mesa, habitación) **reserved**: *Esta mesa está reservada.* This table is reserved.

reservar *verbo*
to make a reservation: *¿Hablaste para reservar?* Did you call to make a reservation? | **reservar mesa/una habitación etc. to reserve a table/a room etc.**: *Reservé mesa para las 9.* I've reserved a table for 9 o'clock.

resfriado, -a *adjetivo*
estoy/está etc. resfriado -a I have/he has etc. a cold: *Estaba super resfriada.* She had a terrible cold.

resfriarse *verbo*
to catch a cold: *Si no te abrigas, te vas a resfriar.* If you don't wrap up warm, you're going to catch a cold.

residencial *adjetivo*
residential

residuos *sustantivo plural*
waste *singular*
residuos nucleares **nuclear waste**
residuos tóxicos **toxic waste**

resignación *sustantivo*
resignation

resina *sustantivo*
resin

resistencia *sustantivo*
1 (oposición) **resistance**
2 resistencia (física) **stamina**

resistente *adjetivo*
(material) **tough**: *Es un material muy resistente.* It's a very tough material. | **ser resistente al agua/al calor** **to be water-resistant/heat-resistant**

resistir *verbo*
(aguantar) **to withstand**: *¿Resiste tanto peso?* Can it withstand that much weight?

resolución *sustantivo*
(de una imagen) **resolution**: *un monitor de alta resolución* a high-resolution monitor

resolver *verbo*
(un problema, un caso) **to solve**

resorte *sustantivo*
spring

respetable *adjetivo*
respectable

respetar *verbo*
(sentir respeto por) **to respect**: *Los niños no lo respetan.* The children don't respect him.

respeto *sustantivo*
respect: *el respeto a los mayores* respect for your elders | **tenerle respeto a alguien** **to respect someone**: *No le tienen respeto.* They don't respect him. | **faltarle al respeto a alguien** **to be disrespectful to someone**: *¡No me faltes al respeto!* Don't be disrespectful to me!

respiración *sustantivo*
breathing | **aguantar la respiración** **to hold your breath**

hold your breath

He can hold his breath for three minutes.

respirar *verbo*
to breathe: *Todavía respira.* He's still breathing. | **respirar por la boca/la nariz** **to breathe through your mouth/nose**

respiro *sustantivo*
break: *Necesito un respiro.* I need a break.

responder *verbo*
1 (una pregunta, a una persona) **to answer**: *No me respondió.* He didn't answer me.
2 responder que... **to reply that...**: *Respondió que no le interesaba.* He replied that he wasn't interested.
3 responder a una carta/una invitación **to reply to a letter/an invitation**

responsabilidad *sustantivo*
responsibility (plural **-ties**)

responsable *adjetivo*
1 (serio) **responsible**: *Es muy responsable.* He's very responsible.
2 (culpable) **ser/sentirse responsable (de algo)** **to be/to feel responsible (for something)**: *Me siento responsable de lo que pasó.* I feel responsible for what happened.

respuesta *sustantivo*
1 (a una pregunta, a una persona) **reply** (plural **replies**), **answer**
2 (en un ejercicio) **answer**: *Escoge la respuesta correcta.* Choose the correct answer.
3 (reacción) **response**: *una respuesta positiva* a positive response

resta *sustantivo*
subtraction | **hacer una resta** **to subtract**

restar *verbo*
1 (en matemáticas) **to subtract** | **restarle algo a algo** **to take something away from something, to subtract something from something**: *A eso réstale 15.* Take 15 away from that./Subtract 15 from that.
2 (quedar) **to remain**: *lo que resta del año* what remains of the year

restaurante, o **restaurant** *sustantivo*
restaurant

restaurar *verbo*
(un cuadro, un mueble, etc.) **to restore**

resto *sustantivo*
1 rest: *el resto del mundo* the rest of the world
2 restos (sobras) **leftovers**: *Comimos los restos.* We ate the leftovers.
3 restos (de una persona, un edificio) **remains**: *los restos de una pirámide* the remains of a pyramid

resultado *sustantivo*
1 (de un examen, un análisis, etc.) **result**: *¿Cuándo te dan los resultados?* When do you get the results?
2 dar resultado **to work**: *El truco dio resultado.* The trick worked.

R

resultar *verbo*
1 (funcionar) **to work**: *El plan no resultó.* The plan didn't work.
2 resultó ser pariente de ella/amigo de Loli etc. he turned out to be related to her/a friend of Loli's etc.

resumen *sustantivo*
(síntesis) **summary** (plural **-ries**): *Hagan un resumen del texto.* Do a summary of the text.

retar *verbo*
to challenge: *Lo retó a cruzar la bahía nadando.* She challenged him to swim across the bay.

retirado, **-a** *adjetivo*
(jubilado) **retired**

retirar *verbo*
1 retirar dinero to withdraw money: *Quisiera retirar $100 de mi cuenta.* I'd like to withdraw $100 from my account.
2 (alejar) **retirar la mesa/la cama etc. de la pared to move the table/bed etc. away from the wall**
retirarse
1 (jubilarse) **to retire**: *Se retiró a los 60.* He retired at 60.
2 retirarse (de un torneo/un campeonato etc.) to withdraw (from a tournament/a championship etc.)

retiro *sustantivo*
1 (jubilación) **retirement**
2 (de dinero) **withdrawal**

reto *sustantivo*
challenge

retorcer *verbo*
(un alambre, un pañuelo, etc.) **to twist** | **retorcerle el brazo/la muñeca etc. a alguien to twist someone's arm/wrist etc.**

retorno *sustantivo*
(regreso) **return**

retrasado, **-a** *adjetivo*
1 (tren, avión) **estar/venir retrasado -a to be running late**: *Todos los trenes venían retrasados.* All the trains were running late.
2 (en el estudio, en el trabajo) **estar retrasado -a (con algo) to be behind (with something)**

retrasarse *verbo*
1 (llegar tarde) **to be late**: *Me retrasé por culpa del tráfico.* I was late because of the traffic.
2 (en el trabajo, los estudios) **to get behind**

retraso *sustantivo*
(demora) **delay**: *Perdón por el retraso.* I'm sorry about the delay. | **llegar/salir etc. con retraso to arrive/leave etc. late**: *Llegaron con una hora de retraso.* They arrived an hour late.

retrato *sustantivo*
1 (pintura) **portrait**
2 (foto) **photograph**

reunión *sustantivo*
1 (social) **gathering**: *reuniones familiares* family gatherings
2 (fiesta) **party** (plural **parties**): *Voy a hacer una reunión para festejar mi cumpleaños.* I'm going to have a party for my birthday.
3 (de trabajo) **meeting**: *Está en una reunión.* He's in a meeting.

reunirse *verbo*
to meet: *Nos vamos a reunir a las 7.* We're going to meet at 7. | **reunirse con alguien to meet someone**: *Se reunió con nosotros para hablar del proyecto.* He met us to talk about the project.

revancha *sustantivo*
tomarse la revancha to get revenge: *Quería tomarse la revancha.* He wanted to get revenge.

revelar *verbo*
1 (una foto, una película) **to develop**
2 (un secreto) **to reveal**

reventar *verbo*
1 (una llanta, un globo, etc.) **to burst**
2 reventar (de gente) to be packed (with people): *La playa está que revienta de gente.* The beach is packed with people.
reventarse to burst: *Se reventaron las tuberías.* The pipes burst.

reventón *sustantivo*
1 party (plural **parties**): *El reventón estuvo chido.* The party was really cool.
2 irse de reventón to go partying

reversible *adjetivo*
reversible

revés *sustantivo*
al revés (a) (con lo de adentro para afuera) **inside out**: *Traes la playera al revés.* Your T-shirt is inside out. **(b)** (con lo de atrás para adelante) **backward**: *Se puso el suéter al revés.* He put his sweater on backward. **(c)** (boca arriba) **upside down**: *Lo colgaste al revés.* You've hung it upside down.

revisar *verbo*
1 (un texto, una prueba, una cuenta, etc.) **to check something**: *Revisa la cuenta antes de pagar.* Check the bill before you pay.

R

2 **revisar un coche/una computadora etc.** **to check a car/computer etc. over**
3 (a un paciente) **to examine**
4 (registrar) **to search**: *Me revisaron la maleta.* They searched my suitcase.

revisión *sustantivo*
1 (de un texto, un examen) **check**
2 (médica) **examination**

revista *sustantivo*
magazine: *una revista de modas* a fashion magazine
revista de historietas **comic book**

revolucionario, -a *adjetivo & sustantivo*
■ *adjetivo*
1 (en política, sociedad) **revolutionary**
2 (innovador) **revolutionary**
■ *sustantivo*
revolutionary (plural **revolutionaries**)

revolver *verbo*
1 (un café, una salsa) **to stir**: *Revolver a fuego lento.* Stir over a low heat.
2 (mezclar) **to mix**: *No revuelvas el chocolate con la crema.* Don't mix the chocolate with the cream.
3 (buscando algo) **to go through**: *Revolvimos los cajones.* We went through the drawers.

revólver *sustantivo*
revolver

rey *sustantivo*
1 (monarca) **king**: *el rey de España* the King of Spain **los reyes** (rey y reina) **the king and queen**
2 (en las cartas, el ajedrez) **king**
3 **Reyes** (festejo) **Epiphany** ► ver abajo
los Reyes Magos **the Three Wise Men, the Three Kings** ► ver nota abajo

> **NOTA:** En el mundo anglosajón no se celebra el día de Reyes de la misma manera que en nuestros países. El calendario religioso es el mismo, pero no es tradicional recibir regalos ese día sino el día de Navidad. Si quieres explicar nuestra tradición, di *Instead of getting presents on Christmas Day, our presents are brought by the Three Kings on Epiphany (6th January). This is the day when the Three Wise Men brought gifts for the baby Jesus.*

rezar *verbo*
to pray | **rezar por algo o alguien** **to pray for something or someone** | **rezar un padrenuestro/un avemaría etc.** **to say the Lord's Prayer/a Hail Mary etc.**

ribera *sustantivo*
bank

rico, -a *adjetivo & sustantivo*
■ *adjetivo*
1 (adinerado) **rich**
2 (hablando de comida) **delicious**: *El pollo estaba muy rico.* The chicken was delicious.
■ *sustantivo*
los ricos **the rich**

ridículo, -a *adjetivo & sustantivo*
■ *adjetivo*
ridiculous
■ *sustantivo*
hacer el ridículo **to make a fool of yourself** | **dejar a alguien en ridículo** **to make someone look ridiculous** | **quedar en ridículo** **to look ridiculous**

riego *sustantivo*
1 (de cultivos) **irrigation**
2 (de una planta, del césped) **watering**

riel *sustantivo*
1 (de una cortina) **rail**
2 (de ferrocarril) **rail**

riendas *sustantivo plural*
reins

riesgo *sustantivo*
(peligro) **risk** | **correr el riesgo de** **to run the risk of**: *Corremos el riesgo de perder el tren.* We run the risk of missing the train.

rifa *sustantivo*
(sorteo) **raffle**: *Nos lo ganamos en una rifa.* We won it in a raffle. | *un número de la rifa* a raffle ticket

rifle *sustantivo*
rifle

rímel, o **rimmel** *sustantivo*
mascara | **ponerse rímel** **to put mascara on** | **usar rímel** **to wear mascara**

rincón *sustantivo*
(esquina) **corner**: *Hay una lámpara en el rincón.* There's a lamp in the corner.

riñón *sustantivo*
kidney

río *sustantivo*
river

riqueza *sustantivo*
(dinero, bienes) **wealth** ► **wealth** no tiene plural y traduce tanto *riqueza* como *riquezas*

risa *sustantivo*
1 Para describir la manera de reírse, se usa **laugh**: *Tiene una risa contagiosa.* She has an infectious laugh.
2 Cuando *risas* se refiere al sonido, se traduce por **laughter**: *Se oían las risas de los niños.* You could hear the children's laughter.
3 **¡qué risa!** **what a laugh!**

4 **me/te etc. da risa it makes me/you etc. laugh**

ritmo *sustantivo*

1 (compás) **rhythm** | **al ritmo de algo in time to something**

2 (velocidad) **a este ritmo at this rate**: *A este ritmo no vamos a llegar nunca.* At this rate we'll never get there.

rival *adjetivo & sustantivo*

rival

rizado, **-a** *adjetivo*

curly

robar *verbo*

to steal, **to rob**, **to burglarize** ▶ ver nota abajo

> **NOTA: ¿steal, rob o burglarize?**
> La traducción general es **to steal**: *Lo agarraron robando.* He was caught stealing.
> *robarle algo a alguien* es **to steal something from someone**: *Le había robado el dinero a una compañera.* She had stolen the money from a classmate.
> Si se dice lo que se roba pero no se especifica a quién, se suele usar la siguiente estructura pasiva: *Le robaron la bicicleta.* His bike was stolen.
> Cuando no se especifica qué se roba, *robarle a alguien* es **to rob someone**, que generalmente se usa en voz pasiva: *¡Me robaron!* I've been robbed!
> Cuando un ladrón entra a robar a un edificio, se usa **to burglarize**: *Nos han robado dos veces desde que vivimos aquí.* We've been burglarized twice since we've lived here.
> **robar un banco** se dice **to rob a bank**.

roble *sustantivo*

(árbol, madera) **oak**

robo *sustantivo*

robbery, **burglary**, **theft** ▶ ver nota abajo

robo a mano armada armed robbery

> **NOTA: ¿robbery, burglary o theft?**
> **robbery** (cuyo plural es **robberies**) se usa para robos en bancos o negocios: *el coche que habían usado para el robo* the car they had used for the robbery
> **burglary** (cuyo plural es **burglaries**) se usa cuando alguien entra a robar a una casa, una oficina, etc.: *En este barrio hay muchos robos.* There are a lot of burglaries in this area.
> **theft** se usa en los demás casos: *Denunciaron el robo de la bicicleta.* They reported the theft of the bicycle.

roca *sustantivo*

rock

rodaja *sustantivo*

slice: *una rodaja de piña* a slice of pineapple

rodaje *sustantivo*

(de una película) **shooting**, **filming**

rodear *verbo*

to surround: *La policía rodeó la casa.* The police surrounded the house.

rodeo *sustantivo*

1 **dar un rodeo to make a detour**: *Dimos un rodeo porque había mucho lodo.* We made a detour because it was very muddy.

2 (doma) **rodeo**

rodilla *sustantivo*

knee: *Me lastimé la rodilla.* I hurt my knee. | **estar de rodillas to be kneeling** | **ponerse de rodillas to kneel down**

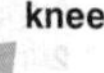

She knelt down.

rodillera *sustantivo*

knee pad

roer *verbo*

to gnaw

rogar *verbo*

1 (en fórmulas de cortesía) *Le ruego que me perdone.* Please forgive me.

2 (suplicar) **to beg**: *Le rogó que se quedara.* She begged him to stay.

3 (rezar) **rogarle a Dios to pray to God**

rojo, **-a** *adjetivo & sustantivo*

■ *adjetivo*

1 **red**

2 **ponerse rojo -a to blush**: *Se puso rojo de la pena.* He blushed with embarrassment. ▶ ver **tarjeta**

■ **rojo** *sustantivo*

red

rollo *sustantivo*

1 (de papel) **roll**

2 (de fotos) **film**
rollo de papel higiénico **toilet roll**

romance *sustantivo*
romance: *un romance de verano* a summer romance

romántico, **-a** *adjetivo & sustantivo*
romantic

rompecabezas *sustantivo*
jigsaw puzzle | **armar un rompecabezas** **to do a jigsaw puzzle**

romper *verbo*
1 (un aparato, una taza, un juguete) **to break**: *¡Me rompiste la patineta!* You broke my skateboard!
2 (un papel, una tela) **to tear** ▶ Cuando se rompe algo en varios pedazos, se usa **to tear something up**: *Rompió la carta en cachitos.* She tore the letter up.
3 **romper con alguien** **to break up with someone**: *Rompió con su novio.* She broke up with her boyfriend.
4 (una promesa) **to break**
romperse
1 (aparato, taza, juguete) **to break**: *Se me rompieron los anteojos.* My glasses broke.
2 **romperse el brazo/la pierna etc.** **to break your arm/leg etc.**: *Se rompió el brazo jugando futbol.* He broke his arm playing soccer.
3 (tela, papel) **to tear**: *Se le rompió la playera.* Her T-shirt tore.

ron *sustantivo*
rum

roncar *verbo*
to snore

ronda *sustantivo*
1 (de un torneo, campeonato) **round**
2 (de vigilancia) **patrol**

ronquido *sustantivo*
snore ▶ **ronquidos** se suele traducir por el sustantivo **snoring**: *No pude dormir con tus ronquidos.* I couldn't sleep because of your snoring.

ropa *sustantivo*
clothes *plural*: *Me tengo que comprar ropa.* I need to buy some clothes. | **ponerse la ropa** **to get dressed** | **quitarse la ropa** **to get undressed**
ropa interior **underwear**

ropero *sustantivo*
wardrobe

rosa *adjetivo & sustantivo*
■ *adjetivo*
pink
■ *sustantivo*
1 (flor) **rose**
2 (color) **pink**

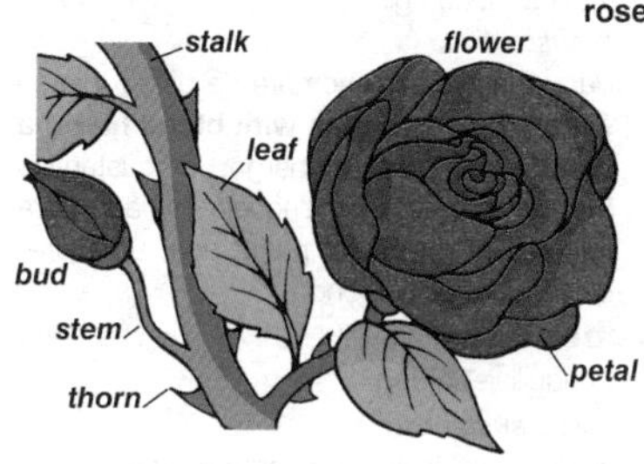

rosado, **-a** *adjetivo & sustantivo*
■ *adjetivo*
(color) **pink**
■ **rosado** *sustantivo*
pink

rosal *sustantivo*
rose bush (plural **rose bushes**)

rosario *sustantivo*
(objeto, oración) **rosary** (plural **rosaries**) | **rezar un rosario** **to say a rosary**

rosca *sustantivo*
(para comer) Un **doughnut** es una rosca dulce frita. Un **bagel** es un tipo de pan en forma de rosca.

rostizado, **-a** *adjetivo*
roast: *pollo rostizado* roast chicken

rostro *sustantivo*
(cara) **face**

roto, **-a** *adjetivo*
1 (aparato, taza, juguete) **broken**: *No anda porque está roto.* It doesn't work because it's broken. | *Ojo con los vidrios rotos.* Mind the broken glass.
2 (pantalón, camisa, carta) **torn**: *Tenía los jeans rotos en la rodilla.* His jeans were torn at the knee.

router *sustantivo*
router

rozar *verbo*
(tocar) *Su mano rozó la mía.* Her hand brushed against mine. | *El coche pasó rozándonos.* The car just scraped past us.

rubeola *sustantivo*
German measles *singular*

rubí *sustantivo*
ruby (plural **rubies**)

rubio, **-a** *adjetivo & sustantivo*
■ *adjetivo*
1 (pelo) **blond**, **blonde**: *Tiene el pelo rubio.*

R

He has blond hair. | *Se tiñó de rubio.* She dyed her hair blonde.

2 (persona) **blond, blonde**: *una muchacha rubia* a blonde girl

■ *sustantivo*

Para referirse a un hombre de pelo rubio se suele hablar de **a man with blond hair** o **a blond man**. Sin embargo, el sustantivo **blonde** sí se usa en lenguaje hablado para referirse a una mujer rubia: *una rubia preciosa* a beautiful blonde

rubor *sustantivo*
(maquillaje) **blush**

rueda *sustantivo*
1 (de un vehículo, un engranaje) **wheel**
2 (llanta) **tire**
3 andar/marchar sobre ruedas to go smoothly

rugido *sustantivo*
roar

ruido *sustantivo*
noise | **hacer ruido to make noise**: *No hagan tanto ruido.* Don't make so much noise. | *Hizo un ruido raro.* It made a strange noise.

ruidoso, -a *adjetivo*
noisy

ruinas (plural) *sustantivo*
ruins: *las ruinas del Tajín* the ruins of El Tajín | **estar en ruinas to be in ruins**

ruiseñor *sustantivo*
nightingale

rumor *sustantivo*
rumor

rural *adjetivo*
rural

Rusia *sustantivo*
Russia

ruso, -a *adjetivo & sustantivo*
■ *adjetivo*
Russian: *el invierno ruso* the Russian winter
■ *sustantivo*
1 (persona) **Russian**
2 los rusos (the) Russians
3 ruso (idioma) **Russian**

ruta *sustantivo*
route

rutina *sustantivo*
routine

R

Ss

S, s *sustantivo*
S, s: *"Spanish" se escribe con S mayúscula.* "Spanish" is written with a capital S.

sábado *sustantivo*
Saturday: *Lo voy a comprar el sábado.* I'm going to buy it on Saturday.

sábana *sustantivo*
sheet: *Tengo que cambiar las sábanas.* I have to change the sheets.

saber *verbo*
1 (referido a conocimientos, información) **to know**: *No sé.* I don't know. | *No sabe qué hacer.* She doesn't know what to do. | *Sabe mucho de computación* He knows a lot about computing.
2 (referido a habilidades adquiridas) **sé cantar/manejar/nadar etc. I can sing/drive/swim etc.**: *No sabe andar en bicicleta.* She can't ride a bike. | *Me dijo que sabía tocar la guitarra.* He told me he could play the guitar.
3 (enterarse de) **to hear**: *Apenas lo supe ayer.* I only heard yesterday. | **saber (algo) de alguien to hear from someone**: *¿Supiste algo de Sergio?* Have you heard from Sergio?
4 (en expresiones) **que yo sepa as far as I know**: *Que yo sepa no.* Not as far as I know. | *Que yo sepa, no tiene novia.* As far as I know, he doesn't have a girlfriend.
saberse to know: *Me sé la letra de memoria.* I know the words by heart.

sabor *sustantivo*
La traducción general es **taste**, pero si se trata de la variedad de gustos en que viene un producto comercial, se usa **flavor**: *un sabor desagradable* an unpleasant taste | *¿Qué sabores hay?* What flavors are there?
▶ Para hablar del gusto específico de una fruta, una especia, etc. se puede usar tanto **taste** como **flavor**: *el delicioso sabor de la piña madura* the delicious taste of ripe pineapple/the delicious flavor of ripe pineapple | **un caramelo con sabor a chabacano/un yogurt con sabor a fresa etc. an apricot-flavored candy/a strawberry-flavored yoghurt etc.** | **tener sabor a ajo/café etc. to taste of garlic/coffee etc.**

sacapuntas *sustantivo*
pencil sharpener: *¿Me prestas el sacapuntas?* Can you lend me your pencil sharpener?

sacar *verbo*
1 (de adentro de algo) **sacar algo (de algo) to take something out (of something)**: *Sacó la cartera.* He took out his wallet. | *Sacó los libros de la mochila.* He took the books out of his backpack.
2 (conseguir) **to get**: *¿De dónde sacó el dinero?* Where did he get the money from? | *Todavía no ha sacado la licencia.* He still hasn't gotten his driver's license.
3 (poner en venta, en circulación) **to bring out**
4 (en tenis, voli) **to serve**
5 (en futbol) **to kick off**
6 sacar a bailar a alguien to ask someone to dance
sacarse
1 (hablando de calificaciones) **to get**: *Siempre se saca buenas calificaciones.* She always gets good grades.
2 (hablando de premios) **to win**: *Se sacó la lotería.* He won the lottery.

sacarina *sustantivo*
saccharin

sacerdote *sustantivo*
priest

saco *sustantivo*
1 (prenda) **jacket**: *Vino de saco y corbata.* He was wearing a jacket and tie.
2 (costal) **bag**: *un saco de café* a bag of coffee

sacrificar *verbo*
1 (renunciar a) **to give up**: *Sacrificó su carrera por la familia.* She gave up her career for the sake of her family.
2 sacrificar un animal to put an animal down

sacrificio *sustantivo*
1 (privación) **sacrifice** | **hacer sacrificios to make sacrifices**
2 (a los dioses) **sacrifice**: *un sacrificio a Huitzilopochtli* a sacrifice to Huitzilopochtli

sacudir *verbo*
1 (agitar) **to shake**: *Sacudió la cabeza.* He shook his head.
2 (quitar el polvo) **to dust**

Sagitario *sustantivo*
Sagittarius: *Es de Sagitario.* He's a Sagittarius./He's a Sagittarian.

sagrado, -a *adjetivo*
(lugar) **holy**: *la ciudad sagrada de los zapotecas* the holy city of the Zapotecs
la Sagrada Familia the Holy Family

sal *sustantivo*
salt: *¿Me pasas la sal?* Could you pass the salt, please?

sala *sustantivo*
1 (en una casa) **living room**: *Pasa a tus amigos a la sala.* Take your friends into the living room.
2 (en un hospital) **ward**
3 (de cine) **screen**: *La dan en la sala 2.* It's showing on screen 2.
4 (en edificios públicos) **room**
sala comedor living-dining room sala de espera waiting room sala de operaciones operating room

salado, -a *adjetivo*
1 (con demasiada sal) **salty**: *Está muy salada la carne.* The meat is very salty.
2 (que no es dulce) **salty**: *Prefiero las cosas saladas.* I prefer salty things.
3 (con sal) **cacahuates salados salted peanuts**

salamandra *sustantivo*
salamander

salario *sustantivo*
1 (mensual) **salary** (plural **-ries**)
2 (por hora, día, semana) **wages** *plural*
salario mínimo minimum wage

salchicha *sustantivo*
1 (de hot dog) **wiener**, **frankfurter**
2 (tipo chorizo) **sausage**

salchichonería *sustantivo*
1 (tienda) **delicatessen**
2 (en un súper) **deli counter**

salida *sustantivo*
1 a la salida La traducción depende de si se refiere a un lugar (**outside, at the entrance to the school**, etc.) o al término de una actividad (**after school, after work**, etc.): *Nos vemos a la salida.* I'll see you outside. | *A la salida del colegio me fui a casa de Chelo.* After school I went to Chelo's house.
2 (de un avión) **departure**: *la salida del vuelo AA056* the departure of flight AA056
3 (lugar para salir) **exit**, **way out**: *¿Dónde está la salida?* Where's the exit?/Where's the way out?
4 (en una carrera) **start**

salir *verbo*
1 (ir o venir afuera) **to go out/to come out**
► Se usa **to come out** cuando el movimiento es hacia el hablante: *No salgas sin paraguas.* Don't go out without an umbrella. | *Estoy esperando que salga del baño.* I'm waiting for her to come out of the bathroom.
2 salir al jardín/al balcón etc. to go out into the yard/onto the balcony etc., **to come out into the yard/onto the balcony etc.**: *Salí al jardín a ver si venía.* I went out into the yard to see if he was coming.
3 (irse) **to leave**: *¿A qué horas sale el próximo autobús?* What time does the next bus leave? | **salir de la escuela/el trabajo etc. to leave school/work etc.**: *Salimos de Guanajuato a las cuatro.* We left Guanajuato at four o'clock.
4 (como esparcimiento, en pareja) **to go out**: *Está saliendo con Ricardo.* She's going out with Ricardo.
5 (resultar) *La fiesta salió bien.* The party went well. | *El postre te salió muy rico.* The dessert was delicious.
6 (referido a logros) **no me sale el ejercicio/el crucigrama etc. I can't do the exercise/the crossword etc.**: *No me sale la pronunciación.* I can't get the pronunciation right.
7 (surgir) **to come out**: *Salía agua por todos lados.* Water was coming out everywhere.
8 (sol, estrellas) **to come out**: *No salió el sol.* The sun didn't come out.
9 (parecerse) **salió a su mamá etc. he takes after his mother etc.**
salirse
1 (gas, líquido) **to leak**
2 (desprenderse) **to come off**
3 (irse) **to walk out**: *Nos salimos de la película.* We walked out of the movie.

salmón *sustantivo*
salmon: *salmón ahumado* smoked salmon

salón *sustantivo*
1 (cuarto) **room**
2 salón (de clase) (en una escuela) **classroom**
salón de actos school hall salón de belleza beauty salon salón de fiestas function room

salpicar *verbo*
1 (con agua) **to splash**: *¡Me estás salpicando!* You're splashing me!
2 salpicar algo de lodo/de sangre etc. to splatter something with mud/blood etc.
salpicarse: **salpicarse la camisa de**

vino/la ropa de pintura etc. **to get wine on your shirt/paint on your clothes etc.**

salpullido *sustantivo*
rash | **me/le etc. salió salpullido** **I/he etc. came out in a rash**

salsa *sustantivo*
1 (para las comidas) **sauce**
2 (baile) **salsa**
salsa blanca **white sauce** **salsa de chile** **chili sauce** **salsa de jitomate, salsa de tomate** **tomato sauce**

saltamontes *sustantivo*
grasshopper

saltar *verbo*
1 (brincar) **to jump**: *Saltó y cogió la pelota.* He jumped and caught the ball. ▶ Saltar en un solo pie se dice **to hop** | **saltar un muro/una valla etc.** **to jump over a wall/a fence etc.**
2 **saltar la cuerda** **to skip rope**
saltarse (omitir) **to skip**: *Te saltaste el ejercicio dos.* You skipped exercise two.

salto *sustantivo*
1 (acción) **jump** | **dar/pegar un salto** **to jump**: *Daba saltitos de alegría.* She was jumping for joy.
2 **salto (de agua)** **waterfall** ▶ En nombres se usa **falls**: *el salto del Ángel* the Angel Falls
salto con garrocha **pole vault** **salto de altura** **high jump** **salto de longitud** **long jump**

salud *sustantivo & interjección*
■ *sustantivo*
health | **ser bueno/malo para la salud** **to be good/bad for your health** | **estar bien/mal de salud** **to be in good/poor health**
■ *interjección*
1 **¡salud!** (cuando se brinda) **cheers!**
2 **¡salud!** (cuando alguien estornuda) **bless you!**: *–¡Achís! –¡Salud!* “Atishoo!” “Bless you!”

saludar *verbo*
1 **to say hello**: *Pasó sin saludar.* He walked past without saying hello.
2 **saludar a alguien con la mano** **to wave to someone**
3 (en una carta) **lo saludo atentamente/saludamos a Ud. atentamente etc.** **Sincerely**

saludo *sustantivo*
(dale) saludos a Pedro/a tu mamá etc. **say hello to Pedro/to your mother etc. for me**

Salvador *sustantivo*
El Salvador **El Salvador**

salvadoreño, -a *adjetivo & sustantivo*
■ *adjetivo*
Salvadoran
■ *sustantivo*
1 **Salvadoran**
2 **los salvadoreños** **(the) Salvadorans**

salvaje *adjetivo & sustantivo*
■ *adjetivo*
(animal) **wild**
■ *sustantivo*
(persona violenta) **animal**: *Son unos salvajes.* They are animals.

salvapantallas *sustantivo*
screen saver

salvar *verbo*
to save: *Lo salvaron los bomberos.* The firefighters saved him. | **salvarle la vida a alguien** **to save someone's life**: *Le salvé la vida.* I saved his life.
salvarse (de un peligro) **to survive**

Salvavidas® *sustantivo plural*
(dulces) **Lifesavers®**

salvavidas *sustantivo*
1 (persona) **lifeguard**
2 (chaleco) **life belt**
3 (llanta para niños) **rubber ring** ▶ ver **bote**

salvo *adverbio*
1 **except**: *Vinieron todos salvo Nicolás.* They all came except Nicolás. | **salvo que llueva/haya paro etc.** **unless it rains/there's a strike etc.**: *No vayas, salvo que te paguen.* Don't go unless they pay you.
2 **estar a salvo** **to be safe**

San *adjetivo*
San Pedro/San Pablo etc. **Saint Peter/Saint Paul etc.**

sanatorio *sustantivo*
hospital

sandalia *sustantivo*
sandal

sandía *sustantivo*
watermelon

sandwich *sustantivo*
sandwich (plural **sandwiches**): *un sandwich de jamón y queso* a ham and cheese sandwich

sangrar *verbo*
to bleed | **me sangra la nariz/el dedo etc.** **my nose/my finger etc. is bleeding**

sangre *sustantivo*
1 **blood**
2 **a sangre fría** **in cold blood**

sano, **-a** *adjetivo*

1 (persona, vida, dieta) **healthy**

2 sano -a y salvo -a safe and sound

santo, **-a** *adjetivo & sustantivo*

■ *adjetivo*

1 (sagrado) **holy** ▶ ver **espíritu**

2 (con un nombre) **Saint**: *Santa Catalina* Saint Catherine

■ *sustantivo*

saint

sapo *sustantivo*

toad

saque *sustantivo*

1 (en tenis, voleibol) **serve**

2 (en futbol) La traducción puede ser **kick-off**, al iniciarse el juego o después de un gol, o **goal kick**, cuando es desde la portería

saquear *verbo*

(una tienda) **to loot**

sarampión *sustantivo*

measles *singular*

sardina *sustantivo*

sardine: *una lata de sardinas* a can of sardines

sargento *sustantivo*

sergeant: *el Sargento García* Sergeant García

sartén *sustantivo*

frying pan

satélite *sustantivo*

satellite

satellite

satisfacción *sustantivo*

satisfaction

Saturno *sustantivo*

Saturn

se *pronombre*

1 (complemento indirecto) Se traduce por **to him** si significa *a él*, **to her** si significa *a ella*, **to them** si significa *a ellos* o *a ellas* y por **to you** si significa *a usted* o *a ustedes*: *No se lo enseñes a Laura.* Don't show it to Laura.

2 (reflexivo) Diferentes verbos reflexivos tienen diferentes traducciones. Busca el verbo que te interesa (*acordarse*, *caerse*, etc.): *No se acuerda.* He can't remember. | *Se cayó de la mesa.* It fell off the table.

▶ Sólo en algunos casos se usan los pronombres **himself**, **herself**, **themselves**, **yourself** o **yourselves** según se trate de *él*, *ella*, *ellos/ellas* o *usted/ustedes*: *Se cortó otro pedazo de pastel.* He cut himself another piece of cake. | *Cuidado, se puede lastimar.* Careful, you might hurt yourself.

3 (recíproco) **each other**: *No se soportan.* They can't stand each other.

4 (pasivo) Se usa la construcción **to be + participio**: *Se tradujo a varios idiomas.* It was translated into several languages.

5 (impersonal) La traducción varía según el contexto: *Antes se vivía bien aquí.* You used to be able to live a good life here. | *¿Se festeja el carnaval en Inglaterra?* Do people celebrate Carnival in England? | *No se sabe qué pasó.* Nobody knows what happened.

6 (en instrucciones) Se usa el imperativo o el sujeto **you**: *Se corta por la línea de puntos.* Cut along the dotted line./You cut along the dotted line.

secadora *sustantivo*

secadora (de pelo) hair dryer: *¿Me prestas tu secadora?* Can I borrow your hair dryer?

secar *verbo*

(los platos, el piso, la ropa) **to dry**

secarse

1 (persona) **to dry yourself** | **secarse la cara/el pelo etc. to dry your face/hair etc.**: *Sécate el pelo antes de salir.* Dry your hair before you go out.

2 (ropa, pintura) **to dry**

seco, **-a** *adjetivo*

1 (ropa, toalla) **dry**

2 (piel) **dry**: *Tengo la piel muy seca.* My skin is very dry.

3 (clima) **dry** ▶ ver **fruto**

secretaría *sustantivo*

1 (donde se hacen trámites) **admin office**, **administration office**

2 (departamento gubernamental) **department**: *la Secretaría de Turismo* the Department of Tourism

secretario, **-a** *sustantivo*

1 (administrativo) **secretary** (plural **-ries**): *Es la secretaria del director.* She's the principal's secretary.

2 (en el gobierno) **secretary** (plural **-ries**): *el Secretario de Educación Pública* the Education Secretary

secreto, **-a** *adjetivo & sustantivo*

■ *adjetivo*

secret: *un código secreto* a secret code

■ **secreto** *sustantivo*
1 secret: *Es un secreto.* It's a secret. | **guardar un secreto to keep a secret**
2 en secreto in secret: *Nos reunimos en secreto.* We met in secret.

secuestrar *verbo*
1 (a una persona) **to kidnap**
2 (un avión) **to hijack**

secuestro *sustantivo*
1 (de una persona) **kidnapping**
2 (de un avión) **hijacking**

secundaria *sustantivo*
1 (estudios secundarios) **high school** AmE, **secondary education** BrE: *¿Cuándo terminas la secundaria?* When do you finish high school?
2 (escuela) **high school** AmE, **secondary school** BrE: *Fueron a la misma secundaria.* They went to the same high school.

secundario, -a *adjetivo*
secondary

sed *sustantivo*
1 tener sed to be thirsty: *Tenía mucha sed.* I was very thirsty.
2 me da/te da etc. sed it makes me/you etc. thirsty: *Los cacahuates dan sed.* Peanuts make you thirsty.
3 (necesidad de beber) **thirst**: *Murieron de sed.* They died of thirst.

seda *sustantivo*
silk | **un pañuelo/un vestido de seda a silk scarf/dress**

sede *sustantivo*
(de una institución) **headquarters** *singular*

seguido, -a *adjetivo & adverbio*
■ *adjetivo*
(consecutivo) **tres días seguidos/cuatro veces seguidas etc. three days in a row/four times in a row etc.**
■ **seguido** *adverbio*
(con frecuencia) **often**: *Vamos bastante seguido al cine.* We go to the movies quite often.

seguir *verbo*
1 (ir detrás de) **to follow**: *Te sigo en la bici.* I'll follow you on my bike.
2 (venir después) **to follow**: *Lee lo que sigue.* Read what follows.
3 (instrucciones, un consejo) **to follow**: *Seguí tu consejo.* I followed your advice.
4 (continuar con una actividad) **seguir haciendo algo to keep on doing something**: *Siguieron cantando.* They kept on singing.
5 (continuar por un camino) **to go on**: *Sigue por esta calle.* Go on down this street.
6 (continuar en un estado, un lugar) **sigue enferma/enojada/en Chihuahua etc. she's still sick/angry/in Chihuahua etc.**: *Sigo sin entender.* I still don't understand.
7 (ser el próximo) **to be next**: *¿Quién sigue?* Who's next?

según *preposición & conjunción*
1 (de acuerdo con) **according to**: *Según Iván, la prueba es el lunes.* According to Iván, the test is on Monday.
2 (dependiendo de) **depending on**: *según lo que te diga* depending on what he tells you

segunda *sustantivo*
1 (en avión, tren) **coach**: *Compré boletos en segunda.* I got coach tickets. | **viajar en segunda to travel coach**
2 (de la caja de velocidades) **second gear**

segundo *sustantivo*
1 (unidad de tiempo) **second**: *un minuto y diez segundos* one minute and ten seconds
2 (momento) **second**: *Espera un segundo.* Wait a second. | **en un segundo in no time**: *Lo hizo en un segundo.* He did it in no time at all.

segundo, -a *número*
second

seguridad *sustantivo*
1 (certeza) **certainty** | **con seguridad for certain**: *No sabemos con seguridad a qué hora llegan.* We don't know for certain what time they are arriving.
2 (libre de peligro) **safety**: *Por su seguridad, use el cinturón.* For your safety, please use your seatbelt. ▶ ver **cinturón**
3 (contra delitos) **security**: *medidas de seguridad* security measures

seguro, -a *adjetivo, adverbio & sustantivo*
■ *adjetivo*
1 estar seguro -a to be sure | **estar seguro -a de algo to be sure of something**: *No estoy segura de nada.* I'm not sure of anything. | **estar seguro -a de que... to be sure that...** ▶ **that** a menudo se omite: *Estoy segura de que me va a llamar.* I'm sure he's going to call me.
2 (sin riesgo) **safe**: *¿Es seguro salir a esta hora?* Is it safe to go out at this time?
■ **seguro** *adverbio*
seguro que no viene/que pasas etc. I bet he won't come/you'll pass etc. | **¡seguro que sí! of course!** | **¡seguro que no! of course not!**
■ **seguro** *sustantivo*
1 (alfiler) **safety pin**

S

2 (traba) **safety catch** (plural **safety catches**)

seis *número*

1 **six** | **quedarse de a seis to be flabbergasted**

2 (día) **sixth**: *el seis de junio* June sixth

3 **quedarse de a seis to be flabbergasted**

seiscientos, -as *número*

six hundred

selección *sustantivo*

1 (equipo) **team**: *la selección alemana* the German team | **la Selección (Nacional)** Usa el nombre del país: *Juega en la Selección.* He plays for Mexico/France etc.

2 (elección) **selection**: *una buena selección de textos* a good selection of texts

seleccionar *verbo*

to select

sello *sustantivo*

stamp

selva *sustantivo*

jungle | **la selva (tropical) the (tropical) rainforest**

semáforo *sustantivo*

lights *plural*, **traffic lights** *plural*: *El semáforo estaba en rojo.* The lights were red.

semana *sustantivo*

week | **la semana que viene next week** | **la semana pasada last week** | **una vez/dos veces etc. por semana once/twice etc. a week**: *Voy al gimnasio tres veces por semana.* I go to the gym three times a week. ▶ ver **fin**

Semana Santa En el calendario religioso se habla de **Holy Week** pero al hablar de las vacaciones se dice **Easter**: *¿Adónde van en Semana Santa?* Where are you going for Easter?

semanal *adjetivo*

1 (edición, reunión) **weekly**

2 (por semana) **tres/cuatro etc. horas semanales three/four etc. hours a week**

sembrar *verbo*

(semillas, cultivos, campos) **to plant, to sow**

semejante *adjetivo*

(parecido) **semejante a algo similar to something**

semicorchea *sustantivo*

sixteenth note

semifinal *sustantivo*

semifinal

semilla *sustantivo*

seed

senado *sustantivo*

senate

senador, -a *sustantivo*

senator

sencillo, -a *adjetivo*

(fácil) **simple**: *un ejercicio muy sencillo* a very simple exercise

sensación *sustantivo*

1 (éxito) **sensation**: *la sensación del verano* the sensation of the summer | *La obra causó sensación.* The play caused a sensation.

2 (percepción física, sentimiento) **feeling**: *una sensación de cansancio* a feeling of tiredness

sensacional *adjetivo*

sensational

sensato, -a *adjetivo*

sensible: *una decisión sensata* a sensible decision

sensible *adjetivo*

(emotiva o físicamente) **sensitive**: *para piel sensible* for sensitive skin

sentado, -a *adjetivo*

estar sentado -a to be sitting: *Estaba sentada junto a mí.* She was sitting beside me.

sentar *verbo*

(a una persona) **to sit**: *Lo sentaron al lado mío.* They sat him beside me.

sentarse

1 (dejar de estar parado) **to sit down**: *Siéntate.* Sit down. | *Me senté a escribirle un mail.* I sat down to write her an e-mail. ▶ Cuando el énfasis no está en la acción de sentarse, generalmente se omite **down**: *Como hacía calor, nos sentamos afuera.* As it was hot, we sat outside.

2 (cuando se está acostado) **to sit up**: *Se sentó para tomar la medicina.* She sat up to take her medicine.

sentenciar *verbo*

sentenciar a alguien a diez/veinte años de prisión to sentence someone to ten/twenty years in prison

sentido *sustantivo*

1 (vista, oído, etc.) **sense**: *los cinco sentidos* the five senses

2 (conocimiento) **perder/recobrar el sentido to lose/regain consciousness**

3 **tener sentido (a)** (ser útil) *No tiene sentido seguir insistiendo.* There's no point in continuing to try. **(b)** (tener lógica) **to make sense**: *Las instrucciones no tienen*

sentido. The instructions don't make sense.
4 (dirección) **direction**: *Chocó con un camión que iba en sentido contrario.* He collided with a truck which was heading in the other direction.
sentido común **common sense**, **sense**
sentido del humor **sense of humor**

sentimiento *sustantivo*
feeling: *Herí sus sentimientos* I hurt her feelings.

sentir *verbo*
1 (referido a emociones) **to feel**: *el alivio que sentí* the relief I felt ▶ Con algunos sustantivos las traducciones varían: *Sintió mucho miedo.* She was very afraid. | *Sentí una gran alegría.* I was very happy.
2 (referido a sensaciones físicas) **to feel**: *Sintió algo frío en la espalda.* He felt something cold on his back. ▶ Con algunos sustantivos las traducciones varían: *¿No sientes frío?* Aren't you cold? | *Empezó a sentir sueño.* He began to feel tired.
3 (oír, escuchar) **to hear**: *Sintió un ruido.* She heard a noise.
4 (palpar, tocar) **to feel**: *Siente lo suave que es.* Feel how soft it is.
5 (lamentar) **lo siento** **I'm sorry**: *Sentí mucho no poder ir a verte.* I was very sorry not to be able to go and see you.
sentirse
1 (en un estado) **to feel**: *¿Te sientes mejor?* Are you feeing better? | *Luli se siente mal.* Luli's not feeling well.
2 (considerarse) **to feel**: *Nos sentimos culpables.* We feel guilty.
3 (ofenderse) **to take offense**: *Se sintió por lo que le dijiste.* He took offense at what you said.

seña *sustantivo*
(gesto, ademán) **signal** | **hacerle señas a alguien** (para que haga algo) **to gesture to someone**: *Nos hizo señas de que lo siguiéramos.* He gestured to us to follow him.

señal *sustantivo*
1 (indicio) **sign**
2 (gesto, seña) **signal**
3 (de tránsito) **sign**, **road sign**
4 (de un contestador) **tone**

señalar *verbo*
1 **señalar algo o a alguien con el dedo** **to point at something or someone**: *Me señaló con el dedo.* She pointed at me.
2 (marcar) **to mark**: *Lo señaló con una cruz.* He marked it with a cross.

señor *sustantivo*
1 Para hablar de un hombre se usa **gentleman** (plural **gentlemen**) o **man** (plural **men**). **gentleman** es más cortés: *el señor de bigote* the gentleman with the mustache
2 Delante de un apellido se usa **Mr.**, que se pronuncia de forma completa: *el señor Bosch* Mr. Bosch
3 Cuando se refiere a un matrimonio, *los señores* se dice **Mr. and Mrs.**: *los señores Ordóñez* Mr. and Mrs. Ordóñez
4 En correspondencia formal, para dirigirse a un hombre cuyo nombre no se conoce, se usa **sir**: *Estimado señor* Dear Sir
5 Para dirigirse a un hombre sin usar su apellido, los policías, los empleados de tiendas, hoteles, etc. usan **sir**: *¿En qué lo puedo servir, señor?* How can I help you, sir?
6 Para dirigirse a un grupo de hombres en lenguaje formal, se dice **gentlemen**: *Señoras y Señores* Ladies and gentlemen
7 Para llamar la atención de un desconocido, se usa **excuse me**: *¡Señor, señor! Se le cayó la cartera.* Excuse me! You dropped your wallet.

Señor *sustantivo*
el Señor/Nuestro Señor (Dios) **the Lord/Our Lord**

señora *sustantivo*
1 Para hablar de una mujer se usa **lady** (plural **ladies**) o **woman** (plural **women**). **lady** es más cortés: *la señora que vive enfrente* the lady who lives across the street.
2 Delante de un apellido se usa **Mrs.**, aunque muchas mujeres hoy en día prefieren el uso de **Ms.**, que no hace distinción de estado civil: *la señora Montes* Mrs. Montes/Ms. Montes
3 En correspondencia formal, para dirigirse a una mujer cuyo nombre no se conoce, se usa **madam**: *Estimada señora:* Dear Madam
4 Para dirigirse a una mujer sin usar su apellido, los policías, los empleados de tiendas, hoteles, etc. usan **ma'am**: *¿Ya la atienden, señora?* Is someone helping you, ma'am?
5 Para dirigirse a un grupo de mujeres, se dice **ladies**: *Señoras y Señores* Ladies and gentlemen
6 Para llamar la atención de una desconocida, se usa **excuse me**: *Señora, aquí no se puede fumar.* Excuse me, you can't smoke here.

7 En el sentido de *esposa* se traduce por **wife**: *la señora de José* José's wife

Señora *sustantivo*

Nuestra Señora (la Virgen) **Our Lady**

señorita *sustantivo*

1 Delante de un apellido se usa **Miss**, aunque muchas mujeres hoy en día prefieren el uso de **Ms.**, que no hace distinción de estado civil: *la señorita Cobo* Miss Cobo/ Ms. Cobo

2 Algunos niños usan **Miss** para dirigirse a su profesora (no para hablar de ella), pero lo más frecuente es usar su apellido: *¿Con lápiz, señorita?* In pencil, Miss?/In pencil, Miss Gómez/Mrs. Smith etc.? | *Nos lo dijo la señorita.* The teacher told us./Miss Gómez/ Mrs. Smith etc. told us.

3 Miss no se suele usar con nombres de pila, o para hablar de una mujer sin usar su apellido: *Señorita, se le cayó esto.* Excuse me, you've dropped this. | *la señorita Claudia* Claudia/Miss Gómez

separado, **-a** *adjetivo*

1 (referido al estado civil) **separated**: *Está separado de su mujer.* He's separated from his wife.

2 (vidas, camas, mesas) **separate**

3 por separado separately: *Hicieron el trabajo por separado.* They did the work separately.

separar *verbo*

1 (estar en medio de) **to separate**: *El río separa las dos ciudades.* The river separates the two cities.

2 (dividir) **to separate**: *Separa la yema de la clara.* Separate the yolk from the white.

split up

Gerry and Sally have split up again.

separarse (pareja) **to split up** ▶ Si se trata de un matrimonio, también se dice **to separate**: *Sus padres se separaron.* Her parents have split up./Her parents have separated.

septiembre *sustantivo*

September: *en septiembre* in September

séptimo, **-a** *número*

seventh

sequía *sustantivo*

drought

ser *verbo & sustantivo*

■ *verbo*

1 (existencia o identidad) La traducción es **to be** en la mayoría de los contextos: *Soy yo, ábreme.* It's me, open the door. | *Somos amigas.* We're friends. ▶ Delante de un sustantivo singular que indica profesión hay que usar artículo: *Es arquitecta.* She's an architect.

2 (origen) **to be**, **to come**: *¿De dónde eres?* Where are you from?/Where do you come from? | *Es de Monterrey.* He's from Monterrey./He comes from Monterrey.

3 (característica o descripción) **to be**: *Es alto de pelo negro.* He's tall and has dark hair. | **¿cómo es tu novio/tu casa etc.? what's your boyfriend/your house etc. like?**: *¿Cómo era el hotel?* What was the hotel like?

4 (fecha, día, hora, etc.) **to be**: *Hoy es martes.* Today is Tuesday.

5 (suceder o efectuarse) **to be**: *La fiesta fue en casa de Alicia.* The party was at Alicia's.

6 somos cinco/ocho etc. there are five/eight etc. of us: *Eran como veinte.* There were about twenty of them.

7 es de madera/de metal etc. it's made of wood/metal etc.

■ *sustantivo*

being

ser humano human being

serie *sustantivo*

1 (de televisión o radio) **series** (plural **series**): *una serie de detectives* a detective series

2 (conjunto) **series** (plural **series**): *una serie de problemas* a series of problems

serio, **-a** *adjetivo*

1 (no risueño) **serious**: *¿Por qué estás tan serio?* Why are you looking so serious?

2 (grave) **serious**: *Por suerte, no fue nada serio.* Luckily, it wasn't serious.

3 en serio seriously: *Se lo tomó en serio.* She took it seriously.

sermón *sustantivo*

1 (de un padre, un profesor) **telling-off**: *Nos dio un sermón porque llegamos tarde.* He gave us a telling-off for arriving late.

2 (en la iglesia) **sermon**

serpiente *sustantivo*

snake

servicio *sustantivo*

1 (de una persona, una empresa) **service**: *un buen servicio de trenes* a good train service

S

2 (para el coche) **service**: *Llevó el coche a servicio.* She took the car in for service.
servicio militar military service servicio secreto secret service

servilleta *sustantivo*
napkin
servilleta de papel paper napkin

servir *verbo*
1 (ser útil) **servir para algo** Ver ejemplos: *¿Para qué sirve esto?* What's this for? | *Este abrelatas no sirve para nada.* This can opener is useless. | *¿Esto te sirve para algo?* Is this of any use to you? | **este martillo/este desatornillador etc. no sirve this hammer/this screwdriver etc. is no use** | **servir de algo** *Esto puede servir de tapa.* We can use this as a lid.
2 (referido a comida, bebidas) **to serve**: *Sírvele primero a tu abuelita.* Serve Grandma first. | *Sirvieron champán.* They served champagne. ▶ Para referirse a verter la bebida en la taza, la copa, etc., se usa **to pour**: *Me sirvió otro whisky.* He poured me another whiskey.
3 (atender, ayudar) **to serve**: *el mesero que nos sirvió* the waiter who served us
servirse (referido a comida, bebidas) **to help yourself**: *Sírvanse, por favor.* Please help yourselves. | **servirse algo to help yourself to something**: *Sírvete más papas.* Help yourself to more potatoes.

sesenta *número*
sixty

sesión *sustantivo*
(reunión) **session**

seso *sustantivo*
brains *plural*

setecientos, -as *número*
seven hundred

setenta *número*
seventy

sexista *adjetivo*
sexist

sexo *sustantivo*
sex (plural **sexes**)

sexto, -a *número*
sixth

sexual *adjetivo*
sexual

shampoo *sustantivo*
shampoo

short, o shorts *sustantivo*
shorts *plural*: *¿Dónde están mis shorts?* Where are my shorts? ▶ *un short* se dice **a pair of shorts** o **(some) shorts**: *Tenía puesto un short rojo.* He was wearing red shorts./He was wearing a pair of red shorts.

si *conjunción*
1 (condicional) **if**: *Si no te gusta, lo puedes cambiar.* If you don't like it, you can change it. | *Si supiera, te diría.* If I knew, I would tell you. | *Si me lo hubieras pedido, te habría ayudado.* If you had asked me, I would have helped you. | **por si acaso just in case**: *Llévatelo por si acaso.* Take it just in case.
2 (en interrogativas indirectas) **if**: *Le pregunté si estaba cansado.* I asked him if he was tired.
3 (con opciones, alternativas) **whether**: *No sabía si irse o quedarse.* He didn't know whether to go or stay.
4 si no (de otra manera) **otherwise**: *Apúrate, si no, te dejamos.* Hurry up, otherwise we'll go without you.

sí *adverbio, sustantivo & pronombre*
■ *adverbio & sustantivo*
1 (afirmación) **yes**: *–¿Tienes frío? –Sí.* "Are you cold?" "Yes." ▶ A menudo se repite el auxiliar o modal en la respuesta: *–¿Tienes frío? –Sí.* "Are you cold?" "Yes, I am." | *–¿Terminó? –Sí.* "Has she finished?" "Yes, she has." | **decir que sí to say yes** | **creo que sí I think so**
2 Para enfatizar, en inglés se usan distintos recursos: *Ellos sí que tienen problemas.* They really have problems. | *Sí lo vi.* I did see him. | **¡eso sí que no! absolutely not!**
■ *pronombre*
1 sí mismo -a La traducción es **himself** cuando se refiere a *él*, **herself** a *ella*, **yourself** a *usted* e **itself** cuando no se refiere a personas: *Se ríe de sí misma.* She laughs at herself. | *El argumento en sí mismo no es interesante.* The plot in itself is not interesting.
2 sí mismos -as La traducción es **themselves** cuando se refiere a *ellos*, se trate o no de personas, y **yourselves** cuando se refiere a *ustedes*: *No piensan más que en sí mismos.* They only think of themselves.

sida, o SIDA *sustantivo*
AIDS | **el sida AIDS**

sidra *sustantivo*
cider

siempre *adverbio*
1 always: *Siempre está de buen humor.* He is always in a good mood. | *Siempre viene solo.* He always comes on his own.
2 como siempre as usual: *Sacó la mejor nota, como siempre.* She got the best grade as usual.

S

3 el lugar/la hora etc. de siempre the usual place/time etc.

4 para siempre forever: *Le dije adiós para siempre.* I said goodbye to her forever.

5 siempre que (cada vez que) **whenever**: *Siempre que la veo, está con Luis.* Whenever I see her, she's with Luis.

sierra *sustantivo*

1 (cordillera) **range**

2 (zona montañosa) **la sierra the mountains**

3 (herramienta) **saw**

siesta *sustantivo*

nap | **echarse una siesta to take a nap**: *Se está echando una siesta.* He's taking a nap.

siete *número*

1 seven

2 (día) **seventh**: *el siete de julio* July seventh

siglo *sustantivo*

1 (cien años) **century** (plural **-ries**): *el siglo XIX* the 19th century ▶ En inglés se usan números arábigos ordinales para los siglos. El ejemplo anterior se lee *the nineteenth century*

2 siglos (mucho tiempo) **ages**: *Hace siglos que viven aquí.* They've lived here for ages.

significado *sustantivo*

meaning ▶ También es común el uso del verbo **to mean**: *¿Cuál es el significado de esta palabra?* What is the meaning of this word?/What does this word mean?

significar *verbo*

1 (querer decir) **to mean**: *¿Qué significa "WAP"?* What does "WAP" mean?

2 (tener importancia) **to mean**: *Lo material no significa nada para él.* Material things mean nothing to him.

S

signo *sustantivo*

1 (símbolo, representación) **sign**: *el signo de más* the plus sign

2 signo (del zodíaco) sign (of the zodiac), **(star) sign**: *¿De qué signo es tu novio?* What sign is your boyfriend?

signo de admiración, también **signo de exclamación exclamation point**

signo de interrogación question mark

siguiente *adjetivo*

following: *al día siguiente* the following day/the next day

silbar *verbo*

1 to whistle

2 silbarle a alguien to boo someone ▶ En los países anglosajones se suele silbar (**to whistle**) en recitales, etc. en señal de aprobación. Por eso se usa **to boo** (*abuchear*) cuando se habla de expresar desaprobación

silbato *sustantivo*

whistle | **tocar el silbato to blow the whistle**: *El árbitro tocó el silbato.* The referee blew the whistle.

silencio *sustantivo*

silence: *Trabajen en silencio.* Work in silence.

silla *sustantivo*

chair: *Siéntate en esa silla.* Sit on that chair.

silla de montar saddle silla de ruedas wheelchair

sillón *sustantivo*

1 (para una persona) **armchair**: *Estaba dormido en su sillón.* He was asleep in his armchair.

2 (para más de una persona) **sofa**: *Se acostó a dormir en el sillón.* He lay down to sleep on the sofa.

silueta *sustantivo*

(contorno) **outline** ▶ Cuando se ve a contraluz, se usa **silhouette**

símbolo *sustantivo*

symbol

simetría *sustantivo*

symmetry

similar *adjetivo*

similar

simpático, -a *adjetivo*

1 nice: *Es un chico muy simpático.* He's a very nice boy.

2 estar/portarse simpático -a to be nice/to behave nicely: *Tu hermana estuvo muy simpática con todo el mundo.* Your sister was very nice to everybody.

simpatizar *verbo*
simpatizar (con alguien) to hit it off with someone: *Simpatizó con ella de entrada.* He hit it off with her from the beginning. | **no me/le etc. simpatiza I don't like her/he doesn't like her etc.**

simple *adjetivo*
(sencillo) **simple**: *Es un ejercicio muy simple.* It's a very simple exercise.

simultáneo, -a *adjetivo*
simultaneous

sin *preposición*
1 without: *un cuarto sin ventanas* a room without any windows ▶ Muchas veces, en lugar de usar **without**, se usa un verbo en negativo: *Toma el café sin azúcar.* He doesn't take sugar in his coffee. | *Tiene que comer sin sal.* He mustn't have salt in his food. | **sin hablar/quejarse etc. without speaking/complaining etc.**: *Entró sin hacer ruido.* She came in without making any noise. | **sin que él se entere/se dé cuenta etc. without him finding out/realizing etc.**: *Se fue sin que nadie la viera.* She left without anyone seeing her.
2 está sin hacer/pintar etc. it hasn't been done/painted etc.: *Los platos están sin lavar.* The dishes haven't been done. | **estar sin trabajo to be out of work**
3 sin embargo however

sinagoga *sustantivo*
sinagogue

sindicato *sustantivo*
labor union

singular *adjetivo & sustantivo*
singular

siniestro *sustantivo*
(incendio) **fire**

sino *conjunción*
1 (para mostrar contraposición) **but**: *No es azul sino verde.* It's not blue but green. ▶ En lenguaje menos formal se diría **It isn't blue, it's green.**
2 no sólo... sino (también)... not only... but (also)...: *Invitamos no sólo a nuestros amigos sino también a los de los niños.* We invited not only our friends but also our children's friends.

sintético, -a *adjetivo*
synthetic

síntoma *sustantivo*
symptom: *Tiene síntomas de gripa.* He has flu-like symptoms.

siquiera *adverbio*
1 ni siquiera not even: *Ni siquiera me miró.* He didn't even look at me.
2 tan siquiera at least: *¡Déjame un cachito tan siquiera!* At least leave me a little piece!
3 sin siquiera without even: *Se fue sin siquiera despedirse.* He went without even saying goodbye.

sirena *sustantivo*
1 (en cuentos infantiles) **mermaid**
2 (personaje mitológico) **siren**
3 (alarma) **siren**

sirvienta *sustantivo*
maid

sismo *sustantivo*
earthquake

sistema *sustantivo*
system
el sistema solar the solar system

sitio *sustantivo*
1 (en Internet) **site**, **website**: *un nuevo sitio de música* a new music site
2 (lugar concreto) **place**: *Puso cada libro en su sitio.* She put each book in its place.
3 (militar) **siege**

situación *sustantivo*
situation

smog *sustantivo*
smog

smoking *sustantivo*
tuxedo

SMS *sustantivo* (= **short message service**)
1 (mensaje) **text**, **text message** | **enviarle un SMS a alguien to text someone**
2 (servicio) **SMS**

sobar *verbo*
to rub: *Sóbame la espalda.* Rub my back.

sobornar *verbo*
to bribe

soborno *sustantivo*
(dinero) **bribe**: *Se negó a aceptar el soborno.* He refused to accept the bribe.

sobra *sustantivo*
1 hay tiempo/lugar etc. de sobra there's plenty of time/space etc.: *Había comida de sobra para todos.* There was plenty of food for everyone.
2 sobras leftovers

sobrar *verbo*
1 (en pasado) **sobró mucha comida/tela etc. there was a lot of food/material etc. left over**: *No sobró nada de bebida.* There wasn't any drink left over. | **me sobró papel/dinero etc. I had**

S

some paper/some money etc left over: *Le sobraron cinco pesos.* He had five pesos left over.

2 (en presente) **sobra comida/sobran sillas etc.** **(a)** (hay más que suficiente) **there's plenty of food/there are plenty of chairs etc.** **(b)** (hay demasiada(s)) **there's too much food/there are too many chairs etc.** | **me sobra un boleto/le sobran dos copias etc.** **I have a spare ticket/he has two spare copies etc.**

sobre *preposición & sustantivo*

■ *preposición*

1 (encima de) **on**: *Lo dejó sobre el escritorio.* He left it on the desk.

2 (por encima de) **over**: *un puente sobre el río* a bridge over the river

3 (acerca de) **about**: *un artículo sobre la discriminación* an article about discrimination

4 **sobre todo** **(a)** (ante todo) **above all**: *Sobre todo, me gustaron las playas.* Above all, I liked the beaches. **(b)** (especialmente) **especially**: *sobre todo en el sur* especially in the south

■ *sustantivo*

1 (para cartas, etc.) **envelope**

2 (de azúcar, de sopa, etc.) **sachet**

sobrecargo *sustantivo*
flight attendant

sobrenatural *adjetivo*
supernatural

sobresaliente *adjetivo*
outstanding

sobresalir *verbo*

1 (distinguirse) **to stand out** | **sobresalir en deportes/idiomas etc.** **to excel at sports/languages etc.**

2 (de una superficie vertical) **to stick out**: *Sobresale unos dos centímetros.* It sticks out a couple of centimeters.

sobreviviente *sustantivo*
survivor

sobrevivir *verbo*
to survive

sobrino, -a *sustantivo*
sobrino **nephew** **sobrina** **niece** **sobrinos** (varones y mujeres) **nephews and nieces**: *¿Cuántos sobrinos tienes?* How many nephews and nieces do you have?

social *adjetivo*
social

sociedad *sustantivo*

1 (comunidad) **society** (plural **-ties**): *la sociedad europea* European society

2 (organización, agrupación) **society** (plural **-ties**): *una sociedad cultural* a cultural society

3 (empresa) **company** (plural **-nies**)

socio, -a *sustantivo*

1 (de un club, una biblioteca, etc.) **member**: *Se hizo socia de la biblioteca.* She became a member of the library. | **hacerse socio -a (de algo)** **to join (something)**

2 (en una compañía) **partner**

socket *sustantivo*
light socket

socorro *sustantivo*

1 **help** | **pedir socorro** **to call for help**

2 **¡socorro! help!**

sofá *sustantivo*
sofa
sofá cama **sofa-bed**

sofisticado, -a *adjetivo*
sophisticated

sofocante *adjetivo*
hace/hacía un calor sofocante **it is/was stifling**

sofocarse *verbo*

1 (de calor, por falta de aire) **to suffocate**: *Me estoy sofocando.* I'm suffocating.

2 (ahogarse) **to be out of breath**

software *sustantivo*
software ▶ **software** es un sustantivo incontable y no puede ir precedido de **a**: *Requiere un software especial.* It requires special software.

sol *sustantivo*

1 (astro) **sun** | **hay/había etc. sol** **it is/it was etc. sunny**: *Hoy hay mucho sol.* It's very sunny today. | **una mañana/tarde de sol** **a sunny morning/afternoon** | **al sol** **in the sun**: *No lo dejes al sol.* Don't leave it in the sun.

2 **tomar el sol** **to sunbathe** ▶ ver **anteojos**

solamente *adverbio* ▶ ver **sólo**

soldado *sustantivo*
soldier

soleado, -a *adjetivo*
sunny

solicitar *verbo*
solicitar un trabajo/una beca etc. **to apply for a job/a scholarship etc.**

solicitud *sustantivo*

1 (formulario) **application form**: *Tengo que llenar la solicitud.* I have to fill out the application form.

2 (pedido) **application**

S

solidaridad *sustantivo*
solidarity

sólido, -a *adjetivo & sustantivo*
■ *adjetivo*
(no líquido) **solid**
■ **sólido** *sustantivo*
solid

solista *sustantivo*
soloist

solitario, -a *adjetivo & sustantivo*
■ *adjetivo*
(vida, lugar) **solitary**
■ *sustantivo*
(juego de cartas) **solitaire** | **hacer solitarios** **to play solitaire**

solo, o **solamente** *adverbio* ▶ a veces se escribe *sólo*, con tilde, para evitar ambigüedad
only, **just**: *La fiesta es solo para socios.* The party is for members only. | *Solo quería hacerte una pregunta.* I just wanted to ask you a question.

solo, -a *adjetivo & sustantivo*
■ *adjetivo*
1 (sin compañía) **alone**, **on your own**: *Vino solo.* He came alone./He came on his own. | **hablar solo -a** **to talk to yourself**: *¿Está hablando sola?* Is she talking to herself? | **a solas** **alone**: *Tengo que hablar contigo a solas.* I have to talk to you alone.
2 (que anhela compañía) **lonely**: *Se siente muy solo.* He feels very lonely.
3 (sin ayuda) **by yourself**: *Lo hicimos nosotros solos.* We did it by ourselves.
4 (referido a bebidas, comidas) **café/té solo** **black coffee/tea** | **leche sola** **milk with nothing in it** | **un whisky solo** **a neat whiskey**
■ **solo** *sustantivo*
(en música) **solo**: *un solo de batería* a drum solo

soltar *verbo*
1 (dejar de agarrar) **soltar (algo o a alguien)** **to let go (of something or someone)**: *¡Suéltame!* Let go of me! | *No le sueltes la mano.* Don't let go of her hand.
2 (a un sospechoso) **to release**
3 (dejar de apretar) **to release**: *Suelta el botón del mouse.* Release the mouse button.
soltarse
1 (dejar de agarrarse) **soltarse (de algo)** **to let go of something**: *No se quería soltar de la cuerda.* She wouldn't let go of the rope.
2 (liberarse) **to get free**: *Forcejeó para soltarse.* He struggled to get free.
3 **soltarse el pelo** **to let your hair down**
4 (cuerda, nudo) **to come undone**

soltero, -a *adjetivo & sustantivo*
■ *adjetivo*
single | **quedarse soltero -a** **to stay single** ▶ ver **despedida**
■ *sustantivo*
soltero **single man** (plural **men**) **soltera** **single woman** (plural **women**) **los solteros** (solteros y solteras) **single people**

solución *sustantivo*
1 (de un problema) **solution**: *Le encontramos una solución al problema.* We've found a solution to the problem.
2 (de un juego, un crucigrama) **solution**

solucionar *verbo*
to solve

sombra *sustantivo*
1 (lugar sin sol) **shade**: *Nos sentamos en la sombra.* We sat in the shade. | **a la sombra (de algo)** **in the shade (of something)**
2 (silueta proyectada) **shadow**: *la sombra de Peter Pan* Peter Pan's shadow
3 (para ojos) **eyeshadow**: *No uso sombra.* I don't wear eyeshadow.

sombrero *sustantivo*
hat

sombrilla *sustantivo*
1 (para la playa) **beach umbrella**
2 (en una cafetería, un restaurante) **umbrella**
3 (de mano, para el sol) **parasol**
4 (para la lluvia) **umbrella**

sonar *verbo*
1 (timbre, campana) **to ring**: *Está sonando el teléfono.* The phone's ringing.
2 (música, instrumento) **to sound**: *¡Qué bien suena esa guitarra!* That guitar sounds really good!
3 (resultar conocido) **me suena el nombre/el título etc.** **the name/title etc. sounds familiar**: *¿Te suena esta canción?* Does this song sound familiar?
sonarse
1 **sonarse la nariz** **to blow your nose**
2 **sonarse a alguien** **to beat someone up**: *Se lo sonaron a la salida del colegio.* They beat him up as he was leaving school.

sonido *sustantivo*
sound

sonreír *verbo*
to smile: *Me sonrió.* He smiled at me.

sonrisa *sustantivo*
smile

soñar *verbo*
1 (al dormir) **to dream**: *Soñé que vivíamos en Inglaterra.* I dreamed that we lived in England. | **soñar con algo o alguien to dream about something or someone**: *Anoche soñé con Julio.* I dreamed about Julio last night.
2 (desear) **soñar (con) algo to dream of something**: *Sueña con viajar a Europa.* She dreams of going to Europe.
3 soñar despierto -a to daydream

sopa *sustantivo*
soup | **sopa de arroz/verdura etc. rice/vegetable etc. soup**

soplar *verbo*
1 (viento, aire) **to blow**: *Soplaba un aire fresco.* A cool breeze was blowing. | **sopla/soplaba mucho viento it is/was very windy**
2 (con la boca) **to blow**
3 (en un examen, un concurso) **me/le etc. sopló (la respuesta) he whispered the answer to me/to her etc.**
soplarse to put up with: *Nos tuvimos que soplar a la pesada de su prima.* We had to put up with his boring cousin.

soplón, -ona *sustantivo*
1 (de la maestra) **snitch** (plural **snitches**)
2 (de la policía) **informer**

soportar *verbo*
1 (tolerar) **no soporto este calor/este ruido etc. I can't stand this heat/this noise etc.**: *¿Cómo puedes soportar este ruido?* How can you stand this noise?
2 (sostener) **to support**: *Puede soportar un peso de cien kilos.* It can support a weight of one hundred kilos.

sorbo *sustantivo*
sip

sordo, -a *adjetivo & sustantivo*
■ *adjetivo*
deaf | **quedarse sordo -a to go deaf**: *Se quedó sordo muy joven.* He went deaf when he was very young.
■ *sustantivo*
1 (persona) **deaf person** ▶ Para referirse a los sordos en general se usa **deaf people** o **the deaf**
2 hacerse el sordo/la sorda to pretend you didn't hear: *No te hagas la sorda.* Don't pretend you didn't hear.

sordomudo, -a *adjetivo & sustantivo*
■ *adjetivo*
ser sordomudo -a to be a deaf-mute
■ *sustantivo*
deaf-mute

sorprendente *adjetivo*
surprising

sorprender *verbo*
(causarle sorpresa a) **to surprise**: *Ya nada me sorprende.* Nothing surprises me anymore. | **me sorprende que no lo sepas/que no le guste etc. I'm surprised you don't know/he doesn't like it etc.**: *Nos sorprendió que Pepe no estuviera.* We were surprised Pepe wasn't there.
sorprenderse to be surprised: *No se sorprendan si viene con otra chica.* Don't be surprised if he shows up with a different girl.

sorpresa *sustantivo*
surprise: *¡Qué sorpresa!* What a surprise! | **llevarse una sorpresa to get a surprise** | **tomar a alguien por/de sorpresa to take someone by surprise**

sorteo *sustantivo*
1 (rifa) **draw**: *Me lo gané en un sorteo.* I won it in a draw.
2 (acción de sortear) **draw**: *el sorteo de los grupos del mundial* the draw for the World Cup groups

sospecha *sustantivo*
suspicion

sospechar *verbo*
1 to suspect: *Sospecho que ya se fue.* I suspect he has already left.
2 sospechar de alguien to suspect someone

sospechoso, -a *adjetivo & sustantivo*
■ *adjetivo*
suspicious
■ *sustantivo*
suspect: *Es el principal sospechoso.* He is the chief suspect.

sostener *verbo*
(agarrar, detener) **to hold**: *Sostenme esto un momento.* Hold this for me a moment.
sostenerse
1 sostenerse de algo to hold on to something: *Sostente del barandal.* Hold on to the handrail.
2 sostenerse en pie to stand

sostenido, -a *adjetivo*
do/fa etc sostenido C/F etc sharp

S

sótano *sustantivo*
basement ▶ Cuando se usa para guardar cosas y no como habitación se le llama **cellar**

spam *sustantivo*
spam

sport *adjetivo*
casual: *una camisa sport* a casual shirt | **traer ropa sport** **to be casually dressed**

spray *sustantivo*
1 (aerosol) **spray**
2 (para el pelo) **hairspray**

squash *sustantivo*
squash | **jugar squash** **to play squash**

Sr. (= **señor**)
Mr.

Sra. (= **señora**)
Mrs., **Ms.** ▶ ver nota en **señora**

Srta. (= **señorita**)
Miss, **Ms.** ▶ ver nota en **señorita**

su *adjetivo*
1 (de él) **his**: *Me prestó sus libros.* He lent me his books.
2 (de ella) **her**: *Está en su escritorio.* It's on her desk.
3 (de ellos, ellas) **their**: *Ése es su coche.* That's their car.
4 (de usted, ustedes) **your**: *¿Cómo están sus hijas?* How are your daughters?
5 (de una cosa, un animal) **its**: *el banco y sus clientes* the bank and its customers ▶ Si se conoce el sexo del animal y se le tiene afecto, se usa **his** o **her**: *una leona con sus cachorros* a lioness with her cubs

suave *adjetivo*
1 (al tacto) **soft**: *Tiene la piel suave.* She has soft skin.
2 (referido a sabores) Se usa **mild** cuando significa no picante, **delicate** cuando significa delicado y **smooth** cuando se habla de un licor, etc.
3 (carne) **tender**: *El bistec está muy suave.* The steak is really tender.
4 (música, voz) **soft**
5 (brisa) **gentle**

suavizante *sustantivo*
(para la ropa) **fabric softener**

suavizar *verbo*
1 **to soften**: *una crema que suaviza las manos* a cream that softens your hands
2 (la ropa, el pelo) **to condition**

subasta *sustantivo*
auction: *una subasta por Internet* an Internet auction

subcampeón, **-ona** *sustantivo*
runner-up (plural **runners-up**): *Salimos subcampeones.* We were runners-up.

subibaja, o **sube y baja** *sustantivo*
teeter-totter, **seesaw**

subida *sustantivo*
1 (pendiente) **slope**: *una subida pronunciada* a steep slope
2 **en subida** **uphill**: *El camino iba en subida.* The path went uphill.

subir *verbo*
1 (ir hacia arriba) **to go up**, **to come up** ▶ Se usa **to come up** cuando el movimiento es hacia el hablante: *Subió a dormir.* He went up to bed. | *Sube, estoy en mi cuarto.* Come up, I'm in my room. | **subir la escalera** **to go up the stairs**, **to come up the stairs**: *Subió la escalera y llamó a la puerta.* He went up the stairs and knocked at the door. ▶ Se usa **to come up the stairs** cuando el movimiento es hacia el hablante. Cuando implica dificultad, se usa **to get up the stairs**: *Le cuesta subir escaleras.* She has difficulty getting up stairs. | **subir por la escalera** **to walk up**: *Tuvimos que subir por la escalera.* We had to walk up. | **subir una cuesta/montaña etc.** **to go up a hill/mountain etc.**, **to come up a hill/mountain etc.** ▶ Se usa **to come up** cuando el movimiento es hacia el hablante.: *Sube la cuesta y verás nuestra casa a la izquierda.* Come up the hill and you will see our house on the left. ▶ Cuando se pone énfasis en el grado de dificultad, se usa **to climb**: *Tardamos seis horas en subir el cerro.* It took us six hours to climb the mountain.
2 (a un camión, un tren, un coche etc) ▶ ver **subirse**
3 (precios, fiebre, temperaturas) **to go up**: *Subió la leche.* The price of milk has gone up./Milk has gone up. | *Le subió la fiebre.* His temperature went up.
4 **subirle al radio/a la música etc.** **to turn the radio/the music etc. up**: *Súbele tantito a la tele.* Turn the TV up a little.
5 **subir de peso** **to put on weight** | **subir un kilo/medio kilo etc.** **to put on a kilo/half a kilo etc.**
6 **subir algo a la azotea/tu cuarto etc.** **to take something up to the roof/to your bedroom etc.**: *Subí la ropa a la azotea.* I took the clothes up to the roof.
7 (precios) **to raise**: *Los comerciantes suben los precios en temporada.* Traders raise their prices during the high season. |

S

subirle el sueldo a alguien to give someone a raise

8 **subir algo a Internet/a un sitio to upload something to the Internet/to a website**: *Puedes subir fotos a tu sitio.* You can upload photos to your website.

subirse

1 **subirse a una mesa/una barda etc. to get up onto a table/a wall etc.**: *Se subió a la silla.* He got up onto the chair. ▶ Si implica dificultad, se usa **to climb onto something**

2 **subirse (al metro/un camión/un tren) to get on (the subway/a bus/a train)**: *Se subió en Revolución.* He got on at Revolución. | **subirse (a un coche/un taxi) to get in (a car/a taxi)**: *Se subió y bajó los vidrios.* She got in and opened the windows. | **subirse a un caballo/una bicicleta etc to get on a horse/a bicycle etc**: *Nos subimos a la moto y arrancamos.* We got on the motorbike and started the engine.

3 **subirse los calcetines/el pantalón etc. to pull your socks/pants etc. up** | **subirse el cierre to do up your zipper**

subjuntivo *sustantivo*
subjunctive

submarino *sustantivo*
submarine

submarine

subrayar *verbo*
to underline: *Subráyalo en azul.* Underline it in blue.

subterráneo, -a *adjetivo*
un río/pasillo subterráneo an underground river/passageway

suburbios *sustantivo*
los suburbios de Monterrey/Guadalajara etc. the outskirts of Monterrey/Guadalajara etc., the suburbs of Monterrey/Guadalajara etc.

suceder *verbo*
1 (pasar, ocurrir) **to happen**: *Que no vuelva a suceder.* Don't let it happen again.
2 **suceder a alguien (en algo) to succeed someone (in something)**: *Lo sucedió en el cargo.* She succeeded him in the post.

suceso *sustantivo*
(hecho) **event**: *Fue un trágico suceso.* It was a tragic event.

sucesor, -a *sustantivo*
successor

suciedad *sustantivo*
dirt

sucio, -a *adjetivo & adverbio*
■ *adjetivo*
1 (no limpio) **dirty**: *Tienes las manos sucias.* Your hands are dirty.
2 (deshonesto) **negocios sucios shady business**
3 **hacer algo en sucio to do a rough draft of something**: *Primero hay que hacer la composición en sucio.* First you have to do a rough draft of the essay.
■ **sucio** *adverbio*
jugar/pelear sucio to play/fight dirty

sucursal *sustantivo*
branch (plural **branches**)

Sudamérica *sustantivo*
South America

sudamericano, -a *adjetivo & sustantivo*
■ *adjetivo*
South American
■ *sustantivo*
1 **South American**
2 **los sudamericanos (the) South Americans**

sudar *verbo*
to sweat: *Le sudaban las manos.* His hands were sweating.

sudeste *sustantivo & adjetivo*
■ *sustantivo*
southeast
■ *adjetivo*
southeast, southeastern

sudoeste *sustantivo & adjetivo*
■ *sustantivo*
southwest
■ *adjetivo*
southwest, southwestern

sudor *sustantivo*
sweat: *Estaba bañado en sudor.* He was dripping with sweat.

Suecia *sustantivo*
Sweden

sueco, -a *adjetivo & sustantivo*
■ *adjetivo*
Swedish

■ *sustantivo*
1 **Swede** **los suecos** **(the) Swedes**
2 **sueco** (idioma) **Swedish**

suegro, -a *sustantivo*
suegro **father-in-law** (plural **fathers-in-law**) **suegra** **mother-in-law** (plural **mothers-in-law**) **suegros** (suegro y suegra) **in-laws, mother- and father-in-law**

suela *sustantivo*
(de un zapato) **sole**: *Tengo un agujero en la suela.* I have a hole in the sole of my shoe.

sueldo *sustantivo*
1 (mensual) **salary** (plural **salaries**): *un aumento de sueldo* a salary increase
2 (por hora, día, semana) **wages** *plural*

suelo *sustantivo*
el suelo **(a)** (de una habitación) **the floor** **(b)** (en el exterior) **the ground**

suelto, -a *adjetivo*
1 (libre, no encerrado) **andar suelto -a** **to be on the loose**: *Estos delincuentes andan sueltos.* These criminals are on the loose. | **estar suelto -a** **to be loose**
2 (no sujeto) **loose**: *Las llaves estaban sueltas.* The keys were loose. | *unas hojas sueltas* some loose sheets of paper
3 (referido a la ropa) **loose**: *un vestido suelto* a loose dress
4 (referido al pelo) **loose**: *Tenía el pelo suelto.* She was wearing her hair loose.

sueño *sustantivo*
1 (ganas de dormir) **tener sueño** **to be tired**: *Tengo mucho sueño.* I'm very tired. | **me/te etc. da sueño** **it makes me/you etc. sleepy**: *Mirar tele me da sueño.* Watching TV makes me sleepy.
2 (lo que se sueña) **dream**: *Tuve un sueño muy raro.* I had a very strange dream.
3 (deseo, ilusión) **dream**: *la muchacha de mis sueños* the girl of my dreams

suerte *sustantivo*
1 **luck**: *Es cuestión de suerte.* It's a question of luck. | **tener suerte/no tener suerte** **to be lucky/to be unlucky**: *Tuve mucha suerte.* I was very lucky. | **tener buena/mala suerte** **to be lucky/to be unlucky**
2 **¡qué suerte que...!** **(a)** (qué buena suerte) **it was lucky...**: *¡Qué suerte que lo encontraste!* It was lucky you found it. **(b)** (menos mal) **it's a good thing...**: *¡Qué suerte que me avisaste!* It's a good thing you told me!
3 **¡suerte!** **good luck!**

suéter *sustantivo*
sweater: *Ponte el suéter.* Put your sweater on.

suficiente *adjetivo & pronombre*
enough: *Es suficiente, gracias.* That's enough, thanks. | *No compren más, hay suficientes.* Don't buy any more. We've got enough.

sufrimiento *sustantivo*
suffering

sufrir *verbo*
(padecer) **to suffer**: *La hizo sufrir.* He made her suffer.

sugerencia *sustantivo*
suggestion: *¿Puedo hacer una sugerencia?* Can I make a suggestion?

sugerir *verbo*
1 **sugerirle algo a alguien** **to suggest something to someone** ▶ El complemento indirecto se suele omitir: *Hizo lo que le sugerí.* He did what I suggested.
2 **sugerir que** **to suggest**: *Sugiero que sigamos mañana.* I suggest we continue tomorrow. | **sugerirle a alguien que haga algo** to suggest someone do something: *Te sugiero que se lo preguntes.* I suggest you ask him. | *Me sugirió que le cambiara el título.* He suggested I change the title.

suicidarse *verbo*
to commit suicide

suicidio *sustantivo*
suicide

Suiza *sustantivo*
Switzerland

suizo, -a *adjetivo & sustantivo*
■ *adjetivo*
Swiss
■ *sustantivo*
1 **Swiss** ▶ También se usa mucho **Swiss man, Swiss woman, etc.**
2 **los suizos** **the Swiss**

sujetar *verbo*
(agarrar) **to hold**: *Sujeta esto.* Hold this.

sujeto *sustantivo*
(en gramática) **subject**

suma *sustantivo*
1 (cálculo) **addition**: *Esta suma está mal.* This addition isn't right. | *Haz la suma con la calculadora.* Add it up on your calculator.
2 **suma (de dinero)** **amount (of money)**

sumar *verbo*
1 (en matemáticas) **to add**: *Está aprendiendo a sumar.* He's learning to add. | **sumar dos y dos/sumar 54 más 32**

etc. to add two and two/to add 54 and 32 etc.
2 (dar un total de) **to add up to**: *Suman más de $500.* They add up to more than $500.

sumergir *verbo*
to immerse
sumergirse to submerge

súper *adverbio & sustantivo*
■ *adverbio*
incredibly: *Estoy súper contento.* I'm incredibly happy.
■ *sustantivo*
(supermercado) **supermarket**

superficial *adjetivo*
1 (frívolo) **superficial**
2 (herida, corte) **superficial**

superficie *sustantivo*
1 (del mar, de una mesa, etc.) **surface**: *El buzo salió a la superficie.* The diver came up to the surface.
2 (área) **area**: *una superficie de 20 metros cuadrados* an area of 20 square meters

superior *adjetivo & sustantivo*
■ *adjetivo*
1 (mejor) **superior (a algo) better (than something)**: *El libro es muy superior a la película.* The book is much better than the movie.
2 (mayor, más alto) **higher**: *cualquier número superior a diez* any number higher than ten
3 (de más arriba) **el labio/la mandíbula superior the upper lip/jaw** | **la parte superior the top**
■ *sustantivo*
superior: *Habló con sus superiores.* He spoke to his superiors.

supermercado *sustantivo*
supermarket: *Lo compré en el supermercado.* I bought it at the supermarket.

superstición *sustantivo*
superstition

supersticioso, -a *adjetivo*
superstitious

suplemento *sustantivo*
(de un periódicoo) **supplement**: *el suplemento de informática* the computing supplement

suplente *sustantivo & adjetivo*
■ *sustantivo*
1 (jugador) **substitute**
2 (maestro, profesora) **substitute teacher**
■ *adjetivo*
un profesor/una maestra suplente a substitute teacher

suplicar *verbo*
te lo suplico I beg you | **suplicarle a alguien que haga algo to beg someone to do something**

suponer *sustantivo*
(imaginar) **to suppose**: *Supongo que ya te lo dijo.* I suppose he's already told you. | **supongo que sí/que no I suppose so/I don't suppose so**

supositorio *sustantivo*
suppository (plural **-ries**)

suprimir *verbo*
(en un texto) **to omit**: *Suprimieron varios párrafos.* They omitted several paragraphs.

supuesto, -a *adjetivo*
por supuesto of course: *–¿Me ayudas? –Por supuesto.* "Can you help me?" "Of course." | *Por supuesto que voy.* Of course I'm going. | **por supuesto que no of course not**

sur *sustantivo & adjetivo*
■ *sustantivo*
south, South
■ *adjetivo*
south, southern

sureste *sustantivo & adjetivo*
■ *sustantivo*
southeast
■ *adjetivo*
southeast, southeastern

surfeador, -a *sustantivo*
surfer

surfear *verbo*
to surf | **ir a surfear to go surfing**

surfing *sustantivo*
surfing | **hacer surfing to surf**

surgir *verbo*
(problema, tema) **to come up**: *Surgió un problema.* A problem has come up.

suroeste *sustantivo & adjetivo*
■ *sustantivo*
southwest
■ *adjetivo*
southwest, southwestern

surtido, -a *adjetivo & sustantivo*
■ *adjetivo*
(variado) **assorted**: *sabores surtidos* assorted flavors
■ **surtido** *sustantivo*
(stock) **selection**: *Tienen un gran surtido de tenis.* They have a wide selection of sneakers.

S

suscribirse *verbo*

1 suscribirse al cable to subscribe to cable (television) | **suscribirse a Internet to get an Internet account**

2 suscribirse a una revista/un periódico to subscribe to a magazine/ newspaper

suscripción *sustantivo*

subscription

suscrito, **-a** *adjetivo*

estar suscrito -a al cable to have cable (television) | **estar suscrito -a Internet to have an Internet account**

sushi *sustantivo*

sushi

suspender *verbo*

1 (cancelar) (un viaje, un recital, etc.) **to cancel**: *Suspendieron la boda.* The wedding was canceled. ▶ Si algo se suspende temporalmente después de haber comenzado, se usa **to suspend**: *Hubo que suspender el partido.* The game had to be suspended.

2 (sancionar) **to suspend**: *Lo suspendieron por quince días.* He was suspended for two weeks.

suspenso *sustantivo*

suspense

suspirar *verbo*

to sigh

suspiro *sustantivo*

sigh: *un suspiro de alivio* a sigh of relief

sustancia *sustantivo*

substance

sustantivo *sustantivo*

noun

sustituir *verbo*

1 to replace: *Se puede sustituir la manteca por aceite.* You can replace the butter with oil.

2 sustituir a alguien (a) (provisoriamente) **to stand in for someone**: *Lucas va a sustituir a Diego.* Lucas will stand in for Diego. **(b)** (permanentemente) **to replace**: *Ella lo va a sustituir cuando se jubile.* She is going to replace him when he retires.

sustituto, **-a** *sustantivo & adjetivo*

■ *sustantivo*

1 (provisional) **substitute**

2 (permanente) **replacement**

■ *adjetivo*

madre/familia sustituta foster mother/ family

susto *sustantivo*

scare: *¡Qué susto!* What a scare! | **darle un susto a alguien to scare someone**: *Me diste un susto horrible.* You really scared me.

sutil *adjetivo*

subtle

suyo, **-a** *adjetivo & pronombre*

1 Se traduce por **his** si significa *de él*, **hers** si significa *de ella*, **theirs** si significa *de ellos* o *de ellas* y por **yours** si significa *de usted* o *de ustedes*: *Señor Cano, esto es suyo.* Mr. Cano, this is yours. | *Blanca dice que este CD es suyo.* Blanca says this CD is hers. ▶ La construcción **un amigo suyo/una colega suya** etc. se traduce por **a friend of his/a colleague of yours** etc., según signifique *de él*, *de usted*, etc.: *Estaban con unos parientes suyos.* They were with some relatives of theirs.

2 el suyo/la suya etc. Se traduce por **his** si significa *de él*, **hers** si significa *de ella*, **theirs** si significa *de ellos* o *de ellas* y por **yours** si significa *de usted* o *de ustedes*: *Luis ya se llevó los suyos.* Luis has already taken his. | *¿Me presta el suyo?* Could you lend me yours?

Tt

T, **t** *sustantivo*

T, t: *"Texan" se escribe con T mayúscula.* "Texan" is written with a capital T.

tabaco *sustantivo*

tobacco

tabla *sustantivo*

1 (de madera) **board**: *Esta tabla puede servir de mesa.* We can use this board as a table. ▶ **floorboard** es una de las tablas del piso

2 (lista, índice) **table**: *Escriban los datos en una tabla.* Put the data in a table.

3 tabla (de multiplicar) (times) table: *No sabe las tablas.* He doesn't know his times tables. | **la tabla del dos/tres etc. the two-times/three-times etc. table**

4 (en una falda) **pleat**

tabla de surfing surfboard tabla de windsurf sailboard

tablero *sustantivo*

(de un juego) **board**: *un tablero de ajedrez* a chessboard

tablero de anuncios bulletin board

tableta *sustantivo*

(de un medicamento) **tablet**

tacaño, **-a** *adjetivo*

stingy, **tight**

tachar *verbo*

to cross out: *Tachó lo que había escrito.* She crossed out what she had written.

taco *sustantivo*

1 Aunque se usa la palabra **taco** en inglés, algunas personas pueden no conocerla. Si quieres explicar lo que es, di *It's a maize pancake rolled up and filled with meat, cheese or other fillings*: *Cenamos tacos de pollo.* We had chicken tacos for dinner.

2 (de billar) **cue**

tacón *sustantivo*

(de un zapato) **heel**: *No sé caminar con tacones altos.* I can't walk in high heels. | **traer tacones altos/bajos to be wearing high heels/flat shoes**: *Traía tacones bajos.* She was wearing flat shoes.

tacto *sustantivo*

(sentido) **touch**: *Es muy suave al tacto.* It's very soft to the touch.

tajada *sustantivo*

1 (de carne, de melón, etc.) **slice**: *Dame una tajada.* Give me a slice.

2 (parte correspondiente) **share** | **sacar tajada to get a share**: *El sacó la mejor tajada.* He got the biggest share.

tal *adverbio & adjetivo*

■ *adverbio*

1 ¿qué tal (está) Susi/tu hermano etc.? how's Susi/your brother etc.?: *¿Qué tal están tus abuelos?* How are your grandparents? | *¿Qué tal estuvo la fiesta?* How was the party? | **¿qué tal es la maestra nueva/el novio de Ana etc.? what's the new teacher/Ana's boyfriend etc. like?**: *¿Qué tal es ese club?* What's that club like? | **hola ¿qué tal? hello, how are you?**

2 tal vez maybe: *Tal vez lo sepas.* Maybe you know.

■ *adjetivo*

1 (semejante) **tal cosa/de tal modo etc. such a thing/in such a way etc.**: *Nunca lo había visto en tal estado.* I'd never seen him in such a state.

2 un tal Iván/una tal Laura etc. someone named Iván/Laura etc.: *Te llamó un tal Gabriel.* Someone named Gabriel phoned for you.

taladro *sustantivo*

drill

talar *verbo*

talar un árbol to cut a tree down

talco *sustantivo*

1 talcum powder

2 hacer talco a alguien to whip someone

talento *sustantivo*

(cualidad) **talent**: *Tiene talento para la pintura.* He has a talent for painting.

talla *sustantivo*

(de ropa) **size**: *¿Tiene una talla más grande?* Do you have a larger size? | *¿Qué talla usa tu hermano?* What size does your brother take?

tallar *verbo*

1 (el piso, los trastes) **to scrub**: *Hay que tallar la ropa.* You have to scrub the clothes.

2 (madera) **to carve**

taller *sustantivo*

1 taller (mecánico) garage

2 (de un carpintero, etc.) **workshop**

tallo *sustantivo*
stem

talón *sustantivo*
(del pie, de una media) **heel**

tamal *sustantivo*
Aunque se usa la palabra **tamale,** en inglés, algunas personas pueden no conocerla. Si quieres explicar lo que es, di *It's a dish made with maize dough filled with meat and sauce, wrapped in a corn husk or banana leaf and then steamed*: *Cenamos tamales de pollo.* We had chicken tamales for dinner.

tamaño *sustantivo*
size: *Quiero un tamaño más grande.* I want a larger size. ► *de* no se traduce en los siguientes ejemplos: *¿De qué tamaño es?* What size is it? | *Es del tamaño de una nuez.* It's the size of a walnut. | *Son del mismo tamaño.* They are the same size.
tamaño familiar **family-size**: *un envase de tamaño familiar* a family-size pack

también *adverbio*
Se puede traducir por **too**, **also** o **as well**. Guíate por los siguientes ejemplos. Fíjate en la posición del adverbio en la oración: *Yo también estoy cansada.* I'm tired too./I'm tired as well. | *También habla francés.* She speaks French too./She speaks French as well./She also speaks French.

NOTA: Las respuestas como *yo también/Ana también* etc., se traducen usando **so** seguido por un modal o auxiliar y el sujeto. Si el verbo de la oración no es modal ni auxiliar, se usa la forma correspondiente de **to do**: *Yo estoy aburrida y Pablo también.* I'm bored and so is Pablo. | *–Carmen sabe nadar. –Yo también.* "Carmen can swim." "So can I." | *–Ellos jugaron muy bien. –¡Nosotros también!* "They played very well." "So did we!"

tambor *sustantivo*
1 (instrumento) **drum**
2 (de una lavadora) **drum**

tampoco *adverbio*
1 Se traduce por **either** con un verbo en negativo: *A mí tampoco me gusta.* I don't like it either. | *¿Tú tampoco quieres ir?* Don't you want to go either? | *Mi hermana tampoco aprobó.* My sister didn't pass either.
2 yo tampoco/Lucía tampoco etc., se traducen usando **neither** o **nor** seguido por un modal o auxiliar y el sujeto. Si el verbo de la oración no es modal ni auxiliar, se usa la forma correspondiente de **to do**: *Elena no estaba y el novio tampoco.* Elena wasn't there and neither was her boyfriend. | *–Yo no puedo ir. –Nosotros tampoco.* "I can't go." "Neither can we." | *–Tú no sabías. –¡Tú tampoco!* "You didn't know." "Neither did you!"

tan *adjetivo & adverbio*
1 Se traduce por **so** o **such**. La traducción depende de si hay o no un sustantivo y de si éste es singular o plural, contable o incontable. Guíate por lo siguiente (**that** se suele omitir en el lenguaje hablado): **tan despacio/tan aburrido etc. (que...)** **so slowly/so boring etc. (that...)**: *¡No pongas la música tan fuerte!* Don't put the music on so loud! | *Era tan aburrido que me dormí.* It was so boring (that) I went to sleep. | **un chico tan bueno/dulce etc. (que...)** **such a good/sweet etc. boy (that...)**: *¡Pasamos un día tan agradable!* We had such a nice day! | *Tenía un sabor tan horrible que casi vomito.* It had such a horrible taste that I almost threw up. | **unas flores tan preciosas/un tiempo tan fabuloso etc. (que...)** **such beautiful flowers/such wonderful weather etc.(that...)**: *¡Tocan una música tan bonita!* They play such nice music!
2 (en exclamaciones) La traducción depende de si el sustantivo es singular, plural, contable o incontable. Guíate por lo siguiente: **¡qué niño tan tonto/alto etc.!** **what a silly/tall etc. boy.!** | **¡qué tiempo tan precioso/horrible etc.!** **what beautiful/terrible etc. weather!** | **¡qué ideas tan raras/ridículas etc.!** **what strange/ridiculous etc. ideas!**
3 (en comparaciones) **tan... como...** **as... as...**: *Es tan guapo como su hermano.* He's as good-looking as his brother. | *No es tan caro como dicen.* It's not as expensive as people say.

tanque *sustantivo*
1 (de agua, etc.) **tank**
2 tanque (de gasolina) **(gas) tank**: *El tanque estaba lleno.* The tank was full.
3 (de guerra) **tank**

tantito, -a *adjetivo & pronombre*
(cantidad) Se traduce como **a little** para referirse a un sustantivo inglés singular y como **a few** para referirse a un plural.: *Dame tantita leche.* Just pour me a little milk. | *¿No quieres tantitos cacahuates?* Don't you want a few peanuts? | *Come tantito. Tienes tiempo.* Have something to eat. You have time!

T

tanto, **-a** *adjetivo, pronombre, adverbio & sustantivo*

■ *adjetivo & pronombre*

1 (tal gran cantidad) **so much**, **so many** ▶ Las traducciones con **much** se usan para referirse a un sustantivo inglés singular y las traducciones con **many** para los que van en plural: *¡Ganó tanto dinero!* He won so much money! | *No sabía que tenían tantos problemas.* I didn't know they had so many problems. | *¡No comas tanto!* Don't eat so much! ▶ Ten en cuenta que, si en inglés no se usa un sustantivo sino un adjetivo, la traducción es **so**: *¡Hace tanto calor!* It's so hot! | *Tiene tanta suerte que siempre gana algo.* She's so lucky that she always wins something.

2 tanto -a... que... so much/so many... (that)...: *Tienen tanto dinero que viajan siempre en primera.* They have so much money that they always travel first class. | *Había tanta gente que no pudimos entrar.* There were so many people there that we couldn't get in.

3 tanto -a... como... as much/as many... as...: *Necesito tanto como ella.* I need as much as her. | *No tiene tantos amigos como tú.* She doesn't have as many friends as you. ▶ Ten en cuenta que, si en inglés no se usa un sustantivo sino un adjetivo, la traducción es **as... as...**: *No tengo tanto frío como ayer.* I'm not as cold as yesterday.

4 por lo tanto therefore: *No terminaste la tarea. Por lo tanto no sales.* You haven't finished your homework. Therefore you aren't going out. | **no es para tanto it's not that bad**: *No llores, no es para tanto.* Don't cry. It's not that bad.

■ **tanto** *adverbio*

1 (gran cantidad) **tanto (que) so much... (that...)**: *¡Come tanto!* He eats so much! | *Habla tanto que te marea.* He talks so much that he makes you dizzy.

2 (mucho tiempo) *Hace tanto que no lo veo.* It's such a long time since I saw him. | *No tardó tanto.* She didn't take that long. | *¡Falta tanto para las vacaciones!* There's still so long to go before the vacation.

3 (tan seguido) **that often**: *No voy tanto al cine.* I don't go to the movies that often.

4 tanto mejor all the better: *Si no viene, tanto mejor.* If she doesn't come, all the better.

■ **tanto** *sustantivo*

1 (gol) **goal**

2 (en básquet, squash, etc.) **point**

3 al tanto de algo up to date with something: *Tenme al tanto de lo que pasa.* Keep me up to date with what is happening.

tapa *sustantivo*

1 (de una caja) **lid**: *¿Dónde está la tapa de la caja?* Where is the lid for the box?

2 (de un frasco) **top**: *Pásame la tapa de la mermelada.* Can you pass me the top off the jam?

3 (de una pluma, etc) **cap**

4 (de un libro) **cover** | **un libro de tapas duras/blandas a hardcover/softcover book**

5 (del zapato) **heel**

tapadera *sustantivo*

(de una olla) **lid**

tapado, **-a** *adjetivo*

1 (referido a caños, desagües) **blocked**

2 tengo la nariz tapada/los oídos tapados my nose is blocked/my ears are blocked

tapar *verbo*

1 (con una sábana, un mantel, etc.) **to cover**: *Lo tapé con una sábana.* I covered it with a sheet.

2 (una botella) **to put the top on**

3 (una caja, una cacerola) **to put the lid on**

4 (una pluma) **to put the cap on**

5 (referido a obstruir la visión, la luz, etc.) Ver ejemplos: *Córrete que me estás tapando.* Move over a little, you're blocking my view.

6 (un diente) **to fill**: *Le taparon dos muelas.* He had two teeth filled.

taparse

1 taparse la boca/la cara etc. to cover your mouth/your face etc.: *Se tapó los oídos.* He covered his ears.

2 (en la cama) Ver ejemplos: *Me tapé con una cobija.* I covered myself up with a blanket.

3 (caño, desagüe) **to get blocked**: *Se tapó el excusado.* The toilet got blocked.

tapete *sustantivo*

1 (pequeño) **mat**

2 (grande) **rug**

3 (de entrada) **doormat**

4 (para ratón) **mouse pad**

tapiz *sustantivo*

tapestry (plural **tapestries**)

tapón *sustantivo*

1 (de una tina, un lavabo) **plug**

2 (para botellas, tubos) **cap**: *Ponle el tapón para que no se vaya el gas.* Put the cap on so that it doesn't lose its fizz.

3 (para los oídos) **earplug**

4 (de instalaciones eléctricas) **fuse**: *Se fundieron los tapones.* The fuses blew.
tapón de rosca **screw top**

tarado, -a *adjetivo & sustantivo*
■ *adjetivo*
stupid: *Es súper tarado.* He is really stupid.
■ *sustantivo*
idiot

tarántula *sustantivo*
tarantula

tararear *verbo*
to hum: *Iba tarareando una canción.* He was humming a song.

tardar *verbo*
(determinada cantidad de tiempo) **to take**: *¿Cuánto tarda el autobús en llegar a Veracruz?* How long does the bus take to get to Veracruz? | **¿cuánto tardó/tardaste etc.?** **How long did it take him/you etc.?**: *¿Cuánto tardaste en terminarlo?* How long did it take you to finish it? | **tardé una hora/dos días etc. en hacer algo** **it took me an hour/two days etc. to do something**: *Tardó diez minutos en arreglarlo.* It took him ten minutes to fix it.
tardarse (cuando implica mucho tiempo) **to be long**: *¿Vas a tardarte mucho?* Are you going to be long? | **tardarse en hacer algo** **to take a long time to do something**: *Se tardaron en devolvérmelo.* They took a long time to give it back to me.

tarde *sustantivo & adverbio*
■ *sustantivo*
(parte del día) Se dice **afternoon** para referirse a la primera parte de la tarde. A partir de aproximadamente las seis, se usa **evening**: *una linda tarde de verano* a beautiful summer afternoon/a beautiful summer evening | *Tomamos sol toda la tarde.* We lay out in the sun all afternoon. | **a las dos/seis etc. de la tarde** **at two o'clock in the afternoon/at six o'clock in the evening etc.** | **en la tarde** **in the afternoon/in the evening**: *En la tarde hace la tarea.* In the evening, he does his assignments. | **ayer/mañana etc. en la tarde** **yesterday afternoon/tomorrow afternoon etc., yesterday evening/tomorrow evening etc.**: *el lunes/el martes etc. en la tarde* Monday/Tuesday etc. afternoon, Monday/Tuesday etc. evening | *Nos reunimos todos los martes en la tarde.* We meet every Tuesday afternoon/every Tuesday evening. | **buenas tardes** **good afternoon/good evening**
■ *adverbio*
1 (lo opuesto de temprano) **late**: *Se levantan tarde.* They get up late. | *Apúrate que es tarde.* Hurry up, it's late. | **llegar tarde** **to be late**: *Vamos a llegar tarde.* We're going to be late. | **se está haciendo tarde** **it's getting late** | **se me/le etc. hizo tarde** **it got late**
2 **tarde o temprano** **sooner or later**: *Tarde o temprano se va a dar cuenta.* Sooner or later he's going to realize.

tarea *sustantivo*
1 (de la escuela) **homework**: *Se me olvidó hacer la tarea.* I forgot to do my homework.
2 (trabajo) **task**: *una tarea muy sencilla* a very simple task
las tareas de la casa **the housework**: *No le gusta hacer las tareas de la casa.* He doesn't like doing the housework.

tarima *sustantivo*
platform

tarjeta *sustantivo*
(personal, de felicitaciones, etc.) **card**
tarjeta amarilla/tarjeta roja **yellow card/red card**: *El árbitro le sacó la tarjeta amarilla.* The referee showed him the yellow card. **tarjeta de navidad** **Christmas card**

tarro *sustantivo*
1 (para cerveza) **glass** (plural **glasses**)
2 (para café) **mug**
3 (frasco) **jar**: *un tarro de mayonesa* a jar of mayonnaise

tatarabuelo, -a *sustantivo*
tatarabuelo **great-great-grandfather**
tatarabuela **great-great-grandmother**
tatarabuelos (tatarabuelo y tatarabuela) **great-great-grandparents**

tatuaje *sustantivo*
tattoo: *Se hizo un tatuaje en el brazo.* She got a tattoo on her arm.

Tauro *sustantivo*
Taurus: *Soy de Tauro.* I'm a Taurus./I'm a Taurean.

taxi *sustantivo*
taxi, **cab**: *Vino en taxi.* She came by taxi./She came in a cab.

taxista *sustantivo*
taxi driver, **cab driver**

taza *sustantivo*
1 (recipiente) **cup**
2 (contenido) **cup**: *Tomamos una taza de té.* We had a cup of tea.

NOTA: A cup of coffee/tea hacen referencia a una taza llena de café o té o a su contenido. Para hablar de una taza para café o té, que puede estar vacía, se dice **a coffee cup/a teacup**, etc. *Me lo sirvió en una taza de té.* She served it in a teacup.

cup/mug

cup *mug*

tazón *sustantivo*
bowl

te *pronombre*
1 La traducción general es **you**: *No te veo.* I can't see you. | *Te mandé un mail.* I sent you an e-mail. ▶ Algunos verbos ingleses requieren el uso de preposiciones. Te conviene mirar la entrada correspondiente al verbo o el sustantivo, buscar por ejemplo *esperar*, *foto*, etc.: *Te esperé una hora.* I waited for you for an hour. | *Te quiero sacar una foto.* I want to take a picture of you.
2 Si tiene valor reflexivo, a veces se traduce por **yourself**: *¿Te lastimaste?* Did you hurt yourself? ▶ Pero los verbos pronominales tienen diferentes traducciones. Busca *arrepentirse*, *peinarse*, etc.

té *sustantivo*
tea: *Tomamos una taza de té.* We had a cup of tea.
té con limón lemon tea té helado iced tea

teatro *sustantivo*
theater: *Tengo boletos para el teatro.* I have tickets for the theater. ▶ ver **obra**

techo *sustantivo*
1 (de una casa, un coche) **roof**
2 (de una habitación) **ceiling**

tecla *sustantivo*
(de computadora, instrumento) **key**

teclado *sustantivo*
(de computadora, instrumento) **keyboard**

técnico, -a *adjetivo & sustantivo*
■ *adjetivo*
technical
■ *sustantivo*
1 (persona que arregla aparatos electrodomésticos, etc.) **engineer**
2 (en una fábrica, un laboratorio, etc.) **technician**

tecnología *sustantivo*
technology (plural **technologies**)

tecolote *sustantivo*
owl

teja *sustantivo*
tile | **un techo de tejas a tiled roof**

tejer *verbo*
1 (con agujas) **to knit**: *Estoy tejiendo una bufanda.* I'm knitting a scarf.
2 (en un telar) **to weave**

tejido *sustantivo*
1 (labor) **knitting**: *¿Dónde dejé el tejido?* Where did I leave my knitting?
2 (en anatomía) **tissue**: *el tejido muscular* muscle tissue

tejo *sustantivo*
yew

tela *sustantivo*
material: *¿Cuánta tela necesitamos?* How much material do we need? ▶ Para decir que algo es de tela y no de cuero, plástico, etc. se usa **cloth**: *una cartera/un gorro de tela* a cloth bag/cap

telaraña *sustantivo*
1 (que tejió la araña) **spider web**
2 (en un techo sucio) **cobweb**: *El desván está lleno de telarañas.* The attic is full of cobwebs.

tele *sustantivo*
1 (televisión) **la tele TV** | **en la tele on TV**: *¿Qué dan en la tele?* What's on TV? | *Estaban viendo la tele.* They were watching TV.
2 (aparato) **TV**

telefonista *sustantivo*
telephone operator

teléfono *sustantivo*
1 (aparato, sistema) **phone, telephone** ▶ **phone** es más frecuente en el lenguaje hablado: *El teléfono está descompuesto.* The phone isn't working. | **llamar a alguien por teléfono to call someone, to phone someone**: *La llamo por teléfono todos los días.* I call her every day./I phone her every day. | **atender/contestar el teléfono to answer the phone** | **estar hablando por teléfono to be on the phone**: *Se pasa horas hablando por teléfono con ella.* He spends hours on the phone with her.
2 (número) **phone number**: *Le pedí el teléfono.* I asked her for her phone number.
teléfono celular cell phone AmE, **mobile phone** BrE

telenovela *sustantivo*
soap opera

telera *sustantivo*
roll, **bread roll**

telescopio *sustantivo*
telescope

televidente *sustantivo*
viewer

televisión *sustantivo*
1 (aparato) **TV**, **television**
2 (medio) **television**, **TV**: *Lo transmitieron por televisión.* It was shown on television./It was shown on TV. | **ver la televisión** **to watch television**, **to watch TV**

tema *sustantivo*
1 (asunto) **subject**: *un tema fascinante* a fascinating subject | **cambiar de tema** **to change the subject**: *Cambiemos de tema.* Let's change the subject.
2 (de una materia) **topic**

temblar *verbo*
1 (referido a un sismo) Ver ejemplos: *¡Está temblando!* It's an earthquake! | *Tembló durante dos minutos.* The earthquake lasted two minutes.
2 **temblar de frío** **to shiver with cold**: *Estaban temblando de frío.* They were shivering with cold.
3 **me tiemblan las piernas/las manos etc.** **my legs/hands etc. are shaking**

temblor *sustantivo*
temblor (de tierra) **(earth) tremor**

temperatura *sustantivo*
1 (del ambiente) **temperature**: *Hay una temperatura de veinte grados.* The temperature is twenty degrees.
2 (del cuerpo) **temperature** | **tomarle la temperatura a alguien** **to take someone's temperature** | **tener temperatura** **to have a fever**

tempestad *sustantivo*
storm

templado, -a *adjetivo*
mild, **temperate** [más técnico]

templo *sustantivo*
temple: *un templo budista* a Buddhist temple

temporada *sustantivo*
(en moda, turismo, deportes, espectáculos) **season**: *los campeones de esta temporada* this season's champions
temporada alta **high season** **temporada baja** **low season**

temporal *adjetivo & sustantivo*
■ *adjetivo*
temporary: *una suspensión temporal del servicio* a temporary suspension of the service
■ *sustantivo*
storm

temprano *adverbio*
early: *Llegó más temprano que de costumbre.* She arrived earlier than usual.

tenazas *sustantivo plural*
(herramienta) **pliers** | **unas tenazas** **a pair of pliers**

tendencia *sustantivo*
(propensión) **tendency** (plural **-cies**): *Tengo tendencia a engordar.* I have a tendency to put on weight.

tender *verbo*
1 **tender la ropa** **(a)** (al aire libre) **to hang the washing out** **(b)** (adentro) **to hang the washing up to dry**
2 **tender a hacer algo** **to tend to do something**: *Tiende a exagerar.* He tends to exaggerate.

tenedor *sustantivo*
fork

tener *verbo*
1 **to have** es la traducción en la mayoría de los contextos: *Tienen mucho dinero.* They have a lot of money. | *Tengo tres hermanas.* I have three sisters. | *La semana pasada tuvimos dos pruebas.* We had two tests last week. | *Tuvo un bebé.* She had a baby. | *No tengo bicicleta.* I don't have a bicycle. | *¿Tienes perro?* Do you have a dog?
► Fíjate que en inglés se usa el artículo **a** en los contextos siguientes: *Tiene coche/celular/computadora.* He has a car/a cell phone/a computer.
2 (edad) Se usa el verbo **to be**: *Tengo catorce años.* I'm fourteen years old. | *¿Cuántos años tiene Juan?* How old is Juan?
3 **tener sed/hambre/frío etc.** **to be thirsty/hungry/cold etc.**: *Teníamos mucho calor.* We were very hot.
4 En algunas frases que expresan estado en inglés se usa **to be**: *Tienes las uñas sucias.* Your nails are dirty. | *Tenía los zapatos embarrados.* His shoes were covered in mud.
5 **tener que** (para expresar obligación, necesidad) **to have to**: *No tengo que hacerlo hoy.* I don't have to do it today. | *¿Te tienes que quedar?* Do you have to stay?
6 **tener que** Para hacer conjeturas o

T

expresar certeza se usa el modal **must**: *Tiene que estar aquí.* It must be here. | *Tienes que haberla visto.* You must have seen her.

teniente *sustantivo*
lieutenant

tenis *sustantivo*
1 (deporte) **tennis**: *¿Quieres jugar tenis?* Do you want to play tennis?
2 (zapato) **sneaker**

tenista *sustantivo*
tennis player

tensión *sustantivo*
(entre personas, en el ambiente) **tension**

tenso, **-a** *adjetivo*
tense

tentación *sustantivo*
temptation: *No pude resistir la tentación.* I couldn't resist the temptation.

tentar *verbo*
to tempt: *¡No me tientes!* Don't tempt me!

teñir *verbo*
to dye: *Voy a teñir este vestido de negro.* I'm going to dye this dress black.

teoría *sustantivo*
theory (plural **theories**)

tequila *sustantivo*
tequila

tercer ▶ ver **tercero**

tercero, **-a** *número*
third

tercio *sustantivo*
third: *un tercio de la población* a third of the population

terciopelo *sustantivo*
velvet | **un vestido/un saco de terciopelo a velvet dress/jacket**

terco, **-a** *adjetivo*
stubborn

terminal *sustantivo*
1 (de un aeropuerto) **terminal**
2 (en computación) **terminal**
3 terminal (de camiones/autobuses) bus station

terminar *verbo*
1 (acabar) **to end**: *¿Cuándo terminan las clases?* When does school end? | *las palabras que terminan en "r"* words that end in "r" | **terminar de hacer algo to finish doing something**: *Cuando termines de hacer la tarea, podemos salir.* When you finish doing your homework, we can go out.
2 terminar haciendo algo to end up doing something: *Terminé yendo sola.* I ended up going on my own. | **terminar en el hospital/en el suelo etc. to end up in the hospital/on the ground etc.**

terminarse
1 (consumirse) **se terminó el azúcar/se terminaron las galletitas there isn't any sugar left/there aren't any cookies left**: *Se habían terminado las hamburguesas.* There weren't any hamburgers left. | **se me/le/nos etc. terminó el dinero I/he/we etc. ran out of money**: *Se me está terminando la tinta.* I'm running out of ink.
2 (acabarse) **se terminaron las vacaciones/se terminó la fiesta etc. the vacation/the party etc. is over**

termómetro *sustantivo*
thermometer

ternera *sustantivo*
(carne) **veal**

terraza *sustantivo*
1 (balcón) **balcony** (plural **balconies**)
2 (de un bar) **patio**

terremoto *sustantivo*
earthquake

terreno *sustantivo*
1 (parcela) **plot of land**: *Compraron un terreno.* They bought a plot of land.
2 terreno baldío vacant lot (suelo, tierra) **land**: *terreno fértil* fertile land

terrible *adjetivo*
terrible: *un dolor terrible* a terrible pain | **tengo un cansancio/una sed etc. terrible I'm really tired/thirsty etc.**

territorio *sustantivo*
territory (plural **-ries**)

terror *sustantivo*
1 terror | **tenerle terror a algo o alguien to be terrified of something or someone**
2 una película/una novela de terror a horror movie/story

terrorismo *sustantivo*
terrorism

terrorista *adjetivo & sustantivo*
■ *adjetivo*
un atentado/una organización terrorista a terrorist attack/organization
■ *sustantivo*
terrorist

tesoro *sustantivo*
treasure ▶ **treasure** es un sustantivo incontable y no puede ir precedido de **a**: *Encontraron un tesoro.* They found some treasure.

testigo *sustantivo*
witness (plural **witnesses**)

tétanos *sustantivo*
tetanus

tetera *sustantivo*
1 (para hervir agua) **kettle**
2 (para hacer té) **teapot**

texto *sustantivo*
text

ti *pronombre*
you: *Esto es para ti.* This is for you.

tibia *sustantivo*
tibia (plural **tibiae**, **tibias**)

tibio, **-a** *adjetivo*
warm: *El agua está tibia.* The water is warm.

tiburón *sustantivo*
shark

ticket *sustantivo*
ticket

tiempo *sustantivo*
1 (minutos, horas, años, etc.) **time** | **tener tiempo para/de hacer algo** **to have time to do something**: *No tuve tiempo de leerlo.* I didn't have time to read it. | **ahorrar/perder tiempo** **to save/waste time**
2 **fue/pasó etc. hace tiempo** **it was/it happened etc. a long time ago** | **hace tiempo que no lo veo/no voy a nadar etc.** **I haven't seen him/I haven't been swimming etc. for a long time**: *Hace tiempo que no nos viene a ver.* He hasn't been to see us for a long time. | **hace tiempo que vive aquí/trabaja en Tejas etc.** **he's been living here/working in Texas etc. for a long time** | **¿cuánto tiempo hace que...?** **how long is it since...?**: *¿Cuánto tiempo hace que no los ves?* How long is it since you've seen them?
3 **a tiempo** **on time**: *Lo entregué a tiempo.* I handed it in on time. | **estar a tiempo** **to have time**: *Todavía estamos a tiempo.* We still have time.
4 **al poco tiempo** **soon after**: *Al poco tiempo, se enfermó.* Soon after, he got sick. | **al mismo tiempo** **at the same time**
5 (hablando del clima) **weather**: *El tiempo estuvo muy lindo.* The weather was really good.
6 (de un partido) **half**: *en el primer tiempo* in the first half
7 (de un verbo) **tense**
tiempo extra **overtime**: *Ganaron en tiempo extra.* They won in overtime. **tiempo libre** **free time**: *¿Qué te gusta hacer en tu tiempo libre?* What do you like to do in your free time?

tienda *sustantivo*
1 **store** AmE, **shop** BrE: *¿A qué hora abren las tiendas?* What time do the stores open?
2 **tienda (de campaña)** **tent** | **armar una tienda** **to pitch a tent**
tienda de departamentos **department store**

tierno, **-a** *adjetivo*
tender

tierra *sustantivo*
1 (materia) **soil**, **earth** | **un camino/una calle de tierra** **a dirt track/road**
2 (suelo) **soil**: *Esta tierra es muy fértil.* This soil is very fertile.
3 (por oposición a mar, aire) **land**
4 (polvo) **dust**
5 (también **Tierra**) (planeta) **la tierra/la Tierra** **the earth**, **the Earth**
6 (país, lugar natal) **homeland**: *la música de mi tierra* music from my homeland
7 **tierras** (terrenos) **land** *singular*: *Tuvieron que vender sus tierras.* They had to sell their land.

tigre *sustantivo*
tiger

tijeras *sustantivo plural*
scissors: *¿Dónde están mis tijeras?* Where are my scissors? | **unas tijeras** **a pair of scissors**: *Necesito unas tijeras.* I need a pair of scissors.

scissors

timbre *sustantivo*
1 (de la puerta) **bell** | **tocar el timbre** **to ring the bell**
2 (de correos) **stamp**: *un timbre para Europa* a stamp for Europe

tímido, **-a** *adjetivo*
shy

tímpano *sustantivo*
(del oído) **eardrum**

tina *sustantivo*
bathtub

tinta *sustantivo*
ink

tintorería *sustantivo*
dry cleaner: *Llevé el uniforme a la tintorería.* I took my uniform to the dry cleaner.

tío, -a *sustantivo*
tío uncle tía aunt tíos (tío y tía) **aunt and uncle**: *Vivo con mis tíos.* I live with my aunt and uncle. | **el tío Carlos/la tía Marta etc. Uncle Carlos/Aunt Marta etc.**

típico, -a *adjetivo*
1 (característico) **typical**: *Es típico de él llegar tarde.* It's typical of him to be late.
2 (tradicional) **traditional**: *el traje típico de la región* the traditional regional costume

tipo *sustantivo*
1 (clase) **kind**: *Es el tipo de película que me gusta.* It's the kind of movie I like. | **todo tipo de gente/problemas etc. all kinds of people/problems etc.**: *Puedes hacer todo tipo de deportes.* You can do all kinds of sports.
2 (hombre) **guy**: *un tipo alto* a tall guy

tira *sustantivo*
1 (de tela, papel) **strip**
2 (de un zapato) **strap**
3 la tira (la policía) **the cops**
tira cómica comic strip

tirado, -a *adjetivo*
lying: *No dejes el saco tirado en el suelo.* Don't leave your jacket lying on the floor.

tirar *verbo*
1 (hacer caer) **to knock over**: *Tiré la leche sin querer.* I accidentally knocked over the milk.
2 (arrojar) **to throw** | **tirarle algo a alguien** Se dice **to throw something at someone** cuando se hace para agredirlo. Si no, se dice **to throw something to someone**: *Alguien le tiró una piedra.* Somebody threw a stone at him. | *Me tiró las llaves.* She threw the keys to me.
3 (deshacerse de) **tirar algo (a la basura) to throw something away**: *No tires eso.* Don't throw that away. | *Tira esos papeles a la basura.* Throw those papers away.
4 (demoler) **tirar una casa/un edificio to knock a house/a building down**: *Tiraron el viejo teatro.* They knocked the old theater down.
5 tirar cohetes to set off firecrackers
6 (en juegos) **tirar los dados to throw the dice**
tirarse (lanzarse, arrojarse) **to jump**: *La gente se tiraba al mar.* People were jumping into the sea.

knock over

He knocked the vase over.

tiritar *verbo*
to shiver: *Estaba tiritando de frío.* She was shivering with cold.

tiro *sustantivo*
1 (disparo) **shot** | **pegarle un tiro a alguien to shoot someone** | **pegarse un tiro to shoot yourself**
2 (en futbol, básquet) **shot**
tiro libre 1 (en futbol) **free kick 2** (en básquet) **free throw**

tiroteo *sustantivo*
(entre dos bandos, dos personas) **shoot-out**: *Lo hirieron en un tiroteo.* He was wounded in a shoot-out.

títere *sustantivo*
puppet

título *sustantivo*
(de una novela, película) **title**: *No me acuerdo del título.* I can't remember the title.
título universitario university degree

tlacuache *sustantivo*
possum

tlapalería *sustantivo*
hardware store

toalla *sustantivo*
towel

tobillera *sustantivo*
(venda) **ankle support**

tobillo *sustantivo*
ankle

tobogán *sustantivo*
slide: *Nos echamos por el tobogán.* We went down the slide.

tocar *verbo*
1 (con las manos) **to touch**: *¡No toques nada!* Don't touch anything! ► Cuando equivale a palpar, se dice **to feel**: *Tócalo a ver si está seco.* Feel it and see if it's dry.
2 (música, instrumentos) **to play**: *Estaban tocando mi canción favorita.* They were playing my favorite song. | *Toca muy bien la*

guitarra. He plays the guitar very well.
3 (hablando de turnos) **tocarle a alguien (hacer algo) to be someone's turn (to do something)**: *Me toca a mí.* It's my turn. | *¿A quién le toca poner la mesa?* Whose turn is it to set the table?
4 (en suerte, en un reparto) **me tocó el pedazo más chico/el cuarto más grande etc. I got the smallest piece/the biggest room etc.**: *Me tocó un cuarto con balcón.* I got a room with a balcony.

todavía *adverbio*
1 (con negativo) **yet**: *¿Todavía no han llamado?* Haven't they called yet? | *Todavía no ha terminado la tarea.* She hasn't finished her homework yet.
2 (sin negativo) **still**: *¿Todavía está en el baño?* Is he still in the bathroom? | *Todavía estoy esperando.* I'm still waiting.
3 (en comparaciones) **even**: *Pedro juega todavía mejor.* Pedro plays even better.

todo, -a *adjetivo & pronombre*
1 En muchos contextos, la traducción es **all**: *Pablo hizo todo el trabajo.* Pablo did all the work. | *A todas les gusta el mismo chico.* They all like the same boy. | **todo el día/toda la semana etc. all day/all week etc.**: *Se quedó toda la tarde.* She stayed all afternoon.
2 (usado con sustantivos contables en singular) **todo el pastel/toda la casa etc. the whole cake/the whole house etc.**: *Se comieron toda la pizza.* They ate the whole pizza.
3 (en expresiones de frecuencia) **todos los días/todas las semanas etc. every day/every week etc.**: *Lo veo todos los domingos.* I see him every Sunday.
4 (todas las cosas) **everything**: *Todo estaba sucio.* Everything was dirty. | *Me lo contó todo.* She told me everything.
5 **de todo** Ver ejemplos: *Venden de todo.* They sell all kinds of things. | *Come de todo.* He'll eat anything.
6 ▶ *sobre todo* está tratado en *sobre*

toldo *sustantivo*
1 (de una tienda) **awning**
2 (en la playa) **sunshade**

tolerar *verbo*
1 (una actitud, un comportamiento) **to tolerate**: *Esto no lo voy a tolerar.* I won't tolerate this.
2 **no lo/la etc. tolero I can't stand him/her etc.**

tomada de pelo *sustantivo*
joke

tomar, o **tomarse** *verbo*
1 **to take**: *Tienes que tomar el 121.* You need to take the 121. | *Tomamos un taxi.* We took a cab.
2 (beber) **to drink**: *Me tomé dos vasos de leche.* I drank two glasses of milk./I had two glasses of milk. | **tomar algo to have a drink**: *¿Quieren tomar algo?* Would you like a drink? | *Salimos a tomar algo.* We went out for a drink.
3 **tomar/tomarse un helado to have an ice cream cone**
4 **tomar/tomarse un calmante/una aspirina etc. to take a painkiller/an aspirin etc.**
5 (agarrar) **toma/tomen here**: *Toma, te lo presto.* Here, you can borrow it.
6 (clases) **to take**: *Está tomando clases de piano.* She's taking piano lessons.
7 (vacaciones, tiempo) **to take** | **tomarse un día libre to take a day off** ▶ Frases como **tomar sol** etc. están tratadas bajo el sustantivo correspondiente

tomate *sustantivo*
green tomato (plural **green tomatoes**) ▶ ver también **jitomate**

tomo *sustantivo*
volume

tonelada *sustantivo*
ton

tono *sustantivo*
1 (de un sonido, una voz) **tone**: *No me hables en ese tono.* Don't talk to me in that tone of voice.
2 (del teléfono) **tone**: *Espera a oír el tono.* Wait until you hear the tone.
3 (de un color) **shade**

tontería *sustantivo*
decir tonterías to talk nonsense | **decir/hacer una tontería to say/to do something dumb**

tonto, -a *adjetivo & sustantivo*
■ *adjetivo*
dumb: *No seas tonto.* Don't be dumb.
■ *sustantivo*
fool | **hacerse el tonto/la tonta to act dumb**

tope *sustantivo*
1 (límite) **limit**: *el tope de edad* the age limit | **hasta el tope packed**: *El estadio estaba hasta el tope.* The stadium was packed.
2 (para reducir velocidad) **speed bump**
3 (golpe) **darse un tope to bang your head**: *Se dio un tope con la pared.* He banged his head against the wall.

T

tórax *sustantivo*
thorax (plural **thoraxes**)

torcer *verbo*
torcerle el brazo/la muñeca etc. a alguien to twist someone's arm/wrist etc.: *Me torció el brazo.* He twisted my arm.
torcerse: **torcerse el tobillo/ la muñeca etc. to twist your ankle/your wrist etc.**

torcido, **-a** *adjetivo*
crooked: *El cuadro está torcido.* The picture is crooked.

tordo *sustantivo*
thrush (plural **thrushes**)

torero, **-a** *sustantivo*
bullfighter

tormenta *sustantivo*
storm
tormenta de nieve snowstorm

tornado *sustantivo*
tornado (plural **-dos** o **-does**)

tornillo *sustantivo*
screw | **le/te etc. falta un tornillo he has/you have etc. a screw loose**

toro *sustantivo*
1 (animal) **bull**
2 ir a los toros to go to a bullfight

toronja *sustantivo*
grapefruit (plural **grapefruit**)

torpe *adjetivo*
clumsy

torre *sustantivo*
1 (construcción) **tower**
2 (en ajedrez) **rook**
3 (de electricidad) **pylon**
torre de control control tower

torta *sustantivo*
1 (de pan) **roll**: *una torta de pollo* a chicken roll
2 (fritura) **fritter**: *tortas de coliflor* cauliflower fritters

tortícolis *sustantivo*
tener tortícolis to have a stiff neck

tortilla *sustantivo*
(de maíz, de trigo) **tortilla**
tortilla española Spanish omelet

tortuga *sustantivo*
1 (de tierra) **tortoise**
2 (de mar) **turtle**
3 (chica, de agua dulce) **terrapin**

tortura *sustantivo*
torture

torturar *verbo*
1 (físicamente) **to torture**
2 (mentalmente) **to torment**

tos *sustantivo*
cough | **tener tos to have a cough**

toser *verbo*
to cough

tostada *sustantivo*
No existe en el mundo angloparlante, si quieres explicar lo que es, di *It's a fried corn tortilla often served with beans, lettuce and shredded meat*

tostador *sustantivo*
toaster

toaster

tostar *verbo*
to toast

total *sustantivo, adjetivo & adverbio*
■ *sustantivo*
1 (resultado) **total**: *Escribe el total aquí.* Write the total here.
2 en total altogether: *¿Cuánto salió en total?* How much was it altogether?
■ *adjetivo*
total: *el costo total* the total cost
■ *adverbio*
(después de todo) **after all**: *Total, no tienes nada que hacer.* After all, you don't have anything to do.

tóxico, **-a** *adjetivo*
toxic

trabajador, **-a** *sustantivo & adjetivo*
■ *sustantivo*
worker
trabajador -a social social worker
■ *adjetivo*
hard-working: *un muchacho muy trabajador* a very hard-working boy

trabajar *verbo*
to work: *Está trabajando de mesera.* She's working as a waitress. | **trabajar mucho to work very hard**

trabajo *sustantivo*
1 (empleo) **job**: *Está buscando trabajo.* He's looking for a job. | **estar sin trabajo to be out of work**: *Están los dos sin trabajo.* They're both out of work. | **me quedé/se quedó etc. sin trabajo I lost my job/he lost his job etc.**

T

2 (lugar) **el trabajo work**: *Está en el trabajo.* She's at work. | *Te paso a buscar al trabajo.* I'll pick you up from work.

3 (esfuerzo) **dar/costar trabajo to be hard work**: *Cuesta/Da trabajo planchar esta camisa.* Ironing this shirt is hard work. | **me/le etc. cuesta trabajo I find it hard/he finds it hard etc.**: *Le cuesta trabajo entenderlo.* She finds it hard to understand.

4 (para la escuela) **project**: *un trabajo sobre la contaminación* a project on pollution

5 (tarea) **job**: *Tengo un trabajo para ti.* I have a job for you.

trabajos manuales handicrafts

trabalenguas *sustantivo*
tongue twister

tractor *sustantivo*
tractor

tradición *sustantivo*
tradition

tradicional *adjetivo*
traditional

traducir *verbo*
to translate | **traducir del inglés al español to translate from English into Spanish**

traer *verbo*
to bring: *¿Trajiste el cepillo de dientes?* Did you bring your toothbrush?

traficante *sustantivo*
dealer
traficante de armas arms dealer traficante de drogas drug dealer

tráfico *sustantivo*
1 (tránsito) **traffic**: *Hay mucho tráfico.* There's a lot of traffic.
2 (comercio) **trade**: *el tráfico ilegal de armas* the illegal arms trade

tragar *verbo*
1 (referido a bebidas y comidas) **to swallow**: *Tragué agua mientras nadaba.* I swallowed some water while I was swimming.
2 (aguantar, soportar) **no lo/los etc. trago I can't stand him/them etc.**
tragarse
1 (referido a bebidas y comidas) **to swallow**
2 (una historia) **to fall for**: *No me lo tragué.* I didn't fall for it.

tragedia *sustantivo*
tragedy (plural **-dies**)

trago *sustantivo*
1 (sorbo) **sip**: *¿Me das un trago de tu jugo?* Can I have a sip of your juice?
2 (bebida alcohólica) **drink**: *Le ofrecieron un trago.* They offered him a drink.

traidor, -a *sustantivo*
traitor

traje *sustantivo*
1 (conjunto) **suit**: *un hombre de traje y corbata* a man in a suit and tie
2 (de un país, de época) **costume**: *el traje típico de la región* the traditional regional costume
traje de baño 1 (de mujer) **swimsuit 2** (de hombre) **bathing suit traje de novia wedding dress**

trampa *sustantivo*
1 (engaño) **trap** | **caer en una trampa to fall into a trap**
2 hacer trampa (en juegos) **to cheat**: *¡Está haciendo trampa!* He's cheating!

trampolín *sustantivo*
diving board | **echarse de un trampolín to dive off a diving board**

diving board

He dived off the highest diving board.

tramposo, -a *sustantivo*
cheat

trancazo *sustantivo*
le di/le dio etc. un trancazo I/she etc. socked him: *Le di un trancazo en el estómago.* I socked him in the stomach.

tranquilizante *sustantivo*
tranquilizer

tranquilizarse *verbo*
to calm down: *¡Tranquilízate!* Calm down!

T

tranquilo, **-a** *adjetivo*
1 (referido a personas) **calm**: *¿Estás más tranquila?* Are you feeling calmer now? | **quédate/quédese tranquilo -a don't worry**: *Quédate tranquilo; no hay problema.* Don't worry. There's no problem.
2 dejar a alguien tranquilo -a to leave someone alone: *¡Déjame tranquila!* Leave me alone!
3 (referido a un lugar) **quiet**
4 (referido al mar, el agua) **calm**

transa *sustantivo*
1 (persona) **crook**: *¡Eres un transa!* You're a crook!
2 hacerle (una) transa a alguien to rip someone off: *Nos hicieron (una) transa.* They ripped us off.

transar *verbo*
(estafar) **transar a alguien to rip someone off**: *Te transaron.* They ripped you off.

transatlántico *sustantivo*
liner

transbordador *sustantivo*
1 (barco) **ferry** (plural **ferries**)
2 transbordador (espacial) (space) shuttle

transbordar *verbo*
to change: *Tenemos que transbordar en Hidalgo.* We have to change at Hidalgo.

transformar *verbo*
(cambiar radicalmente) **to transform**
transformarse (convertirse): **transformarse en algo o alguien to turn into something or someone**: *La rana se transformó en príncipe.* The frog turned into a prince.

transición *sustantivo*
transition

transitivo, **-a** *adjetivo*
transitive

tránsito *sustantivo*
traffic: *Había mucho tránsito.* There was a lot of traffic.

transmitir *verbo*
1 (por televisión) **to show** (por radio) **to broadcast**: *Lo transmiten en directo.* They're showing it live./They're broadcasting it live.
2 (una enfermedad) **to transmit**

transparencia *sustantivo*
(diapositiva) **slide**: *Nos pasaron unas transparencias.* They showed us some slides.

transparente *adjetivo*
1 (referido al agua, al vidrio) **transparent**
2 (referido a una tela) **see-through**: *una blusa transparente* a see-through blouse

transplante *sustantivo*
transplant: *un transplante de riñón* a kidney transplant

transportar *verbo*
to transport

transporte *sustantivo*
transportation ▶ ver **medio**
transporte público public transportation

tranvía *sustantivo*
streetcar

trapeador *sustantivo*
(para el piso) **squeegee**

trapear *sustantivo*
to mop

trapecio *sustantivo*
(en un circo) **trapeze**

trapo *sustantivo*
1 (para limpiar en general) **cloth** (sacudidor) **duster** | **pasarle un trapo a algo to wipe something off**: *Pásale un trapo a la mesa.* Wipe the table off.
2 (trozo de tela) **rag**
trapo de cocina dish towel

tras *preposición*
after: *un día tras otro* day after day

trasero, **-a** *adjetivo*
la puerta trasera/el asiento trasero the back door/the back seat

trasero *sustantivo*
(nalgas) **backside**

trasladar *verbo*
(mudar) **to move**: *Nos trasladaron al edificio nuevo.* They moved us to the new building.

trasplante *sustantivo*
transplant: *un trasplante de riñón* a kidney transplant

traste *sustantivo*
(plato, tazón, etc) **dish** (olla, cacerola, etc.) **pot** | **lavar los trastes to do the dishes**

tratado *sustantivo*
treaty (plural **-ties**)

tratamiento *sustantivo*
treatment

tratar *verbo*
1 (intentar) **tratar de hacer algo to try to do something**: *Estoy tratando de ahorrar.* I'm trying to save. | **tratar de que... to try to make sure (that)...**: *Traten de que esté*

T

todo limpio. Try to make sure everything is clean.
2 (a una persona, a un animal) **to treat**: *Nos trataron muy bien.* They treated us very well.
3 (una enfermedad, a un paciente) **to treat**
tratarse: **tratarse de algo to be about something**: *¿De qué se trata la película?* What's the movie about?

trato *sustantivo*
(pacto) **deal**: *Hagamos un trato.* Let's make a deal.

través
a través de (a) (atravesando) **through**: *Fuimos a través del bosque.* We went through the forest. **(b)** (por medio de) **through**: *Nos enteramos a través de un amigo de Pablo.* We found out through a friend of Pablo's.

travesura *sustantivo*
prank | **hacer una travesura to play a prank**: *Siempre están haciendo travesuras.* They're always playing pranks.

travieso, -a *adjetivo*
naughty: *un niño muy travieso* a very naughty boy

trayecto *sustantivo*
1 (viaje) **journey**: *un trayecto largo* a long journey
2 en el trayecto on the way: *Murió en el trayecto al hospital.* He died on the way to the hospital.
3 (de un camión, un autobús) **route**

tréboles *sustantivo plural*
(en naipes) **clubs**

trece *número*
1 thirteen
2 (día) **thirteenth**: *el trece de mayo* May thirteenth

treinta *número*
1 thirty
2 (día) **thirtieth**: *el treinta de abril* April thirtieth

tren *sustantivo*
train: *¿A qué hora sale el tren?* What time does the train leave? | **en tren by train**: *Fuimos en tren.* We went by train. | **tomar/perder el tren to take/to miss the train**: *Tomamos el tren de las 10.* We took the 10 o'clock train.
tren de alta velocidad high-speed train tren de carga freight train

trenza *sustantivo*
braid: *Antes usaba trenzas.* I used to wear my hair in braids. | **hacerse trenzas/una trenza to braid your hair**: *Me hice una trenza.* I braided my hair.

treparse *verbo*
treparse a un árbol to climb up into a tree: *Nos trepamos a la higuera.* We climbed up into the fig tree.

tres *número*
1 three
2 (día) **third**: *el tres de enero* January third

trescientos, -as *número*
three hundred

triángulo *sustantivo*
triangle

tribu *sustantivo*
tribe

tribuna *sustantivo*
(en un estadio) **stand**

tribunal *sustantivo*
(de justicia) **court**

tríceps *sustantivo*
triceps (plural **triceps**)

trigo *sustantivo*
wheat

trillizos, -as *sustantivo plural*
triplets

trimestre *sustantivo*
term

trinchera *sustantivo*
trench (plural **trenches**)

trineo *sustantivo*
El trineo grande, tirado por caballos o renos, se conoce como **sleigh**. Los más chicos, tirados por perros, y los que usan los niños para jugar en la nieve se llaman **sled**.

sleigh/sled

sleigh

sled

T

trío *sustantivo*
trio

triple *sustantivo*
el triple three times as much: *Tú comes el triple que yo.* You eat three times as much as me. | **el triple de dinero/de trabajo etc. three times as much money/work etc.** | **el triple de gente/alumnos etc. three times as many people/students etc.** | **el triple de alto/rápido etc. three times as high/fast etc.**

tripulación *sustantivo*
crew: *un miembro de la tripulación* a member of the crew

triste *adjetivo*
(referido a personas, películas, noticias, etc.) **sad**: *un final muy triste* a very sad ending | *Se puso muy triste cuando se enteró.* She was very sad when she heard about it.

tristeza *sustantivo*
sadness

triunfar *verbo*
1 (tener éxito) **to be successful**: *una cantante que también triunfó en Europa* a singer who has also been successful in Europe
2 triunfar sobre alguien to defeat someone: *Triunfaron sobre el enemigo.* They defeated the enemy.

triunfo *sustantivo*
1 (éxito) **success** (plural **-sses**)
2 (victoria) **victory** (plural **-ries**)

trofeo *sustantivo*
trophy (plural **-phies**)

trompa *sustantivo*
1 (de un elefante) **trunk**
2 (de un avión) **nose**

trompeta *sustantivo*
trumpet

trompetista *sustantivo*
trumpet player

trompo *sustantivo*
top

tronco *sustantivo*
1 (de un árbol) **trunk**
2 (trozo de madera) **log**
3 dormir como un tronco to sleep like a log

trono *sustantivo*
throne

tropas *sustantivo plural*
troops

tropezar *verbo*
to trip: *Tropezó y se cayó.* He tripped and fell. | **tropezar con una piedra/una rama etc. to trip over a stone/a branch etc.**

tropical *adjetivo*
tropical

trópico *sustantivo*
(región) **tropics** *plural*: *la vegetación del trópico* the vegetation in the tropics
el trópico de Cáncer/Capricornio the tropic of Cancer/Capricorn

trozo *sustantivo*
piece: *un trozo de pastel* a piece of cake | **cortar algo en trozos to cut something into pieces**

trucha *sustantivo*
trout (plural **trout**)

truco *sustantivo*
trick

trueno *sustantivo*
thunder ▶ **thunder** es un sustantivo incontable y traduce tanto *truenos* como *trueno*, pero no puede ir precedido de **a**: *¿Eso fue un trueno?* Was that thunder? | *Hubo truenos y relámpagos.* There was thunder and lightning.

tu *adjetivo*
your: *Éste es tu lápiz.* This is your pencil. | *Vi a tus papás.* I saw your parents.

tú *pronombre*
you: *Me lo dijiste tú.* You told me. | *Es más alto que tú.* He's taller than you.

tubería *sustantivo*
pipe

tubo *sustantivo*
1 (cilindro) **tube**
2 (de pasta de dientes, etc.) **tube**
3 (para rizar el pelo) **roller**
4 (en el camión) **handrail**
tubo de ensayo test tube

tucán *sustantivo*
toucan

tuerca *sustantivo*
nut

tuerto, -a *adjetivo*
ser tuerto -a to be blind in one eye

tumba *sustantivo*
grave: *la tumba de su abuelo* his grandfather's grave.

tumor *sustantivo*
tumor

T

túnel *sustantivo*
tunnel

tunnel

turbio, -a *adjetivo*
(líquido) **cloudy** ▶ Se usa **muddy** si se trata de agua con lodo, por ejemplo la de un río

turismo *sustantivo*
tourism: *Viven del turismo.* They make their living from tourism.

turista *sustantivo*
tourist

turístico, -a *adjetivo*
una atracción/una zona turística **a tourist attraction/area** | **un centro turístico** **a tourist center**

turnarse *verbo*
to take turns | **turnarse para hacer algo** **to take turns doing something**: *Nos turnamos para usar la computadora.* We take turns using the computer.

turno *sustantivo*
1 (en un juego, una cola) **turn**: *Espera a que te toque tu turno.* Wait until it's your turn.
2 (en el trabajo) **shift**: *Trabaja en el turno de la noche.* He works the night shift.

turquesa *sustantivo & adjetivo*
turquoise

turrón *sustantivo*
El turrón no es muy conocido en el mundo anglosajón. Si quieres explicar qué es, di *It's a type of candy sold in slabs or bars, usually eaten at Christmas*

tutear *verbo*
tutear a alguien **to use the "tú" form when talking to someone**: *Quiere que la tuteemos.* She wants us to use the "tú" form when we talk to her.
tutearse to use the "tú" form when talking to each other

tutor, -a *sustantivo*
(de un menor) **guardian**

tuyo, -a *adjetivo & pronombre*
1 **yours**: *Estos libros son tuyos.* These books are yours. | **una amiga tuya/un tío tuyo etc.** **a friend of yours/an uncle of yours etc**: *Conocí a un amigo tuyo.* I met a friend of yours.
2 **el tuyo/la tuya etc.** **yours**: *El tuyo es el verde.* Yours is the green one. | *Los tuyos están rotos.* Yours are broken.

Uu

U, u

U, u: *"Uruguayan" se escribe con U mayúscula.* "Uruguayan" is written with a capital U.

ubicación *sustantivo*
location

ubicado, -a *adjetivo*
(en un lugar) **located**: *Está ubicado en el centro de la ciudad.* It is located downtown.

ubicar *verbo*
1 (localizar) **to locate**: *No lo podemos ubicar por ningún lado.* We can't locate him anywhere.
2 (identificar, reconocer) **to place**: *Perdóname, pero no te ubico.* I'm sorry but I can't place you.
3 (saber dónde está) **¿ubicas el club de tenis/la biblioteca etc.? do you know where the tennis club/the library etc. is?**

úlcera *sustantivo*
ulcer

últimamente *adverbio*
lately: *Siempre está de mal humor últimamente.* He's always in a bad mood lately.

último, -a *adjetivo & pronombre*
1 (final) **last**: *Me comí el último trozo.* I ate the last piece. | *Es la última puerta a la derecha.* It's the last door on the right.
2 el último/la última the last one: *Se llevaron las últimas.* They took the last ones.
3 ser el último/la última de la clase to be bottom of the class
4 (de abajo de todo) **el último cajón the bottom drawer**
5 (de arriba de todo) **el último piso the top floor**
6 (de atrás de todo) **la última fila the back row**
7 (más reciente) **latest**: *su última película* her latest movie

un, -a *artículo & número*
■ *artículo*
a: *Me puse una chamarra/un suéter.* I put on a jacket/a sweater. ▶ Delante de un sonido vocálico se usa **an**: *una manzana* an apple | *una hora* an hour
■ *número* ▶ ver **uno**

undécimo, -a *número*
eleventh

único, -a *adjetivo & pronombre*
1 (solo) **only**: *Es el único amigo que tiene.* He's the only friend she has. ▶ ver **hijo**
2 el único/la única the only one: *Fue el único que vino.* He was the only one who came. | *Son los únicos que me gustan.* They're the only ones I like.
3 lo único the only thing: *lo único que dijo* the only thing she said
4 (excepcional) **unique**: *Fue una experiencia única.* It was a unique experience.

unidad *sustantivo*
1 (unión) **unity**: *Hay falta de unidad.* There is a lack of unity.
2 (medida) **unit**: *una unidad de tiempo* a unit of time
3 (en matemáticas) **unit**
4 (en un libro de texto) **unit**

unido, -a *adjetivo*
1 (afectivamente) **close**: *una familia muy unida* a very close family
2 (para lograr un fin) **united**: *Unidos venceremos.* United we shall be victorious.

uniforme *sustantivo*
uniform: *Se puso el uniforme del colegio.* He put on his school uniform. | **de uniforme in uniform**

unión *sustantivo*
(entre personas) **unity**
la Unión Europea the European Union

unir *verbo*
(piezas, objetos) **to join**: *Tienes que unir las dos partes.* You have to join the two parts.
unirse (para lograr un objetivo) **to join forces**: *Se unieron para derrotar al enemigo común.* They joined forces to defeat the common enemy. | **unirse a algo/alguien to join something/somebody**: *Únete a nosotros.* Join us.

universal *adjetivo*
1 (mundial) **historia/literatura universal world history/literature**
2 (general) **universal**

universidad *sustantivo*
college ▶ En inglés británico se usa más **university** (plural **-ties**), palabra que se usa también en el nombre de muchas universidades norteamericanas | **estar en la universidad to be at college, to be at university** BrE: *Mi hermano ya está en la*

universidad. My brother is at college now. | **ir a la universidad to go to college, to go to university** BrE

universitario, -a *adjetivo & sustantivo*

■ *adjetivo*

un alumno/un curso etc. universitario a college student/course etc. AmE, **a university student/course etc.** BrE

■ *sustantivo*

college student AmE, **university student** BrE

universo *sustantivo*

universe

uno, -a *número & pronombre*

■ *número*

1 one

2 uno por uno/una por una one by one: *Los lavó uno por uno.* He washed them one by one.

■ *pronombre*

(para generalizar o referirse a sí mismo) **you**: *cuando uno pierde a un ser querido* when you lose a loved one

unos, -as *adjetivo & pronombre*

1 (algunos) **some**: *unas semanas antes* some weeks before | *Unos se quedan y otros se van.* Some stay and others leave.

2 (en aproximaciones) **around**: *Había unas dos mil personas.* There were around two thousand people there.

untar *verbo*

to spread: *Untó el pan con mayonesa.* She spread mayonnaise on the bread.

uña *sustantivo*

nail: *Se me rompió una uña.* I broke a nail. | **comerse las uñas to bite your nails** | **uña de la mano/del pie fingernail/toenail**: *Se cortó las uñas de los pies.* He cut his toenails.

Urano *sustantivo*

Uranus

urbano, -a *adjetivo*

urban: *el transporte urbano* urban transportation

urgencia *sustantivo*

1 (premura, apuro) **urgency**: *la urgencia de la situación* the urgency of the situation | **con urgencia urgently**: *Lo necesitan con urgencia.* They need it urgently.

2 (emergencia) **emergency** (plural **emergencies**): *un caso de urgencia* an emergency

3 (sala de) urgencias emergency room AmE, **accident and emergency** BrE: *Lo llevaron a urgencias.* They took him to the emergency room.

urgente *adjetivo*

urgent

urraca *sustantivo*

magpie

Uruguay, o **el Uruguay** *sustantivo*

Uruguay

uruguayo, -a *adjetivo & sustantivo*

1 Uruguayan ▶ También se usa **Uruguayan man, Uruguayan woman**, etc.: *Se casó con un uruguayo.* She married a Uruguayan man.

2 los uruguayos (the) Uruguayans

usado, -a *adjetivo*

1 (de segunda mano) **used** AmE, **secondhand** BrE: *libros usados* used books

2 (utilizado) **used**

usar *verbo*

1 (utilizar, emplear) **to use**: *¿Puedo usar tu diccionario?* Can I use your dictionary?

2 (ropa, accesorios, perfume) **to wear**: *Usa faldas muy cortas.* She wears very short skirts.

uso *sustantivo*

use: *instrucciones de uso* instructions for use

usted *pronombre*

you: *Es para usted.* It's for you. | *Yo soy mayor que usted.* I'm older than you.

ustedes *pronombre*

you: *Quiero ir con ustedes.* I want to go with you. | *Juegan mejor que ustedes.* They play better than you.

usuario, -a *sustantivo*

user

utensilio *sustantivo*

utensil

útil *adjetivo & sustantivo*

■ *adjetivo*

useful: *una herramienta muy útil* a very useful tool

■ *sustantivo*

En inglés no hay un término general para referirse a los útiles escolares. Se habla de **pens, pencils, notebooks, etc.** o **your school stuff**: *Perdió su mochila con todos sus útiles.* He lost his backpack with all his school stuff in it.

utilizar *verbo*

to use

uva *sustantivo*

grape

Vv

V, v *sustantivo*
V, v: *"Venezuelan" se escribe con V mayúscula.* "Venezuelan" is written with a capital V.

vaca *sustantivo*
cow

vacaciones *sustantivo plural*
vacation *singular* AmE, **holidays** BrE: *las vacaciones de verano* the summer vacation | *¿Dónde pasaste las vacaciones?* Where did you spend your vacation? | **ir/irse de vacaciones** **to go on vacation**: *Se fueron de vacaciones a Miami.* They went to Miami on vacation.

vaciar *verbo*
to empty

vacío, -a *adjetivo*
empty: *El refrigerador está vacío.* The refrigerator is empty.

empty/full

full

half full

empty

vacuna *sustantivo*
vaccine | **la vacuna contra el sarampión/la polio** **the measles/polio vaccine** | **ponerse una vacuna** **to have a vaccination**: *Se puso la vacuna contra la hepatitis.* He had a hepatitis vaccination.

vacunar *verbo*
to vaccinate
vacunarse **to have a vaccination**: *Se vacunó contra la gripa.* She had a flu vaccination.

vagabundo, -a *sustantivo*
bum

vago, -a *adjetivo & sustantivo*
■ *adjetivo*
(holgazán) **lazy**: *No seas vago.* Don't be lazy.
■ *sustantivo*
ser un vago/una vaga **to be lazy**

vagón *sustantivo*
(de pasajeros) **car**: *el vagón de primera clase* the first-class car
vagón de carga **freight car**

vainilla *sustantivo*
vanilla: *helado de vainilla* vanilla ice cream

vale *sustantivo*
coupon: *un vale por dos hamburguesas* a coupon for two hamburgers

valer *verbo*
1 (costar) **to cost**: *¿Cuánto vale el boleto?* How much does the ticket cost?/How much is the ticket?
2 (tener determinado valor) **to be worth**: *Cada respuesta vale cinco puntos.* Each answer is worth five points. | *La casa vale una fortuna.* The house is worth a fortune.
3 más vale decirle la verdad/que te calles etc. **we'd better tell him the truth/you'd better shut up etc.** ► ver **pena**
4 (importar) **¡a mí me vale! I don't give a damn!**
valerse
1 ¡no se vale copiar/hablar etc.! you're not allowed to copy/talk etc.!
2 ¡no se vale! (ante una injusticia) **it's not fair!**

válido, -a *adjetivo*
valid

valiente *adjetivo*
brave

valioso, -a *adjetivo*
valuable

valla *sustantivo*
1 (en atletismo) **hurdle**: *los 60 metros con vallas* the 60 meter hurdles
2 (cerca) **fence**: *la valla del jardín* the yard fence

valle *sustantivo*
valley

valor *sustantivo*
1 (lo que algo vale) **value**: *el valor del dólar* the value of the dollar
2 (valentía) **courage**: *Admiro su valor.* I admire her courage.
3 valores (morales) **values**

valorar *verbo*
(apreciar) **to value**

vals *sustantivo*
waltz (plural **waltzes**): *¿Sabes bailar el vals?* Can you dance the waltz?

vampiro *sustantivo*
vampire

vandalismo *sustantivo*
vandalism

vándalo, -a *sustantivo*
vandal

vanidoso, -a *adjetivo*
vain

vano
en vano in vain: *Todo fue en vano.* It was all in vain.

vapor *sustantivo*
1 (de agua) **steam**
2 **verduras/pescado al vapor steamed vegetables/fish**

steam

vaquero, -a *sustantivo*
cowboy

vara *sustantivo*
stick

variar *verbo*
1 **to vary**: *El precio varía según el modelo.* The price varies according to the model.
2 **para variar for a change**: *Para variar, llegó tarde.* He was late, for a change.

varicela *sustantivo*
chickenpox: *Yo ya tuve la varicela.* I've already had chickenpox.

variedad *sustantivo*
variety (plural **varieties**): *una gran variedad de platillos* a wide variety of dishes

varios, -as *adjetivo & pronombre*
several: *Tenía varios libros sobre el tema.* I had several books on the subject. | *Se probó varios pero ninguno le gustó.* She tried on several but didn't like any of them.

varita mágica *sustantivo*
magic wand

varón *sustantivo*
1 (niño) **boy**: *Tuvo un varón.* She had a boy.
2 (hombre) **man**

vasco, -a *adjetivo & sustantivo*
■ *adjetivo*
Basque
■ *sustantivo*
1 (persona) **Basque**
2 **los vascos (the) Basques**
3 **vasco** (idioma) **Basque**

vasija *sustantivo*
vessel

vaso *sustantivo*
glass (plural **glasses**): *Rompieron tres vasos.* They broke three glasses. | *¿Me das un vaso de agua, por favor?* Could I have a glass of water, please? | **un vaso de plástico/papel a plastic/paper cup**

vecino, -a *sustantivo*
neighbor: *mi vecino de al lado* my next-door neighbor

vegetación *sustantivo*
vegetation

vegetal *sustantivo*
vegetable

vegetariano *adjetivo & sustantivo*
vegetarian: *una dieta vegetariana* a vegetarian diet | **ser vegetariano -a to be a vegetarian**

vehículo *sustantivo*
vehicle

veinte *número*
1 **twenty**
2 (día) **twentieth**: *el veinte de abril* April twentieth

vejez *sustantivo*
old age: *una vejez feliz* a happy old age

vejiga *sustantivo*
bladder

vela *sustantivo*
1 (para iluminar) **candle**: *Apagó las velas.* He blew the candles out.
2 (de un barco) **sail**
3 **pasar la noche en vela to have a sleepless night**

sail

velador *sustantivo*
night watchman (plural **night watchmen**)

velero *sustantivo*
sailboat

vello *sustantivo*
hair: *vello facial* facial hair

V

velo *sustantivo*
veil: *el velo de la novia* the bride's veil

velocidad *sustantivo*
speed: *la velocidad del sonido* the speed of sound | *¿A qué velocidad vamos?* What speed are we traveling at? | **a toda velocidad** at top speed: *El coche huyó a toda velocidad.* The car drove off at top speed.

velódromo *sustantivo*
velodrome

veloz *adjetivo*
fast

vena *sustantivo*
vein

venado *sustantivo*
1 (animal) **deer** (plural **deer**)
2 (carne) **venison**

vencedor, **-a** *sustantivo & adjetivo*
■ *sustantivo*
1 (en una competencia) **winner**
2 (en una guerra) **victor**
■ *adjetivo*
1 el equipo vencedor the winning team
2 el ejército vencedor the victorious army

vencer *verbo*
1 vencer a alguien (a) (en un deporte) **to beat someone**: *El Morelia venció a su rival 4-2.* Morelia beat their opponents 4-2. **(b)** (en una batalla, una guerra) **to defeat someone**: *Vencieron al ejército enemigo.* They defeated the enemy army.
2 (salir vencedor) **to be victorious**: *Vencieron los aliados.* The allies were victorious.
3 (plazo) **to expire**: *El plazo vence el 9 de mayo.* The time limit expires on May 9th.

vencido, **-a** *adjetivo*
darse por vencido -a to give up: *¿Te das por vencida?* Do you give up?

venda *sustantivo*
bandage

vendar *verbo*
1 to bandage: *Me vendaron el brazo.* They bandaged my arm.
2 vendarle los ojos a alguien to blindfold someone

vendedor, **-a** *sustantivo*
1 (en general) **vendedor salesman** (plural **salesmen**) **vendedora saleswoman** (plural **saleswomen**): *Es una buena vendedora.* She's a good saleswoman.
2 (en una tienda) **sales clerk**: *Es vendedora en una juguetería.* She is a sales clerk in a toy store.

bandage

a lot of bandages

vender *verbo*
1 to sell: *Están vendiendo las playeras a mitad de precio.* They're selling the T-shirts half price. | **venderle algo a alguien to sell something to someone**: *Le vendí un boleto a Matías.* I sold a ticket to Matías.
2 se vende (en un cartel) **for sale**

veneno *sustantivo*
poison

venenoso, **-a** *adjetivo*
poisonous: *una serpiente venenosa* a poisonous snake

venezolano, **-a**
1 Venezuelan
2 los venezolanos (the) Venezuelans

Venezuela *sustantivo*
Venezuela

venganza *sustantivo*
revenge: *Lo hizo por venganza.* He did it out of revenge.

vengarse *verbo*
vengarse (de alguien) to get back at someone, to get your revenge (on someone): *Ya nos vengaremos.* We'll get back at them./We'll get our revenge. ► **to get your revenge** se usa cuando se trata de una ofensa seria

venir
1 (en general) **to come**: *Ven aquí.* Come here. | *Ahí viene el tren.* Here comes the train. | *Me vino a buscar.* He came to pick me up.
2 (con adjetivos) **to be**: *Vengo muerta de hambre.* I'm starving.
3 el martes que viene/la semana que viene next Tuesday/next week: *Se casan el mes que viene.* They're getting married next month.

venta *sustantivo*
1 sale
2 estar en venta to be for sale: *¿El coche está en venta?* Is the car for sale? | **poner algo en venta to put something up for sale**: *Pusieron el departamento en venta.* They put the apartment up for sale.

ventaja *sustantivo*
(beneficio) **advantage**: *El sistema tiene muchas ventajas.* The system has many advantages.

ventana *sustantivo*
window

ventanilla *sustantivo*
1 (de un coche, un camión) **window**: *Se asomó por la ventanilla.* He leaned out of the window.
2 (en un banco, una oficina) **window**: *Vaya a la ventanilla siete.* Go to window number seven.

ventilador *sustantivo*
fan: *Prende el ventilador.* Switch the fan on.

ventrílocuo, -a *sustantivo*
ventriloquist

Venus *sustantivo*
Venus

ver *verbo*
1 to see: *Yo ya había visto la película.* I'd already seen the movie. | *No te vi entrar.* I didn't see you come in. ► Cuando expresa si alguien puede ver o no, se añade el verbo **can** o **could**: *No veo muy bien sin lentes.* I can't see very well without my glasses. | *No veíamos nada.* We couldn't see anything.
2 (la televisión, un partido) **to watch**: *Estábamos viendo la televisión.* We were watching TV. | *Quiero ver el partido.* I want to watch the game.
3 (soportar) **no lo/la etc. puedo ver I can't stand him/her etc.**: *A la hermana de Pedro no la puedo ver.* I can't stand Pedro's sister.
4 a ver si puedes/si te gusta etc. let's see if you can/if you like it etc.
5 vamos a ver we'll see: *Vamos a ver cuando llegue Mario.* We'll see when Mario gets here. | **ya veremos we'll see**: *–¿Me dejas ir? –Ya veremos.* "Can I go?" "We'll see."
6 ¿viste?/¿vieron? you see?: *¿Vieron? Tenía razón.* You see? I was right.

verse
1 (socialmente) **to see each other**: *Se ven muy seguido.* They see each other quite often. | *Nos vemos el sábado.* I'll see you on Saturday.
2 (parecer) **to look**: *Se ve gorda con esos pantalones.* She looks fat in those pants.
3 (soportar) **no se pueden ver they can't stand each other**

verano *sustantivo*
summer

verbo *sustantivo*
verb: *un verbo irregular* an irregular verb

verdad *sustantivo*
1 truth: *Te estoy diciendo la verdad.* I'm telling you the truth. | **ser verdad to be true**: *Eso no es verdad.* That's not true.
2 de verdad (genuino) **real**: *Es un diamante de verdad.* It's a real diamond.
3 ¿verdad? En inglés se usa el verbo auxiliar y el sujeto: *Conoces a Carlos ¿verdad?* You know Carlos, don't you? | *No te importa ¿verdad?* Yo don't mind, do you?

verdadero, -a *adjetivo*
1 (real, verídico) (historia) **true**: *La historia es verdadera.* The story is true.
2 (razón) **real**: *Ésa no es la verdadera razón.* That isn't the real reason.
3 (para enfatizar) **real**: *Fue un verdadero desastre.* It was a real disaster.

verde *adjetivo & sustantivo*
■ *adjetivo*
1 (referido al color) **green**
2 (referido a frutas) **estar verde not to be ripe**: *Las fresas están verdes.* The strawberries aren't ripe.
3 (con vegetación, parques, etc.) **green**: *las zonas verdes de la ciudad* the green areas of the city
■ *sustantivo*
(color) **green**

verdura *sustantivo*
vegetable: *frutas y verduras* fruit and vegetables

vergonzoso, -a *adjetivo*
(actitud, comportamiento) **disgraceful**: *Lo que hicieron es vergonzoso.* What they have done is disgraceful.

vergüenza *sustantivo*
1 ¡qué vergüenza! it is/it was etc. so embarrassing!: *¡Qué vergüenza! ¡No supe contestar ni una pregunta!* It was so embarrassing! I coudn't answer a single question.
2 me/le etc. da vergüenza (cuando uno se ha portado mal, etc.) **I am/he's etc. ashamed**: *Me da vergüenza lo que hice.* I'm ashamed of what I did.
3 pasar vergüenza to be embarrassed: *Pasamos una vergüenza terrible.* We were extremely embarrassed. | **hacerle pasar**

vergüenzas a alguien to embarrass someone: *No me hagas pasar vergüenzas delante de todos.* Don't embarrass me in front of everybody.

verruga *sustantivo*
wart

versión *sustantivo*
version

verso *sustantivo*
1 (línea) **verse**
2 (poema) **poem**

vertebrado *sustantivo*
vertebrate

vertical *adjetivo*
vertical

vestido, **-a** *adjetivo & sustantivo*
■ *adjetivo*
dressed: *¿Estás vestida?* Are you dressed? | *Estaba vestida de negro.* She was dressed in black.
■ **vestido** *sustantivo*
(prenda) **dress** (plural **dresses**): *un vestido sin mangas* a sleeveless dress

vestir *verbo*
to dress: *Vistió al bebé.* He dressed the baby.
vestirse
1 (ponerse la ropa) **to get dressed**: *Nos estábamos vistiendo.* We were getting dressed.
2 vestirse de blanco/negro etc. to wear white/black etc., to dress in white/black etc.

veterinaria *sustantivo*
1 (clínica) **vet's**: *Llevé a la gata a la veterinaria.* I took the cat to the vet's.
2 (carrera) **veterinary science**

veterinario, **-a** *sustantivo*
vet

vez *sustantivo*
1 (ocasión, momento) **time**: *Díselo la próxima vez que lo veas.* Tell him next time you see him. | *Los vi varias veces.* I saw them several times. ► En inglés hay formas especiales de decir *una vez* (**once**) y *dos veces* (**twice**): *La vi una sola vez.* I only saw her once. | *Voy dos veces por semana.* I go twice a week.
2 (en expresiones de frecuencia) **a veces sometimes**: *A veces la veo en el club.* I sometimes see her at the club. | **de vez en cuando occasionally**: *De vez en cuando me trae flores.* Occasionally he brings me flowers.
3 otra vez (nuevamente) **again**: *Pregúntale otra vez.* Ask her again.
4 alguna vez (en preguntas) Se usa **ever** con los tiempos compuestos: *¿Alguna vez fuiste a esquiar?* Have you ever been skiing?
5 había una vez once upon a time
6 cada vez (en cada ocasión) **every time**: *Me lo recuerda cada vez que lo veo.* He reminds me about it every time I see him. | **cada vez más feo/más gordo etc. uglier and uglier/fatter and fatter etc.**: *Está cada vez más delgada.* She's getting thinner and thinner. | *Los ejercicios son cada vez más difíciles.* The exercises get more and more difficult.
7 en vez de instead of: *En vez de enojarse, se rió.* Instead of getting angry, he laughed.

vía *sustantivo & preposición*
■ *sustantivo*
1 (del ferrocarril) **track**: *Cruzaron la vía.* They crossed the track.
2 mandar una carta/un paquete por vía aérea to send a letter/a package air mail
■ *preposición*
via: *Se transmitió vía satélite.* It was broadcast via satellite.

viajar *verbo*
to travel | **viajar en coche/en avión etc. to travel by car/by plane etc.**: *Nunca había viajado en tren.* She had never traveled by train.

viaje *sustantivo*
trip: *un viaje al exterior* a trip abroad | *Se ganaron un viaje a Miami.* They won a trip to Miami. ► También existe el término **journey**, que se usa para referirse a viajes largos o difíciles: *un viaje a través del desierto* a journey across the desert | **irse de viaje to go on a trip** | **¡buen viaje! have a good trip!**

viajero, **-a** *sustantivo*
traveler

víbora *sustantivo*
snake

vibrar *sustantivo*
to vibrate

viceversa *sustantivo*
vice-versa

vicio *sustantivo*
bad habit

vicioso, **-a** *adjetivo*
ser vicioso -a to have bad habits

V

víctima *sustantivo*
victim: *Fue víctima de un asalto.* He was the victim of a robbery.

victoria *sustantivo*
victory (plural **victories**)

vida *sustantivo*
life (plural **lives**): *Ella le salvó la vida.* She saved his life. | **llevar una vida aburrida/dura etc.** **to lead a boring/hard etc. life**: *Llevan una vida muy activa.* They lead a very active life. | **ganarse la vida** **to earn your living**: *Se gana la vida dando clases de música.* He earns his living giving music lessons.

video *sustantivo*
■ *sustantivo masculino*
1 (película) **movie** AmE, **video** BrE: *Alquilamos un video.* We rented a movie.
2 (grabación) **video**: *Vimos el video de la fiesta.* We watched the video of the party.
3 (sistema) **video**: *La película ya salió en video.* The movie is now out on video.
■ *sustantivo femenino* ▶ ver **videocasetera**

videocasetera *sustantivo*
VCR: *¿Programaste la videocasetera?* Did you program the VCR?

videoclub *sustantivo*
video store

videojuego *sustantivo*
video game

vidrio *sustantivo*
1 (material) **glass**: *Es de vidrio.* It's made of glass. | **un plato/un platón de vidrio** **a glass plate/dish**
2 (trozo) **piece of glass**: *Me corté con un vidrio.* I cut myself on a piece of glass.
▶ **glass**, que es incontable, se usa para traducir *vidrios*: *Cuidado con los vidrios rotos.* Watch out for the broken glass.

viejo, -a *adjetivo & sustantivo*
■ *adjetivo*
(persona, casa, objeto) **old**: *un coche viejo* an old car
■ *sustantivo*
viejo **old man** (plural **old men**) **vieja** **old woman** (plural **old women**) ▶ Para referirse a los viejos en general se usa **old people**

viento *sustantivo*
wind: *Soplaba un viento fuerte.* A strong wind was blowing. | **hacer viento** **to be windy**: *Hace mucho viento.* It's very windy.

vientre *sustantivo*
(abdomen) **abdomen**

viernes *sustantivo*
Friday
Viernes Santo **Good Friday**

vigésimo, -a *número*
twentieth

vigilante *sustantivo*
guard

vigilar *verbo*
to watch

villancico *sustantivo*
Christmas carol: *Cantaron un villancico.* They sang a Christmas carol.

vinagre *sustantivo*
vinegar

vinagreta *sustantivo*
vinaigrette

vino *sustantivo*
wine
vino blanco **white wine** **vino tinto** **red wine**

violar *verbo*
1 (a una persona) **to rape**
2 (una ley) **to break**

violencia *sustantivo*
violence

violento, -a *adjetivo*
violent

violeta *adjetivo & sustantivo*
■ *adjetivo*
violet
■ *sustantivo*
1 (flor) **violet**
2 (color) **violet**

violín *sustantivo*
violin: *Mi hermana toca el violín.* My sister plays the violin.

violin

violinista *sustantivo*
violinist

violonchelo *sustantivo*
cello

virgen *adjetivo & sustantivo*
■ *adjetivo*
(cassette) **blank**
■ *sustantivo*
la Virgen María **the Virgin Mary**

Virgo *sustantivo*
Virgo: *Soy Virgo.* I'm a Virgo.

virtual *adjetivo*
virtual

V

virtud *sustantivo*
virtue: *La paciencia no es una de sus virtudes.* Patience is not one of her virtues.

viruela *sustantivo*
smallpox

virus *sustantivo*
1 (enfermedad) **virus** (plural **viruses**)
2 (en computación) **virus** (plural **viruses**)

visa *sustantivo*
visa: *Le negaron la visa.* He was refused a visa.

visera *sustantivo*
(de una gorra) **peak**

visibilidad *sustantivo*
visibility

visita *sustantivo*
1 (acción de visitar) **visit**: *Gracias por la visita.* Thank you for your visit. | **hacerle una visita a alguien to pay someone a visit**: *Fuimos a hacerle una visita.* We went to pay him a visit.
2 (persona) **tener visita to have a visitor**: *No entré porque vi que tenían visitas.* I didn't go in because I could see they had visitors.

visitar *verbo*
to visit: *Visitamos unas ruinas mayas.* We visited some Mayan ruins. | *Nos vinieron a visitar.* They came to visit us./They came to see us.

vista *sustantivo*
1 (sentido) **sight**: *Perdió la vista en un accidente.* He lost his sight in an accident.
2 ser corto -a de vista to be near-sighted
3 (panorama) **view**: *Hay una vista preciosa.* There is a lovely view. | **con vista al mar/a las montañas etc. with an ocean view/with a view towards the mountains etc.**
4 conocer a alguien de vista to know someone by sight

vistazo *sustantivo*
echarle un vistazo a algo to take a quick look at something

V

vitamina *sustantivo*
vitamin

vitrina *sustantivo*
display cabinet

viudo, -a *sustantivo & adjetivo*
■ *sustantivo*
viudo widower viuda widow: *Se casó con un viudo.* She married a widower.
■ *adjetivo*
ser viudo -a to be a widower/a widow

víveres *sustantivo plural*
provisions

vivero *sustantivo*
nursery (plural **nurseries**)

vivienda *sustantivo*
1 (casa, departamento, etc.) **home**
2 (alojamiento) **housing**: *problemas de vivienda* housing problems

vivir *verbo*
1 (en un lugar, un tiempo) **to live**: *Vive en Miami.* He lives in Miami. | *Vivió en el siglo XVIII.* She lived in the 18th century.
2 (estar vivo) **to be alive**: *No sé si vive todavía.* I don't know if she's still alive.
3 (subsistir) **to survive**: *Les alcanza justo para vivir.* They have just enough to survive. | **vivir de algo to live off something**: *¿De qué viven?* What do they live off?

vivo, -a *adjetivo*
1 (con vida) **living**: *No tiene ningún pariente vivo.* He doesn't have any living relatives. | **estar vivo -a to be alive** | **vivo o muerto dead or alive**
2 un recital/una actuación en vivo a live concert/performance | **transmitir/pasar algo en vivo to broadcast something live**: *Van a pasar en vivo el partido.* The game is going to be broadcast live.
3 (despierto, inteligente) **bright**: *un niño muy vivo* a very bright child
4 (color) **bright**

vocabulario *sustantivo*
vocabulary

vocal *sustantivo*
(letra) **vowel**

volado *sustantivo*
echarse un volado to flip a coin: *Nos echamos un volado para decidir quién lavaba los platos.* We flipped a coin to decide who would do the dishes.

volante *sustantivo*
1 (de un coche) **steering wheel** | **ir al volante to be at the wheel**
2 (folleto) **leaflet**

volar *verbo*
1 (por el aire) **to fly**: *Me encanta volar.* I love flying.
2 (hacer explotar) **to blow up**: *Volaron el puente.* They blew up the bridge.
3 (desaparecer) **to disappear**: *Los chocolates volaron en dos minutos.* The chocolates disappeared in two minutes.
volarse to blow away: *Los papeles se volaron con el viento.* The papers blew away in the wind.

volcán *sustantivo*
volcano

volcar *verbo*
(derramar) **to spill**: *Volqué vino en el mantel.* I spilled wine on the tablecloth.
volcarse (vehículo) **to overturn**

voli *sustantivo*
volleyball: *Jugamos un partido de voli.* We played a game of volleyball.

volibol *sustantivo*
volleyball

voltaje *sustantivo*
voltage: *alto voltaje* high voltage

voltear *verbo*
1 (darle la vuelta a) **voltear un colchón/un hot cake to turn a mattress/a pancake over** | **voltear la hoja to turn the page**
2 (girar) **voltear a la derecha/a la izquierda to turn right/left**
voltearse (volverse) **to turn around**: *Se volteó para mirarme.* He turned around to look at me.

volumen *sustantivo*
1 (de un sonido, un ruido) **volume**: *Bájale el volumen al radio.* Turn the volume down on the radio.
2 a todo volumen full blast: *La música estaba puesta a todo volumen.* The music was on full blast.

voluntario, -a *sustantivo & adjetivo*
■ *sustantivo*
volunteer
■ *adjetivo*
voluntary

volver *verbo*
1 (ir o venir de nuevo) Se usa **to return** sobre todo en contextos formales. En contextos más de todos los días se usa **to go back** (cuando el sujeto se aleja del hablante) o **to come back** (cuando el movimiento es hacia el hablante): *Vuelvan pronto.* Come back soon. | *Tuve que volver a mi casa solo.* I had to go back home on my own. | *Ahorita vuelvo.* I'll be back shortly. | *¿A qué hora vuelven del colegio?* What time do they get back from school? | **volviendo del trabajo/de la escuela etc. on the way back from work/school etc.**: *Chocaron volviendo de Mérida.* They crashed on the way back from Mérida.
2 volver a hacer algo to do something again: *No volvimos a verlo.* We never saw him again. | *No vuelvas a hacerlo.* Don't do it again.
3 volver (el estómago) to throw up: *Volví el estómago.* I threw up.
volverse (convertirse en): **volverse egoísta/tacaño etc. to become selfish/mean etc.**: *Me volví más tolerante.* I became more tolerant. ▶ ver **loco**

vomitar *verbo*
1 to vomit
2 tener ganas de vomitar to feel nauseous AmE, **to feel sick** BrE: *Tengo ganas de vomitar.* I feel nauseous.

votación *sustantivo*
vote | **someter algo a votación to put something to the vote**

votar *verbo*
to vote | **votar por alguien to vote for someone**: *¿Por quién vas a votar?* Who are you going to vote for? | **votar a favor de/en contra de algo to vote for/against something**

voto *sustantivo*
vote: *Ganamos por 50 votos.* We won by 50 votes.

voz *sustantivo*
1 voice: *Tiene una voz muy linda.* She has a beautiful voice.
2 leer/decir algo en voz alta to read/to say something out loud: *No se atrevió a decirlo en voz alta.* She didn't dare say it out loud. | **decir algo en voz baja to say something quietly**
3 levantarle la voz a alguien to raise your voice to someone

vuelo *sustantivo*
flight: *un vuelo de doce horas* a twelve-hour flight | *¿A qué hora sale tu vuelo?* What time does your flight leave?
vuelo chárter charter flight vuelo espacial space flight

vuelta *sustantivo*
1 darse la vuelta (a) (voltearse) **to turn around**: *Se dio la vuelta para mirarla.* He turned around to look at her. **(b)** (en posición horizontal) **to turn over**: *Date la vuelta. Estás roncando.* Turn over. You're snoring.
2 darle la vuelta a algo to turn something over: *Dale la vuelta al hot cake.* Turn the pancake over.
3 (paseo) **ir a dar una vuelta (a)** (a pie) **to go for a walk (b)** (en bicicleta) **to go for a ride (c)** (en coche) **to go for a drive**
4 (de la esquina) **a la vuelta just around the corner**: *Queda aquí a la vuelta.* It's just around the corner. | *Hay un supermercado a la vuelta de mi casa.* There's a supermarket just around the corner from my house.

5 (regreso) **a la vuelta** **(a)** (al regresar) **when I/we etc. get back**: *A la vuelta podemos platicar.* We can talk when we get back. | *Te llamo a la vuelta de las vacaciones.* I'll call you when I get back from my vacation. **(b)** (en el camino) **on the way back**: *A la vuelta paramos en Aguas Calientes.* On the way back we stopped in Aguas Calientes. | **de vuelta** (de regreso) **back**: *Quiero estar de vuelta en mi casa a las 4.* I want to be back home by 4 o'clock. | *el camino de vuelta* the way back

6 (en una carrera) **lap**

vuelta olímpica **lap of honor**

vuelto *sustantivo*

change: *Me dio mal el vuelto.* He gave me the wrong change.

vulgar *adjetivo*

(grosero) **rude**: *No seas vulgar.* Don't be rude.

W, w *sustantivo*

W, w: *"Walkman" se escribe con W mayúscula.* "Walkman" is written with a capital W.

walkie-talkie *sustantivo*

walkie-talkie

walkman® *sustantivo*

Walkman® (plural **Walkmans**)

waterpolo *sustantivo*

water polo

webcam *sustantivo*

webcam

whisky *sustantivo*

1 (norteamericano) **whiskey**

2 (escocés) **whisky**

Wi-Fi® *sustantivo*

Wi-Fi®

windsurf *sustantivo*

windsurfing | **hacer windsurf** **to go windsurfing**

X, x *sustantivo*

X, x

xenofobia *sustantivo*

xenophobia

Y, **y** *sustantivo*
Y, **y**: *"Yankee" se escribe con Y mayúscula.* "Yankee" is written with a capital Y.

y *conjunción*
1 (copulativa) **and**: *Tengo un hermano y una hermana.* I have a brother and a sister. ▶ En inglés no se usa una conjunción sino una coma entre dos adjetivos que preceden a un sustantivo, salvo si se trata de colores: *Tiene el pelo largo y lacio.* She has long, straight hair. | *la camiseta azul y roja del equipo* the team's red and blue shirt
2 (al dar la hora) **la una/las cuatro etc. y media** **one-thirty/four-thirty etc.** | **las dos/las diez etc. y cuarto** **quarter after two/ten etc.** AmE, **quarter past two/ten etc.** BrE | **las once y diez/las siete y veinte etc.** **ten after eleven/twenty after seven etc.** AmE, **ten past eleven/twenty past seven etc.** BrE
3 En inglés no se usa una conjunción entre las decenas y las unidades en los numerales: *noventa y ocho* ninety eight | *cuarenta y cuatro* forty four

ya
1 Se traduce por **already** cuando se refiere al presente o al pasado y la oración no es negativa ni interrogativa: *Ya se lo dije.* I already told him. | *Ya habíamos visto las fotos.* We had already seen the pictures. | *Ya lo sabemos.* We already know. ▶ Fíjate que **already** normalmente va detrás de los modales o auxiliares pero delante de los demás verbos
2 En oraciones interrogativas se suele traducir por **yet**, que va al final de la oración: *¿Ya se levantó?* Has she got up yet? ▶ Cuando expresa sorpresa, se traduce por **already**, también usado al final de la oración: *¿Ya te cansaste?* Are you tired already?
3 En oraciones negativas se usa **anymore** con un verbo en negativo: *Ya no te quiero.* I don't love you anymore. | *Ya no trabaja más aquí.* He doesn't work here anymore.
4 Cuando significa "ahora": *Ya vienen para acá.* They're on their way. | *Ya voy.* I'm coming.
5 Cuando se refiere al futuro: *Ya te lo diré algún día.* I'll tell you some day. | *Ya veremos.* We'll see.
6 **ya que** (dado que) **since**: *Ya que estás acá, te voy a mostrar algo.* Since you're here, I'll show you something.

yacimiento *sustantivo*
1 (de minerales) **deposit**
2 (en arqueología) **site**
yacimiento petrolero **oilfield**

yanqui *sustantivo & adjetivo*
American

yate *sustantivo*
yacht

yegua *sustantivo*
mare

yema *sustantivo*
1 (del huevo) **yolk**, **egg yolk**
2 **la yema del dedo** **the tip of your finger**

yen *sustantivo*
yen (plural **yen**)

yerba *sustantivo* ▶ ver **hierba**

yerno *sustantivo*
son-in-law (plural **sons-in-law**)

yeso *sustantivo*
1 (para fracturas) **plaster**
2 (en construcción) **plaster**

yo *pronombre*
1 **I**: *Yo me quedo.* I'm staying. ▶ Tras el verbo **to be** y en comparaciones se suele usar **me**: *Soy yo.* It's me. | *Es más alta que yo.* She's taller than me.
2 **yo que tú** **if I were you**: *Yo que tú, no iría.* If I were you, I wouldn't go.

yodo *sustantivo*
iodine

yoga *sustantivo*
yoga | **hacer yoga** **to do yoga**

yogurt *sustantivo*
yoghurt, **yogurt**: *un yogurt de fresa* a strawberry yoghurt
yogurt descremado **low-fat yoghurt**

yo-yo *sustantivo*
yo-yo

yuan *sustantivo*
yuan (plural **yuan**)

Zz

Z, z *sustantivo*
Z, z

zafarse *verbo*
1 (quitarse) **to take off**: *Se zafó los zapatos.* He took off his shoes.
2 (soltarse) **to come loose**: *Se zafó una llanta.* A wheel came loose.

zafiro *sustantivo*
sapphire

zaguán *sustantivo*
front door: *Su papá la estaba esperando en el zaguán.* Her dad was waiting for her at the front door.

zambullirse *verbo*
to dive: *Nos zambullimos en la alberca.* We dove into the pool.

zanahoria *sustantivo*
carrot

zancadilla *sustantivo*
ponerle una zancadilla a alguien to trip someone up

zanco *sustantivo*
stilt

zángano, -a *sustantivo*
1 (persona) **ser un zángano/una zángana to be a layabout**
2 (insecto) **drone**

zanja *sustantivo*
ditch (plural **ditches**) | **hacer una zanja to dig a ditch**

zapatería *sustantivo*
shoe store AmE, **shoe shop** BrE

zapatilla *sustantivo*
(zapato de tacón) **high-heeled shoe**
zapatilla de ballet ballet shoe

zapato *sustantivo*
shoe: *Tengo que bolear mis zapatos.* I have to polish my shoes.
zapato de futbol soccer shoe AmE, **football boot** BrE **zapato de piso flat shoe zapato de tacón high-heeled shoe**

zarpa *sustantivo*
paw

zarpar *verbo*
to set sail

zarzamora *sustantivo*
1 (fruto) **blackberry** (plural **blackberries**)
2 (planta) **blackberry bush** (plural **blackberry bushes**)

zigzag *sustantivo*
zigzag

zigzaguear *verbo*
to zigzag

zinc *sustantivo*
zinc

zipear *verbo*
(en computación) **to zip**

zipper *sustantivo*
zipper AmE, **zip** BrE: *Se trabó el zipper de la chamarra.* The jacket zipper jammed.

zócalo *sustantivo*
main square

zoclo *sustantivo*
baseboard

zodíaco *sustantivo*
zodiac

zona *sustantivo*
1 (área) **area**: *una zona industrial* an industrial area | *la zona norte del país* the northern area of the country
2 (en meteorología) **region**: *una zona desértica* a desert region
3 (desde el punto de vista militar) **zone**: *una zona de guerra* a war zone

zoológico *sustantivo*
zoo

zopilote *sustantivo*
black vulture

zorro, -a *sustantivo*
fox (plural **foxes**)

zueco *sustantivo*
clog

zumbar *verbo*
1 to buzz
2 me/te etc. zumban los oídos my/your etc. ears are ringing

zumbido *sustantivo*
1 (de un insecto) **buzzing**
2 (en los oídos) **ringing**

zurcir *verbo*
to darn

zurdo, -a *adjetivo*
left-handed ► Si te refieres a un futbolista zurdo, usa **left-footed**

Verbos irregulares

En inglés hay muchos verbos irregulares. En este diccionario encontrarás las formas irregulares (pasado y participio) en las entradas correspondientes al infinitivo, pero esas formas, además, están incluidas como entradas, con una remisión al infinitivo. Para facilitarte la búsqueda, presentamos a continuación una lista de los verbos irregulares más comunes del inglés.

verbo	pasado	participio
be	was	been
beat	beat	beaten
become	became	become
begin	began	begun
bite	bit	bitten
bleed	bled	bled
blow	blew	blown
break	broke	broken
bring	brought	brought
build	built	built
buy	bought	bought
catch	caught	caught
choose	chose	chosen
come	came	come
die	died	died
do	did	done
draw	drew	drawn
drink	drank	drunk
drive	drove	driven
eat	ate	eaten
fall	fell	fallen
feed	fed	fed
feel	felt	felt
fight	fought	fought
find	found	found
fly	flew	flown
forget	forgot	forgotten
get	got	gotten
give	gave	given
go	went	gone
grow	grew	grown
have	had	had
hear	heard	heard
hide	hid	hidden
hold	held	held
keep	kept	kept
kneel	knelt/kneeled	knelt/kneeled
know	knew	known
lay	laid	laid

verbo	pasado	participio
lead	led	led
leave	left	left
lend	lent	lent
lie[1]	lay	lain
lie[2]	lied	lied
lose	lost	lost
make	made	made
meet	met	met
mistake	mistook	mistaken
outgrow	outgrew	outgrown
overhear	overheard	overheard
pay	paid	paid
put	put	put
read	read	read
ride	rode	ridden
ring	rang	rung
run	ran	run
say	said	said
see	saw	seen
sell	sold	sold
send	sent	sent
shake	shook	shaken
show	showed	shown
sing	sang	sung
sit	sat	sat
sleep	slept	slept
speak	spoke	spoken
spend	spent	spent
stand	stood	stood
steal	stole	stolen
stick	stuck	stuck
sweep	swept	swept
swim	swam	swum
swing	swung	swung
take	took	taken
teach	taught	taught
tear	tore	torn
tell	told	told
think	thought	thought
throw	threw	thrown
tie	tied	tied
understand	understood	understood
undo	undid	undone
wake	woke	woken
wear	wore	worn
wind	wound	wound
wring	wrung	wrung
write	wrote	written

Lista de términos gramaticales utilizados en este diccionario

adjetivo
Un adjetivo es una palabra que acompaña a un sustantivo para indicar alguna cualidad, forma, tamaño, etc. Por ejemplo, en "Este diccionario es nuevo", **nuevo** es un adjetivo.

adverbio
Un adverbio es una palabra que modifica al verbo, al adjetivo o a otro adverbio. Por ejemplo, cuando acompaña a un verbo, puede indicar el modo en que se lleva a cabo una acción, como **rápido** en "Ven rápido"; cuando acompaña a un adjetivo o adverbio, puede expresar grado, como **muy** en "muy rápido" y "muy difícil".

artículo
Los artículos son palabras que acompañan al sustantivo. Cuando el artículo es definido (**el**, **la**, etc.) indica que el sustantivo nombrado es un objeto, una persona, etc. específico; en la oración "¿Conseguiste el libro?", **el** indica que hablamos de un libro en particular. En cambio, en la oración "Se ha roto un vaso", **un** –que es un artículo indefinido– indica que se trata de un vaso cualquiera.

conjunción
Una conjunción es una palabra utilizada para unir oraciones o partes de oraciones. Por ejemplo, en "Fui con Juan y Rosa", **y** es una conjunción. Otras conjunciones expresan causa, consecuencia, oposición etc. En "Es inteligente, pero no estudia", **pero** es una conjunción que indica oposición.

interjección
Una interjección es una palabra que se emplea para saludar a alguien (**¡hola!**), llamarle la atención (**¡eh!**), indicar un estado de ánimo (**¡ay!**, **¡viva!**) o describir un sonido (**¡pum!**).

intransitivo
Se llama verbo intransitivo al verbo que no necesita objeto. Por ejemplo, en una oración como "María ha salido", **ha salido** es un verbo intransitivo.

número
Un número es una palabra que expresa cantidad (**cinco**, **treinta**) o posición en una serie (**tercero**, **décimo**).

preposición
Las preposiciones son palabras que pueden indicar posición (**en**, **sobre**, etc.), movimiento (**a**, **hacia**, etc.), compañía (**con**), entre otras cosas. Por ejemplo, en frases como "en la casa de Juan" o "con mis amigos", **en**, **de** y **con** son preposiciones.

pronombre
Los pronombres son palabras que se refieren a personas (**yo**, **tú**, **me**, **ellos**, etc.), sustituyen partes de la oración (**lo**, **le**), se usan en preguntas u oraciones subordinadas (**qué**, **que**, **cuál**, **donde**, etc.). Por ejemplo, en las oraciones "¿Qué dijo?" y "Déjalo donde está", **qué** y **donde** son pronombres.

sustantivo
Un sustantivo es una palabra que nombra una persona, una cosa, un lugar, etc. En la frase "una casa grande", **casa** es un sustantivo. También hay sustantivos que nombran hechos (**fiesta**, **caída**) y otros que se refieren a cualidades (**belleza**, **bondad**).

sustantivo plural
Los sustantivos plurales son sustantivos que siempre o casi siempre se usan en plural (por ejemplo, **anteojos**) o que tienen un significado diferente cuando se emplean en plural (como **damas**, cuando se habla del juego).

transitivo
Verbos transitivos son los verbos que llevan objeto. Por ejemplo, en la oración "Compré un televisor nuevo", **comprar** es un verbo transitivo.

verbo
El verbo es una palabra que describe una acción o un estado, como **saltar**, **bailar**, **estar** o **querer**.

verbo con partícula o *phrasal verb*
Los *phrasal verbs* son construcciones del inglés formadas por un verbo y una o más partículas como **off**, **away**, **out** o **up**. Estas construcciones tienen un significado particular que muchas veces es muy diferente del significado de las palabras que las componen. Por ejemplo, **give** en general significa "dar", pero **give out** quiere decir "repartir".

Picture Credits

The publisher would like to thank the following for their kind permission to reproduce their photographs:

Alamy Images: Go Go Images (A42 coat); Image 100 (A42 tracksuit); Image DJ (A43 pajamas); imagebroker (A47 book); Judith Collins (A47 notebook), (A49 camera); Bryan Mullennix (A47 whiteboard); Radius Images (A41 basketball); **DK Images**: (A43 swimsuit), (A49 CD-ROM), (A49 games console); **Getty Images**: Photodisc (A49 scanner); **Hemera Photo Objects**: (A39 fruit), (A40 vegetables), (A44 wild animals), (A45 farm animals), (A47 crayons), (A47 map), (A47 ruler), (A47 scissors), (A48 lightning), (A51 drums), (A51 guitars); **iStockphoto**: (A41 skating), (A41 surfing), (A42 dress), (A42 man), (A42 shorts), (A43 boots), (A43 sweater), (A43 sandals), (A43 scarf), (A46 plane), (A46 bicycle), (A46 metro), (A46 motorcycle), (A47 wastebasket), (A47 paperclip), (A47 eraser), (A47 pencils), (A47 sharpener), (A47 stapler), (A48 rainbow), (A49 computer), (A49 DVD), (A49 headphones), (A49 iPod), (A49 laptop), (A49 printer), (A49 webcam); Avid Creative, Inc. (A42 jeans); Blaney Photo (A42 skirt); bluestocking (A42 jacket); Caracter Design (A50 pigtails); Chic Type (A43 sneakers); Clint Spencer's Photography (A48 clouds); CvE Photography (A48 winter); John W. DeFeo (A42 shirt); Digital planet design (A50 curly); Donald Gruener Creative Services (A48 wind); fcknimages.com (A46 boat); fotoVoyager.com (A46 car); Wendell Franks (A47 pens); Salih Güler (A43 thongs); Idesign (A43 swim trunks); J. Gould Photography (A48 spring); Jallfree (A50 child); Jani Bryson Studios, Inc. (A50 straight), (A52 face), (A52 girl); Jaroslaw Wojcik (A50 adult), (A50 baby); KREMA kreativni marketing (A43 slippers); Lugo Graphics (A43 cap); MDmedia (A43 hat and gloves); Pryzmat Roman Milert (A47 blackboard); Mladn61 (A46 bus); Katya Monakhova (A50 braids); Myles Dumas Photography (A48 fog); Photo Euphoria (A47 glue); PhotoOutdoors (A48 fall/autumn); Pickselstock (A47 globe); Rivendell Design Ltd (A50 ponytail); Runneboom Newmedia (A46 ferry); Stephanie Frey Photography (A43 shoes); Stockxpert (A46 truck); Track5 (A50 senior); Tony Tremblay (A48 snow); www.cudibug.com (A41 volleyball); YangYin (A48 summer); zoom-zoom (A43 jacket); **Jupiter Unlimited**: (A41 windsurfing), (A46 bus); BananaStock (A41 soccer); Brand X Pictures (A41 snowboarding); Comstock Images (A41 swimming); liquidlibrary (A41); PhotoObjects.net (A41 karate); Polka Dot Images (A41 cycling); Stockxpert (A46 helicopter), (A46 moped), (A46 ship), (A46 train), (A46 van), (A47 calculator), (A49 cell phone), (A49 GPS), (A50 teenager); Thinkstock Images (A41 skiing); **PhotoDisc**: Musical Instruments (A51 flute), (A51 harp), (A51 piano), (A51 saxophone), (A51 tambourine), (A51 trumpet), (A51 violin), (A51 xylophone), (A51 castanets); **PunchStock**: Portraits/Bananastock (A50 long), (A50 short)